स्त्री एवं सामाजिक प्रसंग

ममता कालिया का कथा साहित्य

[यह पुस्तक लेखक के पी-एच०डी० उपाधि हेतु, महात्मा गांधी अंतरराष्ट्रीय हिंदी विश्वविद्यालय (संसद के अधिनियम-3, 1997 द्वारा स्थापित केंद्रीय विश्वविद्यालय, वर्धा, महाराष्ट्र 442 001) के हिन्दी एवं तुलनात्मक साहित्य विभाग में प्रस्तुत शोध-प्रबन्ध 'ममता कालिया के कथा-साहित्य में स्त्री एवं सामाजिक प्रसंग' का प्रकाशन है।]

स्त्री एवं सामाजिक प्रसंग

ममता कालिया का कथा साहित्य

पीटर शागि

वाणी प्रकाशन

वाणी प्रकाशन
4695, 21-ए, दरियागंज, नयी दिल्ली 110 002
शाखा
अशोक राजपथ, पटना 800 004
फ़ोन : +91 11 23273167 फ़ैक्स : +91 11 23275710
www.vaniprakashan.in
vaniprakashan@gmail.com
sales@vaniprakashan.in

STRI EVAM SAMAJIK PRASANG
Mamta Kalia Ka Katha Sahitya
by Péter Sági

ISBN : 978-93-87889-29-3
Criticism

प्रथम संस्करण

मूल्य : ₹ 995

सिटी प्रेस, दिल्ली-110 095 में मुद्रित

वाणी प्रकाशन का लोगो मक़बूल फ़िदा हुसेन की कूची से

"पता नहीं कब से उसने सोचा हुआ था कि
लड़की लड़के से गोरी होती है" ('बेघर')

"पहले कुछ यादगार लिखने की आवश्यकता है,
जिससे लोगों में लेखक को जानने की इच्छा हो"

ममता कालिया

भूमिका

पीटर शागि की पुस्तक के विषय में लिखते हुए हल्का-सा संकोच इसलिए होता रहा, क्योंकि उनका यह अध्ययन मेरी ही रचनाओं पर है। यों तो प्रतिवर्ष बहुत-से शोध-छात्र व छात्राएँ संपर्क करते हैं, किन्तु पीटर के कार्य के प्रति मैं अतिरिक्त सजग थी। पहली प्रतिक्रिया यह थी कि यह परदेसी विद्यार्थी कोई प्रारम्भिक-सा अध्ययन करेगा।

पीटर के गहन और विस्तृत शोधकार्य ने मेरी सारी शंकाएँ मिटा दीं। उन्होंने एक-एक कहानी का इतने मनोयोग से पाठ किया। इतनी बार कष्ट उठाकर वर्धा विश्वविद्यालय से मेरे पास आए। यहाँ तक कि किसी कहानी में पात्र का नाम दुहराया गया, तो उनका सवाल — यह सायास हुआ अथवा अनायास।

मुझे आज भी याद है सन् २०१३ की वह वर्षा भीगी दोपहर, जब यह लम्बा, बहुत लम्बा, दुबला ख़ूबसूरत छात्र विश्वविद्यालय के अतिथिगृह में मुझसे मिलने आया। इसने धाराप्रवाह हिन्दी में सवाल दागने शुरू किए। मैं चमत्कृत। जब मैंने बोलना आरम्भ किया, तो पीटर ने बाएँ हाथ में कलम पकड़कर इतनी रफ़्तार से हिन्दी लिखना शुरू किया, मानो कोई प्रतियोगिता हो रही हो।

अध्ययन के दौरान की इनकी मेहनत लैपटॉप में दर्ज़ होती। आश्चर्य होता, कब तो इन्होंने हमारी भाषा धाराप्रवाह सीखी, कब साहित्य पर पकड़ बनाई और कब रचनाओं का विश्लेषण भी करने लगे। निस्संदेह इनकी सफलता का बड़ा श्रेय इनकी मार्गदर्शक डॉ० विजया सती को भी जाता है, जिन्होंने हंगरी में अतिथि आचार्य रहकर कितना सकारात्मक कार्य किया।

पीटर हिन्दी भाषा और साहित्य पर अपनी पकड़ बनाये रखें। जब कभी मैं अपनी रचनाओं पर सार्थक शोध-ग्रन्थों की गणना करूँगी, पीटर शागि की पुस्तक उसमें प्रमुख स्थान पाएगी।

दि० ४ मार्च २०१८, गाज़ियाबाद **ममता कालिया**

आभार

हिन्दी मेरे लिए लम्बा सफ़र है — और यह सफ़र अभी कहीं से समाप्त नहीं हुआ है। किन्तु इससे बढ़कर इस यात्रा के दौरान प्रस्तुत शोधकार्य एक पड़ाव मात्र है, जो मुझे दूर लक्ष्य की याद दिलाता है। अपनी इस यात्रा में अनेक साथी — गुरु, अध्यापक, मित्र — मुझे मिले हैं, जिनके मार्गदर्शन, साथ और सहायता के बिना मैं इस पड़ाव तक भी नहीं पहुँच पाता। अब इन्हें हार्दिक सादर कृतज्ञता जताने का अवसर आया है, इसलिए जिस क्रम में ये अत्युपकारी मार्गदर्शक और हमसफ़र मेरे जीवन के मंच पर उतरे, उसी क्रम से एक-एक का नाम लेकर मैं बताना चाहूँगा कि इन्होंने मेरे अस्तित्व को, फिर आगे मेरे मन के हिन्दी नामक प्रकोष्ठ को अपने ध्यान और ज्ञान से किस-किस प्रकार समृद्ध एवं संवर्द्धित किया है।

सर्वप्रथम अपनी माँ इल्दिको और स्वर्गीय पिताजी ज़ोल्तान के प्रति आभार प्रकट करता हूँ उस प्यार के लिए, जिसके साथ उन्होंने मुझे पाला-पोसा और अपनी राह पर बेरोकटोक चलने दिया ताकि मैं अपनी अभिरुचि के अनुकूल अपने चुने लक्ष्यों की ओर बढ़ सकूँ। मेरे नाना-नानी, विन्त्सॅ और इर्मा तथा दादा-दादी, विल्मोश और कतॉलिन ने मेरे माता-पिता की भाँति मुझे अत्यन्त स्नेह और शाश्वत् संस्कार दिए हैं। मेरे हाथों में किताबें दे-देकर और बचपन में देश-विदेश के दर्शन करवाकर संसार को जान-पहचान सकने का अवसर देने का श्रेय भी मेरे परिवार को ही है।

दस से अट्ठारह वर्ष की आयु तक मैं एक ही माध्यमिक विद्यालय में पढ़ता था। इन निर्माणपरक बरसों में आग्रेश पोकॉ, तीमॅअ किन्त्सॅल, दानिऍल रगायि, मार्तोन कॅलॅमॅन एवं हग्रल्कॉ रच्चाञि वे दोस्त थे, जो अधिकतर अभी भी मेरे साथ हैं और जिन्होंने मुझपर गहरी छाप छोड़ी है। किशोरावस्था में विद्यालय के गुरुजनों में लातिन भाषा के अध्यापक डॉ० ज़ोल्तान ग्लोवित्स्कि जी मेरे लिए आदर्श-स्वरूप थे। जब वे कक्षा लेते, मैं उनका एक-एक शब्द पीता रहता, अन्ततः उन्हीं से प्रभावित होकर मैंने विश्वविद्यालय में लातिन एवं प्राचीन यूनानी की पढ़ाई करने की ठान ली थी।

बुदॉपॅश्त के ओत्वोश लोरान्द विश्वविद्यालय में आकर मैं शायद निर्धारित रास्ते

से न हटता, अगर प्रारम्भ में ही मिलकर सहपाठी और दोस्त आगोश्तोन गुबॉ ने मुझे संस्कृत कक्षा में न बैठा दिया होता। आगोश्तोन के अलावा सहपाठी-सहचर यानोश अरञ तथा सबोल्च कोन्दाकोर का भी उनकी मैत्री के लिए बहुत आभारी हूँ। लातिन और यूनानी की मेधावी छात्रा कर्तोलिन बॉरॅत्स्कि से भी विश्वविद्यालय में ही मिला था, पहली बार मिले तो यह न वह जानती थी न मैं कि आनेवाले कल हमारी मित्रता कितनी दृढ़ सिद्ध हो जाएगी। संकट में वे सदा मेरा साथ देती आई हैं। यद्यपि बी०ए० की पढ़ाई लातिन एवं प्राचीन यूनानी की है, अगर इस समय पीछे मुड़कर देखूँ, तो ऐसा लगता है, मूल रूप से विश्वविद्यालय में प्रवेश करने के बाद संस्कृत की पहली कक्षा के साथ या दूसरे वर्ष से हिन्दी की पढ़ाई शुरू करने पर ही मैंने आज के भविष्य की ओर पहले डग धरे थे। लातिन के प्राध्यापक डॉ० बलाज़ देरि जी के अनोखे व्यक्तित्व से प्रेरणा लेकर भारत के अध्ययन की ओर मेरा झुकाव बढ़ता गया।

हिन्दी के विदेशी जानकारों एवं भारतविदों में विख्यात डॉ० मारिया नेज्यैशी जी, डॉ० चबॉ दॅज़ो, डॉ० माते इत्त्सेश, डॉ० गॅर्गेय हिदश एवं डॉ० चबॉ किश्श, और डॉ० इमरे बंघा के छात्र के रूप में मुझे हिन्दी और संस्कृत भाषा एवं साहित्य, तुलनात्मक भारोपीय भाषाविज्ञान तथा भारतीय धर्म-दर्शन-मत के विन्यास रूपी विविध आयामों से भारतवर्ष को समझने का उत्कृष्ट अवसर मिला। मेरे जीवन को नई संभावनाओं और नई उमँगों से भरनेवाली डॉ० मारिया नेज्यैशी जी के अतिरिक्त आरम्भ में हिन्दी सहृदय और स्नेही डॉ० प्रमोद कुमार शर्मा जी, केन्द्रीय हिन्दी संस्थान दिल्ली के प्राध्यापक से सीखी थी, जो उस समय हमारे विभाग के अतिथि आचार्य थे। उन्हें विदेशी छात्रों को हिन्दी दूसरी भाषा के रूप में पढ़ाने का अत्यन्त कौशल प्राप्त है, इस प्रकार उनके साथ पढ़ना न केवल मनोरंजक, बल्कि परम हितकर भी था।

बी०ए० के पश्चात् भारत सरकार के सहयोग से आगरा के केन्द्रीय हिन्दी संस्थान में एक वर्ष बिताना सुगमता से संभव हुआ। यह अविस्मरणीय एक वर्ष मेरे विकास के लिए मूलभूत महत्त्व का साबित हुआ है, संस्थान में बिताए दिनों ने मेरी ज़िन्दगी को गहराई तक प्रभावित किया। पंजाब के होशियारपुर के रहनेवाले मनु शर्मा से भी आगरा के दिनों में मिला था, उनके साथ मिलकर भारत के अधिकांश प्रान्तों की सैर की, उनके संग अनेक अनुभव बटोरे और अन्य कईयों से हुए सतही परिचय के उलट यह मित्रता अभी भी कायम है। ऐसा प्रतीत होता है, उनके माध्यम से – यात्रा करते हुए या बाद में अन्तर्जाल पर दिन-दो दिन में बातचीत करते हुए – जिस प्रकार से हिन्दुस्तान को जानने का अवसर मिला, किसी और के साथ मुमकिन नहीं था। इसलिए उन्हें न केवल बेहतरीन दोस्त, वरन् अपना गुरु भी मानता हूँ।

आगरा से अपने देश लौटकर लातिन और यूनानी के अध्ययन को अलविदा कहकर एम०ए० भारतीय अध्ययन (इण्डोलॉजी) के हिन्दी उपपाठ्यक्रम में प्रवेश लिया। उन दिनों डॉ० विजया सती जी, दिल्ली विश्वविद्यालय के नामी हिन्दू कॉलेज की देवी-स्वरूप वरिष्ठ प्राध्यापिका हमारे विभाग में पढ़ाने आईं। आगामी ढाई सालों में, और उसके बाद भी, उनसे औपचारिक और अनौपचारिक दोनों स्तरों पर जो और जितना पढ़ने को मिला, उस सब के लिए तह-ए-दिल से आभारी हूँ, उनकी मेहनत और सौहार्द ने मेरे हिन्दी-कौशल को नए पैमाने दिए हैं। उनके स्नेहमय परिवार — डॉ० हरिश्चन्द्र सती, सौरभ और मुकुल को भी हार्दिक धन्यवाद देना चाहता हूँ। जीवन्त और प्रेरणादायी साथ तथा समय-समय पर उनसे प्राप्त हुई अनमोल मदद के लिए भारतीय अध्ययन के सफ़र में कदम मिलाए मित्रों — क्रिस्तिनॉ दाविद, आग्रॅश सॅमॅरिच, यूलियॉ सिवाक एवं पोलैंड के तोमाष फॅदोर का भी बहुत शुक्रगुज़ार हूँ।

जनवरी २०१३ में मैंने महात्मा गांधी अंतरराष्ट्रीय हिंदी विश्वविद्यालय वर्धा की यात्रा की थी, हिन्दी एवं तुलनात्मक साहित्य विभाग के गुरुजनों, उनमें प्रो० कृष्ण कुमार सिंह जी से भेंट हुई। इसके कुछ महीनों पश्चात् मई में विश्वविद्यालय के पूर्व कुलपति श्री विभूति नारायण राय जी ने हंगरी के दौरे पर हमारे विश्वविद्यालय के भारोपीय अध्ययन विभाग के साथ एक समझौता-ज्ञापन पर दस्तख़त किए। उनके सौजन्य से भारतीय सांस्कृतिक सम्बन्ध परिषद् की छात्रवृत्ति पर हिन्दी साहित्य के शोध-छात्र के रूप में भारत आने का मेरा सपना साकार हुआ। प्रस्तुत शोधकार्य पूरा होने तक हिन्दी साहित्य विभाग के विपश्चित् अध्यक्ष और मेरे शोध-निर्देशक प्रो० कृष्ण कुमार सिंह जी मेरा मन सदा समझते हुए कार्य-प्रगति पर नज़र रखते आए हैं। उनके आत्मीयता-पूर्वक सहयोग तथैव विश्वविद्यालय के वर्तमान कुल-पति प्रो० श्री गिरीश्वर मिश्र की हौसला-अफ़ज़ाई के बिना यह शोधकार्य संपन्न नहीं हो पाता, इसलिए मेरा मन उनके प्रति अनेक शुभेच्छाओं से भरा हुआ है।

अन्त में, विचारशील साथी-द्वय प्रकाश उप्रेती व प्रेम प्रकाश यादव, दिल्ली में हंगेरियन भाषा और साहित्य की प्रेमपूर्ण प्राध्यापिका डॉ० मर्गित कोवॅश, हंगेरियन सांस्कृतिक केन्द्र के निदेशक डॉ० ज़ोल्तान विल्हॅल्म व पत्नी इल्दिको तथा दरियादिल दोस्त मोनिकॉ तकाच व राजर्षि चक्रवर्ती सहित उन सभी हितैषियों को नमन, जिनकी शुभचिन्ता और मित्र-भाव अध्ययन के इन वर्षों में मेरे भीतर ईन्धन बनता रहा है।

दिनाङ्क ४ मई २०१७ ई०
वर्धा, महाराष्ट्र

पीटर (पेतॅर) शागि
peterhindiwallah@gmail.com

प्रस्तावना

प्रेरणा — विषय की योग्यता — अपना योगदान — शोध का विन्यास

नवम्बर २०११ में भारतीय सांस्कृतिक सम्बन्ध परिषद् का प्रपत्र पहली बार भरने पर जब डॉ० विजया सती जी के साथ बैठकर हमने पी-एच०डी० के भावी विषय पर विचार-विमर्श किया था, तब मैं इतना ही जानता था कि मेरा शोध समकालीन साहित्य के किसी सामाजिक पक्ष पर आधारित होना चाहिए और अपनी अभिरुचि तथा भाषागत कारणों से कहानी पर लिखने का अधिक मन है। पिछले वर्षों में विदेशी शोधकर्ताओं ने भी वर्तमान भारतीय समाज को साहित्य के माध्यम से समझने का प्रयत्न किया है। मैंने हिन्दी जगत् के दलित या स्त्री-विमर्श जैसे पक्षों और आजकल के हिन्दी साहित्य की दिशाओं के बारे में सुना तो था, इसके बावजूद मैं अपेक्षित परिचय के अभाव में अपने आप निश्चय नहीं कर पाया था, क्या विषय लेना चाहिए। यह देखते हुए विजया सती जी ने मुझे ममता कालिया का 'पचीस साल की लड़की' कहानी संग्रह पढ़ने को दिया और कहा, इसमें काफ़ी संभावनाएँ हैं। कहानियाँ बहुत अच्छी लगीं।

तब तक मैं मोहन राकेश की कहानियों पर अपना एम०ए० का शोधपत्र लिखना शुरू कर चुका था। बी०ए० के दौरान मोहन राकेश की कहानी 'मिस पाल' से इतना प्रभावित हुआ था कि अपने आगरा-प्रवास के दिनों में सबसे पहले उन्हीं की अन्य रचनाएँ पढ़ने को खरीदीं। यद्यपि आरंभ में मेरे लिए भाषा समझना भी इतना आसान नहीं था, पर एक के बाद एक कहानी मन से पढ़कर महसूस करने लगा कि इनसे गहरा लगाव हुआ है और इनमें कहीं मैं जैसे स्वयं को छिपा हुआ पाता हूँ। अतः और किसी विषय के बारे में अधिक न सोचकर मैंने निर्णय लिया था कि एम०ए० का शोधपत्र मोहन राकेश की कहानियों पर लिखा जाएगा।

तब मोहन राकेश को चुनने की एक प्रेरणा यह भी थी कि उनके अधिकांश

लेखन में एक अनूठी दृष्टि के अलावा भाषा में अत्यधिक सहजता, भाषा के प्रति सजगता दिखती है और उनकी हर विधा की रचनाओं में स्त्री प्रमुख है। वे एक पुरुष की तर्ज़ पर लिखते क्यों न हों, उनका प्रयत्न तो अवश्य रहा कि महिलाओं का, उनकी मानसिक प्रक्रियाओं का सूक्ष्म एवं तादात्म्यपूर्ण वर्णन दें, और यह उनके प्रयास की सफलता समझी जा सकती है, जब पाठक में इन महिलाओं का अन्तःकरण किसी महिला रचनाकार के दृष्टिकोण से भी जानने की जिज्ञासा उत्पन्न हो। प्रस्तुत शोध में मेरा मूल रुझान इसी बोध से प्रेरित है।

भारतवर्ष में कई-कई महीने बिताने के बाद मुझे इसका अनुभव होने लगा था कि यहाँ के समाज की बुनावट मुझे अधिकतर केवल पुरुषों की दुनिया जानने देती है। पुरुषों से हज़ारों बार वार्तालाप किया है, पर वे महिलाएँ, जिनसे मेरी बातचीत हो जाती है, संख्या में उँगली पर गिनी जाती हैं और हमारी बातें भी हैं दो टूक। यहाँ तक कि महिलाएँ उस सार्वजनिक क्षेत्र में न सिर्फ़ बातचीत करने को, बल्कि देखने को भी बहुत कम मिलती हैं, जहाँ एक सैलानी या हिन्दी के एक छात्र के रूप में मेरा प्रवेश है। जो मिलती हैं, उनके साथ यूँ घनिष्ठ होना मुश्किल है कि उनके मन के आन्तरिक संसार को जान सकूँ। पर चूँकि हिन्दुस्तान में इतना कुछ देखने के बाद भी देश का इतना बड़ा, लगभग आधा (या खेद है, लिंग-अनुपात को देखते हुए आजकल आधे से फिर भी कहीं कम?) भाग मुझसे छुपा है, जिज्ञासा लगातार बनी रहती है।

दूसरे विश्वयुद्ध से कुछ ही पहले जन्मीं अपनी नानी से बातचीत कर मुझे पता चला है कि दो-तीन पीढ़ी पूर्व मेरे देश हंगरी का समाज आज की तुलना में किस रूप में अलग था और यह भी कि उस समय वहाँ की आम जनता घोर निर्धनता और कुछ हद तक अपनी आखिरी साँसें लेती, अभिजात्य व सामान्य वर्गों पर आधारित पुरानी अन्यायपूर्ण सामाजिक व्यवस्था से घुट रही थी। मैंने जाना, उस ज़माने में संयुक्त परिवार के सदस्य कैसे रहते थे और औरतों से कैसी अपेक्षाएँ रखी जाती थीं। महिलाओं को 'महिला की भाँति, स्त्रियोचित ढंग से' उम्र गुज़ारनी पड़ती थी, गरीब अपनी कन्याओं को विद्यालय भेजने से न केवल पैसों की तंगी की वजह से, बल्कि इसलिए भी कतराते थे कि शहर के छात्रावास में रहते हुए उनसे कोई 'ग़लत काम' न हो जाए। गत सात-आठ दशकों में मध्य यूरोप के भिन्न-भिन्न समाजों की जीवनशैली में सम्पूर्ण परिवर्तन आया तो है, लेकिन गौरतलब है कि इस बदलाव का बड़ा भाग महज़ ढाई दशकों में, दूसरे विश्वयुद्ध के आरम्भ से साठ के दशक के मध्य-भाग तक संपन्न हुआ था। यह भी ध्यान देने योग्य है कि इस परिवर्तन के बीज हंगरी में कुछ दशकों पहले, ऑस्ट्रिया के साथ हुए समझौते (१८६७) पर बो दिये गए थे।[१]

भारत की परिस्थितियाँ दूसरी हैं, सामाजिक परिवर्तन के कारक अलग हो सकते हैं, समय का थोड़ा अन्तर है, लेकिन मुझे ऐसा प्रतीत होता है कि यहाँ के महिला-आन्दोलन के इतिहास का काल-क्रम लगभग हंगरी के जैसा है। महिलाओं की पुरुषों से अलग भूमिका और कार्य-क्षमता होने के बावजूद उन्नीसवीं सदी के उत्तरार्द्ध से भारत के समाज-सुधारकों ने उनके साथ पहले की तुलना में अधिक न्यायपूर्ण बर्ताव करने की माँग की, यद्यपि तब तक समाज का पुराना, मज़बूत चौखटा ज़्यादा बदला नहीं था। स्वतंत्रता आन्दोलन ने महिला को 'राष्ट्रमाता' का दर्जा दिया और महिला-प्रश्न का केन्द्रबिन्दु उसकी मातृशक्ति बन गई, जैसा कुछ दशक पूर्व यूरोप के राष्ट्रवादी आन्दोलनों में भी हुआ था।

भारत की आज़ादी के बाद सामाजिक परिवर्तन १९९० के आस-पास अपने परम चरण में पहुँचा, कुछ इस तरह, जैसे हंगरी में १८६७ के बाद के परिवर्तन ने दूसरे विश्वयुद्ध से नया वेग पाया था। भारत में स्त्री की स्थिति की व्याख्या उसके पुत्री-स्वरूप के साथ जोड़कर बीसवीं शताब्दी के उत्तरी भाग में की जाने लगी। इस नई मान्यता के अनुसार महिलाओं की समस्याएँ वयस्कावस्था में नहीं, बल्कि बचपन में जन्म लेती हैं। इसके समानान्तर समाज में स्त्री और पुरुष की अधिक समता की माँग करती आवाज़ें उठीं। "पूर्ववर्तियों का ध्यान उसकी भूमिका की बजाए उसके स्त्रीत्व पर अधिक था, जबकि बाद के नारीवादियों ने उसकी पुनरुत्पादक-क्षमता के बजाय उत्पादक-क्षमता को रेखांकित किया"।[२]

प्रत्येक युगान्त के विजेता और पराजित दोनों होते हैं, उपलब्धियाँ और दुष्परिणाम भी होते हैं, कोलाहल है, पूरी संक्रान्ति है। एक विदेशी शोधकर्ता के लिए अपने देश की निवर्तमान सामाजिक क्रान्ति-संक्रान्ति से मिलती-जुलती एक समकालीन संक्रान्ति का ममता कालिया के साहित्य के माध्यम से साक्षी होना एक ऐसा अनूठा अनुभव है, जो शोधकर्ता को विषय के प्रति उत्साहित करता जाता है।

एम०ए० संपन्न होने और वर्धा के महात्मा गांधी अन्तरराष्ट्रीय हिन्दी विश्वविद्यालय में प्रवेश पाने में एक वर्ष का अन्तराल आया। यद्यपि भीतर ही भीतर ममता कालिया के साहित्य और भारतीय नारी के हिन्दी लेखन में प्रतिबिम्बित संसार पर शोध करने का मन बना लिया था, उस वर्ष २०१२ के अन्त में हुए दिल्ली के जघन्य 'निर्भया' बलात्कार-काण्ड पर भारतीय समाज, या कम से कम उसके एक तबके से मिली सकारात्मक प्रतिक्रिया ने मेरी जिज्ञासा अधिक गहरी और विषय की परिकल्पना दृढ़ बना दी। अब भारतीय स्त्री की कमज़ोर स्थिति का प्रश्न न केवल बुद्धिजीवियों की वार्ता के स्तर पर,

वरन् तथाकथित 'आम आदमी' की सोच में भी अपरिहार्य हो गया है। भारत में पूर्व-प्रत्याशित आत्ममंथन के संकेत दिखने लगे हैं। इस मंथन में अपने कार्य के माध्यम से अंशतः जुड़ने का अर्थ शोध की प्रासंगिकता ही नहीं, सार्थकता है।

ममता कालिया के पहले उपन्यास 'बेघर' के आरंभ में हम स्त्री के संघर्ष का एक बेहद सशक्त एवं प्रतीकात्मक उदाहरण पढ़ते हैं। नायक परमजीत ने "पता नहीं कब से ··· सोचा हुआ था कि लड़की लड़के से गोरी होती है", पर यहाँ तक ही नहीं, "दरअसल उसने लड़की हमेशा गुदकारेपन और मुलामियत से संबद्ध की थी" (पृ० ४१)। पहला अंश मैंने इस शोध-प्रबन्ध के सूत्र-वाक्य (मॉटो) के रूप में क्यों चुना है, इसके कई कारण हैं। 'बेघर' ममता जी की पहली प्रसिद्ध रचना है, फिर भी इस उपन्यास में दिखता दृष्टिकोण उनकी बाद की रचनाओं में भी आसानी से देखा जा सकता है। इस उद्धरण के ज़रिये हम लेखिका की इस क्षमता से अवगत होते हैं कि अपनी मनोरंजक, सरस और हास्यकर तरीके से कही बात से पाठक का ध्यान वास्तव में बहुत गहरी समस्याओं पर खींच लाती हैं। दूसरे, 'बेघर' को पढ़ते हुए यह बार-बार अनुभव किया जा सकता है कि परमजीत की सोच जनता के बीच बेहद सामान्य है। औरत सबसे पहले एक 'चीज़', एक वस्तु होती है — गुदकारी और मुलायम, जिसपर तकिये की तरह टेक लगाई जा सकती है। और जैसे एक सुन्दर तकिया घर की बैठक की शान बढ़ाता है, उसी प्रकार लड़की (भावी पत्नी) अपना रंग-रूप लिए घर के पुरुष मालिक का मन मोहने के उपलक्ष्य से बख़्शे हुए स्थान पर सुशोभित होती है।[३]

मनुष्य के चर्म के वर्ण के प्रति सदियों से नितान्त जागरूक हिन्दुस्तानी जनता ने अपनी सामाजिक व्यवस्था भी इस अनुभव के आधार पर विकसित की थी, जो आज तक कम बदल पाई है। गोरेपन की चाह निजी संबन्धों को प्रभावित करती है और स्त्री-पुरुष के रिश्ते में भी नज़र आ जाती है।[४] इस तर्कातीत परिस्थिति में ख़ास तौर से पुरुषों द्वारा ही महिलाओं से अपेक्षा रखी जाती है, जो उनकी दोहरी दबी हुई, पिछड़ी स्थिति को बख़ूबी झलका देता है। छोटे राजकुमारों की परवरिश में यह सीख जल्दी दी जानी शुरू होती है, और हम इसी का नतीजा मान सकते हैं कि परमजीत जैसे नवयुवक को याद भी नहीं है, उसके ज़ेहन में ऐसी अवधारणा कहाँ से आई थी। उसे याद हो न हो, ममता कालिया की कहानियों व उपन्यासों से हम इस और ऐसे कई दूसरे सवालों का जवाब देने की उम्मीद रख सकते हैं।

ममता कालिया पाँच दशकों से हिन्दी साहित्य का कोश बढ़ाती आई हैं, कई पुरस्कारों से अलंकृत हुई हैं, परन्तु अभी तक उनके लेखन पर अन्य रचनाकारों जितना व्यापक काम नहीं हुआ। ममता कालिया 'नारीवादी' न होते हुए भी आधुनिक भारत

में स्त्री की स्थिति पर नई रोशनी डालनेवाली लेखिका रही हैं, उनका रूढ़ियों-नुस्खों से मुक्त, साहित्य के मानदण्डों पर खरा उतरता और साथ ही साथ आन्दोलनबद्ध न होने पर भी महत्त्वपूर्ण और बहुआयामी प्रश्न उठाता हुआ लेखन लोकप्रिय और पाठकों के लिए सदा रुचिकर सिद्ध हुआ है। इन गुणों को देखते हुए ममता कालिया का कृतित्व निस्संदेह अधिक व्याख्या के योग्य है।

ममता कालिया के लेखन पर कुछ शोध-प्रबन्ध आ चुके हैं, लेकिन इनकी संख्या अभी तक अन्य रचनाकारों पर हुए कार्य के कम है। पूर्ववर्ती पी-एच०डी० शोधकार्यों में उनके साहित्य के कुछ पहलुओं पर प्रकाश डाला गया था। फैमिदा रहमान बिजापुरे का 'ममता कालिया : व्यक्तित्व और कृतित्व' (शिवाजी विश्वविद्यालय कोल्हापुर; विनय प्रकाशन, कानपुर २००४) ममता कालिया के कथा-साहित्य के स्त्री-पात्रों का मनोवैज्ञानिक अध्ययन है। काशी हिन्दू विश्वविद्यालय की छात्रा अर्चना कुमारी के शोध-प्रबन्ध 'ममता कालिया का कथा-साहित्य : यथार्थबोध और कथाभाषा' (२००९) से पाठक को समकालीन लेखन की प्रवृत्तियों और ममता कालिया साहित्य के सरोकारों के अलावा समकालीन यथार्थबोध, स्त्री-पुरुष संबन्धों के चित्रण के अतिक्रमण तथा ममता कालिया की रचनात्मक निजता के विषय में जानकारी मिलती है। महर्षि दयानन्द विश्वविद्यालय के अमित कुमार ने 'ममता कालिया के कथा-साहित्य में स्त्री-चेतना' (२०१२) नामक अपने शोधकार्य में ममता जी के कृतित्व तथा स्त्री-विमर्श के विस्तृत परिचय के बाद स्त्री-पात्रों को मुख्य रूप से विवाह, परिवार और कामकाज के सन्दर्भ में दर्शाया, अन्त में रचनाओं में सामने आती स्त्री की नई छवि पर चिन्तन किया। पं० रविशंकर शुक्ल विश्वविद्यालय (रायपुर) की किरण वर्मा का शोध (२०१४) 'ममता कालिया के कथा-साहित्य में चित्रित सामाजिक समस्याएँ' सामने लाता है, यद्यपि सामाजिक मुद्दों की चर्चा केवल इसकी अन्तिम तिहाई में, लेखिका के जीवन और कृतित्व के लम्बे वर्णन के बाद हुई।

हालाँकि इन शोधकार्यों में ममता कालिया की कृतियों के कम ही पहलू अछूते रह गए, मेरा मौजूदा शोध-प्रबन्ध यह प्रस्तावित करता है कि एक मौलिक व्याख्या के ज़रिये पाठक उसी वस्तु को नए सिरे से, एक अलग नज़रिये से जान सकते हैं। साहित्य पर अधिकांश अध्ययन गुणात्मक (क्वालिटेटिव) होते हैं, परन्तु मैंने ऐसी प्रविधि अपनाने का पूरा प्रयास किया है, जिससे इस शोधकार्य में परिमाणात्मक (क्वांटिटेटिव) पक्ष को भी अनदेखा न किया जाए। मेरे विश्लेषण का प्रमुख स्रोत इस रचना के अन्त में दी तालिकाएँ है।[५] इन्हें ध्यानपूर्वक तैयार करने से सबसे ज़रूरी

प्रश्नों का उत्तर खोजने में लेखिका के समग्र साहित्य पर सुभीते व तटस्थता से विचार किया जा सका। भले ही अपनी सुविधा के लिए मैंने उनके कथा-साहित्य पर ज़्यादा गौर किया, लेकिन उनके शेष साहित्य को भी नहीं छोड़ा है, यहाँ तक कि शोध की शुरुआत उनके लेखन के विभिन्न रंग पहचानने से की है।

इसके अतिरिक्त सामने रखे पाठ को लफ़्ज़-ब-लफ़्ज़, सतर-ब-सतर ('क्लोज़ रीडिंग' पद्धति से) समझने की इच्छा मेरे लिए अपने लातिन-यूनानी के शास्त्रीय अध्ययन से मिली हुई देन है। मेरी पहुँच इस बार भी पाठ-केन्द्रित रही है, क्योंकि मुझे ऐसा विश्वास है कि एक रचनाकार के लेखन के बारे में सर्वाधिक जानकारी उसके लिखे विविध पाठों की छान-बीन और तर्कसंगत क्रम से पिरोए उन उद्धरणों से ही पाई जा सकती है, जिन्हें शोधार्थी भी प्रामाणिक होने का दर्जा देता है। उस पाठ को लेकर दूसरे अध्येताओं में जागी अनुभूतियाँ कम महत्त्व रखती हैं। रचनाकार के लेखन-संबन्धी बयानों की उसके लेखों के तथ्यों से की जानेवाली तुलना और टकराव बेहद उपयोगी और विचारोद्दीपक है।

इस शोध-प्रबन्ध में लेखिका की रचनाओं के *डेढ़ हज़ार* से भी अधिक श्रेणीबद्ध सन्दर्भों को पहचानते हुए मेरा मानना है कि ममता कालिया के साहित्य को इतने करीब से और इतने ब्यौरेवार तरीके से अभी तक नहीं देखा गया है। मुख्य तीसरे और चौथे अध्यायों में उनकी समस्त कहानियों के समस्त विषयगत प्रसंग प्रायः पाठ के उद्धरण सहित उपलब्ध करा दिए हैं। शोध-प्रबन्ध के उचित विस्तार की सीमा के कारणवश कहानियों में नज़र आते सामाजिक परिदृश्य की पुष्टि करते उपन्यासों के समग्र सन्दर्भ प्रस्तुत नहीं किए जा सकते, फिर भी ज़रूरी स्थान बड़ी संख्या में जोड़े गए हैं।

ममता कालिया के कथा-साहित्य में स्त्री एवं सामाजिक प्रसंगों के विषय में अपना वक्तव्य पाँच अध्यायों में बाँटकर प्रस्तुत कर रहा हूँ, इनमें से पहले और दूसरे में वह नींव रखी है, जिसपर शीर्षक में बताये गए विषय का तीसरे, चौथे और पाँचवें अध्यायों में हुआ विस्तार और व्याख्या टिकती है। पुराने भारतीय साहित्य में उकेरे गए नारी-जीवन की याद दिलाने के पश्चात् शोध के आरंभिक अध्याय में मैंने साठोत्तरी पीढ़ी की महिला रचनाकारों के हिन्दी साहित्य को दिए योगदान का रेखाचित्र खींचने का प्रयास किया है। यह बताने की भी कोशिश की कि स्त्रियों के लेखन और स्त्री के विषय में हुए हिन्दी लेखन का कैसा संबन्ध है ताकि हम जान सकें कि ममता कालिया की कृतियों की विशेषताएं कौन-सी होंगी।

इसके बाद दूसरे अध्याय की शुरुआत में लेखिका के जीवन-वृत्त और कृतित्व के बारे में यह सब संक्षिप्त जानकारी दी, जो शोध-विषय के अलावा पाठक की रुचि तथा एक पूरी तस्वीर पेश करने के लिहाज़ से महत्त्व रखती है। लेखिका के साक्षात्कारों में चर्चित पैतृक साहित्य-संस्कारों के पीछे झाँकने की इच्छा से यहाँ मैंने कलाकारों और उनकी कृतियों के इन उपन्यासों और कहानियों में आते ज़िक्रों की 'परिशिष्ट ३' में प्रस्तुत सूची का मूल्यांकन किया, जो ममता जी की साहित्यिक प्रेरणाओं पर पहले से ज़्यादा उजाला डालता है। इस अध्याय की विशेषता ममता कालिया साहित्य के कथानक-स्तर से वाक्य-स्तर तक जाते अन्तःपाठीय प्रसंगों का संकलन होगा। अध्याय के अन्त में उनकी सामाजिक प्रतिबद्धता और पक्ष की प्रामाणिकता की पड़ताल की गई।

इसके आलोक में तीसरे एवं चौथे अध्यायों के रूप में शोध-प्रबन्ध के मुख्य भाग पर आकर मेरा प्रयास रहा कि ममता कालिया के कथा-साहित्य की सामाजिकता के सभी रंग दिखा दूँ। इस शोध-प्रबन्ध के शीर्षक से मेरा तिहरा आशय है, 'और' शब्द के संयोजक-बल के अनुकूल 'स्त्री एवं सामाजिक प्रसंग' को मैं तीन अर्थों में लेता हूँ। एक, जिसके अनुसार ममता कालिया के कथा-साहित्य में प्रदर्शित स्त्री के स्वरूपों को मुख्यतः एक सामाजिक पृष्ठभूमि में देखने का प्रयत्न किया गया है। दूसरा, मैंने — ममता कालिया के नक्शेक़दम पर — स्त्री-प्रश्न से परे शेष सामाजिक प्रसंगों पर भी ध्यान दिया है।[६] चूँकि उनके साहित्य और मेरी जिज्ञासा दोनों के केन्द्र में महिलाओं की स्थिति है, इसलिए इसपर विशिष्ट ध्यान रखा गया, लेकिन उन सभी सामाजिक सन्दर्भों की भी चर्चा की, जो उनके कथा-साहित्य मं पढ़ने को मिलते हैं। तीसरा अर्थ फिर पहले दो का विस्तार है : ममता कालिया स्वयं एक स्त्री हैं, जो समाज के बीच में बेचैन खड़ी अपनी आँखों के सामने घट रहे हैरतंगेज़ दृश्यों का चित्रण करती हैं। इन दो अध्यायों में समाज को अब ममता जी के सोसियोग्राफी जैसे लेखन के झरोखे से ही देखेंगे और साथ ही उन्हें भी इन रचनाओं, विशेष रूप से उनके कथा-साहित्य के आईने में देख समझ सकते हैं।

मैंने आधारग्रन्थ पढ़ने पर मस्तिष्क में उठे ख़यालों को 'तालिका १' में उतार लिया ताकि आँकड़ों की ठोस बुनियाद पर अलग-अलग कृतियों की स्पष्ट एवं उत्तरदायित्व-पूर्ण तुलना की जा सके। जहाँ तक एक सामाजिक अध्ययन के लिए ज़रूरी था या मैंने उपयोगी समझा, रचनाओं को देखने में आधुनिक कथा-सिद्धान्त (नरेटोलॉजी) के कुछ दृष्टिकोण अपनाए। पाँचवें अध्याय में लेखिका के रचनात्मक विकास और शिल्प की बात की है। इसमें लेखन-प्रक्रिया और रचनात्मक यथार्थ,

संरचना, चरित्र-चित्रण और रस-भाव जैसे आयामों का परिचय दिया। ममता जी की भाषा उनके सामाजिक संदेश का वाहन भी है, इसलिए इसके विश्लेषण को ख़ास तवज्जोह दी। भाषा परखने के लिए किये हुए शब्द-संचयन को पाठक 'परिशिष्ट ४' (व 'तालिका २') में देख सकते हैं।

परिशिष्टों में ममता कालिया का शोधार्थी द्वारा किया साक्षात्कार, उनकी रचनाओं की यथासंभव सम्पूर्ण ग्रन्थ-सूची, पाठ के पूरे-पूरे सांस्कृतिक सन्दर्भ, विलक्षण भाषा-प्रयोग तथा कहानियों एवं उपन्यासों के सारांश मौजूद हैं। मैं सारांशों को स्वयं और पाठक दोनों की सुविधा के लिए अनिवार्य मानता हूँ। साहित्यिक विश्लेषण में स्वच्छंद होकर पाठक को कथानक से परिचित कराने की आवश्यकता बहुत ही कम है। परिशिष्ट में दिए सारांशों के सहारे शोधार्थी को "सार-सार को गहि रहे, थोथा देय उड़ाय" के अन्दाज़ में सामग्री 'फटकने' की गुंजाइश मिलती है, जबकि पाठक कम समय में अनजानी रचनाओं की जानकारी ले सकता है।

ममता कालिया की रचनाओं (द्र० प्राथमिक सन्दर्भ ग्रन्थ, 'सन्दर्भ एवं सहायक ग्रन्थ') के पृष्ठ-सन्दर्भ उनकी बहुत अधिक संख्या तथा अन्य स्रोतों से अन्तर निकालने के निमित्त मैंने शोध-प्रबन्ध के पूरे विस्तार में ज़्यादातर मुख्य पाठ में, अधोलिखित (सबस्क्रिप्ट) रूप में, बिना 'पृ०' जोड़े दिए हैं। इससे न केवल सन्दर्भों का घेरा स्थान कम हो जाता है, बल्कि पंक्तियों की सीध तोड़कर अधिक दिखाऊ होने से पाठक को भी इन्हें पहचानने में सुविधा मिलती रहेगी। पृष्ठ-संख्याएँ सन्दर्भ ग्रन्थ-सूची में प्रदर्शित संस्करणों के अनुसार दर्शायी गई हैं। हर कहानी के लिए एक क्रमांक निर्धारित किया गया है, जिससे 'परिशिष्ट ५' में उसका सारांश भी आसानी से ढूँढ़ा जा सकता हो।

क्रमांक का पहला अक्षर संग्रह का संकेत है, आँकड़ा फिर संग्रह में कहानी का स्थान बता देता है। जहाँ गिनती का क्रम टूटता है, वहाँ उस पुस्तक में दोबारा छपी कहानी को बीच में छोड़ दिया गया (द्र० परिशिष्ट २)। क. से झ. संग्रह 'ममता कालिया की कहानियाँ' (दो खण्ड) – संक्षेप में 'कहानियाँ १' व 'कहानियाँ २' – में शामिल हैं, इनमें पाई जानेवाली सभी कहानियों की पृष्ठ-संख्याएँ इसी के अनुसार हैं, जबकि शेष कहानियों की क्रमशः 'थिएटर रोड के कौवे' (ञ.), 'पचीस साल की लड़की' (ट.), 'काके दी हट्टी' (ठ.), 'ख़ुशक़िस्मत' (ड.) तथा 'थोड़ा सा प्रगतिशील' (ढ.) के अनुसार। पृष्ठ-सन्दर्भ के लिए उदाहरण : उपन्यास – 'दुक्खम-सुक्खम' $_{४५}$ में ⋯। ⋯ $_{(४६)}$।; "⋯" (बेघर $_{५६}$)।; कहानी – 'आपकी छोटी लड़की' $_{११५}$ (घ.२) में ⋯। ⋯ $_{(११६)}$।; "⋯" (लड़के $_{५६}$, ग.१)।

'पहले अध्याय' व 'दूसरे अध्याय' के अन्तलेखों (एण्डनोट) को लेकर पाठक ध्यान दें कि जिस अनुच्छेद (या वाक्य) में कई छोटे-छोटे उद्धरण जोड़े गए, अथवा कई सन्दर्भित स्थानों का सार या भाव एकत्र बताया गया, वहाँ संबन्धित सन्दर्भ प्रायः उस अनुच्छेद (या वाक्य) के आखिर में, एक ही अन्तलेख में दर्शाये गए हैं। ऐसे अन्तलेख में सन्दर्भों का क्रम वही है, जो अनुच्छेद में उद्धरणों का क्रम होता है, जैसे : [१२] 'साक्षात्कार' ४१, ७०, ८९, ३३, १०६–१०७ (द्र० 'पहला अध्याय')। कभी अर्धविराम या पूर्णविराम के बाद अतिरिक्त, तुलनीय या द्रष्टव्य (तु०, द्र०) जानकारी भी दी गई है।

अन्त में इस शोध-प्रबन्ध की भाषा को लेकर एक आवश्यक टिप्पणी करना चाहता हूँ। हिन्दी साहित्य-समालोचन की कृतियों में अनेक बार तत्सम शब्दों की भरमार देखने को मिलती है, जिससे ऐसा आभास होता है कि लेखकों – विशेष रूप से शोध-छात्रों – में भरसक असहज लिखने की होड़ मची रहती है ताकि उनकी बातें सामान्य पाठक को कम से कम समझ आएँ अथवा यादगार वक्तव्य (के अभाव) से ध्यान दूर हटे। तत्सम शब्दों के प्रयोग से कोई संस्कृतविद् बनेगा नहीं, न ही वह बनने का विषय से कोई मतलब है। इसी तरह अरबी-फारसी के शब्दों से परहेज़ करके हिन्दी भाषा की बोधगम्यता को चोट पहुँचती है। सरल व सहज भाषा के लिए तद्भव, तत्सम और उर्दू शब्दों के अनुपात में संतुलन दिखना चाहिए। प्रस्तुत शोध-प्रबन्ध की व्यंजना में पाठक को इन विचारों की परछाईं ज़रूर मिलनी चाहिए, ऐसी मेरी कोशिश रही है।

अपना शोध इस आशा के साथ पाठकों के सामने रख रहा हूँ कि नारीवाद के युग में नारी का 'वाद-मुक्त' स्वर गुँजाती इस लेखिका के कथा-साहित्य पर कार्य करने के दौरान जितनी जिज्ञासा-पूर्ति मुझे होती रही तथा जितना आनन्द मिला, उतनी मात्रा में पाठक भी इस रचना में समाहित सामग्री को उपयोगी पाएँगे।

यदि मुझसे भूल-चूक हुई हो या कहीं कोई कमी रह गई हो, उसके लिए
मुझे दिल से खेद है और साहित्य-मर्मज्ञों से क्षमा चाहता हूँ।

यादृशं पुस्तके दृष्टम्
तादृशं लिखितम्मया।
यदि शुद्धमशुद्धं वा
मम दोषो नदीयताम्॥

सन्दर्भ

१ हंगेरियन अकादमी के इतिहासकार ज़ोल्तान फोनज्य का चर्चित ब्लॉग 'रोज़मर्रा का इतिहास' उन्नीसवीं शताब्दी के हंगेरियन समाज के अनकहे-अनसुने विविध आयामों का पर्दाफ़ाश करता है। महिलाओं की स्थिति पर दी जानकारी से पाठक को अनेक बार बीसवीं सदी और वर्तमान समय की भारतीय नारी की समस्याओं की याद आएगी, चाहे सन्दर्भ आयोजित विवाह, मातृत्व और बाल-जीवन, घरेलू हिंसा और मौन सहनशीलता की अपेक्षा, परिवार की 'इज़्ज़त का सवाल' या तलाक का अधिकार हो (द्र० 'सन्दर्भ एवं सहायक ग्रन्थ')।

२ कुमार (२०११), पृ० १४।

३ तुलनीय 'फिर भी प्यार' $_{१३१}$ (ठ.१४) : "उस [पति] ने मुझे घर में डाल लिया फर्नीचर की तरह"। 'एक पति की मौत' $_{९७}$ (ठ.११) की परित्यक्ता नायिका को भी लगा कि "जिस तरह वह इस घर में मेज़-कुर्सी, तख़्त-तिपाई, पलंग-रजाई छोड़ गया, इस तरह उसे भी छोड़ गया था"।

४ यह समस्या, जिसका ममता जी ने 'श्यामा' (ज.११) कहानी में तथा अपनी मामी के संबन्ध में 'भविष्य का स्त्री विमर्श' $_{९५}$ में ज़िक्र किया था, शादी के विज्ञापनों में और समाचारों में स्पष्ट देखी जा सकती है। तमिलनाडु के उच्च न्यायालय ने एक व्यक्ति को बाइज़्ज़त करार दिया; मुद्दई ने अपनी पत्नी को साँवली होने के लिए मानसिक यातना दी और पत्नी ने आत्महत्या कर ली, किन्तु कानून की निगाह में ऐसी यातना उसकी मृत्यु का कारण नहीं मानी जा सकती है ('Court Acquits Man Who 'Criticised' Wife For Being Dark', एनडीटीवी, २९ मार्च २०१५)।

५ 'तालिका १' माइक्रोसॉफ्ट एक्सेस में तैयार किए निष्पन्दनीय (फ़िल्टरेबल) डेटाबेस का माइक्रोसॉफ्ट एक्सेल में छपाई के लिए प्रस्तुत स्थिर (अपरिवर्ती) रूप है। सामग्री का प्रसंस्करण इन्हीं दो प्रोग्रामों की सामान्य तकनीकों से संभव हुआ। माइक्रोसॉफ्ट एक्सेल में बनी 'तालिका २' के लिए 'परिशिष्ट ४' में संचित शब्दावली का प्रक्रमण एक सरल आवृत्ति संगणक प्रोग्राम की सहायता से किया गया है (द्र० 'सन्दर्भ एवं सहायक ग्रन्थ' ; 'पाँचवाँ अध्याय')।

६ लेखिका स्वयं बोलती है, "स्त्री होने के नाते नारी-मन ही मेरा शक्ति-बिन्दु है, पर ऐसा नहीं कि मैंने पुरुष को केन्द्र-बिन्दु बनाकर कहानियाँ नहीं लिखीं" (साक्षात्कार $_{३५}$) और कि "स्त्री हो या पुरुष, दोनों की समस्याएँ, संघर्ष और विसंगतियाँ व्यक्त करने की कोशिश की। नारी-शक्ति का कृत्रिम प्रदर्शन करने से परहेज़ किया" (साक्षात्कार $_{५१}$)।

अनुक्रम

स्त्री-विषयक लेखन की पृष्ठभूमि और हिन्दी की साठोत्तरी पीढ़ी

भारत में महिला-जीवन : अतीत और वर्तमान — स्त्री-चिन्तन व स्त्रियों के लिए चिन्ता — ममता कालिया की पीढ़ी — अंग्रेज़ी साहित्य और ममता कालिया

क. भारत में महिला-जीवन : अतीत और वर्तमान

बहुत-सी पुस्तकों में प्रस्तुत विषय की चर्चा 'आदम और हौवा', इतने पुराने समय से शुरू होती है, जिसकी ओर केवल संकेत करना ही बेहतर है। ममता कालिया को समझने के लिए अतीत में न जाकर उस वर्तमान वातावरण को देखने की ज़्यादा ज़रूरत है, जिसमें उन्होंने रचना की। आज के वातावरण पर पुराने इतिहास, पुरानी रिवायतों के साये पड़ते हैं, इसलिए उनकी तरफ संक्षेप में उतना ही इशारा करना काफ़ी है, जितने के योग्य मूर्त वस्तु न होकर कोई साया होगा।

तक़रीबन साढ़े तीन सहस्राब्द पहले के वेद-काल में सामान्य लोगों का जीवन कैसा रहा होगा, इसे जानने के उपाय बहुत कम हैं। महिलाओं की क्या दशा थी, यह बूझना उतना ही मुश्किल है। पर वेद-संहिताओं पर एक दृष्टि डालने से हम पहचान सकते हैं कि मिस्र, मेसोपोटामिया और यूनान की अन्य प्राचीन सभ्यताओं की तुलना में आर्यों के धर्म-ग्रंथों में देवियों के प्रति कम रुचि दिखाई देती है। सरस्वती, पृथ्वी तथा उषा और अदिति जैसी सौर देवियों के अलावा वैदिक देवलोक में कम ही स्त्रियों का प्रवेश था। लक्ष्मी और पार्वती पौराणिक साहित्य में सामने आती हैं। पश्चिमी भारोपीय भाषाओं में चाँद को स्त्री-शक्ति के साथ जोड़कर देखा जाता था, पर संस्कृत के ताराओं से मंडित चन्द्रः, चन्द्रमस् या शशिन् सब पुल्लिंग नाम हैं।

शुक्ल यजुर्वेद, यानी वाजसनेयी संहिता के साथ जुड़ी 'बृहदारण्यक-उपनिषद्'
३.६–७ में विदेह के राजा जनक के दरबार में गार्गी वाचक्नवी और याज्ञवल्क्य के विवाद का उल्लेख है। गार्गी अपने दिनों की निराली औरत रही होंगी, उनके नाम से

ऋग्वेद के नवीनतम, दसवें मण्डल की दो ऋचाएँ (३९, ४०) संचयित हैं, जो अश्विनों की स्तुति करती हैं। स्वयं याज्ञवल्क्य की पत्नी मैत्रेयी तथा अगस्त्य की पत्नी लोपामुद्रा और दीर्घतमा की पोती, कक्षीवत् की पुत्री घोषा ने भी कुछ ऋचाएँ रची थीं, इसलिए इन वेदकालीन विदुषियों को ब्रह्मवादिनी भी कहा जाता है। यद्यपि आज नाम के अलावा इनके बारे में जानकारी न के बराबर उपलब्ध है और इन्होंने पुरुष जैसी बनकर यश अर्जित किया था, यह सिद्ध तो कर दिया कि कम संख्या में ही सही, उस ज़माने में भी समाज की रूढ़ियों को तोड़नेवाली साहसी स्त्रियाँ जन्म लेती थीं।

जिस अथर्व-वेद १४.१४ में नारी को "गृह की सम्राज्ञी के रूप में" देखा गया है,[१] उसी अथर्व-वेद १.१४ में एक डाह से जलती महिला अपनी प्रतिस्पर्द्धिनी को इस प्रकार श्राप देती है कि वह यमराज की बहू बनकर हमेशा के लिए पीहर में रह जाए, जब तक बाल न झड़ जाएँ। इससे हमें यह जानकारी मिलती है कि अविवाहित रह जाना उस ज़माने में भी अपमान और एक नारी के जीवन की निरर्थकता समझा जाता था। वहीं ३.३० आगे गृहशान्ति के लिए कहे आशीर्वाद में कामना की जाती है कि घर में पुत्र पिता का आज्ञाकारी हो, पुत्र और माता (इसी क्रम से!) का एक मत रहे और कि पत्नी पति से मीठी ज़ुबान बोले, पर पति के दायित्व की अलग चर्चा नहीं होती। गृह्यसूत्रों में निहित जीवन-संस्कारों में पुरुष संतान के निमित्त किया जानेवाला पुँसवन और जापा अथवा सौर-गृह में प्रसूता के अशुद्ध रहने की अवधारणा महिलाओं को पुरुषों से पीछे का स्थान देती है। संयत रहकर भी इतना अनुमान लगा सकते हैं कि शुरू का आर्य समाज (भी) बहुत अधिक स्त्री-उन्मुख नहीं रहा होगा।

उस कालावधि में, जो वैदिक साहित्य के विहित (कैनोनाइज़्ड, मानक) रूप पाने से लगभग गौतम बुद्ध के ढाई हज़ार साल पहले के क्रियाकलाप तक बीती, भारतवर्ष अर्थात् उत्तर भारत की भूमि पर कई उल्लेखनीय घटनाएँ घटीं, तभी 'रामायण' तथा 'महाभारत' दो शीर्ष महाकाव्यों में, जिनकी विधा संस्कृत की शब्दावली में 'इति ह आस', यानी 'इतिहासः' होती है, इनका पल्लवित रूप में उल्लेख भी हुआ। रामचन्द्र अपनी प्रजा के आदर्श राजा क्यों न हों, माँ सीता के पति के रूप में वे आदर्श नहीं हैं, जैसा कि सीता का जीवनानुभव भी वैसा नहीं है, जिसे कोई भी जीती-जागती महिला आदर्श कहना चाहेगी। (ममता कालिया ने अपना 'कितने प्रश्न करूँ' नामक प्रबन्ध-काव्य इसी विषय पर लिखा है, इसके बारे में 'दूसरा अध्याय' देखें।) 'रामायण' २.११७–११८ में सती अनसूया अपनी तपश्शक्ति से रामचन्द्र को भी अभिभूत कर देती है, और वह सीता को समझाती है कि एक महिला के लिए पतिव्रत ही परम तपस्या होता है।[२] अनसूया के प्रसंग में प्रतिष्ठान की रहनेवाली शाण्डिली (कौशिकी) और उसके कोढ़ी

पति कौशिक की कहानी भी आती है, जिसमें पतिव्रता स्त्री अपने पतिदेव को उस वेश्या के यहाँ ले जाती है, जिससे बीमार पड़ जाने से पहले वह मिलने जाया करता था।[३] अहल्या और गौतम की दास्तान दोहराने की ज़रूरत नहीं होगी। अगर सीता और उर्मिला, शाण्डिली और अहल्या जैसे पात्रों का जीवन-चरित साहित्य का उदात्त आदर्श है, तो सामान्य महिलाओं के जीवन की तत्कालीन वास्तविकता उससे बहुत उदार या विपरीत नहीं रही होगी।

'महाभारत' के सबसे अहम अंश के रूप में जानी जानेवाली श्रीमद् भगवद्गीता
९.३२ महिलाओं के सन्दर्भ में कुछ कठोर भाषा बोलती है। "मां हि पार्थ व्यपाश्रित्य येऽपि स्युः पापयोनयः। स्त्रियो वैश्यास्तथा शूद्रास्तेऽपि यान्ति परां गतिम्॥" अर्थात् 'ओ अर्जुन, मेरी शरण में आकर पापी योनि में जन्मे सब, स्त्रियाँ तथा वैश्य और शूद्र भी एक ख़ुशहाल जीवन पा सकते हैं'। यद्यपि भगवद्गीता का पाठ प्राचीन है, उसका संदेश आज भी भारतीय समाज को प्रभावित करता है। कृष्ण-भक्ति द्वारा बेहतर जीवन जी सकने के प्रावधान की सैकड़ों साल पुरानी उदारता के समानान्तर 'नीच' वर्गों के प्रति इस प्रतिज्ञा का अन्तर्निहित तिरस्कार जनमानस में आज पहले की तरह प्रबल है। भले ही गीता के सन्दर्भ में महिलाएँ, बनिए और दलित इसलिए धार्मिक तिरस्कार के पात्र हैं, क्योंकि इन्हें वेद-शास्त्रों का श्रुतिफल प्राप्त नहीं, दैनन्दिन जीवन के स्तर पर सत्ता के उत्तराधिकारियों ने इनकी मुश्किलें काफ़ी बढ़ा दीं।

श्री कृष्ण ने किसी सवर्ण पुरुष के रूप में एक 'परा गति' का वादा निश्चित ही किया था, पर अगर केवल महिलाओं की बात करें, तो आजकल की भारतीय महिला घर-बाहर में तरह-तरह के 'चीर-हरण' का शिकार होती है, इसलिए यदा-कदा उससे अपनी मर्यादा में रहने की अपेक्षा की जाती है। दशहरे में रामलीला जैसी परम्पराओं से यह आभास होता है कि जनमानस में 'रामायण' का स्थान 'महाभारत' के भी ऊपर है। जनता को सीता जैसी नारी के गुण भी द्रौपदी के स्वायत्त स्वभाव से अधिक भाते हैं। ऐसे में, यदि 'महाभारत' से ही चयन करना हो, तो ममता कालिया की नायिका के अनुसार किसी पति को "एक गान्धारी चाहिए, जो जान-बूझकर न सिर्फ़ अँधी बनी रहे, बल्कि गूँगी और बहरी भी" (बोलनेवाली औरत १३०, छ.१)।

वैसे यह याद करना व्यर्थ नहीं होगा कि 'महाभारत' के चार स्तब्ध कर देनेवाले मध्यकालीन मलयाली पाठान्तरों[४] के अनुसार पाँच पतियों की दासी द्रौपदी को अपना दाम्पत्य वास्तव में शिव महादेव से वरदान के रूप में मिला था। व्यास बताते हैं कि पांचाली द्रौपदी पिछले जन्म में मौद्गल्य ऋषि की अर्धांगिनी नलयनी थी, जो कुष्ठरोगी पति से इतना प्यार करती थी कि वह ऐसा भोजन भी खा लेती, जिसमें पति

की एक उँगली गलकर गिर पड़ी। चूँकि पति की अकाल मृत्यु हो गई, देह का ताप बुझाने के लिए उसे बाद में द्रौपदी की गति मिली। अनहोनी का बोधन मध्यकाल के समाज ने यूँ खोजा था।

महाकाव्यों और पुराण-ग्रंथों के दौर के बाद संस्कृत साहित्य के इतिहास का एक और गौरवशाली अध्याय है कथा-साहित्य। 'पञ्चतंत्र' और 'हितोपदेश' की कथाएँ (या उनके रूपान्तर) बालक दुनिया के कोने-कोने में सुनते हैं। पूर्व-मध्यकाल तथा आरंभिक मध्यकाल के समाज को दर्शाती रचना, सोमदेव भट्ट के 'कथासरित्सागर' में कई प्रकार की स्त्रियों का उल्लेख पाया जाता है, जैसे पतिव्रताएँ, राजकुमारियाँ, कुट्टनियाँ-वेश्याएँ, पथभ्रष्ट रानियाँ, देवदासियाँ, यक्षिणियाँ, भील और चंडाल कन्याएँ। लड़की का जन्म ख़ुशी का अवसर ज़्यादातर तब भी नहीं माना जाता था, लेकिन स्रोत बताते हैं कि लड़कियों को घर पर अक्षर-ज्ञान के अलावा कलाएँ सिखलाई जातीं, मुख्य रूप से संगीत। कुछ एक विदुषी लड़कियों का भी ज़िक्र होता है, जो तर्कशास्त्र में पुरुषों के कहीं आगे थीं। बालविवाह की चर्चा होती है, पर अधिकांश लड़कियों का विवाह वयस्कावस्था में होता था, स्वयंवर का रिवाज़ भी था, और कुछ कुलीन युवक वेश्याओं से ब्याह कर लेते। पति का परदेश जाना प्राचीन काल में भी अक्सर ज़रूरी होता था, इसलिए शास्त्रों में घर पर रह गई धर्मपत्नी के लिए सजने-सँवरने, खाने-पीने इत्यादि के मामले में आत्मसंयम बरतने के आदेश हैं। महावेस्सन्तर जातक (खण्ड ६) कहता है, "उस नारी की उपासना देवता भी करते हैं, जो अपने पति की अनुगामिनी होती हैं"।[५]

पुरुषों एवं पुरुष-विरचित साहित्य के इस लम्बे इतिहास के दौरान महिलाओं की पिछलग्गू स्थिति साक्षात् है। भारतीय समाज की नज़र में आरंभ से उनकी आदर्श भूमिका और पुरुषार्थ है सावित्री-सी पतिव्रता होकर अपने पतिदेव की हरदम सेवा करना। ममता कालिया के शब्दों में "भारतीय नारी अस्तित्व से लेकर व्यक्तित्व के हर स्तर पर शोषित है। सबसे बड़ी त्रासदी यह है कि जो उसके गुण हैं, वही उसके लिए अभिशाप बन गए हैं"।[६] न केवल शास्त्रीय साहित्य की सीमाओं में या मनुष्य के सुख-सौभाग्य में कम दिलचस्पी लेती ललित-कथाओं की नायिका के रूप में, बल्कि इतिहास की वर्णनात्मक स्मृति में भी इक्का-दुक्का महिलाएँ ही अपनी हाज़िरी दर्ज़ कर पाई हैं। अनाम थेरियों के बाद हिन्दी साहित्य के कोश में अगला नाम सीधा मीराबाई और सहजोबाई का ही है, जबकि उनमें सदियों का अन्तराल है। तमिल की आण्डाल और कन्नड की अक्क महादेवी, कश्मीरी कवयित्री ललद्यद और 'हुमायूँनामा' लिखने वाली गुलबदन बेग़म का योगदान कितना भी महत्त्वपूर्ण क्यों न हो, उनके अलावा

१८–१९वीं सदी के नवजागरण काल तक शेष भारतीय साहित्य में भी चन्द ही महिला रचनाकार देखने को मिलेंगी।

ख. स्त्री-चिन्तन व स्त्रियों के लिए चिन्ता

यूरोप भर में प्रसिद्ध बालकथा 'मंडूक-राजकुमार' (जर्मन 'दॅर फ्रोशकोनिग') का लोकप्रिय संस्करण जर्मनी के ग्रिम्म बन्धुओं के लोककथा-संग्रह में पाया जाता है। कथानक के चरम बिंदु पर नायिका को घृणास्पद मंडूक को चूमना पड़ता है ताकि वह सौम्य राजकुमार का रूप धारण कर उसके साथ विवाह कर सके। ताज्जुब की बात है कि ग्रिम्म बन्धुओं ने मूल जर्मन लोककथा अपने युग की अभिरुचि के अनुसार थोड़ी-थोड़ी सम्पादित कर डाली थी। पहले नायिका को यह मंडूक ज़ोर से दीवार पर पटकना था, इसी से वह कलेवर बदलता।[७] पर ऐसा लगता है, १९वीं सदी के संग्रह-कर्ताओं को बालकों की बुद्धि के विकास के लिए यह अनुचित लगा, तभी परिवर्तन की आवश्यकता महसूस की। पुरुष-प्रधान, पितृसत्तात्मक व्यवस्था में और तत्कालीन सामाजिक सोच के चलते सुलक्षण कन्याएँ मेंढक पर तक धौंस नहीं दिखातीं, बल्कि स्त्रियोचित स्नेह से काम लेतीं। डेढ़ सौ साल पश्चात्, जर्मनी में आज कथा के साथ ऐसा खिलवाड़ कोई ठीक नहीं ठहराएगा। कारण यह है कि लगभग उस समय से यूरोप में महिलाओं की स्वीकृत सामाजिक भूमिका में बदलाव लाने के लिए व्यापक आन्दोलन छिड़ गया।

सिमोन द बोवुआ की १९४९ में प्रकाशित विश्व-विख्यात रचना 'द सेकंड सेक्स' (स्त्री उपेक्षिता) पाश्चात्य स्त्री-चिन्तन के अभी तक के सफ़र में तक़रीबन आधे रास्ते का मील-पत्थर है। जितनी इसमें तब तक के विमर्श के सार की झलक दिख जाती है, उतना ही इसने उत्तरगामी विचारकों व आन्दोलनकारों को दर्शन और प्रेरणा दी। लेकिन ऐसा नहीं कि अन्य जागृत महिलाओं ने उनसे पहले अपने लेखन से प्रभावशाली कार्य न किया हो। लेखिका व सामाजिक कार्यकर्ता हैरिएट बीचर स्टो के बेस्ट सेलर उपन्यास 'अंकल टॉम'स केबिन' (१८५२) में अमेरिका के अश्वेतों पर हुए ज़ुल्मों का ऐसा चित्रण किया गया था, जिसने उत्तर और दक्षिण के गृहयुद्ध के दौरान उत्तरी प्रदेशों में बहुतों को गुलामी के निर्मूलन के समर्थन के लिए आश्वस्त कर दिया। ममता कालिया को बोवुआ नहीं, वरन् स्टो की कोटि की समाज-सुधारक समझना चाहिए।

फिर भी, पिछले दशकों में जो स्त्री-विमर्श हम विश्वभर में फैलते हुए देखते हैं, वह मूल रूप से बोवुआ जैसी पश्चिमी चिन्तकों की बेचैनी और समस्याओं को हल करने के उनके तरीकों से प्रेरित है। इसलिए भारत जैसे देशों में गत साठ-सत्तर वर्षों में विवाद का विषय रहा है कि स्थानीय सामाजिक और सांस्कृतिक विशेषताओं को ध्यान में रखते हुए आखिरकार महिलाओं की ठीक-ठीक कौन-सी ऐसी समस्याएँ होंगी, जिनका समाधान निकालना है तथा 'किस विध', यानी ऐसा करने में किन सिद्धान्तों का अनुपालन करना चाहिए। स्त्रियों की स्थिति की बेहतरी चाहनेवालों की विचारधाराएँ केवल पूरब-पच्छिम की बुनियाद पर अलग नहीं होतीं। बीच में लड़ाकू नारीवाद भी मंच पर उपस्थित हो गया, जो इसपर ज़ोर डालता है कि परिवर्तन न सिर्फ स्त्रियों के लिए, बल्कि 'स्त्रियों द्वारा' व पुरुष के घाटे पर होना चाहिए। तमाम आवाज़ें सुनने के बाद कोई इतना ही निश्चित मान सकता है कि जीवन की अनेक परिस्थितियों में महिलाएँ अपने फैसले नहीं ले सकतीं, क्योंकि उनपर किन्हीं ऐतिहासिक कारणों से पुरुषों का नियंत्रण है। यही समस्या की जड़ है। इसे हल करने की पद्धति और स्वरूप पर मतैक्य नहीं है।

दूसरे, प्राक्कथन में इस ओर इंगित किया गया कि इस समस्या को संबोधित करनेवाले कई भारतीय थे, जिन्होंने उन्नीसवीं सदी के पूर्वार्द्ध से महिलाओं के उत्थान के लिए कार्य किया था, यद्यपि हमदर्दी व सान्त्वना से पहल तक पहुँचने में समय लग गया था। शुरुआत में करुणामय पुरुषों ने स्त्री-जाति के अधिकारों की माँग की। ममता कालिया ने इनमें से राजा राममोहन रॉय, ईश्वरचन्द्र विद्यासागर, महादेव गोविन्द रानाडे, महर्षि कर्वे तथा गोपाल कृष्ण गोखले को याद किया, जिन्होंने बाल-विवाह, सती-प्रथा, विधवा-प्रताड़ना, अशिक्षा तथा पर्दा-प्रथा की रोकथाम के लिए अनमोल और अभूतपूर्व कार्य किया था।[८] पण्डिता रमाबाई, सावित्रीबाई फुले और उनके पति ज्योतिराव फुले ने भी महिला-उत्थान में अहम भूमिका निभाई; ध्यातव्य है कि १९०९ में इलाहाबाद की दो महिलाओं, रामेश्वरी व रूप कुमारी नेहरू की पत्रिका, 'स्त्री-दर्पण' का भी शुभारंभ हुआ था।[९] देख सकते हैं कि मौसम बदलने में विदेशी प्रेरणा से कायम हुए बंगाली नवजागरण के अलावा महाराष्ट्र के चिन्तकों का योगदान प्रमुख रहा था। रुचिकर है कि आजकल के सनसनीखेज़ बलात्कार-काण्डों के बीच महाराष्ट्र की राजधानी मुंबई को महिलाओं के लिए अपेक्षाकृत सुरक्षित माना जाता है, जबकि इस लिहाज़ से दिल्ली बेहद बदनाम है।[१०]

बीसवीं शताब्दी के पूर्वार्द्ध में महात्मा गाँधी के आन्दोलन में महिलाओं को पुरुषों के बराबर स्वीकृति मिली। 'दुक्खम-सुक्खम' उपन्यास में मथुरा की 'चरखा-बहनें'

"दोपहरकालीन बातचीत से सुविज्ञ रहतीं" (२६९)। कुछ की "पढ़ाई ज़िन्दगी के विद्यालय में हो चुकी थी" (२७०), वे बेझिझक कहती हैं, "सच्ची कहती हो, हमारे ये भी आर्डर देने में गोरे साहबों से कम नहीं" (२७०)। इतनी साहसी न होते हुए दूसरी औरतों ने भी तो "सुनो है, जनै सच है जनै झूठ, कि गाँधीबाबा ने अपने आश्रम की प्रार्थना-सभा में सबको कहा था, 'औरत–मर्द दोनों बराबर हैं, कोई किसी से कम नहीं है'। जो लोग कहते कि औरत जात की अक़्ल उसके पैर की एड़ी में होवै, वे झूठ बोलें" ··· "शायद नए जमाने में मरद औरत को दबाना छोड़ दें" (२७०)। महादेवी वर्मा की पुस्तक 'शृंखला की कड़ियाँ' (१९४२) इसी दौर के प्रबुद्ध और मौलिक देशी स्त्री-चिन्तन का दस्तावेज़ है।

भारत में पश्चिमी विचारधाराओं का निरूपण सतही तौर पर होता ही रहता है। ममता जी के शब्दों में, "जब पश्चिम में इस [नारीवाद की] तरह के आन्दोलन होते हैं, उसके साल-दो साल बाद ये भारत में आयातित होते हैं। भारत का नारी-मुक्ति आन्दोलन भी कुछ-कुछ ऐसा है। उसका सारा ढाँचा विदेशी है"।[११] इतिहास की इन झलकियों को ध्यान में रखते हुए हम उनसे शत-प्रतिशत सहमत नहीं हो सकते, किन्तु बात में इतनी सच्चाई ज़रूर है कि देश में कई बार विदेशी प्रेरणा और प्रभाव को ही ज़्यादा तूल दिया जाता है। ममता जी की पहली पुस्तक सन् '७० में प्रकाशित हुई। इस साठोत्तरी पीढ़ी का लेखन एक ऐसे दौर में पड़ता है, जब भारतीय महिला की स्थिति सौ साल पुरानी स्थिति से निश्चित ही बहुत बेहतर हो चुकी थी, लेकिन इस पीढ़ी के लिए कुछ शेष और कुछ नए, शायद विदेशी मूल के भी, प्रश्नों से जूझना बाकी था। इस परिस्थिति के बारे में लेखिका कहती है, उस समय "पश्चिम से जो नारीवाद आया, नारी-स्वातंत्र्य की चेतना आई, वह सैद्धान्तिक रूप से हमने भले ही ग्रहण की हो, लेकिन उसका व्यावहारिक पक्ष हमारे नज़दीक बिलकुल नहीं था"।[१२]

ऐसे में उनका पहला उपन्यास 'बेघर' ज़हर बनती रूढ़ियों को तोड़ने की इच्छा और संतुलित, संवेदनशील व सुरुचिपूर्ण रहने के आदर्श का मेल है। इसकी मूल संवेदना नारी की शुचिता है, लेकिन ममता जी कहती हैं : "लिखने के समय में मुझे कहीं से भी नहीं लगा कि कौमार्य के मिथक पर प्रश्नचिह्न लगाना कोई क्रान्तिकारी काम है। यह तो मूलभूत सरोकार है, यह लगा था। १९७० के समय में नारीवाद का लाठी-पटक आन्दोलन आग नहीं पकड़ पाया था। यह संयोग ही था कि मैं इस कोष्ठक से बचकर भी स्त्री के पक्ष में यह कहानी कह सकी"। इसके बाद के समस्त प्रयासों के पीछे भी यह बुनियादी समझ रही कि "समाज में नारी हमेशा से कमज़ोर रही है। ज़ाहिर है, लेखक तो अपेक्षाकृत कमज़ोर पक्ष के लिए लिखेगा"।[१३]

स्त्री-विमर्श केवल महिलाओं का अंदरूनी, आपसी मसला नहीं है, ज़ाहिर है, इसकी ओर कुछ पुरुष चिन्तकों में भी बराबर दिलचस्पी है, किन्तु इनमें से कुछ का 'सद्भाव' हज़म करना हर किसी के लिए आसान नहीं होता। हिन्दी में राजेन्द्र यादव ऐसी हस्ती हैं, जो न केवल अपने लेखन के लिए, वरन् महिला रचनाकारों में प्रतिभा देख लेने और उन्हें अवसर दिलाने के लिए चर्चा-अपचर्चा में रहे हैं। उनका और मन्नू भण्डारी का घर एक समय ममता जी के पड़ोस में था, इसलिए रवीन्द्र कालिया कहते हैं,

> "राजेन्द्र यादव का बस चलता, तो वह शक्ति नगर की तमाम लड़कियों को कहानीकार बना देते। आज नहीं, शुरू से राजेन्द्र यादव का यह शौक़ रहा है। 'हंस' में महिला कथाकारों का अनुपात देखकर ममता ने एक बार राजेन्द्र यादव को राय दी थी कि वह 'हंस' का नाम 'हंसिनी' रख लें। मगर उन दिनों ममता धीरे-धीरे राजेन्द्र यादव के प्रभाव में आ रही थीं।"

पर ऐसा प्रभाव अगर था भी, तो आजकल नहीं दिखता है : ममता जी सवाल पूछती हैं, राजेन्द्र यादव ने "स्त्री-विमर्श की गंभीरता नष्ट कर उसे ब्लू फिल्म में क्यों बदला?"।[१४] 'अर्द्धांगिनी' २१४ (छ.१३) के पति-पत्नी की बहस में हम देख सकते हैं कि यह ज़रूरी नहीं कि महिलाओं की देह-मुक्ति का प्रचार स्वयं महिलाएँ करें। पति कहता है "सौन्दर्य-प्रदर्शन नारी का स्वयंसिद्ध अधिकार है। व्यक्ति हमेशा अपना वैभव दिखाना चाहता है", जबकि पत्नी इससे सहमत नहीं है : "स्त्री के पास क्या मात्र देह-वैभव ही पूँजी है?", वह पूछती है।

ज्ञानप्रकाश विवेक ने ठीक कहा कि "ममता कालिया की कहानियों में वैसा स्त्री-विमर्श, जो स्त्री-देह के भोग तक पहुँचता हो, नहीं है। इन कहानियों में स्त्री की वेदना और विडम्बना को स्त्री-विमर्श के 'लेबल' या 'ब्रैंड' के ज़रिये नहीं जाना-परखा गया। ··· ममता कालिया की कहानियाँ स्त्री-विमर्श के ढोंग और बाज़ारूपन का प्रतिवाद प्रतीत होती हैं"। लेखिका के बारे में उनकी एक सहेली मीरा सीकरी बताती हैं, "जीवन हो या साहित्य, अतिवादिता को ममता पास नहीं फटकने देती। परम्परा हो या आधुनिकता, स्त्री-विमर्श हो या अन्य सामाजिक सरोकार, ममता को बड़बोलेपन से परहेज़ है"।[१५] पर ममता कालिया के लिए स्त्री-विमर्श आखिरकार क्या है?

बावजूद इसके कि ममता जी अपने पहले उपन्यास और 'जितना तुम्हारा हूँ' १४६–७ (ख.५) जैसी कहानी में तथा 'लेडी चैटरलेज़ लवर' का हिन्दी रूपान्तरण तैयार कर दिखा चुकी हैं कि उन्हें "प्रेम स्थितियों की अभिव्यक्ति में बिलकुल झिझक नहीं होती", २०११ में उनका ख़याल था कि "बिना किसी आडम्बर के प्रत्यक्ष शब्दों में प्रत्यक्षता का प्रेषण" करना "सबसे सार्थक" है ही, लेकिन चूँकि हमारे युग में

यौनिकता पहले जितनी विवादास्पद नहीं रही है, इसलिए उसे "सर्वाधिक चर्चा का विषय" बनाना भी ज़रूरी नहीं है। जहाँ फिर भी नग्नता का चित्रण किया जाता है, वहाँ यादृच्छिक न होकर उसका कोई ठोस कारण भी होना चाहिए। तभी अकविता आन्दोलन (द्र० 'दूसरा अध्याय') के बारे में ममता जी ने कहा कि "ख़ासकर स्त्री के प्रति उन काव्य-प्रयोगों में बड़ा वस्तुवादी, भोगवादी दृष्टिकोण था और यह मेरी विरक्ति का कारण बना"।[१६]

वे देह-मुक्ति को वैचारिक मुक्ति के अंग के रूप में देखती हैं : नारी की देह तब मुक्त होगी, जब उसे घर से निकलने, काम करने, स्वतन्त्र कमाने और खर्चने, सोचने और समाज में संवाद करने, जीवनसाथी को स्वयं चुनने और सामंजस्य के अभाव में छोड़ने का अधिकार हो। "मुक्ति का सबसे अच्छा विस्तार वैचारिक मुक्ति है", क्योंकि यही सभी स्वाधीनताओं का स्रोत है, और "जब तक स्त्री को संकल्प और विकल्प की स्वाधीनता नहीं मिलती, ··· उसकी शिक्षा, नौकरी, यानी उसका सम्पूर्ण जीवन एक कारावास है"। चूँकि अपनी मुक्ति के स्वभाव को लेकर महिलाएँ पूरी सचेत नहीं हुईं, लेखिका ध्यान दिलाती हैं कि अभी भी "नारी की दैहिक स्वाधीनता में हमें बहुत-सी बातें परिभाषित करनी हैं। ··· जो स्त्री सवा मीटर या एक मीटर कपड़ों के वस्त्र पहनती है, उसे यह भी तो सोचना है कि वह ऐसा किसलिए पहनती है"।[१७]

ममता कालिया ने 'उत्तर प्रदेश' वार्षिक पत्रिका (२००१-२००२) के लिए स्त्री-विमर्श का विशेषांक सम्पादित करते हुए कुर्रतुलएन हैदर से बातचीत की। उन्होंने अफ़सोस जताया कि "आधुनिक नारीवाद में सब औरत के जिस्म पर ज़ोर देते हैं, उनके दिल-दिमाग की आज़ादी के लिए कोई फ़िक्र नहीं करता"।[१८] सच है कि भारत में आज भी महिला अधिकतर किसी पुरुष की संबन्धी के रूप में जानी जाती है : नाम न लेकर पहले वह बाप की लड़की, ब्याह के बाद अमुक व्यक्ति की बीवी, घर में बेटे की माँ, या ये सब न सही, तो फलाने की बहन बनती है। सुधा अरोड़ा ने २०१३ की एक कविता में यही संवेदना व्यक्त की है :

> "विदा लेते वक़्त
> मुँह से निकला – 'खुश रहो नसरीन !'
> सुनते ही आँखें डबडबा आईं उसकी
> रुँधे गले से कहा उसने –
> आपने नाम लिया
> मैं तो भूल ही गई थी अपना नाम।
> सब कबीर की अम्मी कहते हैं

भूले से भी कोई ज़बीन की अम्मी नहीं कहता !
और नाम से तो कोई बुलाता ही नहीं !"[१९]

इस कुचक्र से भारत की महिला नेता भी बरी नहीं हैं, जिनकी प्रत्यक्ष ताकत व 'आधिपत्य' को पहचानने हेतु जनता के बीच उन्हें प्रायः 'अम्मा' का दर्जा दिया जाता है। ममता कालिया शिकायत करती हैं कि चाहे दबाई जाने या खुद आगे न आने के लिए, देश में "व्यक्तित्व-संपन्न" महिलाओं की कमी है और "जिन स्त्रियों का नाम हम उनके व्यक्तित्व के स्तर पर सुनते हैं, वे साठ पार की हैं"।[२०]

ममता जी ख़ुद उन महिलाओं के प्रति जागरूकता बढ़ाती हैं, जिनके "दिमाग का रसोईकरण कुछ ज़्यादा ही हो गया" (मान लो कि २६३, ज.८), जो आज उनकी नायिका की तरह "अपनी समस्त प्रतिभा मटर-पनीर में झोंककर, सहन-शक्ति का सलाद और रचनात्मकता का रायता परोस स्वयं को धन्य मानती" हैं (लैला-मजनूँ २८३, घ.७) और "आलू-प्याज़ खरीदते, स्वेटर बुनते, चवन्नियाँ बचाते नष्ट हो जाएँगी" (अनावश्यक १२०, ठ.१३)। 'प्रेम कहानी' १९४ की जया ने भी "कभी भी रसोईदारिन के रूप में प्यार की सार्थकता नहीं चाही थी। उनके अनुसार यह अभी भी एक बड़ी समस्या है कि जब प्रबुद्ध भारतीय चिन्तक महिलाओं के लिए सैद्धान्तिक युद्ध में उलझते रहे हैं, तब "अधिकांश औरतों को [अपनी पालतू स्थिति की] इस ऊब और कैद की कोई चेतना नहीं थी। वे रोज़ सुबह साढ़े नौ बजे सासों, नौकरों, नौकरानियों, बच्चों, माली और कुत्तों के संग घरों में छोड़ दी जातीं, अपना दिन तमाम करने के लिए" (बोलनेवाली औरत १२७, छ.१)।

ममता कालिया का स्वर किसी क्रान्तिकारी नारीवाद का पाबन्द नहीं है। उनकी रचनाओं का विचार-गोचर वही लगता है, जो उत्तर-नारीवाद (पॉस्टफेमिनिज़म) का भी है। आजकल की इस धारा ने 'जेंडर' नारीवाद की जगह 'एक्विटी' अर्थात् साम्य नारीवाद का प्रस्ताव रखा : पहले के नारीवादियों ने स्त्री को पीड़ित के रूप में चित्रित कर उसके के लिए विशेषाधिकारों वाला बरताव माँगा, जबकि लक्ष्य समानता ही होना चाहिए था।[२१] 'उनका जाना' १८ (ञ.२) कहानी में ममता जी नारीवाद को एक "अस्त्र" बताती हैं, जिसका इस्तेमाल कोई महिला पुरुषों के विरुद्ध तब कर सकती है, जब उसके पास समझाने के तर्क ख़त्म हो गए हों। एक पात्र कहता है, "नारी-वादियों, कभी ज़मीन पर उतरकर भी देखा करो। हर बात उतनी संजीदा नहीं होती, जितनी तुम लोग मानती हो" (चिर कुमारी २२६, ज.२); 'वह मिली थी बस में' (झ.५) का वक्तव्य भी यही है।

लेखिका ने कई बार प्रकट किया कि उन्हें उस स्त्री-साहित्य से चिढ़ है, जिसमें "चीख-पुकार", देह-मुक्ति के नाम पर अश्लीलता और महिला होने के लिए छूट व आरक्षण की माँग हो। कोई पीड़ा महसूस करने और उसे व्यक्त कर पाने की साहित्यिक तैयारी रखने में अन्तर है, तभी "हमेशा चीत्कार और उच्छ्वास ही लेखन नहीं है"।[२२] "ज़ाहिर है कि स्त्री-संसार में मुझे जहाँ तक का पासपोर्ट मिला है, आप [पुरुषों] को कभी नहीं मिलेगा। मैं जो लिखूँगी, वह अन्तःप्रदेश की रचनाएँ होंगी, लेकिन लिखने के बाद रचना साहित्यिक-सामाजिक वस्तु हो जाती है। उसका मूल्याङ्कन समाज की मुख्यधारा में होगा", इसलिए "मूलतः हमें [लेखकों को] समाज को केन्द्रित करके लिखना चाहिए, दलित या महिला की दुहाई न देकर वास्तविकता का चित्रण करना चाहिए", उन्होंने कहा और उनके एक प्रश्नकर्ता ने भी इस बात को रेखांकित किया कि उन्होंने "नारी को बिना बेचारी बनाए" सृजन किया है।[२३] इस सोच के पीछे एक कारण उनका माँ के साथ रहा संबन्ध हो सकता है (द्र० 'दूसरा अध्याय')।

'तोहमत' २७६ (घ.५) में वे जंगल के वर्णन में एक उपमा इस्तेमाल करती है, "जगह-जगह लताओं के झुरमुट थे, अनाम लताएँ, जो पेड़ों से लिपट-लिपट अपने अबला होने का प्रमाण प्रतिदिन देतीं"। अर्थात् पुरुषों की तुलना में भारतीय नारी अनाम भी है, आश्रित भी है, अबला भी है। लेखिका की रचनाएँ इसके बारे में पाठक की चेतना जगाना चाहती हैं। 'एक जीनियस की प्रेमकथा' २६३ (घ.४) में यह कहा जाता है कि एक आत्मलिप्त और महत्त्वाकांक्षी पुरुष के लिए अपनी माशूका की "असमर्थता ही उसकी प्रियता" होती है। औरत की असहायता को सुन्दरता के साथ जोड़ना एक बेहद अफसोसनाक प्रवृत्ति है।[२४] कोमलता के साथ जोड़े जाने के कारण बस रोककर पुलिस सामान्यतः महिलाओं की तलाशी लेती भी नहीं, लेखिका कहती है, "आज भी हमारे यहाँ स्त्री होना कितना मायने रखता है। लोग मानकर चलते हैं कि स्त्रियों के पास कोई आपत्तिजनक सामान नहीं होगा" (वह मिली थी बस में ३८१, झ.५)।

वैसे लेखिका के अनुसार बांग्ला साहित्य में नब्बे के दशक तक "महिला की भावुकता, उनके प्रति पाशविकता का चित्रण" काफ़ी हुआ है, फिर वे पूछती हैं, "क्या देह के अवयव से कोई भिन्न है? ··· [महिलाओं के] देवी और दासी के मिथों को तोड़ना बहुत ज़रूरी है"।[२५] यह कि वे ऐसा करते हुए कितना व्यापक सोचती हैं, उनकी एक शुरुआती कहानी, 'वे' ८४ (क.१३) से समझा जा सकता है। नायक की पक्षधर होकर कहती हैं :

> "महज़ समय काटने के लिहाज़ से वह अनुमान लगाने लगा कि अरुणा इस समय क्या सोच रही होगी। ··· उसे महसूस हुआ, लड़कियाँ काफ़ी फ्लैट बातें सोचती हैं। उसने

अपनी बहन को काफ़ी नज़दीक से देखा था। उसे अपनी बहन कभी पर्याप्त रोचक नहीं लगी। ··· जब भी उसने बहन से गंभीर किस्म की कोई बात करनी चाही, उसने पाया, उसके दिमाग में सिर्फ पॉकेटमनी, शलवार-दुपट्टे और फ़िल्मी गीत भरे हैं"।

"स्त्री को वस्तु समझने के पीछे जितना पुरुष सोच दोषी है, उतना ही स्त्री सोच-विचार और आचार भी दोषी है" वाले अपने बयान[२६] के अनुकूल 'पीली लड़की' (ख.९) में पुरुषों को लेकर घटिया विचारों वाली एक ईर्ष्यालु प्राध्यापिका द्वारा उन्होंने महिलाओं को किसी पुरुष की नज़र से समझा और उनका तीखा व्यंग्यचित्र पेश किया। अगर वे कहें, "असलियत यह है कि मैं तो अपने को औरतों में शुमार करती ही नहीं थी",[२७] तो उनके साहित्य के आईने मैं यह सच ही प्रतीत होता है।

उनकी नायिका कहती है, "औरतों के बीच काम करते-करते मैं उनकी नस-नस पहचान गई थी। मुझे लगता था, औरतों के स्वभाव पर मैं शोध-प्रबन्ध तैयार कर सकती हूँ" (पीली लड़की १६७, ख.९); इस बात को उनके बारे में भी सत्य ही मानना चाहिए। इस सवाल का जवाब कि उन्होंने क्यों लिखना शुरू कर दिया था, अलग-अलग प्रकार से दिया (द्र० 'दूसरा अध्याय'), एक बार इस तरह से भी : "बहुत-सी ऐसी चीज़ें थीं, जिनके बड़े पारंपरिक और सुविधा-जनक उत्तर थे, मगर मुझे स्वीकार्य नहीं थे। सामाजिक विषमताओं और समाज में स्त्री की स्थिति को देखकर ही लगा कि लिखना चाहिए"।[२८] वहीं उन्होंने आशा जताई कि हमारे समय की कोई महागाथा, जो अभी लिखी जानी है, स्त्री पर ही होगी। एक नहीं, अनेक रचनाएँ होने के बावजूद ममता जी की महागाथा जितनी रचनावली इसे साकार करने की दिशा में एक आवश्यक और प्रामाणिक प्रयास है।

ग. ममता कालिया की पीढ़ी

ममता कालिया हिन्दी के रचनाकारों की उस पीढ़ी से हैं, जिसने देश की आज़ादी से पहले जन्म लेकर, स्वतन्त्र भारत के आरंभिक, नई ऊर्जा, उमँग और उम्मीदों से भरे दौर में अपनी जीवन-दृष्टि विकसित की। यही जवाहरलाल नेहरू का समाजवादी मूल्यों से प्रभावित युग था। साठ के दशक तक प्रगतिवाद, प्रयोगवाद, अस्तित्ववाद जैसे कई वादों का चलन कम हो गया था, और नए लेखकों के लिए नई कहानी का आकर्षण भी चुकता जा रहा था। ममता जी नई कहानी और सातवें दशक की कहानी के अन्तर को "युद्ध" तक बताती हैं। उनकी यादों में '५० और '६० के कलाकार-

वर्गों में इस युद्ध का नज़ारा मिलता है, जो काफ़ी हॉउस से लेकर पत्रिकाओं के संपादकीय कक्ष तक कई स्तरों पर लड़ा जाता था।

उनके अनुसार कारण यह रहा था कि "सातवें दशक की कहानी को वे रूढ़ियाँ स्वीकार्य नहीं थीं, जो कहानी को कहानी कम और किस्सा ज़्यादा बनाती थीं" और युवा पीढ़ी के रचनाकारों को नई कहानी की कुछ विशेषताएँ चिढ़ातीं, जैसे ममता जी के शब्दों में "गढ़ाव का मोह, चटपटी घटनाओं की भरमार, सनसनीखेज़ क्लाइमेक्स की ज़िद के साथ नाटकीय भूमिका-लेखन, आत्मवक्तव्य और आत्मस्वीकृति का तामझाम"। नई कहानी आन्दोलन ने हिन्दी कथा-साहित्य को एक सर्वथा नई पहचान दिला दी, लेकिन ममता कालिया आरोप लगाती हैं कि इस बीच वह "नुस्खों का शिकार" बन गया, लेखक "अपने को दोहराने में लगे थे या फिर परस्पर पूजापरक संस्मरण लिखने में"। उन्हें ऐसा विश्वास है कि "हम सब नए रचनाकार नई कहानी से हटकर कहानी लिख रहे थे। हमारी भिन्नता के बिन्दु थे कथा-वस्तु, शिल्प, भाषा-शैली और समस्त विन्यास। ⋯ हमें नई कहानी पुरानी लगने लगी थी। ⋯ [अपनी] कहानी में यथार्थ के स्तर पर जीवन की पकड़ थी, बदले समय की सामाजिकता थी और नई कथा-भाषा थी"।[२९]

साठोत्तरी पीढ़ी के लेखन के बारे में ममता कालिया के ये विचार कुछ हद तक स्वीकार्य भी हैं, लेकिन हमें यह ध्यान में रखना चाहिए कि अमूमन हर पीढ़ी, साहित्य-सृजन में या अन्यत्र, निवर्तमान पीढ़ी पर ऐसे इलज़ाम अक्सर लगा देती है। उनकी बाद की एक कहानी 'प्रतिप्रश्न' २६८ (ज.६) की नायिका भी तो युवाओं पर यूँ कटाक्ष करती है, "[मुझे] तत्कालीन बनाकर ये समकालीन कहलाना चाहते हैं"। नयों में कुछ नया कर दिखाने का जोश और आक्रोश रहता है अथवा होना चाहिए। लेखिका के "छठे दशक के कहानीकारों ने बड़ी सावधानी से अपना छवि-प्रबन्धन किया, उत्कृष्ट निमंत्रण भी उन्हें ही मिले" जैसे कथन से ऐसा मालूम देता है, संघर्ष न केवल विचारधारा, किन्तु जीवनयापन के लिए भी चलता रहा।[३०] उनकी दृष्टि में लड़ाई की यह एक देन फिर भी थी कि कहानी को साहित्यिक गतिविधियों के केन्द्र में स्थापित कर दिया। कहानी आन्दोलन के मद्देनज़र यह बयान स्वीकारना मुश्किल है, कहानी ममता कालिया के लेखनारम्भ से पहले ही अधिक महत्त्व हासिल कर चुकी थी, नामवर सिंह की किताब 'कहानी, नई कहानी' याद करना पर्याप्त होगा।

"दूधनाथ सिंह, गिरिराज किशोर, ज्ञानरंजन, रवीन्द्र कालिया, [गंगाप्रसाद] विमल, अवधनारायण सिंह, प्रबोधकुमार, महेन्द्र भल्ला, काशीनाथ सिंह, अशोक सेक्सरिया, राजकमल चौधरी, परेश, रवीन्द्र वर्मा, जितेन्द्र भाटिया और सुधा अरोड़ा" वे रचनाकार

हैं, जिन्हें २०११ में ममता कालिया ने साठोत्तरी पीढ़ी के अनिवार्य सदस्य के रूप में याद किया।[३१] उन्होंने राजेन्द्र यादव, मोहन राकेश और कमलेश्वर की तिकड़ी को "कहानी के ओशो" बताया, जिनके खिलाफ़ 'अकहानी' आन्दोलन के तहत उन्होंने "विमल, ज्ञानरंजन और रवि" के साथ विद्रोह छेड़ दिया। वे महिला होने की रियायत ढूँढ़ने की बजाय अपनी "स्पर्द्धा सीधे ··· प्रतिभावान् समर्थ साहित्यकारों से मानती आई" हैं। जब भावी पति रवीन्द्र कालिया से पहली बार मिली थीं, तब तक उनका विचार था कि उनकी 'नौ साल छोटी पत्नी', 'सिर्फ एक दिन', 'डरी हुई औरत' और 'त्रास' जैसी कहानियों ने नई कहानी धारा को न केवल चुनौती, बल्कि धक्का दे दिया है।[३२]

उपर्युक्त नामसूची में ममता जी अपने अलावा एक अकेली लेखिका का नाम लेती हैं; हो सकता है कि महिला साथियों को लेकर कुछ ज़्यादा ही कठोर हैं। १९८४ में उन्हें ऐसा भी लगा था कि "अमृता प्रीतम, कृष्णा सोबती, मृदुला गर्ग आदि ··· ने नारी का पालतू और पारंपरिक चित्रण किया है, ··· नारी के ज़रूरी अस्तित्व के सवालों को प्रायः नहीं छुआ है, ··· इन लेखिकाओं के लिए लेखन भी विलासिता की चीज़ है", जबकि मुख्य धारा के स्तर का साहित्य "उषा प्रियंवदा, मृणाल पाण्डेय, मन्नू भण्डारी, मेहरुन्निसा परवेज़" ने रचा है।[३३] भारत की महिलाओं को आज भी सिद्ध करना पड़ रहा है कि वे अपने-अपने कार्यक्षेत्र में पुरुषों के बराबर काबिलियत रखती हैं। कल्पना की जा सकती है कि पुरुषों की जागीर साहित्य से अपना हिस्सा पाना आसान न था। दिल्ली में सन् '६० से '६५ के बीच सक्रिय लेखिकाओं – "मन्नू भण्डारी, इन्दु जैन, स्नेहमयी चौधरी, कीर्ति चौधरी, निर्मला जैन जैसे प्रसिद्ध हस्ताक्षरों के साथ-साथ अनीता औलक, कान्ता भारती, मणिका मोहिनी, मोना गुलाटी, मीरा महादेवन और प्रभा दीक्षित" – के बारे में २०१० में ममता कालिया का कहना था :

> "[इनमें पुरुष साहित्यकारों का-सा आपसी] मित्र भाव ··· न तब था, न अब है। ··· कुछ अपने दाम्पत्य के दायित्व में, तो कुछ प्रेम-प्रसंगों के लालित्य में फँसी हुई लेखिकाएँ थीं। इनमें से किसी के भी लिए लेखन पूर्णकालिक काम नहीं था। सातवें दशक में स्त्री-वर्ग के लिए लेखन कोई प्रदर्शनीय कला नहीं था। कहानी-कविताएँ लिखकर आलमारी में साड़ियों की तहों में छुपाकर रख ली जातीं, ··· इससे अधिक लोकोन्मुखता अपचर्चा का बायस बनती"।[३४]

उनके नज़रिये में "लिखना तो सब शुरू करते हैं, लेकिन ज़्यादातर ··· एक अच्छी नौकरी, एक अच्छी शादी, एक अच्छी ज़िंदगी मिलते ही साहित्य से मुँह मोड़ लेते हैं", अथवा महिला रचनाकार बहुधा पारिवारिक ज़िम्मेदारियों के कारण लेखन तब तक स्थगित करती रहती हैं, जब तक "धीरे-धीरे कल्पना और स्मृति भी साथ छोड़ जाती

है" और "जब कलम-कलाई में चौकन्नापन आ जाता है"।[३५] जबकि अगर उनके कृतित्व का विस्तार देखा जाए, हिन्दी की कम लेखिकाएँ ममता कालिया जितनी रचनाधर्मी और सक्रिय नज़र आती हैं, उनकी इस बात को उपयुक्त समझना चाहिए।

जहाँ उन्होंने अपनी एक कहानी में लिखा कि "हिन्दी-प्रेम कभी एकल तरीके से पैदा नहीं होता। अपने साथ वह थोड़ी कलाप्रियता, थोड़ी संवेदनशीलता और थोड़ा भविष्यबोध भी लाता है" (लकी १४९, छ.३) और "निहायत सादी आदतों और मौलिक विचारों" वाले लेखक "भाषा का सवाल, प्रेस की आज़ादी, अभिव्यक्ति की स्वतंत्रता और मज़दूरों की दशा जैसे प्रश्नों को लेकर ··· बड़े कट्टर तरीके से एक थे" (नयी दुनिया ३१४–३१५, ङ.२), वहाँ उन्होंने ऐसा भी लिखा कि 'सेमिनार' (च.१) के लेखक कार्यक्रम में अपना दुश्मन पहचानने के लिए पधारे और उसके समाप्त होते ही "वे एक बड़ी टोली में निकले" (११–१२), लेकिन कुछ दूर जाकर "छोटी-छोटी टोलियों में बँट गए" (१४)। — जहाँ लेखक समाज में रिश्ते-नातों का सवाल आता है, रवीन्द्र कालिया लेखकों के चरित्र पर कटाक्ष करते हैं: "सन् साठ का लेखक नौकरी छोड़ सकता है, पत्नी नहीं। पचास के लेखक तो दोनों का परित्याग करने को तत्पर थे। वे सच्चे अर्थों में त्यागी थे। साठ का लेखक गाय की तरह सीधा था। ज्ञान[रंजन] ··· काशी[नाथ सिंह] ··· विजयमोहन···"। इसी विषय में ममता कालिया यह लिखती हैं कि '६० के दशक में दिल्ली में अन्य महानगरों की अपेक्षा मूल्यहीनता महसूस होने लगी। यह बीटनिक और बीटल आन्दोलन का समय भी था। 'प्रगतिशील' या 'खुले' विचार रखनेवालों का दाम्पत्य "दरकता" और "हताश पत्नियों की संख्या बढ़ती गई"।[३६]

ममता कालिया की राय है कि "बंग महिला ने ['दुलाईवाली'] कहानी में सोद्देश्यता और दृष्टि की सृष्टि की। उन्होंने सर्जनात्मकता में मौलिकता और भिन्नता का समावेश कर···" १९०७ में बीसवीं शताब्दी के आधुनिक हिन्दी महिला लेखन की नींव रखी थी।[३७] लेकिन "वास्तव में भारतीय नारी की सामाजिक स्थिति को बदलने के लिए सुभद्रा कुमारी चौहान और महादेवी वर्मा, फिर चन्द्रकिरण सोनरेक्सा की पीढ़ी ने विचार-विमर्श शुरू किया था" (द्र० 'परिशिष्ट १') और "हिन्दी साहित्य में महिला लेखन, वह भी सृजनात्मक कथा-साहित्य की सूत्रधार" "पठनीय और सजीव" शिवानी ही हैं, जिनका मानना था कि मानव संबन्धों के प्रति सतर्कता और सावधानी से बचकर कोई महिला-लेखक लेखन नहीं कर सकती।[३८]

प्रतिकूल पति के पिंजरे में पंख फड़फड़ाती चन्द्रकिरण सोनरेक्सा की कहानियाँ ममता जी को इसलिए पसंद आई थीं, क्योंकि "उनमें यथार्थ का प्रवाह था, हालाँकि

प्रयोग नहीं था",[३९] फिर जब वे अपने शुरुआती लेखन के लिए अनुभव व साहस बटोर रही थीं, और जब लिखने का संकल्प किया, "उन्हीं वर्षों में उषा प्रियंवदा, कृष्णा सोबती और मन्नू भण्डारी ने हिन्दी कथा को किस्सागोई से मुक्त कर एकदम अनौपचारिक, आधुनिक और संभाव्य बना दिया"।[४०] साथ ही वे "इस्मत चुगताई, कुर्रतुलएन हैदर या कृष्णा सोबती ··· के कद्दावर किरदारों से रश्क करती" थीं। उन दिनों पत्रिकाओं में रचनाकार की तस्वीर नहीं छपती थी, और इनकी कहानियाँ शेष लेखिकाओं की जैसी "भीनी-भीनी, मखमली, गुदगुदी" नहीं लगती थीं।[४१] वे मानती हैं, कुर्रतुल-एन-हैदर की सबसे महत्त्वपूर्ण पुस्तक उनका उपन्यास 'आग का दरिया' है, जो एक नई परम्परा की शुरुआत करता है।[४२] मन्नू भण्डारी के बारे में उल्लेख किया कि उनके जीवन की "निजी उद्विग्नताओं का क्या समाधान हुआ, इसका कुछ अन्दाज़ नहीं लग सका। कारण यह कि मन्नू जी ने कभी निजी घटनाओं पर रचनाएँ नहीं लिखीं। न ही उन्होंने नियति-प्रधान रचनाएँ लिखीं"।[४३]

एक साक्षात्कार में प्रश्नकर्ता ने शिकायत की कि ममता कालिया की पीढ़ी के लेखन में न दलितों, न श्रमिकों का ज़िक्र होता है, देह की बातें बिलकुल ही गैरमौजूद हैं। उत्तर में उन्होंने तत्कालीन परिस्थितियों का हवाला देते हुए इसे आंशिक सत्य माना। उनका कहना है कि साठोत्तरी पीढ़ी ने अपने लेखन से साहस दिखाया : जब तक "कहानी शिवानी, दीप्ति खंडेलवाल और चन्द्रकिरण सोनरेक्सा [की कहानी में] ··· केवल एक चरित्र को फ्रीज़ फ्रेम में प्रस्तुत किया जाता था", तब तक उनकी पीढ़ी ने "पहली बार उस [अपनी कहानी] में व्यक्तित्व के प्रश्न उठाए"।[४४] आदर्शों के बारे में वे कहती हैं, "अगर हम सातवें दशक के कथाकार अपने को किसी से जोड़ते हैं, तो वह यशपाल से, ··· हम नहीं चाहते, यहाँ रोमांस घूमे", और "हमारी पीढ़ी हैमिंग्वे को आदर्श मानती थी"।[४५] दलित महिला चेतना की उम्दा अभिव्यक्ति के लिए उनके पास उदाहरण के तौर पर "निर्मला पुतुल की कविताएँ, उर्मिला पवार की आत्मकथा या कौशल्या बैसंत्री की रचनाएँ" हैं।[४६]

"मैं मानती हूँ कि मंजुल भगत, चित्रा मुद्गल और मेरी कहानियाँ हमारे समय को ज़्यादा अच्छे ढंग से प्रतिबिंबित करती हैं, वहीं मृदुला शिल्पवादी लेखिका हैं", ममता जी विचारती हैं।[४७] उनकी सखी दीपक शर्मा लिखती हैं, "मृदुला गर्ग की स्त्रियों का दर्शन हमें लुभाता खूब था, किन्तु उनके समीप जाने के हमारे पास न तो साधन थे और न ही अभिकल्प"।[४८] ममता जी प्रशंसात्मक रूप से कहती हैं, "चित्रा मुद्गल के लिए लेखन बुद्धि-विलास नहीं है, ज़िंदा रहने का विस्तारण है";[४९] हम तो यही कहेंगे कि यह ममता कालिया के अपने लेखन पर भी कम लागू नहीं है। उनकी आँखों में

मधु कांकरिया का 'पत्ताखोर' उपन्यास "इसी भ्रम को तोड़ता है कि 'देखो-देखो, मैं तो स्त्री हूँ, मेरा रूप देखो, मेरे घाव देखो, मुझे अतिरिक्त नंबर दो, मैं अपनी फ़ज़ीहत सुना रही हूँ'"।[५०] "तसलीमा नसरीन की 'लज्जा' आवेग और आक्रोश-प्रमुख पुस्तक है, हालाँकि उसे साहित्यिक कृति मानने में कुछ दिक्कत पेश आती है",[५१] क्योंकि आवेग से दृष्टि आती भी हो, संवेदना संवेग से ही आती है। एक जगह ज्ञानरंजन की मानसिकता को मालती जोशी, मंजुल भगत या मेहरुन्निसा परवेज़ आदि महिला कथाकारों जैसी बताती हैं, यानी इन तीनों को वे जोड़कर देखती हैं।[५२]

'परिशिष्ट १' में दिए साक्षात्कार में उन्होंने बताया, सोबती के 'सूरजमुखी अँधेरे के' तथा 'डार से बिछुड़ी' को छोड़कर स्त्री लेखन में खुलापन पहली बार सन् '८० के बाद आया और धीरे-धीरे "आक्रामक, गतिशील और मुँहफट" होता गया है।[५३] २०१४ में 'तहलका' के हिन्दी साहित्य विशेषांक में शालिनी माथुर का आलेख विवादों में था। इसपर जयश्री रॉय की प्रतिक्रिया भी आई थी, पर चूँकि उन्होंने अपना वक्तव्य उद्धरणों के सहारे टिकाया था, यह टाला नहीं जा सकता कि वर्तमान हिन्दी स्त्री-लेखन के कम से कम एक भाग पर उनकी आलोचना सही बैठती है।[५४] ममता जी प्रायः संयत स्वर में जवाब देती हैं, पर २०११ में जब उन्होंने कहा था, "राखी सावन्त और मल्लिका सहरावत केवल छोटे पर्दे पर ही नहीं हैं, भेष बदलकर वे साहित्य में भी आ गई हैं",[५५] तब उनका तात्पर्य भी शायद इस आलेख में चर्चित रमणिका गुप्ता, गीताश्री, जयश्री रॉय, जया जादवानी, मैत्रेयी पुष्पा और ज्योति कुमारी में किन्हीं से था। हिन्दी की आत्मकथाओं में हुई 'बोल्ड राइटिंग' के बारे में पूछे जाने पर ममता जी का विचार था कि पहले कुछ यादगार लिखने की आवश्यकता है, जिससे लोगों में लेखक को जानने की इच्छा हो।[५६]

इसके आलोक में मौजूदा महिला लेखन पर 'सेमिनार' $_{१३}$ (च.१) कहानी में की हुई उनकी यह चुस्त टिप्पणी सार्थक है : आजकल की लेखिकाएँ कहानी की एक लेखिका पात्र की तरह "प्रारंभ में ··· लेख वगैरह लिखा करती थीं, पर बाद में कुछ विदेशी पत्र-पत्रिकाओं का उनपर ऐसा प्रभाव पड़ा कि वे यकायक आधुनिक हो गईं। उन्होंने न केवल अपने बाल कटा और रँगा लिए, उन्होंने अपने लेखन के साथ भी यही सलूक किया। ··· लिखती वह हिन्दी में थीं, पर बोलती अंग्रेज़ी में"। यदि कोई कहे कि यह बदला हुआ लेखन बदले हुए ज़माने व समाज की माँग है, जिसे स्वीकारना पड़ता है, तो ममता कालिया का जवाब है कि "समाज इतनी जल्दी नया नहीं होता"।[५७]

२००२ में नई पीढ़ी के बारे में उन्होंने कहा, "आज का नया लेखक जल्दबाज़ी में है। नाम की उसे ज़्यादा चिन्ता है, यह उसके लिए सबसे खतरनाक है। वे सीखना कम चाहते हैं, समय कम दे रहे हैं, धैर्य की उनके पास कमी है, पर प्रयोग उनके बहुत अच्छे हैं। साहस उनमें बहुत है"।[५८] "यदि मैं इस पीढ़ी को नाम देती, तो मैं इसे 'जादुई यथार्थ की पीढ़ी' कहती", जिसके पुरुष हस्ताक्षर हैं कुणाल सिंह (सनातन बाबू का दाम्पत्य), संजय कुन्दन (बॉस की पार्टी), प्रभात रंजन (जानकी पुल), उमाशंकर चौधरी (स्वीटहोम) और विमल चन्द्र पाण्डेय (डर)।[५९] उन्हें "ऐसा लगता है कि पिछले कुछ दशकों से साहित्य और पत्रकारिता के बीच की मुँडेरें टूट रही हैं",[६०] हो सकता है, इसलिए कि "आज की लेखिकाएँ काफ़ी फील्डवर्क करती हैं"; इसके लिए मधु कांकरिया का नशेड़ी जवानों पर लिखा उपन्यास 'पत्ताखोर' एक अच्छा उदाहरण है।[६१] कहा, "नई लेखिकाओं में मधु कांकरिया, महुआ मांझी, अल्पना मिश्र, कविता, पंखुरी सिन्हा, अर्चना पेन्युली आदि लेखिकाएँ मुझे संभावनाओं से भरी दिखती हैं", मधु कांकरिया "समाज में असमानता, विसंगतियों की पड़ताल कर रही हैं"; कविता की कहानियों के बारे में कहती हैं, "उनमें वही पुरुष, अपने साथी को समझने की आतुरता और चुहल नज़र आती है", इसलिए उन्हें वे अपनी लगती हैं।[६२]

अन्त में ध्यान दें, ममता कालिया ने 'नयी सदी की पहचान – श्रेष्ठ महिला कथाकार' शीर्षक से अपनी पसंद की कहानियों का संकलन प्रकाशित किया। इसमें अपनी 'आपकी छोटी लड़की' (घ.२) के अलावा ये एक दर्जन कहानियाँ चयनित कीं—कृष्णा सोबती : 'सिक्का बदल गया', मन्नू भण्डारी : 'तीसरा हिस्सा', उषा प्रियंवदा : 'वापसी', मंजुल भगत : 'मलबा', मृदुला गर्ग : 'तीन किलो की छोरी', चित्रा मुद्गल : 'मामला आगे बढ़ेगा अभी', नमिता सिंह : 'बन्तो', नासिरा शर्मा : 'पाँचवाँ बेटा', अलका सरावगी : 'एक पेड़ की मौत', सुधा अरोड़ा : 'महानगर की मैथिली', सूर्यबाला : 'सुनन्दा छोकरी का डायरी', दीपक शर्मा : 'चमड़े का अहाता'। इन कहानियों में महिला जीवन के विविध आयाम उभारे गए हैं, किन्तु सबमें भाव-साम्य नज़र आता है : रचनात्मक पहुँच और जीवन के फलसफे में कहीं अन्तर हो, लेकिन उद्देश्य स्पष्टतः भारतीय स्त्री की स्थिति का सुधार है। इन सबमें वह नूतन भारतीय स्त्री झलकती है, जिसे जेएनयू की छात्रा मृदुला मुखर्जी ने अपने शोधकार्य के सार में "सचेत" परिभाषित किया है।[६३]

घ. अंग्रेज़ी साहित्य और ममता कालिया

ममता कालिया एम०ए० के अन्त से अपने सेवानिवृत्त होने तक अंग्रेज़ी भाषा एवं साहित्य पढ़ाती रहीं। अगले अध्याय में हम बताएँगे, कौन-से रचनाकार उनपर युवावस्था से ही अपना प्रभाव डालते रहे और उन्होंने अपने आप किस तरह का अंग्रेज़ी काव्य रचा। यहाँ केवल अंग्रेज़ी भाषा के प्रति महसूस किए जानेवाले उनके अनुराग पर कुछ टिप्पणियाँ देना चाहेंगे।

साक्षात्कार में लेखिका ने ज़िक्र किया था कि एक समय वे सपने भी अंग्रेज़ी में देखती थीं। पति रवीन्द्र कालिया बताते हैं कि विवाह के बाद के दिनों में उनकी पत्नी पर 'अंग्रेजियत' सवार थी, जबकि ममता जी उन्हें अमरीकी जासूस घोषित करने के लिए पति को दोष देती हैं।[६४] यह पूछे जाने पर कि क्या 'आप अंग्रेज़ी लेखन के जो गुण पसंद करती हैं, वे ही हिन्दी साहित्य में लाना चाहती हैं', उन्होंने तत्काल सकारात्मक जवाब देकर मुझसे कहा : "हाँ, बिलकुल ठीक कहा ! मेरी यह बहुत कोशिश है कि अगर वह गति अंग्रेज़ी से हिन्दी लेखन में लाएँ, तो वह अपने सारे लद्धड़पन से मुक्त होकर ताज़ा रूप में सामने आएगा। अंग्रेज़ी भाषा की सामर्थ्य की मैं बहुत कायल हूँ !" ('परिशिष्ट १')।

कई बार ऐसी अनुभूति होती है कि भारत में बेहतरीन अंग्रेज़ी जाननेवाले विद्वान् भी प्रायः इस भाषा को भारतीय उच्चारण-व्यवस्था के साथ बोलने में विश्वास रखते हैं और अपने समर्थन में वे कहते हैं कि अंग्रेज़ी दुनिया भर में इतनी फैल चुकी है कि इसका मानक उच्चारण बता पाना असंभव है। तभी 'भारतीय मानक अंग्रेज़ी' शब्द भी गढ़ा गया। साहित्यकार अंग्रेज़ी का अंग्रेज़ी उच्चारण उतारने की आवश्यकता के अलावा पाश्चात्य कथ्य भी निकालना चाहते हैं। ममता जी ने फिर व्यक्त किया था कि "हमारा विद्रोह अंग्रेज़ी के साथ जुड़ी अंग्रेज़ियत से था। जनसाधारण तक पहुँचने के लिए हिन्दी को माध्यम बनाया"।[६५] सुखद है कि अपने भारतीय कथ्य को लेकर जागरूक होने के चलते उनका हृदय-परिवर्तन हुआ। आरंभ में वे साहित्य हिन्दी में नहीं लिखना चाहती थीं, उनकी पहली कविताएँ अंग्रेज़ी में हैं। एक स्थान पर उनकी आत्मस्वीकृति है : "लगभग सोलह वर्ष तक मेरे मन में यही था कि मैं अंग्रेज़ी या फ्रेंच में लिखा करूँ। परन्तु इन्दौर आने के बाद मेरे जीवन और सोच में पूरी तरह बदलाव आ गया। यहीं पर मुझे हिन्दी का माहौल मिला"।[६६]

यद्यपि उन्होंने हिन्दी में लिखना शुरू कर दिया था, यह बता देती हैं कि "मैंने अंग्रेज़ी माध्यम से ही सारी पढ़ाई की और एक भाषा ने इस तरह से विश्व-साहित्य की

खिड़की मेरे लिए खोल दी। प्रायः हिन्दी में लिखने के लिए जिस तैयारी की कमी लेखकों को लगती है, वह मेरे पास पूरी थी", क्योंकि "अंग्रेज़ी साहित्य की जानकारी ने मेरे लिए विश्व-साहित्य की खिड़कियाँ खोली हैं और मेरे अन्दर लेखन कार्य के लिए बेहतर तैयारी पैदा की है"।[६७] हैमिंग्वे के लेखन के प्रति नित्य आकर्षण के अतिरिक्त (द्र० 'दूसरा' व 'पाँचवाँ अध्याय') इतना तो उन्हीं से जानते हैं कि "तकाशी शिवशंकर पिल्लै, आर० के० नारायण की रचनाएँ आज भी मुझे बहुत प्रभावित करती हैं", तथा "डी० एच० लॉरेंस की सारी कहानियाँ विस्तार से पढ़ीं। लॉरेंस पति-पत्नी के संबन्धों को जिस गहनता से चित्रित करते हैं, अच्छा लगा। जॉन विलियम की 'नो लव फॉर द लोनली' अच्छी लगी"।[६८] उनका मानना है कि "मेरे लेखन पर निर्मल वर्मा की तरह पाश्चात्य प्रभाव नहीं पड़ा है, लेकिन एक शिल्पगत-भाषागत अनुशासन, जो कि विश्व-साहित्य का अध्ययन हमें सिखाता है, उसका प्रभाव शायद अवश्य होगा"।[६९] वे यह भी निस्संकोच बताती हैं, उनका "बड़ा बेटा अनिरुद्ध अरुन्धती रॉय और शोभा डे के अलावा किसी को भी लेखिका नहीं मानता",[७०] इसलिए हमें यह समझना चाहिए कि भारतीय अंग्रेज़ी लेखन में हो रही गतिविधियों पर उनकी निगाह रहती ही होगी।

रूबी जी० दवासीली (पाण्डिचेरी विश्वविद्यालय) के *Woman and Family in Recent Indian Feminist Fiction in English: A Select Study* नामक शोधकार्य (२०११) के उपसंहार से मालूम पड़ता है कि अंग्रेज़ी में रचना करती ममता कालिया की हमउम्र भारतीय लेखिकाएँ — जैसे गीता हरिहरन, अरुन्धती रॉय, शशि देशपाण्डे, मंजु कपूर, जयश्री मिश्र और अनीता नायर — परिवार के विघटन और प्रेम-विवाह व आयोजित विवाह के टकराव पर अधिक ध्यान देती हैं। ममता कालिया की रुचियों में ये विषय नहीं हैं, हालाँकि पुरुष-प्रधानता के विरुद्ध वे भी ख़ूब लिखती हैं। ममता जी के यहाँ रिश्तों का कसैलापन उतना प्रखर नहीं है, न ही पीढ़ियों के अन्तराल को हद दर्जे की समस्या के रूप में दिखाया गया। चाहे उन्हें समाज के कई स्तरों पर मुश्किलों से दो-चार क्यों न होना पड़े, हमारी रचनाकार की अधिकांश नायिकाएँ मानसिक तौर मज़बूत बनी रहती हैं। दूसरे, ममता कालिया अंग्रेज़ी की इन लेखिकाओं की तरह स्वतन्त्रता और समानता के लोकतान्त्रिक मूल्यों को ही नए युग के दाम्पत्य की नींव मानती हैं।

अन्य सन्दर्भ

१ सिंह (२००१), पृ० ११२। यहाँ स्त्रियों के सम्मान के पक्ष में बताया जाता है कि 'मनुस्मृति' ३.५६ के अनुसार "जहाँ नारी की उपासना होती है, वहाँ देवता निवास करते हैं" तथा 'शतपथ-ब्राह्मण' ५.२.१ के अनुसार "पुरुष स्त्री के बिना अकेला और अधूरा है"।

२ अनसूया अपने पति अत्रि से केवल एक बार क्रुद्ध हो जाती है, पर तब तीन सौ साल की तपस्या और शिव महादेव के वरदान से बिना पति के साथ सहवास किए पुत्र को जन्म देती है (महाभारत १३.१४.९३–९६)। पितृसत्तात्मक व्यवस्था में शायद यही किसी पुरुष का सबसे बड़ा अपमान माना जाएगा।

३ 'मार्कण्डेय पुराण', खण्ड १६ ; तुलनीय 'ब्रह्माण्ड पुराण' ३.८.८२ में उग्रश्रवा और शीलवती की कहानी। रिगोपूलोस (१९८५), पृ० ५–६, १८–१९।

४ पुरुषोत्तमन (२००५) के अनुसार : पुनत्तिल शंकरन नम्बूतिरि : 'चेरुश्शेरि भारतम्' उर्फ़ 'भारत-गाथा' (अध्याय १९) (१४५० के आस-पास); अय्यन पिळ्ळा (पिल्लई) आशान : 'भारतम् पाट्टु' (संभव पर्व, वृत्तम् २५) (१५०० ई० के आस-पास); तुञ्चत्तु एषुत्तच्छन : 'श्री महाभारतम् किलिप्पाट्टु' (संभव पर्व) (१६वीं सदी); कुंचन नाम्बियार (१७००–१७७०) : 'नलयनी-चरितम्'।

५ सिंह (२००१), पृ० ११२–११४, ११६–११७।

६ 'साक्षात्कार' ९।

७ बोल्दिज़ार (२०१०), पृ० ३०।

८ 'बीसवीं सदी का हिन्दी महिला लेखन – खंड ३' ९, १५।

९ 'बीसवीं सदी का हिन्दी महिला लेखन – खंड ३' १०।

१० 'Mumbai is still a safe city' (द हिन्दू, २९ अगस्त २०१३)।

११ 'साक्षात्कार' ९।

१२ 'साक्षात्कार' ८३। वैसे उन्होंने सिमोन द बोवुआ का 'द सेकण्ड सेक्स' ('स्त्री उपेक्षिता') अख़बारों और पत्रिकाओं में छपी अपनी पहली-पहली रचनाओं के पारिश्रमिक से ख़रीदा था (पढ़ते, लिखते, रचते १७)।

१३ 'पढ़ते, लिखते, रचते' २९, 'साक्षात्कार' ९२।

१४ 'कहानियाँ १' viii (अंश), 'कल-परसों के बरसों' ६२। राजेन्द्र यादव के उपन्यास 'अनोखे अनजान पुल' के बारे में उनके अनुरोध पर ही ज्ञानोदय के लिए समीक्षा लिखी, लेकिन अन्यपुरुष में लिखी समीक्षा प्रथमपुरुष में प्रकाशित की गई; यद्यपि समीक्षा अपने-आप में साहित्य के मैदान के किनारे स्थित है, परन्तु हैरतंगेज़ रूप से परिवर्तित इस समीक्षा ने कइयों तक ममता कालिया की इस मैदान में उपस्थित होने की खबर पहुँचा दी थी (कल-परसों के बरसों ६१)।

१५ 'समावर्तन' १४, १९।

१६ 'साक्षात्कार' १४, १२७, 'पढ़ते, लिखते, रचते' १७। मंटो की 'खोल दो', यशपाल का 'झूठा सच' और 'तुमने क्यों कहा, मैं सुन्दर हूँ', चित्रा मुद्गल की 'प्रेतयोनि' और 'आवां' – ममता कालिया

के विचार में इन तथाकथित अश्लील रचनाओं में विवादित प्रसंग किसी बड़े मकसद तक पहुँचने में मददगार हैं ('साक्षात्कार' ९०)।

१७ अनुच्छेद के सभी उद्धरण : 'साक्षात्कार' ११८ (इसका सार : पहला वाक्य), ७२, ४७, ९२।

१८ 'कल-परसों के बरसों' ३७।

१९ दिल्ली विश्वविद्यालय के हिन्दू कॉलेज की हस्तलिखित हिन्दी पत्रिका 'हस्ताक्षर' (दिसंबर २०१६) से।

२० 'साक्षात्कार' ३७।

२१ समर्स (१९९४), पृ० ५१।

२२ 'साक्षात्कार' ८८।

२३ 'साक्षात्कार' ८९, ६२ ; "पर [दलित मूल के लेखकों की] इन सब रचनाओं के लिए दलित लेखन का कोष्ठक बनाना मुझे उतना ही नागवार है, जितना स्त्रियों के लिखे हुए को महिला-लेखन के कोष्ठक में डालना" (वहीं ६८), "सृजन के संसार में आरक्षण की माँग बिलकुल नहीं चलती" (वहीं ७०)।

२४ हिन्दी के किसी समाचार में (स्थान विस्मृत व अनुपलब्ध) बॉलीवुड के एक निर्देशक ने अभिनेत्री रेखा की सफलता का राज़ उनका 'असहाय सौन्दर्य' बताया था।

२५ 'साक्षात्कार' ४४।

२६ 'साक्षात्कार' ३६, ४८।

२७ 'कितने शहरों में कितनी बार' १३९–१४०।

२८ 'साक्षात्कार' २४।

२९ अनुच्छेद के सभी उद्धरण : 'कल-परसों के बरसों' ६६, १००।

३० 'कल-परसों के बरसों' १०१।

३१ 'कल-परसों के बरसों' १००।

३२ 'साक्षात्कार' ४१, ७०, ८९, ३३, १०६–१०७ ('त्रास')। "मैं तो शुरू से रवीन्द्र की रचनाओं की प्रशंसक हूँ। रवि मेरे फैन नहीं हैं, पर वे बड़े कौशल से टीका-टिप्पणी करते हैं", ममता कालिया कहती हैं (वहीं ७८)। ममता जी ने साक्षात्कार में मुझे बताया कि 'प्रेम कहानी' को पहली बार राजपाल ने छापा और उसका मुख्यपृष्ठ दो रंगों में आया, जबकि अमृता प्रीतम की एक किताब चार रंगों में, जिससे उस समय वे बहुत असंतुष्ट थीं।

३३ 'साक्षात्कार' ११। यह उन्होंने बाद में भी कहा कि नई कहानी के साथ बार-बार तीन पुरुष लेखकों को याद किया जाता है, जबकि उसकी "अगर कोई प्रतिनिधि आवाज़ है, तो मन्नू भण्डारी, उषा प्रियंवदा" ('साक्षात्कार' १०५)।

३४ 'कितने शहरों में कितनी बार' १०७।

३५ 'साक्षात्कार' १०१, 'कल-परसों के बरसों' १७, 'समावर्तन' ११।

३६ 'कहानियाँ १' xvi, 'कल-परसों के बरसों' ५७।

३७ 'बीसवीं सदी का हिन्दी महिला लेखन – खंड ३' १३।

३८ 'कल-परसों के बरसों' ४३–४४।

३९ 'कल-परसों-के बरसों' १४।

४० 'कल-परसों के बरसों' ४५। द्र० पालीवाल (२०१२)।

४१ 'साक्षात्कार' ९४।

४२ 'कल-परसों के बरसों' ३६।

४३ 'कल-परसों के बरसों' ५९।

४४'साक्षात्कार' ८५।

४५ 'साक्षात्कार' १०७, ११३।

४६ 'साक्षात्कार' ८७।

४७ 'साक्षात्कार' ८४।

४८ 'समावर्तन' २१।

४९ 'कल-परसों के बरसों' १२३।

५० 'पढ़ते, लिखते, रचते' ७०।

५१ 'साक्षात्कार' ४९।

५२ 'कल-परसों के बरसों' ७८।

५३ 'कल-परसों के बरसों' ४५।

५४ उन्होंने वर्तमान हिन्दी स्त्री-लेखन की इकहरी अश्लीलता को इन उदाहरणों के ज़रिये दर्शाना चाहा : रमणिका गुप्ता की 'ओह वे नीली आँखें', 'गुड़िया' और अपनी पार्टी के फायदे के लिए उनके दो मंत्रियों के साथ सहवास करने का प्रसंग ; गीताश्री की 'ताप', 'इन्द्रधनुष् के उस पार', 'गोरिल्ला प्यार' और 'औरत की बोली' ; जयश्री रॉय की कहानी और उपन्यास 'औरत जो एक नदी है', 'देह के पार', 'छुट्टी का दिन' व 'समन्दर, बारिश और एक रात'; जया जादवानी की 'समन्दर में सूखती नदी' ; मैत्रेयी पुष्पा का 'चाक' व 'गुड़िया भीतर गुड़िया' ; ज्योति कुमारी की 'शरीफ़ लड़की' और 'अनझिप आँखें' ; तथा 'हंस' पत्रिका के अधिकांश प्रकाशन। द्र० बालकृष्णन (२०१३), उपसंहार।

५५ 'साक्षात्कार' १२६।

५६ 'साक्षात्कार' ४५।

५७ 'साक्षात्कार' ८७।

५८ 'साक्षात्कार' ६३।

५९ 'साक्षात्कार' ११५।

६० 'साक्षात्कार' ७४।

६१ 'साक्षात्कार' ८९।

६२ 'साक्षात्कार' ८९।

६३ मुखर्जी (२००४), पृ० ५४४—५४७।

६४ 'कहानियाँ १' xi, 'कितने शहरों में कितनी बार' १७३। तु० 'दो ज़रूरी चेहरे' ९२ (क.१४) : "श्याम [नायक ~ रवीन्द्र कालिया] कॉफ़ी के साथ-साथ कभी पूछता, 'अंग्रेज़ उन्हें [नायिका के भाई को] कैसे छोड़ गए?'"।

६५ 'साक्षात्कार' ४०।

६६ 'साक्षात्कार' ५८।

६७ 'साक्षात्कार' ३१, १९।

६८ 'साक्षात्कार' २७, २४।

६९ 'साक्षात्कार' ५९।

७० 'साक्षात्कार' ९६।

ममता कालिया के जीवन और कृतित्व का ताना-बाना

जीवन-परिचय : "कितने शहरों में···" – साहित्यिक प्रेरणा और योगदान – अन्तःपाठीय (इंटरटैक्स्चुअल) प्रसंग – लेखिका की सामाजिक प्रतिबद्धता

क. जीवन-परिचय : "कितने शहरों में···"

पिछले अध्याय में हमने हिन्दी साहित्य में स्त्री-लेखन, गत दशकों में हो रहे स्त्री व स्त्री-विषयक लेखन तथा उसके केन्द्रबिन्दु, भारतीय नारी की स्थिति का परीक्षण किया है। अब ममता कालिया के लेखन पर आ जाते हैं जो इसी हार का एक मनका है। ममता कालिया के जीवन का रेखाचित्र बनाना इस अध्ययन के लिए उपयोगी है, पर ऐसा करने में हम किन्हीं सीमाओं के भीतर रहेंगे। कारण यह है कि हमारा ध्यान ममता कालिया पर नहीं, बल्कि ममता कालिया के लेखन पर स्थिर होना चाहिए। साहित्य के इतिहास में जब साहित्य और इतिहास के अनुपात में असंतुलन सामने आता है, कृतित्व की चर्चा निजी इतिहास के फुटकर प्रसंगों के पीछे रह जाती है, तो उससे अध्ययन की सार्थकता की हानि होनी ही है। दूसरे, ममता कालिया – उन्हीं के प्रिय शब्दों में – 'हृष्ट-पुष्ट' हैं और उनका रचना-कर्म आज भी अविचल तथा निर्विघ्न रूप से जारी है। इसलिए प्रस्तुत शोधकार्य में जीवन और रचनाकर्म के इतिहास से ज़्यादा रचनात्मक गुणों के विश्लेषण पर बल दिया जाएगा। इसके बावजूद एक साहित्यकार के जीवन की घटनाओं से आँख फेरना भी वंचना सिद्ध होगी।

इस अध्याय में उन लेखिका के जीवन की प्रमुख गतिविधियों पर ज़रा-सा प्रकाश डालने का प्रयास करूँगा, जो कई-कई बार निजी अनुभव को अपने लेखन का विषय बना लेती है। चूँकि लेखिका का जीवन-वृत्त उनकी रचनाओं में बार-बार सामने आता है और यह उनके लेखन का एक सशक्त माध्यम भी है, जीवनी और कथासाहित्य के अधिकतर समान बिन्दुओं को मैं 'पाँचवें अध्याय' 'शिल्प और रचनात्मक विकास' के अन्तर्गत गिनाना चाहता हूँ।

जीवनी के संबन्ध में हमारे पास छह मुख्य स्रोत हैं। ऐसा प्रतीत होता है, ममता कालिया की संक्षिप्त जीवनी पहली बार उनके पति, रवीन्द्र कालिया ने लिखी थी, जो २००५ में दो खण्डों में प्रकाशित 'ममता कालिया की कहानियाँ' की भूमिका के तौर पर इस्तेमाल की गई है। यद्यपि पहले ममता कालिया का इस प्रकार का रुझान नहीं दिख रहा था, इसके पश्चात् गत वर्षों में उन्होंने भी कुछ ऐसी रचनाएँ दी हैं, जो हमें उनके व्यक्तिगत जीवन के बारे में बताती हैं। पहली ऐसी रचना थी उनका संस्मरण 'कितने शहरों में कितनी बार' (२०१०), जो संपादक अखिलेश की प्रेरणा से 'तद्भव' पत्रिका के पृष्ठों पर किस्तों में प्रकाशित होने के एक वर्ष बाद पुस्तक रूप में भी छप गया। हालांकि इस कृति की विधा संस्मरण है, इसके साथ आत्मकथात्मक विशेषण अवश्य जोड़ना चाहिए, यहाँ तक कि अपनी अनुशंसा में सरजूप्रसाद मिश्र का यह मानना रहा है कि "यह पूरी लेखमाला आपकी आत्मकथा बन जाएगी"।[१] दूसरी ऐसी रचना एक साल बाद आयी हुई 'कल-परसों के बरसों' (२०११) है। इसका मुख्य लक्ष्य है साहित्यकार मित्रों व परिचितों के साथ बने संबन्धों की यादें स्मृतिपटल से पन्नों पर उतारकर उनके प्रति आभार व्यक्त करना, कई बार श्रद्धांजलि भी देना, उन्हें अपनी ओर से शाश्वत् बनाना। पर ममता कालिया ऐसा करने में अपने जीवन की कुछ गतिविधियाँ भी पाठक से बाँट लेती हैं। इनमें से कुछ-एक 'कितने शहरों में कितनी बार' में पहले से शामिल हैं, मगर नए विषय भी आते हैं।[२]

उसी वर्ष उनके लेखन-कर्म की प्रक्रिया पर लिखित 'पढ़ते, लिखते, रचते' (२०११) शीर्षक के छोटे-से ग्रन्थ में प्रकाशित हुए मिश्रित आलेख उनकी दुनिया पर नया झरोखा खोलते हैं। सबसे नवीन पुस्तक, जो जीवनी पर चर्चा करने में हमारे लिए मददगार है, वास्तव में पुरानी ही है : विभिन्न पत्र-पत्रिकाओं के लिए उनके साथ की गई उन्नीस वार्ताएँ 'मेरे साक्षात्कार' श्रृंखला की बदौलत २०१२ में एक बार फिर उपलब्ध हो गई हैं। इन दो पुस्तकों से मैंने लेखिका के विचार-लोक पर खिड़की खोलते कई अत्यन्त ज़रूरी उद्धरण लिए हैं। अन्ततः 'समावर्तन' पत्रिका का मई २०१३ का अंक, जो ममता कालिया और उनके पति रवीन्द्र कालिया को समर्पित है। बहरहाल उनके आत्मकथात्मक उपन्यास 'दुक्खम-सुक्खम' के कुछ प्रसंगों की याद दिलाना भी व्यर्थ नहीं होगा। आगे के ब्यौरे मुख्यतः इन छह स्रोतों पर आधारित हैं, जिनकी मैंने यहाँ सिर्फ झलकियाँ एकत्रित की हैं, मगर विभिन्न पृथक् स्थानों से छाँटकर, तार्किक क्रम से बाँध।

मुन्नी, अर्थात् ममता कालिया का जन्म २ नवम्बर १९४० को उत्तर प्रदेश के वृन्दावन में, कनेडियन अस्पताल में हुआ। पिता विद्याभूषण अग्रवाल और वर्तमान

पाकिस्तान के एबोटाबाद में जन्मी माँ इन्दुमती का घर मथुरा शहर में, विश्राम घाट के समीप गली सतघड़ा में था।[३] 'दुक्खम-सुक्खम' १९६ में पिता के कथन के ज़रिये वे परिवार के संबन्ध में लिखती हैं : "हम लोग बीसा अग्रवाल हैं यानी अग्रवालों में सबसे ऊँचे। हमारा गोत्र बंसल है"। उनकी दो वर्ष बड़ी, "यथानाम तथागुण" बहन का नाम प्रतिभा है।[४] परिवार खुले विचारों वाला था, गौरतलब है कि वे पचास के दशक में अपने माता-पिता को 'पापा', 'मम्मी' और 'तुम' करके संबोधित करती थीं, जैसा उनके संस्मरणों में देखा जा सकता है। इन्दुमती अग्रवाल एक सुन्दर महिला थीं, जो प्रसाधन और वेशभूषा का बहुत ध्यान रखती थीं, पर उनके संस्कार इतने आधुनिक नहीं होते।[५]

ममता कालिया का व्यक्तित्व और उनके लेखन का मनोविज्ञान समझने के लिए यह जानना अत्यावश्यक है कि वे हमेशा अपने पिता के बहुत करीब रहीं, माँ से कहीं ज़्यादा। पिता को अपनी लड़कियों पर नाज़ था, उन्होंने बेटियों को बेटा समझकर पाला और पढ़ने-लिखने के लिए प्रेरित किया; वे समझाती हैं : "मेरे जीवन में पापा का समर्थन बहुत महत्त्व रखता था"।[६] ममता कालिया खुद कहती हैं, "कभी आपको लड़की मानकर डरना, सीमित या संकुचित होना मेरे स्वभाव में शामिल नहीं हुआ, … वे समस्त स्त्रियोचित भंगिमाएँ – घबराना, शरमाना, चुप रहना – मुझसे बहुत पीछे छूट गई थीं"।[७] माँ का ज़िक्र जब-जब करती हैं, विशेषतः बचपन के अनुभवों के सन्दर्भ में, तो उनके स्वर में असंतोष सुनाई पड़ता है।[८] काफ़ी सम्भावना है कि अपने स्त्री-विषयक लेखन में नारीवादी न दिखने के पीछे का राज़ उनकी इस प्रकार की परवरिश है।

आगरा से एम०ए० करने के बाद पिता विद्याभूषण अग्रवाल ने दिल्ली के चम्पा अग्रवाल इंटर कॉलेज और दिल्ली विश्वविद्यालय के श्रीराम कॉलेज ऑफ़ कॉमर्स में अंग्रेज़ी का प्राध्यापन किया, फिर एक साल भिवानी के वैश्य कॉलेज के प्रधानाचार्य रहने पर परिवार के साथ गाज़ियाबाद चले गए। वहाँ १९४७ से शम्भूदयाल इंटर कॉलेज का प्रधानाचार्यत्व सँभाला; कचहरी के सामने मकान लिया था। कन्या वैदिक विद्यालय की सात साल की छात्रा ममता कालिया गाँधी जी से भी मिली थीं, उनकी हत्या से कुछ महीनों पहले एक प्रार्थना-सभा में। अवसर मिलने पर उनके पिता बतौर कार्यक्रम-निष्पादक आकाशवाणी के साथ जुड़े। १९५० में परिवार दिल्ली आ गया, पिता ने पुरानी दिल्ली के मोह में कूचा पातीराम में अँधेरा-सा मकान लिया, और ममता जी इन्द्रप्रस्थ स्कूल जाने लगीं। तदुपरान्त मथुरा केवल कभी-कभी, दादा-दादी को देखने के उपलक्ष्य में जाना होता था। ममता कालिया मथुरा के बारे में बचपन की कुछ

यादें, ज़्यादातर दादी के संबन्ध में सहेजती हैं। पिता के निरन्तर तबादलों के कारण ममता कालिया बचपन से ही भारत के कई प्रान्तों, कई शहरों की निवासी रह चुकी हैं।

१९५१ में पिता का नागपुर में तबादला हो गया, उनका घर ममता जी के स्कूल, सेंट जोसेफ कॉन्वेंट के सामने, कस्तूरचंद पार्क के समीप था। इन दिनों की कुछ यादें हैं सनीचरी बाज़ार में संतरों की महक, चार सहेलियों के साथ चोरी-चोरी नुमाइश देखना, पटवर्धन पार्क में आकाशवाणी की संध्या में लता मंगेशकर के गायन के बाद लड़कियों के साथ छेड़छाड़ और हंगामा, मुक्तिबोध का बार-बार उनके घर आना। आकाशवाणी की नौकरी में पिता के लिए अगला पड़ाव मुंबई था, यहाँ परिवार १९५३ से १९५५ के बीच अँधेरी पूर्व के हरे-भरे जमनालाल बजाज (जे०बी०) नगर उर्फ़ वामनपुरी के मारवाड़ी परिवेश में रहा। ममता कालिया ने सेंट ब्लेजेज स्कूल से पढ़ाई की, जहाँ गणित के अध्यापक होडीवाला साहब बच्चियों के साथ हमेशा कुछ ज़्यादा ही आत्मीय रहते। उनकी पहली ऐनक यहाँ बनी थी।[९]

ममता कालिया जब किशोरी थीं, १९५५ से १९५७ के बीच परिवार का घर पूना में, मूला-मूठा नदियों के किनारे, ताड़ीवाला रोड के आखिर पर था। ममता जी को सरदार दस्तूर नौशेरवान पब्लिक स्कूल में भर्ती कराया गया, वहाँ उन्हेंने दूसरी भाषा के रूप में फ्रेंच सीखी। १९५७ में "आधुनिक वातावरण" के वाडिया कॉलेज में प्रवेश लिया, जहाँ उनकी बहन ने भी पढ़ाई की। याकूब सैय्यद, मोहन बाली, देवेन वर्मा, वैजयन्ती वर्णेकर व सुनयना देसाई जैसे कलाकार भी उस समय वहाँ के छात्र थे। १९५६ की दीपावली से पहले दादा का जब देहान्त हुआ, उनके माता-पिता दोनों बहनों को एक मित्र ओमप्रकाश अग्रवाल के सुपुर्द कर मथुरा चले गए। कुछ ही दिनों में अग्रवाल साहब के बीस साल के बेटे नरेन्द्र और सत्रह वर्षीय प्रतिभा के बीच प्यार पनप गया। आज उनके बेटे का नाम निर्माल्य है। पूना के दिनों से वे शनिवारवाडा, आगाखाँ पैलेस व बन्द गार्डन, लोनावला और खंडाला में दिखते जवान फौजियों की यादें ताज़ी रखती हैं।[१०]

"सरकारी बंजारा" परिवार का १९५७ में फिर स्थानान्तरण हुआ, इस बार पूना से इन्दौर। पहले उन्हें मकान मनोरमागंज में, बाद में रेजिडेंसी क्षेत्र के अन्दर बँगला मिला। ममता कालिया ने अंग्रेज़ी में बी०ए० इन्दौर के क्रिश्चियन कॉलेज से किया, जो विक्रम विश्वविद्यालय उज्जैन से सम्बद्ध है। दोनों बहनें सांस्कृतिक कार्यक्रमों में शिद्दत से भाग ले रही थीं। "सोलह साल की उम्र में बारह की लगती" ममता जी वाद-विवाद प्रतियोगिताओं में लड़कों को कई दफ़ा पछाड़ देतीं। कॉलेज के वार्षिकोत्सव के साथ साल-दर-साल अखिल भारतीय कविसम्मेलन का आयोजन किया जाता, जहाँ

"बच्चनजी, भवानीप्रसाद मिश्र, शिवमंगल सिंह 'सुमन', रमानाथ अवस्थी, देवराज दिनेश और बाबा नागार्जुन" के अलावा नवीन और गोपाल दास 'नीरज' को भी सुनने का मौका मिला। उस समय इन्दौर नौलखा बाग, "कचोरी", मसाला पापड़ और संगीत गतिविधियों के लिए मशहूर था, रेडियो के केन्द्र मालवा हाउस में ममता जी कुमार गन्धर्व और उस्ताद अमीर खान के अतिरिक्त "सिद्धेश्वरी देवी, रसूलनबाई, गंगूबाई हंगल, बेग़म अख्तर, शरणरानी माथुर, डागर बन्धु[ओं व] भीमसेन जोशी" की संगीत-सभाएँ सुनतीं। ये जवानी के वे दिन थे, जब उन्हें :

> "लगता जीवन-जगत् की हर चीज़ मेरे लिए है, चाँद मेरे लिए चमकता है, फूल मेरे लिए खिले हैं, घास मेरे चलने के लिए हरी है और आकाश मेरे स्वागत में नीला है। हर बात इतनी शिद्दत से महसूस होती कि कुँवारा मन बार-बार थर्रा जाता।", तथा जब "दूसरों को पढ़ते, [वाद-विवाद प्रतियोगिता में] सराहते धीरे-धीरे अपनी बात खुद अपने शब्दों में कहने का मन हुआ और लो, मेरे हाथ में कलम आ गई। फिर तो नित नई दुनिया मेरी आँखों के आगे खुलती चली गई। कोरे कागज़ रँगने में मुझे इतना आनन्द आने लगा कि अगर किसी दिन मैं कलम उठाने की फुरसत न पाती, तो मुझे लगता, यह दिन मेरा बेकार गया। यह सिलसिला आज तक जारी है।"[११]

चार साल बीत जाने पर १६ जुलाई १९६१ में ममता कालिया बड़ी हड़बड़ी में दिल्ली के लिए रवाना हो गईं — इस बार अकेले, क्योंकि पिता का तबादला बाद में संपन्न हो पाया।[१२] हिन्दू कॉलेज से अंग्रेज़ी में एम०ए० करने के दौरान ममता जी की दिलचस्पी हिन्दी साहित्य में ज़्यादा बढ़ गई (द्र० 'परिशिष्ट १')। ममता जी के चाचा, भारतभूषण अग्रवाल हिन्दी के नामचीन लेखक थे, साथ-साथ अध्यापन से संबद्ध उनके पिता ने भी घर का साहित्यिक वातावरण बनाए रखा था। वे अक्सर रामचरितमानस, कबीर और मैथिलीशरण गुप्त की पंक्तियाँ सुनाते, जो बचपन की आदतों की भाँति उनकी रग-रग में बस गईं।[१३] दिल्ली में जैनेन्द्र कुमार, अज्ञेय, माखनलाल चतुर्वेदी, पदुमलाल पुन्नालाल बख्शी, डॉ० नगेन्द्र, "इन्द्र विद्यावाचस्पति, प्रभाकर माचवे, रेवतीसरन शर्मा, विजयेन्द्र स्नातक, अमरनाथ सरस, विष्णु प्रभाकर, चन्द्रगुप्त विद्यालंकार", तो नागपुर में मुक्तिबोध जैसी विख्यात हस्तियाँ उनके घर आतीं; नेमीचन्द्र जैन आगरा, इलाहाबाद, कलकत्ता और दिल्ली जैसे कई शहरों में उनके आस-पास रहे।[१४] लड़कपन से ही ममता कालिया इस वातावरण को, परिवार के पुस्तक-प्रेमी संस्कारों को अपने में समोती गईं, इसलिए उन्होंने स्वाभाविक रूप से अल्प आयु में रचनाएँ लिखनी आरम्भ की थीं। "यह कलम आपने ही तो थमाई थी मुझे", वे अपने पिता को 'खाँटी घरेलू औरत' की छियालीसवीं कविता में संबोधित करती हैं।

माध्यमिक विद्यालय के तीसरे वर्ष, अट्ठारह-उन्नीस साल की आयु तक कविता के अलावा कहानियाँ लिखने की भी कोशिश की, हालाँकि पति रवीन्द्र कालिया कहते हैं, "मेरे संपर्क में आने से पूर्व ममता कहानियाँ कम, कविताएँ ज़्यादा लिखती थी"।[१५] आरम्भ में यह "ज़्यादातर फुटकर लेखन था। कभी कविता लिख ली, तो कभी कहानी। एक-दो बार एकांकी भी लिखे", पर उनकी ये "कच्ची" रचनाएँ भी हौले-हौले कलकत्ता की 'ज्ञानोदय', 'सुप्रभात', अजमेर की 'लहर', तथा 'धर्मयुग' और 'साप्ताहिक हिन्दुस्तान' में प्रकाशित होने लगी थीं और 'लहर' पत्रिका के संपादक प्रकाश जैन उन्हें अलग-अलग विधाओं में अपनी प्रतिभा आज़माने के लिए प्रेरित करते।[१६] जीवनी के उपरोक्त अधिकांश स्रोत रेखांकित कर बताते हैं कि उनकी एक "धाकड़" मुक्तक कविता डॉ० रघुवंश (या दूसरे संपादक लक्ष्मीकान्त वर्मा) ने 'क ख ग' के मुख्य-पृष्ठ पर छाप दी, जिसका कई दिनों तक ज़िक्र होता रहता : "प्यार शब्द घिसते-घिसते चपटा हो गया / अब / हमारी समझ में सहवास आता है"।[१७] १९६३ में राष्ट्रीय महत्त्व की पत्रिका 'साप्ताहिक हिन्दुस्तान' में, पुरस्कार पाकर पहली मुकम्मल कहानी छपी, 'ऊँचे-ऊँचे कँगूरे' (ण.१)।[१८] यशपाल द्वारा सम्पादित 'उत्कर्ष' पत्रिका के अगस्त १९६६ अंक में से०रा० यात्री तथा सुधा अरोड़ा की एक-एक कहानी के साथ छपी 'बीतने के बाद' (ण.२) भी इन शुरुआती रचनाओं में से है, जिसे फिर से प्रकाशित करना ममता जी ने आवश्यक नहीं समझा था।

एम०ए० के दौरान ममता कालिया हिन्दू कॉलेज के अंग्रेज़ी विभाग के और अलग से हिन्दी विभाग के दोस्तों के कार्यक्रमों में गर्मजोशी के साथ भाग लेतीं। सन् '६१–६२ के यूथ फेस्टिवल में अंग्रेज़ी वाद-विवाद प्रतियोगिता जीतकर वे राष्ट्रीय मुकाबले में दिल्ली छात्र-दल की सदस्य चुनी गईं। इस कार्यक्रम का समापन तीनमूर्ति भवन में प्रधानमन्त्री जवाहरलाल नेहरू से मिलने से था। समूचे दल में अकेली ममता कालिया ही बता सकीं कि दल का प्रस्तुत किया विदेशी नाटक जाँ आनुई का था। उनका ईनाम नेहरू जी के साथ एक अलग तस्वीर था, जिसे वे आज भी नाज़ों से सँजोती हैं।[१९]

दीक्षान्त के उपरान्त ममता कालिया दिल्ली विश्वविद्यालय के दौलतराम कॉलेज में अंग्रेज़ी साहित्य की प्राध्यापिका बन गईं। हालाँकि अपने भावी पति रवीन्द्र कालिया से १९६४ में, २५/३९ शक्ति नगर के अपने ही घर पर मिल चुकी थीं, जब वे जगदीश चतुर्वेदी के साथ उनके पिता से मिलने आए, लेकिन उनसे बातचीत चण्डीगढ़ में ३० जनवरी १९६५ को आयोजित 'कहानी सवेरा' गोष्ठी में हुई। ममता कालिया को दिल्ली लौटने की जल्दी थी, इसलिए पति के संस्मरण में अकेली चलने के डर से – ममता जी की मानें तो आवश्यक न होने के बावजूद उनके आग्रह करने पर – रवीन्द्र

कालिया चण्डीगढ़ से उनके साथ ही दिल्ली वापस आए थे। रवीन्द्र कालिया ने ममता जी की हर साहित्यिक पसन्द (जैसे कि निर्मल वर्मा की रचनाएँ), उनके सभी आदर्श नकार दिए। साथ ही वे स्वयं उनका नया आदर्श बन गए। सर्द मौसम में रात को दिल्ली पहुँचने पर उन्हें रिक्शा तुरन्त नहीं मिल पाया, वे इंतज़ार करने के बाद भी रवीन्द्र कालिया के ५०५५ सन्तनगर के घर में रुकने को मजबूर हुईं।

अगले कुछ महीनों में दुनिया के रंगों में चमक आने लगी, फीकी दुनिया चटकीली बन गई। कॉलेज से वे सीधे कनॉट प्लेस पहुँचने लगतीं और मोहन राकेश या कृष्णा सोबती जैसे स्थापित कलाकारों के मिलने की प्रिय जगह, 'लॉ बोहीम' की अँधेरी 'गुफ्फा' में घुस जातीं। रवीन्द्र कालिया उस समय पहले 'भाषा' के सम्पादकीय विभाग में, फिर 'नई कहानियाँ' मासिक पत्रिका के लिए काम करते थे, इसलिए वे राजकमल प्रकाशन के दरियागंज स्थित दफ़्तर – जहाँ कमलेश्वर और जवाहर चौधरी उनके सहकर्मी थे – से मिलने आते थे। ममता कालिया के अन्यथा खुले विचारों वाले माता-पिता उनका रात को देर से घर आना मुश्किल से सहते। इसका एक कारण यह भी है कि उनकी बहन प्रतिभा[२०] ने तब तक उनकी इच्छा के विरुद्ध विवाह कर लिया था।

एक-दूसरे से मिलने के कुछ ही महीनों बाद, जून १९६५ में रवीन्द्र कालिया मुंबई में धर्मवीर भारती द्वारा सम्पादित, अपने शिखर पर चलती 'धर्मयुग' पत्रिका के साहित्य, संस्कृति और कला पृष्ठों के लिए प्रभारी उपसंपादक बने और विज्ञापन-एजेंसी के मालिक एस०एस० ओबेरॉय के किरायेदार के रूप में एक सर्वथा अलग, व्यवस्थित जीवन-शैली अपनाई। ममता कालिया के पिता लगभग उसी समय मुंबई आकाशवाणी के केन्द्र-निर्देशक के रूप में नियुक्त हुए थे। सुसंयोग से उन्होंने भी दादर के कैडिल मार्ग पर, शिवाजी पार्क के निकट घर लिया था। फलस्वरूप दिल्ली विश्वविद्यालय की छुट्टियों में ममता जी मुंबई गईं। दिल्ली अकेली लौटने पर मन भारी और तन बीमार पड़ गया। संकट से तब मुक्ति मिली, जब १२ दिसम्बर की शादी तय हो गई।[२१]

यद्यपि रवीन्द्र कालिया कहते हैं, "ममता की पृष्ठभूमि कल्चरल थी, मेरी एग्री-कल्चरल", बच्चों के अंतर्राज्यीय व अंतरजातीय विवाह को लेकर दोनों परिवार का रुख परंपरागत रहा। किन्तु उन दोनों का तो नहीं; "मेरा रिश्ता ममता से था, किसी अग्रवाल या कालिया से नहीं", पति कहते हैं। रवीन्द्र कालिया का बस चलता, तो केवल कचहरी में शादी कर लेते, लेकिन ममता जी के आग्रह से अन्ततः दिल्ली के मॉडल टाउन (सी-ब्लॉक) में समारोह का आयोजन करके ही विवाह के बन्धन में बँध

गए। इस समारोह में रवीन्द्र कालिया के माता-पिता "भी" आए थे, पर परिणय से पहले अपना असंतोष जताने के लिए "दोनों ने नींद का बहाना दिया"। समारोह बड़ा नहीं था : उनके शेष रिश्तेदार भी उनकी जोड़ी से बहुत संतुष्ट नहीं थे। इसके बावजूद जैनेन्द्र कुमार, मोहन राकेश, कमलेश्वर, राजेन्द्र यादव, भीष्म साहनी, नामवर सिंह, देवीशंकर अवस्थी, अजित कुमार, दूधनाथ सिंह, अशोक वाजपेयी, तारा तिक्कू, गंगाप्रसाद विमल, स्नेहमयी चौधरी, मन्नू भण्डारी, कृष्णा सोबती, प्रभाकर माचवे समेत तब के हिन्दी जगत् की प्रायः सभी महान हस्तियाँ उनकी खुशी बाँटने शरीक हो गई थीं। उत्सव के बाद वे चन्द रोज़ रवीन्द्र कालिया के जालन्धर स्थित पैतृक घर में रहे। ममता कालिया ने ससुराल में एक बिलकुल अलग वातावरण अनुभव किया: "और तो और ठीक से चरण-स्पर्श करना भी नहीं आता था", वे लिखती हैं। साथ रहते हुए उन्होंने कामचलाऊ पंजाबी भी सीख ली, पर पति कहते हैं, उनका "पंजाबी का तलफ़्फ़ुज़ ऐसा है कि लगता है वह पंजाबी नहीं, झूठ बोल रही है"।[२२]

ममता कालिया के लिए पिता के कारण होता रहा भारत-भ्रमण विवाह के बाद भी समाप्त नहीं हुआ। जैसा वे बताती हैं, "रवि के साथ एक जिप्सी-जीवन जीते हुए मुझे इसमें कुछ भी अजीब नहीं लगता कि हम एक शाम इलाहाबाद छोड़कर कलकत्ता जा बसें और एक सुबह कलकत्ता छोड़ दिल्ली के लिए उड़ान भर लें। दिल्ली जब पहुँचे, हमारे पास न छत न छप्पर"।[२३]

मुंबई में नवदम्पती[२४] ने माहिम के शीतला देवी मंदिर मार्ग पर चौथे माले का छोटा-सा किराये का घर लिया; सिन्धी की कथाकार सुन्दरी मीरचंदानी उनकी पड़ोसिन थीं। ममता कालिया को शीघ्र ही एस०एन०डी०टी० विश्वविद्यालय में अंग्रेज़ी साहित्य पढ़ाने का अवसर मिल गया। कुछ समय बाद, मार्च १९७० में विभागाध्यक्ष डॉ० मनियार के उनके साथ किए निंदनीय व्यवहार के सिलसिले में उन्हीं का तबादला हुआ गृह विज्ञान कॉलेज में, जहाँ बी०एससी० की छात्राओं को सामान्य अंग्रेज़ी पढ़ानी पड़ी। चार साल उन्होंने मुम्बई में बिताए, लेकिन संपादकीय विभाग में फैलती कड़वाहट की वजह से रवीन्द्र कालिया ने अपनी नौकरी छोड़ने का निर्णय लिया। ममता जी ने कोई आपत्ति नहीं जताई, शायद इसलिए, क्योंकि "गुस्से और शिकायत के बावजूद मैं रवि की रचनात्मक ज़रूरतें समझती। बहुत जल्दी यह भी पता चल गया कि नौकरी करना रवि की फ़ितरत ही नहीं"।[२५]

१९६९ में मुंबई छोड़ रवीन्द्र कालिया इलाहाबाद चले गए और उपेन्द्रनाथ अश्क के घर पर ठहरकर एक प्रकाशन स्थापित करने की साहसपूर्ण योजना बनाई। आर्थिक मजबूरी के नाते ममता कालिया ने मुंबई में कुछ महीने और पढ़ाया, उन्होंने

अपना पहला उपन्यास 'बेघर' इन्हीं दिनों के अकेलेपन से त्रस्त होकर लिखना शुरू किया था, जिसकी कहानी भी मुंबई में घटित होती है।[२६] जब वे इलाहाबाद के साहित्यिक कार्यक्रमों में व्यस्त पति से रह-रहकर आती चिट्ठियों के कारण गंभीरता से निराश हो गईं, नौकरी छोड़ फ़ौरन इलाहाबाद की टिकेट का आरक्षण कर लिया।

उन दिनों संगम की नगरी 'हिन्दी का गढ़' माना जाता था, जहाँ प्रतिष्ठित अथवा जूझ रहे कई श्रेष्ठ कलाकारों ने डेरा डाला था। "वाचस्पति पाठक, उपेन्द्रनाथ अश्क, नरेश मेहता, भैरवप्रसाद गुप्त, हरदेव बाहरी, डॉ० जगदीश गुप्त, कमलेश्वर, भीष्म साहनी, राजेन्द्र यादव, डॉ० रघुवंश, लक्ष्मीकान्त वर्मा, मार्कण्डेय, अमरकान्त, शेखर जोशी, अशोक वाजपेयी, दूधनाथ [सिंह], ज्ञान[रंजन], काशी[नाथ सिंह], सत्यप्रकाश मिश्र, अखिलेश, बदरीनारायण, शैलेश मटियानी, सतीश जमाली, सत्येन कुमार" सब कालिया-घर के रोज़ के मेहमान थे,[२७] तथा सुमित्रानन्दन पन्त, महादेवी वर्मा, फ़िराक, इलाचन्द्र जोशी और शान्ति मेहरोत्रा भी "यहाँ कितनी सहजता से न सिर्फ मिलते, वरन् पथ के साथी बनते गए"।[२८] इन लेखकों के अलावा शाम को कॉफी हाउस में विजयदेव नारायण साही, केशवचन्द्र वर्मा, जगदीश गुप्त, रामस्वरूप चतुर्वेदी और नीलाभ से भी भेंट होती रहती, कॉफी हाउस बंद होने के बाद फिर 'लकी' या 'मुरारी' नाम के रेस्तराँओं में बैठकें होतीं।[२९]

कमलेश्वर के व्यक्तित्व को याद करें, तो ममता जी को लगता है, इलाहाबादी तेवर "अलमस्ती, अक्खड़पन, अदम्यता और आत्मीयता" का मिश्रण था। अपने संस्मरणों में, विशेषकर ज्ञानरंजन तथा सत्यप्रकाश मिश्र पर लिखे संस्मरण में इलाहाबाद की बखूबी तारीफ़ करती हैं, फिर अन्यत्र लिखती हैं, "कलाकारों का, कथाकारों का, कवियों का पेरिस इलाहाबाद ही है, विद्यार्थियों का, विद्याधरों का, अध्यापकों का ऑक्सफोर्ड है इलाहाबाद। अड़ियल, कड़ियल, मौलिक इलाहाबाद", और कि "यों ही नहीं हम इलाहाबाद पर फ़िदा। क्या अदा है इस शहर की। यहाँ का बच्चा-बच्चा मौलिक है"। मगर इससे अलग बयान भी पढ़ने को मिलते हैं, जैसे कि उन्हें लगा था, उपेन्द्रनाथ अश्क को दोबारा "इलाहाबाद जैसे सुस्त, कस्बाई माहौल में मन लगाना आसान नहीं था"।[३०]

इलाहाबाद में कालिया दम्पती तेलियरगंज के मेहदौरी कॉलोनी में रहे, जहाँ वे कमलेश्वर के पड़ोसी भी थे। प्रकाशन का दफ़्तर इलाहाबाद के रानी मंडी में था, वहाँ 'नया कमरा' नाम से जमावड़े के लिए कुछ खाली जगह भी थी, जहाँ शहर के साहित्यप्रेमी अक्सर इकट्ठा हो जाते।[३१] अलग हिन्दुस्तानी रिवाज़ के बावजूद ममता जी और रवीन्द्र कालिया का "दाम्पत्य दोस्ताना" रहा है, इस अनुकूल परिस्थिति ने

उनकी साहित्यिक ऊर्जा और आत्मविश्वास को बढ़ने दिया, नहीं तो वे अपना लिखा औरों के सामने रखने से भी कतरातीं। उनके "जीवन में लिखना और पढ़ना प्रेम करने और लड़ने के जितना ज़रूरी है"।[३२]

उनकी दोनों सन्तानों ने इलाहाबाद में, सीज़ेरियन ऑपरेशन से जन्म लिया था, खुद उनकी माँ की तरह (१९७१, १९७६)। एक बेटे के पिता अनिरुद्ध (अन्नू) ने दिल्ली विश्वविद्यालय के सेंट स्टीफंस कॉलेज से अध्ययन किया और एक अंतर्राष्ट्रीय पेय-पदार्थ कंपनी के साथ जुड़ी अपनी पत्नी की भाँति फ़िलहाल एक विदेशी पहुँच के भारतीय निगम के उच्चाधिकारी हैं, जबकि एक बेटी और एक बेटे के पिता प्रबुद्ध (मन्नू) सॉफ्टवेर इंजिनियर हैं – 'दौड़' लघु-उपन्यास व 'पिकनिक' (झ.१०) कहानी उनकी पीढ़ी की समस्याओं से प्रेरित है। 'परदेसी' (ड.९) में न केवल छोटे बेटे की ओर संकेत है, बल्कि पति के कनाडा[३३] में बसे बड़े भाई तथा विदेशी से विवाह कर ब्रिटेन-प्रवासी बहन की ओर भी।

इलाहाबाद में १९७३ से अट्ठाईस वर्षों तक महादेवी वर्मा द्वारा वंचित वर्ग की कन्याओं की शिक्षा के निमित्त स्थापित महिला सेवासदन डिग्री कॉलेज की प्रधानाचार्या रहने के बाद ममता कालिया जून २००१ में सेवानिवृत्त हो गईं। आराम के महीनों बाद उन्होंने डॉ० शुकदेव सिंह और परमानन्द चूड़ीवाल का प्रस्ताव स्वीकार किया और दिसम्बर २००३ से मई २००६ के बीच निदेशक के रूप में भारतीय भाषा परिषद्, कोलकाता की गतिविधियाँ सँभालीं। इसके बाद रवीन्द्र जी के भारतीय ज्ञानपीठ के निदेशक बन्ने पर वे दोनों फिर एक बार दिल्ली रहने लौट आए।[३४]

रवीन्द्र कालिया ने पत्नी पर लिखे अपने संक्षिप्त संस्मरण में जीवन की अहम कड़ियों के अलावा अपनी जीवनसाथी के व्यक्तित्व के बारे में भी बहुत ज़रूरी टिप्पणियाँ की हैं। हालाँकि उनकी आरंभिक कविताओं और साहसपूर्ण गद्य से ऐसा लग सकता है कि वे अपने दैनन्दिन जीवन में भी पूर्ण रूप से निस्संकोच युवती और दुस्साहसी महिला रही हैं, पति बताते हैं कि उनकी यह प्रवृत्ति साहित्य में ज़्यादा और व्यवहार में कम दिखती। विवाह करने का ढंग कई लिहाज़ से अपरंपरागत था, इस प्रकार रवीन्द्र कालिया ने ऐसी प्रत्याशा नहीं रखी थी कि ममता अग्रवाल उनका नाम ले लें, क्योंकि तब तक उन्हें पाठक विवाहपूर्व नाम से जानने लगे थे। इसके बावजूद उन्होंने 'धर्मयुग' में जॉन डन की कुछ कविताओं का अनुवाद परिवर्तित नाम से किया तथा तत्पश्चात उन्होंने आगे की रचनाएँ भी ममता कालिया नाम से प्रकाशित कीं। ममता कालिया की जीवन-दृष्टि कई मायनों में अन्य किसी भारतवासी महिला से भिन्न नहीं; जैसा रवीन्द्र कालिया लिखते हैं :[३५]

"वह कविताओं में ही 'बोल्ड' है, जीवन में तो सूर्यास्त से पूर्व पापा के डर से घर पहुँच जानेवाली एक औसत लड़की है।", तथा "वास्तव में ममता एक निहायत घरेलू महिला है। जातीय संस्कारों का उसपर गहरा प्रभाव है। इस लिहाज़ से वह एक औसत भारतीय महिला है। उसका बस चलता, तो शादी के बाद माँग में सिंदूर वगैरह भी भरने लगती। शुरू-शुरू में वह हर तीज-त्यौहार पर व्रत कर लेती। ··· व्रत-उपवास के प्रति उसमें अब पहले जैसा आकर्षण नहीं है, मगर उसकी अन्य सहकर्मी महिलाएँ जब व्रत-उपवास करती हैं, तो ··· उसे लगता रहता है, उससे कोई महाभूल हो गई। रोज़ सुबह मैं उसे संक्षिप्त सी पूजा करते हुए भी देखता हूँ। ··· वास्तव में उसे परम्परागत जीवन-शैली प्रिय है। रवायतों ने उसे सदैव प्रभावित किया है।"

ममता कालिया स्वयं कहती हैं कि अपने होनेवाले पति से मिलने के बाद ही वे आकर्षक लगने लगीं, जिसमें एक महत्त्वपूर्ण घटक यह भी है : "आँखों में सजलता के साथ सलज्ञता आती गई"; सजलता को सलज्ञता से जोड़ना एक परम्परागत भारतीय नारी के मन की देन है।[३६]

बचपन में कूचा पातीराम में छूटी और चार दशकों बाद मिली उनकी एक सहेली, मीरा सीकरी कहती हैं : आँखों से "करुणा का भीगापन, संवेदनशीलता, विनम्रता" बिखेरती, "अपने मिलनसार, सहज-स्वीकार्य स्वभाव वाली यह ममता तो बिना पहचान के भी आपको अजनबी होने का एहसास नहीं होने देगी", "अपने टाइट रूटीन के बीच अचानक आ पहुँचे मिलने-जुलनेवालों का चेहरे पर बिना शिकन लाए स्वागत कर लेती है"।[३७] मैं भी अपने अनुभव से कह सकता हूँ कि संक्षिप्त परिचय होने पर भी उनकी जीवन्तता, बेसाख्ता खुलेपन और मिलनसारी का तुरन्त आभास हो जाता है।

ममता जी की पसंद-नापसंद के बारे में हम यह पढ़ते हैं कि उन्हें पहनने में हरा रंग अच्छा नहीं लगता (कितने शहरों में किनती बार ३५), आजकल के फ़िल्मी सितारों में उन्हें आमिर खान और माधुरी दीक्षित प्रिय हैं, कि वे मथुरा के स्वादानुसार दाल में नींबू निचोड़ती हैं, उन्होंने और पति ने विवाह के बाद सामिष भोजन अपनाया, और कि रसोई में जाकर काम करना उन्हें नहीं भाता (कहानियाँ १ xxi, ix, vii, x)। वे शान्त जगहों के मुकाबले शहरी माहौल को पसंद करती हैं (कल-परसों के बरसों ६५) और स्वभाव से मितव्ययिता की आदी हैं ("तब मैं कालिया नहीं, अग्रवाल थी, पैसे-पैसे को दाँत से पकड़नेवाली", कल-परसों के बरसों ६०)।

ख. प्रेरणा और योगदान

ममता कालिया ने काव्य, कहानी, उपन्यास, एकांकी और बाल-पुस्तक की विधाओं में रचना करने के साथ संस्मरण और विविध आलेख प्रकाशित किए हैं, तथा वे अनुवाद, संपादन और कुछ हद तक पत्रकारिता (स्तम्भ-लेख) के क्षेत्र में भी सक्रिय रही हैं (सन्दर्भ के लिए 'परिशिष्ट २' को देखें)। इस बीच "पब्लिसिटी-शॉई" इस लेखिका ने साहित्य-जगत् पर भी कई बार व्यंग्य करते हुए, राजनीति से दूर रहते हुए कोई "गॉडफ़ादर नहीं बनाया; बिल्ली की तरह किसी का रास्ता नहीं काटा और किसी को गिराकर अपने को नहीं उठाया"।[३८] बावजूद इसके न केवल उनके प्रकाशनों की फेहरिस्त लम्बी है, बल्कि उनकी कृतियों की दशकों की कामयाबी हम उनके पुरस्कारों में भी देख रहे हैं।

ममता जी हिन्दुस्तान टाइम्स के सर्वश्रेष्ठ कहानी पुरस्कार (१९६४), सरस्वती प्रेस इलाहबाद के सर्वश्रेष्ठ कहानी पुरस्कार (१९७६), 'उसका यौवन' कहानी संग्रह के लिए उत्तर प्रदेश हिन्दी संस्थान के यशपाल स्मृति सम्मान (१९८५), अभिनव भारती कोलकाता के रचना सम्मान (१९९०), 'एक पत्नी के नोट्स' उपन्यास के लिए उत्तर प्रदेश हिन्दी संस्थान के महादेवी वर्मा स्मृति सम्मान (१९९८), 'बोलनेवाली औरत' कहानी संग्रह पर सावित्रीबाई फुले सम्मान (१९९९), मानव संसाधन विकास मंत्रालय की वरिष्ठ अध्येतावृत्ति (२०००—२००२), उत्तर प्रदेश हिन्दी संस्थान के साहित्य भूषण सम्मान (२००४), कमलेश्वर स्मृति सम्मान (२००७), जनवाणी सम्मान (२००८), लमही सम्मान (२०११), 'कितने शहरों में कितनी बार' के लिए द्वितीय सीता पुरस्कार (२०१२) तथा लोहिया साहित्य सम्मान (२०१४) से अलंकृत हैं। वे और उनके पति २००७ के न्यू यॉर्क में आयोजित विश्व हिन्दी सम्मलेन के विशिष्ट अतिथि भी थे।[३९]

वे बताती हैं, उनके ज़ेहन में कथानक बिजली की तरह कौंधता रहता हैं, "दिमाग में एक बार में पाँच-पाँच कहानियाँ लिखी जा रही है, ··· तीन उपन्यास एक साथ चल रहे हैं", "एक कहानी के चार-चार शीर्षक सूझ रहे हैं" और कि जितना उनके "दिल-दिमाग का बावलापन [उनकी] रचनाओं का सबसे बड़ा कारण और कारक रहा है", उतना "निज और समय के सवालों से जूझने की तीव्र उत्कंठा और जीवन के प्रति नित नूतन विस्मय" उनकी कहानियों का स्रोत। गुस्सा, प्यार, शिकायतें, परेशानियाँ — लेखन के माध्यम से इन एहसासों को अभिव्यक्ति और लेखक को सुकून मिलता है।[४०]

साहित्य के संबन्ध में उनकी व्यावहारिक दृष्टि का सुबूत हम इस कथन में देखते हैं : "इस पुस्तक-प्रेम ने उसे [नायक कविमोहन को] समृद्ध तो किया था, उसके अन्दर तरह-तरह की काल्पनिक शंकाओं को भी जन्म दिया था। लोग जीवन से किताबों की समझ विकसित करते हैं, कवि किताबों से जीवन को तौलता-परखता" (दुक्खम-सुक्खम २५०)। उनका लेखकीय लक्ष्य है संसार की अनुभव की हुई विसंगतियों को शब्दबद्ध करना, इसलिए पाठन के सामने पठन, संदेश की बनिश्बत सज्ञा दूसरे स्थान पर है। "जैसे ही वे [पिता] 'साहित्य और समाज' या 'हिन्दी काव्य विमर्श' जैसा लम्बा, उबाऊ लेख निकालकर पढ़ने को देते, मेरा दिन बरबाद हो जाता। मैं तभी तय कर लेती, हिन्दी साहित्य के लद्धड़ हिस्सों से दूर रहना है"। आगे इसी तर्ज़ पर बोलती हैं : "पता नहीं, साहित्य और साहित्यकार को हमेशा गुरु-गम्भीर क्यों माना जाता है। कई बार मैंने सोचा है कि साहित्य का संसार जब हमारे लिए 'जीना यहाँ, मरना यहाँ, इसके सिवा जाना कहाँ' है, तो इसमें थोड़ी चुहल भी होनी चाहिए"।[४१]

ममता जी "अपने सवालों से ज़्यादातर अपने अन्दर ही अन्दर जूझती" हैं। उन्हें विश्वास है कि "रचनाकार मूलतः एकाकी जीव होता है; वह अपनी रचनाओं में जितना बोलता है, उतना जीवन में नहीं", पर "जो कुछ रू-ब-रू कहने में सात जनम लेने पड़ते, वह सब रचनाओं में किसी न किसी के मुँह में डाल दिया" जा सकता है। शायद इसलिए यह भी कहती हैं : "बचपन से आस-पास की विसंगतियों और सवालों को देखकर मेरे अन्दर इतना गुस्सा इकट्ठा हो गया था कि उसका परिष्कार केवल लिखित शब्द ही कर सकता था" और "मुझे कोई गुस्सा दिला दे, घर में, दोस्तों में, दुनिया में, तो उस वक़्त अच्छा तो यही है कि मेरे सामने कागज़-कलम न आए"। उन्होंने अपने अंग्रेज़ी काव्य संग्रह 'पोयम्स '७८' १५, १७ में दशकों पहले कहा था, "I write, because I can't bite / It is the way, the weak ones fight" और कि "In my hour of discontent / I neither shout, nor rant / I simply fill ink in my pen / And spill it with intent"।[४२]

लिखने के लिए ममता कालिया को आज तक किसी विशेष परिस्थिति या वातावरण की आवश्यकता नहीं पड़ी, वे दूध उबालने में, रेलगाड़ी में बैठते हुए, रिक्शे पर सवार होकर और किसी की सेवा करते हुए रात को भी लिख सकती हैं, "हर उस जगह जहाँ आस-पास जीवन है"। अक्सर वे तब लिखने बैठ जाती हैं, जब घर पर सब सो चुके होते हैं और रसोई में उनके साथ केवल मच्छर जागते हैं, क्योंकि "महज़ रचना की खातिर आप अपनी घरेलू जिम्मेदारियों से कोई छूट नहीं माँग सकते"। "मेरे बारे में कुख्यात है कि मैं दाल बनाते कहानी लिख डालती हूँ, ⋯ रवि का ख़याल

है, महत्त्वपूर्ण रचनाकार ऐसे नहीं लिखते। मेरा ख़याल है, जन्मजात रचनाकार कैसे भी लिख लेते हैं, जेल से लेकर रेल तक में", "बहुत अधिक साफ़-सुथरे और सलीका-पसंद माहौल में मेरी रचना-प्रक्रिया ठिठुर जाती है", वे बोलती हैं। ममता जी तब भी लिखेंगी, जब वे "किसी बात से परेशान" होंगी, लेखन को दवा की तरह लेती हैं।[४३]

उनका और पति का कहना है कि एक बार लिखने के बाद वे रचनाओं में रद्दोबदल न के बराबर करती हैं। "जितनी देर में मैं पुरानी रचना ढूँढूँगी, उतने में तो नई-नकोर रचना लिख डालूँ", वे मानती हैं, और जोड़ती हैं, "आम तौर पर मैं रचनाओं में पीछे लौटना पसंद नहीं करती हूँ। लिखते ही उस अनुभव से निजात पाकर वे और भी ज़्यादा संताप देते हैं"। हमारे वर्धा के विश्वविद्यालय में 'कामयाब' (ढ.२) कहानी के पाठ से पहले भी उन्होंने श्रोतागणों से यह कहा था कि बहुत पहले से आधी लिखी कहानी पिछली रात में पूरी कर दी। किसी भी परिस्थिति में लिख सकने की इस सहनशीलता का दुष्परिणाम यह भी है कि उनकी चीजें "बहुत गुम होती हैं", यहाँ तक कि दो बार शरीर से साड़ी और एक बार चलते स्कूटर पर से वे खुद 'खिसक' गईं। अफ़सोस, अंतर्ध्यान होने से उनकी आधी-अधूरी साहित्यिक रचनाओं के कागज़ात तक बरी नहीं हैं, हालाँकि वे "अपने कहे-लिखे को शाश्वत नहीं मानतीं, इसलिए [उन्हें] इसका कोई अफ़सोस भी नहीं है"।[४४]

साहित्यिक प्रेरणास्त्रोत

किसी रचनाकार का लेखन समझना चाहेंगे, तो यह काम उसकी प्रेरणाओं और प्रेरणास्त्रोत बनते दिग्गजों पर ध्यान दिए बिना पूरा नहीं हो सकता। ममता कालिया ने कलम क्यों उठाई, यह हम बता चुके हैं। उनके घर पर पढ़ने लिखने का पहले से माहौल था। पिता को प्रसन्न करने के लिए उन्होंने विष्णु प्रभाकर, प्रभाकर माचवे, जगदीश प्रसाद चतुर्वेदी, जगदीश चन्द्र माथुर, उपेन्द्रनाथ अश्क, चिरंजीत, मैथिलीशरण गुप्त की रचनाएँ "होमवर्क के तहत" पढ़ीं। शिवानी के लेखन के अलावा "पठनीयता और सजीवता" के कारण एक समय तक कृशन चन्दर की भी कायल थीं — शायद इसलिए अश्क जी मानते थे कि उनकी पठनीयता कृशन चन्दर जैसी है (द्र० आगे)। शिवानी के किस्तों में प्रकाशित होते रहे उपन्यासों — 'चौदह फेरे', 'कृष्णकली' और 'सुरंगमा' के अगले अंश का बेसबरी से इंतज़ार करतीं। अगर आत्मकथात्मक उपन्यास 'दुक्खम-सुक्खम' २४५ की मानें तो पिता उन्हें गर्मियों की तपती दोपहरों में भी "महापुरुषों की आत्मकथाओं या जीवनियों" को पढ़ने के लिए मजबूर करते। यदि छुट्टियों की उन दोपहरों के बारे में केवल संस्मरण पर ध्यान दें,

तो भी यही पाते हैं। वे बोलती हैं, "हमारे घर में बच्चों का दोपहर को लेटना या सोना नितान्त वर्जित था", "तॉलस्तॉय की 'वॉर एंड पीस' तथा 'अन्ना कैरेनिना' वहीं मेरे हाथ लगीं। ··· अज्ञेय का 'शेखर एक जीवनी', 'नदी के द्वीप', यशपाल की कहानियाँ, वृन्दावनलाल वर्मा का 'कचनार' और 'मृगनयनी' उन्हीं दोपहरों की खोज थीं"।[४५]

पूना में रहते हुए "काफ़ी हिन्दी साहित्य की खुराक मेरे गले इसी तरह उतारी गई कि दीदी को अपनी किताबें खुद पढ़ने की फुर्सत या फितरत न होती, तो मुझे ड्यूटी पर तैनात कर दिया जाता", वे याद करती हैं कैसे बहन के लिए पाठ सुनातीं, और यह भी जोड़ती हैं कि उस समय मराठी साहित्य का अनुवाद भी प्रचुर मात्र में पढ़ा था।[४६] बल्कि मराठी से ज़्यादा उनके लिए बांग्ला साहित्य महत्त्व रखता है, यहाँ तक कि एक जगह उन्होंने लिखा कि उनके "जीवन में सारे लिखने-पढ़ने की शुरुआत बांग्ला उपन्यासों के अनुवादों से हुई थी"।[४७] प्रेम के अभाव में निर्मल वर्मा का उपन्यास 'वे दिन' तथा कहानी संग्रह 'जलती झाड़ी' उनके वफ़ादार साथी थे, जिन्हें कई-कई बार पढ़ा; अज्ञेय के 'नदी के द्वीप' का भी अक्सर ज़िक्र करती रही हैं।[४८] इतने-इतने उदाहरण पढ़ने के बाद पाठक को यकीन हो जाएगा कि युवावस्था में पढ़ी अनेकानेक पुस्तकों का उनपर निस्संदेह गहरा असर पड़ा।

सन्दर्भ विश्व-साहित्य का हो, तो वे एक साक्षात्कार में स्पष्ट कर चुकी हैं कि पाप और पुण्य के विश्लेषण के लिए तॉलस्तॉय युवावस्था से उनके प्रिय कथाकार रहे, उनके अलावा रूस के महान लेखकों में चेखव और गोर्की भी।[४९] हैमिंग्वे को विशेष रूप से उनकी वाक्य-रचना के लिए पसंद करती हैं – यह बात उन्होंने मेरे द्वारा किए साक्षात्कार में भी कही (द्र० 'परिशिष्ट १')। उन्होंने शुरू-शुरू में इन चार लेखकों की रचनाएँ अनुवाद में पढ़ी थीं, तभी से उनका ख़याल था कि इन सब में आसानी से बड़ी और विश्वव्यापी, सब पर लागू होनेवाली बातें लिख देने का गुण है। बाद में मानवीय समस्याओं पर लिखने की वजह से सिल्विया प्लाथ, स्टीवन ज़्वीग और बर्तोल्त ब्रेख्त उनके चहेते होने लगे; डी०एच० लॉरेंस को पति-पत्नी संबन्ध के कई आयाम दर्शाने के लिए पसंद करती हैं। एक समय चेस्टरटन, फ्लौबेर और सार्त्र को भी अधिक पढ़ती थीं, जबकि गत दशक में मॉर्क्वेज़ की कहानियों को, यद्यपि इन्हें अपने लेखन में उतारने जितनी प्रभावित नहीं हुईं। सॉमरसेट मॉम के उपन्यास 'मानवता के बंधन' का रूपान्तरित हिन्दी अनुवाद उन्हीं ने किया था, हालाँकि मिलने पर व्यक्तिगत रूप से उजागर किया है कि यह पुस्तक उन्हें बहुत अधिक कभी नहीं रुची। रवीन्द्र जी बताते हैं कि आधुनिक हिन्दी काव्य में उन्हें मुक्तिबोध की कृतियाँ पसंद हैं।[५०]

वे "नए लेखकों को खूब पढ़ती" हैं। परिशिष्ट में दिए साक्षात्कार में उन्होंने कहा है कि "कुणाल सिंह ···, पंकज सुबीर ···, उमाशंकर चौधरी ···, नीलेश रघुवंशी ···, मनोज रूपड़ा ···, मनोज कुमार पाण्डेय ···, हरे प्रकाश उपाध्याय ···, वन्दना राग ··· तथा चन्दन पाण्डे, आशुतोष, श्रीकान्त दुबे, इंदिरा दांगी और संजय कबीर की रचनाएँ अच्छी लगीं, ··· नई पीढ़ी [के कवियों] में नीलेश रघुवंशी का नाम याद आ रहा है"।

और यहाँ तक हमने ममता जी की साहित्यिक रुचियों का एक आरंभिक परिचय ही किया। वास्तव में ममता कालिया अपनी कृतियों में (या कृतियों द्वारा) अपनी पसंदीदा रचनाओं और रचनाकारों का अनेक बार ज़िक्र करती तो रही हैं, पाठक को फिल्मों और पॉप संस्कृति के नमूनों के सन्दर्भ भी मिल जाते हैं। उनके संस्मरण ऐसे सन्दर्भों से भरपूर हैं, परन्तु हमारे लिए उनके कथा-साहित्य में पाए जानेवाले सन्दर्भों की अहमियत ज़्यादा है। कभी यह लगता है कि वे कथा का वातावरण बनाने के लिए इनकी चर्चा करती हैं, तो कभी यह कि श्रद्धा-भाव से, कि वे अपनी प्रिय रचनाओं को अपनी ओर से अमर बनाना चाहती हैं। जहाँ तक संभव था, मैंने इन उदाहरणों को इकट्ठा कर लिया है और इनकी सूची 'परिशिष्ट ३' में देखी जा सकती है। गौरतलब है कि कुल रचनाओं के पाठ के लगभग ढाई सौ स्थानों पर इससे भी अधिक अलग-अलग ऐसे सन्दर्भ पाते हैं।

इनके आलोक में ममता कालिया की लेखकीय पृष्ठभूमि हिन्दी साहित्य के अलावा अंग्रेज़ी और रूसी साहित्य है। देख सकते हैं कि भारतीय साहित्य में जायसी के बाद छायावाद के सिरमौर कवियों के अलावा अज्ञेय और शरत्चन्द्र, जबकि पश्चिमी रचनाकारों में शेक्सपियर और अंग्रेज़ी के रूमानी कवियों (वड्ज़र्वर्थ, कोलरिज, कीट्स, शैले — परन्तु बायरन गायब !), तॉलस्तॉय और गोर्की, काफ्का, कामू, येट्स और टी०एस० एलियट, फॉर्स्टर व ख़ास तौर से हैमिंग्वे का नाम बार-बार लेती हैं। यह संकलन इसलिए भी रोचक है, क्योंकि इसमें कृष्णा सोबती और यशपाल की भाँति कई ऐसे रचनाकार लगभग नदारद हैं, प्रायः महादेवी भी, जिनके साहित्यिक गुणों को उन्होंने अपने साक्षात्कारों में अनुकरणीय बताया। इससे भी पता चलता है कि आदर-सम्मान और दिली पसन्द वास्तव में दो पृथक चीज़ें है।

ममता कालिया को ग़ज़ल, उसमें भी जगजीत सिंह और बेग़म अख्तर की गाई गज़लें विशेष रूप से पसंद होंगी, इतनी बार ये उनकी रचनाओं में शामिल हुई हैं। फ़िल्मी सन्दर्भों का बाहुल्य हम मुख्य रूप से उनकी शुरुआती कृतियों में, जैसे 'नरक दर नरक' के मुंबई में घटित होनेवाले पहले भाग में पाएँगे। रवीन्द्र कालिया पत्नी के बारे में बताते हैं कि "उन दिनों वह फ़िल्में खूब देखा करती थी",[५१] इस उपन्यास में

अधिक फ़िल्मी सन्दर्भ देने के पीछे यही सामान्य कारण होगा। कुल मिलकर यह याद रहना चाहिए कि लेखिका अपने साहित्य को काव्य, नाटक, उपन्यास, दर्शन, फ़िल्म और गीत रूपी विभिन्न सांस्कृतिक सन्दर्भों से सजाती रही हैं, जो उनकी संवेदनाओं को सँजोने तथा उनकी बहुआयामी जिज्ञासा का परिचय देने के साथ हर जगह कोई विशिष्ट वातावरण निर्मित करने का काम करते हैं।

विधाओं की विविधता

"रचनात्मक जीवन में प्रायः हम कविता से अपना साहित्यिक सफ़र शुरू करते हैं और संस्मरण से समाप्त," ममता कालिया लिखती हैं।[५२] उनका लेखकीय जीवन-वृत्त वाक़ई बचपन की कविताओं और कुछ-एक कच्ची कहानियों से आरम्भ होता है, जो स्थानीय अख़बारों के रविवारीय संस्करणों में, 'धर्मयुग' जैसी नामी पत्रिका में भी जल्दी छपने लगीं, लेकिन पुनःप्रकाशन न होने से ये रचनाएँ फ़िलहाल अक्सर अनुपलब्ध हैं।[५३] कविता से कहानी की ओर पुष्पा भारती, धर्मवीर भारती की दूसरी पत्नी से प्रोत्साहन लेकर मुड़ीं,[५४] वहीं ऊपर बताया गया था कि पति के अनुसार ममता जी उनसे मिलने से पहले अधिकतर कविताएँ लिखती थीं, उसके बाद कहानी। उपन्यास की विधा में उनका प्रवेश मुंबई के अकेलेपन ने कराया, इस बारे में भी ऊपर बताया गया है।

कविता

१९५७ तक, जब परिवार इन्दौर में रह रहा था, वे कविताएँ लिखनी शुरू कर चुकी थीं। यह बीटनिक और बीटल आन्दोलन का समय भी था, ममता कालिया और उनकी इन युवावस्था की कविताओं पर भी इसका असर पड़ा। वे इन्हें "शॉकिंग किस्म की" बताती हैं, जबकि रवीन्द्र कालिया "बोल्ड"। 'क ख ग' पत्रिका में प्रकाशित और ऊपर उद्धृत कविता भी इसी श्रेणी में आती है। ममता कालिया के इस आरंभिक काव्य की महत्ता को इससे भी समझा जा सकता है कि १९६३ में उनकी छब्बीस कविताएँ जगदीश चतुर्वेदी द्वारा सम्पादित और अकविता धारा का सूत्रपात माने जानेवाले 'प्रारम्भ' संग्रह में प्रकाशित हुई थीं। अपने प्राक्कथन में चतुर्वेदी का कहना था कि संग्रह की कविताओं को अपनी "सहज अभिव्यक्ति के साथ संवेदना के समुचित तादात्म्य तथा आवेगों की स्वस्थ अभिव्यंजना के कारण" संकलित करने योग्य समझा।[५५]

इसके बावजूद वे कहती हैं, अकविता आन्दोलन, जिसका आरंभ "परंपरागत रूमानियत से विद्रोह, रूढ़िगत काव्य-बिम्बों से असहमति और अक्खड़ अस्वीकार"

से हुआ, कुछ ही समय में हिन्दी काव्य को "हिंसा, जुगुप्सा, नकली विद्रोह, शब्द-बहुलता और सरलीकरण" की ओर ले गया।[५६] इसके चलते कविता – जिसका "छायावाद में विदेहीकरण" हुआ था – अब "जीभ और जाँघ के चालू भूगोल में" अटक गई, फिर कुछ देर में "सातवें दशक की कविता मुझे स्थूल और क्षणवादी लगती, हालाँकि मैं भी अपने समय के अनुरूप कविताएँ लिख रही थी"। आखिरकार उनके चाचा, भारतभूषण अग्रवाल ने उन्हें लिखने से रोका और कुछ दिन और इंतज़ार करने को कहा। बाद में वे स्वयं समझ गईं, उस समय न लिखना ही बेहतर था, अन्यथा उस इकहरे स्वर से अपनी पहचान बनाकर आगे की संभावनाएँ कम हो जातीं। नतीजा यह हुआ कि बीटनिक धारा से दूर हो गईं :[५७]

> "जिन दिनों में मैं कविता लिख रही थी, उन दिनों हिन्दी कविता बड़ी तेज़ी से बनावटी होती जा रही थी। उसका जो विकृत रूप जगदीश चतुर्वेदी, मोना गुलाटी और मणिका मोहिनी आदि की रचनाओं में मिलने लगा था, उसने मुझे कविता से बहुत दूर कर दिया, फिर भी कहानी के साथ-साथ वह मेरे अन्दर हमेशा मौजूद रही – एक सगी बहन की तरह"।

शादी के बाद, मुंबई में रहते हुए ममता कालिया ने हिन्दी में न सही, अंग्रेज़ी में तो कई कविताएँ लिखीं, जिन्हें राइटर्स वर्कशॉप ने 'ट्रिब्यूट टु पापा' और 'पोयम्स '७८' नामक दो पुस्तिकाओं में प्रकाशित किया, "न कहीं मिन्नत करनी पड़ी, न पांडुलिपि भेजनी पड़ी। उन्हें सराहना भी खूब मिली"। इधर इस अंग्रेज़ी काव्य की तुलना सिल्विया प्लाथ की रचनाओं से भी की गई है। इनकी चर्चा ज़रूर हुई, लेकिन ममता जी पर अमरकान्त की राय का गहरा असर पड़ा। उनका कहना था, "आप तो इंग्लिश में निहिलिज्म की ओर बढ़ रही हैं। क्यों लिखी हैं आपने ये कविताएँ? फैशन में हैं, इसलिए। लेखक को हमेशा फैशनेबल लेखन से बचना चाहिए"। इसके बाद एक मुद्दत तक उन्होंने अंग्रेज़ी में भी काव्य नहीं लिखा। २००८ में उन्होंने बताया कि "अभी भी अंग्रेज़ी की कविताएँ लिखी हैं, लेकिन उनके प्रकाशन को लेकर कोई रुचि नहीं"।[५८]

'खाँटी घरेलू औरत' कविता-संग्रह का शीर्षक और अन्तर्वस्तु राजेन्द्र यादव के लेख 'होना/सोना खूबसूरत दुश्मन के साथ' और एक कथन पर है जब उन्होंने अपनी पत्नी, मन्नू भण्डारी को यूँ पुकारा था।[५९] इसमें उन्होंने औरतों के दैनन्दिन जीवन के कई आयाम साकार किए हैं तथा पितृसत्ता पर विमर्श किया। एक मुकम्मल कविता है तेरहवीं, जिसमें एक महिला सोचती है, उसे कभी पति से तारीफ क्यों नहीं मिलती, ऊपर से यह किसलिए कि "वे तो आजीवन चूसते रहे उसे बोटी की तरह, मिलती रही जो उन्हें दाल-रोटी की तरह"। कुछ महिलाओं को घर में साँस तक नहीं आती,

उन्हें रोशनदान ही सबसे प्रिय है, "जिससे भीतर की आवाज़ें बाहर और बाहर की हवा भीतर आती रहे"; उनके लिए यह भी समझना मुश्किल होता है कि "क्या मैं कुछ कम मनुष्य हूँ, या वे कुछ ज़्यादा" (१५वीं क०)।

तभी बहुत-सी महिलाओं के "आसपास है एक पस्त अकेलापन, जिसे सहना उतना ही मुश्किल है, जितना बारिश में बदन पर सीले कपड़े पहनना", जिसका अंजाम है कि "चाँटा मारने के लिए सनसनाते" हाथ "एक कलात्मक नमस्ते बन जाते हैं" (२२वीं, २३वीं क०)। चौबीसवीं कविता भी बेहद सशक्त है। इसमें पत्नी पति से पूछती है कि अगर खिड़की-बालकनी में तुम्हारा चेहरा न दिख सकता और पत्रों में तुम्हारे लिए 'सिर्फ नमस्ते लिखा रहता' तो "क्या तुम खुश रहते कहते हुए कि यह तुम्हारा सौभाग्य है?", फिर बोलती हैं : "मैंने परिश्रम को ही माना पारिश्रमिक"। शायद चौवनवीं कविता ही सबसे अधिक 'नारीवादी' है, जिसमें वे पौराणिक स्त्रियों जैसी महिलाओं की प्रतिभा के घरेलू कामों में खर्च हो जाने की दुहाई देती हैं। अट्ठावनवीं उनकी अंग्रेज़ी कविता 'आफ्टर एइट इयर्स ऑफ़ मैरिज' (पोयम्स '७८ २६) का अंग्रेज़ी अनुवाद है। (इस संग्रह के कुछ और उद्धरण आगे पढ़ें।)

उन्होंने हाल ही तक एक ही लम्बी कविता, वस्तुतः प्रबन्ध-काव्य लिखा है, मगर इसमें ममता कालिया का रूढ़ियों और परम्परा के दुष्ट रूपों से टक्कर लेनेवाला स्वभाव पूरी तरह झलकता है। प्रबन्ध-काव्य के शीर्षक 'कितने प्रश्न करूँ?' का तात्पर्य रामचन्द्र की धर्मपत्नी, सीता से है। वे ही पूछती हैं नित अनुत्तरित सवाल अपने स्त्री-भाग्य के बारे में, पर उन्हें प्रारब्ध तब भी झेलना पड़ता है। जुड़वाँ पुत्र देने से उन्होंने "कुल-गर्व रखा था", क्योंकि "जब पुत्र जनम लेता है / सारा कुटुम्ब हँसता है / लेती है सास बलैया / पति पिता रूप पाता है"। पर यह निज सुख के लिए पर्याप्त नहीं था, उन्होंने पाया, "नारी ही दुख पाती है / दुनिया की इस रचना में", "नारी को क्या जीवन भर / यों ही पीड़ित होना है ! / शंका से ऊपर नर है, / नारी को ही रोना है !", ख़ासकर जब पति कैसा भी है, इस बात से हिलता न हो कि "पत्नी की गति है पति से / पति से ही गौरव उसका"। इस सब दुःख-दर्द के बीच वह सीता, जिसे ममता जी ने यहाँ एकदम मूर्त बनाया है, बहुत ही सशक्त और आत्मविश्वास से भरपूर है :[६०]

> "संशय के उस इक क्षण में / तुम साधारण बने बैठे, /
> सारी महानता त्यागी / जब परित्याग कर बैठे। // ...
> लोकापवाद का भय था / या निज की यह कमज़ोरी, /
> जो विकट परीक्षा ले ली / उस मिलन घड़ी में मेरी?"

तभी इस धरती से प्रस्थान करते हुए वे राम से बेबाक बोल सकती हैं :[६१]

"क्या मर्यादा पुरुषोत्तम / पति, पिता नहीं होते हैं? /
करते हैं हित जनपद का / अपने प्रियवर खोते हैं ! //
यदि यह है धर्म बृहत्तर / अपने कुटुम्ब के ऊपर? /
तो पालन करो इसी का, / जाती हूँ मैं अब रघुवर। //
माँ के गृह में कम से कम / यह आश्वासन तो होगा, /
सम्मानित रह पाऊँगी, / संशय का देश न होगा ! //
मैं जन्मी थी पृथ्वी से, / पृथ्वी में जाती हूँ अब, /
लो, हुई काल-गति पूरी, / लव-कुश का भार गहो अब !"

इस कविता की भाषा उनके कथा-साहित्य की भाषा की 'पाँचवें अध्याय' में बताई जानेवाली विशेषताओं को रेखांकित करती है। ख़ास बात यह है कि धार्मिक विषयवस्तु को वे वही सहज तद्भव शब्दावली लिए छूती हैं, जो हम प्रायः उनके गद्य में पढ़ते हैं। व्यंजना कहीं से बासी-पुरानी नहीं है, बल्कि ताज़गी से लबरेज़, यहाँ तक कि रवानगी के लिए इसमें उर्दू के गिने-चुने शब्दों ने भी जगह पाई, जैसे : ख़तरा १४, गुम्बद २१, कमज़ोरी २८, बेहद ३३, खुश ३३, ४७, वक़्त ३६, मेवा ४०, बार-बार ४०, खातिर ४१, याद ४४, काफ़ी ५५, शुरू ६०, कम ६२।

कहानी

जो काव्य के साथ ज़्यादा जुड़े हैं, उन्हें ममता कालिया को कवयित्री के रूप में देखना अच्छा लगता है। मगर उनका महत्त्वपूर्ण और विस्तृत लेखन दरअसल गद्यलेखन है। वे बोलती हैं, "कई बार लगता है, मुझे कविता लिखनी चाहिए, फिर मैं आलस्य कर बैठती हूँ, सोचती हूँ अब कविता मेरा क्षेत्र नहीं रह गई। पर कविता ख़त्म नहीं होती, वह कितनी भी यथार्थवादी हो, आपको एक सपना देती है। गद्य में भी गति कविता से ही आती है" (द्र० 'परिशिष्ट १')। वे यह भी बता देती हैं कि दिल्ली में एम०ए० करने के दौरान "लिखती तो थी मैं कविता, पर सारे समय कहानियों से आंदोलित रहती थी। ··· कविता का खगोल और भूगोल मुझे सीमित दिखता"; नब्बे के दशक में आकर उनका मानना था, "कविता रससिक्त करती है, आंदोलित करती है, प्रेरित करती है, किन्तु वह जीवन के यथार्थ के नज़दीक कम लाती है। कहानी के माध्यम से हम व्यथा से जुड़ते हैं। उसकी गहरी अनुभूति होती है। विचलित होते हैं", और कविता के बरक्स "अपनी बात को पूरी तरह से कह सकना कहानी में ही संभव है"।[६२]

चूँकि उनके कथा-साहित्य के अन्तर्गत हम आगे उनकी कहानियों पर केन्द्रित

रहेंगे तथा उनकी सूची 'परिशिष्ट २', जबकि अन्तर्वस्तु 'परिशिष्ट ५' में देखी जा सकती है, इसलिए यहाँ उनका वर्णन नहीं करेंगे। केवल इतना कहेंगे कि उपेन्द्रनाथ अश्क ने ममता जी की पठनीयता को सराहते हुए उनकी चार कहानियों – 'लड़के' (ग.१), 'वसन्त–सिर्फ एक तारीख' (ग.३), 'आपकी छोटी लड़की' (घ.२) और 'माँ' (घ.९) का "विशेष रूप से उल्लेख" किया। 'लड़के' और 'आपकी छोटी लड़की' को ममता कालिया भी अपनी बेहतरीन रचनाओं में गिनती हैं। 'काली साड़ी' और 'मनहूसाबी' को "बेहतर" बताती हैं, और उन्हें 'राएवाली' और 'निर्मोही' भी पसंद है। 'बोलनेवाली औरत' कहानी संग्रह को श्रीलाल शुक्ल ने पत्र लिखकर सराहा और ममता जी ने उस पत्र को "प्रमाणपत्र की तरह सहेजकर रखा है"।[६३]

मेरा मानना है कि ममता कालिया कहानी की विधा में ही सबसे उर्वर, अद्वितीय और विचारोद्दीपक रही हैं, इसलिए उनकी सफलता भी इसमें सबसे ज़्यादा दिखती है। पाठक-वर्ग से भी उनकी कहानियों को अधिक तवज्ज़ोह मिली है। वे कहती हैं, "कहानी की लोकप्रियता से यह सिद्ध होता है कि लोग कहानी के दृष्टिकोण और जीवन-दर्शन के प्रति अनुकूल महसूस करते हैं। [लेकिन] लोगों को बहुत अधिक शिक्षा देने का काम कहानी से माध्यम से करना मुश्किल है"।[६४] यह इसलिए कि उनके अनुसार "कुछ सुधी पाठकों तक रचना पहुँचती है, बहुत तक नहीं पहुँचती। लेखक अपने अलबेले अल्पसंख्यक संसार में जिए जाता है", उन्हीं के अनुसार आजकल भारत के "एक अरब लोगों के बीच में एक करोड़ लोग साहित्य पढ़ रहे हैं, ··· यह संख्या बहुत नगण्य है"।[६५]

बावजूद इसके उनकी कहानियों में अनेक ऐसे प्रसंग पाए जाते हैं, जो समाज से उठाये गए हैं, और उनका लक्ष्य भी यही लगता है, समाज-सुधार। "मेरा सपना यही है कि एक दिन साहित्य समाज को बदलकर रख देगा", एक बार उन्होंने आस जताई, यही जुनून होगा, जिससे मजबूर होकर लेखक "फिर भी रात एक बजे या भोर पाँच बजे जागकर अपनी आँखों में दो बूँद आईड्रॉप टपकाकर लिखने बैठ जाता है, मन ही मन यह कहता, 'काल तुझसे होड़ है मेरी'"।[६६] उनका एक कविता-प्रेमी नायक भी सोचता है, "वह समाज की सारी गन्दगी साहित्य के माध्यम से दूर करेगा" (कवि मोहन ३०१, घ.१०)।

उपन्यास

'परिशिष्ट २' और 'परिशिष्ट ५' में कहानी की तरह उनके उपन्यासों के सन्दर्भ भी मिल जाएँगे, इसलिए यहाँ उनके बारे में अधिक बताना ग़ैरज़रूरी है। अब केवल इतना बोलें

कि उपन्यासकार के रूप में ममता जी को कम तारीफ नहीं मिली। उनका पहला उपन्यास 'बेघर' प्रकाशित होने पर उपेन्द्रनाथ अश्क ने उन्हें एक पत्र भेजा था। यह उनसे कहीं खो गया था – सिवा फ्लैप पर छपे अंश के, जिसमें अश्क जी ने उन्हें बेहतर उपन्यासकार और 'बेघर' को 'अनायास' बताया। १९७५ में वे अपने दूसरे उपन्यास 'नरक दर नरक' पर काम कर रही थीं और उसका एक अंश 'पहल' पत्रिका में प्रकाशित हुआ। प्रतिक्रिया में विदेश गए उनके चाचा भारतभूषण अग्रवाल से प्रशंसात्मक पत्र आया : "··· वह दिन दूर नहीं जब मैं तुम्हारे चाचा के रूप में जाना जाऊँगा"।[६७] सफल उपन्यासकार होने के बावजूद गौरतलब है कि कहानी और कविता की चर्चा वे हर कहीं करती आई हैं, जबकि उपन्यास के विषय में उन्होंने सैद्धान्तिक विचार बहुत कम बाँटे हैं, जो उनकी अभिरुचि और प्राथमिकता साफ़ बता देता है।

उनका कहना है, हिन्दी में उपन्यासों की श्रेष्ठता "हमेशा लद्धड़ और कम पठनीय" होने से आँकी जाती है।[६८] उनके सार्थक प्रयासों वाले उपन्यासों को पढ़ने पर ज़्यादातर ऐसा नहीं लगता, विषयवस्तु या दृष्टिकोण की नवीनता और धाराप्रवाह भाषा-शैली इसका मुख्य कारण है। उनके अनुसार कहानी की तुलना में इस विधा में "न तो देर तक बुद्धि-विलास किया जा सकता है, न बुद्धि-विलाप"।[६९] वे अच्छा मानती हैं कि हिन्दी में अमृतलाल नागर और भगवतीचरण वर्मा की धारा के उपन्यास अभी पीछे चले गए। इनकी जगह अब या तो "गैर-औपन्यासिक" लगती सामग्री प्रदर्शित करनेवाली, "योजना बनाकर लिखे जा रहे" उपन्यास आते हैं, या फिर सामाजिक शोध पर आधारित, जैसे रांगेय राघव और मैत्रेयी पुष्पा की कृतियाँ। इन्हें भी बाद में कितना याद करेंगे, यह बताना मुश्किल समझती हैं, पर बांग्ला (महाश्वेता देवी) और मराठी के उपन्यासों को निश्चित ही बेहतर मिसाल मानती हैं।[७०]

ममता जी के उपन्यासों की जितनी कमज़ोरी है, वह संरचना से संबन्ध रखती है (इस विषय में 'पाँचवें अध्याय' में अतिरिक्त जानकारी मिल जाएगी)। मेरी नज़र में विन्यास और मन बाँधने की क्षमता के हिसाब से उनका बेहतरीन उपन्यास उनका पहला उपन्यास ही है, 'बेघर', जो जापान के ओसाका विश्वविद्यालय के पाठ्यक्रम में भी शामिल किया जा चुका है। इसी तर्ज़ पर शेष का क्रम कुछ इस तरह होना चाहिए (बेहतर से कमज़ोर की ओर) : 'दुक्खम-सुक्खम', 'लड़कियाँ', 'अँधेरे का ताला', 'एक पत्नी के नोट्स', 'नरक दर नरक', 'प्रेम कहानी' और 'दौड़'। 'सपनों की होम डिलिवरी' को भी अपने क्रम में मैं आगे रखूँगा। प्रस्तुत शोध की समाप्ति पर प्रकाशित होने के कारण 'कल्चर वल्चर' पर फ़िलहाल विचार नहीं किया जा सका।

एकांकी

एकांकी विधा लेखिका ने '८० के दशक में आरंभ से ही आज़मा ली, लेकिन बावजूद इसके कि उनकी ये कुल पाँच लघु-नाटक स्तरीय रचनाएँ हैं, उन्होंने आगे अधिक एकांकी लिखने में दिलचस्पी नहीं दिखाई है। 'आप न बदलेंगे' नाटक १९८२ में, दूरदर्शन के जालन्धर केन्द्र के लिए कमलेश्वर के अनुरोध पर लिखा था, पर इसका मंचन राष्ट्रीय नाट्य विद्यालय में भी हो चुका है, संस्था की रजत-जयंती पर प्रस्तुत 'कथा-कोलाज' के तहत।[७१] १९८३ में यह दो अन्य एकांकियों 'आत्मा अठन्नी का नाम है' और 'यहाँ रोना मना है' के साथ पुस्तक रूप में पाठकों के सामने आया, फिर छह वर्ष बाद 'आपकी छोटी लड़की' व 'जान से प्यारे' के साथ इन तीनों का नया प्रकाशन हुआ। 'आपकी छोटी लड़की' के मंचन के बारे ममता जी ने 'पढ़ते, लिखते, रचते' [२३] में बताया है कि अपने बचपन की इस वास्तविक घटना को मंच पर दोबारा घटित होते देखने से उनके अन्दर किस कदर भावनाओं का सैलाब उमड़ पड़ा।

ये एकांकी ममता कालिया के कहानी-लेखन के पूरक या संलग्नक समझे जाने चाहिएँ। 'यहाँ रोना मना है' मुख्यतः 'राएवाली' (ग.२) कहानी का रूपान्तरण है, पर उसमें दूसरी कहानियों के तत्त्व भी मौजूद हैं (पिता की कंजूसी ~ कवि मोहन, घ.१०; बहू की मुँह-दिखाई ~ बाथरूम, झ.७; सास के साथ कथित गलतबयानी के लिए पत्नी का पति और सास-ससुर द्वारा वहशीपन से चुप करा दिया जाना ~ बोलनेवाली औरत, छ.१; फोड़ों में चीरा लगने से देहान्त ~ आज़ादी, ख.१२)। 'आपकी छोटी लड़की' भी समान शीर्षक की, उसी सन् में प्रकाशित कहानी (घ.२) का नाट्य संस्करण ही है।

पाँचों एकांकी पारिवारिक परिवेश की समस्याओं पर आधारित हैं। 'आत्मा अठन्नी का नाम है', 'आप न बदलेंगे' और 'यहाँ रोना मना है' एक पत्नी की उन मुश्किलों को केन्द्र में रखती हैं, जिनका सामना उसे अपने ही घर में करना पड़ता है, चाहे वह बड़े शहर में या कस्बे में क्यों न हो, जैसे बंधक की भाँति कृतघ्न परिजनों की सेवा किए जाना, बोलने का हक न मिलना, घरेलू हिंसा की शिकार होकर मार खाना। तीनों में से पहली और आख़िरी काफ़ी त्रासद हैं, जबकि दूसरी में एक जिन्न को पात्र बनाने से थोड़ा विनोद भी आ जाता है। 'आपकी छोटी लड़की' बाल-मनोविज्ञान, बहनापे और पिता-पुत्री रिश्ते के बारे में दर्शक के विचार जगाता है, 'जान से प्यारे' में पिता-ससुर, सास, पति तथा पत्नी जैसे मृत प्रियवरों को संजीवनी औषधि दी जाने से इनकार करते, वसीयत, जीवन-बीमे या दहेज़ के पैसों का लालच खाए परिजनों के काले दिलों की असलियत जान सकते हैं।

बाल-पुस्तक

ममता कालिया ने न केवल वयस्कों के लिए लिखी अपनी कहानियों में बच्चों के बारे में सोचा है (लगभग हर तीसरी कहानी में बाल-बच्चे भी मौजूद हैं), किन्तु वे सबसे युवा पाठकवर्ग को समृद्ध करनेवाले छह बाल-कहानी संग्रह और समरसेट मॉम के उपन्यास का अनुवाद 'मानवता के बन्धन' ('नेह के नाते') भी प्रकाशित कर चुकी हैं। इस सब में एक कहानी 'नए दोस्त' (ञ.२६) विशिष्ट इसलिए है, क्योंकि उन्होंने 'पाँच बाल कहानियाँ' संकलन की इस अकेली कहानी को 'थिएटर रोड के कौवे' में शामिल कर लिया।

लेखन के चरण

ममता कालिया से बातचीत करते हुए लगता है, वे वास्तव में सदाबहार हैं। युवा पीढ़ी से संपर्क रखने की आदत इसका कारण और परिणाम दोनों है। कहती हैं, "विद्यार्थियों के बीच में जाना, उनसे बातें करना मुझे हमेशा अच्छा लगता था। युवा चेहरों की चमकती उत्कण्ठा मेरे अंदर नई स्फूर्ति का संचार कर देती है"। उनके व्यक्तित्व की परिवर्तनशीलता और नए विचार अपनाने की क्षमता का अंदाज़ा हम इससे लगा सकते हैं कि वे खुद मानती हैं, "जीवन में मुझे 'पुनः' शब्द से चिढ़ है", "समय के साथ सबसे अच्छी बात यही है कि वह सरकता है" और कि "जीवन के बारे में यही अच्छा है कि वह समयसारिणी बनाकर नहीं जिया जाता"; वे "जीवन के प्रति एक तार्किक गतिशील दृष्टिकोण को आधुनिकता की पहचान" मानती हैं।[७२]

यद्यपि वे यह भी कहती हैं, "आमतौर पर देखा जाए, तो लेखक एक बार कामयाब होने के बाद जीवन भर उसी तर्ज़ पर लिखता रहता है", लेकिन इसके तुरंत बाद अपने पति को सराहती हैं कि वे लगातार परिवर्तनशील रह सके। सिक्के के दो पहलू हैं। पूरे लेखकीय वृत्त के विस्तार में ममता जी की अभिरुचि, उनके कथ्य का सार एक जैसा लगता हैं, रुझान स्त्रियों की स्थिति और समाज की विसंगतियों में ज़्यादा दिखाती हैं। फिर भी शैली समयानुसार थोड़ी बदलती है, 'जी' (ढ.१), 'फरवरी की एक शाम' (ढ.१०) और 'खुशियों की होम डिलिवरी' में वे बढ़ती उम्र को धता बताते हुए अत्याधुनिक अव-धारणाओं का सहारा लेती हैं, मोबाइल फोन, जी-स्ट्रिंग और 'स्ट्रेट लोगों की पार्टी' से लेकर सीसीडी उर्फ़ कैफ़े कॉफ़ी डे तक। जब वे कहती हैं, एक समय में "हमें विगलित करनेवाली कहानियाँ आज अव्यावहारिक और थकाऊ लगती हैं", तो समझना मुश्किल नहीं कि वे परिवर्तन के पक्ष में ही हैं।[७३]

सन् '७१ में, जब लेखिका के अनुसार भारत में "स्त्री-विमर्श जैसा कुछ था ही नहीं", कौमार्य का मिथक तोड़ते उनके पहले उपन्यास के पाठकों को भी ऐसा प्रतीत हुआ होगा कि ममता कालिया सनसनीखेज़ विषय छूने से ख़म नहीं खातीं। लेखिका को केवल इतना लगा कि 'बेघर' उनके "नज़दीकी अनुभव और कल्पना की उपज" था। मगर जो लेखिका यह सिद्धान्त आत्मसात् करके चलती हैं कि "साहित्य अपने समय से आगे चलता है। ··· समय को पकड़ना और समय के आगे की सोचना एक लेखक का काम है और उस के लिए एक चुनौती भी है, इसके लिए उसे तैयार रहना चाहिए", उससे ऐसा लगना कहीं अपेक्षित भी तो है।[७४]

१९७० के पहले कहानी संग्रह 'छुटकारा' में उनकी अपनी आयु और उसके अनुकूल विषय-चयन साफ़ नज़र आता है। ये कहानियाँ सामाजिक समस्याओं को हलका-सा छूती हैं, पर पात्रों की निजी समस्याओं पर अधिक केन्द्रित होने से उनका परिप्रेक्ष्य अधिकतर अस्तित्ववादी[७५] कहा जा सकता हैं। इस अस्तित्ववाद के साथ, शायद अल्पभाषिता और पूरा अर्थ निकालने के निमित्त कहानी को एक से ज़्यादा बार पढ़ने के लिए मजबूर कर देती संरचना के कारण, किंचित् रहस्यमय वातावरण भी महसूस कर सकते हैं (छुटकारा, क.६; पिछले दिनों का अँधेरा, क.९; शहर शहर की बात, क.१२)। प्रेम-संबन्ध स्थापित करने, खुले रिश्ते में रहने या घर बसाने, और इस बीच बच्चा हो जाने से बचने जैसे विषय प्रखर हैं, जो एक साल बाद प्रकाशित 'बेघर' में भी कम प्रकट नहीं हैं। १९७५ का दूसरा संग्रह 'सीट नम्बर छह' भी स्त्री-पुरुष संबन्धों का अस्तित्ववादी विश्लेषण करता है, सभी कहानियों की मूल संवेदना नायिकाओं के रिश्तों की जटिलता कही जा सकती है और उसी वर्ष के 'नरक दर नरक' उपन्यास में भी यही प्रतिबिंबित होती है। यह लेखिका की आपबीती के अनुरूप है, और गौरतलब है कि उनके जीवन और लेखन के चरणों में बाद में भी ऐसा तालमेल देखा जा सकता है।

तीसरा संग्रह 'एक अदद औरत' महज़ एक साल बाद, १९७६ में आया। इसमें कई कहानियों की केवल आवृत्ति हुई, लेकिन शेष छह नई कहानियों में से तीन (ग.१, ३, १४) के कारण लेखिका अपने लेखन के दूसरे चरण में प्रवेश करती नज़र आती हैं। यह संग्रह ममता जी की बढ़ती सामाजिक प्रतिबद्धता का संदेश देता है। बहुचर्चित कहानी 'लड़के' (ग.१) है, जो 'आपात्काल' के दौरान ही प्रकाशित होने, हो पाने के नाते भ्रष्टाचार समेत अपने युग की पूरी व्यवस्था की ख़िलाफ़त का ज़रूरी दस्तावेज़ है। वासु चटर्जी ने 'रजनी' धारावाहिक की एक कड़ी भी इसी कहानी पर बनाई थी, जो अन्तिम सिद्ध हो गई : इसके क्रान्तिकारी तेवर के मारे सरकार ने यह कार्यक्रम ही

बंद करा डाला।[७६] निजी से सामाजिक में यह संक्रान्ति अगले दो लघु-उपन्यासों में भी दिखती है : जहाँ 'प्रेम कहानी' (१९८०) पहले की तरह स्त्री-पुरुष संबन्धों पर केन्द्रित है, वहाँ 'लड़कियाँ' (१९८३) एक व्यापकतर सामाजिक पटल पर बना है। फिर इसी साल का कहानी संग्रह 'प्रतिदिन' भी निजी (घ.१, ४, ७, ८) से सामाजिक (घ.२, ५, ८, १०) की ओर एक यात्रा है।

'उसका यौवन' (१९८५) संग्रह एक नए, तीसरे चरण का संकेत है। कुछ कहानियाँ पारिवारिक संबन्धों के अपने विश्लेषण से युवाओं के सपनों और संभावनों (ङ.१, २, ३, ५) को छूती हैं, कोई उम्र पकने के त्रास को रेखांकित करती है (ङ.९)। स्त्री-पुरुष के रिश्ते पर आधारित कहानियाँ अभी कम होती गई हैं (ङ.७, ८, १०, ११, १३), जबकि ग़रीबी के अलावा विवाह संबन्धी कुप्रथाओं का सवाल इसमें उठाया जाता है (ङ.६, १२) और एक कहानी दफ्तर के सहकर्मियों पर भी है (ङ.४)। छठे संग्रह 'जाँच अभी जारी है' में लेखिका का विषय-चयन बदला हुआ मालूम देता है। इस पुस्तक का केन्द्रबिन्दु एक तो गरीबी, कमज़ोरों का दबाया जाना, भ्रष्टाचार (च.३, ५, ९, १२, १३, १५) और विचलित समाज से व्यक्ति का प्रतिरोध (च.१, ८, ११) है, और दूसरे, परिवार के संबन्धों, पति-पत्नी (च.४, ६, १०) अथवा सास-बहू (च.२, ७, १६) के रिश्ते में आती खटास। न केवल व्यक्ति का, बल्कि उसके इर्द-गिर्द समाज का संकट भी इसमें गहरे रंगों में उकेरा गया है। यह पाना रोचक है कि धार्मिकता से सम्बद्ध कोई ख़ास प्रसंग या टिप्पणी पहले की रचनाओं के विरुद्ध इसमें लगभग नदारद है। पाँचवें संग्रह की तरह आत्मकथात्मक तत्त्व इसमें भी कम ही हैं। 'एक पत्नी के नोट्स' (१९९५) भी इस दौर की कहानियों का विस्तार है।

ममता कालिया कहानी मोर्चे पर क़रीब दस साल बाद फिर सक्रिय हुईं, इस विराम को तीसरे और चौथे चरण की सीमा के रूप में देखा जा सकता है। १९९८ में 'बोलनेवाली औरत' प्रकाशित होने तक वे उम्र के साठवें साल के करीब आ गईं। इस पुस्तक में स्त्री-मुक्ति के आम प्रश्नों (छ.१, ४, ५) के अलावा हास्य रस भी कम है, जबकि मरीज़ों, सोग माननेवालों और बुज़ुर्ग हो रहे पात्रों की तिलमिलाहट के प्रति सहानुभूति (छ.७, ८, ९, ११, १२, १३, १४) ज्यादा। अंधविश्वासों पर पूरी तीन कहानियों में विमर्श हुआ (छ.२, ३, ६)। दाम्पत्य की यहाँ पहले जितनी अहमियत नहीं है, पति-पत्नी के संबन्धों में तनाव का स्रोत ज़्यादातर बाहरी परिस्थितियाँ है (छ.११, १३), न कि परस्पर स्नेह का अभाव। 'दौड़' (२०००) लघु-उपन्यास भी बाहर की और से आती, परिवार को तोड़ती सामाजिक और आर्थिक तबदीली का विश्लेषण करती कृति है। 'मुखौटा' और 'निर्मोही' अपने आप में लम्बे संग्रह हैं, जो २००३ और २००४

में लगभग एकसाथ प्रकाशित हुए। लगता है, इनकी कोई विशिष्ट संवेदना नहीं है, दोनों में विविध सामाजिक प्रश्नों की जाँच-पड़ताल होती रही, जिनमें परिवार-संबन्धी अपेक्षाकृत कम हैं, 'बोलनेवाली औरत' की तरह ही। 'निर्मोही' में हास्य अधिक, छोटे वाक्य व छिन्नान्विति संरचना बहुत कम है।

हालाँकि अगला कहानी संग्रह 'थिएटर रोड के कौवे' 'निर्मोही' के दो साल बाद, २००६ में प्रकाशित हो गया, इस बार पेंगुइन से, जो एक संकेत है कि ममता कालिया भी अब मुख्यतः अंग्रेज़ी पुस्तकों के लिए मशहूर प्रकाशन के हिन्दी मोर्चे पर, हिन्दी लेखन का चेहरा होने की प्रतिष्ठा हासिल कर चुकी हैं। इसमें पुरानी रचनाओं की आवृत्ति अधिक है, और इसके पश्चात् नए संग्रहों से ज़्यादा उनके संकलन निकलने लगे हैं। नई कहानियों में फिर एक बार पात्रों की व्यक्तिगत समस्याओं का उल्लेख अधिक है (ञ,१, २, ४, ५, ६ तथा ट.२)। साथ-साथ एक नई अभिरुचि को पनपते हुए देखते हैं। प्रौढ़ ममता जी लेखन के इस पाँचवें चरण में अभी तक की जीवन-यात्रा के तजुर्बों का आकलन करती हैं, 'दुक्खम-सुक्खम' उपन्यास के अतिरिक्त तीन संस्मरण 'कितने शहरों में किनती बार', 'कल-परसों के बरसों' तथा 'पढ़ते, लिखते, रचते' इसका सुबूत हैं। बीच के 'काके दी हट्टी' और 'ख़ुशक़िस्मत' में वे या तो 'थिएटर रोड के कौवे' की कहानियों की तरह सामाजिक असुरक्षाबोध पर लिखती हैं (ञ.३, ६; ठ.१, ४, ५, १०, १२, १७; ड.७), या फिर से परिवार के बारे में। इनमें बिछुड़ने या बिखरने का दुःख भी है (ठ.२, ३, ६, ११; ड.७, १०) और बिगड़े हुए रिश्तों का भी (ठ.६, ७, ८, ९, ११, १४; ड.१०)।

मौजूदा छठे चरण में 'थोड़ा सा प्रगतिचिल' (२०१४) तथा 'सपनों की होम डिलिवरी' (२०१६) दोनों आधुनिक युवा वर्ग के लिए भी प्रासंगिक कृतियाँ हैं, जिनका परिप्रेक्ष्य और लहजा मिलता-जुलता है। 'थोड़ा सा प्रगतिचिल' की कुछ कहानियाँ अमीरों और गरीबों में इन दिनों बढ़ती जा रही खाई की थाह लगवाती हैं (ढ.१, २, ५, ८, १०), जबकि लघु-उपन्यास टूटते परिवार के उन सवालों के बारे में सोचने के लिए विवश करता है, जो न केवल भारत के मध्यवर्ग में, किन्तु दुनिया के बहुतेरे देशों में उठ रहे हैं। पत्रिका की किस्तों के बाद जल्द ही पुस्तक रूप में भी आनेवाला 'कल्चर वल्चर' उपन्यास लेखिका के 'संस्कृति-उद्योग' में बिताए दशकों के खटमीठे अनुभवों का सार है। इस बीच पत्रिकाओं में प्रकाशित अथवा हाल ही तक अप्रकाशित कहानियों के एक नए संग्रह की आहट सुनाई दे रही है। सैद्धान्तिकी में रुचि लेते पाठक तब तक स्त्री-प्रश्न की इस विशेषज्ञ रचनाकार के आलेख 'स्त्री विमर्श का यथार्थ' एवं 'भविष्य का स्त्री विमर्श' एक ही समय में छपे दो नए ग्रंथों में पढ़ने के लिए आमंत्रित हैं।

दीपक शर्मा लिखती हैं, "यह सही है कि आज वे अपनी उन स्त्रियों को पीछे छोड़ आई हैं। हमारी तरह। जभी उनकी 'दौड़' और 'दुक्खम-सुक्खम' की स्त्रियाँ उनके 'बेघर', 'नरक दर नरक' और 'प्रेम कहानी' की स्त्रियों से एकदम भिन्न हैं"।[७७] लेकिन ममता जी का लेखन आज की तारीख़ तक कितने चरणों से भी गुज़रा हो, हमें इस बात को रेखांकित करना और सराहना चाहिए कि वे कई तुनकमिज़ाज साहित्य-कारों के विपरीत अपनी किसी भी समय की रचना से हाथ नहीं खींचतीं, बल्कि पाठकों को विश्वास दिलाती हैं कि वे उन रचनाओं को स्वीकारती हैं, वे एक-एक बात पर कायम हैं :[७८]

> "इस सब [लेखन की कुछ सीमाओं] के बावजूद अब तक मैंने जो भी, जैसा भी लिखा, उस सबको मैं स्वीकार करती हूँ। मैं अपनी हर कहानी पर यह शपथ-पत्र लगा सकती हूँ कि यह मैंने बड़ी शिद्दत से अपनी नसों पर महसूस करते हुए लिखी। हर कहानी को अपने कलेजे की गर्मी से सेंका और पकाया। कितना ही यथार्थ खुद झेला, कितना औरों को झेलते हुए देखकर विकल हुई ! जिस वक़्त जो लिखा, उसमें अपनी पूरी ऊर्जा और ऊष्मा लगा दी। अपने समय से संवाद और विवाद करती इन रचनाओं के साथ मैं निष्कवच खड़ी हूँ आपके सामने"।

ग. अन्तःपाठीय (इंटरटैक्स्चुअल) प्रसंग

ममता जी की साहित्यिक प्रेरणाओं के बाद अन्ततः हम उनकी अलग-अलग विधा की रचनाओं के सरोकारों, अन्तर्सम्बन्धों को एक नज़र देखें। यह उनके कृतित्व का एक विशेष पक्ष है, इसलिए यहाँ इसे एक अलग उप-अध्याय का दर्जा दिया गया। लेखिका की रचनाओं में ये सरोकार दो प्रकार के मिलेंगे। कुछ अवसरों पर वे अपना कोई प्रिय कथन (कुछ ही शब्द अथवा पूरा वाक्य), जो अधिकतर हास्यकारी भी होता है, अपने मूल स्थान से उठाकर दूसरी रचना में भी डाल देती हैं। दूसरा प्रकार वह होता है, जब वे किसी कहानी के अंश अथवा पूरी कहानी को एक अन्य रचना, अधिकतर अपने किसी उपन्यास में स्थानान्तरित कर देती हैं।

वाक्य-स्तर के नमूने : —

'ज़िन्दगी—सात घंटे बाद की' (क.८) कहानी का यह वाक्य : "किसी दिन मज़ाक में भी यह हाथ आगे बढ़ा दिया, तो अँगूठी लेकर ही लौटेगा!" ममता जी कहीं और (प्रेम कहानी ?) भी यही लिखती हैं।

'फ़र्क नहीं' १२१ (ख.२) में "जीवन यों ही सोमवार, मंगलवार हुआ जा रहा था", इसी संग्रह की 'उपलब्धि' १७८ (ख.११) के इस जुमले से मिलता है : "वक़्त तुम्हारे लिए यों ही सोमवार मंगलवार होता रहेगा"।

अपने संस्मरण 'कितने शहरों में कितनी बार' १०६ का यह वाक्य "वे अकेली मिकाडो में बैठी चाउमी खातीं, ओडियन में फिल्म देख लेतीं और गर्मी की छुट्टियों में अकेली मसूरी घूमने चली जातीं। मेहँदी उनके हाथों की जगह बालों में लगती जाती और अपनी लाल केशराशि से वे अलग पहचान में आतीं।" उन्होंने किसी एक जगह दुबारा इस्तेमाल कर लिया।

पति साथ होने न होने के सन्दर्भ में 'एक अदद औरत' २२८ (ग.१५) का यह वाक्य : "कैसे समझाऊँ कि सोमवार को मैं सुखी थी, मंगलवार को दुखी, सवा आठ बजे मैं खुश थी, साढ़े आठ बजे मैं नाखुश, इक्कीस तारीख को मैं दुःखी थी, पहली को सुखी!" 'खाँटी घरेलू औरत' की ५८वीं कविता (द्र० ऊपर) में इस तरह पाया जाता है : "मैं उन [माता-पिता] से कहना चाहती थी कि सोमवार को मैं खुश थी, मंगलवार को दुखी। कि बुधवार को आठ बजे मैं सुखी थी, सवा आठ बजे परम दुखी"।

'प्रतिदिन' संग्रह की पहली कहानी 'काली साड़ी' २३७ (घ.१) का यह वाक्य : "उनके पति अपने वेतन में से एक भी पैसा खर्च नहीं करना चाहते। अपनी आलमारी में ताला डाल चाबी जनेऊ में बाँधकर सोते हैं" उसकी आखिरी 'कवि मोहन' ३०१ (घ.१०) में दुबारा आता है, इस प्रकार : "घर की पूरी अर्थ-व्यवस्था पिता के हाथ में थी। उसके हाथ में तो चाबियाँ तक न थीं, वह भी पिता के जनेऊ से बँधी रहती थीं"। 'कवि मोहन' ३०२ के एक वाक्य में ("पति उन्हें एक पंखा और एक दरी देकर घर से बहार धकेल देंगे") दो संग्रह पूर्व की 'गुस्सा' १५३ (ख.६) की झलक मिलती है ("ये तुम्हारी बहुएँ मुझे एक पंखा और दरी हाथ में देकर···")। 'एक जीनियस की प्रेमकथा' (घ.४) और 'एक पत्नी के नोट्स' लघु-उपन्यास की न केवल कथा वही है, पर कई वाक्य भी मिलते हैं, जैसे : "मार्च के एक सुहाने दिन, जब ··· दफ्तर के वित्त-वर्ष का काम उसके काबू में था, वह प्रेम में पड़ गया"।

"जिस दिन वह पैदा हुई, घर में चूल्हा तक नहीं जला", 'मनहूसाबी' ३४२ (ङ.७) का यह वाक्य 'दुक्खम-सुक्खम' ७ के पहले पन्ने पर भी पढ़ा जा सकता है; 'जनम' १६० (छ.५) में इसका रूपान्तर : "जिस दिन वह पैदा हुई, कोई त्यौहार नहीं था, बाहर या घर में कहीं कोई जश्न नहीं मना। उलटे घर में तो मातम ही मना। दादी ने चूल्हा भी नहीं जलाया"। 'आलमारी' ३७१ (ङ.११) में "उसके सोते ही रसोईघर के कॉकरोच जाग जाते और झुग्ग के झुग्ग नल के पास या गैस के बर्नर पर इकट्ठे हो जाते" दो वर्ष पूर्व प्रकाशित 'लड़कियाँ' ७३ लघु-उपन्यास से लिया गया : "दोनों ही जगहें रात में कॉक्रोचों से भर जातीं। रसोई में नल के पास, गैस के ऊपर, दरवाज़े के पीछे झुग्ग के झुग्ग कॉक्रोच इकट्ठे हो जाते"। नायिका की निस्सहाय अकेलेपन अथवा पराधीनता को रेखांकित करता कॉक्रोच का प्रसंग 'मनहूसाबी' ३४१ (ङ.७) व 'सूनी' ३१ (ज.४) में भी है।

'सेमिनार' १३ (च.१) की एक लेखिका की "उम्र पच्चीस और चालीस के बीच कुछ भी हो सकती थी", तो पहले 'मुहब्बत से खिलाइए' ३५४ (ङ.८) में "तीस से पैंतालीस तक कुछ भी हो सकती थी", और बाद में "पैंतीस हो या पचास", "पच्चीस हो या पचास' या "पचास से साठ के बीच खड़ी थी" (रोशनी की मार १६७, छ.६; दौड़ १७; बोहनी ४३१, झ.१२)। 'जाँच अभी जारी है' २७ (च.३) में "कड़ी मेहनत, पक्का इरादा, दूर दृष्टि" 'उसका यौवन' ३११ (ङ.१) में पहले "कड़ी मेहनत,

दूर दृष्टि और पक्का इरादा" रूप में आया था, और इसी में "सब लोग इस कदर विवाहित थे कि" पद 'आहार' ३२४ (ङ.४) में ऐसे : "सब कुछ इस कदर विवाहित थे कि"।

'दौड़' ३४ में "संज्ञा की बजाय सर्वनाम बनकर जीते ये भक्त" मुहावरा 'जितना तुम्हारा हूँ' १४७ (ख.५) की तरह है, जहाँ नायिका पाती है कि "घर अगर संज्ञा था, तो वह उसमें एक सर्वनाम की तरह रह रही थी"।

'अँधेरे का ताला' ७६ का एक वाक्य : "फिर आ गया अप्रैल। टी०एस० इलियट ने यों ही नहीं लिखा था 'एप्रिल इज द क्रुएलेस्ट मन्थ'" तत्पश्चात् 'कितने शहरों में कितनी बार' २०६ में एक बार फिर प्रयोग में ले आईं।

'एक रिश्ता तो था' १७ (ठ.२) में "राजभाषा अधिकारी डॉ० मनीष सिंहल तीन चश्मे लगाता है", तो 'इलाज' ४० (ठ.५) में "संस्थान के अनुसंधान अधिकारी आँखों पर तीन चश्मे चढ़ाकर सारे दिन कोशों की छानबीन करते"। दोनों गौण पात्र अनुवाद का काम करती नायिका को नापसंद बॉस हैं। 'सुरक्षा का आतंक' ३० (ठ.४) में वैसे ही एक अंगरक्षक के साथ उठते-बैठते मुस्लिम सांसद (आसिफ कमाल, रामपुर क्षेत्र) का ज़िक्र होता है, जिस प्रकार का सांसद 'कामयाब' (ढ.२) का पात्र, हाफ़िज़ इलाहाबादी है। 'शिष्या' (ठ.९) में पढ़ते हैं, "न प्रत्यूष नौकरी को गंभीरता से लेता, न नौकरी प्रत्यूष को"। इसका परिवर्तित रूप कहीं और भी आता है।

'दुक्खम-सुक्खम' ११७ के ये वाक्य : "लीला ने ख़ुद अपने हाथ से कलाबत्तू की राखी बनायी थी। भगवती बाज़ार से सलमे सितारे जड़ी राखी लेकर आयी थी।" 'जाते हुए लोग' (ठ.३) कहानी में इस प्रकार फिर से पढ़ने को मिलते हैं : "विमला जीजी मखमल के गोल टुकड़े पर कलाबत्तू और सलमे सितारे टाँककर राखी बनाने में रम गईं"। उपन्यास २५० की यह पंक्ति : "तुम लेडी मैकबेथ की तरह हाथ में मोमबत्ती पकड़े मत घूमा करो, मुझे इसमें षड्यन्त्र की बू आती है" उन्होंने सबसे पहले 'आप न बदलेंगे' ८३ एकांकी में लिख दी थी, इस रूप में : "यह तुम शाम के वक़्त लेडी मैकबेथ की तरह हाथ में मोमबत्ती थामे क्यों घूमती रहती हो?"। और फिर 'एक रंगकर्मी की उदासी' २३८ (ज.१) में : "बीच में बिजली चली गई। उन्होंने पत्नी से कहा, 'लेडी मैकबेथ, मोमबत्ती जलाओ'"। "लेडी मैकबेथ के स्लीपवॉकिंग सीन का औचित्य याद करती" एक छात्रा 'ख़ाली होता हुआ घर' २२१ (ग.१४) में भी है।

ममता जी ने अपनी कुछ कहानियों की पुनर्रचना उपन्यासों में की है, क्योंकि "लिख चुकने, रचना पोस्ट करने और प्रकाशित हो जाने के बाद लगता है, अरे, यह तो अधूरी है, इसमें वह बात तो रह गई, वह पात्र तो रह गया। ··· मेरे पास वक़्त बहुत कम होता है, इरादे बहुत ज़्यादा"।[७९] जैसा 'पाँचवें अध्याय' में बताया जाएगा, ममता कालिया के उपन्यास अक्सर उपाख्यानात्मक (एपिसोडिक) होते हैं, इसलिए उन्हें ये कहानियाँ शामिल करने में समस्या नहीं आई। कालिदास के नाटक में दुष्यन्त अपने दरबार में आई शकुन्तला से उसका वृत्तान्त सुनकर पूछता है, "किमिदमुपन्यास्तम्" यानी दूसरे शब्दों में 'यह कौन-सी कथा बुनी है तुमने?'।[८०] ममता जी ज़रूरत या उपयुक्त स्थान मिलने पर बिलकुल इसी अन्दाज़ में पुरानी कथाएँ फिर से सुनाती हैं : –

'बेघर' की नायिका संजीवनी का पहला प्रेम-संबन्ध मॉरिशस के एक होटल चलानेवाले नौजवान से होता है, जो उसकी जवानी का गलत फायदा उठाकर अपने देश वापस चला जाता है। हो सकता है, ममता कालिया ने द्वीप के युवकों की नीयत 'सुधारनी' चाही, तभी 'प्रेम कहानी' में नायक को मॉरिशस का डॉक्टर बना दिया, जो नायिका से शादी करके शिक्षा समाप्त होने पर भारत में बस जाता है। पंजाबी मूल के परमजीत को संयुक्त अक्षर बोलने में समस्या होती है ₂₂ ; इसी तरह 'सीमा' ₂₉₅ (ज.१२) की नायिका का मन करता है, 'परधानमंत्री' बोलनेवाली टीवी संचालक सलमा सुल्तान को संयुक्ताक्षर बोलना दिखा दें। दूरदर्शन पर प्रधानमंत्री को 'पदानमंत्री' बोलती एक 'असमां' सुल्तान के गलत उच्चारण का 'दुक्खम-सुक्खम' ₂₅₁ में भी ज़िक्र हुआ है, जबकि संयुक्ताक्षर 'दुक्खम-सुक्खम' ₂₂₀ की मिस चंडोक ("सत्य हरीशचन्दर") एवं 'काके दी हट्टी' ₈ (ठ.१) के नायक के लिए भी चुनौती हैं।

'नरक दर नरक' का अन्त ₁₃₈–₁₄₄, जिसमें पति-पत्नी में जीवन की एकरसता से बढ़ते अलगाव और उनके बच्चे के चहल्लुम को खोकर वापस मिल जाने की कथा है, उसी वर्ष (१९७५) प्रकाशित 'सीट नंबर छह' कहानी संग्रह की 'उपलब्धि' (ख.११) से लिया गया था।

'एक पत्नी के नोट्स' लघु-उपन्यास का आरंभ ₇–₂₂ 'एक जीनियस की प्रेमकथा' (घ.४) का परिवर्तित रूप है, जबकि वह भाग ₂₇–₃₅, जिसमें अम्मा के आने पर फैज़ की साहित्यिक गोष्ठी चलने की जगह पति का पत्नी से उन्हें स्वागत करने के लिए ज़बरदस्ती करना, रस्तोगी दम्पती के यहाँ हरतालिका व्रत के महत्त्व पर बहस तथा इतवार को कक्कड़ जैसे सहकर्मियों का घर आना है, 'मनोविज्ञान' (ङ.१०) के समान है, किन्तु उपन्यास लखनऊ, तो कहानी किसी अन्य स्थान पर (शायद दिल्ली या इलाहाबाद) घटित होती है और उपन्यास में नायक का नाम सन्दीप रखा गया है, जबकि कहानी में नवीन था। मेहमान नवाज़ी का प्रसंग ₄₂–₄₄ ₍₄₅₎ 'मुहब्बत के खिलाइए' ₃₄₉–₃₅₂ (ङ.८) से मेल खाता है, केवल कुछ शब्दों और कहानी से निकाले एक-दो अनुच्छेदों का अन्तर है तथा कहानी के नायक-नायिका का नाम अमिता और सुरेन्द्र है।

'मेला' (छ.२) के आरंभ में वैसे ही नायक-नायिका के घर में दूर से संगम-स्नान करने आए रिश्तेदारों का सुबह तड़के अटपटा आगमन बताया जाता है, जैसे 'लैला-मजनूँ' (घ.७) कहानी में पढ़ा ; 'मेला' और 'चाभी' (ढ.११) दोनों में नायिका के पंजाबी पति का नाम सत्येन्द्र (सत्ते) व सत्य है तथा दोनों में उनकी पंजाबी-भाषी मासी घर आ जाती है ; 'मेला' की इस पंजाबी मासी की धार्मिकता 'नरक दर नरक' की नायिका उषा की पंजाबी सास की जैसी है, जिसके साथ उसे चिन्तपूर्णी की यात्रा ₈₃,, ₈₅–₉₁ पर जाना पड़ता है। 'बाल बाल बचनेवाले' ₂₅₃ (ज.३) और 'सवारी और सवारी' ₄₅₉ (झ.१७) में एक छोटी सी समानता यह है कि पहली में मिसेज़ सिंह गनपत कॉलेज की प्राचार्या है, तो दूसरी के नायक का नाम ही गनपत है, जो एक महिला महाविद्यालय के सामने सवारी की प्रतीक्षा किया करता है।

जहाँ 'दौड़' के अन्तिम अंश में 'सेवा' (छ.७) जैसी परिस्थिति का निर्माण हुआ है (संतानें बड़ों के प्रति अपना फ़र्ज़ नहीं निभाते, निभा पाते), वहाँ 'छवि' /उड़ान (ज.२०) में बाहर से आए नायक का घर के पानी से पेट ख़राब हो जाना, परदेसी बहू के नखरे और बेटे की बाज़ारीकृत नए सोच-विचार से अकबकाए माता-पिता की उदासी 'दौड़' ₄₂–₄₉ का सार है। 'मुखौटा' (ज.४) 'दौड़' लघु-उपन्यास की संवेदना से प्रेरित कहानी है। कहानी और उपन्यास दोनों में गुजराती मूल के नायक

का घर से दूर पढ़ाई करने, फिर राजकोट की कंपनी में नौकरी करने की कथा है। इसके अलावा दोनों में निम्नलिखित अंश मेल खाते हैं :

'मुखौटा' २४४ : "रात का भोजन मौसी के यहाँ। शुरू में श्रवण को पता नहीं था। ··· सब मौसी के यहाँ खाते हैं। हे भगवान ! क्या सबकी मौसियाँ राजकोट में रहती हैं? कुछ दिन बाद बात ज़ाहिर हुई। शहर में घर-घर माहवारी हिसाब पर खाना खिलाने का काम महिलाओं ने सँभाला हुआ है। इन महिलाओं को मौसी कहा जाता है, भले ही उनकी उम्र पच्चीस हो या पचपन। रात साढ़े नौ के बाद खाना नहीं मिलता। छोटी-मोटी चौकी पर बैठ, स्टूल पर थाली रख लड़के इनके घर खाना खा आते हैं — रोटी, सब्ज़ी, दाल-चावल, न रायता, न चटनी, न सलाद। श्रवण भी एक मौसी के यहाँ साढ़े तीन सौ पर रात का खाना तय कर आया"।	'दौड़' १७ : "पवन उठ खड़ा हुआ, 'थोड़ी देर और बैठे तो यहाँ डिनर टाइम हो जाएगा। 'तुम कहाँ खाना खाते हो आजकल?' 'वहीं, जहाँ तुमने बताया था, मौसे के। और तुम?' 'मैं भी मौसी के यहाँ खाता हूँ, पर मैंने मौसी बदल ली है'। ··· शहर में जगह-जगह महिलाओं ने घरों में खाना खिलाने का प्रबन्ध कर रखा था। नौकरीपेशा छड़े युवक उनके घर में जाकर खाना खा लेते। रोटी, सब्ज़ी, दाल और चावल। न रायता, न चटनी, न सलाद। दर तीन सौ रुपये महीना, एक वक़्त। इन महिलाओं को मौसी कहा जाता था, भले ही उनकी उम्र पच्चीस हो या पचास। रात के साढ़े नौ के बाद खाना नहीं मिलता"।
'मुखौटा' २४५ : "किसी दिन लड़कों को घर के खाने की धुन सवार होती। उलटी प्लेट पर अनुपम एकदम गोल रोटी बेलकर दिखाता है। संजय चिढ़ाता है, 'तुम्हारा नाम अनुपम नहीं, अनुपमा होना चाहिए'। अनुपम ठेठ बिहारी अंदाज़ में कहता है, 'हम अपने सीएम लालू यादव को लिखूँगा कि एक भोलेभाले बिहारी को इधर सब सताता है'"।	'दौड़' १८ : "कभी-कभी छुट्टी के दिन अनुपम लिट्टी चोखा बनाता। बाकी लड़के उसे चिढ़ाते, 'तुम अनुपम नहीं, अनुपमा हो'। वह बेलन हाथ में नाचते हुए कहता, 'हम अपने लालू अंकल को लिखूँगा, इधर तुम सब बुतरू एक सीधे-सादे बिहारी को सताते हो'"।
'मुखौटा' २४१–२४२ : "यह टमाटर को क्या हुआ है। इतना बड़ा, लाल और रस से टलमल कि दूर से देखने पर प्लास्टिक का लगता है। पास आने पर पता चलता है, असली है। पाँच रुपये का सौ ग्राम। ··· अमेरिका में बैठी भाभी याद आती है। वे कहती थीं, एक डॉलर का एक टमाटर मिलता है वहाँ। टमाटर भी, लगता है, एनआरआई होता जा रहा है, अनिवासी"।	'दौड़' १९ : "ये बड़े-बड़े टमाटर एक तरफ रखे हैं कि दूर से देखने पर प्लास्टिक की गेंद लगते हैं। ··· कीमत दस रुपये पाव। टमाटर का आकार इतना बड़ा है कि एक पाव में एक टमाटर ही चढ़ सकता है। दस रुपये का एक टमाटर। हे भगवान ! क्या टमाटर भी एनआरआई हो गया? शिकागो में एक डॉलर का एक टमाटर मिलता है"।

'कौए और कोलकाता' (ट.२) का स्थान वही है, जो 'थिएटर रोड के कौवे' (ज.१) का भी है, नायिका दोनों में गुसलखाने में चोट खा जाती है, घर की सेविका का नाम वैसे ही दुलारी है, दोनों में सैकत नाम का एक पुरुष पात्र तथा विदेश-यात्रा का ज़िक्र है। बहन की मॉडलिंग का विषय न

केवल इसमें, बल्कि 'दुक्खम-सुक्खम' २५२–२५४, २५९–२६६ के दूसरे भाग में भी उठाया जाता है, जबकि 'लड़कियाँ' में हम "विज्ञापन-जगत्" के साथ नायिका की एक सहेली के मॉडल बनने की कहानी पढ़ते हैं। यहाँ नायिका को बहन आठ साल बाद मिलती है, ठीक 'खाँटी घरेलू औरत' की ५८वीं कविता और 'आफ्टर एइट इयर्स ऑफ़ मैरिज' (पोयम्स '७८ २६) के माता-पिता की तरह (द्र० ऊपर)।

'अँधेरे का ताला' १६–२८ तथा ५८–६७ में 'ख़ुशक़िस्मत' (ञ.६) तथा 'शॉल' (च.१५) कहानी समाहित की गई। 'ख़ुशक़िस्मत' अलग प्रकार से, कथावाचक का पुरुष बदलकर प्रयुक्त हुई है, जबकि 'शॉल' मूल कहानी से मिलते-जुलते रूप में।

'दुक्खम-सुक्खम' में छह पूरी कहानियाँ जड़ा दी गई हैं। चूँकि लेखिका ने यह उपन्यास बहुत पहले (द्र० 'पाँचवाँ अध्याय', ग.) लिखना शुरू किया था, संभव है कि अपने पिता को दिखलाए अस्सी पृष्ठों में 'बाथरूम' (झ.७) २००४ से काफ़ी पहले भी तैयार था। 'माँ' (घ.९), 'कवि मोहन' (घ.१०), 'जनम' (छ.५), 'निर्मोही' (झ.१) व 'मुन्नी' (झ.१३) इसी श्रृंखला की कड़ियाँ हैं। पति रवीन्द्र कालिया ने उन्हें 'दुक्खम-सुक्खम' को पूरा करने के लिए प्रेरित किया, अर्थात् ममता जी ने अपने परिवार से प्रभावित ये ज़रूरी कहानियाँ अलग-अलग शायद इस उपलक्ष्य से (भी) प्रकाशित कीं, क्योंकि पहले उन्हें इनपर आधारित उपन्यास को पूरा करने पर संदेह रहा होगा। ♦ आरंभिक पन्ने 'जनम' (छ.५) के लगभग शब्दशः प्रतिरूप हैं। — आगे ७–२० सास विद्यावती की बहू के साथ दुराचार, और ६८–७१ शिशु नातिन का बन्दर द्वारा उठा लिया जाना 'माँ' (घ.९) के अनुकूल बताया गया है; कुल्हड़ भर दही का प्रसंग दोनों में है, पर अलग प्रकार से (कहानी में दादी के बेटे के लिए मँगाए दही के ऊपर से पोती मलाई खा लेती है, उपन्यास ४३ में दादा के लिए ताँगे पर घर ले जाने में दही घोड़े के रपटने से गिरकर फैल जाता है)। — कविमोहन और उसके पिता के ख़राब रिश्ते की दास्तान २०–३४ भी पहले प्रकाशित 'कवि मोहन' (घ.१०) कहानी का ही परिवर्तित रूप है। — नौवें उप-अध्याय ३४–४० के आरंभ में इन्दु का गृह-प्रवेश है (उस दौरान एक रिश्तेदार औरत को सेविका समझने की भूल भी), और नई बहू को गुसलखाने के अभाव तथा सास की आदिम सोच का सामना करना पड़ता है। यह 'बाथरूम' (झ.७) में भी ठीक इस तरह बताया गया था, हालाँकि वहाँ बहू का नाम कान्ता है, भग्गो बुआ की भूमिका में कथावाचक बच्ची है, तथा सास की भूमिका में भाभियाँ (भी) हैं (ननद/बुआ भग्गो दोनों में)। — दादी के फोड़ों पर हल्दी का छुनछुना लगाया जाना ४३ 'जितना तुम्हारा हूँ' १४७ (ख.५) में मौजूद है, जानलेवा फोड़ों के अलावा 'आज़ादी' १९४ (ख.१२) में पोती का शाम को दादी के साथ बैठकर पढ़ाई करना 'दुक्खम-सुक्खम' १०१ में बेटियों के माँ के साथ पढ़ने का रूप लेता है। — उपन्यास १४०–१४६ में 'निर्मोही' (झ.१) कहानी लगभग यथावत् रूप में इस्तेमाल की गई है, हालाँकि रानी फूलमती का किस्सा 'निर्मोही' ३४१–३४३ (व ३४५–६, ३४७) में एक परिवर्तित मूल कथा में पेश है ; दूसरे शहर चले गए बेटे की किताबों का पिता द्वारा रद्दी में बेच दिया जाना इस कहानी ३४२ में भी शामिल है। — चेचक जैसे जानलेवा रोग से बच निकलने के प्रसंग १४७–१५० का ज़िक्र पहले 'मुन्नी' ४३४–४३६ (झ.१३) में हुआ था, बाद में 'ख़ुशक़िस्मत' (ञ.६) के अन्त में किया गया है। उपन्यास में आगे पब्लिक स्कूल में चेचक टीकाकरण और सहपाठिनियों द्वारा मनीषा की खिल्ली उड़ाई जाना १९४–१९५ भी 'मुन्नी' के अन्त ४३८–४३९ की तरह है (कुछ पंक्तियाँ

शब्दशः : "जब लड़कियाँ 'उई' 'आ' ··· कोई अफ़सोस नहीं हुआ") । — 'उनका जाना' (ञ.२) में नायिका की माँ का देहान्त हो जाता है; 'दुक्खम-सुक्खम' के अन्त में नायिका की माँ इसी तरह कोमा में चली जाती है, किन्तु यह कथानक सुखान्त है, यहाँ वह उबर जाती है।

पुत्र-लाभ के निमित्त सास के साथ बहू की चिन्तपूर्णी और ज्वालाजी की यात्रा 'नरक दर नरक' ८५–९० के पश्चात् 'खुशियों का लौटना' ४७ (ढ.४) में भी सामने आता है। 'वर्त्तमान साहित्य' पत्रिका में धारावाहिक रूप से प्रकाशित होता जा रहा उपन्यास 'कल्चर वल्चर' का पहला अंश 'संस्कृति' (ढ.६) कहानी से लिया गया है। 'प्रेम' ७८ (ढ.७) में टीवी के दीवाने घर के सेवक का चरित्र कुछ वैसा ही है, जैसा 'आपकी छोटी लड़की' २४३ (घ.२) के नौकर का।

हालाँकि, जैसा ऊपर बताया था, ममता जी कथित रूप से रचनाओं में दोबारा काट-छाँट करना पसंद नहीं करतीं, एक रचना से दूसरी रचना तक वे ऐसे पहुँच जाती हैं कि लगता है, उनके अन्दर पहली कहानी भी ख़त्म नहीं हुई। ये उदाहरण हम पाठकों के लिए एक लेखक की मनोवृत्ति और रचना-प्रक्रिया को समझने के महत्त्वपूर्ण सूत्र देते हैं। ये स्थान स्पष्ट करते हैं कि कई कथन न सिर्फ पाठकों को, बल्कि कभी-कभी स्वयं लेखिका को भी काफ़ी पसन्द आ जाते हैं, और पसन्द रह भी जाते हैं। लेखिका के अपनी पूर्व कृतियों की ओर सतर्क होने की, पिछले उप-अध्याय के अन्त में हर कहानी को शिद्दत से महसूस करने पर दिए उद्धरण की क्या हम इससे बड़ी कोई पुष्टि चाह सकते हैं?

घ. सामाजिक प्रतिबद्धता

यहाँ तक ममता कालिया के समय और साहित्यिक योगदान की दिशाओं से परिचित हो चुके हैं। अब शोध-प्रबन्ध के शीर्षक में समाहित विषय की ओर बढ़ते हैं, लेकिन इससे पहले कि विश्लेषण शुरू करें, यह बताना आवश्यक है, हमें उनके लेखन के सामाजिक पक्ष पर विश्वास क्यों करना चाहिए, अर्थात् उनका सामाजिक दृष्टिकोण सैद्धान्तिक स्तर पर प्रामाणिक किसलिए है।

ममता कालिया का लेखकीय अस्तित्व 'स्त्री' एवं 'सामाजिक प्रसंग' से ही बनता है, जैसा उनके बारे में बताया गया, "नारी मनोविज्ञान, सामाजिक विसंगतियों का बोध और उनसे उबरने की बेचैनी इनके लेखन की पहचान है"।[८१] 'थोड़ा सा प्रगतिशील' १० के प्राक्कथन 'मैं क्यों लिखती हूँ' में वे खुद कहती हैं कि वही यथार्थ या यथार्थवाद सबसे उत्तम है, जो वास्तविकता के सबसे निकट हो : "दरअसल जब तक हम केवल अनुभव के आसरे लेखन टिकाते हैं, कहानी लिखना सबसे मुमकिन-

सा काम है। अनुभव के आधार पर कहानी प्रामाणिक, यथार्थपरक, जीवन के निकट और सच्ची मानी जाती है"। उनकी यह सोच सच है, क्योंकि "निजी अनुभवों को प्रायः चुनौती भी नहीं दी जा सकती। किसी एक के साथ ऐसा घटा होगा, यह गुंजाइश हमेशा बनी रहती है", तभी वे कहती हैं "पढ़ो तो लगे जैसा झेला हुआ, और झेलो तो लगे जैसा पढ़ा हुआ, इससे बढ़कर यथार्थवाद की कसौटी क्या हो सकती है"।[८२]

ममता जी स्वीकार करती हैं कि कलम चलाने से पहले "कई बार सुबह के अख़बार के साथ कोई कहानी मेरे पास चली आई, ··· कभी हालत बनकर हिला गई आपबीती", क्योंकि उन्हें इसका पूरा एहसास है कि "केवल भाव-बोध के सहारे नहीं टिकी रहती कहानी, जब तक उसमें बृहत्तर समय-समाज का सरोकार और दृष्टिबोध न हो"।[८३] शायद इसलिए वे अपने साथ वास्तव में हुए वाकयों का उदारता से इस्तेमाल करती हैं, उन्हें जनजीवन और रचनाकर्म के बीच कोई दीवार बनी नहीं दिखती : "···असली सांस्कृतिक तेवर उन साधारण लोगों से बना है, जो एकदम तटस्थ मुद्रा में जीवन की विजय और पराजय के दर्शक रहे हैं। कई बार जब मैं बाज़ार से निकलती हूँ, तो ··· [इलाहाबाद के कुछ मुहल्लों के] बेहद गैर-साहित्यिक लगनेवालों के बीच से अपनी साहित्यिक ऊर्जा लेकर लौटती हूँ"।[८४]

उपेन्द्रनाथ अश्क को यूँ ही नहीं लगा कि ममता जी की कहानियाँ "ठोस जीवन के धरातल पर टिकी हैं"।[८५] यह इस अध्ययन के लिए सौभाग्य की बात है कि उन्होंने गत कुछ सालों में प्रकाशित संस्मरणों में कई कृतियों के पीछे की वास्तविकता का पर्दाफाश किया है, और इससे काफ़ी हद उनके इस कथन की पुष्टि भी हो सकी कि "लिखना एक तरह से लगातार अपने जीवन के बंद किवाड़ों को खटखटाना है; अलग से आत्मकथा लिखना पुनरावृत्ति होगी"।[८६] (कल्पना और यथार्थ के समान बिन्दुओं व कलात्मक पक्ष के पूरे सन्दर्भ 'पाँचवाँ अध्याय' में देखें।) उनकी कहानियों और उपन्यासों के सामाजिक सरोकार व प्रासंगिकता को यों तो समाज को तोलता-परखता कोई भी इनसान सहज बुद्धि से पहचान सकता है, पर उनकी यादों के साथ जुड़े बयानों से यह अब और आसान हो गया है।

अनुभवों की इस ठोस बुनियाद पर ममता कालिया का लेखन सही मायनों में बीते पाँच दशकों के भारतीय समाज में हो रही होड़, उठा-पटक और मानवीय संबन्धों के स्वभाव को लेकर चलती ऊहापोह की सटीक छवि पेश करता दर्पण, अथवा ज्ञानप्रकाश विवेक के शब्दों में "चालीस वर्षों की बदलती दुनिया (भारतीय जनमानस के व्यवहार, आचरण, सोच, जीवन-शिल्प) का समाजशास्त्रीय आकलन भी है"।[८७] उनका कथा-साहित्य केवल कथा-साहित्य न होकर सोसियोग्राफी भी है, एक

समाजनामा, समकालीन उत्तर-भारतीय जनता के रहन-सहन और भली-बुरी आदतों की एक अनुक्रमणिका। "हमें यह भी चुनना पड़ता है कि हमारे निकट समय और समाज के बाह्य संघर्ष ज़्यादा महत्त्वपूर्ण हैं, अथवा आन्तरिक संघर्ष",[८८] वे कहती हैं, और पाठक महसूस करते हैं कि उनका झुकाव पहले की ओर है।

लेखक के दायित्व में समस्याओं का चित्रण भी शामिल है और उनके बारे में अपना बोधन देना भी। पर इन दोनों में द्वंद्व है, बहस की बात हो सकती है कि कौन-सा कितनी मात्रा में होना चाहिए। पहले एक बार लेखिका ने कहा था, "आज जो भयानक स्थितियाँ पैदा हो गई हैं, हम उनपर व्यंग्य कर सकते हैं, निर्णय नहीं दे सकते। समाज के ज़रूरी सवाल को ज्यों का त्यों पेश करना भी ज़रूरी है और फिर मैं न्यायाधीश तो हूँ नहीं"।[८९] पर 'तालिका १' में स्पष्ट देखा जा सकता है कि उनकी सामाजिक संदेश प्रदर्शित करती रचनाओं की संख्या समय के साथ बढ़ती चली आई है, और एक स्थान पर उन्होंने भी तो लिखा कि "आज की सजग रचनाकार अपने आपको नायिका अथवा प्रतिनायिका की तरह नहीं, वरन् एक स्वतन्त्र और समान सरोकार की ज़िम्मेदार नागरिक की तरह देखा जाना पसंद करती है"।[९०] वास्तव में इन कृतियों में न केवल व्यक्ति, बल्कि व्यापक समाज के प्रति भी सहिष्णुता भाटे नहीं, ज्वार पर ही है, वे व्यंग्य करने के अलावा समाधान का प्रस्ताव रखना भी जानती हैं।

जैनेन्द्र कुमार के साहित्य पर टिप्पणी करते हुए वे ही कहती हैं, "मेरे लिए सबसे अधिक संकट ऐसा साहित्य पैदा करता है, जिसमें सही अवधारणाएँ अपने अस्पष्ट रूप में सामने आएँ," जब "वक्तव्य कृतित्व पर हावी है"।[९१] परोक्ष रूप से हमें इससे यह समझना चाहिए कि उपदेशात्मक न लगने की इच्छा के बावजूद वे अपनी रचनाओं के माध्यम से पाठकों तक फिर भी अपने कुछ मूल्य पहुँचाना चाहती हैं, यद्यपि वे स्वयं स्वीकारती हैं कि साहित्य कुछ प्रबुद्ध पाठकों तक ही पहुँचता है, यानी इसके माध्यम से समूचे समाज को प्रत्यक्ष रूप से शिक्षित करना संभव नहीं है (द्र० ऊपर)। सुधार बिलकुल नामुमकिन हो, "मैं ऐसा नहीं मानती, ··· आपके पास अपनी विचारधारा ही न हुई, तो आप समाज को क्या देंगे, सिर्फ़ अपनी कुंठाएँ और बीमार दृष्टि?", 'सेमिनार' $_{१६}$ (च.१) की नायिका, लेखिका पाखी विचरती है।

यह भी दिखाती हैं, "जहाँ तक साहित्यकार की बात है, साहित्यकार कोई डॉक्टर नहीं है, वह सिर्फ नासूर पर उँगली रख सकता है। शल्य-क्रिया करना रचनाकार का नहीं, समाजशास्त्री का कार्य है", मगर उन्हें स्वीकार्य नहीं कि "समाज और समय की दुखती नसों पर" हुए सृजन को कोई केवल नकारात्मक कहे। निदान का पता चलने पर ही उपचार के बारे सोचा जा सकता है। यदि अन्धकार "के बीच कहीं ज़रा-सी

रोशनी टिमटिमा जाती है, तो लेखक उसे भी पकड़ता है", और उन्हें विश्वास है कि "एक लेखक को अनौचित्य का इतना ज़ोरदार प्रदर्शन नहीं करना चाहिए कि उचित लज्जित हो जाए"।[९२]

ममता कालिया के लेखन में कला और व्यावहारिकता का संतुलन है। एक तरफ वे "... रचनाकर्म के लिए जनसंपर्क कतई ज़रूरी नहीं है" जैसे विचार को दुष्ट मानती हैं।[९३] कभी दूरदर्शन पर विजय राय द्वारा संचालित एक कार्यक्रम में उन्होंने कहा था, "लिखते समय आप न किसी की पत्नी होती हैं न प्रिया, न माँ न बहन, आप सिर्फ़ लेखक होती हैं और लेखक की प्रतिबद्धता सिर्फ़ अपने तईं होती है", तभी वार्ता में शामिल शिवानी ने उनके इस बयान को उन्हीं की रचनाओं से उदाहरण देते हुए ख़ारिज कर दिया : ममता कालिया 'छुटकारा' कहानी संग्रह में सम्बन्धों के प्रति जगह-जगह "सतर्कता" और "सावधानी" बरतती लेखिका के रूप में सामने आती हैं।[९४]

दूसरे, उन्हें इसका भी एहसास है कि "आन्दोलनों के अध्ययन से लेखक दृष्टिसंपन्न होता है, लेकिन साहित्य समाज का एनजीओ नहीं बन सकता", आन्दोलनों के पक्षों को "आत्मसात् करने के बाद उनका रचनात्मक उपयोग हो सकता है"।[९५] संभवतः हर कलाकार का प्रयास रहता है कि वह अपनी रचना-प्रक्रिया में दुनिया को स्वतन्त्र दृष्टि से देखे, परन्तु इस दृष्टि को बनाए रखते हुए किसी विशुद्ध विचारधारा से वास्तविकता में उतरना काफ़ी कठिन है। फिर भी समाज-सुधार और जनसंपर्क की ऐसी परिकल्पना के कारण हमें भरोसा होना चाहिए कि ममता कालिया का कथा-साहित्य यथार्थ के यथासंभव पास ही है।

ममता कालिया ने अपनी अधिकांश रचनाएँ मध्यवर्गीय, शहरी परिवेश पर लिखी हैं। "मैं किसी क्षेत्र विशेष को अपना महकमा बनाने में यकीन नहीं करती, ... फिर मेरी परवरिश पाँच-दस बड़े शहरों में हुई", वे बताती हैं। ऐसा नहीं है कि इस परिवेश, इस परिदृश्य में आनेवाले गरीबों और ज़रूरतमंदों की बात नहीं की। लेकिन सामाजिक यथार्थ के चित्रण को लेकर वे अपनी सीमाएँ पहचानती हैं : "जिस क्षेत्र का रचनाकार को ज्ञान न हो, उसमें उसे रचना नहीं करनी चाहिए। मैंने भी गाँव नहीं देखे हैं। यह मेरी सीमा है", "जिस समाज को आप जानते भी नहीं, उसके विषय में लिखने का आपको अधिकार भी नहीं"। वैसे उनसे सहमत होना पड़ता है, जब वे कहती हैं, "केवल गाँव का सच ही सच नहीं होता, ... रेणु में जो रोमांटिक दृष्टि है, वह मुझे गाँव में कहीं नहीं मिलती"।[९६]

'तालिका १' को एक नज़र देखें, तो पाएँगे, तीन में से लगभग एक कहानी का स्थान अज्ञात रहता है, एक इलाहाबाद क्षेत्र में घटित होती है और एक का स्थान दिल्ली

(व गाज़ियाबाद), मुंबई, मथुरा, कोलकाता होता है। लेखिका इन शहरों में लम्बे समय तक रही हैं, और तो और घटते बाहुल्य के अनुसार बनता यह क्रम दर्शाता है कि उन्होंने वस्तुत: उन इलाकों के बारे में लिखा है, जहाँ वे रही हैं तथा लगभग उतने ही अनुपात में लिखा, जितना समय वे रहीं। ऐसा नहीं कि एक शहर से दूसरे शहर में चले जाने के बाद उन्होंने पुराने शहर के बारे में फिर कोई रचना न की हो, पर केन्द्र में हर दम उनका मौजूदा शहर रहता आया है : शुरू में मुंबई, फिर दिल्ली (छुटकारा, क), फिर इलाहाबाद पहुँचने के बाद इलाहाबाद ही (सीट नम्बर छह, ख)। वहाँ दो महानगरों की यादें कम होती रहीं, जबकि बचपन के मथुरा के घर की आती भी रहीं (एक अदद औरत, ग; प्रतिदिन, घ)। 'उसका यौवन' (ङ) से लेकर कुछ समय पहले तक इलाहाबाद की स्पष्ट प्रधानता देखी गई है, हालाँकि साथ-साथ वे दिल्ली स्थित कहानियाँ भी लिखती चलीं, जो हाल ही के 'थोड़ा सा प्रगतिशील' (ढ) में प्रमुख हो गई हैं।

चुनिन्दा अन्य की जगह ही इनसे दीगर है। 'छुटकारा' (क) में इन्दौर की दो कहानियाँ (उसी शहर में, क.७; वे क.१३) छपीं तब, जब उनके लिए मध्य प्रदेश के इस शहर की यादें ताज़ा-ताज़ा थीं। हालाँकि संस्मरणों में ममता जी ने नागपुर के बारे में भी विस्तार से लिखा है, कथा-साहित्य के स्तर पर संतरों का यह शहर केवल 'रोग' (ज.१३) के आरंभ में प्रत्यक्ष उपस्थित है। 'सेमिनार' (च.१) व 'मुहब्बत का मौसम' (ढ.३) पहाड़ पर, शिमला और नैनीताल, ममता जी की देखी हुई नगरियों (द्र० 'पाँचवाँ अध्याय') की कहानियाँ हैं, 'दूसरा देवदास' (ज.१६) हरिद्वार की तथा 'सुरक्षा का आतंक' (ठ.४) खालिस्तान आन्दोलन-कालीन पंजाब की है। 'सीट नम्बर छह' (ख.१), 'खिड़की' (छ.४) एवं 'सफ़र में' (ज.७) रेल-यात्रा पर आधारित हैं (कोलकाता से मुंबई; प्रयागराज एक्सप्रेस; बिहार)।

देखा जाए, तो ये सब घटनास्थल भी लेखिका की निजी दुनिया से ताल्लुक रखते हैं और पूर्ण रूप से अलग मात्र तीन कहानियाँ है। 'मुखौटा' (ज.४) और उसका विस्तार 'दौड़' गुजरात के राजकोट में, 'परदेस' (ज.५) इंग्लैंड के प्रवासी पंजाबी युवाओं के घर में और 'पिकनिक' (झ.१०) ऊटी की सैर पर घटित होती है (ऊटी का ज़िक्र 'उनका जाना' ११, ञ.२ में भी हुआ है)। उपन्यासों में भी केवल 'प्रेम कहानी' १४६–१५१ का एक अंश भारत के उपरोक्त नगरों से परे, मॉरिशस के निवासी भारतीय मूल के नायक के घर पर रखा गया। इससे हमें और अधिक जानकारी मिलती है कि अपने परिवेश के यथार्थ की रचनाएँ लिखने का उनका दावा, दावा ही नहीं, हकीकत है।

लिहाज़ा, अगले दो अध्यायों में हम एक व्यावहारिक दृष्टि रखती ऐसी रचनाकार के साहित्य विश्लेषित करने जा रहे हैं, जो आज के भारत में व्यापक स्तर पर

प्रामाणिक है। यह सोचना गलत होगा कि समाज में जो कुछ होता है, गलत ही होता है, किन्तु यह सोचकर चलना चाहिए कि कुछ न कुछ गलत तो हमेशा होता है और साहित्य हमारे पास एक ऐसा उपकरण है, जो हम सब को गलत की पहचान दिलाकर हमारे समाज को भूल-सुधर की ओर ले जाता है। "सच से बचनेवाले लोगों को साहित्य से भी बचना चाहिए", 'नयी दुनिया' ३१२ (ङ.२) में उनकी नायिका सोचती है। शोधार्थी के रूप में मुझे संतोष है कि तीसरे और चौथे अध्यायों में प्रस्तुत सामग्री लेखिका के कथा-साहित्य के स्त्री-विषयक एवं सामाजिक प्रसंगों की केवल संचयिता नहीं, वरन् पूरा और प्रतिनिधि कोश तैयार हुआ है। इनमें हर उठाये गए सवाल को स्थान दिया गया है — उतना ही स्थान, जितना उस सवाल को ममता कालिया ने महत्त्व प्रदान किया था।

अन्य सन्दर्भ

१ पुस्तक के आगे के फ्लैप पर।

२ 'कितने शहरों में कितनी बार' के ९५–९८ (दिल्ली में एकाकीपन का एहसास), ९८–१०० (राजेन्द्र यादव और मन्नू भण्डारी का घर), १००–१०५ (रवीन्द्र कालिया के साथ चण्डीगढ़ से दिल्ली आना) और १०६–१२८ (१११–११२, ११७ को छोड़कर) (दिल्ली का प्रेम-प्रसंग, विवाह व मुंबई-प्रवास) कुल बत्तीस पृष्ठों का 'कल-परसों के बरसों' के (क्रमशः) ८६–८८, ५५–५६, ८८–९३, ९३–१११ पृष्ठों पर, मन्नू भण्डारी और पति रवीन्द्र कालिया पर लिखे संस्मरण में लगभग पूर्ण और यथावत् रूप में दुबारा प्रयोग किया गया। ('जालन्धर का आदमी' व वाज़दा खान पर 'कल परसों के बरसों' १८ व १३५ का एक-एक अनुच्छेद भी 'कितने शहरों में कितनी बार' १४१ व १३४ से लिया गया है।)

३ 'साक्षात्कार' ३३, ४२ (उनके माता-पिता दोनों का देहावसान १९९१-१९९२ में हुआ था (४२)); द्विवेदी–दिनकर (१९६६) में भारत-भूषण अग्रवालः 'व्यासजी – मेरे बालसखा', वेब-संस्करण, पृ० संख्या अनुपलब्ध। द्र० 'दुक्खम-सुक्खम' का पहला अध्याय।

४ 'कितने शहरों में कितनी बार' ४३; अपने शीघ्र प्रेम-विवाह तक रोहिणी भाटे की शिष्या रही प्रतिभा अग्रवाल "नाटकों में अभिनय से लेकर शास्त्रीय नृत्य, गायन, वाद-विवाद प्रतियोगिता और रेडियो अभिनय तक में" (वहीं ३७) सक्रिय थीं।

५ "पर वे इतनी सुन्दर, फैशनेबिल और गुड़िया जैसी थीं कि बोलनेवाले का मन यों ही बाग़-बाग़ हो जाता।" (कितने शहरों में कितनी बार ३४); "मैंने माँ की तरफ़ ध्यान से देखा। वे घर में भी तीन बार कपड़े बदलतीं और चार बार मेकअप। उनके होंठ कभी लिपस्टिक विहीन नहीं होते।" (वहीं ३९)। "ममता की मम्मी बहुत भोली और शालीन महिला थीं। हर वक़्त गुड़िया की तरह सजी रहतीं।" (कहानियाँ १ vi)।

६ 'कल-परसों के बरसों' ६१ ; "जो भी काम करो, उसमें शिखर पर रहो। माउंट एवेरेस्ट पर सिर्फ एक के लिए जगह है, इससे ज़्यादा नहीं। भूल जाओ कि तुम लड़की हो" (कितने शहरों में कितनी बार ३२) ; "पापा के दफ्टर से आते ही ममी ने मेरी शिकायत की। पापा ने बात समझते ही ममी को डाँट लगाई, 'क्या हो गया कि उसने दवाई लगा दी। तकलीफ में कोई लड़का-लड़की नहीं देखा जाता। फिर यह मेरा लड़का ही है।' मैं निर्भय हो गई। एक फिजूल-सा अपराधबोध ममी मेरे अंदर डाल रही थीं, उससे मैं मुक्त हुई।" (वहीं ४९) ; "पापा द ग्रेट!" (वहीं ८७) ; "माँ साहित्य के सरल रूप में रस लेती थीं, पर पापा से मुझे मार्गदर्शन मिलता था" (पढ़ते, लिखते, रचते ८९)।

७ 'पढ़ते, लिखते, रचते' १४।

८ "एक तू है, न शक्ल न अक्ल। ··· मेरे लड़कपन में ममी मुझे लेकर हमेशा हताश और निराश रहीं" (कितने शहरों में कितनी बार २७) ; "माँ अंग्रेजी नहीं जानती थीं। लेकिन वे यह बात स्वीकार करना नहीं चाहती थीं। ··· जाने कैसे उन्होंने पंजाब मैट्रिक और प्रभाकर की परीक्षाएँ पास की होंगी।" (वहीं ३४) ; "मैं उसे चमचमाता हुआ पेन या फ्रॉक का कपड़ा देना चाहती पर पापा का कहा कैसे टालती। पार्टी ड्रेस की समस्या का समाधान ममी के जिम्मे था। ममी दोपहर में दीदी की एक पुरानी कंडम ड्रेस और कैंची लेकर मेरे कमरे में आई, नाप लेने। उन्होंने कहा, 'मुन्नी, इसमें से तेरा बढ़िया स्कर्ट निकल जाएगा। ब्लाउज है ही स्कूलवाला।' मेरा मन पार्टी से बुझ गया।" (वहीं ३९) ; "'यह क्या कार्टून बनाया है? मुन्नी, चल, मुँह धो अपना' उस वक़्त ममी ने आधे होंठ पर लिपस्टिक लगाई हुई थी और आधा बाकी था। वे फ़िल्मों की खलनायिका जैसी लगीं मुझे। मैंने बाथरूम की तरफ़ मुड़ते हुए कहा, 'मैं मुँह धो लूँगी, पर पहले तुम लिपस्टिक तो लगाओ, नहीं तो देवराज सोचेगा, आंटी है या कार्टून'" (वहीं ४५) ; "मैं कहती, 'पापा, ये अंगूर तो इतने सुन्दर हैं, खाने की जगह इन्हें पहन लो···।' ममी कहतीं :'यह तो पागल है' और अंगूर का गुच्छा खरीद लेतीं।" (वहीं ५०–५१) ; "और मेरी माँ मुझसे कहतीं— "लड़कियों वाला कोई तो लच्छन सीख···" (पढ़ते, लिखते, रचते ८८)। तु० 'आपकी छोटी लड़की' २४१–२४२, २५२–२५३ (घ.२)।

९ 'कितने शहरों में कितनी बार' २३–२५, २७–२९।

१० 'कितने शहरों में कितनी बार' ३३, ३५–३७।

११ 'कितने शहरों में कितनी बार' ५२, ५४, ५७–५८, ६२, ७१–७३ (उद्धरण, ७१), १२७, 'कल-परसों के बरसों' ५६, 'पढ़ते, लिखते रचते' ८८–९० (उद्धरण, ८९), 'साक्षात्कार' ५९। उपरोक्त कवियों की उनके लिए सबसे यादगार कविताएँ : 'मधुशाला', 'विषपायी', 'आँखें नहीं भरीं' तथा 'कारवाँ गुज़र गया'।

१२ 'कितने शहरों में कितनी बार' ७६–७९ ; 'कल-परसों के बरसों' २१।

१३ 'कल-परसों के बरसों' १२७, 'साक्षात्कार' ५८ ("घर का माहौल, विशेषकर इन्दौर में, हिन्दीमय हो गया था")।

१४ 'कितने शहरों में कितनी बार' २१, 'कल-परसों के बरसों' २३, 'साक्षात्कार' ३०, ४०। ममता कालिया ने विष्णु प्रभाकर को 'दुक्खम-सुक्खम' का एक पात्र बना लिया, जो आकाशवाणी में नौकरी पाने के लिए नायक कविमोहन को अनुशंसा-पत्र देता है। 'आपकी छोटी लड़की' (घ.२)

के मुक्तिदूत जी का चरित्र मुक्तिबोध पर आधारित है तथा इस कहानी में पिता की साहित्यिक बैठकों का दृश्य भी है (२५०)।

१५ 'कहानियाँ १' vi।

१६ 'कल-परसों के बरसों' ६०, 'कितने शहरों में कितनी बार' ७१, 'साक्षात्कार' ४०।

१७ 'कितने शहरों में किनती बार' १०४, 'कल-परसों के बरसों' ९२, 'कहानियाँ १' v।

१८ 'साक्षात्कार' ५१, ६५।

१९ 'कितने शहरों में किनती बार' ८१–८५।

२० 'कितने शहरों में कितनी बार' ३६, १०८–११०; 'कल-परसों के बरसों' ८७, ८९–९२, ९७; 'कहानियाँ १' v–vi।

२१ 'कल-परसों के बरसों' ९९, १०४, १२२; 'कहानियाँ १' viii, xi; 'साक्षात्कार' ३४; 'गली कूचे' १०।

२२ 'कल-परसों के बरसों' १०५; 'कहानियाँ १' ix, x, xii; 'साक्षात्कार' ४८; 'गली-कूचे' ९।

२३ 'कल-परसों के बरसों' ६८।

२४ उचित वर्तनी। व्याकरण के अनुसार 'दम्पती' द्विवचन है, संस्कृत में इसका शाब्दिक अर्थ है 'घर के दोनों मालिक'।

२५ 'कल-परसों के बरसों' ५३, ७३, ११२; 'कहानियाँ १' ix, x; मिलने पर लेखिका का निजी वक्तव्य।

२६ 'पढ़ते, लिखते, रचते' २५।

२७ 'कहानियाँ १' xiii।

२८ 'पढ़ते, लिखते, रचते' १८।

२९ 'कल-परसों के बरसो' ५३–५४।

३० 'कल-परसों के बरसो' १०, ६७, १३५।

३१ 'पढ़ते, लिखते, रचते' ११, 'कल-परसों के बरसों' ६७–६८।

३२ 'कहानियाँ १' xvii-xviii; 'कल-परसों के बरसों' ९५, 'समावर्तन' ११, 'पढ़ते, लिखते, रचते' ८, १८, २२। मधु कांकरिया भी याद करती हैं, ममता जी अपने पति से किस क़दर प्यार करती हैं (समावर्तन २२–२५)।

३३ 'कल-परसों के बरसों' १३४।

३४ 'कल-परसों के बरसों' १२८, 'कितने शहरों में कितनी बार' १८०, २०६।

३५ 'कहानियाँ १' vi, xi, उद्धृत पाठांश: पृ० vi और xiv।

३६ 'कितने शहरों में कितनी बार' १०८।

३७ 'समावर्तन' १८–१९।

३८ अगस्त २०१३ में मिलने पर ममता जी का ही मुहाविरा; 'समावर्तन' ११। ममता जी का यह सकारात्मक स्वभाव इसमें भी झलकता है : वे अपने पिता से कम मौकों पर असहमत रहीं, पर जब एक बुरे अनुभव के बाद पिता ने अपनी बेटी को यह सीख दी — "आज का तुम्हारा मित्र कल शत्रु हो सकता है", तब उन्होंने छोटी उम्र के बावजूद साफ़ इनकार कर दिया, और आगे कहती हैं : "यह बात गलत, सिनिकल और नेगेटिव है, ··· उनकी यह सलाह मैं आज तक नहीं

मान सकी" (पढ़ते, लिखते, रचते १६)। साहित्यिक गुटबाज़ी और विचारधाराओं के सन्दर्भ में कही यह बात, "मैं इस पचड़े में नहीं पड़ती, गुट टूटते-बिखरते रहते हैं और वाद आपके हाथ-पैर विवादों में बाँध देते हैं" (साक्षात्कार ८०), उनके अराजनैतिक व्यक्तित्व का परिचय देती है ; राजनीति में कम रुचि लेने के बारे में भी उन्होंने २०१३ में ही मौखिक जानकारी दी थी।

३९ पुरस्कारों के बावजूद ममता कालिया ने किसी भी सत्ता को लुभाने की कोशिश नहीं की। दूरदर्शन के साक्षात्कार (द्र० 'सन्दर्भ एवं सहायक ग्रन्थ', विविध) में उन्होंने बताया, 'बेघर' छपने से पहले प्रकाशक ने उनसे कहा था, चार पन्ने निकालने पर यह पुस्तक पाठ्यक्रम में लग सकती है, लेकिन वे यह समझौता करने को कभी तैयार नहीं हुई। सेमिनार (च.१), 'झूठ' (च.१४), 'पीठ' (झ.१६) और 'छोटे खिलाड़ी' (ठ.१२) साहित्य अकादमी के एक आयोजन, हिन्दी कहानी पत्रिकाओं के स्वरूप तथा विश्व हिन्दी सम्मलेन का व्यंग्यचित्र खींचती हैं, यद्यपि ममता जी दोनों में एक सम्मानित अतिथि रह चुकी हैं। 'छोटे खिलाड़ी' ११४ में कहती हैं, "तुम भी आखिर हो एकदम हिन्दी वाली। बात-बात में तुनक जाना"। 'पीठ' ४५६ में एक युवक की ओर से लिखा है, "यह तुम्हारी हिन्दी लेखन की दुनिया नहीं, जिसमें जो भी, जब भी लिखा जाता है, मास्टरपीस ही होता है"। 'प्रतिप्रश्न' (ज.६) २६६ में लिखा "हिन्दी साहित्य के अध्ययन ने उसे [महिला पत्रिका के संपादन के अलावा] और किसी काम के लायक छोड़ा भी कहाँ था"।

४० 'पढ़ते, लिखते रचते' ७, ११, 'समावर्तन' ११, 'साक्षात्कार' १७।

४१ 'कितने शहरों में कितनी बार' ५६, 'कल-परसों के बरसों' १२६।

४२ 'साक्षात्कार' २१, ५, १७, ९५, 'समावर्तन' ११ ; अंग्रेजी कविताओं के उद्धरण सिंह (२००४), पृ० १०१ पर।

४३ 'पढ़ते, लिखते, रचते' ८ ; 'समावर्तन' ११ ; 'साक्षात्कार' २२, ७७, ४७ ; 'गली कूचे' १३ ; 'कहानियाँ १' xx, xxi।

४४ रचनाओं में रद्दोबदल न करने के बारे में : 'पढ़ते, लिखते, रचते' ८, १०–११, २४ ; 'साक्षात्कार' ६ : "अपने कहे लिखे को शाश्वत नहीं मानती, ··· दूसरी बार मैंने न लिखना जाना न पढ़ना" और ६७ : "अपने लिखे पर चर्चा करना मुझे शर्मसार करता है, ऐसा शायद इसलिए कि मैं बड़ी हड़बड़ी में लिखती हूँ, लिखे हुए को कभी रिवाइज़ नहीं करती" ; 'कहानियाँ १' xx : "उसने लिखा हुआ कभी 'रिवाइज़' नहीं किया, जो लिख दिया, वही अन्तिम है"। चीज़ों का खोना : 'साक्षात्कार' ७८ ; 'कहानियाँ १' xiv–xvi, उनका स्कूटर पर बैठ जाना वास्तव में पति का भ्रम था (xv–xvi); 'कितने शहरों में कितनी बार' ४३–४४ : पूना में रहते हुए एक बार सिनेमा जाने पर किशोरी ममता जी ने साड़ी के लिए जिद्द की, जो उन्हें माँ ने वह कसकर नहीं बाँधी थी, इसलिए वह शो के अन्त तक बदन से खिसक गई, तथा १६५–१६६ : एक बार गर्मियों में अपनी दो सहेलियों, अनिता और शशि के साथ रसूलाबाद में गंगा-स्नान किया, तो मँझधार में साड़ी गायब हो गई।

४५ 'कल-परसों के बरसों' ८, ४४, 'कितने शहरों में कितनी बार' ४७–४८, 'साक्षात्कार' २६, ३०, 'पढ़ते, लिखते, रचते' १४, द्र० 'फ़र्क नहीं' १२१, १२३ (ख.२)।

४६ 'कितने शहरों में कितनी बार' ४१, ५०। मराठी लेखकों में ना०सि० फडके, वि०स० खाण्डेकर, साने गुरुजी, पु०ल० देशपाण्डे और इरावती कर्वे का नाम रेखांकित करती है। देशपाण्डे के नाटक पूना में मंच पर भी देखे।

४७ 'कितने शहरों में कितनी बार' १८६। आगे : "रवीन्द्रनाथ ठाकुर के उपन्यास 'नौकाडूबी', 'आँख की किरकिरी', 'गोरा' और 'घर बाहर' लड़कपन में पढ़े थे। शरत बाबू का 'देवदास', 'चरित्र-हीन', 'मझली दीदी', 'बड़ी दीदी' भी पढ़ रखे थे। तब बांग्ला उपन्यासों का अनुवाद धन्य कुमार जैन किया करते थे। बाद में विमल मित्र, विभूतिभूषण वंद्योपाध्याय, शंकर और सतीनाथ भादुड़ी भी पढ़े।"

४८ 'कल-परसों के बरसों' ८८, ९२, 'कितने शहरों में कितनी बार' ४७, १०६, 'पढ़ते, लिखते, रचते' ४९, ५३।

४९ सुषम बेदी द्वारा किया साक्षात्कार। द्र० 'सन्दर्भ एवं सहायक ग्रन्थ', विविध।

५० 'कहानियाँ १' xxi।

५१ 'कहानियाँ १' x।

५२ 'पढ़ते, लिखते, रचते' ३४।

५३ जिस साक्षात्कार में ममता कालिया ने ज़ाहिर किया कि उनकी पहली कविता 'प्रयोगवादी प्रियतम' इन्दौर (?) के 'जागरण' के रविवारीय अंक में छपी थी, वहीं उन्होंने कहा कि उनकी पहली कहानी भी 'जागरण' के विशेषांक में प्रकाशित हुई – जबकि अन्यत्र कई बार उन्होंने 'साप्ताहिक हिन्दुस्तान' में छपी 'ऊँचे-ऊँचे कँगूरे' को पहली माना है। द्र० 'साक्षात्कार' ५८–५९।

५४ १ अगस्त २०१३ को वर्धा में हुई भेंट के दौरान ममता जी का कथन।

५५ इस संग्रह में चौदह कवियों – जगदीश चतुर्वेदी, कैलाश वाजपेयी, नरेन्द्र धीर, राजकमल चौधरी, केशु, ममता अग्रवाल (अर्थात् ममता कालिया), श्याम परमार, विष्णुचन्द शर्मा, श्याममोहन श्रीवास्तव, मनमोहिनी, रमेश गौड़, राजीव सक्सेना, स्नेहमयी चौधरी और नर्मदाप्रसाद त्रिपाठी – की कविताएँ हैं। शर्मा (१९९५), पृ० ३०–३१। 'कहानियाँ १' v, 'कल-परसों के बरसों १११, 'साक्षात्कार' ६५।

५६ 'पढ़ते, लिखते, रचते' १७।

५७ 'कितने शहरों में कितनी बार' ९२, ९५, 'कल-परसों के बरसों' २६, ५७,, 'कहानियाँ १' v, 'साक्षात्कार' १३ (उद्धृत अंश), ४१, ५०, ६५।

५८ नारे (२००२) ; 'कितने शहरों में कितनी बार' १७३–१७४, 'साक्षात्कार' १२२।

५९ 'कल-परसों के बरसों' ६२, 'पढ़ते, लिखते रचते' १०।

६० 'कितने प्रश्न करूँ?' २८, ३३, ३९, ५४, ५६।

६१ 'कितने प्रश्न करूँ?' ६२–६३। यह स्वर सीता की जन्मभूमि मिथिलांचल की महिलाओं द्वारा गाए जानेवाले लोकगीतों में आज भी उपस्थित है; द्र० अपूर्वानन्द (२०१६) का आलेख।

६२ 'कितने शहरों में कितनी बार' ९५ ; 'साक्षात्कार' ४३, ११४।

६३ 'पढ़ते, लिखते रचते' ९, 'समावर्तन' ११ ; 'साक्षात्कार ६०, २४–२५, ५२, "आपकी छोटी लड़की ··· मेरी निजी ज़िन्दगी के सबसे करीब है। इस कहानी की पृष्ठभूमि इन्दौर की है" (६०), 'लड़के ··· पर 'रजनी' सीरियल का अन्तिम एपिसोड भी बनाया गया था" (२४) ; 'कल-परसों के बरसों' ३०।

६४ 'साक्षात्कार' १८।

६५ 'पढ़ते, लिखते, रचते' २३, 'साक्षात्कार' १०२।

६६ 'साक्षात्कार' ३७ ; 'नैशनल दुनिया' (दिल्ली संस्करण), रविवार १७ नवम्बर २०१३, पृ० ११।

६७ 'कल-परसों के बरसों' १२, २७।

६८ 'कल-परसों के बरसों' ३२।

६९ 'पढ़ते, लिखते, रचते' ३४।

७० 'साक्षात्कार' १०९–११०।

७१ 'कल-परसों के बरसों' ६६, 'पढ़ते, लिखते, रचते' २२।

७२ 'कल-परसों के बरसों' १४; 'साक्षात्कार' ६, 'कितने शहरों में कितनी बार' १७९, ३८, 'साक्षात्कार' १४।

७३ 'कल-परसों के बरसों' ११२ ; 'पढ़ते, लिखते, रचते' ४९।

७४ 'साक्षात्कार' ११६ ; दूरदर्शन का साक्षात्कार, द्र० 'सन्दर्भ एवं सहायक ग्रन्थ', विविध।

७५ यहाँ अस्तित्ववादी कहानी से मतलब है ऐसी कहानी, जिसमें सामान्य जीवन की कोई समस्या पात्रों को हैमलेट की तरह 'जीने-मरने' के सवाल जैसा संकट प्रतीत हो, और जिसमें पात्रों की अनुभूति व प्रतिपत्ति पर ज़ोर दिया जाए।

७६ 'ख़ुशक़िस्मत' ७, भूमिका।

७७ 'समावर्तन' २१।

७८ 'पढ़ते, लिखते, रचते' २१, तथा 'थिएटर रोड के कौवे' की भूमिका। द्र० 'साक्षात्कार' १५।

७९ 'साक्षात्कार' ५२, 'एक पत्नी के नोट्स' के सन्दर्भ में दिया उनका जवाब।

८० शम्भू नाथ : 'उपन्यास का युग' (जनसत्ता, २६ अप्रैल २०१५) ; मुझे इस बात की याद दिलाने का श्रेय डॉ० विजया सती को है।

८१ 'थोड़ा सा प्रगतिशील' के फ्लैप पर।

८२ 'पढ़ते, लिखते, रचते' ३४, ३०। निजी अनुभवों की आवश्यकता वे कहानी के सन्दर्भ में रेखांकित करती हैं, यह भी बताती हैं कि उपन्यास जैसी दीर्घकाय विधा में अपने "स्मृतिकोश और कल्पनाकोश का भी सहारा लेना पड़ता है"।

८३ 'पढ़ते, लिखते, रचते' २०, तथा 'थिएटर रोड के कौवे' की भूमिका। उन्होंने दूरदर्शन को दिए साक्षात्कार में भी कहा है कि "अख़बार की ख़बर साहित्य नहीं बनती, लेकिन वह साहित्य के लिए एक शुरुआत बन सकती है" (द्र० 'सन्दर्भ एवं सहायक ग्रन्थ', विविध)।

८४ 'साक्षात्कार' ११।

८५ 'समावर्तन' ११।

८६ 'साक्षात्कार' ५०।

८७ 'समावर्तन' १४।

८८ 'पढ़ते, लिखते, रचते' ३४।

८९ 'साक्षात्कार' १२, तीन दशक पहले, १९८४ का कथन।

९० 'भविष्य का स्त्री विमर्श' ८४।

९१ 'कल-परसों के बरसों' ९।

९२ 'साक्षात्कार' ५५, ६०, ५३, ११३।

९३ 'कल-परसों के बरसों' १५।

९४ 'कल-परसों के बरसों' ४४।

९५ 'साक्षात्कार' ७३। यहीं ममता कालिया ने सकारात्मक उदाहरण के तौर पर यशपाल के 'झूठा सच', शरत बाबू के 'शेष प्रश्न' और जैनेन्द्र कुमार के उपन्यासों का ज़िक्र किया।

९६ 'साक्षात्कार' १०, ८७, १०५। जीवन के यथार्थ के लिए ममता जी के साहित्यिक उदाहरण हैं यशपाल की कृतियाँ : 'पर्दा', 'फूलों का कुरता', 'तुमने क्यों कहा मैं सुन्दर हूँ' और 'झूठा सच'।

बृहत्तर समाज का चौखटा और चुनौतियाँ

धर्म और अध्यात्म – भेदभाव और वर्चस्व – आजीविका – नागरिक सहजीवन

क. धर्म और अध्यात्म

इनसान संगी-साथियों के सहारे इस संसार में बने रह सकता है। हज़ारों सालों के दौरान मनुष्य की बढ़ती आबादी में बुने जाते आए संबन्धों ने 'समाज' नाम ले लिया।[१] इस समाज में आज भी धार्मिक मान्यताओं की बड़ी भूमिका है, सकारात्मक और नकारात्मक दोनों। धर्म और अध्यात्म समाज का आवरण, उसके आन्तरिक सामंजस्य को बचाए रखनेवाला खोल, किन्तु बहुधा उसकी सीमा भी बनता है। भारतीय समाज वर्तमान में भी विभिन्न प्रकार की धार्मिक संवेदनाओं में लिपटा हुआ है। यह धार्मिकता यहाँ के जन-जीवन को जड़ों तक प्रभावित करती है, इस धार्मिकता के समूचे 'ऋतुसंहार' की सर्द या गर्म हवाएँ लगभग सभी को हर मौसम में लगती हैं, और ऐसे कम ही लोग हैं, जिनके पास अनुकूलित वातावरण में रहने के उपाय उपलब्ध हैं। पर अधिकांश लेखक-वर्ग, यों ममता कालिया को ये निश्चित ही हासिल हैं।

ममता कालिया ने एक चर्चा में कहा था कि फिल्मों के अलावा "नारी के शोषण में धर्म का प्रमुख स्थान है, जिन-जिन क्षेत्रों में नारी की स्वतन्त्र चेतना के विकास का खतरा था, वे सब क्षेत्र धर्म से जोड़ दिये गए"; उदाहरण के लिए पुरुषों और स्त्रियों के पुनर्विवाह या एक-दूसरे से अलग हो जाने की स्वीकृति में दिखता अन्तर।[२] "सदियों की शातिर तैयारी से शैतान पुरुष समाज ने असमानता की ऐसी आचार-संहिता गढ़ी है कि स्त्री को कभी शास्त्र से, कभी धर्म से, कभी इतिहास से, कभी मिथक से और कभी आख्यान से जताया गया है कि पुण्य की अधिकारी वे स्त्रियाँ हैं, जो नेपथ्य में रहीं, आज्ञाकारिणी बनीं और जिसने पुरुष समाज की इच्छानुसार जीवन जिया", वे मानती हैं।[३] दो जगहों पर, 'काली साड़ी' २३७ (घ.१) और 'कवि मोहन' ३०१ (घ.१०)

में लिखा कि घर की संपत्ति की वल्गा पिता का वही जनेऊ होती, जिसमें अलमारियों की चाबियाँ बँधी रहतीं। यह धार्मिक मान्यताओं और पितृसत्ता के अन्तर्सम्बन्ध का एक सशक्त चित्र है।

'दूसरे अध्याय' में ममता जी के पति के शब्दों में हमने उनके बारे में जाना कि निजी जीवन में उनके लिए नित्य पूजा जैसी परम्पराएँ महत्त्व रखती हैं, परन्तु साथ ही साथ वे संसार की गतिविधियों को लेकर अपना नीर-क्षीर विवेक सँभाले रखती हैं, जहाँ-जहाँ उन्हें इन परम्पराओं का दुरुपयोग व कुप्रयोग नज़र आता है, वहाँ-वहाँ अपने लेखन के माध्यम से, आरंभ से आज तक विस्मयादिबोधक चिह्न लगाती आई हैं। उनकी कविता का परिचय देते हुए उनके प्रबन्ध-काव्य 'कितने प्रश्न करूँ?' का ज़िक्र किया गया। नारी की व्यथा-कथा की याद दिलाती एक और रचना 'खाँटी घरेलू औरत' की चौवनवीं कविता है, जिसमें उपरोक्त संवेदना का विस्तार है :

> "तुमने मिथक में इतिहास मिलाया, / उसमें धर्म का छौंक लगाया
> और चूहामार दवा-सा मेरे गले के नीचे उतार दिया।
> मैं जीने लगी वेद, पुराण और मनुस्मृति।
> मुझे सीता, सावित्री, उमा और अनसूया की तरह बनना
> अधिक भाया। ···
> मैं सीता की तरह सताई जाने को सौभाग्य समझने लगी,
> पार्वती की तरह / मैं बौड़म पुरुषों को परमेश्वर मान बैठी।"

इसीलिए ममता जी ने 'एक पति की मौत' (ठ.११) की परित्यक्ता पत्नी का नाम सिया रखा होगा। उनकी एक नायिका कहती है, "मुझे अब स्त्रियोचित गुणों से मंडित होना है। यानी मुझे कुछ प्रतिशत यशोदा मैया और कुछ प्रतिशत ललिता पवार बनना है" (अनावश्यक ११९, ठ.१३), तो दूसरी सोचती है, पति-परिवार को "एक गान्धारी चाहिए, जो जान-बूझकर न सिर्फ़ अँधी बनी रहे, बल्कि गूँगी और बहरी भी (बोलनेवाली औरत १३०, छ.१)।

लेखिका के शुरुआती तेवर 'साथ' (क.१०) में नज़र आते हैं; लिखा, नायिका सुनन्दा को प्यार से नन्दी पुकारा जाना इसलिए पसंद नहीं था, क्योंकि उसे "स्कूल के दिनों से ही याद था कि नन्दी किसी बैल का नाम है" (६८)। 'लगभग प्रेमिका' १३९ (ख.३) की नायिका भी कुछ इस तरह कहती है, "गंभीरता से तो उपनिषदों को लिया जाता है और बीमारी को"। 'ज़िंदगी—सात घंटे बाद की' ६१ (क.८) में नायिका 'लेडी चैटरलीज़ लवर' की अपनी प्रति जिस अलमारी में ताला डालकर रखती है, उसके बारे में यदि "कोई पूछता, तो वह हँसकर कह देती, 'इसमें माँ की फोटो रखी है, रोज़

पूजा करती हूँ'"। 'वे तीन और वह' ३६ (क.२) अपने ज़माने की एक और नवल कहानी थी, यहाँ धार्मिकता के चित्रण में युवाओं की नई सोच झलकती है, अरसे बाद गाँव जाकर नायक को पत्नी की हर सुबह की लम्बी "पूजा ज़हर लगती है"। ऐसे ही उनके शुरूआती उपन्यास 'बेघर' (१२७) का पात्र वालिया बोलता है, उसने पहली बीवी को मधुमास के दौरान ही तज दिया था : "वह घोर भक्तिन। रोज़ सुबह दो घंटे, दो घंटे शाम पाठ करती। बाय गॉड, होटल में गुरुद्वारा खोल दिया उसने"।

ममता कालिया की पीढ़ी का लेखन महिलाओं के साथ हो रहे परंपरागत अन्याय का खण्डन करता है। लेकिन ममता कालिया का तेवर अधिकतर उद्धृत कवितांश और गद्यांशों की तरह आक्रामक नहीं है, और यह ज़रूरी भी नहीं, क्योंकि वे हास्य की बड़ी रसज्ञ हैं। चाहे तटस्थ भाव से संदिग्ध धार्मिक आस्था का वर्णन करती हों या फिर उनपर कटाक्ष करती नज़र आएँ, अन्ततः सामाजिक संदेश समझने का काम पाठक के विवेक पर छोड़ देती हैं। 'खुशियों का लौटना' (ढ.४) जैसी कुछ कहानियों में अन्धविश्वासों पर सीधा प्रबल वार करती हैं, तो कुछ रचनाओं में केवल गौण टिप्पणियों द्वारा अपनी राय ज़ाहिर करती हैं, जैसे दिल्ली की सुरक्षा-व्यवस्था को छूती कहानी में सिर्फ़ इतना कहती हैं : "चारों ओर राम-राम की धूम मची थी, फिर भी रामराज कायम नहीं हुआ था" (चोरी २०, ञ.३)।

ममता जी नास्तिकता व नकारवाद को बढ़ावा देने की जगह "परम्परा का कृष्णपक्ष" आलेख की तरह धार्मिक अनुष्ठानों के मानवीय, अतः नश्वर पक्ष पर उजाला डालकर इह-लोक को सुधारने का सकारात्मक संदेश देती हैं।[४] पहले के साक्षात्कारों में उन्होंने दो लिखे जानेवाले उपन्यासों की बात की थी, जिनमें स्त्रियों का संघर्ष धार्मिक पृष्ठभूमि में दर्शाने की इच्छा थी। एक 'संभवामि युगे-युगे' में "स्त्री की जिजीविषा को लेकर ··· लिखने की योजना" थी, जबकि दूसरे का भावी विषय महाकुम्भ में एक औरत की त्रासदी था, क्योंकि "औरत का जीवन तो हर क्षेत्र में जटिल है ही, पर धर्म के क्षेत्र में भी कम जटिल नहीं"।[५] महिला संन्यासियों के महन्तों द्वारा गृहसेविका बनाए जाने पर हाल ही तक उनकी एक कहानी ही उपलब्ध है, 'मेला'।

'मेला' (छ.२) में विज्ञान की अध्यापिका चारु कुंभ मेले में स्नान करने आई पति की "'हरे राम हरे राम' करती वृद्धाओं" (लैला-मजनूँ २८१, घ.७) जैसी भोली मौसी से पूछती है, "जैसे जीरो से जीरो कट जाता है, पाप से पाप नहीं कट सकता?"। वह कहती है, "पाप की काट पुण्य है, जैसे मैल की काट साबुन", फिर "मल-मल धोऊँ दाग नाहीं छूटे' जैसे भजन के बारे में आप क्या सोचती हैं?" जैसे सवाल पर कहती हैं, "छोटे-मोटे तीरथ पर यह मुश्किल आती होगी" (१३३)। आगे "भगवे रंग की

एम्बैसडर गाड़ियों" (१३३), "मखमल से बने स्वस्तिक चिह्नों" (१३६) के घेरे में, जहाँ "संन्यास में भी विन्यास" (१४३) है और "चरस और मोक्ष" (१४०) के अनुभवों से विदेशी यात्री भी आनन्दित रहते हैं, चारु को ख़याल आता है, "सब [बूढ़ों] के चमकते चेहरे देखकर लगता था, इनके लिए धर्म एक पिकनिक है और पुण्य एक गंगाजली, जो ये अपने साथ ले जाएँगे, एक यादगार की तरह" (१३८), तथा "उसे हैरानी थी, कैसे जीवन के सबसे सूक्ष्म सवालों का इतना स्थूल और सार्थक कारोबार चलाया जा रहा है" (१३९)। लेखिका की राय है कि "अध्यात्म को पेशे के रूप में लेना गलत है" (१४३), पर यह विचार परंपरा की विराट्ता के सामने विवश है।

कुंभ मेले के संबन्ध में उनकी एक कविता भी कहती है, "इस मेले में पुण्य नहीं है, धर्म नहीं है, कर्मकाण्ड है, कर्म नहीं है, तपस्वियों के तरबूजे-से सिर हिलते हैं, गुल खिलते हैं, शिविरों में शिकार चलते हैं" (खाँटी घरेलू औरत, ३६वीं क०)। शायद इसलिए इलाहाबाद की बाशिन्दा होकर सहेलियों के साथ गंगा-स्नान के कार्यक्रम पर उन्होंने "न आचमन किया न सूर्य-नमस्कार, न प्राणायाम किया न अभ्यर्थना, एक-दूसरे को किस्से और कविता सुनाते रहे"।[६] 'दूसरा देवदास' ३३२ (ज.१६) में भी मनसादेवी मन्दिर के माहौल की तुलना वे किसी मेले से करती हैं। हरिद्वार के भक्तों को नवेले मन्दिरों का 'प्राचीन' नाम, फूलों के दोनों के बढ़ते दाम (३२४), सिराए दोनों में से सिक्के निकालते गोताखोर बालक और छुट्टा देने में विश्वास नहीं रखते पण्डे (३२६) आशंकित नहीं करते, "आरती के क्षण इतने भव्य और दिव्य रहे हैं कि भक्त हुज्जत नहीं करते", आखिरकार "कई ख़र्च सुखदायी होते हैं" (३२५)।

'शॉल' ११२ (च.१५) की चपरासिन जब कच्ची नौकरी के पक्की में बदल सकने की आशा को "हर समस्या को तकदीर के खाते में डालने" की आदत से दबा लेती है, तो इससे यह समझना मुश्किल नहीं होगा कि लेखिका नियतिवाद की शोचनीयता पर ध्यान खींचना चाहती है। 'लड़के' १९८ (ग.१) के एक उदासीन छात्र के अनुसार उम्र एकरस जीवन की समस्याओं की तरह "बड़े हनुमानजी पर झाँझ-खड़ताल बजाकर ही कटेगी, और कैसे कटेगी?"। इसी कहानी में लेखिका वेश्यागामी पण्डों की बेबाक उपेक्षा करती है (१९९)। पुनः बताया जाता है : यद्यपि इलाहाबाद के विद्यार्थियों को यह कचोटता ही है कि घाट का पण्डा "हो सकता है, दो जमात भी न पढ़ा हो, पर अच्छे-अच्छे पढ़े-लिखों का शिकार कर रहा है" और उसमें पैसे कमाने की ख़ूब संभावना है (२००), फिर भी इन आन्दोलनकारी छात्रों ने "गंगा की महिमा बचपन से सुनी थी", इसलिए विशेष आस्था न होने पर भी उन्हें लगता है, सफल हड़ताल का विधिवत् आरंभ स्नान से होना चाहिए (१९९-२००)। इस बात से पता चलता

है, किन्हीं परिस्थितियों में मानसिकता निर्धारित करने में परवरिश की कितनी बड़ी भूमिका होती है।

रचनाकार विचारती है, बिना प्रकट धार्मिकता के भी सही आचरण और 'उच्च विचार' संभव हैं। मुख्य रूप से पिता-पुत्र संबन्ध को टटोलती 'ऐसा ही था वह' ३६६ (झ.३) कहानी का नायक विवेक अपने पिता की अंत्येष्टि के समय पहचानता है कि उन्हें "कभी मन्दिर जाते हुए या पूजा करते हुए नहीं देखा था। परिवार में आचारगत रूढ़ियाँ ध्वस्त करने में भी उनकी कोई सार्थक भूमिका नहीं रही। उस आदमी का, जीवन में, बस एक ही धर्म था, अनुशासन", और वह जो बन सका, पिता के झुँझलाहट भरे अनुशासन से ही। धार्मिक अनुष्ठानों के विकल्प का नाम लेखिका के अनुसार अनुशासन, विनय है।

'मन्दिरा' (घ.८) की नायिका को पति की हनुमान-भक्ति एक भौतिक अनुभूति करा देती है, उसे "वाजपेयी जी स्वयं हनुमानजी जैसे ही लगने लगे थे। कद-काठ और शक्ल-सूरत में" (२९१)। चूँकि खुद के पिता को भी वानर देवता ही इष्ट थे, इसलिए वह महसूस करने लगी कि पति नहीं, पिता के साथ रह रही है। नायिका "की तो वैसे भी मन्दिर-मस्जिद में कोई दिलचस्पी नहीं थी" और "उसे आश्चर्य ही हुआ है कि इतना समय और श्रम लोग क्यों बरबाद करते हैं। कौन कहता है? पूजा-पाठ से मन ठहरता है" (२९०)। "सभी धर्मों के प्रति एक-से सापेक्ष और निरपेक्ष" आर्यसमाजी संस्कारों वाली एक नायिका की नज़र में पति की "जीवन-पद्धति में कई बातें गैरज़रूरी थीं, जैसे पूजा-पाठ और व्रत-उपवास" (मनोविज्ञान ३६५, ङ.१०), उसे उनकी "बातों के ये पेंच और पैंतरे, विचारों के व्यूह और धारणाओं की धुंध एक बवाल लगती", "परंपरा और प्रयोग का घालमेल" (३६७)। हम पाठक इन टिप्पणियों को ममता कालिया की निजी संवेदना और नज़रिया मान सकते हैं।

सभी उपन्यासों के अलावा धार्मिकता संबन्धी कोई न कोई सवाल लगभग हर चौथी कहानी में उठाया जाता है और यह कई बार धार्मिक व्यवहार पर कटाक्ष का रूप भी लेता है। १९८३ का 'प्रतिदिन' तथा १९९८ का 'बोलनेवाली औरत' संग्रह इस लिहाज़ से अलग हैं, इनमें तीन में से दो कहानियों में धार्मिकता पर विमर्श होने के साथ अधिकांश में बोझिल परम्पराओं के खंडन का भाव भी प्रबल है। गौरतलब है कि इन दोनों के बीच एक ऐसा संग्रह, 'जाँच अभी जारी है' (१९८९) भी है, जिसमें धार्मिकता और अध्यात्म के प्रश्नों को प्रायः पूरी तरह से छोड़ दिया गया था।

धर्म और अध्यात्म (*, यदि कोई कटाक्ष भी है) : *'वे तीन और वह' (क.२), 'फ़र्क नहीं' (ख.२), 'गुस्सा' (ख.६), 'उपलब्धि' (ख.११), 'आज़ादी' (ख.१२), *'लड़के' (ग.१), *'काली साड़ी'

(घ.१), *'आपकी छोटी लड़की' (घ.२), *'मन्दिरा' (घ.८), 'माँ' (घ.९), 'कवि मोहन' (घ.१०), *'आहार' (ङ.४), 'राजू' (ङ.६), 'मनोविज्ञान' (ङ.१०), 'नायक' (च.११), 'बोलनेवाली औरत' (छ.१), *'मेला' (छ.२), 'लकी' (छ.३), *'खिड़की' (छ.४), 'जनम' (छ.५), *'रोशनी की मार' (छ.६), 'पर्याय नहीं' (छ.११), *'एक अकेला दु:ख' (छ.१२), 'बाल बाल बचनेवाले' (ज.३), 'मुखौटा' (ज.४), 'परदेस' (ज़.५), *'एक दिन अचानक' (ज.१४), *'दूसरा देवदास' (ज.१६), 'रिश्तों की बुनियाद' (ज.१७), 'निर्मोही' (झ.१), *'बाँगड़ू' (झ.६), 'बाथरूम' (झ.७), 'खानपान' (झ.११), 'छोटे गुरु' (ञ.५), *'अकेलियाँ-दुकेलियाँ' (ट.११), 'जाते हुए लोग' (ठ.३), 'दूसरी आज़ादी' (ठ.६), 'परदेशी' (ड.९), *'जी' (ढ.१)

धार्मिक व्यवहार पर कटाक्ष (*, यदि कटाक्ष से इतर रचना में धार्मिकता की भूमिका नहीं के बराबर है) : 'वे तीन और वह' (क.२), *'लगभग प्रेमिका' (ख.३), 'लड़के' (ग.१), 'काली साड़ी' (घ.१), 'आपकी छोटी लड़की' (घ.२), *'लैला-मजनूँ' (घ.७), 'मन्दिरा' (घ.८), 'आहार' (ङ.४), *'मुहब्बत से खिलाइए' (ङ.८), 'मेला' (छ.२), 'खिड़की' (छ.४), 'रोशनी की मार' (छ.६), 'एक अकेला दु:ख' (छ.१२), 'एक दिन अचानक' (ज.१४), 'दूसरा देवदास' (ज.१६), *'दल्ली' (झ.४), 'बाँगड़ू' (झ.६), 'अकेलियाँ-दुकेलियाँ' (ट.११), 'जी' (ढ.१)

अन्धविश्वास

चर्चित कहानी 'आपकी छोटी लड़की' २५६–२५७ (घ.२) अन्धविश्वास पर भी टिप्पणी करती है। बालिका तथा प्रगतिशील कवि मुक्तिबोध से प्रभावित चरित्र मुक्तिदूत की बातचीत में यह सवाल उठता है कि जब कहीं कोई एक "बौड़म-सा पत्थर" रखे और अनेकों लोग उसपर फूल चढ़ाना शुरू कर दें, इसमें भारतवासियों की आस्था झलकती है अथवा धर्मान्धता। अपने पिता के अनुकूल बच्ची को लगता है कि पुस्तकें पढ़ने से ईश्वर पर आस्था कम हो जाती है, पर मुक्तिदूत का मानना है कि इससे देश की जनता शीघ्र कम धार्मिक होनेवली नहीं है। वे यह भी कहते हैं कि "रामचरितमानस अपनी साहित्यिकता के कारण नहीं, धार्मिक आग्रहों के कारण लोकप्रिय है" (२५५)।

कलर्स चैनल के धारावाहिक 'नागिन' और तमाम अन्य पौराणिक सीरियलों की संख्या और लोकप्रियता कम नहीं हो रही, बल्कि बढ़ रही है, यह आजकल विश्व-भर में देखी जा रही एक प्रतिगामी प्रवृत्ति व 'अनुदारता' का एक बड़ा सुबूत है।[७] किस्म-किस्म के बाबाओं व गुरु मैयाओं के सत्संगों में ऐसे शिक्षित अनुयायी भी लुप्त नहीं हुए हैं, जिन्होंने उच्च-शिक्षा में प्रमाणपत्र प्राप्त किए हैं। यही लेखिका ने नए सहस्राब्द के 'दौड़' उपन्यास में दिखाया। 'बाबा-वाद' के हमारे दौर में धर्म का बाज़ारीकरण चल रहा है (३१-३५), "भक्ति की कैपस्यूल बनाकर बेचते हैं आजकल के धर्मगुरु" (४९)। माघ मेले के "दीनता के प्रतिमूर्ति" लगते भक्तों (३४) के विपरीत

उपन्यास के नायक की तरह उच्च-शिक्षित (३४), "वीआईपी किस्म के भक्त" (३३) "आध्यात्मिक हॉलिडे" (३५) पर जाते हैं। धार्मिक शिविर में प्रायोजकों के स्वादानुसार प्रवचन के साथ बाबाओं के ऐहिक उपदेश भी सुने-सुनाए जाते हैं (जैसे गैस किस कंपनी की 'वापरनी' चाहिए) (३१)। विडम्बना यह है कि न अभिभावकों ने नायक को धार्मिक परवरिश दी थी, न ही उसकी प्रबन्धक की नौकरी अध्यात्म की सीख देती है। २०१५ की फिल्म 'धर्म संकट में' में कई समान बिन्दु मिल जाते हैं। लेखिका इस निष्कर्ष पर पहुँचती है कि भक्तों की "इससे ऊपर तर्कशक्ति विकसित करना उनका अभीष्ट नहीं था" कि "गंगा पतित पावन है और उनके कृत्यों की तरंगिनी" (३४)।

ममता कालिया मौलिक सोच रखते, दूसरों की बातों में न आनेवाले सतर्क नागरिकों को देखना चाहती हैं, तभी वे और कहीं भी कम प्रबुद्धों को अपने व्यंग्य का निशाना बनाती हैं। मौनी अमावस्या को त्रिवेणी के बीच लगभग नौका डूबने के पलों में मूक बैठी मासी बाद में सफ़ाई देती है, "सन्तों ने कहा था, चुप रहना, किद्दा दसदी?" (मेला १४५, छ.२), फिर भी ऐसा करना सही अर्थ में किसी का अँधा अनुगमन, अन्धविश्वास है। इसके बावजूद 'नायक' ८७ (च.११) में लेखिका इस ओर भी संकेत करती है कि निजी आस्था एक संस्कार है, और धर्म के साथ सीधा धर्मान्धता को जोड़ना भी तो अपने आप में एक प्रकार का अन्धकार ही होता है।

'माँ' (घ.९) कहानी की सास के निन्दनीय व्यवहार के ज़रिये नियतिवाद की आलोचना हुई है। एक बंदरी नवजात शिशु को उठाकर ले जाती है, तो अकुलाहट से उसकी माँ का जी निकले जा रहा है, पर दादी तो है कि शान्तिमग्न निर्देश देती जाती है, "जी को सँभार। बंसीबारे को यही मंजूर था। जिनने दी, बिनने ले ली। ··· साक्षात् भगवान आकर ले गया। याही जनम में तुझे मोच्छ मिलौ, और का चाहौ" (२९५)। 'लकी' (छ.३) अख़बारों के "परस्पर विरोधी" (१४९) भविष्यवाणी, ज्योतिष की सार्थकता-निरर्थकता पर टिप्पणी करती है, ममता जी का निष्कर्ष है कि मारकेश टालने के लिए सोने के सर्पदान तथा ग्रहों की उपासना (१५३) की जगह, नियतिवाद (१५१) की बजाय मनुष्य को तरक्की के अपने प्रयासों पर ज़ोर देना चाहिए। कहते हैं, हिम्मत-ए-मर्दा, मदद-ए-ख़ुदा।

हिन्दी के अख़बारों में 'खाना खज़ाना' स्तंभ के नुस्खों की तरह 'अध्यात्म' स्तंभ में रोज़ परोसी जा रही बहुरूपी पूजा-सामग्री के युग में अन्धविश्वास की परख के लिए, क़रीब २०१३ की केदारनाथ बाढ़ और भूस्खलन दुर्घटना के दिनों में लिखी गई 'खुशियों का लौटना' (ढ.४) एक बहुत ज़रूरी, विचारोद्दीपक रचना है। ऐसे घर में, जहाँ "ख़ास बात यह थी कि [उनकी] सभी घूमने की जगहें प्रसिद्ध उपासना केन्द्र थीं"

(४८), अनेक प्रयासों के बाद जन्मी नन्ही नातिन को तीन साल की उम्र में चार-धाम यात्रा पर ले जाना नानी को ठीक ही लगा ताकि "अनुष्ठान में कोई दोष न रह जाए" (४८)। चमोली में नानी और सेवक बस दुर्घटना में मारे ही गए, बच्ची का शव कभी मिला नहीं। लेखिका उसके माता-पिता के शोक को परस्पर विरोधी दिखाते हुए दो संभव दृष्टियों का तुलनात्मक अध्ययन पेश करती है।

माँ गम के बावजूद तर्कसंगत रहना जानती है, किन्तु उच्चतम न्यायालय के वकील पिता "पुलिस में दे देने" लायक उन "फ्रॉड" (४५) "साधु और ज्योतिषी-बाबाओं के धूर्त अनुमान और मक्कार-वचन" (४९) में उलझता जाता है, जो बच्ची के ज़िन्दा बचने का झूठा दिलासा देते रहते हैं। शुक्र है कि नौ बरस बाद, इससे पहले कि वह एक जजमान द्वारा प्रदर्शित, लोगों से "बाल-संन्यासिनी" समझी जाने के लिए दक्षिणा पाती, जजमान को आजीविका देती नौ वर्षीय कन्या को खरीदे (५१), पत्नी फिर से गर्भवती हो जाती है और खुशियाँ लौट आती हैं। ममता जी को दुखों की आवृत्ति करती पथभ्रष्ट परंपरा को कटु शब्दावली से वर्णित करने में संकोच नहीं है, कहानी की नानी की ननद कथावाचिका के रूप में वे ऐसी जोखिम की यात्रा को "बेवकूफी भरा एडवेंचर" (५०) तक कह देती हैं। दूसरे, 'जाते हुए लोग' २७ (ठ.३) में ममता जी ने कृष्ण-भक्ति को खोये हुए परिजनों के शोक से निकलने का सहज उपचार बताया है, जहाँ आंटी ने "लड्डूगोपाल की दिनचर्या में ··· अपने को ऐसा खपाया कि उन्हें कोई गिला-शिकवा नहीं रहा"।

कुछ अन्धविश्वासों के कारण नारी सदियों से पिछड़ती चली आई है। 'गुस्सा' १५३ (ख.६) के माध्यम से, व्यंग्यात्मक रूप से ही सही, लेखिका सती-प्रथा जैसी भारतीय परंपरा के आईने में इस भेद का ध्यान दिलाती है कि "अरे भई, अच्छी सधवाएँ तो यही मनाती हैं कि वे पति के रहते-रहते ही चल बसें", अर्थात् पत्नी को इतना नहीं सोचना चाहिए कि पति के बाद उसके साथ क्या होगा। 'आत्मरक्षा' १७४ (ख.१०) में जब माँ अपनी बेटी की शादी एक होनहार युवा विधुर के साथ तय करना चाहती है, तब इस बात को केन्द्र में लाया जाता है कि जहाँ महिलाओं का पुनर्विवाह समाज में बहुत दिनों तक एक संवेदनशील मुद्दा रहा है, वहाँ विधुर पुरुषों में न केवल रोक नहीं है, बल्कि किसी-किसी स्थिति में वे वांछित वर के रूप में उभर सकते हैं। आज जब सती होने की घटनाएँ प्रायः ख़त्म हो चुकी हैं, स्वाभाविक-सा पता चलता है कि दुनिया अभी भी क़ायम है, दुःखी महिलाओं के न जलने से समाज पर परलोक का प्रकोप नहीं टूटा है।

'राजू' (ङ.६) में विधवाओं और विकलांगों के प्रति वह दुराग्रह दिखाया गया है, जो सगे-संबन्धियों में भी मौजूद है। भाई की शादी में आई राजू की सौभाग्य से वंचित अम्मा को "माँग में पाव भर सिंदूर" डाल "मौसी ने ठसका दिखाया। 'ब्याह-शादी के मेले-टेले सुहागिनों के लिए होते हैं, कोई दूध पीती बच्ची तो हो नहीं, जो कायदा समझाया जाए'" (३३८)। इसके बाद मौसी और अन्य औरतें अपने-अपने बच्चों को उस कोठरी से हड़बड़ाकर निकालने लगती हैं, जहाँ वह राजू सोता है, जिसकी एक आँख एक दुर्घटना की वजह से चली गई थी। 'अर्द्धांगिनी' २११ (छ.१३) की दुराशयी सास बहू पर आक्षेप लगाती है, उनकी मान्यतानुसार "वक्ष कैंसर रोग नहीं, दोष है, सर्जरी से रोग ठीक हो सकता है, दोष नहीं"।

अन्धविश्वास का एक इलाका टोने-टोटके हैं। कुछ, जैसे दुकानदारों का नींबू-मिर्ची लगवाना यूँ आम हैं कि इसे नज़रबट्टू का काम करती श्मशान की दीवार के साथ दुकान टिकानेवाला नाई तक नहीं भूल सकता (बाण गंगा ३३६, ज.१९)। फिर कुछ विचित्र-से भी हैं, जिन्होंने ममता जी को कलम चलाने के लिए प्रेरित किया। 'लगभग प्रेमिका' १३३ (ख.३) का नायक नौसेना में भर्ती है, अब उसे केंकड़े का स्वाद बहुत अच्छा लगता है। नायिका को यह बात कम पसंद है, व्यंग्य के अभिप्राय से उसे फटकार देती है : "तुम तो बिलकुल भ्रष्ट होकर लौटे हो ! ··· तभी समुद्र-यात्रा के बाद हमारे पुरखे गो-मूत्र पिलाकर तबीयत साफ़ करवाया करते"। 'लड़कियाँ' १०३ में लिखा, नौकर की राय से घर में पकड़े साँप को मारकर उसका "दाहकर्म" करना उचित है, क्योंकि आँख को जलाना अत्यावश्यक माना जाता है। 'बोलनेवाली औरत' १२५ (छ.१) में झाड़ू का खड़ी करके रखा जाना सास के अनुसार अशुभ है।

'एक रिश्ता तो था' १६ (ठ.२) में बेटे के चाव से पत्नी ज्योतिषी की बातों में उलझती जाती है। उन्होंने तीन बेटियों के बाद अभी भी लड़के की उम्मीद नहीं हारी, पर सिलसिला अब पति की नसबंदी पर टूट जाता है। उन्होंने शायद न सुना हो कि 'जनम' १६१ (छ.५) कहानी की अनपढ़, दस्तखत की जगह अँगूठे की छाप से काम लेती दादी के पास शिशु का लिंग पता करने का एक अचूक उपाय है : नाभि से सीधी ढलान उतरती रोम-रेखा बेटा पैदा होने की निशानी है, उसका टेढ़ापन लड़की होने की। 'आत्मरक्षा' १७३ (ख.१०) की पड़ोसिन को लगता है कि प्रसूति के दौरान कोमा में चली गई "विमला को दाएँ पैर के जूते का तला सुँघा देने से अभी होश आ जाएगा"। फुलबहरी को कोई मछली के साथ दही खाने का अंजाम मानते हैं, तो कोई 'फ़र्क नहीं' १२८ (ख.२) की माँ की तरह "छुतहा बीमारी"। यह भी छुआछूत का

अवशेष है कि कभी पति के साथ सहवास कर, भाभी नहाने से पहले देवरानी को उसे गलती से भी न छूने को कह देती है (जितना तुम्हारा हूँ १४७, ख.५)। छुआछूत का अफसोसनाक सन्दर्भ अब अगले उप-खण्ड में देखें।

उच्चता-बोध

छुआछूत, खानपान की तथाकथित शुद्धता और दिखावे के लिए किए जानेवाले धार्मिक व्यवहार के द्वारा कोई व्यक्ति दूसरों के मन में अपनी कल्पित उच्चता की झूठी छवि छापना चाहता है। जानें, इन तीनों के विषय में ममता कालिया ने क्या-क्या कहा है?

अस्पृश्यता, यानी छुआछूत अन्धविश्वासों का एक विशिष्ट प्रकार है, क्योंकि जितनी यह प्रथा ऋग्वेद १०.९० के 'पुरुष-सूक्त' में उल्लिखित वर्णाश्रम की धार्मिक अवधारणा से विकसित हुई थी, उतना ही सामाजिक स्थिति की सुरक्षा और सुनिश्चितता की भौतिक ज़रूरत के लिए इसका निर्वाह होता रहा। एक बड़े बेटे की माँ होकर भी 'रोशनी की मार' (छ.६) कहानी की जमादार नायिका का 'बिटिया' नाम उसकी दलित सामाजिक स्थिति का प्रतीक है : कहानी के पुरुष नीची जाति के बावजूद उसे किसी कमसिन युवती की तरह पाना चाहते हैं, भले ही मालकिनें उससे बच्चियों जैसा बर्ताव करती हैं। समाज में उसका कद बच्चे से ऊपर बढ़ नहीं पाता। कहानी कुछ-कुछ १९५९ की फिल्म 'सुजाता' की याद दिलाती है। "पत्नी के मानसिक विकास के प्रति पति [के] गहन उदासीन" रहने के बावजूद (१७३) बिटिया के हाथों मौत के चुंगल से निकलनेवाली एक अधेड़ मालकिन उससे छूत मानना बंद नहीं करती, वह "स्वच्छता-बोध" के इस रूप में विश्वास करती है। ममता जी इसपर शिद्दत के साथ प्रहार करती हैं, "अरे तुम बाम्हनों की इज़्ज़त का का है, जा के चार बूँद गंगाजल छींट लो आपन ऊपर, आपन चूल्हे चौका पर। वापस आ जाएगी इज़्ज़त" (१७३)। उनके लिए एक विडम्बना व विरोधाभास है कि "कृष्ण के कट्टर भक्त" "धर्मनिष्ठ औरतें भंगिन से छू जाने पर उनसे घमासान युद्ध छेड़ देतीं, बिना यह देखे कि उनके दाँतों में कितने कीड़े लग गए हैं" (प्रेम कहानी १५५)।

'आपकी छोटी लड़की' २४१–२४२ (घ.२) की माँ कहती रहती है, पर बच्ची को यह बात समझ में आती ही नहीं कि खाना पकाते हुए कैसे नौकरानी से छूत लगती है, अगर सब्ज़ी काटने में माँ को उसकी मदद तो चाहिए ही होती है। ऐसे घरों में यह भी संभव है कि सगे-संबन्धी एक-दूसरे से छूत मानें, जैसे बड़ी बहन नृत्य की अपनी वह नई पोषाक नहीं पहनना चाहती, जिसे उसकी छोटी बहन ने पहनकर देखने के लिए एक बार चुपके से डालने की कोशिश की। आजकल 'खानपान' ४२० (झ.११) की

नायिका "मीनाक्षी को भी लगने लगा था कि जातिगत शुद्धतावाद भी एक किस्म का कारावास है"। जब महिलाएँ "संसद में तीस फीसदी आरक्षण के लिए" खड़ी होती हैं, डॉक्टर की अंडे खाने की सलाह के कारण "मीनाक्षी की समस्त चेतना एक छोटी-सी क्रान्ति से उलझ रही" है (४१९)। उसके घर में "दादी शुरू में अपनी बहू से भी छूत मानती थीं", और अपने बच्चों तक को उनकी रामायण छूना या उनके साथ तख़्त पर बैठना वर्जित था।

खानपान में 'शुद्धता'-वाद छुआछूत के समकक्ष है। हालाँकि आज की तारीख में छुआछूत चुकती जा रही है, तभी शुचिता के अभिमान व बदगुमान के माध्यम से अभी भी बहुत-से लोग अन्यों को नीचा दिखाने में सक्रिय रहते हैं। 'पाककला-विशेषज्ञ' बहू के टीवी कार्यक्रम से घर लाए पकवान देख एक अम्माजी नाक चढ़ाकर कहती हैं, "मैं हर किसी का हाथ लगा खाना खांदी नहीं" (सपनों की होम डिलिवरी भाग ३)। 'बेघर' ३७, ५० की पारसी महिला केकी अंक्लेसरिया केवल अपना अलग 'शुद्ध' पानी पीती है। मगर सब इतने नियम-बद्ध नहीं होते, जैसे जब पारसी मुंशी एस्पी के पवित्र कुँए से पानी ख़त्म हो, तो वह कोला या शराब से भी काम चला लेता है (लड़कियाँ ७१)। 'बाँगड़ू' ३८७ (झ.६) में ममता जी "अपने धर्म-कर्म निभाने के लिए पंडित-पुजारी को मध्यस्थ बनाने" के नक्शेकदम पर "अपने निमित्त" किसी और से व्रत रखवा देने की असंगत अवधारणा पर अचंभित दिखती हैं। यहाँ इससे भी असहमति जताती हैं कि अब कई घरों में फ्रिज आ तो गया है, लेकिन लोग बचा हुआ खाना उसमें रखने के बावजूद उसे बासी, जूठा मानकर हर बार ताज़ा बना लेते हैं, अर्थात् शेष निरर्थक फेंक दिया जाता है (३८६)।

'आहार' ३२५ (ङ.४) के महँगे रेस्तराँ में भोजन करने चले सहकर्मी आपस में बहस कर रहे हैं; दल के शाकाहारी सदस्य पैसा-वसूल खाना खाना चाहते हैं, पर आमिष चखे बिना यह विकट है : "'तुम्हारे कहने से हम अपना धर्म बिगाड़ लें?' 'तुम्हारा धर्म पतली दाल में घी की बूँद की तरह तैरता है क्या? भाई कद्दू, करेला खानेवाले मेहरबान इस क्लब में क़तई शामिल न हों !' ··· [अन्त में] पाँच में से दो मांसाहारी बनने को तैयार हो गए"। भोजन के मामले में पुरानी और युवा पीढ़ी में काफ़ी अन्तर देखा जा सकता है, यह बताने के लिए ममता कालिया लिखती हैं कि "जितने दिन ममी घर में रहीं, रसोई से अंडा और प्याज़ ग़ायब रहे", वरना दोनों ज़रूरी ही थे (दो ज़रूरी चेहरे ९८, क.१४)। जहाँ आधुनिकता और परंपरा के मेल से जैन पिज़्ज़ा का आविर्भाव हुआ है (दौड़ १३), वहीं एक दोस्त इसे माँगनेवाले अपने मीत को चिढ़ाता है, "तुम्हीं जैसों से महात्मा गाँधी आज भी साँसें ले रहे हैं" (१४)। 'शिष्या' ८३ (ठ.९) का

नायक "सोलहवें साल में ही ⋯ द्विवेदी होने की दुविधाओं को पार कर भोजन तालिका की सामिष सूची तक पहुँच गया। ⋯ लेकिन लाख कोशिशों के बाद भी वह अपनी पत्नी कृति को सामिष व्यंजन खिलाने में कभी कामयाब नहीं हो पाया। ⋯ [दोस्तों से] पता चला, बहुतों का यही अनुभव है"। लेखिका यह रेखांकित करती हैं कि समाज में महिलाएँ बहुत-सी परम्पराएँ जिलाती रहती हैं (तु० पर्याय नहीं १९८, छ.११)।

'खानपान' (छ.११) कहानी में नायिका अब कम से कम अंडे का सेवन करना चाहती है, परन्तु उसका खानपान खानदान निर्धारित करता है, विशेषतः बच्चों और बहू तक से छूत माननेवाली दादी, जो बेटे के हाथ लगने के बाद अपनी रामायण धो डालती हैं। खाने में उनके कारण परिवार अभी भी विशुद्धतम शाकाहारी है (४१८), यद्यपि विडम्बना है कि वे कॉडलिवर तेल जैसी "दवा के नाम पर ⋯ शेर का कलेजा भी खा सकते हैं", "उसमें उनका ब्राह्मणवाद खंडित नहीं होता" (४२४)। माता-पिता ने एक एनआरआई लड़के का रिश्ता इसलिए नामंज़ूर किया कि "वे तो उसे सरयू पार भी भेजने को तैयार न थे" (४१९)। ऐसे में इसे बहुत बड़ा बदलाव मानना चाहिए कि जवान नायिका अपने आप ऊपर बताए निष्कर्ष पर पहुँच चुकी है : "जातिगत शुद्धतावाद भी एक किस्म का कारावास है" (४२०)।

समाज में धर्म के दिखावटी पक्ष पर ममता जी यह टीका करती हैं : "पति को वहाँ के लोग पंडितजी कहते थे। शायद वजह यह होगी कि वे रोज़ गंगा-स्नान के बाद चन्दन की पड़ी और रोली की खड़ी रेखा से अपना भाल चर्चित करते" (पण्डिताइन ८४, ड.१०)। चाहे दिखावा कुछ लोगों की मजबूरी क्यों न हो, अध्यात्म के अँधे प्रकार का लक्षण तो है ही। अभी तक केवल पत्रिका में प्रकाशित 'फर्क' कहानी (द्र० सन्दर्भ एवं सहायक ग्रन्थ) का विषय यही है। अधेड़ औरतों के लिए मन्दिर में अपना मध्यवर्गीय वैभव झाड़ना मन्नत माँगने जितना अहम है। वे इसका भी भरसक ख़याल रखती हैं कि "अच्छे खासे देवालय" में शीश झुकाएँ और अगर गलती से उनके नौकर वहाँ दिख जाएँ, तो उन्हें उनकी औकात दिखाती चलें। सत्संग में जाना भी शायद निष्ठुर सासों वाला कार्य है (उमस २०, च.२)। 'मुहब्बत से खिलाइए' ३४१ (ङ.८) तथा 'मनोविज्ञान' ३६५–३६६ (ङ.१०) के ज़रिये लेखिका बताती है कि व्रत जितना धैर्य और मनोकामना का संकेत होता है, उतना धार्मिक दिखावे का रथ।

राजनीति की माँग है कि उम्मीदवार की पात्रता पर सवाल कोई न उठा सके। धार्मिकता पात्रता का अंग है या जनता को दिखावे से प्रभावित करने का आसान तरीका, इसपर 'कामयाब' (ढ.२) की सहायता से हमें सोचने को मिलता है। पहले हाफिज़ साहब की लड़कियाँ जीन्स पहन सकती थीं (३०), लेकिन उनके विधायक चुने

जाने के बाद जभी वे घर आते, बीवी "तहमीना फिर पाँच वक़्त की नमाज़ पढ़ने लगतीं" और "लड़कियाँ अपने रंग-बिरंगे कपड़े और जीन्स जैकेट, सब उठाकर रख देतीं और एकदम दकियानूस सलवार-कमीज़ धारण कर लेतीं (३१)।

'एक अकेला दु:ख' २०५ (छ.१२) की नायिका को ऐसा प्रतीत होता है, सतही तौर पर लगातार दुर्गा-सप्तशती पढ़नेवाली भाभी भाई की संभावित मृत्यु के प्रति जिस क़दर ठंडी और निर्विकार है, तो "घर-घर में दुर्गा-द्रोही" पैदा होने चाहिए। उसे यह भी लगता है कि मनोबल की समाप्ति पर ही रेंगता हुआ मनुष्य ईश्वर की शरण में जाता है, "यही भक्ति और आस्था है, इसी में से चमत्कार पैदा होता है"। एक जगह लेखिका "निश्चल निद्रा में निमग्न", कोमा में पड़े मरीज़ की सेवा करते परिजनों की तुलना मौन भगवान् और भक्तों से करती है (एक दिन अचानक ३०६, ज.१४)। दूसरे, 'पर्याय नहीं' २०२ (छ.११) की डॉक्टर पत्नी में भी कुछ इस तरह का आक्रोश है, लेकिन पति उसे समझा देता है कि उसकी धारणा गलत है; ऐसा आभास होता है, यहाँ लेखिका पति के पक्ष में है।

लोकधर्म

एक साक्षात्कार में ममता कालिया ने यह जताया कि "मुख्यतः मैं दिल्ली, मुंबई, पुणे में रही। यहाँ की संस्कृति उन दिनों कॉस्मोपॉलिटन थी। आज संस्कृति के संकीर्ण अर्थ लगाए जाते हैं"।[८] एक विचारधारा है, जो परम्परा के घेरे से कथित रूप से बाहर होने के लिए समकालीन जीवन की कुछ वस्तुओं और विचारों का बहिष्कार करती है। लेखिका जानती है कि परम्परा अपने आप कितनी परिवर्तनशील रही है, जिसके बारे में उक्त धारा के अनुयायी भूल जाते हैं। 'जी' २० (ढ.१) में वे उनसे कहती हैं, गोवा के समुद्र-तट पर सहेलियों ने "निष्कर्ष निकाला कि यह [जी-स्ट्रिंग] पाश्चात्य परिधान नहीं, वरन् प्राचीन भारतीय कौपीन का ही परिवर्तित रूप है। ··· 'अरे हनुमान जी जो कौपीन धारण करते हैं, यही थोड़ी कतर-ब्योंत के बाद जी-स्ट्रिंग बना होगा'"। धार्मिक विचारजगत् और इतिहास-बोध का आपसी रिश्ता गहरा है। 'परदेसी' ७८ (ड.९) में प्रवासी रिश्तेदारों का एक कैनेडियन मित्र भारत की सैर पर इलाहाबाद आता है, वहाँ वह "एक-एक चीज़ के इतिहास में जाने का प्रयत्न करता" है, मसलन "यह घाट किसने बनवाया, कौन-से सन् में बनवाया"। इससे बुद्धिजीवी नायिका के सामने "ज़ाहिर था कि हम उसके सभी सवालों के जवाब नहीं दे पाए। घर आकर हमें यह भी लगा कि हम अपने परिवेश के विषय में कितने कम तथ्य जानते हैं"। तथ्यों की रिक्तियों को भरने में धार्मिक मान्यताओं को देर नहीं लगती।

जब ममता जी 'खिड़की' १५८ (छ.४) में "अलीगढ़ मुस्लिम यूनिवर्सिटी में 'थीम ऑफ़ एलियनेशन इन रामायण' पर अंग्रेज़ी में रिसर्च" के बारे में लिखती हैं, तब भी वे न केवल यह बताती हैं कि उनके युवा पात्रों की सोच रूढ़िवादियों से कितनी अलग हो चुकी है, लेकिन एक प्रमाण देती हैं कि वे परंपरागत विषयों को एक अलग समझ से देखती हैं। इसी कहानी में पिता को "गृहस्थी में किचकिच, कतरब्योंत और कंजूसी के बाद" शेष जीवन के सवालों के जवाब रामचरितमानस में ढूँढ़नेवाला पात्र बना देती हैं (१५५)। 'कवि मोहन' ३०० (घ.१०) कहानी के जैसे औसततरीन कस्बाई परिवार के प्रायः सभी सदस्य एक-दूसरे के अन्तस् से अनभिज्ञ रहे आते हैं। लेखिका यह जोड़ना नहीं भूलतीं, उस घर में "केवल तीन किताबें थीं : 'रामायण', 'रामचरितमानस' और 'भागवत्'। बाक़ी समस्त कागज़ बहीखातों के रूप में था"। चूंकि कहानी में यह स्पष्ट कहा जाता है कि जवान नायक के पिता उसकी आगे की पढ़ाई के ख़िलाफ़ हैं, पाठकों को यह समझना चाहिए कि इस रचना का सन्देश रवायतों के अन्धानुकरण का तिरस्कार और अध्ययन की गरिष्ठता है।

साथ ही साथ वे लोगों के बदलते नज़रिये को प्रदर्शित करती हैं, जैसे "निधि की शादी करने के बाद मदान दम्पती ने कहा, 'लोग बेटी का ब्याह करने पर गंगा नहाते हैं, हम गंगा मैली नहीं करेंगे। ··· इससे अच्छा है. भारत दर्शन पर चलें'" (दल्ली ३६८, झ.४)। युवा पीढ़ी में लोग बढ़ती संख्या में 'दूसरा देवदास' ३२६ (ज.१६) के संभव की तरह सोचते हैं; उसे "इन [धार्मिक] चीज़ों में नियमित आस्था तो नहीं थी", पर नानी के कहने से मन्दिर में पैसे चढ़ाकर आता है। यों तो नौजवान इन दिनों कभी इतना भी नहीं करते। 'मुखौटा' २४१ (ज.४) के नायक ने "माँ को यह सब समझाया हुआ है, इसलिए वे धूप-दीप-नैवेद्य में समय बर्बाद नहीं करतीं", बस एक अगरबत्ती जलाकर, सिर नवाकर प्रार्थना कर लेती हैं। 'दौड़' में पीढ़ियों की बदलती अभिरुचि धार्मिक क्षेत्र में भी दिख जाती है। एक ओर बच्चे ध्यान-शिविरों में जाते हैं और स्वामियों का प्रवचन सुनते हैं, दूसरे अब एक्वागार्ड के रहते इलाहाबाद के नलों से आते गंगाजल को यथार्थवादी होकर सेहत के लिए "घातक" और "विषयुक्त" कहने क़ी हिम्मत रखते हैं (४७)। ऐसी कम संभावना है कि आजकल की नई पीढ़ी भी मंगलवारों को रामायण का पाठ करे। सिन्हा साहब ने "एकादशी को गऊदान भी जीते जी कर लिया", क्या पता पुत्र "मुंबई से आकर यह सब करे या नहीं" (९१)।

लेखिका अधिकतर पात्रों के निजी जीवन पर धार्मिक कुप्रथाओं के पड़ते प्रभाव पर ध्यान देती है, उनके साहित्य में वह संकट प्रकट होता है, जो पात्रों को अपने आस-पास के परिवेश की बंदिशों से उलझते हुए झेलना पड़ता है। बृहत्तर स्तर पर नज़र

आती साम्प्रदायिकता के बारे में थोड़ा कम लिखती हैं। 'सुरक्षा का आतंक' (ठ.४) में '८० के दशक के पंजाबी अलगाववाद को विषय बनाया, लेकिन उनका वक्तव्य इसकी वजह से कुछ अध्यापकों पर पड़ते मानसिक दबाव पर अधिक रहा, राजनीति पर नहीं। इलाहाबाद के हिन्दू-मुस्लिम दंगों का ज़िक्र 'वर्दी' (च.१२) में और कुछ और स्थानों पर हुआ है। "दंगों में बड़े-बड़े शाकाहारी ऐसी मारकाट मचाते हैं कि कितने मरे, कितने घायल हुए, यह सिर्फ़ अख़बार से पता चलता है" (चिर कुमारी २२५, ज.२)।

'उपलब्धि' (ख.११) में लेखिका बताती है कि आवाम की धार्मिक संवेदनाएँ काँच-सी टुटहा होती हैं। तर्कहीन लोग हर कहीं होते ही हैं, मगर चहल्लुम के जुलूस को नापाक करने की महज़ एक अफवाह के लिए वे वहशी, मवाली हो उठते हैं, भीड़ बनकर "गज़ब का समूह बल" (१८१) दिखाकर तोड़फोड़ करते हैं और नायिका उनसे कुछ कह भी नहीं पाती : "इस वक़्त वह आदमियों से नहीं, वहशियों से मुख़ातिब थी" (१८२)। मौजूदा तन्त्र में नुकसान होने के बाद गुंजाइश नहीं है कि पीड़ित परिवार को इंसाफ़, दंगाइयों को सज़ा मिल जाए, वह अधिक से अधिक शुक्र मना सकते हैं कि किसी की जान नहीं गई। शिक्षा लोगों की इन प्रवृत्तियों पर पूर्णविराम लगाने में सर्वोपरि है, लेकिन केवल स्कूली शिक्षा नहीं। 'नायक' ८७ (च.११) के विद्यार्थी नायक ने दुनिया केवल उत्तर-प्रदेश तक देखी थी, इसलिए वह जल्द ही अपने क्रान्तिकारी हिन्दी प्रोफ़ेसर की बातों में आ जाता है। दक्षिण जाने के बाद भारत और भारतीयता के बारे में उसकी सोच बदलने लगती है।

वैसे 'उपलब्धि' में यह भी दिखाया जाता है कि जहाँ मज़हबी बुनियाद पर दंगे होते हैं, वहाँ चंद लोग मुस्लिम होकर हिन्दू परिवार का बच्चा बचाने के लिए तत्पर हैं। जहाँ लेखिका कहती है, "गली में घूमती गश्ती पुलिस को देखकर ही पता चलता था कि होली-मुहर्रम अलग-अलग त्यौहार हैं···। अन्यथा घरों के आँगन में चलती गतिविधियों को देखकर लगता कि एक का त्यौहार दूसरे की जीविका है" (१७९)। "अपने घर होली में धर्मपरायण लोगों ने भी अपनी लगाम ढीली कर दी और शंकर जी के नाम पर जमकर दारू-सेवन कर लिया" (काके दी हट्टी ७, ठ.१)। इससे स्पष्ट होता है कि जीवन में धर्म को सबसे ऊपर नहीं रखा जा सकता, यद्यपि कट्टर इसी कोशिश में रहते हैं, और समाज में लोग मिलकर भी रह सकते हैं, यदि उनको रहने दिया जाए, तो।

वरना, 'सुलेमान' ३५३ (झ.२) के रज़ा और फ़ज़ल बिरादरान जैसे लोग हर चार साल आते दंगों में अपना कुछ न कुछ खोते हैं। कहानी में यह शामिल नहीं है, पर 'कल-परसों के बरसों' १५८ का वह स्थान याद कर सकते हैं, जहाँ ममता जी ने बताया,

१९८४ के इलाहाबाद के दंगों में अपना सरबस खोने के बाद उनके परिचित रेखी ब्रदर्स ने दोबारा "व्यापार नहीं किया, वे अध्यात्म की ओर मुड़ गए"। 'वह लड़का जिसे गर्मी लगती थी' ५३ (ढ.५) के अनुसार शहर का बहुत गरीब इलाका अपेक्षा-कृत सुरक्षित रहता है, "यहाँ सभी जाति के लोग थे, लेकिन कभी [कोई] किसी का रास्ता नहीं काटता"। इससे समझा जा सकता है कि ठीक भीष्म साहनी के 'तमस' की तरह उनका भी कहना है कि साम्प्रदायिक नफरत घोलनेवाले तत्त्व मुख्यतः संपन्न तबके के होते हैं।

'तालिका १' में देखा जा सकता है कि इत्तिफ़ाक़न ममता कालिया के रचना-संसार के लगभग उतने, १४% भाग में मुस्लिम पात्र (भी) मौजूद हैं, जितना २०११ की जनगणना में भारत की आबादी में मुस्लिमों का अनुपात आँका गया। पता चलता है कि लेखिका के कृतित्व के उत्तरार्द्ध में थोड़े ज़्यादा पाए जाते हैं, पुरानी रचनाओं में थोड़े कम। ये पात्र अलग-अलग किस्म के हैं, यह नहीं कह सकते कि उन्हें एक ही तरह से बनाया गया हो या एक ही दृष्टिकोण से दिखाया गया हो। ज़्यादातर गौण पात्र होते हैं, लेकिन 'बिटिया' (ङ.१२), 'रिश्तों की बुनियाद' (ज.१७), 'सुलेमान' (झ.२), 'दूसरी आज़ादी' (ठ.६) और 'कामयाब' (ढ.२) में वे आवश्यक भूमिका निभाते हैं, इनमें उनके मुस्लिम होने की ख़ास प्रासंगिकता भी है, लेखिका उनके समुदाय से संबन्धित विशेष जानकारी देना चाहती है।

'उपलब्धि' वाली दुर्घटना को छोड़कर मुस्लिम समुदाय के पात्रों के प्रति सकारात्मक रुख देखा जा सकता है। 'कामयाब' २७ (ढ.२) में ग़ालिब, मुहम्मद रफ़ी,, तलत महमूद और मीना कुमारी का ज़िक्र कर कथावाचक दम्पती और मुस्लिम पड़ोसियों का मेल-मिलाप रेखांकित है, हालाँकि यह छुपाया नहीं जाता कि धार्मिक अल्पसंख्यक अधिकतर मुख्यधारा से कटकर, अलग निवास-स्थानों पर, एक अलग माहौल में जीवन व्यतीत करते हैं। मज़हब से औरत की आज़ादी पर रोक लगने का एक नमूना 'दूसरी आज़ादी' ४५ (ठ.६) में वह स्थान है, जहाँ पति बीवी को गाड़ी चलाने से रोकता है, मगर "कुरान शरीफ पढ़ना रवां" करने के लिए अरबी सीखने को कहता है। इसमें पति जितना स्टीरियोटिपिकल भान होता है, पत्नी उतनी ही आज़ाद-ख़याल, ऐसी महिला, जो धीरे-धीरे अपना हक़ जमाना सीख रही है।

पाकिस्तान से मुंबई के दौरे पर आई 'लड़कियाँ' ९८–९९ की अफशाँ दीपावली की पूजा में गहन रुचि लेती है, जबकि उसकी मेज़बान हिन्दू नायिका के अनुसार "त्यौहार मौज-मज़े के लिए होता है, ढकोसले के लिए नहीं"। 'मान लो कि' २६३–२६४ (ज.८) में बेटी को खो चुके बुज़ुर्ग मुस्लिम तथा पिता से वंचित हिन्दू औरत की

मर्मस्पर्शी मुलाकात सार्वभौम भावनाओं के ज़रिये दोनों समुदायों को मिलाने की ममता कालिया की कोशिश और धर्मान्धता के ऊपर उठ रहे एकजुट समाज में रखे उनके विश्वास को रेखांकित करती है। एक हिन्दू-मुस्लिम प्रेम-संबन्ध की कहानी, 'रिश्तों की बुनियाद' ३१३–३१४ (ज.१७) में उन्होंने यह पक्ष लिया : "ज़िन्दगी की शक्ल बनाना-बिगाड़ना खुद अपने हाथ में होता है, जाति-बिरादरी भगवान ने नहीं, इनसान ने बनाई है, रिश्तों की बुनियाद मुहब्बत है···"।

'चिर कुमारी' (ज.२), 'पीठ' (झ.१६), 'कौए और कोलकाता' (ट.२), 'मुहब्बत का मौसम' (ढ.३) ऐसे ज़रूरी मुस्लिम पात्रों को प्रदर्शित करती हैं, जिनका मज़हब से कोई ख़ास ताल्लुक नहीं है। इस लिहाज़ से 'मुहब्बत का मौसम' इसलिए विशेष उल्लेखनीय है, क्योंकि यहाँ नायक-नायिका के मुस्लिम नाम के अलावा उनके अल्प-संख्यकत्व या विपन्नता का दूर-दूर तक कोई संकेत नहीं है, उन्हें मज़हबी संतुलन की आपूर्ति के ख़याल से कथा में नहीं उतारा गया। कुल मिलाकर यह कहा जा सकता है कि इन अधिकांश रचनाओं में वही सामाजिक तालमेल नज़र आता है, जिसकी इलाहाबाद के अपने रानी मंडी के घर में ममता जी साक्षी रहीं, बावजूद इसके कि कभी-कभार वहाँ हिन्दुओं और मुस्लिमों में तनाव भी उत्पन्न होता रहा। इन मुस्लिम पात्रों की एक निष्पक्ष या सकारात्मक छवि बनती है।

जैसा 'बेघर' की केकी अंक्लेसरिया का प्रसंग दर्शाता है, मुंबई की संस्कृति के क्षितिज पर पारसी समुदाय एक छोटा पर उजला सितारा है। भारत के समाज में पारसियों का ऊँचा स्थान और अग्रणी भूमिका रही है, इसके अनुकूल अधिकतर उन्हें खुले विचारोंवाला और परिवर्तनशील वर्णित किया जाता है।[१] वे मुंबई पर लिखित रचनाओं के आवश्यक किरदार हैं। केकी जब बहुसंख्यक समाज की आलोचना करना चाहती है, तो "तुम्हारी औरतें···" से शुरू करके कुछ कह डालती है; ममता जी विस्मित हैं, "यह शायद हर पारसी की खासियत थी कि सुविधानुसार हिन्दुस्तानी और विदेशी रहते थे" (५२)।

मुस्लिम पात्र : 'उपलब्धि' (ख.११), 'लड़के' (ग.१), 'मन्दिरा' (घ.८), 'बिटिया' (ङ.१२), 'रजत जयंती' (च.४), 'वर्दी' (च.१२), 'चिर कुमारी' (ज.२), 'मान लो कि' (ज.८), 'रिश्तों की बुनियाद' (ज.१७), 'सुलेमान' (झ.२), 'सिकंदर' (झ.८), 'समय' (झ.१५), 'पीठ' (झ.१६), 'थिएटर रोड के कौवे' (ञ.१), 'चोरी' (ञ.३), 'कौए और कोलकाता' (ट.२), 'दूसरी आज़ादी' (ठ.६), 'ज़ोरदार तालियाँ' (ठ.१०), 'कामयाब' (ढ.२), 'मुहब्बत का मौसम' (ढ.३), 'फरवरी की एक शाम' (ढ.१०), 'थोड़ा सा प्रगतिशील' (ढ.१२)

ख. भेदभाव और वर्चस्व

महात्मा गांधी ने उस स्वराज का महत्त्व रेखांकित किया था, जो मनुष्य को स्वयं पर करना चाहिए। जीवन में संतोष का स्रोत अपनी ज़रूरतों के नियंत्रण की क्षमता है। लेकिन वास्तव में, हमारी दुनिया में बहुत-से लोग केवल राज पर ध्यान देते हैं, जो वे दूसरों पर करना चाहते हैं। स्वराज से 'स्व के खोने' का नतीजा निःस्वार्थता नहीं, बल्कि ठीक उसका विपरीत होता है : वर्चस्व। अपने आपको नियमित करने की बजाय दूसरों को नैसर्गिक रूप से शाश्वत् अवयस्क या असमर्थ समझकर खुद को उनपर थोपने से तमाम विकृतियाँ प्रतिफलित होती हैं। इस उप-अध्याय में ममता कालिया की सामाजिक विभाजन और भ्रष्टाचार की परिभाषा से परिचित होंगे और अपराध के कुछ और प्रकारों की भी चर्चा करेंगे।

वर्ण पर वर्ग-भेद

अपनी शिफ्ट के अन्त में अस्पताल की "दुलारी जमादारिन दीवार से टिकी बैठी तंबाकू, चूना और सुपारी का विधिवत् सेवन करने जा रही" थी, तभी एक मरीज़ का अभिभावक उससे वार्ड की सफ़ाई पर बिगड़ गया, "दो कौड़ी की भंगिन 'ऑफ' हो गई है, कूड़ा नहीं फेंक सकती। बाथरूम उसका बाप साफ़ करेगा?", "अरे, तुम क्या, तुम्हारे बाप को भी आना पड़ेगा। कूड़े की बाल्टी मैं उठाऊँगा?" (प्रेम कहानी १७९)। कुछ समय पहले तक भारतीय समाज में लगभग हर पेशा आनुवंशिक होता था। इसे एक आलोच्य परंपरा के रूप में देखते हुए लेखिका 'कवि मोहन' २११ (घ.१०) में भी कहती है, "व्यापार की ये बारीकियाँ उन्होंने अपने पिता से और उनके पिता ने अपने पिता से सीखी थीं"। कहानी पढ़कर आशय यह समझ आता है कि नायक अपने पिता के व्यक्तित्व को रूढ़ि-ग्रस्त पाता है, इस ख़याल से उसे चिढ़ है कि उनकी पहले की पीढ़ियाँ भी वैसी ही रही होंगी। समाज को आनुवंशिक रोग की तरह विकृत करते जातिवाद के धार्मिक सरोकारों की पिछले उप-अध्याय में हुई व्याख्या के बाद, वर्ण-व्यवस्था के कुछ और मिश्रित बिंदु देखें, जिनका संबन्ध विश्वास और आस्था की बजाय वर्ग-भेद के पीछे पाए जानेवाले कारणों से है : इससे कि समाज में व्यक्ति हरदम अपनी और अपनी सन्तानों की आर्थिक खुशहाली सुनिश्चित करना चाहता है।

इस मामले में लेखिका की निष्पक्षता का सुबूत है कि ममता जी, कालिया से पहले अग्रवाल होकर बनिया समुदाय के प्रति मोह नहीं रखतीं। 'कवि मोहन' (घ.१०) (और 'दुक्खम-सुक्खम' १६३–१६४) में उन्हें पैसों से मतलब रखते, गल्ला गिनते, जोड़-

बाक़ी करते, उधार को 'मुहब्बत की कैंची' बताते, गाँधीजी के सिर्फ़ सादा, किफ़ायती जीवन-पद्धति में विश्वास रखते (उच्च-विचारओं को उपेक्षित करते), यहाँ तक कि कालाबाज़ारिया प्रवृत्ति के लोगों के रूप में चित्रित करने से नहीं कतराती हैं। आपस में लड़नेवाले सहकर्मी भी ऐसे जातिसूचक प्रतिवाद करते हैं, "मनोरंजन में भी बहीखाता खोल लिया। पवन, रहे तुम बनिए के बनिए" (आहार ३२५, ङ.४)।

'मुखौटा' (ज.४) भी एक ऐसी कहानी है, जो "आरक्षण की आँधी से सकपकाए सवर्ण परिवार" (दौड़ २२) के विषय को छूती है। नायक "सरयूपारीय ब्राह्मण" तो है (२४७), लेकिन उसे उच्च-शिक्षा ले पाने का अकेला रास्ता एक फ़र्ज़ी ओबीसी प्रमाणपत्र चलाने में दिखता है (२४२)। बाद में उसे पछताना पड़ता है, क्योंकि जहाँ हॉस्टल में रहते हुए उसका शेष परहेज़ भी ख़त्म हो जाता है, वहाँ वह पहचानता है कि अन्य लोग उसे न सिर्फ़ "सरकारी मेहमान" मानते हैं (२४३), किन्तु जूठा भी (२४७) : उसकी कमज़ोर सामाजिक स्थिति का पता चलने के बाद कुछ लोग, मसलन उसकी प्रेमिका, उसके साथ पिज़ा साझा करने तक से इनकार कर देते हैं। ऊँची जाति का होकर उसे अब समझ आता है, अँकुरा रहे प्रेम-संबन्ध समेत उसका बहुत कुछ कितनी आसानी से पहले चतुर लगती एक चाल का शिकार बन जाता है।

एक ओर सवर्ण समाज आरक्षण से दूसरों को मिल रहे लाभ से खिन्न है, दूसरे ऐसी घटनाएँ रोज़ घटती हैं, जिनके आलोक में आरक्षण कानून को मानना चाहिए। 'अँधेरे का ताला' १०४ के विद्यालय में संस्कृत की प्राध्यापिका "देववाणी" को दलितों से दूर रखना चाहती है; वह अलग बात है कि सवर्ण अध्यापिकाएँ सुबह की सभा में अम्बेदकर के सुविचार काटकर वेद-उपनिषद् के उद्धरणों के लिए ज़िद्द करती। 'बड़े दिन की पूर्व साँझ' ३० (क.१) में वायुसेना के युवा अफसरों की पार्टी में नायिका सोचती है कि उस लड़के का नाम, जो उसके साथ नाचना चाहता है, जोशी है, पर वह बताता है कि भार्गव नाम है। सोचनेवाली बात है कि लेखिका की अन्तर्चेतना ने इस प्रसंग की विश्वसनीयता के लिए पात्र को ब्राह्मण बनाना ठीक माना। विशिष्ट सेवाओं में भर्ती होने के लिए ज़रूरी सामाजिक-सांस्कृतिक पूँजी अभी भी परंपरागत बुद्धिजीवी वर्ग के सदस्यों के पास अधिक है।

लेखिका खेद जताती है कि बच्चों का वर्गीकरण स्कूलों में ही शुरू हो जाता है। यहाँ तक कि संपन्न छात्रों को चुन-चुनकर लेते, गुणवान माने जानेवाले कॉन्वेंट स्कूल में भी मौजूद है, जैसे 'मुन्नी' ४३७ (झ.१३) में, जहाँ "क्लास ने मुन्नी का सिलबिल रूप और मामूली कपड़े देख मुँह बिचका दिया। आगे की पंक्तियों में दूध-सी गोरी मक्खन-सी चिकनी और रूई से रेशमी बच्चियाँ बैठी थीं"। बचपन से दी जानेवाली इस 'शिक्षा'

के कारणवश ही 'काली साड़ी' २३१ (घ.१) की नायिका सहेलियों की तुलना में अपने साँवले रंग से आत्मग्लानि महसूस करती है।

ममता जी अर्हत्ता के बिना मिल रही प्रतिष्ठा के विरुद्ध हैं, असंतोष जताती हैं कि ब्राह्मण घरों को अपने पर अभिमान है, जबकि प्रायः इसका आधार अब नहीं रहा है। उदाहरणार्थ "पत्रकार मीनाक्षी को अपने चतुर्वेदी होने पर गर्व था, हालाँकि चार की कौन कहे, एक भी वेद उसने नहीं पढ़ा था", वह अधिक से अधिक दादी को खुश करने सुन्दरकाण्ड के पाठ में "एकाध घंटा" बैठ जाती (खानपान ४१७, झ.११)। मेहनत के महत्त्व पर ज़ोर डालकर वे दिखाती हैं कि कतिपय सवर्णों की नज़र लगने या नायिका को अस्पृश्य मानने के बावजूद आज की जमादारिन सिर झुकाकर नहीं चलेगी और उसके पुत्र के पास उन्नति की उम्मीद है (रौशनी की मार, छ.६)। आनेवाले युग की नायिका वह है न कि तिवारिन। ममता जी यह भी जोड़ना नहीं भूलतीं कि काम के बाद नल पर एड़ी से मैल रगड़ती हुई एक किशोर की माँ इस कर्मचारी के गोरे रंग पर "बस कभी-कभी सरस निगाह डाल" देने से पुरुषों को उसकी नीची स्थिति भी नहीं रोक सकती (१६१)।

ममता कालिया वर्ण-व्यवस्था की हिंसात्मक परिणति को सिर्फ़ एक कहानी, 'परली पार' (ढ.८) में केन्द्र में लाती हैं। चौधरी घर का उसूल है कि "नीवाँ और ऊँची बस्ती का मेल न कभी हुआ, न होना है" (८४), इसलिए "घर के हाकिम, कचहरी, खाप पंचायत, सब कुछ" (८५) पिता के नेतृत्व में परिजन 'ऑनर किलिंग' के तरीकों में चूहामार दवा पर भी विचार करने के बाद गलत प्यार में पड़े लड़के को उसकी अहीर प्रेमिका के संग पैरों में ईंट बाँध गंगा मैया में सिरा देने का फ़ैसला लेते हैं। यह प्रेमियों का सौभाग्य है कि जल्लाद की भूमिका निभाते केवट को सिर्फ़ दो बीघा ज़मीन का लालच दिया गया, ऐसे वे "परली पार" लग जाते हैं।

'हम' और 'वे' के अन्तर पर आधारित ऐसी एक अवधारणा है प्रादेशिकता, क्षेत्र-वाद। आजकल राष्ट्रीय एकता वैसे ही चर्चित विषय है, जैसे चालीस वर्षों पूर्व, ममता कालिया की उस 'सीट नंबर छह' ११८ (ख.१) कहानी के काल में रहा था, जिसकी दंभी नायिका सोचती है : "हर सिनेमा शो के बाद मैं अनगिनत बार राष्ट्र-गान सुन चुकी हूँ। पंजाब, सिन्ध, गुजरात, मराठा में से किसी भी जाति को मैं अपने योग्य नहीं समझती। ··· उत्तर प्रदेशीय होने पर बड़ा अभिमान है"। पर साथ ही वह यह भी सोचती है कि जब एक पत्र-मित्र ने उसे वणिकपुत्री संबोधित किया, यह काफी अखरा, क्योंकि बनिये "शक्ल और रंग पर बहुत ध्यान देते हैं"। ममता कालिया की चेतना में समाज के दोहरे मानदंडों की छवि बेहद स्पष्ट छपी है।

इन रचनाओं में पाठकों को इस बात को लेकर सजग करने की चाहत है कि उत्तर भारत के पश्चिमी और पूर्वी इलाकों में कितने आपसी पूर्वाग्रह होते है। जहाँ पंजाबी खुद को हिन्दी बोलनेवाले "जूपीवालों" से अच्छा मानते हैं (चाभी १०२, च.११), वहीं दिल्ली में माना जाता है कि "टहलुए", अच्छे और ईमानदार, इलाहाबाद से ही मिलते हैं (काके दी हट्टी ८, ठ.१)। बेरोज़गार जन सेवा करने और मार खाने गोरखपुर से दिल्ली आते हैं (अनुभव, च.९) तथा पलामू के भूखे इलाहाबाद : "सेवकों का अकाल हो चला था", इसलिए गृहिणी ख़ुशी-ख़ुशी बिहार के एक दुबले-पतले-से लड़के को सेवक के रूप में रख लेती है (बाँगड़ू ३८४, झ.६)। नहीं तो बिहारी का बिहारी होने के लिए मज़ाक भी उड़ाया जाता है (दौड़ १८)।

वर्ग-व्यवस्था पर आकर हमें ऐसा लग सकता है कि वर्ण-भेद एवं वर्ग-भेद एक-दूसरे के परिपूरक हैं : जहाँ किसी एक से समाज क्षैतिज (हॉरिजॉण्टल) रूप से बँट जाता है, वहाँ दूसरे द्वारा लम्बवत (वर्टीकल)। आजकल भारत में सबसे अधिक चर्चा मध्यवर्ग के वांछित विस्तार की होती है, देश का उज्ज्वल भविष्य इसी में देखा जा रहा है। अधिकांश लेखक समाज की तरह ममता कालिया भी मध्यवर्गीय हैं, इस अवतार में उन्होंने इस वर्ग की अनेक विडम्बनाएँ परिभाषित करने के प्रयास किए हैं।

यह देखते हुए कि एक रचना-विशेष का मुख्य परिवेश, अर्थात् मुख्यापात्रों की सामाजिक स्थिति व प्रतिबद्धता किस प्रकार की है, ममता कालिया की रचनाओं को मैंने तीन सामाजिक स्तरों में विभाजित किया है। बीच के 'स्तर २' को सामान्य माना है; इसमें वे मध्यवर्गीय परिवार, दुकानदार, अध्यापक, प्राध्यापक, अन्य बुद्धिजीवी शामिल हैं, जिनके पास आजीविका के पर्याप्त साधन हैं, किन्तु न बहुत अधिक धन है, न वर्चस्व और पहुँच। इसके मुकाबले 'स्तर १' में 'छोटी' नौकरी कर रही अधिकांश जनता, ख़िदमतगार, मज़दूर और आर्थिक तंगी से जूझ रहे बेरोज़गार आते हैं। 'स्तर ३' उच्चाधिकारियों, उद्योग-पतियों और राजनेताओं का है।

इस तिहरे विभाजन के अनुसार ममता कालिया के लेखन का यथाधिक तात्पर्य 'स्तर २' से है : समस्त कहानियों को १, २, ३ अंकों से अंकित कर औसत ठीक २.० ही आता है। यदि संग्रहों को अलग-अलग लिया जाए, तो आँकड़ा इससे बहुत भिन्न नहीं आता : २.२ – दो संग्रह, २.१ – दो संग्रह, २.० – चार संग्रह, १.९ – दो संग्रह, १.८ – दो संग्रह। कहानी-लेखन के पूर्वार्द्ध में मानक विचलन (स्टैण्डर्ड डेविएशन) अधिक है, यानी आँकड़ा १.८ और २.२ के बीच बदलता रहता है, उत्तरार्द्ध में १.९ और २.१ के बीच।

इससे यह आभास होता है कि पिछले वर्षों में वे मध्यवर्ग पर ही केन्द्रित रहीं, पर

तब 'तालिका १' के आधार पर इस तरफ़ इशारा करना भी आवश्यक है कि जहाँ एक-एक रचना का मूल परिदृश्य मध्यवर्गीय रहा है, वहाँ उसी रचना में एक से अधिक सामजिक स्तरों को दर्शाने की प्रवृत्ति, इसके अतिरिक्त सामाजिक तनाव पर विमर्श करने की प्रवृत्ति, तथा आम तौर पर कोई प्रत्यक्ष सामाजिक सन्देश देने की प्रवृत्ति तीनों बढ़ी हैं। 'निर्मोही' (२००४) तथा 'थिएटर रोड के कौवे' (२००६) संग्रह इस प्रवृत्ति के लिए अच्छा उदाहरण हैं। 'अँधेरे का ताला' (२००९) उपन्यास भी पिछले दशक की ऐसी ही एक रचना है, जिसमें मूल कथा की प्राध्यापिका नायिका के जीवन की मध्यवर्गीय सहूलियतें कमोबेश सुनिश्चित की हुई हैं ('स्तर २'), लेकिन उपाख्यानों में उनके दृष्टिकोण से निम्नवर्ग की कई समस्याओं की पड़ताल भी संभव हो सकी ('स्तर १')।

अतः ममता जी मध्यवर्ग की लेखिका तो हैं, पर मध्यवर्ग का मायना अलग-अलग हो सकता है, यह उन्हें ज्ञात है। दूरदर्शन पर दिए साक्षात्कार में उन्होंने माना कि यद्यपि "हिन्दी साहित्य इस समय मध्यवर्ग की पैदावार है", "तब और आज के मध्यवर्ग की संस्कृति में, नज़रिये में, सोचने के तरीके में बहुत बदलाव है। मुझे लगता है, सातवें, आठवें दशक तक मध्यवर्ग जो था, ज़्यादा बौद्धिक, ज़्यादा विचारप्रधान और ज़्यादा वैल्यू सिस्टम के साथ जुड़ा हुआ था। जबकि आज मुझे लगता है कि उपभोगतावादी संस्कृति सबसे अधिक मिडिल क्लास को अपनी चपेट में ले रही है"।[१०]

महानगर के उच्च-मध्यवर्ग की जनता अक्सर बहुसंख्यक समाज से कटा हुआ जीवन जीती है। इसका एक अच्छा नमूना है 'बेघर' ४२ की केकी का अपने दो कुत्तों के प्रति प्यार, जिससे "शुरू में परमजीत को लगा, जैसे इस घर में कुत्तों की देखभाल आदमियों से ज़्यादा होती है"। कुत्तों के भोजन पर इतना ध्यान दिया जाता है, जितना गरीब इनसान खुद पर नहीं दे सकता। वे कहती हैं कि 'रोशनी की मार' १६८ (छ.६) की "कॉलोनी में बहुत-से परिवार छुट्टियों में गए हुए हैं", और यह ममता जी की बयानी का तीखापन है कि अगले वाक्य में लिखती हैं, "घर में एक कुत्ता और एक चौकीदार सब छोड़ गए हैं"। संपन्न समाज के बारे में उनकी राय इसी से आँकी जा सकती है। वे पाठक से कहना चाहती हैं, आजकल देश में कई लोग अपने कुत्ते को क्रम में मनुष्य के आगे रखते हैं।

पोथी हर किसी के नसीब में नहीं लिखी है। 'चोट्टिन' (च.१३) की कुपोषित सुखिया दूसरी कक्षा तक पढ़ पाई, फिर वह उन घरों में बर्तन माँजती है, जहाँ मालकिन आस-पास के यथार्थ से बेखबर, किताबों के सहारे अपनी ऊब मारा करती हैं। बच्ची की माँ उसे पढ़ाने में विश्वास नहीं रखती, वह 'कलट्टर' बनेगी तो नहीं (जनवरी २०१६

का रोहित वेमुला काण्ड इसका सुबूत है कि यह माँ अपनी जगह सही भी हो सकती है)। स्कूल जाने के स्थान पर बड़े घरों में काम करती ऐसी कोई गरीब बच्ची यह तक मुश्किल से सोच सकती है कि बाज़ार में वे सब चीज़ें खरीदने के लिए, जो वह कभी नहीं ले सकती है, लोगों की "जेबों में हमेशा पैसे भरे रहते हैं" (१०१)। – ज़मीनी वास्तविकता से कटे हुए संपन्न तबके का एक अन्य उदाहरण 'पिकनिक' ४१२, ४१५ (झ.१०) है। प्रबन्धक नायक तमिलनाडु के नारियल को अपनी अन्तर्राष्ट्रीय कोक कंपनी के लिए खतरा और गरीबों की पसंद मानता है, जिसके मुकाबले कोक एक स्वच्छ, शीतल और विकसित विकल्प है।

सब्ज़ीवाले, इस्त्रीवाले से दस-बीस रुपयों पर बहस करते ऊँचे तबके को, नीचे तबके को 'सिर न चढ़ने देने' की नितान्त चिन्ता रहती है (दौड़ ४६), वह मुख्य रूप से अपनी स्थिति सँभालने में मगन है। 'शॉल' ११२ (च.१५) की कामचोर अध्यापिकाओं को रास नहीं आता कि हरदम उनकी सेवा में दौड़ती-भागती चपरासिन उनके चंदे की कोई एक ढंग की शॉल पहन सके, उसका मानसिक उत्पीड़न कर सुन्दर कपड़ा छुड़वा लेती हैं। – 'बाँगड़ू' ३८४ (झ.६) की नायिका के मुहल्ले में तय है, पढ़ी-लिखी औरतों का कौन-सा काम अपना है, कौन-सा सेवकों से करवाना होता है। अफसोसनाक यह है कि ये काम वैसे घर में बैठाई हुई औरतें सब स्वयं कर सकती थीं, बशर्ते समाज में कई प्रकार की दुष्ट मान्यताएँ न फैली होतीं।

प्रायः मनुष्य का स्वभाव कुछ ऐसा है कि किसी को अधीन देखने से खुश होता है। देश में सेवक-वर्ग बहुत विशाल है, लेकिन सेवा करवानेवाले भी तो कुछ कम नहीं हैं। 'आहार' ३२५ (ङ.४) के सहकर्मी मिलकर रेस्तराँ गए, फिर खाना खाते समय "सबने एक शहंशाह के उल्लास से वेटर को झुकते देखा और दुगुने तृप्त हो गए"। 'आलमारी' ३७४ (ङ.११) का एक अकेला वाक्य सामाजिक असमानता की बहुत महीन परत खोलता है; स्वयं गरीब नायिका जब ज़रूरतमंद चपरासी को बेटी के दहेज में एक अनावश्यक आलमारी दान देती है, वह सोचती है, "उसकी सच्चाई और असमर्थता से मेरा अहम् संतुष्ट हो गया"।

ममता जी को इसका एहसास होता है कि भारतीय समाज में लोगों का क्या स्थान है, यह जगह-जगह रेखांकित किया जाता है। 'ज़िंदगी-सात घंटे बाद की' ६२ (क.८) कहानी की उनकी नायिका निजी जीवन में असफल होकर सारा सम्मान ऑफिस में पाना चाहती है। इसके लिए वह कमरे में न आने देकर, चपरासिन को पर्दे के पीछे से हुकुम चलाती है, कनिष्ठ कर्मचारियों से बात करने में "भृकुटि का प्रयोग पर्याप्त समझती है", जबकि वरिष्ठों के सामने अपना उल्लू सीधा करने के लिए "'एक्जेक्टली',

'बाइ ऑल मीन्स', 'हाउ नाइस'" जैसी शब्दावली का प्रयोग करती है। — उच्च-वर्ग अब खुद को अंग्रेज़ी जानने के लिए ही उच्च और "हाईक्लास" समझता है, यह बताने के लिए ममता जी ने 'छोटे खिलाड़ी' ११३ (ठ.१२) में डॉ० दास को जोड़ा। जैसे पहले संस्कृत, आज अंग्रेज़ी भाषा ही एक ऐसी दीवार है, जो ऊँचे तबके के लोग अपने विशेषाधिकारों की रक्षा के लिए खड़ी कर देते हैं। 'लकी' १४७–१४८ (छ.३) का यही आशय है : वकील साहब अपने पुत्र को अंग्रेज़ी सिखानेवाले शिक्षक से गदगद धन्यवाद देते हैं, अंग्रेज़ी सिखाकर "इसे इनसान बना दिया"। अर्थात् अंग्रेज़ी न सीखकर वह कुछ कम इनसान रह जाता। स्वार्थ इसका असली कारण होगा, वे क्यों सोचना चाहते हैं कि "अंग्रेज़ी हिन्दुस्तान से कभी जानेवाली नहीं" (१५१)।

जातिवाद, क्षेत्रवाद और भाषावाद के बाद मुहल्लों-इलाकों के विभाजन का भी एक वाद होता होगा। शहर आर्थिक संपन्नता-विपन्नता के आधार पर साफ़ बँटे रहते हैं, कदाचित् के अग्रहारम और अहीरटोले की तरह। सन् सत्तर की कहानी के मंच पर मुंबई में भी "अपने लिए उपनगर चुनना पति चुनने जितना ही महत्त्वपूर्ण था। आपकी सारी शेखी को आपका उपनगर एक सेकंड में उघाड़ सकता था। ··· यह यहाँ की वर्ग-सभ्यता का तकाजा था" (शहर शहर की बात ७८, क.१२); "जिस दिन से कम्फर्ट दफ़्तर चर्चगेट शिफ़्ट हुआ", उम्र में बड़े होते हुए भी 'बेघर' ४९ का "शिन्दे परमजीत को सीनियर मानने लगा"। 'काके दी हट्टी' ९ (ठ.१) में दिल्ली के किसी इलाके के जी-ब्लॉक और बी-ब्लॉक के अन्तर तक में भी यही अलगाव नज़र आता है।

एक छोर के निवासी दूसरे छोर के बाशिंदों के बारे में कम ही सोचते हैं। लेकिन ममता जी 'वह लड़का जिसे गर्मी लगती थी' (ढ.५) कहानी में अपने संपन्न पाठकों को एहसास कराती हैं कि इलाहाबाद के गरीबों के लिए सिविल लाइन्स घूमना भी विदेश-यात्रा लगती है। नायक योगी के 'कटिंग' मसाला सोडा पहली बार वहाँ चखनेवाले युवा दोस्तों के "जीवन में सिविल लाइन्स एक दुर्लभ दिवास्वप्न की तरह थी" ही (५९), योगी की माँ अन्य महिलाओं की तरह कभी घर से दूर गईं नहीं, वे कहती हैं, "मैंने तो आज तक नहीं देखी सिविल लाइन्स" (५८)। पर्दे के पीछे से सोडा बढ़ानेवाली किशोरी की कलाई से दुगुना तृप्त लड़कों का संवाद ममता जी की जवानों की सटीक पहचान का परिचायक है (६२)।

ममता कालिया 'बेघर' के मुख्यपात्र की सामाजिक परिस्थिति को रेखांकित करते हुए कहती हैं, परमजीत ने पूरी दिल्ली भी नहीं देखी थी, इसलिए यह भी उन्हें नहीं पता था कि जब अख़बार में दिल्ली की तरक्की के बारे में पढ़ता, उसमें कितना सच था, कितना झूठ। नई दिल्ली वह कभी-कभार, दोस्तों के साथ ही जाता, क्योंकि

"वहाँ की भीड़ में उनके कपड़े मामूली हो जाते और उनकी चाल-ढाल कस्बाई"। गली से चाँदनी चौक पर आकर उन्हें वे सुन्दर लड़कियाँ छोटे-भाई बहनों के साथ नहीं, खुद से कहीं आकर्षक लड़कों के साथ दिख जातीं (२६)। — 'ज़ोरदार तालियाँ' (ठ.१०) उन नौकरों से मिलवाती है, जो दूसरी तरफ रहते हैं, जिनके बिना मध्यवर्ग की गतिविधियाँ, सम्मान समारोह हो या शोकसभा, पूरी नहीं हो सकतीं। "हथेली पर खैनी मलते" (९१) कर्मचारियों और सम्मान के रूप में "मरदन के हाथ से" (९६) माला लेने से इनकार करती कर्मचारिणियों में "ग्यारहवीं, फेल सही" धर्मेन्द्र राजा है और "उसकी चेतना काफ़ी जागृत" (९१)। इस रचना में हमें संकेत मिलते हैं कि शिक्षा ही सामाजिक उन्नति का मार्ग है।

वैसे मालिक और सेवक का रिश्ता पहले कुछ और था, आज कुछ और है। उनमें 'प्रेम' ७८ (ढ.७) की तरह की उत्तरदायित्वपूर्ण परस्परता भी संभव है; इसलिए अफ़सोस है कि हाथ का काम इतना नीचा समझा जाता है कि उसकी सिर्फ माँग रह जाती है, क़द्र नहीं। मातहतों से बात करने का प्रचलित तरीका 'जी' ११ (ढ.१) में एक समस्या के रूप में देखा जाता है : "'मिनरल या रेग्युलर?', इतनी पूछताछ की लक्ष्मी अभ्यस्त नहीं थी। चालीस वर्षों की नौकरी में अधिकतर ऐसा रहा कि प्रश्नकर्ता वह स्वयं होती थी और जवाब देनेवाले अन्य। 'मुझे पानी चाहिए, बहस नहीं'"।

'मुहब्बत से खिलाइए' (ङ.८) की तरह कई मालिकों की "आँख बिलकुल रिमोट कंट्रोल की तरह नौकर से काम ले रही" होती हैं (३५०) और उन्हें लगता है कि "नौकर से काम लेना भी कला है" (३५३)। कहानी में गृहिणी की 'कला' यह है कि वह दावत की तारीफें स्वीकारती है और उसे वास्तव में बनानेवाले दादू की "कल्पना-शक्ति" को ऐसी दावत प्रस्तुत करने के नाकाबिल बताते हुए उसे और अधिक अपमानित कर डालती है (३५४)। उसके अनुसार स्वादिष्ट भोजन की विधि है : "मेहनत से पकाइए, मुहब्बत से खिलाइए" (३५३)। इसी तरह 'बाँगड़ू' ३८४ (झ.६) की मालकिन इसलिए अपने नाबालिग नौकर को लू से बचाना चाहती है कि यदि उसे कुछ हो गया "तो घर के काम का क्या होगा"। भले ही रसोई में लड़का ही मेहनत करता है, वह यह मानकर चलती है कि आदेश देने से वही "रसोई का रचना-पक्ष सँभालती" है (३८६)।

'लड़कियाँ' उपन्यास के घरेलू नौकर देश में अकेले नहीं होंगे, जिन्हें "या तो घर की रसोई में रात को डेरा जमाना पड़ता अथवा वे उस घुटन-भरे गलियारे में मन मारकर सोते", निश्चित ही दोनों जगह तिलचट्टों की कमी नहीं रहती (७३)। — 'अनुभव' (च.९) में कोई मालिक सेवक को बच्चे की गेंद न ढूँढ़ पाने के लिए निकाल देता है (६९), तो कोई मरे बुज़ुर्ग की वस्तुएँ उसे बख़्शता है (७४) (तु० शॉल १११, च.१५;

दौड़ ५८), फिर कोई मालकिन पूरा खाना तक नहीं देना चाहती और कोई उसपर पर लगातार ज़ुल्म ढाता है (७३)। ऐसे लोगों के लिए चपरासी की पक्की नौकरी और एक छोटा-सा क्वार्टर "सपना" होता है (७६)।

भारत के गरीबों और धनाढ्यों का संबन्ध ऑक्सफेम के इस खोज-परिणाम के माध्यम से एक पंक्ति में व्यक्त किया जा सकता है : सवा अरब आबादी के महज़ १-२% के पास समूचे देश की ६०% संपत्ति है।[११] इस हैरतंगेज़ आर्थिक-सामाजिक असमानता का एक सशक्त उदाहरण है, जब बैंक में भर्ती हुई 'जाँच अभी जारी है' २६ (च.३) की नायिका सहेलियों को बताती है, "जिस कुली के सिर पर ईंटों की तरह चिनवाकर पाँच-पाँच लाख के नक़द नोटों की गड्डियाँ स्ट्रांग रूम से ट्रेजरी भिजवाई जाती हैं, उस कुली की कुल मजदूरी क्या होती है—सिर्फ़ दस रुपये रोज़"। 'बाँगड़ू' ३८६ (झ.६) में नाबालिग, अनपढ़ और कुपोषित नौकर और मालकिन का स्कूल से आकर "बस्ता एक तरफ़ उछालता", "अपने कमरे में टीवी पर कार्टून फिल्म देखते हुए नाश्ता करता और वहीं प्लेट छोड़ देता" बेटा एक-दूसरे का सहज विपर्याय बनते हैं।

ममता जी से २०१३ में हुई मेरी पहली मुलाकात पर उन्होंने व्यक्त किया था कि "१९३०—१९५० के बीच गरीबी हिन्दी लेखन का एक फ़ॉर्मूला रही", शायद इसलिए भी वे अतिशय दरिद्रता की चितेरी नहीं हैं। बावजूद इसके, उन्होंने छोटे-बड़े शहरों में कमज़ोर आर्थिक हालात से गुज़रती जनता को पूरी तरह फिर भी नहीं छोड़ा। 'वह मिली थी बस में' (झ.५) कम सहूलियत वाला जीवन बिताने के बावजूद धाकड़ महिला की स्तुति है। 'चोट्टिन' १०० (च.१३) की उलझे बालों वाली गरीब बच्ची के पास बाल सीधा करने जैसे "गैर-ज़रूरी कामों के लिए" "वक़्त कहाँ" होता, यह इसकी एक अच्छी मिसाल है कि ममता जी को गरीबी का सटीक चित्रण करने के लिए कोई हाय-हाय अंदाज़ नहीं अपनाना है। गरीबी को दर्शाती कहानियों में थोड़ी उदासी ज़रूर है, पर उससे अधिक सहानुभूति हम पाते हैं। गरीबी यूँ भी पेश की जा सकती है : "उसकी माँ कई तरह से कद्दू बनाती थी। वह कद्दू की तीखी तरकारी भी बनाती थी और मीठी भी। उनके घर पर कद्दू के कोफ्ते और पकौड़े बनते थे। उसकी माँ को कद्दू का स्वादिष्ट हलवा भी बनाना आता था" (बेघर २२)।

मज़दूर अधिकारों के अभाव का सबसे दयनीय नमूना 'राजू' (ङ.६) में पाते हैं, जहाँ अकेली मज़दूरिन माँ को, जिसके पास खिलाने को अपना बेटा भी है, भाई की शादी में जाने के लिए जैन नमकीन भंडार से छुट्टी चाहिए। नमकीन भंडार का नाम 'जैन' रखकर ममता जी शायद यह लक्षित करना चाहती हैं कि जो ऊपर-ऊपर से मक्खी को मारना भी पाप मानते हैं, वे ही धीमी आँच पर पकाते हुए किसी इनसान

की चर्बी निकालने से परहेज़ नहीं करते। "वहाँ नागा का मतलब है नुकसान। साल भर से काम कर रही है अम्मा, पर एक दिन भी न जाए, तो उस दिन की मजदूरी गोल। तीन रुपये रोज़ पर अम्मा, लालाजी की दुकान पर सुबह सात बजे से रात सात बजे तक काम करती हैं" (३३५)। 'चोट्टिन' १०० (च.१३) में ऐसी ही एक नौकरानी के बीमार पड़ने पर शौक से किताबें पढ़ती मालकिन कोई ऐतराज़ नहीं करती कि उस दिन का काम नौकरानी की बारह साल की बच्ची निपटाने आती है।

इसी कहानी की ककड़ीवाली "ककड़ी की तरह पतली और लम्बी थी, पर हरी नहीं थी। वह भूरी थी" और यही हाल कुपोषित रिक्शावाले का था (९८)। नौकरानी की कोई पक्की नौकरी नहीं है, बीमार पड़कर 'रोटी का ठौर बैठने' में कभी भी दिक्कत आ सकती है, इसलिए उसकी बारह साल की बेटी मुश्किल से दस की लगती है (१००)। 'काली साड़ी' २३६ (घ.१) की नायिका को सहकर्मी से दुबली-पतली देह की तारीफ़ मिलती है। स्कूल में पढ़ाने के बाद वह घर का काम भी खुद सँभालती है, मेहनत क्या है वह बखूबी जानती है। इसलिए वह साथी से कहती है, "नरिन्दर, क्या तूने मज़दूरिनों को मोटी देखा है, वे तो छड़ी पैदा होती हैं और छड़ी मर जाती हैं"। देश की आबादी का बड़ा भाग इस मज़दूर तबके से आता है, इस तबके में, खासकर बच्चों में कुपोषण एक बहुत दुःखद और व्यापक प्रसंग है। फिर भी कुछ में जिजीविषा अद्भुत है, मज़दूर बाप की दलित बिटिया टूटी कोठरी में रह लेती है और सहजन और इमली के पत्ते उबालकर खाती है, ताकि संकीर्ण सवर्ण प्राध्यापिका से निपटकर देववाणी संस्कृत की दीक्षा ले (अँधेरे का ताला ७१)। यह अवश्य उसकी राजा विश्वामित्र जैसी तपस्या है।

वर्ग-व्यवस्था के दूसरे छोर पर 'फरवरी की एक शाम' (ढ.१०) का समाज है, जिसके बारे में हमारी रचनाकार वैसे कम लिखती हैं। यहाँ वे दक्षिणी दिल्ली के फार्महाउसों और उनके उपवन में आयोजित रसरंजनों की आभासी दुनिया की सैर करा देती हैं। फिल्म निर्माता, भूतपूर्व अभिनेत्रियाँ और पत्रिका-संपादक इस संसार को आबाद करते हैं। उनके पास धन इतना होता है कि एक संध्या की सजावट उससे अधिक कर डालते हैं, उसकी जितनी कद्र कुल मेहमान कभी कर पाएँगे। ग़ज़ल पेश करने के लिए नामचीन कलाकार को आमंत्रित किया जाता है, जबकि श्रोताओं की पसंद व फरमाइश हलके गानों की है। इस वर्ग के लिए बीड़ी मजदूरिनों, इस्त्रीवाली धोबिनों, चिकन कढ़ाई, कुक्कुट-पालन करती और ईंट ढोनेवाली औरतों पर डॉक्यूमेंट्री फिल्म बनाने का 'प्रोजेक्ट' शौक मात्र है (९७–९८)। ममता जी कहती हैं, 'नवकुबेर' तबके के सदस्य अपने मुल्क के गरीबों को एक शौकिया दृष्टि से देखते हैं।

शायद इसे इंसानी फितरत का हिस्सा मानना चाहिए कि जब कोई सकुशल है, तब काली कमाई अनाथ भाँजे के एमबीए जैसे खर्चों में काम आ जाती है (एक अकेला दुःख २०६, छ.१२), वह दूसरों की चिन्ता कम करता है।[१२] 'पिछले दिनों का अँधेरा' ६७ (क.१०) का नायक १९६५ के युद्ध के दौरान ही पहली बार दिल्ली की मॉल रोड पर दिखते बाढ़-पीड़ितों के तम्बुओं और कनॉट प्लेस के महँगे रेस्तराँ के सामने बाँसुरी बेचते बच्चों के बारे में सोचने लगता है, पहले उसने "संकट में कभी अपने को सम्मिलित नहीं पाया था"।

भ्रष्टाचार व अपराध

'छवि' / उड़ान (ज.२०) कहानी दर्शाती है कि जिस समय और समाज में ट्रेन की टिकेट हासिल करने के लिए भी व्यक्तिगत संपर्कों की ज़रूरत पड़ जाती है (४४०) और जहाँ अनिवासी भारतीय बहू को लगता है, "इंडिया में यही बड़ी अजीब बात है कि गुण भी यहाँ दोष की तरह स्वीकार किए जाते हैं" (४४३), वहाँ कोई आश्चर्य नहीं होगा, यदि कामयाब कैरियर की उड़ान भर रहा बेटा अपने पिता से कहे कि "पापा, आपके ज़माने में ईमानदारी बहुत बड़ा गुण माना जाता था, मेरे ज़माने में समझदारी इससे बड़ा गुण है" (४४४)। 'नायक' ८६ (च.११) में लेखिका हमारे युग के सच और नैतिकता की परतों को उधेड़ती है। इसमें क्रान्तिकारी नायक वकील पिता से कहता है, वे झूठों से पैसे कमाते हैं; पिता बच्चे को लाड़ से समझाते हैं, उन्होंने अपने झूठों से ही उसे सच बोलने लायक बनाया है।

भ्रष्टाचार निचले स्तर से शुरू हो जाता है। 'ऐसा ही था वह' ३६०–३६१ (झ.३) के निष्ठुर पिता को विश्वास है कि "आज़ादी के बाद सबसे ज़्यादा आज़ादी कामचोरों को मिल गई। धोबी कपड़े नहीं धोएगा, जमादार झाड़ू से परहेज़ करेगा, टीचर पढ़ाएगा नहीं, विद्यार्थी पढ़ेगा नहीं, डाकिया डाक नहीं बाँटेगा। आखिर यह देश चले, तो कैसे?"। 'समय' ४४६ (झ.१५) की बस्ती के विषय में ममता जी कहती हैं, अभियन्ताओं, ठेकेदारों और कर्मचारियों ने केवल आपात्काल के दौरान फैले गिरफ़्तारी के भय से उसे मज़बूत बनाया, वरना मिलावट बहुत आम है।

'रिश्तों की बुनियाद' ३१० (ज.१७) में बूढ़ी माँ के "मकान की बिक्री के दस हज़ार भैया को दफ्तर में तरक्की दिलाने में बतौर घूस दे दिये गए"। तरक्की और कहीं भी लागत माँगती है, वरना जैसा 'पण्डिताइन' ८६ (ड.१०) का 'केस' दिखाता है, मृत पति के पीछे पेंशन पाने की व्यवस्था करने में छह-छह महीने लग जाते हैं। बैंक की गतिविधियाँ कभी डीलिंग क्लर्क व चपरासी को घूस न देने से अटकती हैं, तो कभी ऋण-

अधिकारी से बिना कमीशन के, आवेदक को मंजूरी नहीं मिलती (जाँच अभी जारी है ३१, ३५, च.३)। काम न करें, पर अधिकारी अक्सर खुद को मिली सहूलियतों का गलत इस्तेमाल करते हैं, जैसे 'लड़के' २०० (ग.१) की तरह सरकारी विभाग की जीपें साहब के लिए फल या उनके बच्चों को स्कूल पहुँचाने में प्रयोग की जाती हैं।

भ्रष्टाचार साहित्यिक संस्थानों में भी मौजूद है, जैसे 'संस्कृति' (ढ.६) (और नवीनतम उपन्यास 'कल्चर-वल्चर') के साहित्य-संस्कृति भवन की 'मन्त्री' की इच्छा के विरुद्ध वहाँ "न कोई पुरस्कृत होता है, न सम्मानित" (६९)। लेखिका को महसूस होता है कि देश में किये हुए काम का सम्मान कभी-कभी अर्हतों को नहीं मिलता, औरों को मिलता है, इसलिए बताती हैं, मन्त्री भवन की पत्रिका "'प्रतिभा' की ख्याति और लोकप्रियता से प्रसन्न होतीं, लेकिन 'प्रतिभा' के साथ उसके संपादक का भी नाम हो, यह उनकी बर्दाश्त से परे था" (७०)। इस भवन के अतिथि-कक्षों में "ठहरने के लिए तगड़ी सिफारिश लगवानी पड़ती" है (६५), कुछ ऐसे, जैसे 'खुशियों का लौटना' ४९ (ढ.४) की दुर्घटना में गुमशुदा परिजन की तलाश जारी रखने के लिए उत्तराखण्ड के साहित्यकार मुख्यमंत्री से भी कोई लेखक ही 'बात कर सकता है'।

दशकों तक प्राचार्या रह चुकी ममता कालिया शिक्षा-व्यवस्था से 'अँधेरे का ताला' उपन्यास लिखने के लिए पर्याप्त असंतोष लेकर सेवानिवृत्त हुई थीं। उनकी कई कृतियों से भ्रष्टाचार के एक विशिष्ट रूप का पता चलता है, आचार्यों-अध्यापकों की भ्रष्टता और अनैतिकता का। मानों वे कहना चाहती हों, कई स्कूलों से काली रोशनी की किरणें आती हैं। कई बार गुरु-शिष्य-परंपरा को कुल के चेले-चपेटे यूँ साकार करते हैं, "अध्यापकों के घर पानी भरने जैसे कामों के ज़रिये उन्होंने मैट्रिक तक पढ़ाई की" (छोटे गुरु ३९, ञ.५)। 'पीली लड़की' १६८ (ङ.९) में ममता जी ऐसे प्राध्यापकों पर व्यंग्य साधती हैं : एक प्रोफ़ेसर सोचती है. "जो लड़कियाँ मेरे आगे-पीछे घूमती रहतीं या ब्लैक बोर्ड साफ़ कर देतीं या पैन खोलकर थमा देतीं, उनके प्रति मैं हमेशा मेहरबान रहती", तो कोई छात्रों से अपनी किताब का प्रूफ पढ़वाता है।

'मुन्नी' ४३८ (झ.१३) कहानी की कुलीन छात्राओं को आगे की पाँतों में बिठानेवाली अध्यापिका "अमीर माँ-बाप की मंदबुद्धि संतानों" को इसलिए अधिक पसंद करती हैं, क्योंकि उन्हें प्राइवेट ट्यूशन देने की हर दम गुंजाइश रहती है, इस ख़ुशी में वे "उन्हें न्यूनतम उत्तीर्ण अंक देकर पास कर देतीं"। 'अँधेरे का ताला' ९६ में होम साइंस के इम्तहान के दौरान परीक्षक पकवानों का ज़ायका ले-लेकर अपने चटोरे स्वभाव का प्रदर्शन करते हैं। हाल यह है कि "छात्र हड़ताल पर हैं और अध्यापक स्टाफ़-रूम में आरामकुर्सियों पर पैर फैलाए आराम फरमा रहे हैं। न पढ़ने

से मतलब, न पढ़ाने से ताल्लुक, चैन से तनखा काट रहे हैं हर महीने" (अपने शहर की बत्तियाँ ३११, ङ.३)। "हमारे पति पीएमपी कॉलेज में पढ़ाते हैं। वे दो साल से एक भी क्लास में नहीं गए, उनके प्राचार्य तो उन्हें कुछ नहीं कहते", एक अध्यापिका यूँ अपने ढीलेपन की सफाई देती है (अँधेरे का ताला १०६)। 'ज़ोरदार तालियाँ' ९३ (ठ.१०) के कॉलेज में फिर तो नीचे पद के कर्मचारी अगर "दौड़-भाग के नाम पर दस-बीस रुपया अन्दर" कर लेते हैं, तो उच्च-पदस्थ सदस्य "थोक के दाम काफी सस्ते" पड़ते "रेशमी कढ़ाई वाले अंगवस्त्र" के पीछे ऊनी शॉल का बिल बनवाना जानते हैं।

लेखिका के नज़रिये में न केवल छात्रों की राजनीति निराशाजनक है, बल्कि असली राजनीति भी भ्रष्टाचार का गढ़ है।[१३] चुनाव लड़नेवाले "तीन दिन तक मोहल्ले में मुफ्त राशन बँटवाने" से अपनी जीत पक्की कर लेते हैं, और भी चतुर लोग तिमंजिला मकान बनवा लेते हैं (आत्मरक्षा १७२, ख.१०)। 'कामयाब' ३२ (ढ.२) का मुख्यपात्र सांसद है, उनके "मासिक आय के कॉलम में १००० रुपये लिखती, विधायक की यही निर्धारित आय होती होगी। इतनी आय में हाफिज़ दो घरों और दो बेटियों का ख़र्च" आसानी से उठाने की क्षमता रखते। शायद इसलिए कि उनके चुने जाने के बाद "तरह-तरह के फरियादी [उनके] घर के चक्कर काटने लगते" (३१)। 'बाज़ार' ८८ (ढ.९) की दादी को अख़बार में "कुछ घपले और घोटाले सामने आनेवाले थे। यह हमारा राष्ट्रीय मनोरंजन था। हमें पढ़ने के लिए घपले-घोटाले मिलते रहें, तो हम बिजली, पानी, महँगाई जैसी अनेक समस्याएँ भूल सकते हैं"। लगता है, बात को दादी नहीं, ममता जी ही पूरी करती हैं।

भले ही नेक पुलिसकर्मी हर कहीं होते होंगे, अंग्रेज़ों के शासनकाल में, शासक वर्ग का लाभ सुनिश्चित करने के लिए स्थापित पुलिस की छवि स्वतन्त्र भारत में बहुत सकारात्मक नहीं बनी है।[१४] आपात्स्थिति में 'इक्कीसवीं सदी' ५० (च.५) का थानाध्यक्ष अपनी मध्यकालीन मेज़ पर नहीं आता, आता है, तो कहता है, "क्या काम है, बाहर से बात कीजिए"; परन्तु होटल पर जाँच-पड़ताल के लिए पहुँचने पर दारोगा मैनेजर के दफ़्तर में बिना कुछ कहे घुस जाता है, घूस लेने (५२)। उनकी देरी से अपहृत पत्नी की हत्या हो जाती है। यही 'सतर्क' पुलिस 'श्यामा' २५८ (ज.११) में घरेलू हिंसा को "मियाँ-बीवी का" झगड़ा बताकर परिचित को रिपोर्ट दर्ज़ करने से रोकती है, जिसका दुःख-दायी परिणति पत्नी की मौत है। 'पर्याय नहीं' १९९ (छ.११) कहानी में फिर पुलिस का ऐसा लम्पट, "सूचना मिलने पर भी दो घंटे बाद" पहुँचनेवाला रूप दिखाया जाता है।

कुंभ मेले में तैनात पुलिस इस विशेष आयोजन के कारण सरकार के "मलाई-बजट" की हकदार बन जाती है (मेला १३३, छ.२), इस ख़ुशी में सिपाही आगंतुकों एवं

डूबनेवालों दोनों के आँकड़े के साथ छेड़-छाड़ करने में तत्परता दिखाते हैं। हालाँकि कुछ को डूबने से बचाकर या बिछड़े रिश्तेदारों को मिलवाकर मदद भी करते हैं, उनके होते हुए गहनों की छिनैती भी चलती रहती है। छिनैती के मामले में पुलिस-कार्रवाही की विफलता को लेखिका 'अँधेरे का ताला' ५१–५६ में भी रेखांकित कर चुकी है। 'चोरी' (ज.३) में "पुलिस चोर को पकड़ने में कम ही कामयाब होती। चोर हमेशा ज़्यादा चुस्त, चालाक और चौकन्ना साबित होता। ··· फिर भी शहर में पुलिस थी, इसलिए सुरक्षा के लिए लोगों की गुहार थी। सुबह से शहर की हर सड़क पर गश्त लगते, डंडा बजाते, ठेलेवालों से हफ़्ता वसूलते पुलिस के सिपाही ख़ाकी वर्दी में नज़र आते" (२१), और एक पात्र यह भी बताता है कि इसी प्रकार की "पुलिस की दिलचस्पी चोर पकड़ने से ज़्यादा हिस्सा वसूलने में होती है" (२५)। इसी तरह संभव है ऐसी विचित्र परिस्थिति कि जब चोरी के बाद चोर लूट को रपट में दर्ज़ नुकसान से कम पैसे में बेच पाता है, पुलिस को हिस्सा न दे पाने के भय में स्वयं पीड़ित परिवार से संपर्क साध, केस वापस लेने के लिए गिड़गिड़ाए।

पुलिस का हाल 'चोट्टिन' १०२ (च.१३) के अनुसार यह है कि जब सिपाही चोर बच्ची "सुखिया का दुखिया चेहरा" देख उसे "बलात्कार करने लायक" भी नहीं समझता, तो वह थाने ले चलने की धमकी दे उस दुकानदार की जेब से दिन भर की कमाई निकाल लेता है, जिसका माल उस बीच राहगीरों द्वारा उठा लिया जाता है। एक और कहानी, 'वर्दी' (च.१२) अंग्रेज़ों के लूट-तन्त्र की परंपरा को ज़िन्दा रखती पुलिस के कारनामों पर विस्मयादिबोधक चिह्न लगाती है, जब सिपाही शादी के बाद बाज़ार की पहली सैर पर किसी भी दुकान में पैसे अदा न कर, पत्नी से पूछता है "तुम क्या सोचती हो, यह वर्दी पहनकर क्यों आया हूँ?"।

'छोटे गुरु' (ज.५) में दर्शाया जाता है कि बनारस में न्यायपालिका के नाकाफ़ी होने से इंसाफ़ का इलाका तहमदपोश मुँहबोले गुरुओं के पास चला गया है। कुछ इनमें से गलत काम करते हैं, कुछ कानून अपने हाथों में लेकर महिला कल्याण का बीड़ा उठाते हैं। 'ख़ुशक़िस्मत' (ज.६) व्यवस्था की खामियों से अंकुरित होती नागरिक असुरक्षा की कहानी है। इसमें ममता कालिया के साथ हुए वास्तविक घटनाक्रम पर आधारित कई मुद्दे शामिल हैं। यह अपने आप में शोचनीय है कि तीन बहनों का अभिभावकत्व निभाता भाई तैश में आ कॉलेज की आचार्या पर कागज़-दाब फेंककर हमला कर सकता है, किन्तु इसके प्रति पुलिस का निर्विकार भाव इससे भी अधिक। रपट लिखवाने, हमलावर को पकड़ने में पुलिस की आना-कानी भय पैदा करने के लिए पर्याप्त है। मगर यह संभावना कि हमलावर को नातेदार होने के

नाते उच्च न्यायलय के जज के यहाँ शरण मिल सकती है, भय को त्रास के स्तर पर पहुँचा देता है।

सार्वजानिक सुरक्षा और न्यायपालिका पर जब कोई इतना कम भरोसा रख सकता है, स्वाभाविक ही है कि जनता में झूठी सान्त्वना ढूँढ़ने की प्रक्रिया शुरू हो जाती है। लोगों की निगाह में सिर पर चोट खाकर बचने के बाद नायिका को खैर मनानी और तसल्ली कर लेनी चाहिए कि न युवक के हाथ में कट्टा था, न तेज़ाब भरा गुब्बारा। किसी अध्यापक को तो तलवार से स्कूल के अहाते में ही मारा गया था, उनसे हितैषी कहते हैं। यह भी सच है कि घायल नायिका के बेटे को डॉक्टर पर हाथ उठाने से केवल पति रोक पाता है। एक वाक्य में ही सही, ममता जी उपचार में लगे डॉक्टरों पर हो रही हिंसा की घटनाओं की तरफ इशारा करना नहीं भूलतीं, यह उनकी पटु दृष्टि का परिचायक है (तु० पर्याय नहीं, छ.११)।

'चोरी' की तरह 'कौए और कोलकाता' २६ (ट.२) और 'वारदात' (ठ.१७) कहानियों में दिल्ली में होती रहती चोरियों के ख़तरे की ओर इशारा किया गया है, लेकिन इससे गंभीर संज्ञेय अपराध की बात अधिक नहीं हुई। हो सकता है कि भारत में धन के घोर असंतुलन के बावजूद फिर भी संतोषजनक सुरक्षा होने के लिए धार्मिक चिन्तन के चौखटे के अतिरिक्त प्रशासन का अन्यायपूर्ण व्यवहार भी है, क्योंकि जिस समाज में अदालती न्याय मिलना इतना मुश्किल है, वहाँ बेहतर है कि इनसान दूसरों को तकलीफ न दे, न दूसरों से तकलीफ़ सहे। अन्यथा एक बार पकड़े जाने पर किसी मुद्दई का भविष्य संदिग्ध है : थानों-जेलखानों में अधिकतर बल-प्रदर्शन से काम लिया जाता आया है। हाथ में आने पर 'चोरी' २५ के चोर को पुलिस ने इतना मारा कि उसने अन्ततः जुर्म कबूल कर लिया।

'परली पार' (ढ.८) की ऑनर किलिंग की चर्चा हो चुकी है। हत्या का ज़िक्र केवल एक-दो जगह और मिलता है। 'इक्कीसवीं सदी' (च.५) अपहरण, बलात्कार और हत्या जैसे विषय पर है; 'प्रेम कहानी' १८६–१८९ में वरिष्ठ डॉक्टर के बच्चों का पब्लिक स्कूल से अपहरण और हत्या हो जाती है, सन्दर्भ वहाँ भी बाल यौन-शोषण का ही होगा। इसके अलावा 'नरक दर नरक' ४६–४७ के नायक-नायिका मुंबई के समुद्र तट पर उतरते अँधेरे में अचानक कन्या शिशु-हत्या के प्रत्यक्षदर्शी बन जाते हैं। पिछले वर्षों में, देश में इस समस्या की व्यापक स्तर पर चर्चा होती रही।[१५] 'जनम' १६३ (छ.५) के लड़कों को महत्त्व देते रूढ़िवादी वातावरण में इसी लिए प्रसूति के बाद खुद माँ का "मन हुआ कि वह बच्ची का गला घोंट दे"। स्त्रियों पर हो रही हिंसा अपराध का एक विशिष्ट प्रकार है, इसे ब्यौरेवार देखने की ज़रूरत है।

महिलाओं के विरुद्ध हिंसा

पुरुष बहुत बार महिलाओं को वासना की वस्तु समझना चाहते हैं। 'सपनों की होम डिलिवरी' ५६ में ममता जी मंदिरों के पुजारियों द्वारा हो रहे बलात्कार की घटनाओं पर लिखती हैं, यह २०१३ के आसाराम बापू काण्ड की तरह है। 'लड़कियाँ' ८६ उपन्यास के अस्सी के दशक में "आए दिन बलात्कार की ख़बरें" आती थीं, आज भी आती हैं; हो सकता है, अब दुर्घटनाओं का खुलासा पहले से ज़्यादा हो पाता है। जब कॉलेज के सहकर्मी एक बड़े बेटे की माँ मन्दिरा की "कमनीयता देखकर उसके बारे में सोचते कि वह बहुत बदमाश औरत होगी; उनकी दृष्टि में सुन्दर स्त्री सच्चरित्र हो ही नहीं सकती" (मन्दिरा २८७, घ.८), तब प्रबुद्धता की उम्मीद और अपेक्षा किससे रखी जाए?

ममता जी कहती हैं, बसों में सफ़र करना ख़तरे से बाहर नहीं है, कभी भी कोई मिल सकता है, जो अकेली महिला के सम्मुख संदिग्ध प्रस्ताव रखे या अँधेरा होने का फायदा उठाए (लगभग प्रेमिका १३७, ख.३; पिछले दिनों का अँधेरा ६७, क.९)। 'वह मिली थी बस में' ३७८ (झ.५) कहनी में देखते हैं कि अँधेरा होने के बाद "खचाखच भरी बस में कुल पाँच महिला सवारी थीं"। औरतों का रात होने से पहले घर पहुँचना मुनासिब समझा जाता है, जबकि पुरुषों को लौटने में इतनी जल्दी नहीं होता। 'थोड़ा सा प्रगतिशील' १०८ (ढ.१२) में पति पत्नी चेतना को चेताना ठीक समझता है कि "दुनिया इस बीच बहुत ख़राब हो चली है। जब भी तुम किसी से बात करो, एक फासले से बोला करो। लोग लड़कियों के खुलेपन का गलत मतलब निकालते हैं"। यह न केवल असुरक्षा, किन्तु सामाजिक अलगाव का भी सूचक है, विशेष रूप से प्रवासियों से फूलते महानगरों में, जहाँ कोई किसी का अपना नहीं होता।

अगले अध्याय में हम देखेंगे कि महिलाओं को उन घरों में नित्य-क्रिया के दौरान कितनी मुश्किलों का सामना करना पड़ता है, जहाँ पहले अलग गुसलखाना बनाने की सोचते तक नहीं थे, या जहाँ 'स्वच्छ भारत अभियान' की 'शौचालय निर्माण घर का सम्मान योजना' के तहत यह कार्य अभी भी शेष है (द्र० बाथरूम, झ.७; सरकारी स्कूलों की छात्राओं के लिए शौचालय नहीं : 'भविष्य का स्त्री विमर्श' ७३–७५)। सार्वजानिक स्थानों की बात करें, तो ममता जी ने एक संक्षिप्त वाक्य में लिखा, गंगा-स्नान करते हुए सब न सही, 'लड़के' २०० (ग.१) के युवकों में से एक तो "एक तरफ खड़ा तिरछी आँख से कपड़े बदलती एक औरत को देख रहा था"। शौच के दौरान गाँव की महिलाओं के साथ बलात्कार के ख़तरे की 'चिर कुमारी' २३६ (ज.२) में भी चर्चा की गई।

'तोहमत' (घ.५) में यह बड़े पैनेपन से जताया गया है कि कॉलेज तक के लड़के लड़कियों को छेड़ने में कोई कसर नहीं छोड़ते (२७३), फिर लड़कियों की नीयत पर ज़रा-सी, कितनी भी बेबुनियाद तोहमत लगने पर उन्हें अत्यधिक शह मिल जाती है उनके साथ और बेसलीका होने की। जब साथ देने की बजाय प्रोफ़ेसर भी उन्हें "रसिक अंदाज़" में घूरता है, उनसे निपटना उन्हीं का दायित्व बनता है। २००६ में, यानी बलात्कार के विषय पर आज जितनी बातें छिड़ जाने से सालों पहले ममता जी इस समस्या पर टिप्पणी करना नहीं भूलीं कि "क्या डॉक्टर विश्वास करेगा कि [वक्ष पर] यह परिन्दे का दिया हुआ आघात है। क्या भरोसा, वह इसे दरिन्दे की करतूत समझे" (कौए और कोलकाता २५, ट.२), यह सोचकर यौन अपराध की अनेक घटनाएँ रिपोर्ट नहीं की जाती हैं। कथित इज़्ज़त का बहुत बड़ा बोझ आज भी महिलाओं पर है, पुरुष 'छुट्टे' घूमते हैं।

बस के रात को अटक जाने और रात भर ढाबे पर रुकी रहने के भय पर आधारित 'वह मिली थी बस में' (झ.५) कहानी इसलिए रुचिकर है, क्योंकि इसमें बताया जाता है, खुद को खुले विचारों वाला मानती मध्यवर्गीय महिलाओं में सम्मान खोने का डर अधिक होता है, जबकि नीचे तबके की महिला छेड़छाड़ को अपना अस्तित्व ख़त्म करनेवाली घटना नहीं मानती, चाहे ऐसी घटना दुर्घटना क्यों न हो। यह पूछे जाने पर कि "गाँव में फारिग होने जाने में" "कभी कोई जबर मिल गया तो?", वह दूसरी से कहती है, "तो का, दो-धाके आ जाइत हैं घरे। अरे कोई चोट-चपेट लगे तो मरा थोड़ो जाई। ई देही त देही है, कौनो मसीन नहीं कि कल-पुरजा बदल लेयं" और यूँ समाप्त करती है : "सुनो, वैसन तो बड़ी मेमसाहब बनी हो। कटे बाल, रेशमी साड़ी। बोली भी गिटपिट। पर हिम्मत के नाम पे निरी लीद हो" (३८२)। एक बार लेखिका ने अपने साक्षात्कार में भी व्यक्त किया था, "स्त्री-देह कोई कच्चा घड़ा नहीं कि जूठा हुआ और फेंक दिया। ··· नारी-विमर्श बहुत हुआ, अब पुरुष-विमर्श की ज़रूरत है"।[१६]

अभी तक हमने देखा ही है कि ममता जी कुछ मुद्दों को पूरा विस्तार नहीं देतीं, लेकिन सरसरी तौर पर उनकी चर्चा करना चाहती हैं। 'चिर कुमारी' २२४ (ज.२) में लड़कियों के न केवल बॉस, वरन् रिश्तेदारों के हाथ हो रहे यौन-शोषण का भी ज़िक्र पाया जाता है। 'प्रेम कहानी' १२१ की नायिका भी इसी कारण, (दूर के) मौसे से बचने के लिए हॉस्टल चली जाती है। 'आपकी छोटी लड़की' (घ.२) उनकी सबसे लम्बी कहानियों में है, लेकिन बच्चों के यौन-शोषण संबन्धी दो प्रसंग केवल इसी के छोटे-से भाग में शामिल करती हैं। फिर भी आधे पन्ने से कम स्थान पर वे न केवल यह बताती हैं कि पानी न आने पर पड़ोसी डॉक्टर अपनी पतलून की ओर अश्लील इशारा

कर बालटी के साथ खड़ी बच्ची से कहने लगता है, "लो इससे भर लो", बल्कि यह भी, जो ऐसी त्रासद घटनाएँ घटते वक़्त अक्सर होता है : एक ओर पीड़ित बालक-बालिका अपने अनुभव शब्दों में ढाल नहीं पाते, दूसरे, परिवार के इस ख़तरे से बेखबर लोग बच्चों के असामान्य व्यवहार का गलत अर्थ निकलते हैं और बच्चे को डाँट देते हैं (२४३)। एक और. आत्मकथात्मक प्रसंग में बताती हैं कि बच्चे स्कूल में भी सुरक्षित नहीं हैं। बच्चों को बेंत से मारनेवाला गणित का अध्यापक सवाल अच्छे से हल करती छात्रा को प्यार भी करता है, "कंधे से लेकर कमर तक के हिस्से पर" हाथ फेरकर पीठ सहलाते हुए (२४९)।

कई बार पुरुष की हवस, शंकालु निर्ममता या लोभ औरत की जान ले लेते हैं। 'इक्कीसवीं सदी' ५० (च.५) में जब पति अपहरण की रिपोर्ट लिखवाने जाता है, थानेदार का पहला सवाल है, "कितने साल की लड़की थी?"। लेखिका की यह भय पैदा करनेवाली, हत्याकांड पर लिखी अकेली कहानी महिलाओं पर हो रहे संगीन अपराध की बड़ी संख्या और हालात की संजीदगी पर ध्यान खींचती है। जन-मानस में अपहरण का शिकार पुरुष नहीं बनता, बल्कि पुरुष ही शिकार करता है। कहानी के अन्त में युवा पत्नी की लाश इस अवस्था में बरामद होती है कि उससे यौन-अपराध का उतना ही स्पष्ट पता चलता है, जितना कई वर्ष बाद हुए निर्भया-काण्ड में जनता ने देखा-सुना है। 'श्यामा' २५८ (ज.११) की नायिका को सतर्कता विभाग में कार्यरत रह चुके अफसर पति नौकरी न करने देकर, आर्थिक रूप से अपने अधीन रखकर, बेवफ़ाई की तोहमतों से पहले मानसिक तौर पर नष्ट कर देता है, फिर कहानी इस ओर इंगित करती है कि शारीरिक रूप से भी : अन्ततोगत्वा वह सीढ़ियों से गिराई जाने से दम तोड़ देती है।

जब 'लड़कियाँ' ८४–८५ लघु-उपन्यास में, रसोई में झुलसने से एक दिन अचानक पत्नी की मृत्यु हो गई, तो पड़ोसियों ने कोई "चू-चपड़ न की" (८६)। स्वाहा होकर पंचतत्त्व में लीन हो जाने का कारण स्पष्ट नहीं है, क्योंकि इन दम्पती के विवाह को कई साल हो चुके थे; वरना ब्याह के बाद ऐसी घटनाएँ होती आई हैं। दहेज के प्रश्न हम अगले अध्याय में उठाएँगे, फिर भी इसका ज़िक्र होना चाहिए, जो लेखिका ने यहाँ लिखा था : "कोई दिन ऐसा न था, जब विवाहित नवयुवतियों के मार डाले जाने के सचित्र समाचार न छपते हों। बहू प्रताड़ना राष्ट्रीय आन्दोलन का रूप लेता जा रहा था। अच्छे पढ़े-लिखे बारोज़गार लड़के एक अदद स्कूटर, फ्रिज या टीवी के लिए अपनी पत्नी को जला मारने में कतई संकोच न करते" (९१)।

स्त्री की देह-यष्टि एक प्रकार से बाँस की वह छड़ी है, जिससे 'वंश बढ़ने' का तात्पर्य है। इसे शौक़ से क ।-छाँटता माली इस बगीचे में पुरुष ही है। 'दुक्खम-सुक्खम' १०० में पति "कुनैन" ।। पत्नी का गर्भपात करवाना चाहता है, उसे डर है कि इस बार भी लड़की न पैदा हो। ताकि दोबारा लड़की न हो, 'मनहूसाबी' ३४२, ३४३ (ङ.७) की नायिका की माँ ने "पेट पर ज़ोर से मुक्के मारे, मेथी उबालकर पी, कुनैन खाई", तत्पश्चात् सचमुच लड़की को जन्म देने पर चूँकि घर के लोग "अहिंसावादी थे, इसलिए उसे कृपापूर्वक ज़िन्दा रहने दिया गया"। परन्तु कई नवजात बच्चियों को न आदर्शवाद की सुरक्षा नसीब नहीं होती, इसकी याद दिलाने के लिए 'नरक दर नरक' ४६–४७ में लेखिका दिखाती है, मुंबई के समुद्र-तट पर नीम अँधेरे में दो आदमी एक शिशु की हत्या कर देते हैं—और नायक-नायिका इसका गवाह बन असहाय वापस आ जाते हैं, यह सोचते हुए कि वह कन्या रही होगी। – ममता कालिया ने २००३ में यह माना था कि "एशियाई देशों, विशेषकर भारत में, आनेवाले समय में दहेज और बालिका-शिशु के विषय में पूर्वाग्रह के विरुद्ध ज़ोरदार जनान्दोलन चलने चाहिए", जो इस बीच कुछ-कुछ साकार होने लगे हैं। आशा है कि सुधार की राह पर समाज वापसी का रुख नहीं करेगा।

ग. आजीविका

भारत में पेशा अनेक बार पुश्तैनी होता रहा है, यहाँ तक कि पुलिस की नौकरी भी (ऐसा ही था वह ३६३, झ.३)। लोकतांत्रिक देश की राजनीति हो अथवा फिल्मों का मायालोक, आज के बहुतेरे अभिभावक पहले की भाँति अपने बच्चों को रॉकेट की तरह 'लांच' करने की फ़िराक में हैं; यह उन्हें इतना आरामदेह, स्वाभाविक और सुगम लगता है कि कभी नहीं सोचते, वे मौलिकता का वध किए जा रहे हैं। परन्तु इन दिनों आजीविका के क्षेत्र में भी आधारभूत परिवर्तन देखा जा सकता है। कारण अमेरिका-संचालित भूमण्डलीकरण हो या कुछ और हो, बड़े शहरों से शुरू होकर यह बदलाव अब जगह-जगह महसूस होने लगा है। जहाँ नौजवान लड़कों में अनेक बेरोज़गार बैठे हैं, वहाँ लड़कियाँ काम से लगने लग चुकी हैं। नए निर्मित हो रहे परिवेशों में बेशुमार लोग अपने को कलपुर्ज़ा महसूस करते हैं, तो नई आ रही संभावनाओं से अन्य अनेक लाभान्वित हो रहे हैं। ज़ाहिर है, इन मुद्दों पर लेखिका ख़ामोश नहीं रही है।

बेरोज़गारी

बेरोज़गारी का विषय 'बेघर' के पश्चात् ममता कालिया ने दूसरे, तीसरे और छठे कहानी संग्रह में भी उठाया था, २००४ के बाद के सबसे नए चार संग्रहों में यह लगातार उपस्थित है। ममता कालिया ने सही समय पर सटीक पहचाना है कि नए सहस्राब्द की सामाजिक चुनौतियों में, बढ़ती जा रही आबादी को रोज़गार के मौके दिलाना देश के लिए सबसे दुःसाध्य चुनौतियों में है। "अख़बार की दी हुई ख़बरें, सरकार की दी हुई बेरोज़गारी और परिवार की दी हुई परेशानियाँ" (लड़के १९८, ग.१) कुछ ऐसे घटक हैं, जो युवकों को आन्दोलित करने के अलावा विचलित भी कर देते हैं।

'बिटिया' ३७९–३८० (ङ.१२) का आशिक़ बोसों से मेहर अदा करने की बात करता है, ममता कालिया पूछती हैं, "आज़ाद हिन्दुस्तान में बी०ए० पास बेरोज़गार नौजवान इसके अलावा मेहर में और दे भी क्या सकते हैं?", 'लकी' १५० (छ.३) के नायक जैसों को "प्रार्थना, तिकड़म, सिफ़ारिश और दाँवपेंच के सहारे", "जुगत" कर सरकारी लिपिक की नौकरी मिल पाती है। 'लड़के' १९९ (ग.१) की तरह 'अपने शहर की बत्तियाँ' (ङ.३) और 'ऐसा ही था वह' (झ.३) में नौकरी के लिए आवेदन देने के ख़र्च का ध्यान दिलाया जाता है। अर्ज़ी डालने के लिए काफ़ी पैसों की आवश्यकता है, चाहे नौकरी मिले न मिले, लेकिन नौजवानों के सामने फ़िलहाल बहुत थोड़े विकल्प हैं। उन्हें एक-एक मौका पकड़ना पड़ता है और सफलता बहुत बार हाथ नहीं लगती। 'अपने शहर की बत्तियाँ' के नायक-युगल को "कुल अस्सी पदों के लिए तेरह हज़ार उम्मीदवार" (३१९) जैसी स्थिति से जूझना पड़ता है एक ऐसे शहर में, जीवन की तरह "चीज़ें बिलकुल उसी जगह खड़ी हैं, जहाँ कल, परसों, नरसों थीं" (३१८) और जहाँ "नौकरी, विकास और प्रेम की गुंजाइश" बहुत कम है।

"आईएएस की मरीचिका" 'दौड़' १३, ४५ के अलावा 'अपने शहर की बत्तियाँ' ३१८ (ङ.३) व 'प्रिया पाक्षिक' ६४ (च.८) में चर्चित है। प्रतियोगी परीक्षाएँ बेरोज़गार जवानों के सामने सामाजिक और आर्थिक उन्नति का पुष्पक विमान हैं, लेकिन सबको सवारी नहीं मिलती। 'पण्डिताइन' ८३ (ड.१०) में बेरोज़गारी का यही रूप उल्लिखित है, अर्थात् "प्रतियोगितात्मक परीक्षाओं की आड़ में अपनी बेरोज़गारी ढकने" के प्रयास। परन्तु 'पण्डिताइन' में यह भी दिखाया जाता है कि सरकारी क्षेत्र में अक्सर कार्यरत परिजन के मरने पर नौकरी उसके किसी परिजन जो सौंप दी जाती है, चाहे साथ ही साथ करुणा की यह विजय अर्हत्ता पर क्यों न हो। इस दौरान, 'दौड़' ४४ में देख सकते हैं, जहाँ बाज़ार में आजीविका के अवसर कई गुना होते जा रहे हैं, वहीं परंपरागत बुद्धिजीवी वर्ग के सामने विकल्प कम होते जा रहे हैं, जैसे इलाहाबाद

में कई अध्यापिकाओं के बेटे अब "चप्पल चटकाते हैं"। 'वसन्त—सिर्फ़ एक तारीख़' २११ (ग.४) कहानी के लेखक दम्पती का कहना है "बेरोज़गारी हमारा पुश्तैनी रोज़गार था"। 'नरक दर नरक' ४२ के नायक का पढ़ा-लिखा दोस्त सिनेमा टिकटों की कालाबाज़ारी से गुज़ारा करने की कोशिश करता है।

ये घटक युवकों को ही नहीं, बड़ी उम्र के अनेक अन्य लोगों को भी महानगरों की तरफ धकेलते हैं, जो संख्या में और अधिक फूले जा रहे हैं। महानगरों से गाँव-कस्बों की संस्कृति, समुदायों का सामंजस्य प्रभावित होता है : 'तासीर' (छ.८) के भरोसेमंद दूधवाले का मुंबई-प्रवास (तु० बाण गंगा ३३५, ज.१९) और एक चंट नए दूधवाले का आगमन, उत्तर प्रदेश में बेरोज़गारी की वजह से 'दौड़' १२ के नायक का गुजरात में नौकरी पाकर मित्रों से भावनात्मक तौर पर दूर होते जाना, तथैव 'सवारी और सवारी' ४६१ (झ.१७) के रिक्शेवाले का फ़सल-कटाई के बाद गाँव से इलाहाबाद लौटना इसी का संकेत हैं। इलाहाबाद से युवा दिल्ली पहुँचना चाहते हैं, तो मुंबई का एक अलग आकर्षण है, पर ज़रूरी नहीं कि जो आनेवाले खोजते हैं, उन्हें मिल भी जाता है। 'शहर शहर की बात' (क.१२) के नायक-नायिका भी इसलिए नई चीज़ को कल पुराना बताते इस महानगर आए हैं कि उनकी तरक्की हो। नायिका अध्यापिका है, पति बैंक की दीवार के साथ अपनी दुकान टिकाकर किताबें बेचता है, ऐसे में उनके गुज़ारे पर हर दम तलवार लटकती रहती है।

'परदेसी' ७४ (ड.९) के अनुसार "क्या है यहाँ पर ! सारे दिन मेहनत करो, गिने-गिनाए रुपये हाथ आते हैं। चार ट्यूशन न करें, तो घर का खर्चा नहीं चलता, आए दिन लूट-खसोट का आतंक"। व्यर्थ अर्थनीति व कुशासन ने कई हिम्मतवाले भारतीयों को देश छोड़ने, विदेश में किस्मत आज़माने के लिए ललकारा है, विशेष रूप से पंजाब क्षेत्र में। 'परदेसी' और 'परदेस' (ज.५) कहानियों में इंग्लैण्ड और कनाडा में बसने का उल्लेख है, जैसे इसका भी कि पहुँचे हुए व्यक्ति कहानी के टूटू की तरह अपनों को जल्दी पास 'बुला लेने' का विश्वास रखते हैं; 'काके दी हट्टी' १३ (ठ.१) और 'दूसरी आज़ादी' (ठ.६) मुस्लिम पात्रों के खाड़ी के देशों की ओर हो रहे प्रवास पर दृष्टि डालती हैं।

ममता जी ने श्रमिक अधिकारों के कच्चेपन और बाल श्रमिकों की समस्या को नहीं छोड़ा। नियम संहिता में क़ैद हैं, उनका अनुपालन काम देनेवालों को महज़ एक अनुरोध लगता है। वे जानती हैं कि मज़दूरों की अधिकारों में आती कटौती बेरोज़गारी का एक परोक्ष रूप है, क्योंकि जब तक कोई किसी भी तरह, किन्हीं भी परिस्थितियों में, कैसी भी शर्तों पर काम करने के लिए तैयार रहेगा, तब तक कार्य के अवसरों का

स्तर उठना, नई किस्म का रोज़गार लाना मुश्किल रहेगा। यह मन में रखते हुए उन्होंने 'राजू' ३३७ (ङ.६) में लिखा, "दुकान के सामने पाँच बजे से मजूरिनों की भीड़ जमा हो जाती है, काम पाने के लिए जो कचामरी होती है, राजू की अम्मा ही जानती है"। 'कौए और कोलकाता' ५–६ (ञ.१) में बाल-श्रमिकों का मुद्दा उठाया जाता है। नायिका रेस्तराँ में खाना खाते हुए सोचती है, काउंटर पर बैठा लड़का गणित का अभ्यास कर रहा होगा, किन्तु थोड़ी देर में वह थुलथुल मालिक के आदेशों को पूरा करने में लग जाता है। बाल-श्रम कानून केवल इन दिनों, २०१६ में सख्ततर हुआ है (करवाने को संज्ञेय अपराध का दर्जा दिया गया); 'निःशुल्क एवं अनिवार्य शिक्षा विधेयक' २००९ में साकार हो पाया था, इसे अमल करने के प्रयास सतत हैं।

शादी का संकट अलग, पढ़-लिखकर 'खिड़की' १५६ (छ.४) की तीन बहनों के सामने प्राइवेट स्कूल में अस्थायी नौकरी की असुरक्षा है। 'अँधेरे का ताला' ३१–३४ में ऐसे ही अस्थायी पद पर महिला कॉलेज में कई अध्यापिकाएँ पढ़ाती हैं। कानून की दीवारों में चूहे के रास्ते खोजकर प्रबन्धक उन्हें छुट्टियों के लिए निकाल देता है, कार्य के महीनों में रख लेता है, उनके अधिकारों का उल्लंघन होता जाता है। वे सामान्य कर्मचारी, जिनके पास कम से कम कच्ची नौकरी होती है, 'एक रिश्ता तो था' २० (ठ.२) की नायिका की तरह "धरना, प्रदर्शन, हड़ताल" के अधिकार से वंचित कार्यरत हैं और बहुत बार उनके साथ बॉस तीन-पाँच करते हैं। 'शॉल' ११२ (च.१४) की चपरासिन को यह नहीं समझ आता कि ग्यारह साल की उसकी कच्ची नौकरी अगर पक्की होती, तो वह उसी काम के लिए दुगुना वेतन पा सकती थी। ऐसी समस्याएँ 'सिद्ध संप्रदाय' में भी हैं : लेखिका के पात्र पाते हैं कि उभरते भारत, 'कॉर्पोरेट इण्डिया' के "निजी सेक्टर में सबसे ख़राब बात यही है, नथिंग इज़ अन पेपर" (दौड़ ५२)। १९९० के बाद भारत में विशाल कंपनियों और 'विशाल' दुकानों का एक नया दौर शुरू हुआ है, छोटे पैमाने के व्यापार के लिए इनसे ख़तरा बढ़ गया। 'काके दी हट्टी' (ठ.१) में लेखिका दिल्ली के एक पंजाबी युवक के उदाहरण से दिखाती है कि मुश्किल में परिजन ही एक-दूसरे का मनोबल बढ़ा संकट से टक्कर ले सकते हैं।

बेरोज़गारी : 'लगभग प्रेमिका' (ख.३), 'प्यार के बाद' (ख.८), 'लड़के' (ग.१), 'वसन्त—सिर्फ़ एक तारीख' (ग.३), 'अपने शहर की बत्तियाँ' (ङ.३), 'प्रिया पाक्षिक' (च.८), 'अनुभव' (च.९), 'सुलेमान' (झ.२), 'ऐसा ही था वह' (झ.३), 'छोटे गुरु' (ञ.५), 'काके दी हट्टी' (ठ.१), 'दूसरी आज़ादी' (ठ.६), 'बगिया' (ड.७), 'पण्डिताइन' (ड.१०), 'कामयाब' (ढ.२), 'वह लड़का जिसे गर्मी लगती थी' (ढ.५), 'थोड़ा सा प्रगतिशील' (ढ.१२)

कामकाजी स्त्री

लेखिका के सभी संग्रहों की हर तीसरी कहानी में स्त्री नौकरी करती है और इन अट्ठावन कहानियों में से केवल सात ऐसी हैं (वे तीन और वह, क.२; पिछले दिनों का अँधेरा, क.९; साथ, क.१०; सेवा, छ.७; मुखौटा, ज.४; काके दी हट्टी, ठ.१; ज़ोरदार तालियाँ, ठ.१०), जिनमें वह मुख्यपात्र नहीं है। पेशे से ये नायिकाएँ सामान्यतः अध्यापिका, प्राध्यापिका, मॉडल, टीवी हस्ती, संपादक, मैनेजर, ऑफिस कर्मचारी तथा मज़दूर होती हैं, हालाँकि बार की एक गायिका भी इनमें शुमार है। हाल ही तक ये होते हैं वे क्षेत्र, जिनमें भारत की महिलाओं का सहज प्रवेश है। ममता जी आजकल की इंजीनियर लड़कियों के बारे में नहीं लिखतीं, यह कार्य अब नई पीढ़ी की कोई ममता कालिया कर सकेगी।

आजकल एक तरफ बेरोज़गारी बढ़ती है, दूसरी ओर अलग-अलग कारणों से महिलाएँ भी अक्सर काम करने लगती हैं। कुछ की मज़बूरी है, तो कुछ अपनी क्षमता के अनुकूल सम्मान और यश-कीर्ति पाना चाहती हैं। पर नतीजा कई बार एक है : ऐसी महिला को कामकाजी स्त्री नहीं, 'नौकरीशुदा औरत' समझा जाता है, बिलकुल तलाकशुदा, कुलटा औरत के अन्दाज़ में। आज़ादी के समय में वणिक पिता ने "कभी कल्पना ही नहीं की थी कि ऐसा ज़माना आएगा, जब लड़की भी कमाई करने लगेगी"; सोचते हैं, बेटी का चाहे "घर से स्कूल, स्कूल से घर सूधे से आना-जाना" हो, "बनिया बिरादरी में तो नाक कट जाएगी", "छोरी की कमाई खाओगे?" (दुक्खम-सुक्खम १६२–१६३)। यदि पति कहे, तो समाज मानने के लिए तैयार कि औरत उसकी बनाई हुई चीज़ है। अगर कोई महिला ऊँचे पद पर पहुँच जाती है, तो कोई यह नहीं कहेगा कि उसने इतना बड़ा काम अपने बल-बूते पर किया है, बल्कि किसी न किसी का हवाला देंगे (खाँटी घरेलू औरत, ३८वीं क०)।

परंपरागत रूप से स्त्री का व्यवसाय 'धंधा' ही हो सकता था। ममता कालिया अपनी एक मॉडल नायिका के माध्यम से इस विश्वव्यापी मानसिकता का व्यंग्य-रूप पाठक के सामने रखती हैं : "दीदी, कभी तो देह से हटकर सोचा करो। – क्यों? क्यों सोचूँ? देह से अलग स्त्री कुछ नहीं है। तू ज़्यादा वैदेही बनेगी, तो तेरे पास भी कोई नहीं फटकेगा" (कौए और कोलकाता २३, ट.२)। वैसे वे वेश्याओं की दुनिया के बारे में नहीं लिखतीं। कुल तीन टिप्पणियाँ ही की हैं, जिनका तात्पर्य ऐसी औरतों से है, पर उनके दुर्भाग्य पर खेद नहीं जतातीं। 'लगभग प्रेमिका' १३७ (ख.३) की नायिका को मुंबई के किसी बस स्टॉप पर एक रँगीला बूढ़ा राहगीर अश्लील प्रस्ताव देता है। 'बेघर' ३९ के परमजीत को एक दलाल फ्लोरा फाउंटेन पर फँसाकर किसी जापानी दिखती

लड़की के पास ले जाता है; दोस्त वालिया कहता है, वह होता, तो भागता नहीं, फिर एक फ्रांसीसी लड़की का वृत्तान्त सुनाने लगता है। अपने काम से इलाहाबाद आया ‘नरक दर नरक’ [९७] का नायक रात को होटल के सम्मुख, उस इलाके में, जहाँ पहले कोठा होता था, एक संदिग्ध स्त्री को देखता है।

‘एक रंगकर्मी की उदासी’ (ज.१) में नाटक का सन्दर्भ लेखिका को महिलाओं के अपनी प्रतिभा झलकाने की पाबंदी के दो आयामों से चिन्ता प्रकट करने का मौका देता है। पहले, “माता-पिता लड़कियों को रंगमंच पर भेजना पसंद नहीं करते” (२३४), तो दूसरे “अभिनेत्रियों के कैरियर पर विवाह और गृहस्थी का पर्दा पड़” जाता है (२३५)। जब सवाल किसी की, कुलीन औरत की या उसके परिवार की इज़्ज़त का न हो, तब भी विवाह नौकरी करने में एक बाधा रहती आई है, जैसे ‘दौड़’ [३०] की राजुल को शादी के समय अपनी नौकरी छोड़नी पड़ी। ‘शक’ (ठ.७) में ममता जी इस ओर इशारा करती हैं कि नौकरी करने के सवाल पर स्त्री-समाज खुद कहीं बँटा हुआ है। सबके साथ सहज व्यवहार करनेवाली, मीठी आवाज़ वाली नई पड़ोसिन आकाशवाणी में उद्घोषक हैं, फिर भी गृहस्थी चलाने में कुशल—यह देखकर कॉलोनी की आम गृहिणियों के सीने पर साँप लोटने लगता है।

‘पर्याय नहीं’ [१९६] (छ.११) यह बोध जगाती है कि नाज़ुक-सी किसी औरत के लिए भी सिद्धहस्त शल्यचिकित्सक बनना कोई असाध्य कर्म तो नहीं है। लेखिका अपनी पीढ़ी और आजकल की लड़कियों का अन्तर बताते हुए कहती है, “हम खाली कंधे से कंधा मिलाना चाहते थे। ये अपना कंधा आगे रखना चाहती हैं”।[१७] करीना कपूर व अर्जुन कपूर अभिनीत फिल्म ‘की एंड का’ (२०१६) यह बात बड़ी तीव्रता से सामने लाती है। बड़े शहरों के मंच पर अब ‘काके दी हट्टी’ [९] (ठ.१) की जैसी नायिका भी उतर चुकी है, जो बीपीओ में आधी रात तक काम करती है, पति का रखा हुआ खाना गरम कर खा लेती है और जिसके लिए प्रौढ़ महिलाएँ चिन्ताग्रस्त हो उठती हैं कि जी-ब्लॉक की होकर यदि पति के “बी-ब्लॉक से ऐसे ही दूर रही, तो भूगोल के साथ उसकी इतिहास से भी खटपट हो जाएगी”। ‘दूसरी आज़ादी’ (ठ.६) में दकियानूस पति का विदेश में काम करना नायिका के लिए नई उम्मीदें और संभावनाएँ लाता है। वह खुद स्कूल में काम करना आरंभ कर देती है, इससे उसका आत्मविश्वास धीरे-धीरे बढ़ता है। पति के घर आने पर अब वह उससे डरती नहीं। दूसरी कामकाजी युवतियों, जैसे ‘पच्चीस साल की लड़की’ (ङ.५) या ‘जाँच अभी जारी है’ (च.३) की नायिका को परिवार का निश्चित समर्थन मिलता है। यहाँ चुनौती नौकरी की परि-स्थितियों में होती है।

रोज़गार जब मिल जाता है, जान से भी प्यारा लग सकता है, महिलाएँ बहुत कुछ बरदाश्त कर लेती हैं, बस नौकरी न छिन जाए। ऐसे में स्वाभाविक है कि बॉस अपनी ताकत का गलत इस्तेमाल कर सकते हैं, जैसे गर्भावस्था के अन्तिम चरण में चल रही महिला कर्मी को प्राचार्या प्रसव के निमित्त ज़्यादा से ज़्यादा कैजुअल छुट्टी देने की सोच रही है (वसन्त—सिर्फ़ एक तारीख़ २१३, ग.३)। महिलाओं के साथ रोज़गार के क्षेत्र में हो रहे अन्याय की एक व्यंग्यात्मक अभिव्यक्ति 'प्रिया पाक्षिक' ६६–६७ (च.८) में है। लगभग 'प्रतिप्रश्न' (ज.६) की भाँति यहाँ, "इतनी बड़ी महिला पत्रिका में किसी भी स्तर पर एक भी महिला कर्मी कार्यरत नहीं थी", क्योंकि मालिक और संपादक के अनुसार महिलाओं के साथ होते "हादसों", "गर्भाधान, प्रसव या गर्भपात से कार्यक्षमता में बाधा" पैदा होती। 'दौड़' ३८ की उपरोक्त नायिका को भी विवाहित और गर्भवती होने के लिए नौकरी छोड़नी पड़ी, उसपर दफ्तर में अक्षम होना का मानसिक दबाव डाला जाने लगा था। मॉडलिंग कैरियर 'लड़कियाँ' व 'दुक्खम-सुक्खम' २३६, २५४–२६६ उपन्यासों तथा 'कौए और कोलकाता' (ट.२) में भी शामिल है। कहानी की नायिका मिस बहार के 'आउट' होने के लिए हड्डी टूटना पर्याप्त है, उपचार और आराम के दस हफ़्तों में नए-नए चेहरे मंच पर आते हैं।

बावजूद इसके कि मसलन दिल्ली की मेट्रो में नौ-साढ़े नौ बजे के बाद शायद ही कोई औरत दिखती है, दिन में तो औरतें कमरतोड़ मेहनत करती हैं, बिना यह सोचे कि पुरुषों से उन्हें कितनी इज़्ज़त मिलती है। अपने एक साक्षात्कार में लेखिका ने बताया था कि उनके नज़रिये में "सहनशक्ति, कठोर श्रम करने की ··· क्षमता, चीजों का एक भावात्मक स्वीकार अथवा अस्वीकार" महिलाओं की ताकत हैं।[१८] कन्नूर के चाय बागान के हरियाले विस्तार पर कई परिवार पत्ते तोड़ते हैं, "परिश्रम सब बराबर करते हैं, पर मर्दों को मिलते हैं एक सौ बीस रुपये रोज़ और औरतों को सिर्फ़ नब्बे" (पिकनिक ४१३, झ.१०)। कॉर्पोरेट में कार्यरत लड़कों को कामकाजी स्त्रियाँ, मुँहबोली मौसियाँ रात का खाना खिलाती हैं, हालाँकि उन्हें शायद स्वतन्त्र-स्वावलम्बी होने का चमकता आधुनिक तमगा नहीं मिलता (दौड़ १७)। बड़ों से हुए अन्याय को भी उठा लेती हैं, जैसे एक नायिका जानती है, "मैं अंशकालिक पद पर पूर्णकालिक कार्य करती थी, मेरी सहयोगी प्रवक्ता पूर्णकालिक वेतन पर अंशकालिक काम" (लगभग प्रेमिका १३०, ख.३)।

काम करने की जगहों पर महिलाएँ कैसी मुश्किलों में पड़ सकती हैं, यह 'जाँच अभी जारी है' २८ (च.३) दिखाती है, जहाँ कार्य के समय के बाद दफ़्तर में चल रहे बॉस के अश्लील कार्यक्रमों की सहभागी बनने से मना करने के पश्चात् नायिका को

झूठी अनुशासनात्मक कार्रवाई में फँसाया जाता है। पिता की सलाह मान "अपर्णा अभी भी डरी नहीं, उसे लगा, सच्चाई उसके साथ है" (२९), अनन्तकाल तक चलती दिखती जाँच के दौरान उसकी मदद करनेवाला एक अधिकारी भी उससे छेड़खानी करने की कोशिश करता है (३४)।

'राजू' (ङ.६), 'चोट्टिन' (च.१३), शॉल (च.१५), 'रोजगो की मार' (छ.६) चारों अकेली गरीब कामकाजी स्त्रियों की ज़िन्दगी का चित्रण करती हैं। इनमें यह एक समान बिंदु है कि उनकी आजीविका किसी भी लिहाज़ से निश्चित नहीं है, वे महाशयों की मेहरबानी पर निर्भर अपना काम करती हैं और हरदम नौकरी छिन जाने का खौफ़ खाए रहती हैं। इनकी मुश्किलों को पाठक के करीब लाने के बावजूद वे दलित और स्त्री प्रश्न को जोड़कर दिखाने से इनकार करती हैं। दलित महिला के जीवनयापन का काठिन्य एक तरफ है, लेकिन संबन्धों में उसे ज़्यादा गुंजाइश मिलती है, जबकि सवर्ण महिलाएँ "अपनी भीरुताओं और समाज की रूढ़ियों" के घेरे में फँसी रहती हैं।[१९]

औरत को नौकरी पर नरम-गरम क्यों न सहना पड़े, ममता कालिया साफ़ तौर पर महिलाओं के घर से निकलने और काम करने के पक्ष में है। लेकिन 'अपत्नी' ४९–५० (क.५) कहानी में हमें यह भी बता देती हैं कि नौकरी करना हर औरत का सपना नहीं होता। "मैंने तो बी०ए० भी रो-रोकर किया। नौकरी करना मुझे पसंद नहीं था" (५०), नायिका कहती है। ऐसी स्थिति में यह गलत तो नहीं कि वह घर-बार के भीतर ही अपनी खुशियाँ खोजे।

आम आदमी का जीवन

बीसवीं सदी में बहुतों का अनुभव रहा कि महानगर के जीवन की यांत्रिकता मनुष्य को नीरस, शुष्क बनाती जाती है। ममता जी ने इस विषय पर कुछ कहानियाँ अपने हर संग्रह में लिखीं, ख़ासकर 'उसका यौवन' (ङ) व 'जाँच अभी जारी है' (च), अस्सी के दशक के इन संग्रहों में हर दूसरी कहानी की संवेदना यही होती है। लेखिका की एक शुरूआती कहानी 'यह ज़रूरी नहीं' (क.३) अपने मुंबई के अनुभवों का व्यंग्यचित्र है। नायक हरि के दफ्तर में केवल चपरासी और संपादक संतुष्ट रहते हैं, बीच के सब ऊबे हुए, और हरि को चिन्ता है कि वह उनमें शामिल होता जा रहा है, उसी दिन वह खुद को सुखी पाता है, "जिस दिन चपरासी और संपादक उससे खुश होते"। कुछ इस तरह 'मुखौटा' २४४ (ज.४) की बड़ी कंपनी में काम शुरू कर "साल भर में उन [नौजवानों] के दिमाग़ वैसे ही निर्मित हुए, जैसी कंपनी को उम्मीद थी। सोते-जागते उनके सामने एक ही उद्देश्य होता—कृपाल पेंट्स का विस्तार और उत्कर्ष"।

'यह ज़रूरी नहीं' में दफ्तर के यंत्र में पिसते मनुष्य की खट्टी एकरसता का सबसे कटु विवरण है यह, जो सूचित करता है कि कर्मचारियों का अलग कोई विचारलोक होना, यह ज़रूरी नहीं है। समय बीतने के साथ हरी "चीज़ें स्वयं बर्दाश्त करने लगा है, उसी तरह जिस तरह उसकी माँ अपना बदमिज़ाज पति और उसने स्वयं पत्नी के पीले दाँत और खुरदरी हथेलियाँ बर्दाश्त की हैं। ··· वह सूअर की तरह संतुष्ट रहने लगा" (४२)। परन्तु जब यंत्र में षड्यंत्र भी हो, तब यह और तकलीफदेह हो जाता है। 'बगिया' ६० (ड.७) एक ऐसे ईमानदार कर्मचारी को दर्शाती है, जो नौकरी पर लोगों के दुराशय से घिरा रहता है। दुकान के मालिक "हर समय प्रसन्न दिखनेवाले कर्मचारियों को ··· शक की निगाह से देखते और उन्हें बेवजह टोक देते", फिर भी "मालिक से प्रशंसा पाने की बेवजह प्रतियोगिता बनी रहती, कुन्दन के खिलाफ़ स्टोर में एक माहौल तैयार होता गया"। 'जी' (ढ.१) के दूसरे भाग में एक बार में प्रस्तुतियाँ देते गायक-युगल की ज़िंदगी से परिचित होते हैं, जो जीवनयापन के लिए रातों को कड़ी मेहनत करते हैं और इस बीच अपनी बच्ची की देखरेख के बंदोबस्त से बेचैन हैं। मालिक को बच्ची का परिसर में उपस्थित होना अच्छा नहीं लगता, न ही यह इंतज़ाम बच्ची के लिए ठीक है, पर उनके सामने दूसरा रास्ता नहीं है।

'झूठ' (च.१४) के चिन्मय बाबू "अपने जीवन के सुनहले, रुपहले सारे वर्ष" (१०३) कहानी पत्रिका को दे चुके हैं, पर इतनी उम्र में एक पत्राचार से पनपते प्रेम के कारण ही सहकर्मियों को लगने लगा है कि "वे अब तक सिर्फ़ नौकरी करते थे, अब संपादन भी करते" हैं (१०६)। 'इक्कीसवीं सदी' ४५ (च.५) के भोला बाबू "पिछले पच्चीस साल से इस दफ्तर में कार्यरत" थे, जहाँ "सबके चेहरे लगभग एक-से थे, उनपर भावों के उतार-चढ़ाव को पकड़ पाना जैसे नामुमकिन था", और "वे दस से पाँच तक अपनी सीट से चिपके अपने हिस्से का काम करते, हर दो घंटे बाद पान खाते"। हमारे "विकट समय में" बेटे को भी "सपने देखने का जोखिम वे नहीं देना चाहते थे" (४७)।

दोयम दर्जे के शहर में 'सुलेमान' (झ.२) के नायक के दोस्त केवल सपने देख सकते हैं, जीवन उनके लिए झोले में विकल्प भरकर नहीं आया। बेरोज़गार दोस्तों को देखते हुए 'प्रिया पाक्षिक' ६८ (च.८) का कर्मचारी अपनी बेमतलब नौकरी को हलके में नहीं ले सकता : चाहे उससे कितनी भी नफ़रत हो चली हो, "प्रत्यूष हँसता, झेंपता, पर ··· यह उसकी रोज़ी रोटी का सवाल था। शारीरिक स्तर पर नष्ट होने से अच्छा था कि वह इसी तरह वैचारिक स्तर पर नष्ट-भ्रष्ट होता जाए"। बेरोज़गारी के डर तथा आम आदमी की एकरस ज़िंदगी में संबन्ध ढूँढ़ना स्वाभाविक है, मगर लेखिका आम आदमी की बेमनई पर लिखी सिर्फ़ हर चौथी कहानी में बेरोज़गारी का सवाल

उठाती है। मज़बूर उदासीनता के अन्य कारक भी तो होते हैं।

"रोज़ अपने आस-पास मशीनों का वही कर्कश धातुस्वर, वही प्रूफों का ढेर, पाई के पहाड़ देख चेतन को अपनी अर्थहीनता का तीखा अहसास होता। ··· पिछले महीने उनकी शादी की सालगिरह थी। उस दिन सुबह कैलेंडर से धूल झाड़ते प्राची को याद आया था" (उपलब्धि १७६–१७७, ख.११)। मनोरंजन के बिना जीवन एक बेमकसद सफ़र है; दफ्तर में काम करनेवालों को महसूस होता है कि "मौज-मज़े के नाम पर ले-देकर रविवार को पत्नी के साथ पिक्चर जाना या दोसा खाना रह गया" (आहार ३२४, ङ.४), इसी लिए एक मनोरंजन क्लब के गठन का संकल्प किया जाता है।

जीवन में संतोष पाने के लिए थोड़े धन की आवश्यकता भी है। में लेखन के उचित पारिश्रमिक के सन्दर्भ में ममता जी ने लिखा, "जीवन में दरिद्रता को प्रोत्साहन देना मुझे कभी अभीष्ट नहीं था"।[२०] 'लगभग प्रेमिका' १३१ (ख.३) की नायिका को पति मुंबई में छोड़ दूसरे शहर में काम करने चला जाता है। वह हॉस्टल पहुँचकर अकेला बिस्तर देखती है और हिम्मत बाँधने की कोशिश करती है, पर यह कहीं से आसन नहीं : "'अब मैं आज़ाद हूँ'। ··· पास पड़ी मेज़ पर मेरा पर्स रखा था। उसमें सिर्फ़ सवा चार रुपये थे। सवा चार रुपये में कितनी देर आज़ादी बरकरार रखी जा सकती है?"। 'बिटिया' ३७८ (ङ.१२) के वीरेश्वर बाबू से एक स्कूटर भी "प्रोविडेंट फंड से पैसे उधार लेकर" ही ख़रीदा गया है, किन्तु वह अपनी चार बेटियों में से पहली की शादी में देना पड़ता है, नहीं तो "लड़के का मन रह जाएगा"। हम सोच सकते हैं उन तमाम पिताओं का जीवन किस पशोपेश में बीतता होगा, जो "मेरी जान भी चली जाए, पर इसे अच्छे घर भेज दें" (३७९) की सोच में अपनी जीवन-भर की कमाई महज़ बेटियों की शादी करवाने में स्वाहा कर डालते हैं।

आम आदमी की एकरस ज़िन्दगी (*, यदि बेरोज़गारी की भी चर्चा हो) : 'यह ज़रूरी नहीं' (क.३), 'बीमारी' (क.४), 'पिछले दिनों का अँधेरा' (क.९), 'बेतरतीब' (क.११), *'लगभग प्रेमिका' (ख.३), 'उपलब्धि' (ख.११), *'वसन्त–सिर्फ़ एक तारीख' (ग.३), 'काली साड़ी' (घ.१), 'लैला-मजनूँ' (घ.७), 'कवि मोहन' (घ.१०), *'अपने शहर की बत्तियाँ' (ङ.३), 'आहार' (ङ.४), 'राजू' (ङ.६), 'मनहूसाबी' (ङ.७), 'आलमारी' (ङ.११), 'बिटिया' (ङ.१२), 'दर्पण' (ङ.१३), 'जाँच अभी जारी है' (च.३), 'इक्कीसवीं सदी' (च.५), 'दाम्पत्य' (च.६), *'प्रिया पाक्षिक' (च.८), 'पहली' (च.१०), 'वर्दी' (च.१२), 'शॉल' (च.१५), 'इरादा' (च.१६), 'लकी' (छ.३), 'किताबों में कैद आदमी' (छ.९), 'परदेस' (ज.५), 'रोग' (ज.१३), 'छवि' (ज.२०), *'सुलेमान' (झ.२), *'ऐसा ही था वह' (झ.३), 'सिकंदर' (झ.८), 'सवारी और सवारी' (झ.१७), *'छोटे गुरु' (ज.५), *'काके दी हट्टी' (ठ.१), 'एक रिश्ता तो था' (ठ.२), 'ज़ोरदार तालियाँ' (ठ.१०), 'छोटे खिलाड़ी' (ठ.१२), 'वारदात' (ठ.१७), *'बगिया' (ड.७), *'पण्डिताइन' (ड.१०), 'जी' (ढ.१), 'वह लड़का जिसे गर्मी लगती थी' (ढ.५)

महानगर के साथ बदलता समाज

मुंबई का चेहरा कितना बदला है, यह 'शहर शहर की बात' (क.१२) कहानी से मालूम पड़ता है। "इस शहर का चरित्र रात में उभरता था, जब हमारे घर के सामने वाली सड़क से तरबूज, खरबूजे और लौकियाँ लादे ऊँटों की कतारें गुज़रतीं" (७६)। यही नहीं, मुंबई में सत्तर के दशक में बहुत कुछ और मुमकिन था, जो देश के अन्य कोनों में नहीं। शहर की जीवन-रेखा है सागर का किनारा, जहाँ "लोग लम्बी दूरियाँ तय करके आते और मुँडेर पर बैठ जाते, सींगदाना खाते लोग, नारियल पीते लोग, भेलपुरी खाते लोग, प्रेम करते लोग। ··· एक लड़का और लड़की टूटी-फूटी अंग्रेज़ी में प्रेम कर रहे थे" (बेघर ३५)।

स्वाभाविक है कि एक उपन्यास समाज का हर रंग दिखाने के लिए नहीं लिखा जाता, लेकिन लेखक के लिए शामिल किए प्रसंग प्रामाणिक होंगे और हमें ममता जी पर भरोसा है। यूँ 'बेघर' की मुंबई के सामाजिक परिदृश्य में संभोग को उतनी बुरी नज़र से नहीं देखा जाता था, ईरानी दुकान पर लोग इत्मीनान से "डबलरोटी, अंडे, साबुन, डाक टिकट और निरोध खरीदने आते" (३५), यहाँ तक कि वालिया अपनी गर्लफ्रेंड विजया के सामने खुद हँसते-हँसते एक फ्रांसीसी लड़की से साथ हुआ एक वाकया सुनाता है (३९)। इस कृति के बारे में बातचीत करते हुए, कौमार्य के सन्दर्भ में ममता कालिया ने कहा कि "समस्त आधुनिकता के बीच [कुंवारी पत्नी की] यह उम्मीद एक फ़ंतासी की तरह मौजूद रहती है। बहुधा यह फ़ंतासी यथार्थ भी बनती है, पर कभी-कभी इसका विलोम भी हो जाता है। विलोम के प्रति वर्तमान समय-समाज का दृष्टिकोण ही निर्धारित करता है कि समाज बदल रहा है अथवा नहीं"।[२१]

प्रायः नए जीवन-मूल्यों का आविर्भाव महानगरों में होता है। 'फरवरी की एक शाम' (ढ.१०) साक्षी है कि महानगर और ख़ासकर उच्च वर्ग का सन्दर्भ देखा जाए, तो आज कई मूल्य सामान्य से भी परिवर्तनशील नज़र आते हैं। समाज के इस तबके में न तलाक को महिला का पतन समझा जाता है, न पुनर्विवाह को, फिर तो अधेड़ महिला के आधी उम्र के 'माशूक़' के साथ पार्टी आने में कोई अड़चन नहीं है (९७)। भोजन संबन्धी पाबन्दी भी नहीं है, खान में न पान में : यहाँ "वोदका का वोल्गा है" (९७), लेकिन "घासपात" क़तई नहीं (९८)। 'पीठ' ४५५ (झ.१६) की धनिष्ठ कलाप्रेमी मालकिन बँगले को "शान्ति-निकेतन" बनाने की चाहत से भरी रहती है, इसलिए युवा कलाकार को निस्संकोच घर में एक कमरा देने का प्रस्ताव रखती है।

शुक्र है, अभी तक बड़े शहरों में भी सब इस क़दर 'प्रगतिशील' नहीं हुए हैं, किन्तु

'दूसरी आज़ादी' ४९ (ठ.६) की नायिका को कम अज़ कम अब पति के रखे "भूरे-काले रंग के नकाब पहनना, कपड़ों की तौहीन लगता" है और आजकल पति के दूर रहते उसने "यह तकल्लुफ भी ख़त्म कर दिया" है। उसकी बच्ची टीवी पर कार्टून नेटवर्क देखती है और अपनी उत्तर-औपनिवेशिक बार्बी डॉल को सजाती है (५२), यह इसका संकेत है कि आगामी पीढ़ी की सूरत पुरानी से काफ़ी अलग होनी है, कुछ अच्छे और कुछ बुरे दोनों अर्थों में। "जिनकी काया सधी हुई है, वे आकर्षक लग रही हैं, शेष उनकी दुखद परिणति साबित हो रही हैं। कपड़ा-क्रान्ति ने लोगों को साहसी बना दिया है। जँचे न जँचे, फबे न फबे, वे कुछ भी धारण कर सकते हैं", ममता जी ने लिखा।[२२] शरीर के अंगों को अतिरिक्त उघाड़ने को इन दिनों आधुनिकता की कसौटी माना जाने लगा है। 'कौए और कोलकाता' १८ (ट.२) की बड़ी बहन छोटी को देहाती कह देती है, इसलिए कि कोलकाता शहर में स्लीवलेस की जगह उसने "मोटे कपड़े लाद रखे हैं"। इसके विपरीत इलाहाबाद जैसे शहर में किसी वृद्धा के लिए घर के विदेशी मेहमान का निकर-बनियान में घूमना आपत्तिजनक लगता है (परदेसी ७८, ड.९)। 'आपकी छोटी लड़की' २४८ (घ.२) और 'लैला-मजनूँ' २८२ (घ.७) दोनों में एक-एक मुहावरा है, जो भारतीय नारियों में पल्लू या ओढ़नी से "बाकायदा" सिर ढकने के रिवाज़ पर ध्यान खींचता है।

छोटे बाल भारत में लड़की की स्वतन्त्र सोच के सूचक हैं (छुटकारा ५३, क.६; आपकी छोटी लड़की २४१, घ.२; मनोविज्ञान ३६२, ङ.१०; सेमिनार १३, च.१; रजत जयन्ती ३७, च.४; नया त्रिकोण ६२, च.७), जिन्हें यह अच्छा नहीं लगता वे ऐसी महिलाओं को 'परकटी' भी पुकारते हैं। 'गुस्सा' १५३ (ख.६) में पहले "आखें उठाकर देखने से डरती" बहू ने "बिना पूछे अपने बाल कटवा लिए", यह सास को पचता नहीं। — हालाँकि लोग अब दिखावे के लिए पाश्चात्य परिधान को अपना चुके हैं, पर निजी क्षणों में और आराम के लिए कहीं न कहीं अभी भी ज़रूरी समझते हैं, जैसे रेल यात्रा के दौरान 'खिड़की' (छ.४) के पिता भी पैंट-शर्ट उतारकर कुरता-पाजामा पहन लेते हैं।

'अनावश्यक' (ठ.१३) स्पष्ट करती है कि अब शहरी महिलाएँ अपना जीवन माँ की भूमिका में ही नहीं बिताना चाहतीं, कुछ तो सोचती हैं कि बच्चों की जगह "मैं अपना बाक़ी जीवन फेमिना पढ़ते, कोज़ी नुक में कॉफ़ी पीते, सिविल लाइन्स में शॉपिंग करते गुज़ारना चाहती थी" (११७) और ये अपने शिशु को इंग्लैंड जाने, उड़ान सीखने, बियर पीने की राह में रोड़ा पाती हैं (११८)। नायिका एक मनश्चिकित्सक से मिलने की आवश्यकता महसूस करती है, पर उसे पता है कि एक छोटे शहर में "गली-गली हकीम और होम्योपैथ का बोलबाला है" (११९)। नई पीढ़ी न सिर्फ नौकरी, बल्कि कैरियर के सपने देख रही है। लेखिका कहती है, "'दौड़' में मैंने उस वर्ग, उस

पीढ़ी को लिया है, जो आज 'कल्चर' के पीछे नहीं, 'कंज़ूमर कल्चर' के पीछे है। ··· आज जो बच्चे बड़े हो रहे हैं, वे एक बिलकुल अलग 'वैल्यू सिस्टम' के साथ जा रहे हैं। उनका भी संघर्ष बहुत है"।[२३] इसमें युवा पीढ़ी का प्रतिनिधि सोचता है, "मुझे संस्कृति नहीं, उपभोक्ता संस्कृति चाहिए, तभी मैं कामयाब रहूँगा" (४४), जबकि बड़ी पीढ़ी को लगता है, "जड़ों से कटकर जीनेवाली" संतानों ने संस्कारों का परित्याग कर डाला है (४५, ४८–४९), उनकी 'एथिक्स' का स्थान 'प्रोफेशनल एथिक्स' ले चुकी है (७२), ख़ासकर नौकरी बदलते जाने के नए चलन के विषय में (१०, १२)।

परिवार के चौखटे की छवि धुंधली हुई जा रही है, अपने सपनों की सुस्पष्ट, चाहे जवानों को घर बसाने की आयु में पीजी जैसे स्थान पर रहना पड़े और बेकार भोजन नसीब हो (दौड़ २१)। 'काके दी हट्टी' (ठ.१) की दृष्टि से महानगर की चकाचौंध में भटकते लोगों का बिखरता जीवन सामने आता है। बीपीओ में रातों को काम करती पत्नी के पास पति के लिए समय ही नहीं होता, "ऐसे में सिर्फ़ शनि, इतवार की तड़प ही चैन पा सकती थी" (१०), और कभी अपने वातानुकूलित घरों से न निकलनेवालों के नई खुली विशाल दुकान जाया करने से नायक के पड़ोस की जान-पहचान पर आधारित व्यापार की नौका-डूबी हो जाती है (१२)। इस युग में अभिभावकों और बच्चों का रिश्ता भी बदलता है। 'बाज़ार' ८९ (ढ.९) की दादी को खटकती है कि पोती मम्मी-पापा को बुद्धू बोल देती है, पर उसकी माँ इसपर ध्यान भी नहीं देती, वह दादी को घर पर छोड़ बेटी के साथ शॉपिंग करने गुड़गाँव जाने के लिए तैयार हो रही है; चाहें, तो दादी उनके साथ आ सकती है, गाड़ी में बैठकर उनका इंतजार कर सकती है।

संयुक्त परिवार के टूटने से अब बुज़ुर्गों की देखरेख का इंतजाम करना भी अक्सर आसान नहीं होता (ऐसा ही था वह ३५४, झ.३)। 'सेवा' १७९ (छ.७) दिखा देती है कि सब की सेवा करती चली, अब कोमा में पड़ी माँ की सेवा से पति घबराए हुए तो हैं ही, रोज़ हवाई यात्राएँ भरती व्यस्त संतानों के लिए अपना कर्तव्य निभाना कठिन है। बेटा "नटशैल में" समझना चाहता है दुर्घटना कैसे हुई; इस संकट से निर्विकार, बहू ने अकेली दिल्ली से गाज़ियाबाद के अस्पताल आने का कष्ट तक नहीं किया। उच्च-रक्तचाप के कारण अस्प-ताल में भर्ती हुई 'नमक' ४०८ (झ.९) की माँ के लिए पुत्र के पास समय नहीं, शाम को मुंबई ही तो पहुँचना पड़ता है, माँ को उसके मित्र रात की गाड़ी में बैठा आते हैं। 'दौड़' के अन्तिम पृष्ठों पर ऐसी परिस्थिति उठ खड़ी होती है, जिसमें बाहर देश में बसा बेटा पिता की अन्त्येष्टि में नहीं आ पाता। 'तासीर' (छ.८) व 'एक रंगकर्मी की उदासी' २३७ (ज.१) तुलनीय हैं। इनमें माँ की मृत्यु के बाद दो बेटे विदेश से आकर अकेले रह रहे पिता का ख़याल नहीं रख पाते, जबकि वे उनके यहाँ

कनाडा में टिक नहीं पाते। इस प्रकार की एक और कहानी 'समय' ४४८–४४९ (झ.१५) भी है। देख सकते हैं, ममता जी कई परिस्थितियों द्वारा पाठकों को चेताना चाहती हैं कि नई किस्म के रोज़गार के सवालात पहले से ज़्यादा परिवारों को कुरेदने लगे हैं।

'मन्दिरा' २८६ (घ.८) तथा 'अट्ठावनवाँ साल' ३५८ (ङ.९) दोनों में ऐसे मध्यवर्गीय दम्पती हैं, जिनके यहाँ पति की ख्वाइश थी कि बच्चा हॉस्टल में रहने चला जाए, और इसलिए बीवी है बिलकुल अकेली (तु० उत्तर अनुराग २८०, ज.९)। 'अट्ठावनवाँ साल' में पति का सेवानिवृत्त हो जाना पति-पत्नी दोनों के जीवन में बड़ा अन्तर लेकर आता है, लेकिन पत्नी को लगता है कि "अभी तो वे एक-दूसरे को फिर से पहचानने में काफ़ी समय गुज़ार सकते हैं" (३६१)। अर्थात् हमारे समय में जीवन की तेज़ होती जा रही शहरी रफ़्तार की वजह से लोग एक-दूसरे के बारे में भूलने लगे हैं। मुंबई, फिर इलाहाबाद में घटित 'नरक दर नरक' की संवेदना के बारे में ममता जी कहती हैं, "हर एक के सामने है जीवित रह सकने का संघर्ष, कार्यगत की यांत्रिक स्पर्द्धा, तालमेल के तनाव और सपनों के टूटते तारे। इस बीच अपनी परस्परता बचाए रखना प्रेमियों के लिए वास्तव में चुनौती की तरह आता है"।[२४] रिश्तों का बदलता स्वरूप इसमें भी देखा जा सकता है कि आज के युग में लोग बहुत बार खुद शादी में शरीक होने की जगह मनीऑर्डर से तसल्ली कर लेते हैं (काली साड़ी २३१, घ.१)। 'अट्ठावनवाँ साल' ३५८ के दम्पती ने भी "अपनी बहनों के ब्याह में अपनी मौजूदगी चेक से दिखा दी। चचेरे, ममेरे रिश्तेदारों में हुई गमी में टेलीग्राम से शोक प्रकट कर दिया"।

परिवार में आया यह अलगाव समाज के अन्य स्तरों पर इतना ही महसूस हो रहा है। लेखिका ने पाया, शहरों में "भयंकर ऊब और सुस्ती के बावजूद घरों में परस्पर बुलाने, बुलाए जाने की परंपरा एकदम नहीं थी, इसे एक व्यर्थ का चोंचला माना जाता था" (मुहब्बत से खिलाइए ४४९, ङ.८)। महानगर कम ही निवासियों का अपना होता है, मुंबई जैसे तेज़ी से बढ़ते शहर में मानव संबन्ध मुश्किल से विकसित होते हैं और लोगों को एक-दूसरे का नाम पूछना तक भूल जाता है। "इस शहर में धोबी को लोग धोबी ही कहते हैं, मोची को मोची और भंगी को भंगी। सिर्फ़ दूधवाले को लोग भइया और मज़दूरों को घाटी कहते" (बेघर ३१)। "महानगर आपको ज़्यादा अकेला करते हैं। छोटे कस्बों में आप फिर भी जुड़े रहते हैं, अपने परिवार से, अपनी ज़मीन से, अपने पेशे से। महानगर शाम के सात बजे, जब आपका ऑफिस बंद होता है, आपको अकेले छोड़ देते हैं"।[२५]

ममता कालिया हड़बड़ी में हो रहे परिवर्तन के विरुद्ध हैं, वे देश में एक सोचा-समझा बदलाव देखना चाहती हैं। 'फिर भी प्यार' १२२ (ठ.१४) की उद्विग्न नायिका

"माथापच्ची करती, किस तरह सबसे जल्द और आमूलचूल बदली जा सकती है दुनिया", पर लेखिका जैसे प्रबुद्ध प्रौढ़ परिचित "कहते—इतनी जल्दी क्या है। दुनिया रोज़ थोड़ी-थोड़ी बदलती है"।

घ. नागरिक सहजीवन

वर्तमान काल में समाज के ढाँचे के परिवर्तन, पुराने समुदायों के विघटन के कारण लोगों को साथ रहने के नए-नए तरीके अपनाने पड़ते हैं। कहाँ कभी अवर्णों को सवर्णों के आगे रास्ता छोड़ना पड़ता था, कहाँ ये सब खचाखच भरे वाहनों में सटे-सटे बड़े शहरों की ओर सफ़र करते हैं। पहले की व्यवस्था में विशेषाधिकार जातिगत अधिक होते थे, आज किसी भी तबके से मनुष्य ताल्लुक रखे, समझौते की अधिक आवश्यकता पड़ती हैं। लोगों के मेल-जोल संबन्धी उन मुद्दों को, जिन्हें ममता कालिया व्याख्यायित करती है, हम चार समूहों में बाँट सकते हैं। उन्होंने जनमत के निर्णायक स्वभाव पर कई टिप्पणियाँ की हैं, सामान्य जनों की आपसदारी के बारे में लिखा और प्रशासन तथा पर्यावरण-संरक्षण को भी छुआ।

लोग क्या कहेंगे ?

'परदेस' २५१ (ज.५) में देख सकते हैं कि बेटे के यहाँ विदेश आई हुई किसी महिला को, जो करवाचौथ के दिन वहाँ कहानी सुनने के लिए सात सुहागिनें एकत्रित नहीं कर सकती, अपने मुहल्ले की "बेतकल्लुफ पारिवारिकता" की मीठी याद सताती है। लेकिन अन्यथा ममता कालिया यह रूमानियत ख़ारिज कर देती हैं, वे पड़ोसियों के हस्तक्षेप के विषय में ज़्यादा लिखती हैं। 'आत्मरक्षा' १७१ (ख.१०) हम एक ऐसी नायिका के नज़रिये से सुनते हैं जो अपने घर में मोहल्ले के लोगों के प्रति "'आइए-आइए' दृष्टिकोण" से त्रस्त हो चुकी है। न केवल लोग राजनैतिक गप्पों से भाई का समय नष्ट करते हैं, लोग उनका फोन हथियाने को तुले हैं; हद तब हो जाती है, जब माँ और भाभी पक्की नौकरी वाला होने के कारण लड़की का रिश्ता एक नव-विधुर पड़ोसी से तय कर देना चाहती हैं।

'शक' (ठ.७) की कॉलोनी की विविध गतिविधियों के पीछे ममता कालिया एक ईर्ष्यालु, मतलबी तथा दिखावटी समाज का चित्र बना देती हैं, जहाँ दूसरों के सामने से स्टील का चाकू भी इसलिए छुपाकर रखा जाता है, क्योंकि वह केवल "मेहमानों के

आगे सेब काटने के लिए है" (६५)। बहुत-से लोग दूसरों की कामयाबी हज़म नहीं कर पाते, जैसे 'कामयाब' २९ (ढ.२) के पड़ोसी विधायक की तरक्की के पीछे का कारण "लखनपुर की बेग़म सलमा का हाथ" समझते हैं। ईर्ष्यालु जन अन्य लोगों को जलाना भी चाहते हैं। 'रोशनी की मार' १७० (छ.६) की "तिवारिन की आदत थी चीज़ों की कीमतें दर्शाते हुए बात करने की। किसी भी वस्तु की कलात्मकता पर उसका ध्यान बाद में जाता", इसलिए "नुमाइश के अंदाज़ में अपना नया फ्रिज बैठक में रख रखा था"। 'बोहनी' ४३१ (झ.१३) में एक ग्राहक सोने का हार खरीदते हुए कहती है, "ज़रा और मोटी ज़ंजीर दिखाइए लालाजी। गले में पड़ी दिखे, तो सही कि कुछ पहना है"। ज़ंजीर नहीं, तो "आर्थिक हैसियत के परिचय-पत्र" के रूप में नब्बे के दशक में कम से कम मारुति ८००, या संभव हुआ, तो टाटा सूमो की माँग रही थी (दौड़ १८)। लेखिका के अनुसार सांस्कृतिक कार्यक्रमों के "अधिकांश दर्शकों के लिए वहाँ देखे जाने के अंदाज़ में उपस्थिति महत्त्वपूर्ण थी" (दौड़ २६)।

अपने लोगों में, अपने मुहल्ले में प्रतिष्ठा हासिल करना बेहद ज़रूरी लगता है। 'आज़ादी' १९२ (ख.१२), 'आपकी छोटी लड़की' २४७ (घ.२), 'नयी दुनिया' ३१३, ३१६–३१७ (ङ.२), 'छवि' /उड़ान ४४२ (ज.२०) और 'वह लड़का जिसे गर्मी लगती थी' ५४ (ढ.५) इस बात पर पाठक का ध्यान खींचती हैं कि पड़ोसियों में बेहतर स्वीकृति पाने के लिहाज़ से पढ़ाई के क्षेत्र में बच्चों की कामयाबी माता-पिता के लिए कितनी अहम मानी जाती है। एक छोटा-सा सकारात्मक बिन्दु है कि कभी-कभी समाज का दबाव किसी अच्छे काम के लिए भी प्रेरित करता है, जैसे 'कवि मोहन' ३०२ (घ.१०) के बनिए पिता व्यक्तिगत रूप से बेटे का पढ़ना-लिखना "रुपये का चूरन बनाना" मानते थे, पर "मोहल्ले में सभी के बच्चे पाठशाला जाते थे", इस कारण जैसे-तैसे वे भी राज़ी हो गए। अक्सर गृहिणियों के पास, जो घर के अलावा जीवन के दूसरे किसी अखाड़े में सफलता पा नहीं सकतीं, विलक्षण दिखने, स्वयं को अभिव्यक्त करने का और कोई उपाय इसके सिवा होता ही नहीं कि समय-समय पर बच्चों की सफल परीक्षा के बाद लड्डू बाँटे जाएँ अथवा बेटे की वार्षिक आमदनी को एक-दो लाख बढ़ा-चढ़ाकर बताते रहें। चूँकि संतानों की प्रतिभा माताओं की प्रतिष्ठा बन जाती है, कम अंक पाने पर स्कूली बच्चों या विद्यार्थियों को दुगुनी डाँट पड़ती है (उसका यौवन ३०९, ङ.१; नयी दुनिया)।

लड्डू-मिठाई बँटवाना 'शक' ५६ (ठ.७) के अनुसार प्रोमोशन की सूचना प्रसारित करने का भी उत्तम तरीका है। फिर इसी कहानी में कॉलोनी के निवासियों का 'डच-डिनर' गृहिणियों में स्पर्द्धा की तरह लिया जाता है, जब उन्हें अपने कौशल की नुमाइश करने की बिरली गुंजाइश मिल जाती है (६१)। "संयम" और "त्याग" को

सर्वोपरि गुण बताती इन महिलाओं द्वारा "चटक-मटक आधुनिका" समझी जाने वाली (६४), नौकरी में मगन पड़ोसिन को इसकी इतनी चिन्ता नहीं है कि उसके बारे में उनकी क्या विचार है। इसकी भी नहीं, कब उन्होंने "ज़री की साड़ी पहनी, … मेकअप किया, … गहने पहने" (६४–६५)। कामकाज से व्यक्तित्व में परिपक्वता आने का यह एक अच्छा उदाहरण है।

जनमत, लोकापवाद की शिकार जानकी बनी थीं, और इन कृतियों से जान सकते हैं कि लोग क्या कहेंगे, इसकी पीड़िता आज तब की भाँति बहुधा स्त्री होती है। लक्षित करने योग्य है कि उसकी चौकीदारी में न केवल पुरुष, वरन् दूसरी औरतें भी शामिल रहती हैं। 'वसन्त—सिर्फ़ एक तारीख़' २१० (ग.३) की नायिका को महीनों बाद घर से बन-ठनकर निकलने पर चोंचलेबाज़ पड़ोसियों के संभावित सवालों से चिन्ता है : "'कहाँ जा रही हो?' 'कैसे निकलना हुआ?' 'खैरियत तो है?' वगैरह वगैरह"। मुहल्लों में "धोबी, जमादार और नौकरों के ज़रिये छिटपुट जानकारी का आदान-प्रदान हो जाता है" (पण्डिताइन ८३, ड.१०), 'बीमारी' ४४ (क.४) की नायिका भाभी को समझाना चाहती है कि "अकेली लड़की के घर नौकर के साथ क्या-क्या अफवाहें जुड़ जाती हैं"। बीमार पड़ने पर शादीशुदा सहकर्मी उसके बिस्तर के किनारे बैठना "अनैतिक" मानते हैं (४६)। इसी लिए 'दो ज़रूरी चेहरे' १२, १७ (क.१४) के अनुसार भी लड़कियों को शादी से पहले सड़क पर एक लड़के के साथ दिखने से डर बहुत होता था।

जनता बहुत जल्दी किसी व्यक्ति को तबाह कर सकती है। 'बाल बाल बचने वाले' २५३ (ज.३) के मुताबिक नायिका के बारे में ऐसी बेबुनियाद अफवाह फैलने में देर नहीं लगती कि वह "बेवफ़ाई की मार खाई महिला थी" या "अनचाहे गर्भ को ढोती हुई अविवाहित माँ"। तभी कुछ परिवारों में लड़कियों को नज़रबंद रखने के लिए उनके 'बदचलन' होने की बहुत थोड़ी-सी आशंका पर्याप्त है। यही 'फर्क नहीं' १२० (ख.२) की उस लड़की के साथ हुआ, जबकि कॉलेज "एक ऐसा महाविद्यालय था, जिसमें पिछले तीन सालों में एक भी वारदात होने नहीं पाई थी। न कोई छात्रा भागी या भगाई गई थी और न ही किसी लेक्चरर का प्रेम-प्रसंग अथवा तलाक हुआ था"। वरना यदि कोई देश के मीडिया की चपेट में आता है, उसका अंजाम अच्छा नहीं होता। कहानी की कॉलेज में तीन बरस पहले की इस घटना के लिए अख़बारों की सुर्ख़ियों ने पूरे अध्यापकगणों को घसीट दिया था। 'जाँच अभी जारी है' ३३ (च.३) की नायिका ऐय्याश बॉस की दुश्मनी से हुई अनुशासनात्मक कार्रवाई के दौरान खुद को आरोपों से मुक्त कराने के लिए अपनी सहकर्मी फरीदा से मदद चाहती है। वह

साफ़ इनकार कर देती है, "कितनी फज़ीहत होगी। मेरे अब्बा मुझे जान से मार डालेंगे"। दाग दूर की बात, लड़की पर साया तक नहीं पड़ सकता।

तथाकथित सदाचार की रक्षा निशिदिन जारी है। इलाहाबाद के बारे में कहा गया है, "यह छोटा, फिसड्डी शहर" "लड़की का ऊँचा ब्लाउज या नीची साड़ी भी बर्दाश्त नहीं कर सकता था। औरत का बासी, मनहूस और अधेड़ दिखना, शायद इस शहर की नैतिकता का एक अनिवार्य अंग था" (प्यार के बाद १६१, ख.८)। 'माँ' २९६–२९७ (घ.९) के मुताबिक चन्द दशकों पूर्व, बंदर द्वारा उठाई नन्ही के बचाव के लिए दौड़, छत पर बचाव अभियान में शामिल युवकों को "बिना घूँघट काढ़े" इन्दु का नज़र आना, सास की आँखों में "चुप-छिनाल लुगाई" का खिताब पाने के लिए काफ़ी था। हालाँकि लेखिका को नहीं लगता कि सब महिलाएँ एक-सा सोचतीं हैं : 'एक अदद औरत' २२७ (ग.१५) की स्त्रियाँ, जिसे अपने 'स्नेह-सम्मलेन' में आमंत्रित करना चाहती हैं, उसके "बिन रँगे होंठों और बिन कटे बालों की ओर" "निराशा से" देखती हैं।

'खाँटी घरेलू औरत की ३५वीं कविता में सुबह तड़के जब एक औरत सड़क के नल पर पानी भरने जाती है, तो उसे बिजली की मार लग जाती है, लेकिन उसे मुसलमान पंचरवाला बचा लेता है। घर पर इस "छिनाले" के लिए उसे पीट दिया जाता है, तब उसकी हमेशा की "चुप्पी" भी काम नहीं आती। 'छोटे गुरु' ४० (ञ.५) की हमाम गली में एक परित्यक्ता औरत का रात दस बजे अकेले घर चले आना टीका-टिप्पणी का कारण बन जाता है। नायक उसके साथ घर तक आ सकता था; इसपर जब औरत की माँ को सफ़ाई देना चाहता है, तो वह कहती है, उसके "सच्चरित्र पर ··· संदेह नहीं, पर धरम की बात है"। 'धरम' को लोक-लाज के साथ जोड़ना दिखाता है कि सामान्य वर्ग की चेतना में 'धर्म' का एक आवश्यक पक्ष है सामाजिक संचार को यथावत् रखना। धर्म की जितनी अहम भूमिका किसी व्यक्ति के निजी जीवन में है, जितना वह परलोक का सुरक्षा-कवच है, उतना ही कई समुदायों के बीच अभी भी संतुलन का बीमा। दिल्ली जैसे महानगर तक में कॉलोनी का फाटक रात ठीक दस बजे से सुबह छह बजे तक बंद रखने के संबन्ध में "मोहल्ले का ख़याल था कि शरीफ़ लोग वापस आने में इससे ज़्यादा देर नहीं करते" (चोरी २०, ञ.३)।

दिखावे से क्यों न सही, रिश्तों की शोभा की यथास्थिति को बरक़रार रखना चाहिए, इस प्रत्याशा के लिहाज़ से मध्यवर्ग की महिलाओं का जीवन गरीब तबके और शासक वर्ग से ज़्यादा कठिन है। इनका अधिकतम समय घर की चारदीवारी में बीतता है; उसके आस-पास दाम्पत्य में हो रहे तनाव को ज़ाहिर करना दूसरों की आँखों में गिर जाने के समान है। ऐसा हो नहीं सकता। 'एक जीनियस की प्रेम-कथा'

२७० (घ.४) की नायिका जानती है, अपमानित होने पर भी "अफसर परिवारों की आचार-संहिता के अनुसार उसे हर वक़्त शालीनता और आत्मविश्वास से भरे हुए होना चाहिए"। इसी विचार से तमाम अपमान के बावजूद 'मनोविज्ञान' ३६४ (ङ.१०) की कविता "गेट से आगे बढ़कर ··· तमाशा खड़ा नहीं कर सकती थी", "कॉलोनी में आस-पास भी सरकारी बँगले थे"।

पति का परित्याग सहने के बाद भी पत्नी की नीयत पर तोहमत लगना एक ऐसी दुर्घटना है, जिससे बचने के लिए सास अपनी बहू को पोती से पिटवाने के लिए तैयार है (एक पति की मौत १००, ठ.११)। विडम्बना यह है कि यदि किसी औरत से पति की बेवफ़ाई की पड़ोस को भनक लग जाए, तो वह महिला-समाज में औरत की असफलता के रूप में दर्ज़ हो जाता है (उत्तर अनुराग, ज.९)। 'इरादा' ११९ (च.१६) के नायक को लोग "उपहास का पात्र" बनाते हैं, क्योंकि ऐसी 'असफल' पत्नी तीन वर्षों में उसे कोई "हँसता-खेलता शिशु" नहीं दे पाई। लोगों की यह मानसिकता पति के पत्नी के साथ बरताव पर कोई अच्छा असर नहीं छोड़ती। विनयपिटक स्त्री के हिस्से हैं, शृंगार-शतक पुरुष के। रसोई में झुलसी पत्नी को गाँव में छोड़कर दूसरी औरत के साथ हो लेनेवाले पति का समाज के लोगों ने महज़ कुछ देर तक "बहिष्कार किया, पर धीरे-धीरे सब सामान्य हो गए"; बहुतों के लिए किसी बेवफ़ा पुरुष की "पत्नी की मौत तो कोहनी की चोट है, ज़ोर से लगती है, पर जल्द ही भूल जाती है" (उत्तर अनुराग २८०, २८४, ज.९)। यहाँ तक कि कहीं पत्नी की तेरही पर ही "नहा-धोकर दान-पुन्न से फारिग हुए" विधुर के यहाँ नए रिश्तेदार आ जाते हैं "गुलाबी पाग लेकर" (२८०)। पति-पत्नी-संबन्धों के पितृसत्तात्मक विकास की यह चर्चा अगले अध्याय जारी रहेगी।

आपसदारी

समाज में संगठनवृत्ति व साझेपन का भाव कितना होता है, यह ममता जी 'आहार' (ङ.४) में बता देती हैं। नायक दफ्तर का एकमात्र अविवाहित कर्मचारी है, जो साथियों के लिए एक मनोरंजन क्लब का आयोजन कर उठता है। आरंभ में सब उत्सुक हैं, लेकिन दो बार रेस्तराँ में एकसाथ भोजन कर लेने पर सब के नखरे सामने आ जाते हैं और संदिग्ध है, आगे फिर कब कार्यक्रम बनाना चाहेंगे। लेखिका की कृतियों में लोगों का सहयोगी कम, खुदगर्ज़ स्वभाव ज़्यादा उकेरा गया।

लोगों में से नेकी और भोलापन कैसे लुप्त होता जा रहा है, इसकी कुछ मिसालें मिल जाती हैं यहाँ। जिस दिन "न टैक्सी वाले से झड़प होती है न कुली से", एक नायिका को तब जीवन तुरंत "दिव्य" ही महसूस होता है (छोटे खिलाड़ी १११, ठ.१२)।

सब टैक्सी में नहीं जा सकते, 'बीमारी' ४३ (क.४) में मुंबई की उपनगर रेल से भीड़ में गिर जाने के बाद युवती केवल बस में सफ़र करने की ठान लेती है। आजकल के राहगीरों से उचित व्यवहार की आस किसे है? 'सीट नंबर छह' ११७ (ख.१) में ममता जी लोगों का मनोविज्ञान बताती हैं : "वह आदमी ऐसे खुश और हलका हो गया, जैसे उसे अभी-अभी बाथरूम से किसी का पर्स मिल गया हो"। 'पर्याय नहीं' (छ.११) में गाड़ी दुर्घटना के पीड़ितों का इलाज करते डॉक्टर के साथ चिकित्सा के शुल्क पर गुस्साए लोगों की मनमानी और वार्ड में तोड़फोड़, 'बाल बाल बचनेवाले' (ज.३) 'रोड रेज' की एक घटना दर्ज़ है। इस अध्याय में ऊपर दंगों का ज़िक्र हो ही चुका है।

ममता कालिया चिन्तित हैं, अब पहले से अधिक लोग "मुझे अपने भविष्य की पड़ी है। गली जाए भाड़ में, देश जाए भाड़ में" मानसिकता लेकर जीवन जीने लगे हैं; इन्हें गरीब बच्चे, धोबी और मेहरी नज़र नहीं आते हैं (अनावश्यक १२०, ठ.१३)। अफ़सोस जताती हैं, आजकल कोई किसी की मदद नहीं करता, लोगों को जोड़ने में आम दिखावटी धार्मिकता काम नहीं आती। 'बाथरूम' ३९० (झ.७) में उनका आशय यही होगा, यह बताते हुए कि देश के विभाजन के समय विस्थापित लोगों को "अपने ही वतन में, अपने ही लोगों द्वारा ··· नया नाम दिया गया—शरणार्थी", या फिर दूसरी तरह मुहाजिर। उनके सामने समाज एक बिगड़े हुए दाम्पत्य की तरह है, जिसमें तबकों के रिश्ते में पति-पत्नी संबन्ध की तरह खटास आई है, और अलगाव में अलग रहने की आशा नहीं है।

'जाँच अभी जारी है' (च.२) दिखाती है कि एक अभियुक्त कर्मचारी से लोग अपना मुँह जल्दी मोड़ लेते हैं, नमस्कार करना तक बंद कर देते हैं। शहरों का समाज सहारा देने की जगह निरपेक्ष होना सीख चुका है। 'चोट्टिन' १०२ (च.१३) में कोई उस दुकानदार की मदद के लिए नहीं रुकता, जिस की बिसात से पहले एक बच्ची चोरी करती है, फिर बहाना बनाकर सिपाही, और उसके सिपाही के पीछे घूमते-गिड़गिड़ाते वक़्त रास्ता चलते मनचले भी। डॉक्टर बहुत बार ऊपर-ऊपर से बात करते हैं, उन्हें मरीज़ को समझाने की कोई चिन्ता नहीं होती (इलाज ४२, ठ.५)।

'ख़ुशक़िस्मत' ४७–४८ (ञ.६) की नायिका हमले में सिर पर चोट खाकर बच जाती है, लेकिन यदि प्राइवेट हॉस्पिटल में भर्ती होने की बजाय "शहर के सबसे प्रतिष्ठित", "मेडिकल कॉलेज से संबद्ध" अस्पताल में थोड़ी देर और रुकती, ऐसा न होता। समस्या यह नहीं थी कि "अस्पताल में फैली गन्दगी, लापरवाही और लीचड़पन का वहाँ के डॉक्टरों की अनुपस्थिति, नर्सों के अनमनेपन और सहायकों की कामचोरी से अद्भुत सामंजस्य था", बल्कि यह कि वहाँ पुलिस रपट के बिना डॉक्टर उसे छूते

भी नहीं। ऐसी कई घटनाओं से परिचित होकर भारतीय विधि आयोग ने रिपोर्ट सं० २०१ प्रस्तुत की और प्रासंगिक कानून में संशोधन हुए। 'इक्कीसवीं सदी' ५०–५३ (च.५) में पुलिस का यही राक्षस रूप पाते हैं। यहाँ थाने पर कई घंटे शिकायत सुनने के लिए कोई मिलता नहीं है, जो मिलता है, वह अनादर से बात करता है, रिपोर्ट लिखवाने वाले पर झूठे इलज़ाम भी लगा सकता है। संभव है कि पुलिसकर्मियों के देर करने से महिला की हत्या हो पाती है। "किसी भी आदमी के मन में इस दुर्घटना को लेकर सवाल नहीं उठे। सबके अन्दर एक ऐसा यथार्थवाद पनप चुका था, जिसके तहत वे दूसरों में दिलचस्पी लेना वक़्त की बरबादी समझते थे" (४९)।

दायित्व टालना लोगों की आदत जैसा हो चला, ऐसा लेखिका को लगता है। मसलन "हर घर का विश्वास था कि कॉक्रोच पड़ोस से ही आते हैं" (लड़कियाँ ७३)। 'वारदात' (ठ.१७) में वे खेद जताती हैं कि हर मुहल्ले में कुछ लोग ऐसे मिल जाते हैं, जो चोरी की घटनाओं की बढ़ती तादाद के बावजूद चौकीदार तक को तनख़्वाह देने से बचते हैं, फिर कॉलोनी के चोरी हुए नक्शा बोर्ड की जगह नया बनवाने के लिए इकट्ठा हो रहे पैसों में कुछ जोड़ने की कौन कहे? स्वयं कुछ न करें, तो कोई भी सकारात्मक बदलाव मुश्किल है। फिर भी 'नायक' ८६ (च.११) का आदर्शों को खो चुके पिता, बेटे के क्रान्तिकारी तेवर देखकर कहते हैं, "तुम बाकी समाज को बदलो, हम भी तमाशा देखेंगे"।

मीडिया के विस्तार के साथ युवाओं पर दुष्प्रभाव छोड़नेवाली अनेक आवाज़ें उठ रही हैं। देख चुके हैं कि बड़ी पीढ़ी बच्चों के ख़राब 'एथिक्स' के लिए शिकयातमंद है। फिर 'दौड़' ३९–४१ के अभिषेक और राजुल में विज्ञापनों की सच्चाई और नैतिकता पर बहस हो जाती है, दोस्त पवन पति के पक्ष में है, उसे लगता है कि बिकवाली के संबन्ध में सच-झूठ की बात नहीं करनी चाहिए। यह कई समस्याओं की जड़ है। व्यसन और गलत आदतों का शरबत पिलाया जाता है, 'छोटे खिलाड़ी' ११२ (ठ.१२) की लेखिका नायिका ने देखा, टीवी पर क्रिकेट के "खिलाड़ी खेल रहे थे, उनके साथ-साथ सिगरेट, शराब, पान मसाला, कंडोम, बिस्किट और शीतल पेय भी खेल रहे थे। ऐसे प्रचार के पीछे उन उद्योगपतियों का हाथ है, जो अपने मुनाफ़े को हरदम दूसरों के फायदे के आगे रखते हैं।

प्रपंची नेताओं का भी एक ऐसा वर्ग है, जो हितकारी की बजाय दुष्कर राजनीति करता जाता हैं। 'सीट नंबर छह' ११७ (ख.१) की नायिका की तर्ज़ पर जो छात्र ऐसा सोचते हैं कि "सीनियर्स को बदतमीज़ होने का हक होता है", लोकतंत्र की चाहत उनमें सबसे प्रज्वल है; 'लड़के' (ग.१) में वे प्राध्यापकों के चयन में अपने प्रतिनिधित्व

की माँग करते हैं। लेकिन कहानी के ये ही छात्र-नेता रिक्शेवाले के मना करने पर पहियों की हवा निकाल देते हैं (२००)। 'निवेदन' १४३–१४४ (ख.४) में उत्तर प्रदेश की सशस्त्र पुलिस और प्रदर्शनकारी छात्रों की झड़प का ज़िक्र हुआ है। लेखिका ने 'इक्कीसवीं सदी' ४६–४७ (च.२) में भी छात्र-संघियों के अस्वीकार्य, फूहड़ व्यवहार का चित्रण किया। उनकी हड़ताल से ठप्प हुए पड़े दफ्तरी कार्य और परीक्षाओं के रद्द होने से अचानक होनहार नौजवान नायक का भविष्य क्षतिग्रस्त हो जाता है। जो छात्र-स्तर पर देखते हैं, वही वयस्कों की दुनिया में चल रहा है। पिता के व्यवहार का विश्लेषण कर इस बात को 'उसका यौवन' ३१० (ङ.१) का युवक जल्दी समझने लगा है कि "इस देश को भाषणबाज़ी ने चौपट कर डाला"। फ़िलहाल की राजनीति से बहुत उम्मीदें नहीं रख सकते।

प्रशासन

लोकतंत्र में प्रशासन लोगों से शुरू होता है, इसलिए अगर उनमें लोकतांत्रिक भावना न झलकती हो, तो विभिन्न समस्याएँ जन्म लेती हैं। "एजेंट ने कहा, '[गाड़ी] चलाना कोई मुश्किल काम नहीं है। बस चाबी घुमाइए और ले उड़िए। बचनेवाले अपने आप बचेंगे" (चिर कुमारी २२६, ज.२); कानून तब तक बेअसर रहेंगे, जब तक जनता में उन्हें कड़ाई से अंजाम देने की टीस नहीं उठेगी। पर 'शहर शहर की बात' (क.१२) में गोष्ठी के आयोजकों के सामने श्रोतागण एक साथी के शिक्षा व्यवस्था की दिशाहीनता की आलोचना करते भाषण की खुलकर तारीफ़ नहीं करना चाहते, बधाई बाद में व्यक्तिगत रूप से देते हैं। यह इसका एक अच्छा उदाहरण है कि भीरु तत्त्वों के कारण विकास कैसे टल जाता है। 'सुलेमान' ३५० (झ.२) का नायक होनहार युवा अध्यापक है, किन्तु "वह जानता था, समाज में महज़ इंटरमीडिएट कॉलेज की नौकरी के सहारे ज़िन्दा नहीं रहा जा सकता"। उसे छात्रों से प्यार मिलता है, लेकिन "किसी भी बात पर राय देते डरते और बोलने से पहले बहुमत टटोलते", वरिष्ठ होकर भी कम लायक सहकर्मियों से नहीं (३५१)।

'जाँच अभी जारी है' ३२ (च.३) की अपर्णा जिस तरह "हर एक महत्त्वपूर्ण व्यक्ति को 'सर' कहने की आदी हो चुकी" थी (तु० लकी १४८, छ.३), वैसे ही देश के अनेक दफ्तरों, कार्यालयों और कॉलेजों पर आडम्बर का एक कहर टूटा पड़ा है, जी-हुज़ूरी की यह अपेक्षा मारक है। सत्ता अपनी प्रजा के बारे में सोचना भूल जाती है, यह समझाना 'सुलेमान' लिखने के पीछे का इरादा है। "अब जब अगले और बीते कल का हौवा उसके लिए अर्थ खो चुका था, उसे जीवन-जगत पर सम्यक् दृष्टि डालना भला प्रतीत

होता। ··· कितना प्रसन्न है यहाँ का आम आदमी। ··· [लखनऊ के राजनिवास क्षेत्र में लगता है] यह सही अर्थों में आज़ाद भारत है। मेरा भारत महान। सुबह की ताज़ी हवा के साथ-साथ ··· फेंफड़ों में राष्ट्र के लिए गर्व भर जाता' (३५४–३५५)।

प्रशासन का रिश्ता अनुशासन से भी है। जब लोग अनुशासित नहीं, व्यापक तौर पर कामचोर हों, तब प्रशासन का हाल कौन पूछे, लेखिका विचारती हैं। "आजकल कोई अपना काम नहीं करना चाहता। ··· आज़ादी के बाद सबसे ज़्यादा आज़ादी कामचोरों को मिल गई", उनका एक पात्र ऐसा मानता है (ऐसा ही था वह ३६१, झ.३)। 'पच्चीस साल की लड़की' (ङ.५) के शर्मा जी "देर से दफ़्तर आते थे, जल्दी घर जाते थे। मातहतों को और क्या चाहिए !" (३३२), "चपरासी है, जो सिर्फ़ रजिस्टर पर हाज़िर रहता है" (३२९)। 'लकी' १५० (छ.३) के नायक ने "दफ्तर में ··· पान मसाला चबाना शुरू कर दिया और जान लिया कि एक अदना सरकारी कर्मचारी जितना कम काम करे, उतना कार्य-कुशल समझा जाता है"।

स्थिति यह है कि पक्की नौकरी पाने के बाद कोई चौकीदार अपना कार्य दायित्वपूर्वक करना बंद कर देता है (सवारी और सवारी ४५९, झ.१७)। ऐसे में 'खानपान' ४२३–४२४ (छ.११) के अनुसार विडम्बना यह है कि जिन घरों में सेवकों का सहारा लिया जाता है, वहाँ साफ़-सफाई की कसौटी उतनी कसी नहीं रहती, जितनी उन घरों में, जहाँ यह एक निजी दायित्व समझा जाता है। कामचोरी वास्तव में घातक सिद्ध हो सकती है। 'बिटिया' ३८६ (ङ.१२) में मोड़ पर खड़े खंभे के ऊपर बत्ती न जलने से दुर्घटना होती है, दुर्घटना में लड़की की मृत्यु हो जाती है और लेखिका इसका कारण भी स्पष्ट बताना चाहती हैं, "नगरपालिका ने हस्बेमामूल सभी मोड़ों से मुँह मोड़ा हुआ था" (३८६)।

सरकारी संसाधनों का गलत इस्तेमाल चारों ओर चलता रहता है। लेखिका को महसूस होता है कि बहुधा साहित्यिक आयोजनों का एकमात्र आकर्षण उनका निःशुल्क स्वरूप है। "हमें चण्डीगढ़ के प्रति वैसा ही उत्साह था, जैसा मुफ्त किसी शहर में पहुँच जाने पर लोगों को होता है", उनकी एक नायिका कहती है (शहर शहर की बात ७९, क.१२)। एक अन्य कहानी की नायिका भी केवल दिल्ली की भयानक गर्मी से बचने के लिए शिमला की एक गोष्ठी में शामिल होकर विद्वेषपूर्ण और दुराशायी लेखक 'साथियों' के संग समय बिताने का फ़ैसला लेती है (सेमिनार ११, च.१)। सूरिनाम में विश्व हिन्दी सम्मेलन करवाकर "हाय-हाय हिन्दी चिल्लाने" का प्रमुख उद्देश्य उन्हें चुनिन्दा प्रायोजित भागीदारियों का विश्व-भ्रमण लगता है (छोटे खिलाड़ी १०६, ठ.१२)।

सरकारी संस्थाओं की सँभाल का संहार 'संस्कृति' (ढ.६) है, जहाँ "साहित्य-संस्कृति भवन से दिन पर दिन साहित्य और संस्कृति दोनों ग़ायब होती जा रही थीं" (६४), जहाँ धन के अभाव में सेवानिवृत्त कर्मचारियों से भी "आदेशानुसार" काम लिया जा सकता है (६७), और जिसके पुस्तकालय के लिए "बारह साल से एक भी पैसे की किताब नहीं खरीदी गई है" (६८)। यह कि किसी छात्रावास में "मैस फीस पन्द्रह बरस से पचहत्तर रुपये ही चली आ रही है और कितनी लड़कियाँ अवैध रूप से हॉस्टल के कमरों में बसी हुई हैं", [illegible] सामने एक छोटी-सी समस्या प्रतीत होती है (चिर कुमारी २२५, ज.२)। — मम[illegible] इसका ज़िक्र करना नहीं भूलतीं कि विकास-कार्य को समर्पित अधिकारियों को कभी भी दिक्कत हो सकती है : सरकारी महकमों में किसी को परेशान करने का एक आज़माया हुआ तरीका है तबादला ("कहो, उसका ट्रांसफर करा दें", सुलेमान ३५२, झ.२)।

'इक्कीसवीं सदी' ४६ (च.५) के भोला बाबू की तरह जनता उम्मीद रखती है कि "सबको बढ़िया इलाज मिलेगा, ज़िन्दा रहने के बढ़िया अवसर मिलेंगे, जल्दी और सही इंसाफ़ मिलेगा"। जब लोग एक-दूसरे की मदद नहीं करते और जब प्रशासन की तबीयत कुछ ठीक नहीं है, तो व्यक्ति को महसूस हो सकता है कि वह भीड़ में खो चुका है। इलाहाबाद के बीसेक साल के नवयुवकों के लिए "स्वदेशी होते हुए भी विदेशी", "बिजली के वैभव" से मंडित राजधानी दिल्ली में "गणतंत्र-दिवस का समारोह देखना एक अलग, अनोखे अनुभव से गुज़रना था। परेड देखते हुए वे भूल गए कि वे उपेक्षित हैं, बेकार हैं, अकेले हैं" (अपने शहर की बत्तियाँ ३२१, ङ.३)। इन दो बेरोज़गार जवानों की दिल्ली-यात्रा के वृत्तान्त के बहाने लेखिका छोटे शहर और बड़े शहर, सत्ता और प्रजा के संबन्ध में बहुत कुछ बता देती है। जनसंख्या के बढ़ते चले जाने से आशंका है कि उन्हें [illegible] जितना इनसान नहीं समझा जाएगा, कुछ इस अर्थ में कि "गैर-आरक्षित डिब्बे में [illegible] असबाब की तरह अँटे थे" (अपने शहर की बत्तियाँ ३२३, ङ.३)।

सरकारी सेवाओं की गुणवत्ता के संबन्ध में उन्होंने विविध टिप्पणियाँ की हैं। स्वास्थ्य सेवा, चिकित्सकों की नैतिकता और अस्पतालों की बदहाली व गंदगी के बारे में 'प्रेम कहानी' १५७–१६३, १७८–१८२ में पाठकों को जागरूक कराने का प्रयास किया। 'छोटे खिलाड़ी' (ठ.१२) के अंतरराष्ट्रीय टीका केन्द्र में लम्बे चलते लंच टाइम (१०७) से आकर सोफे पर पसर जानेवाले कर्मचारी (१०८) येलो फीवर के टीके की अनिवार्यता की आड़ में विदेश जानेवाले यात्रियों को इंतज़ार करवाकर और डराकर उन्हें परोक्ष रूप से घूस देने के लिए मजबूर करना चाहते हैं (११०)। भ्रष्टाचार के सन्दर्भ

में पुलिस की चर्चा-अपचर्चा हो चुकी है; यद्यपि 'वर्दी' (च.१२) का सिपाही एक सर्वथा दुष्ट किरदार है, कहानी से यह भी स्पष्ट हो जाता है कि बहुत अधिक कार्यभार लादे जाने के कारण ही पुलिसकर्मियों का मन विकार-ग्रस्त हो सकता है, अर्थात् इस समस्या का ताल्लुक नैतिकता से ही नहीं, वित्त-साधनों तथा ढाँचा-गत सुधार से भी है।

शिक्षा की स्थिति की पड़ताल हम अगले अध्याय में करेंगे। यहाँ केवल इतना कहना काफी है कि शिक्षा-व्यवस्था की खामियों की 'शॉल' (च.१५) व 'अँधेरे का ताला' जैसी रिपोर्टें प्रधानाचार्या रह चुकी लेखिका के अपने अनुभवों ने तैयार करवाईं। कक्षा लेने की जगह स्टाफ़-रूम में गप्पें मारना, बुनाई करते जाना, "अपने शैतान भतीजे के लिए रंगीन चॉक पर्स में डालने जैसे कार्यक्रम" (शॉल ११४) उनके देखे अध्यापकों-अध्यापिकाओं की दिनचर्या का हिस्सा हैं। "आप पढ़ाना छोड़कर फिर से पढ़ना शुरू कीजिए", वे अपने पात्र के ज़रिये एक अन्य कहानी में समाधान का अनुरोध करती हैं (खिड़की १५८, छ.४)।

अन्ततः आधारभूत संरचना की कमजोरियाँ भी यदा-कदा कोसी गई हैं। भारतीय रेल की सेवाओं से असंतोष उन्होंने 'खिड़की' १५४–१५५ (छ.४) एवं 'सफ़र में' (ज.७) में जताया। दिल्ली के रेल यात्री निवास की सहूलियत पर एक पूरी कहानी, 'दल्ली' (झ.४) लिखी थी, जहाँ के कर्मियों की कामचोरी देखते ही बनती है। बिजली की किल्लत और कटौती सेमिनार (च.१), 'दौड़' ९, ११ और 'लड़कियाँ' ७१, ७७ में प्रमुख समस्या के रूप में प्रदर्शित की गई है। सड़कें ख़राब क्यों होती हैं, यह मुंबई की उस नेपियन सी रोड के उदाहरण से बतलाया, जिसपर गाड़ी से गुज़रनेवाली अमीर हस्तियाँ पैदलों की कभी सोचेंगी नहीं; वहाँ "ताज़े शुभ्र, पीत शेवन्ती पुष्प सड़क की दुर्गन्ध और दुर्दशा को चुनौती देने का संकल्प किए हैं" (बाण गंगा ३३५, ज.१९)।

पर्यावरण

ममता कालिया ने प्रशासन की ख़ामियों की तरह पर्यावरण के नगरों, महानगरों के परिवेश में महसूस होते अपकर्ष पर भी कई जगह अफ़सोस जताया है। 'प्रेम कहानी' १५५ के एनआरआई डॉक्टर नायक के नज़रिये से लिखा कि "हमारे मुल्क में स्वच्छता का सबसे विचित्र व गंदगी का सबसे घिनौना रूप, दोनों उपलब्ध थे"। 'मन्दिरा' २८९ (घ.८) की नायिका जिस गंदे नाले से पड़ोस की बच्ची का मेमना बचा देती है, उसका वर्णन इस प्रकार हुआ है, "सभी बँगलों के नौकर वहीं कूड़ा फेंकते, बच्चों को खेल-खेल में वहाँ पेशाब करने और अपनी धार को रेल की तरह बहते देखने में ख़ास मज़ा आता"; ज़ाहिर है, ऐसा इसलिए होता होगा, क्योंकि प्रशासन अपना काम नहीं करता,

फलतः नगरवासियों को अनेक असुविधाओं का सामना करना पड़ता है तथा गंदगी और अधिक गंदगी फैलाने के लिए प्रेरित करती है।

"वह भी चहल्लुम का रोज़ था। ··· गली आज बिलकुल साफ़ थी" (उपलब्धि १८०, ख.१०) तथा "नगरपालिका के सफ़ाईकर्मी अभी काम पर नहीं आए थे, उनके लिए होली अभी ख़त्म नहीं हुई थी" (काके दी हट्टी ७, ठ.१) कहकर बताती हैं कि इच्छित सफ़ाई शहरों की सड़कों पर बहुत बार सिर्फ़ त्यौहारों के दिन देखी जा सकती है, उससे पहले अथवा बाद में नहीं। 'मान लो कि' २६० (ज.८) में वे पार्क कहलानेवाले "फटेहाल मैदान" और उसमें "बैंच की तरह पड़ी" "एक-दो पत्थर की पाटिया" पर व्यंग्य करती हैं। सच है कि बड़े शहरों से हरियाली ग़ायब होती जा रही है, इसी कारण से 'शहर शहर की बात' ७९ (क.१२) की नायिका हरे-भरे चण्डीगढ़ जाने, वहाँ की "घास और ज़मीन से उगते फूलों" के दर्शनों के लिए प्रसन्न होती है।

इसके बावजूद यह नहीं कहा जा सकता कि लोग मनोहर परिवेश के लिए खुद एड़ी-चोटी का ज़ोर लगाते हों, जैसे "यों तो बी-ब्लॉक में हर जगह मकान बने हुए थे, काके दी हट्टी के पास एक बड़ा-सा प्लॉट ख़ाली पड़ा था। पहले लोग अपने घरों का कचरा यहाँ डलवा देते" (काके दी हट्टी १०–११, ठ.१)। कोलकाता की सड़कों पर, वे कहती हैं, "चाय-सिंघाड़े का फुटपाथी अभियान सुबह से शुरू हो जाता। दुकानदार ने कूड़ेदान रखा हुआ है, पर लोग इधर-उधर दोने डाल देते हैं। फिर सड़े-गले फल, घरों का कूड़ा, सड़क-किनारे रहनेवालों का खाद्य-अखाद्य, हर चीज़ पर काग-झपट्टा पड़ता" है (थिएटर रोड के कौवे ४, ञ.१)। इलाहाबाद के दोस्त बोलते हैं, "शहर के सुन्दरीकरण के लिए सिर्फ़ सुन्दरियाँ ही नहीं, और बहुत कुछ चाहिए। ··· जैसे यही कि सड़क के बीचोबीच केले का छिलका न फेंकें, सिनेमा हाल में मूँगफलियाँ न चबाएँ, जगह-जगह लघुशंका न करें" (अपने शहर की बत्तियाँ ३११, ङ.३)। फ़िलहाल "विराम ने दार्शनिक होकर सोचा, समाज में अगर स्वच्छता, सदाचार और विकास दस में से सात की दर पर भी हो तो बुरा नहीं, सत्तर प्रतिशत", यह बड़ी सफलता होगी (उसका यौवन ३०८, ङ.१)।

अन्य सन्दर्भ

१ 'साक्षात्कार' ५२ में ममता कालिया का भी यही मानना है : "संबन्धों से ही समाज की संरचना बनती है। ··· मुझे मनुष्य का व्यवहार व मनोविज्ञान बड़ा दिलचस्प विषय लगता है"।

२ 'साक्षात्कार' १०।

३ 'भविष्य का स्त्री विमर्श' ६४ तथा 'बीसवीं सदी का हिन्दी महिला लेखन' ११–१२, भूमिका।

४ 'भविष्य का स्त्री विमर्श' ५३। यहाँ लिखा : "कितनी अजब बात है कि हम अपने विराट्, सार्वभौमिक, सुपरिभाषित ऐतिहासिक परम्परा से वर्तमान समय की खण्डित आस्था, दिग्भ्रमित राष्ट्रवाद और रक्तरंजित राष्ट्रप्रेम के कोई संतोषजनक उत्तर नहीं ढूँढ़ पाते"।

५ 'साक्षात्कार' २४, ३९।

६ 'कितने शहरों में कितनी बार' १६५।

७ 'European Politics Are Swinging to the Right' (टाइम, २२ सितम्बर २०१६)।

८ 'साक्षात्कार' ५५।

९ मोहन राकेश की कहानी 'रोज़गार' में एक पारसी लड़की वेश्यावृत्ति करती है ताकि अपने छोटे भाई की देखभाल कर सके। कहानी में उनके पारसी होने का कोई और तात्पर्य नहीं है। दीपा मेहता की फ़िल्म 'अर्थ १९४७' का पारसी परिवार विभाजन के हिन्दू–मुस्लिम नरसंहार के बीच निरपेक्ष रहने का प्रयास करता है। इत्यादि।

१० दूरदर्शन पर लेखिका का साक्षात्कार; द्र० सेठी (२०१४)।

११ 'Richest 1% own 58% of total wealth in India: Oxfam' (द हिन्दू ऑनलाइन, १७ जनवरी २०१७)।

१२ एक मनोवैज्ञानिक खोज में पाया गया कि संपन्न व्यक्ति अपने आस-पास की गतिविधियों में कम ध्यान लगाता है, क्योंकि वह उनपर निर्भर कम रहता है ('Science confirms rich people don't really notice you—or your problems', क्वाट्ज़, २३ अक्तूबर २०१६)।

१३ द्र० आमिर खान द्वारा संचालित 'सत्यमेव जयते' कार्यक्रम, 'Criminalisation of Politics. Crimes and Elections' (३० मार्च २०१४), स्टार नेटवर्क तथा दूरदर्शन पर।

१४ द्र० आमिर खान द्वारा संचालित 'सत्यमेव जयते' कार्यक्रम, 'Police. State of Police Affaires in India' (९ मार्च २०१४), स्टार नेटवर्क तथा दूरदर्शन पर।

१५ द्र० आमिर खान द्वारा संचालित 'सत्यमेव जयते' कार्यक्रम, 'Daughters Are Precious. Female Fœticide in India' (६ मई २०१२), स्टार नेटवर्क तथा दूरदर्शन पर।

१६ 'साक्षात्कार' ११७।

१७ 'साक्षात्कार' ८२।

१८ 'साक्षात्कार' ९।

१९ 'साक्षात्कार' ८४।

२० 'पढ़ते, लिखते, रचते' २८।

२१ 'साक्षात्कार' १७।

२२ 'पढ़ते, लिखते, रचते' ४३।

२३ दूरदर्शन पर लेखिका का साक्षात्कार; द्र० सेठी (२०१४)।

२४ 'पढ़ते, लिखते, रचते' ३०।

२५ दूरदर्शन पर लेखिका का साक्षात्कार; द्र० सेठी (२०१४)।

पारिवारिक जीवन : समाज का लघु रूप

अभिभावक और संतानें – सयाने नौजवान – विवाह
और दाम्पत्य – वैकल्पिक संबन्ध

क. अभिभावक और संतानें

हमारा समाज परिवार से आरंभ होता है, परिवार वह जगह है, जहाँ दुनिया में आनेवालों को आदर्श रूप से पालन-पोषण, सुरक्षा एवं संस्कार मिलते हैं। भारत में संयुक्त परिवार आज भी अहम है, जहाँ टूट भी रहा हो, वहाँ इसका दुःख लोगों को अवश्य होता है। नब्बे के दशक में 'कभी ख़ुशी कभी ग़म' जैसी फिल्मों की बहुतायत में भी रिश्ते-नातों का महत्त्व दिखाई पड़ता है। हमारे संक्रमणकाल में संभव है कि कई मुद्दों को लेकर साथ रह रही पीढ़ियों के नज़रिये में अन्तर हो, इसलिए प्रश्न बनता है कि लेखिका के पात्र किस-किस आयु के होते हैं और उनका आपस में संबन्ध कैसा है।

नौजवान पात्रों की संख्या शुरुआत में अधिकतम रही है (पहले संग्रह में पाँच में से चार कहानी), लेकिन सभी रचनाओं को देखें, तो हर दूसरी के पात्र ही युवा होते हैं। जैसे-जैसे लेखिका की आयु बढ़ी, तो उन्होंने अधेड़ पात्रों पर ज़्यादा लिखना आरम्भ कर दिया, इनका आँकड़ा शुरू की पाँच कहानियों में से दो से बढ़कर औसतन चार में से तीन तक पहुँच गया। बाल-किशोरों और वृद्धों का प्रतिनिधित्व गौण है, दोनों औसतन चार में से एक कहानी में पाए जाते हैं। यह कहना गलत नहीं होगा कि अधेड़ पात्रों की संख्या जहाँ यथावत् अधिक रही, वहाँ वृद्ध पात्र बाद में, लेखिका के कृतित्व के दूसरे भाग में मंच पर उतर आए हैं, हालाँकि बूढ़ा मुख्यपात्र सिर्फ इन दस कहानियों में पाया जाता है : 'सेवा' (छ.७), 'तासीर' (छ.८), 'किताबों में क़ैद आदमी' (छ.९), 'एक रंगकर्मी की उदासी' (ज.१), 'ऐसा ही था वह' (झ.३), 'दल्ली' (झ.४), 'समय' (झ.१५), 'उनका जाना' (ञ.२), 'वारदात' (ठ.१७), 'बाज़ार' (ढ.९)। छोटे से बड़े बच्चे प्रथम संग्रह के सिवा हर कहीं दिखते हैं, लेकिन वे गौण पात्र होते हैं, केवल 'आपकी छोटी लड़की'

(घ.२), 'राजू' (ङ.६), 'वर्दी' (च.१२), 'चोट्टिन' (च.१३), 'बाँगड़ू' (झ.६), 'सिकन्दर' (झ.८), 'मुन्नी' (झ.१३) और 'नए दोस्त' (ञ.२६), इन आठ कहानियों में मुख्यपात्र बनते हैं। ममता जी ने कोई उपन्यास वृद्ध या बालक को केन्द्र में रखकर नहीं लिखा। 'निर्मोही' (झ) संग्रह में पीढ़ियों के अन्तराल की चर्चा अधिक हुई है। रोचक है कि इसके तुरंत बाद आए 'थिएटर रोड के कौवे' (ञ) में इसकी संख्या वैसी ही शून्य है, जैसी उस पहले 'छुटकारा' (क) में, जहाँ युवाओं के आधुनिक जीवन-शैली की पर्याप्त पड़ताल हुई थी। इनको छोड़कर शेष संग्रहों में चार में से एक कहानी में इसका विश्लेषण हुआ है, तथा 'दुक्खम-सुक्खम' और 'सपनों की होम डिलिवरी' उपन्यासों में।

बच्चों का जन्म व परिवार-नियोजन

दुनिया में आना—यह मनुष्य-जीवन का सबसे बड़ा रहस्य है। कौन, कहाँ से और किस रूप में आएगा, इतिहास में यह बूझने की सबको जिज्ञसा रहती आई है। जन्म के आत्मा-पक्ष को हम समझ नहीं पाए, लेकिन सामाजिक रीति के कारण शरीर-पक्ष पर कब्ज़ा करने की कोशिश बनी रहती है। पुरुष रत्न, कुलभूषण माना गया, उसके जन्म के निमित्त कभी सोलह संस्कारों में सीमन्तोन्नयन प्रचलित हुआ था; कन्या भ्रूण हत्या के उदाहरण पिछले अध्याय में, अपराध के विषय के तहत देखे थे। स्त्री के लिए दुनिया में आने का द्वार बाधित करने के प्रयास निरन्तर हो रहे हैं।

निश्चित है कि धार्मिक अनुष्ठानों की परिवार के विन्यास में बड़ी पैठ है, यह जानते हुए ही ममता जी ने देश छोड़ने की योजना बना रहे परिजनों के प्रति वृद्ध माँ का यह विलाप लिखा होगा, "बेटों के हाथ लगे बिना तो सरग भी नहीं मिलता" (परदेसी ७४, ड.९)। 'दौड़' ९१ के गुप्ताजी के अलावा 'कवि मोहन' ३०३ (घ.१०) के पिता को यही भय अपने इकलौते बेटे को घर से निकालने से रोकता है : "उन्हें परलोक की थोड़ी-सी चिन्ता थी। वे चाहते थे, उनका क्रियाकर्म ठीक-ठाक हो"। जहाँ चिन्ता परलोक की नहीं, वहाँ वृद्धावस्था की हो सकती है। एक नायिका की माँ (फ़र्क नहीं' १२७, ख.२) यूँ ही नहीं बुदबुदाती, "जन्मी थी औलाद ! लड़का होता, तो बुढ़ापे में काम आता"। भारत की लड़कियाँ शादी के बाद ससुराल चली जाती हैं और उन अभिभावकों की सेवा के लिए प्रायः कोई नहीं रह जाता, जिनकी केवल लड़कियाँ हैं।

पुरुष संतान को दिया जानेवाला यह महत्त्व बेटियों को जन्म देती औरतों के लिए जी का जंजाल हो जाता है। 'कवि मोहन' ३०१–३०२ (घ.१०) की माँ के लिए कुछ दशक पूर्व अपना बेटा "बालक था और रक्षक भी", उन्हें सास के हिंसात्मक प्रकोप, बासी पराठों और एक विधवा जैसे जीवन से बचानेवाला कवच, जिसके होने से दो

लड़कियों के बाद उन्हें "कितनी तृप्ति, कितना चैन और तसल्ली मिली थी"। 'जनम' (छ.५) में दुबारा बेटी होने पर "जश्न नहीं मना। उलटे घर में मातम ही मना" (१६०), नव-प्रसूता को लगता है कि "इस बार वह फिर छली गई" (१६२), और "यह लड़का होती, तो मेरे कितने ही दुःख दूर हो जाते" (१६३)। किसी के सात बेटियाँ "और सबों के सात-सात छोरियाँ" होने को द्वारकाधीश का प्रकोप समझती (१६५) दादी भी "वृन्दावन से इतनी निराश पहली बार लौटीं" (१६२)। 'गुस्सा' १५३ (ख.६) की सास ऐसे ही क्रुद्ध है कि बहू ने तीसरी बार भी लड़की पैदा कर दी।

पोती को अफीम चटाकर चुप करानेवाली और नश्तरवाले से छुपानेवाली 'मुन्नी' (झ.१३) की अनपढ़ दादी बाद में बहू को चेचक से ग्रस्त बच्ची का लालन-पालन करते हुए देख झींकती है, कहती है, "लड़का होता, तो जाने क्या हाल करतीं" (४३४)। "एकमएक बेटे" की चाहत सामान्यतः इतनी होती है कि 'परली पार' ८५ (ढ.८) का चौधरी लड़का उम्मीद करता है कि उसके घरवाले उसकी नीची जाति की प्रेमिका को किसी तरह कबूल लेंगे, यद्यपि ऐसा नहीं होता। इन रचनाओं में संतानहीन पति-पत्नी लगभग हैं ही नहीं। सिर्फ 'रजत जयंती' (च.४) के गीता-वरद दम्पती का कोई बच्चा नहीं है, वे कहते हैं, "पच्चीस वर्षों में एक भी बच्चा पैदा न कर हमने परिवार-नियोजन के सभी कीर्तिमान तोड़ दिए थे" (३८)। ऐसा प्रतीत होता है कि लेखिका इसे गलत नहीं मानती, किसी कारणवश अगली पीढ़ी पैदा न कर पाने से पाप नहीं लगता। फिर भी ऐसी परिस्थिति यहाँ अनूठी है।

ममता कालिया इस बात को एक अफसोसनाक, पर मौजूदा समस्या के रूप में देखती हैं कि प्रसव का बोझ महिला पर क्यों न हो, कहीं न कहीं बच्चा साधने का कार्यक्रम पुरुष तय करता है। 'दर्पण' ३९० (ङ.१३) में इसी तरह "पाँच साल में पति ने ··· [पत्नी को] तीन बार प्रसूति-कक्ष तक जाने का अवसर प्रदान किया। ··· एक-दो बार उसने परिवार-नियोजन का सुझाव दिया। पति की त्योरियाँ चढ़ गईं"। आखिरकार उस घर में जगह अन्य घरों से भी कम महसूस होने लगी; इसके हश्र के बारे में आगे 'घर में निजीपन' के अन्तर्गत अधिक बताया जाएगा। 'अनावश्यक' (ठ.१३) भी इस समस्या पर लिखी गई है कि बहुत-सी औरतों को परिवार नियोजन और गर्भवती होने पर विचार करने का अवसर नहीं दिया जाता : जब तक वे महसूस करें कि "मेरी दिलचस्पी बच्चा पैदा करने में भी नहीं थी" (११७) और "मेरा गणित कहता है, यह तीन साल पहले आ गया है" (११८), तब तक माँ बन चुकी होती हैं। इस बीच कोई पति दोस्त के सामने 'बीवी और बच्चे की झंझट' की बात करता है, जबकि पत्नी उससे बच्चा अपनी मर्ज़ी से न होने की शिकायत करने लगती है (दौड़ २९)।

"समाज कभी रीढ़ बनकर, तो कभी रूढ़ि बनकर स्त्री की चाल-ढाल, सोच-विचार चालित करना चाहता है", यह ममता जी ने एक साक्षात्कार में कहा था।[१] उन्हें अपने शरीर के बारे में सोचने से हतोत्साहित कर दिया जाता है (कैसे, यह आगे भी देखेंगे), हालाँकि गर्भ ढोना महिला के शरीर का विषय है। 'अँधेरे का ताला' ७२–७३ में एक प्रसंग है, जहाँ माघ मेले के दौरान ग्रामीण औरतों को परिवार-नियोजन व निरोध इत्यादि के उपयोग-प्रयोग के बारे में शिक्षित कराने की मुश्किलें दिखाई जाती हैं। स्त्री द्वारा स्त्री के सामने यह विषय छेड़ना और परिवार का नक्शा बनाने की अहमियत समझाना पुरुष के हस्तक्षेप के बगैर भी कठिन है। विडम्बना है कि पुत्र-रत्न पाने के लिए कन्या-भ्रूण का गर्भपात करवाने में नैतिकता की उतनी पूछ नहीं है, जितनी किसी भी लिंग के और अधिक बच्चों के आगमन पर पूर्ण-विराम लगाने में।

दोनों स्त्री होने के बावजूद 'कौए और कोलकाता' २४ (ट.२) में बहनों की जीवन-दृष्टि विपरीत है, वे गर्भपात के बारे में भी अलग सोचती हैं। बड़ी बहन पूछती है, "फँस गई न तू भी। कितने हफ्ते ऊपर हुई है? शादी करेगा या अबॉर्शन के पाँच हज़ार देकर छुट्टी करेगा?", तो छोटी को उसकी आवाज़ में "चुनौती, व्यंग्य और विनोद" और लापरवाही खटकती है। यह निश्चित है कि 'अपत्नी' (क.५) १९७० के भारतीय समाज की कोई प्रतिनिधि कहानी नहीं बन सकती, पर यह सच है कि गर्भपात के मसले को ममता जी ने बड़ी कुशलता से इस कहानी का विषय बनाया है। हालाँकि गर्भपात के बारे में अत्यधिक चर्चा नहीं होती, युवा जोड़ियों में इसका ज़िक्र अवश्य होता रहा है, शायद कुछ इस तरह भी। महिला द्वारा लिखी गई इस कहानी में चौकानेवाला यह है कि ऑपरेशन को काफ़ी हलके रंगों से दर्शाया गया, जो लड़की को ज़्यादा से ज़्यादा इस हफ्ते क्लब में नाचने से रोकता है और जिससे पुरुष के बजट में सेंध पड़ जाती है।

ममता कालिया ने जो स्वयं महसूस किया होगा, वही कहानी में लिखा था। उन्होंने बताया, स्वत्रन्त्र युवा पति-पत्नी के लिए परिवार नियोजन कितना ज़रूरी है, अगर कभी "समस्त विरोध और निरोध के बावजूद" भी 'तीन मेहमान' आ सकते हैं (लैला-मजनूँ २८३, घ.७)। 'शहर शहर की बात' ७८ (क.१२) की युवा नायिका आजीविका की मुश्किलों के बीच अकस्मात् बच्चा होने की संभावना के बारे में अपनी प्रमुख चिन्ता प्रकट करती है, फिर गर्भवती होना 'साथ' ७१ (क.१०) की नायिका की आशंकाओं में भी शामिल है, आखिरी दृश्य के हँसी-मज़ाक में मालूम पड़ता है कि सुनन्दा अभी बच्चा नहीं चाहती, वह अशोक के लिए चाय भी बना देती है, बस वह उसे गर्भवती न करे। — उनकी बाद की कुछ कृतियाँ ही बच्चों के जन्म पर हुई ख़ुशी के मौकों का पैगाम डालती हैं। 'खुशियों का लौटना' (ढ.४) और 'अर्द्धांगिनी'

(छ.१३) के पति-पत्नी के जीवन में आनेवाली संतान उन्हें अन्ततः मृत्यु और मर्ज़ की कड़वी यादों से मुक्त कर देती है।

बड़ों के प्रति आदर

चरणस्पर्श जैसी प्रथाएँ इसकी पुष्टि करती हैं कि उम्र में बड़े लोग गुरु, गरिष्ठ होते हैं और इसलिए सामान्यतः "बड़ों से बहस नहीं करते" (लकी १५२, छ.३)। यह पाना रुचिकर लगता है कि जहाँ नाशुकरी संतान सिर्फ बीच के तीन कहानी-संग्रहों में होती हैं – 'जाँच अभी जारी है' (च) तथा 'मुखौटा' (ज) में भी नाम-मात्र, केवल 'बोलने वाली औरत' (छ) में हर चौथी में, वहाँ बेदिल अभिभावक अधिकांश संग्रहों में पाया जाता है, हालाँकि मुख्य रूप से रचनाओं के पूर्वार्द्ध में। इससे यह आभास अवश्य होता है कि ममता कालिया युवा वर्ग के पक्ष में रहती हैं, उन्हें बड़ी पीढ़ी को जवाबदेह बनाना हमेशा ज़्यादा अच्छा लगता है।

'जैसा करोगे, वैसा भरोगे' कहावत बच्चों के साथ किए जानेवाले सलूक के सन्दर्भ में खास तौर से सार्थक है। विनय और नीति सिखाने के नाम पर बच्चों की शारीरिक प्रताड़ना के बारे में 'वर्दी' (च.१२) में लिखा है। पुलिसकर्मी बाप अपने छोटे बच्चे को "सुअर" तक बोल देता है (९५), वास्तव में यह उसकी आदत है। सोचनेवाली बात है कि फिर एक उम्र के बाद, बच्चे से नवयुवक बनकर भी कोई बाप का बल-प्रदर्शन क्यों सहता है, सामने प्रतिरोध क्यों नहीं करता, विचारणीय है कि यह अनुशीलन की कौन-सी परंपरा है, जो शादी की उम्र के नौजवान को बर्दाश्त करने के लिए मजबूर करती है। "ठीक है, उन्होंने उसे सुअर, कामचोर और ऐसा ही कुछ कहा था, पर इतना तो वे अक्सर कहते थे। फिर कल तो उन्होंने हाथ भी नहीं उठाया" (कवि मोहन २९८, घ.१०)। किसी-किसी बाप को ही बाद में पछताना पड़ता है कि लड़के ने बड़ा होकर घर छोड़ दिया। तब पत्नी उलाहना देती है, "जे बताओ, तुमने कभी नेक ममता करी लड़कन की ? कान खींचे, गेंटुआ दबाए, कभी तराजू दे मारें, कभी बाँट फेंके। कौन करम नायँ किए। मेरे दोनों लालाए देसनिकारा दे डारौ" (निर्मोही ३४२, झ.१)।

२०१० की 'थ्री इडियट्स' फिल्म के कारण बच्चों से की जा रही कड़ी प्रत्याशाओं की काफी आलोचना हुई थी। 'उसका यौवन' (घ.१) के ज़रिये बच्चों पर पड़ते मानसिक दबाव के बारे में विचार कर सकते हैं। उन्हें परिवार के उभरते सितारे के रूप में देखा जाता है, लेकिन इसका बहुत बड़ा दायित्व स्वीकारना और पचा पाना उनके लिए आसान नहीं है। ममता जी इस प्रसंग में भी एक स्त्री-संबन्धी कोण ढूँढ़ निकालती हैं। "बारह साल तक उसे छाती से चिपटाकर सुलाती" अम्मा नायक के

"सर पर हाथ फेरती हुई रोज़ कहतीं, 'जब तू बड़ा हो जाएगा, मेरे सब दुख दूर हो जाएँगे'। धीरे-धीरे विराम को भी यकीन हो गया···। वह तो बड़ा हो गया, पर समझ में नहीं आता, अब भी अम्मा क्यों दुखी रहती है" (३११)।

'नायक' (च.११) में हर कहीं और 'सिकन्दर' (झ.८) व 'सपनों की होम डिलिवरी' में भी देख सकते हैं कि युवा अपना जीवनादर्श पिता या माता के चरित्र में कई बार नहीं पा सकते। ममता जी इन युवाओं की आवाज़ पाठकों तक पहुँचाना चाहती हैं। 'सिकन्दर' का बागी विपन्न पिता को उपालम्भ देता है, "आप हमेशा अपने से नीचे का दृश्य दिखा देते हैं। अपने ऊपर देखिए, आकाश कितना ऊँचा है। आप अपने पाँच फुट सात इंच से कितने बौने हैं। ··· आपकी तरह हारी हुई ज़िन्दगी नहीं जिऊँगा" (४०१)। 'कवि मोहन' (घ.१०) में वे यह भी दिखाती हैं कि पीढ़ियों की अलग विचारधारा और युवाओं में आक्रोश दशकों पहले भी था।

जैसा 'घर में निजीपन' के सन्दर्भ में आगे भी देखेंगे, यह घर के बड़ों के प्रति आदर का एक रूप है कि छोटों को उनके सामने खुली किताब, या कहें खुला पत्र बनना पड़ता है, जबकि इसका विपरीत दुर्लभ मालूम देता है। 'जितना तुम्हारा हूँ' १४८ (ख.५) की नायिका को घर में विदेश गए पति "रघु की चिट्ठियाँ भी बाँटनी पड़ती थीं—सामूहिक पाठ के लिए"। 'राएवाली' २०७ (ग.२) और 'नयी दुनिया' ३१५–३१६ (ङ.२) जैसे अलग-अलग घरों में यह बहू तथा बेटी की भूमिका निभाती नायिकाओं का समान अनुभव है कि उनके नाम पर आया पत्र उनका निजी नहीं होता। दूसरी कहानी में नायिका का विचार है, "दिलचस्पी न होते हुए भी पत्र खोल डालना उनके सँकरेपन का ही परिचायक था"। छात्रावासों की यही स्थिति है, जैसी हम 'लगभग प्रेमिका' १३४ (ख.३) में पाते हैं। ऐसे हस्तक्षेप का शिकार सिर्फ़ लड़कियाँ ही नहीं, लड़के भी हो सकते हैं, 'ऐसा ही था वह' ३६२ (झ.३) से जानेंगे।

ऐसे में संवेदनशीलता और मित्र-भाव का आजकल का एक सकारात्मक नमूना भी मिलता है, 'बच्चा' २११ (छ.१४) का स्वर काफ़ी अलग है। यहाँ एक शहरी दम्पती का किशोर या नवयुवक बेटा न केवल 'नायक' ८६ (च.११) के आचार-विचार की आलोचना करता है, लेकिन "आपमें जीवन-दर्शन का अभाव है" जैसे उसके कथन से कुछ सोचने के पश्चात् माँ को सहमत होना पड़ता है, वह मान लेती है कि पति और वह "अख़बारों में घपले-घोटालों के किस्से पढ़ते, शहर में हिंसा और दंगे के चक्रवात झेलते, हम किसी विराट् स्वप्न से वंचित" रहते आये हैं। अभी अपनी औलाद को सफ़र के साथी की तरह स्वीकारने की धारा अपेक्षाकृत नई है, पर इस कहानी का अंदाज़ आइंदा के लिए इसी को अनुकरणीय दर्शाता है।

जो माता-पिता अर्थव्यवस्था के असंगठित (अनॉर्गनाइज़्ड) क्षेत्रों में काम करते हैं और कर्मचारी भविष्य-निधि संगठनों (पीएफ) के भागीदार नहीं हैं, बुढ़ापे में उनकी आजीविका का स्रोत उनके बच्चे ही हैं। 'एक दिन अचानक' ३०१ (ज.१४) के दम्पती को लगता था कि उसकी "प्रैक्टिस जम जाएगी" और "वे दो कमाऊ बेटों के माँ-बाप के रूप में बेफिक्र जीवन जिएँगे", लेकिन बेटे के दुर्घटना से कोमा में चले जाने से उनकी सारी भविष्य-योजना आमूलचूल हिल गई। भूमंडलीकारण के युग में अभिभावकों के साथ बच्चों का रिश्ता बदल रहा है, मध्यवर्ग में वे अब बड़ों को आर्थिक समर्थन तो देते हैं, पर मुख्य रूप से उन्हें अपने कैरियर, अपने अलग गुज़ारे की सोचनी पड़ती है, प्रायः अलग शहर, दूसरे राज्य या कभी-कभी पराए मुल्क में। 'छवि' (ज.२०), 'परदेस' (ज.५) तथा 'दौड़' उपन्यास इस परिवर्तन-प्रक्रिया का दस्तावेज़ हैं।

'सेवा' १८० (छ.७) में जापान की गोष्ठी से लौटकर पुत्र पिता से कहता है, माँ के कोमा में चली जाने के बारे में "नटशैल में बताइए"; उसके पहुँचने तक बहू ने तो दिल्ली से गाज़ियाबाद आकर हाल पूछने का कष्ट नहीं किया। देख-रेख के मायने अब वे नहीं हैं, जो पहले हुआ करते थे। पूर्व पीढ़ी में छोटे बड़ों पर अधिक निर्भर थे, और लगता है आजकल सिक्का बदल रहा है, वरिष्ठों को कनिष्ठों के मुताबिक ढलना पड़ रहा है। ऐसे ही 'दौड़' में दिखाए भारतीय समाज का भी एक ऐसा तबका है, जिसमें न केवल संयुक्त परिवार टूट चुका है, बल्कि नौकरी और कैरियर की तलाश में संतानों के दूसरे, बड़े शहरों की तरफ कूच करने से बुज़ुर्ग अकेले रह जाते हैं, उनका मुहल्ला "सीनियर सिटीजन कॉलोनी बनती जा रही है" (४३), जहाँ सबके बच्चे शहर से बाहर बस गए हैं (७५, ७९), जहाँ "बच्चों को सुरक्षित भविष्य के लिए तैयार कर हर घर-परिवार के माँ-बाप खुद एकदम असुरक्षित जीवन जी रहे" हैं (८२)।

जिस तरह अभिभावक अपनी संतानों को सम्मान नहीं देते, वैसे ही इसका उलटा भी विद्यमान है। जब कोई पिता अपने बेटे के सामने पत्नी को (या सास बहू को) नासमझ या 'बेलगाम जुबान' वाली करार कर देता है, वह माँ की प्रतिष्ठा पर भी आघात पहुँचाता है (उमस २२, च.२; दौड़ ४६)। हो सकता है कि ऐसे अभिभावक या अन्य रिश्तेदार के हिस्से एक मुकाम पर अनादर आएगा। 'पण्डिताइन' ८५ (ड.१०) भारतीय कुटुम्ब के संस्कारों की प्रतिष्ठा को संकेतों से भी हिलाने के काबिल है। इसमें ममता जी यह संक्षिप्त टिप्पणी करती हैं कि जिस दिन पंडितजी सिधार गए, "फिर वही सब हुआ, जो देखने का अभ्यास हम लोगों को इतना हो गया है", पड़ोसियों ने एक मुद्दत के बाद "उसी दिन पंडितजी की वृद्धा माँ को भी देखा, जो अन्दर के कमरे में निर्वस्त्र रहती थी"। जैसा बर्ताव पंडितजी अपनी माँ से करते थे, अब उनका बड़ा बेटा

'नाम-साक्षर' अपनी माँ के साथ करता है। पिता की नौकरी विरासत में पा लेने के बाद उनका बैंक खाता और घर के ख़र्च की बागडोर भी वही हथिया लेता है। आगे वह पिता की तस्वीर का टूटा काँच बदलवाना अपने मितव्ययिता के उसूलों के विरुद्ध समझने लगता है।

जिन अभिभावकों से बच्चे हमेशा उपयोगिता-वाद का पाठ सीखते हैं, उन बच्चों की आचार-संहिता में यह यूँ शामिल हो सकता है कि "एक पंखा और दरी हाथ में देकर" अनुपयोगी बुज़ुर्ग को घर से निकालने से खौफ़ नहीं खाएँगे (गुस्सा १५३, ख.६)। आमिर खान द्वारा संचालित 'सत्यमेव जयते' कार्यक्रम की एक कड़ी बूढ़े अभिभावकों को अपमानजनक ढंग से नेपथ्य में डालने, वृन्दावन भेजने तक के विषय में प्रसारित हुई थी।[२] सीधा अनादर न हो, तो भी बूढ़ों पर बंदिशें रहती हैं। "अपने ठौर-ठिकाने बैठो, छुट्टी पाकर हम भी तीर्थ-वीर्थ करें", 'एक अकेली तस्वीर' १६ (ड.२) की तनिया से पिता कहते हैं। बुढ़ापे में धार्मिक गतिविधियों में शामिल होना बहुतों की इच्छा भी होती है, बेटियों के ब्याह के बड़े बोझ से निपटने के पश्चात् ख़ास तौर से (तु० 'दल्ली', झ.४ का आरंभ), और मजबूरी भी, जब समाज की आँखों में उन्हें और कोई काम शोभा नहीं देता। जो पत्नी प्रौढ़ अवस्था में रंगीन कपड़े पहनना चाहती है, उसे पति ताना देता है कि उसे "छोरियों वाले रंग" त्याग देने चाहिएँ (उनका जाना १०, ञ.२)। गौरतलब है कि हिन्दी क्षेत्र में वैधव्य को एक ज़माने में 'रँडापा' कहते थे और संभव है कि यह शब्द इसी अर्थ में आज भी कहीं प्रयोग में होता हो।

देश में बच्चों के वयस्क हो जाने की कसौटी उनका माता-पिता बनना समझा जाता है, ऐसे ही बच्चों की शादी के तुरन्त बाद जनता की मुख्यधारा अभिभावकों को संन्यासाश्रम का रास्ता दिखा देती है, जहाँ "उनकी आयु अब मात्र आशीर्वाद देने की" समझी जाती है (एक जीनियस की प्रेमकथा २६५, घ.४) या घर की निःशुल्क चौकीदारी करने की (वारदात १५७, ठ.१७), और वे अधिकतम बार इस राह पर पहुँच भी जाते हैं वहाँ। कई लोग पैंसठ की उम्र पार कर, सेवानिवृत्त होते ही सोचने लगते हैं, "कब भगवान के यहाँ से बुलावा आ जाए, कह नहीं सकते" (वारदात १५३)। 'सूनी' २८ (ञ.४) की नायिका मृत माँ का सामान छाँटती है; इससे कि "माँ की सफ़ेद धोतियाँ उसने पहले ही फकीरों को दे दी थीं", ममता कालिया हिन्दुस्तान के बच्चों पर आश्रित बुज़ुर्गों की अक्सर बहुत ही दर्दनाक वास्तविकता की ओर संकेत करती हैं।

कुछ कहानियों में बड़ों पर ध्यान नहीं दे रही संतानें, मनमर्ज़ी करती बहुएँ दिख जाती हैं। इसके बावजूद हमें यह लक्षित करना चाहिए कि लेखिका की मुख्य चिन्ता अभी तक यह नहीं है, उनके साहित्य की संवेदना अधिकतर यह है कि परिवार के

छोटी उम्र के सदस्य अनेक बार बड़ों को बरदाश्त कर अथवा उनसे लोहा ले अपने लिए अधिक निजी संभावनाएँ, निजी 'स्पेस' कैसे हासिल कर सकते हैं। दूसरे, ज़्यादातर ममता कालिया भारतीय परिवार में मौजूद समस्याओं पर लिखती हैं, पारिवारिक संस्कारों का गुणगान वे औरों के लिए छोड़ देती हैं। पर 'परदेसी' (ड.९) इसमें थोड़ी अलग है। कहानी की संवेदना यह है कि जहाँ घर के सदस्य रोज़मर्रा ज़िन्दगी के खींचतान में अपने साथ रहने के सुखद पहलू को पहचानना भूल जाते हैं, वहाँ उन्हें चौंकाकर उसकी तरफ ध्यान मोड़ने को कभी-कभी एक विदेशी मेहमान की ज़रूरत पड़ जाती है। बच्चों की आज्ञाकारिता और सबका मिल-जुलकर भोजन करना उसकी आँखों से एक सहेजने योग्य उपलब्धि नज़र आता है। अपनी यह पूँजी उन्हें भी नज़र आ जाए, तो फिर खुशियों में कोई कमी नहीं।

गिरता स्वास्थ्य और जीवन-संकट : बीमारी – 'नमक' (झ.९), 'बाज़ार' (ढ.९) ; कोमा – 'सेवा' (छ.७), 'एक दिन अचानक' (ज.१४), 'उनका जाना' (ञ.२), 'दुक्खम-सुक्खम' का अन्त ; अकाल मृत्यु – 'बिटिया' (ङ.१२), 'इक्कीसवीं सदी' (च.५), 'ऐसा ही था वह' (झ.३), 'जाते हुए लोग' (ठ.३), 'खुशियों का लौटना' (ढ.४)

लड़कियों की घरेलू ज़िम्मेदारियाँ

ज़रा आगे सास और बहू की घरेलू मुश्किलों से परिचित हो जाएँगे। लेकिन घर में माँ या बहू अकेली महिला नहीं है, जिसे कष्ट उठाना पड़ता है। घरेलू मामलों में बेटियों का योगदान भी अपेक्षित है। 'आपकी छोटी लड़की' (घ.२) में कई जगह इसका ज़िक्र है कि दस-बारह साल की बच्ची पानी लाने, चाय-नाश्ता आदि बनाने में काम आती है। 'बेघर' २४ की बिमला, नायक परमजीत की "बहन का सिर जुओं से भरा था और हाथ मसाले की गंध से। माँ के बच्चे पालते-पालते वह बुज़ुर्ग हो चली थी"। लेखिका का कहना है, अक्सर बेटियाँ ही छोटे भाई-बहनों को कपड़े पहनाती हैं, वे ही उन्हें टहलाने ले जाती हैं।

'फर्क नहीं' १२०, १२३ (ख.२) की नायिका घर में उसकी हदबन्दी चलने के लिए कम से कम इसलिए खुश रहती है कि सब्ज़ी खरीदने जैसी दिक्कतों से उसे छुटकारा मिल गया, हालाँकि सत्संग से आकर माँ अभी भी अपेक्षा रखती है कि खाना उनकी लड़की ही बनाए। 'तोहमत' २७५ (घ.५) की नायिका की माँ "चिन्ता होते ही ··· रोने लगतीं और फिर रात-रात रोती रहतीं। तब सारा काम आशा को करना पड़ता, साथ ही माँ को बच्चों की तरह समझाना"। इसके बरक्स पुत्रों से घर के कामों में विशिष्ट अपेक्षा नहीं रखी जाती। "अपने-अपने घर के बड़े बेटे थे वे। पूरी शाम भटककर भी

पहुँचते, तो घर पर खाना गर्म और भरपेट मिलता", लेखिका 'अपने शहर की बत्तियाँ' ३२२ (ङ.३) के दो जवान दोस्तों के बारे में यह कहती है। इससे यह मतलब भी निकलता है कि पितृसत्तात्मक सोच की तैयारी बहुत जल्दी, बचपन में शुरू हो जाती है।

ख. सयाने नौजवान

ममता जी ठीक कहती हैं कि उन्होंने "भारतीय समाज की युवा पीढ़ी को उसके असली स्वरूप में दिखाया"।[३] भले ही अभिभावकों को यह स्वीकारना कभी-कभी मुश्किल हो जाता है, आजकल की नई पीढ़ी अपना काम स्वयं समझती है, अपने आप पर पूरा भरोसा रखती है (उमस २०, च.२; बच्चा, छ.१४; दौड़ ४२–५०)। पर समस्त आत्मविश्वास के बावजूद अपने आपको स्थापित करना आसान कार्य नहीं है। इस उप-अध्याय में तनिक यह देखें, बड़े होते हुए बच्चे किस तरह से मिलते-जुलते हैं, शिक्षा उनके, विशेष रूप से लड़कियों के सामने भविष्य के द्वार किस हद तक खोल सकती है, तथा अपने पैरों पर खड़ा होने में युवाओं को कितनी समस्याओं से दो-चार होना पड़ता है।

लड़के-लड़कियाँ

"किसी किस्से के बीच बड़ी-बूढ़ियों से सुना था कि अच्छी लड़कियाँ कभी जवान नहीं होतीं, वे पैदा होती हैं, बच्ची बनी रहती हैं और एक दिन चिड़ियों की तरह फुर्र-से उड़कर ससुराल चली जाती हैं"।[४] चूँकि असलियत में लड़कियों की उड़ान इतनी सुगम नहीं होती, इसलिए "बँधी हुई लीक के मुताबिक लड़की के जीवन में सोलहवाँ साल बड़ा नाज़ुक होता है", क्योंकि यही उम्र है जब पहली बार उसे 'त्रियोचित' आचरण सीखना पड़ता है : फ्रॉक की जगह सलवार-कमीज़ पहनना, कूद-कूदकर चलने की बजाय छोटे-छोटे कदम उठाना।[५] इस उम्र के आगे लड़कियों और लड़कों की राह अलग हो जाती है। जनता की मान्यता में सयानी लड़की पर नज़र रखी जानी चाहिए, वरना वह 'हाथ से निकल जाएगी'। 'दुक्खम-सुक्खम' ५१ की लीला को तो "तेरहवाँ साल लग गया था, अतः उसका घर से बाहर निकलना ठीक नहीं समझा गया"।

लड़कों और लड़कियों की परवरिश में क्या अन्तर महसूस होता है, यह लेखिका ने 'दर्पण' ३८९ (ङ.१३) की बानी के माध्यम से बयान किया है : "सुबह देर तक मत सोओ, रात देर तक मत जागो, शाम से पहले घर पहुँचो, अनजान आदमी से बात न

करो। दादा इन नियमों से मुक्त थे"। परिजनों को सिर्फ लड़की के साथ दुर्घटना, बलात्कार हो जाने की आशंका या भय होता रहता है; लड़का अधिक से अधिक ऐसी किसी दुर्घटना का कारक बन सकता है, पर इससे तो उनमें डर घर नहीं बनाता है। अधिकांश लड़कियों को भारत में खुलकर न हँसने की तालीम दी जाती है, उनके लिए यह मुनासिब नहीं है, शायद इसलिए, क्योंकि ऐसी हँसी लड़कों को आकर्षित कर सकती है। 'वे' ८५ (क.१३) का नायक सोचता है, "उसकी हँसी मुक्त थी। यही उसकी सबसे बड़ी विशेषता थी। अधिकतर लड़कियाँ सतत् अभ्यासप्रयोग से अपनी मुसकराहट ट्रेजी-रोमांटिक बना लेती हैं"।

लड़कों को इतनी एकाग्र पद्धति से तमीज़ नहीं सिखाई जाती। "बच्चों के दिमाग पर फिल्मों का असर है या धारावाहिकों का, वे धूम-धड़ाके का मतलब पंजाबी भाँगड़ा और गिद्दा समझते हैं" (चाभी १०२, ढ.११)। पॉप संस्कृति की तमाम कड़ियाँ जवानों को प्रभावित करती हैं, जो महिलाओं के साथ उचित आचरण की सीख नहीं देतीं।[६] ऊपर से जिन लड़कों को लड़कियों से अलग-थलग रखा जाता है, उनके लिए वे इनसान कम और भोगने की वस्तु ज़्यादा रहेंगी। 'बेघर' ४१ के परमजीत की स्थिति ऐसी ही है, "दरअसल उसने लड़की हमेशा गुदकारेपन और मुलामियत से सम्बद्ध की थी। पता नहीं कब से उसने सोचा हुआ था कि लड़की लड़के से गोरी ही होती है"। लड़कियों के साथ उसका पर्याप्त संबन्ध नहीं रहा था, केकी अंक्लेसरिया का किरायेदार बन इस नई परिस्थिति को इसलिए स्वीकार कर पाता है, क्योंकि "सिर्फ़ बत्तीस सालों की" होने के बावजूद "वह आश्चर्यजनक रूप से ठिगनी ··· और मोटी है," और "अगर केकी इतनी मोटी और पकी हुई न लगती, तो उसे एक महिला के साथ रहना असुरक्षित लगता" (४३)।

'वे तीन और वह' ३५ (क.२) के युवकों ने भी इसी तरह "पाया कि सड़क पर दिखनेवाली लड़कियों-औरतों के बारे में वे एक-सी अश्लीलता से सोचते हैं", बावजूद इसके कि उनमें से एक की शादी हो चुकी थी। दुर्लभ चीज़ों का आकर्षण कुछ और है, तभी 'लड़कियाँ' ७० के "पर्दों को समाज का दुश्मन" माननेवाले, अपनी ज़िन्दगी को "एक खुली किताब" बताते अग्रवाल साहब की "पत्नी ने पाया कि दोपहर में, जब वे आराम करती हैं, तब पड़ोस के कई नौजवान अग्रवाल साहब की खुली किताब ध्यान से पढ़ने की कोशिश किया करते हैं"। सदा साहित्य और राजनीति पर बहस करते युवा बुद्धिजीवी लड़कों के लिए भी लड़की की क्या अहमियत है, ममता जी ने इसका बहुत पैना विवरण दिया। जब भी वे औरतों की बात करते, "उन्होंने पाया बातें फिसलकर पटरी पर आ जातीं। औरत का महत्त्व उन्हें बस ऐसा लगता

था, जैसे आइसक्रीम—एंजॉय करते ही विषय पिघल जाता और उसे जल्दी कंज्यूम कर लेना पड़ता" (वे ८४, क.१३)। 'बड़े दिन की पूर्व साँझ' (क.१) में इसका विपरीत दृश्य अनोखा है। शादीशुदा लड़की के साथ नाचते हुए संकोची युवक कुछ और संकोच में पड़ जाता है। वह कल्पना नहीं कर सकता कि लड़कियाँ शायद उतनी संस्कारी नहीं होतीं, जितना वह उन्हें मानता आया था।

नगरों के पिज़ा हटों के अलावा (दौड़ १३), 'बेतरतीब' ७४ (क.११) और 'इलाज' ३८ (ठ.५) याद दिलाती हैं, युवा जोड़ियों के पास मिलने के लिए बहुत कम जगहें बचती हैं, वे अधिकतर पार्कों में थोड़ा-सा अकेलापन या कहना चाहिए, दुकेलापन पाते हैं, 'इलाज' के शब्दों में "पार्क में शाम को घूमना कामशास्त्र की पुस्तक से गुज़रने जैसा अनुभव था" (३८)। यह सत्तर के दशक में भी ऐसा हुआ करता था, जैसा 'बेतरतीब' के नायक ने देखा, "कुछ लोग वहाँ प्रेम करने के ख़याल से आए थे और आँख बचाकर गाहे-बगाहे अपनी प्रेमिका को कहीं सहला देते" (७४), पर आज भी तो है। 'वैलेंटाइन डे' जैसे आयातित प्रेमोत्सव पर इन्हें भ्रमित कट्टरपंथी कैसे सताते हैं, यह न सिर्फ़ अख़बारों का सालाना विषय बनता है, बल्कि खुद ममता कालिया ने इसपर एक आलेख में विस्तार से खेद प्रकट किया।[७]

'कामयाब' २८ (ढ.२) की नायिका अपने आशिक को घर से फोन नहीं कर सकती, उसे पड़ोसियों की मदद लेनी पड़ती है। 'बेघर' २५ में दर्ज़ है, लड़कियाँ जब किसी बहाने बाहर जाती है, लड़कों को ताकाझाँकी का मौका मिल जाता है : "लड़कों को खुशी थी कि लड़कियों के माँ-बाप परिवार-नियोजन नहीं करते। लड़कियों को भी खुशी थी, क्योंकि यह उनका घर से निकल सकने का एकमात्र बहाना था"। यह वही परिवेश है, जिसमें लड़के "गुज़रती लड़कियों को कन्धा मारकर बढ़ जाते" हैं (२६)। पाबंदियों के बावजूद प्रेम अपना रास्ता ढूँढ़ निकालता है। चाहे "गली के लड़के और लड़कियों के बीच संवाद नहीं था, पर परोक्ष पहचान अचूक थी" (वह लड़का जिसे गर्मी लगती थी ५४, ढ.५)। इतनी छुट फिर भी है कि कक्षाओं के बाद लड़कियों को कॉलेज के सामने लेने बाइक वाला 'कज़िन' आता रहता है (अँधेरे का ताला १५)। इस शब्द में "व्यापकता और संभावनाशीलता" है, और "दोतरफा राहत भी। कहनेवाले की आत्मा न कचोटती और सुननेवाले को उँगली उठाने की ज़हमत न उठानी पड़ती"; कुछ तो अपने दिलदार को आविवाह 'कजिन' बताती रहती हैं (लड़कियाँ ८२)।

फिर भी, 'ब्रेकअप' पर आधारित 'छुटकारा' (क.६) स्पष्ट कर देती है कि जहाँ समाज के कई तबकों में रिश्ता बनाना निजी फ़ैसला नहीं होने दिया जाता, वहीं १९७० के आस-पास के विद्यार्थी-वर्ग में सब को पाबंदियों का सामना नहीं करना पड़ता था।

पहले होली के दिन पुरुषों की तरह भाँग का सेवन औरत के लिए नामुनासिब समझा जाता था (दुक्खम-सुक्खम ५७–६३), आज 'दौड़' १९ की रोजविन्दर जैसी शहरी लड़कियाँ बेखटके सिगरेट तक पीती हैं। भारतीय लड़कियाँ चाहे अपने प्रेम-प्रसंगों का प्रचार नहीं करतीं, लेकिन 'लगभग प्रेमिका' (ख.३) जैसी कहानी से उनकी ज़रूरतों की तीव्रता की ख़बर मिलती है। नायिका को माँ की चिट्ठी सँभालकर रखनेवाली अपनी "फीकी किस्म की अविवाहित" रूममेट के बारे में नहीं पता था कि उसके जीवन में एक महत्त्वपूर्ण लड़का हो सकता है; किन्तु उसका सामान टटोलने के बाद "ज्योति अनायास एक बहुआयामी व्यक्तित्व हो उठी, जिसकी अपनी रहस्यमय ज़िन्दगी थी, जो इस महानगर में महज़ भाड़ नहीं झोंक रही थी" (१३४)।

इसी कहानी , 'लगभग प्रेमिका' की नायिका पति के दूसरे शहर जाने पर खुद एक प्रेम-प्रसंग के ख़्वाब देखने लगती है। उसके लिए यह मनबहलाव ही है, एक परिचित युवक को आकर्षित कर हलकेपन से त्याग भी देती है और लड़का जब अपमानित दिखता है, वह सोचती है, "मैं इस लड़के को कितनी आसानी से खुश अथवा नाराज़ कर सकती हूँ", फिर केवल एक संक्षिप्त मुस्कान छोड़ बस में चढ़कर कि "इस कदर मचलते हुए हाथ हिलाने के लिए कितना यौवन और मस्ती चाहिए" (१३९)। साठ के इस दशक में विवाह से पूर्व शारीरिक संबन्ध बनाना स्वयं ममता जी और उनकी नायिका के अनुसार भी संभव था (वे ८५, क.१३), चाहे आंशिक स्वीकृति के बावजूद इसे देश में नए सहस्राब्द के दूसरे दशक में भी अधिकतर अशोभनीय क्यों न माना जाता हो। एक और वृत्तान्त काफ़ी 'बोल्ड' बना देती हैं, हालाँकि कहानी के सन्दर्भ में प्रेमी का स्पर्श केवल भावनात्मक भी समझा जा सकता है : "श्याम ने पता नहीं कैसे, कहीं छू दिया कि बचपन यह जा और वह जा" (दो जरूरी चेहरे ९४, क.१४)। इस कहानी में वैसे वे लड़कों और लड़कियों की सोच का अन्तर बहुत सरल कर समझा देती हैं, लड़कियों को 'बरदाश्त' शब्द पर विश्वास होता है, लड़कों को चिढ़ (९६)।

शिक्षा की स्थिति, लड़कियों की पढ़ाई

निम्न-मध्यवर्ग में, जैसे 'बेघर' के आरंभ में देख सकते हैं, पढ़ाई की मान्यता पहले ज़्यादा नहीं रही थी। माँ-बाप को बेटे को पढ़ाने की लालसा नहीं थी, परमजीत ने इसलिए पढ़ाई की, क्योंकि उसे पंजाबी होने के नाते छात्रवृत्ति मिल गई और "कॉलेज को पढ़ाई का पर्याय न मानने" के बावजूद घर पर बैठे रहने से उसको घूमना-फिरना अच्छा लगता था। शिक्षा सामाजिक स्थिति की सूचक तो होती है, लेकिन लेखिका चिन्तित है कि कुछ लोगों की आँखों में उसकी इससे ज़्यादा अहमियत है ही नहीं।

'लड़के' १९९ (ग.१) में पढ़ाई को "एक तगड़ा बहाना" बताया, जिससे घर की अन्य ज़िम्मेदारियाँ निभाने से छूट मिल जाती है और जेबख़र्च भी, क्योंकि कई परिवारों में "घर भर के लिए यह एक फ़ख्र का विषय था कि लड़का कॉलेज जाता है"।

परन्तु एक बाप भड़कता है, "दीवाली पर बही-खाता, बाँट-तराजू तुम्ही पूजना आय के ! ··· का इसलिए तुझे पढ़ायौ है कि तू पढ़-लिखकर कुर्सी तोड़े। ससुरी फीस भरी है जनम भर। मर-मरकर पढ़ायौ है कि लोगों के सामने छाती ठोककर कहें, देखो मेरे छोरा है ए, सोलह क्लास पढ़ा है" (आज़ादी १९२, ख.१२)। अफ़सोस है कि कम पढ़े-लिखे या निर्धन परिवारों में अभिभावक अपनी अनभिज्ञता के कारण बच्चों की पढ़ाई पर ज़ोर नहीं डालते। लेखिका ने 'वह लड़का जिसे गर्मी लगती थी' ५३ (ढ.५) में लिखा, पिता चाहता है कि लड़का हाथ का कोई भी काम पकड़कर जल्दी कमाऊ पूत बन जाए; इसपर बेटे की ज़िद के बाद ध्यान जाता है कि वह पढ़ने में सबसे तेज़ और कामयाब होता आया है।

'दुक्खम-सुक्खम' २२ वाले पिता पुत्र की शायरी की कॉपी नष्ट कर देता है, उन्हें फाड़कर ग्राहकों के लिए पुड़ियाँ बना डालता है। साहित्य के प्रति प्रेम, कविताई और कहानी-लेखन के बारे में कई घरों में हीन भावना से सोचा जाता है, जैसे 'कवि मोहन' (घ.१०) और 'नयी दुनिया' (ङ.२) में भी। कला-जगत् व समाजविज्ञान में रुचि इतना कम हो, तब अपने फायदे को ही देखते लोगों के समाज का बिखरापन कोई अचरज की बात नहीं। कवि मोहन का बाप बेटे की राय पूछे बिना उसका रिश्ता तय कर देता है (३०३–३०४), इतना सुन रखा होगा कि किसी मोहल्ले के स्कूल जानेवाले बच्चों की "शादी-मंडी में ··· कीमत थोड़ी और बढ़ गई" (राएवाली २०३, ग.२)।

वैसे, अगर शिक्षा का स्तर कम है, तो यह रुख कहीं समझा जा भी सकता है। शिक्षा-व्यवस्था की विकासशील स्थिति को दशकों तक प्राचार्या रही ममता जी ने 'वसन्त—सिर्फ़ एक तारीख़' २१२ (ग.३) की ढाई सतरों में ढालकर दिखा दिया : "गाँधी कॉलेज हूबहू वैसा कॉलेज था, जैसा हर शहर के हर चौराहे पर होता है। केवल लड़कियों का यूनिफार्म भिन्न रंग का था। यह केवल इसी प्रदेश का कमाल था कि स्कूल को भी कॉलेज कहा जाता था। ··· गांधी कॉलेज में कुछ भी गाँधीवादी नहीं था"। ममता जी ने अपने आलेख 'स्वच्छता के प्रति जगाएँ चेतना' में व्यक्त किया है कि शिक्षा संस्थाओं की आधारभूत संरचना अधूरी होती है, मसलन शौचालयों, पानी के नलों की किल्लत है;[८] इससे लड़कियों को लड़कों से भी अधिक असुविधा होती है (तु० 'वसन्त—सिर्फ़ एक तारीख़' २१२, ग.३; 'अँधेरे का ताला' ३६–३९)। ऐसी जगहों पर स्वयं अध्यापक छात्रों के विकास में पर्याप्त रुचि नहीं रखते। फिर 'मनोविज्ञान'

३६२ (ङ.१०) के आरंभ में लेखिका संक्षेप में बता देती हैं कि उनके विचार में मनोविज्ञान में प्रथम श्रेणी पाना किसी लड़की के लिए अपने प्रेमी, अपने पति का व्यवहार पहचानने के लिए पर्याप्त नहीं है, वर्तमान शिक्षा व्यवस्था में इस छात्रा ने भी "अपने विषय को ··· जीवन में बस उतना ही महत्त्व दिया, जितना नौकरी पाने की योग्यता के लिए अनिवार्य था"। इस हिसाब से स्वतन्त्र सोच का आरोपण मौजूदा शिक्षा-पद्धति का अंग नहीं है।

ममता कालिया मध्यमार्ग पर चलनेवाली चिन्तक हैं। 'खाँटी घरेलू औरत' की पाँचवीं कविता में क्रान्तिकारी आवाज़ों को नकारते हुए वे कहती हैं, महिलाओं के सामने खड़ी दीवार को तोड़ने की ज़रूरत नहीं, उसमें शिक्षा और रोज़गार की कीलें ठोककर उसे पार करना चाहिए। लेकिन 'चोट्टिन' १०१ (च.१३) की तरह अभी तक सभी गरीबों ने नहीं पहचाना कि अति पिछड़ी स्थिति से उन्नति का माध्यम शिक्षा ही हो सकता है। ममता कालिया मानती हैं कि किसी प्रकार के महिला आन्दोलन की सफलता की पहली कसौटी महिलाओं का शिक्षित होना है, लेकिन सन् '८४ में उन्होंने कहा था, इसे हासिल करने में "सौ वर्ष भी लग सकते हैं"।[९] आज महिला एवं बाल विकास मंत्रालय का 'बेटी बचाओ, बेटी पढ़ाओ' नारा देश में यूँ ही नहीं उठता। "एक ही परिवार में, जहाँ लड़के को इंजीनियरिंग या मेडिकल कॉलेज में भर्ती करने के लिए माँ-बाप रुपयों की थैली खोल सकते थे, लड़की को पढ़ाने में पन्द्रह रुपये पचास पैसे की मासिक फीस उन्हें अखरती। लड़कियों का मनोबल इन्हीं वजहों से फिस्स हो जाता" है (अँधेरे का ताला ३०)।

'बेघर' के घर में बड़ा बेटा न पढ़ता, तो उसकी गलती होती, पर बहन के पास विकल्प ही नहीं रहता है। बिमला "···पढ़ने में निकम्मी थी। उसका स्कूल जाना अक्सर किसी भी कारण से रुक जाता था, बच्चे के दाँत निकलने से लेकर घर भर के पाजामे सीने की ज़रूरत तक। पर परमजीत के माँ-बाप ने इस बात की कभी फ़िक्र नहीं की" (२४)। नायक की पत्नी और साली की स्थिति वही है। "कृष्णा का दिमाग पढ़ने में उतना भी नहीं चला था, जितना रमा का, ··· इसलिए जब माँ-बाप को पता चला कि ··· अर्जुनसिंह के पास कभी स्कूल के बहाने ··· जाती है, उन्होंने उसे स्कूल से उठाकर" उसकी शादी कर दी (१४६)। रमा की "स्कूल की पढ़ाई बेतरतीब रही थी। जितनी बार उसकी माँ बीमार पड़ती या भाभी के बच्चा होता, उतनी बार उसे घर पर बैठा लिया जाता", पर जब पढ़ाई होती, तो भी "उसका कहना था, सिर्फ़ अंग्रेज़ी की वजह से उसे दो बार मैट्रिक देना पड़ा। पहली बार 'एक्सीडेंट ऑन रोड' पर निबंध आ गया, जबकि उसने 'रेनी डे' तैयार कर दिया था" (१५५)।

'फ़र्क नहीं' १२३ (ख.२) की युवती के पास, बल्कि "सब लड़कियों के पास घर से निकलने का अचूक बहाना था—पढ़ाई", ऐसे वह कम से कम सहेली के घर जा सकती है। 'तोहमत' (घ.५) की दो सहेलियों के सामने स्वतन्त्र जीवन हासिल करने का एकमात्र उपाय पी-एच०डी० या आईएएस की सफल परीक्षा है। उनपर माता-पिता को बहुत नाज़ था, "हमेशा बेटा माना था" (२८०), मगर एक बार देर से घर पहुँचना काफ़ी था कि "आकाशवाणी की चिन्ता ख़त्म होते ही उनकी चिन्ता खीझ में बादल गई। माना कि बड़ी हैं, पढ़ी-लिखी हैं, पर हैं तो लड़कियाँ" और पढ़ाई पर रोक लगाने की धमकी दी (२७८)। कुछ वास्तविक और कुछ कल्पित भय मस्तिष्क में पालते हुए भारतीय अभिभावक बेटियों के स्वावलम्बी होने की परिकल्पना से प्रायः घबरा जाते हैं, हालाँकि यह एक माँ आज़ादी के समय में ही "देख लिया ना, पढ़ाई के बिना औरत की ज़िन्दगी नरक है" (दुक्खम-सुक्खम १६३)। इसे काटने का सबसे आसान तरीका है आगे की पढ़ाई की बजाय बेटी को चटपट ब्याह देना।

जहाँ बेटियों की शिक्षा पर ज़ोर नहीं दिया जाता, वहाँ संभावना है कि वे गाय की तरह अपने-अपने पति-परमेश्वर से बाँध दी जाएँगी। पिता की सोच 'सीमा' ३०० (ज.१२) में भी ऐसी है, उनके लिए बेटी की पढ़ाई का अर्थ है ब्याहकर उसका "किसी अच्छे घर जाना"; माँ के अनुसार ये अच्छे घर प्रायः "घटनाविहीन दुर्घटनास्थल" होते हैं। 'वर्दी' १३ (च.१२) की पत्नी "गाँव के स्कूल में आठ जमात के आगे नहीं पढ़ी थी", और वहशी घरवाले के पंजों में आने के बाद इसी ने उसका पूरा भविष्य निर्धारित कर दिया। इस दुःखद परिणति की याद दिलाती है 'पण्डिताइन' ८६–८७ (ड.१०)। माँ न पति के रहते अपने निर्णय ख़ुद ले सकती थी, न उनके स्वर्गवास के बाद। पुत्र पिता का खाता माता से इस बुनियाद पर छीन लेता है कि माँ द्वारा किसी ग़लत कागज़ पर हस्ताक्षर किए जाने का ख़तरा हमेशा दूर रहे। महिलाओं की अनपढ़ता पितृसत्ता के उस रूप को फिर-फिर कायम करेगी, जिसमें स्त्री बेटी से पत्नी, पत्नी से माँ और विधवा बनने की गलियों में भटकती रहती है, जिस दौरान पुरुष इन रिश्तों से इतर एक व्यक्तित्व लिए अपना जीवन पूरा करता है। ममता कालिया की नायिका को "ये रिश्ते-छाप संबोधन प्रिय नहीं" (लगभग प्रेमिका १३२, ख.३), वह अपनी अलग अस्मिता स्थापित करना चाहती है।

एक कविता में (पोयम्स '७८ २०) ममता कालिया ने यह लिखा था, "love made a housewife out of me"। 'दो ज़रूरी चेहरे' (क.१४) में इसका बोधन मिलता है। लेखिका ने ईमानदार होकर दर्शा दिया कि थोड़े-से घरों में माँ और बड़े भाई के लिए दूसरी बहनों की तरह छोटी का एम०ए० तक पढ़ना प्राथमिकता होता है, लेकिन

ज़रूरी नहीं कि प्रेम की गलियों में घूमती लड़की परिवार की सुने, वह प्रेमी की ही मान जाती है, जो कहता है, "तुम्हारे बी०ए० करने न करने से कोई फर्क नहीं पड़ता" (९९)। अन्यथा माँ उसे कितना भी "मामूली" क्यों न कहे, इस नायिका को विवाह के बाद "यह नई सामान्यता असामान्य सुख दे रही थी" (१०३)। किन्तु 'ख़ाली होता हुआ घर' (ग.१४) की कामकाजी होते हुए भी एक-समान नायिका को कुछ समय बाद, माता-पिता के यहाँ आकर कहीं न कहीं पछतावा महसूस होना शुरू होता है।

कई अभिभावक यदि अपनी बेटियों को पढ़ाते भी हैं, वे उन्हें 'फर्क नहीं' १२१ (ख.२) के "पैदल पहुँच में होनेवाले" "प्यारीदेवी कॉलेज" जैसे महाविद्यालय में डालने से ज़्यादा आश्वस्त होते हैं, लड़की लाख बस की पहुँच में पड़ती अन्य कॉलेज में पढ़ना चाहे, उनकी प्राथमिकता "सुरक्षा और बचत, दोनों का प्रबन्ध" है, अध्ययन गौण तत्त्व है। 'सवारी और सवारी' ४५१ (झ.१७) के अनुसार भी "सहशिक्षा के नाम पर सहमते या बिदकते" अभिभावक अपनी बेटियों को महिला कॉलेज भेजते हैं। अच्छे, मध्यवर्गीय घरों की लड़कियों के कपड़ों से उन्हें रोज़ ढोनेवाले रिक्शा-चालक को लगता है कि आधुनिक पहनावा उनकी आज़ादी का परिचायक है, लेकिन एक बार लड़कियों की बातों की भनक पड़ने के बाद वह सोचने लगता है, उसकी बहनें को कम से कम गाँव में घूमने की आज़ादी है।

शादी के कारण लड़कियों की पढ़ाई अक्सर छूट जाती है। कई लड़कियाँ पूरे साल की मेहनत के बाद शादी की तिथि की वजह से परीक्षा नहीं दे पाती हैं। यह समस्या 'उसी शहर में' ५८ (क.७), 'बिटिया' ३८३ (ङ.१२), 'अँधेरे का ताला' ७८ तथा एक तरह से 'पटकनी' ११६–११९ (ढ.१३) में भी उकेरी गई है। 'बिटिया' में ममता कालिया ने व्यंग्यात्मक ही सही, बड़ी सच बात कही है : शादी तय होते ही "घर की बड़ी-बूढ़ियों ने कह दिया, ··· मधुरिमा पढ़ने नहीं जाएगी। बहुत हो गया पढ़ना-लिखना। अब पढ़ने से क्या फायदा। जिनकी चीज़, उनके पास। वे जाने उनका काम जाने"। 'कामयाब' ३० (ढ.२) की एक नायिका की पढ़ाई भी इसी तर्ज़ पर निकाह के रास्ते में पत्थर के समान पड़ी है।

यह देखते हुए आश्चर्य नहीं कि अपने एक साक्षात्कार में ममता जी कहती हैं, "मुझे स्त्री का शायद दस प्रतिशत वर्ग उच्च-शिक्षित हुआ लगता है"।[१०] स्त्री-शिक्षा को बढ़ावा देने के प्रयासों के बावजूद अफ़सोस फिर इस बात का भी तो है कि पढ़ी-लिखी महिलाओं को पढ़ने-लिखने का अवसर कम मिलता है। आजकल लड़कियों की शिक्षा पर पहले से थोड़ा अधिक ध्यान दिया जा रहा है, किन्तु पिछले कुछ दशकों में यह एक आम अनुभव रहा है, जिससे लेखिका प्रधानाचार्या होने के नाते स्वयं गुज़र

चुकी है, कि विवाह के बाद औरतों की बौद्धिक संपदा, चाहे उसका रूप प्रमाणपत्र हो या साहित्य, बहुधा संदूकों के नीचे, साड़ियों की तहों में लिपटी कैद हो जाती है। 'वसन्त—सिर्फ़ एक तारीख़' २११ (ग.३) में इसका उल्लेख है और 'खाँटी घरेलू औरत' में वे इसका यूँ एहसास कराती हैं, "इनके इण्टर, हाई स्कूल के प्रमाणपत्र गर्म कपड़ों के ट्रंक में पड़े हैं दूरबीन-से। छठे-छमाहे जब लिखनी होती है घर चिट्ठी, ये बेटे की कलम और कॉपी से चला लेती हैं काम" (२५वीं क०; द्र० ३८वीं)।

फिर भी 'पटकनी' (ढ.१३) में ममता जी अपने सामान्य वक्तव्य से अलग, यह बताती हैं कि देश में "हर तीसरी शादी फेल" (११६) होने के बावजूद ब्याह सब लड़कियों का "फॉल", "स्त्रियों का पालतूकरण" (११४) और "ज़िन्दगी के सवालों से पलायन" (११९) नहीं होता, जैसा "कामू-काफ्का" पढ़नेवाले, इम्तिहान में पीछे रह जाते लड़के व "सार्त्र और सिमोन द बोवुआ" में जीवन झोंकती कुछ अफलातून लड़कियाँ मानती हैं। बल्कि सन्तोष की शादी संतोषजनक है और वह सेठों के घर की बहू बनकर भी अध्यापिका बन जाती है। उम्मीद करते हैं कि आनेवाले कल में सभी हिन्दुस्तानी लड़कियों को ऐसी संभावनाएँ मिलती रहेंगी।

अपने पैरों पर खड़ा हो जाना

आजकल कई बार किसी नौजवान को लिपिक की नौकरी भी "अन्ततः प्रार्थना, तिकड़म, सिफारिश और दाँवपेंच से सहारे" ही मिलती है (लकी १५०, छ.३)। 'प्रिया पाक्षिक' (च.८) के नायक को महिला पत्रिका में ऐसी नौकरी करनी पड़ती है, जो उसके मुताबिक नहीं है, फिर भी वह पहचानता है कि अपनी मित्रमंडली में वह अकेला है, जो इस समझौते से चैन की नींद सो सकता है, अधिकांश तो बेरोज़गार हैं। 'वे तीन और वह' (क.२) और 'शहर शहर की बात' (क.१२) जैसी अन्य आरंभिक कहानियों से स्पष्ट है कि युवा वर्ग सत्तर के दशक की मुंबई में आवास और कमाई की चिन्ताओं से घिरा रहता था। हालाँकि बड़े शहरों में भारत के उत्थान और विकास के साथ-साथ संभावनाएँ अब अधिक हुई हैं, आकांक्षाएँ बढ़ने से नए लोग आज भी कम बेचैन नहीं हैं। 'दौड़' उपन्यास ने इसी विषय की परख सफलता से हुई है।

इस बीच सपने साकार करने की होड़ में लड़कियाँ बढ़ती संख्या में शामिल हो रही हैं। आजकल समाज के उन तबकों में, जहाँ युवतियों के सामने शादी के अलावा अन्य विकल्प अथवा मजबूरियाँ भी हैं, वहाँ उनके लिए लेखिका की दृष्टि में "अहम पायदान है पच्चीसवाँ साल", "पढ़ाई, प्रतियोगी परीक्षाएँ, नौकरी, आवास और आत्म-निर्भरता" के सोपान चढ़ते-चढ़ते "रोज़गार से लगी लड़कियाँ अब विवाह को स्थगित

करना सीख रही हैं", जबकि इस बीच "समय कभी ऊर्ध्वगामी गति से आगे बढ़ता है, तो कभी चक्राकार। एक ही समय में समस्त समाज आधुनिक नहीं हो जाता। जन-संख्या का एक बड़ा हिस्सा नए ज़माने में भी पुरानी सोच और विचार रखता है"।[११]

न केवल 'पच्चीस साल की लड़की' (ङ.५) कहानी तथा इसी नाम के अपने एक कहानी-संकलन में ममता जी ने यह बात कही थी, बल्कि उन्होंने अपने नवीनतम लघु-उपन्यास 'सपनों की होम डिलिवरी' (भाग ३) में भी इस पर एक प्रसंग लिखा है। यहाँ, उनकी समझ में विवाह-संस्था का स्वरूप बदलने की रफ़्तार धीमी है, फलतः प्रबुद्ध युवतियाँ उससे बचने लगी हैं; अगर शादी के बारे में बहुसंख्यक समाज का रवैया बदलता, वे निश्चित ही समय पर घर बसाने के लिए राज़ी हो जातीं। पाश्चात्य देशों की लड़कियाँ अपने कैरियर को ध्यान में रखते हुए या एक अलग रिहाइशगाह की ज़रूरत महसूस करते हुए विवाह का दायित्व टालती हैं, किन्तु भारत में, जहाँ जवानों को मदद करने के लिए अपेक्षाकृत विशाल परिवार तत्पर होता है, घरवालों की रूढ़िवादी प्रत्याशाएँ ही एक बाधा बन जाती हैं।

'ख़ाली होता हुआ घर' (ख.१४) १९७५ से पहले घटित होती है। यह एक ऐसा समय था, जब भारत में भी कुछ लड़कियाँ अलग घर और नौकरी को स्वतंत्रता की परिभाषा मानने लगीं। इस कहानी में नायिका पर अभिभावकों का कोई विशेष बोझ नहीं है, फिर भी जब उसकी पढ़ाई के घटते स्तर से आहत पिता सोचते हैं, "फ्रेंच का डिप्लोमा करा देंगे या एयर होस्टेस बनवा देंगे, या और नहीं तो आइकेबेना की कलाकार हो जाएगी", तो वे पाते हैं कि इससे प्रयोगधर्मी मार्ग चुनकर "उसने अपने लिए एक नया मुकाम ढूँढ़ निकाला। इस मुकाम पर दिल्ली की एक घिचपिच कॉलोनी में एक 'सी' क्लास क्वार्टर था, एक अदद लड़का था और पाँच सौ रुपया मासिक आय। लड़के के अलावा कोई चीज़ धड़ल्ले की नहीं, थी सब निहायत औसत। इस औसत की शायद उसे तलाश थी"। 'दुक्खम-सुक्खम' २५९–२६६ में नायक के बेटी की मॉडलिंग की कहानी कुछ सदृश प्रतीत होती है।

इसी वर्ष के 'नरक दर नरक' और १९८० के 'प्रेम कहानी' उपन्यास से भी इस नई मानसिकता की ख़बर मिलती है। ये रचनाएँ यह नहीं कहना चाहतीं कि लड़की का अकेला भविष्य परंपरागत शादी में देखनेवाले गलत हैं, न यह कि माता-पिता की न सुनते युवाओं द्वारा खुद खोजे इन रास्तों से सीधा स्वर्ग के द्वार पहुँचा जा सकता है। लेखिका स्वयं उस परिस्थिति से गुज़री थीं, जो इन कृतियों में पाठक जान लेता है, और शायद वे यह सन्देश देना चाहती है कि स्वतन्त्र निर्णय लेने का संबन्ध अकेला लाभ-हानि से नहीं है। फ़ायदे न मिलने का अर्थ नुकसान भुगतना भी नहीं है, सबके

संतोष के लिए अभिभावकों को अपने बच्चों को पंख फैलाने से नहीं रोकना चाहिए। यदि इन तीन नायिकाओं ने अपने प्रेम से कोई बहुत बड़ा सम्मान नहीं भी पाया, लेखिका की दूसरी कृतियों में दिखती संस्कारी घुटन से तो वे बच ही निकलीं, और माता-पिता के साथ न देने पर भी औसत से कम उनकी स्थिति हुई नहीं।

ग. विवाह और दाम्पत्य

'लड़कियाँ', 'दौड़' व 'अँधेरे का ताला' को छोड़कर ममता कालिया अपने ज़्यादातर उपन्यासों के अलावा लगभग हर दूसरी कहानी में या तो प्रेम संबन्धों अथवा दाम्पत्य की पड़ताल करती हैं, या फिर इन्हें कम से कम कथानक का आधार बनाती हैं, हालाँकि 'बोलनेवाली औरत' संग्रह (१९९८) के बाद लेखन के उत्तरार्द्ध में वे अन्य सामाजिक प्रश्नों पर अधिक ध्यान देने लगी हैं। यह भी कह सकते हैं कि लेखन के पूर्वार्द्ध में न केवल इन संबन्धों का चित्रण अधिक पाया जाता है, किन्तु ममता जी अक्सर रिश्तों की समस्याओं को, बेमन समझौते को दिखाना चाहती हैं, जो 'बोलनेवाली औरत' और उसके बाद के संग्रहों में अचानक कम हो जाता है (विशेषतः निर्मोही, २००४ और थोड़ा सा प्रगतिशील, २०१४ में)।

अधिकांश रचनाओं में रिश्तों की समस्याएँ पात्रों के मनोविज्ञान में प्रतिबिंबित होती हैं, हर बार विवाद या किसी और प्रकार के प्रकट द्वंद्व का रूप नहीं लेतीं, हालाँकि रिश्तों की समस्याओं को परखती बावन कहानियों में से इकत्तीस यानी ज़्यादातर में मनमुटाव या कलह उत्पन्न हो ही जाता है। यदि कोई प्रेम-संबन्ध सामान्यतः हर दूसरी, तथा रिश्ते की कोई समस्या हर तीसरी कहानी में मौजूद है, तो प्रकट द्वंद्व हर चौथी में सामने आता है। 'छुटकारा' (१९७०) और 'मुखौटा' (२००३) कुछ हद तक अपवाद हैं, इनमें विवाद, द्वंद्व न्यूनतम है, बावजूद इसके कि दोनों संग्रहों में स्त्री-पुरुष संबन्धों की काफ़ी चर्चा हुई।

ऐसी बहुत कम कहानियाँ हैं, जहाँ नायक-नायिका के रिश्ते में खटास धीरे-धीरे और निजी कारणों से नहीं, बल्कि बाहरी दुनिया से यकायक आती है, अर्थात् जहाँ कोई अप्रत्याशित परिस्थिति – बीमारी, मृत्यु, आतंक, ग़लतफ़हमी, किसी मामले में अलग मत, इत्यादि – के हटने से सामान्य खुशहाल संबन्ध बहाल होने की संभावना है (आलमारी, ङ.११; पर्याय नहीं, छ.११; अर्द्धांगिनी, छ.१३; वह मिली थी बस में, झ.५; पीठ, झ.१६; खुशियों का लौटना, ढ.४; प्रेम, ढ.७; पटकनी, ढ.१३)। इस

साहित्य में चित्रित अधिकांश संबन्धों में दरारें गहरी और स्वभावगत हैं, ममता जी उनका ताल्लुक भारतीय सामाजिक व्यवस्था से बताती हैं।

ऐसा नहीं कि वे सिर्फ़ उस आयोजित विवाह पद्धति की आलोचना करती हैं, जहाँ भावी पति को लड़कियाँ सुविधानुसार "दस दिन में बस पाँच देखनी हैं" (मुखौटा २४८, ज.४)। 'एक जीनियस की प्रेमकथा' (घ.४), 'एक पत्नी के नोट्स' उपन्यास और 'बोलनेवाली औरत' (छ.१) जैसी कृतियों के ज़रिये उन्होंने यह भी दर्शाया कि यह ज़रूरी नहीं, प्रेम विवाह हमेशा सुखद रहे, चाहे दम्पती अपने अलग घर में रहे या संयुक्त परिवार में। 'बेघर' तथा 'पीठ' (झ.१६) के नायक-नायिका का संबन्ध भी प्रेम की शुरुआत में सुखद होता है, लेकिन परिणति फिर दुखों का ढेर है।

वे कहती हैं, "हैरानी है कि 'वसुधैव कुटुम्बकम्' के आदर्श को प्रतिपादित करनेवाला हमारा भारतीय समाज वर्त्तमान समय में प्रेम के प्रति असहिष्णु व अनुदार होता जा रहा है। विजातीय प्रेम-संबन्धों की परिणति कहीं हिंसा, तो कहीं अपराध में हो रही है"।[१२] हिन्दू-मुस्लिम अंतरजातीय विवाह की विशेष रूप से कम संभावनाओं की चर्चा 'बिटिया' (ङ.१२) और 'रिश्तों की बुनियाद' (ज.१७) में हुई है। 'बिटिया' की मधु को इसलिए भी शायर तबीयत के आकर्षक सहपाठी दानिश को भूलना पड़ता है, क्योंकि अपनी एक गलती से उसकी तीनों बहनों की, रुपयों की कमी से वैसे भी कठिनाई से हो पानेवाली शादियाँ प्रभावित हो सकती हैं (३८५) (और तो और वह पिता की उम्मीदों पर भी पानी नहीं फेर सकती, जिन्होंने उसे मुश्किलें उठाकर कॉलेज में पढ़ने भेजा था (३७९))। इन कुछ कहानियों को छोड़कर ममता जी क्रान्तिकारियों की जगह साधारण परिदृश्य के लोगों के संबन्धों पर विचार करती रही हैं।

इस उप-अध्याय में शादी के रीति-रिवाज़ के पश्चात् पति-पत्नी के संबन्धों को अपेक्षाकृत विस्तार से देखेंगे, और अन्त में यह भी कि लेखिका के अनुसार ससुराल में बहू का जीवन कैसा होता है।

प्रेम-संबन्ध की समस्याएँ, समझौता (बिना द्वंद्व के) : 'यह ज़रूरी नहीं' (क.३), 'जितना तुम्हारा हूँ' (ख.५), 'गुस्सा' (ख.६), 'उपलब्धि' (ख.११), 'आज़ादी' (ख.१२), 'राएवाली' (ग.२), 'तस्कीं को हम न रोयें' (ग.४), 'एक जीनियस की प्रेमकथा' (घ.४), 'लैला-मजनूँ' (घ.७), 'कवि मोहन' (घ.१०), 'मुहब्बत से खिलाइए' (ङ.८), 'मनोविज्ञान' (ङ.१०), 'दर्पण' (ङ.१३), 'रजत जयंती' (च.४), 'दाम्पत्य' (च.६), 'अनुभव' (च.९), 'वर्दी' (च.१२), 'इरादा' (च.१६), 'बोलने वाली औरत' (छ.१), 'श्यामा' (ज.११), 'सीमा' (ज.१२), 'निर्मोही' (झ.१), 'उनका जाना' (ञ.२), 'दूसरी आज़ादी' (ठ.६), 'शक' (ठ.७), 'बीतते हुए' (ठ.८), 'एक पति की मौत' (ठ.११), 'फिर भी प्यार' (ठ.१४), 'वारदात' (ठ.१७), 'बगिया' (ड.७), 'थोड़ा सा प्रगतिशील' (ढ.१२)

प्रेम-संबन्ध, दाम्पत्य में प्रकट द्वंद्व : 'यह ज़रूरी नहीं' (क.३), 'जितना तुम्हारा हूँ' (ख.५), 'गुस्सा' (ख.६), 'उपलब्धि' (ख.११), 'आज़ादी' (ख.१२), 'राएवाली' (ग.२), 'तर्स्की को हम न रोयें' (ग.४), 'एक जीनियस की प्रेमकथा' (घ.४), 'लैला-मजनूँ' (घ.७), 'कवि मोहन' (घ.१०), 'मुहब्बत से खिलाइए' (ङ.८), 'मनोविज्ञान' (ङ.१०), 'दर्पण' (ङ.१३), 'रजत जयंती' (च.४), 'दाम्पत्य' (च.६), 'अनुभव' (च.९), 'वर्दी' (च.१२), 'इरादा' (च.१६), 'बोलनेवाली औरत' (छ.१), 'श्यामा' (ज.११), 'सीमा' (ज.१२), 'निर्मोही' (झ.१), 'उनका जाना' (ञ.२), 'दूसरी आज़ादी' (ठ.६), 'शक' (ठ.७), 'बीतते हुए' (ठ.८), 'एक पति की मौत' (ठ.११), 'फिर भी प्यार' (ठ.१४), 'वारदात' (ठ.१७), 'बगिया' (ड.७), 'थोड़ा सा प्रगतिशील' (ढ.१२)

शादी की रस्में

लेखिका 'चाभी' $_{१०२}$ (ढ.११) में ऐसी राय जताती है कि "अपने मुल्क में शादी-ब्याह स्पर्द्धा का समय है", जिसमें झलकती है "हम किसी से कम नहीं वाली अकड़", और 'पटकनी' $_{११५}$ (ढ.१३) में भी वे विवाह का यही पक्ष उभार देती है। बच्चों के दिल-ए-बेक़रार को शान्त करने से अधिक, विवाह-संस्था किसी परिवार के लिए अपनी सामाजिक स्थिति को बरक़रार रखने या संशोधित करने का माध्यम समझी जाती आई है। शादी कहीं न कहीं दो परिवारों के बीच का एक करारनामा कही जा सकती है, जो 'पच्चीस साल की लड़की' (ङ.५) की नायिका को व्यक्तिगत तौर पर "बस अँधेरे में छलाँग" $_{(३३३)}$ प्रतीत होता है, एक ऐसा "मामला", जो आदर्श रूप से "लेन-देन" के बाद "पट जाता है" $_{(३३४)}$। लिहाज़ा सामने बैठी श्रीमती शर्मा भी यह भूल ही जाती हैं कि "⋯यहाँ लड़कियाँ शादी करती नहीं हैं, उनकी शादी हो जाती है। बिलकुल वैसे, जैसे कोई अपने को खाँसी करता नहीं है, खाँसी हो जाती है" $_{(३३३)}$। 'बेतरतीब' $_{७२}$ (क.११) का नायक ख़ुशक़िस्मत है कि वह कम से कम यह सोचने की स्थिति में है कि "शादी करनी चाहिए कि होनी चाहिए"।

इसलिए पहले बहुत बार वर-वधू की सहमति रिश्ता तय करने के लिए ज़रूरी नहीं होती थी, जैसे पिता ने "इस मामले में ⋯ कवि मोहन से सलाह लेना क़तई ज़रूरी नहीं समझा" (कवि मोहन $_{३०४}$, घ.१०) और 'झूठ' $_{१०४}$ (च.१४) के नायक का रिश्ता भी माँ नौकरी मिलने के "फ़ौरन बाद" "बनारस की एक गली के पुराने मुहल्ले में पक्का कर आई", बिना कुछ पूछे। जहाँ पुत्रों के रिश्ते भी राय पूछे बगैर तय कर दिए जाते हैं, वहाँ लड़कियों से तो अधिकतर "सलाह लेने की कोई ज़रूरत नहीं पाई" जाती (आत्मरक्षा $_{१७४}$, ख.१०), यहाँ तक कि जब रिश्ता लाने की ज़िम्मेदारी माँ के कन्धों पर हो, तब भी कोई नायिका बाद में यह सोचकर पछता सकती है कि "यह सब कार्य कुछ इस तरह यथासमय, कुशलतापूर्वक कर डाला गया कि ⋯ [खुद] यह

भी न बता सकी कि उसने जीवन और जीवनसाथी के बारे में इस तरह से नहीं सोचा था" (दर्पण ३८९, ङ.१३)। दूसरे पक्ष के समर्थन के लिए कम ही सही, ऐसी कहानी भी मिल जाती है, जिसमें पिता ने बेटी की "पसंद का ध्यान रखकर" "उसका विवाह एक अच्छे से नौजवान से" कर दिया (इक्कीसवीं सदी ४६, च.५), पर लेखिका ज़्यादातर पहले पक्ष की आलोचना पर ज़ोर देती है।

ममता कालिया जेनेटिक विज्ञान की दृष्टि से विचित्र इस परंपरा पर विचार करने को मजबूर करती हैं कि कई मुस्लिम घरों में, रिश्ते में शादी होना अपशगुन के विपरीत विवाह की इच्छित प्रक्रिया समझा जाता है, जैसे विधायक हाफ़िज़ साहिब के यहाँ (कामयाब ३०, ढ.२)। यहाँ निकाह में भाई-बहन का रिश्ता नहीं, किन्तु लड़की का लड़के से पढ़ी-लिखी और कुछ महीने बड़ी होना ही बाधा बनता है। 'दूसरी आज़ादी' ४७ (ठ.६) का शौहर भी बेग़म से छह साल बड़ा है। – ऐतिहासिक लोकप्रियता के बावजूद बालविवाह आज की प्रमुख आशंकाओं में नहीं रहा होगा, शायद यह सोचकर उन्होंने इस प्रथा का उल्लेख मात्र किया है। 'राएवाली' २०५ (ग.२) की सास बहू को सुनाती है कि "मैं ग्यारह साल में ब्याही थी। मेरी सास खड़े से पैर दबवाती थी सारी-सारी रात", तो 'दुक्खम-सुक्खम' ९९ में भी नायक की माँ के बारे में जान लेते हैं कि उनका पुनर्विवाह (!) चौदह की उम्र में हुआ था, तब से लेकर उनका जीवन चाहे-अनचाहे पति को समर्पित रहा।

परंपरागत विवाह से ममता कालिया पहले से खिन्न रही हैं। वक्त आने पर उनके लिए भी कई हितैषी रिश्ता लाने में जुट गए, लेकिन 'अच्छे से अच्छे' रिश्ते उन्हें रास नहीं आए। एक को उन्होंने मुँहतोड़ जवाब दिया था, यूँ : "उस कारवाले के लिए एक अच्छी नौकरानी ढूँढ़ दो, मुझे माफ़ करो", इस प्रकार की परेशानियों के बीच उनके लिए "लिखना-पढ़ना कवच और कुंडली का काम करते थे"।[१३] नए दौर में प्रेम-विवाह का चलन बढ़ता जा रहा है, ऐसा 'नरक दर नरक' व 'प्रेम कहानी' उपन्यासों और 'दो ज़रूरी चेहरे' (क.१४), 'ख़ाली होता हुआ घर' (ग.१७) जैसी कहानियों में प्रतिबिंबित होता है। यह स्पष्ट करना लाजिमी है कि लेखिका केवल इस नई प्रथा के विजय को नहीं दर्शाती, वास्तव में वे अपनी नायिकाओं की खुद के फैसले के साथ जुड़ती तमाम उलझनों की दास्ताँ भी बताती है।

दहेज

आयोजित विवाह का एक अहम अंग रहा है दहेज। विवाहिता स्त्री की निजी संपत्ति के सवाल से जुड़ी यह प्रथा विश्व के बहुत-से मुल्कों में विद्यमान रही है। यह कि वधू

को अपनी पूँजी लेकर ससुराल जाना है अथवा वर-पक्ष को ही बहू घर में लाने के लिए पैसे निकालने पड़ते हैं, यह क्षेत्रीय विशेषता रही है; भारत में पहाड़ी प्रदेश इस दूसरे प्रकार के रिवाज़ के लिए मशहूर हैं। वे ध्यान इस तरफ खींचतीं हैं कि मुस्लिम घरों में भी लड़कियों की ही 'कीमत' अदा की जाती है। सबसे प्रचलित हिन्दू प्रथा से तुलना करने के लिए 'बिटिया' (ङ.१२) में उन्होंने नायिका का एक ऐसा नाउम्मीद मुस्लिम आशिक बनाया है, जो अगर उनकी शादी हो जाए, तो मेहर दो लाख बोसों से अदा करेगा (३७९)।

बहरहाल, देश के कई इलाकों में लड़कीवालों पर पड़े आर्थिक बोझ व इससे पनपते सामाजिक विकारों के मद्देनज़र ही संसद ने सन् १९६१ में अधिनियम २८ पारित किया था। फिर भी पिछले दशकों में पता चला कि अकेली भारतीय दंड-संहिता द्वारा दहेज-प्रथा पर रोक नहीं लगाई जा सकती है, इसके लिए आमूल सामाजिक परिवर्तन ज़रूरी है। वास्तविकता के धरातल पर कानून का अपेक्षित से कम असर पड़ता दिख रहा है, इसलिए ममता कालिया ने परिणय के संबन्ध में दहेज के प्रश्न पर सबसे अधिक टिप्पणियाँ की हैं, अनेक कहानियों में इसका छोटा-बड़ा कोई उल्लेख पाया जाता है। 'बिटिया' (ङ.१२) केवल इसी समस्या को समर्पित है कि हमारे युग में खरीदारी के अलावा ब्याह भी 'लिस्ट बनाकर' किया जाता है और इतना दहेज 'फैशन में' है कि लड़केवालों को मकान ही बदलना पड़े (३७६, ३७७)। लेखिका इस ओर इंगित करती है कि जब प्रेमी से अलग की जा रही लड़की सोचती है, मेरा "सूरज डूबनेवाला है" (३८३), और "मुद्रा-संकट" से "परिवार की मुखाकृति रुआँसी हुई जा रही थी" (३८२), तो ऐसी शादियों पर खड़ा होता समाज कहीं अस्वस्थ तो नहीं होना है?

एक गाने के बोल कहते हैं, "हर किसे नूँ नई मिलदा मन मँगिया दिलदार, ··· हर किसे नूँ मुकम्मल जहाँ नई मिलदा"।[१४] लगता है, बहुत हद यह परिवार की आर्थिक स्थिति निर्धारित करती है, निजी गुण नहीं। आईएएस वर को "सिरफिरी शोध-छात्राएँ और धैर्य-कुमारियाँ" नहीं, वरन् सुन्दरियाँ ही मिलती हैं (अपने शहर की बत्तियाँ ३१८, ङ.३), ऐसी जिनके संपन्न पिता "आईएएस दामाद खरीदने की हैसियत" रखते हैं (एक जीनियस की प्रेमकथा २६४, घ.४)। फिर भी एक आंटी को ऐसा प्रतीत होता है कि एक लड़की को आईएएस या पीसीएस पति का ही चाव होता है, "खुद कुछ हो, चाहे न हो" (पच्चीस साल की लड़की ३३३, ङ.५)। 'सीमा' २९६ (ज.१२) की नायिका को पिता प्रस्तावित औसत वर को अच्छे रंगों में दर्शाने के लिए कई तर्क देने की कोशिश करते हैं, लेकिन "माँ ज़्यादा स्पष्ट थीं। उन्होंने कहा, 'देख सीमा, हमारे पास कुल बीस हज़ार हैं। बीस में बस ऐसा ही उन्नीस-बीस लड़का मिलता है। इक्कीस-बाईस के दाम

तो डबल से भी ऊँचे चल रहे हैं"। इसके बरक्स 'बिटिया' ३७६ (ङ.१२) के संभाव्य वर-पक्ष का कहना है, "लड़कियाँ सभी एक-सी होती हैं, कोई उन्नीस, तो कोई बीस। फिर हमारा लड़का ऐसा छिछोरा नहीं, जो बस शक्ल पर फिसल जाए"। लड़की की बुआ कहती है, दहेज से बदसूरत से बदसूरत लड़की की शादी हो जाती है (३७७)।

ऐसा नहीं कि दहेज केवल एक वर्ग विशेष की विशेषता है, यह छोटे-बड़े हर तबके में पाया जाता है। "गाय-बछड़ा बेचकर" चपरासी भी दहेज का सामान बटोरने में जुटा है (आलमारी ३७४, ङ.११) और 'कामयाब' २८ (ढ.२) के सांसद मुख्यपात्र के उदाहरण में देखते हैं, पढ़े-लिखे भी बाज़ नहीं आते। जिस घर में कई लड़कियाँ हैं, वहाँ मुश्किलें बढ़ जाती हैं, "चार लड़कियों के बाप को अपनी बेटियाँ ब्याहने की कैसी उतावली रहती है। वे रिश्ता ढूँढ़ते समय यह नहीं देखते कि रिश्ता लड़की के लायक है या नहीं, वे तो गिनती पूरी करते हैं" (प्रेम कहानी ११७)। 'खिड़की' १५६ (छ.४) में एक ऐसे पिता का ज़िक्र है, जो पैसों के अभाव में अपनी अध्यापिका बेटियों को "फूलों के गहनों में विदा कर" ऐसे दामादों को देना चाहता है, जो बिना दहेज के उनकी कद्र करें, लेकिन "इतने उच्च आदर्शवाला कोई भी वर अभी तक न मिला, न मिलने की सूरत नज़र आ रही थी"। कभी-कभी "विज्ञापन में लिखा होता—दहेज के बिना शादी, लेकिन रिश्ता आते ही सबकी फरमाइशों की फेहरिस्त सामने आती" (रिश्तों की बुनियाद ३१२, ज.१७)।

दहेज इस क़दर ज़रूरी समझा जाता है कि 'साथ' ६१ (क.१०) का नायक दूसरी शादी रचाने से पहले भी यह आस लगाए बैठा है कि अब प्रेमिका के साथ घर की चीज़ें लेने में सब्र करना चाहिए, "शादी में सब दूसरी बार आ जाएँगी"। यह अलग बात है कि जितना वह खुद मतलबी है, उसकी प्रेमिका कम शातिर नहीं। वह नहीं बताती कि पिता के पास पैसे नहीं हैं और दहेज जुटाने के लिए वे कोई अतिरिक्त चेष्टा करनेवाले हैं भी नहीं । परन्तु यह विचारधारा अभी विकसित हो रही है, हाल ही तक नियम नहीं बनी है। प्रतिष्ठा के सवाल के कारण दहेज-प्रथा को शह देना लड़कीवालों की खुद की गलती हो सकती है। एक संस्मरण में ममता जी ने यह उल्लेखनीय समझा कि यद्यपि अमरकान्त ने दहेज की माँग के कारण अपनी बेटी का विवाह तय हुए परिवार में नहीं किया, उससे पहले "वे बड़े उत्सुक भी थे कि यह काम हो जाए"।[१५]

कई बार सुनने में आता है कि रिश्ता तय होने के बाद, ऐन शादी से पहले लड़के वालों की स्कूटर, फ्रिज, टीवी रूपी अतिरिक्त अपेक्षाओं की गाज गिरती है : पूरी न हों तो "लड़के का मन रह जाएगा" (३७८) और शादी नहीं हो सकती। 'शक' ७१ (ठ.७) की शंकालु मिसेज़ सक्सेना के "कमबख्त सपने" में भी "उनके छोटे भइया की शादी में

कार मिल रही है"। अफ़सोस यह है कि इन्हें ठुकरानेवाले बहुत थोड़े हैं, हालाँकि आज की तारीख में कुछ लोग चौकस रहने लगे हैं और दहेज की माँग पर तय शादी से इनकार करनेवाली साहसी लड़कियाँ कभी-कभी सुर्ख़ियों में आती हैं।[१६] — कोई-कोई माँ मानती है, "लड़केवालों का क्या है। जितना भी दो, उनका पेट कभी नहीं भरता" (सवारी और सवारी ४६२, झ.१७)। ममता जी जानती हैं कि लालची ससुरालवालों की शिकायतों के अनेक किस्से कहे-सुने जाते हैं, ससुराल में दहेज में मिले हुए उपहारों में मीन-मेख निकालना एक आम अनुभव है (बाथरूम ३९४, झ.७)। 'राएवाली' २०३ (ग.२) की शुरुआत में, बहू के आगमन के बाद सास-ससुर लड़की पक्ष की, शादी की ख़राब तैयारी की ऐसी चर्चा आरंभ कर देते हैं, जो जीवन में कभी समाप्त नहीं होनी है।

इन बातों का परिणाम यह है कि बेटी की परवरिश को माँ-बाप और अन्य रिश्तेदार आसानी से बदकिस्मती मान बैठते हैं। 'बिटिया' (ङ.१२) के पिता दहेज के सिद्धान्त पर प्रश्नचिह्न नहीं लगाते, पर पत्नी बोलती है "यह पार लग जाए, तो तीन और खड़ी हैं तला ऊपर की" (३७७)। इसका क्या अर्थ है, वह स्वयं जान लेते हैं, जब लड़की की शादी से ठीक पहले दुर्घटना में मृत्यु हो जाती है, और फलस्वरूप उन्हें ऐसा आभास होता है कि चेतना उनके दिल की "तड़फड़ ठंडी किए जा रही है" (३८७)। पिता के अभाव में "कमाऊ भाई की हैसियत से" 'दर्पण' ३९० (ङ.१३) का नायक "अपनी बहन के प्रति बड़ी ज़िम्मेदारी यही निभा सकता था कि उसका यथायोग्य विवाह कर दे"। अचम्भा नहीं कि कई-कई लड़कियाँ बड़ी होकर पहचानने लगती हैं कि घर पर "'मुसीबत की गठरी', 'दहेज की दलदल' और 'पचास हज़ार की बिल्टी'" उन्हीं को कहा जाता है (रिश्तों की बुनियाद ३१०, ज.१७), कोई अचरज नहीं कि ऐसी लड़की खुद को "बीस हज़ार का बोझ", एक "जानदार सामान" महसूस करने लगती है (बिटिया १२४, ङ.१२)।

ममता जी ने अपने एक आलेख में इलाहाबाद की अविवाहित बहनों की तिहरी आत्महत्या के विषय में लिखा था कि बेटियों को आत्मनिर्भर बनाने की जगह उनके मन को भय से भर दिया जाता है।[१७] मजबूर, सहमे हुए और समाज से सताए अभिभावक बेटियों की शादी में जल्दबाज़ी भी कर देते हैं, "उनके लिए [बेटी को] कुँए में धकेलना या ब्याह में धकेलना एक बराबर है" (प्रेम कहानी ११७), फिर जिस लड़की के हाथ पीले हो गए, विवाह के बाद वे उसे अधिक से अधिक समझाने और ससुराल के आघातों को झेलने की हिदायतें देने मात्र की भूमिका में रह जाते हैं। जैसे ममता जी कहती हैं, माँ के लिए "लड़की एक समस्या थी, विवाह एक समाधान। समाधान के बाद फिर समस्या उन्हें मंज़ूर न थी"; दरअसल पिता को भी नहीं, इसलिए "पापा की नाक की खातिर सीमा फिर पहुँच गई सीमा में" (सीमा २९८–२९९, ज.१२)।

'राएवाली' २०३ (ग.२) में इसका उल्लेख है कि दहेज की वस्तुएँ, जो आदर्श रूप में वधू का जीवन आसान करने के लिए प्रदान की जाती हैं, वास्तव में अनेक बार पति की "बहन की शादी में हस्तान्तरित" हो जाती हैं, उनपर विवाहिता का हक़ नहीं रहता, यानी पैसे लुटाने और वसूलने का घातक सिलसिला आरंभ हो जाता है। इस बीच उसकी मुक्ति बहुत दूर जाती दिखती है। 'मनहूसाबी' ३४३ (ङ.७) में ऐसी परिस्थिति उत्पन्न होती है कि जो लड़की पहले अपने परिवार के लिए बोझ थी, अब खुद को पति के लिए बोझ पाती है, जिसने उससे शादी करने की कृपा की। कर्ज़ा चुकाने के लिए वह "सेवा और प्राणपण से पति के लायक बनने की कोशिश में" लगी रहती है, हालाँकि यह कर्ज़ उतारे नहीं उतरता।

'तोहमत' २७८ (घ.५) की दो युवा नायिकाओं में से एक के यहाँ "दिल्ली में अच्छे ओहदे पर काम करते" प्रस्तावित लड़के के परिवार से "आजकल लेन-देन तय हो रहा था"। इसका क्या महत्त्व है, यह लड़कियों को पूर्ण रूप से मालूम है, कुछ इस क़दर कि संभाव्य उदासीन भविष्य की वे हँसती-खेलती-सी चर्चा करती हैं। एक कहती है, अब लड़केवाले दहेज में सीधा मिट्टी का तेल न माँगें, तो दूसरी जवाब देती है : "तुम्हारे पंजाब में तो बहुओं को एक ही बार में जलाकर खाक कर डालते हैं, हमारे उत्तर प्रदेश की बनिया बिरादरी में तो बहुओं को बाकायदा, धीरे-धीरे, तिल-तिल कर जलाया जाता है। सारी उम्र सुलगो, न बुझो, न भभको" (२७५)। लेखिका का आशय है कि मान्यताओं का कहर पहले या बाद में स्त्री पर टूट ही पड़ता है, उसे अपने स्त्री होने के लिए प्रायश्चित्त करना ही पड़ता है।

'तोहमत' (घ.५) की ये सहेलियाँ इस किस्म के विवाह की जगह पी-एच०डी० तक की पढ़ाई के सपने देखती हैं, हालाँकि "इन सपनों में घर-परिवार का कोई योगदान नहीं था" (२७४)। 'सीमा' २९६ (ज.१२) की नायिका के माता-पिता को भी "उसकी संभावना, सपनों और इरादों से कोई मतलब नहीं था। ··· पिता के मन में थोड़ी हमदर्दी थी, पर वे कायर थे। वे न सिर्फ़ माँ से डरते, बल्कि समाज से भी", इसलिए उसे पढ़ा-लिखाकर छात्र-जीवन की सरगर्मियों से दूर रखते। यह दुखद इसलिए है, क्योंकि पढ़ाई के माध्यम से इन समस्याओं से कुछ हद तक निजात मिल सकती है।

बहन को अगले वर्ष में बढ़ जाने से नियमानुसार रोकती महिला कॉलेज की प्राचार्या को घायल करनेवाला भाई यह उलाहना देता है कि "मेरी बहन का बी०ए० कैसे पूरा होगा ! कल को इसकी शादी नहीं होगी, तो कौन ज़िम्मेदार होगा" (ख़ुशक़िस्मत ४६, ञ.६)। इससे स्पष्ट है, लेखिका यह सन्देश दे रही है, जिस भाई को तीन बहनों की शादी के बारे में सोचना पड़ता है, उसके लिए बहन कि स्थिति में

तरक्की और दहेज में सानुपातिक गिरावट मायने रखती है। 'फ़र्क नहीं' १२४–१२५ (ख.२) की नायिका और उसकी सहेली को पिता खुले तौर पर इसी मकसद से कॉलेज भेजते हैं कि इससे दहेज की रकम में छूट मिल जाए और इसलिए भी क्योंकि धनराशि की अपर्याप्तता के कारण बहुत मोल-मुलाई के बाद भी संभावित घरों में लड़कियों का रिश्ता तय नहीं कर सके।

इन समस्याओं से असंतोष बढ़ा है, अब परिवर्तन के संकेत मिलने लगे हैं। 'खिड़की' (छ.४) के तीन बेटियों वाले पिता अब स्वयंवर जैसी परंपरा को मानने लगे हैं और उनकी बेटी आगे की पढ़ाई पर विचार कर रही है, तो 'पीठ' ४५६ के माता-पिता अपनी बेटी से कहते हैं, "तुम इतना कमाओ कि तुम्हें शादी-ब्याह की परवाह ही न रहे। ··· शादी में सौ झंझट हैं"। 'दौड़' ६७ के 'गरिमापूर्ण सामूहिक विवाह' में कन्याओं के अभिभावकों को इस नए तरीके से राहत मिलती है; वर पक्ष के "चेहरे कुछ बुझे हुए थे", यह अब इतना मायने नहीं रखता। अर्थात् लेखिका ने कहीं-कहीं यह उम्मीद ज़ाहिर की है कि व्यवस्था फिर भी बदल रही है, आगामी स्वावलंबी पीढ़ी के बच्चे "अपने स्तर की ज़िन्दगी जीना चाहते हैं। किसी के मन में दहेज की ललक नहीं। अपने बूते पर जीना इन्हें आता है" (मुखौटा २४६, ज.४)।

पति और पत्नी का संबन्ध

कहाँ कुलीन महिलाएँ 'साहिब बीवी और गुलाम' की छोटी बहू की तरह तब तक अष्टमी का व्रत न तोड़तीं, जब तक पति के पैर के अँगूठे का छुआ पानी पीने को न मिलता, कहाँ आज की स्त्री जीवन के हर मोर्चे पर आगे निकल रही है। सौ वर्षों में लोगों की अपेक्षाओं के साथ दाम्पत्य संबन्ध के पैमाने ज़रूर बदले हैं, फिर भी यह नहीं कह सकते कि हमारे दौर में महिलाओं को अपना रास्ता बनाने के लिए पति के आधिपत्य, रौब और अतिशय माँगों से भरे ख़यालात का खंडन अब नहीं करना पड़ता।

'पहले अध्याय' में चर्चा हो चुकी है कि साठोत्तरी लेखिकाओं की भिन्न-भिन्न पहुँचें हो सकती हैं, पर यह मान्यता उनकी साझी है कि शादी की रस्मों के साथ महिलाएँ बहुधा 'ब्याह के बंधनों' में यूँ बँध जाती हैं कि वह ब्याह से ज़्यादा बंदगी लगता है, और इसलिए उन्हें इस दुःखदायी परिस्थिति से अपनी कलम द्वारा लोहा लेना है। कहते हैं, नामी हंगेरियन लेखक करिन्थी ने एक बार कहा था, विवाह वह संधि होता है, जो उन तमाम संकटों से जूझने के निमित्त की जाती है, जिनका विवाह न करने पर सामना करना ही नहीं होता। ममता जी का साहित्य इन संकटों का निदान प्रस्तुत करता है और उपचार के कुछ सुझाव भी देता है।

'निर्मोही' (झ.१) यह दिखाती है कि पति के सामने 'उसकी स्त्री' की हार समाज के अलग स्तरों पर एक जैसी रहती आई, चाहे वह वैश्य-वर्ग की हो या राजे-रजवाड़े की। "भारतीय परिवार की रचना ही कुछ ऐसी है, जिसमें पुरुष और नारी का संबन्ध बुर्जुआ और सर्वहारा संबन्ध जैसा है", ढाई दशक पहले लेखिका ने माना था, और एक दशक पहले भी उन्हें ऐसा लगा कि नब्बे प्रतिशत परिवारों में "पुरुष स्त्री के साथ सामन्ती मालिक की भूमिका में आता है", महिला आर्थिक रूप से पति पर निर्भर है।[१८] ममता जी की एक नायिका को भी "विवाह की संरचना सामन्ती दिखाई देती, जिसमें पति-पत्नी का रिश्ता स्वामी-सेविका का है" (प्रतिप्रश्न २६७, ज.६)। 'उत्तर अनुराग' २७९ (ज.९) की नायिकाओं की शिकायत है कि उन्हें "जिम्मेदारी जितने अधिकार" नहीं मिलते।

सत्ता के असंतुलन को परिभाषित करते हुए लेखिका 'राएवाली' (ग.२) में कहती है, नायक ने "अपने अन्दर एक नवीन गुरुता का बोध किया, बावजूद किराये की शेरवानी, चूड़ीदार पाजामा, साफ़ा, कलगी के। साथ ही साथ उसने यह भी मान लिया कि इस वक़्त लड़की लघुता के बोध से सर झुकाए बैठी है"। 'इरादा' ११७ (च.१६) की नायिका का "पति कचहरी में मुंशी था, लेकिन घर में हाकिम से कम नहीं", ऐसे में पत्नी ने पाया कि उसके लिए "परिवार के काम कुछ इस प्रकृति के हैं कि उनमें कर्तव्य में से और कर्तव्य जन्म लेते हैं, अधिकार नहीं"। 'वर्दी' (च.१२) के माध्यम से ममता जी पुरुष की हीनता-ग्रन्थि को भी एक कारण बताती हैं; खलनायक पुलिसिया अपनी नौकरी की कुण्ठाएँ परिवार पर निकाल देता है।

पत्नी को अपने विचार व्यक्त करने का हक़ नहीं दिया जाता। औरतों की बातें लोग हलके में लेते हैं, "ऐसे देखते हैं, जैसे गलत समय पर रेडियो खुल जाय", फिर कोई अचम्भा नहीं कि पति से पत्नी कहे, "तुम्हारी प्रतिक्रियाओं के बिना मेरी अगली लड़ाइयों के नक़्शे अधूरे हैं" (खाँटी घरेलू औरत, १४वीं क०)। पुरुषों के लिए औरतों को सीमित रखनेवाली यह व्यवस्था आरामदेह होती आई है, इसलिए जब कभी स्त्री यह प्रश्न पूछने की मुद्रा में आ जाती है, "[घरेलूपन का] ये कायदा कानून किसने बनाए हैं", तो पुरुष जवाब यूँ देगा, "ज़ाहिर है, मैंने नहीं। पर ये हजारों बरस से कायम हैं, इसीलिए घर कायम है" (सीमा २९८, ज.१२)। 'साड़ियों के उड़ते हुए रंगों' और 'सब्जियों के कंठस्थ रहे भावों के बीच' खड़ी औरत के पति के लिए "काम में ⋯ बाहर जाना वापस आने से ज़्यादा ज़रूरी है" और 'लोग उसकी समृद्धि पत्नी के वज़न से तोलेंगे' (खाँटी घरेलू औरत, १७वीं क०)। पति घरवाली का ख़याल नहीं रखता, तो स्वाभाविक है कि अवसाद में उसका शरीर तक प्रभावित होता है।

बहुत-से नकारात्मक उदाहरणों के बीच लेखिका ने सकारात्मक सामाजिक परिवर्तन का संकेत देते संबन्धों की कहानियाँ भी लिखी हैं, जैसे 'अर्द्धांगिनी' (छ.१३) में स्तनकैंसर की शल्य-क्रिया से विरूपित पत्नी को पति से पूरा सहयोग मिलता है, इसके बावजूद कि जीवनसाथी को ढाढ़स बँधाने और अपने आप को मानसिक संतोष दिलाने की दोहरी कठिनाई से दोनों को दो-चार होना पड़ता है। ममता जी ने पुरुषों को कठघरे में खड़ा किया है, लेकिन सबको तो नहीं। "स्त्री-पात्रों के संग सहानुभूति एक सहज प्रक्रिया है, क्योंकि भारतीय समाज में स्त्री को पुरुष के बरक्स एक असमान दर्जा दिया गया है। पुरुष से सहानुभूति दिखाने के लिए शेष दुनिया है", फिर भी कहीं-कहीं उन्होंने पुरुष का भी पक्ष लिया है, जैसे "पुरुष के संघर्षों को … अपने उपन्यासों 'बेघर' और 'नरक दर नरक' में अभिव्यक्ति दी है"।[१९] — इस विस्तृत उप-अध्याय में इन मुद्दों को ब्यौरेवार तरीके से देखते चलेंगे।

पितृसत्ता

प्रस्तुत विश्लेषण में दबायी गई स्त्री और 'वस्तु-मात्र' स्त्री में अन्तर किया गया है। जहाँ पितृसत्ता महिलाओं की स्वायत्तता पर, कई बार कल्पित या कथित सद्भाव से भी, अंकुश लगा देती है, या उन्हें घर को बातरतीब रखनेवाली मशीन समझकर दबाती है (जैसे बाहरी असुरक्षा के कारण रात होने से पहले घर पहुँचना, द्र० 'तोहमत', घ.५ या 'वह मिली थी बस में', झ.५; ऐसी कहानी सिर्फ प्रथम संग्रह 'छुटकारा' में बहुत कम है), वहाँ कई घरों में स्त्री को केवल एक 'चीज़', एक वस्तु, एक देह मात्र होने का दर्जा दिया जाता है (ऐसी कहानी केवल 'बोलनेवाली औरत', छ संग्रह में नहीं है)। ये दो स्थितियाँ उसके पिछड़ेपन के अलग सोपान हैं। दोनों प्रकार की परिस्थिति प्रत्येक संग्रह की तक़रीबन हर तीसरी, या कम से कम हर चौथी कहानी में सामने आती है। अड़तीस कहानियाँ स्त्री को दबाया हुआ दिखाती हैं, छत्तीस में वह वस्तु-कृत होती हैं। रोचक यह है कि इनमें से ऐसी केवल सोलह हैं, जिनपर दोनों एकसाथ लागू हों।

केवल दबायी गई (२२) : आज़ादी (ख.१२), राएवाली (ग.२), तोहमत (घ.५), माँ (घ.९), कवि मोहन (घ.१०), उमस (च.२), इरादा (च.१६), बोलनेवाली औरत (छ.१), मेला (छ.२), जनम (छ.५), किताबों में कैद आदमी (छ.९), मान लो कि (ज.८), श्यामा (ज.११), रिश्तों की बुनियाद (ज.१७), वह मिली थी बस में (झ.५), बाथरूम (झ.७), खानपान (झ.११), छोटे गुरु (ञ.५), वारदात (ठ.१७), एक अकेली तस्वीर (ड.२), कामयाब (ढ.२), वह लड़का जिसे गर्मी लगती थी (ढ.५)

केवल वस्तु-मात्र (२०) : बड़े दिन की पूर्व साँझ (क.१), अपत्नी (क.५), साथ (क.१०), दो ज़रूरी चेहरे (क.१४), बातचीत बेकार है (ख.७), पीली लड़की (ख.९), तस्कीं को हम न रोयें (ग.४),

एक अदद औरत (ग.१५), एक जीनियस की प्रेमकथा (घ.४), मनहूसाबी (ङ.७), मुहब्बत से खिलाइए (ङ.८), जाँच अभी जारी है (च.३), अनुभव (च.९), रोग (ज.१३), सुलेमान (झ.२), शक (ठ.७), अनावश्यक (ठ.१३), बगिया (ड.७), प्रेम (ढ.७), थोड़ा सा प्रगतिशील (ढ.१२)

दबायी गई और वस्तु-मात्र दोनों (१६) : वे तीन और वह (क.२), जितना तुम्हारा हूँ (ख.५), नयी दुनिया (ङ.२), मनोविज्ञान (ङ.१०), बिटिया (ङ.१२), दर्पण (ङ.१३), वर्दी (च.१२), उत्तर अनुराग (ज.९), सीमा (ज.१२), निर्मोही (झ.१), पीठ (झ.१६), उनका जाना (ञ.२), दूसरी आज़ादी (ठ.६), बीतते हुए (ठ.८), एक पति की मौत (ठ.११), पण्डिताइन (ड.१०)

इन तीन टोलियों में प्रेम-संबन्ध की समस्याएँ, समझौता, दाम्पत्य में तनाव, मुक्त प्रेम-संबन्ध व विश्वासघात तथा स्त्री की आधुनिका या कामकाजी होने का अधिक साहचर्य दूसरी, और उससे भी अधिक तीसरी टोली की कहानियों के साथ ज़्यादा प्रकट है, निष्ठुर महिला की उपस्थिति के विपरीत।[२०] सामान्य शब्दों में, ममता जी की कहानियों के परिप्रेक्ष्य में ऐसी परिस्थिति में, जब महिला को पति या परिवार भौतिक-शारीरिक रूप से सीमित करता है, वह क्रान्तिकारी और लीक से हटकर चलनेवाली कम नज़र आती है, निष्ठुर अधिक। जबकि भावनात्मक स्तर पर उपेक्षित की जाने से इसकी विपरीत प्रतीत होती है, तब वह भुनभुनाएगी नहीं, वह प्रतिवाद करेगी या नए रास्ते खोजेगी। वैसे आधुनिकाएँ लेखिका की सभी संग्रहों की हर तीसरी कहानी में पाई जाती हैं, और चूँकि आधी कहानियाँ ही महिलाओं को केन्द्र में रखती हैं, इसलिए यह कहना गलत नहीं होगा कि ममता जी दासी से ज़्यादा स्त्री के सशक्त रूप पर ध्यान देती हैं। अब स्त्री की पराधीनता की परिभाषा करें।

'उनका जाना' (ञ.२) में लेखिका ने एक ऐसा परिदृश्य बनाया है, जिसमें "पीछे से पापा के निर्देश सुनाई देते रहते। ममी की सादगी सँभालकर रखना, पापा की बड़ी पेचीदा ज़िम्मेदारी थी" (१०) ; यही माँ बेटी से कहती है, "चुप बैठूँ तो चैन नहीं, बोलूँ तो यह बरसें। एक ही घर में मैं कहाँ जाऊँ?", "इत्ती उमर हो गई मेरी। अपने, मनमर्ज़ी का कुछ नहीं किया। तू और तेरा भाई भी उन्हीं का राग अलापते रहे। अपनी मनमर्ज़ी से मर तो लेने दे मुझे" (१४) ; वह सचमुच इस जहाँ से चली जाती है, कुछ देर बाद फिर उनके पति भी। अन्तिम समय में पति को भान होता है कि यद्यपि वह बीवी को 'अपनी तरह से' चाहते थे, "मैंने इन्दु के बारे में कभी सोचा ही नहीं। उसे अपनी छाया समझता रहा। अब उससे सॉरी कहने तो जाना ही पड़ेगा न" (१९)। ऐसे ही 'किताबों में कैद आदमी' १९० (छ.९) की "पत्नी परछाईं के रूप में जीने की कला में माहिर हो चुकी थी"। सवाल उठता है, क्यों नहीं पत्नियाँ भी अपने घरवाले को अपनी तरह से चाह सकतीं, एक खामियों भरी, रुग्ण चाहत लिए?

'जितना तुम्हारा हूँ' (ख.५) के अनुसार "महान आचरण सिर्फ़ बूढ़ों की बपौती होती है" (१४९) और पति तब भी स्वामी होता है, जब उसमें कमियाँ हैं, पत्नी उसकी काबिलियत पर सवाल नहीं कर सकती। स्त्री और पुरुष में संबोधन से लेकर वेशभूषा, मनोरंजन और कामकाज के स्वीकार्य रूपों के स्तर पर असमानता है। "भाभी अपने पति के लिए बहुवचन का प्रयोग करती थीं, जबकि डील-डौल में वे एकवचन भी नहीं थे" (१४७), कुछ ऐसे, जैसे 'दौड़' ३७ की युवा पत्नी भी 'आप' करके पति से बहस करती है, जब वह उसे 'तुम' संबोधित कर बदसूरत बोल डालता है। देवरानी खुद सोचती है कि अमेरिका से लौटकर चार बच्चों के बाद भी छोटे कपड़ों में घूमती जिस शिकागो की मकानमालकिन की बात करता है, उस "निर्लज्ज औरत" को "उसके पति ने ··· कैसे इजाज़त दे रखी थी" (१४८)। जानकारियाँ आसानी से उपलब्ध न होने का और पढ़ाई की खामियों का तीन-चार दशक पूर्व ऐसा हश्र होता था, पर आज तक स्थिति पूरी अलग नहीं होने पाई।

'मनोविज्ञान' (ङ.१०) में भी समान बिंदु मिल जाते हैं। एक तरफ़ पहले बाल "छोटे, छितरे, चुलबुले" कटवाकर "थोड़ी-सी आनाकानी के बाद [पत्नी] कविता ने पार्लर में जाकर वैक्सिंग, थ्रेडिंग और ब्लीचिंग भी मंज़ूर कर ली"—इसपर पति को एक "कृतिकार का गर्व" महसूस होता है (३६२), दूसरे "लिबास और शृंगार तक की आधुनिकता तो उसे प्रशंसनीय लगती थी, पर दिमाग का इतना स्वतन्त्र रवैया उसे हज़म नहीं हो रहा था" (३६४), जितना पत्नी में तब दिखा, जब अपना कॉलेज का कार्यक्रम सास के आगमन के लिए नहीं ठुकराना चाहती थी। बाद में पति के रुग्ण व्यवहार के लिए भी उसे क्षमा-याचना करनी पड़ती है।

इस रूढ़िवादी सोच से युवा पीढ़ी भी पूरी बरी नहीं है। शादी की उम्र के जवान लड़कों के बारे में लेखिका बड़े तीखेपन के साथ कहती है, 'थोड़ा सा प्रगतिशील' १०७ (ढ.१२) का नायक—

> "आज़ाद भारत के अधिसंख्य शिक्षित नवयुवकों जैसा ही था, थोड़ा-थोड़ा सब कुछ—थोड़ा-सा आधुनिक, थोड़ा-सा पारंपरिक, थोड़ा-सा प्रतिभावान्, थोड़ा-सा कुंद, थोड़ा चैतन्य, थोड़ा जड़, थोड़ा-सा प्रगतिशील, थोड़ा-सा पतनशील। सभी की तरह उसके सपनों की स्त्री वही हो सकती थी, जो शिक्षित हो, पर दबकर रहे, आधुनिक हो लेकिन आज्ञाकारी, समझदार हो लेकिन अलग सोच-विचारवाली न हो"।

यही विनीत शादी के बाद अपने सहकर्मियों के साथ घर आ बैठता है, पत्नी से उनकी सेवा करवाता है, लेकिन बातचीत में पत्नी का शामिल होना उसे नहीं सुहाता (ठीक 'उमस' २१, च.२ की तरह)। उसके अनुसार वे "अच्छे लोग नहीं हैं"; पत्नी पूछे कि

फिर उन्हें बुलाने की ज़रूरत क्या है, तब वह तर्कहीन टोक लगाने लगता है। शक्की विनीत पत्नी की कॉल-सूची देखता है, उसे साहित्य पढ़ने से हतोत्साहित करता है, वह डरता है कि कंप्यूटर सीखने का नतीजा कहीं नौकरी की ख्वाहिश न हो, अर्थात् वह चाहता है कि पत्नी रहे, तो उसके मातहत ही, नहीं तो "उसे लगता, ज़िन्दगी की दौड़ में चेतना उसे बहुत पीछे छोड़ सकती है" (११२)। 'पीठ' (झ.१६) के नायक के व्यवहार में भी एक ऐसा दोगलापन भरा हुआ है : वह शिकारी की तरह लड़की का आखेट करता है, लेकिन लड़की पर कभी भी विसंगत तोहमत लगा देता है।

'दर्पण' ३१० (ङ.१३) में "स्वस्थ, सुन्दर और कमाऊ" पति को "अपने तीनों गुणों पर नाज़ था", "उसे स्त्रियों में बड़बोलापन, निर्भीकता और सक्रियता से बेहद चिढ़ थी। सबसे पहले उसने बानी की नौकरी छुड़वा ली" और "अपने प्रभुत्व का कुछ इस तरह इस्तेमाल कर रहा था कि हर बात में उसकी अनुमति अनिवार्य थी"। 'सीमा' २१७ (ज.१२) के समान 'मान लो कि' २६०–२६१ (ज.८) की नायिका को "वर्षों पहले पति ने समझाया था कि औरतों को अकारण अकेले नहीं घूमना चाहिए", इसलिए वह केवल निकटतम पार्क तक टहलने जाती है, वहाँ भी जामन लेने के बहाने से, आप-पास में और कहाँ-कहाँ पार्क थे, यह उसके "शोध का विषय नहीं था"। 'जाते हुए लोग' ७४ (ठ.३) में भी हिंडन के किनारे नहाने का कार्यक्रम पुरुषों का ही है, औरतें तब तक घर पर इंतज़ार करती हैं।

हो सके, तो किसी भी व्यसन से बचकर रहना चाहिए, लेकिन जहाँ पुरुष से अक्सर कोई गलत आदतों का हिसाब नहीं माँगता, औरत की आदत लोकलाज में कंकड़ बन सकती है। पति लाख पैग लगाएँ, मगर अच्छी बीवियाँ उनके संग शराब नहीं पी सकतीं (मुहब्बत से खिलाइए ३४१, ङ.८); औरत के लिए होली के दिन पुरुषों की तरह भाँग का सेवन करना अनुचित समझा जाता था (दुक्खम-सुक्खम ५७–६३)। जब महिला-मनोरंजन पर कहीं-कहीं रोकें हैं और उन्हें इस तरह तैयार किया जाता है कि "स्त्रियों का गुण होता है धीमे-धीमे, निःशब्द काम करना", तब आश्चर्य नहीं कि उनका परंपरागत, मुनासिब पहनावा भी इसके अनुसार हो, मानों यह कहता हुआ : 'नो सडन मूवमेंट', 'हिलना मत'। एक नायिका "साड़ी में नीचे तक ढंकी अपनी टाँगें देखती है। वह कब से नहीं दौड़ी? नहीं, उसे लकवा नहीं मारा, उसे शादी ने मारा है। इतने सालों में वह बैठी-की-बैठी है" (सीमा २१४, ज.१२)।

मुस्लिम औरतों से भी स्त्रियोचित व्यवहार की माँग की जाती है, पर उनकी आचार-संहिता में खुद को ढककर जीना मुनासिब माना गया है। पर्दा प्रथा के चित्रण से जान सकते हैं कि ममता जी इसे स्वीकृति नहीं देतीं, इसे औरत की आत्माभिव्यक्ति

का रूप भी नहीं मानतीं (उपलब्धि १७९, १८४, ख.११)। 'कामयाब' २० (ढ.२) में इसकी चर्चा होती है कि आजकल की पीढ़ी में कुछ लोग अपने उदार अभिभावकों की तरह नहीं बन पाते। जहाँ सना के पिता हाफ़िज़ साहब अपनी बेटी पर ख़ास पाबंदियाँ नहीं लगाते, उसका जीन्स पहनना और विश्वविद्यालय में पढ़ना भावी पति नदीम की बरदाश्त से बाहर है। लड़की की माँ खुद मानती है, "हमारे सैय्यदों में पढ़े-लिखे, नई रोशनीवाले लड़के ढूँढ़ना आसान नहीं (३६)। 'दूसरी आज़ादी' ४७ (ठ.६) में भी ससुर को फ़ख्र होता है कि उनकी सभी बहुएँ पढ़ी-लिखी हैं, पति को नहीं। पर ऐसा नहीं कि सिर्फ मुस्लिम घरों की महिलाएँ परदे के पीछे जीती हैं। 'नायक' ८७ (च.११) की हिन्दू नवविवाहिता की भी "बाहरी कमरे में" केवल "मौजूदगी" ही महसूस होती है, पकते खाने की खुशबू के रूप में।

स्त्री में शरीर को लेकर संकोच, लड़कियों में लाज-काज इस क़दर भर दिया जाता है कि 'चोट्टिन' १०१ (च.१३) की मज़दूर बच्ची, जो अन्य कई परिस्थितियों में इतनी भी शरमीली नहीं होती, मालकिन की बेटी से फटे की जगह एक नया जाँघिया माँग नहीं सकती। 'खानपान' ४२१ (छ.११) में और एक आलेख विस्मृत स्थान में भी उन्होंने लड़कियों के दुकानदारों से सेनिटरी नैपकिन व अधोवस्त्र जैसा अपना निजी किस्म का सामान निस्संकोच न माँग पाने की समस्या को रेखांकित किया है। 'बाथरूम' (झ.७) भी इस बिंदु को समर्पित है। लेखिका कहती है, "समय इक्कीसवीं सदी में जा रहा था, पर मथुरा के सतघड़े में हड़प्पा-काल से पहले की शौच और स्नान-व्यवस्था थी" (३९०)। कभी अपना आप 'उघड़ा' न देखनेवाली घर की सभी औरतें कछुओं से बचते-बचाते यमुना में (३९०–३९१) या "मुँहअँधेरे छत के नल पर" नहाती चली आई हैं (३९३), जो खासकर ठंडे मौसम में "यंत्रणा से कम नहीं था" (३९५)।

नई बहू की ज़िद्द से गुसलखाना बनने पर मामी ने जब प्रथम बार "झिझकते हुए अपनी निर्वस्त्र देह देखी, तो उन्हें लगा, वे किसी और को देख रही हैं", और कहना पड़ा "जब से मैं पैदा भई, बस आज कायदे से नहाई हूँ। अरे कपड़े पहने-पहने नहाने का क्या मतलब है, कुछ नहीं। मैं कहूँ, पूजाघर और चौके से भी ज़रूरी है नहानघर" (३९७)। फिर भी यह एक नए युग के आरंभ का संकेत है, जब नई बहू, "जिसे सिर पर आँचल रखने का अभ्यास नहीं था", घर मैं बिना हिचकिचाए कह देती है, "पर्दा किससे करें, सब अपने ही हैं" (३९२–३९३)। औरत का शरीर पुरुष-समाज के हाथों में रहता है, यह इसमें भी झलकता है कि महिलाएँ भीषण गर्मी में "ज़्यादा से ज़्यादा ··· अन्तर्वस्त्र उतार देतीं, पर साड़ी, पेटीकोट, ब्लाउज का अनुशासन तो मानना ही पड़ता" (वह लड़का जिसे गर्मी लगती थी ५२, ढ.५), जबकि पुरुषों पर ऐसी कोई बंदिश नहीं। पितृसत्ता ही

कारण है कि २०१४ में अभिनेत्री दीपिका पादुकोण अपनी क्लीवेज के लिए सुर्ख़ियों में आ गईं, जबकि २०१६ की फिल्म 'बेफिकरे' में रणवीर सिंह के नग्न नितम्ब के प्रदर्शन से मीडिया में कोई ख़लबली नहीं मची।[२१]

'इरादा' १२० (च.१६) में सास को लगता है कि जो "अपनी औरत पर काबू नहीं रखेगा", उस व्यक्ति को औरत आदमी कभी मान ही नहीं सकती। उसके दोस्तों का भी मानना है कि औरत पर 'हक़ ज़माना', 'धौंस दिखाना' और 'हुक्म चलाना' ही अच्छे आदमी के लक्षण हैं। उसका दबदबा विभिन्न रूपों में प्रकट है। यदि कुछ गलत हुआ, तो ज़िम्मेदार पत्नी ही, पति कैसा भी हो, वह अनर्थ के लिए अपनी बीवी को ज़िम्मेदार ठहरा देता है, जैसे 'कामयाब' ३५ (ढ.२) के हाफिज़ साहब बेटी के भाग जाने, 'हाथ से निकल जाने' के लिए अपनी बेग़म को। 'शक' ७३ (ठ.७) यह सवाल उठाती है कि अगर वह पति, जिसके लिए पत्नी ने सब कुछ किया—"घर छोड़ा, शौक छोड़े, नाते-रिश्ते तोड़े", सास-ससुर की "कमरतोड़ सेवा की" और उनका "गू-मूत तक उठाया", उससे मुँह मोड़ लेता है, तो एक घरेलू पत्नी के पास क्या रह जाता है? और जब व्यभिचार के लिए भी समाज औरत को ज़िम्मेदार ठहरा देता है, तब यह सवाल भी कि "जिस स्त्री का स्वामी दुराचारी निकल जाए, उसे आत्मदाह के अलावा और क्या करना चाहिए?"।

बोलने की आज़ादी वह देता नहीं। 'दूसरी आज़ादी' ४५ (ठ.६) के पति के अनुसार पत्नी को "यह बराबरी का चस्का" नहीं सोहता (५४)। 'सीमा' २१४ (ज.१२) में भी पति पूछता है, "हर बात में बराबरी करना ज़रूरी है?", और वह मानकर चलता है कि "मेरी बात और है"। पति का नियंत्रण सम्पूर्ण है, वह कुछ भी कर सकता है, रोकनेवाला कोई भी नहीं है। उदाहरणार्थ 'बीतते हुए' ७७ (ठ.८) में पढ़ते हैं, पड़ोसियों से न मिलने देने के अलावा नाराज़गी में पति पत्नी को मायके भेज सकता है, जहाँ घर के अनेक कामों के अतिरिक्त उसे पहले से "सिर झुकाकर चला कर" की शिक्षा देती माँ के ताने भी सुनने पड़ते हैं कि वह सहने में नाकामयाब हुई। 'एक पति की मौत' (ठ.११) फिर इसकी एक अच्छी मिसाल है कि "घर का मालिक" (१०४) अपनी अनुपस्थिति में भी परिवार पर, विशेष रूप से उसकी महिला-सदस्यों, माँ, पत्नी और बेटी के जीवन पर आजीवन राज करता है।

पितृसत्ता की दृष्टि में ज्ञानवर्धन कोई बहुत ज़रूरी बात नहीं है। कुछ समय पहले मथुरा जैसे शहरों में चश्मा इसलिए "मर्दानी चीज़" समझा जाता था, क्योंकि लगातार पढ़ने-लिखने का काम पुरुष ही करते थे; नए ज़माने की वधू से चिढ़कर सास खुद कहती है, "और लाओ पढ़ी-लिखी बहू, न नबके चले, न दबके रहे" (बाथरूम ३१४,

झ.७); जेठानियाँ तो उसके छुरी-काँटे से खाना खाने, साड़ी की जगह सलवार-कमीज़ पहनने और अंग्रेज़ी बोल लेने के लिए रिश्ता नामंज़ूर करना चाहती थीं (३९२)। पत्नी के प्रति 'दूसरी आज़ादी' (ठ.६) के रियाद में काम कर रहे पति की शुभचिन्ता महीन कपड़े का नकाब पहनाने (४६, ५१, ५३) और पाँच वक़्त की नमाज़ पढ़ने के साथ बच्चों पर ध्यान देने की अपेक्षा में प्रकट होती है (५३), उसके साथ भावनात्मक स्तर पर जुड़ने में नहीं, न ही यह सोचने में कि उसका जीवन अकेले में कैसे कट रहा है। धर्म और बच्चेदानी, "औरतों के यही दो काम होते हैं" (५३), वह यही समझकर हर बार वापस विलायत चल निकलता है। जाते हुए वह उसके लिए हिदायतनामा छोड़ देता है, चाहता है कि हो सके तो खरीदारी भाई कर दिया करे, "फिर भी कभी बाहर निकलना ही पड़े", तो बुरका पहनकर (४५), क्योंकि "नेक औरत की तरह घर में रहना उससे ज़्यादा ज़रूरी है" (४५)। मानों औरत को अपने लिए हरगिज़ नहीं, सिर्फ दूसरों के लिए सोचना चाहिए। 'इरादा' ११७ (च.१६) की नायिका सुस्ताने दिये बिना सास की सेवा करती जाती है, खुद को "घर की बंधुआ मज़दूर" पाती है। उसे मायके भेजना ससुराल पर है, और खुद उसकी अकेली पड़ी माँ का कहना है, उनका "बड़प्पन" है कि उसे साल में एक बार कम से कम उसके पास आने देते हैं, नहीं तो परिवार में एक ऐसी मौसी भी थी, जिसे नाराज़ ससुरालवालों ने "बस कभी भेजा ही नहीं"। इस बारे में 'ससुराल में बहू' के संबन्ध में अधिक जानकारी देंगे।

'बाथरूम' की तरह नई-पुरानी पीढ़ियों की सोच में अब अन्तर महसूस हो रहा है। किस्से-कहानियों द्वारा बच्चों को यही सिखाया जाता रहा है कि "घर तो जानौ ही परैगो। अपने द्वारे से हटके तो फूलमती भी नायँ जी, हम-तुम कौन गिनत में", "ना रानी घर-दुआर छोड़ती, ना बाकी ऐसी गत्त होती"; मगर ममता कालिया इसके खिलाफ़ आवाज़ उठाती हैं, "गलत, [दादी] एकदम गलत। निर्मोही के साथ उमर काटने से अच्छा था घर छोड़ना। रानी ने बिलकुल ठीक किया" (निर्मोही ३४३, ३४९, झ.१)। हालाँकि दादी फिर कहती हैं, "अरे जे कहानी हम-तुम नईं बना रहे, जे तो सुनी भई सच्ची कहानी हैं", आज की पोतियाँ प्रतिवाद करती हैं, "ये क्या दादी, तुम्हारी कहानी में औरत हमेशा हारती है, ऐसे थोड़ी होती है कहानी" (४४७)।

'दुक्खम-सुक्खम' की दादी को कम से कम गाँधीजी के स्वतंत्रता-आन्दोलन से महिलाओं के महत्त्व की एक नई समझ मिल गई। हालाँकि आज़ादी के बाद उनका "जैसे स्वप्न ही टूट गया। ··· सोचा था, आज़ादी आएगी, तो रामराज्य आ जाएगा, बल्कि सीताराज्य आ जाएगा" (१६६), फिर भी घर के खर्च पर स्त्री के अधिकार, अपनी बात रखने की स्वतंत्रता, बराबरी के बर्ताव तथा जायदाद पर एक-समान हक़ का उनको

पहले अज्ञात बोध हुआ (१६७)। उम्मीद की जा सकती है कि बड़ी हो रही पीढ़ी नए विचारों से परिचित होकर आनेवाले समय में स्त्री-पुरुष संबन्धों के आपत्तिजनक रूपों के प्रति अपना रुख बदल लेगी। पति का आधिपत्य सहते-सहते 'सीमा' (ज.१२) की नायिका अब कम से कम अपनी बेटी को वे सहूलियतें और गुंजाइश जुटाने के लिए कटिबद्ध है, जो स्त्रियों की आगामी पीढ़ी को स्वावलंबी, संतुष्ट और सफल बना सकती हैं।

पत्नी की आर्थिक निर्भरता

लेखिका ने 'खाँटी घरेलू औरत' की ३०वीं कविता में कहा कि औरत को 'आधुनिक बनने' के लिए चाहिए "एक साबुत दिन और कुछ रुपये, दोनों ही उसके पास कहाँ!"। अधिकांश भारतीय महिलाएँ अभी तक आर्थिक रूप से स्वतन्त्र नहीं हुई हैं। उससे घर का चूल्हा बालने की जितनी प्रत्याशा रखी जाती है, पुरुष उतना दुनियादार हो सकता है, इन रचनाओं में ऐसा माना गया। 'राएवाली' २०६ (ग.२) का नायक वेश्यागामी है, पर यह बात "उसकी निजी थी, जैसे अंटी में बँधे रुपये", इससे सेविका की भूमिका निभाती "पत्नी पर कब्ज़ा कम नहीं होता, कुछ बढ़ ही जाता था"; उसे आँगन में झाड़ू लगते हुए देख पति सोचता, "यह उसका सही इस्तेमाल है"। 'कवि मोहन' ३०१ (घ.१०) का नायक भी ऐसे माहौल में पला था, जहाँ "घर की पूरी अर्थव्यवस्था पिता के हाथ में थी", उनके "जनेऊ से बँधी रहती"। 'वर्दी' ९४–९५ (च.१२) का पुलिसकर्मी पति भी अलमारी की चाभी जेब में रखता है, पत्नी के हाथ में पैसे कभी होते ही नहीं।

'दूसरी आज़ादी' ४५ (ठ.६) में यह तय करना पति पर है कि बीवी से "कोई नौकरी तो नहीं करवानी है", वजह यह बताता है कि "नेक औरत की तरह घर में रहना ··· ज़्यादा ज़रूरी है", "फिर डिग्री से क्या फायदा"। 'एक अकेला दुःख' २०७ (छ.१२) में पति अपने तमाम गुणों, हर महीने तनख्वाह बीवी को सौंप देने के बावजूद पत्नी को मरते दम तक काम करने नहीं देता था, भले ही यह उसकी तमन्ना थी। स्त्रियों के नौकरी करने न करने का फैसला शायद इस पर निर्भर होना चाहिए कि वह स्वयं क्या चाहती हैं; यदि उनका मन नौकरी के लिए है, तो उसे रखना चाहिए। जो कामकाज की स्थिति में नहीं हैं, वे एक ओर अपनी स्वायत्त भगिनियों से ईर्ष्या भी करती हैं, फिर टेढ़ी उँगली से अपना कुछ निकालने की युक्ति में लगी रहती हैं।

'फर्क नहीं' (ख.२) के घर में एक कामकाजी लड़की बतौर किरायेदार रहती है, जिसे नायिका की माँ नापसंद करती हैं : लड़की को फूलबहरी भी है और स्वतन्त्र स्वभाव की होने के नाते उन्हें डर है कि बेटी पर उसका 'बुरा असर' पड़ेगा। परन्तु वह किरायेदार बदलने से कतराती है, जो "उनकी आमदनी का एकमात्र साधन थी। वह

दिवालिया नहीं बनना चाहती थीं" (१२८)। गृहिणियों के पास अक्सर अपने नाम की लगभग कोई संपत्ति नहीं होती, इसलिए उन्हें 'घरवाले' के आगे हर दम झुकना पड़ता है। पर कोई-कोई पत्नी, जो बचपन से घर पर बैठने की आदि रह चुकी है, थोड़ी खुश भी होती होगी कि शाम को पति उसे कहीं घूमने नहीं ले जाता, 'बीतते हुए' ७७–७८ (ठ.८) की नायिका भी इसी लिए कुछ रुपये अपने लिए बचा सकती है।

'काली साड़ी' (घ.२) की नायिका कल्पना एक शोख़ शिफॉन साड़ी खरीदकर "उत्सव पर्व की प्रतीक्षा किए बगैर" (२३३) अपने आप को खुश करना चाहती है, लेकिन ऐसा करने में न उसका घरेलू महिला और छोटे बच्चों की अध्यापिका होना उसका साथ देता है, न उसकी आर्थिक निर्भरता। निजी रूप से उसके हाथ में साड़ियों में छिपाई एक डिबिया में, "घर में ब्लैक मार्केटिंग कर-करके जोड़े" (२३३) कुछ पैसे हैं, "घर की मँझधार में ये पैसे पतवार हैं" (२३४)। कल्पना का एकमात्र भरोसा है कि चाहे वह विनोद पर आश्रित क्यों न हो, कम से कम अन्य ज्ञात पतियों के विपरीत, जो "अलमारी में ताला डाल, चाबी जनेऊ में बाँधकर सोते हैं", वह "जो भी काम करता है, सपत्नीक करता है, मुहब्बत भी" (२३७)। असमंजस के प्रकरण के बाद पति की ओर से कल्पना को साड़ी मिल ही जाती है, हालाँकि जब विनोद कहता है कि यदि उसकी सहेली को भी ऐसी मिले, वह "उसका सौभाग्य" (२४०) होगा, तब कल्पना ऐतराज़ जताना चाहती है।

जब ममता जी कहती हैं, रक्षाबन्धन को औरतें खुश होती हैं, क्योंकि "उस दिन उनकी जेब गर्म रहती है" (शक ६१, ठ.७), तो इससे वे यह भी कहती हैं कि अन्यथा वे अपनी ज़रूरतों को पूरा करने के लिए पुरुषों पर आश्रित होती हैं, समाज के ऊँचे तबके में भी। 'श्यामा' २५७ (ज.११) की नायिका को आला अफसर पति "घर का सारा सामान महीने के शुरू में ··· ला देते हैं, अगर बीच में कम पड़ता है, तो लाकर नहीं देते"। 'दर्पण' (ङ.१३) में भी इस विषय पर लिखा गया कि बहुत-सी गृहिणियों के पास संपत्ति के नाम पर केवल वह होता है, जो पति अपनी उदारतानुसार उनके लिए बख्श देता है। यदि पति के मुताबिक 'सिंगार-पट्टार' गैरज़रूरी है, तो घर में बड़ा दर्पण नहीं आएगा, आएगा भी तब, जब नायिका का "रूप से अधिक लावण्य और लावण्य से अधिक लय" (३८९) अतीत का अंग बन चुकी है।

ममता जी कहती हैं, माँगने का भी एक तरीका होता है, जैसे "घर में जिसको जिस चीज़ की ज़रूरत होती, गाने में उसी के अनुसार रद्दोबदल होती रहती" (आज़ादी १८९, ख.१२)। पर सबको एकसाथ सब कुछ मिलना मुश्किल है, और इसी कहानी में पति जब अपनी बीवी के लिए ही तोहफा ले आता है, तो वह इस बात को बहाना

बनाकर अपनी माँ से छुपाना भी चाहता है। बाद में माँ बहू से जलकर तोहफा, एक कंघी फेंक देती है। "हमें नाँय मिलौ गाँधी बाबा, नहीं वासे कहती, एक ठो फितूरी दिलाय दे, आज़ादी का कहा करीं, न ओढ़बे की चीज़ न बिछाबे की", सास रुआँसी हो जाती है (१९२)।[२२] महिला के मन पर इस व्यवस्था का अच्छा असर नहीं पड़ता, यह सास भी अपने जीवन से उदासीन होकर सोने की अँगूठी पनाले में फेंककर पोती से ढूँढ़ने को कहती है (१८४)। 'जनम' १६६ (छ.५) की पत्नी के लिए पति ने कभी गहने नहीं गढ़ाए, पर झूठी पड़ोसिन की क्षतिपूर्ति के लिए तुरन्त महँगा ज़ेवर बनवाने के लिए राज़ी हो जाता है।

पुरुष पहले अपनी ज़रूरतों को पूरा करते हैं, फिर यदि उनको याद रहे, तब पत्नी की सोचेंगे, ममता जी के साहित्य का यही परिदृश्य है। अपवाद के रूप में कुछ कहानियों में पति अपनी तनख्वाह पत्नी को सौंप दिया करते हैं (मन्दिरा २८७, घ.८), चाहे यह तनख्वाह कम क्यों न हो (सिकन्दर ३९८, झ.८), लेकिन यह एक विशिष्टता ही लगता है।

घर के कार्यों में पति भागीदार नहीं

घर के कामों में पति से मदद न मिलना अभी भी अनेक घरों का नियम है, जिसकी लेखिका को शिकायत है। "सच तो यह है कि शादी के बाद मर्दों को इतनी सस्ती, सुन्दर और टिकाऊ सेवा हासिल हो जाती है कि वे [पुरुष] निखरते जाते हैं, औरत बुझती जाती है", वे 'प्रतिप्रश्न' २६७ (ज.६) में कहती हैं। 'कामयाब' २८ (ढ.२) की बीवी कहती है, "मुफ्त की नानबाई मिली हुई है इन्हें। खुद दुनिया-जहान में घूमें, हमें बेटियों की आया बनाकर डाल दिया है", दूसरे शब्दों में "उस महल में रानी और दो राजकुमारियाँ, कैद में पड़ी बुलबुलें थीं"। 'फर्क नहीं' १२५ (ख.२) की युवती एक ऐसे दाम्पत्य की कल्पना करती थी, जिसमें घर के कामों को "दो नहीं, चार हाथ कर रहे होते", मगर सामान्य स्थिति यह होती है, जिसमें औरत सेविका बनी रहती है। 'खानपान' ४२२ (छ.११) की नायिका यूँ शिकायत करती है, "मैं अकेली चौके में मरूँ। यह तो नहीं होता कि इतवार को मेरा हाथ बँटाए। सारी उम्र गुज़र गई चूल्हे के आगे"।

'मनहूसाबी' (ङ.७) के पति के पास सुविधा है कि वह "स्वच्छ" दफ्तर जाए और ऐसे ही आए (३४६) और "बेखटके" जूठा छोड़कर मेज़ से उठ दिया करे (३४५), पर पत्नी के पास यह सुविधा नहीं। सेहत गिरने के बाद मनहूसाबी महसूस करती है कि उसकी जगह वह है "जो ताँगेवाले के घर में घोड़ी की" (३४४)। पोती से एक "दादी का कहना था, ⋯ [उससे] पहले इस घर में कभी किसी ने उन्हें पान लगाकर नहीं खिलाया" (आज़ादी १८६, ख.१२), यानी पूरी ज़िन्दगी में पुरुष और बच्चों की सेवा करने के बाद

उनकी ज़रूरतों को आज तक किसी ने नहीं समझा। इसके विपरीत, खुद की एक टाँग ख़राब होने के बावजूद सोने से पहले उन्हें पति के पैर दबाने पड़ते हैं (१८७)। शिकायत के बावजूद खुलकर विरोध कम औरतें करती हैं, हालाँकि विवाह का तिरस्कार भी अपने आप में विरोध का एक रूप हो सकता है। 'एक अकेली तस्वीर' १७ (ड.२) की नायिका शुरुआत में इसी कारण विवाह से बचना चाहती है, उसे अपनी पड़ोसिन की तरह पति के जूते चमकाना और देर हो जाने पर गुर्राहट सुनना ग्राह्य नहीं है।

'इरादा' १२२ (च.१६) की नायिका सुबह छह बजे बाकी सबसे पहले उठकर चाय बनाती है। प्रातःकालीन चाय-संस्कार जैसी नित्यक्रिया के अलावा ख़ास अवसरों पर भी स्त्री ही काम आती है, मेहमाननवाज़ी उसी का दायित्व है। जब सुबह तड़के रिश्तेदार आते हैं, उनका मैक्सी की जगह साड़ी-ब्लाउज में स्वागत करना अपेक्षित है, "ताकि बाकायदा आँचल सिर पर डालकर पैर छूने की रस्म अदा की जा सके", इसके बाद पुरुष थोड़ा और सो सकता है, अतिथियों के सत्कार का ज़िम्मा आगे भी गृहिणी को है (लैला-मजनूँ २८२, घ.७)। इसी तरह 'मनोविज्ञान' ३६३ (ङ.१०) की नायिका को फैज़ की साहित्य सभा का अपना कार्यक्रम रद्द करना पड़ता है, ताकि वह पति की आज्ञा मानकर सास के घर आते ही उनका स्वागत कर सके।

इस दायित्व-बोझ के नीचे रिश्ते दब जाते हैं। घरेलू कामों से अनमनी बीवियाँ प्रेम-प्रदर्शन और दाम्पत्य-धर्म के क्षेत्र में बहुत अच्छा नहीं कर पाती हैं, जिसका नकारात्मक असर उनके संबन्धों पर पड़ता है। यह 'पहली' ८२ (च.१०), 'शक' ६० (ठ.७) और 'एक पति की मौत' १०३ (ठ.११) कहानियों के परिदृश्य से स्पष्ट हो जाता है। 'दाम्पत्य' (च.६) कहानी में, पत्नी कमरे में उपस्थित है, यह पति उसके पसीने की गंध से पहचान सकता है, ऐसे में कोई अजूबा नहीं कि "पच्चीस साल के संग-साथ" के बाद उसकी पत्नी भी "मुहब्बत को मशक्कत कहने लगी थी" (५४)। असंतोष से फिर स्वास्थ्य प्रभावित होता है। ममता कालिया ने एक साक्षात्कार में कहा था, "स्वास्थ्य और आयु के ढलवाँ रास्ते पर स्त्री पहले लुढ़कती है, पुरुष बाद में"।[२३] भले ही पाश्चात्य चुटकुलों के मुहावरे में इसका विलोम स्वीकृत हुआ है, स्वयं भारतीय महिला होने के नाते लेखिका के इस कथन को भारतीय सन्दर्भ में सिरे से ख़ारिज नहीं किया जाना चाहिए। ऐसे में, उनकी संवेदनशीलता का सुबूत 'अट्ठावनवाँ साल' (ङ.९) है, जहाँ उन्होंने सेवानिवृत्ति के मोड़ पर खड़े एक मर्द की झिझक और विकलता को भी समझने-समझाने का प्रयास किया था।

ग्रामीण या कस्बाई इलाकों में स्वास्थ्य सेवाएँ मिलनी शहर जितनी आसान नहीं हैं। सरकारी स्वास्थ्य केन्द्रों के खुलने से पहले कभी कोई लायक डॉक्टर मोहल्ले में

आ जाता था, तो भी इलाज का शुल्क जुटा सकना ज़रूरी था। लेखिका याद दिलाती हैं, यदि कुछ महिलाओं के पति पत्नी का उपचार अनिवार्य नहीं समझते, तो इसका सीधा अर्थ था उस महिला को उपचार न मिलना (आज़ादी १११, ख.१२)। 'वारदात' १५५ (ठ.१७) के कंजूस सिंह साहब भी, जो गर्मी तक में पत्नी को रसोई का पंखा चलाने से रोकते हैं, "महीने के आरंभ में ⋯ अपनी दवाओं के चार-चार पत्ते लाते, किन्तु पत्नी की दवाओं के सिर्फ़ दो-दो पत्ते लाते" और "कहते, यह दवाई है, कोई मिठाई नहीं कि तुम इसके लिए झगड़ा करो"। पति का व्यवहार 'उत्तर अनुराग' २८१ (ज.९) और 'सुलेमान' ३५३ (झ.२) में भी कुछ ऐसा ही होता है।

गौरतलब है कि फिर भी बच्चों की परवरिश में औरतें गलतियाँ कर बैठती हैं। "अपने हाथ से तो कुछ करना नहीं सीखा इन्होंने", जिस दौरान पड़ोसिनें पतियों की ऐसी शिकायत करती हैं, "जैसे दो आयाएँ अपने-अपने साहब की आदतों का बखान कर रही हैं" (नयी दुनिया ३१६, ङ.२), वे भूल जाती हैं कि माँ होकर शायद वे खुद अपने बेटों से उन सब कौशलों की अपेक्षा नहीं रखतीं, जिनके सहारे वे बड़ा होकर परोपकारी पति बन सकते हैं। ज़्यादातर काम वे कैसे बेटियों पर लाद देती हैं, ऊपर इसके हम कई उदाहरण देख चुके हैं।

इस सबके साथ-साथ 'दौड़' ६८ उपन्यास के परिदृश्य में, नई पीढ़ी में अब ऐसे युवा पति उपस्थित हैं, जो बीवी को अपनी माँ की तरह पूरा जीवन रसोई में बिताने से बचाना चाहते हैं, भले ही उन्हें सुस्वादु व्यंजन न मिले और सारी उम्र घर की "बावर्ची, धोबिन, जमादारिन" रही माँ सुनकर विचलित हो जाएँ। अन्ततोगत्वा यह रेखांकित करना चाहिए कि यदा-कदा पुरुष पात्र 'जोरू का गुलाम' भी होते हैं, लेखिका की शादी के कुछ समय बाद आए 'सीट नंबर छह' (ख) संग्रह की पूरी तीन कहानियों में। हमें चकित नहीं होना चाहिए कि इन कुल नौ कहानियों में से (बीमारी, क.४; सीट नंबर छह, ख.१; फर्क नहीं, ख.२; *गुस्सा, ख.६; मंदिरा, घ.८; *बिटिया, ङ.१२; पर्याय नहीं छ.११; काके दी हट्टी, ठ.१; शक, ठ.७) सात में औरत कामकाजी है। अपनी स्वतन्त्र आजीविका होने से स्त्री की तक़दीर बदल जाती है।

पत्नी को अपमानित करता पति

पत्नी की मेहनत की कीमत के अलावा पुरुष को उसके व्यक्तित्व का मूल्य पहचानने में भी अक्सर दिक़्क़त आती है। अपनी पत्नी को किसी तीसरे के सामने चुप कराता 'पीली लड़की' १६९ (ख.९) का पति "अक्सर अपनी पत्नी की कीमत पर स्मार्ट बातें करता था", तो 'रजत जयन्ती' (च.२) का सार यही है कि पति पत्नियों को चिढ़ानेवाले

बयान करते हैं, जिससे पत्नियाँ खीझती रहती हैं। 'एक जीनियस की प्रेमकथा' (घ.४) में कविता का पति जिस तरह पराई औरतों के साथ घनिष्ठ होता है, उससे वह "आखिर-कार कविता नहीं, गरम कॉफ़ी पिलानेवाली ठंडी बीवी बनकर रह जाती" (२७०), पर इस बीच उसे 'नया त्रिकोण' ६२ (च.७) के पति की तरह "प्यार का घरेलू संस्करण" (२६७) और "जीवन के सबसे सुन्दर प्रसंग की सबसे दुखद परिणति" (२६८) मानते पति "सन्दीप की धारणा थी कि पत्नी को हर वक़्त मुस्कराते रहना चाहिए" (२७१)।

कोई पति अर्द्धांगिनी के शरीर पर टिप्पणी करता है (तस्कीं को हम न रोयें २१७, ग.४ में वह नायिका को दूसरों के सामने मोटी बोल देता है), तो कोई व्यवहार पर। 'मनोविज्ञान' (ङ.१०) का अहम् को फुलाता रहता पति अन्य धर्मपत्नियों की भाँति व्रत न रखने के लिए बीवी को "संवेदना-शून्य" के साथ सीधा "परंपराशून्य" बता डालता है (३६६) और अपने सहकर्मियों में पत्नी की पूछ और प्रशंसा से जलकर, उसे उनके सामने झुठलाकर बदला लेता है (३६९–३७०)। कोई कुशलता पर तंज़ कसना नहीं भूलता, मसलन एक पति के अनुसार पत्नी खाना बनाने में कमज़ोर है, कुछ भी बनाती है, उसका स्वाद कद्दू जैसा होता है; उसे यह देखना मंज़ूर नहीं कि दोस्तों के घर का स्वादिष्ट भोजन गृहिणी ने नहीं, बल्कि नौकर ने तैयार किया है (मुहब्बत से खिलाइए ३५१, ङ.८)। कुछ पति यह तक कहते हैं, "ऐसी बीवी का क्या फायदा, जो वक़्त पर नाश्ता न दे सके" (उत्तर अनुराग २७९, ज.९)। खिलाने-पिलाने का सम्मान कहाँ? 'वर्दी' ९२ (च.१२) का पुलिसकर्मी अपनी पत्नी को मुट्ठी में दबोचे रखता है, उसकी तत्परता जाँचने के लिए खाना लगवाता है और तुरन्त बाद गाली देकर ठुकरा डालता है। 'बाथरूम' ३९५ (झ.७) के भाई भी इसपर कभी ध्यान नहीं देते कि देर रात में खाने की बजाय खाना तब खा लें, जब बीवियाँ मेहनत से बनाकर रख देती हैं।

इसी 'बाथरूम' ३९३ में माता-पिता के सामने "अपराधी भाव से नज़रें चुराता" पति अपनी नव-विवाहिता का पक्ष पकड़ने में संकोच करता है, उसे लगता है, "पत्नी ने घर के शान्त वातावरण में अपनी चोंचलेबाज़ी से खलबली मचा दी है"। ऐसा नहीं कि घर के सदस्यों की मिलीभगत केवल आयोजित विवाह-व्यवस्था में संभव है, दूसरी कहानी में प्रेम-विवाह का ऐसा प्रसंग बताया जाता है, जहाँ बच्चे गलत व्यवहार बहुत जल्दी सीख लेते हैं। 'सीमा' २९५ (ज.१२) की नायिका की "तेज़ी से वयस्क हो रही" बेटी अब पति या सास की तरह बोलना सीख रही है, माँ को निःसंकोच टोकती है, "तुम समझती हो, तुम सब कुछ कर सकती हो, जबकि तुम कायदे से अपने परिवार को खाना भी नहीं खिला सकतीं"। 'दौड़' २९ में पत्नी को अपमानित करने, बेटे के सामने उसकी 'बेलगाम ज़ुबान' की निन्दा करने से पहले पिता ज़रा भी नहीं

सोचते, जबकि इसी का विपरीत एक अनहोनी है (४६), बेटा अपनी माँ को 'पागल', उनकी नौकरी को 'छोटा-सा' कह सकता है, पर पिता को शायद ही कहेगा (५९, ६३)।

इस प्रकार की पैतृक मिसाल का अनुकरण माँ के साथ "शहज़ादों की तरह" का और हिंसक व्यवहार का कारण बन सकता है, जैसे 'बोलनेवाली औरत' १३० (छ.१) में अपने लड़के को अनुशासन सिखाना चाहती, जूठन उठाने के लिए कहती माँ के लबों को बेटा थप्पड़ मारकर सुजा देता है। इस विषय में सास का कहना है, उसी ने बच्चे को कुछ भी बोलने-करने की आदत चढ़ाई, फिर पति और ससुर मौन सहमति देते हैं। लेकिन अगर 'बोलनेवाली औरत' और 'सीमा' (ज.१२) में यह देखते हैं कि पत्नी को बार-बार अपमानित करता, पुरानी पीढ़ी का पति उसे घर की दहलीज़ तक सीमित रख रहा है, तो दूसरी तरफ 'बाँगड़ू' (झ.६) को भी नहीं भूलना चाहिए। इसमें पति की उदारवादिता और अपनी सेहत को नुकसान पहुँचाने के बावजूद पत्नी व्रत की परंपरा में लिपटी रहना पसंद करती है; पति पत्नी के निजी निर्णय को सम्मान देने के भाव से खुद को उसकी आदतें बदलने के और अधिक प्रयास से रोकता है।

घरेलू हिंसा और यौन-शोषण

इन रचनाओं में चित्रित हुई घरेलू हिंसा के रूपों में हम एक अन्तर देख सकते हैं। एक है मारपीट जैसी ज़बरदस्ती, एक और है पति-पत्नी के शारीरिक संबन्ध पर पुरुष का एकतरफा हक़ जमाना। ममता कालिया पहले को थोड़ा कम दिखाती हैं, लेकिन सहवास पर पुरुष के वहशी आधिपत्य को कई बार छुआ है।

ऐसा आभास होता है कि घरेलू हिंसा के पीछे पुरुष की कुंठाएँ मुख्य कारण हो सकती हैं। 'बगिया' ६१ (ड.७) कहानी इसे नौकरी के दौरान महसूस की प्रताड़ना के साथ जोड़ती है : जिस दिन नायक पर दुकान के मालिक ने झूठे इलज़ाम लगाए, "उस शाम पहली बार कुन्दन ने घर पर छोटी-सी गलती के लिए अपने बच्चे को पीटा। जब पत्नी बेटे को बचाने के लिए दौड़ी, तो कुन्दन उसपर भी बरस पड़ा। यह एक नई बात थी"। आगे कुन्दन के अफसोसनाक व्यवहार, परिवार के साथ समय न बिताने और बच्चों की ज़रूरतों को फ़िज़ूलखर्ची समझने पर पत्नी को "हैरानी नहीं हुई, उसे सिर्फ़ दुःख हुआ कि हिसाब-किताब ने एक अच्छे-भले इनसान को पुर्ज़ा बनाकर रख दिया" (६३)।

'आज़ादी' १८५ (ख.१२) में दादी बहू से कलह करती है, मगर दादा तो दादी को "एक लात मारकर घर से बाहर चले जाते" हैं। अक्सर "दादी तड़ातड़ जवाब देती रहती थीं, फिर बाबा उठकर उन्हें दो-एक धौल जमा कर, मुँह फेरकर लेट जाते" (१८७)। 'वर्दी' ९४ (च.१२) का सिपाही "छोटी-छोटी बात पर ··· हाथ में जूता उठा लेता" और

बीवी-बच्चे पर दहशत करता। जिस दुकान पर "यहाँ हाथ से रुई धुनी जाती है" तख्ती लटकती है, वहाँ 'मनहूसाबी' ३४६ (ङ.७) की नायिका सुबह-सुबह अक्सर देखती है, दुकानदार को अपनी बीवी की धुनाई करते हुए। ऐसा दुराचार मज़दूर वर्ग की विशेषता नहीं है। 'अनुभव' ७३ (च.९) का लाट साहब, जो स्वयं बेवफ़ा है, व्यभिचारी बीवी को "ज़ालिम लड़ाई" में चमड़े की पट्टी से इतना मार देता है कि "मेमसाब के होंठ और माथे से खून टपकने" लगता है। सेवक के चौंकने और आतंकित होने से लेखिका रेखांकित करती है कि ऐसा व्यवहार निम्नवर्ग के विपरीत संपन्न तबके में मिल जाता है।

बहुत बार दाम्पत्य में "शरीर से आत्मा तक पहुँचने में" 'उत्तर अनुराग' २७९ (ज.९) की तरह जीवन कम पड़ जाता है, कुछ ही विवाहिताओं को 'अर्द्धांगिनी' २१० (छ.१३) जैसा, 'देह मात्र को नारी न समझनेवाला', जीवन के हर मोड़ पर साथ देने वाला साथी मिलता है। दाम्पत्य में यौन-शोषण, औरत की दासता के बारे में लेखिका आधे जुमले में अपना सारगर्भित विचार प्रकट करती है : "यह कैसा रिश्ता है, जहाँ संवाद ख़त्म है, सहवास जारी है" (बातचीत बेकार है १५९, ख.७)।

कहीं-कहीं यह लगता है कि सीमित अर्थों में शादी पुरुषों की हवस उतारने के लिए होती है। रेल यात्रा के दौरान एक प्रबुद्ध व्यक्ति 'बेघर' २८ के परमजीत से पहले अनसुनी बातें करता है, जिससे उसकी आँखों में मुंबई और आकर्षक लगने लगती है। वह कहता है, "वहाँ भूख के लिए शादी नहीं करनी पड़ती, चार आने में उसलपाव और चार रुपये में औरत मिल जाती है"। इस बीच 'बेतरतीब' ७२ (क.११) का नायक सोचता है कि आयोजित विवाह से "उसके शरीर के हिस्से की ज़रूरतें पूरी हो सकती थीं, पर दिल और दिमाग के हिस्सों की ज़रूरतें पूरी होतीं, इसमें उसे शक था"। फिर भी कई-कई पुरुषों को यह प्रथा सुविधाजनक, लिहाज़ा संतोषजनक लगती है।

'वे तीन और वह' ३७ (क.२) में पति मुंबई में काम करता है, कभी-कभी गाँव जा पाता है, मगर "जिन दिनों वह घर जाता है, बीवी को वह एक मिनट के लिए नहीं छोड़ता, वरन् दिन में भी बच्चों को बाहर धकेलकर मौका ढूँढ़ निकालता है। बाद में पत्नी को परेशानी होती है, क्योंकि बच्चे उन दिनों बेहद आवारा हो जाते हैं"। संदिग्ध है, इसमें पत्नी की सहमति हो कि उसे बहुत दिनों तक अकेली घर सँभालना पड़ता है, फिर पति के निकट आने का स्वरूप इस प्रकार का है। 'दर्पण' ३९० (ङ.१३) का पति अपनी सुन्दर बीवी के लिए बड़ा-सा आईना खरीदना फिज़ूलखर्ची मानकर चलता है, क्योंकि उसके लिए पत्नी का "समस्त रूप-लावण्य मात्र रात्रिकालीन संपदा थी, जिसके प्रति दिन में वह निरंतर निरपेक्ष बना रहा"। ममता कालिया की समझ की भारतीय नारी अभी तक ऐसे साथी का पास टाल नहीं सकती। यदि पत्नी पति को

मना कर भी दे, तो भी संभव है कि पति 'एक पति की मौत' (ठ.११) की तरह अपनी माँग की आपूर्ति कहीं और खोजने लगे।

एक नायक, जो स्वयं को हर दम हीरो ही मानता है, का "तजुर्बा है कि आम तौर पर पत्नी दिन में खलनायिका और रात में नायिका की तरह पेश आती है" या आनी चाहिए (एक जीनियस की प्रेमकथा २६१, घ.४)। पुरुषों की अपेक्षाएँ सोने के कमरे में बनी रहती हैं। ममता जी ने 'जितना तुम्हारा हूँ' (ख.५) में इसकी बहुत असरदार छवि उकेरी है कि पति और पत्नी की संभावनाओं में कितना अन्तर है। पति आगे की पढ़ाई के लिए विदेश जा सकता है, पत्नी को हक़ है घर पर "माँजी और भाभी की गुर्राहटों के बीच" (१४७) उसका इंतज़ार करने का। बाद में जब पति लौट आता है, उसके पास उपहार के नाम पर पत्नी के लिए तमाम ऐसी वस्तुएँ हैं, जिनमें से "अधिकांश चीज़ों का इस्तेमाल वह नहीं जानती। कपड़े भी अजीबोगरीब थे—पारदर्शी नाइटीज़, पैंटीज़ और ब्रा" (१४६)। श्वेता जानती है कि इलाहाबाद की उस "सँकरी, सीली गली" में, "जहाँ संकोच-वश वह कभी चटख लिपस्टिक लगाकर भी निकलने का साहस नहीं कर पातीं" (१४७), ये फिज़ूल हैं। रघु ये तोहफे वस्तुतः अपने लिए लाया है। लेखिका ने केवल एक जगह, 'शक' ६७ (ठ.७) में दिखाया है कि ऐसा भी होता है, पत्नी को पाने के लिए पति सुलह कर लेता है, उसका मन टटोलता है।

शारीरिक संबन्ध को लेकर औरतों का नज़रिया पुरुषों से अलग होता है। बीमार पड़कर 'प्रेम' (ढ.७) के अधेड़ दम्पती शादी की बाद की अपनी पहली होली की यादें ताज़ा करते-करते 'दाम्पत्य-धर्म' की चर्चा करने लगते हैं। विवाह के इतने वर्षों बाद पहली बार पति पूछता है, "क्या मैं ज़बरदस्ती करता था?" और पत्नी बोलती है "हाँ, नहीं, कभी-कभी" (८०)। अब यहाँ न रुककर वितस्ता पति की तरह इसे स्त्रियों का सौभाग्य नहीं, त्रासदी बताती है कि औरतों को पतियों की शारीरिक ज़रूरतें पूरी करनी पड़ती हैं और कि वसुदेव से देवकी को जो "भयंकर अतिचार झेलना पड़ा", "कहने को यह दाम्पत्य-धर्म था" (८१)। जो ममता जी 'खाँटी घरेलू औरत' की ३३वीं कविता में पत्नी की तेल-मालिश की कामना के बारे में लिखती हैं, उससे भी यह मालूम पड़ता है कि अन्तरंग क्षणों पर भी घर के मुखिया का बोलबाला रहता है। "खेलकूद, मनोरंजन, व्यायाम सब एक अदद बिस्तर के चौंसठ वर्ग इंचों में सीमित। इसके आह्लाद और उन्माद का प्रयोजन और परिणाम थोड़ी देर में खर्राटे भरता एक बेफिक्र नींद में खो जाता है", एक नायिका उदास मन से सोचती है (सीमा २१६, ज.१२), यद्यपि दूसरी अपने "दीपक बाबू के प्रेमातिरेक से घबराई" सहेली से कहती है, "इनकी धींगामुश्ती बन्द हो तो सोऊँ। सारे चौरासी आसन करने होते हैं इन्हें" (दुक्खम-सुक्खम १७१)।

पति घर पर न हों, इसका यह सीधा अर्थ नहीं निकलता कि पत्नी संतुष्ट रहेगी। ऐसा इसलिए कि कई बालम परदेस चले जाते हैं और इससे लम्बी जुदाई का एक लम्बा सिलसिला आरंभ हो जाता है। लेकिन बहुधा विरह-वेदना से गुज़रने के लिए सात समुन्दर पार जाने की ज़रूरत नहीं पड़ती। पति के आगरा में पढ़ाई करने के दौरान 'माँ' (घ.९) की नायिका को मथुरा में लगातार सास की फटकारें सहनी पड़ती हैं, वह "निःशब्द रोने" (२९३) के अलावा कुछ कर नहीं सकती। कभी-कभार पति एक दिन के लिए ही नमूदार हों, तो उस वक़्त भी वे पत्नी से अधिक ध्यान अपनी अम्मा की मिज़ाजपुर्सी में लगाते हैं, पत्नी की बारी कभी आती ही नहीं। यही हाल कुछ अन्य घरों का है, जैसे 'आज़ादी' १८९ (ख.१२) में।

'वे तीन और वह' (क.२) में लेखिका ने न केवल दो कँवारे लड़कों की मुंबई की ज़िंदगी दिखा दी, बल्कि कँवारे जैसा जीवन बिता रहे उनके एक तीसरे मित्र के ज़रिये उस समस्या को भी रेखांकित किया, जिसका सामना रोज़गार की तलाश में महानगर आए लोगों और उनके परिवार को करना पड़ता है। आरंभ में हम पाठक यह समझते हैं कि "सड़क पर दिखनेवाली लड़कियों-औरतों के बारे में एक-सी अश्लीलता से सोचते" युवक विवाहित नहीं हैं (३५)। बाद में ही मालूम पड़ता है कि एक के तो बच्चे हो चुके हैं; जब भी वह गाँव जाता है, बीवी की सुबह की लम्बी पूजा उसे "ज़हर लगती है" (३६)। शायद वह एकाकीपन की आदी हो चुकी है। देश के अलग कोने में दूसरी आयु के पात्रों को दर्शाती 'पण्डिताइन' (ड.१०) का वातावरण भी ऐसा ही है। पति कहीं इलाहाबाद में नौकरी करता है, तो कहीं शिलोंग में, पर इस दौरान पत्नी का मुख्य तथा स्थायी कार्य रहता है बलिया में पति की सात बीघा पैतृक ज़मीन की अकेले-अकेले देखरेख करना।

कई पति मुंबई या शिलोंग पर नहीं रुकते। 'जितना तुम्हारा हूँ' (ख.५) की नायिका को पति की एक साल की अमेरिका-यात्रा अकेले बर्दाश्त करनी पड़ती है, इलाहाबाद की एक सँकरी गली में, निष्ठुर सास के साथ। अब खाड़ी के देशों में नौकरी ढूँढ़ते भारतीयों की तादाद बढ़ती जा रही है।[२४] 'काके दी हट्टी' १३ (ठ.१) के दर्जियों के जायदाद बेचकर यूएई प्रवास कर चुके बेटों की तरह 'दूसरी आज़ादी' ४७ (ठ.६) की नायिका के शौहर भी सऊदी अरब में आजीविका कमा रहे हैं। उनके समुदाय में स्वाभाविक-सा हो चला कि "कमाऊ पूत" "पन्द्रह-बीस साल" बाहर काम करता है। बच्चे छुट्टीकालीन देन हैं, आश्चर्य नहीं कि वे ईद के चाँद जैसे "पापा को चच्चू" कह

बैठते हैं, जब-कभी घर आ जाते हैं। बावजूद इसके पति के पत्नी पर यथासंभव नियंत्रण के प्रयास सतत हैं, "मोबाइल पर न करके वह फोन हमेशा लैंडलाइन पर करता। अगर कभी फोन न उठाया जाता, वह चिढ़ जाता" (४८), यद्यपि आठ साल की शादी में वह आठ महीने भी पत्नी के साथ नहीं रहा (५२)। इस कहानी के बारे में आगे और चर्चा करेंगे।

ममता जी ने फर्जी शादियों का विषय भी नहीं छोड़ा। 'छोटे गुरु' ४० (ञ.५) की नायिका का पति शादी करके दस साल पहले कनाडा चला गया था, फिर कभी वापस मुड़कर नहीं देखा, बीच में सास-ससुर ने अपनी बहू को घर से निकाल दिया। अब वह माँ के साथ रहती है और एक स्थायी नौकरी की तलाश में है, जिससे भविष्य सुरक्षित रह सके। प्रवासी पति का देश आकर शादी रचाने और फ़रार होने का यह प्रसंग कुछ-कुछ उस वास्तविक घटना के समान है, जो लेखिका की एक परिचित प्राध्यापिका के साथ हुई थी और जिसके बारे में एक आलेख में लिखा है।[२५] 'एक पति की मौत' (ठ.११) में तोताचश्म खलनायक दूसरी शादी रचाकर, बीवी को माँ के हवाले कर इंग्लैंड में बस जाता है; वह इच्छानुसार जीवन में काट-छाँट और सुधार करता रहता है, अफ़सोस ऐसी सुविधा भार्या के पास होती नहीं है।

खोखलेपन का एहसास

ये सितम, जिनकी हम व्याख्या करते रहे हैं, अनेक महिलाओं को अवसादग्रस्त बना देते हैं, उन्हें जीवन के निरर्थक, खोखला होने का कड़वा एहसास करा देते हैं। 'तस्कीं को हम न रोयें' (ग.४) और 'दर्पण' (ङ.१३) घर को समर्पित, अपना वजूद खोती हुई पत्नी के जीवन का मिलता-जुलता संकट पाठक के सामने लाती हैं। पहली में नायिका को "समझ में नहीं आ रहा था, कब उसकी कमर आधा फुट चौड़ी हो गई, किस दिन सिर में पहला सफ़ेद बाल झलका, कब उसका पति फैक्टरी से रात ग्यारह बजे लौटने लगा, कब बच्चों ने उसके साथ छुआछुई का खेल खेलना बंद कर दिया" (२१५)। उम्र के मोड़ पर जब ऐसी पत्नी की प्रभा धीमी होती जा रही है, पति उसे मित्रमंडली के आगे अपमानित करने से खौफ़ नहीं खाता। दूसरी कहानी में नायिका का लावण्य लुप्तप्राय हो जाता है, केवल तब, पहले कंजूस पति, बड़े आकार का एक आईना उसके आगे पेश कर देता है।

मनोजनित (साइकोसोमेटिक) बीमारियों की कुछ मिसालें ऊपर देखी थीं। भावनाओं का तबीयत पर असर पड़ता है और दिनचर्या की एकरसता शरीर के लिए घातक साबित होती है। सुबह पार्क में आती गृहिणियों को देख 'बाज़ार' ८७ (ढ.९) की

दादी सवाल करती है, "किस चक्की का आटा खाती हैं ये? घूमने से इनका क्या घटेगा। सीधे लिपोसक्शन सर्जरी करवानी होगी"। 'सीमा' (ज.१२) की नायिका के जीवन में कोई भाग-दौड़ नहीं है, साड़ी उसके लिए बंधक के लिबास के समान है। कई मध्य-वर्गीय गृहिणियों की तरह उसके यहाँ भी आर्थिक सुरक्षा है, लेकिन उत्तेजना-विहीन दैनिक चर्या उसे मानसिक जड़ता में धकेलती जाती है, "शरीर जाम पड़ा" रहता है (२९४), यह भी मालूम नहीं रहता, "बाई क्या बनाकर रख गई है" (२९५)। कई-कई घरेलू औरतें मोटापे और मधुमेह का शिकार बन जाती हैं, इसके पीछे मानसिक घटक हैं।

पति और परिवार के लोगों का ध्यान आकर्षित करने का माध्यम अक्सर बीमारी है, यह महिलाओं की अन्तर्चेतना जानती ही है। 'एक अदद औरत' (ग.१५) तथा 'रोग' (ज.१३), कहानियों के एक अन्य जोड़े में भी पत्नी कुछ ऐसी ग्रन्थियों से गुज़रती दिखती है और दोनों में आत्मा को लगी चोट शरीर की अस्वस्थता में, जैसे नियमित सिरदर्द अथवा पीठदर्द के रूप में प्रकट होने लगती है। 'लड़कियाँ' ८१ उपन्यास में पत्नी को जब "पति की व्यस्तता आपत्तिजनक होने लगती, उसका कोई एक दर्द प्रबल हो उठता और वह [उस]का जीना हराम कर देती"। इसी तरह 'बेघर' २३ में "आधी दोपहर तक अक्सर परमजीत ने अपनी माँ को कपड़े धोते ही पाया। ... या शायद जिस दिन उसे बीमार होने का चाव आता, वह जान-बूझकर ज़्यादा कपड़े धोती"।

'दुक्खम-सुक्खम' १७८ की नायिका मायूस है जानकर कि ससुराल और मायके के अलावा "स्त्री के लिए तीसरी कोई जगह नहीं होती जहाँ वह जाकर अपना मन हलका कर ले"। जहाँ 'तस्कीं को हम न रोयें' २१६ (ग.४) की माँ बेटी से कहती है, शादी के बाद "अब ज़िन्दगी में दो चीज़ों का भरोसा करना, एक प्रार्थना, दूसरी सहनशक्ति", वहाँ 'एक अदद औरत' २२५ (ग.१५) की उपेक्षित पत्नी, जिसके पास कभी "अलग से कोई कार्यक्रम नहीं है", यह स्वीकार लेती है कि नाराज़गी दिखाने की बजाय "आदर्श पत्नी की तरह ऊब को भी पतिव्रत का हिस्सा मानकर झेलना है"। कभी यही नायिका फिर भी सोचती है (२२८), इज्ज़त शब्द मात्र के लिए "सुखी, संतुष्ट, पतिव्रता और जाने क्या-क्या", शेर की जगह "निरा गीदड़ बन" "मूर्खों की तरह मैं उसके पीछे-पीछे चलने में सार्थकता क्यों महसूस करती हूँ, आगे-आगे चलने में क्यों नहीं?"।

युवा ममता जी का मानना था के बहुत-से पति अपनी बीवी की रक्षा चौकीदार की तरह करते हैं। अगर एक विवाहित औरत को उसका एक पुराना परिचित सड़क पर तब मिल जाता है, जब पति नाई की दुकान पर गया हुआ है, उसके आने पर संभव है, वह मित्र "जल्दी-जल्दी कोई सफाई देना" चाहेगा (शहर शहर की बात ८०, क.१२)। जब इन्दौर जाती बस रात को धार से पहले खराब हो जाती है, आस-पास

देखने के बाद "कुछ महिलाएँ वापस बस में बैठ गईं। उनके पति थोड़ी-थोड़ी देर में चौकीदार के अंदाज़ में जा-जाकर अपनी बीवियों को देख आते, फिर घूमने लगते", जैसे अपना सामान देख लेते कि अभी भी है या नहीं (वे ८१–८२, क.१३)। इसी कहानी की नायिका को पहले पहुँच जाना चाहिए था, अब वह फ़िक्र में है कि "उसके आदर्श भाई साहब नौ बजे से बस स्टॉप पर इंतज़ार कर रहे होंगे" (८२)। 'वह मिली थी बस में' (झ.५) की संवेदना भी यही है, न औरतों के लिए अँधेरे के बाद बाहर घूमना सुरक्षित माना जाता है, न घरवाले इस सामाजिक कुप्रथा को तोड़कर दिखाना चाहते हैं।

लेखिका कहती हैं, "टके-टके के कामों" की अपनी गौण भूमिका समझना, स्वीकारना औरत को ही पड़ता है। 'उमस' २१–२२ (च.२) की नायिका रानी "समझते हुए भी ··· नहीं बोलती, क्योंकि सच बोलने से घर का माहौल हमेशा ख़राब होता है। ··· घर का माहौल ख़राब न हो जाए, इस डर से रानी रसोई में लौट गई", जहाँ "चूल्हे पर दाल का संगीत था, बर्तनों का वाद्य था और काम का कोरस"। इसी लिए पति "लगातार समकालीन रहता, जबकि वह कई दिनों तक तत्कालीन बनी रहती" (१९)। स्त्री के पास अपना कोई कार्यक्रम नहीं होता, लेकिन अगर कहीं वह कुछ स्वतन्त्र रूप से करना और जानना चाहे, तो सबसे पहले इज्ज़त का ख़याल रखना पड़ता है।

ममता कालिया की अधिकांश नायिकाएँ ऐसे आश्रम जैसे जीवन से निकलने को आतुर हैं। 'बोलनेवाली औरत' (छ.१) उनकी *Love Made a Housewife out of Me* नामक अंग्रेज़ी कविता का कहानी-रूप है। प्रेम-विवाह के बाद पति का रुख बादल जाता है और एक नकारात्मक पारिवारिक परिस्थिति में नायिका तिरस्कार और हिंसा के माहौल में दिन बिताने लगती है। वह सोचती है, "तब उसे यह नहीं पता था कि प्रेम और विवाह दो अलग-अलग संसार हैं। एक में भावना और दूसरे में व्यवहार की ज़रूरत होती है (१२६)। 'दर्पण' ३९२ (ङ.१३) की अधेड़ नायिका भी पाती है कि "प्रेम का अर्थ दायित्व और दायित्व का अर्थ गंभीरता मानते" पति के साथ "अब तक का जीवन एक आश्रम की सख्ती और सादगी से जिया गया था"। 'काली साड़ी' २३७ (घ.१) की नायिका को महसूस होता है कि शादी से पहले 'सादा जीवन, उच्च विचार', ब्याह के बाद 'आराम हराम है' जैसे "सिद्धान्त सब उसके हिस्से पड़े हैं, सुख किसी और के"। 'फ़र्क नहीं' १२५ (ख.२) की नायिका को विवाह से पहले ही इस परिस्थिति का आभास होता है, "उन्नीस साल की उम्र पर मैं एक घटना-प्रधान जीवन जीना चाहती थी, दर्शन-प्रधान नहीं"।

नौकरी के लिए पति की पाबन्दी और अनेक मिनमिनाते बच्चों के साथ 'दर्पण' ३९१ (ङ.१३) की नायिका सुबह आठ बजे, पति के फैक्टरी चले जाने के बाद घर पर

"बेतरह अकेली छूट जाती"। इतने नियमित रूप से घर बैठी औरत का मनोबल बैठ जाता है। पूरे दिन वास्तव में "कुछ न करने के बावजूद अपने को इतना थका लेतीं कि जब [पति] सन्दीप दफ्तर से आता, तो उसे इस कदर पस्त देखकर चकरा जाता" (एक जीनियस की प्रेमकथा २६८, घ.४)। 'मनहूसाबी' ३४२ (ङ.७) की नायिका अपने को रसोई के उन कॉक्रोचों जैसा पाती है, जिनकी जिजीविषा में "दबाने, डराने और भगाने" से भी अन्तर नहीं पड़ता, और जो "भयंकर असुरक्षा के बीच सुरक्षा ढूँढ़ते" हैं। आशंकाएँ शरीर पर अपनी छाप छोड़ ही देती हैं, उसे लगता है कि वह "प्रेमचंद की कहानी की बूढ़ी काकी" है (३४५), जिसके सुन्दर बच्चों को लोग किसी और के समझ बैठने लगे हैं (३४६)। उसे मंडी में घूमते-फिरते चाकू बेचते एक लड़के से अपनी ज़िन्दगी की पहचान और ढाढ़स मिलता है, जिससे यह पूछने पर कि वह बैठकर क्यों नहीं बेचता, वह जवाब देता है, "धन्धे से कैसा डर?" (३४७)।

कोई आश्चर्य नहीं कि इतना कुछ सहने के बाद 'लैला-मजनूँ' २८४–२८५ (घ.१०) की नायिका की तरह एक गृहिणी के मन में आए कि अपनी परंपरागत छवि को तिलक लगाने हेतु "मेरी समझ से मुझे एक अच्छी पत्नी की तरह अब दिवंगत हो जाना चाहिए", ऐसे "[अपने] बगैर घर की एक बड़ी सुन्दर शान्त तस्वीर ज़ेहन में" बनती है और पति में अच्छे पति न सही, "एक आदर्श विधुर के गुण ··· कूट-कूटकर भरे हैं", जो यदि "दो दिन भी शेव न करे, तो लगता है, मानो अभी अपनी बीवी का दाह-कर्म करके लौटा है"। एक व्यभिचारी पति का आदर्श वैधुर्य बाद में लेखिका ने 'उत्तर अनुराग' (ज.९) का विषय बना लिया।

'जितना तुम्हारा हूँ' (ख.५) पाठकों को चेताती है कि वह पत्नी भी, जो अपनी स्थिति के प्रति सजग हो चुकी है, अपने एहसासात मुश्किल से व्यक्त कर पाती है। एक तरफ नायिका "समझ नहीं पाती थी कि ये बातें मुँह से निकल क्यों नहीं रही थीं" (१५१), दूसरे वह कैसे कुछ कहती, अगर "एकान्त में वह [पति] रघु से एक साफ़ और लम्बी बहस करना चाहती, लेकिन रघु वह क्षण आने ही नहीं देता" और "एक पहुँचे हुए सन्त की तरह श्वेता को धैर्य का मूल्य बताता" (१५०)। 'बातचीत बेकार है' (ख.७) और 'बीतते हुए' (ठ.८) की तरह बातचीत न हो पाने, मन की बात न रख पाने की दुविधा 'दौड़' ३८–३९ में भी नज़र आती है। औरत के पास अपना इकट्ठा हुआ जा रहा क्रोध दिखाने के विकल्प कम हैं, जैसे 'गुस्सा' १५३ (ख.६) में पत्नी का "इस तरह ··· अलग और पहले खा लेना पति के लिए एक धमकी थी, जो वह ख़ास नाराज़गी के वक़्त पर देती थी", या 'अट्ठावनवाँ साल' ३५९ (ङ.९) में, जहाँ "सुषमा जीवनभर इसी पशुस्त्र पर जीती रही है। वह अपनी ख़ुशी खाना देकर व्यक्त करती है, नाखुशी खाना न देकर"।

'बातचीत बेकार है' (ख.७) की तरह कई घरों में ऐसा होता होगा कि सुबह अख़बार पढ़ते हुए "अपने आस-पास की चुप्पी तोड़ने" की चाह में ख़बरें सुनाती पत्नी पर उसका पति ध्यान नहीं देता (१५८), लेकिन वह शाम को बेटे को कुछ और गालियाँ सिखाने में सक्रिय रहता है (१५९)। विनीता अपने "तेज़ी से अवाक् होते जा रहे" दाम्पत्य से, जिसमें "दिन का शायद कोई भी हिस्सा नहीं था, जब वे संवाद की स्थिति में पाए जाएँ" (१५९), त्रस्त हो चुकी है। "शादी से पहले वह केवल अकेली थी, अब वह अकेली से साथ-साथ असहाय भी है" (१६०)। परन्तु यह भी समझना चाहिए कि ममता जी के लेखन में दुनिया को निरे काले रंग में दर्शाने का प्रयास नहीं है, इस कहानी में वे यह भी कहती हैं कि पति और बच्चा नायिका को कभी दुःखी कर डालते हैं, तो कभी सुखी भी। "स्त्री के जीवन का सच बहुस्तरीय है। घर उसके लिए बहुत बड़ा पिंजरा भी है और उद्यान भी", एक साक्षात्कार में ऐसा उन्होंने व्यक्त किया था।[२६]

संस्कारों में संतुष्ट नारी व स्वाभिमानी स्त्री

इतनी नकारात्मक जीवन-परिस्थितियाँ देखने के बाद हमें, ममता कालिया के पाठकों को यह भी नज़र आना चाहिए कि उन्होंने थोड़ा-बहुत ऐसी स्त्रियों पर भी लिखा जो खुशहाल हैं, जो उदासीन जीवन नहीं बिता रहीं, यानी जो संतुष्ट लगती हैं। 'चिर कुमारी' २२७ (ज.२) में एक पात्र से सहमत होती हुई लेखिका कहती है, "कभी तो नारीवादी की जगह सिर्फ़ एक नारी की तरह सोचो"। उनका लेखन सिर्फ़ मोर्चा ही

र्चा नहीं है। 'लकी' १५० (छ.३) की "सुन्दर, सुशील, गृहकार्य में दक्ष" पत्नी प्रतिभा एक "सीधी-सी युवती थी, जो तीन साल में दो बच्चे परिवार को सौंपकर अपने को भरसक निश्चित और सुखी समझती थी"। वास्तव में हर घर का पुरुष अपने बल का दुरुपयोग नहीं करता। 'नायक' ८५ (च.११) की माँ बेटे में आए आकस्मिक बदलाव से सकते में आ जाती है, क्योंकि इससे पहले जीवन में "इस घर में कभी किसी ने उनसे रुखाई नहीं बरती थी"।

लेखिका 'पीली लड़की' १६६ (ख.९) की आत्ममुग्ध, ईर्ष्यालु और सामान्य अभिरुचि वाली नायिका पर तीखा व्यंग्य भी करती है, लेकिन जब वह कहती है, "मैं अपने को संतुष्ट पाती थी। जानती थी, कुछ ही महीनों में ममी कहीं न कहीं से एक अच्छा-सा लड़का ढूँढ़कर ब्याह भी कर देंगी। मैं हर तरह से निश्चित थी", इस व्यंग्य में फिर भी कई लड़कियों की ज़मीनी सच्चाई हो सकती है। ऐसा संतोष शादी को जीवन-बीमे-सी सुरक्षा के साथ जोड़ती उस विचारधारा से प्रतिफलित होता है, जिसकी हम ऊपर बात कर चुके हैं। विवाह-संस्था के बारे में लड़कियाँ अक्सर एक

पॉलिसी की तरह सोचती हैं, मसलन 'छोटे गुरु' ४३ (ञ.५) की नायिका के लिए पुनर्विवाह में "सबसे बड़ा आश्वासन सुरक्षा का था" ही, 'मनोविज्ञान' ३६२ (ङ.१०) की नायिका भी तो "एक सामान्य परिवार की सहज लड़की थी, जिसके लिए शादी का अर्थ घर, सुरक्षा और हैसियत था"। भावनात्मक ज़रूरतों को इतना महत्त्व नहीं दिया जाता कि रिश्ता बनने से रह जाए।

शादी सिर्फ़ त्याग और न्यौछावर नहीं है, कहीं न कहीं इसका हल मनुष्य के मानस में रहता है। 'नमक' ४०६ (झ.९) की नायिका बताती है, "जब मित्रों ने आश्चर्य जताया कि शादी के बाद मैंने पेंटिंग करना क्यों छोड़ दिया, मैंने कहा, 'देखो, रसोई में मुझे उतना ही रस मिलता है, जितना स्टूडियो में। ··· [वहाँ] हर स्त्री स्वाद का साम्राज्य खड़ा कर लेती है"। 'बाँगड़ू' ३८५ (झ.६) की "पारंपरिक पतिव्रता" नायिका करुणा "एक अच्छी सुहागन की तरह ··· ससुराल के रीति-रिवाज़ मनाने में संतोष का अनुभव करती", वह हरतालिका तीज और करवाचौथ को सहज स्वीकारकर सोचती कि "ये दोनों व्रत-पर्व सुहाग की अचल-अटल गारंटी हैं"। पति के प्रतिवाद पर खुद कहती है, "साल में तीन सौ तिरसठ दिन सबके होते हैं, दो तुम्हारे हिस्से के। ये मुझे सीधे स्वर्ग पहुँचाएँगे"। 'सीमा' २९८ (ज.१२) की नायिका की माँ भी इसे ही दाम्पत्य की बुनियाद बताती है कि "अच्छी औरतों को हमेशा पति की मर्ज़ी में ही अपनी मर्ज़ी देखनी चाहिए"। इन धर्मपत्नी का यह खुद का निजी फैसला है, लिहाज़ा उसे इसके लिए सम्मान मिलना चाहिए।

'ख़ाली होता हुआ घर' २२५ (ग.१४) पीढ़ियों के अन्तराल, युवाओं के बदलते जीवन-मूल्यों की कहानी है। पर यह कहानी, जो एक जवान लड़की के आत्मनिर्भर होने की कोशिशों को अपनी जगह जायज़ करार करती है, यह नहीं कहती कि अभिभावकों की दृष्टि गलत है। पति की भरपूर सेवा करती माँ से बेटी जब कहती है, "तुम तो ऐसे दौड़ती-फिरती हो, जैसे साक्षात् भगवान आ रहे हों", तो वे इस तरह यह जवाब देती हैं, "मेरे लिए तो भगवान ही हैं" कि बेटी की "हिम्मत ही नहीं रही थी कि उसकी तरफ आँख भी उठाए"। कई घरों की गृहिणियाँ यह तक स्वीकार लेती हैं कि बच्चों के खाने के नखरे और छोड़ा हुआ खाना उठाना, माँ रूप की यही सार्थकता होती है (दौड़ ५९)। ऐसी स्त्रियाँ वे होंगी, जिनको लेकर 'सूनी' २९–३० (ञ.४) की नायिका के "मन में माँ की एक पारंपरिक तस्वीर थी। ··· त्यागमयी, करुणाशील और कोमल हृदय की"।

जहाँ कुछ नायिकाएँ संतुष्ट हैं, वहीं कुछ स्वाभिमानी भी। ये अपना रोष ज़ाहिर करने से नहीं डरतीं। हालाँकि 'बातचीत बेकार है' १५८ (ख.७) की नायिका अपना

भावनात्मक तौर पर सूना दाम्पत्य सुधार नहीं सकती, वह कम से कम इस निष्कर्ष पर पहुँच जाती है कि "करोड़ों बेवकूफ औरतों की तरह शुरू-शुरू में [पति] सत्य को देवता के रूप में अपने सामने प्रतिष्ठित किया था", लेकिन ऐसा करना अवश्य गलत था। दकियानूस पति का विदेश में काम करना 'दूसरी आज़ादी' (ठ.६) की नायिका के लिए नई उम्मीदें और संभावनाएँ लाता है। वह खुद स्कूल में काम करना आरंभ कर देती है। हालाँकि यह कहानी कुछ हद तक उसकी नज़रबंदी व हदबन्दी की कहानी है, हमें पहचानना चाहिए कि इसी अनुपात में एक सचेत होती जा रही, चौखटे तोड़ती महिला का विकल्प भी पेश करती है। जहाँ पति स्वेच्छा से पत्नी से विमुख रहता है, वहाँ पत्नी भी अपनी मर्ज़ी से खूबसूरत फेरीवाले कमाल खान से नज़दीकी बढ़ाती है (५१)।

'इरादा' १२२ (च.१६) की नायिका पति और सास के व्यवहार को सहती रहती है, लेकिन एक हद टूटने के बाद वह और बर्दाश्त नहीं कर सकती, वह कह देती है, "मैं अगली गाड़ी से जा रही हूँ, अब जब तुम्हारा दिमाग एकदम ठीक हो जाएगा, तभी वापस आऊँगी"। अपनी पिछड़ी स्थिति को बिना सोचे स्वीकारनेवाली पुरानी और आगे की सोच रखती, 'न' बोलना सीख रही दोनों प्रकार की स्त्री की छवि 'बाथरूम' (झ.१) में दिख जाती है। – लम्बी अग्निपरीक्षा के बाद गृहिणी का यह हाल हो जाता है कि लोगों को लगता है, "उन्हें शायद वे सब चीज़ें नापसंद थीं, जो घर के किसी भी सदस्य के लिए प्रिय थीं, ··· माँ की शक्ति शायद पूर्व वर्षों की उस प्रताड़ना में थी, जिससे कि वह निकली थीं", और इस शक्ति के कारण "घर उनकी मर्ज़ी से चलता। बिना बिकिनी पहने, बिना ट्विस्ट किए, बिना एलएसडी चखे" (फ़र्क नहीं १२८–१२९, ख.२)। अर्थात् लेखिका की नज़र में ऐसी धाकड़ महिलाएँ भी है, जो अनायास "जीवन भर ··· बाबा को अपने आदेशों की छड़ी पर नचाती रहीं" (नया त्रिकोण ५९, च.७)।

पुरुष के पक्ष में

ममता कालिया पक्षपात नहीं करतीं। उनके पास ऐसी कहानियाँ भी हैं, औसतन चार में से एक, जिनमें पुरुष के प्रति किसी महिला का दुर्व्यवहार देख सकते हैं, जहाँ एक उम्र पार कर "ठंडी और शक्की" (लड़कियाँ ८१) "औरतें पति को अँगूठी और ब्लाउज के साथ-साथ निजी पूँजी समझती हैं" (पीली लड़की १६७, ख.९), चाहे उनकी एक नायिका की नज़र में ये आम पत्नियाँ "सपाट और श्रीहीन" क्यों न हों (लगभग प्रेमिका १३३, ख.३)। वे स्वयं पर आधारित एक बालिका की नज़र से मध्यवर्गीय स्त्री-जाति की कमज़ोरियों को गिना देती है : "कॉलोनी की सभी स्त्रियाँ एक-सी हैं—सुबह उठकर

मेकअप कर लेना, हर वक़्त खाने-पीने के बारे में सोचना, दोपहर को सोना, शाम को टीवी देखना और रात को घोषित करना, 'आज तो मैं बहुत थक गई'" (आपकी छोटी लड़की २५५, घ.२)। एक छवि अनाड़ी बीवी की उभर आती है। 'बीमारी' ४४ (क.४) में भाई की कम कामों में भी जल्दी थक जाती पत्नी को उठना भी "अपना बदन सँभालते हुए" पड़ता है; रसोई के कामों में वह दक्ष नहीं, पर पति को काम में लगाना जानती है।

फिर एक वर्ग बदसूरत महिलाओं का है। 'चोट्टिन' १०१ (च.१३) की गरीब बच्ची "सुखिया को यह भी अजीब लगता है कि हर घर में औरतें इतनी मोटी हैं"। "सालों में हमारे मुहल्ले में वह पहली दुबली विवाहित महिला थी। ··· दरअसल उसके लिए महिला शब्द क्रूर बैठता था", एक अन्य नायिका पाती है (पीली लड़की १६६, ख.९)। लेखिका ढीली औरतों की कठोर आलोचना करती है, जैसे "हथिनी आकार, शेर मुखाकृति और लोमड़ दृष्टिवाली" मिसेज़ शर्मा के पति अब उनके "छोटे भाई या देवर लगते थे" (पच्चीस साल की लड़की ३३०, ३३१, ङ.५) और 'शक' ७० (ठ.७) की कॉलोनी की "कमर से क्रमशः कूल्हों तक ··· बहुत भारी" कुमुद सक्सेना "देखते-देखते अपने पति की चाची नज़र आने लगीं"। 'यह ज़रूरी नहीं' ४० (क.३) के हरि के लिए पत्नी को खुश रखना ज़रूरी है, झूठ बोलकर भी, नहीं तो गुस्से में पीले दाँतों व खुरदरी हथेली वाली पत्नी और भी बदसूरत लगती है। 'झूठ' १०६ (च.१४) में वे अधेड़ स्त्रियों की जड़ता पर प्रहार करती हैं, कहती हैं, पति की नई जागी सक्रियता से पत्नी को "बड़ी असुविधा हुई। ··· जैसे रसोई ख़त्म करने के बाद उनसे चूल्हा जलाने के लिए कहा जा रहा हो"।

कुछ गृहिणियाँ अपने नखरों के लिए पहचान में आती हैं। 'सीट नंबर छह' ११३ (ख.१) की नायिका के अनुसार हमसफ़र औरत "सिर्फ़ दो वक़्त रोटियों और बीच की जगह के ऐवज़ में" पति से कुली की तरह काम करवाती है, और ऐसी "बुढ्ढ़" को उसे बर्दाश्त नहीं करना चाहिए (११५)। उसे लगता है, अगर औरत अपना रवैया बदलेगी नहीं, तो "दफ्तर में नई टाइपिस्ट आते ही वह बिगड़ जाएगा" (११६)। 'रजत जयन्ती' ३८ (च.४) के अनुसार ऐसे घर भी होते हैं, जहाँ पतियों का "एक तिहाई वेतन पत्नी की साज सज्जा पर ख़र्च होता है", यद्यपि ऊपर दिए सन्दर्भों के आलोक में ऐसा कम होता होगा। इस कोटि की औरतें अपनी ख़ुशी ज़ाहिर करना नहीं जानतीं। 'मन्दिरा' २८७–२८८ (घ.८) में प्रौढ़ पति के गुणों की लम्बी सूची दी गई है, फिर भी नायिका कभी कृतज्ञता नहीं जताती, उनके कथित फीके व्यक्तिव से नाखुश रहती है।

'पीली लड़की' १७० (ख.९) की नायिका के मुताबिक अधिकांश घरों में "पत्नियाँ शेर थीं और पति गीदड़। वहाँ ऐसी पत्नियाँ रहती थीं, जो खराब गोभी लाने पर पति को वापस बाज़ार भेजने की क्षमता रखती थीं"। 'अनुभव' ६९ (च.९) के नौकर को

लगता है कि "साब सीधे हैं, मेमसाब चंट। जाने क्यों हर घर में यही रहता है"। 'पीली लड़की' १७८ वाले पति को पत्नी में गली की वे "फूहड़ औरतें" नज़र आती हैं, "जिन्हें बचपन से उसने अपने मुहल्ले में लड़ाई-झगड़ा करते देखा"। 'गुस्सा' (ख.६) भी अन्ततोगत्वा पुरुष को समर्थन देने की कहानी है, हालाँकि यह समझना चाहिए कि इसमें पत्नी के गुस्सैल होने के बावजूद पति भी निर्दोष नहीं है, धार्मिक तल्लीनता में वह भी तो पत्नी को पर्याप्त ध्यान देने में असमर्थ है। इसमें पत्नी का चिड़चिड़ापन इस हद तक पहुँचता है कि पति घर-बीवी को तजकर चला जाता है, कभी मुड़कर नहीं देखता। "जब खूसट बुढ़िया हो जाऊँगी, तो सारा दिन टर्र-टर्र कर इसका ··· जीना हराम करूँगी। ··· हिन्दुस्तानी औरत कभी सौम्यतापूर्वक बूढ़ी होना नहीं सीखेगी", लेखिका ने आजकल ऐसा भी पाया है (अनावश्यक ११८, ठ.१३)।

निष्ठुर महिला, पत्नी : बीमारी (क.४), सीट नम्बर छह (ख.१), फ़र्क नहीं (ख.२), जितना तुम्हारा हूँ (ख.५), गुस्सा (ख.६), आज़ादी (ख.१२), राएवाली (ग.२), वसन्त-सिर्फ़ एक तारीख (ग.३), एक अदद औरत (ग.१५), आपकी छोटी लड़की (घ.२), माँ (घ.९), पच्चीस साल की लड़की (ङ.५), राजू (ङ.६), सेमिनार (च.१), उमस (च.२), नया त्रिकोण (च.७), अनुभव (च.९), शॉल (च.१५), इरादा (च.१६), बोलनेवाली औरत (छ.१), जनम (छ.५), रोशनी की मार (छ.६), चिर कुमारी (ज.२), ऐसा ही था वह (झ.३), बाथरूम (झ.७), खानपान (झ.११), बोहनी (झ.१२), मुन्नी (झ.१३), समय (झ.१५), थिएटर रोड के कौवे (ञ.१), छोटे गुरु (ञ.५), शक (ठ.७)

घर में निजीपन

भारत में संयुक्त परिवार को आज भी एक बड़ी उपलब्धि माना जाता है, पर वास्तव में युवाओं की बदलती अभिरुचि और रोज़गार के मौके संयुक्त परिवार की अवधारणा को धीरे-धीरे अतीत की ओर ले चलते हैं। अब बहुतों को यह 'नॉस्टैल्जिया' का पुट लेते हुए नज़र आता है। वह स्थान, वह परिवेश, जहाँ पहले कई पीढ़ियों के कई नातेदार साथ रहते थे, आज की नई मान्यताओं के अनुसार निजीपन के लिए पर्याप्त जगह नहीं जुटा पाता। 'राएवाली' २०५ (ग.२) और 'दुक्खम-सुक्खम' २० आदि में ममता जी बताती हैं, अपने घर में पति-पत्नी के बीच निजता, आत्मीयता, यहाँ तक कि शारीरिक संबन्ध स्थापित करने की गुंजाइश कितनी कम होती आई है। कारण जगह की कमी भी हो सकती है, तो सास या अन्य रिश्तेदारों की अवांछित उपस्थिति भी। मसलन 'इरादा' (च.१६) में जप-तप में रमी हुई (१२०), पर वस्तुतः नील घोटती रहती, बहू को बेवफ़ा दर्शाती (११९) सास बेटे-बहू के रिश्ते पर साया डालती है। नायिका शान्ति के जीवन का उद्देश्य स्वयं को इन हालातों में शान्त रखना ही है, यद्यपि इसमें उसकी अधिकांश ऊर्जा स्वाहा हो जाती है।

बताया जा चुका है कि नौजवान लड़के-लड़कियों को मिलने के लिए पार्क के अलावा बहुत थोड़ी सुरक्षित जगहें उपलब्ध होती हैं। मगर यह ज़रूरी नहीं कि विधिवत् विवाह करने के बाद अन्तरंगता को पर्याप्त स्थान मिल जाता है। जहाँ घर छोटा होता है और रहनेवालों की कमी नहीं है, वहाँ पति और पत्नी के पास आत्मीय वातावरण बनाने के उपाय ही नहीं बचते। 'दर्पण' ३११ (ङ.१३) में दिखाया जाता है कि परिवार-नियोजन के अभाव में "बानी और उसके पति का कोई अलग अकेला कमरा नहीं था", "इस मकान में संबन्धों के कोमल और गोपन भावों की अभिव्यक्ति का स्थान नहीं था"। 'बेघर' ३१ में इसी लिए पढ़ते हैं कि "परमजीत ने अपनी माँ को कभी बाप के पास सोते नहीं देखा, न ही कभी एक दूसरे को छूते या छेड़ते", अधिकतर केवल माँ के समय-समय पर गर्भवती रहने से इसका अनुमान लगाया जा सकता था। 'आलमारी' (ङ.११) में भी स्थिति कुछ ऐसी ही है, बच्चों के साथ सटकर सोते दम्पती के लिए मुहब्बत का इज़हार करना और मुहब्बत को जगाए रखना नितान्त असंभव है।

जिस तरह हमने पाया कि महिला की आर्थिक स्वतंत्रता पर कई रोकें लगी हैं और संपत्ति की चाबी मर्द के पास रहती है, वैसे ही ममता जी 'मनोविज्ञान' (ङ.१०) के ज़रिये कहती हैं, यह भी संभव है कि घर में पति के अध्ययनकक्ष पर हमेशा की तरह ताला लगा रहे (३६४), पर पत्नी को उसी घर में न सिर्फ़ गोपनीयता, वरन् सम्मान की तरह बहुत कुछ और भी न मिले। इसी कहानी में यह भी वर्णित है कि पति, जिसके पास अपने ऐसे निजी कार्यक्रम होते हैं, जो औरत के पास हैं ही नहीं, उनके बारे में पत्नी को बताने के लिए स्वयं को बाध्य नहीं समझता (३६९)। घर के सदस्यों, खासकर स्त्रियों के पत्राचार की असुरक्षा के उदाहरण पहले दे चुके हैं। ममता जी की कहानियाँ महिला पाठकों को एक प्रतिकूल परिवेश में अपना 'स्पेस' हासिल करने के लिए प्रेरित करती हैं।

उनकी रचनाएँ पढ़ते हुए यह आभास होता है कि हिन्दुस्तान में पति-पत्नी के बीच संवाद बहुत कम है, जैसे 'चिर कुमारी' २२४ (ज.२) की नायिका याद करती है कि उसके माता-पिता एक-दूसरे से हमेशा "तृतीय पुरुष में" बात करते थे। यह भी लगता है कि एक-दूसरे से शायद वे बहुत कुछ कहना चाहते हैं, फिर भी बातें होठों की ड्योढ़ी पार नहीं कर पातीं। 'अट्ठावनवाँ साल' (ङ.९), 'रजत जयन्ती' (च.४) और 'दाम्पत्य' (च.६) जैसी कहानियाँ यह सर्वव्यापी परिस्थिति बखानती हैं, जिसमें प्रौढ़ अवस्था में, बूढ़ापे की दहलीज़ पर ही पति-पत्नी पहचानते हैं कि दाम्पत्य के अनेक साल बीतने के बावजूद वे एक-दूसरे के लिए कई मायनों में अभी भी अनजाने हैं, 'दाम्पत्य' ५५ के

शब्दों में रात को उनपर "टीवी बंद होते ही कमरे में मनहूस खालीपन" छा जाता है। कुछ दम्पतियों के लिए साथ रहना मुश्किल हो जाता है, 'समय' (झ.१५) की तरह, जहाँ पति विदेश में बसे बच्चों के यहाँ चले जाते हैं, पर पत्नी अपने घर पर ही रहना पसंद करती है, जो ख़ाली ही सही, लेकिन उनका घर ही है, सिर्फ 'मकान' नहीं, और "अनभिज्ञ जनों को ताज्जुब होता कि पति-पत्नी इस आयु में अलग-अलग क्यों रहते हैं (४४८)।

ससुराल में बहू

प्रेम और दाम्पत्य को लेकर ममता जी का सूत्र है कि "दरअसल परिवार की इकाई को विवाह के चौखटे पर खड़ा किया गया है, जबकि परिवार को प्रेम के चौखटे पर खड़ा होना चाहिए था। समस्त सामाजिक गति-प्रगति में यह बड़ा भारी अवरोध है कि हमने परिवार की स्थापना में प्रेम को महत्त्व नहीं दिया। ··· 'विवाह सामाजिक संस्था है, प्रेम प्रकृति का वरदान है'"।[२७] 'बोलनेवाली औरत' १२६ (छ.१) की नायिका ने अपने पति के प्रेम में पड़कर शादी कर ली, "तब उसे यह नहीं पता था कि प्रेम और विवाह दो अलग-अलग संसार हैं। एक में भावना और दूसरे में व्यवहार की ज़रूरत होती है"। घरेलू महिलाओं के लिए सफलता का नुस्खा है सुबह की 'ड्यूटी' लगाने के बाद घर पर अकेली छोड़ दी जाने में मन लगाना, जिसके तहत उनके पास "टीवी के बेमतलब कार्यक्रमों, ··· चिकनी महिला पत्रिकाओं के पन्ने पलटने, दोपहर में सोने, सजे हुए घर को कुछ और सजाने, सास की जी-हुज़ूरी करने" के अलावा कोई विकल्प नहीं रहता (१२७)।

यह परिवर्तन-प्रक्रिया आसान नहीं है। नई-नई परिस्थितियों के अनुरूप अपना अस्तित्व बदलने का पहले स्वीकृत सहचर था वह रिवाज़, जिसके तहत पति के घर में आकर लड़कियाँ अपनी पहचान का संकेत, अपना नाम प्रायः नहीं रख सकती थीं, उसपर भी ससुराल ने हक़ जमाया। "हप्पो की शादी हुई, तो ससुरालवालों से अच्छा-खासा कालिन्दी नाम बदलकर लक्ष्मी रख दिया। कुछ महीनों बाद जब कालिन्दी के नाम-परिवर्तन के बावजूद घर के कारोबार में कोई समृद्धि नहीं आई,.तो घरवालों ने उसका नाम हिकारत से 'राएवाली' रख दिया" (राएवाली २०३, ग.२)।

सेवा के लिए नतमस्तक "सुन्दर, सुशील, गृहकार्य में दक्ष" (लकी १५०, छ.३) लड़कियों को डरने की कोई ज़रूरत नहीं, पर जिस बहू में आत्मसमर्पण के गुण कम हैं, उसे ऐसे घर में समाना कठिन होता है, जहाँ कमर दबवाती सास बहुत-से और पूरे काम लेती है, लेकिन खुद को झूठे बहानों के ज़रिये मेहनत करने के बचाती चलती है (राएवाली २०५, ग.२)। लेखिका बताती है कि बहू को थकाना केवल सासों की

आदत नहीं है। जिस गली में 'बेघर' २६ का नायक रहता है, वहाँ एक डॉक्टर की दुकान पर गली के रहनेवाले अधिकतर इलाज कराने या दवाई खरीदने नहीं, फोन करने जाते हैं या सिर्फ़ अख़बार पढ़ने। ऐसे में बहू केवल इसलिए ससुर को दुकान पर चैन से बैठने देती है, क्योंकि अन्यथा ससुर ही उसका चैन चुराता। औरत के कामकाजी न होने से बुजुर्गों की देख-रेख उसकी ज़िम्मेदारियों की सूची में लिख जाती है। नागा वह कभी कर ही नहीं सकती, न उसे मदद मिलती है।

'उमस' २०–२१ (च.२) से स्पष्ट है कि पत्नी पर नियंत्रण रखने में पति को माँ से सहायता मिलती है। वह अपने "न करो तो हर काम बड़ा है, करो तो कुछ भी नहीं है", "औरत जात का काम प्यारा है, चाम नहीं" तथा "मरे-मरे हाथ चलाने से घर का दलिद्दर कभी नहीं भागता" जैसे अमर और अविवाद्य कथनों से अपना भोगा हुआ यथार्थ भुलाना और वर्चस्व फैलाना चाहती होगी। 'बोलनेवाली औरत' १२९ (छ.१) की सास ऐसे ही अपने बेटे को बहू की मदद के, 'औरतोंवाले कामों' से रोकती है, उसे मदद की सोचने के लिए "जोरू का गुलाम" तक बोल देती है। 'नया त्रिकोण' (च.७) की वृद्ध सास की निष्ठुरता तुलनीय है, वे चाहती हैं कि "उन्हें उनकी तरह से प्यार किया जाए, उनके निर्देशानुसार" (५९)। उनके साथ रहने से बेटे और पत्नी का संबन्ध नकारात्मक रूप से प्रभावित होता है और सेवा मुख्यतः पत्नी को ही तो करनी पड़ती है। इस बीच ऊबा हुआ पति एक चटपटे प्रेम-प्रसंग के ख़्वाब देखता है। स्वाभाविक है कि वह कभी यह सुनाने की हिम्मत करे, "हमसे नहीं होती सारी उमर बुड्ढे-बुड्ढी की टहल-फिकिर" (आज़ादी १८९, ख.१२)।

ऐसा प्रतिरोध फिर भी विरल है, कम से कम ममता कालिया के लेखन में। बहुओं से आज्ञाकारिता और अनुपालन की अपेक्षा की जाती है। उसका जीवन-साथी साथी होने से पहले पुत्र है, इसी लिए 'जितना तुम्हारा हूँ' (ख.५) की नायिका तय नहीं कर पाती कि पति "कितने प्रतिशत उसका है और कितने प्रतिशत घर का" (१४८), जहाँ ब्याह से "उसे महज़ प्रवेश मिल गया है, स्वीकृति नहीं" (१४९)। 'राएवाली' २०७ (ग.२) की नायिका को जब बताया जाता है कि वह "लाट-कलट्टर की जाई" नहीं है, और जब वह अपने सम्मान पर चोट न सहकर पति के सामने इस बात को सास पर भी लागू बताते हुए उनके दबदबे की शिकायत करती है, तो उसे पति के हिंसात्मक प्रतिशोध का शिकार बनना पड़ता है। घर के सदस्यों का पूरा समर्थन वहशी पतिदेव को है। ऐसे ही 'बोलनेवाली औरत' (छ.१) में सास की गलतबयानी का विरोध करते समय पत्नी को तत्काल चेताया जाता है. "तुम्हारे अन्दर बराबरी का बोलना एक रोग बनता जा रहा है" (१२८), "तुम हमेशा ज़्यादा

बोल जाती हो और गलत भी", "अच्छी पत्नी की तरह चुप रहना चाहिए, ख़ास तौर पर माँ के आगे" (१२७)।

कायदे में न रहनेवाली औरत की सज़ा अन्न की कटौती हो सकती है, ममता जी यह कई बार कहती हैं। 'माँ' २९४ (घ.९) और 'कवि मोहन' ३०२ (घ.१०) दोनों कहानियों में सास की आज्ञाकारी न होने के लिए बहू को अपने घर में खाना न मिलने या बासी खाना मिलने की सज़ा भुगतनी पड़ती है। 'माँ' की सास भी कभी बहू थी, उसे भी ऐसे तरीकों से दो-चार होना पड़ा था : "हम दही न कभी चाखे, न कभी खाए" (२९५), कहती हैं (क्योंकि तंगी में पौष्टिक खाने पर पुरुषों का हक़ है), और उम्र के दूसरे छोर पर उनके पास भी आधिपत्य स्थापित करने का यही उपाय बचता है। 'जनम' १६२ (छ.५) की सास से बहू कुछ चटपटा खाने की अपनी इच्छा को नहीं जता सकती, नहीं तो वह उसे "सूखी रोटी को तरसा देती"। अतः उसे लगता है, उसकी स्थिति एक बन्धक से भी बदतर है, क्योंकि "क़ैदी को सिर्फ़ मशक़्क़त करनी पड़ती है, खुशामद नहीं" (१६२)।

जहाँ पूरा भोजन मिलने की आज़ादी न हो, वहाँ घूमने की कैसे होगी ? 'फिर भी प्यार' (ठ.१४) की नायिका नहीं चाहती कि बहुत-सी लड़कियों की तरह शादी के बाद उसका जीवन भी एकदम बदल जाए (१२३), इसलिए लीक से हटकर चलनेवाले कलाकार प्रेमी से ख़ुशी-ख़ुशी शादी कर लेती है। लेकिन बाद में उसे समझना पड़ता है कि उसे न केवल एक कलाकार और प्रेमी पति मिला है, बल्कि एक ऐसा पति जो बारंबार कई-कई दिनों के लिए उसे अनिच्छित ससुराल में अकेला छोड़ जाता है। पति की "माँ समझातीं—जब शादी की है, तो तुम्हारा संबन्ध सिर्फ़ आकाश से नहीं, सारे परिवार से है। हम सब हैं न तुम्हारे पास?", इसलिए उसे लगता है कि पति के आने पर उसे "जैसे पासपोर्ट मिल जाता" है (१२५)।

कुछ महिलाओं को ऐसा 'पासपोर्ट' कभी मिलता ही नहीं। 'एक पति की मौत' (ठ.११) में पति नौ साल के दाम्पत्य के बाद पत्नी को धोखा देकर विदेश में दूसरी शादी कर लेता है, लेकिन सास के चल बसने और बेटी के ब्रिटेन की ससुराल में चले जाने तक परिवार के 'सम्मान' की खातिर नायिका को ऐसे नाटक का पात्र बनना पड़ता है, जिसमें वह परित्यक्ता होते हुए भी सुहागिन रहती है। सास से प्रतिवाद करने के लिए उसे कुछ-एक बार बेटी के हाथ पिटना पड़ा। कहानी के अन्त में अप्रत्याशित यह है कि अपना दुःख कितना भी हो, पति की मौत की ख़बर पड़ोस में विधिवत् विलाप के साथ देनी पड़ती है, एक तरह से विवाह का दायित्व औरत को पति के मरणोपरान्त भी झेलना पड़ता है।

जो वधुएँ पति के परिवार के लिए जी-जान लुटा रही हैं, वृद्धों का ख़याल रखती हैं, वे अपने सगे-संबन्धियों से कब-कब मिल पाएँगी ? 'राएवाली' (ग.२) की बहू अपने पिता के अन्तिम संस्कार तक में शामिल नहीं हो सकती, क्योंकि उसकी ससुराल की कथित इज़्ज़त के लिए देवर की शादी में उससे ढोलक बजवाना अन्त्येष्टि से ऊपर माना जाता है। ऐसी घटना शायद बहुत कम होती है, मगर जहाँ-जहाँ हो जाती है, उस समुदाय में पितृसत्तात्मक मानसिकता की अति गहराई में जकड़ी जड़ों से परिचित कराती है। लेकिन जो औरतें मायके जाती हैं, वे भी कभी-कभी ही। 'इरादा' (च.१६) के बारे में ऊपर बात हुई है, कुछ इस तरह 'मान लो कि' २६१ (ज.८) की नायिका की माँ भी "अपने जीवन में माता-पिता से बहुत कम मिल पाई थीं, क्योंकि घर में कभी रेल किराया नहीं जुट पाया", शायद इसलिए नहीं कि यह वहाँ की प्राथमिकता नहीं होती थी। "गर्मी की छुट्टियाँ होनेवाली थीं। सबके पास घुमक्कड़ी की अलग-अलग योजनाएँ थीं। कोई अध्यापिका मनाली जानेवाली थी, तो कोई मैके" (आलमारी ३७३, ङ.११) की तर्ज़ पर कई औरतों के लिए माता-पिता से मिलना एक वार्षिक कार्यक्रम बन जाता है।

जिस प्रकार 'मेला' १४५–१४६ (छ.२) में अमरो को पति-परिवार महाकुम्भ में छोड़ देता है, यह पराश्रित नारियों की असुरक्षा और पिछड़ी सोच का एक दयनीय उदाहरण बन जाता है। वह पुलिस की पूछताछ पर बड़ी पीड़ा के बीच 'सात फेरोंवाले' पति का नाम लेने के लिए तैयार हो जाती है, पर रेल का किराया लेकर किसी "नचनी-पतुरिया"-सी बिन बुलाए घर चलना उसके लिए हरगिज़ मंज़ूर नहीं, चाहे उसे 'गंगा मैया' की मँझधार में कूदना पड़े। इस कोटि की घटनाएँ हमें सूचित करती हैं कि किसी गृहिणी से, घरवाली से व लुगाई से जितनी अनुकूलता की प्रत्याशा उसके परिजन करते हैं, परस्पर उतनी की दावेदार अभी तक वह नहीं बन पाई है।

पत्नियों की आर्थिक निर्भरता की बात कर चुके हैं। रुचिकर है कि निःसहायता के क्षणों में ही सास-बहू एक-दूसरे का सहारा बन जाती हैं, 'दूसरी आज़ादी' ४७ (ठ.६) में ममता जी उन सासों का भी उल्लेख करती हैं, जो बहुओं से इसलिए अच्छा रिश्ता रखती हैं कि "उन्हीं के ज़रिये बेटों की कमाई माँओं तक पहुँचती है"। फिर भी, ऐसा अन्योन्याश्रित सामंजस्य अनोखा है, कम से कम अगर लेखिका के साहित्य के दर्पण में देखना चाहें, तो। सास और वधू के उनके चित्रण का विश्लेषण हम इस टिप्पणी से सिलटाते हैं : "सास के मरने पर मैंने औरत को इतने खुले दिल से रोते नहीं देखा" (सीट नंबर छह ११४, ख.१)।

घ. वैकल्पिक संबन्ध

विवाह के कोई 'बाईपास' रास्ते हों, तो ये कौनसे होंगे और कहाँ-कहाँ ले जाते हैं? ममता कालिया की कहानियों और उपन्यासों के दायरे में भारतीय समाज का एक ऐसा रूप देखने को मिलता है, जिसमें न केवल विवाहित जोड़ियों के खट्टे-मीठे, परस्पर स्निग्ध या सताते संबन्धों की पड़ताल होती है, बल्कि उनकी भी, जिनकी पसंद विवाह नहीं है या उसकी ज़िम्मेदारियाँ निभाना छोड़ चुके हैं। ज़ाहिर है कि इस किस्म की कृतियों की पृष्ठभूमि भारत का गाँव, ज़्यादातर कोई क़स्बा नहीं हो सकता, महानगर हो सकता है। लेखिका परिस्थितियों का वर्णन करती है, क्रान्तिकारिता और विद्रोह का प्रचार नहीं करती। विकल्पों की मौजूदगी और प्रासंगिकता का एहसास करवा देती है, भले ही इन्हें सनसनीखेज़ बनाए बिना प्रस्तुत करती है।

नाना प्रकार के मुक्त प्रेम-संबन्ध तथा विश्वासघात : 'अपत्नी' (क.५), 'पिछले दिनों का अँधेरा' (क.९), 'साथ' (क.१०), 'बेतरतीब' (क.११), 'वे' (क.१३), 'सीट नम्बर छह' (ख.१), 'लगभग प्रेमिका' (ख.३), 'निवेदन' (ख.४), 'राएवाली' (ग.२), 'मन्दिरा' (घ.८), 'अनुभव' (च.९), 'झूठ' (च.१४), 'चिर कुमारी' (ज.२), 'उत्तर अनुराग' (ज.९), 'रोग' (ज.१३), 'निर्मोही' (झ.१), 'थिएटर रोड के कौवे' (ञ.१), 'कौए और कोलकाता' (ट.२), 'दूसरी आज़ादी' (ठ.६), 'शिष्या' (ठ.९), 'फरवरी की एक शाम' (ढ.१०)

एकाकी पात्र, चिर-कुमारी : 'बीमारी' (क.४), 'ज़िंदगी-सात घंटे बाद की' (क.८), ['पिछले दिनों का अँधेरा' (क.९)], 'सीट नम्बर छह' (ख.१), 'राजू' (ङ.६), 'सेमिनार' (च.१), 'चोट्टिन' (च.१३), 'तासीर' (छ.८), 'एक अकेला दुःख' (छ.१२), 'चिर कुमारी' (ज.२), 'प्रतिप्रश्न' (ज.६), 'सूनी' (ञ.४), 'कौए और कोलकाता' (ट.२), 'अकेलियाँ-दुकेलियाँ' (ट.११), 'इलाज' (ठ.५), 'जी' (ढ.१), 'मुहब्बत का मौसम' (ढ.३), 'संस्कृति' (ढ.६)

परिणय के पर्याय

सत्तर के दशक एवं लेखन के आरंभ में परंपरागत के पार जाते रिश्तों के सवालात युवा लेखिका को अधिक उत्साहित करते थे ('छुटकारा' की हर तीसरी कहानी, 'बेघर' तथा 'सीट नंबर छह' की हर चौथी कहानी में यह देखा जा सकता है), बाद में अपेक्षया कम। उन कहानियों में, जहाँ किसी प्रकार के मुक्त प्रेम-संबन्ध का ज़िक्र होता है, नायिका कई बार 'आधुनिका' भी होती है (दो में से एक कहानी ऐसी है), किन्तु लेखिका की रचनाओं में एक महिला के आधुनिक बनने का यही एक लक्षण नहीं होता।

'पिछले दिनों का अँधेरा' (क.९) में दिल्ली के नायक-नायिका शादीशुदा नहीं हैं, लेकिन एक-दूसरे को क़रीब से जानने से खुद को नहीं रोकते। पाकिस्तान के साथ

हुई १९६५ की लड़ाई के दौरान ब्लैकआउट के चलते, उनका कहना था, "अँधेरे में बहुत कम काम हो सकते हैं। उसमें आप खा सकते हैं या प्रेम कर सकते हैं" (६६)। 'बेघर' ३८–४०, १२३–१२८ के मुताबिक कुछ लोग सन् सत्तर के मुंबई में भी 'लिव-इन' संबन्ध को मान्यता दे चुके थे। पंजाबी वालिया और उसकी टाइपिस्ट से बनी गर्लफ्रेंड एक-दूसरे को 'माय लव' और 'डार्लिंग' कहते हैं और अपनी भावनाओं का सार्वजनिक प्रदर्शन भी अनुचित नहीं समझते हैं। नायक परमजीत को चौंका देता है कि विजया के घरवालों को पता है, वह वालिया के साथ रहती है; इसके बरक्स आज के इस नए दौर में लिखे 'दौड़' ४१ के नायक-नायिका का लिव-इन संबन्ध स्वीकारना बड़ी पीढ़ी के लिए विकट है।

परन्तु ममता कालिया इस संबन्ध को पूर्ण सकारात्मक रूप से नहीं दर्शातीं। वालिया ने प्रेमिका को संकट से निकालकर उसे नया जीवन तो दिया है, लेकिन बदले में विजया को इसकी कीमत 'जिंसी रूप से' अदा करनी पड़ती हैं, जैसे वह कहती है, "वली पेज़ मी ऑफ इन किसेज़" (३८)। जब-जब शराब जैसी बात पर उनमें झगड़ा हो जाता, तो यह भी साफ़ दिखता है कि इस रिश्ते में लड़की किस कदर अधीन है। इस तरह 'साथ' (क.१०) पत्नी से अलग होकर, पर बगैर तलाक लिए पुरुष के उस स्टैनो के साथ रहने की परिस्थिति पर है, जो "बिस्तर के अलावा और कहीं उसकी पत्नी नहीं थी" (६९), और इसमें भी लड़की के निर्भर होने पर अधिक ज़ोर डाला गया। अपना क्रोध विजया पर निकालने के बाद वालिया परमजीत को बता देता है कि एक बार वह जल्दबाज़ी में शादी कर बैठा था, पर कुछ ही देर में पता चला कि भोली 'भक्तिन' लड़की ज़रा भी बदलनेवाली नहीं है। "मुझे तो लगा मैंने अपनी माँ से शादी कर ली", वालिया कहता है, इसलिए शिमला में मधुमास मनाकर लड़की को सदा के लिए मायके छोड़ गया था (१२६–१२७)।

'अपत्नी' (क.५) की कथावाचिका भी परंपरागत नज़रिया रखती है, उसे दूसरी नायिका का, पति के तलाकशुदा दोस्त के साथ बिना शादी रहना और दूसरों को दिखाने के लिए पहने मंगलसूत्र को मेज़ पर लापरवाही से रख छोड़ना उपेक्षाजनक लगता है। यह अलग बात है कि गर्भपात की ज़रूरत पड़ने में वह एक अन्तर निकालती है, सोचती है, "हमारी बात और थी। हमारी शादी हो चुकी थी" (५१)। — इस आलोचना-पक्ष के बावजूद विवाह के बिना साथ रहने का विषय 'चिर कुमारी' (ज.२), 'निर्मोही' (झ.१), 'थिएटर रोड के कौवे' (ञ.१) और 'फरवरी की एक शाम' (ढ.१०) में, तो विवाहपूर्व शारीरिक संबन्ध बनाना 'बेतरतीब' (क.११), 'वे' (क.१३) व संकेतार्थ में 'कौए और कोलकाता' (ट.२) में भी उठाया जाता है।

यह देखना रोचक है कि यद्यपि लेखिका के साहित्य में बिना विवाह के साथ रहने की काफ़ी चर्चा है, 'रात गई, सो बात गई' तर्ज़ के अल्पकालीन संबन्ध ममता जी की रचनाओं का विषय नहीं बनते। उनके यहाँ महिला और पुरुष, नायक और नायिका विवाह के बगैर भी एक दूसरे के साथी होते हैं, अर्थात् इस सन्दर्भ में भी पात्रों में रिश्तों के 'स्थायित्व' के प्रति एक चेष्टा है। चुनिन्दा प्रसंग, जैसे 'अनुभव' (च.९) के नायक का भिखारिन के साथ रात गुज़ारना तथा 'सीट नंबर छह' (ख.१) की नायिका की, मोटी महिला के पति की ओर अतिशय सहानुभूति, क्षणिक प्रलोभन का आभास देते हैं।

समलैंगिकता के प्रश्न पर लेखिका ज़्यादा विचार नहीं करती, लेकिन दो स्थानों पर एक-एक सदृश दृश्य से अपना ख़याल व्यक्त कर देती है। 'लगभग प्रेमिका' १३५ (ख.३) की नायिका 'द फॉक्स' का मॉर्निंग शो देखने जाती है, वह कहती है, "फिल्म पूरी मुझसे देखी नहीं गई। उसमें दो नायिकाएँ थीं—एक दूसरे से भावनात्मक और शारीरिक स्तर पर संपर्क स्थापित करती हुई"। ऐसे ही तक़रीबन चालीस वर्ष बाद के 'सपनों की होम डिलिवरी' लघु-उपन्यास की तलाकशुदा नायिका भावी प्रेमी के साथ फिल्म देखने जाती है, लेकिन वे उठकर बाहर आ जाते हैं। दोनों एक ही तरह से सोचते हैं : "यह एक फ्रांसीसी फिल्म थी, जिसमें समलैंगिकता को प्राकृतिक, सुन्दर और सही ठहराया गया था। ··· 'मैं भी नॉर्मल हूँ, मैं भी क्यों देखूँ?'" (२०)। 'फरवरी की एक शाम' ९४ (ढ.१०) की नायिका को अपनी सहेली, एक 'नवकुबेर' की पत्नी की वैलेंटाइन्स डे पार्टी में लड़का या लड़की, किसी को भी अपने साथ ले जाने की इजाज़त है, उसे केवल एक बात का ख़याल रहना है : "इन दोनों के बीच की चीज़ मत लाना, स्ट्रेट लोगों की पार्टी है"। ममता कालिया समर्थन न भी करें, हिन्दी के अपरिचित पाठकों को समलैंगिक समुदाय के अस्तित्व की ख़बर करना उनकी प्रौढ़ अवस्था में भी व्यापक दृष्टि का ही एक सूचक है।

व्यभिचार व तलाक

मनुष्य अगर विश्वासघात न भी करे, शारीरिक सौंदर्य और नवीनता उसे आकर्षित करती ही रहेगी। ममता जी कहती हैं, और कुछ नहीं, तो देश के छोटे शहरों में "प्रेम का एक सुविधाजनक रूप ही प्रचलित था, जिसके अन्तर्गत स्त्रियाँ अपने हाईस्कूल पास देवर को आँख-वाँख मार लेतीं और पुरुष अपने दोस्त की बीवी के चेहरे पर हँसी देखने के लिए उसके बच्चे को गुब्बारा दिला देते" (प्यार के बाद १६१,ख.८), कुछ-कुछ 'निवेदन' १४१ (ख.४) की तरह।

कभी-कभी यह आकर्षण यहाँ पर नहीं रुकता। 'नया त्रिकोण' ६२ (च.७) का पति "चपटे बालों का कसा जूड़ा बनानेवाली" अपनी पत्नी के अलावा अन्य किसी औरत के साथ भी रिश्ता जोड़ना चाहता है। 'दुक्खम-सुक्खम' ११०–११५, १५२–१६१, १८०–१८९ दूसरे भाग का एक लम्बा अंश भी इसपर कि पत्नी को छोटे शहर की ससुराल में छोड़ महानगर में आया युवा प्राध्यापक अपनी सुशिक्षित व आज़ादख़याल बंगाली सहकर्मी कुहेली के साथ विश्वासघात करने से स्वयं को अति कठिनता से रोक पाता है। 'पच्चीस साल की लड़की' ३३१ (ङ.५) में "हथिनी आकार" की अधेड़ मिसेज़ शर्मा पति की सामने बैठी पच्चीस साल की अविवाहित स्टैनो या किसी भी ऐसी लड़की से भयाक्रान्त रहती है; लड़की को भी ऐसा लगता है कि "शादी मेरी होनी थी, तनाव मिसेज़ शर्मा झेल रही थीं" (३३४) और कि वे उसे ऐसे देखती हैं, मानों उसका "चेहरा एक किताब हो, जिसमें उन्हें उनके पति का हिसाब-किताब मिलने की आशंका हो" (३३३)।

'जाँच अभी जारी है' २७ (च.३) के "आतुर, कातर, शातिर" विवाहित बैंक कर्मचारी सब के सब नई अविवाहित सहकर्मी लड़की का मंगलवार शाम का प्रोग्राम जानना चाहते हैं। लेकिन विवाहेतर संबन्ध स्थापित करने की इच्छा सिर्फ पुरुषों को नहीं है शायद। 'एक रिश्ता तो था' १८ (ठ.२) के "दफ्तर में विवाहित स्त्रियाँ अविवाहित पुरुष कर्मचारियों के साथ नज़दीकियाँ बढ़ाने को बेचैन दिखाई देती हैं", हालाँकि यह भी सच है कि "विवाहित पुरुष कर्मचारी अविवाहित महिला कर्मचारियों को घेरना चाहते हैं", इसलिए नायिका को कत्थई दाँतों वाले हिन्दी अधिकारी से बचना पड़ता है। 'सीट नम्बर छह' (ख.१) और पति-पत्नी के दूरस्थ दाम्पत्य को दर्शाती 'दूसरी आज़ादी' (ठ.६) जैसी कहानियों में भी औरत ही पराए फेरीवाले के साथ संपर्क घनिष्ठ बनाने की कोशिश में है।

'लगभग प्रेमिका' (ख.३) में शादी के बाद पति नौकरी की तलाश में दूसरे शहर चला जाता है, पत्नी को मुंबई के एक महिला हॉस्टल में तसल्ली कर लेनी पड़ती है। अकेलेपन में वह एक "सीधा-सादा, संक्षिप्त, सुरक्षित-से प्रेम प्रसंग" (१३२) के ख्वाब बुनती जाती है, पर जब पति के मित्र, अपने "देवर" के साथ कुछ घनिष्ठ होने लगती है, एक तो उसे प्रभावित होते देख डर जाती है, दूसरे चिट्ठी में पति का बुलावा आने से प्रसन्न, तुरन्त जाने की तैयारी में जुट जाती है। बेटे के छात्रावास में चले जाने के पश्चात् 'मन्दिरा' (घ.८) रसरहित पति के साथ अपना जीवन ख़ाली-ख़ाली-सा पाती है। इसलिए वह उसे किसी तीसरे से भरने की सोच में फँस जाती है। सोचती है, एक सहकर्मी, सुविमल से कम से कम दोस्ती करके देखना चाहिए। उसे डिनर के लिए

बुलाने पर पति कहता है, वह उनके बेटे जैसा दिखता है। इस अभिज्ञान से चकित मन्दिरा अपनी योजना त्याग देती है।

इन दो मनोविश्लेषणात्मक कहानियों तथा 'दूसरी आज़ादी' (ठ.६) से यह समझना मुश्किल नहीं है कि लेखिका के अनुसार महिलाओं की बेवफ़ाई की चेष्टा के पीछे मुख्य कारण शारीरिक नहीं, किन्तु भावनात्मक ज़रूरतें होती हैं। 'शिष्या' (ठ.९) में भी पति के व्यस्त रहने के कारण ही नायिका पति के दोस्त के साथ विवाहेतर संबन्ध स्थापित कर लेती है। ममता जी स्त्रियों और पुरुषों की फितरत का यह मूलभूत अन्तर 'प्रेम' ८१ (ढ.७) में भी रेखांकित करती हैं। यहाँ कार और लिफ्ट में संभोग करते लोगों को पति का समर्थन है, जबकि प्यार को केवल भावनात्मक स्तर पर, "विदेह" स्वीकृति देनेवाली पत्नी उससे कहती है, पुरुष औरत को कभी समझ नहीं पाएगा; इस बात को पति फिर उसका "स्त्री-कार्ड" बताता है।

'साथ' (क.१०), 'राएवाली' २०६ (ग.२), 'उत्तर अनुराग' (ज.९) और 'रोग' (ज.१३) जैसी कहानियों के सन्दर्भ में पति विलासिता की प्यास से ही वेश्यागामी-परभार्यागामी बन जाया करते हैं और घरवाली उनकी अनैतिकता की पीड़िता। 'लड़कियाँ' ८१ का बॉस हामिद "छह दिन प्लेबॉय रहकर" सातवें दिन ही "एक ज़िम्मेदार गृहस्थ बन जाता, अपनी बीवी को डेंटिस्ट के पास ले जाता, अपनी बच्ची का होमवर्क देखता"। 'एक जीनियस की प्रेमकथा' (घ.४) का नायक पत्नी के प्रतिपल "उपलब्ध होने" (२६५) और उसका "खिलौना होती जाने" (२६८) के बावजूद "सुखी विधवाओं और दुखी सधवाओं से भरे" (२६८) लखनऊ में नए-नए प्रेम-प्रसंगों का शिकार करता है, क्योंकि पत्नी में उसकी दिलचस्पी ख़त्म हो चुकी है। पुरुष के हाथ में लड़की के खिलौना होने की उपमा 'बड़े दिन की पूर्व साँझ' २९ (क.१) में भी मौजूद है।

'अनुभव' (च.९) के पति-पत्नी दोनों एक-दूसरे के प्रति बेवफ़ा हैं, दोनों एक-दूसरे के घर से बाहर रहते समय अपने प्रेमी को पास बुला लेते हैं। बेवफ़ाई का पता चलने पर फिर भी औरत पति के हाथों पिट जाती है, जबकि पति से कोई सवाल भी नहीं कर सकता। पति अपनी ख़ता एक बार भी नहीं सोचता, विश्वासघात के इलाके में मौजूद पितृसत्तात्मक पक्ष को झलका देता है। 'सपनों की होम डिलिवरी' ६६ के "प्रभाकर के ज़ेहन में स्त्री की छवि एक समर्पित, सहनशील अनुगामिनी की थी"। "आय एम सरप्लस फॉर माय वाइफ" की डींग हाँकते इस बेवफा पुरुष को पत्नी का उससे संबन्ध-विच्छेद नागवार गुज़रता है। ऐसे में 'काली साड़ी' २३७ (घ.१) में किसी मिसेज़ गुप्ता के पति, नगर-विख्यात है, क्योंकि वे मिसेज़ कश्यप के "दत्तक पति बने हुए हैं", और इस कारण बेचारी पत्नी समस्त शृंगार के बावजूद कभी सिर उठाकर बात नहीं कर सकती।

ममता कालिया यह कहती हैं कि रिश्तों में कसैलापन प्रायः बच्चे के जन्म से पहले महसूस होता है, इसलिए अच्छा होता, अगर संबन्ध-विच्छेद की "शल्य-क्रिया" का प्रयोग भी उससे पहले किया जाता।[२८] हालाँकि उन्होंने बिगड़ते दाम्पत्य की मुश्किलें, तनाव भरे बहुत-से ऐसे रिश्ते पाठकों के सामने पेश किए हैं, जिनमें "ताज्जुब की बात यह थी कि सुख-सुविधा का हर सामान पास होते हुए भी वे [पति-पत्नी] दोनों एक उदास जीवन जी रहे थे" (उत्तर अनुराग २८१, ज.९), कुछ परिस्थितियों में तलाक के औचित्य को ख़ारिज न करते हुए उनके ध्यान का केन्द्र भूल-सुधार पर रहा है, न कि रिश्ते-नाते तोड़ने पर। यह पहचानना रुचिकर है कि उन्होंने तलाक के बारे में लगभग लिखा ही नहीं; इसी से वे जतलाती हैं कि क़ानूनी सुविधा के बावजूद समकालीन हिन्दुस्तानी महिला की समस्याओं का समाधान अभी तलाक में नहीं देखा जा रहा।

हालाँकि 'साथ' (क.१०) में तलाक शब्द का ज़िक्र तो हुआ है, नायक, जो प्रेमिका के साथ पहले से विवाहेतर संबन्ध में रहा है, इसके बारे में केवल सोचता है, त्यागी हुई बीवी को हर्ज़ाना न दे पाने की स्थिति में वह ऐसा कर नहीं सकता। 'अपत्नी' (क.५) में थोड़ी सूचना मिलती है कि नायक-नायिका का मित्र पत्नी को छोड़कर ही अपनी प्रेमिका के साथ रह रहा है, किन्तु न छोड़ी हुई पत्नी तलाक देने के लिए तैयार है, न कहानी में तलाक का कोई विश्लेषण है। 'गुस्सा' (ख.६) में पति संन्यास लेकर घर को और उसमें अपनी बदमिज़ाज पत्नी को हमेशा के लिए पीछे छोड़ तो जाता है, फिर भी उनका अलगाव रचना का विषय नहीं बनता।

'एक पत्नी के नोट्स' के अन्त में पाठक को प्रत्याशा रहती है कि नायिका अब और अपमान नहीं झेलेगी, तलाक का निर्णय लेगी। परन्तु किसी कारणवश प्रकाशित संस्करण में लेखिका ने अपना इरादा बदल लिया (द्र० पाँचवाँ अध्याय), यानी तलाक के मसले पर चर्चा करने से बाज़ आ गई। हाल ही का 'सपनों की होम डिलिवरी' लेखिका की अकेली रचना है, जिसकी नायिका दुराचारी, ज़बर शौहर को तलाक दे चुकी है और समय बीतने के बाद दूसरी शादी कर लेती है। इस लघु-उपन्यास के ब्लॉग-संस्करण के कथानक को एक अतिरिक्त अंश जोड़कर समाप्त करने से उपन्यास का सन्देश 'एक पत्नी के नोट्स' की तरह यहाँ भी थोड़ा बदल दिया गया है, पुस्तक में दोबारा तलाक नहीं होता।

अविवाहित जीवन

ममता कालिया अविवाहित पुरुषों के बारे में तो नहीं लिखतीं, लेकिन अविवाहित औरतें अक्सर उनकी रचनाओं का पात्र बनती हैं। इनमें एक साम्य है, लगभग सब

बुद्धिजीवी हैं, जो कॉलेज में पढ़ाती हैं अथवा बतौर संपादक या मॉडल, मीडिया में काम करती हैं, लेकिन अपनी समस्त आधुनिक वेशभूषा और सोच के बावजूद फिर भी निस्तेज रहती हैं। ममता जी इनके शादी न करने के निर्णय को, ज़िम्मेदारी न उठाने तथा स्वभावगत कारणों से जोड़ती हैं, हालाँकि विवाहित भारतीय नारी के लोकमान्य बंधनों से मुक्ति पाने की कामना भी इसका एक अहम आयाम लगता है। केवल 'जी' (ढ.१) की अधेड़ अध्यापिका सहेलियाँ पूरी खुश नज़र आती हैं, अपनी कनॉट प्लेस की खरीदारी में मगन। 'बीमारी' (क.४), 'सेमिनार' (च.१), 'अकेलियाँ-दुकेलियाँ' (ट.११) एवं 'इलाज' (ठ.५) की नायिका वैसे संतुष्ट कही जा सकती है, लेकिन सौभाग्यशाली नहीं। शेष सारी कहानियों में ये चिर-कुमारियाँ किसी न किसी उलझन से ग्रस्त पाई जाती हैं। उनके अकेलेपन की उकेरी तस्वीर का एक अंग होता है कि जिन स्त्रियों की शादी हो जाती है, वे अधिकतर अपनी अविवाहित सहेलियों से कट जाती हैं, यह अलगाव इन्हें बहुत खलता है।

'कौए और कोलकाता' $_{२३}$ (ट.२) की बड़ी बहन अपने अविवाहित जीवन से ख़ुश नज़र आती है, छोटी बहन से कहती भी है, "क्यों? क्यों सोचूँ? देह से अलग स्त्री कुछ नहीं है। तू ज़्यादा वैदेही बनेगी, तो मेरे पास भी कोई नहीं फटकेगा"। छोटी बहन ने खुद शादी नहीं की, पर उसे चिन्ता है कि वह "ऐसे बसस्टॉप पर खड़ी है, जहाँ अब बसें नहीं आतीं" $_{(२१)}$, इसलिए वह स्वयं को दीदी से बड़ी मानती है। लेखिका महिला-समाज में उपस्थित दोनों प्रकार की विचारधारा को सामने रखती है : बड़ी के अनुसार छोटी बहन लड़की होने के बारे में केवल शादी के चौखटे में सोच सकती है, जबकि छोटी का कहना है, मुड़ने-तुड़नेवाली तस्वीर को चौखटा ही सम्हाल सकता है।

तस्वीर की ऐसी उपमा उस 'एक अकेली तस्वीर' $_{१९}$ (ड.२) में भी है, जिसे ममता कालिया ने 'ख़ुशक़िस्मत' संग्रह में पहली बार प्रकाशित करवाने पर प्राक्कथन में प्रारंभिक बताया। इसकी नायिका यूँ तो चिर-कुमारी नहीं है, लेकिन वह पिता से एक रिश्ते से मना करने के लिए कह चुकी है, इस डर के मारे कि "पराई इच्छाओं के कठघरे में वह बंद होना" नहीं चाहती $_{(१६)}$। पति और बच्चों की सेवा करती पड़ोसिन का जीवन उसे पराधीन लगता है। लेकिन जब यही पड़ोसिन अपने आपको सुखी और पति के साथ वाली तस्वीर को बालों का रंग फीका पड़ने का दूसरा नाम बताती है, तब नायिका चिन्ताग्रस्त हो उठती है। उसके पास ज़िन्दगी की कोई तस्वीर ही नहीं है ! यह चिन्ता उसके हृदयपरिवर्तन की ओर इंगित करती है।

एक वर्ग है अपनी ज़िन्दगी से ऊबी हुई अथवा निराश चिर कुमारियों का। 'ज़िंदगी-सात घंटे बाद की' (क.८) में आकाशवाणी की नौकरी में सफल नायिका

अपने जीवन से गंभीर रूप से नाउम्मीद है। कहानी से यह स्पष्ट नहीं कि उसने शादी से दूर रहना क्यों पसंद किया, जब उसे गैस की भरभराहट में दौड़ते-भागते बच्चों की चाभी वाली मोटर याद आ जाती है और जब रातों को 'लेडी चैटरलीज़ लवर' पढ़ती जाती है। किन्तु शादीशुदा मित्रों के साथ मित्रता दीवाली की ग्रीटिंग-कार्ड तक सिमटती रही और अब उसे लगता है, "वह एक परछाईं है, जो किसी की भी हो सकती है" और शाम "पाँच के बाद वह ज़िन्दगी जीती नहीं, बिताती है" (६४), "समय बीतता नहीं, बिताना पड़ता है" (६२)। 'प्रतिप्रश्न' (ज.६) की महिला पत्रकार इसकी बहन ही लगती है, जिसने "असमर्थ आशिक" तो ठुकरा दिए (२६९), पर वह खुद नहीं पता कर पाई, उसके लिए समर्थ कौन था। अब जब कार्यक्रम में दरी सरका देनेवाले छात्रों ने उसे 'आंटी' कहा है, अभी उसके "अन्दर दरी के साथ-साथ बहुत कुछ सरक गया" (२६८), अफ़सोस यहाँ से वापसी नहीं है।

'सूनी' (ञ.४) की पैंतीस साल की सुनन्दा के जीवन की खलनायिका उसकी माँ रही है, जिन्होंने "अपनी सुरक्षा की फ़िक्र में" (३५) उसके आस-पास स्नेह और सम्पर्क की सभी डोरें काट डालीं। "यही समझ में नहीं आता था कि माँ वर सूनी के लिए खोज रही है या अपने लिए" (३०)। उनके सिधार जाने के बाद अब सुनन्दा माँ को याद नहीं करती (३५), लेकिन अन्तर्मन के इस प्रतिशोध से उसका जीना कम रिक्त नहीं हो सकता। वह सोचती है, ज़रूरी नहीं कि "मनुष्य सिर्फ़ अपने बच्चे को पालकर बड़ा करे", इसी तर्ज़ पर कुछ-कुछ महादेवी वर्मा की तरह, वह एक गिलहरी को पाल लेती है, जो एक शाम बिस्तर में उसकी बगल में दबकर मर जाती है : तब "उसे लगा, उससे शिशु-हत्या हो गई है" (३५–३६)। सूनी की तरह एक उदास पात्र है 'मुहब्बत का मौसम' ४० (ढ.३) की नायिका, जिसकी शादी न हो पाने का कारण छोटी बहनों और भाई की परवरिश की ज़िम्मेदारी थी।

चिर-कुमारियों का दूसरा वर्ग वह है, जो अपनी निष्ठुरता के लिए पहचाना जाता है। 'चिर कुमारी' (ज.२) की आरामपसंद नायिका अपना जीवन 'प्रतिवाद न करती' बिल्लियों के साथ बाँट लेती है, वह ऐसे पुरुष को अपना नहीं सकती, जिसका दृष्टिकोण कहीं उससे मेल न खाए, तब भी नहीं, जब उसे अधूरेपन की अनुभूति होती ही है। 'सीट नम्बर छह' (ख.१) में ममता जी ने ऐसी महिला का व्यंग्यचित्र बनाया है, जिसमें कॉलेज की ग्यारह सौ लड़कियों के 'मिस' कहने को जीवन का लक्ष्य मानती, विवाहित औरतों का तिरस्कार पाने से पहले उनकी उपेक्षा कर देनेवाली प्रबला और खडूस नायिका का अतिरिक्त आत्मविश्वास, आत्ममुग्धता और पुरुषों पर निर्भर न रहने, उनकी ज़रूरत महसूस ही न करने की आत्मवंचना बिम्बित होती है। 'संस्कृति'

(ढ.६) के संस्कृति भवन की कैरियर-उन्मुख निर्देशिका पर भी यह लागू होता है। भाई के गुज़र जाने के पश्चात् 'एक अकेला दुःख' (छ.१२) की नायिका के भाभी पर झुंझलाते रहने की आत्मलीनता में भी अन्ततोगत्वा किसी का साथ न मिलने का दुःख ही नज़र आता है।

विवाह को ख़ारिज करने के अलावा जीवनसाथी को खो बैठने की परिस्थिति भी एकाकी जीवन का एक रूप है। 'राजू' (ङ.६) और 'चोट्टिन' (च.१३) की अकेली गरीब माँओं की चर्चा हो चुकी है; हालाँकि दोनों कहानियों के केन्द्र में इन महिलाओं का भावना-लोक नहीं है। 'तासीर' (छ.८) एक वृद्ध विधुर के अकेलेपन की दास्ताँ है, जिससे पति-पत्नी के परस्पर रागात्मक रिश्ते का परिचय होता है।

अन्य सन्दर्भ

१ 'साक्षात्कार' ६९। इन दिनों प्रकाश झा निर्मित फिल्म 'लिपस्टिक अंडर माय बुर्का' को केन्द्रीय फिल्म प्रमाणन बोर्ड का सर्टिफिकेट नहीं मिला : इस फिल्म में दिखाया गया कि सामान्य भारतीय औरतओं में भी पुरुषों की तरह शारीरिक सुख पाने की इच्छा रहती है ("लिपस्टिक अंडर माय बुर्का' से क्या मुश्किल', बीबीसी हिन्दी, २२ मार्च २०१७)।

२ 'Sunset Years, Sunshine Life. Old Age' (१५ जुलाई २०१२), स्टार नेटवर्क तथा दूरदर्शन पर।

३ 'साक्षात्कार' ५१।

४ 'पढ़ते, लिखते, रचते' ८८।

५ 'पढ़ते, लिखते, रचते' १९, तथा 'पचीस साल की लड़की' संकलन की भूमिका।

६ यह बात कँगना राणावत, दीपिका पादुकोण एवं परिणीति चोपड़ा अभिनेत्रियों ने भी मानी थी, द्र० आमिर खान द्वारा संचालित 'सत्यमेव जयते' कार्यक्रम, 'When Masculinity Harms Men. Masculinity in Society' (९ नवम्बर २०१४), स्टार नेटवर्क तथा दूरदर्शन पर। ऑस्ट्रेलिया में एक भारतीय व्यक्ति ने किसी महिला से साथ बदसलूकी की, किन्तु अदालत ने हिन्दी फिल्मों से महिलाओं के साथ गलत आचरण की सीख मिलने का तर्क देकर उसे बाइज़्ज़त छोड़ दिया (हिन्दुस्तान टाइम्स ऑनलाइन, २९ जनवरी २०१५)।

७ 'पढ़ते, लिखते, रचते' ९१–९६।

८ 'भविष्य का स्त्री-विमर्श' ७३–७५।

९ 'साक्षात्कार' १०।

१० 'साक्षात्कार' ८६।

११ 'पढ़ते, लिखते, रचते' १९, तथा 'पचीस साल की लड़की' संकलन की भूमिका।

१२ 'पढ़ते, लिखते, रचते' ९४।

१३ 'कल-परसों के बरसों' ८८।

१४ SYMT (सनम मारवी) : 'कोई लबदा', 'कोक स्टूडियो पाकिस्तान' कार्यक्रम की ८ जुलाई २०१२ कड़ी में शामिल।

१५ 'कल-परसों के बरसों' ४९।

१६ द्र० 'भविष्य का स्त्री विमर्श' ६६।

१७ 'भविष्य का स्त्री विमर्श' ५६–५८।

१८ 'साक्षात्कार' ३६, ८६–८७।

१९ 'साक्षात्कार' ५५।

२० टोली १ > २२ कहानियाँ – प्रेम-संबन्ध, दाम्पत्य १३, प्रेम-संबन्ध की समस्याएँ, समझौता ११, दाम्पत्य में तनाव ८, मुक्त प्रेम-संबन्ध, विश्वासघात १, आधुनिका ६, कामकाजी स्त्री ४, निष्ठुर महिला, पत्नी १० ; टोली २ > २० कहानियाँ – १९, १४, ८, ४, ८, ५, ३ ; टोली ३ > १६ कहानियाँ – १४, १२, ११, ३, ४, ७, १। द्र० 'तालिका १'।

२१ 'क्लीवेज विवाद ने सबको दिखाया आईना' (बीबीसी हिन्दी ऑनलाइन, २३ सितम्बर २०१४)।

२२ वीआईपी अधोवस्त्र के निर्माता, वीआईपी क्लोथिंग प्रा० लि० (मुंबई) की उत्पाद विकास एवं अनुसंधान प्रभारी, मित्र क्रिस्तिना दाविद का कहना है कि उनकी व्यापार योजना बनाने में वस्तुतः ऐसी समस्याएँ ध्यान में रखनी पड़ती हैं। यही कारण है कि भारत में १९७१ में ब्रांडेड अन्तर्वस्त्रों का विक्रय महिलाओं से पहले पुरुषों के लिए आरंभ हुआ था।

२३ 'कल-परसों के बरसों' ३१।

२४ 'खाड़ी देश एनआरआई के लिए जानलेवा' (बीबीसी हिन्दी ऑनलाइन, २० अगस्त २०१५)।

२५ 'भविष्य का स्त्री-विमर्श' ८९–९२।

२६ 'साक्षात्कार' ५४।

२७ 'पढ़ते, लिखते, रचते' ९५।

२८ 'साक्षात्कार' २१।

शिल्प एवं रचनात्मक विकास

भाषा – संरचना और चरित्र-चित्रण – रचना-प्रक्रिया में
कल्पना और यथार्थ – लेखन के भाव

क. भाषा

हमारे अपने युग तक गत डेढ़ शताब्दी के दौरान तथा संपर्क-क्रान्ति में संचार माध्यमों और मीडिया के विकास की बदौलत खड़ी बोली के आधार पर हिन्दी का एक ऐसा मानक रूप हमारे सामने है, जिसने उत्तर भारत की कई भाषाओं को 'बोली' मात्र रह जाने के कगार पर धकेल दिया। जब भारत का उत्तर-औपनिवेशिक ग्रंथियों में उलझा समाज अपने अतीत को, अपनी पहचान को खोज रहा है, इस बीच अपनी-अपनी भाषाएँ भी आड़े हाथों लेता है, और जब भूमंडलीकरण पर फलती-फूलती अंग्रेज़ी की चपेट में मानक हिन्दी तक में होनेवाले ज्ञानानुशासन के स्वभाव पर प्रश्नचिह्न लग जाता है, तो ब्रज, अवधी और मैथिली जैसी, कभी साहित्यिक महत्त्व रखती भाषाओं का भविष्य संदिग्ध लगता है। ममता कालिया ही बताती हैं कि साठ के दशक के इन्दौर में 'हिन्दी होना' एक प्रचलित मुहाविरा था, जब 'किसी की बड़ी हिन्दी हो जाती', उससे यह अर्थ समझना था कि उसकी बेइज़्ज़ती या भद्द हुई है।[१] यह हिन्दी की वर्तमान स्थिति को दर्शाता एक बेजोड़ नमूना है।

प्रगतिशील लेखन-परंपरा में, जिससे हिन्दी साहित्य के मजबूत ताल्लुकात हैं, साहित्य सोद्देश्य होता है, समाज की भलाई के लिए ही होता है। ममता कालिया का समस्त साहित्य भी समाजपरक है। इसलिए आज की तारीख में हिन्दी साहित्य को यह दायित्व स्वीकार्य है और स्वीकारना पड़ भी रहा है कि भारत देश की विभिन्न सामाजिक विचारधाराओं में, अनेकानेक प्रकार के पाठकों के बीच अपना रास्ता खोजते हुए अपने ज़माने की यादगार, विचारोद्दीपक और विचारणीय कथाएँ यथाधिक नागरिकों तक पहुँचा दे। सिकुड़े हुए अनुभव-क्षेत्र की अन्य भाषाओं के विपरीत

हिन्दी के बहुआयामी स्वभाव के कारण इस ज़ुबान की हर नई रचना के साथ भाषा-स्तर, लहजा और शब्दावली काफ़ी हद तक बदल जाती है। यह रचना-विशेष किन पाठकों को संबोधित करती है? इसका विषय क्या है? विषय के साथ भी न्याय करते हुए उसे पाठक के साथ जोड़ने के लिए कैसी भाषा-शैली अपनानी चाहिए, कौन-सी उचित रहेगी? हिन्दी के रचनाकार को कलम चलाने से पहले इन असामान्य रूप से अहम सवालों का कोई न कोई जवाब खोजना पड़ता है। लेखक का दिया जवाब कैसा होगा, इससे अध्येता को उसके लेखन की दशा और दिशा के बारे में बहुत कुछ पता चलता है।

अब यह समझना आसान होगा कि हिन्दी की ही लेखिका की भाषा पर गौर करना दूसरे शब्दों में उसके समूचे लेखन की सामाजिकत्ता को समाज-भाषावैज्ञानिक ही नहीं, बल्कि समाज-मनोवैज्ञानिक दृष्टिकोण से संज्ञान में लेने का एक प्रयत्न है। समाज के बारे में लेखिका का वक्तव्य और पक्ष क्या है, यह परोक्ष रूप से उनकी भाषा-शैली, शब्दों के पीछे छिपी हुई मेटा-भाषा बख़ूबी जताती है।

ऊपर हमने कहा है कि मानक हिन्दी स्थापित हो चुकी है, हिन्दी के अलग-अलग पहुँच के अख़बारों से पाठक उसका वस्तुनिष्ठ, औसत रूप जान सकता है। साहित्य में यह नीरस ढाँचा सरस और रंगीन हो जाता है, कुछ इस तरह, जैसे रंगों की गहराई, चटक और चमक बदलने के बाद एक फीकी पड़ी तस्वीर की काया पलट जाती है या जैसे सुस्वादु व्यंजन में मसाले मनचाही मात्रा में डलते हैं। हिन्दी के रंग मुख्यतः तद्भव, देशज, तत्सम, अरबी-फारसी और अंग्रेज़ी के विलक्षण प्रयोग और अनुपात से बदलते हैं। ममता कालिया की भाषा जानने के लिए भी उनके शब्द-संसार से रू-ब-रू होना नितान्त ज़रूरी है।

ममता जी की कृतियाँ पढ़ते समय मेरा सर्वप्रथम प्रयत्न रहा कि हर ऐसे एकल शब्द, शब्द-समूह अथवा आवश्यकतानुसार पूरे पदबंध को टीप लूँ, जिसके बारे में मुझे लगा कि जहाँ और जिस सन्दर्भ में वह आता है, वहाँ उसका इस्तेमाल किसी अन्य – औसत, प्रचलित या स्वाभाविक – प्रयोग की जगह जान-बूझकर किया गया है। अलबत्ता जहाँ तक मैं लेखिका की भाषा जान पाया, बड़ी मात्रा में पाए जानेवाले अंग्रेज़ी के शब्द न केवल सायास, बल्कि आदतन या ध्यान न देने से भी इस्तेमाल हुए हैं।

'परिशिष्ट ४' में एक-एक रचना-शीर्षक के बाद उस रचना में पाए जानेवाले विलक्षण शब्द दर्शाये गए हैं। पृष्ठ-संख्या मैंने यहाँ भी उसी तरह दी है, जैसा वहाँ 'प्रस्तावना' के अन्त में स्पष्ट किया था। अगर किसी रचना में कोई शब्द एक से

अधिक बार पाया जाता है, तो सामान्य तौर पर वह एक बार ही दर्ज़ किया गया है, यद्यपि आवश्यकता पर पहली पृष्ठ-संख्या के बाद और नमूनों को स्थान दिया गया है। अगर अंग्रेज़ी का कोई शब्द एकवचन और बहुवचन में भी आता है, उसे एक ही बार प्रदर्शित किया, पर कभी-कभी विकल्प-चिह्न (/) के ज़रिये दोनों रूपों में। कुछ मिलते-जुलते शब्दों को भी एक बार की प्रविष्टि मिली, चाहे उनका स्थान अलग हो (उ० ब्यौपार/ब्यौपारी, एयरकंडीशनिंग/-ण्ड)। सन्दर्भ व शब्दार्थ स्पष्ट करने के लिए पाठ के पूर्ववर्ती या उत्तरगामी शब्द सामान्य कोष्ठक में – ( ), जबकि अपने स्पष्टीकरण चौकोर कोष्ठक में दिये गए हैं – [ ]।

मेरा नज़रिया यह है कि साहित्यिक हिन्दी में अंग्रेज़ी का अनुपात कम से कम होना चाहिए, लिहाज़ा इन शब्दों को इस सूची में जोड़ने पर विशिष्ट ध्यान दिया। इसके बावजूद काफ़ी सारे शब्द हिन्दी में इस क़दर पैठ चुके हैं कि उनको साहित्य में भी विलक्षण नहीं कहा जा सकता है, अर्थात् ऐसे शब्दों ने इस सूची में स्थान नहीं पाया है, उदाहरण के लिए: 'कॉलेज', 'ट्रेन', 'नोट', 'पुलिस', 'बस', 'मिनट', 'रेल', 'साइकिल', 'स्कूल', 'स्टेशन' आदि। लेकिन जब इनसे बना कोई शब्द-समास नज़र आया, तो उसे ले लिया। 'ऑपरेशन', 'प्लेट', 'फ़ीस', 'ब्रश', 'लिपस्टिक', 'स्वेटर', 'हॉल' आदि कुछ शब्दों की स्थिति संदिग्ध है, इन्हें देखते हुए सवाल उठता है, क्या इनके लिए वाक़ई हिन्दी में और कोई सहज पर्याय नहीं है? जहाँ-जहाँ ऐसा संदेह महसूस किया, उन नमूनों को फेहरिस्त में शामिल कर लिया।

चूँकि यहाँ शब्द, शब्द-समूह और पदबंध भी दर्ज़ हुए हैं, यह रेखांकित करना ज़रूरी है कि सामग्री के विश्लेषण के दौरान 'इकाइयों' की गिनती की गई है। इसका कारण है कि शैली की बात करें, तो लिखने के दौरान एक ही पल में रचनाकार के ज़ेहन में आनेवाले एक ही प्रकार के प्रयोगों पर ध्यान देना अधिक सुविधाजनक है, चाहे प्रयोग एक ही शब्द हो या पूरा पदबंध। 'सफलता के कीर्तिमान' की तत्सम संज्ञाएँ अलग-अलग हों, तो सामान्य प्रतीत हो सकते हैं, परन्तु मिलकर इनका भाव संस्कृतनिष्ठ है। 'नवमातृत्व की आभा' में पहली संज्ञा अपने आप में संस्कृतनिष्ठ है, दूसरी सामान्य और विलक्षण की सीमा पर है, इसलिए दोनों मिलकर एक ही इकाई हैं। अंग्रेज़ी के शब्द-समूहों एवं शब्द-समासों को एकसाथ या अलग करके दिखाने का तर्क हर बार कुछ और हो सकता है। 'लेटेस्ट' 'पुशबैक स्प्रिंग' अलग इसलिए, क्योंकि 'लेटेस्ट' आसानी से 'सबसे नया' या 'नवीनतम' भी हो सकता था (ममता जी तत्सम और अंग्रेज़ी शब्द अक्सर जोड़ती हैं), जबकि 'पुशबैक स्प्रिंग' का तात्पर्य मिलकर एक निश्चित वस्तु से है, जिसे सहज भाव से जताने के लिए हिन्दी में

फ़िलहाल कोई और तरीका नहीं है। 'ट्रिपल डैकर स्टैंड' एक ही इकाई माना गया, क्योंकि सहजता को कायम रखने के लिए तीनों शब्द ज़रूरी हैं।

हालाँकि मैंने अपने विश्लेषण में एकत्रित सामग्री (कॉर्पस) को सांख्यिकी (स्टेटिस्टिक्स) की प्रविधि से प्रस्तुत किया, हासिल किए आँकड़े शत-प्रतिशत सटीक या निश्चित नहीं हो सकते।[२] इसका एक बड़ा कारण यह है कि सूची में शब्दों को समाविष्ट करना, न करना अथवा किस प्रकार से करना है, इसपर निर्णय लेने का स्वरूप अंततोगत्वा यादृच्छिक है, दूसरे समग्रता बरतने के हर प्रयास पर भी संभव है कि सूची से कुछ छूट गया हो। गलती की इस गुंजाइश के साथ-साथ मुझे पूरा विश्वास है कि यह तरीका हमें ममता कालिया के लेखन को एक पूर्णतः नवीन दृष्टिकोण से देखने देगा।

ममता जी की व्यंजना कैसी है, अगर एक ही लफ़्ज़ से कहना चाहें, तो यह आजकल प्रचलित विशेषण होगा : 'पैनी', या फिर 'ज़ोरदार-ज़बरदस्त'। उनका लजीला स्वर क्यों न कहे, "मैं भाषा पर कोई विशेष मेहनत नहीं करती, और न ही सोच-विचार करती हूँ", इस पैनी भाषा के कई कारण हैं।[३] एक तो उनका "शब्दों को ज्यों का त्यों जड़ देने का स्वभाव" बचपन में माँ के साथ लड़ने से विकसित हुआ था; पति इसकी इस प्रकार पुष्टि करते हैं : "उसमें एक वाक्य से तन-बदन में आग लगाने की क्षमता है"।[४] 'लड़कियाँ' १०१ की नायिका के सोच-विचार में भी शायद ममता जी का रुख देखना चाहिए : "यह शायद पढ़ाई, लिखाई, अनुभव और अकेलेपन का निष्कर्ष था कि मैं यही मानती आई थी कि ज़ुबान से बढ़कर बड़ा कोई हथियार हो ही नहीं सकता, ··· भाषा मेरी तोप है, भाषा मेरा तमंचा। सारी दुनिया का बारूद और तेजाब इस एक अकेली ज़ुबान की नोक पर रख दिया था भगवान् ने"।

पर एक किशोरी के मुँहफट स्वभाव और अपनी वाग्विदग्धता पर हो रहे स्वयंसिद्ध भरोसे से आगे किसी अनुशासन की आवश्यकता फिर भी पड़ जाती है ताकि प्रतिभा सही प्रणाली से प्रकट हो पाए। उन्हें ऐसा अनुशासन कविता से मिला था। 'परिशिष्ट १' के तहत दिए साक्षात्कार में ममता कालिया का कहना था कि "कविता ने मुझे शब्दों की सही पहचान, उनका सटीक अर्थ जानना सिखाया था, इसलिए मुझे ऐसा लगता है कि जब मैं कहानी भी लिखूँ, उसकी पृष्ठभूमि में कविता कहीं अवश्य छिपी रहती है"। यह उनकी भाषा के पैनेपन का सहज बोधन देता है।

दूसरे विनोदी अंदाज़ में यह कह सकते हैं, ममता जी की साफ़गोई का शायद एक सीधा-सादा कारण यह भी है कि उन्हें बात घुमा-फिराकर करनी ही नहीं आती।

"मेरे साथ मुश्किल यही है कि ज़िंदगी में दो-चार बार पाक इरादे से झूठ बोला भी है, तो फ़ौरन पकड़ी गई हूँ", वे बताती हैं।[५] मुख्य रूप से वे उससे बहुत अलग भाषा में रचनाएँ नहीं लिखतीं, जैसी भाषा एक मध्यवर्गीय बुद्धिजीवी परिवेश में इन दशकों में उनके चारों तरफ़ बोली जाती रही है। अंग्रेज़ी निश्चित ही बहुत हद इसका अंग बन चुकी है, लेकिन वे अपने कथन कई और स्रोतों से भी लेती रहती हैं।

लेखिका बताती हैं, "न जाने कितनी भाषाओं की रगड़ लगकर मेरी शब्दावली बनी, उच्चारण-बोध विकसित हुआ और जिज्ञासाओं के द्वार खुले"।[६] अंग्रेज़ी के साथ फ्रांसीसी भी सीखने, बचपन से मथुरा, दिल्ली, नागपुर, मुंबई, पूना, इन्दौर, इलाहबाद और कोलकाता जैसे अलग-अलग शहरों में रहने का और पंजाब की ससुराल का प्रभाव उनकी रचना-भाषा पर ज़रूर पड़ा, क्योंकि जहाँ प्रासंगिक लगे, वहाँ वे कहानी या उपन्यास में कोई स्थानीय रस टपकाकर ही मानती हैं, चाहे वह हिन्दी की कोई बोली हो या मराठी का छौंका, थोड़ी-सी बांग्ला अथवा पंजाबी का तड़का। पर देश के भद्रलोक की भाँति इस सबके ऊपर अंग्रेज़ी ज़ुबान विराजमान् है, कुछ लोग कहेंगे, धूप में छाँव की तरह, तो कुछ कि सब पर उसका साया पड़ता है।

भारत में अंग्रेज़ी का चलन नया नहीं है। ममता कालिया ने उस दौर में साहित्य लिखना शुरू किया था, जब अंग्रेज़ों की जगह अंग्रेज़ीदाँ उच्च (एवं शिक्षित) वर्ग ले चुका था, और उन तक पहुँचने के लिए समाज के बाकी तबकों में अंग्रेज़ी को जैसे-तैसे अपनाने की धूम मची। जब साठ के दशक में ममता कालिया हिन्दू कॉलेज की छात्रा थीं, तब तक इन नए आगंतुकों से वहाँ का 'इंग्लिश ऑनली' वाला माहौल बदलने लगा। वे याद करती हैं : "यूनिवर्सिटी परिसर में भाषागत कई विचित्रताएँ थीं। विद्यार्थियों में एक वर्ग सिर्फ अंग्रेज़ी बोलता था, तो एक वर्ग ऐसा भी था, जो अंग्रेज़ी, पंजाबी और हिन्दी का मलीदा बनाकर बात करता। ··· ये विद्यार्थी अपनी समस्त स्मार्टनेस के बावजूद लिखित उत्तरों में कम नंबर पाते"।[७]

ममता कालिया वाक्य-रचना के लिए हैमिंग्वे को बहुत मानती हैं (द्र० 'दूसरा अध्याय') और अंग्रेज़ी भाषा की सरल-सहज, वेगमान व्यंजना की भी कायल हैं (द्र० 'पहला अध्याय'), कुछ इस तरह कि एक बार उन्होंने कहा था, "वाक्य-विन्यास, शब्दों का कसाव-रचाव आदि की सीख पश्चिमी साहित्य से मिलती है"।[८] एम०ए० में उनके अंग्रेज़ी साहित्य के प्रोफ़ेसर डॉ० राजन उन्हें सिखाया करते थे कि "कुछ भी सोचो, तो साथ में यह तैयार करो कि कितने कम शब्दों में इसे कहना है", शायद वाक़ई यही वजह है कि ममता जी के यहाँ शब्दों की कोई फ़िज़ूलखर्ची नहीं।[९]

उपेन्द्रनाथ अश्क उनके "चुस्त-चुटीले जुमलों" को उनकी कहानियों का प्रमुख गुण बताते हैं, जो उनकी "अपूर्व पठनीयता" का एक अहम घटक हैं, जबकि यशपाल उनकी भाषा को "सरल-ओजस्वी" होने के लिए सराहते हैं।[१०]

'तालिका २' में आप देख सकते हैं कि अपने कथा-साहित्य में ममता जी अंग्रेज़ी से किसी प्रकार का परहेज़ नहीं करतीं। उनके 'विलक्षण शब्द और भाषा-प्रयोगों' में अंग्रेज़ी का अनुपात औसतन लगभग ५५% है। जब 'हिन्दी-निष्ठ' पाठक उनकी रचनाओं से पहला परिचय करता है, तो अपने-अपने आस्वाद के अनुकूल इस विशेषता पर शायद भौं चढ़ाए। मैंने पहले मोहन राकेश पर किए अपने एम०ए० शोधकार्य के दौरान देखा था कि वे ममता कालिया से एक-डेढ़ दशक पहले लिखते हुए अंग्रेज़ी (और तत्सम शब्दों) का आश्रय न करने या न्यूनतम करने पर, तद्भव शब्दावली को प्रधानता दिलाकर भी बेहद पठनीय ढंग से लिखते थे। यह न केवल उनकी कहानियों में, पर कुछ हद तक 'अभिज्ञान-शाकुन्तल' के उनके अनुवाद में भी नज़र आता है। 'पहले अध्याय' में हम जान गए थे कि ममता कालिया की पीढ़ी 'नई कहानी' से कैसे अपनी अलग पहचान बनाने की इच्छुक थी। यह स्वाभाविक है, जवानों की हर दम की ख़ासियत है। इसलिए, यद्यपि सहजता को लेकर परिवेश और सामान्य पाठकों की अपेक्षाएँ पन्द्रह बरसों में शायद उतनी न बदली हों, तब के युवा लेखकों की ज़रूर बदलीं।

जहाँ मोहन राकेश अंग्रेज़ी का इस्तेमाल बोलचाल के मुताबिक मुख्यतः अपने पात्रों के प्रकट कथनों में करते हैं, वहाँ ममता जी हर कहीं। किसी पात्र के अप्रकट सोच-विचार और कथावाचक के स्तर पर भी – हालाँकि ये दो कई बार मिलते हैं (द्र० आगे 'संरचना')। प्रकट कथनों में प्रासंगिकता की सुविधानुसार अंग्रेज़ी के अक्सर पूरे वाक्य पढ़े जाते हैं। सवाल उठता है कि ऐसा न करते हुए सहज रहने के लिए क्या अपना वक्तव्य भी बदलना चाहिए होता? हो सकता है। ममता कालिया समझौता नहीं करतीं, वे तब भी 'रिवॉल्विंग कुर्सी के साथ-साथ टेलीफोन में लेटेस्ट पुशबैक स्प्रिंग' (बेघर ३२) और 'कार की बैकलाइट-सा चमकता (हर रंग)' (समय ४४८, झ.१५) के बारे में लिखेंगी, जब और लेखक ऐसे शब्दों से बचने की खातिर किसी और बनावट के दफ्तर का वर्णन करेंगे, यह सोचकर कि इतना भी क्या अन्तर है?

जैसा ऊपर लिखा, अंग्रेज़ी के कुछ शब्दों को हिन्दी का हिस्सा मानकर संचयित नहीं किया। पर हंगेरियन-भाषी होने के लिए व्यक्तिगत रूप से अचम्भा ज़रूर हुआ, जब कुछ और को विलक्षण समझकर बार-बार शामिल करने से पता चला कि ममता जी के कथा-साहित्य में सर्वव्यापी हैं, बल्कि चार-पाँच दशक पहले हो चुके थे :

'क्लास', 'मूड' (३५ बार), 'प्लेट' (२७), 'टेबल/टेबिल' (२६), 'स्टाफ़(-रूम)' (२३), 'ऑफिस', 'ड्यूटी' (२२), 'पर्स' (२१), 'कार', 'कॉलेज', 'पेपर(-)', 'रिटायर होना /-मेंट/-ड' (२०), 'रजिस्टर', '(हाई/ पब्लिक/ट्रेड) स्कूल' (१८), 'कार्ड', 'टीचर', 'फर्स्ट (क्लास/इयर/डिवीज़न/एड)', 'यूनिवर्सिटी' (१७), 'कॉपी', 'ड्राइवर', 'डिस्टर्ब करना', 'लाइब्रेरी' (१६), 'ड्रेसिंग', 'पैकेट', 'प्लास्टिक', 'बाथरूम', 'सर्विस' (१५), 'काउंटर', 'लेक्चरर(-शिप)', 'हॉल' (१४), 'टाइम', 'मेकअप', 'बोर होना', 'सॉरी', 'स्टेज' (१३), 'फ़ीस', 'बॉक्स', 'मीटिंग', 'रैक' (१२), 'पब्लिक', 'पीरियड', 'फॉर्म', 'बल्ब', 'लकी', 'लॉन', 'शॉपिंग', 'शो', 'सीनियर' (११), 'ट्रैफिक', 'नोटिस', 'शो-रूम/केस/विंडो', 'स्टोर', 'स्मार्ट' (१०), 'शॉप', 'लेक्चर' (९), 'ड्रॉप', 'फेल होना' ··· (८), 'डिग्री', 'टॉयलेट', 'स्टील' ··· (७), 'जनरल', 'डिस्कस करना', 'बिल्डिंग', 'ब्लडप्रेशर', 'स्टॉक' ··· (६), 'कैंसिल करना', 'केमिस्ट', 'ट्यूटोरियल', 'डिलीवरी', 'फोकस', 'वर्क-शॉप' ··· (५), 'टूरिस्ट', 'फ्री' ··· (४), इत्यादि।

फेहरिस्त में शामिल अंग्रेज़ी शब्दों का तक़रीबन एक तिहाई हिस्सा एक से अधिक बार सामने आया। ऐसा नहीं है कि ममता कालिया केवल इन शब्दों का प्रयोग करती हैं, कई बार वे एक अनुच्छेद में अंग्रेज़ी और भारतीय दोनों मूल के पर्याय-वाची शब्द लिखती हैं, जैसे : सूक्ष्म निरीक्षण · इंस्पेक्शन (वे तीन और वह ३४, क.२), प्राचार्या · प्रिंसिपल (फर्क नहीं १२०–१२१, ख.२), उद्घोषणा होना · एनाउंस होना (जितना तुम्हारा हूँ १४५, ख.५), वेटर · बेयरा (आहार ३२६–३२७, ङ.४), कॉक्रोच · तिलचट्टा (मनहूसाबी ३४२, ङ.७), ए०जी० ऑफिस · ए०जी० दफ्तर (बिटिया ३७७–३७८, ङ.१२), रिवर पुलिस · जल पुलिस (मेला १४४, १४६, छ.२), एवार्ड · सम्मान व गिफ्ट कार्ड · चिट (दौड़ ४१ व ६०), क्यू · कतार व नंबर · बारी (दूसरा देवदास ३३१, ज.१६), पेंडेंट · लटकन व हुक · अटकन (बोहनी ४२८–४२९ व ४३२, झ.१२), गेट · फाटक (समय ४४५–४४६, झ.१५), हॉल · सभागार (ज़ोरदार तालियाँ ९१, ठ.१०)। पर ऊपरी सूची की बनिस्बत कक्षा, गाड़ी, मन, दफ्तर, काम, माध्यमिक विद्यालय / स्कूल, अव्वल, थाली वगैरह जैसे सामान्य शब्दों को बहुधा अनदेखा कर देती हैं। लक्ष्य है अपने ज़माने की चुनौती को स्वीकारना। परिणाम है भारतीय भाषाओं में हो रहे रद्दोबदल, हस्तक्षेप व छेड़छाड़ की हैरतंगेज़ रफ़्तार को एक अनायास धक्का और देकर बढ़ाना।

कभी-कभी बोलचाल की हिंगलिश व्याकरण के प्रयोगों पर भी छा जाती है। इन नमूनों पर ख़ास तौर से गौर करना चाहिए : 'क्रैश कर जाना' (छुटकारा ५५, क.६), 'टॉप करना' (प्रेम कहानी ११२) के अतिरिक्त 'क्रैश कर जाना' व 'सफोकेट कर जाना' (नरक दर नरक ११५, १२७), 'वॉकआउट कर जाना' व ' कर जाना' (प्रेम कहानी १४२, १४८ ; लैला-

मजनूँ २८४, घ.७), 'टाँगें, बाँहें क्रॉस करना' (काली साड़ी २३६, घ.१), 'फेल कर जाना' (लड़कियाँ ७५), 'ब्रेक डाउन कर जाना' (एक पत्नी के नोट्स ५४), 'ब्लडप्रेशर सिंक करना' (रोशनी की मार १७२, छ.६), 'संकोच से फ्रीज़ करना' (अर्द्धांगिनी २११, छ.१३) और 'क्रॉस करती हड्डियाँ' (अनावश्यक ११९, ठ.१३)। ये क्रियाएँ 'करना' से बनने के बावजूद अकर्मक पदबंध में इस्तेमाल की गई हैं।

'तालिका २' से यह भी पता चलता है कि अंग्रेज़ी के बहुसंख्यक प्रयोगों के बाद वे मुख्य रूप से संस्कृत (२०% से कुछ अधिक), फिर तद्भव, मिश्रित या देशज (क़रीब १५%), और कुछ उर्दू (१०% से कम) शब्दावली के सहारे अपनी बात कहने में विश्वास रखती हैं। विश्वास इसलिए, क्योंकि अगर उनकी रचनाओं में इन प्रयोगों का समय के साथ उतार-चढ़ाव देखा जाए, तो हम पाएँगे कि चार दशकों के दौरान उनके शब्द-भण्डार के इन स्रोतों का प्रतिनिधित्व चमत्कारिक रूप से स्थिर रहा है।

कहानियों में अंग्रेज़ी इकाई एक छटाँक कम है, संस्कृत तनिक ज़्यादा, जबकि तद्भव और उर्दू उतनी ही है। तालिका में प्रवृत्ति-रेखाओं पर एक नज़र डालें, तो यह देखा जा सकता है कि चार दशकों के दौरान हर प्रकार के विलक्षण प्रयोगों की संख्या बढ़ने के साथ अंग्रेज़ी के प्रयोग वर्तमान तक हलके से सिलटते गए, जबकि उनके मुकाबले संस्कृत, तद्भव और उर्दू के शब्दों के अनुपात में इज़ाफा हुआ। परन्तु अनुपात और शब्द-बाहुल्य को ज़रा किनारे रखें, तो यह तो सुस्पष्ट है कि आधी शताब्दी के लेखन की – एक को छोड़कर – हर रचना में उनकी भाषा-शैली को क्रमशः अंग्रेज़ी, फिर संस्कृत, फिर तद्भव और अन्त में ही उर्दू शब्दावली निर्धारित करती रही।

रचनाओं के मध्यवर्गीय परिदृश्य और इस खोज-परिणाम में झलकता यह अद्भुत सामंजस्य केवल एक रचना 'दुक्खम-सुक्खम' में थोड़ा-सा विचलित हो जाता है। इस उपन्यास के आधे से ज़्यादा भाग में स्वतंत्रता-आन्दोलन के वर्षों की मथुरा का आंचलिक परिवेश दर्शाया गया है, तो शेष दिल्ली, फिर पूना और मुंबई में घटित होता है। पहले भाग में इसलिए अंग्रेज़ी नगण्य होने के साथ तद्भव प्रयोग (और बोली के अलग से) संस्कृत के प्रयोगों को पीछे छोड़ देते हैं। पर पूरे उपन्यास के सन्दर्भ में केवल संस्कृत और तद्भव इकाई का क्रम उलटा हो जाता है।

वैसे 'विलक्षणता' में बढ़ोत्तरी का अर्थ है कि ममता जी की भाषा-शैली आरंभ से लेकर अभी तक सरल से पल्लवित की दिशा में चली (जबकि उनके संरचनागत प्रयोग कम होते गए)। कुछ एक ध्वन्यात्मक शब्दों के अलावा खिलंदड़ा अनुप्रास और शब्द-क्रीडा भी हम यदा-कदा पाते ही हैं। 'लड़कियाँ', 'एक जीनियस की

प्रेमकथा' और 'अर्द्धांगिनी' जैसी रचनाओं में इन अलंकारों का संबन्ध कथा की मूल संवेदना से देखा जा सकता है। हालाँकि ममता जी ध्वन्यात्मक शब्दों को खूब पसंद करनेवाले मोहन राकेश जितना यह अलंकार इस्तेमाल तो नहीं करतीं, हम 'फनफनाना' जैसी, तद्भव शब्दों में वर्गीकृत ध्वन्यात्मक क्रियाएँ बड़ी तादाद में पढ़ेंगे।

ममता कालिया अपनी भाषा के प्रति सतर्क रहती आई हैं। शब्द-क्रीडा से मिलती-जुलती उनके लेखन की एक तकनीक है तीन शब्दों या शब्द समूहों का संयुक्त प्रयोग, जिससे उनकी कोई अज्ञात रचना भी जल्दी पहचान में आ जाती। "शहर शरारती होता जा रहा था, खूबसूरत, शोख़ और शातिर" (अपने शहर की बत्तियाँ ३२१, ङ.३) और "पके बाल, थके पाँव और झुकी कमर" (तासीर १८१, छ.८) की तरह के ये तिहरे प्रयोग क़रीब उनकी हर रचना में मौजूद हैं, पुरानियों में विशेष रूप से। कुछ इनमें आनुप्रासिक हैं, तो कुछ पर्यायवाची भी या दोनों, लेकिन कई बार सिर्फ़ एक ही बात को उसकी तीन अलग विशेषताओं के सहारे व्यक्त करने का इरादा महत्त्वपूर्ण है। 'परिशिष्ट ४' के आखिर में ऐसे प्रयोगों की एक अपूर्ण होकर भी विस्तृत सूची देखी जा सकती है।

उनकी पुरानी रचनाओं की नवीनतम से तुलना कर मुझे ऐसा आभास हुआ कि अब अंग्रेज़ी के शब्द पहले से अधिक बार किसी तत्सम शब्द के करीब दिखते हैं, और यह भी कहीं एक सोचा-समझा उपक्रम है। अंग्रेज़ी और संस्कृत के बराबर चलने से, दोनों की टकराहट से हास्य-रस पैदा होता है। आजकल के बुद्धिजीवियों की हिन्दी में ऐसा अक्सर सुनने को मिलता है कि अंग्रेज़ी का कोई लफ़्ज़ आदतन 'बोल बैठने' के तुरन्त बाद एक ख़ास अनुतान लिए कोई संस्कृतनिष्ठ पर्यायवाची शब्द भी ढूँढ़ लिया जाता है, आँखों में इस शरारती भाव के साथ : 'देखो, बहुत जतन करें, तो हम ऐसे भी बात कर सकते हैं', हालाँकि इसकी अप्रासंगिकता वक्ता और श्रोता दोनों को समझ में आती है।

ममता कालिया का अंग्रेज़ी-तत्सम खेल भी इससे मिलता-जुलता नमूना है, जहाँ वे एक तत्सम शब्द की गंभीरता को एक प्रचलित शब्द से भंग करना चाहती हैं। इस वजह से पाठक उनकी बातें अपने क़रीब पाता है। उदाहरणार्थ : 'एकमात्र कुर्सी फोल्ड करना' (वे तीन और वह ३४, क.२), 'चकित और कंफ्यूज़' (पिछले दिनों का अँधेरा ६६, क.९), 'अवर्णनीय थ्रिल', 'तत्पर सर्विस' (नरक दर नरक ८१, ८५), 'डिस्काउंट के प्रलोभन', 'रक्तरंजित शेड का', 'संकटकालीन स्विच', 'कमोड का अन्वेषण' (लड़कियाँ ८०, ८४, ९९, १०२), 'विशाल इंडस्ट्रियल कांप्लेक्स' (सेवा १७५, छ.७), 'प्रशिक्षु सहायक मैनेजर', 'सुसज्जित डेरी शॉप' (दौड़ १२, १८), 'कर्कश कोरस' (थिएटर रोड के

कौवे ४), 'प्रेमपूर्वक बोर होना', 'ट्रैफिक लाइट्स की आज्ञा मानते हुए', 'ऑरेंज स्क्वैश प्रस्तुत करना' (एक रिश्ता तो था २१, ठ.२; शक ५६, ६३, ठ.७), 'फॉल्ज़ का वेग' (दुक्खम-सुक्खम २६१), 'ड्राइवर की वार्ता', 'स्पेशल ठण्डा पेय', 'बार काउंटर निर्मित किया जाना', 'उपवन में बारबेक्यू', 'स्कूटर आवंटन' (जी ४३, ढ.१; वह लड़का जिसे गर्मी लगी थी ६०, ढ.५; फरवरी की एक शाम ९५, ९५, ढ.१०; थोड़ा सा प्रगतिशील १०९, ढ.१२)। यदि केवल एक अकेला याद करना हो, तो यह: 'षट्कोणीय लैम्पशेड' (पीठ ४५६, झ.१६)।

कुछ ऐसे तत्सम शब्द, जो कई बार इस्तेमाल हुए : 'आह्लाद(-इत)', 'तरंग', 'निरापद', 'प्रफुल्ल/-इत/-ता', (७ बार), 'जर्जर', 'नगण्य' 'व्यग्र(ता)' (६), 'अवहेलना', 'आरोह-अवरोह', 'उद्वेलित', 'निर्विकार', 'निःशब्द', 'प्रचण्ड', 'वैभव', 'सर्वांग' (५), 'उपक्रम', 'कौमार्य', 'कमनीय(ता)', 'क्लान्त', 'क्षत-विक्षत', 'मण्डित', 'विकट(तर)', 'व्याप्त', 'सहृदय', 'सान्निध्य', 'सृष्टि' (४), 'आग्नेय (दृष्टि)', 'आमोद-प्रमोद', 'उद्विग्न(ता)', 'ऊष्मा', 'कुशाग्र', 'दिवास्वप्न', 'निष्णात', 'निस्तेज', 'प्रथमोल्लास', 'प्रेम-निवेदन', 'लघुशंका', 'समवेत (स्वर)', 'सात्त्विक', 'सारगर्भित', 'सौन्दर्यबोध' (३), 'अपदस्थ', 'उत्फुल्ल', 'उपद्रव', 'गगनभेदी', 'चिन्तातुर', 'तन्वंगी', 'तिरोहित', 'देहयष्टि', 'लावन्य-पूर्ण/-मयी', 'वणिक-पुत्र/पुत्री', 'व्याधि', 'शून्यांक', 'सामिष', 'हृदयविदारक' (२); तथा 'अट्टालिका', 'अन्योन्याश्रित', 'आपादमस्तक', 'आर्त्तनाद', 'आहार-नियोजन', 'जिज्ञासा-शमन', 'दुरभिसन्धि', 'दृष्टि-विनिमय', 'पद-लोलुपता', 'प्रत्युत्पन्नमति', 'प्रबन्धकतंत्र', 'प्रिया-वीथी', 'प्रेमतन्तु', 'फूलविन्यास', 'महाउत्पाती', 'मार्जार योनि', 'मासिकधर्म', 'रक्त-ताण्डव', 'रोमरहित (बाँहें)', 'विद्युत्-उपकरण', 'विहंगावलोकन', 'शिष्टाचारवश', 'सप्ताह-भंगुर', 'समशीतोष्ण' (१) इत्यादि।

तद्भव और मिश्रित (जैसे 'गुड़िया-साइज़', 'गैरसंवेदनशील', 'ज़ालिमपना', 'ड्राइवरी', 'फ्लश-पद्धति', 'बहन-नुमा, 'बिन्दुवार', 'विज्ञापन-एजेंसी') शब्द मैंने एकत्र कर लिए थे। यद्यपि अंग्रेज़ी और तत्सम इकाई की अपेक्षा ये थोड़ा कम महत्त्व रखते हैं, फिर भी ममता जी के गद्य में एक अलग रस मिलाते हैं, ऊपर से उनकी अपनी बोल-चाल का भी परिचय देते हैं। उनके प्रिय तद्भव प्रयोगों में ये आते हैं : 'तड़फड़/-आहट' (६ बार), 'झनझनाना' (५), 'उचटना', 'उलाँकना', मनुहार (४), '(दरवाज़ा) उढ़कना', 'कटखना', 'खटपाटी', 'गदबदा', 'डाँवाडोल', 'बमकना', 'मान-मनौवल', 'हेकड़ी' (३), 'औचक', '(आँखें) तरेरना', 'अगड़म-बगड़म', 'ऊदबिलाव', 'खटका', 'गड्डमड्ड', 'गुड़ीमुड़ी', 'गुदकारा', 'घनघनाना', 'चर्राना', 'चस-चस', 'जत्था', 'झुग्ग', 'टीप', 'तुक्तक', 'ना-नुकुर', 'न्यौतना', 'भकभकाना', 'भरभराना', '(रसोई) राँधना', 'लम्पटपना', 'सनसनाना', 'हार-झकमार', 'हुड़क' (२)। एक-एक बार आते

उनके ये शब्द भी उनके विशिष्ट हैं : 'अड़ैंच', 'अफरना', 'उछीड़', 'उठवाँ', 'काँछना', 'टनाटन', 'ठिठोली-ठण्ड', 'ढुलमुलपन', 'दाँता-किलकिल', 'धींगामुश्ती', 'नहानघर', 'निराई-गुड़ाई', 'फूँक-पजारना', 'बँटाधार', 'बतकही-बतरस', 'बन्दरबाँट', 'बमचख', 'बिथा-कथा' आदि आदि।

जब मैंने ममता कालिया की रचनाएँ पढ़नी शुरू की थीं, तो कुछ उर्दू शब्दों पर नज़र पड़ने के बाद लगा कि ऐसे और भी ज़्यादा मिलेंगे। लेकिन ऐसा नहीं हुआ, उपयुक्त स्थान पर डाले कुछ ख़ास अल्फ़ाज़ छोड़कर लेखिका का इस ओर कम झुकाव दिखा। अरबी-फारसी के बहुत-से लफ़्ज़ हिन्दी के अभिन्न अंग हो गए हैं और उनका प्रयोग सामान्यतम है, लेकिन 'बदस्तूर', 'मुखातिब', 'मोहलत' (६ बार), 'ज़हीन', 'नायाब', 'मयस्सर', 'मुनादी', 'शगल' (५), 'नफ़ीस', 'मनसूबा', 'मुल्तवी', 'बिना', 'हसरत', 'हिज्जे' (४), 'इसरार', 'गोया', 'ज़लज़ला', 'तबसिरा', 'नसीहत', 'नदीदा', 'फ़ालिज़', 'माकूल', 'रुतबा', 'हस्बे-मामूल' ··· (३), 'अहमक', 'इफ़रात', 'इबारत', 'तखलिया', 'वज़ीफ़ा', 'हुजूम' ··· (२), 'अमाँ', 'अलस्सुबह', 'किफ़ायतपसंद', 'गलीज़', 'तकसीम', 'तसकीन', 'नज़राना', 'नामाकूल', 'पेशगी', 'बालाई', 'वाकफ़ियत' ··· (१) कुछ ऐसे शब्द हैं, जो उनकी भाषा में रोज़मर्रा की हिन्दी से अधिक पाए जाते हैं।

न सिर्फ़ तत्सम शब्द अक्सर अंग्रेज़ी की अगल-बगल आते हैं, पर उर्दू और तद्भव-मिश्रित भी, जैसे : 'स्कूटर की बदहवास गति प्रिय' (बेतरतीब ७४, क.११), 'विषय शुरू कर ड्रॉप करना' (वे ८२, क.१३), 'रसोई के ख़र्च में शुद्ध कतर-ब्योंत' (बातचीत बेकार है १५१, ख.७), 'मुहब्बत का डीलक्स संस्करण' (एक जीनियस की प्रेमकथा २६७, घ.४), 'अपना आपा दिव्य महसूस होना' (कवि मोहन ३००, घ.१०), 'परहेज़ की नींद में निमग्न' (अर्द्धांगिनी २१३, छ.१३), 'हर तरह के क्राइसिस के लिए तैयार··· स्थितप्रज्ञ', 'फुटपाथी अभियान' (थिएटर रोड के कौवे ३–४, ञ.१), 'अस्पताल के गहन चिकित्सा कक्ष नंबर ३ में' (उनका जाना ११, ञ.२), 'बिस्तर का दृश्य आज बेतरह प्रतिकूल' (सुरक्षा का आतंक ३२, ठ.४), 'नर्स वाक़ई सिद्धहस्त थी' (छोटे खिलाड़ी १११, ठ.१)। उर्दू—तत्सम मेल के लिए कुछ बेहतरीन उदहारण ये भी हैं : 'सख्त अपेक्षा' (बड़े दिन की पूर्व साँझ ३१, क.१), 'चित्रों में अंकित जिस्म' (जितना तुम्हारा हूँ १४८, ख.५), 'बेहिसाब जिजीविषा' (लड़के ११७, ग.१), 'रुग्ण पस्ती' (ख़ाली होता हुआ घर २२१, ग.१४)।

कथानक और पात्रों का भाषा पर कितना प्रभाव पड़ता है, इसका पता सबसे ज़्यादा उर्दू शब्दावली से चलता है। 'दूसरी आज़ादी' (ठ.६) और 'कामयाब' (ढ.२) जैसी कहानियों

में मुस्लिम परिवेश के मुताबिक दूसरी कहानियों की बनिस्बत अरबी-फारसी के शब्दों का प्रयोग बहुत बढ़ जाता है। इसी तरह 'एक पत्नी के नोट्स' में प्रेमातिरेक, कोमलता, सुलझी या दिखावटी जीवन-शैली, विद्वत्ता के प्रदर्शन, व्यंग्य व औपचारिक तनाव जैसे भाव, 'अर्द्धांगिनी' (छ.१३) में स्तनकैंसर का नाज़ुक, संवेदनशील विषय, 'बोहनी' (झ.१२) में गहनों की सूक्ष्मता अथवा 'पीठ' (झ.१६) में चित्रकला की बारीकियाँ औसत से कई गुना अधिक तत्सम प्रयोगों द्वारा अभिव्यक्त किये गए हैं।

अंग्रेज़ी के प्रयोग, जहाँ अनायास नहीं हुए हैं, उनके पीछे कई कारण हो सकते हैं। 'बेघर' में अंग्रेज़ी वहाँ अधिक है, जहाँ ममता जी अंग्रेज़ी 'कल्चर' का वातावरण पैदा करना चाहती हैं : प्रेम आर्य या वालिया की बोलचाल और दफ़्तर की भाषा में ठूँस-ठूँसकर अंग्रेज़ी के शब्दों का इस्तेमाल हुआ है; जहाँ परिवेश कुछ और है, वहाँ शब्द आम भी हो सकते हैं, जैसे 'वर्क डायरी' न लिखकर 'काम डायरी'। 'नरक दर नरक' में भी अंग्रेज़ी शब्दों का बाहुल्य है, विशेषतः विश्वविद्यालय यानी 'कॉलेज' के जीवन के चित्रण के लिए और प्रकाशकीय कार्यों के सन्दर्भ में, तथा अस्पताल के माहौल को पाठक के सामने लाने के लिए। यह अधिकतम 'लड़कियाँ' में है, जहाँ कारण मुंबई के शहरी जीवन और विज्ञापन-उद्योग की गतिविधियों के विवरण को जीवन्त बनाने का लक्ष्य होता है।

ममता कालिया निम्न भाषा-स्तर को "चतुर्थ श्रेणी कर्मचारियों" (शॉल ११०, च.१५) के साथ जोड़ती हैं (प्रेम कहानी; रोशनी की मार, छ.६; अँधेरे का ताला; ज़ोरदार तालियाँ, ठ.१०), ऐसा शायद इसलिए कि उनकी रचनाओं में कोई देहाती पात्र (छोटे गुरु, ञ.५; परली पार, ढ.८) लगभग है ही नहीं। एक तरफ इन पात्रों की भाषा उनकी दुर्दशा का सीधा संकेत ही नहीं, सुबूत बनती है, दूसरे उनकी यह अनपढ़ अभिव्यंजना हँसी-मज़ाक की बाबत। जिस तरह संस्कृत नाटकों के किरदार अलग-अलग भाषा में बात करते हैं, समाज का वर्ग-भेद यहाँ भी ज़ुबान के साथ जुड़ जाता है (द्र० लकी १४७–१४८, छ.३)। "नो मोर डिस्कशन" जैसा आदेश देने के लिए (दौड़ २१), गुस्सा करने और दूसरों को नीचा दिखाने के लिए (छोटे खिलाड़ी १०९, १११, ठ.१२) तथा जिस प्रकार "मिसेज़ सिंह ने अपने बेटे को अंग्रेज़ी में घुड़का" (बाल बाल बचने वाले २५३, ज.३), किसी को डाँटने-डपटने के लिए भारत में आज भी भूतपूर्व शोषकों की भाषा प्रयोग की जाती है।

यदि ललितकला से तुलना की जाए, 'दुक्खम-सुक्खम' एक शास्त्रीय रचना है : एक चित्रकार या मूर्तिकार की आधुनिक कृतियों को देखकर दर्शक के मन में कभी-कभी सवाल उठता है, क्या इस कृति के निर्माता को आधुनिक विचार-दर्शन को

साकार करने के अलावा पुराने ज़माने के शिल्पी का धीरज और ब्यौरेवार निरूपण के तरीके हासिल हैं? लेखिका की रचनावली में चुनिन्दा मौकों पर ही सही (माँ, घ.९; कवि मोहन, घ.१०; जनम छ.५; निर्मोही, झ.१), इस दीर्घकाय उपन्यास की भाषा परंपरागत कारीगरी का एक प्रभावशाली नमूना है। जबकि उनकी शेष रचनाओं में लेखिका के अद्यतन रहने के सन्दर्भ में अंग्रेज़ी के समावेश से हम परिचित ही नहीं, अभ्यस्त हो चुके हैं, तब यहाँ एक सर्वथा अलग परिदृश्य खुलता है।

उपन्यास की पहली तिहाई में अंग्रेज़ी और उर्दू के शब्द करीब-करीब नदारद हैं; हालाँकि उर्दू के अल्फाज़ तत्कालीन बोलचाल के अनुकूल कुछ प्रसंगों में अधिक पाए जाते हैं (घर का नया-नया गुसलखाना आदि)। संस्कृत की आँच भी मद्धम जलती है। 'दुक्खम-सुक्खम' के प्रथम भाग के विस्तार में तद्भव शब्दावली ही प्रमुख है, अधिकांशतः मथुरा में घटित कथानक की कथाभाषा पर ब्रजभाषा का पुरज़ोर असर है। कई बार मानक हिन्दी के कम इस्तेमाल किए जानेवाले शब्दों को बोली रूप के उदाहरणों से स्पष्टतया अलग करना मुश्किल हो जाता है। पात्रों के कथनों में न केवल शब्द ख़ास होते हैं (कछू, नायँ, नेक, हम्बै आदि), वरन् व्याकरण के प्रयोग भी प्रायः ब्रज के नियमों के अनुसार हुए हैं : —

- 'होना', 'रहना' की रूपावली : ह्वै, ह्वैतो, हौ, भवा, भई ; रह्यौ
- संभाव्य भविष्यकाल की बहुतायत : होवै, लगैं
- पुरुषवाचक सर्वनाम : मोय/मो-, तोय/तो-, जे/याय/या-, सो/बाय/बा-
- अन्तस्थ ह्रस्व स्वर और अर्द्धव्यंजन सुरक्षित : मति, मरासु ; होय जाय, उठाय लो
- अन्तस्थ -आ की जगह अकसर -औ, कभी-कभी -ओ : गयौ, नोनो
- अनियत क्रिया रूपों में -ने की बजाय -वे/-बे : करनेवाली ~ करवेवाली, खाने ~ खायबे, दिलाने-वाला ~ दिलाबैबारौ
- स्त्रीलिंग-सूचक -इन प्रत्यय का सक्रिय प्रयोग : किरायेदारिन, कुंजड़िन, नाइन, साथिन
- संज्ञाओं के बहुवचन तिर्यक रूप के -ओं प्रत्यय की जगह कई बार -अन : बच्चन, तम्बुअन
- 'ही' का आश्लिष्ट प्रयोग : आपैई, एकैई, तीनोंई ने, थोड़ेई, सोई
- क और च ध्वनियों की विनिमेयता : क्यों ~ च्यों, चिल्लाना ~ किल्लाना
- न, ल और र ध्वनियों की विनिमेयता : पहनना ~ पहरना, डालना ~ डारना, निकालना ~ निकारना
- श और स ध्वनियों की विनिमेयता : आशीष ~ असीस, शौक़ ~ सौख

· 'बात' के अनुरूप अमूर्त वस्तु के लिए बारंबार स्त्रीलिंग का प्रयोग : "मैंने क्या कही जो…", "सब घर की घर में है"

ममता कालिया क्षेत्रीय भाषा को संतुलित और सानुपातिक मात्रा में दर्शाते हुए एक आंचलिक वातावरण बनाने में सफल है, लेकिन अतिमार्ग पर चलने की बजाय भाषा की बागडोर सँभाले रहती हैं, इसलिए बोली उपन्यास की बोधगम्यता पर हावी नहीं होती। 'दुक्खम-सुक्खम' उनकी एकमात्र लम्बी रचना है, जिसमें बोली के प्रयोग हास्यकारी व छिटपुट कम, प्रासंगिक और सर्वव्यापी ज़्यादा जान पड़ते हैं।

सब मिलाकर ममता कालिया की भाषा के बारे में हम यह बता सकते हैं कि वह युवा से प्रौढ़ आयु के किस्म-किस्म के, पर मुख्य रूप से शहरी पाठकों का ध्यान आकर्षित कर लेखिका का सामाजिक संदेश उनतक पहुँचाने में कुछ इस प्रकार सक्षम रही है, जैसा अग्नि-५ एक परमाणु बम को ऐन निशाने पर छोड़ने में। साफ़ज़ाहिर है कि हिन्दी लेखन कई रूपों में संभव है, परन्तु अगर कोई लेखक अलोकप्रियता की जोखिम नहीं उठाना चाहता, तो उसे ममता कालिया की भाषा-शैली का यह नुस्खा देखते हुए अपनी खुराक घोल लेनी चाहिए। मेरे बोधन में ममता जी की व्यंजना ही उनके लेखन का सबसे बड़ा वैशिष्ट्य और – हास्य-रस के अलावा – पहचान है, जो उन्हें सफल और बाकी कथाकारों से अलग बना देती है।

ख. संरचना और चरित्र-चित्रण

पहले लेखिका की कहानियाँ प्रकाशित हुई थीं, इसलिए उनकी गद्य-रचनाओं की संरचना की बात कहानी से ही शुरू करें। इस विषय पर उनका कोई अलग विचार-आलेख उपलब्ध नहीं है, पर 'तालिका १' की मदद से हम इस सन्दर्भ में कई रोचक तथ्य प्राप्त कर सकते हैं।

ममता जी से ही जानते हैं कि "मेरी रचनाओं के शीर्षक अक्सर [पति] रवीन्द्र ही रखते हैं"।[११] उनकी लगभग एक तिहाई कहानियों के शीर्षक अनेकार्थी हैं। इस औसत से बीच का संग्रह 'बोलनेवाली औरत' (छ) काफ़ी भिन्न है, इस में दो तिहाई कहानियों के शीर्षकों के भी एक से अधिक आशय हैं ('एक अदद औरत' (ग) और 'प्रतिदिन' (घ) में ऐसा कोई शीर्षक नहीं है)। उदाहरण के लिए, 'एक अकेला दुःख' (छ.१२) से एक मतलब यह कि नायिका बहन पहले से चिर-कुमारी रही है, दूसरा कि

भाई के शोक में भाभी और उसके रिश्तेदार उसकी ओर ध्यान नहीं देते और तीसरा कि मातम को लेकर परिजनों से अलग उसकी एक अपनी सोच है। 'उत्तर अनुराग' (ज.९) को पढ़ते हुए हमें यह लगेगा कि यहाँ उत्तर-अनुराग का तात्पर्य बिगड़ते दाम्पत्य से है, लेकिन वास्तव में यह कहानी के अन्त में पत्नी की मृत्यु के बाद पति के हृदयपरिवर्तन और आदर्श वैधुर्य का दूसरा नाम है। शीर्षक का पूरा अर्थ ज़्यादातर कहानी के अंत तक ही खुलता है, कारण शायद यह है कि आधी कहानियों का सिर्फ एक लफ़्ज़ का रहस्यमय शीर्षक है।

डेढ़ सौ से अधिक इन कहानियों का आकार बहुत दीर्घ नहीं होता। 'दूरदर्शन' पर एक कार्यक्रम में लेखिका ने माना कि "आज के पाठक के पास बहुत कम समय है, हमें छोटी रचनाएँ लिखनी चाहिएँ। ··· जैसा हैमिंग्वे लिखते थे, कहानी का एक अनुशासन होना चाहिए कि वह पाँच-छह पन्नों में ख़त्म हो जाए, ताकि आप एक बैठने में उसे पढ़ सकें और फिर भी उसमें ऐसा असर हो कि याद रह जाए"।[१२] एक अन्य साक्षात्कार में भी उदय प्रकाश से प्रेरित हिन्दी की लम्बी कहानियों पर पूछे गए एक सवाल के जवाब में उन्होंने यही बात ज़ाहिर की, उन्हें अधिक प्रभावशाली उदय प्रकाश की भी छोटी कहानियाँ ही लगती हैं।[१३] ममता कालिया की शुरू से लेकर आज तक की अधिकांश कहानियाँ यह शर्त पूरी करती हैं। 'कहानियाँ १—२' संग्रह के आकार के हिसाब से मैंने पाँच पन्ने से छोटी रचना को लघु मान लिया था, तो पाया कि एक तिहाई कहानियाँ सचमुच इतनी लघु और सारगर्भित ही हैं। शेष की लम्बाई प्रायः छह से आठ पृष्ठ होती है। दस पन्ने से भी लम्बी कहानी बहुत कम हैं : 'दो ज़रूरी चेहरे' (क.१४) २१ पृ०, 'आपकी छोटी लड़की' (घ.२) १९ पृ०, 'बिटिया' (ङ.१२) १२ पृ०, 'जाँच अभी जारी है' (च.३) ११ पृ०, 'मेला' (छ.२) १५ पृ०, 'शक' (ठ.७) २० पृ०, 'कामयाब' (ढ.२) १९ पृ०, 'वह लड़का जिसे गर्मी लगती थी' (ढ.५) १२ पृ०, 'संस्कृति' (ढ.६) १२ पृ०।

पूरी कहानी की तरह उसमें लिखे वाक्यों की लम्बाई के प्रति भी जिज्ञासा जाग सकती है, क्योंकि यह कथावाचन की तकनीकों में से एक है, जो बाल-बुद्धि (माँ, घ.९; उसका यौवन, ङ.१; राजू, ङ.६) तथा पात्रों की ऊब (छुटकारा, क.६; अनावश्यक, थ.१३; बाज़ार, ढ.९), तनाव (तोहमत, घ.५; श्यामा, ज.११; चोरी, ञ.३) या हड़बड़ी (चाभी, ढ.११) रूपी मनोदशाओं की अभिव्यक्ति में काम आती है। छोटे-छोटे वाक्य पाँच में से एक कहानी में इस्तेमाल किये गए हैं। लेखिका का इस उपाय के प्रति रुझान लगातार बदलता आया है, इसका इस्तेमाल कई संग्रह में ज़्यादा भी किया और काई बार काफ़ी कम। हालाँकि छोटे जुमलों वाली कहानियाँ छोटे

आकार की ज़्यादा होती हैं, पर इनमें लगभग एक तिहाई ऐसी नहीं भी हैं, मसलन 'तोहमत' या 'चोरी'।

कहानियों का काल अधिकतर भूतकाल रहा है और वर्तमान में बताई गई कहानियों की मात्रा सामान्यतः १०% ही है, यद्यपि 'प्रतिदिन' (घ) और 'काके दी हट्टी' (ठ) संग्रहों में इसकी दो-ढाई गुनी भी रही है। 'निवेदन' (ख.४), 'आपकी छोटी लड़की' (घ.२), 'राजू' (ङ.६), 'बिटिया' (ङ.१२), 'अनुभव' (च.९), 'मुखौटा' (ज.४) या 'सिकंदर' (झ.८) ऐसी कहानियाँ हैं, जो पूरी की पूरी वर्तमान में नहीं बताई गई हैं, किन्तु इनके उन भागों में, जहाँ लेखिका किसी के विचार, ख़ासकर बच्चे के, दर्शाना चाहती थी, वर्तमानकालीन वर्णन भी किया गया। निकटता जताते निश्चयवाचक सर्वनामों और समय-सूचक शब्दों ('इधर', 'इन दिनों', 'इस समय') के माध्यम से कोई भूतकालिक कहानी भी बहुत बार वर्तमान के नज़दीक लाई जाती है, जैसे "अब मैं उसके बिखरे बालों में कंघी नहीं कर सकती थी" (बच्चा $_{२१७}$, छ.१४)।

ममता कालिया रूपवादी लेखिका नहीं हैं, जो उनकी रचनाओं के कथानकों की भीतरी अन्विति से भी जाना जा सकता है। फ़्लैशबैक तकनीक का इस्तेमाल कम हुआ है, घटनाक्रम अधिकतर सीधा है। छिन्नान्विति वाली कहानियों का अनुपात १६% के आस-पास है, मगर 'प्रतिदिन' (घ), 'मुखौटा' (ड) व 'काके दी हट्टी' (ठ) संग्रहों में ज़रा ज़्यादा, एक चौथाई, अर्थात् ममता जी ने लेखन के हर चरण में इसका इस्तेमाल किया, और हर चरण में कभी कम, तो कभी थोड़ा अधिक। इसका रूप 'ख—क—ग' होता है, इसे थोड़ा आगे, 'छिपाव' के अंतर्गत देखें। 'जी' (ढ.१) ममता जी की अनोखी कहानी है, इसमें 'यति' के पश्चात् के भाग में पहले हिस्से से समानान्तर एक अलग कहानी शुरू हो जाती है (क^{१}—क^{२})। 'एक अकेला दुःख' (छ.१२) में यादों के साथ वर्तमान से निकट और सुदूर अतीत में जाने जैसा जटिल साँचा (व^{१}—नि०अ०^{१}—सु०अ०—नि०अ०^{२}—व^{२}) भी अन्यत्र दिखता नहीं। 'निर्मोही' (ज) के अतिरिक्त परहेज़ गंभीर सामाजिक मुद्दे उठानेवाले संग्रह 'जाँच अभी जारी है' (च) में नज़र आता है। शायद यह कहना गलत नहीं होगा कि ममता जी नाना प्रकार की तकनीकों से अपने कथ्य को क्षीण नहीं करना चाहती हैं।

कथानक के विभाजन को रेखांकित करने के लिए तीन में से एक कहानी के पाठ में अन्तराल (स्पेस) दिया गया है। यह बताना मुश्किल है कि यह हर बार ममता जी की स्वलिखित प्रतियों में भी था अथवा संपादकों ने इसपर ज़ोर दिया। बहरहाल कभी-कभी (जैसे लैला-मजनूँ, घ.७ या बाण गंगा, ज.१९ में) इसका होना उतना आवश्यक नहीं लगता, जितनी कुछ अन्य कहानियों में (एक जीनियस की प्रेमकथा,

घ.४; इक्कीसवीं सदी, च.५; रिश्तों की बुनियाद ज.१७ इत्यादि) न होने से इसकी कमी महसूस हो सकती है। छिन्नान्विति और ऐसे अन्तरालों में कोई स्पष्ट साहचर्य नहीं है। छब्बीस छिन्न अन्विति वाली कहानियों में सिर्फ आठ में अन्तराल आता है। इस प्रकार का दृश्य संकेत छोटी सहित शुरू की कहानियों में अधिक और नवीन कहानियों में कम दिखता है।

कहानी का आकस्मिक आरंभ 'छुटकारा' (क) संग्रह में लेखिका का प्रिय उपाय था, लेकिन बाद में आधा कम, तक़रीबन ४०% कहानियों में इसका प्रयोग किया गया। आकस्मिक समापन के साथ उलटा ही हुआ, इसमें लेखिका की दिलचस्पी निकटवर्ती वर्षों में भी ज़्यादा रही है। अप्रत्याशित अन्त, जो कोई नया अर्थ खोलता है अथवा एक बार फिर सोचने के लिए मजबूर करता है, कहानी विधा में प्रायः आवश्यक समझा जाता है। कुल बयासी अप्रत्याशित अन्त वाली कहानियों का एक तिहाई भाग ऐसा है, जहाँ शीर्षक अनेकार्थी है और कहानी का अन्त ही शीर्षक का अप्रत्यक्ष अर्थ पाठक को समझाता है, मुख्यतः 'सीट नंबर छह' (ख) व 'बोलनेवाली औरत' (छ) संग्रहों में। आकस्मिक आरंभ और समापन व अप्रत्याशित अन्त तीनों तकनीक एकसाथ महज़ तेरह कहानियों में प्रयुक्त हुई हैं, और इनमें से सात का शीर्षक भी अनेकार्थी है, जैसे 'जितना तुम्हारा हूँ' (ख.५) – यह मेरे ख़याल में लेखिका की सबसे प्रभावशाली मनोवैज्ञानिक कृतियों में से एक है।

आत्मकथात्मक तत्त्व प्रदर्शित करनेवाली सैंतालीस (यानी एक तिहाई) कहानियों में करीब आधे भाग की स्त्री कथावाचक है, तो तीन चौथाई भाग में मुख्यपात्र स्त्री है, ऐसे कि जिन्हें कोई कथावाचिका सुनाती है, केवल 'पिकनिक' (झ.१०) व 'पण्डिताइन' (ड.१०) को छोड़कर उन सब में मुख्यपात्र भी साफ़ तौर पर नारी होती है। उत्तमपुरुष में कथित बयालीस कहानियों में से एक 'पटकनी' (ढ.१३) के सिवा सब स्त्री कथावाचक द्वारा बताई गई हैं और महज़ पाँच या छह ऐसी हैं, जहाँ मुख्यपात्र स्त्री न हो (प्यार के बाद, ख.७; आत्मरक्षा, ख.१०; बच्चा, छ.१४; एक रंग-कर्मी की उदासी, ज.१; कामयाब, ढ.२; – पिकनिक, झ.१० में कोई विशिष्ट मुख्यपात्र नहीं है)। अर्थात् इससे यह आवश्यक जानकारी प्राप्त होती है कि ममता कालिया की कहानियों में आत्मकथात्मकता स्त्री के साथ जुड़ती हैं, और उससे भी अधिक उत्तम-पुरुष कथावाचन के साथ। अकेले उत्तमपुरुष उपन्यास 'प्रेम कहानी' में भी हम यही देखते हैं। लेखिका उत्तमपुरुष में कहानी सुनाते हुए पुरुष का वेश धरने जैसा प्रयोग नहीं करती है। वैसे उनकी कुल कहानियों में यदि दो में मुख्यपात्र स्त्री है, तो एक का पुरुष ही कहा जा सकता है, इसलिए यह नहीं कह सकते कि पुरुषों का पक्ष समझने

के लिए उन्होंने प्रयास न किए हों। यह उपन्यासों के लिए भी उतना ही लागू है : 'दौड़' और 'दुक्खम-सुक्खम' में नायक प्रमुख है ही है, 'बेघर' और 'नरक दर नरक' में भी स्त्री-पुरुष पक्ष में संतुलन देखा जा सकता है।

यह देखना भी रोचक है कि उत्तमपुरुष कथावाचन की कई कहानियाँ पहले दो संग्रहों 'छुटकारा' (क) व 'सीट नंबर छह' (ख) में पाई जाती हैं, और फिर ऐसा बाहुल्य इनके लगभग तीस बरस बाद आए 'निर्मोही' (ज) तथा 'मुखौटा' (झ) में नज़र आता है, यानी यह लगातार प्रखर प्रवृत्ति नहीं है। इनकी आधी आत्मकथात्मक (या आप-बीती से प्रेरित) भी हैं। शेष संग्रहों में आत्मकथात्मक उत्तमपुरुष कहानियाँ बहुत कम हैं (वसन्त—सिर्फ़ एक तारीख़, ग.३; उनका जाना, ञ.२; अनावश्यक, ठ.१३; मुहब्बत का मौसम, ढ.३; बाज़ार, ढ.९)।

उत्तमपुरुष कथा-तकनीक के अलग-अलग प्रयोग विद्यमान हैं। चार ऐसी कहानियों में से तीन से अधिक में कथावाचक पात्र के रूप में उपस्थित होकर कहानी को अपनी तरफ से सुनाता है (ऑटोडायजेटिक, स्वकथित), अलबत्ता 'सीट नंबर छह' (ख.१) की चिर-कुमारी, 'आलमारी' (ङ.११) की पत्नी, 'बच्चा' (छ.१४) की माँ तथा 'एक रंगकर्मी की उदासी' (ज.१) व 'श्यामा' (ज.११) की परिचित और 'बाथरूम' (झ.७) की भाँजी के रूप में वह मुख्यपात्र से कुछ कम नज़र आता है। इसके बरक्स चार में से एक में यह उत्तमपुरुष कथावाचक अन्तरंग होकर भी बिलकुल गौण पात्र है (होमोडायजेटिक), और तो और कुछ ऐसी कहानियों में उसकी उपस्थिति बिलकुल न्यूनतम है (आत्मरक्षा, ख.१०; उत्तर अनुराग, ज.९; कामयाब, ढ.२; पटकनी, ढ.१३), खासकर 'सुलेमान' (झ.२) में, जहाँ वह पहली पंक्ति तक ही सीमित है।

थोड़ी कहानियों स्वकथित और केवल अन्तरंग दोनों खेमों में आती हैं (बड़े दिन की पूर्व साँझ, क.१; बीमारी, क.२; अपत्नी, क.३; निर्मोही, झ.१; समय, झ.१५; उनका जाना, ञ.२)। इनकी विशेषता है कि कथानक के एक मोड़ पर फोकस किसी अन्य पात्र पर चला जाता है, इससे ऐसी स्थिति पैदा होती है, जिसमें यह कहना आसान नहीं होता, क्या कथावाचक अपनी कहानी का मुख्यपात्र बनकर उसे स्वयं सुनाता है, अथवा दूसरे पात्रों की कथा में गौण पात्र के रूप में उपस्थित होकर।

अन्यथा, ममता कालिया ने अपनी तीन चौथाई कहानियाँ तथा 'प्रेम कहानी' को छोड़ सभी उपन्यास अन्यपुरुष में लिखे। फिर भी तादात्म्यपूर्ण वर्णन की वजह से इन रचनाओं में अन्यपुरुष कथावाचक के साथ भी अन्तरंगता का एहसास मिलता है: चार में से एक के कथावाचक को या मुख्यपात्र को तो 'विचारमग्न' ही पाते हैं, यानी पाठ में घटनाओं के वर्णन के अलावा उसके सोचने-विचारने और महसूसने की

क्रियाएँ पढ़ते हैं। ऐसा कथावाचक या पात्र कथानक की परिस्थिति का मूकदर्शक नहीं होता, कथा उसपर 'बीतने' के कारण वह कथा के चौखटे में हालात का विश्लेषण करता रहता है। उत्तमपुरुष कहानियों को साथ लेने से अनुपात पाँच में से दो हो जाता है।

लेखिका अपने कथावाचन का पर्दाफाश इस अर्थ में नहीं करती कि अन्यपुरुष कथावाचक मुख्यपात्र के साथ बना रहे ; पाठक गौण पात्रों की दुनिया के बारे में भी किसी एक पात्र के कोण से जानकारी हासिल करता है। इस प्रक्रिया में हिचक कभी-कभी आती है, उदाहरण के लिए 'उत्तर अनुराग' (ज.९) की कथावाचिका अपने बचपन की यादें, 'खन्नी आंटी' की कहानी छोटी खुद की दृष्टि से सुनाती है, किन्तु एक बार जब बीच में नायिका का ज़िक्र 'रेनु खन्ना' नाम से भी आता है, पाठक को लगता है कि लड़की की देखी हुई दुनिया से वह एक बारगी में वयस्क द्वारा सुनी और परिभाषित बातों की एक अलग कहानी में पहुँच गया है।

'जाँच अभी जारी है' (च), 'बोलनेवाली औरत' (छ) और 'मुखौटा' (झ) बीच के तीन संग्रहों को छोड़कर तीन में से कम से कम एक कहानी में बातचीत नदारद है, पात्रों का प्रत्यक्ष कथन न्यूनतम पाया जाता है। वार्तालाप की जगह वर्णन ले लेता है या फिर पात्रों के विचारों में आनेवाले चंद वाक्य पढ़ने को मिलते हैं। लघु आकार की कहानियों तथा 'अस्तित्ववादी' कहानियों के दायरे में यह पाँच में से दो की एक ज़रूरी विशेषता है, जबकि विचारमग्न कथावाचक (या पात्र) वाली कहानियों के आधे हिस्से की। — यह मानकर चलना ठीक है कि ममता कालिया के लेखन के शुरुआती दौर की कहानियों (और उपन्यासों) में कथावाचन की तकनीकों के लिहाज़ से ज़्यादा विविधता और प्रयोगधर्मिता दिखाई देती है, बाद में ज़ोर कथ्य पर अधिक रहा है।

अन्तर्वस्तु के संबन्ध में ममता कालिया ने यह कहा था कि "पाठक की स्मृति में रहनेवाली कहानियाँ कथ्य पर ही टिकी होती हैं। ⋯ कथ्य तो कहानी की पहली शर्त है"।[१४] वे अपनी कई कहानियों की शुरुआत में उससे अलग विषयवस्तु छूती हैं, जो हम उस कहानी के मुख्य भाग में पाते हैं। यह उनके पास कहानी को आम ज़िन्दगी की तरह विकेन्द्रित करने का एक उपयोगी उपाय है, जो साथ ही कहानी के कथ्य को समृद्ध तो बनाता ही है। इसके माध्यम से वे ऐसे चर्चा करने योग्य प्रसंगों के लिए भी जगह जुटाती हैं, जिन्हें अलग रचना के रूप में ढालने का अवसर नहीं मिल पाता है।

'मान लो कि' (ज.८) ज़्यादातर निःशेष पिता की छवि एक अन्य वृद्ध में पानेवाली एक गृहिणी पर है, लेकिन आरंभ में लेखिका घर में औरतों की अभिव्यक्ति और उनके घर से बाहर जाने की आज़ादी पर भी टिप्पणी करती है। 'सफ़र में'

(ज.१४) रेल की सेवाओं और बिहार की यात्रियों के व्यंग्यचित्र के बाद मातृत्व तथा संतान खोने की कहानी भी बनती है। 'थिएटर रोड के कौवे' (ञ.१) में बालश्रमिकों का संकट भी संक्षेप में दिखा दिया जाता है, हालाँकि कहानी के केन्द्र में कुछ और है। 'इलाज' (ठ.५) मिण्टो पार्क में दिखते नमूनों के वर्णन से शुरू होती है, जिसमें प्रेमियों की अन्तरंग मुलाकातों के लिए अन्य जगह उपलब्ध न होने जैसी कुछ सामाजिक विसंगतियों की चर्चा हो जाती है। पर इसके बाद कहानी का केन्द्र वहाँ टहलती नायिका बन जाती है और कथानक में मोड़ आ जाता है। 'छोटे खिलाड़ी' (ठ.१२) में भी कई अलग सामाजिक समस्याओं की चर्चा हुई हिन्दी की स्थिति से लेकर विभिन्न जगहों पर मौजूद भ्रष्टाचार और साहित्य व खेल के वाणिज्यीकरण तक, हालाँकि मूल कथा एक विदेश-यात्रा से पहले का टीकाकरण है।

'पहले अध्याय' में उन पाठांशों का ज़िक्र हुआ था, जिन्हें ममता जी कई कृतियों में प्रयोग कर चुकी हैं। वहाँ देखा था कि अधिकतर उन्होंने कहानियों को उपन्यासों में शामिल किया है। इसलिए रोचक कहानी-युगल है 'थिएटर रोड के कौवे' (ञ.१) और 'कौए और कोलकाता' (ट.२)। चूँकि इनका स्थान और परिवेश एक है, संभवतः एक ही अनुभव से प्रेरित रचनाएँ हैं, पर लेखिका ने फिर भी तय चौखटे में अलग कहानी भरी। ज्ञात है कि 'चोरी' (ञ.३) और रवीन्द्र कालिया की 'रूप की रानी चोरों का राजा' कहानी "एक ही प्रकरण के एकदम अलग संस्करण हैं"।[१५]

छिपाव और उसकी तार्किक परिपूर्ति पाठक को कथा में शामिल करने का एक सशक्त तरीका है, जो मूल कथा और गौण ब्यौरों के दोनों स्तर पर प्रयुक्त होता है। छिन्नान्विति युक्त कहानियों का ज़िक्र हो चुका है। जहाँ इस तकनीक का सामना करते हैं, वहाँ हम अक्सर पाते हैं कि 'क—ख—ग' घटनाक्रम के बारे में 'ख—क—ग' साँचे में जानकारी मिलती है। 'ख' पर रचना शुरू होने से सन्दर्भ तुरन्त स्पष्ट नहीं होता, किन्तु आगे, प्रायः पहले दो पन्नों के दायरे में 'क' ब्यौरा जानकर दृश्य साफ़ हो जाता है। उदाहरण के लिए 'अर्द्धांगिनी' (छ.१३) के आरम्भ में नायिका की ढीली चोली और बुझे मन की बात होती है ('ख'), तो पाठक इस परिस्थिति के विश्लेषण में जुट जाता है, फिर उससे पहले के घटनाक्रम ('क'), स्तनकैंसर के बारे में जानने से भ्रम हट जाता है। 'रिश्तों की बुनियाद' (ज.१७) में पाठक जल्दी समझना चाहता है, परिवार का इतिहास क्या है, परवेज़ कौन है, लेकिन इस बारे में रुककर ही जानकारी मिलती है। दूसरे, गौण ब्यौरों के स्तर पर कहानी के स्थान का उदाहरण देना चाहिए। इसके बारे में रचनाकार अक्सर सिर्फ़ किसी मुहल्ले के नाम और पात्रों की भाषा की कोई स्थानीय विशेषता जितनी सीमित जानकारी देती है।

‘बीतते हुए’ (ण.२), ‘छुटकारा’ (क.६) और ‘उसी शहर में’ (क.७) जैसी उनकी पहली कहानियों में एक रहस्य का वातावरण रहता है। सर्वनाम के प्रयोगों और संकेतन की हलकी संदिग्धता के कारण संक्षिप्त कहानी को भी शुरू करके पाठक का उसे तुरन्त नए सिरे से पढ़ लेने का मन करता है। ऐसे ‘उसी शहर में’ के अन्तिम अंश को वर्तमान या याद के रूप में भी लिया सकता है। इस प्रवृत्ति का स्रोत संरचना के साथ शैलीगत प्रयोग, उस समय के लेखन की चाल-ढाल का प्रभाव या शायद ज़रा-सा कच्चापन हो सकता है। यह इसलिए कि बाद की कहानियाँ इस लिहाज़ से आधिक सरल, स्पष्टवादी और वृत्ति-मूलक हैं, उनमें रूपवादिता बहुत कम पाई जाती है।

लेखिका की अधिकांश रचनाओं में उपरोक्त भाषागत विविधता के अतिरिक्त विशेष पल्लवन दिखाई नहीं देता। पूर्वर्ती ‘नई कहानी’ आन्दोलन से एक स्पष्ट अन्तर है कि यहाँ प्रकृति का वर्णन और उद्दीपन काफ़ी कम नज़र आता है। उदारहरण के लिए मोहन राकेश के लिए आकाश, प्रकाश और ध्वनियाँ जितने ज़रूरी थे, वैसी कोई उपमेय वस्तु ममता जी के लेखन में उभरकर नहीं आती। बिम्ब की जगह लम्बा वर्णन वे अक्सर किसी एक तिहरा शब्द-प्रयोग द्वारा संक्षेप में कर डालती हैं। पाने को हम कुछ प्रसिद्ध कथन पाएँगे, जैसे नायिका की उम्र “तीस से पैंतालीस तक / पच्चीस और चालीस के बीच कुछ भी हो सकती थी”, “पैंतीस हो या पचास” या “पचास से साठ के बीच खड़ी थी” (मुहब्बत से खिलाइए ३५४, ङ.८; सेमिनार १३, च.१; रोशनी की मार १६७, छ.६; बोहनी ४३१, झ.१२)।

संरचना के विषय में कहे इन ब्यौरों को ध्यान में रखते हुए अभिव्यक्ति और अन्तर्वस्तु या कलात्मकता और कथ्य के परस्पर संबन्ध के बारे में यह कहा जा सकता है कि ममता जी के आरंभिक लेखन में पहली की अधिक मात्रा है, जबकि प्रतिष्ठित कलाकार का नाम कमाने के पश्चात् दूसरे की, यानी तब एक साधारणतर स्वर और व्यापक सामाजिक विसंगतियाँ छूने की इच्छा विभिन्न कथा-तकनीकों के प्रति प्रयोगधर्मिता की जगह ले लेती है।

लेखिका ने कई बार बयान दिया है (द्र० ‘दूसरा अध्याय’) कि वे अधिकतर एक आवेग में कहानियाँ लिखती हैं अथवा उपन्यास का अंश-अध्याय तैयार करती हैं। लेखन के लिए उनके पास कोई विशिष्ट स्थान नहीं रहता, ट्रेन-यात्रा से लेकर घर के काम से बचाए समय तक में वे कभी भी रचना करने बैठ सकती हैं। उनकी अनायास, बेसाख्ता मालूम देती कहानियों पर इसका सकारात्मक प्रभाव पड़ता दिखता है, पर उपन्यास जैसी अपेक्षाकृत दीर्घ विधा के साथ यह आदत शायद न्याय नहीं करती।

उनके उपन्यास अकसर उपाख्यानात्मक (एपिसोडिक) जान पड़ते हैं, अर्थात् पाठक उनमें कई-कई सूक्ष्मता से प्रस्तुत किये गए अंशों से गुज़रते हुए भी योजक कथा में लगातार ध्यान नहीं लगा पाता। कहानी के गुणों से युक्त इन अंशों को जोड़नेवाली चिटखनियाँ शिथिल पड़ जाती हैं, लंबी रचना कहानी जितने खण्डों में बँट जाती है।

कभी लेखिका रोचक परन्तु अप्रासंगिक उपाख्यान मुख्य कथा में शामिल करने से स्वयं को नहीं रोक पाती। 'अँधेरे का ताला' के आठवें अध्याय की शुरुआत में ४८–५१ कोचिंग केन्द्रों के अनियमित कारोबार के सन्दर्भ में एक केन्द्र से जुड़े छात्र-छात्रा, कौमुदी और मयंक की प्रेम कहानी आरंभ होती-होती थम जाती है। हालाँकि प्रेम प्रसंग के लिए स्थान उपयुक्त है, लेकिन उसे अधूरा नहीं छोड़ना चाहिए था। 'नरक दर नरक' ४१–४५ में नायक के दो मित्रों, आतिश और बैजनाथ की गर्दिश भरी ज़िन्दगी के बारे में पढ़ते हैं, फिर (मलिक साहब की ऐसे ही एक अलग कहानी १०५–१०७ के बाद) अन्त १३०–१३७ में विनय और सीता के दाम्पत्य की मुश्किलें भी जान सकते हैं। अगर यह उपन्यास जवानों के अपने पैरों पर खड़ा होने की तथा युवा दम्पतियों के रास्ते में आनेवाली समस्याओं की दास्ताँ है, तो यह कह नहीं सकते कि कथा के ये दो टुकड़े विषय से हटकर हैं। फिर भी संरचना की दृष्टि से, विस्तार के अभाव में उपन्यास के मुख्य घटनाक्रम के साथ इनका ऐसा पर्याप्त संबन्ध नहीं दिखता, जिसकी वजह से इन्हें यथावत् रूप में आवश्यक मान सकें।

यही वजह है कि ये उपन्यास सतत रुचिकर नहीं बन पाते हैं, उसके कुछ अंश आतिशबाज़ी की तरह हैं, जबकि दूसरे कम ज़रूरी लगते हैं। हम बिलकुल सहमत नहीं होंगे, जब लेखिका कहती हैं, "···मैं अनगढ़ शिल्पी ठहरी; सुन्दर, सधी, सकारात्मक रचनाएँ लिखने का न मुझमे धैर्य है, न धीर", पर उपन्यासों की संरचना को लेकर इतनी आलोचना की आवश्यकता है।[१६]

जितनी सामर्थ्य के साथ उपन्यासों का बड़ा भाग ममता कालिया तैयार करती हैं, उनका अन्त अक्सर उतना सफल नहीं होता। लम्बी कहानी और लघु-उपन्यास के बीच की रचना 'लड़कियाँ' (उर्फ़ अकेलियाँ-दुकेलियाँ, ट.११) अविवाहित महिलाओं के महानगरीय जीवन का चित्रण करती है। कथा सायास नहीं लगती, रहस्यमय वातावरण सहज बनता है। इसलिए पाठक यह माफ़ कर सकता है कि एक रोमांचक मोड़ के बाद, शायद किसी अज्ञात उद्देश्य से आधी रह गई 'क्राइम स्टोरी' पर जल्दी पूर्णविराम लग जाता है। किन्तु आखिरी सतरें अप्रत्याशित के अलावा नाटकीय और शेष कथा से असंलग्न मालूम पड़ती हैं, जहाँ हवाई जहाज़ पकड़ने से पहले हाजी अली दरगाह पर रुककर मुंबई से विदा लेने और साथ-साथ तमंचा सागर

के हवाले करने की बात की जाती है।

लेकिन सबसे अच्छा उदाहरण 'एक पत्नी के नोट्स' होगा। ममता जी ने एक संकटग्रस्त रिश्ते का बखूबी निर्माण किया, इस रचना में शक्की स्वभाव का पति पत्नी के साथ लगातार मनोवैज्ञानिक अत्याचार करता जाता है। कभी तो ऐसा लगता है कि एक ही दाम्पत्य में इतनी खींचातानी, ज़ुल्म पर ज़ुल्म होना नामुमकिन है, तनाव यूँ बढ़ता है कि पाठक को एक कठोर समापन की प्रत्याशा हो जाती है, जिसमें पत्नी के विद्रोह के बाद निश्चित ही दोनों में अलगाव होगा। ऐसे में उनका रूमानी मेल-मिलाप एक अस्वाभाविक निर्णय प्रतीत होता है। लेखिका से जब इस विषय में सवाल पूछा था, तो उन्होंने बताया कि पहले उपन्यास के अन्त के साथ उनका इरादा कुछ और था, पर किसी के कहने से आखिरकार उसे बदल दिया, जिसका आज की तारीख़ में उन्हें खेद है। शायद इसी खेद के कारण उन्होंने लम्बी कहानी 'सपनों की होम डिलिवरी' के ब्लॉग संस्करण की नायिका को अधिक साहसपूर्ण बनाया था, यद्यपि पुस्तक में इसके अन्त में भी समझौता आ जाता है। 'दौड़' के अन्त में बूढ़ों के संकट के प्रति विशेष संवेदना शायद जागती नहीं, फिर 'अँधेरे का ताला' की समाप्ति भी भाव-विरेचक नहीं हुई है। प्रथम उपन्यास 'बेघर' और आजकल के 'दुक्खम-सुक्खम' का समापन ही संतोषजनक प्रतीत होता है।

संरचना की परख को पात्र और चरित्र संबन्धी जानकारी से समाप्त करें। यदि ममता कालिया की कृतियों के केन्द्र में सामाजिक यथार्थ है, तो इन कृतियों के पात्र बहुधा उसके वाहन मात्र प्रतीत होते हैं। कहानी विधा की संक्षिप्तता के कारण उसमें जटिल व्यक्तित्व वाले, बृहद पात्रों का निर्माण उपन्यास की तरह कम संभव है, लेकिन लेखिका का चयन उपन्यासों में भी यह लगता है कि असाधारण इनसानों, अनोखे नमूनों से बढ़कर जनसाधारण जैसे चरित्र खड़े करे, जिनको लेकर पाठक को ऐसा विश्वास हो, इनकी जगह कोई भी हो सकता था और कहानी हम सब की कहानी है। "मैं ज़्यादातर बिलकुल साधारण व्यक्ति के बारे में लिखती हूँ और ऐसे व्यक्ति के बारे में, जिसे मैं बहुत कम जानती होऊँ, ताकि उसमें कल्पना के रंग भरती जाऊँ", वे बताती हैं।[१७] जहाँ नई कहानी के मोहन राकेश ने माना था कि "…बिम्ब और विचार का सामंजस्य—अर्थात् बिम्बों का ऐसा संगठन कि विचार उसके बीच से प्रस्फुटित हो, चरित्र और घटनाएँ कुछ ऐसे मूर्त चित्रों के रूप में प्रस्तुत की जाएँ कि वे ही लेखक के अभिप्राय या संकेत को स्पष्ट कर दें",[१८] वहीं ममता जी बिम्बों का सहारा न लेकर सर्वग्राह्य बनाए चरित्रों पर कहानी की घटनाओं को टिका देती हैं।

ममता जी यह भी बता देती हैं, "पात्र अपने बीच से ही लेती हूँ। वे विचारों से कम, और जीवन से अधिक ताल्लुक रखते हैं", हालाँकि "वास्तविक व्यक्ति को ज्यों का त्यों लेकर कभी भी चरित्र की सफल रचना नामुमकिन है"; "पात्र तो हमारे आस-पास चारों तरफ बिखरे पड़े हैं, बस ध्यान देने की बात है, ··· बहुत बार तो कहानी के पात्र घर तक चले आते हैं और बहुत बार उन्हें तराशकर कहानी का पात्र बनना पड़ता है"।[१९] इसी लिए शायद दूरदर्शन पर उनके एक साक्षात्कार में संचालक ने उनका परिचय कराते हुए कहा कि उनकी रचनाओं में "हाड़-मांस क़ी स्त्री जूझती हुई नज़र आती है"।[२०] दूसरे, "लेखक स्वयं को प्रत्येक रचना में अवश्य कुछ न कुछ प्रकट करता है। तादात्म्य लेखक की पहली शर्त है" — ममता कालिया शैलेश मटियानी को यूँ उद्धृत करने पर उनसे सहमत भी नज़र आती हैं, हमें ऐसा प्रतीत होता है कि ये रचनाएँ स्वयं को भी ढाल लेने के कारण इतनी ज़िन्दा लगती हैं।[२१]

कहानी की बात करें, तो उसे आत्मसात करना इससे और सुगम हो जाता है कि जहाँ कथावाचक का नाम दस में से सिर्फ़ एक कहानी में बताया जाता है या केवल किसी दूसरे पात्र के कथन से पता चलता है, वहाँ मुख्यपात्रों का नाम दस में से सात-आठ बार हम जान ही जाते हैं (द्र० 'तालिका १')। ऐसा प्रतीत होता है, कथावाचक का दृष्टिकोण सार्वजनिक है, कथा के सभी पात्र सर्वज्ञात होते हैं, इसलिए पाठक कथावाचक का नज़रिया ज़्यादा आसानी से अपना सकता है और कथा में अधिक विलीन हो जाता है। यह प्रवृत्ति ममता जी के पूरे साहित्य में इसी तरह मौजूद है, सिवा उनके प्रथम संग्रह के; 'छुटकारा' (क) में कथावाचक के अलावा अन्य पात्रों के नामों का भी न बताया जाना उन शुरुआती प्रयोगों में से एक होगा, जिन्हें स्पष्टवादिता की ख़ातिर आगे उन्होंने त्याग दिया था। — शुरुआती दौर में, शायद गैरज़रूरी पल्लवन समझकर लेखिका ने दस में से दो-तीन कहानियों के किसी पात्र को ही प्रतीकात्मक नाम देतीं, लेकिन यह आँकड़ा 'प्रतिदिन' (घ) में छह तक पहुँच गया। सभी रचनाओं की बात करें, तो औसतन पाँच में से दो में प्रतीकात्मक नाम पाते हैं।

ममता जी के इतने लम्बे लेखन-वृत्त में उनके अधिकांश संग्रहों की ज़्यादातर कहानियाँ दो मुख्य या आवश्यक पात्र प्रदर्शित करती हैं, हालाँकि 'प्रतिदिन' (घ) में इससे थोड़े ज़्यादा उपस्थित हैं, जबकि उसके तुरन्त बाद 'उसका यौवन' (ङ) व 'जाँच अभी जारी है' (च) में औसतन केवल एक-एक। दो-दो मुख्यपात्र अथवा पात्रों के युगल उनके शुरू के चार उपन्यासों, 'बेघर', 'नरक दर नरक', 'प्रेम कहानी' और 'एक पत्नी के नोट्स' में भी हैं : कहना मुश्किल है कि इनमें संजीवनी या परमजीत, उषा या जगन, जया या गिनेस, या फिर कविता अथवा सन्दीप ज़्यादा महत्त्वपूर्ण,

वजनदार किरदार है। विशेषकर संजीवनी भरूचा का निरूपण प्रशंसनीय हुआ है, जो एक "प्रसाधनहीन" "आधुनिक लड़की" के रूप में सामने आती है, अन्य लड़कियों की तरह फ्रॉक पहनने में विश्वास नहीं करती, लेकिन रोज़ साड़ी पहनते हुए भी फेमिना पढ़ती है और "लावन्यपूर्ण" लगती है (बेघर ४५)। जितनी देर वह कथानक में उपस्थित रहती है, उसे परमजीत जितना मुख्य पात्र मानते हैं और परमजीत से बिछुड़ने के बाद भी वह, अपनी अनुपस्थिति में ही सही, उपन्यास का पात्र बनी रहती है।

ज़रूरी पात्रों की संख्या प्रायः दो रहती है, तब कुल पात्रों की संख्या में आरंभ से लेखिका के इलाहाबाद निवास के अंत तक क्रमिक चढ़ाव देखा जाता है, उसके बाद पिछले कुछ वर्षों में उतार। 'तालिका १' को भरते हुए मैंने पात्रों की संख्या किसी भी रचना में ज़्यादा से ज़्यादा दस दर्ज़ की, हालाँकि कुछ-एक में गौणतम पात्र इससे ज़्यादा भी रहे हैं। पात्रों की बढ़ती संख्या का साहचर्य कुछ हद तक लेखिका के बढ़ते सामाजिक सन्देश व पीढ़ियों के अन्तराल के बढ़ते चित्रण के साथ, तथा 'अस्तित्व-वादी', किसी पात्र-विशेष की निजी समस्याओं पर केन्द्रित कहानियों की घटती संख्या से भी है।[२२]

चरित्र-चित्रण में गहरे मनोवैज्ञानिक विश्लेषण की संभावनाएँ हो सकती हैं, मगर ममता कालिया का ध्यान विविध सामाजिक समस्याओं को प्रदर्शित करते परिवेश के चित्रण पर केन्द्रित है। उनके पास चरित्र-प्रधान कहानियाँ अपेक्षाकृत कम हैं। यदि हम केवल उन कहानियों को लें, जिनमें सिर्फ एक मुख्यपात्र है, तो उनमें से भी हरेक के बारे में यह नहीं कह सकते कि वह पूर्ण रूप से उस मुख्यपात्र को समर्पित हो। तक़रीबन दस में से केवल एक कहानी सटीक अर्थ में ऐसी होती है, जैसे : —

चरित्र-प्रधान कहानियाँ : ज़िंदगी-सात घंटे बाद की (क.८), बेतरतीब (क.११), लगभग प्रेमिका (ख.३), खाली होता हुआ घर (ग.१४), एक अदद औरत (ग.१५), मन्दिरा (घ.८), नयी दुनिया (ङ.२), मनहूसाबी (ङ.७), दर्पण (ङ.१३), तासीर (छ.८), किताबों में कैद आदमी (छ.९), एक रंगकर्मी की उदासी (ज.१), सुलेमान (झ.२), सूनी (ज.४), अनावश्यक (ठ.१३), वह लड़का जिसे गर्मी लगती थी (ढ.५)

'बेघर' लेखिका का मुख्य चरित्र-प्रधान उपन्यास है, इसलिए संजीवनी के निरूपण की तारीफ के साथ यह टिप्पणी करनी चाहिए कि इस रचना का एक ज़रा अविश्वसनीय पक्ष परमजीत के चरित्र का विकास है। आरंभ में एक निरा सादा लड़का देखते हैं, जिसे अपने आस-पास की दुनिया की जानकारी नहीं रहती। फिर कुछ देर बाद, मुंबई में काम शुरू करने पर एक बिलकुल अलग परमजीत हमारे सामने है। "लाइफ ··· और प्लेब्वॉय" पढ़नेवाले परमजीत को संजीवनी से मिलने के

बाद "अपने पर आश्चर्य हो रहा था। उसने कल्पना नहीं की थी कि वह किसी लड़की के साथ इतनी शिष्टता से पेश आ सकता है" (४७, ६०), पर पाठक को और भी आश्चर्य होगा कि अन्ततः वह एक ऐसे शिष्ट नवयुवक का रूप कैसे ले लेता है, जो 'अन्यथा' जैसे शब्दों का प्रयोग कर संजीवनी को दूसरी मुलाकात पर रोमान पोलान्सकी की फ़िल्म देखने ले चलता है (४९, ५५)। परमजीत के इन दो स्वरूपों के बीच की कड़ी ठीक से नज़र नहीं आती। इसके बावजूद परमजीत की मनोदशा दोनों भूमिका में कुशलता से दिखायी गई है। उसका अकेलापन और गुस्सा विश्वसनीय है, "[उसे मुंबई] आकर ही पता चला कि उदासी का ताल्लुक अकेलेपन से होता है" (३७) जैसे कथन से दुनिया को पहली बार देखनेवाले एक नवयुवक की छवि बखूबी बनती है।

'बेघर' शुरू करने के बाद रवीन्द्र कालिया ने अपनी पत्नी को सलाह दी कि फ़िलहाल वे अपने हर पात्र के प्रति असंवेदनशील रही हैं, किसी एक की ओर सहिष्णु भी होना चाहिए। तभी उन्होंने "अपना चश्मा बदला। पात्रों से दूर होने पर उनकी पुनर्रचना का काम पहले से सरल हो गया"।[२३] इसी तरह 'किताबों में क़ैद आदमी' (छ.९) और 'एक रंगकर्मी की उदासी' (ज.१) के साथ भी सहिष्णु लगती हैं, इसके बावजूद कि ये मोहक व्यक्तित्व वाले किरदार नहीं हैं। वे इकहरे चरित्र नहीं बनातीं, उनके पात्र बहुआयामी होते हैं। इसका एक बेहतरीन उदहारण 'एक जीनियस की प्रेमकथा' २७२ (घ.४) हो सकती है। इसके नायक को जितना दंभी और असंतुलित बना दिया है, उतने उसमें स्नेह के बीज भी बोए हैं : पत्नी के बाल सहलाते हुए "उसे लगा, जैसे वह किसी धर्मग्रन्थ पर हाथ रखे हुए है। जीवन के बारे में इस वक़्त वह असीम आस्था, विश्वास और आनन्द से भरा था"। ममता जी की दुनिया ज़िन्दगी की तरह सिर्फ़ स्वेत-श्याम नहीं होती, और यह बात उनके पात्रों में झलकती है।

ग. रचना-प्रक्रिया में कल्पना और यथार्थ

'दूसरे अध्याय' के अन्त में यह उद्धरण दिया जा चुका है, जिसमें ममता जी कहती हैं, वास्तविकता के सबसे निकट का यथार्थवाद ही श्रेष्ठ है। आदर्श रूप से लेखक वह नहीं होता, जो कथानक की खोज करता है, उलटे कथानक या विषय-वस्तु ही लेखक को ढूँढ़ लेती है।[२४] यह ममता कालिया के साहित्य पर भी प्रकाश डालता है। ममता कालिया के उपन्यास पढ़ते हुए पाठक को ऐसा लग सकता है कि कथा की बुनाई पर से उनकी दृष्टि हटती भी हो, लेकिन चूँकि वे अपने परिवेश की घटनाओं का पर्याप्त

प्रयोग करती हैं, कथानक वास्तविकता के धरातल पर टिका रहता है। इसे वास्तविकता का पुनरावर्तन भी कहा जा सकता है। 'परिशिष्ट १' में दिए साक्षात्कार में यह पूछे जाने पर कि निजी अनुभव को साहित्यिक रचना में ढालने की प्रक्रिया कैसी होनी चाहिए, वे कहती हैं, "विश्वसनीय लेखन के लिए निजी अनुभव आवश्यक है, लेकिन मानती हूँ कि इससे लेखक को सुविधा भी मिलती है। भरसक कोशिश की जानी चाहिए कि वास्तविकता और कल्पना के टाँके नज़र न आएँ"। इस बात को उन्होंने इस प्रकार भी व्यक्त किया था : "निजी अनुभव कभी भी ज्यों के त्यों काम नहीं आते। उनपर पहले पर्दा डालना पड़ता है, फिर चिलमन उठानी पड़ती है"।[२५]

अन्यत्र कहती हैं, "रचनाएँ निजी अनुभवों के दस्तावेज़ नहीं होतीं", "बड़ा अजीब लगता है कि कहानी में पहले अपने यथार्थ की कल्पना बनाओ, फिर उसे कथा-यथार्थ बनाकर ऐसे लिखो कि वह अकेले एक की नहीं, हर एक की कथा लगे", और यह भी कि "लेखक अपने कौशल से निजी यथार्थ को इस तरह प्रस्तुत करता है कि वह सार्वजनीन लगे"।[२६] उनसे जब पूछा गया था कि फिर भी ऐसा कैसे संभव है, तो उन्हें लगा कि "स्व का सर्व बनना शायद तभी हो सकता है, जब कोई एकदम औसत किस्म का इनसान हो। जैसे मैं। इससे मेरे और दूसरों के बीच पुल जल्दी बन जाता है", तथा उपयुक्त विधा के सन्दर्भ में यह राय दी : "कल्पना, यथार्थ और अनुभव ··· का सबसे अच्छा और सहज संयोजन कथा-साहित्य में ही संभव है"।[२७]

मानना पड़ेगा कि अगर लेखिका ने पिछले सालों में अपने संस्मरण प्रकाशित न किए होते, तो आज यह कहना वाक़ई मुश्किल होता, उनकी कौन-सी रचना का कौन-सा बिन्दु उनकी आँखों-देखी से ताल्लुक रखता है। उनके कथानकों में ज़्यादा अविश्वसनीय या 'जादुई यथार्थ' के दायरे में आनेवाले प्रसंग नहीं पाए जाते। २०११ में भ्रष्टाचार संबन्धी एक सवाल पर उन्होंने यह उत्तर दिया था कि "रचनाकार को आगे आना चाहिए; उसे जादुई यथार्थ के मायालोक से निकलकर ठोस तथ्यों पर आधारित साहित्य का सृजन करना चाहिए"।[२८] वास्तव में उनका लेखन जादुई हो सकता है, मगर जादुई यथार्थ से दूर है। 'उनका जाना' (ज.२) के अन्त में पिता का अस्पताल के उसी कक्ष की उसी शय्या पर दम तोड़ना, जहाँ मात्र सोलह दिन पूर्व माँ का देहान्त हुआ था – यह उनके साहित्य में जादुई तत्त्व का एक विरल उदाहरण है।

संस्मरणों से यह जानना कि अनेक रोचक घटनाएँ वास्तव में उनके साथ घटी हैं, पाठक को बार-बार अचम्भे में डालता है। 'ख़ुशक़िस्मत' (ज.६) और 'अँधेरे का ताला' $_{१६–२८}$ का वह प्रसंग पढ़ते समय, जिसमें प्राचार्या नन्दिता को एक छात्रा का वहशी भाई तैश में आकर घायल कर देता है, आजकल की अभद्रता और असभ्यता

के बारे में सोचते हुए भी कौन कह सकता है कि यह दुर्घटना लेखिका पर ही बीती है? पर जी हाँ, ममता कालिया 'कितने शहरों में कितनी बार' [१७४–१७८] और 'भविष्य का स्त्री विमर्श' [६१] में इस वाकये का उपन्यास से मिलता-जुलता वर्णन करती हैं।

'दुक्खम-सुक्खम' उन्होंने बहुत सालों तक लिखा। 'पढ़ते, लिखते, रचते' [३८] में उन्होंने ज़ाहिर किया, उपन्यास के आरंभ का एक खाका उनके पिता ने भी देख लिया था और ऐतराज़ किया : ऐसे तो दुनिया जान जाएगी कि मेरी माँ लँगड़ाती थीं। रोचक बात यह है कि २००३ में प्रकाशित 'मुखौटा' संग्रह की एक कहानी 'मान लो कि' [२६०] (ज.८) की शुरुआत में पिता के इस प्रतिरोध का प्रसंग शामिल कर लिया, और उससे पहले 'नयी दुनिया' (ङ.२) में भी बेटी का लेखन बुरा माननेवाले परिजनों पर लिखा था। अन्ततः ममता कालिया ने अपने परिवार पर आधारित यह दूसरा, 'औपन्यासिक परिवार' पिता के विवाहेतर प्रायः-प्रेमसंबन्ध या ससुर की महाकंजूसी और सास-बहू के रिश्ते के लिहाज़ से और भी काले रंगों से रँगा है। यह बड़े साहस का काम है। ममता कालिया जब अपने संदेश के लिए एक ठोस आधार तलाशती हैं, तो वे न केवल मधुर-मधुर बातें करना, वरन् कटुता का प्रयोग करना भी जानती हैं। इससे स्पष्ट हो जाता है कि उनके लिए लेखन महज़ वास्तविक घटनाएँ बखानने का बहाना नहीं बनता।

'सपनों की होम डिलिवरी' (ण.३) को भी यथार्थ की यह पुनर्रचना ही सफल कृति बनाती है। जब नवम्बर २०१३ में लेखिका से मेरी दूसरी मुलाकात हुई थी, उन्होंने व्यक्तिगत रूप से बताया था कि नामचीन शेफ नाइजेला लॉसन पर एक सार्वजनिक स्थल पर हुए पति के अत्याचार की ख़बर ने उन्हें इतना विचलित कर दिया कि इसपर कुछ लिखना चाहती हैं। इस घटना पर उन्होंने 'भविष्य का स्त्री विमर्श' [३३–३४] में एक छोटा-सा आलेख प्रकाशित तो किया, पर पाठक अभी भी तुरंत पहचान नहीं सकता कि 'सपनों की होम डिलिवरी' इसी घटना से प्रेरित है। अख़बार के एक समाचार को ममता जी ने महानगरों के टूटते परिवारों और 'उत्तराधुनिक' प्रेम-संबन्धों के सार्वभौम अनुभव में कैसे तबदील किया है, इससे हमें उनकी रचना-प्रक्रिया में प्रेरणा और परिणाम के मूलभूत अन्तर तथा उनके कथा-कौशल का उत्कृष्ट उदाहरण मिलता है।

ऊपर हमने देखा कि ममता कालिया के साहित्य में उत्तमपुरुष कथावाचक स्त्री ही होती है, ऐसी रचनाओं में अक्सर आत्मकथात्मक तत्त्व भी शामिल हैं। इस तरह की 'दो ज़रूरी चेहरे' (क.१४), 'लगभग प्रेमिका' (ख.३) अथवा 'बाज़ार' (ढ.९) में आत्मावलोकन की इच्छा नज़र आती है। 'लगभग प्रेमिका' इसलिए भी रोचक है, क्योंकि इसका आत्मकथात्मक पक्ष पति रवीन्द्र कालिया का नौकरी की तलाश में मुंबई छोड़ना, ममता जी का कुछ समय के लिए उस शहर के एक हॉस्टल में अकेले

रह जाना तो है,[२९] किन्तु लेखिका ने पति की बेवफ़ाई की अपनी आशंका[३०] को कहानी में नायिका के बेवफ़ा होने की संभावनाओं में परिवर्तित कर दिया है।[३१]

उनके लेखन में आत्मसमालोचन की प्रवृत्ति भी दिखाई देती है। एक ओर 'नयी दुनिया' (ङ.२) में ममता जी ने लेखक समाज के गुण बताए है, वहीं 'सेमिनार' (च.१) में उनकी कमज़ोरियों का व्यंग्यचित्र पेश किया है। हैमिंग्वे को ख़ास पसंद करनेवाली ममता जी की एक नायिका "कविता ने हैमिंग्वे में मन लगाने की कोशिश की, नहीं लगा" (एक पत्नी के नोट्स ६१), तो हमें इसे वस्तुतः एक वक्र अत्मसन्दर्भ की तरह लेना चाहिए। ऐसे ही दशकों तक खुद एक महिला कॉलेज की प्राचार्या रहने के बावजूद (या फिर इसी लिए) 'वसन्त—सिर्फ़ एक तारीख़' (ग.३) के अलावा 'शॉल' (च.१५) और 'अँधेरे का ताला' लघु-उपन्यास में अध्यापिकाओं की खामियाँ तीखे व्यंग्य के साथ पाठकों के सामने लाती हैं।

इन कुछ मिसालों के बाद मैंने उन सभी प्रसंगों को संचयित करने का प्रयास किया है, जिनमें लेखिका की आपबीती की झलक स्पष्ट नज़र आई, अर्थात् जिनकी पृष्ठभूमि ममता कालिया स्वयं कहीं जता चुकी हैं : —

छुटकारा : 'यह ज़रूरी नहीं' (क.३) का पत्रकार नायक एक अख़बार के साहित्य—संस्कृति पृष्ठ सम्पादित करता है और दफ्तर के हालातों से खिन्न रहता है; 'धर्मयुग' पत्रिका में रवीन्द्र कालिया की भाँति (कितने शहरों में कितनी बार ११९, १३०)। 'उसी शहर में' (क.७) की युवती नायिका को इधर-उधर साइकिल चलाने के लिए उस प्रकार डाँट पड़ती है, जिस तरह ममता कालिया को ऐसा करने के लिए माँ ने डाँट दिया था (पढ़ते, लिखते, रचते ८८); ममता जी भी नायिका जितनी दुबली ("याद नहीं, दो-दो पेटीकोट पहनकर साड़ी बाँधा करती थी" ५७) हुआ करती थीं (कितने शहरों में कितनी बार ४३–४४)। 'साथ' (क.१०) का नायक वेतन जल्दी ख़त्म करने पर अनुवाद से गुज़ारा कर लेता है, रवीन्द्र कालिया की तरह (कहानियाँ १ vii)। 'शहर शहर की बात' (क.१२) में भी चण्डीगढ़ की गोष्ठी की याद है, 'कितने शहरों में कितनी बार' ११० की तरह। 'वे' (क.१३) कहानी उस घटना पर आधारित है, जिसमें वे रवीन्द्र कालिया के साथ चंडीगढ़ से दिल्ली लौटे और रिक्शा न मिलने के कारण उन्हें कम परिचित पुरुष साथी के घर रुकना पड़ा (कितने शहरों में कितनी बार १००–१०५)। 'दो ज़रूरी चेहरे' (क.१४) में भावी पति से 'कोर्टशिप लीव' पर कनॉट प्लेस के लॉ बॉहीम की 'गुफा' में मिलन, बहू को ढंग से चरणस्पर्श न आना, पिता का अपना पुस्तकालय मोह से साफ़ किया करना तथा रवीन्द्र कालिया की उनसे कही इस बात की यादें हैं कि ममता जी पर 'अंग्रेज़ियत' सवार थी (द्र० 'परिशिष्ट १' : "रवीन्द्र कालिया मेरे जीवन में आए, तो उन्होंने मेरा मज़ाक उड़ाया, जैसे 'अंग्रेज़ तो चले गए, और तुमको छोड़ गए'" ; कितने शहरों में कितनी बार ११०–१११, १२२, १७३, कहानियाँ १ vii, xi, तु० दुक्खम-सुक्खम २४९–२५०)।

बेघर : परमजीत का परिवार दिल्ली के शक्तिनगर में रहता है (२१), जहाँ १९६५ में वे खुद रहती थीं। पूना में उनका पड़ोसी एक अरविन्द भरूचा नाम का युवक था, जिसे ममता जी 'हँसमुख भाई'

पुकारती थीं : 'बेघर' का कथानक और नायिका संजी-वनी भरूचा का पात्र उसकी बहन, कान्ताबेन और उसे दिये गए धोखे से प्रेरित है; केकी का चरित्र एस०एन०डी०टी० कॉलेज में अंगेज़ी की एक प्राध्यापिका पर बनाया गया (कितने शहरों में कितनी बार ४६, पढ़ते, लिखते, रचते २६, २८, साक्षात्कार १५, ९७)। पंजाबी विज्ञापन एजेण्ट वालिया चाहता है कि परमजीत उसके यहाँ रहे, पर उसे वालिया की 'आधुनिकता' इतनी पसंद नहीं आती, आखिरकार वह कैंडल रोड पर किराये का कमरा लेता है (बेघर ४१)। विवाह से कुछ महीने पहले रवीन्द्र कालिया जब मुंबई गए थे, एक पंजाबी विज्ञापन एजेण्ट, एस० एस० ओबेरॉय के यहाँ रुके और उनमें मित्रता हो गई—ओबेरॉय के बारे में ममता कालिया की राय कुछ-कुछ वैसा था, जैसा बेघर के वालिया का चरित्र बना; उन दिनों ममता कालिया के पिता का घर कैंडल रोड पर ही था (कल-परसों के बरसों १०२; 'कहानियाँ १' viii)। 'कितने शहरों में कितनी बार' ९४ में वे बता देती हैं कि 'नाइफ इन द वॉटर' फिल्म, जिसका उपन्यास ३८ में ज़िक्र होता है, उन्होंने कनाट प्लेस के ओडियन में देखी थी—आधी, क्योंकि इत्तिफाक से मोहन राकेश भी वहीं बैठे थे और उन्होंने ममता जी के चुर्रमुर्र आलू-चिप्स खाने पर ऐतराज़ किया और वे शरमाकर बाहर चली गईं।

सीट नंबर छह : 'फ़र्क नहीं' १२१, १२३ (ख.२) की नायिका के पास "पढ़ने के लिए घर में कुछ नहीं था, पुराने अख़बारों और महापुरुषों की जीवनियों के सिवा। ··· पिताजी स्वामी विवेकानंद की जीवनी पकड़ा देते। शाम को वे उसमें से बाकायदा प्रश्न पूछते", ठीक 'दुक्खम-सुक्खम' २४५ की तरह, या जैसे लेखिका ने अपने बारे में बताया था (कितने शहरों में कितनी बार ४८)। दादा-दादी अपनी पोती को दो कहानियों में (आज़ादी १८६, ख.१२; निर्मोही ३४३, झ.१) तथा 'दुक्खम-सुक्खम' १३२ में 'लटूरबाबा' बुलाते हैं, और 'कितने शहरों में कितनी बार' १२ के अनुसार लेखिका के दादा-दादी भी ऐसा करते थे। 'लगभग प्रेमिका' (ख.३) के वास्तविकता-पक्ष के बारे में ऊपर बताया गया है। 'उपलब्धि' (ख.११) जैसी दुर्घटना उनके साथ भले ही न हुई, लेकिन रानी मंडी के उनके घर के आस-पास के माहौल को देखते हुए बेटे के नटखटपन की वजह से हो भी सकती थी (कितने शहरों में कितनी बार १४३–१४४)। 'आज़ादी' (ख.१२) लेखिका के मथुरा में बीते बचपन की यादों से उपजी है, इसी कारण यह 'दुक्खम-सुक्खम' में भी शामिल है (द्र० 'दूसरा अध्याय')।

नरक दर नरक : लेखिका शादी के बाद पति के साथ मुंबई में, फिर इलाहाबाद में अपने पैरों पर खड़े होने की परिस्थिति के बारे में 'कितने शहरों में कितनी बार' १०६–१६३ और 'पढ़ते, लिखते, रचते' ३१ (३०–३३) में विस्तार से बात करती हैं, जिससे पता चलता है, उपन्यास अपनी ही कथा का रूपान्तर है। ♦ मुंबई के केड़िया कॉलेज के माहौल में नायक जोगिन्दर साहनी (जगन) की जीवन्त प्राध्यापकीय हस्ती १२–१३ हिन्दू कॉलेज में लेखिका के अंग्रेज़ी के प्राध्यापक डॉ० बालचन्द्र राजन (कितने शहरों में कितनी बार ८५–८६) की याद दिलाती है। जगन उषा को वैसे ही लिफ्ट में चौंकाकर चूम लेता है, जिस प्रकार एस०एन०डी०टी० विश्वविद्यालय के अंग्रेज़ी विभाग के अध्यक्ष डॉ० मनियार ने (तु० उपन्यास का प्रिंसिपल सामन्त, जो जगन को नौकरी से निकाल देता है) लेखिका के साथ दुर्व्यवहार का प्रयास किया था। — मुंबई से इलाहाबाद-प्रवास के फैसले के बाद दम्पती पहले मथुरा चलते हैं ८०–८२, जहाँ उषा के पिता का तबादला हुआ। आकाशवाणी की नौकरी में मथुरा की ममता कालिया के पिता के भी कई तबादले हुए

और जिस तरह घर का माहौल ख़राब होने से वहाँ उषा और जगन एक दिन से अधिक नहीं रुकते, वैसे ही विवाह के कारण ममता जी और उनके माता-पिता का संबन्ध बिगड़ गया था (द्र० 'दूसरा अध्याय')। "उषा की माँ फीकी, लेकिन सीधी किस्म की औरत थी। चिट्ठी लिख सकने की लियाकत उसमें थी, लेकिन अंग्रेज़ी में वे अक्षर-ज्ञान के सिवा कुछ नहीं जानती थीं" १० जैसे वाक्य लेखिका ने अपनी माँ के सन्दर्भ में और भी लिखे थे (कितने शहरों में कितनी बार ३४, द्र० 'दूसरा अध्याय', ८वाँ अन्तलेख)। — मथुरा से दोनों जगन के चण्डीगढ़ वाले घर चलते हैं ८३–८५, जहाँ उसके माता-पिता आत्मीयता से पेश आते हैं, हालाँकि उषा के लिए पंजाब के देहाती वातावरण में समाना आसान नहीं लगता, उसे धार्मिक सास के संग चिंतपूर्णी चलना पड़ता है ८५–९१। नायिका के ये अनुभव लेखिका की जालन्धर की ससुराल से प्रभावित है (कितने शहरों में कितनी बार १२१–१२३)। — इलाहाबाद में जगन के होटल के सामने दिखता मुजराखाना व प्रेस खरीदकर उसके ऊपर वाले दो कमरों में उषा के साथ घर बसाना ९५, १०७–१०८ 'कितने शहरों में कितनी बार' १३८–१४१ के अनुकूल है : मुंबई छोड़ लेखिका और पति आरंभ में ऐसे ही अपनी प्रेस के ऊपर रहे, रानी मंडी के उस इलाके में, जो पहले तवायफ़ों का था। उपन्यास के पात्र मलिक साहब और पत्नी वास्तव में उपेन्द्रनाथ अश्क और कौशल्या अश्क से, प्रेस बेचनेवाले मिश्रा जी इन्द्रचन्द्र नारंग से प्रेरित प्रतीत होते हैं। — बच्चे की फेंसी ड्रेस प्रतियोगिता १२१–१२४ तथा उपन्यास के अन्त १३८–१४४ में मुहर्रम के दौरान हुई दुर्घटना का वर्णन 'उपलब्धि' (ख.११) (ऊपर) में भी पाया जाता है (तु० कितने शहरों में कितनी बार १४३–१४४)।

एक अदद औरत : 'लड़के' (ग.१) के बारे में लेखिका ने ज़ाहिर किया है (साक्षात्कार १५) कि वह "यथार्थ पर आधारित है"। 'राएवाली' (ग.२) 'माँ' (घ.९) और 'बाथरूम' (झ.९) की तरह एक नई बहू के साथ हो रहे अत्याचार की कहानी है, इसके लिए भी प्रेरणा शायद लेखिका की माँ की ससुराल की शुरुआती मुश्किलों ने दी थी। 'वसन्त—सिर्फ़ एक तारीख' (ग.३) उनकी किसी एक कविता (?) के समान है, इसमें ममता जी ने नवमातृत्व और बेरोज़गारी के अपने अनुभवों को कलात्मक अभिव्यक्ति दी है; इलाहाबाद में प्राचार्या पद पाने के बारे में उन्होंने 'कितने शहरों में कितनी बार' १५०–१५१ में लिखा है। 'खाली होता हुआ घर' (ग.१४) की युवा नायिका कुछ-कुछ लेखिका से मिलती है : एक आज़ादख़याल पिता के सरकारी पद के कारण बड़े बँगलों में रहता परिवार, एक "सजी-सजाई गुड़िया" जैसी कमज़ोर सेहत की माँ, एक होनहार बेटी, जिसकी पढ़ाई पर बहुत ध्यान दिया जाता रहा है, फिर वही बेटी, जो बड़ी होकरअपने पिता की उम्मीदों पर खरी नहीं उतरती। जब तक नायिका पढ़ाई में फिसड्डी होने के बाद परिवार को छोड़ एक अलग स्वतन्त्र, कम कामयाब जीवन की शुरुआत करती है, तब ममता कालिया के माता-पिता अपनी बेटियों के प्रेम-विवाह से नाखुश रहे (द्र० 'दूसरा अध्याय')।

प्रेम कहानी : लघु-उपन्यास की युवा विद्यार्थी नायिका जया शादीपुर डिपो ११४ में ठीक वैसे हालातों में रहती है, जिनका वर्णन लेखिका ने अपनी आत्मकथा 'कितने शहरों में कितनी बार' ८० में इस प्रकार किया : "मैं अपने मौसी-मौसा के पास राजौरी गार्डन में रहती थी, जहाँ से दो बसें बदलकर मॉरिसनगर पहुँचती। ··· घर में इतनी जगह न थी कि मैं अपनी किताबें फैलाकर बैठ सकूँ"। जया सहेली के साथ वैसे ही जनपथ पर "पटरी-शॉपिंग" १३५ करने जाया करती है, जैसे दिल्ली में रहते हुए स्वयं लेखिका करती रहती थी (कितने शहरों में कितनी बार १०७)।

प्रतिदिन : 'आपकी छोटी लड़की' (घ.२) ममता कालिया के बचपन की घटनाओं की कहानी है (पढ़ते, लिखते, रचते २०) : माँ की बेटी के साथ निष्ठुरता और उसी से तमाम घरेलू काम करवाना (पढ़ते, लिखते, रचते १४), पिता का पुस्तक-प्रेम (तु० दुक्खम-सुक्खम २४९; दो ज़रूरी चेहरे १०१, क.१३), बहन का कला-कौशल, अनेक पुरस्कार और अधिक आकर्षक दिखना (कितने शहरों में कितनी बार २१), घर में हिन्दी लेखकों का आना-जाना, गणित के अध्यापक का छात्राओं को दुराशय से छुआ करना – इन प्रसंगों का लेखिका के संस्मरणों में भी ज़िक्र हुआ है (द्र० 'दूसरा अध्याय')। 'लैला-मजनूँ' (घ.७) लेखिका के नवदाम्पत्य की समस्याओं से प्रेरित लगती है (दूर से प्रयाग आए रिश्तेदार ~ 'मेला', छ.२ के पंजाबी रिश्तेदार)। 'माँ' (घ.९), 'कवि मोहन' (घ.१०) के लिए द्र० 'दुक्खम-सुक्खम' (नीचे), जिसमें ये समाहित की गई हैं।

लड़कियाँ : कावसजी मैंशन के बारे में लेखिका से जानते हैं कि जहाँ कोलकाता में उनकी बड़ी बहन का परिवार रहता था, "मैंने अपने लघु-उपन्यास 'लड़कियाँ' में इसी करनानी मैंशन को आधार बनाया था" (कितने शहरों में कितनी बार २११)। रात को घर में चोर घुस आने का रोमांच पाठक 'कितने शहरों में कितनी बार' १६९–१७० में भी महसूस कर सकता है : एक बार फ़िराक के इलाहाबाद के घर में भी चोर पकड़ा गया, मगर उन्होंने अपनी पटु बातों के जाल में फँसाकर उसका मन कोई भी चीज़ उठाने से फेर लिया और मैत्रीभाव से मुख्य दरवाज़े से रवाना कर दिया।

(उसका यौवन : इस संग्रह में कोई प्रत्यक्ष रूप से आत्मकथात्मक कहानी नहीं है)

जाँच अभी ज़ारी है : शिमला का 'सेमिनार' (च.१) 'मुहब्बत का मौसम' (ढ.३) की भाँति साहित्य अकादमी द्वारा नैनीताल में आयोजित एक कार्यक्रम ('पढ़ते, लिखते, रचते' ४८–५१) पर आधारित हो सकती है। 'उमस' (च.२) के बारे में लेखिका स्वयं कहती है कि इसमें "आत्मकथात्मक विवरण मिल जाएगा" (साक्षात्कार ५२)। 'नया त्रिकोण' ५८–५९ (च.७) में दादी का पान-डब्बा गुम हो जाता है, इन्दौर के रेडियो कार्यक्रम से पहले गायिका रसूलनबाई के पान-डब्बे की तरह ('कितने शहरों में कितनी बार' ७३–७४)।

एक पत्नी के नोट्स : इस लघु-उपन्यास में कोई विशिष्ट आत्मकथात्मक बिंदु सामने नहीं आता। लेखिका ने व्यक्तिगत रूप से उजागर किया था कि नायक के चरित्र का आधार उनका एक ऐसा परिचित है, जिसका स्वभाव है हर काटू मज़ाक हर हालत में सस्वर व्यक्त करना, चाहे सुननेवाला बुरा क्यों न मान जाए।

बोलनेवाली औरत : 'बोलनेवाली औरत' (छ.१) का समापन घर में चुप कराई गई गृहिणी के उस विचार से होता है कि वह अपने अन्दर का अम्ल कुछ लिखकर बाहर निकाल दे। चूँकि इसमें और 'नयी दुनिया' (ङ.२) की युवा लेखिका की प्रेरणाओं में समानता दिखती है, तथा लेखिका द्वारा आत्मकथात्मक बताई 'उमस' (च.२) में भी गृहिणी अपने घर के हालातों की शिकार होती है, संभव है कि इस कहानी में भी ममता जी की कोई निजी संवेदना छिपी है। 'मेला' (छ.२) बहुत हद तक आत्मकथात्मक 'अँधेरे का ताला' ७२–७३ में दर्ज़ लेखिका के माघ मेले के अनुभवों की भाँति है ; इलाहाबाद में घटित इस कहानी में पति सत्य की श्रद्धालु मासी पंजाबी, होशियारपुर की है, जिस तरह दशकों तक इलाहाबाद की निवासी ममता जी के पति रवीन्द्र कालिया और उनका परम्परावादी परिवार (द्र० 'पहला अध्याय') भी पंजाब से हैं। 'जनम' (छ.५) के सन्दर्भ में द्र० 'दुक्खम-सुक्खम' (नीचे), जिसमें यह समाहित की गई हैं।

दौड़ : नायक पवन का अनुभव लेखिका के दो बेटों के कार्यानुभव से प्रभावित है ; उनमें से एक सपत्नीक किसी बहुराष्ट्रीय कंपनी में, तो सूचना प्रौद्योगिकी से सम्बद्ध दूसरे इलाहाबाद के अपने घर से काम करते हैं (द्र० 'दूसरा अध्याय')। नायक की अध्यापिका माँ स्वयं को "थोड़ा-बहुत लेखक भी समझती" है (६२), और "अपने को नारीवादी कहती" है (६५)।

मुखौटा : 'मान लो कि' (ज.८) में ममता जी नायिका को अपनी तरह अध्यापिका बना लेती हैं तथा उसे वही घरेलू नाम दे देती हैं, जिससे पिता उन्हें पुकारते थे : मुन्नी ; कहानी का स्थान गाज़ियाबाद है, जहाँ उनके पिता भी रहते थे और कहानी में बताया समय (१९९५) उनके और नायिका के भी साहित्य-प्रेमी पिता के देहान्त के बाद का है। 'बाण गंगा' (ज.१९) के बारे में लेखिका में व्यक्तिगत बताया कि इसे पहले उन्होंने संस्मरण की तरह लिखा था पर संपादक ने कहानी बनाकर छाप दी। 'छवि' (ज.२०) (उर्फ़ उड़ान, झ.१४) के बारे में आगे देखें।

निर्मोही : 'निर्मोही' (झ.१) में पिता का नाम वैसे ही 'विद्याभूसण' है, जैसे ममता कालिया के चाचा का, और 'दुक्खम-सुक्खम' की तरह भी, जिसमें इस कहानी का बड़ा भाग शामिल है; बुआ का नाम भी दोनों में भग्गो है तथा दोनों में मथुरा के सौंताल की अपनी भूमिका है; कथावाचक बच्ची को दाद्दी लटूरबाबा बुलाती है, द्र० ऊपर 'सीट नंबर छह'। 'ऐसा ही था वह' ३६३ (झ.३) में बीमार पिता ममता जी के अपने माता-पिता से प्रेरित 'उनका जाना' ११ (ञ.२) की भाँति अस्पताल के आईसीयू की बिस्तर नंबर ३ पर पड़े हैं; इसकी शुरुआत में नायक की चाची घर में अलग चौका चलती हैं — एक ऐसा प्रसंग कहीं और ('दुक्खम-सुक्खम' ?) भी है। 'बाँगडू' ३८५ (झ.६) की नायिका लेखिका के विपरीत स्वभाव की क्यों न हो, वह भी पंजाबी मूल के पति के साथ अंतरजातीय विवाह कर इलाहाबाद में रहती है और उसे अपने मायके के त्यौहारों में जन्माष्टमी प्रिय है, जो ममता जी की मथुरा का भी प्रमुख त्यौहार माना जा सकता है। 'बाथरूम' (झ.७) की नायिका 'भविष्य का स्त्री विमर्श' १९–२० के अनुसार सचमुच लेखिका की मथुरा की छोटी मामी के हौसले से प्रेरित है; 'दुक्खम-सुक्खम' में ममता जी ने इसी पात्र को अपनी माँ से प्रेरित, आगरा से मथुरा आई नायिका-पात्र में मिला दिया है, वहाँ आगरा को ही उसके भाइयों (मामाओं) का घर बना दिया। 'नमक' (झ.९) और 'पिकनिक' (झ.१०) दोनों कहानियों की नायिका लेखिका की तरह प्रौढ़ है, दोनों में नायिका के एक वयस्क पुत्र भी है, जिसे अंतर्राष्ट्रीय पैमाने की नौकरी बड़ी उम्र की अपनी माँ की संवेदनाओं को समझने व उनकी सेवा करने से ऐसे रोकता है, जैसे 'दौड़' उपन्यास के नायक को; परिस्थिति 'छवि' (ज.२०) की तरह लेखिका के अपने बेटे के कैरियर से प्रभावित हो सकती है (द्र० 'दूसरा अध्याय')। 'ख़ुशक़िस्मत' (ञ.६, द्र० आगे) वास्तविक घटना पर आधारित है, तो उसके अन्त में नायिका को बचपन में हुई चेचक का ज़िक्र भी वही है, और 'मुन्नी' (झ.१३) फिर इसी का विस्तार; यह कहानी आंशिक रूप से आत्मकथात्मक 'दुक्खम-सुक्खम' में भी मौजूद है (द्र० 'दूसरा अध्याय')।

थिएटर रोड के कौवे : 'थिएटर रोड के कौवे' (ञ.१) में लेखिका बेला और लेखक सैकत चंडीगढ़ की एक गोष्ठी में पहली बार मिलते हैं, ममता कालिया और पति रवीन्द्र कालिया की तरह; इस कहानी के अलावा 'कौए और कोलकाता' (ट.२) में भी नायिका कोलकाता की थिएटर रोड पर रहती है, कुछ-कुछ लेखिका की बहन की भाँति, जिनका निवास पार्क स्ट्रीट पर था (कहानियाँ १ xvii, कितने शहरों में कितनी बार १८०); 'कौए और कोलकाता' की छोटी बहन

अपने आप को दीदी से गंभीर सोच की मानती है, लेखिका की तरह। नायिका की माता पिता की मृत्यु पर आधारित 'उनका जाना' (ञ.२) तथा 'ख़ुशक़िस्मत' (ञ.६) के बारे में ममता कालिया ने स्वयं बताया कि यह खुद पर झेली कहानी है (पढ़ते, लिखते, रचते २०)।

अँधेरे का ताला : उपन्यास के आरंभ में ८ महिला कॉलेज के बारे में बताया जाता है कि उसकी कक्षाओं की खिड़कियाँ एक क़ब्रिस्तान पर खुलती हैं। वह सेवासदन डिग्री कॉलेज भी ऐसा ही था, जहाँ लेखिका लगभग तीन दशकों तक पढ़ाती रही ('कितने शहरों में कितनी बार' १५२)। पाँचवें अध्याय २९–३५ में खड़ूस प्रबन्धक द्वारा अध्यापिकाओं को वर्षों तक अस्थायी रखा जाना अथवा छुट्टियों के महीनों में उनकी सेवाओं को निलंबित करके वेतन न देना भी वास्तविक घटनाओं पर आधारित है ('कितने शहरों में कितनी बार' १५३)। पति को पिक्चर देखनी पसंद न होना तथा दीवाली के दिन सहेली के साथ सिनेमा से निकलकर सुनसान सड़क पर चलते रिक्शे के पास बाइकवालों द्वारा नायिका के पर्स की छिनैती ५१–५६ का लेखिका का निजी अनुभव 'कितने शहरों में कितनी बार' १६६–१६८ में पढ़ा जा सकता है। ममता जी की बड़ी बहन प्रतिभा अग्रवाल का घर वैसे ही कोलकाता में रहा है ('कितने शहरों में कितनी बार' २११), जैसे 'अँधेरे का ताला' ९७ में "वहाँ दिवाकर के बड़े भाई और नन्दिता की बड़ी बहन रहते थे"।

दुक्खम-सुक्खम : परिवार का घर ममता जी के दादा-दादी के घर की भाँति मथुरा की सतघड़ा गली में : "सतघड़े के उस मकान में अँधेरा तो वैसे ही बहुत रहता था" ९। लेखिका ने स्वयं पर आधारित पात्र के जन्म में अपना नाम भी छुपा लिया : "डॉक्टरनी ने हैरानी और अफ़सोस से कहा, 'कैसी माँ हो, ममता नहीं है बिल्कुल।'" ११। ममता जी और बहन प्रतिभा की तरह 'दुक्खम-सुक्खम' की प्रतिभा, यानी "बड़ी पोती बेबी [भी] सिर्फ दो साल की थी" जब मनीषा पैदा हुई १३। मनीषा की बुआओं (भग्गो, लीला, कुन्ती) के समान लेखिका की "तीनों बुआओं की अपनी-अपनी कष्टदायक ज़िन्दगी थी" (कितने शहरों में कितनी बार १३)। 'भविष्य का स्त्री विमर्श' १९–२० के आधार पर नायिका इन्दु के भाइयों का चरित्र वास्तव में लेखिका के मामाओं से प्रेरित हैं, जो आगरा न सही, मथुरा में दवाइयों का कारोबार करते थे और जिनको डॉक्टर न होकर भी लोग डॉक्टर समझने लगे थे १२६। सेलखड़ी की मछली का टूटना और पिता का भयंकर गुस्सा (पढ़ते, लिखते, रचते १२) सेलखड़ी के ताजमहल के टूटने की तरह है १३३–१३४। "नागपुर जाते वक़्त ट्रेन में पापा ने माँ के कहने पर चार की जगह तीन थाली खाना मँगवाया था कि टुनिया का क्या है, थोड़ा इधर से टूँग लेगी, थोड़ा उधर से टूँग लेगी" (पढ़ते, लिखते, रचते २४), ट्रेन में एक थाली कम खाना मँगाने का मलाल 'दुक्खम-सुक्खम' २११–२१२ में भी है। मॉडलिंग कैरियर की खातिर नृत्य में प्रवीण बड़ी बहन के घर से भाग जाने पर पिता कहते हैं : "बेबी हैज़ चीटेड मी। बी फेथफुल टु मी मुन्नी" २५५ ~ लेखिका की नृत्य और नाट्य में पारंगत बड़ी बहन के प्रेम-विवाह पर उनके पिता ने कहा, "यू बी फेथफुल टु मी मुन्नी। बेबी हैज़ चीटेड मी" (कितने शहरों में कितनी बार ३८)। रसूलनबाई के पनडब्बे का खो जाना २४७ ~ 'कितने शहरों में कितनी बार' ७३। खंडाला की फिल्म-शूटिंग २६१ ~ 'कितने शहरों में कितनी बार' ४४। उपन्यास की इन्दु (माँ) का कोमा में चला जाना २६७ ~ नेहरू जी की अन्त्येष्टि पर लेखिका की माँ की तबीयत का ख़राब हो जाना (कितने शहरों में कितनी बार ९३)

काके दी हट्टी : 'ज़ोरदार तालियाँ' (ठ.१०) 'संस्कृति' (ढ.६) (आगे) की तरह है, इसमें 'शॉल' (च.१५) का ज़ायका मिला हुआ है। ममता जी और उनके पति २००७ के न्यू यॉर्क में आयोजित विश्व

हिन्दी सम्मलेन के विशिष्ट अतिथि थे, 'छोटे खिलाड़ी' (ठ.१२) का ताल्लुक इस यात्रा से होगा। 'अनावश्यक' (ठ.१३) की नायिका एवं 'पण्डिताइन' (ड.१०) की गौण कथावाचिका इलाहाबाद से हैं, इन पात्रों में लेखिका का प्रतिबिम्ब मिल जाता है।

थोड़ा सा प्रगतिशील : 'जी' (ढ.१) में लेखिका ने नायिका का नाम लक्ष्मी मेनन अपनी एक ऐसी सहेली पर रखा है, जिसके साथ खरीदारी करने और रेस्तराँ में बैठने पहले वे स्वयं कनॉट प्लेस जाया करती थी (कितने शहरों में कितनी बार १०७) ; सहेली संग गोवा का स्नान, नहाने के कपड़ों की बात अनिता नाम की सहेली के साथ वास्तविक गंगा-स्नान और उस दौरान साड़ी के गायब हो जाने (कितने शहरों में कितनी बार १६६) तथा लेखिका की गोवा-यात्रा (पढ़ते, लिखते, रचते ४३) की झलक मिलती है। 'सेमिनार' (च.१) की तरह 'मुहब्बत का मौसम' (ढ.३) भी कुछ हद तक लेखिका की अपनी नैनीताल-यात्रा ('पढ़ते, लिखते, रचते' ४८–५१) से प्रभावित लगती है। ममता कालिया भारतीय भाषा परिषद्, कोलकाता की निदेशक रही हैं, 'संस्कृति' (ढ.६) को इसका निचोड़ कहना चाहिए ; परिसर में अतिथियों के सुरापान पर पाबंदी इसी शहर में ज्ञानरंजन द्वारा आयोजित 'पहल' सम्मलेन (२००५) के वृत्तान्त से प्रेरित है, जहाँ अतिथियों को पहले ऐसी शर्त पर लक्ष्मीनारायण मन्दिर में ठहराया गया था (मधु कांकरिया, 'समावर्तन' २३)। 'नमक' (झ.९) में उच्च-रक्तचाप की भाँति 'बाज़ार' (ढ.९) में भी ख़ुद की बीमारी, मधुमेह तथा प्रातःकालीन आदतों की तरफ़ आत्मव्यंग्यात्मक संकेत नज़र आते हैं। 'पटकनी' (ढ.) में छात्रों को रिज रोड पर ३५ पैसे का बर्फानी कोक मिलना 'कितने शहरों में कितनी बार' ९५ की तरह है। 'चाभी' (ढ.११) में पति सत्येन्द्र की मौसी वैसे ही पंजाबी है (जालन्धर की), जिस प्रकार 'मेला' (छ.२) के पति सत्य की श्रद्धालु मासी होशियारपुर की (द्र० ऊपर) ; लेखिका की ससुराल जालन्धर है।

अन्य रचनाएँ : 'बीतने के बाद' (ण.२) के समक्ष चित्रा मुद्गल पर के संस्मरण में ममता जी ने लिखा कि 'धर्मयुग' की टीम लंच-ऑर में ईरानी रेस्तराँ में आती, लेकिन जब उनमें से किसी की प्रेमिका मिलने आती, तो वह व्यक्ति उसके साथ टीम से हट जाता (कल-परसों के बरसों ११८)। 'ऐसा था बजरंगी' बाल-उपन्यास उन्होंने अपने पुराने सेवक बजरंगी से प्रभावित होकर लिखा (कल-परसों के बरसों ४२)।

लेखन में यथार्थ और कल्पना की चर्चा ममता कालिया की इस मज़ेदार टिप्पणी के साथ समाप्त करते हैं : "कई बार मुझे लगता है कि अपनी रचना से जो दुनिया लेखक निर्मित करता है, वह लाख यथार्थवादी हो, यथार्थ का पर्याय नहीं होती। असली दुनिया ज़्यादा बड़ी चुनौती है। वहाँ बस की कतारें हैं, नौकरी के जंजाल हैं, दिन में आनेवाले दस-दस मेहमान हैं, रसोई की सुबह-शाम है"।[३२]

घ. लेखन के भाव

'६० के दशक में युवा पीढ़ी के लेखकों के लिए काफ़्का, कामू और सार्त्र अनुकरणीय थे, इनका नकारात्मक प्रभाव उनके भावनात्मक जीवन पर भी हुआ, ममता जी के विचार में उन्हें "निर्वासन, निस्संगता और संत्रास" से भर दिया।[३३] शुरू में वे भी इनसे और बीटनिक कवियों से प्रभावित थीं, लेकिन कुछ समय बाद उन्होंने पाया कि यह रास्ता गलत दिशा में जाता है। उम्र के दूसरे छोर पर, 'दूरदर्शन' पर उन्होने कहा, "कभी-कभी कोई बहुत अच्छी खबर भी होती है, सकारात्मक, जिसपर लेखक ध्यान ही नहीं देते। उसपर लिखा जाना चाहिए। ··· यह इतना सच है, फिर भी लोगों को विश्वास नहीं होता। कई बार हम यथार्थ को ज्यों का त्यों दिखाते हैं, और कई बार उसी यथार्थ में से हम कोई न कोई आदर्श स्थिति ढूँढ़ते हैं, जिसको भी प्रेमचंद आदर्शोन्मुखी यथार्थवाद कहा करते थे"।[३४] याद किया जा सकता है कि 'दूसरे अध्याय' के अन्त में दिए कुछ उद्धरणों में भी उन्होंने यह जताया था कि किसी रचनाकार को समाज के नकारात्मक पक्ष का ऐसा चित्रण नहीं करना चाहिए, जो पाठक को निराशा में ले चले। सकारात्मक और जीवन्त लेखन ममता जी के रचनात्मक जीवन-वृत्त की पहचान है।

पहले दो संग्रहों, 'छुटकारा' (क) और 'सीट नम्बर छह' (ख) की अस्तित्ववादी पहुँच, व्यक्ति की निजी समस्याओं का प्रदर्शन समय बीतने के साथ कम होता गया, जितना कम हुआ, लगभग उतनी ही मात्रा में नाना प्रकार के सामाजिक मुद्दों का प्रतिनिधित्व न केवल बढ़ा, अपितु दोनों में संतुलन भी है (हाल के 'थोड़ा सा प्रगतिशील', ढ. में ही सामाजिकता सर्वोपरि हो चली है)। व्यंग्य और हास्य, कोमलता और सहानुभूति, उदासी और भय-त्रास – कुछ ऐसी भावनाएँ हैं, जो ममता कालिया के दो तिहाई लेखन के भाव बनती हैं, यद्यपि कुल कहानियों के एक तिहाई भाग और उपन्यासों में 'लड़कियाँ' व 'दौर' पाठक पर विशिष्ट रसप्रभाव नहीं छोड़ते।

जब वे अपना पहला उपन्यास 'बेघर' लिख रही थीं और लेखक साथी रवीन्द्र कालिया को उसका एक अंश सुनाया, तब उन्होंने ममता जी से यह पूछा था कि क्या वे किसी एक पात्र के साथ भी सहिष्णु नहीं हैं?[३५] पहला खाका व्यंग्यात्मकता से भरपूर रहा होगा। हालाँकि अब ऐसा नहीं लगता कि वे संजीवनी या परमजीत के प्रति हमदर्दी नहीं दिखा सकीं, पर तटस्थता 'बेघर' में हमदर्दी से पहले आती है। ज़िन्दगी के तमाम दुखों की ओर ममता जी में दिखती तटस्थता वह आधार होगा, जिसपर उनका 'सेन्स ऑफ़ ह्यूमर', उनकी विनोदप्रियता अविचल टिकी है।

कहानी हो या उपन्यास, ममता जी के लेखन में व्यंग्य और हास्य, हास्य और व्यंग्य साथ-साथ चलते हैं, इस "नश्तर के-से काटते तीखे व्यंग्य"[३६] से प्रचुर उनकी पुस्तकें पढ़ने में पाठक अनेक अवसर पर दिल थामकर ठहाके लगाएगा। हर लेखक को यह गुण हासिल नहीं है। मगर मेरी समझ में उनके सम्पूर्ण लेखन का सबसे यादगार पक्ष यह है कि खाली हँसी-मज़ाक से बढ़कर वे बहुधा रुला देनेवाली बातें भी इस प्रकार रख सकती हैं कि पढ़नेवाले की आँखों के कोनों में उदासी के नहीं, विनोद के ही आँसू आ जाते हैं।

रघुपति सहाय फ़िराक को उद्धृत करते हुए वे उनके इस बयान से सहमत नज़र आती हैं, जिसके अनुसार "कई लोगों में सेंस ऑफ़ ह्यूमर नहीं होती, ख़ासकर हिन्दीवालों में"।[३७] इसके बरक्स, 'दूसरे अध्याय' में यह बताया गया है कि ख़ुद ममता जी को शुरू से लगता था कि उन्हें "हिन्दी साहित्य के लद्धड़ हिस्सों से दूर रहना चाहिए" और कि साहित्य में "थोड़ी चुहल भी होनी चाहिए"। इसी तर्ज़ पर उन्होंने कई लेखकों की ओढ़ी हुई, कृत्रिम दार्शनिकता ख़ारिज कर ज़मीनी वास्तविकता को कभी न छोड़ते हुए रचना की।

हास्य-रस के अतिशयोक्ति, विरोधाभास और व्यंग्य जैसे स्रोत होते हैं। यहाँ अतिश्योक्ति का प्रतिनिधित्व अधिकतर सामान्य वस्तुओं या स्थितियों के लिए तत्सम शब्दों का वह प्रयोग करता है, जिसकी ऊपर चर्चा हो चुकी है। विरोधाभासी कथन लेखिका की पुरानी रचनाओं में कहीं-कहीं दिखते हैं, जैसे "अकेले में पूरा व्यक्ति भी कितना आधा। ··· थककर बिना नींद सो जाना" (दो ज़रूरी चेहरे १००, क.१४), "उदास मुसकराहट" (लगभग प्रेमिका १३०, ख.३), "उसे यों ठंडा देखकर बानी अन्दर तक उबल जाती" (दर्पण ३११, ङ.१३), "रेस्तराँ में हलका संगीत चल रहा था। फिर भी वहाँ निस्तब्धता लग रही थी" (इक्कीसवीं सदी ४८, च.५), "पुराने किस्से पुराने दर्द की स्मृति जैसा आनन्द देते", "विवाद जैसा संवाद" (एक रंगकर्मी की उदासी २३४, २३९, ज.१), "मीठा बोलता है, तो मुझे ज़्यादा कड़वा लगता है" (नमक ४०५, झ.९), "कॉक्रोच निश्चित था, पर उसकी मूँछें सचल थीं" (सूनी ३१, ञ.४), "रोशन अँधेरा" (जी १८, ढ.१) तथा "दिन लम्बे और अलग हो गए, हालाँकि रातें अभी छोटी नहीं हुई थीं" (प्रेम ७८, ढ.८)।

शब्द-चयन और वाक्य-रचना के अलावा, अपने व्यापक अर्थ में उपहास से सटायर तक जाता व्यंग्य है वह घटक, जो लेखिका की भाषा के इतनी पुरअसर होने के लिए ज़िम्मेदार माना जाएगा। पितृसत्तात्मक, पारिवारिक, धार्मिक, सामुदायिक, राजनैतिक आडम्बर और खोखले उच्चता-बोध का कुछ ही शब्दों द्वारा खंडन कर डालने के अतिरिक्त महिलाओं की खामियों पर भी कटाक्ष करने की वे विशेषज्ञ हैं।

यह भी कह सकते हैं कि शुरुआती रचनाओं में व्यंग्य और आक्रोश हास्य पर हावी था, बाद में हास्य व्यंग्य से थोड़ा प्रबल हो गया।

उनकी रचनावली की समूची हास्यकर उक्तियों पर एक अलग पुस्तिका बन सकती है, बहरहाल उनके सबसे लाजवाब जुमलों का एक छोटा-सा संकलन यह हो सकता है : —

नायिका कहती है, भाभी शादी के बाद भी "वैसी ही रही ··· बेसलीका और बेअक्ल। बल्कि भाई भी उसके साथ-साथ उसी अनुपात में बेवकूफ होता जा रहा था। वह उसके साथ रसोई में ऐसे लगा था, जैसे पत्नी ऑपरेशन कर रही हो" (बीमारी ४५, क.४)।

कनॉट प्लेस की "पीछे की गलियों को देखकर कोई नहीं सोच सकता था कि आगे इतनी भीड़ और इतना शोर होगा, जिसे आम भाषा में रौनक कहते हैं" (दो ज़रूरी चेहरे ९५, क.१४)।

बिद्धिजिवियों की अपनी चाय की दुकान पर "उसका एक दोस्त था जो सिर्फ़ 'कामू' पढ़ता था, 'कामू' बोलता था और आत्महत्या की बात आँखों में ऐसी चमक भरकर करता था जैसे लोग अपनी सुहागरात के बारे में बताते वक़्त करते हैं" (वे ८३, क.१३)।

'बेघर' में ममता कालिया दिल्ली के पंजाबी परिवार का बखूबी वर्णन करती हैं। पंजाबीपन और निम्न-मध्यवर्गीय परिवेश को परमजीत के पिता की दुकान या घर की परिस्थिति के विवरण से अधिक यह ज़ोरदार टिप्पणी उभार देती है: "मैट्रिक तक आते-आते ··· यह उसने उन्हीं दिनों पता लगाया था कि उसे आधे अक्षरों वाले शब्द बोलने में मुश्किल होती है" (बेघर २२)।

भारत की वर्तमान सांस्कृतिक और भाषिक समस्या को यह वाक्य उजागर करता है : "एक लड़का और लड़की टूटी-फूटी अंग्रेज़ी में प्रेम कर रहे थे" (बेघर ३५)।

"आगे के चार दाँत थोड़े-थोड़े टूटे हुए थे, जैसे फ़र्श से सीमेंट उखड़ गई हो," "टाइपिस्ट होने के लिए ज़्यादा समझदार है और पत्नी होने के लिए, कुछ कम सुन्दर" (बेघर ४०)।

प्यारीदेवी महाविद्यालय की "नई प्रिंसिपल के सर के सभी बाल सफ़ेद थे। फिर भी उसके रिटायर होने की कोई उम्मीद नज़र नहीं आती थी। रंगत के आधार पर वह कॉलेज में चलती-फिरती नैगेटिव फिल्म लगती थी" (फर्क नहीं १२१, ख.२)।

"वैसे भी मुझे ये रिश्ते-छाप संबोधन प्रिय नहीं थे" (लगभग प्रेमिका १३२, ख.३)।

"अखिल जब उसे मिनी कहता था, उसे अभी भी अच्छा लगता था, हालाँकि उसे पता था, अब वह मिनी नहीं, मैक्सी बन चुकी है" (निवेदन १४१, ख.४)।

दिल्ली के हवाई अड्डे पर विदेश से आ रहे "कुछ हिप्पी लड़के-लड़कियाँ थे, जिनके पास सामान नाम-मात्र का था, लेकिन जिनके कस्टम-क्लियरेंस में बड़ी देर लगी" (जितना तुम्हारा हूँ १४५, ख.५)।

"शादी के बाद से ही होश कुछ इस तरह आया है कि जाता ही नहीं" (जितना तुम्हारा हूँ १५१, ख.५)।

"जैसे-जैसे हम प्रौढ़ हो रहे थे, दूसरों में हमारी दिलचस्पी बढ़ती जा रही थी। अब तो अक्सर हमारे अन्तरंग क्षण वही होते, जब हम औरों की बातें करते (प्यार के बाद १६२, ख.८)।

एक संदिग्ध मदिरालय के सामने "जगन ने अंदाज़ा लगाया कि यही शशिकान्ता अथवा मोहिनीबाई होगी। उसके शरीर में नृत्य की कोई संभावना नज़र नहीं आती थी" (नरक दर नरक ९७)।

"लोगों में बेहिसाब जिजीविषा थी। पेट पूरा भरा हो, तब तो ज़िन्दा थे ही, पेट पूरा न भरे होने पर भी ज़िन्दा थे" ··· "जब रोज़ भूखे रहते हैं, तो भूख हड़ताल में क्या तुक?" (लड़के १९७, ग.१)।

वसन्त ऋतु की खूबसूरती से अंजान, "अन्दर गोबर रंग की कीमती साड़ी में श्रीमती शान्ता सक्सेना प्रशासन में मगन थीं। ··· वसन्त और वित्त-वर्ष की टक्कर में वसन्त हार गया था" 'वसन्त—सिर्फ़ एक तारीख़' २१२ (ग.३)।

दिल्ली से ली मैक्सी "तब उसने इसलिए नहीं पहनी थी क्योंकि उसे समय नहीं मिला, अब वह इसलिए नहीं पहनती, क्योंकि समय निकल चुका" (तस्कीं को हम न रोयें २१५, ग.४)।

"मैं जब ऑफिस से लौटी, तब तक लोग मिसेज़ सुरजीत को मिसेज़ सुरजीत नहीं, बॉडी कह रहे थे। जमादार द्वारा कॉरिडोर धोया जा रहा था" (लड़कियाँ ८५)।

"तंग आकार पूर्वा ने सोचा, अब वह इस तरह नहीं लिखेगी। अब वह बखिये उधेड़ने की जगह रफ़ू करना सीखेगी। क्या जरूरत है लोगों के दर्द बेपर्द करने की, जब लोग पर्दा-पसंद हैं" (नयी दुनिया ३१२, ङ.२)।

"थोड़ी देर में माँ भी आ गयी, मंथर गति से, अपने विशाल कूल्हे हिलाती हुई। ··· वह लड़की का भविष्य थी या लड़की उसका अतीत, दोनों ही अंदाज़ दुःख देनेवाले थे" (आहार ३२७, ङ.४)।

"हेमेन्द्र की पत्नी आजकल मैके गयी हुई थी। उसने लड़की की ओर बड़ी भूखी नज़रों से देखा, हालाँकि वह भरपेट खाना खा चुका था। उसे लगा यह गेलॉर्ड नहीं, उसका घर है। लड़की कुर्सी पर नहीं, उसके बिस्तर पर बैठी है। उसकी आँखों में एक अदद बेडरूम तैरने लगा। ··· उसने एक दर्ज़ी की नज़र से लड़की का चालीस-इक्कीस-चालीस देखा और तबीयत बागबाग हो गई" (आहार ३२८, ङ.४)।

"उस [शादी के] चित्र में आँखें झुकाए वे [मिसेज़ शर्मा] सलज्ज, सुन्दर और सुडौल लग रही थीं। अब यह कहना मुश्किल था कि उन्होंने समय का दुरुपयोग ज़्यादा किया, या समय ने उनका" (पच्चीस साल की लड़की ३३०, ङ.५)।

"पत्नी का नाम सुषमा वर्षों पहले अपनी सार्थकता खो चुका था। कई नाम समय सापेक्ष होते हैं, अस्थायी (अट्ठावनवाँ साल ३५६, ङ.९)।

"अचानक उम्र ने उनके साथ सौतेला व्यवहार शुरू कर दिया। ··· गर्मी की छुट्टियाँ होनेवाली थीं। सबके पास घुमक्कड़ी की अलग-अलग योजनाएँ थीं। कोई अध्यापिया मनाली जानेवाली थी, तो कोई मैके" (आलमारी ३७३, ङ.११)।

"सेमिनार में पाखी के अलावा कुछ और लेखिकाएँ और थीं। उनमें से दो युवा और नई थीं, जो खींचतान कर लगातार अपनी उम्र से बड़ी दिखने का प्रयत्न कर रही थीं। और दो अधेड़ थीं, जो खींचतान कर लगातार अपनी उम्र से बड़ी दिखने के लिए संघर्ष कर रही थीं। ··· अगर ये किसी बात पर असहमत होतीं, तो बाघिन-सी उस वक्ता पर टूट पड़तीं। उनके बयान तर्क से परे, लेकिन आक्रामक होते। उनकी भाषा बड़ी टकसाली थी, जिनसे किसी भी सेमिनार की कार्रवाई उल्लेखनीय बनती है" (सेमिनार १२, च.१)।

"पति का ख़याल था कि पत्नी के रूप में वह एक गोल व्यक्तित्व बनती जा रही थी। ··· वह लगातार समकालीन रहता, जबकि वह कई दिनों तक तत्कालीन बनी रहती"। (उमस १९, च.२)।

"व्हिस्की बहुत जल्द ख़त्म हो गई थी और अब किसी भी क्षण महफ़िल उखड़ सकती थी। अधूरे नशे में सबको लग रहा था कि उनपर ज़ुल्म हो रहा है" ; "'हँसना हर वक़्त ज़रूरी होता है', सुरैया ने हँसकर कहा। 'मैं इस वक़्त कुछ तोड़ना चाहती हूँ, तश्तरी या ग्लास'" (रजत जयन्ती ४१, ४३, च.४)।

"मौजूदा स्टाफ़ में सब लोग इस कदर विवाहित थे कि उनके बारे में सोचना भी फ़िज़ूल था" (जाँच अभी जारी है २७, च.३)।

"'हँसना हर वक़्त ज़रूरी होता है', सुरैया ने हँसकर कहा। – 'मैं इस वक़्त कुछ तोड़ना चाहती हूँ, तश्तरी या ग्लास'" (रजत जयन्ती ४३, च.४)।

"'प्यार-दुलार विशेषांक', 'साज-सिंगार विशेषांक', 'सुखी-सुहागन विशेषांक' बहुत बिके थे, और स्टाफ़ के सदस्य आपस में कहते थे, अब उन्हें निकालना चाहिए 'डाँट-फटकार विशेषांक', 'सादगी विशेषांक', 'सुखी वैधव्य विशेषांक'" (प्रिया पाक्षिक ६७, च.८)।

"ककड़ीवाली विज्ञापन की दुनिया से परे छाबड़ी में महज़ ककड़ी लगाए, उकताई नज़र से आते-जाते लोगों को देख रही थी। ककड़ी की तरह वह पतली और लम्बी थी, पर हरी नहीं थी। वह भूरी थी" (चोट्टिन ९८, च.१३)।

"सोहबतिया बाग से संगम जानेवाले मार्ग पर भगवे रंग की एम्बैसडर गाड़ियाँ दौड़ रही थीं। पाँच सितारा अध्यात्म पेश करनेवाले विशाल जटाजूट धारण किए साधु-सन्त, फ़क़ीर, रंग-बिरंगे यात्रियों के रेले में अलग नज़र आ रहे थे" (मेला १३३, छ.२)

कंप्यूटर इंजीनियर बहू स्टैला "कंप्यूटर मैन्यू पर जितनी पारंगत थी, रसोईघर की मैन्यू में उतनी ही अनाड़ी" (दौड़ ६८)।

"भगवान उसकी मिडिल क्लास प्रार्थनाओं पर ध्यान देते हैं, दिन निर्विघ्न पार हो जाता है" (मुखौटा २४१, ज.४)।

"'आरपीएफ की गोली से एक लड़का ख़त्म हो गया न।' अफ़सोस के साथ मेरे मन में एक मूर्ख जिज्ञासा उठ रही है—मरनेवाले लड़के के पास टिकट था या दब्ल्यू०टी० था? इस बात से कोई फर्क नहीं पड़ता। अब वह दूसरी दुनिया के टिकट पर यात्रा कर रहा है" (सफ़र में २७३, ज.७)।

माँ के लिए "लड़की एक समस्या थी, विवाह एक समाधान। समाधान के बाद फिर समस्या उन्हें मंज़ूर न थी"। "अच्छी औरतों ने बिल्ली को सीमा की गोद में डाल दिया और बोलीं, 'यह गऊ है तेरी, पी ले दूद्दू'। वात्सल्य की यह चौपाया अभिव्यक्ति बड़ी विरूप लगी थी उसे" (सीमा २९८, २९९, ज.१२)।

"सत्ता के गलियारों में इस तरह के नाट्य व्यापार उसने देखे और पचाए थे। उसे अंदाज़ा था की कितने प्रतिशत आश्वासन और उम्मीद से एक ज़रूरतमंद आदमी प्रसन्न होता है। साल छह महीने वह किसी भी ऐसे इनसान को उम्मीद के डिस्नेलैंड में घुमा सकता था" (सुलेमान ३५५, झ.२)।

"सपनों के सौदागर" सुलेमान ने "सत्ता के गलियारों में इस तरह के नाट्य-व्यापर ··· देखे और पचाए थे। उसे अंदाज़ा था इ कितने प्रतिशत आश्वासन और उम्मीद से एक ज़रूरतमंद आदमी प्रसन्न होता है। साल छह महीने वह किसी भी ऐसे इनसान को उम्मीद के डिस्नेलैंड में घुमा सकता था" (सुलेमान ३५०, ३५५, झ.२)।

लगातार भुनभुनाने के कारण "नियमित दवाएँ लेने के बावजूद पिता का रक्तचाप अनियमित रहा" (ऐसा ही था वह ३६०, झ.३)।

"[आधी रात में ख़राब होकर बस] फिर खड़ी हो गई। इस वक़्त वहाँ सिर्फ़ दो कुत्ते, तीन रिक्शे और एक अंग्रेज़ी शराब की दुकान हरकत में थीं" (वह मिली थी बस में ३७९, झ.५)

"जिस वक़्त वह [माँ] नहीं बुनती, उस वक़्त भी उसके मन में उधेड़बुन लगी रहती थी" (सिकन्दर ३९९, झ.८)।

" 'आजकल कौन बनता है भू-दृश्य। आप की दुनिया में मॉडल का मतलब आज भी सजीव नग्न आकृति है। आपके यहाँ मॉडल और नग्नता पर्यायवाची शब्द हैं।' हर्ष ने लड़की को जैसा समझा, उससे वह कहीं ज़्यादा सचेत निकली" (पीठ ४५४, झ.१६)।

"पिछले साल काके का ब्याह हो गया, जी ब्लॉक की पिंकी मलहोत्रा से। जी ब्लॉक की पिंकी बी ब्लॉक के रहन-सहन से समझौता नहीं कर पाई, वह ज़्यादातर जी ब्लॉक में ही

> रहती है। नाते-रिश्तेदारों को खटका है कि अगर पिंकी बी ब्लॉक से ऐसे ही दूर रही तो वह भूगोल के साथ उसके इतिहास से भी खटपट हो जाएगी" (काके दी हट्टी ९, ठ.१)।
>
> "अगर वे ओवरटाइम करते, तो बाकायदा बीवियों से पूछकर। पर ओवरटाइम के मौके बहुत कम आते। अक्सर छह बजे शाम तक सभी अपने-अपने बरामदे में चाय का प्याला हाथ में लेकर पत्नी के साथ प्रेमपूर्वक बोर होते देखे जा सकते थे" (शक ५६, ठ.७)।
>
> अनचाहे प्रसव के बाद एक नायिका सोचती है, "मैं जानती थी, फूल-पत्तियाँ नहीं बना पाऊँगी। मैंने स्टोर में से स्पिरिट की बोतल उठाईऔर सारी साड़ी पर एक ही झोंक में नरमुंड और आपस में क्रॉस करती दो हड्डियाँ उतार लीं" (अनावश्यक ११९, ठ.१३)।
>
> "ऐसा क्यों है कि हर लड़की प्रेमी तो बेकायदा चाहती है और पति बाकायदा?" (फिर भी प्यार १३२, ठ.१४)।

इन उदाहरणों को एक तरफ़ रखकर ज़ाहिर है कि ममता कालिया का लेखन केवल हास्य और व्यंग्य नहीं होता। पहली प्रकाशित पुस्तक 'छुटकारा' (क) में सहानुभूति वाकई कम दिखती है, पर 'बेघर' के अन्तिम संस्करण से लेकर यह भी उनकी रचनाओं की विशेषता रही है। 'एक अदद औरत' (ग) और 'प्रतिदिन' (घ) की सभी कहानियाँ पाठक में यह भावना पैदा करती हैं। परन्तु यह ज़रूरी नहीं कि हमारी सहानुभूति का आधार कथानक की कोमलता हो, यहाँ तक कि 'एक अदद औरत' संग्रह में तो उसकी दर शून्य ही मालूम देती है। इतना सच है कि कोमलता फिर उसके तुरंत बाद, 'प्रतिदिन' में सबसे अधिक महसूस होती है (संग्रह की आधी कहानियों में), लेकिन शेष सभी संग्रहों में आधे से भी कम कहानियाँ ऐसी होती हैं। 'प्रेम कहानी' १५६ जैसा रूमानी वातावरण और कहीं बनता भी नहीं।

न सिर्फ़ कोमलता, उदासी भी सहानुभूति की अनिवार्य सहचर नहीं होती — एक 'प्रतिदिन' संग्रह को छोड़कर। लगता है, ममता जी की कृतियाँ उनकी इच्छानुसार (द्र० 'दूसरा अध्याय') बिना निराश किए पाठक को पात्रों, दूसरे लोगों के दैनन्दिन जीवन की संवेदनाओं के साथ बाँधती हैं और उनके अन्त में रोशनी दिख ही जाती है, चाहे वह आरंभिक कहानी 'लगभग प्रेमिका' (ख.३) हो या हाल ही की रचना 'सपनों की होम डिलिवरी' (दोनों में संकटग्रस्त प्रेमिका कामकाजी महिलाओं के हॉस्टल पहुँचती है, दोनों में नए, सुखतर जीवन शुरू करने का आश्वासन है)। 'मान लो कि' (ज.८) उल्लेखनीय है, क्योंकि इसमें रचनाकार साहित्य से कम प्रभावित लोगों द्वारा लेखकों पर लगाए जानेवाले 'अतिरंजना' के आरोप की प्रतिक्रिया देती हैं, बावजूद इसके कि उनके साहित्य में गीली भावनाओं की बाढ़ नहीं उफनती। इस एक गदगद कर देनेवाली बिरली कहानी में उनके इस कथन को : "कहाँ हैं इस वक़्त वे

लोग, जो कहते हैं कि अतिरंजना सिर्फ साहित्य में होती है। जीवन की अतिरंजना का जवाब नहीं" (मान लो कि २६४), हम एक क्षमायाचक अन्दाज़ की तरह ले सकते हैं।

मैंने ऐसी चुनिन्दा कहानियाँ पढ़ीं (छुटकारा, क.६; गुस्सा, ख.६; आत्मरक्षा, ख.१०; मेला, छ.२; पीठ, झ.१६; थिएटर रोड के कौवे, ञ.१; छोटे गुरु, ञ.५; दूसरी आज़ादी, ठ.६), जो बिना विशेष सहानुभूति के, उदास कहलाई जा सकें और जिनकी परिणति कुल-मिलाकर नकारात्मक ही हो। पाँच में से एक कहानी भय या त्रास प्रदर्शित करती है, जबकि दस में से एक ऐसी है, जिसमें भय-त्रास के अलावा मृत्यु अथवा हिंसा भी शामिल हो, हालाँकि दोनों हर बार संबद्ध नहीं होते। हत्या 'इक्कीसवीं सदी' (च.५) और 'परली पार' (ढ.८) में दर्शायी जाती है, जबकि हिंसक व्यवहार 'उपलब्धि' (ख.११), पर्याय नहीं' (छ.११), 'बाल बाल बचनेवाले' (ज.३), बोहनी (झ.१२) और 'ख़ुश-क़िस्मत' (ञ.६) कहानियों में। इनमें लेखिका का इशारा समाज के पिछड़ेपन की तरफ भी रहता है, जैसे पुलिस का निकम्मापन या भीड़ की भेड़ियाधँसान व भड़क।

निष्कर्ष के तौर पर, जब ममता जी के बारे में मधु कांकरिया कहती हैं, "वे अपने दुःखों का कभी डिंडोरा [ढिंढोरा] नहीं पीटतीं, न जीवन में न लेख में, वरन् दुःख को ही लेखकीय खाद की तरह उपयोग कर उसी में से खूबसूरत पल ढूँढ़ लेती हैं", तो यह उनके रचना-संसार के अधिकतम भाग के लिए सचमुच एक सार्थक कथन जान पड़ता है।[३८]

अन्य सन्दर्भ

१ 'कितने शहरों में कितनी बार' ८१। इस मानसिकता का 'पीली लड़की' (ख.९) में भी ज़िक्र किया था : "मेरा शुरू से ख़याल था कि अंग्रेज़ी पढ़ानेवाले हिन्दी पढ़ानेवालों से ज़्यादा योग्य होते है। हमारे कॉलेज में तो हम हिन्दी विभाग से बोल-चाल रखना भी पसन्द नहीं करते थे। आखिर निकला तो हमसे अदना ही" (१६७), "दीपशिखा-से लड़की" (१६८) को "इससे अच्छा लड़का मिल सकता था। अब जनम भर कामायनी और रस-सिद्धान्त की किताबों पर से धूल झादेगी (१६७)।

२ 'तालिका २' में 'प्रति पृष्ठ शब्द-संख्या' को रचनाओं की तुलना का आधार माना गया है। चूँकि यह सटीक बताने के लिए इन रचनाओं में से केवल 'दुक्खम-सुक्खम' की सॉफ्ट कॉपी उपलब्ध हो पाई, शेष सभी के तीन-तीन पन्नों के दृष्टान्त पर औसत का अनुमान लगाया गया। 'दुक्खम-सुक्खम' का भी दृष्टान्त लेकर अनुमानित तथा सटीक प्रति पृष्ठ शब्द-संख्या में ३% अन्तर पाया गया (३५४ बनाम ३६५ शब्द प्रति पृष्ठ)। लेखिका के सबसे लम्बे उपन्यास 'दुक्खम-सुक्खम' और 'ममता कालिया की कहानियाँ, खण्ड १—२' का पृष्ठ-आकार एकसमान है। सुविधा के लिए इनके पृष्ठ-आकार को मानक समझकर, उचित तुलना के निमित्त इनमें और अलग आकार में छपी रचनाओं में एक गुणक के ज़रिये तालमेल बैठाया गया।

३ ‘साक्षात्कार’ १२१।

४ ‘कितने शहरों में कितनी बार’ ४५; ‘कहानियाँ १’ xix।

५ ‘कल-परसों के बरसों’ ७२।

६ ‘कितने शहरों में कितनी बार’ ३५।

७ ‘कितने शहरों में कितनी बार’ ८९–९०; द्र० ‘पढ़ते, लिखते, रचते’ १६–१७ : “१९६१ में दिल्ली विश्वविद्यालय में ··· थोड़ा परिचय होने पर यह आभास होने लगा कि बोलचाल और व्यवहार में अंग्रेज़ियत अपना लेने से ही कोई अफलातून नहीं हो जाता”।

८ ‘साक्षात्कार’ ५९।

९ ‘साक्षात्कार’ १२१ ; वे अपने पति रवीन्द्र कालिया, अज्ञेय और महादेवी वर्मा के गद्य की भाषा की कायल हैं।

१० ‘समावर्तन’ ११, ‘पढ़ते, लिखते, रचते’ ३१।

११ ‘साक्षात्कार’ ५५।

१२ द्र० सेठी (२०१४)।

१३ ‘साक्षात्कार’ ११३।

१४ ‘साक्षात्कार’ ११२।

१५ ‘पढ़ते, लिखते, रचते’ २०, तथा ‘थिएटर रोड के कौवे’ की भूमिका।

१६ ‘साक्षात्कार’ ९६।

१७ ‘साक्षात्कार’ ३२।

१८ राकेश (१९७५), पृ० ३७–४०।

१९ ‘साक्षात्कार’ २५, १५, ४५।

२० द्र० ‘सन्दर्भ एवं सहायक ग्रन्थ’, विविध।

२१ ‘कल-परसों के बरसों’ ४१।

२२ ५–१० पात्र > १०८ कहानियाँ – सामाजिक सन्देश ७४, पीढ़ियों का अंतराल ३०, अस्तित्ववादी ४९ ; १–४ पात्र > ४८ – २६, ८, २८ ; १–२ पात्र > ११ कहानियाँ – ४, ०, ७।

२३ ‘पढ़ते, लिखते, रचते’ २८।

२४ मोहन राकेश ने एक जगह जताया कि “आज के यथार्थ का सही चित्रण करने के लिए हमें अपने जीवन की संकुलता और सड़ाँध के बीच जीते हुए उसके खाके उतारने होंगे और उस सड़ाँध के बीच कुलबुलाती हुई तथा उसे दूर करने के लिए व्याकुल मानव-चेतना को प्रतिफलित करना होगा”। राकेश (१९७५) : ‘साहित्यिक और सांस्कृतिक दृष्टि’, पृ० ३५।

२५ ‘साक्षात्कार’ ५१।

२६ ‘साक्षात्कार’ ५५, ‘पढ़ते, लिखते, रचते’ २२, ‘साक्षात्कार’ ५०।

२७ ‘साक्षात्कार’ ९९, ‘साक्षात्कार’ ७५।

२८ ‘साक्षात्कार’ १२६।

२९ 'कितने शहरों में कितनी बार' १३१–१३२, १३५।

३० 'कहानियाँ १' xii-xiii।

३१ 'कितने शहरों में कितनी बार' १३५–१३६ के अनुसार बस में छेड़छाड़ वास्तव में बस स्टॉप पर हुई थी, इसके अतिरिक्त लेखिका ने अपनी रूममेट की दूसरों के निजी पत्र पढ़ने की आदत को उल्टाकर नायिका की आदत बना दिया।

३२ 'कल-परसों के बरसों' ५७।

३३ 'कल-परसों के बरसों' ८७।

३४ द्र० सेठी (२०१४)।

३५ 'पढ़ते, लिखते, रचते' २८।

३६ उपेन्द्रनाथ अश्क, 'समावर्तन' ११।

३७ 'कितने शहरों में कितनी बार' १६९।

३८ 'समावर्तन' २४।

निष्कर्ष

ममता कालिया को यद्यपि सराहना ज़्यादा मिली, पर कभी करीबियों का अप्रत्याशित वार भी सहना पड़ा। एक बार सतीश जमाली – जिनका जीवन-वृत्त ममता जी के अनुसार सॉमरसेट मॉम की कहानी 'द लोटस ईटर' जैसा है – उनके घर आए और दरवाज़े पर बात करने लगे : "एक बात पूछूँ आपसे? आप इतना क्यों लिखती हैं? कोई नहीं पढ़ता, आगे भी कोई नहीं पढ़ेगा। मुझसे लिखकर रख लें। आपके बाद दीमकें पड़ेंगी ये सारी किताबें और कहानियाँ"।[१] ग्रन्थों का विनाश होता आया है, मगर ममता कालिया के साहित्य के साथ ऐसा होना अवश्यम्भावी कहीं से नहीं है। आशा करता हूँ कि ममता कालिया के लेखन से परिचित होने के बाद अब पाठक भी मुझसे सहमत होंगे कि ममता जी का कथा-साहित्य एक भरोसेमंद रहनुमा है, जो सालों-साल बाद भी अपने युग के समाज के चारों ओर सैर करा सकेगा। मेरा ख़याल है कि उनकी कृतियाँ पुस्तकप्रेमी और समाज की दशा-दिशा के प्रति जागरूक वर्ग के दायरे में आनेवाले कल को भी इतनी ही प्रिय होंगी और लोकप्रिय रहेंगी। इस कथन के समर्थन में इस अध्ययन में रेखांकित कुछ पहलुओं की ओर फिर एक बार ध्यान दें।

एक तरफ लेखिका की रचनाओं का हमने एक 'समाजनामा' (सोसियोग्राफी) के रूप में पाठन किया, दूसरे इनके विलक्षण उद्धरणों को बच्चों की चित्र-पहेली के संख्या-युक्त बिन्दुओं-सा जोड़कर आपके सामने मौजूदा भारतीय समाज के कच्चे चिट्ठे के साथ-साथ ममता जी का पोर्ट्रेट तैयार हुआ है। वर्तमान शोध की मूल संवेदना न केवल समाज की विसंगतियों की चर्चा करने की रही है, वरन् उस रचनाकार के निर्माण पर विचार करने की भी, जिनका "ख़याल है कि लेखन के लिए सबसे पहले ज़रूरी है किसी भी खूबसूरत या बदसूरत बात को पूरी शिद्दत के साथ महसूस करना, फिर उसके प्रति एक व्यापक सामाजिक दृष्टिकोण और अन्त में अभिव्यक्ति के लिए रचनात्मक तैयारी"।[२] आलोच्य पुस्तकों के पन्ने-पन्ने पर पाठक लेखिका की इस शिद्दत, इस दृष्टिकोण व तैयारी का साक्षात्कार कर सकता है और प्रस्तुत ग्रन्थ में इन्हें बार-बार व्याख्यायित करने का प्रयास किया गया है।

लेखन के विषयों के प्रति उनकी *शिद्दत* की परिभाषा यह होगी कि ममता कालिया की "कहानियों के पीछे वे सब विसंगतियाँ हैं, जिनकी मूकदर्शक बनकर बैठना" उन्हें मंज़ूर नहीं था, और मैं उनकी इस बात को भी पूरा सच ठहराऊँगा कि "समय के सवालों से जूझने की चुनौती और उत्कण्ठा तथा जीवन के प्रति नित-नूतन विस्मय ने ही इन कहानियों का लिखना संभव किया है"।[३] भारत के कई शहरों में, विविध परिवेश में जीवन के अध्याय पूरे करने से ममता जी का समाज को देखने का *दृष्टिकोण* निश्चित ही बहुआयामी रहा, प्रधानाचार्या रहते हुए छात्र-संपर्क ने इसे विस्तार देने के साथ पिछले कुछ सालों में भी ताज़गी और तारुण्य से भर दिया। यद्यपि मुख्यतः मध्यवर्ग के संबन्ध में लिखती रहीं, उसके सदस्यों के अन्य तबकों से हुए ताल्लुकात का चित्रण किया। गाँव का जीवन चाहे उनके साहित्य में मौजूद न हो, परन्तु निचले तबकों की संवेदनाएँ उन्होंने अवश्य समझीं। 'रोशनी की मार' या 'ज़ोरदार तालियाँ' जैसी कहानी उनकी इस भावना को साकार करती है कि एक 'हाय-हाय' भंगिमा समाज के कमज़ोर तबकों के लिए आवाज़ उठाने की अनिवार्य कसौटी नहीं है। ऐसे ही, उनके लेखन से स्पष्ट हो जाता है कि महिला-पक्षधरता स्त्री-जाति की व्यवहारगत कमज़ोरियों पर सवाल पूछने में बाधा नहीं बननी चाहिए। इस किस्म के साहित्य की *तैयारी* वे बचपन से करती रहीं, पिता के साहित्य-संस्कारों से लेकर बीटनिक दौर के प्रभावों तक, हिन्दी ही नहीं, मराठी और बांग्ला के उपन्यासों से अंग्रेज़ी कविता पर्यन्त।

"इतने बड़े साहित्य-सागर में कहाँ मैं, कहाँ मेरी कहानियाँ?", ममता जी पूछती हैं, और जोड़ती हैं कि "लेखन आपको लगातार विनम्र करने की प्रक्रिया का नाम है", तभी उनके घर में लेखन को किसी विशिष्ट सेवा योग्य कार्य नहीं समझा जाता, उन्होंने "जैसे जीवन में अन्य काम किए, वैसे ही लेखन भी किया"।[४] कॉलेज की प्रिंसिपल के पद पर ममता कालिया की आजीविका केवल लेखन पर ही निर्भर नहीं रही है, इसलिए भी उन्होंने तब-तब रचना की, जब-जब पाठकों से अपनी कोई मौलिक अनुभूति बाँटना चाहती थीं। अतः उनकी रचनाओं से बेसाख्तापन, सहजता तथा नम्र भाव का आभास होता है, पसीने में पगे प्रयासों का नहीं।

यदा-कदा 'बोल्ड' प्रसंगों में उनकी अभिव्यक्ति के *बेसाख्तापन* का परिचय हो गया है। ममता जी पहले ही लिख चुकी हैं कि "बेबाक और स्वाभिमानी" पति रवीन्द्र कालिया ने ही उनसे किसी कार्यक्रम से पूर्व कहा था, "जाओ, बेधड़क बोलकर आना। बबर शेर की तरह जीना सीखो",[५] और वे 'परिशिष्ट १' में दिए साक्षात्कार में आज भी यही कहती हैं : मैं शेर बनना चाहती हूँ। 'पाँचवें अध्याय' में उनकी कथा-भाषा परखते हुए उनके कहानी कहने की *सहजता* को हम अधिक जान सके, मगर

यह केवल शब्दों की शल्यचिकित्सा लगती इस भाषा-शैली के स्तर तक सीमित नहीं है। जैसा उन्होंने माना कि "साहित्य को वरिष्ठ या गरिष्ठ न होकर घनिष्ठ होना पड़ेगा",[६] ठीक वैसे वे अपनी विषयवस्तु चुनती आई हैं, इसलिए उनके साहित्य के साधारण सरोकार हिन्दी पाठक-वर्ग के हर सदस्य को निस्संदेह बाँध देंगे। पहले कहा गया कि वे लेखन के विषय को अपने अनुभवों की सीमा-रेखा के अन्दर रखने में विश्वास करती हैं और यह भी कि वे चाहती हैं मामूली जीवन की यादगार कहानियाँ लिखना। ऐसी कहानियाँ, जो ईमानदार होकर कल को भी याद की जाएँ : वे जानती हैं कि "भूमिकाएँ अक्सर झूठी होती हैं, क्योंकि भूमिकाएँ लेखक नहीं, संपादक लिखते हैं। पाठक की अदालत में लेखक के लिए झूठ बोलना मुमकिन नहीं होता"।[७] मिर्च-मसाले से रहित, उनकी रचनाएँ जीवन की सादगी की खूबसूरती का बोध जगाती हैं। यह ममता जी की *नम्रता* है।

लेखिका से शत प्रतिशत सहमत हूँ कि "अच्छा लेखक कभी भी आलोचक के पीछे नहीं भागता, बल्कि आलोचक उसके पीछे भागते हैं"।[८] और तो और, श्रेष्ठ रचनाकार ही किसी शोधार्थी के अध्ययन की विषयवस्तु बन सकता है, विशेषतः इन्हीं जैसा, जो 'दूसरे अध्याय' में उद्धृत अंश के अनुसार अपनी सभी रचनाएँ आज भी मानती हैं, उन्हें सब जिगर का टुकड़ा लगती हैं। ममता कालिया चर्चित रही हैं, लेकिन फिर भी हिन्दी के पाठकों में मन्नू भण्डारी या कृष्णा सोबती जैसी चर्चित नहीं हुईं, इसी लिए ऊपर उनके लेखन के रचनात्मक, कलात्मक *गुणों* को रेखांकित किया गया, जिससे उनके यश में वृद्धि की अपेक्षा है।

'दूसरे अध्याय' के अन्त में सामाजिकता के गोचर में उनकी सबसे बड़ी खूबी, व्यक्ति की विश्वसनीयता और पात्रता की बात हुई थी, तो 'पाँचवें अध्याय' में यथार्थ-बोध के साथ जोड़कर प्रासंगिक कथ्य की विश्वसनीयता का सन्दर्भ खोला गया। वे अपने यथार्थ और अपनी आपबीती का व्यापक प्रयोग करती हैं तथा २०१३ में पहली हुई मुलाकात पर यह भी जानने दिया, "मैं आज का अख़बार बनना चाहती हूँ"। यह 'फिक्शन' मूलतः 'नॉन-फिक्शनल' है, ऐसी शायद ही उनकी कोई कृति होगी, जिसे पढ़कर पाठक निरा काल्पनिक ठहरा सके। संरचनात्मक कथा-तकनीकों की दृष्टि से कम विविध होती जाने के बावजूद समाज का रेखाचित्र बनाने के लिहाज़ से प्रायः सब स्मरणीय हैं।

उपन्यासों का विश्लेषण बताता है कि कहानियाँ उनसे बेहतर ही हैं। इसका मुख्य कारण यह देखा गया कि ये अधिकतम उपन्यास कहानियों का विस्तार होते हैं, जिनके मर्म को ममता कालिया कहानी में संक्षिप्त सानुपातिकता के साथ सुन्दर और पूरी

अभिव्यक्ति दे सकती हैं। कथाक्रम की अन्विति को वे सामान्यतः भंग नहीं करतीं। कभी आरंभ चौंकानेवाला बना देती हैं, तो कभी अन्त को अप्रत्याशित। उनके पात्र बहुधा सामाजिक यथार्थ का वाहन मात्र लगते हैं, चरित्र-प्रधान कृतियाँ अपेक्षाकृत कम हैं। लेखिका पाठक को लगातार आन्दोलित करती है, पात्रों के प्रति अक्सर सहानुभूति जगाती है, लेकिन रूमानियत को जगह नहीं देती, जो प्रशंसनीय है। ममता जी के सबसे जीवन्त और ख़ूबसूरत रंग विनोद और व्यंग्य के इलाक़े में दिखते हैं। उनके लेखन की यही सबसे बड़ी उपलब्धि है कि गंभीर होने के परे अधिकाधिक रचनाओं में मन हलका करनेवाला कोई कोण मिल ही जाता है। भय पैदा करना उन्हें पसंद नहीं, कहना चाहिए कि जैसे ही जीवन में आपदाएँ कभी-कभी आती हैं, वैसे ही 'इक्कीसवीं सदी' अथवा 'खुशियों का लौटना' की कोटि की कृतियाँ उनके पास कम हैं, मगर जो हैं, प्रभावशाली हैं।

ममता कालिया के साहित्य का सामाजिक पक्ष जितना एक मुखर प्रतिवाद है, उतना ही संस्कारी प्रतिक्रिया भी है। 'तीसरे अध्याय' एवं 'चौथे अध्याय' में जिन-जिन विषयों की चर्चा हुई है, वे सायास खोज से नहीं निकले, यादृच्छिक भी नहीं हैं, बल्कि सहज ही ये हैं वे प्रधान भाव (मोटिफ), जो लेखिका के साहित्य के अध्ययन में कदम-कदम पर हमारे सामने आते हैं। बृहत्तर समाज व परिवार संबन्धी चार-चार बड़े विषयों ('धर्म और अध्यात्म', 'भेदभाव और वर्चस्व', 'आजीविका' और 'नागरिक सहजीवन', तथा 'अभिभावक और संतानें', 'सयाने नौजवान', 'विवाह और दाम्पत्य' और अन्ततः 'वैकल्पिक संबन्ध') के अधिकतर तीन या चार अलग-अलग आयामों का परिचय कर लिया है। नारी की इनमें जितनी भूमिका है, उतनी पुरुष की भी है; ममता कालिया केवल स्त्री-विमर्श की लेखिका नहीं, 'पुरुष-विमर्श' की भी तो हैं।

मन और कलम से वे धार्मिकता को ढकोसलों से, समाज को साम्प्रदायिकता से मुक्ति दिलाना चाहती हैं। जी-हुज़ूरी की आदत और व्यापक फैले हुए भ्रष्टाचार से उन्हें चिढ़ है। महिलाओं पर हो रहे ज़ुल्म से चिन्तित हैं, किन्तु वे मानती हैं, बराबरी के बर्ताव के लिए भारतीय स्त्री को भी अपना छुई-मुई स्वभाव एक बार त्यागना ही पड़ेगा। महानगरों में अच्छे-बुरे परिवर्तन की साक्षी रही हैं। बेरोज़गार व भविष्य को लेकर विचलित युवा पीढ़ी का मर्म समझा, कलपुर्ज़ा बनते आम आदमी को सान्त्वना दी, काम करके अपना भाग्य निर्धारित करती युवतियों के प्रति ख़ुशी प्रकट की। कई प्रसंगों द्वारा स्पष्ट किया कि देश के नागरिकों के लिए पड़ोस के चोंचलों से अधिक एक-दूसरे के कार्यों में हाथ बँटाना बेहतर है, क्योंकि फ़िलहाल उन्हें प्रशासन और पर्यावरण की सिर पर आ रही समस्याओं से अविलम्ब निपटना चाहिए।

ममता कालिया इससे मुँह नहीं मोड़तीं कि परिवार के मिथकीय संस्कार जहाँ नारी के नज़रिये से कहीं ख़तरनाक लग सकते हैं, वहाँ उनका अच्छा पहलू नई पीढ़ी के बदलते आस्वाद से कुछ स्थानों पर ख़तरे में भी आ गया है। लिंग-भेद और लड़कों-लड़कियों का असमान पालन-पोषण प्रसूति-कक्ष में ही आरंभ हो जाता है। घर में उनकी अलग-अलग जिम्मेदारियाँ तैय कर दी जाती हैं। बड़ी होकर कुछ औलादें फिर माता-पिता के प्रति अपनी ज़िम्मेदारी निभाना भूलने लगती हैं। वैसे जवानों के आगे अनेक अड़चनें हैं, इतनी आबादी में उनके लिए एक सफल स्वतन्त्र अस्तित्व स्थापित करना बड़ी चुनौती है। यह एक विषम स्पर्द्धा है, जहाँ इस समय में बेटियों को शिक्षा के अधिकार के लिए भी लड़ना पड़ता है, हालाँकि अब कम अज़ कम इसका महत्त्व वे जानती हैं और अपना हक़ लेकर रहना चाहती हैं।

चाहे आयोजित और दहेज से प्रायोजित हो अथवा प्रेम से हो, हमारी रचनाकार के यहाँ विवाह माँगों से भरा रहता है, इसलिए पत्नी को केवल सिंदूर भरने में दक्ष नहीं होना चाहिए। पितृसत्ता, आर्थिक निर्भरता, एकाकी मेहनत, पति का दिया हुआ अपमान, यौन-शोषण और परित्याग, एक ज़ालिम ससुराल उसे निजता से वंचित एवं भीतर से खोखला कर सकते हैं, यद्यपि ममता जी ने संस्कारों में संतुष्ट नारी, स्वाभिमानी स्त्री तथा पत्नी से त्रस्त पति का सच एक विकल्प की तरह प्रस्तुत तो किया। कुछ वैकल्पिक संबन्ध भी गिनाए, इनमें लिव-इन रिश्ते, अविवाहित जीवन, व्यभिचार और थोड़ी मात्रा में तलाक शामिल हैं। — शोध-प्रबन्ध में मैंने केवल उन प्रसंगों पर ध्यान दिया, जो ममता कालिया के साहित्य में मौजूद हैं। इस साहित्य में क्या-क्या नहीं है, इस ओर मैंने इंगित ही किया। संभोग, परिवार के विघटन और अवमूल्यन आदि जैसे इन दिनों चर्चित व लोकप्रिय विषयों को इसलिए अधिक स्थान नहीं दिया, क्योंकि दृष्टिगत रचनाओं में ये बहुत सीमित अर्थों में उपस्थित हैं। इसके पीछे एक तो सकारात्मकता का तकाज़ा है, दूसरे रचनाकार के समय और संसार की भी एक प्राकृतिक सीमा होती है।

मेरे विचार में ममता कालिया अपनी शर्तों पर खरी उतरती हैं और समाज का बहुआयामी चित्रण करती हैं। हम लेखिका की सभी कृतियों के बारे में वही बता सकते हैं, जो उनकी शुरुआती अंग्रेज़ी कविताओं के एक अध्येता ने कहा था : "She treats of her experiences of love, marriage, family and society in a straightforward and conversational style. The strokes of irony make her poetry stirring." ।[९] ऐसे में यदि किसी को अन्य प्रकार की संवेदनाओं और दृष्टिकोणों की तलाश है, वह दूसरे कलाकारों के रचना-संसार की यात्रा करने के लिए

स्वतन्त्र है। हमारे लिए यह आश्वस्तिदायक है कि लेखिका की उन प्रेरणाओं, आदर्शों और कसौटियों को, जिनका परिचय हमने इस रचना के आरंभ में कर लिया था, आगे लेखन के स्तर पर भी सत्य होते हुए देखा है। उनके द्वारा सामने रखे ज़माने के नकारात्मक तथ्यों से सीख लेकर हम सब के मन में समाज के लिए कुछ सकारात्मक करने, कुछ-कुछ सुधारने और सुधरने की इच्छा और ऊर्जा उत्पन्न होती है। बीच में थक जाएँ, तो सामान्य पलों के सौन्दर्य में सुकून पाएँ !

मैं एक दूर देश से आकर भारत में शोधार्थी बना। अभी तक के अपने जीवन के कुल पाँच वर्ष भारतवर्ष में बिताने और अपनी अध्ययन-शीलता का बड़ा भाग इस भूमि को समर्पित करने के क्रम में, देश के जनमानस की खूबियों और खामियों दोनों के दर्शन करने को मिले। संभव है कि जिस हंगेरियन समाज में मेरी पैदाइश और परवरिश हुई, मैं उसके बारे में स्वर की उतनी उन्मुक्तता के साथ नहीं बोल पाऊँगा, जितना अब पराए न होने पर भी इस वि-देश के विषय में। जब किसी वस्तु के निकटतम रहते हैं, दृष्टि धुँधला जाती है। पूर्वाग्रह और स्वार्थ बिन बादल की बौछार की तरह बरस पड़ता है। इसके विपरीत विहंगावलोकन उसी वस्तु या उसी देश की पूर्ण रूप से अलग तस्वीर ही पेश करेगा। लेकिन कुछ भाग्यवान् द्रष्टाओं ने सोच से परे एक तीखी जुदा दृष्टि का प्रसाद चखा है। ममता कालिया ऐसी ही सत्यदर्शी, सत्यान्वेषी सर्जक हैं, देश की ज़मीन से जुड़ी हुई होकर भी ऊँचाइयों से दृष्टिपात करनेवाली रचनाकार, जिनमें अपने देशकाल के संदिग्ध और विचारणीय कई प्रसंगों को देख-पकड़ पाने की अप्रतिम क्षमता है।

सन्दर्भ

१ 'कल-परसों के बरसों' ८४–८५।
२ 'साक्षात्कार' १५।
३ 'पढ़ते, लिखते, रचते' २०, तथा 'थिएटर रोड के कौवे' की भूमिका ।
४ 'साक्षात्कार' ९५।
५ 'पढ़ते, लिखते, रचते' १८।
६ 'साक्षात्कार' ६३।
७ रवीन्द्र कालिया : 'गली कूचे', पृ० ९।
८ 'साक्षात्कार' ४५।
९ सिंह (२००४), पृ० ४९।

सन्दर्भ एवं सहायक ग्रन्थ

प्राथमिक सन्दर्भ ग्रन्थ

यहाँ रचनाओं के उन संस्करणों का उल्लेख हुआ है, जिनकी वास्तविक प्रति के आधार पर शोध किया गया है और जिन प्रतियों को ध्यान में रखते हुए पाठ में सन्दर्भ (पृष्ठ-संख्या आदि) दिये गए हैं। लेखिका की विस्तृत ग्रन्थ-सूची के लिए 'परिशिष्ट २' को देखें।

कहानियों की पृष्ठ-संख्याओं के संकेत : 'क.'–'ङ.' संग्रह 'ममता कालिया की कहानियाँ, खण्ड एक' (संक्षेप में 'कहानियाँ १'), 'च.'–'झ.' 'ममता कालिया की कहानियाँ, खण्ड दो' ('कहानियाँ २') के अनुसार ; शेष 'थिएटर रोड के कौवे' (ञ.), 'पचीस साल की लड़की' (ट.), 'काके दी हट्टी' (ठ.), 'ख़ुशक़िस्मत' (ड.) तथा 'थोड़ा सा प्रगतिशील' (ढ.) के अनुसार।

१ कालिया, ममता (2010). *अँधेरे का ताला.* (उपन्यास)
दिल्ली : हितकारी प्रकाशन.

२ कालिया, ममता (2009). *आप न बदलेंगे.* (एकांकी)
इलाहाबाद : लोकभारती प्रकाशन.

३ कालिया, ममता (2011). *कल-परसों के बरसों.* (संस्मरण)
दिल्ली : वाणी प्रकाशन.

४ कालिया, ममता (2010). *काके दी हट्टी.* (कहानी)
दिल्ली : वाणी प्रकाशन.

५ कालिया, ममता (2008). *कितने प्रश्न करूँ.* (काव्य)
दिल्ली : वाणी प्रकाशन.

६ कालिया, ममता (2010). *कितने शहरों में कितनी बार.* (संस्मरण)
दिल्ली : वाणी प्रकाशन.

७ कालिया, ममता (2012). *खाँटी घरेलू औरत.* (काव्य)
दिल्ली : वाणी प्रकाशन.

८ कालिया, ममता (2010). *ख़ुशक़िस्मत.* (कहानी)
इलाहाबाद : लोकभारती प्रकाशन.

९ कालिया, ममता (2011). *तीन लघु उपन्यास.* (उपन्यास)
दिल्ली : किताबघर प्रकाशन.

१० कालिया, ममता (2006). *थिएटर रोड के कौवे.* (कहानी)
दिल्ली : पेंगुइन.

११ कालिया, ममता (2014). *थोड़ा सा प्रगतिशील.* (कहानी)
इलाहाबाद : लोकभारती प्रकाशन.

१२ कालिया, ममता (2011). *दुक्खम-सुक्खम.* (उपन्यास)
दिल्ली : भारतीय ज्ञानपीठ.

१३ कालिया, ममता (2000). *दौड़.* (उपन्यास)
दिल्ली : वाणी प्रकाशन.

१४ कालिया, ममता (2013). *नरक दर नरक.* (उपन्यास)
दिल्ली : किताबघर प्रकाशन.

१५ कालिया, ममता (2006). *पचीस साल की लड़की.* (कहानी)
गाज़ियाबाद : रेमाधव पब्लिकेशन्स.

१६ कालिया, ममता (2011). *पढ़ते, लिखते, रचते.* (संस्मरण, आलेख)
जयपुर : बोधि प्रकाशन.

१७ कालिया, ममता (2009). *बेघर.* (उपन्यास)
दिल्ली : वाणी प्रकाशन.

१८ कालिया, ममता (2015). *भविष्य का स्त्री विमर्श.* (आलेख)
दिल्ली : वाणी प्रकाशन.

१९ कालिया, ममता (2009). *ममता कालिया की कहानियाँ १—२.*
दिल्ली : वाणी प्रकाशन. रवीन्द्र कालिया की भूमिका : खण्ड १, पृ० v—xxi

२० कालिया, ममता (2016). *सपनों की होम डिलिवरी.* (उपन्यास)
इलाहाबाद : लोकभारती प्रकाशन.

२१ कालिया, ममता (2015). *स्त्री विमर्श का यथार्थ.* (आलेख)
दिल्ली : किताबवाले प्रकाशन.

२२ कालिया, ममता (सं०) (2009). *नयी सदी की पहचान: श्रेष्ठ महिला कथाकार.*

(कहानी-संकलन) इलाहाबाद : लोकभारती प्रकाशन.
२३ कालिया, ममता (सं०) (2015). *बीसवीं सदी का हिन्दी महिला लेखन ३.* (कहानी-संकलन) दिल्ली : साहित्य अकादमी.
२४ कालिया, ममता (सं०) (2012). *मेरे साक्षात्कार — ममता कालिया.* दिल्ली : किताबघर प्रकाशन. पाठ में 'साक्षात्कार' ## इसी का संकेत

सहायक ग्रन्थ और आलेख

अन्तरजाल पर पाए जानेवाले स्रोतों के यू०आर०एल० सन्दर्भ व देखे जाने की तिथि अन्तलेख के रूप में।

स्त्री-चिन्तन

२५ कुमार, राधा (2011). *स्त्री-संघर्ष का इतिहास.* दिल्ली : वाणी प्रकाशन.
२६ बालकृष्णन, डॉ० सुधा (2013). *नारी : अस्तित्व की पहचान (साठोत्तरी लेखिकाओं की कहानियों में).* दिल्ली : वाणी प्रकाशन.
२७ समर्स, क्रिस्टीना हॉफ़ SOMMERS, Christina Hoff (1994) *Who Stole Feminism? How Women Have Betrayed Women.* New York: Simon & Schuster.

साहित्य-सिद्धान्त

२८ फ्लूदेर्निक, मोनिका FLUDERNIK, Monika (2009). *An Introduction to Narratology.* Routledge.
२९ राकेश, मोहन (1975). *साहित्यिक और सांस्कृतिक दृष्टि*. दिल्ली : राधाकृष्ण प्रकाशन. [ii]

साहित्य-वार्ता और साहित्य का इतिहास

३० दवासीली, रूबी जी० DAVASEELI, Ruby G. (2011). *Woman and Family in Recent Indian Feminist Fiction in English: A Select Study.* Pondicherry University. ('शोधगंगा' से उपलब्ध पी-एच०डी० शोध-प्रबन्ध) [iii]
३१ देवेच्छा, डॉ० (1986). ममता कालिया. In देवेच्छा. *पचासोत्तरी हिन्दी कहानी : तीसरे आदमी की अवधारणा और स्वरूप* (पृ० 358–365). आत्माराम एंड संस.

३२ त्रिवेदी, हरीश TRIVEDI, Harish (1993). Reading English, Writing Hindi: English Literature and Indian Creative Writing. In TRIVEDI, H. *Colonial Transactions. English Literature in India* (pp204–228). Kolkata: Papyrus.

३३ नारे, वीणा NARE, Veena (2002). A Comparative Study of Mamta Kalia's A Tribute to Papa and Sylvia Plath's Daddy. In RAY, Mohit K. (Ed.). *Studies in Comparative Literature.* Delhi: Atlantic.

३४ पालीवाल, सूरज (जनवरी 2012). स्त्री लेखन की तीन पीढ़ियाँ. *पाखी.* [iv]

३५ बेदी, सुषम (31 मई 2013). *ममता कालिया का वीडियो साक्षात्कार.* (टैक्सास विश्वविद्यालय के *Hindi–Urdu Flagship* पाठ्यक्रम के वेबपृष्ठ पर) [v]

३६ माथुर, शालिनी (6 जनवरी 2014). साहित्य में स्त्री : मर्दों के खेला में औरत का नाच, *तहलका.* ('पठन-पाठन' विशेषांक), पृ० 65. [vi]

३७ मुखर्जी, मृदुला MUKHERJI, Mridula (2004). *Women Writing Women's Worlds. Women's gendered experiences and identities in Indian women's fiction, c. 1950 – c. 2000. Jawaharlal Nehru University* ('शोधगंगा' से उपलब्ध पी-एच०डी० शोध-प्रबन्ध) [vii]

३८ शर्मा, डॉ० शशि (1995). *समकालीन हिन्दी कविता : अज्ञेय और मुक्तिबोध के सन्दर्भ में.* दिल्ली : वाणी प्रकाशन.

३९ श्रीवास्तव, परमानन्द (1995). बेघर होने की नियति. In श्रीवास्तव. *उपन्यास का पुनर्जन्म* (पृ० 138–142). दिल्ली : वाणी प्रकाशन.

४० सिंह, कंवर दिनेश SINGH, Kanvar Dinesh (2004). *Feminism and Post-feminism: The Context of Modern Indian Women Poets Writing in English.* Delhi: Sarup & Sons.

४१ सिंह, त्रिभुवन (2001). स्त्री-दशा. In सिंह. *कथासरित्सागर : एक सामाजिक अध्ययन* (पृ० 112–142). इलाहाबाद विश्वविद्यालय (डी०फिल्० शोध-प्रबन्ध)

४२ सेठी, जयश्री (4 सितम्बर 2014). *विमिन्ज़ वॉइसेस — ममता कालिया का साक्षात्कार.* (दूरदर्शन के दिल्ली केन्द्र से प्रसारित 'किताबनामा' #३६ कार्यक्रम पर) [viii]

संस्मरण

४३ ममता कालिया. भूमिका 'रवि'. In कालिया, रवीन्द्र. *गली-कूचे* (पृ० 9–14). दिल्ली : वाणी प्रकाशन.

४४ ममता कालिया विशेषांक, *लमही* पत्रिका (जुलाई–सितम्बर 2011), पृ० 3–4, 11–57.

४५ ममता कालिया एवं रवीन्द्र कालिया विशेषांक, *समावर्तन* पत्रिका (मई 2013), पृ० 10–18, 73–89.

४६ अग्रवाल, भारतभूषण (1966). व्यासजी – 'मेरे बालसखा'. In द्विवेदी, ह०प्र०—दिनकर, रा० (सं०). *श्री गोपालप्रसाद व्यास अभिनन्दन-ग्रन्थ.* दिल्ली : श्यामलाल गुप्त—एस० चन्द प्रकाशन [ix]

विविध

४७ अपूर्वानन्द APURVANAND (7 फरवरी 2016). Courts may not indict Ram for mistreating Sita – but the women of India already have. *Scroll.* [x]

४८ अराना, आर० विक्टोरिया ARANA, R. Victoria (2008). *The Facts on File Companion to World Poetry: 1900 to the Present.* New York: Infobase Publishing ; p241, 'Mamta Kalia'

४९ ए० पुरुषोत्तमन A. PURUSHOTHAMAN (मई 2005). Maudgalya–Nalayani Episode from Malayalam Retellings. (ए० हरीन्द्रनाथ के वेबपृष्ठ Mahabharata Resources पर उपलब्ध) [xi]

५० फोनज्य, ज़ोल्तान FÓNAGY Zoltán (2014—). Mindennapok története. ('रोज़मर्रा का इतिहास') ब्लॉग पर विशेषतः — [xii]

क. "Szerelem nélkül is köttethetők boldog házasságok" – Párválasztás a polgárosodás korában ("बिना प्रेम के भी संभव है सुखी दाम्पत्य" — मध्यवर्ग के जन्म के दौर में विवाह संस्था), 12 जनवरी 2014

ख. "Kitört a tisztaság rögeszméje" – A test és a lakás higiéniája a századfordulón ("फैल रही है सफ़ाई की सनक" — गृह और काया की स्वच्छता सन् १९०० के आस-पास), 26 जनवरी 2014

ग. "Kitört a tisztaság rögeszméje" – A test és a lakás higiéniája a századfordulón ("फैल रही है सफ़ाई की सनक" — गृह और काया की स्वच्छता सन् १९०० के आस-पास), 26 जनवरी 2014

घ. "Egy-egy mosoly, egy-egy kacsintás" – Szerelem, házasság és szexualitás a paraszti világban ("कहीं एक मुस्कान,.कहीं एक चितवन" — कृषक-जगत् में प्रेम, विवाह और शारीरिकता), 23 जनवरी 2014

ङ. "Első kötelessége a házibéke biztosítása" – A nő a polgári családban ("उसकी पहली ज़िम्मेदारी है गृहशान्ति कायम रखना" — कुलीन महिलाएँ), 8 मार्च 2014

च. "A szelíd, okos lélek" – Fény- és árnyképek az anyaság történetéből ("कोमल, निपुण प्राण" — मातृत्व का इतिहास: रोशनी और साये), 4 मई 2014

छ. "Fontos tényezője a kellemes otthonnak" – A cseléd a polgári háztartásban ("खुशनुमा घर की अहम इकाई" — बड़े घरों की नौकरानियाँ), 15 मई 2014

ज. "A botrányt kerülni kellett" – Szexualitás és prüdéria a boldog békeidőkben ("सनसनी से बचना अपेक्षित था" — यूरोप के 'सुनहरे दौर' में शारीरिकता और पवित्रता-बोध), 25 मई 2014

झ. "Úrilánynak nem illik kenyeret keresni" – Dolgozó nők a boldog békeidőkben ("उच्चकुल की बेटी को रोटी कमाना उचित नहीं" — यूरोप के 'सुनहरे दौर' में कामकाजी स्त्री), 14 सितम्बर 2014

ञ. "És nem szégyellik magukat" – Korszakváltó évtizedek a test és szexualitás történetében ("इन्हें शर्म नहीं आती!" — शारीरिकता के इतिहास के क्रान्तिकारी दशक), 6 दिसम्बर 2014

ट. "Bántani nem bántott, csak néha megvert" – Mozaikok a családon belüli erőszak történetéből. 1. rész ("ज़बरदस्ती न करता, हाँ कभी धुनाई तो हो जाती" — घरेलू हिंसा के इतिहास के कुछ अध्याय, खण्ड १), 30 दिसम्बर 2014

ठ. "A férj családfői hatalma nem terjed ki arra" – Mozaikok a családon belüli erőszak történetéből. 2. rész ("इसका हक़ गृहस्थ को नहीं है" — घरेलू हिंसा के इतिहास के कुछ अध्याय, खण्ड २), 8 मार्च 2015

ड. Nők a polgári világban – Interjú az *Új Nő* magazinban (उच्च कुल की महिलाएँ — Új Nő 'आधुनिका' पत्रिका में ज़ोल्तान फोनज्य का साक्षात्कार), 4 अप्रैल 2015

५१ बोल्दिज़ार, इल्दिको BOLDIZSÁR Ildikó (2010). *Meseterápia – Mesék a gyógyításban és a mindennapokban*. Budapest: Magvető.

५२ रिगोपूलोस, अन्तोनियो RIGOPOULOS, Antonio (1985). *Dattatreya: The*

Immortal Guru, Yogin, and Avatara. State University of New York (SUNY) Press.

५३ वेट्टम मणि (1975). *पौराणिक इनसाइक्लोपीडिया.* दिल्ली : मोतीलाल बनारसीदास.

५४ श्मित्त, योज़ॅफ़ SCHMITT József (1923). *A szanszkrit irodalom története.* Budapest: Athenæum

५५ *सत्यमेव जयते.* अभिनेता आमिर खान द्वारा संचालित, स्टार नेटवर्क तथा दूरदर्शन पर प्रसारित टीवी कार्यक्रम : –

क. 'Criminalisation of Politics. Crimes and Elections' (30 मार्च 2014) [xiii]

ख. 'Police. State of Police Affaires in India' (9 मार्च 2014) [xiv]

ग. 'Daughters Are Precious. Female Fœticide in India' (6 मई 2012) [xv]

घ. 'When Masculinity Harms Men. Masculinity in Society' (9 नवम्बर 2014) [xvi]

समाचार

५६ एनडीटीवी (29 मार्च 2015). Court Acquits Man Who 'Criticised' Wife For Being Dark. [xvii]

५७ क्वाट्र्ज़ QUARTZ (23 अक्तूबर 2016). Science confirms rich people don't really notice you—or your problems. [xviii]

५८ टाइम TIME (22 सितम्बर 2016). European Politics Are Swinging to the Right. [xix]

५९ द हिन्दू (17 जनवरी 2017). Richest 1% own 58% of total wealth in India: Oxfam. [xx]

६० द हिन्दू (29 अगस्त 2013). Mumbai is still a safe city. (ज्योति पुनवानी का सम्पादकीय) [xxi]

६१ बीबीसी हिन्दी (23 सितम्बर 2014). क्लीवेज विवाद ने सबको दिखाया आईना [xxii]

६२ बीबीसी हिन्दी (20 अगस्त 2015). खाड़ी देश एनआरआई के लिए जानलेवा. [xxiii]

६३ बीबीसी हिन्दी (22 मार्च 2017). 'लिपस्टिक अंडर माय बुर्का' से क्या मुश्किल. [xxiv]

६४ हिन्दुस्तान टाइम्स (29 जनवरी 2015). Bollywood 'bad influence' helps Indian man escape conviction for stalking Aus women. [xxv]

शब्द-प्रक्रमण

Center for Southeast Asian Studies, Northern Illinois University द्वारा विकसित देवनागरी शब्द आवृत्ति संगणक [xxvi]

अन्तरजाल पर पाए जानेवाले स्त्रोतों के यू०आर०एल० सन्दर्भ व देखे जाने की तिथि

i http://www.shabdankan.com/2014/10/hindi-kahani-mamta-kalia-part-1.html, 15 मई 2016, 16:00

ii http://www.hindisamay.com/mohan-rakesh-sanchayan/mohan-rakesh-essays-katha-sahitya.htm, 9 फरवरी 2016, 14:00

iii http://shodhganga.inflibnet.ac.in/handle/10603/5612, 17 अप्रैल 2017, 15:25

iv http://www.pakhi.in/jan_12/lekh_suraj_paliwal.php, 22 जनवरी 2014, 14:00

v https://youtu.be/xx5sMDMoew4, 7 मई 2015, 15:00

vi http://www.tehelkahindi.com/मर्दों-के-खेला-में-औरत-का-न, 10 जनवरी 2013, 18:15

vii http://shodhganga.inflibnet.ac.in/handle/10603/31052, 21 अप्रैल 2017, 15:30

viii https://youtu.be/pmoX_yJICJ4, 26 अक्तूबर 2015, 17:15

ix http://www.gopalprasadvyas.co.in/linktag1/TAG1_15p1.htm, 15 अगस्त 2013, 23:00

x http://scroll.in/article/803180/courts-may-not-indict-ram-for-mistreating-sita-but-the-women-of-india-already-have, 8 फरवरी 2016, 19:00

xi http://mahabharata-resources.org/variations/mmv_maudgalya_nalayani.html, 23 मई 2015, 16:00

xii http://mindennapoktortenete.blog.hu, 7 अप्रैल 2015, 20:00

xiii https://youtu.be/zwRK4oL4O60, 1 मई 2017, 13:45

xiv https://youtu.be/j9J12dUxuVQ, 1 मई 2017, 13:50

xv https://youtu.be/u1vASMbEEQc, 1 मई 2017, 13:55

xvi https://youtu.be/vuo4wbREE4U, 1 मई 2017, 14:00

xvii http://www.ndtv.com/tamil-nadu-news/court-acquits-man-who-criticised-wife-for-being-dark-750528, 17 अप्रैल 2017, 21:55

xviii https://qz.com/816188/science-shows-the-richer-you-get-the-less-you-pay-attention-to-other-people, 17 अप्रैल 2017, 21:05

xix http://time.com/4504010/europe-politics-swing-right, 17 अप्रैल 2017, 20:25

xx http://www.thehindu.com/business/Economy/Richest-1-own-58-of-total-wealth-in-India-Oxfam/article17044486.ece, 17 अप्रैल 2017, 21:10

[xxi] http://www.thehindu.com/opinion/op-ed/mumbai-is-still-a-safe-city/article5068736.ece, 22 अप्रैल 2017, 14:00

[xxii] http://www.bbc.com/hindi/india/2014/09/140922_sautik_blog_on_deepika_cleavage_episode_vr, 17 अप्रैल 2017, 21:00

[xxiii] http://www.bbc.com/hindi/india/2015/08/150820_nri_death_gulf_countries_number_game_sr, 17 अप्रैल 2017, 20:30

[xxiv] http://www.bbc.com/hindi/entertainment-39351103, 24 अप्रैल 2017, 01:45

[xxv] http://www.hindustantimes.com/world/bollywood-bad-influence-helps-indian-man-escape-conviction-for-stalking-aus-women/story-iuoSfczLoZKSbPJKkz6NeK.html, 17 अप्रैल 2017, 22:05

[xxvi] http://www.seasite.niu.edu/trans/Indonesian/transpgms/latinfreq.aspx, 1 मई 2017, 14:15

परिशिष्ट

१. ममता कालिया का साक्षात्कार
२. लेखिका के प्रकाशनों की विस्तृत सूची
३. पाठ के सांस्कृतिक सन्दर्भों के ब्यौरे
४. विलक्षण शब्द एवं भाषा-प्रयोग
५. कहानियों एवं कुछ उपन्यासों के सारांश

ममता कालिया का साक्षात्कार

२१ जुलाई २०१४, वर्धा · बातचीत के कुछ अंश का वॉइस रिकॉर्ड उपकरण की त्रुटि के कारण अनुपलब्ध है। प्रश्न, उत्तर उनके क्रम समेत संपादित किये गए हैं और कुछ प्रश्नों के उत्तर में १७ नवम्बर २०१३ को दिल्ली में हुए वार्तालाप के अंश भी शामिल किये गए हैं। साक्षात्कार रचनाकार द्वारा अनुमोदित है।

पीटर शागि – आपने अपने संस्मरण में लिखा था कि जब आप हिन्दू कॉलेज की एम०ए० अंग्रेजी की विद्यार्थी बनीं, तो आपने पाया कि वहाँ के विद्यार्थियों और गुरुजनों के मन में बहुत हद तक अंग्रेज़ियत पैठ चुकी थी। अंग्रेज़ी की विद्यार्थी और आचार्या होने के बावजूद आप हिन्दी की लेखिका के रूप में प्रसिद्ध हैं। इन भाषाओं के साथ आपका संबन्ध कैसा रहा है?

ममता कालिया – यह मान लेना चाहिए कि शुरू में अंग्रेज़ी विभाग में मुझे अजनबी जैसा लगा, ऐसा लगा कि मैं यहाँ फ़िज़ूल आ गई और जल्दी स्वीकृति नहीं मिल पाएगी। मेरे साथ ऐसी लड़कियाँ पढ़ती थीं, जिन्हें उस समय ५०० या १००० रुपये जेबखर्च मिलता था, वे गाड़ी में आती थीं, उनके अनेक प्रेमी, बॉयफ्रेंड थे, ऐसा लगा कि वे हर महीने विदेश जाती और लौटती हैं। मुझे शुरुआत में परायापन महसूस होता था। हिन्दू कॉलेज और मिराण्डा हाउस, इन दो जगहों की लड़कियाँ बहुत शान मारती थीं, अंग्रेज़ी माध्यम से पढ़ाई करने के बावजूद कई बार उनकी तेज़ रफ़्तार की अंग्रज़ी समझ में नहीं आती थी। बाद में पाया कि इन्द्रप्रस्थ कॉलेज या लेडी श्रीराम कॉलेज के छात्र इतने शानो शौकत वाले नहीं हैं। उनके साथ ज़्यादा अच्छा लगता था।

फिर आपका ध्यान हिन्दी की ओर कैसे आया?

– गलियारे में बाईं ओर थोड़ा-सा आगे हिन्दी विभाग था, वहाँ हमेशा कोई कविता सुना रहा होता और तालियों की आवाज़ आती रहती थी। मुझे लगा मेरी

अपनी बोली कोई बोल रहा है। तब तक मैं लिखने लगी थी, इसलिए कुछ लोग मिलने से पहले ही मुझसे परिचित हो चुके थे। उनको मैंने ज़्यादा मनुष्य पाया। हम माता-पिता के साथ रहते थे, रात को पढ़ते और सो जाते थे, कभी कोई कविता लिखते थे। मैंने अपनी पढ़ाई पर ध्यान दिया, कक्षा में अव्वल भी आई। अंग्रेज़ी की तेज़-तर्रार लड़कियों में मैं अन्तर्मुखी होती गई, उनकी दुनिया से मेरा कोई ताल्लुक नहीं था, और उनका तिरस्कार करने के लिए मैंने हिन्दी की तरफ ध्यान दिया और हिन्दी में लिखना शुरू किया।

आपकी रुचि अंग्रेजी में बरक़रार रही?

— हाँ। पर साथ ही साथ मुझे ऐसा लगता था कि हिन्दी उससे मानवीय भाषा है और हिन्दी वाले कहीं ज़्यादा प्रेमी और स्वाभाविक, सहज होते हैं।

आप साठोत्तरी पीढ़ी की लेखिका हैं, जिनके लेखन का आरंभ अकविता व अकहानी से जुड़ा है। अगर आप अब, चालीस बरस बाद अपने लेखन पर एक दृष्टि डालें, क्या आपको ऐसा लगेगा कि आरंभिक परिस्थिति की बाद में भी कोई भूमिका रही? आपकी नई रचनाएँ स्वभावतः एक और युवा पीढ़ी के लेखन के समकालीन हैं।

— लेखन के साथ जुड़ते समय किसी एक विचारधारा का प्रभाव अधिक पड़ता था, मगर आज ऐसा नहीं है। कविता को ही लीजिए। पहले हमने ऐलन गिंसबर्ग जैसे कवियों की रचनाएँ पढ़-पढ़कर अपनी बात बेबाक ढंग से कहने के लिए साहस बटोरा था। आज जब मैं कोई कविता लिखती हूँ, मेरे सामने अनुभवों और जीवन-दृष्टि का एक दूसरा संसार है। अब लगता है, मैं स्वयं अपनी पूरी बात जैसा चाहूँ, वैसा रख सकती हूँ।

सत्तर के दशक के और आज के बुद्धिजीवियों के हिन्दी भाषा सम्बन्धी विचारों में आपको क्या अन्तर नज़र आता है?

— आजकल भाषा निश्चित रूप से ज़्यादा सरल और प्रत्यक्ष है। आज हिन्दी भाषा ने बहुत-सा संकोच छोड़ दिया है, जो उस समय तक थोड़ा-सा था। सत्तर के दशक में खुलापन आने की प्रक्रिया शुरू हो चुकी थी। यहाँ अमरीकी कविता का बहुत प्रभाव था, खास तौर से गिंसबर्ग का और पीटर ऑर्लोव्सकी का।

जबकि मुझे लगता था कि उनके विचारों और भारतीय जीवन-दृष्टि में भारी अन्तर है।

— हम भी खुलेपन का इंतज़ार कर रहे थे, चाहते थे कि कोई आए, जो ताला तोड़े। पहले हम सोचते थे कि साहित्य की भाषा अलग होती है, जीवन की अलग होती है। निराला, पन्त, महादेवी, प्रसाद, दिनकर — इन्होंने हमपर एक ऐसी भारी-भरकम भाषा लादी थी। भाषा को उन्होंने संस्कार दिए, लेकिन जीवन्तता देने में वे उतने कुशल नहीं थे। उस भाषा का बोझ हटाने में सत्तर के दशक में अमरीकी काव्य तथा असंगत (ऐब्सर्ड) नाटक ने काफ़ी मदद की। आज के युवा लेखकों की भाषा बेहतर चित्र प्रस्तुत करती है, चलचित्र बन जाता है!

कुछ लोगों का कहना है कि आप दिल से कवयित्री हैं, जो लिखती कहानियाँ हैं। आप स्वयं को क्या मानती हैं?

— मैं खुद को थोड़ा-थोड़ा दोनों मानती हूँ। कई बार लगता है, मुझे कविता लिखनी चाहिए फिर मैं आलस्य कर बैठती हूँ, सोचती हूँ अब कविता मेरा क्षेत्र नहीं रह गई। पर कविता ख़त्म नहीं होती, वह कितनी भी यथार्थवादी हो, आपको एक सपना देती है। गद्य में भी गति कविता से ही आती हैं। कविता शब्दों की तमीज़, शब्दों का आचार सिखाती है, कविता ने मुझे शब्दों की सही पहचान, उनका सटीक अर्थ जानना सिखाया था, इसलिए मुझे ऐसा लगता है कि जब मैं कहानी भी लिखूँ, उसकी पृष्ठभूमि में कविता कहीं अवश्य छिपी रहती है। मैंने शुरुआत कविता से की थी, और मुझे कविता में अभी भी यह गुण बेहद पसंद है कि जो बात बोलने के लिए गद्य को अनेक पन्ने चाहिए, वह इसमें चंद सतरों में ही की जा सकती हैं। मैं चाहती हूँ कि मुझमें कविता बची रहे।

समाज में लेखक की क्या भूमिका होनी चाहिए?

— लेखक समाज का डॉक्टर होता है, वह हमेशा उसकी नब्ज़ पर उँगली रखे रहता है, और जहाँ उसे गड़बड़ी मिलती है, अगर उसे ठीक नहीं भी कर सकता, तो दूसरों के भविष्य हित में कम से कम उसका पर्दाफाश करना चाहता है। वह पूरी बात न कहते हुए भी समाज के भक्षकों में एक डर पैदा कर सकता हैं — कम से कम कल्पना यह है कि वह ऐसा कर सकता है।

आपने अपने पहले के साक्षात्कारों में कई पसंदीदा विदेशी रचनाकारों के नाम लिए थे, जैसे हैमिंग्वे, गोर्की, चेखव, सिल्विया प्लाथ, स्टेफन ज़्विग, ब्रेख्त आदि।

इनकी रचनाओं का आपके लेखन पर आरंभ से आज तक कितना प्रभाव पड़ा?

— देखिए, हम पहले जिन्हें पढ़ते थे, अगर हर समय नए सिरे से न भी पढ़ें, तब भी उनकी रचनाओं का हमारे पुस्तकालय में एक विशिष्ट स्थान रहेगा। गोर्की और चेखव की कई रचनाएँ मेरे दिल को छू गईं, प्लाथ का काव्य भी बहुधा याद आता है। और हैमिंग्वे की भाषा उसकी सरलता के नाते बहुत प्रभावशाली है, उनके कुछ वाक्य अभी भी मेरे कानों में गूँजते हैं, जैसे "What did one wall say to another..."। हाँ, मैं कहूँगी कि खासकर उनकी वाक्य-रचना की कायल हूँ।

लेकिन मेरी समझ में नहीं आता, जब आपका लेखन इतना जीवन्त, इतना सकारात्मक है, यह कैसे हो सकता कि आपने फ्रान्ज़ काफ्का जैसे जीवन को नकारनेवाले कथाकार को इतने मन से पढ़ा।

— मैंने उनका नाम बताया था कहीं? फिर यह गलती से ही हुआ होगा, क्योंकि मुझे बिलकुल रास नहीं आता कि कोई मानव जीवन के महत्त्व को एक कीड़े के ही स्तर का बता दे। वास्तव में मैं अपनी ज़िन्दगी में शेर बनना चाहती हूँ, मुझे लगता है कि मनुष्य को अपने सही मुकाम के लिए लड़ना चाहिए।

आपने अनगिनत किताबें पढ़ी होंगी, समरसेट मॉम का ही उपन्यास अनुवाद के लिए क्यों चुना था?

— केवल इसलिए कि उन दिनों मुझे वह बहुत पसंद आया था।

नवलेखन में आप किन युवा रचनाकारों में अधिक संभावना देखती हैं?

— नई पीढ़ी में आजकल मुझे कुणाल सिंह का उपन्यास 'आदिग्राम उपाख्यान', पंकज सुबीर का उपन्यास 'ये वो सहर तो नहीं', उमाशंकर चौधरी की कहानियाँ, नीलेश रघुवंशी का उपन्यास 'एक कस्बे के नोट्स', मनोज रूपड़ा का 'साज़-नासाज़' कहानी संग्रह, मनोज कुमार पाण्डेय की कहानी 'पानी', हरे प्रकाश उपाध्याय की कविता और कहानी दोनों, वन्दना राग का कहानी संग्रह 'यूटोपिया' तथा चन्दन पाण्डे, आशुतोष, श्रीकान्त दुबे, इन्दिरा दांगी और संजय कबीर की रचनाएँ अच्छी लगीं।

और काव्य? आपको किन-किन की कविताएँ पसंद है?

— पुरानी पीढ़ी के काव्य में मुझे धूमिल और नरेश सक्सेना के बाद राजेश जोशी

का 'चाँद की वर्तनी' और मंगलेश डबराल का 'पहाड़ पर लालटेन' कविता-संग्रह बहुत पसंद आया था, फिर अरुण कमल का 'अपनी केवल धार' संग्रह। ज्ञानेन्द्र पति को पढ़ना भी अच्छा लगता है। नई पीढ़ी में नीलेश रघुवंशी का नाम याद आ रहा है। नए कवि अपनी सघन कलेवर की कविताओं में ज़ोर से प्रहार कर अपनी बात कह जाते हैं।

आपके बताए नामों में अधिकांश पुरुषों के हैं। महिला कथाकार होने के बावजूद आप स्त्री-लेखन में रुचि नहीं रखतीं? आप महिला लेखन के साथ अपने संबन्ध कैसे पाती हैं?

— मैं अपने आप को ज़्यादा महिला रचनाकार नहीं मानती हूँ। जो मैं अपनी रचनाओं के माध्यम से अभिव्यक्त करना चाहती हूँ, उसका मेरा महिला होना कोई अकेला कारण नहीं हो सकता। महिला-पुरुष विभाजन को हम केवल बातचीत की सुविधा के लिए रख सकते हैं। महिलाएँ बहुत बड़ी संख्या में लिख तो रही हैं, पर अच्छा लिखनेवाली कम हैं।

अच्छे लेखन की कसौटी आपकी दृष्टि में क्या है?

— लेखन जिंदगी के नज़दीक होना चाहिए, और मैं हमेशा से यह मानती आई हूँ कि अपनी बात कहने में बहुत देर नहीं लगानी चाहिए। जीवन में सबसे बड़ा अपराध आप यह कर सकते हैं कि किसी को बोर कर दें। ऐसा नहीं करना चाहिए, फिर अपने लेखन से तो बिलकुल भी नहीं, वरना पढ़ने की आदत ही ख़त्म हो जाएगी ! मुझे वे लेखक अच्छे लगते हैं जो अपनी बात बेबाक, बोल्ड होकर कह सकते हैं। जैसे कभी इस्मत चुगताई लिखती थीं या कुर्रतुलैन हैदर या फिर मन्नू भण्डारी। कृष्णा सोबती भी इस खेमे में आती हैं।

जिन्हें आप कमज़ोर लेखिका समझती हैं, क्या उनके विषय-चयन में भी कुछ कमी देखती हैं?

— वे अधिकतर एक परिचित पृष्ठभूमि पर लिखती हैं, उनको नए विषय उठाने का जोखिम कम रहता हैं। बहुत-सी लेखिकाएँ स्त्री-पुरुष, पति और पत्नी के संबन्धों को विश्लेषित करती हैं या किसी कॉलेज का वातावरण निर्मित करती हैं। मैंने भी लिखा था ऐसा, पर मैंने उसमें कोई और बात भी लाने की कोशिश की। 'अँधेरे का ताला' में शिक्षा-व्यवस्था, महिला शिक्षा की बदहाली पर रोशनी

डालने का प्रयास किया था। विषयवस्तु में ताज़गी और दुनिया में हो रही हलचल की अच्छी समझ होनी चाहिए।

'अँधेरे का ताला' आपने कब और कैसे लिखा था?

— २००१ में, मानव संसाधन विकास मंत्रालय की अध्येतावृत्ति (फ़ेलोशिप) पर।

इस उपन्यास में आपका निजी अनुभव भी होगा, लेकिन बड़ा भाग कल्पित परिस्थितियों पर है। व्यक्तिगत अनुभूति को साहित्यिक रचना के रूप में ढालने की प्रक्रिया क्या होनी चाहिए?

— सत्य को या यथार्थ को कला में ढालकर ही साहित्य जन्म लेता है। विश्वसनीय लेखन के लिए निजी अनुभव आवश्यक है, लेकिन मानती हूँ कि इससे लेखक को सुविधा भी मिलती है। भरसक कोशिश की जानी चाहिए कि वास्तविकता और कल्पना के टाँके नज़र न आएँ, पर कभी-कभी लेखक से जल्दबाज़ी भी हो जाती है। साथ-साथ मैं जोड़ देना चाहती हूँ कि जिस तरह आजकल फटी हुई जींस प्रचलन में है, ऐसे ही कुछ लेखक यही अच्छा मानते हैं, अगर पाठक वास्तविक प्रसंग लक्षित कर सकता है और इससे उसकी रचना शीघ्र ही चर्चा में भी आ सकती है।

'बेघर' के पात्रों के पीछे भी वास्तविक व्यक्ति पाए जा सकते हैं?

— हाँ, जैसे केकी का चरित्र वास्तव में मेरी एक परिचित मिस संजाना पर बनाया है, जबकि विभागाध्यक्ष और कॉलेज की कुछ अध्यापिकाएँ भी हमारे कॉलेज के सदस्यों के आधार पर निरूपित किए थे। मुंबई में रहते हुए पारसी समुदाय के सदस्यों का अकेलापन अच्छी तरह जान गई थी।

मैंने अक्सर सुना था कि भारत में लेखिकाओं को महिला होने के नाते रियायत दी जाती है। पर आखिरकार कहाँ, और अगर ऐसा है, तो किस किस्म की छूट है यह?

— आरंभ में जब केवल चुनिन्दा महिलाएँ लेखन के क्षेत्र में उतरी थीं, जैसे सुभद्रा कुमारी चौहान या महादेवी वर्मा, तो उनके कार्य को प्रोत्साहन देने के उद्देश्य से उनकी कई सामान्य रचनाएँ भी चर्चित कर दी गईं। बाद में राजेन्द्र यादव ने 'हंस' पत्रिका में लेखिकाओं को समर्थन दिया, परन्तु उनके चले जाने के बाद इन लेखिकाओं में से बहुत कम की सामर्थ्य कालजयी सिद्ध हुई। सन् २००० तक

महिलाएँ ज़्यादा छपती आईं महिला होने के लिए, लेकिन नवीन पीढ़ी में बहुत बड़ा अन्तर आया है।

'तहलका' के साहित्य विशेषांक (जनवरी २०१४) में शालिनी माथुर ने स्त्री-लेखन में दिख रही देहोन्मुखता की कड़ी तंज़ीम की थी। आप उनके विचारों से सहमत हैं?

— बिलकुल। उन्होंने अपनी बात उदाहरणों के आधार पर रखी थी, उसमें कुछ गलत तो नहीं है। स्त्री घर-बार छोड़कर प्रेमी के साथ निकल जाती है और जीवन भर देह-मुक्ति का लाभ उठाती है, ऐसा विषय किसी भी रचना के लिए एक अंधी गली के समान है। स्त्री-लेखन को ठीक दिशा तब मिल सकती है, जब वह आचार की जगह विचार के साथ जुड़ जाएगा। एक समय लोग शरीर के विषय में नहीं या संकोच के साथ ही चर्चा कर सकते थे। अब कुछ लेखिकाएँ ज्यादा ही निस्संकोच हो चलीं। सेक्स हमारे जीवन का सिर्फ एक पैमाना है। ऐसे ही, साहित्य में गाली-गलौज का भी सीमित प्रयोग होना चाहिए। कृष्णा सोबती के 'यारों के यार' की भी यह एक कमज़ोरी है।

आपने पहले कहा था (द्र० 'साक्षात्कार' ६१) कि "सिद्ध सम्प्रदाय के नेतृत्व में स्त्री विमर्श में धार आने के बावजूद विचारधारा की हानि हुई और बहुत जल्द इसका एक कैप्स्यूल निर्मित हो गया, जिसके अन्तर्गत बहुत-सा महिला लेखन हुआ"। क्या आप कमज़ोर और बेहतरीन महिला लेखन के लिए उदाहरण के तौर पर चन्द नाम और कृतियाँ बता सकती हैं?

— ज़रूरी नहीं है कि ऐसे लेखन को जो किसी मुहिम के परचम के तले किया जाता है, सीधा बेहतरीन साहित्य का दर्जा दिया जाए। कृष्णा सोबती, मैत्रेयी पुष्पा, शरद सिंह, जयश्री रॉय, लवलीन, जया जादवानी और मधु अरोड़ा की कई रचनाएँ मेरी पसंद की नहीं हैं। कृष्णा सोबती की कुछ कृतियाँ, जैसे 'बादलों के घेरे' कहानी, फार्मूला लगती हैं, जबकि 'ऐ लड़की' एक अलग तेवर देता है। उत्कृष्ट महिला कथाकारों में मन्नू भण्डारी का नाम आगे आता है। मुझे गीतांजलि श्री भी पसंद हैं, उनका उपन्यास 'हमारा शहर उस बरस' पढ़ने में मुझे बहुत आनन्द मिला था।

आपने पहले कहा था कि 'बेघर' लिखने के समय तक भारत में "स्त्री-विमर्श जैसा कुछ था ही नहीं"। आप भारत में स्त्री-विमर्श का आगमन कब और किस रूप में मानती हैं?

— प्राचीन भारत के कुछ थेरियों-भिक्षुणियों की आवाज़ आज भी गूँजती है और मीरा जैसी हस्ती हमें बताती है कि पहले भी सशक्त महिलाएँ हुआ करतीं थीं। पर वास्तव में भारतीय नारी की सामाजिक स्थिति को बदलने के लिए सुभद्रा कुमारी चौहान और महादेवी वर्मा, फिर चन्द्रकिरण सोनरेक्सा की पीढ़ी ने विचार-विमर्श शुरू किया था। महादेवी का मानना था कि "स्त्री को शिक्षित होना चाहिए, नहीं तो वह गुलाम रहेगी"। सत्तर के दशक तक साहित्य में स्त्री के पक्ष में बहुत-सा सार्थक लेखन हुआ, लेकिन स्त्री-लेखन में खुलापन पहली बार अस्सी के बाद आया था, और वह मुख्य-धारा में केवल एक-डेढ़ दशक बाद महसूस होने लगा। इस बीच १९८६ में 'हंस' पत्रिका निकलने के साथ राजेन्द्र यादव ने स्त्री-विमर्श को गलत दिशा भी दी, जिसका असर हिन्दी महिला लेखन पर आज भी महसूस हो रहा है।

'बेघर' लिखने से आप पाठकों को कोई सन्देश देना चाहती थीं?

— हिन्दी जगत् में क्या चल रहा है, इसकी ज़्यादा जानकारी मुझे उस समय नहीं थी। मैंने यूँ ही लिखना शुरू कर दिया था। शायद इसलिए उसमें स्वाभाविकता आई। मैं यह जताना चाहती थी कि स्त्रियों की शारीरिक पवित्रता, जिसे हमारे देश में सम्मान और इज़्ज़त के साथ जोड़ा जाता है, वास्तव में इतनी महत्त्वपूर्ण चीज़ नहीं है, और जो संजीवनी के साथ हुआ वह किसी के साथ भी हो सकता है। और पुरुष? पुरुष को कितनी बार चोट लगे, पट्टी बाँधो, तो ठीक हो जाता है! पर अगर उस समय मुझमें आत्मसंयम और स्त्री-विमर्श की बेहतर समझ रही होती, तो संजीवनी के चरित्र को और अच्छे से निर्मित किया जा सकता था, चूँकि उपन्यास का मुख्य पात्र परमजीत की बजाय वह है। परमजीत अपने विवाह के बाद भी बेहद बचकाना रहता है, जबकि संजीवनी अपने मुश्किल समय में भी उससे अधिक सशक्त और स्वावलंबी इनसान सिद्ध होती है।

आप स्त्रियों की ताकत किसमें देखती हैं?

— कामकाजी स्त्री घर, नौकरी, रिश्ते भी सँभाल लेती है। किसी भी मोर्चे पर नहीं हारने का मतलब है सुपर वुमन।

'बड़े दिन की पूर्व साँझ' या 'यह ज़रूरी नहीं' जैसी कहानियों से आप क्या संदेश देना चाहती हैं? इनमें संदेश ढूँढ़ना चाहिए या ऐसा ज़रूरी नहीं?

— लेखन हर दम गुरु-गंभीर नहीं होना चाहिए। कभी मनोरंजन एक कोई निश्चित सन्देश पाठकों तक पहुँचाने जितना महत्त्वपूर्ण होता है।

हिन्दुस्तान के बहुत-से बुद्धिजीवी अपनी मातृभाषा से क्यों अलग हो जाते हैं और उन्हें ऐसा विश्वास क्यों होता है कि पराई भाषा में ऐसा कुछ मौलिक लिख सकते हैं, जो अपनी भाषा में नहीं?

— हिन्दुस्तान के लिए अंग्रेज़ी बहुत पराई भी तो नहीं है, दो सौ साल तक हमें अंग्रेज़ी सिखाई गई। अंग्रेज़ी और हिन्दी मेरे अन्दर चचेरी बहनों की तरह बैठी हैं। आज भी कई बार लगता है कि अंग्रेज़ी में कोई बात कहनी बहुत आसान है, कि वह एक बड़ी समर्थ भाषा है। पर यह भी सच है कि हिन्दी के भी कई शब्द हैं, चाहे गालियाँ और बीहड़ शब्द, जिन्हें अंग्रेज़ी में अभिव्यक्त करना मुश्किल है। इसलिए लेखक अपने लेखन के लिए वही भाषा चुनेगा, जिसके बारे में उसको विश्वास है कि उसमें वह बेहतरीन तरीके से अपनी बात रख पाएगा। खेद है कि यह अकेला कारण भी तो नहीं है, कई सारे लोग इसलिए अंग्रेज़ी में लिखते हैं, चूँकि उसका भारत में एक अच्छा-खासा बाज़ार है। हिन्दी में आप लिखते रहिए, आलम यह है कि जैसे-जैसे आप प्रसिद्ध होते जाते हैं, पैसे और कम मिलते हैं।

जी, ऐसे में आपको लगता है कि आपकी पीढ़ी की तीन महिला कथाकार — शशि देशपांडे, मंजु कपूर और गीता हरिहरन जो-जो लिखती हैं, वह किसी और भारतीय भाषा में भी कही जा सकती थी, या फिर उसके लिए अंग्रेज़ी में लिखना आवश्यक है?

— मैंने तीनों को पढ़ा है। उनका अनुभव तो भारतीय ही है, पर उनकी किताबों से मुख्य रूप से एक विदेशी पाठक-वर्ग को लाभ मिलता है। उनकी अभिव्यंजना बहुत प्रभावशाली है, यहाँ तक कि अंग्रेज़ी जाननेवाले भारतीय अपनी कम संख्या के बावजूद इन्हें हिन्दी के लेखकों से ज़्यादा सम्मान दिला देते हैं।

पर तब ऐसा कैसे हो सकता है कि बेहतरीन अंग्रेज़ी जाननेवाली आप अंग्रेज़ी में नहीं, हिन्दी में ही लिखती हैं?

— इसका एक रोमांटिक कारण है। पहले बताया था कि जब मैं पढ़ती थी, तो सपने भी अंग्रेज़ी में देखती थी। लेकिन जब १९६५ में रवीन्द्र कालिया मेरे जीवन में आए, तो उन्होंने मेरा मज़ाक उड़ाया, जैसे "अंग्रेज़ तो चले गए, और तुमको

छोड़ गए"। तब तक मैं अंग्रेज़ी में लिखती थी, पर उन्होंने पूछा कि क्या तुम यह बात हिन्दी में नहीं कह सकती हो? तुम केवल इसलिए अंग्रेज़ी में लिखती हो, क्योंकि अपने दोगला किस्म के लेखन से दूसरों को शॉक करना चाहती हो। तो रवीन्द्र कालिया ने ही हँसी उड़ा-उड़ाकर अंग्रेज़ी से हटा दिया। वे बहुत सीमित अर्थों में अंग्रेज़ी को प्रेम करते हैं, जबकि मैं अंग्रेज़ी में पढ़ती रहती हूँ, मुझे अच्छा लगता है कि इस भाषा में कोई अपनी बात जल्दी कह सकता है।

तो एक तरह से यह कहना सही है कि आप अंग्रेज़ी लेखन के जो गुण पसंद करती हैं, वे ही हिन्दी साहित्य में लाना चाहती हैं?

— हाँ, बिलकुल ठीक कहा ! मेरी यह बहुत कोशिश है कि अगर वह गति अंग्रेज़ी से हिन्दी लेखन में लाएँ, तो वह अपने सारे लद्धड़पन से मुक्त होकर ताज़ा रूप में सामने आएगा। अंग्रेज़ी भाषा की सामर्थ्य की मैं बहुत कायल हूँ !

आपने पहले के साक्षात्कारों में कई उपन्यास-योजनाओं के बारे में बताया था? इनमें से आप किनपर काम कर रही हैं, कौन-सी योजना छोड़ी और कौन-सी योजना आपने शीर्षक बदलकर संपन्न की : संभवामि युगे-युगे, विषम यात्रा, ग़म रोज़गार के, कच्चा चिट्ठा, बड़ी बहन जी?

— 'बड़ी बहन जी' छप चुका है, पर उसका शीर्षक आखिरकार हमने 'अँधेरे का ताला' रख दिया। 'ग़म रोज़गार के' लिखने का मन आज भी है, लेकिन फ़िलहाल मैं जूझ रही हूँ तो एक और उपन्यास से — साहित्यिक आयोजन-प्रायोजनवाद में हो रहे भ्रष्टाचार पर। इसका शीर्षक रखा है 'कल्चर-वल्चर' और मैंने दस अध्याय लिखने शुरू भी किए, पर अभी तक सब अधूरे हैं [इस बीच, २०१७ के आरंभ में प्रकाशित हो चुका है]। अभी एक पत्रिका के संपादक की ओर से तक़ाज़ा है कि इसे किस्तों में देती रहूँ और तब यह जल्दी समाप्त हो जाए। असल में अगर अलग से कोई करने के लिए प्रेरित न करे, तो मेरी कई योजनाएँ आलस्य के कारण डूब जाती हैं।

२००४ के एक साक्षात्कार में आपने कहा था कि "आजकल मैं एक उपन्यास से संघर्ष कर रही हूँ, क्योंकि वह बहुत निकट की दुनिया से ताल्लुक रखता है"। यह कौन-सा है?

— यह 'दुक्खम-सुक्खम' ही है, जिसे मैं कई सालों तक लिख रही थी। उससे पहले

मैं रवि [पति रवीन्द्र कालिया] को दादी के मथुरा के घर के बारे में अक्सर बताती रहती। दस साल की उम्र के बाद मथुरा से मेरा ताल्लुक टूट गया, पर बचपन के वे लम्हे मैं हमेशा याद करती रहती, जब तक मुझे लगने लगा कि इसपर लिखना चाहिए। 'दुक्खम-सुक्खम' के बाद अब मैं रवि को इतना नहीं बताती, उपन्यास के बाद शायद इन बेशकीमती यादों को सहेजने की चिन्ता कम हो गई।

आपकी कौन-सी रचना जल्द ही पाठकों के सामने आ सकती हैं।

— एक लम्बी कहानी अथवा लघु-उपन्यास मैंने कुछ समय पहले ही साहित्य अकादमी से निकलनेवाली पत्रिका 'समकालीन भारतीय साहित्य' के संपादक को भेज दिया। एक दिन मैंने पढ़ा था कि टी०वी० की मशहूर शेफ़ नाइजेला लॉसन के क्रुद्ध पति ने लन्दन के किसी अच्छे रेस्तराँ के बीचोबीच अपनी पत्नी का गला पकड़ लिया, फिर बाद में अपनी सफाई इस प्रकार से दी कि पकड़ा तो था, मगर दबाया नहीं था। इतनी जानी-मानी महिला के साथ हुई यह दुर्घटना मेरे मन पर इतना गहरा प्रभाव छोड़ गई कि इसपर लिखने की ठान ली। परिणाम कुछ ही देर में पाठकों के सामने आ जाएगा [उपन्यास 'सपनों की होम डिलिवरी' नाम से २०१६ में प्रकाशित हो चुका है]।

आप लिखते समय कितनी चाय पीती हैं?

— चाय तो स्याही का काम करती है।

ममता कालिया जी, बातचीत के लिए आपको तह-ए-दिल से धन्यवाद देना चाहता हूँ।

— ख़ुश रहो !

लेखिका के प्रकाशनों की विस्तृत सूची

वर्तमान तक ममता कालिया के साहित्य की कोई ब्यौरेवार सूची शोधार्थी के संज्ञान में नहीं आई है, इसलिए लेखन के विभिन्न क्षेत्रों में सक्रिय इस लेखिका के हिन्दी साहित्य को दिए लगभग पाँच दशक के सहयोग का विस्तृत क्रम प्रस्तुत करना न केवल इस शोध, वरन् ममता कालिया के भावी अध्येताओं के लिए भी उपयोगी है। इस परिशिष्ट में पहले उनके प्रकाशनों के हर उपलब्ध* संस्करण व आवृत्ति का विधा की दृष्टि से यथा-संभव सम्पूर्ण उल्लेख किया गया है, फिर उनकी प्रमुख रचनाओं का वर्षानुक्रम पेश है।

* जिस प्रविष्टि से जो ब्यौरा गैर-मौजूद है, उसका पता कोलकाता राष्ट्रीय पुस्तकालय, दिल्ली विश्व-विद्यालय के केन्द्रीय पुस्तकालय और दिल्ली पब्लिक लाइब्रेरी की सूची देखने, प्रकाशनों के वेब-पृष्ठों को परखने, उनके दफ्तरों से संपर्क साधने तथा स्वयं लेखिका से मशविरा करने के बाद भी नहीं चल पाया। उपलब्ध या अहम संस्करणों की अन्तर्वस्तु भी प्रस्तुत है।

❖ विधा की दृष्टि से ❖

कहानी · उपन्यास · काव्य · एकाङ्की · आलेख और संस्मरण · साक्षात्कार · बाल-पुस्तक · अनुवाद · संपादन

कहानी

छुटकारा

१९७० लोकभारती प्रकाशन (इलाहाबाद), प्रथम संस्करण / पृ० ?१३७ सजिल्द

१९८३ लोकभारती प्रकाशन (इलाहाबाद), चतुर्थ संस्करण / पृ० १२८ सजिल्द

२००१ लोकभारती प्रकाशन (इलाहाबाद)

२०१० लोकभारती प्रकाशन (इलाहाबाद), 'वर्तमान' संस्करण / पृ० १२८ सजिल्द

अन्तर्वस्तु : भूमिका की तरह ५, अनुक्रम ७, बड़े दिन की पूर्व साँझ ९, वे तीन और वह १४, यह ज़रूरी नहीं २५, बीमारी २९, अपत्नी ३७, छुटकारा ४५, उसी शहर में ५१, ज़िंदगी—सात घंटे बाद की ५७, पिछले दिनों का अँधेरा ६४, साथ ६९, बेतरतीब ७५, शहर शहर की बात ८०, वे ८९, दो ज़रूरी चेहरे ९८

सीट नम्बर छह

१९७५ लोकभारती प्रकाशन (इलाहाबाद), प्रथम संस्करण / पृ० ?

?१९७८ लोकभारती प्रकाशन (इलाहाबाद), द्वित्यीय संस्करण / पृ० १३६

२०१४ लोकभारती प्रकाशन (इलाहाबाद), 'पहला संस्करण' / पृ० १०८ सजिल्द

अन्तर्वस्तु : सीट नम्बर छह ९, फ़र्क नहीं २०, लगभग प्रेमिका ३१, निवेदन ४२, जितना तुम्हारा हूँ ४८, गुस्सा ५६, बातचीत बेकार है ६२, प्यार के बाद ६७, पीली लड़की ७३, आत्मरक्षा ७८, उपलब्धि ८४, आज़ादी ९४ + अनावश्यक १०५ (यह आखिरी कहानी प्रथम संस्करण में नहीं थी, पहली बार 'काके दी हट्टी' में छपी, द्र० नीचे)

एक अदद औरत

१९७६ प्रकाशन संस्थान (शाहदरा, दिल्ली), प्रथम संस्करण / पृ० १०१

१९७९ प्रकाशन संस्थान (शाहदरा, दिल्ली), 'प्रथम संस्करण' / पृ० १०१

१९८० प्रकाशन संस्थान (शाहदरा, दिल्ली), द्वितीय संस्करण / पृ० १०१

पन्द्रह कहानियों में से नौ 'छुटकारा' संग्रह में छप चुकी थीं (*), एक पहले के 'सीट नम्बर छह' संग्रह से इसमें कोई कहानी नहीं है ;

अन्तर्वस्तु : लड़के ९, राएवाली १६, वसन्त—सिर्फ़ एक तारीख़ २५, तस्कीं को हम न रोयें ३२, *पिछले दिनों का अँधेरा ३७ (द्र० 'छुटकारा' ६५), *यह ज़रूरी नहीं ४१ (द्र० 'छुटकारा' २४), *बीमारी ४५ (द्र० 'छुटकारा' २९), *अपत्नी ५१ (द्र० 'छुटकारा' ३७), *छुटकारा ५७ (द्र० 'छुटकारा' ४५), *उसी शहर में ६३ (द्र० 'छुटकारा' ५१), *बड़े दिन की पूर्व साँझ ६८ (द्र० 'छुटकारा' ९), *शहर शहर की बात ७३ (द्र० 'छुटकारा' ८०), *वे ८१ (द्र० 'छुटकारा' ८९), खाली होता हुआ घर ८९, एक अदद औरत ९६

प्रतिदिन

१९८३ राजकमल प्रकाशन (दिल्ली), प्रथम संस्करण / पृ० ११८ सजिल्द

२००० राजकमल प्रकाशन (दिल्ली), प्रथम आवृत्ति / पृ० ?११८ सजिल्द

२०१२ राजकमल प्रकाशन (दिल्ली), द्वितीय आवृत्ति / पृ० ११८ सजिल्द

दस में से दो कहानियाँ 'एक अदद औरत' संग्रह में प्रकाशित हो चुकी थीं ;
अन्तर्वस्तु : क्रम ५, काली साड़ी ७, आपकी छोटी लड़की २०, *वसन्त—सिर्फ़ एक तारीख़ ४५ (द्र० 'एक अदद औरत' २५), एक जीनियस की प्रेमकथा ५२, तोहमत ६१, *लड़के ८० (द्र० 'एक अदद औरत' १), लैला-मजनूँ ८७, मन्दिरा ९३, माँ १०२, कवि मोहन १०१

उसका यौवन

१९८५ लोकभारती प्रकाशन (दिल्ली), प्रथम संस्करण / पृ० १३४
२०१० लोकभारती प्रकाशन (दिल्ली), 'वर्तमान' संस्करण / पृ० १२७ सजिल्द
अन्तर्वस्तु : भूमिका की तरह ५, अनुक्रम ७, उसका यौवन ९, नयी दुनिया १६, अपने शहर की बत्तियाँ २५, आहार ३३, पच्चीस साल की लड़की ४०, राजू ४८, मनहूसाबी ५६, मुहब्बत से खिलाइए ६६, अट्ठावनवाँ साल ७५, मनोविज्ञान ८३, आलमारी ९५, बिटिया १०२, दर्पण १११

जाँच अभी जारी है

१९८९ लोकभारती प्रकाशन (दिल्ली), प्रथम संस्करण / पृ० १६०
२०१० लोकभारती प्रकाशन (दिल्ली), 'वर्तमान संस्करण' / पृ० १६० सजिल्द
अन्तर्वस्तु : भूमिका की तरह ५, अनुक्रम ७, सेमिनार ९, उमस १९, जाँच अभी जारी है २७, रजत जयंती ४४, इक्कीसवीं सदी ५६, दाम्पत्य ६१, नया त्रिकोण ७५, प्रिया पाक्षिक ८२, अनुभव ९०, पहली १०३, नायक १०८, वर्दी १२०, चोट्टिन १२७, झूठ १३४, शॉल १४२, इरादा १५१

चर्चित कहानियाँ

१९९७ सामयिक प्रकाशन (दिल्ली), प्रथम संस्करण / पृ० १४४ सजिल्द
संकलन, सभी कहानियाँ पहले प्रकाशित हो चुकी थीं ;
अन्तर्वस्तु : भूमिका ५, क्रम ७, आपकी छोटी लड़की ९, वसन्त—सिर्फ़ एक तारीख २७, लड़के ३२, लैला-मजनूँ ३७, माँ ४२, सेमिनार ४७, जाँच अभी जारी है ५४, रजत जयंती ६५, इक्कीसवीं सदी ७३, मनहूसाबी ८१, दर्पण ८८, शॉल ९४, काली साड़ी १००, आज़ादी १०९, बीमारी ११८, अट्ठावनवाँ साल १२३, उमस १२८, नायक १३३, पहली १४१
२००६ सामयिक प्रकाशन (दिल्ली), 'संस्करण' / पृ० १४४ सजिल्द

बोलनेवाली औरत

१९९८ वाणी प्रकाशन (दिल्ली), प्रथम संस्करण / पृ० ९२ सजिल्द
२००१ वाणी प्रकाशन (दिल्ली) / पृ० ९२ सजिल्द
चौदह कहानियों में से दसवीं 'जाँच अभी जारी है' संग्रह में छप चुकी थी (*) ;
अन्तर्वस्तु : क्रम ५, बोलनेवाली औरत ७, मेला १३, लकी २६, खिड़की ३२, जनम ३७,

रोशनी की मार ४३, सेवा ४९, तासीर ५४, किताबों में कैद आदमी ५९, *उमस ६५ (द्र० 'जाँच अभी जारी है' १९), पर्याय नहीं ७०, एक अकेला दुःख ७८, अर्द्धांगिनी ८४, बच्चा ९०

मुखौटा

२००३ लोकभारती प्रकाशन (इलाहाबाद), प्रथम संस्करण

२००५ लोकभारती प्रकाशन (इलाहाबाद), द्वितीय संस्करण / पृ० ११९ सजिल्द

बीस कहानियों में से दसवीं 'उसका यौवन' संग्रह, पंद्रहवीं 'बोलनेवाली औरत' और अठारहवीं 'प्रतिदिन' में छप चुकी थीं (*) ;

अन्तर्वस्तु :अनुक्रम, एक रंगकर्मी की उदासी १, चिर कुमारी ८, बाल बाल बचनेवाले १४, मुखौटा २०, परदेस २८, प्रतिप्रश्न ३२, सफ़र में ३७, मान लो कि ४२, उत्तर-अनुराग ४७, *आलमारी ५७ (द्र० 'उसका यौवन' ९५), श्यामा ६२, सीमा ६६, रोग ७३, एक दिन अचानक ७६, *एक अकेला दुःख ८४ (द्र० 'बोलनेवाली औरत' ७८), दूसरा देवदास ९०, रिश्तों की बुनियाद १००, *लड़कियाँ १०५ (= तोहमत, द्र० 'प्रतिदिन' ६९), बाण गंगा ११३, छवि ११६

निर्मोही

२००४ वाणी प्रकाशन (दिल्ली), 'संस्करण' / पृ० ११७

२००९ वाणी प्रकाशन (दिल्ली), 'आवृत्ति' / पृ० ११९ सजिल्द

अन्तर्वस्तु : अनुक्रम ३, निर्मोही ५, सुलेमान १३, ऐसा ही था वह २२, दल्ली ३०, वह मिली थी बस में ३९, बाँगड़ू ४४, बाथरूम ५०, सिकंदर ५८, नमक ६३, पिकनिक ६९, खानपान ७४, बोहनी ८२, मुन्नी ९०, *उड़ान ९६ (= छवि, द्र० 'मुखौटा' ११६), समय १०१, पीठ १०७, सवारी और सवारी ११४

ममता कालिया की कहानियाँ (खण्ड १, खण्ड २) = 'कहानियाँ १' व 'कहानियाँ २'

२००५ वाणी प्रकाशन (दिल्ली), प्रथम संस्करण

२००८ वाणी प्रकाशन (दिल्ली), द्वितीय संस्करण

२००९ वाणी प्रकाशन (दिल्ली), तृतीय आवृत्ति / पृ० ३९४ + ४६३ सजिल्द

पहले प्रकाशित किये गए नौ कहानी संग्रह दो खण्डों में ;

अन्तर्वस्तु : खण्ड १ (पाँच संग्रह) — ममता कालिया (रवीन्द्र कालिया द्वारा भूमिका) v-xxi, अनुक्रम २३, **छुटकारा** २७, **सीट नम्बर छह** १०९, **एक अदद औरत** (मूल ग्रन्थ की नौ कहानियाँ — क्रमांक ५—१३, 'पिछले दिनों का अँधेरा', 'यह ज़रूरी नहीं', 'बीमारी', 'अपत्नी', 'छुटकारा', 'उसी शहर में', 'बड़े दिन की पूर्व साँझ', 'शहर शहर की बात' और 'वे' यहाँ दोहराई नहीं गई) १९५, **प्रतिदिन** (मूल ग्रन्थ की तीसरी कहानी 'वसन्त—सिर्फ़ एक तारीख़' और छठी 'लड़के' यहाँ दोहराई नहीं गई) २२९, **उसका यौवन** ३०५ ; खण्ड २ (चार संग्रह) — अनुक्रम ५, **जाँच अभी जारी है** ९, **बोलनेवाली औरत** (मूल ग्रन्थ की

दसवीं कहानी, 'उमस' यहाँ दोहराई नहीं गई) १२३, **मुखौटा** (मूल संग्रह की बीस कहानियों में से पंद्रहवीं, 'एक अकेला दुःख' दोहराई नहीं गई, बीसवीं कहानी, 'छवि' यहाँ अनुपस्थित है, बाकी कहानियाँ भी सर्वथा अलग क्रम से छापी गई) २२१, **निर्मोही** ३३९

थिएटर रोड के कौवे

२००६ पेंगुइन–यात्रा (दिल्ली), प्रथम संस्करण / पृ० २५२ अजिल्द

संकलन, छब्बीस में से केवल छह कहानियाँ नई हैं (+), एक (*) 'पाँच बाल कहानियाँ' में शामिल की गई थी ;

अन्तर्वस्तु : अनुक्रम v–vi, भूमिका की तरह vii–ix, +थिएटर रोड के कौवे १, +उनका जाना ९, +चोरी २०, +सूनी २७, +छोटे गुरु ३८, +ख़ुशक़िस्मत ४५, जाँच अभी जारी है ५१, सेमिनार ६७, नमक ७७, माँ ८६, वसन्त–सिर्फ़ एक तारीख़ ९३, आपकी छोटी लड़की १००, आज़ादी १२७, लड़के १४०, लैला-मजनूँ १४८, छुटकारा १५५, पीठ १६१, बोहनी १७१, बाथरूम १८३, बोलनेवाली औरत १९४, खिड़की २०४, रोशनी की मार २१२, सेवा २२३, ऐसा ही था वह २३१, बच्चा २४३, *नए दोस्त २४८

पचीस साल की लड़की

२००६ रेमाधव पब्लिकेशन्स (गाज़ियाबाद), प्रथम संस्करण / पृ० १६४ सजिल्द

संकलन, बारह कहानियों में से केवल एक नई हैं (+)

अन्तर्वस्तु : भूमिका ५, अनुक्रम ७, चिर कुमारी ९, +कौए और कोलकाता १७, जाँच अभी जारी है २७, सेमिनार ४२, एक अकेला दुःख ५२, दूसरा देवदास ६१, तोहमत ७४, खानपान ८५, बीमारी ९६, खिड़की १०३, अकेलियाँ-दुकेलियाँ ११० (यह लम्बी कहानी पहले 'लड़कियाँ' शीर्षक से प्रकाशित हुई थी और 'तीन लघु-उपन्यास' ७० संग्रह में भी उसी नाम से संमिलित है), पच्चीस साल की लड़की १५७

दस प्रतिनिधि कहानियाँ

२००७ किताबघर प्रकाशन (दिल्ली), प्रथम संस्करण / पृ० १२० सजिल्द

२०११ किताबघर प्रकाशन (दिल्ली), द्वितीय संस्करण / पृ० १०३ सजिल्द

संकलन, सभी कहानियाँ पहले प्रकाशित हो चुकी थीं ;

अन्तर्वस्तु : कहाँ मैं, कहाँ मेरी कहानियाँ ५, कथा-क्रम ९, आपकी छोटी लड़की ११, वसन्त–सिर्फ़ एक तारीख़ ३३, लड़के ३९, दल्ली ४६, लैला-मजनूँ ५७, जितना तुम्हारा हूँ ६३, सुलेमान ७१, छुटकारा ८१, पीठ ८६, बोहनी ९४

इक्कीस श्रेष्ठ कहानियाँ

२००८ डायमंड पॉकेट बुक्स (दिल्ली), प्रथम संस्करण / पृ० १५२ अजिल्द

२००९ डायमंड पॉकेट बुक्स (दिल्ली), आवृत्ति / पृ० १५२ अजिल्द

अन्तर्वस्तु : ममता कालिया की भूमिका ३, अनुक्रम ५, लैला-मजनूँ ७, दल्ली १२, पच्चीस साल की लड़की २२, बोहनी २८, सीट नम्बर छह ३७, एक अदद औरत ४६, मनहूसाबी ५०, राजू ५८, मेला ६४, खिड़की ७१, छुटकारा ८५, सफ़र में ८९, आलमारी ९५, लड़कियाँ १००, बाँगड़ू १०९, नमक ११६, सवारी और सवारी १२३, गुस्सा १२८, दर्पण १३४, वसन्त—सिर्फ़ एक तारीख़ १४१, राएवाली १४६

आपकी छोटी लड़की

२०१० हार्परकॉलिंस (दिल्ली), प्रथम संस्करण / पृ० ६३ अजिल्द

अल्प आकार की पुस्तक में एक ही लम्बी कहानी

अन्तर्वस्तु : अखिलेश की भूमिका ५–११, आपकी छोटी लड़की १२

काके दी हट्टी

२०१० वाणी प्रकाशन (दिल्ली), प्रथम संस्करण / पृ० १६० सजिल्द

सत्तरह में से दो कहानियाँ 'थिएटर रोड के कौवे' संग्रह में छापी गई थीं ;

अन्तर्वस्तु : अनुक्रम ५, काके दी हट्टी ७, एक रिश्ता तो था १६, जाते हुए लोग २३, सुरक्षा का आतंक २८, इलाज ३८, दूसरी आज़ादी ४४, शक ५५, बीतते हुए ७६, शिष्या ८०, ज़ोरदार तालियाँ ९१, एक पति की मौत ९७ ('वर्तमान साहित्य' के विशेषांक में भी), छोटे खिलाड़ी १०५, अनावश्यक ११६, फिर भी प्यार १२१, *उनका जाना १३४ (द्र० 'थिएटर रोड के कौवे' ९), *छोटे गुरु १४५ (द्र० 'थिएटर रोड के कौवे' ३८), वारदात १५२

ख़ुशकिस्मत

२०१० लोकभारती प्रकाशन (इलाहाबाद), प्रथम संस्करण / पृ० १३२ सजिल्द

संकलन, सोलह कहानियों में केवल चार नई हैं (+), चार 'थिएटर रोड के कौवे' संग्रह की छह (अथवा सात) नई कहानियों में से शामिल की गईं और एक 'पचीस साल की लड़की' में से (*), शेष पुरानी ;

अन्तर्वस्तु : कहाँ मैं कहाँ मेरी कहानियाँ ५–९, अनुक्रम ११, +एक अकेली तस्वीर १३, *ख़ुशक़िस्मत २० (द्र० 'थिएटर रोड के कौवे' ४५), *कौए और कोलकाता २७ (द्र० 'पचीस साल की लड़की' १७), *चोरी ३९ (द्र० 'थिएटर रोड के कौवे' २०), *सूनी ४७ (द्र० 'थिएटर रोड के कौवे' २७), +बगिया ५९, *छोटे गुरु ६५ (द्र० 'थिएटर रोड के कौवे' ३८), +परदेशी ७३, +पण्डिताइन ८३, लड़के ८८, राएवाली ९६, वसन्त—सिर्फ़ एक तारीख़ १०६, तस्कीं को हम न रोयें ११४, खाली होता हुआ घर ११९, एक अदद औरत १२७

पाँच बेहतरीन कहानियाँ

२०१३ वाणी प्रकाशन (दिल्ली), प्रथम संस्करण / पृ० ६४ अजिल्द
संकलन, सभी कहानियाँ पहले प्रकाशित हो चुकी थीं ;
अन्तर्वस्तु : क्रम ३, बोहनी ५, बाथरूम १७, एक रंगकर्मी २८, मेला ३९, लैला-मजनूँ ६०

संकलित कहानियाँ

२०१३ राष्ट्रीय पुस्तक न्यास, प्रथम संस्करण / पृ० २५२ अजिल्द
संकलन ; अन्तर्वस्तु : अनुक्रम v, दृश्य यथार्थ की अदृश्य बहुस्तरीयता का कथा-संसार (भूमिका) vii, आपकी छोटी लड़की १, मुहब्बत से खिलाइए २२, माँ २९, वसन्त—सिर्फ़ एक तारीख़ ३४, लड़के ४०, छुटकारा ४६, वे ५०, बड़े दिन की पूर्व साँझ ५६, अनुभव ६०, पहली ७०, नायक ७४, उत्तर अनुराग ८४, बीमारी ९५, काली साड़ी १००, मनहूसाबी १११, तोहमत ११९, बाँगड़ू १२८, ऐसा ही था वह १३५, उमस १४४, दूसरा देवदास १५०, रोशनी की मार १६०, बाथरूम १६८, सिकन्दर १७४, लकी १८०, सुलेमान १८७, जितना तुम्हारा हूँ १९७, लैला-मजनूँ २०५, दल्ली २१०, पीठ २२०, एक रंगकर्मी की उदासी २२८, बोहनी २३७, किताबों में कैद आदमी २४५

थोड़ा सा प्रगतिशील

२०१४ लोकभारती प्रकाशन (दिल्ली), प्रथम संस्करण / पृ० ११९ अजिल्द
अन्तर्वस्तु : मैं क्यों लिखती हूँ (भूमिका) ९, जी १७, कामयाब २७, मुहब्बत का मौसम ३७, खुशियों का लौटना ४५, वह लड़का जिसे गर्मी लगती थी ५२, संस्कृति ६४, प्रेम ७६, परली पार ८२, बाज़ार ८७, फरवरी की एक शाम ९४, चाभी १०२, थोड़ा सा प्रगतिशील १०७, पटकनी ११३

प्रतिनिधि कहानियाँ

२०१४ राजकमल प्रकाशन (दिल्ली), पहला संस्करण / पृ० १४४ अजिल्द
मधुरेश द्वारा संपादित संकलन, सभी कहानियाँ पहले प्रकाशित हो चुकी थीं ;
अन्तर्वस्तु : मधुरेश की भूमिका ५, अनुक्रम ९, छुटकारा ११, खिड़की १५, आपकी छोटी लड़की २०, सेमिनार ४०, मुखौटा ४७, सुलेमान ५५, जाँच अभी जारी है ६५, बोलनेवाली औरत ७७, बाथरूम ८४, काली साड़ी ९१, लगभग प्रेमिका १०१, राएवाली १११, वसन्त—सिर्फ़ एक तारीख़ ११७, लड़के १२३, एक रंगकर्मी की उदासी १२८, निर्मोही १३६

मेरी चुनिन्दा प्रेम कहानियाँ

२०१४ साहित्य भण्डार (इलाहाबाद), 'संस्करण' / पृ० १६८ सजिल्द
संकलन, सभी कहानियाँ पहले प्रकाशित हो चुकी थीं ;

अन्तर्वस्तु : क्रम ५, छुटकारा ७, बड़े दिन की पूर्व साँझ १३, उसी शहर में १८, पिछले दिनों का अँधेरा २३, दो ज़रूरी चेहरे २८, लगभग प्रेमिका ५६, प्यार के बाद ६१, साथ ७७, काली साड़ी ८३, लैला-मजनूँ ९६, जितना तुम्हारा हूँ १०३, रजत जयंती ११३, उत्तर अनुराग १२५, दूसरा देवदास १३७, फिर भी प्यार १५०

मेरी प्रिय कहानियाँ

२०१७ राजपाल (दिल्ली), प्रथम संस्करण / पृ० १२२ अजिल्द

संकलन, सभी कहानियाँ पहले प्रकाशित हो चुकी थीं, भूमिका नई है ;

अन्तर्वस्तु : भूमिका ५, क्रम ९, लैला-मजनूँ ११, छुटकारा १६, लड़के २०, राएवाली २५, वसन्त—सिर्फ़ एक तारीख़ ३२, सुलेमान ३७, दल्ली ४६, निर्मोही ५६, बाथरूम ६५, आपकी छोटी लड़की ७३, परली पार ९२, थोड़ा-सा प्रगतिशील ९७, काली साड़ी १०३, दूसरा देवदास ११३

पुस्तक रूप में अनुपलब्ध कहानियाँ

- ऊँचे-ऊँचे कँगूरे : 'साप्ताहिक हिन्दुस्तान' (?१९६३); ममता कालिया की प्रथम प्रकाशित कहानी
- बीतने के बाद : 'उत्कर्ष' (अगस्त १९६६), कहानी विशेषांक (सन् साठ के बाद की हिन्दी कहानी) ; पृ० ७०—७५
- विश्वास : 'साप्ताहिक हिन्दुस्तान' (लेखिका के पास उपलब्ध पृष्ठों से अंक की जानकारी नहीं मिली, अनुमान : १९८०—९० के बीच) ; पृ० १६—१८
- पापा : 'पुनर्नवा' ('जागरण' की साहित्यिक पत्रिका) (२००६)
- फ़र्क : 'आधारशिला' (जनवरी २०१४) ; पृ० ७—८
- शुक है, शुक्र है : 'आउटलुक हिन्दी' (१६—३० अप्रैल २०१४) ; पृ० ६२
- वह तो कोई और था : 'उम्मीद' (सं० जीतेन्द्र श्रीवास्तव ; ?२०१४)
- सुकर्मी शेरसिंह : 'कादम्बिनी' (जुलाई २०१५) ; पृ० ३८—४२
- निरा निरर्थक दिन : 'प्रयाग-पथ' (सं० हितेष कुमार सिंह ; २०१५)
- ठसक : 'लमही' (कहानी विशेषांक ?२०१५/१६)
- मुश्किल खेल : 'अनहद' (मार्च २०१६) ; पृ० ७६—८२
- कांदिवली की लड़की : 'नवनीत' (जुलाई, २०१६)
- सेकंड हैंड : आकाशवाणी पर कवितापाठ प्रसारित (मई २०१६)
- मेरी बेवकूफियाँ : 'शुक्रवार' (सं० विष्णु नागर ; वार्षिक अंक, २०१३)

अन्यत्र

- एक रंगकर्मी की उदासी (The Agony of An Artist, लेखिका द्वारा अंग्रेज़ी अनुवाद) : Divya Mathur (सं०): *Aashaa*. Star Publications (दिल्ली) २००३ ; पृ० १११—१२१

- आपकी छोटी लड़की : प्रकाश, अरुण (सं०): 'हमारा हिस्सा'. पेंगुइन–यात्रा (दिल्ली) २००५ ; पृ० ३३–५६
- उमस : रेखा सेठी–रेखा उप्रेती (सं०): 'कालजयी हिन्दी कहानियाँ'. अरुणोदय प्रकाशन (दिल्ली) २००६ ; पृ० १४६–१५२
- पीली लड़की (Pale Girl, अंग्रेज़ी अनुवाद), जाँच अभी जारी है (The Inquiry Is Still On..., अंग्रेज़ी अनुवाद) : Dr. Vandana R. Singh (अनु०, सं०): *To Each Her Own. An Anthology of Contemporary Hindi Short Stories.* National Book Trust (दिल्ली) २००६ ; पृ० ६५–७१, ७२–८७
- संस्कृति : 'लमही' (अक्तूबर–दिसम्बर २००९) ; पृ० ३६–४१ ; इस कहानी के लिए पत्रिका का वार्षिक पुरस्कार 'लमही सम्मान' (२००९, प्रदान २०१०)
- एक रंगकर्मी की उदासी (The Agony of An Artist, लेखिका द्वारा अंग्रेज़ी अनुवाद) : Deepa Agarwal (सं०): *Her Piece of Sky. Contemporary Hindi Short Stories.* Zubaan (दिल्ली) २०११ ; पृ० ६४–७४
- आपकी छोटी लड़की : 'साहित्य समर्था' (अगस्त २०१२), प्रवेशांक ; पृ० १३–२३
पत्रिका में ममता कालिया पर नीलिमा टिक्कू के परिचयात्मक आलेख के साथ लेखिका की अमरकान्त और बदरीनारायण से बातचीत (द्र० नीचे 'साक्षात्कार' के अन्तर्गत 'मेरे साक्षात्कार') भी शामिल है (पृ० ४–६, ७–१२)।
- लड़के (Boys, अंग्रेज़ी अनुवाद) : Ravi Nandan Sinha (अनु०, सं०): Great Hindi Short Stories. Anubhuti Foundation Mission (दिल्ली) २०१३ ; पृ० १२२–१२९
- कामयाब : 'तहलका हिन्दी' (७ जनवरी २०१४), साहित्य विशेषांक

उपन्यास

बेघर

१९७१ रचना प्रकाशन (इलाहाबाद), 'पहला पुस्तकालय संस्करण'
१९८५ राजकमल (दिल्ली), पहला संस्करण
१९८९ राजकमल (दिल्ली), दूसरा संस्करण
२००२ वाणी प्रकाशन (दिल्ली), प्रथम संकरण / पृ० १८७
२००७ राजकमल (दिल्ली), तृतीय आवृत्ति
२००९ वाणी प्रकाशन (दिल्ली), द्वितीय संकरण / पृ० १८५ सजिल्द
अन्तर्वस्तु : प्रशंसा ३, भूमिका ७–१५, बेघर : आज १७–१८, बेघर २१–१८५

नरक दर नरक

१९७५ लोकभारती प्रकाशन (इलाहाबाद), प्रथम संस्करण / पृ० २०७

१९८४ हिन्द पॉकेट बुक्स (दिल्ली), 'प्रथम पॉकेट बुक्स संस्करण' / पृ० १४०
'साथी' शीर्षक से प्रकाशित

२००६ किताबघर प्रकाशन (दिल्ली), 'संस्करण'

२००८ किताबघर प्रकाशन (दिल्ली), 'संस्करण'

२०१३ किताबघर प्रकाशन (दिल्ली), 'संस्करण' / पृ० १४४ सजिल्द
अन्तर्वस्तु : पूर्वकथन ३–६, अध्याय १—३

प्रेम कहानी

१९८० राजपाल प्रकाशन (दिल्ली), प्रथम संस्करण / पृ० १०७ सजिल्द

१९८५ हिन्द पॉकेट बुक्स (दिल्ली), प्रथम संस्करण / पृ० १६० अजिल्द
इस लघु-उपन्यास का पुनःप्रकाशन 'तीन लघु-उपन्यास' (पृ० १११) संग्रह में हुआ।

लड़कियाँ

१९८३ चित्रलेखा प्रकाशन (इलाहाबाद), प्रथम संस्करण / पृ० ६५
इस लम्बी कहानी अथवा लघु-उपन्यास का पुनःप्रकाशन 'तीन लघु-उपन्यास' (पृ० ७०) संग्रह में हुआ, इसके अतिरिक्त 'अकेलियाँ-दुकेलियाँ' शीर्षक से 'पचीस साल की लड़की' (पृ० ११०) कहानी संकलन में भी संमिलित किया गया।

एक पत्नी के नोट्स

'छाया-मयूर' पत्रिका (वार्षिक अंक, १९८४)

१९९७ किताबघर प्रकाशन (दिल्ली), प्राथन संस्करण / पृ० ७० सजिल्द
इस लघु-उपन्यास का पुनःप्रकाशन 'तीन लघु-उपन्यास' (पृ० ७) संग्रह में हुआ।

दौड़

सबसे पहले 'तद्भव' पत्रिका (अंक २, १९९९) के पृष्ठों पर प्रकाशित

२००० वाणी प्रकाशन (दिल्ली) / पृ० ९५

२०१० वाणी प्रकाशन (दिल्ली) / पृ० १०४ सजिल्द

२०१२ दीनानाथ फुलवाडकर द्वारा मराठी अनुवाद ('धावपळ'), रूपवेध प्रकाशन (औरंगाबाद) / पृ० ९६ अजिल्द

?२०१० रविंदर राही द्वारा पंजाबी अनुवाद, पीपल्ज़ फोरम (बरगाड़ी) / पृ० ७४ अजिल्द
(सन् लेखिका का अनुमान, पुस्तक में दिया नहीं गया)

तीन लघु उपन्यास

एक ही पुस्तक में संकलित : 'एक पत्नी के नोट्स', 'लड़कियाँ' तथा 'प्रेम कहानी'।

२००७ किताबघर प्रकाशन (दिल्ली) / पृ० १९६ सजिल्द

२००८ किताबघर प्रकाशन (दिल्ली)

२०११ किताबघर प्रकाशन (दिल्ली), 'संस्करण' / पृ० १९६ सजिल्द

अन्तर्वस्तु : भूमिका के बहाने ५, एक पत्नी के नोट्स ७, लड़कियाँ (यह लघु-उपन्यास अथवा लम्बी कहानी 'अकेलियाँ-दुकेलियाँ' शीर्षक से 'पचीस साल की लड़की' [पृ० ११०] कहानी संकलन में भी संमिलित की गई) ७०, प्रेम कहानी १११

अँधेरे का ताला

२००९ वाणी प्रकाशन (शाहदरा, दिल्ली), प्रथम संकरण / पृ० ११२

२०१० हितकारी—वाणी प्रकाशन (शाहदरा, दिल्ली), 'संस्करण' / पृ० ११२ सजिल्द

अन्तर्वस्तु : निराला का काव्यांश (जल्द-जल्द ··· टाट बिछाओ) ५, अध्याय १—१२

दुक्खम-सुक्खम

२००९ भारतीय ज्ञानपीठ (दिल्ली), प्रथम संस्करण

२०१० भारतीय ज्ञानपीठ (दिल्ली), द्वितीय तथा तृतीय संस्करण

२०११ भारतीय ज्ञानपीठ (दिल्ली), चतुर्थ संस्करण / पृ० २७४ सजिल्द

अन्तर्वस्तु : भूमिका रहित, अध्याय १—४२

२०१३ भारतीय ज्ञानपीठ (दिल्ली), अजिल्द संस्करण

सपनों की होम डिलिवरी

यह लम्बी कहानी अथवा लघु-उपन्यास 'खुशियों की होम डिलिवरी' शीर्षक से 'शब्दाङ्कन.कॉम' ब्लॉग पर पाँच किस्तों में प्रकाशित हुआ था (२०१४—१५) ; वहाँ इसका समापन अलग रहा।

२०१६ लोकभारती प्रकाशन (दिल्ली), प्रथम संस्करण / पृ० ९६ सजिल्द

कल्चर वल्चर

जून २०१५ से 'वर्तमान साहित्य' पत्रिका में धारावाहिक के रूप से छह किस्तें प्रकाशित; पत्रिका बंद किए जाने के बाद 'हंस' के चार अंकों में सात किस्तें छपीं।

२०१७ किताबघर प्रकाशन (दिल्ली), 'प्रथम संस्करण' / पृ० २०० सजिल्द

काव्य

Tribute to Papa and Other Poems

१९७० Writers' Workshop Redbird Books (कोलकाता) / पृ० ३१ अजिल्द
अन्तर्वस्तु : २० अंग्रेज़ी कविताएँ

कितने प्रश्न करूँ

१९७६ यह प्रबन्ध-काव्य सबसे पहले 'अग्नि-परीक्षा' शीर्षक से प्रकाशित हुआ था।

२००८ वाणी प्रकाशन (दिल्ली), प्रथम संस्करण / पृ० ७८ अजिल्द
राम-कथा पर प्रबन्ध-काव्य; अन्तर्वस्तु : भूमिका ५, विवाह ७, अपहरण १५, अग्नि-परीक्षा २५, निर्वासन ३१, पृथ्वी-प्रवेश ५१, आकलन ६५, दूधनाथ सिंह द्वारा प्रस्तुत कृति की आलोचना ७५

Poems '78

१९७८ Writers' Workshop Redbird Books (कोलकाता) / पृ० २८ अजिल्द
अन्तर्वस्तु : १९ अंग्रेज़ी कविताएँ (एक कविता अधिकतर एक अथवा दो पृष्ठ की है)

खाँटी घरेलू औरत

२००४ वाणी प्रकाशन (दिल्ली), 'संस्करण' / पृ० १०३

२००९ वाणी प्रकाशन (दिल्ली), 'संस्करण' / पृ० १०४ सजिल्द

२०१२ वाणी प्रकाशन (दिल्ली), 'आवृत्ति' / पृ० १०४ सजिल्द
अन्तर्वस्तु : ६३ लघु कविताएँ (एक कविता अधिकतर एक अथवा दो पृष्ठ की है)

पचास कविताएँ

उपशीर्षक : 'नयी सदी के लिए चयन : ममता कालिया'।

२०१२ वाणी प्रकाशन (दिल्ली), प्रथम संस्करण / पृ० ७१ अजिल्द, १८ सेमी
अन्तर्वस्तु : ५० लघु कविताएँ (एक कविता अधिकतर एक अथवा दो पृष्ठ की है)

अन्यत्र

- दस अंग्रेज़ी कविताएँ (Tribute to Papa, Sheer Good Luck, Compulsions, Made for Each Other, Sunday Song, Brat, Dubious Lovers, Positive Thinking; After Eight Years of Marriage; Anonymous) : Eunice de Souza (सं०): *Nine Women Poets. An*

Anthology. Oxford University Press, दिल्ली १९९७ ; पृ० १८–२६

- एक अंग्रेज़ी कविता (After Eight Years of Marriage) : Jerry Pinto & Arundhati Subramaniam (सं०): *Confronting Love.* Penguin Books India, दिल्ली २००५ ; पृ० ४–५
- सात अंग्रेज़ी कविताएँ (Against Robert Frost, Brat, Tribute to Papa, Untitled, Sheer Good Luck, I'm Not Afraid of a Naked Truth, After Eight Years of Marriage) : *Fulcrum* IV (२००५) ; पृ० ४४३–४४६
- उपरोक्त सात अंग्रेज़ी कविताएँ : Thayil, Jeet (सं०): *60 Indian Poets.* Penguin Books India, दिल्ली २००८ ; पृ० ३०७–३१०
- एक अंग्रेज़ी कविता (Made for Each Other) : Eunice de Souza & Melanie Silgardo (सं०): *The Puffin Book of Poetry for Children. 101 Poems.* Penguin Books India, दिल्ली २००५ ; पृ० ४३
- एक अंग्रेज़ी कविता (Compulsions) : Eunice de Souza & Melanie Silgardo (सं०): *These My Words.* Penguin Books India, दिल्ली २०१२ ; पृ० २३१
- तीन कविताएँ : 'वागर्थ' (जून-जुलाई २०१४)

एकाङ्की

यहाँ रोना मना है

१९८३ श्रवण प्रकाशन मंदिर/इलाहाबाद प्रेस, 'संस्करण' / पृ० १०३ सजिल्द
अन्तर्वस्तु : सिलसिला ५, निजी बात ७, आत्मा अठन्नी का नाम है ९, आप न बदलेंगे ६१, यहाँ रोना मना है ८१

आप न बदलेंगे

१९८९ लोकभारती प्रकाशन (इलाहाबाद), प्रथम संस्करण / पृ० १२६

१९९५ ?

२००९ लोकभारती प्रकाशन (इलाहाबाद), 'संस्करण' / पृ० ११९
अन्तर्वस्तु : भूमिका – एकांकी का उद्भव और विकास, एकांकी के तत्त्व, एकांकी नाटकों के भेद, अंतिम शब्द ५–१२, स्वगत १३, अनुक्रम १५, आपकी छोटी लड़की १७, आत्मा अठन्नी का नाम है ३५, आप न बदलेंगे ८३, यहाँ रोना मना है ९९, जान से प्यारे ११०, पात्र-परिचय, सारांश एवं विशिष्ट शब्दों के अथ (उपलब्ध प्रति में नामौजूद) १२०

२०११ भारतीय साहित्य संग्रह (दिल्ली), 'किंडल संस्करण' (इलेक्ट्रॉनिक) / पृ० ११९

आलेख और संस्मरण

'माया'

१९८७-१९८८ के दौरान इलाहाबाद के मित्र प्रकाशन से निकलती पत्रिका में पाक्षिक स्तंभ

'रविवार'

१९८७-१९८८ के दौरान साप्ताहिक पत्रिका में पाक्षिक स्तंभ

कितने शहरों में कितनी बार

सबसे पहले 'तद्भव' पत्रिका (२००९) में किस्तों में प्रकाशित, इसके लिए 'सीता स्मृति' पुरस्कार।

२०१० राजकमल प्रकाशन (दिल्ली), प्रथम संस्करण / पृ० २१२

अन्तर्वस्तु : भूमिका — यह तो कोई बात न हुई ५–७, मथुरा से चलकर ११, पूना की प्रेम कहानी ३३, पढ़ाई, लिखाई और कविताई : इन्दौर ५२, दिलजली : दिल्ली ७८, उतनी खराब नहीं : दिल्ली, मुंबई १०६, लेखन की नींव : इलाहाबाद १२१, फिर वही शहर : इलाहाबाद १६३, माँ काली और मार्क्सवाद का शहर कलकत्ता १८४, दो शहरों की छवियाँ २०८

कल-परसों के बरसों

२०११ वाणी प्रकाशन (दिल्ली), प्रथम संस्करण / पृ० १३८

अन्तर्वस्तु : अनुक्रम ५, चेतना में उठे सवाल : जैनेन्द्र कुमार ७, बेमिसाल थे अश्कजी १०, पिंजरे समेत उड़ती मैना : चन्द्रकिरण सोनरेक्सा १४, रचना का नेपथ्य : कौशल्या अश्क १७, प्रबुद्ध प्रशान्त : नेमीचन्द्र जैन २०, जिनकी मैं वारिस : भारतभूषण अग्रवाल २५, राग अनुरागी : श्रीलाल शुक्ल २८, एनी आपा : कुर्रतुल-एन-हैदर ३६, पहाड़ जिन पर टूटता ही रहा : शैलेश मटियानी ३८, महिला लेखन की अग्रदूत : शिवानी ४३, कलफ़ और खिजाब की दुनिया से दूर : अमरकान्त ४६, जीवन्तता का इलाहाबादी तेवर : मार्कण्डेय ५१, उनका घर एक रोशनदान था : मन्नू भण्डारी (यह संस्मरण पहले प्रकाशित हो चुका था, द्र० *अन्यत्र*) ५५, जाने की हड़बड़ी थी : कमलेश्वर ६४, शहर को गाँव की चुनौती : कन्हैयालाल नन्दन ७१, कॉमरेड : ज्ञानरंजन ७६, अब एक युद्धविराम : सतीश जमाली ८१, रविकथा अनन्ता : रवीन्द्र कालिया ८६, अकेली आकुल आवाज़ : गुलज़ार ११४, चित्रा नहीं सुचित्रा : चित्रा मुद्गल ११८, जतौ दिन बाँची ततौ दिन शिखी : विष्णुकान्त शास्त्री १२७, एक लिटरेरी एक्टिविस्ट : सत्यप्रकाश मिश्र १३०, लापता भी नहीं: वाज़दा खान १३५

पढ़ते, लिखते, रचते

२०११ बोधि प्रकाशन (जयपुर), प्रथम संस्करण / पृ० ९६

अन्तर्वस्तु : अनुक्रम ५ ; पहला खण्ड : रचना प्रक्रिया ७–३८ — मेरी रचना प्रक्रिया ७, मैं और मेरी कहानियाँ १९, कहानी-मंच और 'आपकी छोटी लड़की' २२, बेघर २५, नरक दर नरक ३०, उपन्यास लेखन की चुनौतियाँ और मेरी कोशिशें ३४ ; दूसरा खण्ड : सफ़र सुहाने ३९–५१ — काजू, कैसीनो और फैनी का प्रदेश: गोआ ३९, चहचहाता शहर : टूंडला ४६, हिमालय जैसा वी०आई०पी०, नैनीताल ४८ ; तीसरा खण्ड : विचार ५२–६३ — हिन्दी साहित्य में अस्तित्व-बोध ५२, यशपाल : दलित, नारी-विमर्श एवं उत्तरौपनिवेशिक दृष्टि ५५, हिन्दी कथा-साहित्य में भारतीय आख्यान परम्परा ५८, अलग नदी का द्वीप : इलाचंरा जोशी ६१ ; चौथा खण्ड : जो किताबें पढ़ीं ६४–८७ — चुनौती की तरह काल : कृष्णा सोबती ६४, एक उदास प्रेम कहानी : मन्नू भण्डारी ६७, दिग्भ्रमित समाज का महागाथा : मधु कांकरिया ७०, मानव मूल्यों पर गहरा विश्वास : सेखर जोशी ७३, कसप : मनुहारश्याम जोशी ७६, गहरे सरोकार : वासु मालवीय ७८, पत्राचार : भारतभूषण अग्रवाल ८०, गंधर्व की तरह गिरिजा : यतीन्द्र मिश्र ८२, तबादला : विभूतिनारायण राय ८५ ; पाँचवाँ खण्ड : विविधा ८८–९६ — जब मैं सोलह साल की थी ८८, दिल के नाम एक दिन : वेलेंताइन्स-डे ९१

'नैशनल दुनिया'

२०१२—२०१३ के बीच में दैनिक समाचार पत्र के लिए नियमित रविवारीय स्तंभ 'फ्री स्टाइल'

भविष्य का स्त्री विमर्श

२०१५ वाणी प्रकाशन (दिल्ली), प्रथम संस्करण / पृ० १०६

अन्तर्वस्तु : अनुक्रम ५, स्त्री विमर्श और लेखन ७, बलात्कार से जीवन ख़त्म नहीं हो जाता ११, स्त्री विमर्श का मूल स्वर १४, स्त्री के आगे चुनौतियाँ १९, यह दाग-दाग पुलिस २२, प्रेम का यथार्थ पक्ष २४, शादी के पहले के काम २७, गहरी चिन्ता से निकली बातें ३०, जीवनसाथी की जान से खेलता युवा ३२, भविष्य का नारी विमर्श ३५, लोकार्पण का लटका-झटका ३८, चुम्बन-चर्चा ४०, देवदास नहीं पारो ४३, पुरस्कार के पीछे क्या है ४७, परिवार का बहिष्कार क्यों ५०, परंपरा का कृष्णपक्ष ५३, महिलाओं को आत्मनिर्भर होना ही होगा ५६, समर शेष है ५९, हक़ माँगने में हिस्से आई हिंसा ६३, नायक तो अभी आएगा ६६, बेटियाँ होती हैं ग़मों की पेटियाँ ७०, स्वच्छता के प्रति जगाएँ चेतना ७३, फूलन ७६, महिलाएँ रचेंगी नया इतिहास ८०, दुखड़ा नहीं रोएँगी ८३, चाकर नहीं हैं वे ८६, वे तो ठहरे परदेसी ८९, अब तक क्या किया ९३, स्त्री के साथ सलूक ९५, लिंग संवेदनशीलता के सन्दर्भ में सामुदायिक गतिशीलता १०६, यह तो केवल छलना है १०४

स्त्री विमर्श का यथार्थ

२०१५ किताबवाले प्रकाशन (दिल्ली), 'संस्करण' / पृ० १०४

अन्तर्वस्तु : भूमिका v-vi, अनुक्रम vii-viii, स्त्री-विमर्श की प्रबल पक्षधर १, सुभद्राकुमारी चौहान और आधुनिक कथा-साहित्य ७, पिंजरे समेत उड़ती मैना : चन्द्रकिरण सोनरेक्सा १२, मित्रो मरजानी और समय सरगम की संगति १७, एनी आप (कुर्रतुल-एन-हैदर) २१, रचना का नेपथ्य : कौशल्या अश्क २४, महिला लेखन का उपेक्षित स्वर : शिवानी २७, एक उदास प्रेम कहानी : मन्नू भण्डारी ३१, स्त्री लेखन पर कुछ नोट्स ३४, नमिता सिंह की कहानियों में स्त्री-विमर्श ४०, सुभाषिनी अली की स्त्री चेताना ४३, चित्रा मुद्गल का कथा विमर्श ४५, स्त्री-विमर्श का मूल स्वर ५१, समकालीन महिला लेखन : नई चुनौतियों का स्वीकार ५६, 'बलात्कार' : मीरा सीकरी का कहानी संग्रह ५९, स्त्री जीवन का कच्चा चिट्ठा : सोफ़िया तोलस्तोया की डायरी ६२, पिछली पीढ़ी की स्त्रियाँ ६५, मधु कांकरिया का उपन्यास 'पत्ताखोर' ६९, रक्षाबन्धन में रक्षा कहाँ ७२, मनहूस तारीख ७४, लौटी हुई लड़कियाँ ७७, अन्याय और अनुग्रह ७९, राजेन्द्र यादव : स्त्री-विमर्श का प्रश्नचिह्न ८२, हिन्दी साहित्य में स्त्री-विमर्श के तेवर ८७, प्रश्नों के आईने में स्त्री-विमर्श ८९

अन्यत्र

- स्त्री की प्रबल पक्षधर महादेवी वर्मा : सदयत, चन्द्रा (सं०): 'लेखिकाओं की दृष्टि में महादेवी वर्मा'. नेशनल बुक ट्रस्ट (दिल्ली) २००९ ; पृ० ११२—११६
- उनका घर एक रोशनदान था, इसमें : गीताश्री (सं०): '२३ लेखिकाएँ और राजेन्द्र यादव'. किताबघर प्रकाशन (दिल्ली) २००९ ; पृ० २५३—२६२
- गोविन्द वल्लभ पन्त सामाजिक विज्ञान संस्थान, इलाहाबाद में आयोजित एक राष्ट्रीय संगोष्ठी (३१ मार्च — २ अप्रैल २००८) मे ममता कालिया का भाषण : बद्री नारायण (सं०): 'साहित्य और समय'. वाणी प्रकाशन (दिल्ली) २०१० ; पृ० ६९—७२
- 'लमही' पत्रिका (जुलाई—सितम्बर २०११), ममता कालिया विशेषांक ; पृ० ३—४, ११—५७
- 'समावर्तन' पत्रिका (मई २०१३), ममता कालिया एवं रवीन्द्र कालिया विशेषांक ; पृ० १०—१८, ७३—८९
- भूमिका, इसमें : कालिया, रवीन्द्र: 'मेरी प्रिय कहानियाँ'. राजपाल प्रकाशन (दिल्ली) २०१७ ; पृ० ५—७

साक्षात्कार

मेरे साक्षात्कार : ममता कालिया

२०१२ किताबघर प्रकाशन (दिल्ली), प्रथम संस्करण / पृ० १२८

उन्नीस साक्षात्कार; अन्तर्वस्तु : भूमिका ५, अनुक्रम ७ । सवालों को ज्यों का त्यों पेश करना ज़रूरी / प्रदीप सौरभ *से बातचीत,* 'अमृत प्रभात' १५ अप्रैल १९८४ ९ । 'पारो'

और 'देवदास' जैसा प्रेम तकेदिक की ओर ले जाता है! / मीनू रानी, 'नवभारत टाइम्स' ४ दिसम्बर १९८४ १३ । घट गया है लेखकों का सम्मान / रविशंकर शर्मा, 'संडे मेल' १८ नवम्बर १९९० २३ । जागरूक औरत, थोड़ी-सी कम औरत होती है / रेनु दीक्षित, 'आज' ३० मई १९९० २८ । स्त्री कलम के ज़्यादा निकट होती है / मीनू रानी दुबे, 'स्वतन्त्र भारत' २२ दिसम्बर १९९१ ३३ । बड़े शहरों के लेखकों को तो न लिखने का बहाना चाहिए / रतिभान त्रिपाठी, 'प्रयागराज टाइम्स' ३० अगस्त १९९२ ४० । पत्रकारिता ने पाठकों को चटपटी सामग्री का आदि बना दिया है / कमल मुसद्दी, 'दैनिक जागरण' २८ अगस्त १९९४ ४३ । अधिक सुविधाओं में रचनाशीलता ठिठुर जाती है / यश मालवीय, 'उत्तर प्रदेश' नवम्बर १९९७ ४६ । साहित्य से अच्छा जीवनसाथी कोई और नहीं हो सकता / कोमल राजदेव, "" ? २००२ ५० । साहित्य को वरिष्ठ या गरिष्ठ न होकर घनिष्ठ होना पड़ेगा / मनोज कुमार पाण्डेय, 'मनस्वी' ?२००२ ५८ । मैं लेखन-कर्म में अराजक हूँ / अमरकान्त और बदरीनारायण, 'बहाव' दिसम्बर २००३ ६४ । समाज के लिए साहित्य की अनिवार्यता खत्म हो रही है / शिवेन्द्र कुमार सिंह, 'राष्ट्रीय सहारा' ? २००४ ७१ । हम दोनों को अपनी आज़ादी बहुत प्यारी है / राज मिठोलिया, 'हिन्दुस्तान' ? २००५ ७७ । सिर्फ़ चीत्कार और उच्छ्वास ही लेखन नहीं है / जय कौशल, 'स्त्री काल' २००९/५. ८१ । समाज में नारी हमेशा कमज़ोर रही है / लिपिक सहा, 'राजस्थान पत्रिका' १९ मार्च २००६ ९१ । रचनाकर्म एकल व एकाकी यात्रा है / डॉ० पल्लव, 'द्वाबा' जून २००७ ९३ । पाठक कभी अन्याय नहीं करता / सत्येन्द्र पाण्डेय, 'आजकल' जनवरी २००८ १०१ । रवीन्द्र संपादन में कोई हस्तक्षेप पसंद नहीं करते / ज्योति चावला, 'हरिगंधा' अक्तूबर २००८ १०९ । आज के दौर में साहित्यकार फ्लॉप इनसान समझा जाता है / विज्ञान भूषण, 'हरिभूमि' ७ अगस्त २०११ १२५

बाल-पुस्तक

शाबाश चुन्नू

१९७५ मसि कागद/इलाहाबाद प्रेस (इलाहाबाद), प्रथम संस्करण / पृ० २७ अजिल्द

२०१३ भारतीय ज्ञानपीठ (दिल्ली), 'पहला ज्ञानपीठ संस्करण' / पृ० २४ अजिल्द

सचित्र "बाल-कहानी"

नन्हे-मुन्ने दो सपने

सचित्र बाल-कहानी

१९७५ मसि कागद/इलाहाबाद प्रेस (इलाहाबाद), प्रथम संस्करण / पृ० २७ अजिल्द

२०१३ भारतीय ज्ञानपीठ (दिल्ली), 'पहला ज्ञानपीठ संस्करण' / पृ० २४ अजिल्द

'बब्बू की बुआ' शीर्षक से

ऐसा था बजरंगी

१९७६ विद्या प्रकाशन गृह (इलाहाबाद), प्रथम संस्करण / पृ० ४७

२०१३ भारतीय ज्ञानपीठ (दिल्ली), 'पहला ज्ञानपीठ संस्करण' / पृ० २४ अजिल्द
सचित्र "बाल लघु-उपन्यास"

कमाल का है मन्त्र

२०१० राष्ट्रीय शैक्षिक अनुसंधान एवं प्रशिक्षण परिषद् (दिल्ली), प्रथम संस्करण / पृ० ६५ अजिल्द
एन०सी०ई०आर०टी० का सचित्र पाठ्यपुस्तक

नेह के नाते

'समरसेट मॉम के उपन्यास का संक्षिप्त रूपान्तरण', द्र० नीचे 'अनुवाद' के अन्तर्गत 'मानवता के बन्धन'।

२०१३ भारतीय ज्ञानपीठ (दिल्ली), 'पहला ज्ञानपीठ संस्करण' / पृ० ६८ अजिल्द

पाँच बाल कहनियाँ

२०१३ भारतीय ज्ञानपीठ (दिल्ली), 'पहला ज्ञानपीठ संस्करण' / पृ० ३२ अजिल्द
अन्तर्वस्तु : बन्दर और मोबाईल ३, देबू का गुस्सा ६, नए दोस्त (यह कहानी 'थिएटर रोड के कौवे' कहानी संग्रह में भी मौजूद है) ११, निक्की १६, बोबो २३

अनुवाद

मानवता के बन्धन

सामरसेट मॉम के उपन्यास '*Of Human Bondage*' का हिन्दी अनुवाद।

१९८६ लोकभारती प्रकाशन (इलाहाबाद), प्रथम संस्करण / पृ० ७८ अजिल्द

२००७ लोकभारती प्रकाशन (इलाहाबाद), 'पेपरबैक संस्करण' / पृ० ७८ अजिल्द

दो लघु उपन्यास

उपशीर्षक : 'दो उपन्यासों का संक्षिप्त रूपान्तरण'। इन दोनों में से पहला 'नया ज्ञानोदय' के 'बेवफ़ाई विशेषांक' (?२०१३, पृ० ?) में पहली बार प्रकाशित हुआ था।

२०१५ साहित्य भण्डार (इलाहाबाद), प्रथम संस्करण / पृ० १२० सजिल्द
अन्तरवस्तु : भूमिका एक ९, उसका प्रियतम (D.H. Lawrence: *Lady Chatterley's Lover*) ११, भूमिका दो ६५, रिश्ते-नाते (Sommerset Maugham: *Of Human Bondage*) ६७

संपादन

रवीन्द्र कालिया : गली-कूचे

१९७७ रचना प्रकाशन (इलाहाबाद), प्रथम संकरण / पृ० ३०९
१९८८ वाणी प्रकाशन (दिल्ली), प्रथम संस्करण / पृ० ?
२०१२ वाणी प्रकाशन (दिल्ली), द्वितीय संस्करण / पृ० २९० सजिल्द

अमरकान्त : अमरकांत के कृतित्व और व्यक्तित्व की पड़ताल

१९७७ इलाहाबाद प्रेस (इलाहाबाद), प्रथम संस्करण / पृ० ३५२
संपादन रवीन्द्र कालिया और नरेश सक्सेना के साथ

Teenager पत्रिका (अंग्रेज़ी में)

१९८० से १९८५ के बीच, प्राय: पाँच वर्षों तक इलाहाबाद के सेंट पॉल चर्च की किशोर-पत्रिका के कविता-पृष्ठ का संपादन; इस पत्रिका में 'आपकी छोटी लड़की' कहानी का अंग्रेज़ी अनुवाद (*A Girl of Thirteen*) भी छपा था

एक कदम आगे

१९७९ सूर्य प्रकाशन (बीकानेर), प्रथम संस्करण / पृ० १९०
शिक्षा दिवस के अवसर पर शिक्षा विभाग, राजस्थान के लिए

अन्तर्वस्तु : आमुख ५, भूमिका के बहाने बातचीत ७, अनुक्रम १३–१४, लीला शर्मा : 'राष्ट्रीय पशु' १५, सावर दइया : 'नहीं, हर्गिज़ नहीं' १९, अरनी रॉबर्ट्स : 'आम आदमी' २८, जनकराज पारिक : 'बिंबो की झाड़ू' ३४, सावित्री परमार : 'काले द्वीप की फागुनी धूप' ३९, अब्दुल मालिक खान : 'ममता' ४६, चुन्नीलाल भट्ट : 'चोर' ५५, भगवतीलाल व्यास : 'प्यार का व्याकरण' ६०, दिनेश विजयवर्गीय : 'लौटा हुआ सुख' ६७, सत्यपाल सिंह : 'दहेज का साँप' ७३, कमर मेवाड़ी : 'काले जंगल से विदा' ८१, उषा तामरा : 'बादल' ८५, निशान्त : 'भीतर का आदमी' ९२, मुरलीधर शर्मा 'विमल' : 'अन्त्येष्टि' ९५, भगवतीप्रसाद गौतम : 'लिफ़ाफ़े' १०३, चैनराम शर्मा : 'सामर्थ्य' १०९, भगवतीलाल शर्मा : 'संबन्ध' १११, कजौडीमल सैनी : 'इण्टरव्यू' ११६, आनन्द कुरैशी : 'जीने की राह' १२१, प्रेम शेखावत पंछी : 'दृष्टिकोण' १२५, माधव नागदा : 'जंगल का कायदा' १३३, सुरेन्द्र 'अचल' : 'लौटा हुआ कल' १४३, चमेली मिश्र : 'दो गुलाबी हाथ' १४९, रूपनारायण काबरा : 'अपराधी कौन' १५३, अज़ीज़ आज़ाद : 'लावारिस' १५८, मीठालाल खत्री : 'एक और स्वरूप' १६१, श्याम मिश्र : 'टोगड़ा बिका नहीं' १६८, मगरचन्द्र दबे : 'कविता की कहानी' १७०, गुलाम मुहम्मद खुर्शीद : 'नया सायबान' १७३, नमोनाथ अवस्थी : 'घुटन' १७६, रमेशचन्द्र शर्मा : 'एक और कैदी' १८०, लेखक-परिचय १८६

नयी सदी की पहचान — श्रेष्ठ महिला कथाकार

२००२ लोकभारती प्रकाशन (इलाहाबाद), प्रथम संस्करण / पृ० १४३

२००९ लोकभारती प्रकाशन (इलाहाबाद), द्वितीय संस्करण / पृ० १४३

अन्तर्वस्तु : भूमिका v–x, कृष्णा सोबती : 'सिक्का बदल गया' १, मन्नू भण्डारी : 'तीसरा हिस्सा' ७, उषा प्रियंवदा : 'वापसी' २१, मंजुल भगत : 'मलबा' २९, मृदुला गर्ग : 'तीन किलो की छोरी' ३९, चित्रा मुद्गल : 'मामला आगे बढ़ेगा अभी' ५०, नमिता सिंह : 'बन्तो' ६१, नासिरा शर्मा : 'पाँचवाँ बेटा' ७३, अलका सरावगी : 'एक पेड़ की मौत' ८२, सुधा अरोड़ा : 'महानगर की मैथिली' ९२, सूर्यबाला : 'सुनंदा छोकरी का डायरी' १०६, दीपक शर्मा : 'चमड़े का अहाता' ११३, ममता कालिया : 'आपकी छोटी लड़की' ११८, लेखक एवं रचना परिचय १३७

'उत्तर प्रदेश'

उत्तर प्रदेश सूचना विभाग की पत्रिका के लिए एक स्त्री-विमर्श विशेषांक (?२००१/२/३) का संपादन ; अन्तर्वस्तु : ?

विश्व की श्रेष्ठ कहानियाँ (खण्ड १, खण्ड २)

२००५ भारतीय भाषा परिषद् — लोकभारती प्रकाशन (इलाहाबाद), प्रथम संस्करण

२००८ भारतीय भाषा परिषद् — लोकभारती प्रकाशन (इलाहाबाद), तृतीय संस्करण (खण्ड १) और द्वितीय संस्करण (खण्ड २); पृ० ३८० + ४४०

अन्तर्वस्तु : खण्ड १ — भूमिका i–ii, अनुक्रम iii ; रूस — पुश्किन : ताबूतसाज़ (अनुवादक : मदनलाल मधु) ३, गोगोल : गरम कोट (प्रतिभा कुमार) ११, तुर्गनेव : शहरी डॉक्टर (अनुराधा महेन्द्र) ४४, दोस्तोयवस्की : क्रिसमस पेड़ और विवाह की शाम (अनुराधा महेन्द्र) ६१, चेखव : डार्लिंग (प्रतिभा कुमार) ७०, गोर्की: छब्बीस आदमी और एक लड़की (भद्रसेन पुरी) ७८, सोल्झेनित्सिन : वह दाहिना हाथ (शंकर शरण) ९२ ; मैक्सिको — अरिओला : स्विचमैन (ललित कार्तिकेय) १२३, मास्त्रेसा: 'बिग-आईड वुमन' (ललित कार्तिकेय) १३० ; कनाडा — एटवुड : हेयर बॉल (इन्द्रमणि उपाध्याय) १४७ ; अमेरिका — हॉथॉर्न : दो विधवाएँ (अनुराधा महेन्द्र) १६५, पो : दिल की आवाज़ (अनुराधा महेन्द्र) १७१, ओ'हेनरी : वह आखिरी पत्ता (मीनू मंजरी) १७७, एंडरसन : कोई नहीं ! ··· कोई नहीं (सुरजीत) १८४, लण्डन : आग (सत्यम) १९०, बक : पुनर्जीवित (मीनू मंजरी) २०६, हैमिंग्वे : बूढ़ा वेटर (सुरजीत) २१५, वेल्टी : लिली दॉ और तीन देवियाँ (मीना बनर्जी) २१९, स्टेनबैक : गुलदाऊदी (इन्द्रमणि उपाध्याय) २३०, वीडरमैन : अँधेरे में पिता (इन्द्रमणि उपाध्याय) २४२, मालामुड : हत्यारा मेरा बेटा (सुदीप) २४६, बेलो : मि० ग्रीन को ढूँढ़ते हुए (इन्दु प्रकाश कानूनगो) २५३, ओ'कोनर : जान बची लाखों पाये (इन्द्रमणि उपाध्याय) २६५, एलन : कुगेलमास का हिस्सा (मीनू मंजरी) २७८, विलियम्स : बाहर आने का रास्ता (जितेन्द्र भाटिया) २८९ ; लातिनी अमेरिका — डी एसीस : खिदमतगार का इक़बाले-जुर्म (अनुराधा महेन्द्र) ३०१, लोबातो : पछतावा एक मसखरे का (अनुराधा महेन्द्र) ३१४, सेस्पेडिस : कुआँ (अनुराधा महेन्द्र) ३२६, मारक्वेज़ : एक अद्भुत दोपहर (अनुराधा महेन्द्र) ३३८, रोसा : नदी का तीसरा किनारा

(अनुराधा महेन्द्र) ३४७, क्यूरोगा : तीन पत्र··· और एक फुटनोट (अनुराधा महेन्द्र) ३५३, ओआयज़ा : एक नया आदमी (ललित कार्तिकेय) ३५८, अलेंदे : तोमास वर्गास और दो औरतें (सुधा अरोड़ा) ३६९ ;

खण्ड २ — भूमिका v–vi, अनुक्रम vii ; यूरोप – *इंग्लैण्ड* > डिकेन्स : सिग्नल मैन (अनुराधा महेन्द्र) ३, वाइल्ड : निःस्वार्थ मित्रता (मवीर भारती), मॉरिसन : कसक (अनुराधा महेन्द्र) २४, जौहरी : वेल्ज़ (इन्द्रमणि उपाध्याय) ३१, गॉल्ज़वर्दी : मोची (अनुराधा महेन्द्र) ३९, जॉयस : बोर्डिंग हाउस (मीना बनर्जी) ४७, मनरो : गोधूलि (रेखा सिंह) ५४, मेन्सफील्ड : छह बरस के बाद (अनुराधा महेन्द्र) ५७, वॉटरहाउस : अल्बर्ट और उसका जहाज़ (सुधा अरोड़ा) ६५, *नार्वे* > ब्योर्न्सन : बाप (पूर्णिमा चावला) ७३, *स्वीडन* > डैगरमैन : हादसा (विजय शर्मा) ७७, *फिनलैण्ड* > जोएनपोल्वी : घटा (विजय शर्मा) ८१, *फ्रांस* > ह्यूगो : एक रात का अपराधी (इन्द्रमणि उपाध्याय) ८५, मोपासां : छोटी-सी डोरी (शशांक दुबे) ९५, सार्त्र : हत्यारा (सुरेश पाण्डेय) १०२, कामू : अलविदा माँ ! (अनुराधा महेन्द्र) १०७, *इटली* > पिरैनेला : वह (आरती चौधरी) ११८, मोराविया : लॉरी ड्राइवर (प्रतिभा कुमार) १२४, *जर्मनी* > हैस : शहर (शंकर शरण) १३१, काफ़्का : दंडद्वीप में (सुभाष शर्मा) १३६, लेंज : सरकार का समर्थक (जितेन्द्र भाटिया) १५५, *हंगरी* > हैलतइ : तीन बहनें (रघुवीर सहाय) १६२, मॉल्नर : मि० नैब (इन्द्रमणि उपाध्याय) १६७, कोस्तोलान्यि : छुट्टी का दिन (भारतभूषण अग्रवाल) १७५, *ऑस्ट्रिया* > ज़्वीग : गवर्नेस (अनुराधा महेन्द्र) १८३, ग्लाविनिक : भूल (अमृत मेहता) १९६, *पोलैण्ड* > सेन्केविच : नन्हा संगीतकार (अनुराधा महेन्द्र) १९८, सिंगर : कबूतर (सोनिया शर्मा) २०६, *युगोस्लाविया* > जिलास : वैतरणी (द्रोणवीर कोहली) २१६, *चेक गणतंत्र* > चापेक : टिकटों का संग्रह (निर्मल वर्मा) २२२, *पुर्तगाल* > सारामागो : किस्सा अनजाने द्वीप का (जितेन्द्र भाटिया) २२९; अफ्रीका – गोर्दीमर : मिलन शून्य में (रमेश दवे) २४५, अचेबे : फ़ौजी लड़कियाँ (हरीश नारंग) २६०; आस्ट्रेलिया – लॉसन : चरवाहे की औरत (जितेन्द्र भाटिया) २७७; ऐशिया – *ईरान* > हिदायत : आवारा कुत्ता (नासिरा शर्मा) २८९, नजीब महफूज़ : बस अड्डे पर (प्रभात रंजन) २९७, *बर्मा* > म्यां तां टिं : ज़मीन का जहाज़ (चन्द्रप्रकाश प्रभाकर 'भौतिरिं') ३०३, सू में : तेलिया का रुमाल ('भौतिरिं') ३२१, *जापान* > यासुनारी कबावाता : धूप का टुकड़ा (केवल गोस्वामी) ३२८, ओसामू दजाई : खलनायक की बीवी (गंगाप्रसाद विमल) ३३१, *चीन* > लू शुन : पागल की डायरी (कात्यायनी) ३४८, *वियतनाम* > न्युगेन क्वांग थांग : सफ़ेद कबूतर (जीतेन्द्र भाटिया) ३५९, *पाकिस्तान* > सआदत हसन मंटो : तोबा टेक सिंह ३६६, इंतेज़ार हुसैन : संबन्ध (खुरशीद आलम) ३७७, रहनवर्द ज़रयाब : पतंगबाज़ (नासिरा शर्मा) ३८१, *भारत* > चन्द्रधर शर्मा 'गुलेरी' : उसने कहा था ३८७, प्रेमचन्द : पूस की रात ४००, रवीन्द्रनाथ ठाकुर : काबुलीवाला ४०६, अभिमन्यु अनत : अपना जहान ४१४, *फिलिस्तीन* > तलत सकैरिक : नारंगी की खुशबू (नासिरा शर्मा) ४२४, *इजरायल* > श्मुएल योसेफ एग्नॉन : डॉक्टर का तलाक (शेखर) ४२७, *बांग्लादेश* > जहाँआरा सिद्दीकी : न्याय (जलज भादुड़ी) ४३२

पाँच नए एकांकी

?**१९९५** लोकभारती प्रकाशन (इलाहाबाद), प्रथम संस्करण (सन् लेखिका भी केवल अनुमान से बता सकीं)

२००६ लोकभारती प्रकाशन (इलाहाबाद), 'संस्करण'

अन्तर्वस्तु : अनुक्रम ५, भूमिका ७, भुवनेश्वर प्रसाद : 'स्ट्राइक' १७, उपेन्द्रनाथ अश्क : 'जोंक' ३३, जगदीश चन्द्र माथुर : 'भोर का तारा' ५८, मोहन राकेश : 'अंडे के छिलके' ७६, ममता कालिया : 'यहाँ रोना माना है' १०५, 'लेखक परिचय तथा इन नाटकों की आलोचना' ११७

'Hindi : Language, Discourse, Writing'

जनवरी–मार्च **२००९** अंक से जुलाई–सितम्बर **२०१३** अंक तक (पाँच वर्ष) महात्मा गांधी अंतरराष्ट्रीय हिंदी विश्वविद्यालय की त्रैमासिक अंग्रेजी पत्रिका का संपादन

स्त्री विमर्श के तेवर – स्त्री विमर्श की कहानियाँ

२०१५ साहित्य भण्डार (इलाहाबाद), प्रथम संस्करण / पृ० २५६ सजिल्द

अट्ठारह संचयित कहानियाँ ; अन्तर्वस्तु : अनुक्रम ५, हिन्दी साहित्य में स्त्री-विमर्श के तेवर (ममता कालिया की भूमिका) ७, कृष्णा सोबती : 'मित्रो मरजानी' ९, मन्नू भण्डारी : 'स्त्री-सुबोधिना' ४५, राज़ी सेठ : 'अनावृत कौन' ५४, मंजुल भगत : 'मलबा' ६८, मृदुला गर्ग : 'वो दूसरी' ७८, कुसुम अंसल : 'गति' ९१, ममता कालिया : 'बोलनेवाली औरत' ९८, चित्रा मुद्गल : 'प्रेत योनि' १०५, सुधा अरोड़ा : ' उधड़ा हुआ स्वेटर' १२१, मृणाल पाण्डे : 'एक स्त्री का विदागीत' १३८, दीपक शर्मा : 'तल-घर' १५६, क्षमा शर्मा : 'रास्ता छोड़ो डार्लिंग' १६२, मधु कांकरिया : 'बस··· दो चम्मच और' १७३, गीतांजलि श्री : 'मार्च, माँ और साकुरा' १८५, मनीषा कुलश्रेष्ठ : 'केयर ऑफ़ स्वात घाटी' १९१, महुआ माजी : रोल मॉडल २०२, नीलाक्षी सिंह : 'रंगमहल में नाची राधा' २१७, वंदना राग : 'यूटोपिया' २३०, रचनाकारों के पते २५५

बीसवीं सदी का हिन्दी महिला लेखन – खंड ३

२०१५ साहित्य अकादमी (दिल्ली), प्रथम संस्करण / पृ० ५५८ अजिल्द

तैंतीस संचयित कहानियाँ, उन्नीस अन्य रचनाएँ ;

अन्तर्वस्तु : अनुक्रम ५, ममता कालिया की भूमिका ९ ; उर्जा : कहानियाँ – बंग महिला (राजेन्द्रबाला घोष) : 'दुलाईवाली' २३, उषादेवी मित्र : 'घर की रानी' ३१, सुभद्रा कुमारी चौहान : 'गौरी' ३५, होमवती देवी : 'आधार' ४४, कमलादेवी चौधरी : 'स्वप्न' ६०, चन्द्रकिरण सोनरेक्सा : 'अच्छा लड़का, अच्छी लड़की' ७०, कृष्णा सोबती : 'बादलों के घेरे में' ७८, मन्नू भण्डारी : 'स्त्री सुबोधिनी' ९८, उषा प्रियंवदा : 'वापसी' १०९, राजी सेठ : 'यात्रा-मुक्त' ११८, मंजुल भगत : 'मलबा' १३६, मृदुला गर्ग : 'तीन किलो की छोरी' १४७, कुसुम अंसल : 'समुद्र की एक लहर' १५८, ममता कालिया : 'लड़के' १६५, मीरा सीकरी : 'अनहोनी की भूख' १७१, ज्योत्सना मिलन : 'पोद्दार चाल' १७४, सुषम बेदी : 'नाते' १८७, सूर्यबाला : 'बाऊजी और बंदर' १९७, नमिता सिंह : 'कर्फ्यू' २१०, चित्रा मुद्गल : 'जगदम्बा

बाबू गाँव आ रहे हैं' २२१, मृणाल पाण्डे : 'परियों का नाच ऐसा!' २३६, सुधा अरोड़ा : 'तानाशाही' २४६, कमल कुमार : 'कीच' २५८, दीपक शर्मा : 'चमड़े का अहाता' २६८, नासिर शर्मा : 'अपनी कोख' २७३, रेखा : 'ब्राउन कोट' २८५, क्षमा शर्मा : 'बया' २९७, सारा राय : 'बियाबान में' ३०६, मधु कांकरिया : 'लोड शैडिंग' ३१४, गीतांजलि श्री : 'मार्च, माँ और साकुरा' ३२५, उर्मिला शिरीष : 'वानप्रस्थ' ३३२, जया जादवानी : 'अन्दर के पानियों में कोई सपना काँपता है' ३४०, अलका सरावगी : 'आपकी हँसी' ३५१ ; जिजीविषा : जीवनी व संस्मरण — शिवरानी देवी : 'प्रेमचन्द : घर में' ३५७, सुधा चौहान : 'मिला तेज से तेज' ३६७, शिवानी : 'गिरिजा देवी' ३८४, पद्मा सचदेव : 'ज़िक्र उस परीवश का' ३९३, अनीता राकेश : 'चंद सतरें और' ४१२, गगन गिल : 'पिता-समय मृत्यु-समय' ४२६ ; तेजस्विता : आलोचना तथा विमर्श — महादेवी वर्मा : 'जीने की कला' ४४१, निर्मला जैन : 'कथा-समीक्षा की दुश्वारियाँ' ४४८, गिरीश रस्तोगी : 'नाटक की भाषा और नाटककार' ४५८, सुमन राजे : 'पहचान का संकट और संकट की पहचान' ४६४, रोहिणी अग्रवाल : 'क्षितिज का क्रमिक विस्तार : बीसवीं सदी का उपन्यास' ४८०, प्रभा खेतान : 'भोग और भोगा जाना' ४९७, अनामिका : 'कंक्रीट की सड़कें और मीराबाई' ५०४, रेखा अवस्थी : 'स्त्री-केन्द्रित साहित्य सृजन' ५११ ; तरंग : डायरी एवं यात्रा-वर्णन — सत्यवती मालिक : 'फ़रीदी साहब के बाग़ में' ५१७, इन्दु जैन : 'पत्तों की तरह चुप जापान प्रवास' ५२१, चन्द्रकान्ता : 'यह तो मेरा कश्मीर नहीं…' ५२८, दिव्या माथुर : 'प्राचीनतम-आधुनिकतम : इटली' ५३१, साधना अग्रवाल : बेतरतीब तिथियों में कहीं मैं फिर मिलूँ' ५४१ ; परिशिष्ट — रचनाकारों का संक्षिप्त परिचय ५५३

❖ ममता कालिया साहित्य का वर्षानुक्रम ❖

केवल प्रथम संस्करण, मुख्य रचनाएँ रेखांकित ; रचनाओं का विवरण शीर्षकानुसार ऊपर देखें

पहला चरण

१९७०	**छुटकारा**	कहानी
	Tribute to Papa and Other Poems	काव्य
१९७१	**बेघर**	उपन्यास
१९७५	**सीट नम्बर छह**	कहानी
१९७५	**नरक दर नरक**	उपन्यास

दूसरा चरण

१९७६	**एक अदद औरत**	कहानी
१९७६	अग्नि-परीक्षा	काव्य
१९७८	Poems '78	काव्य
१९८०	**प्रेम कहानी**	लघु उपन्यास
१९८३	**प्रतिदिन**	कहानी
	लड़कियाँ	लघु उपन्यास
	यहाँ रोना मना है	एकांकी

तीसरा चरण

१९८५	**उसका यौवन**	कहानी
१९८९	**जाँच अभी जारी है**	कहानी
	आप न बदलेंगे	एकांकी
१९९५	चर्चित कहानियाँ	कहानी
	एक पत्नी के नोट्स	लघु उपन्यास

चौथा चरण

१९९८	**बोलनेवाली औरत**	कहानी
२०००	**दौड़**	उपन्यास
२००३	**मुखौटा**	कहानी
२००४	**निर्मोही**	कहानी
	खाँटी घरेलू औरत	काव्य
२००५	ममता कालिया की कहानियाँ	कहानी

पाँचवाँ चरण

२००६	**थिएटर रोड के कौवे**	कहानी
२००६	पचीस साल की लड़की	कहानी
२००७	दस प्रतिनिधि कहानियाँ	कहानी
२००७	तीन लघु उपन्यास	उपन्यास
२००८	इक्कीस श्रेष्ठ कहानियाँ	कहानी
	कितने प्रश्न करूँ? (अग्नि-परीक्षा)	काव्य

२००९	**अँधेरे का ताला**	उपन्यास
	दुक्खम-सुक्खम	उपन्यास
२०१०	आपकी छोटी लड़की	कहानी
	काके दी हट्टी	कहानी
	ख़ुशक़िस्मत	कहानी
	पाँच बेहतरीन कहानियाँ	कहानी
	कितने शहरों में कितनी बार	संस्मरण
२०११	**कल-परसों के बरसों**	संस्मरण
	पढ़ते, लिखते, रचते	संस्मरण, आलेख
२०१२	पचास कविताएँ	काव्य
२०१३	संकलित कहानियाँ	कहानी

छठा चरण

२०१४	**थोड़ा सा प्रगतिशील**	कहानी
	प्रतिनिधि कहानियाँ	कहानी
	मेरी चुनिन्दा प्रेम कहानियाँ	कहानी
२०१५	भविष्य का स्त्री विमर्श	आलेख
	स्त्री विमर्श का यथार्थ	आलेख
२०१६	**सपनों की होम डिलिवरी**	लघु उपन्यास
२०१७	**कल्चर वल्चर**	उपन्यास

पाठ के सांस्कृतिक सन्दर्भों के ब्यौरे

नीचे दी हुई सामग्री के विश्लेषण और मूल्याङ्कन के लिए 'दूसरे अध्याय' के ख. उपखण्ड 'प्रेरणा और योगदान' को देखें।

कितने शहरों में कितनी बार · ३० स्थान : पृथ्वीराज कपूर के मुंबई में, बचपन में देखे हुए नाटक 'पठान', 'दीवार' और 'आहुति' ३०, मिल्ज एंड बून प्रेमकथाएँ, डेनिस रॉबिन्स के उपन्यास ३२, ३७, "अपर्णा सेन की फिल्म '३६ चौरंगी लेन'" ३४, जेम्स शर्ली की 'डेथ द लेवलर' कविता ३६, "नायिका एकदम डेनिस रॉबिन्स के उपन्यासों की नायिका जैसी थी, रूपगर्विता" ३७, डैफ्रे ड्यू मॉरिए की 'रेबेका' ("अद्भुत उपन्यास था") ३९, "'ध्रुवस्वामिनी' और 'यशोधरा' पढ़-पढ़कर सुनाती" (प्रसाद) ४१, "हिन्दी की पहली रंगीन फिल्म 'झनक-झनक पायल बाजे' हिन्दविजय टॉकीज़ में आई" ४३, "'टु कैच ए थीफ' ··· 'नेवर से गुडबाय', 'द सेवन इयर इच', 'बाइसिकिल थीफ' तभी [पूना] की देखी फ़िल्में हैं" ४६, "चार्ल्स डिकेन्स का 'ए टेल ऑफ़ टू सिटिज़' तथा ठैकरे का 'वेनिटी फेयर' पढ़ने में ज़रा भी मन न लगता। उस समय शेक्सपियर का नाटक 'ए मिडसमर नाइट्स ड्रीम' भी अच्छा नहीं लगा, ··· बर्नार्ड शॉ का ड्रामा 'आर्म्स एंड द मैन' मैंने एक बैठक में पढ़ डाला" ४७, 'मदर इण्डिया' (फिल्म) ५०, "पीले फूल कनेर के / सिन्दूरी बदरी अँखियन से / फूले फूल दुपेर के" (नरेश मेहता) ७०, 'वेफ़र्ज़ खाते-खाते ··· काण्ट और हीगल भी फट से याद हो जाते" ७५, विनोद रस्तोगी का नाटक 'नए हाथ' ७५, 'रानी रूपमती' फिल्म ७६, "जब तक हमने नहीं किया था प्यार, किया था क्या, ताज्जुब है" (जॉन डन) ८८, टी०एस० एलियट का निबंध 'ट्रेडिशन एंड इंडिविजुअल टैलेंट' ८८, धर्मवीर भारती की 'अन्धा युग' और कैलाश वाजपेयी की पंक्तियाँ ९१, मैरी मैकार्थी का 'द ग्रुप' उपन्यास ९९, निर्मल वर्मा की 'परिन्दे' १०४, सर्वेश्वर दयाल सक्सेना और मोहन राकेश को पति के प्रभाव से पढ़ना शुरू किया, हैमिंग्वे उन्हें और पति को भी प्रिय ११०, "तन्वंगी गंगा ग्रीष्म विरल" (पन्त) और कैलाश गौतम की 'अमौसा का मेला' १६५–१६६, अलका सरावगी का उपन्यास 'कलिकथा वाया बाइपास' १९४, शरत् बाबू के उपन्यास १९५, 'बन्दिनी' फिल्म १९५, डोमिनिक लापिये की 'सिटी ऑफ़ जॉय' १९५, "फिर आ गया अप्रैल। टी०एस० इलियट ने यों ही नहीं लिखा था 'एप्रिल इज डी क्रुएलेस्ट मन्थ'" २०६, "घर से चले थे हम तो ख़ुशी की तलाश में / गम राह में पड़े थे, वही साथ हो लिए" (लता मंगेशकर का गाया गाना) २०७, "हम निकल पड़े हैं। एक बार फिर खुली सड़क पर अपना सीना ताने" ('श्री ४२०' फिल्म) २०७, इत्यादि। 'कल-परसों के बरसों' : सार्त्र का नाटक 'नो एग्जिट' और तेजपाल ऑडिटोरियम में उसी की प्रस्तुति 'बंद कमरे' अमरीश पुरी के साथ १०४

छुटकारा · १७ स्थान : छुटकारा > "तुमने बड़ी तारीफ़ मारी थी आयोनेस्को की। उसका 'एमिडे' बिलकुल बकवास लगा। फिर निग्रो कविताएँ पढ़ती रही, सच इतनी पुरअसर हैं, तुम्हें दूँगी" ५३, "मेरे दिमाग में मिल्टन या हार्डी घूमता रहता" ५४, "क्या हम हेनरी जेम्स पर बात करें?" ५४ ; ज़िन्दगी–सात घंटे बाद की > "रात को वह 'लेडी चैटरलीज़ लवर' पाँचवीं बार पढ़कर सोई थी। ··· अलमारी सिर्फ सार्त्र, नॉबोकोव, मिलर, मोराविया और लारिंस से भरी थी" ६१, "खाली वक़्त में वह ओ'नील पढ़ता था" ६२ ; वे > "उसके बैग में अधूरी पढ़ी 'एन एरिया ऑफ़ डार्कनेस' पड़ी थी" (नैपाल) ८२, "उसका एक दोस्त था, जो सिर्फ कामू पढ़ता, कामू बोलता···" ८३, बीट ग्रुप ८३, ऑर्लोवस्की, क्रीले ८३, उन लोगों ने कामू पढ़ना ख़त्म कर दिया था और ऑर्लोवस्की और 'जैने' के बाद अब एडवर्ड एल्बी बढ़ते थे ८४, 'सेक्सोलॉजी' और 'वोमन' की प्रतियाँ ८५ ; दो ज़रूरी चेहरे > "बस बैठी रहती बिस्तर पर डेनिस रॉबिन्स या मेरी कॉरेली लिए" ९०, 'ओल्ड विक' के नाटक ९१, 'मिडसमर नाइट्स ड्रीम' (शेक्सपियर) ९१, 'शहर और सपना' फिल्म ९३, नन्दकिशोर, पन्नालाल १००, "मैंने तो आज तक कोर्स व डेनिस रॉबिन्स के अतिरिक्त कुछ नहीं पढ़ा था" १०१

बेघर · ४ स्थान : 'लिपस्टिक ऑन योर कालर' (गाना) ४५, 'फेमिना' पत्रिका ४५, 'प्लेब्वॉय' पत्रिका ४७, पोलान्सकी की फिल्म 'नाइफ इन द वाटर' ५५

सीट नम्बर छह · १३ स्थान : फ़र्क नहीं > 'काव्य-सौरभ' में जायसी के दोहे, एक उद्धरण : "पिऊ सौं कहो सन्देसरा, है भौंरा हे काग / सो धनी बिरहे जरि मुई, तेही के धुंवा हम्म लागि" १२२, "पिताजी स्वामी विवेकानन्द की जीवनी पकड़ा देते" १२३, जायसी १२४ ; लगभग प्रेमिका > "साहित्य में किन स्त्रियों को अमरता प्राप्त हुई है? अन्ना कैरिनीना, मैडम बोवेरी, लेडी शैटरली और मीराबाई" १३२, मार्क रायडल की फिल्म 'द फॉक्स' १३५ ; निवेदन > 'काबुलीवाला' (ठाकुर) १४१ ; प्यार के बाद > 'मेरा नाम जोकर' फिल्म १६२, "[कुन्दनलाल] सहगल के गाने रिकॉर्ड करेंगे" १६३, टेपरिकॉर्डर पर रसूलनबाई की ठुमरी १६३ ; पीली लड़की > "उसे इससे अच्छा लड़का मिल सकता था। अब जनम भर 'कामायनी' (प्रसाद) और रस-सिद्धान्त की किताबों से धूल झाड़ेगी" १६७, "हर तरह की औरत ··· 'लेडी मैकबेथ' (शेक्सपियर) से 'अन्ना कैरिनीना' (तॉलस्तॉय) तक", "वह 'दीपशिखा' सी लड़की" (महादेवी) १६८ ; उपलब्धि > "बेग़म अख़्तर या मलिका पुखराज की इरॉटिक आवाज़" १७६, 'तीसरी कसम' फिल्म का एल०पी० १७७

नरक दर नरक · २६ स्थान : "ऐसे मौकों पर लायब्रेरी में सिर गड़ाकर काफ्का पढ़नेवाली यह दुबली-सी लड़की कभी-कभी कितनी चोट खा जाती थी" ९, "जिस [जोगेन्दर साहनी] पर समुद्र और हैमिंग्वे बुरी तरह हावी थे" १२, "सरोजिनी नायडू और मुल्कराज आनंद उसे कभी जाली नहीं लगे, जबकि झाबवाला और राजाराव लगते थे" १७, 'द कुली', 'द स्कूल टीचर' (मुल्कराज आनंद) १८, "ऑरनॉल्ड बैनेट पर पहले इनका लेक्चर होना था···" २१, "टॉम जोन्स का पेपरबैक एडीशन" २३, फील्डिंग की 'कॉमिक एपिक इन प्रोज़ थ्योरी' २३, "लाल छड़ी, मैदान खड़ी, क्या खूब लड़ी, क्या खूब लड़ी' बज रहा था। 'जानवर' उसकी देखी हुई थी, राजश्री उसे अच्छी लगी थी, शम्मी कपूर उसे नायक का पशु-संस्करण लगा था" २४, "उसे बलराज साहनी पसंद था" २४, "आज उन्होंने [सहेलियों ने] दिलीपकुमार, श्यामा और वहीदा को 'वहमी' के सेट पर देखा था" २४, "शाम उषा ने

भी कमरे में बिता दी—लेटे-लेट, 'फिल्मफेयर' और 'फेमिना' पढ़ते" २६, 'कोहरा' फिल्म २७, "जोगेन्दर को वह [आतिश] लिबर्टी पर मिल गया, 'खानदान' की टिकटें ब्लैक करते" ४१, "उसे लाँगफेलो और किपलिंग की कुछ कविताएँ मुँहज़ुबानी याद थीं" ५१, चार्ल्स लैम्ब का निबंध 'ड्रीम चिल्ड्रेन' ५२, "आँखें खोलकर सोचो, कहाँ रहेंगे, क्या 'शहर और सपना' के नायक-नायिका की तरह गटर पाइप में?" ५४, "सिटीलाइट में 'गुनाहों का देवता' चल रही थी" ५५, "वहाँ से वे श्री टॉकीज़ गए। वहाँ 'टारज़न एंड डी जंगल क्वीन' चल रही थी ··· इरॉस में 'द फैमिली वे'" ५६, "साहनी बी०ए० ऑनर्स को फ़ॉर्स्टर पर लेक्चर दे रहे थे" ६२, "उषा ने देखा, आचार्य हज़ारीप्रसाद द्विवेदी का कुटज सैकड़ों की तादाद में खिला हुआ था" ८६, "सिनेमाघर दीख गया—'नाज़'। 'आदमी और इनसान' चल रही थी" ९६, "संगम शब्द के साथ उसे राजकपूर की याद आई और अपनी माँ की" ९९, "अब उन्हें लगने लगा कि सरकारी सहायता डब्ल्यू०डब्ल्यू० जेकब के उस 'बन्दर के पंजे' के समान है, जिससे जो भी वरदान माँगो, अभिशाप के साथ ही मिल सकता है" १११, "अपने बालों को ज़ीनत अमन की तरह झटका देकर" १२४, "यों आजकल वह हरिवल्लभ वर्मा के ऐतिहासिक उपन्यासों की समीक्षा लिख रहा था" १३५, "'प्रतिबद्ध साहित्य ··· वेपन बनकर आएगा ··· जैसे गोर्की ··· उनकी कहानी 'एक पाठक'" १३६, "अपनी परेशानियाँ आशा भोंसले की नशीली या बेग़म अख्तर की इरॉटिक आवाज़ में भूलने की कोशिश करता" १३७, "उषा ने जल-भुनकर 'तीसरी कसम' का रिकॉर्ड प्लेयर पर चढ़ाया" १३८

एक अदद औरत · ६ स्थान : लड़के > "यह दोस्ती हम नहीं तोड़ेंगे, तोड़ेंगे दम मगर तेरा साथ न छोड़ेंगे" ('शोले' फिल्म) २०२ ; वसन्त–सिर्फ़ एक तारीख़ > "ये छायावादी किस्म के गीत लिखा करती थीं, जो हमें निराला, पन्त और महादेवी वर्मा की कविताओं के साथ-साथ अनिवार्य रूप से उनके कण्ठ से सुनने पड़ते थे" २११, "उन्हें इसकी कोई ख़बर नहीं थी कि ··· मेंहदी हसन आजकल हिन्दुस्तान आया हुआ है" २१३, "सड़क पर निकलती, तो कॉलोनी के नौजवान लड़कों का गुनगुनाना : 'तेरी चाल है नागिन जैसी, कि जोगी तुझे ले जाएँगे" ('नया दौर' फिल्म, 'उड़ें जब जब ज़ुल्फ़ें तेरी', साहिर लुधियानवी) २१७, "माय हार्ट इज़ बीटिंग, कीप्स ऑन रिपीटिंग" ('जूली' फिल्म, प्रीति सागर) २१७, "लेडी मैकबेथ का स्लीपवॉकिंग सीन" (शेक्सपियर) २२१

प्रेम कहानी · २ स्थान : "फ़िराक का शेर इसलिए मेरा प्रिय था : तक़दीर तो कौमों की हुआ करती है, एक शख्स की किस्मत में तकदीर कहाँ!" १३३, "मुझे बार-बार तॉलस्तॉय के एक उपन्यास ['अन्ना कैरेनिना'] की पंक्तियाँ याद आ रही थीं, सब सुखी परिवार एक-से होते हैं, प्रत्येक दु:खी परिवार निजी व अलग कारणों से दु:खी होता है" १८९

प्रतिदिन · १५ स्थान : आपकी छोटी लड़की > "टूनिया काण्ट, हीगल से लेकर अद्वैतवाद तक सब सुनाती है" २४५, जे०एम० सिंज का नाटक २४५, 'एण्टनी एंड क्लियोपैट्रा' (शेक्सपियर) २४६ ; एक जीनियस की प्रेमकथा > "पाठ्यपुस्तकों से हटकर वह केवल शरत्चन्द्र और रवीन्द्र संगीत तक पहुँच गई थी" २६३, जयदेव-कृत 'गीत-गोविन्द' ५.८ के छंद (रतिसुख ··· युगशाली) २६४, "कभी उसे [नवीन को] लगता

वह ब्राउनिंग है और कविता एलिज़बेथ बैरेट, जिसे उसे विम्पोल स्ट्रीट से ले भागना है। कभी वह महसूस करता, वह राँझा है और कविता हीर, बाकी सारी दुनिया उसे कैदों नज़र आती" २६४, फ़ैज़ अहमद फ़ैज़ की नज़्म 'मुझसे पहली-सी मुहब्बत मेरे महबूब न माँग···' २६५, "कभी डॉ० जीवागो के पाँच-पाँच पृष्ठ सुना डालता, कभी जायसी का पद्मावती-रूप-वर्णन" २६६, "उसने [कालिदास-कृत] 'कुमारसंभव' से शिव-पार्वती के केलि-प्रसंग सुनाने शुरू कर दिए" २६७, "अखिल भार्गव को जगजीत सिंह की गज़लें पसंद थीं और नीलिमा को स्वप्नसुन्दरी के नृत्य" २६८, "जब तक हमने नहीं किया था प्यार, किया था क्या, ताज्जुब है" (जॉन डन की एक कविता का लेखिका का अनुवाद, द्र० 'कहा-नियाँ १' xi) २७१, सुब्बुलक्ष्मी की आवाज़ में 'विष्णु-सहस्रनाम', चार्ल्स शुल्ज़ और डी०बी० पलुस्कर का संगीत २७१ — (तु० 'एक पत्नी के नोट्स') ; कवि मोहन > "उस [कवि मोहन] का ख़याल था, उमर खैयाम की सारी रुबाइयाँ एक तरफ रखी जा सकती हैं और उसकी एक रुबाई एक तरफ" २९९-३००, "जब वे [बालकृष्ण शर्मा] नवीन की 'हम अनिकेतन, हम अनिकेतन' समझाते, तो लगता, मानो वह सब उन्हीं पर घटित हो रहा हो" ३०१, "भक्तिकाल और मध्यकाल पढ़ने के बाद आधुनिककाल के नाम पर केवल हरिऔध और मैथिलीशरण गुप्त पढ़ाये गए थे" ३०३

लड़कियाँ · १ स्थान : 'मुकद्दर का सिकंदर' फिल्म ८४

उसका यौवन · १३ स्थान : उसका यौवन > "उसे रिसीव करने हेमा मालिनी से लेकर पद्मिनी कोल्हापुरे तक सब आई हैं" ३०९ ; नयी दुनिया > "उस दिन भी पूर्वा धूप में बैठी चेखव की कहानी पढ़ रही थी" ३१६; पच्चीस साल की लड़की > "वर्षों से मुझे जगाने का काम देवकीनन्दन पाण्डे और शिवसागर मिश्र कर रहे थे" ३२९, "पास रखे बेग़म अख्तर के एल०पी० को हसरत से देखा था" ३३० ; राजू > "कैसा सुन्दर सजा है हरियाला बनना, बन्ने की भाभी नजर उतारे, खड़ा-खड़ा मुस्कावै हरियाला बनना" (लोकगीत) ३३७ ; मनहूसाबी > "पति उम्मीद करता है कि ··· मनहूसाबी की चाल ज़ीनत अमन जैसी हो" ३४१, "मनहूसाबी को लगता है, वह प्रेमचन्द की कहानी की बूढ़ी काकी है" ३४५ ; मनोविज्ञान > "उसे फ़ैज़ [अहमद फ़ैज़] को सुनने का, देखने का कितना चाव था" ३६३ ; बिटिया > "इश्क़ में गैरते जज़्बात ने रोने न दिया ··· उम्र भर आपकी इस बात ने रोने न दिया" (सुदर्शन फ़ाकिर, बेग़म अख्तर) ३८०, "अब के बिछड़े तो शायद कभी ख़्वाबों में मिलें, जिस तरह सूखे हुए फूल किताबों में मिलें" (फ़राज़, मेहदी हसन) ३८२, "पड़िये गर बीमार तो कोई न हो तीमारदार, औ अगर मर जाइए तो नौहाखाह कोई न हो" (ग़ालिब, सुरैया) ३८२, "बात निकलेगी तो फिर दूर तलक जाएगी, ··· गुज़रे हुए सालों की तरह" (जगजीत सिंह) ३८४ ; दर्पण > "न जाने क्यों वह सत्यजीत रे जैसे साथी की कल्पना करती रही थी" ३८९

जाँच अभी जारी है · ५ स्थान : सेमिनार > "पिकासो की प्रतीक्षा में खड़ी एक कलाकृति" १५, "वरिष्ठ आलोचक ने नवाब वाजिद अली शाह की तरह दोनों लेखिकाओं के कन्धों पर हाथ रखते हुए" १८; उमस > "रानी गृहलक्ष्मी कार्यक्रम आकाशवाणी से सुनती" १९, "गेंद फेंकता इमरान और चौका मारता गावस्कर, ··· वह कपिल [देव] नहीं, वेंगसरकर है" २३ ; नया त्रिकोण > "अनीता का ध्यान [दूरदर्शन के कार्यक्रम] चित्रहार के गाने पर होता" ६०

एक पत्नी के नोट्स · १२ स्थान : जयदेव-कृत 'गीत-गोविन्द' ५.८ के छंद (रतिसुख ⋯ वनमाली) ११, "कभी उसे [संदीप को] लगता वह ब्राउनिंग है और कविता एलिज़बेथ [बैरेट], जिसे उसे विम्पोल स्ट्रीट से ले भागना है" १२, फ़ैज़ अहमद फ़ैज़ की नज़्म 'मुझसे पहली-सी मुहब्बत मेरे महबूब न माँग⋯' १३, "कभी डॉ० जीवागो के पाँच-पाँच पृष्ठ सुना डालता, कभी जायसी का पद्मावती-रूप-वर्णन" १४, "जब तक हमने नहीं किया था प्यार, किया था क्या, ताज्जुब है" (जॉन डन की एक कविता का लेखिका का अनुवाद, द्र० 'कहानियाँ १' xi) २१, चार्ल्स शुल्ज़ और डी०बी० पलुस्कर का संगीत २१, "उसकी आँखें दो बड़े विस्मयचिह्न थीं। 'एलिस इन वंडरलैंड' की तरह वह हर बात को आश्चर्य से सुनती" ४१, "मिस चोपड़ा, संदीप ने फारुख अब्दुल्ला अन्दाज़ में कहा" ४९, "अमजद अली का एल०पी० लगाया, फिर ⋯ साबरी ब्रदर्स ⋯ और माइकल जैक्सन" ५०, "संदीप ने बहुत दिनों बाद उसे अज्ञेय की कविताएँ सुनाईं" ५५, "'तेरे-मेरे सपने' फिल्म का एक कलात्मक रिकॉर्ड" ५५, "कविता ने हैमिंग्वे में मन लगाने की कोशिश की, नहीं लगा" ६१

बोलनेवाली औरत · २१ स्थान : मेला > "तीरथ अमित कोटि सम पावन। नाम अखिल आघ पूर नसावन" (रामचरितमानस उत्तरकाण्ड ९२) १३३, "सरिता-द्वय-जल टकराने का नाद सुनो, दे रहा सुनाई" (?) १३५, "मेरे श्याम नूँ रास विच नच लेन दे। नी ⋯ / खाया मक्खन भतेरा ओनूँ पच लेन दे। नी, मेरे श्याम / ; ⋯ मैं भूल गई दाता, मैं भूल गइयाँ, धर्म दा राह छड़ ओझड़ पइयाँ। / आज दी न भूली मैं, कल दी न भूली, जनम-जनम दी आई हूँ रुलदी। / सोच-समझकर देख ले मनुआ, यह सब नाल किसी दे न जइयाँ" (पंजाबी कीर्तन) १३६ ; लकी > "[स्टेट्समैन] पढ़ते समय बेकन के निबंध याद आते, वही सारगर्भित वाक्य, वही अनुशासनबद्ध भाषा" १४७, "एक कोने में भृगुसंहिता भी रखी रहती, पर⋯" १४९ ; खिड़की > "मन ही मन तो वह कह रहे थे, 'अब जानि कोउ माखै भटमानी। बीर विहीन मही मैं जानी। तजहु आज निज निज गृह जाहू। लिखा न बिधि बैदेहि बिबाहू।'" (रामचरितमानस बालकाण्ड २५२) १५६, "ऐसा लग रहा था 'तमकि ताकि तकि सिवधनु धरहीं। उठइ न कोटि भाँति बलु करहीं।'" (रामचरितमानस बालकाण्ड २५०) १५८ ; किताबों में कैद आदमी > "चार्ल्स लैंब का कहना है—लाइब्रेरी वह जगह है, जहाँ विद्वत्ता की सुगंध आती है⋯" १८७, "कई बार लगता है, वे बर्नार्ड शॉ की तरह मौलिक और मसखरे हैं। कई बार कोई प्रसंग बड़े विस्तार से वे बयान करते, तो लगता वे शेक्सपियर की तरह अच्छे किस्सागो हैं, पर अचानक कुछ हो जाता और वे डॉ० जॉनसन की तरह तीखे, चरपरे और जटिल लगने लगते" १८८, "कभी हैमलेट (शेक्सपियर) का पूरा सीन उद्धृत कर डालते, तो कभी वड्‌र्सवर्थ की समूची कविता" १८९, "कोई ताज्जुब नहीं कि 'किंग लियर' (शेक्सपियर) उनकी प्रिय ट्रेजिडी थी" १८९>१९०>१९२, "दोस्तों को पढ़ने के नाम पर सिर्फ खुशवंत सिंह के साप्ताहिक लतीफे याद आते" १९०, "नीरद चौधरी के एक्सपीरियंसेज़ में दत्तचित्त होना" १९१ ; पर्याय नहीं > "पन्त की पंक्तियाँ गुनगुनाते, 'तापस बाला गंगा निर्मल' (नौका-विहार)" १९२, "फिल्मों के खलनायक [मुद्दु बाबू] शैट्टी जैसा" १९६, नर्सरी की अग्रदूत फ्लॉरेंस नाइटिंगेल २००, एक अकेला दुःख > दुर्गा सप्तशती का पाठ २०५, जगजीत सिंह की आवाज़ में अतीत के पल ढूँढ़ना २०६ ; अर्द्धांगिनी > "काजर दे नहीं ओ री सुहागन, आँगुरि तेरी कटेगी कटाछन" (आकाशवाणी पर गीत) २१३, दूरदर्शन पर 'चित्रहार' देखना २१४ ; बच्चा > "बच्चा डॉ० एल्बन का कैसेट सुन रहा था" २१८, नेहरूजी की पुस्तक 'डिस्कवरी ऑफ़ इण्डिया' २१९

दौड़ · २ स्थान : "अगले दिन ताल वाद्य और पंडित भीमसेन जोशी का गायन और तीसरे दिन हरिप्रसाद चौरसिया का बाँसुरी वादन और शिवकुमार शर्मा का संतूर वादन" २५, "उन्होंने [पापा और माँ ने] उसे प्रेमचन्द की कहानियाँ और कुछ लेख पढ़ने को दिए थे। 'कफ़न', 'पूस की रात' जैसी कहानियाँ" २७

मुखौटा · २१ स्थान : चिर कुमारी > "आप अखबारनवीस हैं या खुमैनी जो फतवे दे रहे हैं" २२५ ; एक रंगकर्मी की उदासी > "दो पैग के बाद कभी वे 'पगला घोड़ा' (बादल सरकार) के नायक बन जाते, तो कभी 'अँधा युग' के धृतराष्ट्र। ··· 'जब मैंने घासीराम कोतवाल किया था···' (धर्मवीर भारती)" २३३-२३४, "फिरोज़शाह कोटला में [इब्राहीम] अलकाज़ी का 'अँधा युग'" २३५, "दोस्त बन-बनके मिले मुझे मिटानेवाले" सईद रही की ग़ज़ल, जगजीत सिंह की आवाज़ में २३७, स्वदेश दीपक का 'कोर्टमार्शल' २३७, शेक्सपियर का 'मैकबेथ' २३८, "श्री एज़, इप्टा और अभिरुचि की प्रस्तुतियाँ" २३८, "वह मेरे घर नहीं आता मैं उसके घर नहीं जाता मगर इन एहतियातों से तअल्लुक मर नहीं जाता" (वसीम बरेलवी का शेर) २३९ ; मुखौटा > "बड़का जगजीत सिंह के अंदाज़, 'यह शोहरत भी ले लो, यह दौलत भी ले लो' में गुहार करता" २४२ ; मान लो कि > "मैथिलीशरण गुप्त, जयशंकर प्रसाद और नवीन की सशक्त पंक्तियाँ उन्हीं में मुँह से तुमने जानीं-पहचानीं। पिता का कोई विकल्प नहीं" २६३ ; प्रतिप्रश्न > 'सिलसिला' फिल्म देखना २६९ ; सफ़र में > "डेली पैसेंजर, जिनके बारे में श्रीलाल शुक्ल लिख चुके हैं, कोच में ठसाठस भरे हैं" २७०, "'अफ़साना लिख रही हूँ दिले बेक़रार का' या 'अभी तो मैं जवान हूँ' उनके प्रिय गाने थे" ('दर्द' फिल्म व हाफ़िज़ जालंधरी की नज़्म मल्लिका पुखराज की आवाज़ में) २८१, "खन्ना जगजीत सिंह की ग़ज़ल सुन रहे थे" २८२ ; सीमा > सलमा सुल्तान के वचन में संयुक्ताक्षरों की त्रुटी २९५, "गेट आउट ऑफ़ माय ड्रीम्स, गेट इनटू माय कार" (बिली ओशन) व "आय वांट योर सेक्स" (जॉर्ज माइकल) दो गाने २९५, "[बाल कहानी के] वफादार टॉमी की तरह उनके खाविंद भी उनके पीछे कूच कर जाते हैं" २९६, "सुनील गावस्कर से सुन्दर, कपिल देव से तगड़ा और वेंगसरकर से फुरतीला। ··· किसी को अमिताभ जैसा साथी चाहिए था, तो किसी को विनोद खन्ना जैसा" २९७, "दीवारों पर माइकल, जॉर्ज, ब्रूस और टीना" २९९ ; रिश्तों की बुनियाद > "मजनूँ, राँझा, महिवाल, इनमें से कोई भी कभी मोटा नहीं था जो परवेज़ होगा" ३१२, "[फ़ैज़ अहमद] फ़ैज़ उसे सबसे अज़ीज़ था" ३१२

निर्मोही · १५ स्थान : सुलेमान > "[सपने] इतने, जितने भवानीप्रसाद मिश्र के पास बेचने के लिए गीत भी न होंगे ३५०, "उसे सब कुछ याद था, नीत्शे से लेकर निर्मल वर्मा तक" ३५०, हीरामन की तरह तीन काम न करना (फनीश्वरनाथ रेणु : 'तीसरी कसम') ३५१, "दोस्तों के इस संसार को वह उमर खैयाम की आँखों से देखता" ३५७ ; बाँगड़ू > "नून देबो मँगनी रे, तेल देबो मँगनी / पिया के मँगनी न देब / हमरो बलमुआ फुलवा के जोखल / घटिहै तो केकरा से लेब?" (लोकगीत) ३८९ ; सिकन्दर > "बच्चों, दिननकर, नवीन पढ़ो, ··· 'माँ की छाती से चिकप ठिठुर जाड़े की रात बिताते हैं' या 'सिंहासन ख़ाली करो कि जनता आती है'" ३९८ ; नमक > "शेक्सपियर के नाटकों में बार-बार एक मुहावरा आता है, 'एनी मैन वर्थ हिज़ साल्ट'" ४०४, "एटलस ने तो सिर्फ़ एक पहाड़ उठाया था" ४०९ ; पिकनिक > "ताड़ ··· ऐसे लगते हैं, जैसे हज़ार अमिताभ बच्चन" ४११, "जयललिता के आदमकद से भी ऊँचे कट-आउट" ४१४ ; बोहनी > "ऐश्वर्या राय और शिल्पा शेट्टी को गहनों की

मॉडलिंग करते ये भाई देख चुके हैं" ४२५ >४२९ ; पीठ > एम०एफ० हुसैन की बेधड़क रेखाएँ, रामकुमार वर्मा की बारीकियाँ ४५२, मिक्सी के विज्ञापन में संजीव कपूर ४५३, माधुरी दीक्षित, स्मिता पाटिल और निराला की 'वह तोड़ती पत्थर' की मजदूरन जैसी पीठ ४५७, "अमृता शेरगिल से लगाकर जतिन दास तक से आगे की संभावनाएँ" ४५८

थिएटर रोड के कौवे · २ स्थान : थिएटर रोड के कौवे > "बेला को याद आता है, अलका [सरावगी] के उपन्यास 'कलिकथा वाया बाइपास' में एक जगह तैंतालीस कौवों की पाँत का ज़िक्र है" ४ ; सूनी > "सूनी ने एक अच्छी कन्नड फिल्म देखी, उसके बाद उसी फिल्म की मूलकथा 'घटश्राद्ध' [यू० आर० अनन्तमूर्ति] पढ़ते-पढ़ते वह अलसा गई" ३६

अँधेरे का ताला · ३ स्थान : "जल्द-जल्द पैर बढ़ाओ, आओ, आओ / आज अमीरों की हवेली / किसानों की होगी पाठशाला / धोबी, पासी, चमार, तेली / खेलेंगे अँधेरे का ताला / एक पाठ पढ़ेंगे, टाट बिछाओ — निराला" ५, "फिर आ गया अप्रैल। टी०एस० इलियट ने यों ही नहीं लिखा था 'एप्रिल इज द क्रुएलेस्ट मन्थ'" ७६, "सवर्ण टीचरों का विचार था कि सुबह की असेम्बली में वेद और पुराण के उद्धरण सुनाए जाने चाहिएँ। ···पिछड़ी और दलित जाति [की तीन लेक्चरर] ···चाहती थीं कि उद्धरणों में महात्मा गाँधी, एनी बेसेंट, विवेकानन्द, आंबेडकर आदि के विचार हों" १०४

दुक्खम-सुक्खम · ३६ स्थान : "डन की कोई प्रेम कविता" २१, "थॉमस हार्डी की हीरोइन की त्रासदी" २१, "उन्हें [बच्चों को] देख कविमोहन को अक्सर सुभद्राकुमारी चौहान की 'मेरा बचपन' कविता याद आती" २५, "न सिर्फ प्रेमचंद और निराला बल्कि गोर्की और तॉलस्तॉय" ३०, शेक्सपियर का 'मर्चेंट ऑफ़ वेनिस' (शॉयलॉक की तरह खलनायक पिता) ३३, गॉल्सवर्दी की 'जस्टिस' ३३, ऍरिस्टोटिल की 'पोयटिक्स' ४१, "मैथिलीशरण गुप्त की पंक्ति याद आ गई: 'निन्दित कदाचित् है अब प्रथा सम्मिलित परिवार की' ('भारत भारती')" ५०, ब्लैकी एंड संज़ की गोल्डन रीडर ५७, "लेटकर तॉलस्तॉय का उपन्यास 'अन्ना कैरेनिना' पढ़ना चाहता था" ७७, "कविमोहन को ई० एम० फॉर्स्टर की पुस्तक 'एस्पेक्ट्स ऑफ़ द नॉवल' पूरी कंठस्थ थी" ८८, "[साक्षात्कार समिति के] एक सदस्य ने डब्ल्यू० बी० येट्स पर प्रश्न पूछे" ८८, भारतभूषण अग्रवाल की कविता 'प्लेटफॉर्म पर विदाई' (चार में से दूसरे अनुच्छेद को छोड़कर) १०९, "देवाशीष मार्लो के उबाऊ नाटक 'डॉ० फॉस्टस' के ऊपर शरत्‌बाबू का 'श्रीकान्त' रखकर पढ़ता था" ११०, "दिनकर की पुस्तक 'हुँकार' से कविता ली— 'श्वानों को मिलता दूध-वस्त्र···'" १५२, बॉसवेल की 'लाइफ ऑफ़ जॉन्सन' १५३, "इन दिनों वह [कुहू] शैले पढ़ा रही थी ··· शैले की जीवनी 'एरियल' ··· शैले की जीवनी, क्रान्तिकारिता और काव्य-प्रतिभा के गुणगान से भरी हुई थी" १५४, "उस [शैले] से कहीं सशक्त कवि वड्‌ज़्वर्थ और कोलरिज हैं" १५५, "कवि को बच्चन जी की पंक्तियाँ याद आने लगीं— "हम कब अपनी बात छिपाते···" १५९, "अब तो मेरी दशा कुछ-कुछ एलियट की कविता [द लव सांग ऑफ़ जे० अल्फ्रेड प्रूफरॉक] की शुरुआत जैसी है···" १६०, एलियट का 'वेस्टलैंड' व बर्नार्ड शॉ १८०, विष्णु प्रभाकर १८५, मैथिलीशरण गुप्त की 'यशोधरा' ("सखि वे मुझसे कहकर जाते") १८४, ब्राउनिंग की 'पॉरफीरियाज़ लवर', 'प्रॉस्पाइस', 'द

लास्ट राइड टुगेदर' १८५, तोरुदत्त १८७, जे० एम० सिन्ज़ का नाटक 'ऑल माय सन्ज़' २०२, "गाँधीजी की आत्मकथा तो रामायण और गीता की तरह" २१०, कीट्स की कविता 'नाइटिंगेल्ज़' २१३, सरोजिनी नायडू की कविता 'द फ्लूट प्लेयर ऑफ़ वृन्दावन' २१४, "कोई मोटी-सी किताब पकड़ा देते, डॉ० राजेन्द्र प्रसाद या पंडित नेहरू की आत्मकथा" २४५, कविमोहन धर्मनिरपेक्षता से आर्थर केस्लर की किताब 'द गॉड दैट फेल्द' रैक में सबसे सामने रखता है २४७, रसूलनबाई की संगीत-सभा २४७, "उन [पापा] की ऊँची-ऊँची अलमारियों में शेक्सपियर से लेकर एडवर्ड एल्बी, जॉन ऑसबॉर्न और विजय तेन्दुलकर सब मिल जाते ··· उसे [मनीषा को] विवेकानन्द और राममनोहर लोहिया की पुस्तकें खखोरनी पड़तीं" २४९–२५०, निराला की 'अपरा' २५०, "मुझे लगता है तुम मुझे रीगन और गॉनरिल की तरह यातना दोगी। मैं ऐसा किंग लियर हूँ जिसके जीवन में कॉर्डिलिया है ही नहीं" (शेक्सपियर) २५०, "तुम लेडी मैकबेथ की तरह हाथ में मोमबत्ती पकड़े मत घूमा करो, मुझे इसमें षड्यन्त्र की बू आती है" (शेक्सपियर) २५०, 'जिस देश में गंगा बहती है' फिल्म २६२

काके दी हट्टी · १४ स्थान : एक इष्ट तो था > 'दिल अपना और प्रीत पराई' फिल्म का गाना 'अजीब दास्ताँ है यह' १६ ; सुरक्षा का आतंक > जगजीत सिंह की ग़ज़लों का कैसेट ३४ ; इलाज > "आँखें बड़ी थीं, जामिनी राय के चित्रों में बनी आँखों जैसी लम्बी" ४१ ; शक > "फ़रमाइश थी ग़ज़ल की। ··· उन्होंने अमीर मिनाई का कलम सुनाया" ६९ ; शिष्या > "कारवाँ गुज़र गया, गुबार देखते रहे" (गोपालदास 'नीरज') ८९, "वे उन बेहद गोरी महिलाओं में से थी, जिनके बारे में गुलज़ार लिख चुके हैं" ८१ ; छोटे खिलाड़ी > स्टेट्समैन और जागरण १११, मिल्टन का 'पैराडाइस लॉस्ट' ११३ ; अनावश्यक > 'फेमिना' पत्रिका ११७, 'बाबा ब्लैक शीप' ११७, 'द रेनबो' कविता (वड्र्ज़्वर्थ) ११८, 'आपका बंटी' (मन्नू भण्डारी) १२० ; फिर भी प्यार > "गीतांजलि ने कहा, 'अगर मैंने साड़ी पहनी हुई होती, तो शरत् बाबू की नायिका की तरह अपना आँचल फाड़कर तुम्हारे पट्टी बाँध देती।'" १२८ ; "पहले फिराक़ को देखा होता। अब तो बहुत कम बोले हैं" १३१

थोड़ा सा प्रगतिशील · १० स्थान : संस्कृति > अमृता प्रीतम की श्रद्धाञ्जलि-सभा ७३ ; फरवरी की एक शाम > "पाँव छू लेने दो, फूलों को इनायत होगी" ('ताजमहल' फिल्म) ९६, ग़ालिब और अमीर मीनाई की ग़ज़ल "अभी क्यों छलक आए तुम्हारी आँख में आँसू, अभी छेड़ी कहाँ है दास्ताने ज़िन्दगी मैंने" ९९, बहुत पुरानी फिल्म 'वह कौन थी' ९९, हाफ़िज़ जालन्धरी की नज़्म 'अभी तो मैं जवान हूँ, अभी तो मैं जवान हूँ' १००–१०१, "मलिका पुखराज की आवाज़ स्मृतियों की दराज़ में" १०० ; पटकनी > "कॉफ़ी के साथ कोलरिज जल्दी समझ आएगा" ११३, चॉसर ११३, "विवाह को नकारकर सार्त्र और सिमोन द बोवुआ साथ रहे थे" ११५, "कामू की किताबों की दीवानी थी। 'द स्ट्रेंजर', 'द आउटसाइडर' जैसी पेपरबैक थामे वह वैंगर्स में दाखिल होती" ११६, "खुद अपना दिमाग तुम लोगों ने कामू-काफ्का पढ़-पढ़कर ख़राब कर लिया" ११९

विलक्षण शब्द एवं भाषा-प्रयोग

नीचे दी हुई सामग्री के विश्लेषण और मूल्याङ्कन के लिए
'पाँचवें अध्याय' के क. उपखण्ड 'भाषा' को देखें।

अंग्रेज़ी · तत्सम · तद्भव, देशी एवं मिश्रित शब्द · उर्दू ·
हिन्दी की बोलियाँ व निम्न भाषा-रूप ·
पंजाबी · मराठी व बम्बइया हिन्दी · गुजराती ; बांग्ला ; तमिल ·
ध्वन्यात्मक शब्द · अनुप्रास और शब्द-क्रीडा · व्याकरण के प्रयोग

❖ अंग्रेज़ी ❖

छुटकारा । *बड़े दिन की पूर्व साँझ* > बैंड २९, नर्वस २९ ३१, क्यू २९, पैग २९ ३०, फ्लोर २९ ३१, नर्वसनेस २९, ड्रिंक्स की पार्टी ३०, एयरफ़ोर्स ३०, डांस नंबर ३१, लकी ३१, रेस ३१, लकी नंबर ३१, आउट हो जाना ३१, स्मार्ट लगना ३२, 'ऑलराइट' कहना ३२ ; *वे तीन और वह* > प्लेट ३३, इंट्रा मस्क्यूलर इंजेक्शन ३३, लेट्रीन ३३, थर्मामीटर ३३, टूथब्रश ३३ ३४, स्लाइसेज ३४, राशनिंग ऑफिस ३४, (कुर्सी) फिल्ड करना ३४, (किराया) शेयर करना ३४, इन्स्पेक्शन ३४, नर्वस ३५, (डॉक्टर का) बोर्ड ३५, पर्स ३५, पार्टिसिपेशन ३७, कार्ड ३८, ज़ोन नंबर ३८, पैकेट ३८, ग्लास ३८ ; *यह ज़रूरी नहीं* > प्रूफ ४०, ले-आऊट ४०, पार्टीशन ४०, क्यू ४०, इंकपेंसिल ४१, रीफिल ४१, ब्लेड ४१, डैड-लाइन ४१, अफोर्ड करना ४१, टिफिन बॉक्स ४१, क्लिप ४१, रबर ४१, पब्लिक स्कूल ४१ , फाइल ४१, आलपीन ४२ ; *बीमारी* > पर्स ४३, हैंडबैग ४३, होल्डाल ४३, ट्रंक ४३, ब्रेसियर ४३ ४७, बिल्डिंग ४४, कार्डियोग्राम ४४, कार्डियोलॉजिस्ट ४४, रिपोर्ट ४४ ४५, डिटेक्ट होना ४४, रैक ४४, एक्सरे ४४, ब्लड-यूरिन और स्टूल टैस्ट ४४, हैंडबैग ४५, पस ४५, आपरेशन ४५, कैजुअल ४५, किडनी ४५ ४६, इंफेक्शन ४५ ४६, इंजेक्शन ४५, कैश ४७, चैक ४७, एकाउण्ट ४७ ; *अपत्नी* > पॉलिश ४८, क्यूटेक्स ४८, ट्रांजिस्टर ४८, नर्वस होना ४८, गीज़र ४९, हुक ४९, ब्लाउज ४९, क्विल्ट ४९, सोफ़ा ४९, लेमन-स्कैश ५०, एप्लाय करना ५०, डिप्लोमा ५०, थ्रिलिंग ५०, वर्किंग गर्ल ५०, इम्पोर्टेड विग ५०, रूबीज़ [लाल] ५०, रिटायरमेंट ५०, डिस्टर्ब करना / हो जाना ५० ५१, मूड ५१, ऑर्डर देना ५१, पैकेट ५१, कोर्स [माहवारी] (डिस्टर्ब हो जाना) ५१, ट्रे ५१, ओवन ५१, स्पेशल सेशन ५१ ; *छुटकारा* > पेडस्टल (पंखा)

आय एम फीलिंग ऑन टॉप ऑफ द वर्ल्ड" ५७, "ओ ग्रेट, तुसीं ग्रेट" ५७, सेलेब्रेशन्ज़ ५७, ड्रिंक्स ५८ १३७, एशट्रेज़ ५८, लाउंज ५८, "सी यू" ५९, स्टैगर करना ६०, पोर्च ६०, कांटेम्पलेटिंग ६१, मेडिटेटिंग ६१, (चीनी के) क्यूब ६१, मिडरिफ ६२, बैककोम्ब ६२, बॉबपिंज ६२ ९३, एंजय करना ६३, "… दिस इज ट्रेचरस ऑन योर पार्ट — आय हैव नैवर सीन अ मोर लवेबल गर्ल" ६४, "चुप, डोंट मेक मी अनईज़ी" ६४, हियरिंग एड ६६, बिजनेस ६६, फेस्टिवल ६७, वर्कशॉप्स ६७, म्युनिसिपैलिटी ६९, "विकेड कहीं के" ७४, कांशस ७४, कैशुअल ७४, केन (की कुर्सियाँ) ७४, टची ८१, लिप लैंग्वेज ८१, नर्वस(नेस) ८३ १६८, मैनली ८३, सैल्यूट मारना ८६, गुप्राज ८६, टाइपिंग टेबल ९३, मिस कर देना ९५, "शी हैज़ फेल्ड हिम" ९५, स्टैयर करना ९५, कैश करना ९८, एनेस्थीसिया ९९, आर्ड ९९, "इफ यू डोंट माइंड" १०१, कांटेक्ट करना १०१, फोकस करना १०२, टेबल (पंखा) १०५, स्मूदली ११०, इक्विपमेंट ११०, पाइप ११०, एक्सटेंशन ११०, "विश मी लक" ११२, डल ११६ १४३, ब्रश करना ११६, अटैची ११७, "हाउ आर यू? — उसने केकी को ग्रीट किया। — पूछो मत, एवरीथिंग टेरिबिल हियर" ११७, डिस्कस करना ११७, डमिनेटिंग ११८, प्रासपैक्ट्स १२०, क्रॉस करना १२०, कांट्रेक्ट १२१, साइन करना १२१, "रनिंग हाय!" १२१, आयडिया १२१, "शॉट फ्रीज़" १२३, "मुझे यह आइडिया बड़ा ग्रैंड लगता है, इट विल क्लिक" १२३, "इफ यू डोंट माइंड, मैं एक सुझाव दूँ? — वेलकम, आलवेज़ ओपेन टु न्यू सजेशन्स" १२३, ब्रिलियंट १२३, "चेंज के लिए" १२४, मूड ऑफ हो जाना १२४, "दिस इज़ इडियाटिक" १२४, "आई एम सॉरी ऑन हिज़ बिहाफ" १२४, इन्वाल्व करना १२४, "टेक इट इजी" १२५, गिमलेट १२५, "विद लाइम लेंगे या विद स्लाइसेज?" १२५, डिस्टर्ब करना १२५, "शटअप — दिस वुमन इज़ ए डीमन" १२६, "बाय गॉड!" १२६, स्टुपिड १२६, रेनोवेट करना १२७, सोलिलोक्वी १२७, "शी वांट्स टु क्रियेट ए सीन, आय विल गिव हर ए सीन" १२७, (बिजली का) करेंट १३०, चीफ मेट्रन १३३, "डोंट मेक मी फील मिज़रेबल" १३३, ग्लेज्ड टेरिलेन का सूट १३६, बाटिक (साड़ी) १३६, हनीमून १३६, एकाउण्ट्स एक्जीक्यूटिव १३६, "एक्सक्यूज मी" १३७, "हेलो, हाउ आर यू? — टचवुड बाय द ग्रेस ऑफ गॉड आय एम फाइन" १३७, सेकण्ड इयर १३७, "शार्ट एंड स्वीट रोमांस" १३८, "मेड फॉर ईच अदर" १३८, कैलकुलेशन १३८, इक्वेशन १३८, गिगल करना १३९, सैक्शुअली स्पीकिंग १३९, रिलैप्स १४२, "लेट मी सी" १४२, डफर १४३, कालम १४३, ऑरकेस्ट्रा १४८, ड्रिंक्स १५४, फेमिली पीपल १५५, गिल्ट १५६, "सो गुड ऑफ यू" १५६, कान्सेंट्रेटेड फॉर्म १५८, नीट (पीना) १५८, यूरिनल १६०, पोजीशन १६०, क्रिब १६४, रिमाइंडर १६४, पब्लिसिटी १६४, सेल्ज १६५, मार्केट रिसर्च १६५, इंटरेस्टेड १६५, कमीशन बेसिस (पर) १६५, पार्टिसिपेशन १६६, मैनेजिंग डिरेक्टर १६६, ट्रेंक्विलाइज़र १६८, डिप्रेशन १६८, गो गो फैशन १६८, हीरोइन १६९, आयडेण्टिफाइ करना १६९, प्रैक्टिस १६९, कन्फाइन्मेंट १७१, रिपेयर करना १७२, नर्सरी राइम्ज़ १७३, हैंडिल करना १७५, ब्लाउज १७६, हाउसकोट १७६, एक्स्ट्रा (पहिया) १७६, मनीप्लांट १७७, डैडी १८४, अकाउंट १८६, फेल होना १८६, पिकनिक १८७

सीट नम्बर छह । *सीट नम्बर छह* > लाइन १११, लेडीज़ में १११, (लोअर) बर्थ १११ ११५ ११६, रिज़र्व करना १११, रूट १११, जेंट्स १११, डिक्शनरी १११, कॉपी १११, एलर्जी १११, साइनसाइटिस १११, टांसिलाइटिस १११, मायोपिया १११, अपैण्डिसाइटिस १११, कॉलेज १११, (लेडीज़) कैबिन १११ ११७ ११८, सीट १११, कंडक्टर १११ ११४, डबल संडे [कुल्फी] ११२, डाइनिंग कार ११२, वेटर ११२ ११५, ममी-पापा ११२, क्लास (समझना लोगों को) ११२, हॉस्टल ११२, इंजेक्शन ११२, स्वैटर ११२, स्पेलिंग ११२, पेंसिल ११२, पीरियड ११३, ट्रंक ११३, 'शेव' [दाढ़ी] ११३, रिज़र्वेशन ११४, फैमिली ११४, थ्रीटायर कोच ११४, सिग्नल ११४, बाथरूम ११६ ११७, टाइपिस्ट ११६, "टु हैल" ११७, वीकली [पत्रिका] ११७, "मे वी बौरो योर हज़बैंड?" ११७, सेंस ऑफ़ ह्यूमर ११७,

पॉटबैलीड (पति) ११७, लॉटरी ११७, डॉक्टरेट ११७, हम्पटी-डम्पटी (बच्चे) ११७, "बकअप इन्दिरा" ११८, नायलॉन (साड़ी) ११८, स्मगलर्स ११८, सिनेमा शो ११८, प्लास्टिक ११८, बैग ११९, बकिल ११९, स्पिरिट ११९ ; *फ़र्क नहीं* > बूथ १२०, लेक्चरर १२०, प्रिंसिपल १२१, रिटायर होना १२१, नेगेटिव फिल्म १२१, कंपाउंड १२१, (कंपाउंड) क्रॉस करना १२१, एस्कॉर्ट १२१, (बाबा को) 'अवॉयड' करना १२१, कोर्स १२२, एक्स्ट्रा पीरियड १२२, चैप्टर १२२, पॉयंट्स १२२, (बेजोड़) फ़ॉर्मूला १२३, कवर १२३, पेटीकोट १२३, कैमिस्ट १२३, फ्रिज १२३, ड्राइंगरूम १२३, टेलीविज़न १२३, कॉपी १२३, सैकंड डिवीज़न १२३, पास होना १२३, हायर सेकण्डरी १२३, नोट्स १२४, हॉर्न १२४, बी०ए० फाइनल १२४, यूथ-गाइडेंस सेंटर १२५, रिटायरमेंट १२५, ब्रीफकेस १२५, अपेंडिसाइटिस १२६, ऑपरेशन १२६, सी०एच०एस० १२६, (मनोरंजन का) क्लाइमेक्स १२६, (हिन्दी निदेशालय में) रिसर्च असिस्टेंट १२७, स्टोव १२८, फ्राइंग पैन १२८, प्लेट १२८, ट्रांजिस्टर १२८, मोबाइल कोर्ट १२८, 'विमेन्स लिब[रेशन]' १२९, ट्विस्ट [डांस] करना १२९ ; *लगभग प्रेमिका* > होस्टल १३० १३६ १३७ १३८, सुपरिंटेंडेंट १३०, विमेन्स कॉलेज १३०, इनकमटैक्स कमिश्नर १३०, पर्स १३१ १३६, क्लास १३१, लंच-टाइम १३२, विज़िटर्स रूम १३२ १३४ १३५, नेवी युनिफॉर्म १३२, ड्यूटी १३२, शॉपिंग १३२, कॉम्पलीमेंट १३३, मिनी ड्रेस १३३, वी०आई०पी० गेस्ट १३४, थीसिस १३४, चैप्टर १३४, टेबिल १३४, बी०ए० गाइड १३४, एटलस १३४, डाइनिंग हॉल १३५, स्पेशलितीज़ १३५, लेक्चररशिप की इंटरव्यू १३५, विजिटर १३५ १३७, ड्रेसिंग गाउन १३५, मॉर्निंग शो १३५, पिक्चर [फिल्म] १३५, बैचलर १३५, मूड १३५ १३६, अपील करना १३६, कोऑपरेटिव १३६, (चाय का) सिप १३६, पॉलिश १३६, मेस १३७, "बेबी, विलय यू हैव डिनर विद मी, फिफ्टी रूपीज़" १३७, "नौ, शट अप" १३७, स्टॉप १३७, रील १३७, ज्वॉइन करना १३७, स्टाफ़ मीटिंग १३८, [कपड़े] चेंज करना १३८, कमेंट १३८, रेलिंग १३८, माइंड करना १३८, एक्स-रे १३८, टाइपिस्ट १३८, प्लेटफॉर्म १३९, क्यू १३९, लॉण्ड्री १३९ ; *निवेदन* > शो-रूम १४०, कैशियर १४०, एनाउंस कर देना १४०, पैकेट १४०, बजत १४०, नायलॉन की पैंट १४०, स्ट्रॉ १४०, मिनी १४१, मैक्सी १४१, पेट्रोल पम्प १४२, अंकिल १४२, पेस्ट्री १४२, क्रीम १४२, पिन १४२, ड्राइव १४२, (चौराहा) क्रॉस करना १४२, हॉर्न (बजाना) १४३ १४४, स्कूल-बस १४३, ड्राइवर १४३, ट्रैफिक १४३, पर्स १४३, लॉरी १४३, सुपरिंटेंडेंट १४३, पी०ए०सी० १४३, स्टूडेंट १४३, 'इश्टूडेंट'-लीडर १४४, (दरवाज़ा) लॉक होना १४४, मीटिंग १४४ ; *जितना तुम्हारा हूँ* > लाउंज १४५, डालिंग १४५, फ्लाइट नंबर १४५, (फ्लाइट नंबर) अनाउंस होना १४५, कस्टम काउंटर १४५, सूटकेस १४५, कोट १४५, एयर बैग १४५, कस्टम-क्लियरेंस १४५, एयरपोर्ट १४६, ड्राइवर १४६, पोर्टिको १४६, पोर्टर १४६, इण्टरकॉम १४६, रिसेप्शन १४६, इंक्वायरी १४६, (नंबरों का) कार्ड १४६, फ्लास्क १४६, चेक करना १४६, हॉट पेंट्स १४६, पैकेट १४७, लिपस्टिक १४७, परफेक्ट(-सा) १४७, नोट्स १४७, कॉल्ड स्टोरेज १४७, थर्मामीटर १४८, "बाय गॉड!" १४८, (टाँगें) क्रॉस करना १४८, मैनेजमेंट ट्रेनिंग १४९, प्रोग्राम १४९, मोबाइल कोर्ट १४९, अपार्टमेंट १५१, ड्रिंक १५१ ; *गुस्सा* > होम्योपैथ १५२ १५४, मूड १५२, स्वेटर १५२, मनीआर्डर १५३, मेम [पत्नी] १५३, (पुलिस में) रिपोर्ट १५५ ; *बातचीत बेकार है* > लाइन १५७, स्टोव १५८, स्लीपर १५९ ; *प्यार के बाद* > पेस्ट्री १६१, ब्लाउज १६१, हाई स्कूल १६१, विटामिन बी कॉम्पलेक्स १६१, बैंक बैलेंस १६२, कांटेक्ट लेंसेज़ १६२, मूड १६३, टेपरिकॉर्डर १६३, पर्स १६३, (सौ किस्म के) कैक्टाई १६३, क्रॉकरी १६४, कटलरी १६४, प्लेटें १६४, डिनर सेट १६४, रिकॉर्ड करना १६५, फिक्स जाना १६५ ; *पीली लड़की* > इंटर [कॉलेज] १६६, ममी १६६, फिट करना १६६, (बड़बोला / चुस्त) मूड १६६ १६७, प्रिंसिपल १६६, लेक्चर १६६ १६९, लाइब्रेरी १६६, यूनिवर्सिटी १६७, लेक्चरर १६७, ब्लैक बोर्ड १६८, (कॉलेज) ज्वाइन करना १६८, (औरतों से) अलर्जी १६८, क्लियरेंस सेल १६८, प्रूफ १६८, रीडर १६८, लिपस्टिक १६८, स्मार्ट (बातें) १६८ १६९, बोर हो जाना १६९,

करना ६५, नोटिस बोर्ड ६५, प्लेटफॉर्म ६५ ८२, लॉकर ६६, लगेज ६६, इम्पॉर्टेंट ६७, पार्टिसिपेशन ६७, स्टॉक ६७, एप्लाइ करना ६९, पिन ६९, सी-क्लास ६९, अनाउंसर ७०, एडवरटाइज़िंग ७१, एजेंसी ७१, विज़ुअलाइज़र ७१, एकाउंट्स ऑफिसर ७१, कलक्टरी ७१, स्ट्राइक ७२, [बच्चे की] डिलीवरी ७४ ११४, मैटरनिटी लीव ७४ १३०, गवर्निंग बॉडी ७४, मीटिंग ७४ ८३, फाइनल (की छात्रा) ७४, इन्वाईटेड होना ७४, फिश पॉण्ड ७४, "वाट इज पूरनपोली, इज इट स्वीट?" ७५, हाई स्कूल ७५, सर्टिफिकेट ७५, डिवेलप करना ७५, एडमिशन ७५, इंटरव्यू ३५, एंटीसोशल एलीमेंट ७५, रिसीवर्स सिगनेचर ७५, चार्जशीट देना ७६, "आय शिट ऑन यू एंड योर पी०एफ०···" ७७, "दे सैक्ड मी" ७८, ऑर्डर लेना/लूटना ७८ १३५, मर्डर करना ७८, "दे आर डर्टी पीपल!" ७८, इम्प्रेशन देना ७९, जस्टिफाइ करना ७९, पॉइंट समझना ७९, डिस्टॉर्शन ७९, परफेक्ट (सिद्ध करना) ७९, (यात्रा) ब्रेक करना ८०, डिपाज़िट ८०, (अवर्णनीय) थ्रिल ८१, "डोंट बॉदर, लैट्स फेस इट।" ८३, फ्रस्ट्रेट करना ८४, कॉन्फ़िडेंशियल ८५, रिपोर्ट ८५, प्रोबेशन पीरियड ८५, बस सर्विस ८५, कार्ड ८८, प्राइवेट ८९, बस कंपनी ८९, क्लेम करना ८९, कंडक्टर ८९, विक्टोरियन फायर प्लेस ९०, ट्रेड स्कूल ९२, टीचर ९२, कम्पोज़ीटर ९२ १०४ ११८, ड्राअर ९३, सीलिंडर ९४, [फॉण्ट] टाइप ९४, केस ९४, कन्विंस करना ९४, पेट्रोमैक्स ९५, लेटरबक्स ९५, इंक्वायरी ९६, काउंटर ९६, शो ९६, बल्ब ९७, साइनबोर्ड ९७, सेल्समैनशिप १००, पेनबाम १०१, क्वार्ट १०३, पाइ १०३, ट्रस्ट १०४ १०६, अडवांस १०४, (काम की) डिलीवरी १०४, (मशीन) प्रूफ १०५ १०६, फोल्ड करना १०५, इंपोज मिलाना १०५, कूलर १०६, फिटेड होना १०६, ट्रस्टीज़ १०६, कंपोज़िंग १०६ १२९, सिलिंडर मशीन १०६, बैंकड्राफ्ट १०७, स्टैण्डर्ड १०७, साइज़ १०७, सर्कुलेशन १०७ १११, (ज़मीन) सरैंडर करना १०७, एगमार्क १०८, 'वर्कर्ज़' १०८, लेटरपैड १०८, डिज़ाइनिंग १०८, फार्मा १०८ १२९, रेडी करना १०८, हॉबी १०८, चैप्टर १०९ १३४, नोस्टालजिया ११०, वेटर ११०, साइकिल स्टैंड ११०, सेल टारगेट १११, पॉवर कट १११, कॉमरेड १११, क्रॉस करना ११२ १२३, पोस्टर ११२, शटर ११२, वोटर ११२, ड्यूटी बजाना ११३, कमोड ११३, स्टूल ११५, क्रैश कर जाना (अकर्मक!) ११५, ग्राइपवाटर ११५, वन-मैन-रेस्क्यू पार्टी ११५, (बोतल की) निपल ११५, औंस ११६, टॉनिक ११६, बेबी ११६, ब्रश ११६, बुलेटिन ११६, ब्रॉडकास्टर ११६, प्रिविलेज ११६ १३४, (प्रस्ताव) ड्राफ्ट करना ११९, कोल्ड स्टोरेज १२०, फ्रीज़ होना १२०, इंटरमीडिएट १२०, मनीऑर्डर १२१, बेबी शो १२१, फैंसी ड्रेस १२१, कॉम्पटीशन १२१ १२२, एस्ट्रोनॉट १२१, सूट १२१, ऑक्सीजन सिलिंडर १२१, मून-रॉक १२१, टॉयलेट बैग्ज़ १२२, ग्रीन रूम १२२, सूटेड-बूटेड १२२, डेंटल सर्जन १२२, एंट्री-फी १२२, स्टेथेस्कोप १२२, नेवी कैप्टेन १२३, ट्रैफिक इंस्पेक्टर १२३, नर्स १२३, बटलर १२३, स्टेज १२३, अनाउंसमेंट १२३, फैशनेबल १२३, टॉफी १२४, पैकेट्स १२४, फाउंडेशन क्रीम १२४, मेकअप १२५, फैरम फॉस १२५, पेस्ट्री शॉप १२५, पाइनएपल १२५, पेस्ट्रीज़ १२५, सॉफ्ट (महसूस करना) १२६, पाउडर १२६, सफोकेट कर जाना (अकर्मक!) १२७, पिनकुशन १२७, ट्रे-स्टूल १२८, फोरमैन १२८ १४१, मशीनमैन १२८, टर्नअप १२९, मोबिल ऑयल १२९, सायलेंसर १२९, कैज़ुअल १३०, प्रूफ-रीडिंग १३१, (हलका) मूड १३३, (माल) बुक कराना १३५, वेहिकल १३६, वेपन १३६, पार्टी-लिटरेचर १३६, इरोटिक (आवाज़) १३७, वॉल्यूम १३७, डिस्कस करना १३८, कवर डिज़ाइन १३८, कॉपीराईट १३८, एरिस्टोक्रेट १३७, रिकार्ड्स १३८, कवर १३८, स्टीरियोफोनिक (लड़ाई) १३८, रिकॉर्डप्लेयर १३९, सैंडो १४०, माइक १४०, डिस्ट्रीब्यूट १४१

एक अदद औरत । लड़के > लीडर १९७, पासपोर्ट १९७, (पारदर्शी) जीन्स १९७, बेलबॉटम १९७, स्वेटर १९७, स्कीवी १९७, सेलर १९८, बोर १९८, "बाय गॉड" १९८, (हड्डियाँ) जाम हो जाना १९८, क्लास १९८, माइक १९९, आर्डर देना १९९, रिटायर होना १९९, निमोनिया १९९, इंजीनियर २०१, सीआर २०१, [गाड़ी] स्टार्ट करना

ऐनिस्थीसिया १५४, स्टरिलाइज़ करना १५४, डिज़र्टेशन १५६, डैमेज होना १५७, सिरप १५७, अटैंडेंट १५७, फ़ीस १५७ १६३, रॉयल्टी १५७, मार्केटिंग करना १५७, इन्वेस्टमेंट १५८, प्रेस्क्रिप्शन १५८, प्रिस्क्राइब करना १५८, साइड इफ़ेक्ट १५८, "यू मस्ट नौ योर लिमिट्स!" १५८, "सर!" १५८, एक्सरे १५९ १७६, अथेंटिक १५९, जनरल १५९, प्राइवेट १५९ १७६ १८०, सिस्टम १६०, सर्जरी १६०, लेक्चरर १६०, एमरजेंसी १६० १९२, ऑपरेशन १६०, थिएटर १६०, कॉरीडोर १६०, लाइन १६१, कंपाउंडर १६१, केबिन १६१, स्टॉक १६१, टेबलेट्स १६२, डोज़ १६३, ऑफ-डे १६३, कैंसिल करना १६३, कैजुएल १६३, स्टाफ १६३ १७७ १८७, "शी सीम्ज़ टु बी बॉर्न फॉर ट्रैजिडी।" १६५, बायलॉजिकल १६५, बेसिक (बातें) १६६, सीनियर्ज़ १६६, शॉपिंग १६६ १६८ १६९, किटी पार्टी १६६, अटैंड करना १६६ १९०, नर्स १६६, ट्रेनिंग १६६, ओ०पी०डी० १६७, स्टैपनी १६७, मॉर्निंग शो १६८, सॉफ्टी १६८, डैडी १६८, लैसन १६८, बेस्ट फ्रेंड १६८, क्लीनिक १६८, विज़िट १६८, अफोर्ड करना १६८, स्कॉलरशिप १६८, पार्टटाइम (नौकरी) १६८, रॉयल १६८, एजुकेशन १६८, मैक्सीज़ १६९, स्टेट्स १७१, पोस्टल १७१, स्ट्राइक १७१, स्वेटर १७१, शटर्ज़ १७२ १८३, ऑफिस १७२, कैबिनेट १७२, बॉनेट १७२, वार्ड-बॉय १७३ १७८ १९५, नर्सिंग होम १७३ १८४, बॉस १७५, चिल्ड्रेन-वार्ड १७५, इंचार्ज १७५, बेड १७५ १७६, अपेंडिसाइट्स १७६, प्लेट्स १७६, राउंड (पर आना) १७६ १८१ १८७ १९१, मूड १७६, को-ऑपरेटिव १७७, (कूड़ा) डंप करना १७८, पॉट १७८, ऑफ-ड्यूटी १७९, ऑफ [अवकाशप्राप्त] होना १७९, एकाउंट्स १८०, ऑफीसर १८०, रिटायर होना १८०, यूनियन १८१, ओवरटाइम १८२, रिवाइज़ करना १८२, पेंशन १८२, "लकी गर्ल! — यू टू…" १८३, (सुख का) सर्टिफिकेट १८३, कंसीव करना १८३, ब्लीडिंग १८४, [अँगुली] क्रॉस करना १८४, इनसबोर्डिनेशन १८५, नोटिस देना १८५, हेडमास्टर १८६ १८७, "इन्फॉर्म चिल्ड्रेंस वेयर एबाउट्स इमीडिएटली।" १८६, ट्रंक कॉल १८६, डारमिटरी १८६, टेबल १८७, ज्योमेट्री-बॉक्स १९७, डेस्क १८७, क्लास १८७, कंडोम (कोठरी) १८८, कैम्पस १९१, थीसिस १९१, स्टियरिंग १९३, कार १९३, गेट १९३, "यस और नौ?" १९५, स्टडी १९५, डॉक्टर-सेट १९६, स्टेथस्कोप १९६, सिरिंज १९६

प्रतिदिन । *काली साड़ी* > शो-केस २३१ २३४, कॉपी २३१ २३६, (कॉपियों का) बण्डल २३१, नायलॉन २३१, मनीऑर्डर २३१ २३५, ट्रंक २३१, स्वेटर २३१, बुश्शर्ट २३१, पैंट २३१, 'नायलॉन आण्टी' २३२, पर्स २३२, ज़िप २३२, लॉकर २३२, साइंस २३२, डायरी २३२, डिक्शनरी २३२, कार्टून २३२, ब्लाउज २३२, बजट २३२, बॉर्डर २३२, पाउडर-लिपस्टिक २३२, बैण्ड २३३, पिक्चर जाना २३३, ब्लैक मार्केटिंग २३३, क्लेम २३४, इंग्लिश रीडर २३४, नोट २३४ २३८, प्लीज़ २३५, एल०टी० २३५, टीचर २३५, फ्रेम २३५, प्लेट २३५, फर्स्ट क्लास रिज़र्वेशन २३५, अनक्लेम्ड (बिल्टी) २३५, (टाँगें) क्रॉस करना (अकर्मक!) २३६, स्टाफरूम २३६, कुछ स्पेशल (बनाना) २३६, क्लीनिक २३६, रजिस्टर वर्क २३६, आइसक्रीम २३६, मूड २३७ २३९, बोनस २३७, चेक देना / काटना २३७ २३९, शॉक-एब्ज़ॉर्बर २३७, ट्राई रूम २३८, ट्राई करना २३८, एजेंट २३८, ट्रे २३८, कैशमेमो २३८, पे करना २३८, कूलर २३९, एकाउंट २३९ ; *आपकी छोटी लड़की* > होमवर्क २४१, यूनिफार्म २४१, स्कर्ट २४१ २४२, ब्लाउज २४१, बेल्ट २४१, हुक २४१, लूप २४१, टाई २४१, डस्टिंग २४१, फैशनेबल २४२, पाउडर २४२, फ्रॉक २४२ २५३, (ऊँची) सैंडिल २४२, चर्च २४२, पिक्चर २४२, क्लिप २४२, बॉयफ्रेंड २४२, एक्टिंग २४२, आंटी २४२ २४७ २५५, कार्टून २४३, हैण्डपम्प २४३, क्लीनिक २४३, एयरकंडीशनर २४३, कॉलबेल २४३, एनाउंसर २४३, रिकॉर्ड २४४, ममी २४४, टोस्ट २४४, गेट २४४, थैंक्यू २४४, (सड़क) क्रॉस करना २४४, कार २४४ २५१, बस स्टॉप २४४, हीरोइन २४४, कॉलेज २४४, स्टेज २४४ २५८, डिबेट २४४, ड्राइव करना २४५, फिलॉसफी २४५ २४६, ड्रामा २४५, (ड्रामे का) पार्ट २४५, प्रोफ़ेसर २४६, "शी इज़ ए बॉर्न क्लियोपैट्रा। लेट हर हैंडल द कैरेक्टर" २४६, (फिलॉसफी और) लैंग्वेज २४६, टेबल टेनिस शील्ड

७७, वैक्यूम क्लीनर ७७, गीज़र ७७, फ्रीज़र ७७, यूनिवर्सिटी ७८, जिंगल ७८, स्पॉट [विज्ञापन] ७८, स्लोगन ७८, (फिल्म) स्क्रिप्ट ७८ ८३ ९८, प्रोडक्ट्स ७९ ८३ ९८, एकाउंट ७९, हाई स्कूल ७९, डिस्काउंट ८०, स्मार्टनेस ८१, पिकनिक ८०, स्टेनो ८०, प्लेबॉय ८०, बोर करना ८१, डेंटिस्ट ८१, होमवर्क ८१, कज़िन ८१ १०७, जीरो ८१, अफसर ८१, एब्सर्ड ८२, स्विच ८२ ८५ ९१, हैंडिल ८२, फ्लॉप ८२, अटैची ८३, पब्लिक ८३, कनस्तर ८३, डिटर्जेंट ८३, ड्रेसिंग टेबल ८३, लिपस्टिक ८३ १०१, शेड ८४, कैलकुलेशन ८४, स्टीरियो ८४, कंपाउंड ८५, ड्राइंगरूम ८५, "एक्सीडेंट, एक्सीडेंट⋯" ८५, पोस्टमॉर्टेम ८५, एक्ज़ामिनेशन ८५, पुलिस केस ८५, नाइलॉन ८५, ऑफिस ८५, बॉडी ८५, कॉरिडोर ८५, कार ८६, स्टार्ट करना ८६, टू-वे ८६, ट्रैफिक ८६, क्रैश-डायटिंग ८६, लाइब्रेरी ८६, मॉडलिंग ८६ ९३ ११०, मिनी ८६, थियेटर ८६, ऐड-फिल्म ८६, कैमरा पर्सनेलिटी ८६, रिजेक्ट करना ८७, "अशू, यू आर ए बिग फैट कैट। — एंड यू आर ए हिप्पो⋯" ८५, पैकेट ८७ १०७, स्ट्रांग-रूम ९१, एकाउंट्स ऑफिसर ९२, फ्री [मिलनसार] ९२, 'यूरेका' ९२, टेरीकॉट ९२, टॉप्स ९२,चार्जशीट ९२, बैंक बैलेंस ९३, टूथपेस्ट ९३, क्रेज़ ९३, टूरिस्ट गाइड ९३, मेकअप ९४, कार्बन कॉपी ९४, ब्लीचिंग ९४, कोल्ड स्टोरेज ९४, ब्लाउज़ ९४ १०६, साइनस ९५, सिल्क (साड़ी) ९५, वार्डरोब ९५, टी-कोज़ी ९५, ट्रे ९५, डबल लॉक ९७, डॉयलाग ९७, ईवनिंग शो ९७, टेपरिकॉर्डर ९८, टेप करना ९८, ट्रैफिक-साइड ९९, फ्राई करना १००, स्कार्फ १००, फुटरूलर १०२, गैस-लाइटर १०२, क्रीम १०३, ब्लशर १०३, आइलाइनर १०३, स्लिंग पर्स १०३, लॉकेट १०३, रिवॉल्वर १०३, सेफ १०४, डुप्लीकेट १०४, मैक्सी १०५, फर्स्ट-क्लास (चाय) १०५, प्लीज़ १०६, हर्ट करना १०६, हुक १०६, डिस्टर्ब करना १०६, डिग्री १०७, मूड १०७, एडवरटाइजिंग १०८, वॉशबेसिन १०८, रॉड १०८, नार्मल ११०, रिकॉर्डिंग ११०, शूटिंग ११०

उसका यौवन । *उसका यौवन >* फ़ीस ३०७, नोट ३०७, ब्लैक (में मिलना) ३०७, (लोकप्रिय) टूथपेस्ट ३०७, डिस्काउंट सेल ३०८, कर्फ्यू लगना ३०८, स्टॉक (करीदना) ३०८, "भाभी द ग्रेट!" ३०९, एयरपोर्ट ३०९, रिसीव करना ३०९, स्मगलर ३०९, हीरोइन ३०९, ट्यूशन पढ़ना ३०९, फर्स्ट आना ३०९, स्टोव ३०९, सॉलिड (काम) ३१०, बुशर्ट ३१०, चांस (मिलना) ३१०, पैंट ३१०, की-चेन ३१०, प्लेटफॉर्म ३१०, यूनिट ३१०, ए०जी० ऑफिस ३१०, मैनेजर ३१०, यूनिवर्सिटी ३१०, सिटी मजिस्ट्रेट ३१०, टाइम टेबल ३११, डायरी ३११, पेन ३११ ; *नयी दुनिया >* थिएटर ३१३, शो ३१३, ड्रेसिंग गाउन ३१३, लैट्रिन ३१३, बाथरूम ३१३, इनसाइक्लोपीडिया ३१३, बजट ३१४, रेट ३१४, मूड ३१५, टी हाउस ३१६, लॉन ३१६, रिजल्ट (आना) ३१६ ३१७, मेरिट लिस्ट ३१६, पेंटिंग क्लास ३१६, कुकरी क्लास ३१६, जॉयन करना ३१६, थर्ड डिवीज़न ३१६ ; *अपने शहर की बत्तियाँ >* (प्रतीक्षा का) बोनस ३१८, युक्लिप्टस ३१८, रेलिंग ३१८, आईएएस अफसर ३१८, एक्जेकिटिव इंजीनियर ३१८, ब्लैक एंड वाइट (सपने) ३१८, स्टाफरूम ३१८, (सड़क) क्रॉस करना ३२०, परेड ३२०, चांस ३२०, मफ़लर ३२१, क्लॉकरूम ३२१, अटैची ३२१ ३२३, वेटिंग रूम ३२२, प्लेटफॉर्म ३२३ ; *आहार >* पिक्चर जाना ३२४, टिप दे डालना ३२५, वेटर ३२६ ३२७, लंचटाइम ३२७, हेडमास्टर ३२७, बिज़नेस एक्जीक्यूटिव ३२७, प्लेट ३२७, हॉल ३२७, (मारियो की) मॉडल ३२७, मॉड (सलवार-कमीज़) ३२७, टॉयलेट ३२७, पर्स ३२७, (संक्षिप्त) आर्डर ३२७ ; *पच्चीस साल की लड़की >* रजिस्टर ३२९, टिफ़िन बॉक्स ३२९, एल०पी० ३३०, (इ)स्टीरियो ३३०, सेंसिटिव ३३०, टॉयलेट ३३०, कमोड ३३०, फ्लश (की ज़ंजीर) ३३०, सेंसिटिव ३३०, (कठोर) नर्स ३३१, करप्शन ३३१, नाइट ड्यूटी ३३१, स्टैनो ३३१, स्टाफ़ ३३२, टाइपिस्ट(-वाइपिस्ट) ३३२, ड्राइंगरूम ३३२, पे-बिल ३३२, लिफ्ट ३३२, रोमांस ३३२, एफ०डी० ३३२, वी०डी० ३३२, अफसर ३३२, बॉस ३३२, केबिन ३३२, शिफ्ट करना ३३२, फाइल ३३३, आईएएस ३३३, पीसीएस ३३३ ; *राजू >* जम्पर ३३५, (शादी का) कार्ड ३३५ ; *मनहूसाबी >* ब्लेड ३४१, इंजेक्शन ३४१ ३४३, डोज़ ३४१, कॉक्रोच ३४२, स्लीपर ३४२, कॉलेज लेक्चरर ३४३, रिबन ३४४, पैंट ३४४,

पाउडर (मलना) ३४४, ग्लास ३४६, प्लेट ३४६, साइनबोर्ड ३४६, यूनिफार्म ३४६, ब्लाउज ३४६ ; *मुहब्बत से खिलाइए* > (बच्चों के) मैनर्स ३४९, डायरी ३५०, पेग ३५०, रिमोट कंट्रोल ३५०, प्लेट ३५०, डार्लिंग ३५१ ३५३, मशरूम ३५२, सेंस ऑफ़ ह्यूमर ३५२, रिलैक्स्ड ३५२, कैमरामैन ३५२, जेली कस्टर्ड ३५३, गाइडेंस ३५३, बैंक बैलेंस ३५४, (अपनी उम्र) फ्रीज़ करना ३५४, डाइनिंग टेबिल ३५४, डिस्टर्ब करना ३५४, स्टूल ३५४, गुडनाइट करना ३५५ ; *अट्ठावनवाँ साल* > हैंडसम ३५६, डैशिंग ३५६, प्लेट ३५६, एम०डी०, मैनेजिंग डायरेक्टर ३५६ ३५८, एयरकंडीशनर ३५६ ३५८, कूलर ३५६ ३५८, बेल्ट ३५७, पैंट ३५७ ३६०, ड्रिंक लेना ३५७, रिफाइंड आयल ३५७, हेयरड्रेसर ३५७, डाई ३५७, सर्विस [करना] ३५८, असिस्टेंट एकाउंटेंट ३५८, सेल टारगेट ३५८, फ्रिज ३५८, चेक ३५८, टेलीग्राम ३५८, केबिन ३५८, मैनेजर ३५८, एटमबम ३५८, प्रोविडेंट फण्ड ३५८, ग्रेच्युटी (प्राप्त करना) ३५९, (दो मिनट का) ड्राइव ३५९, ड्रेसिंग गाउन ३५९, केमिकल ३५९, बाथरूम ३६०, कन्फ्यूज्ड होना ३६०, गीज़र ३६०, प्लास्टिक (पैंट) ३६०, "यू आर राइट" ३६०, सीट रिज़र्व करा लेना ३६०, इंजीनियरिंग कॉलेज ३६०, बैंक एकाउंट ३६०, एयरपोर्ट ३६०, कंपनी स्टाफ़ ३६०, क्यू लगाना ३६१, सैटल हो जाना ३६१, *मनोविज्ञान* > टाइमटेबिल ३६२, वैक्सिंग ३६२, थ्रेडिंग ३६२, ब्लीचिंग ३६२, पार्टी (का मौसम) ३६३, गेदरिंग ३६३, हैड [अध्यक्ष] ३६३, टेपरिकॉर्डर ३६३, ड्राइवर ३६३, एक्स्ट्रा (शॉल) ३६३, शॉल ३६३, टेप सुना देना ३६४, क्रिमिनल बिहेवियर ३६४, गेट ३६४, कैसेट ३६४, स्टडी [रूम] ३६४, बोर करना ३६५, "प्लीज़ कीप क्वायट" ३६६, क्लास ३६६, लाइट एंड शेड ३६७, कॉर्टूनिस्ट ३६८, स्मार्ट (बात) ३६८, मूड ३६८, ब्रेड ३६८, मीटिंग ३६८, एंजॉय करना ३६९, (निहायत) रिलैक्स्ड ३६९, सीनियर ३७० ; *आलमारी* > कॉक्रोच ३७१, रेलिंग ३७१, गैस का बर्नर ३७१, पोजीशन ३७१, स्टैंड ३७२, ड्रॉवर ३७२, हैंगर ३७२, टाइस्टैंड ३७२, ट्रांजिस्टर ३७२, स्टील का ३७२, जग ३७२, बॉक्स ३७२, लिस्ट ३७४, हेयर कट ३७५ ; *बिटिया* > लिस्ट ३७६, सेट (ज़ेवर) ३७६, ए०जी० ऑफिस ३७७, फिक्सड डिपाजिट ३७८, रजिस्टर ३७८, पास-बुक ३७८, कैश ३७८, प्रॉविडेंट फंड ३७८, स्कूटर ३७८ ३८१, फ्रिज ३७८, जूनियर इंजीनियर ३७९, एक्जीक्यूटिव इंजीनियर ३७९, नोट्स ३७९ ३८० ३८२, इंटेंस ३८०, टेंस ३८०, बस स्टॉप ३८०, टेलीविज़न प्रोग्राम ३८१, यूनिवर्सिटी ३८२, लॉन ३८२, फेयरवेल पार्टी ३८२, क्लास ३८२, टीचर ३८२, प्रीवियस [वर्ष] ३८३, टॉप करना ३८३, (स्कूटर) साइड में करना ३८६, पैंट (का पहुँचा) ३८६, नर्स ३८६ ; *दर्पण* > शेव का ब्रश ३८८, कॉलम ३८९, पिक्चर चलना ३८९, ड्रेसिंग टेबिल ३९०, टाई ३९०, नॉट ३९०, फैक्टरी ३९१, (बीमा) पॉलिसी ३९३, कैश सर्टिफिकेट ३९३, डिजाईन (काफ़ी आकर्षक) ३९३, (दराज़ और) टॉप ३९३, (सफ़ेद) माइका ३९३

जाँच अभी जारी है । *सेमिनार* > सेमिनार ११, डाइनिंग हॉल १२ १८, गेटअप १३, हैंडबैग १३, "नाउ दैट वॉज़ ए पॉयण्ट" १३, जीन्स १४, ऐशट्रे १४, (कैमरे) क्लिक करना १४, वाइन शॉप १४, फोटोग्राफर १४, क्वार्टर १५, "ओ हाउ ब्यूटीफुल" १५, बैकग्राउंड देना १५, "गेट ओवर इट" १६, टैंशन होना १६, "लीव मी अलोन" १६, "दिस इज़ क्रिएटिव टैंशन" १६, डिप्रेशन १७, गेस्टहाउस १७, वेटर १७, "आउच, हाउ ओमिनस" १७, डैकोरेशन पीस १७, "हाउ मीन" १७, "आय एम वेरी अपसेट" १७, "नाओ कम ऑन, डोण्ट बी फसी" १८ ; *उमस* > (लाख) मेकअप और गेटअप १९, सिगनल २०, कॉलर २१, प्रैक्टिस पर जाना २१, (फैज़ाबाद) पैसेंजर २२, मैच २३, कुकर २३, शॉट २३, आउट २३, पॉलिश्ड गेम २३, टॉप का २३ ; *जाँच अभी जारी है* > रूटीन २५ ३१, लेक्चररशिप २५, ड्यूटी २५, (मुख्य) हॉल २५ ३०, पब्लिक डीलिंग २५, गार्ड २५, शटर २५, काउंटर २५ २६, फिट बैठना २५, स्टाफ २६, बैंकिंग २६, फर्म २६, एकाउंटेंट २६, पावर पैक्ड (साबुन) २६, स्ट्रांग रूम २६, ट्रेजरी २६, नोट २६, यूटोपिया २६, लंच बॉक्स २७, ज्वाइंट एकाउंट २७, (काम) चेक करना २७, स्टूल २८, सीट २८, प्लेट २८, (व्हिस्की की) बॉटिल २८, "एक्सक्यूज़ मी" २८,

रिक्शा स्टैंड २८, एलटीसी २९, एडवांस २९, रजिस्टर्ड (लिफ़ाफ़ा) २९, पर्स २९, केबिन ३० ३५, (हॉल) क्रॉस करना ३०, आर्डर ३०, नोटिस ३०, रिपोर्ट ३०, एडवांस बिल ३०, के एगेंस्ट ३०, जूनियर्स ३१, डीलिंग क्लर्क ३१, केस ३१ ३३, थ्रू प्रोपर चैनल ३१, यूनियन ३२, 'डू नॉट डिस्टर्ब' ३२, प्रोबेशनर ३३, वर्कर ३३, पब्लिक में ३३, डिफेंस ३४, फाइल ३४ ३५ ३६, गेस्टहाउस ३४, (कोई) सेंस ३४, फीलिंग्स (और फाइल पर) ३४, (यात्रा) बिल ३५, स्टेशनरी बिल ३५, कमीशन ३५, परसेंटेज ३५, (तबादला और) पोस्टिंग ३५, ब्रांच ३५ ; *रजत जयन्ती* > कंफैटी ३७, हेयर ड्रेसर ३७, ग्रूमिंग पार्लर ३७, कोल्ड ड्रिंक ३८, पार्टी ३८, ग्रुप में सीनियर होना ३८, प्रॉब्लम ३८, लेट्रिन ३९, ब्लेम करना ३९, साइडटेबिल ३९, (कमरे का) कैरेक्टर ३९, ब्रीफकेस ४०, डार्लिंग ४० ४१, कॉम्पलीमेंट ४१, (बहुत) स्मार्टली ४२, "रेडी, से चीज़" ४२, (निजी) मूड ४३, "नौ फोटोग्राफ प्लीज़" ४३, क्रॉकरी ४३, स्मार्ट ४३, कमेंट ४३, सीक्रेट (बता डालना) ४४, सिल्वर जुबिली (जोड़ा) ४४, प्रबेशन पीरियड ४४, फार्मूला ४४, "हैप्पी एनिवर्सरी" ४४ ; *इक्कीसवीं सदी* > पेन-बॉलपेन ४५, बुशर्ट-टीशर्ट ४५, कैरियर ४५, एमकॉम ४५, ऑफर ४६, रिटायरमेंट ४६, "किस सेंस में" ४६, यूनिवर्सिटी ४६, नोटिस बोर्ड ४६, प्राइवेट कॉलेज ४७, क्लर्क ४७, पोर्च ४८, आर्डर देना ४८, ईज़ी (लगना) ४८, अनीज़ी ४८, टॉयलेट ४८, ड्यूटी ४८, काउंटर ४८ ४९, फेंट-वेंट होना ४८, लेडीज़ ४८, डिस्टर्ब करना ४९, सीट ५०, डेस्क ५०, पुलिस-यूनिफॉर्म ५०, "देखिए मिस्टर" ५१, इंटर कॉलेज ५१, केस ५१, सिंपल ५१, रिपोर्ट ५१, रजिस्टर ५१, पब्लिक फोन बूथ ५१ ; *दाम्पत्य* > टाइम से (सो जाना) ५४, वॉकमैन ऑफ करना ५४, कुकर ५५, कैसेट ५६, कॉमिक ५६, रूममेट ५६, फीलिंग ५६, स्टैपनी ५६, साइड टेबिल ५७, नोट कर डालना ५७ ; *नया त्रिकोण* > टिफिन बॉक्स ५८, प्लास्टिक ५८, ए० जी० ऑफिस ५९, बॉर्डर ५९, टाइमटेबिल ६१, ब्लडप्रेशर ६१ ६२, टोस्ट ६१, डायबिटीज़ ६२, रोमांटिक (त्रिकोण) ६२ ; *प्रिया पाक्षिक* > सर्कुलेशन ६३, मॉडल ६३, डेस्क ६३, मैगज़ीन ६३ ६५, मिस्टर ६३, प्रेस मैटर ६४, पोस्टकार्ड ६४, फाइल ६४, स्टाफ ६५, साइज़ ६५, कॉलम ६५, फिर करना ६५, डिजाईन ६५, रजिस्टर्ड पार्सल ६५, स्वेटर ६५, मैग्नीफाइंग ग्लास ६६, पैराग्राफ ६६, "आय एम सॉरी" ६६, प्रूफ पढ़ना ६७, टिफ़िन बॉक्स ६७ ; *अनुभव* > फ्रिज ६९, एडवांस ६९, बिल्डिंग ७० ७१, प्राइवेट (बस) ७०, फोम ७१, बेडरूम ७१ ७२, स्टोर ७१, प्रोग्राम ७१, फ़्लैट ७१, "यू गेट आउट" ७३, स्क्रीन ७४, पंक्चर ७४, क्वार्टर ७६ ; *पहली* > फीस ७९, नोटिस ७९ ; *नायक* > ऑटोमैटिक (स्तर पर) ८३, ओवरकोट ८३, लेक्चर ८३, पीरियड ८३, टॉपिक ८३, प्रिंसिपल ८४, एप्लीकेशन ८४, टूल बॉक्स ८५, कोर्ट ८५, मूड ८५, जेल ८६, जीनियस ८६, प्रैक्टिस ८६, स्टेज ८६, होस्टलर ८७, असिस्टेंट वार्डन ८७, रकसैक ८७ ९१, प्रोफ़ेसर ८८, होमवर्क ८८, हीरो (का विध्वंस) ९०, ट्रे ९१ ; *वर्दी* > ड्यूटी ९२ ९४, फुटरूलर ९३, पेंसिल ९४, रबर ९४, पाउडर, क्रीम और स्नों ९४, मूड ९५, टीन ९५, बूट ९५ ; *चोट्टिन* > (मैली) फ्राक ९८, ड्रग १०० ; *झूठ* > मैटर १०३, रूटीन १०४, प्रेस १०४, लेआउट १०५, (फोटो का) ब्लॉक १०५, मेकअप १०५, फोरमैन १०५, (अंक) लेट हो जाना १०५–१०६, ड्रेसिंग टेबिल १०६, क्रीम-पाउडर १०६, प्लेटफार्म १०७, अटैची १०७, स्टॉल १०७, हॉकर १०७, पेंट और बुश्शर्ट १०७ ; *शॉल* > नायलॉन ब्लाउज १०९, टीचर १०९, शॉल १०९, जॉयन करना १०९, स्टाफ़ रूम १०९ १११ ११३, टाइम १०९ ११३, स्टोव १०९, प्लेट १०९, कप ११०, मूड ११०, फाइल ११०, कोट ११०, प्रूव करना १११, प्रूफ १११, एनसीसी रूम १११, यूनिफार्म १११, रिफिल १११, स्टाफ़ १११, केजुअल लीव १११, क्लास ११२, रजिस्टर ११२, पीरियड ११३, स्पेशल (चाय) ११३, लॉकर ११४, ग्लास ११४ ; *इरादा* > ड्यूटी ११७, ब्लाउज-पेटीकोट १२०

एक पत्नी के नोट्स । कंप्यूटर ७, डायरेक्टरी ७, फैशनेबल ८, बॉस ८, बोर होना ८, पर्स ८, लाइब्रेरी ८, (रिक्शा) स्टैंड ८, [साड़ी की] बॉर्डर ८, "थैंक्यू फॉर एवरीथिंग मिस्टर सिंह!" ९, हैडमास्टर ९, ड्राइव

१०, (आन्तरिक) सिम्फनी ११ २३, स्कार्फ ११, सिंड्रेला (जैसी कोई घंटी) १२, स्टियरिंग १२, पेंडिंग (कागज़) १४, ड्राफ्टिंग १४, नाइट सूट १४, ओवर-कम्युनिकेट करना १५, डीलक्स (संस्करण) १५, मूडी १६, डायटिंग १७, कॉमन (बात) १८, "हाउ रूड टु से सो, मिस्टर संदीप!" १८, डिस्कस करना १९, कॉलोनी १९, "डार्लिंग" २० २२ ४६ ५०, ब्रिलियेंस २०, जनरल (बात) २०, जीनियस २०, कैसेट २१ ५०, बालकनी २१, ड्राफ्टिंग २२, कॉलम २२, लेक्चररशिप २३, लेक्चर २३, सेमिनार २३, अटैंड करना २३, लायब्रेरी २३, लंच २४, एडजस्ट करना २४, ट्यूटोरियल पेपर्स २४, मेकअप २४, स्टडी [कमरा] २४ २९, फाइल-बॉक्स २४, "डोंट डिस्टर्ब" २५, मीटिंग २५ ३३, स्टाफरूम २५, हैड २५ २७, एक्स्ट्रा २५ २८, पीरियड २५, सर्विस करना २५, गेदरिंग २७, टेपरिकॉर्डर २७ २८, ड्राइवर २७, शॉल २८, टेप २८, क्रिमिनल २८ ४०, बिहेवियर २८, (गाड़ी/कार) स्टार्ट करना २९ ४९, क्लास ३१, कार्टूनिस्ट ३३, स्मार्ट (बात/आदमी) ३३ ५०, कक्कड़ एंड कंपनी ३३, मूड ३३, डिस्टर्ब करना ३३, चांस देना ३४, नॉवल ३४, एन्जॉय करना ३४, (निहायत) रिलैक्स्ड ३५ ३९, सुपरवाइज़ करना ३६, सॉस ३७, ऐलोपैथिक ३७, नर्वस करना ३७, क्रॉकरी ३७, फर ३८, कन्फ्यूज़ होना ३८ ५९, सर्विसेज़ ३८, पज़ेस करना [किसी को] ३८—३९, पेन ३९, रैक ३९, पैग ३९, "शटअप! आय हेट यू।" ४० ४९, क्रुकेड ४० ४९, विकेड ४० ४९, 'एलिस इन वंडरलैंड की तरह' ४१, स्टेटस ४१, रिमोट कंट्रोल ४३, प्लेट ४४ ४८, सेंस ऑफ़ ह्यूमर ४४, टची ४४, किरासिन ४५, बैंक बैलेंस ४५ ५१, "टेल मी" ४६, "प्लीज़!" ४६, "(कित्ता) लकी हो!" ४७, कैंटीन ४७, हर्ट करना ४८, "रियली आय एम सो लकी।" ४८, "आय डोंट डाय माय हेयर।" ४८, "आय एम सो सॉरी फॉर माय वाइफ'स कुकिंग, आय अपोलोजाइज़।" ४९, कार ४९, स्टुपिड ४९, इम्प्रेशन ४९, टैक्स्ट ४९, प्रेस कॉन्फ्रेंस ४९, रिकॉर्ड ५०, टेप डेक ५०, ड्रॉप कर देना ५०, बेडशीट ५०, नाइटी ५०, फ़्लाइंग किस ५१, बाथटब ५१, कॉलबेल ५१ ५२, ड्रेसिंग गाउन ५१, होस्टल ५१, कैंसर ५२, "आय एम सो सॉरी, संदीप जी।" ५२, रूट ५२, लॉन ५२ ५६, ब्रेक डाउन कर जाना (अकर्मक!) ५४, वेटर्स ५६, स्कॉच ५६, सर्व करना ५६, (उपहार का) पैकेट ५६, रिज़ल्ट आना ५७, प्रमोशन ५७, फ़ॉर्मूला (ज़िंदगी) ५८, नॉनसेंस ५९, वीकएंड ५९, पर्स ६०, वर्किंग गर्ल्स हॉस्टल ६०, हनीमून ६०, ट्रैंक्विलाइज़र ६१, वॉक ६३, स्टॉक ६३, लेक्चर्स ६३, हाई ब्लड प्रेशर ६४, स्टील ६४, ड्रम ६६, "डोंट बी स्टुपिड!" ६८, "आय एम सॉरी, कवि, आय लव यू!" ६९

बोलनेवाली औरत । *बोलनेवाली औरत* > जूनियर बीएस०सी० १२६, फिट होना १२६, लिपस्टिक १२७, स्टाइल १२७, परफेक्ट १२७, इम्परफेक्ट १२७, (होंठों का) क्लिप १२७, फुलटाइम (गृहिणी बनती जाना) १२८, रूटीन १२८, कॉलबेल १२८, "अर्ली टु बेड एंड अर्ली टु राइज़ (वगैरह-वगैरह)" १२८, होमवर्क १२९, फ्रेश हो जाना! १२९, हॉरमोन (बदलना) १३०, सेफ [तिजोरी] १३०, प्लेट १३०, रूम सर्विस १३०, ट्रेनिंग १३०, "एज़ यू सो, सो शैल यू रीप" १३१, ऐसिड १३१ ; *मेला* > चिप्स १३२, डायरी १३२, साइंस (की टीचर) १३३, टीचर १३३, कवरेज १३३, रिपोर्टर १३३ १३४, (आँकड़े) सप्लाई करना १३४, बजट १३४, (बजट में) डाइव मारना १३४, डिटेल लेना १३४, प्रेस १३४, (मचान या लकड़ी का) फ्रेम १३५, रिवर-गल १३५, कार १३६, वेन १३६, ट्रक १३६, टेरीकॉट १३६, कॉट्सवुल का सूट १३६, (शामियाना) प्रिंट (के तम्बू) १३६, साटन १३६, माइक १३७, कैम्प १३७, रिलेक्स करना १३८, सीट १३८, मैनेजर १३९, (चर्बी के) टायर १३९, सैनिटरी एक्सपर्ट १३९, (पाप) फ्लश आउट होते रहना १३९, कैसेट (बजना) १३९, कप १३९, "मे आय हैव द प्लेजर?" १३९, "बट देयर्स नो वायलेंस, आय फील हैपी हियर" १३९, पब्लिसिटी १४०, नेगेटिव एक्ट १४०, पॉज़िटिव एक्ट १४०, टूथपेस्ट की ट्यूब १४०, (नई और) जूनियर १४०, बल्ब १४२, गेटउप १४२, पॉलिस्टर का गाउन १४२, ड्रेसिंग गाउन १४२, नेचुरल शाइन कलर १४२, "यू आर नॉट वाइब्रेटिंग विद

मी" १४२, "आय एम स्टिल सर्चिंग ए परफेक्ट गुरु। आय हैवेंट फाउंड" १४२, "एज़ लोंग एज़ आय वाइब्रेट" १४२, "आय टेल यू" १४२, "बाय गॉड" १४२, प्रोटेस्ट करना १४२, सिनिक होना १४२, "यू आर ऑब्सेस्ड" १४३, "यू आर कैलस" १४३, सिल्की (चेहरा) १४३, (बालों की) नॉट १४३, "शिट, इट्स ए प्रोफेशन, ··· मिलियन डॉलर प्रोफेशन" १४३, रिवर पुलिस १४४, मोटरबोट १४४, लाउडस्पीकर १४५, एनाउंसर १४५, स्कूटर १४६ ; *लकी* > रिटायर होना १४७, मैगज़ीन १४७, ट्रे १४७, ट्यूटर १४७, फॉर्म १४८ १५२, कॉपी १४८, वेरी पुअर १४८, नंबर १४८, "अ बिग एस लाइक यू कैन नेवर लर्न इंग्लिश" १४८, हायर सेकंडरी १४८, रजिस्ट्री करना १४८, एप्लाय करना १४८, कॉल आना १४८, मैनेज होना १४९, इंटरव्यू १४९, (अन्य) ग्रेजुएट १५०, कंपटीशन १५०, कोचिंग १५०, ओवरटाइम १५०, ऑपरेशन १५१, सर्विस १५२, लकी १५२ ; *खिड़की* > प्लेटफॉर्म १५४, बेंच १५४, अनाउंसर १५४, साइड की बर्थ १५५, पैंट-शर्ट १५५, (प्रोलाइन की) टीशर्ट १५६, (बफलो की) जींस १५६, प्राइवेट स्कूल १५६, रकसैक १५७, वाटर बॉटल १५७, स्टूडेंट १५७, बैंक का मैनेजर १५८, अफसर १५८, 'थीम ऑफ़ एलियनेशन इन रामायण' १५८, रिसर्च करना १५८, एलियनेशन १५८, सिनॉप्सिस १५८, स्कॉलरशिप १५८ ; *जनम* > बोस्की की फ्रॉक १६०, नर्स १६१ १६३, फॉर्म १६१, कीप १६१, ऑपरेशन थिएटर १६१, प्राइवेट (कमरा) १६२, (प्राइवेट) वार्ड १६२, जनरल वार्ड १६२, जेल १६२, स्टूल १६३, सैंडिल (खटकना) १६३, पंप १६३ ; *रोशनी की मार* > फ्लश लैट्रीन १६७, हाईस्कूल पास होना १६७, कम्पोज़िंग (वाली कोठरी) १६७, कंपोज़िटर १६८, कॉलोनी १६८, बाथरूम १६८, हाईस्कूल परीक्षा १६९, साइंस १६९, ऑटोमैटिक मशीन १६९, स्लीपरें १६९, फ्रिज १७०, लो ब्लडप्रेशर, लो बीपी १७० १७२, [घरों की] लाइन १७१, (ब्लडप्रेशर) सिंक करना [अकर्मक!] १७२, इंजेक्शन देना १७२, डायरेक्टरी १७२, कम्पाउण्डर १७२, फ़ीस १७२, नोट १७२, (लो बीपी) पेशेंट्स के केसेज़ में १७२ ; *सेवा* > गेट १७५, पोर्च १७५, नर्स १७५ १७६, वार्ड बॉय १७५, स्ट्रेचर १७५, ग्लूकोज़ १७५, रिटायर होना १७५, (विशाल) इंडस्ट्रियल कांप्लेक्स १७५, गोल्ड ड्रॉप्स १७५, ब्रेन हैमोरेज १७६ १७९, सिस्टर [दाई] १७६, ड्यूटी रूम १७६, मिसेज़ १७६, डायरी १७७, वार्ड १७७, ड्राइवर १७७, "कार गैरेज में गई हुई थी" १७७, कार एक्सीडेंट १७७, इम्पोर्टेंट (जरूरत) १७८, पेशेंट १७८, रिलेक्स करना १७८, ब्लडप्रेशर १७९, स्लिप होना [फिसलना] १७९, नटशैल में (बताना) १७९, "चियर अप, पापा" १७९, "आय मस्त नो, हाउ शी इज़" १७९, मीटिंग १७९, पोस्टपोन कर देना १७९, पैरेंट-टीचर मीटिंग १८०, बोगनवेलिया १८०, गेट वेल कार्ड १८०, "हाउ आर यू, फाइन थैंक्यू जैसी सिचुएशन" १८०, क्लर्क (समझना किसी को) १८०, विज़िट पे करना १८० ; *तासीर* > बाय करना १८२, टेबिल १८२, स्वेटर १८२, स्विच १८३, फ्यूज उड़ना १८३, पासपोर्ट एक्सपायर होना १८३, रैक १८३, माचिस १८३, हीटर १८३, रेट (बदलना) १८४, टाइम १८५, पैकेट १८५ १८६, कॉर्नफलेक्स १८६, गेट १८६ ; *किताबों में कैद आदमी* > गैरेज १८७, रैक १८७, कार १८७, लायब्रेरी १८७, आंटी १८७, पोर्च १८७, मोटरबाइक १८७, ग्रीज़ १८८, ड्रामाटिस्ट १८८, चेन (उतरना) १८८, पैडल १८८, इम्प्रेक्टिकल १८८ १८९, प्रैक्टिकल १८९, इंटलेक्चुअल १८९, प्रोफ़ेसर (साब) १८९, सीन १८९, एमबीए १८९, ट्रेजेडी १८९, रिटायर होना १८९ १९२, प्लेटफॉर्म १८९, ट्रक १८९, केबल टीवी १९०, बिहेव करना १९०, कम्पटीशन देना १९१, एक्सपीरियेंसेज़ १९१, डैफोडिल १९२, ड्यूटी १९३ ; *पर्याय नहीं* > नर्सिंग होम १९४ १९७, हाइवे १९४, ओवरलोडेड १९४, मिनी बस १९४, टैम्पो १९४ १९७, बेड १९४, फोल्डिंग बेड १९४, वार्ड १९४ २०१, एक्स्ट्रा (बेड) १९४, अपॉयंटमेंट लेना १९४, इमरजेंसी केसेज़ १९४, गॉज़ (और रुई) १९४, सर्जिकल बॉक्स १९४, डिसइंफेक्ट करना १९४, पीएमटी १९४, बैच १९५, फ्रिज १९५, सर्जन १९५, अब्सटेट्रिशियन १९५, केस १९५, फ़ीस १९५ १९७, प्रैक्टिस १९५ १९६, प्रैक्टिकल १९६, डैड बॉडी १९६, डिसेक्शन १९६, (एंटीबायोटिक) ट्रीटमेंट १९६ १९७, बिल १९६ २०१, विज़ित

पर आना ११७, नर्स ११७, ब्लडप्रेशर ११७, एम्बुलेंस ११७, शिफ्ट करना ११७, चिकन ११८, डाइनिंग टेबिल ११८, एक्सीडेंट केस ११९, पेमेंट करना ११९, चैरिटी २००, इनडोर पेशेंट्स २०१, (परीक्षण) नेगेटिव आना २०१, स्टूडेंट २०१, टॉनिक २०१, फ़ॉर्मूला (सोच) २०१, (बिल) पैंडिंग रहना २०१, लैप्स होना २०१, "गॉड से प्रे किया" २०२ ; एक अकेला दुःख > कर्फ्यू २०३, स्पीड २०३, प्राइवेट नर्सिंग होम २०३, स्पीड ब्रेकर २०३, गॉल ब्लैडर २०३, ऑपरेशन २०३, हार्ट पेशेंट २०३, बाईपास सर्जरी २०४ २०५, चांस २०४, साइन करना २०४, ओ०टी० [ऑपरेशन थिएटर] २०४, स्ट्रेचर ट्राली २०४, सक्शन मशीन २०४, ऑक्सीजन सिलिंडर २०४, होमवर्क २०४, वार्ड २०४, टेबिल २०४, बेंच २०४, ब्लेड २०५, हैंगर २०७, कैलेंडर २०७, "आई वांट यू" २०५, स्ट्रांग होना २०७, "आय वांट अ स्ट्रांग मम्मा" २०७, (कैक्टस और) फर्न २०७, ट्रांसफॉर्मर २०७, इनवर्टर २०७, स्कूटर २०७, मोपेड २०७, ब्रेड और बिस्किट (से घर चलाना) २०७, बैंक एकाउंट २०८, फोटोटाइप २०८, क्वालिफाय करना २०९ ; अर्द्धांगिनी > जम्पर २१०, यूनिफार्म २१०, ब्लाउज़ २१० २१६, साइकोथेरेपिस्ट २१०, "सर्जरी ऑर नौ सर्जरी" २१०, मिसेज़ २१०, थीसिस २११, अंडरगारमेंट्स २११, फोमपैडेड ब्रा २११, एक्स्ट्रा सपोर्ट २११, काउंटर २११, (संकोच से) फ्रीज़ कर जाना [अकर्मक!] २११, पेमेंट करना २१२, पैकेट लेना २१२, सिम्फनी २१३, हैंडलूम २१३, थर्मस २१५, सेलाइन वॉटर २१५, शॉपिंग २१५, फीडिंग बॉटल २१५, टेल्कम पाउडर २१५, बेबी ब्रश २१५, बेबी सोप २१५, नर्सिंग होम २१५ ; बच्चा > स्विमिंग पूल २१७, होमवर्क २१७, कम्पोजिशंस २१७, कंप्यूटर २१७, रिपोर्ट कार्ड २१८, ड्यूटी २१८, पार्टी २१८ २१९, कैलेंडर २१९, ऐश-ट्रे २२०, क्रिस्टल गिलास २२०, (गाड़ी) बैक करना २२०, एम्बुलेंस २२०

दौड़ । ऑफिस ९, केबिन ९, कंप्यूटर ९ ४५ ६८ ६९ ८७, सिलुएट ९, माउस ९, हॉट प्लेट १०, जेरॉक्स मशीन १०, "यू नौ" १०, कंट्रेक्ट १०, जम्प्स १०, जम्प आउट १०, इंटरव्यू १०, एरिया मेनेजर १० ७५, एजेण्ट १०, पब्लिक सेक्टर १०, ट्रांसफार्मर ११, पोस्ट ऑफिस ११, पेंसिल ११, यूनिफार्म ११ २१, सर्विस १२, यूनिट १२, (उच्चतर) ग्रेड १२, कूपन १३, काउंटर १३, जैनिज़्म १३, मैनू कार्ड १३, एप्रिशिएट करना १४, डिश १४, ट्रैफिक १४, कॉमन होना १४, टू हंड्रेड १५, "बाई गॉड!" १५, रेट १५, जॉब १५ १९, बैनर १५ २३, स्टार्ट १५, प्रोडक्ट १५, बूट पालिश १५, डेटरजेण्ट १६, हेड (ऑफिस) १६, फैक्स १६, स्टोर १६, "सनशाइन शू पालिश" १६, डीलर १६, गिफ्ट १६, ऑफर १६, वाल रैक १६, डीलर्स १६, कमीशन १६, काउंटर १६, सेल १६, हॉलिडे १६ ८७, प्रोग्राम १६, टारगेट (उपभोक्ता) १६ २४, टाफ़ी १६, पेन १६, पब्लिक (स्कूल) १६ २७, प्रॉडक्ट १६ २४, टाइम १७, डिनर १७, वॉकमैन १७, कार १८, स्टियरिंग १८ २२, डेरी शॉप १८, एयरकंडीशंड १८, पास्चराइज्ड १८, गेट १८, ब्रोकोली १९, थाई कैबिज १९, प्लास्टिक १९ ६१, प्रोजक्ट रिपोर्ट १९ २२ ५३, ट्रैफिक जाम १९, जैनरेटर १९, टैम्पो १९, "माई फुट!" १९, हर्बल २०, स्प्रे २०, आई ड्रॉप २०, रोमांटिक २०, "वाट ही मीन्स इज़…" २०, किचेन २०, कावल टाउन २०, डिलीवरी मैन २१, कांट्रास्ट बनाना २१, सर्विस इंडस्ट्री २१, शेयर २१, टॉयलेट २१, लांड्री २१, कंट्रोल्स कम्पनी २२, कैपिटेशन २२, फ़ीस २२, एम०डी० २३, शो रूम २३, होर्डिंग २३, मार्केटिंग २३, टूथपेस्ट २४ ३६, डिवीजन २४, म्यूजिक सिस्टम २४ ८२, सुपर स्क्रीन २५, स्नैक बार २५, पैकेट २५, (पब्लिक) सेक्टर २७, इलेक्ट्रानिक (बन्दर) २८, "नौ मोर डिस्कशन!" २९, "डबल इनकम नौ किड्स सेंटिमेंट ३०, टीम ३०, जेट (रफ़्तार) ३३, डेंटिस्ट ३६, कोर्पोरेसन ३६, विजुअलाइजर ३६, स्क्रिप्ट ३६, मॉडल ३६, "ओ शिट!" ४०, "आई कैन सैल ए डैड रैट" ४०, डोज ४०, सीरियसली ४०, कंडैम करना ४१, कांग्रेचुलेशन्स ४१, कनफ्यूजन ४२ ४९, कांफ्रेंस ४२, प्रोड्यूसर्स ४३, मार्केट ४३, कंज्यूमर्स ४३, कंज्यूमर कल्चर ४४, एटिट्यूड ४४, (कंप्यूटर) जर्नल ४५, टूरिस्ट ४६, माइक्रोस्कोप ४७, मेडिटेट करना ४८, पैकेजिंग ४९, कैप्स्यूल ४९, कुक ५०, मीटिंग ५०, प्रेसिडेंसी ५०,

होम्योपैथी २४९, म्यूजिक सिस्टम २४९, गेट २५०, पोर्च २५०, पैकेट २५०, बिस्किट २५०, पर्स २५०, फ्रिज २५०, कॉलबेल २५१, टोमैटो केचप २५१, बल्ब २५१, ग्रिल [जंगला] २५२, नर्सरी २५२ + कौए और कोलकाता > "बैटरी एकदम डाउन" १७, सान्ता क्लॉज़ १७, टॉफ़ी १७, (गरम) आइटम १७, पोल डांस १७, "हैप्पी न्यू यर" १८, स्ट्रॉली १८, हाउसकोट १८, मेकअप १८, स्लीवलेस १८, (हुलिया) टाइट कर देना १९, रैम्प १९, हॉल १९, स्टेज १९, बाथरूम १९ २५, फ्रैक्चर १९, प्लास्टर १९, मिस १९, मॉडलिंग २०, फिगर २०, डाइनिंग रूम २०, फर्स्ट क्लास (शादी) २१, क्रैक २१, नंबर २२, पैग २२, रैम्प शो २२, हेलमेट २२, लिप ग्लॉस २२, बल्ब २३, फ्रिज २३, ट्रे २३, क्रिस्टल ग्लास २३, नैपकिन २३, मिनी बार २३, काउण्टर २३, फैशन चैनल २३, हाईस्कूल सर्टिफिकेट २३, (उम्र का सही) मैनेजमेंट २३, सर्विस बुक २४, फैमिली डॉक्टर २४, पर्सनल डॉक्टर २४, पीरियड्स २४, लेडी डॉक्टर २४, अबॉर्शन २४, फिजिशियन २४, बाथरूम केबिनेट २५, एण्टीसेप्टिक २५, ड्रेसिंग गाउन २५, डिस्टर्ब करना २५, [मेकअप का] कोट लगाना २५

अँधेरे का ताला । "येस मिस – प्रेज़ेंट मिस – येस मैडम!" ७, रोल कॉल ७, प्रॉक्सी ७, एब्सेंट ८, फ्यूज़्ड ८, बल्ब ८, क्लास ९, डस्टर ९, टीचर ९ ३०, अटेंडेंस ९, फुल ९, जी०ओ० ९, ऑफिस १०, टी०सी० १०, एंट्री १०, स्वेटर ११, लायब्रेरियन १२, लाइब्रेरी १२, स्कार्फ १२, डी०आई०ओ०एस० १२, एरियर्स १२, बोनस १२, 'पेशल' [स्पेशल] १४, हार्ट फेल १४, प्रिंसिपल १५, मेटल १५, डिटेक्टर १५, मॉरल (डिटेक्टर) १५, स्टाफ़ रूम १७ ३७, मैडम १७, युनिवर्सिटी १९ २१ ३०, फर्स्ट-एड २०, बॉक्स २०, इंटरमीडिएट कॉलेज २० २७ २९, केमिस्ट २०, होमियोपैथी २०, ऐलोपैथी २०, एंटीसेप्टिक २०, कैलेंड्यूला २१, ड्रॉअर २१, ड्राफ़्ट २१, फॉर्म २१, हॉस्पिटल २२, एम्बुलेन्स २२, फ़ोर्स २२, वॉर्ड ब्वॉय २३, रेक्सीन २३, एफ०आई०आर० २३, कॉपी २३, मेमो २३, थेंक गॉड! २५, कंट्रोल २५, एनीमिक २६, गारंटी २६ ४२ ९१, नॉर्मल (इन्सान) २७, बिहेव करना २७, टेपरिकॉर्डर २७, इंजीनियरिंग ३० ५१, मेडिकल ३०, बिल्डिंग ३०, फर्नीचर ३०, प्राइमरी ३० ३१, डिग्री ३१, पीरियड ३१, एप्लीकेशन ३२, हैंडिल ३७, प्रेगनेंट ३७, लेडीज़ ३७, बाथरूम ३७, टाइटेनिक (जलपोत) ३८, स्टील ३९, हगीज़ ३९, होमसाइन्स ४२ ७९, कुलीग्ज़ ४२, एक्शन ४४ ९८, सेंस ऑफ ह्यूमर ४४, "हलो का उत्तर हाउ आर यू में" ४९, टॉकीज़ ५१, वायरलेस ५३, स्टूडेंट ५४, थ्योरी ५६, मीटिंग ५७, प्रूव करना ६१, प्रूफ़ ६१, इंटेलिजेंट ६८, क्रॉनिक ७७, शुगर ७७, पॉलिटिकल साइन्स ७९, एक्सपर्ट ७९, राउण्ड ८०, डिस्टर्ब होना ८१ ८५, प्लीज़ ८१, राइटर ८५, सर्चलाइट ८६, इनविजिलेटर ८७ ९१, प्रेक्टिस ९६, स्पोर्ट्स किट ९६ ९९, ड्राइवर ९८, कूल ९९, रजिस्टर १००, रिक्वेस्ट १००, ट्रेनिंग १०१, क्वार्टर १०१, हेड कांस्टेबिल १०२, असेम्बली १०४, स्टिकर १०५

काके दी हट्टी । काके दी हट्टी > रेलिंग ७, कार ७, कॉपी ७, ब्लॉक ७, क्रेट ७, मोपेड ८, पेमेंट करना ८, टूथब्रश ८, डिटर्जेंट पाउडर ८, काउंटर ८ १० १४, (सुपर) स्टोर ८ १० ११ १२ १४, कैम्प कॉट ९, नोट कर लेना ९, "मम्मी जी, डैडी जी" ९, कॉल सेंटर ९, ड्यूटी ९, टेबल ९, (लौटते) टाइम ९, सेंडिल १०, पैकेट १०, नोट १०, प्लॉट ११, डम्पर ११, ट्रक ११, हैलोजन लाइट ११, अंडरग्राउंड फ़ूड बाज़ार ११, फ़्लैट १२, सर्विस १२, हॉल १२, पोटैटो चिप्स १२, (डीप) फ्रीज़ १३, पार्किंग १२, मैनेजर १३, पार्किंग ज़ोन १३, टेलरिंग शॉप १३, बिज़नेस १३ १४, सेक्शन १३, इनचार्ज १३, स्टॉक १३, (बाज़ार) रेट १३, कॉलोनी १४ १५, डिलीवरी मैन १४, डील १५, लकी (डील) १५, एंटरटेनमेंट शॉप १५, वॉशिंग मशीन १५, किचन १५, डिस्ट्रीब्यूटर्स १५, गैरेज १५, स्लेट १५, चॉक १५ ; एक रिश्ता तो था > स्टाफ कार १६, ऑफिस १६, रोमांस १६, 'द एण्ड' १६, (मार्केटिंग) मैनेजर १७ १९, कंपनी १७, (काँच के) लैंस १७, क्लिप १७, कॉपी १७, बिस्किट १७, कॉपी १७, "यू नो, टाइमपास" १७, डबल (एम०ए०) १७, फर्स्ट क्लास फर्स्ट १७, इंग्लिश १७, लेक्चररशिप १८, रोमांटिक

१८, सेलफोन १९, जूनियर कर्मी १९, स्टाफ-रजिस्टर १९, डायरी २०, ओवरटाइम २०, बस स्टॉप २०, "स्टैप इन, आय एम गोइंग टु ऑफिस" २०, ड्राइवर २० २१ २२, सिम्फनी २०, बॉस २०, सीनियर २०, ट्रैफिक लाइट्स (की आज्ञा) २१, टायर २१, रिट्रीडिंग २१, ब्रेक २१ ; *जाते हुए लोग >* नंबर २३, बेड २३, टेम्पो २३, (मर्दों की) टीम २४, कार २४, आंटी २४, पैंट २६, रजिस्टर २७ ; *सुरक्षा का आतंक >* लॉन २८, एल०आय०यू० २८, यूनिवर्सिटी २९, कैंपस २९, स्टाफरूम २९, ज्योग्रेफी २९, फिलॉसफी २९, गार्ड २९, कारबाइन २९ ३०, वी०आय०पी० ३० ३२, सैल्यूट मारना ३० ३१, अप्लाय करना ३१, कर्फ्यू ३१, ड्यूटी ३१ ३६, मेडिकल लीव ३१, (किताब-)कॉपी ३१, जेल ३२, प्रोग्राम ३३, रजिस्ट्रार ३३, प्रोफेसर ३३ ३४, अफसर ३३, मिनिस्टर ३३, डिग्री ३३, लैब ३३, (बेफिक्री) डिस्टर्ब करना ३४, ड्राइव करना ३४, स्टीरियो ३४, नॉर्मल ३४, जी०पी०एफ० ३४, ड्राइवर ३५, ऑर्डर ३५, टी-शर्ट ३५, मूड ३६, कार ३६, फर्स्ट क्लास (नाचना) ३६, ड्राइवर सीट ३६ ; *इलाज >* 'टाइम अप' ३८, फ़ीस ३९, प्रूफ़ ४०, फ्रेम ४१, आइ ड्रॉप ४१, डिजिटल मशीन ४१, सर्जन ४२, "लुक मैडम" ४२, लैब ४२, ग्लांड ४२, "सॉरी डॉक्टर" ४२, "नॉनसेंस" ४३ ; *दूसरी आज़ादी >* ट्रक ४४, टूरिस्ट बस ४४, सर्विसिंग ४४, गैरेज ४४ ४५, ड्राइविंग ४५ ४७, ड्राइवर ४५, टाइमटेबिल ४५, डिग्री ४५, टेलरिंग ४५, प्राइवेट (परीक्षा) ४५, फॉर्म ४५, ट्रिप ४७, शो-रूम ४७, शॉपिंग करना ४८, पिक्चर देखना ४८, लैंडलाइन ४८, प्लास्टिक ५०, फोल्डिंग चौकी ५०, पर्स ५०, टॉर्च ५०, प्लेट ५०, लिपस्टिक ५०, स्मार्ट ५०, जैकेट ५०, शॉल ५० ५१, कप ५१, मैडम ५२, सीजन ५२, फ्लाइंग किस ५२, (सिलाई) फैक्टरी ५२, मिनी साइकिल ५२, इंजीनियरिंग (कॉलेज) ५३, नर्सरी क्लास ५३, सर्विस ५३, वाशिंग मशीन ५३, होमवर्क ५३ ; *शक >* लेस ५५, प्राइमरी ५५, हाई स्कूल ५५, (विभिन्न) स्टेज ५५, यूनिफॉर्म ५५, होमवर्क ५५ ६०, पब्लिक स्कूल ५५, सॉफ्टी ५५, कस्टर्ड ५५, मिसेज़ ५६ ६३, कैलेंडर ५६, प्रमोशन ५६, ओवरटाइम ५६, (प्रेमपूर्वक) बोर होना ५६, रिटायर होना ५६, क्लब ५६, ट्रक ५६, साइज़ ५७, यूनियन ५७, सिनेमा ५७, एक्साइज़ (विभाग) ५८, सुपरिंटेंडेंट ५८, पाइप ५८, अनाउंसर ५८, टैस्ट मैच ५९, रैली ५९, हाईकोर्ट ५९, ए०जी० ऑफिस ५९, डिटेल्ज़ ५९, जनरल (बात) ५९, बोटक्लब ६०, फ्रिज ६०, कूलर ६०, टेपरिकॉर्डर ६०, टोस्ट ६०, डिच-डिनर ६१, पिकनिक ६१, गज़टेड (छुट्टी) ६१, कॉन्ट्रैक्ट ६१, ड्यूटी-चार्ट ६२, एनाउंसर ६३, एनाउंसमेंट ६३, कैंसिल करना ६३, मेम्बर ६३, ऑरेंज स्क्वैश ६३, वेजिटैबल कटलेट ६४, डिश ६४, स्टील ६५, लॉन ६६, कैंसर ७०, बाथरूम ७२, स्लीपर [चप्पल] ७२, कॉन्वेंट ७३, ड्यूटी ७३ ; *बीतते हुए >* रिस्पॉन्स ७६, वार्डरोब ७६, बेड कवर ७६, बाथरूम ७६, नेल-पॉलिश ७७, पेपरमैशी ७७, स्टोव ७९, पॉट ७९ ; *शिष्या >* सिप ८०, डार्लिंग ८०, बेलचर ८०, "यू नो आई कांट" ८०, सीरियसली लेना ८१, पैकेट ८१, लिपस्टिक ८१, ट्यूबलाइट ८१, हॉल ८१, (जहाज़ी) कंपास ८१, पॉलिटिक्स करना ८१, बॉडीगार्ड ८२, फोम (की गद्दी) ८२, (सेमल का) कुशन ८२, स्पा ८२, ड्रिंक ८२, पैग ८२, प्लेट ८२, पाउच ८२, इंजन ८३, फीचर ८३, रील ८५, बोर ८५ ८६, ड्राइवर ८५, सर्किट हाउस ८५, अफसर ८६, "ओ आई एम फेडअप। — आई एम ऑलसो फेडअप" ८६, पेंटिंग ८७, फर्स्ट क्लास ८७, मोबाइल ८९, प्रेसनोट ८९, लोकल पेज ८९, गुडनाइट ८९, कार ८९, स्कूटर ८९, किक ८९, वेटर ९० ; *जोरदार तालियाँ >* हॉल ९१, मैडम ९१, फेल ९१, टीचर ९२, ट्रे ९२ ९६, फाइल ९२, नोटपैड ९२, बाइंडर ९३, पॉलिश ९३, पेन ९२, मोपेड ९४, किक मारना ९४, स्टार्ट होना ९४, माइक ९४, ड्यूटी ९५, हीरो ९५, कैंटीन ९५, स्टेज ९६, मूड ९६ ; *एक पति की मौत >* पेटीकोट-ब्लाउज ९७, स्लिपर्स ९७, ज़ूम करना ९७, ड्रेसिंग टेबिल ९७, कलीग्ज़ ९८, कमोड ९८, क्रेज़ ९८ ९९, इंटीरियर डेकोरेशन ९८, फरनिशर ९८, कैसेट ९८, बैंक बैलेंस ९८–९९, सोफा ९९, ब्राउन ९९, ब्रेड ९९, कार ९९, दफ्ती १००, कॉलबेल १०१, इण्डिया १०१, डिश-वॉशिंग १०१, मेड १०१, फुलस्टॉप १०१, कैसेट प्लेयर १०२, मेकअप १०२, स्टाफरूम १०२, लिपस्टिक १०२, प्लीज़ १०३,

ब्लाउज १०३, यूनिफॉर्म १०३ ; *छोटे खिलाड़ी >* येलो फीवर १०५, जैकेट १०५, पासपोर्ट १०५, रजिस्टर १०६, चिप १०६, ऑर्डर १०६, लंच टाइम १०७, "टु हैल विद हिन्दी कांफ्रेंस, लेट्स गो बैक" १०९, कैंसिल करना १०९, मेडिकल स्टोर ११०, डिस्पोवैन ११०, नर्स ११०, फ्रीज़र ११०, सूटकेस १११, टूथपेस्ट १११, वर्कशॉप ११२, मूड ११२, मैच ११२ ११३, पिच ११२, ड्राइव करना ११२, कंडोम ११२, बिस्किट ११२, हाईक्लास ११३, ज़ीरो पॉवर ११४, बल्ब ११४, (कागज़) मिल ११५, रीम ११५ ; *अनावश्यक >* फ़ीस ११७, शॉपिंग ११७, नर्स ११७, ममी-डैडी ११७, स्टूल ११८, फ्लाइंग ११८, ग्राइप वॉटर ११८, स्टोर ११९, (हड्डियाँ) क्रॉस करना (अकर्मक!) ११९ ; *फिर भी प्यार >* गेस्ट हाउस १२१, कार पोर्च १२१, टायर १२१, (अख़बार का) स्टैण्ड १२१, मैनेजर १२१, रजिस्टर १२१, टूथपेस्ट १२२, डिस्टर्ब करना १२३, मूडी १२३, थिएटर १२४ १३३, वर्कशॉप १२४, (नृत्य की) ट्रेनिंग १२४, ड्रामा १२४, स्टेज १२५ १३२, डायलॉग १२५, केव्ज़ १२७, मोटर बोट १२७, पिकनिक १२७, फर्स्ट एड बॉक्स १२७, बैंडएड १२७ १२९, स्टंट १२८, लांच १२८, पैंट १२९ १३०, मूड १२९, केमिस्ट शॉप १२९, फूटपाथ १२९, मिडी १२९, "ए मैन प्लीज़" १२९, (थिएटर) ग्रुप १३० १३३, शॉप १३०, नर्सिंग १३०, प्रोफ़ेसर १३१, फर्नीचर १३१, 'शटअप' १३२, शो १३३, मीटर १३३, डाउन होना १३३ ; *वारदात >* ब्लॉक १५२, फ़्लैट १५२, नंबर १५२ १५६, रिटायर होना १५२, रिटायर्ड लाइफ १५३, गेट १५३, बेंच १५३, डाइनिंग टेबिल १५३, ड्यूटी १५४ १५७, कॉलोनी १५६, कॉपी १५६, लेन १५७, कूलर १५७, पम्प १५७, टाइमकीपर १५८ + *एक अकेली तस्वीर >* स्लेसमैन १३, शो-केस १३, हैंडलूम १३, पीस १३, पैकेट १३, कलरस्कीम १३, 'चेक्स' का डिजाइन १३, "डोंट बी फूलिश" १३, पोजीशन १४, मूड (ठीक करना) १४, क्लब १४ १६, सोफासेट १४, डाइनिंग टेबल १४, ऑफिस १४, मफ़लर १५, इंजीनियर १५, ड्यूटी १५, सूट करना [अकर्मक!] १६, पॉलिश १७ ; *बगिया >* स्टोर ५९ ६०, डिलीवरी काउंटर ५९, कैशमेमो ५९, सेल्समेन ५९, सूटिंग-शर्टिंग ५९, सिंथेटिक ६०, फिट बैठना ६१, रजिस्टर ६२, टीचर ६३, फ्रॉक ६३, मिस ६३ ; *परदेसी >* ट्रेनिंग कॉलेज (में प्रशिक्षक) ७३, फॉर्म ७३, प्रोग्राम बनाना ७४, सोशल वर्क में ग्रेजुएशन ७५, ड्राइंगरूम ७५, कंप्यूटररूम ७५, ड्रेसिंग टेबल ७५, फ़्लैट ७६, फोटोप्रिंट ७६, टर्किश (तौलिया) ७६, बाथरूम स्लीपर्स ७६, (एक अदद) फ्रिज ७६, "प्लीज़" ७७ ८०, म्यूजिक सिस्टम ७७, (अतिथि-कक्ष में) फिट कर देना ७७, चीज़ सैंडविचेज़ ७७, "सॉरी" ७७, "डेलीशयस" ७७, प्लेट ७७, मूड ७७ ८१, कंफ्यूज होना ऑफिस ७८, ट्री ऑफ़ नॉलेज ७९, टाइम-टेबिल ७९, "राइट!" ८२, डिनर ८२ ; *पण्डिताइन >* गेट ८३, नेमप्लेट ८३, एप्लाय करना ८३, ट्रंक ८४, ट्रांसफर करना ८४, मेडिकल लीव ८४, प्लास्टिक ८५, स्कूटर ८६, ऑफिस ८६

दुक्खम-सुक्खम । बोस्की ८, फ्रॉक/फराक ८ ६१ १७३, ऑपरेशन-थिएटर ८ १३ ९९, कीप ८, बेंच ९, प्राइवेट (कमरा/कॉलेज) १० १८७, जनरल १०, वार्ड १० २७२, ड्यूटी १०, सैंडिल ११, ट्यूशन १७ १८ ४० ११०, फर्स्ट इयर १८ ११४, स्टोव १९, फ़ीस २२ १२६ १४९ २२२, हाईस्कूल २३, कर्फ्यू २८, प्लेटफ़ॉर्म २८ ११५, (कॉलेज) लायब्रेरी ३० १५४, कॉमरेड ३१, मिलिटरी ३४, ट्रंक ३७, नोट ४० ६६, मास्टर ४५, लैम्प ४९, पैरोडी ५२, एक्सपर्ट ५८, डायबिटीज़ ६७ २०७, रिबन ६८ १२८ २३३, मीटिंग ७२ २४४, (कॉलेज) लेक्चरर ७२ २३६, डिप्टी ७३, ड्रेसिंग गाउन ७३, रिकॉर्ड ७४, हैंडपम्प ७६, (आर्ट्स एंड) कॉमर्स (कॉलेज) ७६ १०४ १८४, लेक्चररशिप ८०, इंटरव्यू ८० ८६ ८८ १८४ २५६ २६०, प्रूफ देखना ८४, मिडिल (का इम्तहान) ८५, हॉकर ८६, क्लर्क ८७, कैंटीन ८७ १८१ २७१ २७२, एक्स-फैक्टर ८७, एक्सपर्ट्स ८८, मैनेजमेंट ८८, जॉयन करना ९२ २५३, इकनॉमिक्स १०४, एकाउंट्स १०४, शोकेस १०५, स्कर्ट १०५ १९५, ब्लाउज १०५, मॉडल [वस्तु] १०५, मनीऑर्डर १०६, फॉर्म १०६ १७४, (क्लास) टीचर ११० १९५ २२२, इम्प्रेक्टिकल १११, पार्टीशन १११, "माइंड यौर लैंग्वेज!" १११, डैडलॉक १११, ऑफ़ द मार्क होना १११, सेंसिटिव इश्यू १११, ट्रेजिक ११२ २०२, हीरो ११२, कमेंट्री ११३ २६२, नेमप्लेट ११३, टीशर्ट ११३, "गुड ईवनिंग सर" ११३, ड्राइंगरूम ११३, ट्रे ११४, बिस्किट ११४ २४६, टाइम ११४ २२८, (टाइम)

३८, इंटरनेट ३८, फर्स्ट क्लास ३८, "देखो डियर" ३९, कलीग ३९, टीचर जी ३९, फ्री लान्सर ३९, सीनियर ३९, हाय-हलो ३९, प्लास्टिक ३९, रिसेप्शन लाउंज ३९, स्वेटर ४१, फ्रेम ४१, बैकग्राउंड ४३, लोकेशन ४३, ऑन करना ४३, चेक आउट कर जाना ४३, मैडम ४३ ; *खुशियों का लौटना>* कैलेण्डर ४५, डैशबोर्ड ४५, पॉजिटिव बोलना ४५, चार्टर्ड बस ४५, रिवर पुलिस ४६, एडवेंचर ४६, सुप्रीम कोर्ट ४६, पर्स ४७, हॉस्टल ४७, रिपोर्टर ४७, प्रैम ४८, वॉकर ४८, लॉबी ४८, हेयरबैंड ४८, प्रैक्टिस ४९, ग्रुप ४९, कुकर ५० ; *वह लड़का जिसे गर्मी लगती थी>* इलेक्ट्रॉनिक ५२, ब्राण्ड ५२ ६१, वर्कशॉप ५२, ट्रांजिस्टर ५३, बैटरी ५३, डिप्लोमा ५३, डिग्री ५३, सरकिट ५३, लैम्प ५३, कंपनी ५३ ५५, सेल्समैन ५३, कूलर ५३ ५६, फॉर्म ५३, हाईस्कूल ५४, पैथोलॉजी लैब ५५, (फ़िल्मी) हीरो ५५, लॉ बुक ५५, ऑफिस ५५, जर्नल ५५, प्रेस ५५, प्रूफ ५५ ५६, बण्डल ५५ ५७, ट्राली(वाला) ५६ ६३, मैनेजर ५६, प्लास्टिक ५६, केबिन ५६ ६३, हॉल ५६ ६०, ड्यूटी ५७, बाइंडिंग हाउस ५७ ५९, सीज़न ५८, इण्टर [विद्यालय] ५८, प्राइवेट फॉर्म ५८ ५९, (मंजन) ब्रश ५८, फोल्डिंग ५९, कैम्पकॉट ५९, ऑर्डर ५९, इंटरमीडियेट (परीक्षा) ५९, सेकण्ड हैण्ड ५९, वॉटर (कूलर) ६०, ओवर टाइम ६०, शॉप ६०, स्पेशल (ठण्डा पेय) ६०, रेट ६०, एजेंट ६१, कटिंग (चाय/कोला) ६१, यूनिफॉर्म ६२, एयरकंडीशनर/ए०सी० ६३ ; *संस्कृति>* मैडम ६४, मैनेजर ६४ ६७, स्टेनो ६४, ड्यूटी ६४, टेराकोटा ६४, प्लास्टिक ६४, डोनाल्ड डक ६४, मिकीमाउस ६४, कॉमर्स ६५, मास्टर्स डिग्री ६५, हॉल ६६ ६७ ७३, कैलेंडर ६६, (वार्ता में) पॉज़ देना ६६, क्रीम ६६, स्लेटी ६६, टैन ६७, फाइल ६७, पेन ६७, रिटायर होना/रिटायर्ड ६७, ट्रंक ६७, सैक्सी ६७, पैग ६७, बण्डल ६८, कारबन ६९, स्टोर ६९, सीमेण्ट ६९, बोल्ड (किस्म) ७०, नोटिस लेना ७०, टीम ७०, मीटिंग ७० ७३, सुनामी ७०, बिल्डिंग ७१, स्टेज ७३, रिज़र्व रहना ७३, बुकिंग ७३, बिस्किट ७४, परसेंट ७४, मिनरल वॉटर ७५, प्लेट(-प्याले) ७५, कंटेनर ७५, प्लास्टिक ७५, जूस ७५, कार्टन ७५ ; *प्रेम>* बाथरूम ७६, प्लास्टर ७६ ७७, एक्सरे ७७, डाइनिंग टेबिल ७७, स्टूल ७७, बेसिक ८०, (स्त्री-)कार्ड ८१ ; *परली पार>* फ्रॉक ८२ ; *बाज़ार>* वॉकिंग शूज़ ८७, प्लस साइज़ (महिला) ८७, लिपोसक्शन सर्जरी ८७, प्लस [अतिरिक्त वजन] ८७, बंडल ८७, एटलस ८८, इनसाइक्लोपीडिया ८८, केमिस्ट ८८, कम्पाउण्डर ८८, क्रॉसवर्ड (पहेली) ८९, थिसॉरस ८९, ब्लड शुगर ८९, लॉटरी ८९, प्लेट ८९, मॉर्निंग वॉकर ८९, सेंट्रल मार्केट ९०, डिस्को हेयरबैंड ९०, मेगामार्ट ९०, शॉपिंग ९०, डियो ९०, मस्क टाल्क ९०, सेल (लगना) ९०, टेबिल लैम्प ९१, सूटकेस ९१, टेम्पिल ९१, बॉर्डर ९१, मैरून (रंग) ९१, सिंगल पीस ९१, हैंडलूम (साड़ी) ९२, सलेटी ९२, प्रिंट ९२, पेमेंट ९२, (साड़ी) स्टोर ९२, "वन मिनिट मैडम!" ९२, सेल्समैन ९२, कटपीस ९३, मिनी-कंप्यूटर ९३ ; *फरवरी की एक शाम>* बॉस ९४, "कूल बेबी कूल" ९४, फॉर्महाउस ९४ ९५ ९६, स्ट्रेट (लोग) ९४, पार्टी ९४, "यस बॉस!" ९४, लोकेशन ९४, ऑर्गेनिक ९५, केटरिंग सर्विस ९५, नेपकिन ९५, (अस्थायी) बार काउंटर ९५, (उपवन में) बारबेक्यू ९५, प्रोग्राम ९५, ट्रैफिक जाम ९५, फोकस करना ९५, टूर्नामेंट ९६, साटन ९६, पेग ९६, वाइट और रेड वाइन ९६, रिन्द ९६, टेबिल ९६, रोमांटिक/टेली-सीरियल ९६ ९७, रोल ९६, बी-ग्रेड ९७, सेक्रेटरी ९७, मैगज़ीन ९७, पोर्टफोलियो ९७, फ्लोर ९७, सिंगल मॉल्ट ९७, ट्रेडमार्क ९७, केमिस्ट्री ९७, लेक्चरर ९७, लैम्पपोस्ट ९७, प्रोजेक्ट ९७, लेबर ९८, चैनल ९८, "यू आर राइट" ९८, चांस ९८, क्रॉकरी ९८, प्लेट ९८, कॉकरोच ९९, कैंसर ९९, रेडियेशन ९९, विग ९९, स्टेज ९९, माइक ९९, मूड ९९, वेट्रेस १००, समोवार १००, "वी वॉण्ट शबनम! ··· कम ऑन शबनम, बी ए स्पोर्ट!" १००–१०१ ; *चाभी>* रजिस्टर १०२, एक्सट्रा बल्ब १०२, (मेहँदी) आर्टिस्ट १०२, आंटी १०२ १०३, ब्लाउज़ १०३, फेशियल १०३, सिल्क १०३, बाथरूम १०४, ड्रॉअर १०४, डुप्लिकेट १०४, चेन १०५, मूड १०५ ; *थोड़ा सा प्रगतिशील>* ट्रंक १०८, स्वेटर १०८, स्कूटर १०९ ११०, एन०जी०ओ० ११०, रिलैक्स होना ११०, प्लेट ११०, कमेंट

१११, काउंटर १११, ऑफिस १११, लिस्ट १११ ; *पटकनी>* कैंटीन ११३, काउंटर ११३, ऑर्डर ११३, "ओ नौ सन्तोष, वॉट ए फॉल माय क्लासमेट!" ११३, आलपिन ११४, वेलकम(-शेलकम) ११४, हेयर स्टाइलिस्ट ११४, रिज़ल्ट ११४, लेक्चररशिप ११४, एप्लाय करना ११४, सब्जेक्ट ११४, बैंड ११५, "शट अप रोमी, शट अप!" ११५, फार्महाउस ११५, नंबर [अंक] ११६ ११९, इंग्लिश ११६, लायब्रेरी ११६, पेपर बैक ११६, फैशन डिज़ाइनर ११६, प्रोफ़ेसर ११६, ड्रॉप आउट ११६, हाइ होप्स ११६, "आय मीन" ११६, फूल्ज़ पैराडाइज़ ११६, फ्लॉप ११६, मैरिजेज़ ११६, फेल ११६, मेकअप ११७, सेंस ऑफ़ ह्यूमर ११७, हीटर ११७, शॉप ११७, (इम्तहान) ड्रॉप करना ११७, पेपर [परचा] ११८, नोट्स ११८, डिस्टर्ब करना ११८, फेल होना ११८, सिविल सर्विसेज़ ११८, यूनिवर्सिटी ऑफिस ११८, नोटिस बोर्ड ११८, बैच ११८

❖ तत्सम ❖

छुटकारा । *बड़े दिन की पूर्व साँझ>* प्रथा के विपरीत ३०, उद्घोषणा (के बाद शेष) ३१, उत्तर की अपेक्षा ३१, संयत होकर ३१, कृतज्ञ (आँखों से) ३२ ; *वे तीन और वह>* सूक्ष्म निरीक्षण ३४, संयुक्त (उकताहट) ३५, वितृष्णा ३६, विषयान्तर ३६, बहुधा (सुनी बात) ३७, चमत्कृत ३७ ; *यह ज़रूरी नहीं>* स्वीकारात्मक मुद्रा ४१, विश्वस्त (लिफ़ाफ़ा) ४१, भयाक्रान्त ४२ ; *अपत्नी>* विपरीत (हवा बहना) ४८, (लेटने के लिए) आमंत्रित करना ४८, चिन्तित होने के लिए पर्याप्त कारण ४९, जिज्ञासावश ५१ ; *छुटकारा>* अतिरिक्त अनुशासनप्रिय ५३, तत्परता ५३, शून्य में शून्य से समय नियत करना ५४, विरिक्त ५४, उद्विग्न ५५, (दिन और रात का) सन्धिस्थल ५६ ; *उसी शहर में>* (ऊँघने के लिए मेज़) सुविधाजनक ५९ ; *ज़िन्दगी—सात घंट बाद की>* निर्विकार (उजलापन) ६१, भीमकाय (क्यू) ६१, (शीशियों में बंद) दुष्टता ६१, स्मरण-पत्र [रिमाइंडर] ६१, भृकुटि का प्रयोग पर्याप्त समझना ६२, (फाइलों के) स्वभाव से पृथक् ६३, मन आश्रय पाना ६३, (सेक्स) आक्रान्त करना ६३, "कोई जिज्ञासा या वितृष्णा नहीं" ६३, (ठंडी) सौजन्यता (की मुस्कुराहट) ६३, अधिकतम प्रिय प्रश्न ६३, (ग्रीटिंग कार्ड एक्सचेंज करने की) प्रथा ६३, त्वचा ६४, स्वयं पर मुग्ध हो लेने की अवस्था समाप्ति पर ६४, सोत्साह (विदा लेना) ६४ ; *पिछले दिनों का अँधेरा>* निर्विकार ६५, क्षणांश ६५, सहज मानव विश्वास ६५, आज्ञाकारिता ६५, अकल्पित (बात) ६५, स्तंभित ६६, उपस्थिति अनिवार्य होना ६६, संक्षिप्त देह ६६, शालीनता ६६, बाध्य करना ६६, तरल पदार्थ ६६, चकित (और कंफ्यूज़) ६६, किसी अदृश्य का सम्मान-भय ६७, वेणी ६७ ; *साथ>* अरुचि (से देखना) ६९, पत्नीय परिचय ७० ; *बेतरतीब>* संयत (मुसकान) ७२, "उसके आवास-प्रवास सहवास की निःशुल्क व्यवस्था हो जाए" ७४, निरुद्देश्य (घूमना) ७४ ; *शहर शहर की बात>* (चाल) कलात्मक और लयबद्ध ७६, संदिग्ध पेय ७७, पर्याप्त रुचि से देखना ७८, (खाकर) चमत्कृत हो जाना ७८ ; *वे>* अज्ञेयता (की ज़िद) ८१, (निहायत) तरल ८१, ग्रसित-त्रसित (महसूस करना) ८१, निरुत्सुक ८३, मुक्त (हँसी) ८५, सतत् अभ्यासप्रयोग ८५, त्रासमय ८५, सुविधाजनक (चुप्पी) ८५, अनाटकीय ८५, अकस्मात् (माँ का आना) ८५, निश्चेष्ट ८६ ; *दो ज़रूरी चेहरे>* (आँखों में) रहस्योद्घाटन ८७, स्वयं को अरक्षित पाना ९४, क्रूरता ९६ ९७, क्रूर (सुझाव) ९६, आश्चर्यजनक ९९, सुविधाजनक ९९, सुख शिराओं में दौड़ना ९९, विरक्ति १०२, देहगन्ध १०२, शालीनता भर (बोलना) १०२, (साँस की) निरन्तरता १०३, विशालकाय (रोशनी) १०६, अपना संक्षिप्ततम रूप १०६ ; + *बीतने के बाद>*

अपेक्षाकृत (अकेला) ७० (उत्कर्ष पत्रिका), सम्मिलित (ठहाके) ७०, "सहिष्णुता, उदारता जैसी विशेषताएँ व्यक्तित्व में" ७२, अभिप्राय (भाँपना) ७२, वयस्क होना ७३, (बहुत ही) तरल-सा ७३

बेघर । फलतः २१, पुत्रवधू २६, विभाजित करना ३०, संयुक्तीकरण ३४, सानुपातिक ३८, सुविधाजनक ३९, प्रादेशिक ४१, आश्चर्यजनक रूप से ४३, (गुपचुप) मन्त्रणा ४४, अनिवार्यता ४४, लावन्यपूर्ण ४५, मौनप्रिय ४६, पौरुषमय ४७ ८३, सौन्दर्य निकेतन ५०, क्रमबद्ध (भीड़) ५१, प्रान्तीय संस्कार ५७, दिवास्वप्न ६०, यौवनपूर्ण ६२, अन्तरंग क्षण ७१, फूलविन्यास [तु० ईकेबाना] ८१, गन्तव्य ९१, दुर्घटनाग्रस्त ९३, दुःस्वप्न ९६, क्षणांश ९९, मातृत्वपूर्ण १०३, तर्कातीत (चुप्पी) १०८, सामिष (थाल) १११, अचानकता ११७, विनोदित होना १२१, धूमिलता १३८, विषयान्तर १५० १६९, उग्र हो जाना १५२, सद्गृहिणी १६२, संस्कारगत १७२, उद्दंड १७७

सीट नम्बर छह । *सीट नम्बर छह >* अरुचि (से सिहरना) ११३, अनुनय (से देखना) ११३, सविस्तार रोना ११४, अप्रिय होना ११४, विचलित होना ११५, पत्र-मित्र ११८, वणिकपुत्री ११८, के प्रति सदय (और नर्म) ११९ ; *फ़र्क नहीं >* समापन-प्रकरण १२५, गतांक १२५, उद्विग्नताओं का प्रत्युत्तर बनना १२५, सहअस्तित्व की स्थिति १२५, (अंदरूनी) विप्लव १२५, उद्वेलित करना १२५, सभासमापन १२५, (दिलचस्पी) जागृत हो जाना १२६, निःशुल्क चिकित्सा १२६, कृतज्ञतापूर्वक ग्रहण करना १२६, (चलता-फिरता) स्वगत कथन १२७, (फीका और) श्रीहीन १२७, [खाने के इंतज़ार की] व्यग्र-मुद्रा १२७, प्राप्ति का क्षण १२७, [चेहरा एक खूबसूरत] विरोधाभास बन जाना १२८, [जिस्म] अनावृत १२८, अनियतकालीन सुविधाएँ १२८, उत्तेजनाहीन १२०, गोपनीय गतिविधियाँ १२०, ख्यात १२०, असभ्य मितव्ययिता १२१, निष्प्राण (आवाज़) १२२, मेधा से चमत्कृत होना १२३, कृपांक १२३, विवाहोपरान्त १२४, भीषण १२५, "घटना-प्रधान जीवन, ... दर्शन-प्रधान नहीं" १२५ ; *लगभग प्रेमिका >* पति-परित्यक्ता १३०, अंशकालिक प्रवक्ता १३०, अन्तर्देशीय १३१, चपलता १३१, परिपक्वता १३१, वियोग और विरह १३१, जीवन-बीमा का प्रतिनिधि १३३, (सपाट और) श्रीहीन १३३, प्रधानाचार्य १३४, भावनात्मक और शारीरिक स्तर पर एक दूसरे से संपर्क स्थापित करना १३५, अस्वाभाविक और अप्राकृतिक (रिश्ते) १३६, प्रेम-प्रकरण १३६, सहिष्णुता बरतना १३६, विजय-अभियान १३७, "यात्री निश्चल नहीं" १३७, षट्कोण (बरामदा) १३८, अर्द्धवयस्कता १३८ ; *निवेदन >* विशेष (कटौती) १४० ; *जितना तुम्हारा हूँ >* आतुर (भीड़) १४५, मुद्रा [पैसा] १४६, संकोच-वश १४७, कपना-शक्ति हतप्रभ होना १४७, भिन्न प्राणी १४८, दैविकता १४८, सांकेतिक ढंग से १४८, नग्न आकृति १४८, स्थल-विशेष १४८, चित्रों में अंकित (जिस्म) १४८, अद्भुत रूप से १४८, युद्धबन्दी की घोषणा १४९, "माँजी के महान आचरण से मुग्ध और अभिभूत" १४९, निरपराध १५०, नव-वधू का सलज्ज आचरण १५०, सौम्य १५०, (दाम्पत्य जीवन में) आपात स्थिति १५०, अनियत काल के लिए १५०, बड़ी कुशलता से (पीना) १५१, अनिद्रा का अनुभव १५१ ; *गुस्सा >* समर्पण-प्रधान व्यक्तित्व १५३, आक्रमण-प्रधान १५३, सदाव्रत १५३, विनोदप्रियता सक्रिय हो जाना १५४, आकस्मिक आगमन १५५, अवश क्रोश १५५ ; *बातचीत बेकार है >* दिनारंभ १५७, विलक्षण मानवीय १५८, (अख़बार का) पारायण १५९, "सुन्दर और शाश्वत संचारी भावों की अवहेलना करते हुए विनीता का सारा वात्सल्य-रस सूख गया" १५९—१६०, मल्ययुद्ध १६०, विवाहोपरान्त स्त्री १६० ; *प्यार के बाद >* सौजन्यतावश १६२, सम्मिलित (काँव-काँव) १६५, आत्मा संतप्त होना १६५, अनाटकीय १६५ ; *पीली लड़की >* स्वास्थ्यवर्द्धक औषधि १६६, (शब्द) क्रूर बैठना १६६, (चढ़ती चर्बी से) आक्रान्त १६६, दैनिकता (में घुसना) १६६, प्रौढ़ और मातृत्वमयी १६७, स्वभावगत (चुड़ैलपन) १६८, (लगाव) स्थापित होना १६८, प्रशंसा-सूचक (नज़रों से) १६९, प्रतिभाशाली (उम्र) १६९, निर्जीवता १७० ; *आत्मरक्षा >* हृदय-परिवर्तन १७१, शाश्वत (शिकायत) १७१, (फोन से संबन्धित) अन्तर्कथा १७१, संज्ञा [होश]

१७३, (ऑक्सीजन की) ग्रहणशीलता १७३, निष्प्रभ १७३, (हगनी-मूतनी देखकर) महत्त्वपूर्ण जानकारी प्राप्त करना १७३, ममतामयी १७३, पौष्टिक आहार की आवश्यकता १७४, आवागमन १७४, महत्त्वपूर्ण (खुसर-पुसर) १७४, श्रवणशक्ति १७४, गुरुकार्य १७४, (दायरा थोड़ा) वृहद् १७४, (अखबार) कंठस्थ करना १७४, सेवा में अर्पित करना १७५ ; *उपलब्धि* > कर्कश धतुस्वर १७६, बाल-काण्ड १७६, विरोध-पत्र १७६, "अविचल, उपस्थित और उप-स्थितियों को उजागर करती" १७७, "अनुशासन और उद्देश्य की अद्भुत एकरूपता" १७९, सामूहिक हाहाकार १८१, (तलाश में) सक्रिय १८०, हृदयविदारक चीख १८२, महा-उत्पाती १८३, संरक्षण १८४ ; *आज़ादी* > अनिद्रा १८७, कुपित रहना १९०, (दूकान को लेकर) कौतुक १९०

नरक दर नरक । पतनोन्मुख ७, शाश्वत ७, संदेहास्पद ७, 'पुनः मूषिको भव' ८, कृश (बदन) १८, साधन-प्रसाधन २४, दिनान्त (की मस्ती) २५, अकस्मात् २८, उपक्रम २८, निरापद ३०, निर्विकार भाव ३४, परितोष ३६, सौन्दर्यबोध ३८, प्रज्वलित ४४, अद्भुत प्रज्ञा-चक्षु ४९, रुष्ट ५१, प्रत्युत्पन्नमति ५६, संपर्क-संकेत ५८, देह-स्पर्श ६०, दुर्भाग्यपूर्ण ६३, उपद्रव ६५, अप्रिय ६८, (युद्ध की) अनैतिक गुरिल्ला प्रणाली ६९, जनसंपर्क करना ७४, आहार-नियोजन ७५, कार्यकारिणी समिति ७५, सेवामुक्त ७५, अवर्णनीय (थ्रिल) ८१, परिनीताओं का पूरक ८५, तत्पर (सर्विस) ८५, सिंहनाद का क्षण ८५, समवेत स्वर ८५, (सुबह से) निरन्न ८६ ८७, निनाद ८७, कौतुकमय ८७, निर्लिप्त भाव से ८७, कोलाहलयुक्त ८८, वयोवृद्ध ९३, मध्यान्तर ९७, तिलकधारी १०२, नवजीवन (की तरह) १०३, भीमकाय (सज्जन) १०४, व्यक्तित्व-संपन्न १०५, पतिव्रत १०९, सुरक्षागृह ११०, समशीतोष्ण ११३, कटिबंध ११३, विभोर ११५, बालकाण्ड ११६, हृदयविदारक स्वर ११७, प्रतिक्रियावादी ११८, चंद्रयात्री १२१, उत्कंठावश १२३, शून्यांक १२७, धातु-लय १२९, भावुकतावाद १३१, लांछन १३४, मसिजीवी १३४, महाउत्पाती १४३

एक अदद औरत । *लड़के* > (बेहिसाब) जिजीविषा १९७, तीव्र गति ··· मंद १९७, उद्धत (प्रेमी) १९८, कार्य-कलाप १९९, माप-तौल निरीक्षण विभाग २००, गुप्तचर विभाग २०१, खाद्य निगम अनुभाग २०२ ; *राएवाली* > सवाक् चिन्ता प्रकट करना २०४, एक नवीन गुरुता का बोध करना २०४, भयंकर वेश्यागामी २०६, प्रचण्ड मुद्रा २०७, (घर का सही) नेतृत्व २०७, आस्था द्विगुणित २०७, एकबाण २०८, हृदय-विदारक २०७ ; *वसन्त—सिर्फ़ एक तारीख* > आह्लाद २११, शाब्दिक हिंसा २१२, विषयान्तर २१२, मार्ग-निर्देशन २१२, गर्भावस्था के अन्तिम चरण में २१३, (चेहरा) मृत २१४, व्यग्रता २१४, (उठने का) उपक्रम करना २१४, शालीनतापूर्वक २१४ ; *तस्कीं को हम न रोयें* > तीव्र एवं तीक्ष्ण २१५, वक्ष २१६, कलह २१६, उद्दंडता २१७, कारुणिक मूर्खता २१७, शुभ्रा-सम्मलेन २१७, प्रातःकालीन (रेडियो) २१८, सूर्य-नियति का आतप २१८ ; *खाली होता हुआ घर* > रुग्ण (पस्ती) २२१, निष्क्रिय २२१, भिन्न कोटि का २२१, 'पुनः [पुनर्] मूषिको भव' २२२, अपार श्रम २२३, (के प्रति) निर्विकार २२३, दैनिकता का दानव २२४ ; *एक अदद औरत* > प्रतिहिंसात्मक कार्यवाई के अन्तर्गत २२६, वंशी (बजाना) २२६, हतबुद्धि-सा २२६, एकत्र करना २२७, एकछत्र स्वामित्व २२७, (चेहरे की) शिराएँ २२७, जिज्ञासा शान्त होना २२७, सफलतापूर्वक (बेवकूफ बनाना) २२७, अद्वितीय सुख २२७, झंकृत होना २२७

प्रेम कहानी । योग्यता-छात्रवृत्ति १११, धमनी १११, पुनरुज्जीवित ११२, स्फूर्तिजनक ११४, अनुशासनहीन ११४, विपरीत दिशा १२०, क्षण के अणु अंश में १२२, अतिरिक्त प्रबन्ध १२४, देय १२४, स्वागतार्थ १२५, अविभाज्य १२७, आरोह-अवरोह १२८, कृश (और कोमल) १३१, अकस्मात् १३७, अवाक् १३७, चेतन-तन्द्रा १३७, बलिष्ठ १३८, सर्वांग १३८, निःशब्द १३८, सशब्द १३८, उद्वेलित १४०, कौमार्य(-भरा) १४०, अप्रत्याशित १४०, स्पंदन १४१, संबोधित १४२, (ममी की) मुद्रा १४२, कुकृत्य १४३, परोक्ष १४३, अनाश्वस्त

१४३, संशयालु १४३, निलंबित करना १४३, शरणस्थल १४३, निर्वासन १४३, (सपनों का) सिंहद्वार १४४, आश्वस्ति १४५, उद्विग्नता १४५, उद्घोषक १४६, सूचनात्मक (आवाज़) १४६, दंडवत १४७, विराट शुभचिह्न १४७, सुरम्य १४७, सौन्दर्यबोध १४८, समृद्धिबोध १४८, अनवरत १५२, पद-लोलुपता १५३, वायुमंडल १५४, कुख्यात १५६, व्याधि १५७, कलंकित १५७, सायंकालीन सेवा १५८, घृणित १५९, उपद्रव १६१, त्राहि-त्राहि करना १६२, अवहेलना १६३, दुर्बल देह १६५, वैभव १६९, तत्पश्चात १७४, रक्तस्राव १७६, उच्चता-प्रदर्शन १७७, हेय (दृष्टि) १७७, उत्फुल्ल १७७, बृहदाकार १७७, आधिक्य १७८, एकान्तिक (उदाहरण) १८१, बल-प्रयोग करना १८५, समाधि-स्थित १८८, अविलम्ब उपचार १९०, दुराशीष १९०, कार्याधिक्य १९२, तिक्त १९३, सात्त्विक १९४, गतिरोधक १९४

प्रतिदिन । *काली साड़ी* > चिर-परिचित (लटका) २३२, असमर्थ (लटकता पर्स) २३२, शृंगार करना २३३, मृगतृष्णा २३३, उत्सव पर्व २३३, शाश्वत अधिकार २३३, संजीवनी शक्ति २३४, कृतकृत्य २३४, निःसंदेह २३४, प्रथम कोटि का पति २३४, नगण्य २३४, सारगर्भित भाषण २३४, वक्तृता २३४, दृढ़ संकल्प २३४, विजयदुन्दुभी २३५, 'दत्तक पति' २३७, विलक्षण २३७, पुष्पवर्षा २३७, सपत्नीक २३७, आह्लादित २३७, अतिरिक्त आय २३७, (पक्केपन की) पुष्टि २३८, (नोट) स्वाहा होना २३८, निष्पाप २३९, क्रोध-कक्ष २३९, तिक्त २३९, सूर्य-स्नान २४० ; *आपकी छोटी लड़की* > पैदल पारपथ २४४, कुशाग्र बुद्धि २४५, वार्षिकोत्सव २४६, "एक पुरस्कार व्यक्तित्व के लिए, एक वक्तृत्व के लिए" २४६, अवाक् रह जाना २४७, अवश (रुलाई) २४८, एकल नृत्य प्रतियोगिता २४८, प्रत्येक (मिसी बाबा) २४९, हृष्ट-पुष्ट २४९, उत्कट अभिलाषा २५०, (अपना) शाश्वत वाक्य बोलना २५०, विचित्र अट्टहास २५१, सदाव्रत (बंद करो) २५१, सहसा २५४, चकित (है दुनिया) २५४, (नृत्य एक) सात्त्विक क्रिया २५४, वश (चले तो) २५६, मणि [प्रतिभा] २५९, परिवार-प्रशस्ति २५९, परिवार-पुराण २५९ ; *एक जीनियस की प्रेमकथा* > "ऋण, अग्नि और शत्रु को कभी शेष नहीं छोड़ना" २६०, "मंत्रिमंडल से लेकर मित्रमंडली तक" २६१, विस्फारित २६१, निष्पलक (भोलापन) २६१, कौमार्य की गरिमा २६१, तेजस्विता २६१, क्लान्त २६१, शालीनता २६१, वंशी २६२, अहम् प्रसन्न और प्रफुल्लित २६२, संक्षिप्त सान्निध्य २६२, अवकाश-प्राप्त २६२, दृष्टिकोण (बेहद) आदर्शवादी २६२, भाव का पोषण २६२, श्रेष्ठ मानना २६२, एक अन्वेषक के आनन्द से २६२, प्रेम-प्रसंग विशिष्ट गरिमा से मंडित २६२, व्यवहार में संयम और विवेक २६२, प्रेम-निवेदन काव्यात्मक बना देना २६२, (कविता) के प्रति मौन सन्देश संबोधित करना २६३, पुलक २६३, अधिक गहन, संवेदनशील २६३, चकित ही नहीं, विस्मित २६३, रचना से अलंकृत करना २६३, विस्मित-विस्फारित नेत्र २६३, प्रेम की तरलता २६३, व्याप्त होना २६३, तटस्थ दर्शक २६३, आश्चर्यलोक २६३, प्रेयसी २६३, श्रोता-रूप २६३, मदनातुर २६४, भीरुता २६४, तल्लीनता २६४, सुन्दर, सुशील, सुशिक्षित २६४, गौरवान्वित २६४, कुशाग्र पुत्र २६४, गरिमापूर्ण (ढंग से) २६५, प्रणय से लेकर परिणय तक २६५, ऊष्मा २६५, प्रथमोल्लास की तीव्रता २६५, हतप्रभ २६५, (मिलने में) तरंग २६५, काव्यात्मकता २६५, (सुख-चैन की) सामान्य दैनिकता २६५, संपर्क-सूत्र शिथिल पड़ना २६५, साहित्यिक प्रवृत्ति २६६, विद्वत्ता का प्रदर्शन २६६, प्रतिस्पर्द्धा २६६, श्रेष्ठता स्थापित २६६, आत्मविश्वास, अहम् और व्यक्तित्व क्षत-विक्षत २६६, सुन्दर और सुसंस्कृत २६६, अतिसंप्रेशन (की शिकार) २६७, निश्चिन्त, नियमित, नियत २६७, अभिलाषा २६७, केलि-प्रसंग २६७, व्याकुल और विचलित २६७, व्यग्रता २६८, दुखद परिणति २६८, आकुल, हतप्रभ और अवसन्न २६८, युवा, आकर्षक और अविवाहिता २६८, मधुर (आवाज़) २६८, युवा, सुन्दर और समान रुचियों वाला २६८, दो-मुखी आनन्द २६९, (खलनायिका की तरह) स्थापित होना २६९, संवाद स्थापित करना २७०, (तनाव के लिए)

होना ३४२, (मकोड़ों का) विलक्षण संसार ३४२, सरूप ३४३, संक्षिप्त सारगर्भित भाषण ३४३, उज्ज्वल, चरित्रवान् और आदर्शवादी ३४३, प्राणपण ३४३, मंजन ३४४, (नींद में) विघ्न ३४४, (ज़ुबान) मृत होना ३४६, अध्ययनशीलता ३४६, मृदुता ३४६, कटिबद्ध ३४६, ज्वलनशील पदार्थ ३४८ ; *मुहब्बत से खिलाइए* > सुरुचि, स्वच्छता और सौन्दर्य ३४९, गर्व का उल्लास ३४९, स्तुति ३५०, चंचल और वाचाल ३५०, मनोयोग ३५०, मृदु ३५१, तटस्थ (दिलचस्पी) ३५२, संतोष, प्रसन्नता और सुख ३५२, नाटकीयता का ईंधन ३५२, (सब) विषाक्त हो जाना ३५२, पाकशास्त्र ३५३, अभिजात्य ३५३, कल्पनाशक्ति ३५४, सहृदय, सफल एवं संपन्न ३५४, कलात्मक ढंग से नमस्कार करना ३५५ ; *अट्ठावनवाँ साल* > समय-सापेक्ष ३५६, निरापद (जगह) ३५७, गरिष्ठ, सुस्वादु भोजन ३५७, विलंबित लय से वृद्ध होना ३५७, (जीवन कंपनी के हित में) व्यतीत होना ३५८, विक्रय-नीति ३५८ ३५९, प्रत्यंचा ३५८, (टेलीग्राम से) शोक प्रकट करना ३५८, विक्रय-निर्णय ३५८, खलकर्म करना ३५८, अतः (आशंकित) ३५८ ३५९, कर्तव्य भाव ३५९, ऊर्जा-क्षय ३५९, विक्रय-लक्ष्य ३५९, शीघ्रतापूर्वक (बाथरूम में जाना) ३६०, (कंपनी की) निर्दयता ३६० ; *मनोविज्ञान* > प्रयोगधर्मिता ३६२, आधुनिकीकरण ३६२, कृतिकार का गर्व और हर्ष ३६२, उच्च-अधिकारी ३६२, मनःस्थिति से अनभिज्ञ ३६३, चिन्ता में व्याकुल ३६४, आश्चर्य, आतंक से अवसन्न ३६४, मय (कैसेट के) ३६४, गोपन कक्ष ३६४, (नवीन का) प्राचीन संस्करण ३६५, एक से सापेक्ष और निरपेक्ष ३६५, सुन्दर, संभ्रान्त महिला ३६५, मोक्ष का मार्ग ३६६, कमनीय, कोमल, क्लान्त ३६६, विचारों के व्यूह ३६७, साहित्य-मर्मज्ञ ३६७, कला-रसज्ञ ३६७, छायाकार ३६७, छायाचित्रों की एकल प्रदर्शनी आयोजित होना ३६७, विकृतीकरण ३६८, रंगचेतना समझना ३६९ ; *आलमारी* > सह-अस्तित्व ३७१, दुग्धाहारी (परिवार) ३७१, (अपनी लम्बाई का) विज्ञापन करना ३७१, भीमकाय ३७२, दानवीर ३७४, (कमरे का) व्यक्तित्व खंडित ३७५ ; *बिटिया* > वरपक्ष ३७८, वज्र (की तरह गिरना) ३७८, लावण्यमयी (बिटिया) ३७९, भावना-रहित ३७९, शान्ति भंग करना ३८०, वचनबद्ध ३८१, मुद्रा-संकट ३८२, कृष (हाथ) ३८५, (कर्कश आवाज़) ग्रहण होना ३८६ ; *दर्पण* > निर्भीकता ३९०, समस्त रूप-लावण्य मात्र रात्रिकालीन संपदा ३९०, निरन्तर निरपेक्ष ३९०, निरापद (किस्म की) ३९१, स्त्रियोपयोगी (पत्रिकाएँ) ३९१, देह के आरोह-अवरोह ३९३, (चपटा) वक्ष ३९३, पुष्ट (कूल्हे) ३९३, सौन्दर्य सम्राज्ञी ३९३, रूपगर्विता ३९४, दर्प ३९४

जाँच अभी जारी है । *सेमिनार* > (बिजली कटौती के) अन्तर्गत ११, वानस्पतिक विस्तार और वैभव १२, देवदारु १२, स्नान १२, कलाजगत १२, आचार-शास्त्र १४, पुष्प-वर्षा १४, घटनाविहीन १६, (लगातार) दीक्षित करना १६, (नकलची) स्वर १७, उद्गार १७, निश्चिन्त होना १७ ; *उमस* > (गोल / हाय-हाय) व्यक्तित्व बनना १९–२०, स्वाभाविक परिणति १९, वातावरण में तारतम्यता १९, निरंतरता और दैनिकता की ⋯ उपलब्धि १९, सुरम्य (घाटी) २०, उन्मुक्त कंठ २०, धारावाहिक दृश्य २०, संक्षिप्त (कद) २१, निस्पंद-निश्चेष्ट २३, स्वतन्त्र और स्वधर्मी २४ ; *जाँच अभी जारी है* > (सम्मानित) राष्ट्रीयकृत बैंक २५ २८, आकृष्ट करना २५, अग्निपरीक्षा २५, मुख्य (हॉल) २५, गौरवान्वित २६, शत्रु २५, शाखा-प्रबंधक २६, (शहर के) हृदय में स्थित २६, प्रतिद्वंद्विता २७, आवर्ती जमा योजना २७, रक्षाकवच २७, निरर्थक दुश्चिन्ता २९, अनुशासनात्मक (कार्रवाई) २९, अपरिपक्व अनुशासनहीन अधिकारी २९, परामर्शदाता ३१, निरापद ३१, अभियुक्त ३२, प्रार्थनापत्र प्राप्त करना ३२, महाधूर्त ३३, (डिफेंस की) रूपरेखा बना लेना ३४, सहृदय ३४ ; *रजत जयन्ती* > परिवार नियोजन कार्यक्रम के कीर्तिमान तोड़ना ३८, (कैरेक्टर) नष्ट होना ३९, सुन्दरतम रूप ४०, उग्र ४१, निर्विघ्न (फोटो) ४४, हीरक जयन्ती ४४ ; *इक्कीसवीं सदी* > महालेखाकार भवन ४५, (साइकिलों का) समुद्र ४५, आशावान ४६, सुखी-समृद्ध ४६, क्रमिक अनशन ४७, पुनर्परीक्षा का कुचक्र ४७, मूलभूत

मूल्य सुरक्षित रखना ४७, यथायोग्य आदर ४७, आकाश कदम निरभ्र ४७, अप्रत्याशित सद्भाव से अभिभूत ४८, (गर्म चाय का) प्रलोभन ४८, सभी व्यवहार (की उम्मीद) ४९, प्रारंभिक आश्चर्य ४९, मध्यकालीन (डेस्क) ५०, बीस सूत्रीय कार्यक्रम ५१, हतबुद्धि-सा ५१, क्रुद्ध होना ५२, षड्यंत्र ५२ ; *दाम्पत्य* > (कुकर की) कर्कश (सीटी) ५५, (चकला-बेलन की) निःशब्द वार्ता ५५, शाश्वत सूत्र ५७ ; *नया त्रिकोण* > निर्देशानुसार (प्यार करना) ५९, महानता का गुणगान ५९, युद्ध-घोष ६१, पुनः ··· आसीन ६१, (माँ एक) छुट्टी-कालीन वार्षिक प्रसंग ६१, (न गवारा न) ग्राह्य ६१, अदम्य ६२ ; *प्रिया पाक्षिक* > महिलोपयोगी पत्रिका ६३, नगण्य राशि ६३, अपमानजनक पारिश्रमिक ६३, पाठिका ६४, नितम्ब-भार ६४, सवाक् वाचन ६४, साप्ताहिक भविष्य-फल ६४, व्यावसायिक प्रतिभा ६४, अतः ६५, परिशिष्टांक ६५, शेषांश ६६, प्रायोगिक (जाँच) ६६, विद्रूप ६७ ; *अनुभव* > एकछत्र राज्य ७०, विकराल मुद्रा ७३, उजड्ड (शहर) ७४, बुद्धि भ्रष्ट होना ७४, लयबद्ध (थपकी) ७५, स्त्री-स्पर्श ७६ ; *नायक* > (पीरियड) नियत करना ८३, घनिष्ठ संपर्क ८३, निर्माण के स्वप्न ८४, विध्वंस की तीव्र इच्छा ८४, घोर विरक्ति ८४ ८६, (शैतान के) वंशज ८५, क्षोभ के पश्चात् ८५, स्नेहिल ८५, मौलिकता नष्ट करना ८६, विलक्षण विविधता ८७, शत्रु ८८, अवसरवादिता ८९, (अपने हीरो का) विध्वंस ९०, ग्लानि ९०, परिचित आत्मीय दृश्य ९१ ; *वर्दी* > योगदान ९४ ; *चोट्टिन* > काक दृष्टि ९८ ; *झूठ* > निर्भीक लेखिका १०३, दिलेर संपादक १०३, अनामंत्रित रचना १०३, (साथ रहने के लिए) अभिशप्त १०४, (ताकतवर) क्रुद्ध सिंह १०४, (टक्कर लेने के लिए) प्रतिबद्ध १०४, स्वीकृतिपत्र १०४, परिणति १०४, विश्वभ्रमण १०४, अमोघ अस्त्र १०४, धराशायी १०४, घटनाप्रधान साहित्य को प्रश्रय देना १०४, प्रवक्ता १०५, क्रुद्ध (पीढ़ी) १०५, नौकाविहार १०५, निरभ्र १०५, नितान्त निर्जन १०५, तन्द्रा १०५, पत्र-व्यवहार १०६, यथास्थिति १०६, प्रफुल्लता १०७, अतिशय कृतज्ञता १०७, जिज्ञासु दृष्टि १०७, हतबुद्धि १०७, दोनों प्रौढ़ थे और परिपक्व १०८ ; *शॉल* > अवसन्न १११, द्रवित १११, मानवतावादी कार्य १११ ११२, जर्जर ११२, (काम) संपन्न होना ११२, कठोर दृष्टि ११३, कोप ११३, भीषण (गुस्सा) ११३, सुखकर ११३, असीम करुणा ११५, असह्य क्रोध का ज्वार ११५ ; *इरादा* > कातर ११९, पावन कर्तव्य १२०, निरोग [नीरोग] १२१, शंकालु दृष्टि १२२

एक पत्नी के नोट्स । (बॉस के) उद्गार ८, वित्त-वर्ष ८, विस्फारित ८ ११, निष्पलक ८, क्लान्त ९, निःशब्द ९, गंतव्य ९, वंशी ९, प्रफुल्लित ९, संक्षिप्त सान्निध्य ९, आह्लाद ९, विशिष्ट गरिमा से मंडित प्रेम-प्रसंग १०, पुलक १०, मंगलचिह्न १०, विस्मित १० ११, नेत्र ११, तरलता ११, व्याप्त होना ११, आश्चर्यलोक ११, भीरुता १२, तल्लीनता १२, गृहकार्य में दक्ष १२, कुशाग्र (पुत्र) १२, ऊष्मा १३, प्रथमोल्लास १३, तीव्रता १३, तन्मयता १३, विद्वत्ता का प्रदर्शन १४, प्रतिस्पर्धा १४, प्रतिद्वंद्वी १४, शून्य बनाना १४, कलहकुल १४, निरीह १४, कारुणिक १४, क्षत-विक्षत १४, सुसंस्कृत महिला १४, अति-सम्प्रेषण १५, केलि-प्रसंग १६, निरुद्देश्य १७, उच्छृंखल(ता) १९ ५३, मानसिक कोपभवन १९, सर्वोच्चता २०, शिरा २१, शब्दातीत आनंद २१, समस्त सृष्टि, २१, विराट् २१, सायास उपक्रम २३, व्यवधान २४, गोपन-कक्ष २९, पातिव्रत ३१, परंपराशून्य ३१, संवेदनाशून्य ३१, निर्जल-निरन्न ३१, संक्रांति-काल ३१, साहित्य-मर्मज्ञ ३२, कला-रसज्ञ ३२, विकृतीकरण ३३, अवहेलना ३६, अजीर्ण ३७, अभीष्ट ३७, गुहामानव ३८, सतत आवेग का आमंत्रण ३८, सर्वांग ४०, निस्तेज ४०, विषाक्त ४४, मुखमुद्रा ४५, तिरोहित ४६, प्रेमी पति ५१, अकिंचन ५१, निस्तब्धता ५१, प्रलोभन ५३, शारीरिक शुचिता ५३, उच्चताबोध ५२, दृष्टि-विनिमय ५४, कापुरुष ५४, अमृतकुंड ५५, आत्मस्थ भाव ५६, नवमातृत्व ५६, आभा ५६, उपहार ५६, पदार्पण ५७, तिक्त ५८, समयोचित ५८, अन्वेषी ५८, गाम्भीर्य ५९, गुहा ६०, निर्वाक् ६०, अवरुद्ध ६२, अवज्ञा ६३, समूल (हिल जाना) ६४, (दूना) वेग ६५, (दुःख में) समभागी ६६, उष्णांक ६७, हिमांक ६७, जघन्य ६७

तृप्ति १८४, जीवन निस्सार लगना १८६ ; *किताबों में कैद आदमी >* (आंटी का) संबोधन और सम्मान १८७, वैचारिक विशालता सक्रिय होना १८८, ठंडी निरपेक्षता १८९, विख्यात विद्वान १८९, अवसादग्रस्त १८९, दत्तचित्त होना १९१, आत्मीय [करीबी] १९१, परिमार्जित १९१, आत्मदया और अत्मविनोद १९३ ; *पर्याय नहीं >* अपेक्षाकृत १९४, आपातस्थिति १९४, उपकरण १९४, भावुक आशीर्वाद १९५, हृदय से १९६, उद्वेलित १९६, महत्त्व और अस्तित्व निहित १९६, ज्ञान का अकूत भंडार १९६, मनोवेग १९६, नगण्य स्तर (का प्रैक्टिस) १९६, कार्यकुशलता से साक्षात् १९६, हृदयहीन (डॉक्टर) १९७, (अभिव्यक्ति में) हृदयहीनता नहीं, बालसुलभ उत्तेजना १९८, उपद्रवी १९९, प्रचण्ड १९९, क्षोभ १९९, सशंकित दृष्टि १९९, मानव-सेवा का संकल्प २००, मानवता का प्रताप अवरुद्ध ···, अनिरुद्ध नहीं २००, हानि-लाभ के संसार में प्रविष्ट होना २००, जीवन, जगत् और जनता के प्रति २००, बाल रोग विशेषज्ञ २०१, पुण्य-प्रताप २०१, प्रफुल्ल २०१, विज्ञान का तथ्यपरक संसार २०२ ; *एक अकेला दुःख >* (दर्द पेट के गढ़े में) शूल २०३, अतीत एक शरण-स्थल २०४, इंगित करना २०४, शून्य (में ताकना) २०५, (ठंडी) निर्विकारता २०५, दुर्गा-द्रोही २०५, आग्रहों का रूपान्तरण २०५, नश्वरता २०६, नैराश्य २०६, नैरन्तर्य की अनिवार्यता २०६, अंजुरि २०६, दुर्दिनों की दुःखद श्रद्धांजलि २०७, वेतनभोगी (नौकर) २०७, उत्सवधर्मी २०९, ग्लानि २०९, प्रशस्त (राह) २०९ ; *अर्द्धांगिनी >* समस्त सौन्दर्य और सम्मान २१०, देवप्रतिमा २१०, भाग्यवान २१०, अन्तर [आत्मा] २१०, (अन्तर में) आर्त्तभाव २१०, शल्यक्रिया २११, कल्याण २११, अद्भुत अनुभूति २११, परस्पर आलंबन २११, जीवन-रक्षा २११, सर्वोपरि २११, (अन्तर का) काठिन्य २११ २१४, (जीवन) निस्तेज, निरर्थक और निष्प्रयोजन २११, उपकरण की निरर्थकता प्रकट होना २१२, प्राकृतिक सजीव वक्षस्थल २१२, वाम अंग २१२, (चुस्ती) आभा २१२, विकट प्रश्न २१२, विद्वान् (माता-पिता) २१२, (देह का) वैभव २१२ २१४, सपत्नीक २१२, (कैंसर का) उपचार २१२, देह-यष्टि पर दृष्टि टिकाना २१२, दुष्कर २१२, संवेदनशीलता का परिचय, तार्किकता का नहीं २१२, तर्कातीत २१२, साहित्य का अध्येता २१३, सौन्दर्यशास्त्र के सिद्धान्त और चेताना २१३, मर्मस्पर्शी संबन्ध २१३, (बाहरी) अलंकरण २१३, गोलार्द्ध (और गुंबज़) २१३, (नींद में) निमग्न २१३, कवि कोविद् २१३, रूपसी २१३ २१५, प्रीतिकर संबन्ध में देह-संगीत एक सिम्फनी की भाँति २१३, दरिद्र २१३, "हर स्त्री की देह में सरगम का आरोह-अवरोह है, श्वास-प्रश्वास के साथ स्पंदित वक्षस्थल है, प्रिय को हर्षातिरेक के शिखर पर ले जाने का सामर्थ्य है" २१३, (लुटी हुई) वंचिता २१३, दुर्निवार जड़ता में जकड़ा २१३, उस क्षण २१४, गर्भधारण २१४, अपनी असहमति-बोध पर वश २१४, क्षुब्ध २१४, (दिन-दिन दरकता) मनोविज्ञान २१४, (बायाँ) वक्ष २१४, निर्णय में सक्रिय सहमति २१४, सृजन का सार २१५, सुख का गर्भगृह २१५, श्लथ और शान्त २१५, शिशु क्रीड में २१५, अनुरक्ति का प्रतीक सृजित करनेवाली महाशक्ति २१५, नैरन्तर्य और ऐश्वर्य २१५, घनघोर पीड़ा २१५, इन्द्रधनुष का वितान २१५, प्रार्थना का शिल्प २१५, अप्रतिम अभिव्यक्ति २१५, सर्वोत्कृष्ट संस्करण २१५, गर्व और विश्वास २१६, अमृत [माँ का दूध] २१६, रस-धार २१६ ; *बच्चा >* उत्तीर्ण २१८, गहन गंभीरता २१८, (भोला लेकिन) गंभीर मुख २१९, (हिंसा और दंगे) के चक्रवात २१९, विराट स्वप्न से वंचित २१९, हत-संकल्प २१९

दौड़ । सम्पूर्ण सृष्टि निश्चेष्ट ९, मार्जार योनि का ९, शिखरचुम्बी १२, प्रशिक्षु सहायक (मैनेजर) १२, मरीचिका १३, सामिष भोजन १४, सुसज्जित (डेरी शॉप) १८, (हवा) शुद्धीकरण संयंत्र २०, तन्मयता २१, व्यापार-लक्ष्य (सिद्ध करना) २१ २४, चिकित्सक २२, स्पर्द्धा २३, उत्पादन २३, विपणन २३, विक्रय २३, वैकल्पिक उत्पाद २३, विज्ञापन-अभियान २३, वंशानुगत सीमाएँ २४, मुक्तांगन २५, 'पुनसृजित' [सटीक रूप से पुनःसृष्ट अथवा पुनःसर्जित] २६, प्रशिक्षार्थी ३०, "सूचना, ऊर्जा, वित्त और विपणन" ३०, ग्राम

स्तर पर ३०, निजी उद्यम ३१, "प्रवचन समापन प्रक्रिया में था" ३३, प्राणिमात्र ३३, सफलता के कीर्तिमान ३३, "शान्ति के शरणागत" ३३, अवहेलना ४६, विषतुल्य ४७, सर्वांग संताप ५६, शर-शूल ५७, खरमास ६४, 'पूर्वाग्रह से ग्रसित' [सटीक रूप से ग्रस्त] ६५, सर्वांग-सुन्दरी ६५, काल-न्याय ६६, कृतज्ञता का आलोक ६७, स्त्रियोचित गुण ६९, सूचना विज्ञान ७८, तंतुजाल ८१, "उसी में था इनका ब्रह्माण्ड और ब्रह्म" ८३, सृष्टि विस्तार ८३, अन्तस् ८५, शिष्य-मण्डली ९२

मुखौटा । —

निर्मोही । —

थिएटर रोड के कौवे । *थिएटर रोड के कौवे >* विचित्र क्षण १, आत्मनिर्भर २, गतिरोधक २, श्रद्धा २, एकान्त-प्रेमी २, चिर-कौमार्य २, सौम्यता २, निशिचर्या ३, दिवंगत ३, भवसागर ३, स्थितप्रज्ञ ३, निस्संग ३, कर्कश (कोरस) ४, प्रातःकालीन अभ्यास ४, अतिकथन ४, प्रतिनिधिमंडल ४, अस्वच्छ अनुभूति ७, गृहसेविका ७, द्वार ७, कागचेष्टा ७, गलित मांस ७ ; *उनका जाना >* पाषाण-प्रतिमा ११, गहन चिकित्सा कक्ष ११ १५, निस्पंद और अचल ११, (सिर में) छिद्र १२, आगामी एकाकीपन १३, भावुक अश्रु १३, प्रसन्नचित १३, रक्तचाप १३ ; *चोरी >* लघुशंका २०, संक्षिप्त कार्यवाही सम्पादित करना २०, स्थापत्य २१, सुरक्षा जाल २१, सशंकित (नज़र) २३, प्रश्नकर्ता २३, अपराध-मनोविज्ञान २३, शोध-स्वीकृति पत्र २३, पंजीकरण-पत्र २४, निर्देश-पत्र २४ ; *सूनी >* "संन्यासी-सा जीवन व्यतीत कर रही थी" २८, संवेदनहीनता २९, त्यागमयी ३०, करुणाशील ३०, कोमल हृदय (की स्त्री) ३०, (अचूक) अस्त्र ३०, "समय का विस्तार और व्यूह" ३१, निराकार शत्रु ३१, प्रथम श्रेणी से प्रेरित ३२, वक्तृत्व ३२, उद्वेलित ३२, स्वप्न-जाल की रचना ३२, निरीह और निराश्रित ३२, शुष्क ३३, क्षुब्ध ३३, हतोत्साहित ३३, 'अकाट्य' [अकर्त्य] (सुझाव) ३३, ऊष्मा ३५, उग्रता ३६, सौम्यता ३६, परिमार्जित ३६, करुणा से भरा हृदय ३६, निस्पन्द ३६, शिशु-हत्या ३७ ; *छोटे गुरु >* इतिहास का सर्वेक्षण ३८, एकछत्र राज्य ३९, कलह ३९, अनवरत ३९, क्षीण और व्यक्तित्वहीन ४०, स्वपाकी ४०, चिन्ताग्रस्त ४२, अस्पष्ट (तकलीफ) ४२, निरुपाय ४२, संकल्प ४२, उद्गार ४३, सच्चरित्र ४३, विपत्ति ४३, आकस्मिकता ४४, असुरक्षा-भाव ४४, समस्याग्रस्त ४४, व्यतिक्रम ४४ ; *ख़ुशक़िस्मत >* परीक्षाफल घोषित ४६, रक्तरंजित ४७, संज्ञाशून्य ४७, (कर्मचारियों से) अद्भुत सामंजस्य ४७, कर्तव्य-पालन ४७, गौण (बातें) ४८, शल्य-चिकित्सा उपलब्ध होना ४८, दुश्चिन्ता ४८, हितैषी ४९, असफल अभ्यर्थी ४९, दरिद्र ४९, जिज्ञासा ४९, भावना का संचार ४९, तर्क-क्षमता ४९–५० ; *नए दोस्त >* प्राणतत्त्व १४९, चैतन्य २५२ + *कौए और कोलकाता >* नामोच्चारण १७, तृषित १८, भूतपूर्व सुंदरी १९, पराभव १९, देहयष्टि १९, अन्तर्राष्ट्रीय व्यस्तता का अभ्यस्त १९, अभूतपूर्व से भूतपूर्व बनना १९, युवा प्रतिद्वन्द्वी १९, कुटिल प्रायोजक १९, वैवाहिक विज्ञापन २०, वैवाहिक पृष्ठ २१, [महिला] प्राचीन दिखाई देना २१, भग्न हृदय २१, हताश हुंकार २१, आत्मलिप्त २१, वयस्क मनुष्य २२, वैदेही २३, अन्तर्गत का अनावरण २५, (परिन्दे का) आघात २५, वक्ष २५, उरोज की त्वचा २५, विवर्ण (चेहरा) २५

अँधेरे का ताला । तरंगित ८, धर्मक्षेत्रे कुरुक्षेत्रे सम्भवामि युगे-युगे १६, नियमावली १७, तन्द्रा १९, आत्मलिप्त २०, गृहविज्ञान प्रयोगशाला २०, अघटित घटना २०, वृत्त [गोल] २१, "क्रोध का प्रचण्ड आवेग" २१, (मनोबल की) प्रत्यंचा २१, रक्त-ताण्डव २२, मानवीय धरातल २३, रक्तरंजित २४, पराक्रम २७ ३१, शून्य प्रायः २७, सम्बर्द्धन ३०, वणिक-बुद्धि ३०, मासिकधर्म [माहवारी] ३७, नटविद्या ३७, जलपोत ३८, सप्ताह-भंगुर ३९, अधिभार ४५, वित्तविहीन ४५, अनानुदानित ४५, प्रबन्धकतंत्र ४५, भाग्यविधाता ४५, नियति-नियंता ४५, हस्तगत करना ५३, लक्ष्यभेदी ५५, "मंत्रणा में लिप्त" ५७, अनिर्णीत ५७, वरीक्षा ६८, प्रायश्चित्त-स्वरूप ७७, अंशकालिक ९६, ग्राम अंचल १०३, विहंगावलोकन १०४, शुभ्रवसना १०५, लिपिकीय १०८

काके दी हट्टी । *काके दी हट्टी* > सचेत ७, आमोद-प्रमोद के बाद प्रमाद ७, धर्मपरायण (लोग) ७, कल्याण-परिषद् ११, वातानुकूलित (हॉल) १२ ; *एक रिश्ता तो था* > वार्षिक अनुबन्ध १७, नवीनीकरण १७, स्वप्न १८, स्वाधीन, स्वायत्त और स्वयंसिद्ध १८, उच्चाधिकारी १९, नगण्य १९, अनुबन्धित २० ; *जाते हुए लोग* > अतिरंजना २३, गहन चिकित्सा कक्ष २३, विवर्त २५, क्रन्दन २६, विक्षिप्त अवस्था २६, निःशब्द सान्त्वना २६, श्वास-नली २६, गगनभेदी विलाप २७, (किताबों का) आगत-निर्गत २७ ; *सुरक्षा का आतंक* > दुश्चिन्ता २८, (बेतरह) प्रतिकूल ३२, उन्मुक्त ३२, उदीयमान (शायर) ३३, सरलीकरण ३६ ; *इलाज* > घुमन्तू ३८, वीथी ३८, (जादुई) लोक ३८, दानशीलता का प्रताप ३९, नगण्य ३९, तथास्तु ३९, रहस्य-गाथा ४०, निष्प्रभावी ४०, सन्त मुद्रा ४०, निर्जलीकरण ४१, कक्ष संख्या ४१, नेत्र-विशेषज्ञ ४१, वरिष्ठ और गरिष्ठ ४१, क्रुद्ध और कुपित ४२ ; *दूसरी आज़ादी* > प्रताप ४७, (घर-)गृहस्थी ५२ ; *शक* > अवहेलना ५५, प्रेमपूर्वक (बोर होना) ५६, संगठनवृत्ति ५७, भर्त्सना ५७, चरित्र-हनन ५७, सहृदय और स्नेही ५८, अन्योन्याश्रित (जीवन) ५८, अस्तित्व समाप्त होना ५९, कुख्यात ६०, (बातें) प्रसारित होना ६१, आमोद-प्रमोद ६१, पदाधिकारी ६१, मनोयोग ६१, सर्व-सम्मति ६१, धनिष्टता ६२, निश्चिन्ततापूर्वक ६२, (माखन-मिश्री-सी) वाणी ६३, कोषाध्यक्ष ६३, चरित्रवान् ६३, शालीनतापूर्वक ६३, (ऑरेंज स्क्वैश) प्रस्तुत करना ६३, सहमति प्रकट करना ६३, (गुलाबजामुन बनाने में) पटु ६३, निष्फल ६४, (चटक-मटक) आधुनिका ६४, मंत्रमुग्ध ६५, जलतरंग ६५, आजन्म ६५, शुष्क ६६, आग्नेय दृष्टि ६६, जीवन की सान्ध्य बेला ६७, प्रेम-निवेदन ६७, (पत्नियों से) सन्धि ६७, रमणीय स्थल ६८, सौन्दर्यवादी सम्भावना ६८, निर्मल ६८, पश्चात्ताप और प्रायश्चित्त ६९, चयन करना ६९, शर-शय्या ७०, (साँचे में ढली) देहयष्टि ७०, नवयोवना ७०, उद्विग्न ७०, दारुण दुःख ७४, किसी अनिवार्यतावश ७४ ; *शिष्या* > गतयौवना ८०, पारंगत ८०, प्रश्नकर्ता ८०, निसार ८०, राग-द्वेष ८२, सुस्वादु (चटनी) ८४, ससंकोच ८८ ; *ज़ोरदार तालियाँ* > आदेश का तुरन्त पालन ९१, सभागार ९१, शुद्ध पानी की बोतलें (तु० मिनरल वॉटर) ९१, चेतना जागृत होना ९१, दीपाधार ९२, सुरक्षा कर्मचारी ९५, निरुत्तर ९५, अलंकृत ९५ ; *एक पति की मौत* > परित्यक्ता ९७, सधवा ९८, आत्मलिप्त-सा ९९, दुःस्वप्न १०१, अस्फुट स्वर १०२ १०३, उत्कंठा १०२,आक्षेप १०२, सान्निध्य १०३, अनिच्छा १०३, उत्कट प्रिया १०३, क्लान्त (नींद) १०४, (भरपूर) चीत्कार १०४ ; *छोटे खिलाड़ी* > (नियमों और दस्तावेज़ों) वज्र १०५, निर्देश-पुस्तिका १०५, टीकाकरण केन्द्र १०७, नगर निगम १०७, क्षमा-याचना प्रसारित करना १०८, प्रतिध्वनि बनना १०९, विद्युत्-तरंग ११०, सिद्धहस्त (नर्स) १११, दिव्य जीवन १११, आयोजक-परिषद् १११, तरंग ११२, सजीव (मैच देखना) ११२, कोण ११२, शीतल पेय ११२, भावभंगिमा ११३ ; *अनावश्यक* > स्त्रियोचित गुणों से मंडित ११९, मनश्चिकित्सक ११९, नैसर्गिक ११९, सृजनात्मक (हाय-हाय) ११९, नरमुण्ड ११९, अमानुषिक कृत्य १२०, विपन्न १२० ; *फिर भी प्यार* > आक्रान्त १२२, युवतर १२३, यायावरी १२४, चिन्तातुर १२४, शून्यांक १२५, चपलता १२५, घुमन्तू १२६, (पर्वत की तरह) निश्चल १२६, पराजय-बोध १२६, जय-जयकार १२६, औचित्य १२६, अवमानना १२६, हृदय में प्रतीक्षा १२६, (प्रेस-)विज्ञप्ति १२६, तिरोहित १२७ १२९, सम्मानीय अतिथि १२७, असम्पृक्त १२८, हितैषी १२८, प्रफुल्ल १२८, दुष्कर कार्य १२९, जल-समाधि १२९, प्रिया १३०, स्थूल १३१, सम्भ्रान्त १३१, अतिथि-कक्ष १३१, बन्धनमुक्त १३२, अतिचार १३३, अंशकालिक १३३ ; *वारदात* > व्यसन १५४, मधुमेह १५५, अवकाश-प्राप्त १५६, कल्याण-समिति १५६, सर्वसम्मति १५७ + *एक अकेली तस्वीर* > विद्युत्-गति १५, स्वप्निल-स्वप्निल घूमना १५, इन्द्रियों को कंठस्थ कराना १५, शैथिल्य १५-१६, भान होना १५, व्यवस्था में कोई नूतन प्राप्ति १७, उन्माद का आवेग १७, उत्साह का नाद १७, सूर्य की किरण १८, आत्म-साक्षात्कार का दर्पण १८ ; *परदेसी* > आयतन ७६, तर्क ग्राह्य होना ७६, घनघोर परिश्रम ७६, दुभाषिय

७८, समय सकुशल बीतना ७९ ; पण्डिताइन > (कॉलोनी की) स्वीकृति ८३, अवगत होना ८३, अनभिज्ञता (में मस्त रहना) ८३, प्रतियोगितात्मक परीक्षा ८३, चतुर्थ श्रेणी की रिक्ति ८३, यथार्थवादिता पर अवाक् ८४, पुरातन और पारंपरिक (तरीका) ८५, कदाचित जीवन का नैरन्तर्य ८६, नामिनी ८७

दुक्खम-सुक्खम । सृजनशीलता ७, रोदन ९, विकटतर १०, दैनिकचर्या १०, उदर १७, सौरगृह १९, ग्रहणशील वर्ष २०, महारथी २०, जयघोष २१, "आरोह-अवरोह, आक्रमण, षड्यंत्र, दुरभिसन्धि" २१, आग्नेय (आँखें) २२, विकार २५, श्रेयस्कर २६, (कड़वी) जिह्वा २७, वल्गा २७, निष्णात २९, लज्जा-जनित (प्रतिक्रिया) ३०, निरीहता ३०, स्तंभित ३१, वैतरणी ३२, विशाल फलक ३२, मुद्रा-प्रेम ३३, मनप्राण ३३, जडवत् ३३, "सुन्दरता, सलज्जता और सौम्यता अप्रितम" ३३, प्रिया-वीथी ३३, यथायोग्य (उपहार) ३५, पथ्य लेना ३९, चिन्ताग्रस्त ४०, दुर्घटनावश दिवंगत ४६, दुर्वासा पक्ष ४६ ७८, लघुशंका ४६, सुपात्र ४६, सान्निध्य ४७ २५०, कृपण ४७, तरंग ४८, आमोद-प्रमोद ४९ १०२, उद्विग्न ४९, मितव्ययिता ५० १७७, प्रफुल्लित ५१, विषम ५६, विह्वलता ६२, देही ६४, अनसूया (बहू) ६४, चंडी बनना ७१, उद्यत ७४ ११५, रणक्षेत्र ८०, बालजीवन (घुट्टी) ८४, व्याख्यान-कक्ष ८७, ओत-प्रोत होना ८८, पूर्वाह्न ९०, रात्रिकालीन ९२ १५६ १६९, चित्रपट ९२, क्षत-विक्षत ९२, ग्राह्य ९६, श्वसुर ९६, वेगमान ९९, देह-विषमता ९९, प्रवेश देना ९९, वणिक-पुत्र ९९, क्षेपक १०१ १२४, उत्सवधर्मिता १०२, सन्नद्ध १०२, "तमसो मा ज्योतिर्गमय" १०२, काव्योच्छ्वास १०९, उत्तप्त १०९, संतप्त, १०९, सद्यः(-प्रकाशित) १०९, धमनी १०९, आह्लादित ११५, समवेत स्वर ११५, भीषण ११५, उत्कंठा ११५, आसीन १२१, निर्विकार १२१, उद्वेलित १२२, मीमांसा १२२, प्रतिगामी प्रभाव १२३, संघर्षधर्मिता १२५, अभिभूत १२६, सीमान्त [फ्रंटियर] १२८, पूर्ववत् १२९, रक्षक-भक्षक १३२, अवगाहना १४०, अर्गला १४४, वीरगति पाना १४६, सर्वग्राही (गुंजलक) १४६, अवसन्न १५०, चिन्तामग्न १५१, निःशेष १५१, अवरुद्ध १५१, नृत्यनाटिका १५३, "पराजित, परास्त और प्रत्यावर्तित" १५३, विचारमग्न १५५, उत्फुल्ल (भाव) १५६ २११, निष्प्रयोजनता १५७, प्रकृतिस्थ १५७, सघन चिकित्सा कक्ष (तु० आईसीओ) १५८, सेवा-शुश्रूषा १५८, सर्वांग १५९ २६२, उज्ज्वल १६०, प्रथमोल्लास १६०, विचारलोक १६०, चिन्तातुर १६०, के निमित्त १६९ २३४, सुविज्ञ १६९, मर्मान्तक १७२, बाल-मन १७४, आर्त्तनाद १७५ १८४, तृप्त १७५, उत्पात १७६, विपदा १७८, प्रेमातिरेक १७९, विरहातिरेक १७९, कार्यक्रम-निष्पादक १८१, अर्हत्ता १८१, (संतापों से) त्राण १८१ २०९, अद्यतन करना १८१, अनाचार १८२, अनिच्छुक १८३, प्राण विकल हो जाना १८३, "सौम्य सुन्दर मुखाकृति में सज्जनता का आश्वासन" १८३, विदग्ध १८४, उद्दाम (प्रेम) १८५, रुग्ण (मानसिकता) १८५, अंतर्कथा १८८, वृहत्तर (घर) १९३, षोडशी १९३, आधुनिका [स्त्री] १९४, "यथा नाम तथा गुण" १९८, रूपवान २०१, गर्वोक्ति २०१, स्पंदन २०७, राजसी (भोज) २२२, युक्ति लगाना २२५, जीवनसंगिनी (प्रिया) २२७, निगूढ़ २२७, (सरल और) सुबोध २२७, उपहारस्वरूप २२७, सुबोध २२७, वर्जना २२८, रक्तस्राव २३०, नृत्यांगना २४४, अभियान्त्रिकी २४५, वितृष्णा २४५, प्रेमतन्तु २४६, सौन्दर्यबोध २४६, विचार-सम्पदा २४७, बौद्धिक ऐश्वर्य २४७, प्रतिक्रियायित होना २४७, स्फुट (विचार) २४७, (राह) आलोकित करना २४९, परिमार्जित २४९, आयकर अधिकारी २५१, निरुत्तर २५१, मतिभ्रम २५१, अपचर्चा २५३, वचनधर्मिता २५५, उत्ताल तरंगें २५५, यातनादायक २५५, रक्षात्मक २५५, अन्तर्बाह्य २५५, रक्तचाप २५५, चरित्रहीनता २५७, निराकरण २५८, निवृत्त होना २५९, अनुबंध २६०, जल-प्रपात २६१, (फॉल्ज़ का) वेग २६१, प्रवेश-द्वार २६१, आह्लादपूर्ण २६२, रसवंती २६२, मूक (फिल्म), संपादन-कक्ष २६२, आत्ममुग्ध २६३, स्व-प्रेमी २६३, (कच्ची) कमनीयता २६३, परोक्ष/प्रत्यक्ष उद्देश्य २६३, व्याप्त (सराहना) २६४, अपदस्थ २६४, प्रौढ़ा २६६, रक्तप्रवाह २६७, परिचर्या २६७, परिचारक २६८, निस्तेज २६९, निश्चेष्ट २७१

थोड़ा सा प्रगतिशील । *जी>* गोलार्द्ध १७, नामपट १७, (मद्धम) गति १७, उन द्वारा १८, विशुद्ध (अंग्रेज़ी) १८, आलोकित १८ २१, प्रश्नकर्ता १९, [किसी को] सामान्य करना १९, समुद्र-स्नान १९, तन्वंगी २०, वल्कल २०, कौपीन २०, स्पन्दित २०, स्वप्न २०, स्फूर्ति २०, मित्रगण २०, आभास २१, निर्जन २१, अभद्रता २२, विचलित २३, आत्मकेंद्रित-सा २३, यंत्रणादायी २४ ; *कामयाब>* विलोम २७, अंगरक्षक २८, हार्दिक अभिलाषा ३०, रोमरहित (रेशमी बाँहें) ३२, मय ३२, मासिक आय ३२, दत्तक पुत्र ३२, मुखमुद्रा ३३, अधीरता ३४ ; *मुहब्बत का मौसम>* स्वागत कक्ष ३८, (कलीग) विराजमान ३९, ब्रह्मकुमारी ४१, अर्द्धविराम ४१, (ड्राइवर की) वार्ता ४३ ; *खुशियों का लौटना>* चक्षु ४५, क्षत-विक्षत ४६, निष्प्राण ४६, आक्षेप ४६, अपात्र ४८, कुपात्र ४८, क्लेश ४९, प्रलयकारी ५०, जल-समाधि ५० ; *वह लड़का जिसे गर्मी लगती थी>* स्वेद-स्नान ५२, दुर्लभ दिवास्वप्न ५९, (स्पेशल ठण्डा) पेय ६० ; *संस्कृति>* स्वभावतः ६४, आज्ञाकारी ६४, लेखपाल ६४, गणवेश ६४, मञ्जूषा ६४, आपादमस्तक ६४, प्रदूषित ६४, "संयत, सात्त्विक और अनुशासनप्रिय" ६५, व्यवसायी ६५, कुपित ६६, अग्रगामिता ६६, तन्वंगी ६६, चिक्कन ६६, केश ६६, नीलाभ ६७, अंगवस्त्रम् ६७, नवता ६७, (चाँदी)मंडित ६७, श्रीफल ६७, निष्णात ६७, तरणताल ६७, प्रतिवर्ष ६७, "कलकत्ता महानगरी की भव्यता" ६७, अद्वितीयता ६७, भुवनमोहिनी (मुस्कान) ६८, किंचित् ६८, रुक्ष (स्वर) ६८, विस्थापन ६८, कर्तव्य-पक्ष ६८, तर्क-पक्ष ६८, वणिक्-वर्ग ६९, नितान्त ६९, वयोवृद्ध ७०, संस्थापक-द्वय ७०, अट्टालिका ७०, नियमावली का निर्धारण ७२, संकटमोचक ७२, न्यास-निधि ७२, कला-वीथी ७२, प्राण-तत्त्व ७२, सैद्धान्तिकी ७२, व्यावहारिकी ७२, क्षमायाचना करना ७२, प्रस्थान-बिन्दु ७३, दिग्-दिगन्त ७३, विद्वत्तापूर्ण (साहित्यिक ग्रन्थ) ७३, श्रद्धांजलि ७३, विस्मयकारी (सभा) ७३, शत-प्रतिशत उपस्थिति ७३, शोक-संतप्त ७४, निष्णात ७५, जर्जर स्वास्थ्य ७५, उपक्रम ७५ ; *प्रेम>* युवाकाल ७६, आरोह-अवरोह ७६, संकटग्रस्त ७६ ; *परली पार>* जघन्य ८६ ; *बाज़ार>* व्याधि ८७, रक्तशर्करा ८७, सर्वविदित ८७, स्वपरीक्षण वाले उपकरण ८८, दिवास्वप्न ९२ ; *फरवरी की एक शाम>* नवकुबेर ९५, प्राकृतिक खाद ९५, (बार काउंटर) निर्मित किया जाना ९५, उपवन (में बारबेक्यू) ९५ ९९, मधुशाला ९६, बाला ९६, शलभ ९६, मधुबाला ९६, मुहूर्त ९६, गतयुवा और गतयौवनाएँ १०१ ; *चाभी>* धारावाहिक १०२, (कंप्यूटर-)विज्ञानी १०३ ; *थोड़ा सा प्रगतिशील>* कमनीयता १०७, नृत्यमुद्रा १०७, प्राविधि खाता १०९, (स्कूटर) आवंटन १०९, निरापद ११०, अधुनातन १११, आद्योपान्त १११ ; *पटकनी>* नकारवादी ११३, केश-सज्जा ११४, प्रतिगामी संस्था ११५, योजनाबद्ध ११८, मुदित मन ११८, परीक्षाफल घोषित होना ११८

❖ तद्भव, देशी एवं मिश्रित शब्द ❖

छुटकारा । *बड़े दिन की पूर्व साँझ>* हकबकाना २९ ; *वे तीन और वह>* सालाना रिपोर्ट ३४, इंस्पेक्टरी (निगाह) ३६ ; *यह जरूरी नहीं>* घिघियाना ४२ ; *बीमारी>* बिजली की केतली ४४, झुनझुनाना ४४, बहननुमा ४५ ; *छुटकारा>* गोखना ५३, जाँच-पड़ताल विभाग ५५ ; *ज़िन्दगी—सात घंट बाद की>* उजलापन ६१, (टेलीफोन) खड़काना ६१, सरकारी अफ़सर ६२, (स्टोव की) भरभराहट ६२, गुमसुम चूल्हा [साइलेंसर] ६२, पिचपिच ६३, अफ़सरी ६४, 'नकुछता' ६४ ; *पिछले दिनों का अँधेरा>* मेट्रिक प्रणाली ६६, अचानकपन ६७ ; *साथ>* कड़की (के दिन) ७१ ; *बेतरतीब>* (दो-चार) रवायती शब्द ७२, ठौर ढूँढ़ना ७३, अनमनाया ७४, (प्रेम की) मियाद मापना ७४ ; *शहर*

शहर की बात > रूखा-ग्रस्त ७५, ओटला ७५, फ्लश की टट्टी ७८, लीचड़ (गर्मी) ७९, अफ़सोस-ग्रस्त मुद्रा ७९ ; वे > दन्नाना ८१, 'सहीतम' (व्याख्या) ८३, दियासलाई ८५, उछटा-सा (परिचित) ८६ ; दो ज़रूरी चेहरे > (घर) भिंचा-भिंचा लगना ८८, डबडबाना ८८, (बहुत हो चुका) सोग ९२, (अकंख्षा से) भकभकाना ९३, कान तक दहका देना ९४, बिनाई [बुनाई] ९८, बीमा पॉलिसी ९८, उलाँकना ९८, (सवेरे की) नीम-आभा १०२, मन उचटना १०३, कै (का स्वाद मुँह में) १०३, मैटरनिटी अस्पताल १०४, (आँखों को) चौंध लगना १०५, (पानी) उलट-पुलट होना १०७ ; + बीतने के बाद > चीनी की चौकोर टिकिया ७० (उत्कर्ष पत्रिका), नींद के नुस्खे ७०, चाय-बोर्ड का चाय-सेंटर ७१, छिटककर (बात करना) ७३, भेलपुरी हाउस ७४

बेघर । साज-सँवार २१, चाल-ढाल २६, घरू ३१, ज़रूरीपन ३५, निरा ३७, पत्नीनुमा ३७, गुदकारा ४१, गुपचुप ४४, काम डायरी ४९, चुमकारना ६९, धाँधली ६९, (सड़क) लाँघना ७१, गैर प्रान्त ८४, भकभकाना ९९, महाराष्ट्रियन १२२, दोतल्ली (बसें) १२८, (विस्तृत) मोलभाव १५२, गैरसंवेदनशील १५४, सुधारगृह १६५, बाबा सूट १६६, ढर्रा १६८, लड़ाईप्रियता १८५, सिंगार १८७, जोग दे जाना १८७

सीट नम्बर छह । सीट नम्बर छह > तुनकू ११२, अविवाहितपन ११२, झुरझुराहट ११२, लद्द से (गिरना) ११३, गुलगुला बोझ ११३, सूझबूझ से नहीं, बल्कि तुक्के से ११५, ढीलूराम (पति) ११७, हूश बनना ११७, (आँखों में) कीच ११७ ; फ़र्क नहीं > प्रतिरक्षा-कानून १२०, 'तीसरा-नेत्र' १२१, अख़बार-अध्ययन १२२, (पड़ोसियों के) गलेप [गिलाफ़] १२३, ढब्बुस १२३, (भीषण) तड़फड़ १२५, भुनभुनाहट १२७, बुदबुदाहट १२७, भनभनाहट १२७, बड़बड़ाना १२८, छुतहा (बीमारी) १२८ ; लगभग प्रेमिका > उखाड़-पछाड़ करना १३०, रिश्ते-छाप (संबोधन) १३२, (जीवन के) वित्तीय मामले १३६, लकदक १३७ ; निवेदन > ढिचरना १४२, तोतली गप्पें लड़ाना १४२, फुदकना १४२, सुरती १४३, 'आग बुझानेवाली गाड़ियों का स्टेशन' १४३ ; जितना तुम्हारा हूँ > (एड़ियाँ) उचकाना १४५, डबडबाना (आँखें) १४५, दब्बू १४६, किर्च भर १४८, मछलीभक्षी (बंगाली) १४९, चिनगी १५०, लीपापोती १५१ ; गुस्सा > बड़बड़ाहट १५२, किचकिच १५४, (ख़ास) मेलजोल १५५ ; बातचीत बेकार है > घुड़साल १५७, खादड़ [ऊबड़-खाबड़] १५७, सरकारवाणी १५९, (ख़र्च में शुद्ध) कतर-ब्योंत १५९, उचक-उचककर १६० ; प्यार के बाद > पड़ताल करना १६३, उजबक १६५ ; पीली लड़की > धाक जमाना १६८ ; आत्मरक्षा > ठहाकामार (अंदाज़) १७१, टपरा १७२, धिक्कारना १७२, हगनी-मूतनी १७३, खुसर-पुसर १७४, सोग १७४, पुच-पुच करना १७४, समाज सुधार उतावली १७४, कौंचा(-कढ़ाई) १७५, (दिमाग़ का नक्शा) गुचड़-मुचड़ हो जाना १७५ ; उपलब्धि > मिलबाँटकर १७६, चलाचली १७७, मेलमिलाई १७९, तितर-बितर होना १८३, मँझला १८३ ; आज़ादी > तमेड़ा १८६, लटूरबाबा १८६ १८७, धौल जमा करना १८७, कलाया [रिबन] १८७, छुनछुना १८८, रूअड़ (का पुलिंदा) १८८, 'झोटा' देना [पेंग] १८८, धमाचौकड़ी १९०, पड़हरी १९२, अलगौझा १९३, झउआ १९४

नरक दर नरक । परंपरा-परेड ७, गुड़िया-साइज़ १०, विश्व-प्रेस १४, सहपाठिन २३, ऊँची एडी की चप्पलें २४, लेखा-जोखा २४, डाँवाडोल २४, डूबापन २७, भरभराना २८, दन्नाना २८, चौंचक ३२, महँगाई-भत्ता ३५, तड़फड़ाहट ३६, धड़ाधड़ ३७, सौतिया डाह ४४, चल्ला [चाल] ४४, चमचोड़ ४५, लुगदी ४५, भकभकाहट ४६, दिन का दानव ४७, पैदल-पारपथ ५७, मूसा ६०, ओलती ६६, निराई-गुड़ाई ६८, भूल-सुधार [तु० क्षतिपूर्ति] ७०, पोंगा ७६, चिगलना ८०, भरजाई ८३, पीकदान ९२, ढोर ९६, उठवाँ ९६, सुलझाव ९८, टनटनाना ९८, अँजुरी १०१, घुटा-सिर (लड़का) १०२, पुख़्तापन १०४, अलमूनियम १०५, (चमगादड़) टिटियाना १०८, सेंतना १११, घुड़सवार पुलिस ११२, गश्ती टुकड़ी ११२, हाड़तोड़ (मेहनत) ११२, नकोटना ११३, किर्च-किर्च बाँटना ११३, टिमटिमाना ११५, मुतारी ११५, सर्वहारा ११८, मगज़पच्ची ११९, जेबी (किताब)

न्यारी (नगरी) २८२, कनस्तर २८२, बिस्कुट २८२, निबटना २८२, मिल्नत (का वक़्त) २८३, कटखना (जवाब) २८४, दमकल २८४, निरा (अपना) २८५ ; मन्दिरा > नेनुआ २८७, हो-हुल्लड़ २८८, तकनीकी भूल २८८, मिमियाहट २८८, (मीठी) झिड़की २८९, (कलश-सी) छलछलाना २९०, टुनटुनाहट २९० ; माँ > लेमनचूस २९३, चण्डी चढ़ना २९३, (मन में) तड़फड़ मचना २९४, डोकरी २९४, जगबीती २९५, खटोला २९५, बक्सा २९५, मटरमाला २९६, सयाना २९६, फलाँगना २९६, जतन २९६, बगलई २९७, खदेड़ना २९७, मुस्टंडा २९७ ; कवि मोहन > धर जाना २९८, गल्ला गिनना २९८, भक्-भक् (गुस्सा) २९८, अंटी २९८, पँसेरी का बाट २९९, (सामूहिक) नहान २९९, (कपड़े) फींचना २९९, चंट २९९, भरसक २९९, घोखना २९९, (स्वयं) निहाल होना ३००, चमकदार (लड़कियाँ) ३००, (पति का समस्त) कौवापन ३०१, लाड़ लड़ाना ३०२, मूती करना ३०२, जू जू पैंया ३०२, बिदकना ३०२, छानन में छीज जाना ३०३, चटपट (शादी कर देना) ३०३, गोद हरी होना ३०३, रपट (के अनुसार) ३०४, कालाबज़ारिया ३०४

लड़कियाँ । मैलखोर ७०, लम्बे-सड़क (ईमारत) ७१, बिजली बरतना ७१, रिहायशी फ्लैटों की इमारत [तु० रेजिडेंशियल बिल्डिंग] ७२, प्रेमगली ७३, झुग्ग के झुग्ग ७३, हबड़-तबड़ ७४, फ्लश-पद्धति ७५, अंजर-पंजर ७६, धड़धड़ाना ७८, नित (नया) ७८, तुक्तक ७८, विज्ञापन-एजेंसी ७८ ७९, अंटी खुलवाना ७९, कर-गुर ७९, जंतर ७९, धाक जमना ७९, सजधज ७९, चोर-जेब ८०, झलकी ८०, लू-लू किस्म का ८२, मटक्कू ८३, मैल-काट टिकिया ८३, लूट-खसोट ८४, ठूँठ ८६, चूँ-चपड़ ८६, ऊँचे दर्जे का मॉडल [तु० टॉपमॉडल] ८६, टूँगना ८६, मितली आना ८७, [कोई] पार्टी के प्राण होना ९४, फुलझड़ी-छाप (समाचार) ९६, छुटौनी ९६, घनघनाना १०४, गड्डमड्ड १०५, खलबलाना १०५, ठिठोली-ठण्ड १०७, देखा-भाला ११०

उसका यौवन । उसका यौवन > गड्डमड्ड ३०७, तरावट ३०७, मास्टरी ३०७, क्लर्की ३०७, अंधेर ३०७, सस्तई ३०८, सहजदिल ३०८, कुंद-दिमाग ३०९, (चाय) गुटकना ३०९, टहोका मारना ३०९, (नाम पर) बट्टा लगना ३१०, दवा कंपनी ३१०, अटकलपच्चू ३११ ; नयी दुनिया > हाड़-गोड़ ३१२, कूलना-कराहना ३१३, लद्दू घोड़ा ३१३, खून-नाल का (रिश्ता) ३१४, (खुरपी) झारा ३१६, निखालिस ३१७ ; अपने शहर की बस्तियाँ > बातून (आदमी) ३२०, महाबोर ३२०, मेहरी और महाराजिन ३२०, ढुलमुल ३२०, मुँह-सुजाऊ (सहमति) ३२०, (नौकरी की खातिर) कुड़कुड़ करना ३२१, ठिठुरन ३२१ ; आहार > मनोरंजन क्लब ३२४, रेस्तराँ-इतिहास ३२५, लूलू (समझना) ३२६, टीमटाम करना ३२६, बेयरा ३२७ ; पच्चीस साल की लड़की > चीमड़ (किस्म का) ३३०, (जूतों की) चमचमाहट ३३२ ; राजू > घर-द्वार ३३५, सुआद होना ३३५, बेकली छिड़ना ३३५, उड़स लेना ३३६, मलगजी धोती ३३६, कचामरी ३३७, नया-नकोर ३३७, (हाथ का) थापा ३३७, ठसका (दिखाना) ३३८, (झाँझ की तरह) झमकना ३३८, (सुनहरी) अचकन ३३८ ; मनहूसाबी > लस्त ३४१, मिर्च कॉम्पलेक्स ३४१ ३४३, शादी मिक्सचर ३४१, चटाक् से (मारना) ३४२, ड्योढ़ा [डेढ़] काम ३४४, अधजला (मुर्दा) ३४४, धक्का गाड़ी ३४६, ठेलमठेल ३४६, इकट्ठापन ३४६, बेखटके ३४६, किर्च भर ३४६, कथरी ३४६, प्लास्टिक चमड़ा ३४६, काँच का गुड्डा ३४६, घामड़ ३४६, कानकाटू (ध्वनि) ३४७, सब्ज़ी मार्केट ३४७ ; मुहब्बत से खिलाइए > उठाऊ चूल्हा ३४९, जिमाना ३४९, छंटाई ३४९, झल्लाहट या अकुलाहट ३५१, अघा जाना ३५२, मदालस ३५२, (होंठ) दमकना ३५४ ; अट्ठावनवाँ साल > लकदक रहना ३५६, गैसहर गोली ३५७, (बुज़ुर्गी) क्रमवार उतरना ३५७, जेट रफ़्तार ३५८, छिन्न-भिन्न हो जाना ३५८, तीती (गंध) ३५९, छोट-बढ़ाई ३५९, तौलिए का पगड़ ३६० ; मनोविज्ञान > रट्टू तोता ३६२, ओर-छोर ३६७, अबूझ चीख ३७० ; आलमारी > (बिल्ली को) तर माल भाना ३७१, कड़की ३७१, अटाअट (भरा होना) ३७१, (नींद) उचटना ३७२, (चिन्ता से) गद्‌गद् ३७२, संद ३७२, लकड़बग्घा ३७३, नित नया ३७३, विश्वघुमक्कड़ी ३७४, अबूझ हक्का-बक्कापन ३७५ ; बिटिया > मिलान

करना ३७६, (मुँह) बिचकना ३७७, ए०जी० दफ्तर ३७८, झाड़ फानूस ३७९, छुटई [बेटे का नाम] ३८१, (मच्छरों का) रैनबसेरा ३८५, अन्तड़ियाँ चकनाचूर ३८६ ; *दर्पण* > दुक्खम-सुक्खम ३८९, कोतवाली ३९१, मिनमिनाना ३९१, कसाले से (कमाना) ३९२, शृंगार मेज़ ३९३, (दर्प) दुचलना ३९४

जाँच अभी जारी है । *सेमिनार* > चंट ११, जड़ाऊ (हार) १२, चोटी का (कथाकार) १३, कुहासा १३, कँगूरा १५, लट्ठमार (जवाब) १५ ; *उमस* > सानी-पानी करना २०, घर का दलिद्दर २०, करधन २१, बिसात भर (उड़ानें भरना) २२, पाँव उचकना २२, (पक्षियों की) डार २२, जेट रफ़्तार से २२, (सुधारने का) बीड़ा उठा रखना २२ ; *जाँच अभी जारी है* > बिरले ही [कम लोग] २५, क्रॉसवर्ड-पहेली २५, हेठा ३१, घपले (और सौदेबाज़ी) ३५, देखा-भाला जाना ३५ ; *रजत जयन्ती* > (फोन) खड़काना ३७, ठसकर बैठना ३८, काटू हवा ४०, (खिड़की) उढ़कना ४०, लड़ाकों ४१, स्वाँग धरना ४३, पिटा-पिटाया ४३ ; *इक्कीसवीं सदी* > छात्र यूनियन ४६, झमाझम ४७, (बड़े) कोतवाल ५३ ; *दाम्पत्य* > (नींद में) गुड़प होना ५४, (थकान और) झाइयाँ ५४, दुमहिलाऊ ५६, गद्गद् (मुस्कान) ५६, चिल्लाहट ५७, बड़बड़ाहट ५७, भुनभुनाहट ५७ ; *नया त्रिकोण* > औंड़ा ५८, ठेयल ५८, धमाधम ५९, सटर-पटर (ढंग) ६०, स्कूल-चोर ६१, छुट्टी-कालीन ६१, मझला ६१, अलोना(-फीका) ६१, अमरमूर ६१, बौड़म सच्चाई ६२ ; *प्रिया पाक्षिक* > (ख़ाली-)खुक्ख ६३, छपास ६३, डींग हाँकना ६३, कम्पटीशन के इम्तहान ६४, भेद [राज़] ६४, बुढ़भस ६४, (चेहरे की) झाई ६४, (शातिर) सूझबूझ ६७, कलेवा-कालीन (लतीफ़ा) ६७ ; *अनुभव* > कटखना ६९, किट-किट ६९, किच-किच ७०, (खोमचे) कुमकुमाना ७०, संदूकड़ी ७१, चीकट ७४, मिनमिनाना ७५, कथरी ७७, दुचकना ७८ ; *पहली* > (मीठा नहीं) झिलना ७९, नेग ७९, धाना ८२ ; *नायक* > सील-धूल झाड़ना ८३, लद्धड़पना ८३, छात्र यूनियन ८४, खटराग ८५, बावेला ८५, चोला बदलना ९०, भाभी-भंगिमा ९०, धुला-पुँछा ९०, घुइयाँ ९१ ; *वर्दी* > हेकड़ी ९३, ठाठ निराले होना ९३, पिस्तौल वाली पिचकारी ९५, डरपोकपना ९६ ; *चोट्टिन* > पसीना-छाप ९८, फ़िल्म तारीका ९८, न्यौतना ९८, छाबड़ी ९८, गँडेरी ९८, कौंचा ९९, (बर्तनों की) हौदी १००, गल्ला १०१, झाँय-झाँय १०२ ; *झूठ* > लड़ैत १०४, हार, झख मार कर १०४, प्रूफरीडरी १०४, बाइफोकल चश्मा १०७, गैर-कलाकार (व्यक्तित्व) १०७ ; *शॉल* > चाय क्लब १०९, पुड़ा १०९, चुटीला ११२, सुड़ुपना ११३, टाटपट्टी ११४ ; *इरादा* > पखेरू ११६, पीहर ११६, भक्-भक् (गुस्सा) ११७, बंधुआ (मज़दूर) ११७, मरासू ११८, खरहरी (खाट) १२१, चंट १२२

एक पत्नी के नोट्स । सूझ-बूझ ८, भोलापन ८, झनझनाना ९, 'महाबोर' ११, लजा उठना ११, मनुहार १२, ठाँव १२, सुलहकुल १४, खटपाटी १९, कुम्हलाना २६, भीना-सौंधा ४३, बागडोर ४५, दमकना (होंठ) ४५, किटकिटाना ४६, डाँवाडोल ४७, चकमा देना ५२, उधेड़बुन ५३, किनोर ५५, सुरक्षा गार्ड ५७, कचोटना ६५, (अंतिम) कारज ६६, कै कर डालना ६६, मनुहार करना ६६

बोलनेवाली औरत । *बोलनेवाली औरत* > कुदेसिन १२५, (कुदेसिन से) ब्याह करना १२५, डिबेटिंग मंच १२७, उलटी खोपड़ी का १२७, अलस्सवेरे १२८, देर-सवेर [देरी] १२८, (होमवर्क) पार लगाना १२९, भरपूर घूँसा १३०, खौलना और खदकना १३१ ; *मेला* > सत्संगिन १३२, तीरथ १३२ १३३, पुन्न १३२, छकाना १३२, जटाजूट १३३, चँदोवा १३३, एकधुन में १३३, बजरा १३४, बंदर-टोपी १३४, मलाई-बजट १३४, छोलदारी १३५, जल-पाखी १३५, आश्रमी शक्ल दे देना १३६, कैम्प-अनुशासन १३७, मत्था टेकना १४०, घोसी १४१, रोशन गर्माहट १४२, उठंग छोर १४४, कंठी [हार] १४५, बिलखकर रोना १४५, धकापेल १४५, जल-पुलिस १४६ ; *लकी* > अठपेजी (मैगज़ीन) १४७, मास्साब १४७, क्लर्की १४८, शनि की ढैया १४९, तिकड़म १५०, दाँवपेंच १५०, जुगत १५०, मत्था टेकना १५०, खेवनहार १५३ ; *खिड़की* > लश्टम-पश्टम १५४, गलत-सलत (उच्चारण) १५४, (नींद) उचटना १५७ ; *जनम* > दानेदार (आवाज़) १६०, सोहर गाना १६०, कंडम (चाकू) १६१, पेट-चाक

कर पैदा करना १६१, डॉक्टरनी १६१ १६३, कलेजा हौलना १६१, बड़ी अम्मा १६१, मान-मनौवल १६२, (पपीते का) अद्धा १६३, रूठन १६३, रुखाई १६४, सिखा-बुझाना १६४, तमाखू डली की खुराक १६४, नले भारी होना १६४, तगड़ी १६५, सुड़क-सुड़ककर रोना १६५, राजपाट १६६ ; *रोशनी की मार* > ठसका और ढंग १६८, अकड़ू १६८, [किसी चीज़ की] काट जानना १६८, फरुआ १६९, झटकारना १६९, खुल्लमखुल्ला १७०, खड़े की (रसोई) १७१, (कड़ाही में) कौंचा चलाना १७१, एकदम बेसुध १७१ ; *सेवा* > आकस्मिक वार्ड [आईसीयू] १७५, (हाहाकार का एक) थपेड़ा १७५, (काली साड़ी की) पटली १७६, ज़िद्दी टाइप १७८ ; *तासीर* > डगमग चाल १८१, बखानना १८१, नोंक-झोंक १८२, किरायेदारिन १८२, सौंधी रोरियाँ सेंकना १८२, खटास छोड़ना १८३, घरलक्ष्मी १८४, तबेला चलाना १८४, ढब अखर जाना १८४, झिकझिक १८५, (दूध की) कमतास १८५, सुघड़ (गृहिणी) १८५, 'दूध-पुराण' १८५, कानकाटू (घंटी) १८५, निछोत (पानी) १८६, सानी-पानी करना १८६, चुकता कर देना १८६ ; *किताबों में कैद आदमी* > प्रिंसिपलवाली (कठोरता) १८७, पौली १८८, (जगह) छेक लेना १८८, मसखरा १८८, चरपरा १८८, बगटुट १८८, ऊँचा अफसर १८९, डाका पड़ना १८९, (इक्कीस) नग १८९, रंगारंग संसार में रमाना १९०, कपवाली केतली १९०, सुघड़ता [सुघड़पन] १९०, चोट हरी होना १९२, काइयाँ १९२, (इज़्ज़त में) बुड़का मारना १९३ ; *पर्याय नहीं* > जान लड़ा देना १९४, (आशीर्वाद की) झख १९५, कसाईपना १९६, वायरल बुख़ार २०१ ; *एक अकेला दुःख* > परीवा २०३, झुकपुका २०३, कूड़दिमाग २०३, हिलकी २०४, अनखना २०५, आनगाँव का २०५, ऑटोमेटिक घड़ी २०६, सुतकर (सफ़ेद होना) २०६, गलतागल्त २०६, सोग मनाना २०७, पेडस्टल पंखा २०७, लतरें २०७ ; *अर्द्धांगिनी* > चोली-कट (ब्लाउज़) २१०, स्तनकैंसर २१०, गर्हित २१०, होम्योपैथी दवा २११, लोच २१२, प्रेम-नेम निभाना २१२, तनावग्रस्त २१२, सराहना सजाना २१३, चिबुक २१३, सिरजनहार २१५, उलाँकना २१५, (कपड़ों की) डोलची २१५ ; *बच्चा* > (रद्दी चाय के) खोखे २१७, निबोली २१८, तिनतिनना २१९

दौड़ । दुड़िम ११, मैनेजरी १५, इनामी योजना १६, धिक्कारना २८, तेल का कुआँ ३१, (सागर) हहराना ३१, आध्यात्मिक हॉलिडे ३५, ई-मेल पत्र ५४, इलेक्ट्रानिक ताला ६०, त्यागना ६६, संवदिया ७६, चीकट ७७, बुढ़वा मंगल ८२, चकरघिन्नी ८५, तड़फड़ ९१, बड़कू ९१

मुखौटा । —

निर्मोही । —

थिएटर रोड के कौवे । *थिएटर रोड के कौवे* > साबुत समय १, (कॉन्वेंट में) पादरिन २, झटपट (दिवंगत) ३, गोलगुम्बद झाड़ी ३, (शाम का) झुटपुटा ३, फुटपाथी अभियान ४, काग-झपट्टा ४, पंछी-पखेरू ४, (डबलरोटी का) चौकोन ५, हेकड़ी ५, सकपकाना ६, छकाना ६, सिल [शिला] ६, झनझनाना ७, कागा ७, उलाहना ८, बकोटना ८ ; *उनका जाना* > (दरवाज़ा) उढ़क लेना ९, गुटका (डिक्शनरी) १०, थपकना १०, चिक-चिक १४, (सामान का) सिमटाव १६, उठावनी १६, रोआराट १६, (कंधे पर बैग) उचकाना १८ ; *चोरी* > ठुरठुराना २१, लोना (खाई दीवारें) २२, (नंगा-)बुच्चा २२, मझोला (कद) २३, ठिठकना २६, आधमआध २६ ; *सूनी* > खोंखियाना २९, चख-चख ३४, पंखिया ३४, लुंज ३६ ; *छोटे गुरु* > दुरन्धर (पहलवान) ३८, आश्रम टाइप (विद्यालय) ३८, अध्यापकी ३८, बूटी छानना ३८, राई-रत्ती ख़बर ३८, (शराब की) हौली ३९, तुरत-फुरत ३९, सिलाटना ३९, छँटनी ३९, सर्वहारा ४०, अँधियारा ४०, (अर्ज़ियाँ) बाँचना ४१, पउआ ४१, निपट (अँधेरा) ४२, घुटना-डुबान (पानी) ४२, (कमरे की) गौख ४२, धीरज धरना ४३, छूटमछूट ४३, ब्याहता ४३, कानोकान (ख़बर) ४४ ; *ख़ुशक़िस्मत* > लश्टम-पश्टम ४५, दुतल्ला ४५, फल्लाना ४५, औचक घात ४६, बिलाना [छुपना] ४६, लिथड़ा ४७, चौधराहट ४७, निढाल ४७ ४८, लीचड़पन ४७,

(डॉक्टर की) लल्लो-चप्पो करना ४८, (पुलिस) रपट ४८, ततैया हार ४८, पिलपिला (दावा) ४८, कट्टा ४९, ख़्याली पुलाव ५०, छुट्टा घूमना ५०, सनसनीपूर्ण (समाचार) ५० ; नए दोस्त > खटराग २४८, सागौन २४८, समाँ बँधना २४८, शहराती २४८, कुंडल २५०, बुरूस २५०, चैत २५०, बैसाख २५०, हारसिंगार २५०, रातरानी २५०, कामिनी [पौधा] २५०, तिपहिया (साइकिल) २५०, (पानी) खदकना २५०, (पंछियों की) डार २५०, झनझनाना २५१, निक्की-निक्की (रोटी) २५१, जतन २५२ + कौए और कोलकाता > चिपकन पट्टी १७, (विशिष्ट) सज-धज १८, झाल-मूड़ी १८, रिड़काना १८, फँसाव १९, विज्ञापन-जगत् १९, चित्रयुक्त कार्ड १९, बिस्तर कैद १९, ठुल्ली २०, चटपट (चला जाना) २१, ना-नुकुर २२, धुत्त (सो जाना) २२, धड़धड़ाना २२, रगड़ाई २३, (शरीर) झुर्राना २३, शेल्फ-भर (किताबें) २४, ऊहापोह २५, (पंजों की) खरखरी पकड़ २५

अँधेरे का ताला । अगड़म-बगड़म ७, फ़ीस बाबू १०, सिलटना १३, सचित्र रिपोर्ट २२, गिनगिन (स्वर) २३, भूनभून (शिकायतें) ३१, मुँह मस्कोड़ना ३३, भूख चमकाना ३३, परीक्षा-फॉर्म ३८, अवैध कब्ज़ा ३९, बिजली मिस्त्री [तु० इलेक्ट्रीशियन] ४२, सकेरना ४३, अधपन्ना ४४, टीप लगाना ४४, कोचिंग-केन्द्र ४७, सिविल सेवा ५१, घुप्प (अँधेरा) ५३, कूड़मगज़ी ५८, चूहामार दवा ७४, चस-चस ८५, ढिबरी-लाइट ८६, पोस्टमॉर्टम विभाग ८८, पूर्वसाँझ ९७, भरमराना ११२

काके दी हट्टी । काके दी हट्टी > धुँधुआना ७, बहल ८, तुरत-फुरत ८, (फोन) खनखनाना ८, चेत करना ९, तिस पर ९, जगर-मगर करना ११, बिजली मिस्त्री ११, उखाड़-पछाड़ ११, मक्कर (लोग) १२, सीठा १२, मान-मनौवल १३, झाड़-पोंछ १५, (क्रान्ति का) बिगुल १९, सेवा-शर्तें २० ; जाते हुए लोग > सलूनों २३ २६, कलाबत्तू २४, सलमे सितारे २४, कमलगट्टा २४, अरदब २४, टुकुर-टुकुर देखना २४, (ताश की) फड़ २४, जलभौंरा २६, गुनी-ओझा २६, गुहराना २६, सीलबंद २६, (नस) तड़कना २६ ; सुरक्षा का आतंक > गुलदाउदी २८, कारबाइन-धारी २९, पिस्तौल ३२ ३४, चौकसी ३३, दन्नाना ३३, छड़ ३५ ; इलाज > धन्नासेठ ३९, बुन्दा ३९, टीप बैठाना ४१ ; दूसरी आज़ादी > सुभीता ४६, ठसक ४७, कमाऊ पूत ४७ ; शक > मँझला (साइज़) ५७, गुप्तानी या अग्रवालनी ५७, उटाउट्ट ५८ ६६, लदर-फदर ६०, (मुर्दे की तरह) लुंज ६०, जोशीआइन ६०, बतरस और कनरस ६१, आपसदारी ६२, अडिग ६३, लम्पट ६३, बरजना ६४, (पेट) अफरना ६६, चुलबुलापन ६८, (रीढ़ की हड्डी को) झनझनाना ६९, चलगत ६९, उठाऊ (बिस्तर) ६९, पुदीनहरा ७०, लड़कीनुमा ७०, (पेट में) अफरा ७१, आँते-पीते जल उठना ७१, (चाँद की) उजास ७२, कमरतोड़ (सेवा) ७३, ऊदबिलाव ७३, पाटी ७३, घाघ (नज़र) ७४, (नींद) उचटना ७४ ; शिष्या > सेमल ८२, गदबदा (शरीर) ८३, भोजनभट्ट ८३, बीहड़ ८३ ; ज़ोरदार तालियाँ > गुर्राना ९१, चाकर ९२ ; एक पति की मौत > (गठिया की) गिठानें ९८, पत्र-कैसेट्स १००, सोहना १००, सिंगार का स्वाँग भरना १०० ; छोटे खिलाड़ी > नीक [स्वच्छ] १०६, मलेरिया-उलेरिया १०९, लबड़-धौंधौं १०९, बिदकना ११०, मगरमच्छ मलहम १११, एक दिनी (क्रिकेट मैच) ११२, मरगिल्ला ११३, लिक्खाड़ ११५ ; अनावश्यक > तमाश-देखू (भीड़) ११७, औसतपन ११७, खिसकने की ताक में होना ११८ ; फिर भी प्यार > आमूलचूल १२२, बमचख १२३, ड्रामाई १२४, घिरीट १२७, (खून) छलछलाना १२७, हंडे की रोशनी १२८, डायलॉगबाज़ी १३२ ; वारदात > हीलाहवाला १५७ + एक अकेली तस्वीर > पुचकारना १३, लाड़ लड़वाना १६, मरघटी (उदासी) १७, पुराने चल्ला का १८ ; बगिया > रोकड़ पुस्तक ६१, हिसाबीपन ६२ ; बगिया > अपेक्षाकृत (कुछ नरम स्वभाव) ६०, कार्यकलाप ६०, आय-व्यय ६२ ; परदेसी > प्यार-भरे कार्ड [~ ग्रीटिंग कार्ड] ७३, बवेला ७३, सरग मिलना ७४, मीसना [घुन्ना] ७४, (घर का) दलिद्दर ७४, सेंध मिलना ७४, चकरघिन्नी ७५, पलस्तर ७५, घिचपिच ७६, भुनभुनाना ८०, कनरस पड़ना ८० ; पण्डिताइन > बड़ी-मंगौड़ी ८४, तस्वीर मढ़नेवाली दकान ८६, कलपना ८६, धुर पिछवाड़ा ८७, पेट के जाये से ठगी ८७

❖ उर्दू ❖

छुटकारा । *बीमारी>* ताकीद ४५, हरारत ४५, (बीमारी की) बाबत ४६ ; *अपवी>* शुबहा ५०, गर्ज ५० ; *छुटकारा>* पुरअसर ५३, ईज़ाद करना ५६, बेशुमार ख़बरें ५६ ; *ज़िन्दगी—सात घंट बाद की>* बेशुमार (काम) ६१, बिलावजह ६३ ; *बेतरतीब>* बदहवास (गति) ७४ ; *शहर शहर की बात>* हाजमा ७७ ; *बे>* (पर्याय) ईजाद करना ८४ ; *दो ज़रूरी चेहरे>* हिकारत ८८, खूँख्वार ८९, हस्बेमामूल ९२, मोहलत ९२, बेसब्री महसूस कर गुमान ९७, दिमाग़ पर बेतरह ज़ोर १०७

बेघर । कब्ज़ २७ ११६, गर्ज़ ३१, मर्तबान ३५, मुलामियत ४१, तैश ५३, खत ५६, उन्नाबी ६२, मोहलत ७२, तर्ज़ ८२, मर्ज़ १२२, खब्त १२६, वक्फ़ा १३१, पेशगी किराया १४४, रुतबा १६५, मसलन १६५, अक्सीर १७६

सीट नम्बर छह । *सीट नम्बर छह>* बगैर यह शऊर किए ११२, आगाह करना ११३, जगह के एवज़ में ११३, करख्त (आवाज़) ११८ ; *फ़र्क नहीं>* बेमालूम (तरीके से) १२७ ; *लगभग प्रेमिका>* बेमुरव्वत १३१, नियामतें हासिल होना १३१, मयस्सर होना १३१, गोया १३७ ; *निवेदन>* शोख (लूँगी) १४० ; *जितना तुम्हारा हूँ>* मिज़ाजपुर्सी १४८, मनबहलाव १४८, बहस-मुबाहिसा १४९, बेतकल्लुफी १४९ ; *बातचीत बेकार है>* हिमायती १५८ ; *पीली लड़की>* अदना १६७ ; *आत्मरक्षा>* मुस्तैद हो जाना १७१, फतह १७१, फ़ुरसतपसंद १७४, तबसिरा पेश करना १७४ ; *उपलब्धि>* मोहलत १७८, बुर्कानशीन १७९, गमगीन (आवाज़) १७९ १८०, (उदासी के) नश्तर १७९, बारजा १७९, आला शक्ल १८०, (कौन) नापाक १८०, (सुनने की) ताब १८२, बलवा १८२ ; *आज़ादी>* सतर १८५, मुनादी १८६, हुज्ज़त १९०, ज़र्राह १९३

नरक दर नरक । बिना ८, आमादा होना ८, फालिज १४, बेतरह १५, नदीदा(पन) १६, ज़ाहिराना तौर पर १७, "लाहौल बिला कूवत!" २१, हुजूम २५ ९६, बेगार २६, असल २७, रूमानियत ३२, बदस्तूर ३२, वाकफियत ४२, ताकीद ४४, मलीदा ५२, कवायद ५८, शगल ६०, शह ६३, वज़ीफ़ा ७१, किफ़ायत ८१, हुज्जत ८१ ९३ ९७ १०२, इत्तला करना ८२, इलहाम ८७, गैर-सहूलियत ९१, हसरत ९५, तुर्श ९६, यकमुश्त १०३, अंदाज़ (=अंदाज़ा) लगाना १०४, खालिस १०४, बकाया १०६ १२१ १२४, मालिकान १०६, साबका १०८, अहसान-फरामोश १०९, ख़ास-उल-ख़ास ११०, राहजनी ११८, खानसामाँ १२३, मोहलत १२६, सुर्खरू १३३, लिहाफ १३४, चेहल्लुम १३८, अलम १३९, बुर्कानशीन १३९, नश्तर १३९, नौहा १४०, वहशियाना १४१, मुखातिब १४२

एक अदद औरत । *लड़के>* ताकीद १९८, तअल्लुक १९९, फ़ख्र १९९, बेगार २००, आयं-असां २०१, (जीप के) हाकिम २०२ ; *राएवाली>* ज़हीन २०३, चोबदार २०४, हाजत रफा करना २०६, नालिश २०७, फ़ौरन से पेशतर २०७, मजमून २०७, हवन्नक २०८ ; *वसन्त—सिर्फ़ एक तारीख>* मुखातिब २१२ ; *तर्स्की को हम न रोयें>* (इतवार की मिट्टी) पलीद होना २१६, बदस्तूर २१८ ; *खाली होता हुआ घर>* शिकस्त २२१, गैरहाज़िर २२२, ज़ब्त करना २२३ ; *एक अदद औरत>* (हिरन की तरह) अलमस्त २२६, माद्दा २२६, आज़िज़ आकार २२७, (कमर) सतर [टेढ़ा] होना २२७, मनसूबा २२८

प्रेम कहानी । असबाब ११२, नग ११२, दर्जा (आठ) ११३, शोहदेनुमा ११४, खबीस ११७, दिलोजान से (फ़िदा) ११८, मजमून ११९, नफ़ीस (भाषा) ११९, मुहब्बतनामा १२०, बेसिलसिला १२१, इलाही लम्हे १२२, हद-दर्जा १२३, दिलफरेब १२६, ज़हीन १२८, (लायब्रेरी का) दरबान १३०, हिज्रे १३८, लरज़-लरज़ १४०, मसरूफ १४०, की बनिस्बत १४३, आमादा १४३, मुखातिब १४५ १६४, (चाय-)बागान १४७, खुदे १४८, ज़लील करना १५०, ज़ब्त कर जाना (अकर्मक!) १४८, मुर्दनी १५३, नामाकूल १६०, मुहैया करना १६२, गलीज़ १६२, इतमीनान करना १६४, के नक्शेकदम १७०, लानत-मलामत १७१, कारबार १७२, खलल

१७३, रोब ग़ालिब करना १७३, नफे-नुकसान १७५, मुहाल होना १८१, सुपुर्द करना १८१, तीमारदारी १८३, मोहलत १८३, ज़हन १८४, अदना १८४, गश १८८, अलस्सुबह १९२, पलीद १९५

प्रतिदिन । *काली साड़ी* > कशीदाकारी २३१, (साड़ियों पर) नूर २३१, (नायलॉन) एक नियामत २३१, शोहरत २३२, दौलत में इज़ाफा २३२, नदीदी नज़र २३२, नफ़ीस (शिफॉन) २३२, बामशक्कत ज़िंदगी २३२, "दिल कुर्बान, डिबिया कुर्बान" २३३, शाहदिल इनसान २३४, वसूली में कोताही २३५, हसरत और हौसले २३६, सरूर २३७, हुक्मउदूली २३९, मनसूबा २३९, तोहमत २३९, (एकाउंट) सिफ़र कर डालना २३९, निसार नज़र २४० ; *आपकी छोटी लड़की* > बनिस्बत २४४, लाम पर जाना २४४, रश्क २४६, खुराफात बरदाश्त २५०, "थकान से लस्त और हौसले से पस्त" २५०, तौहीन २५१, (सनीचरी की) कवायद २५३, बवालेजान २५७ ; *एक जीनियस की प्रेमकथा* > बेमिसाल (रिकॉर्ड) कायम कर देना २६०, (हलकी) खुनकी २६१, रूहानी (खिंचाव) २६१, हाज़िरजवाबी २६३, (प्रिय) शगल २६६, जुमला अपना जुल्म दिखाने लगता २६६, शिकार को इल्म होना २६६, शफ्फाक (बदन) २६६, मुखातिब २७० ; *तोहमत* > (घूमने की) मोहलत २७४, शऊर २७९, (थुक्का-)फ़ज़ीहत २७९ ; *मन्दिरा* > मुहर्रमी सूरत २८७, मुहाल २८७, सख्त-मिज़ाज मालूम देना २९१ ; *माँ* > अव्वल आना २९४, बुकचा २९६ ; *कवि मोहन* > सरनाम २९९, ज़हीन ३०२ ३०३, अव्वल आना ३०२, रौ ३०३, मज़मून ३०३

लड़कियाँ । किफ़ायतपसंद ७०, इफ़रात ७१, फारिग ७२, 'अल्ला-अल्ला खैर सल्ला' ७२, सहूलियत ७३, नदीदा ७४, तरबतर ७५, दस्तूर ७५, हस्बेमाभूल ७६, तबालत ७६, दिलोजान से (फ़िदा) ८०, ज़हमत ८२, मातमपुर्सी ८६, आपा ८६, एहतियात ८७, रद्दोबदल ८७, बालाई ८७, रुखसती ८८, "हटाइए आपा" ८९ ९७, सालम (औरत) ८९, तआल्लुक ९२, मयस्सर ९३, इबारत ९३, साबका ९३, मेहर ९७, "क्यों, दिये न जलाइएगा क्या ?" ९८, हश्र १०५, तकरीर १०७, अहसानमंद १०७, नीम (अँधेरा) १०८

उसका यौवन । *उसका यौवन* > कवायद करना ३०९, सोहबत ३०९, नेकदिल ३०९, काहिली-जाहिली ३१०, जलील ३१० ; *नयी दुनिया* > नालिश (ठुकना) ३१२, दर्द बेपर्द करना ३१२, खालिस (रूप) ३१२, हश्र ३१४, फाकामस्त ३१४, सर नोचने की नौबत ३१५ ; *अपने शहर की बत्तियाँ* > खुबसूरत, शोख और शातिर ३२१, जोशोखरोश ३२१ ; *आहार* > गोश्तखोर ३२६, बुर्राक (मेज़पोश) ३२६, "तुम्हरे क्या कहने" ३२६ ; *पच्चीस साल की लड़की* > हसरत (से देखना) ३३०, हश्र ३३० ; *राजू* > (लाल-)सुर्ख ३३५ ; *मनहूसाबी* > साबका ३४२, इश्तेहार ३४४, अज़ीज़ (फ़क़ीर) ३४६ ; *मुहब्बत से खिलाइए* > (दीवान का रंग) सुभान अल्लाह ३४९, (मैनर्स) वल्लाह-वल्लाह ३४९, (साड़ी) माशाअल्ला ३४९, ज़ाहिर वजहें ३४९, गलतबयानी ३५०, मेज़बान की मिज़ाजपुर्सी ३५०, नायाब (अचार) ३५१, रश्क ३५३ ३५४, अलादीन का चिराग ३५३, वक़्त की किसी वारदात का निशान ३५४, बदस्तूर बातें चलना ३५४ ; *अट्ठावनवाँ साल* > (अपना) अक्स ३५७, मुनाफे का हाशिया ३५८ ; *मनोविज्ञान* > मुलम्मा ३६५, दुआ-सलाम हो जाना ३६८ ; *आलमारी* > ख़याली दुनिया में इंकलाब करना ३७३, रोगन ३७३ ; *बिटिया* > इत्तला करना ३७६, साइत निकलवाना ३७६, बरक़्क़त ३७७, (ऊँची) पेशानी ३७९, "पहले यह तो बताइए कि आप अपने मियाँ से मेहर कितना माँगिएगा" ३७९, बोसा ३७९, "बेशक़ मोहतरिमा" ३८०, मुखातिब होना ३८०, दिलफरेब (आवाज़) ३८२, "कुछ तो है, बात पूरी नहीं बताइएगा" ३८४, किस बिना पर ३८५, हस्बेमामूल ३८६ ; *दर्पण* > आदमकद (आईना) ३८९

जाँच अभी जारी है । *सेमिनार* > मुहाल ११, नियामतों की गुंजाइश ११, की बिना पर ११, बेहया (समझौतावाद) ११, नफ़ीस अफ़सानानिगार १२, शिरकत के बगैर १२, (गेटउप) दिलचस्प १३, ताल्लुक मौजूदा मसले से १३, सुभान अल्ला १५, (भगवान) के माफ़िक १७ ; *उमस* > सुभानअल्ला किस्म की दाद २०, (चाय की) खब्त सवार होना २२, फ़रमायशी (शॉट) २३, आरामतलबी २४ ; *जाँच अभी जारी है* > लियाक़त

२५, इम्तहान २५, मुनीम २६, अलबत्ता २७, तजुर्बेदार (हँसी) २७, मोहताज ३१, बख्शीशबाज़ी ३२, नेकनीयती ३२, फज़ीहत ३३, नूर था न नरमी ३५, अदावत मोल लेना ३५ ; रजत जयन्ती > नुमाइश ४३ ; इक्कीसवीं सदी > तहमद ४५, कुव्वत ४७, बदहवासी ४९, खलल ४९, गुहार ५०, अजब अहमक ५०, मुस्तैदी से ५३ ; दाम्पत्य > इंतहा ५४, मेहराबदार (दरवाज़े) ५५ ; नया त्रिकोण > फ़िराक ५९, मुस्तैदी ५९, मुशक [मुश्क] ६०, बुकचा ६० ; प्रिया पाक्षिक > बतौर (पारिश्रमिक) ६३, शातिर (सूझबूझ) ६७, लतीफ़ा ६७ ; अनुभव > (जमापूँजी) सिफ़र ७४, लिहाफ़ ७४ ; नायक > रातब (खाना) ८६, कारिस्तानी ८८, मुल्तवी ९१ ; वर्दी > रौब ग़ालिब हो जाना ९३, हवलदार ९४, साबज़ादा ९४, बेशाख्ता ९५, ज़ालिम सिपाही ९५, हैवान, हैवानों वाला ९६ ; झूठ > बेबाक (पत्रकारिता का जो) नकाब १०३, (बालों की) हिफाज़त १०६ ; शॉल > (टाइम) हर्ज़ करना ११३, तकरार (मोल लेना) ११४, ज़ुबान-दराज़ी ११४ ; इरादा > कब्ज़ की शिकायत ११६, जिरह १२०, दीदे लड़ना १२१

एक पत्नी के नोट्स । दरकार होना ८, शायराना तबीयत ८, खुनकी ८, रूहानी (खिंचाव) ९, रुतबा १०, सौगात ११, बेसलीका ११, शगल १४, नफ़ीस (उर्दू) १४, आज़ादख़याली १९, महकमा ३६, नज़ाकत ४५, नसीहत ४६, फज़ीहत ४६, ताईद करना ४८, खिजाब ४८, कूच करना ६४, पुरपेच ६८

बोलनेवाली औरत । बोलनेवाली औरत > कब्ज़ १२६, रोज़नामचा १२९, नई और नायाब चीज़ें १२९, दरख़्त बन जाना १२९, हिमाकत १३० ; मेला > गोया १३६, बदइस्तेमाल १४२, मुनादी १४५, कारिन्दा १४६ ; लकी > हिज्जे १४७, अदना (कर्मचारी) १५०, (घड़ी-)साइत निकलवाना १५१, (नींद में) गाफिल १५१ ; खिड़की > मुसाफिर १५४, कहे मुताबिक १५५, असबाब १५५, बदस्तूर १५६, कायनात १५७ ; जनम > सुर्ख १६१, रकम-असबाब (छीन लेना) १६३, (प्रिय) शगल १६४, फारिग होना १६४, ख़ालिस (चाँदी) १६५ ; रोशनी की मार > नुमाइश के अंदाज़ से १७०, उसूल १७१, तीमारदारी १७२ ; सेवा > फालिज़ १७९ ; तासीर > जेवरात १८१, बरकत १८५, ख़ालिस दूध नसीब होना १८५, जगह मुकम्मल ख़ाली होना १८६ ; किताबों में कैद आदमी > तरफदारी करना १८७, किस्सागो १८८, जहन्नुम १८८, (खुशवंत सिंह के साप्ताहिक) लतीफ़े १९०, दुनिया फानी होना १९१, (दोबारा-)सहबारा १९१, (नए) मानी १९१, गुस्ताख १९२, बेअदबी १९३ ; पर्याय नहीं > माल-असबाब (की रक्षा) १९९ ; एक अकेला दुःख > जुंबिश २०४ ; अर्द्धांगिनी > ज़ेहन २१३, निसार २१४ ; बच्चा > अव्वल दर्जे में (उत्तीर्ण) २१८

दौड़ । (भोजन की) रस्म अदा करना २१, जुम्बिश २६, मद २८, गम्मत-जम्मत ४०

मुखौटा । —

निर्मोही । —

थिएटर रोड के कौवे । थिएटर रोड के कौवे > बुलन्दी २, बुलन्द (पेड़) ३, "हुस्न, हिमाकत, हौसला" ५, दोज़ख़ ६, दफ़न होना ६ ; उनका जाना > मयस्सर १२, माफ़ीनामा १९ ; चोरी > बरामदगी २१, सीनाज़ोरी २२, खीसा २४, दबिश देना २५, बराय मेहरबानी २६, बदरू २६ ; सूनी > ऊदा [रंग] २८, मुखालफ़त ३०, हश्र ३० ३१, सुलूक ३१, बेरहम (कमेंट) ३३, मुनादी ३४, आदाब फरमाना ३५ ; छोटे गुरु > (गुरु का) ख़िताब ३८, ऐबी ३९, हमदर्दी का इज़हार ४०, नदारद ४१, लियाकत ४३ ; ख़ुशक़िस्मत > मुहाल ४८, हादसे का हौलनाक बयान ४९ ; नए दोस्त > नुक़सानदायक २४८, साबुत (छुट्टियाँ) २४९, चूजा २५१ + कौए और कोलकाता > काफिया १७, मंसूबा १८, शऊर १८, खुर्दबीन २१, या रब २४, मुल्तवी करना २४

अँधेरे का ताला । नायाब मौक़ा ८, इबारत ८, कसीदा ९, हस्बेमामूल २०, मौक़ा-ए-वारदात २२ ५३, माकूल २६, दरकार ३७, मयस्सर ३८, मुल्तवी ४६, चबुकदस्ती ४७, लियाक़त ५१, रुतबा हासिल होना ५०, राहगीर ५२, अजनबीयत ५२, आका ५४, आबरू ५५, हिज्जे ७०, तखलिया १००, शोहदा १०२

काके दी हट्टी । काके दी हट्टी > बेशुमार ७, मुल्तवी ७, ; एक रिश्ता तो था > हिज्रे १६, मसौदा १७, गुफ्तगू १८ ; सुरक्षा का आतंक > शक, शुबहा और शामत २८, जानमाल २८, तरतीबवार २९, इल्म ३०, हलकान होना ३१, बहाल करना ३२, उर्दू मजलिस ३३, जायज़ा ३३, ऐन (मुशायरे के दिन) ३३, खौफ ३३, अलमस्त ३४, गुलज़ार ३५, नदारद ३६, हैवान ३६ ; इलाज > दरबान ३९ ; दूसरी आज़ादी > शौहर ४५, हुनरमंद कारीगर ४५, नेक (औरत) ४५ ५३, संजीदा सूरत ४६, खिदमतगार ४६, फख्र ४७, फ़िज़ूल फ़िक्र ४९, बाज़ आना ४९, खुशगवार (कपड़े) ४९, तौहीन ४९, बेशुमार ५०, नमूदार ५०, बेहिसाब ५०, ज़ाया जाना ५१, ख़बरदार ५२, हुनर ५२, जुम्मे की जुम्मे ५२, तबीयत ५४, ऐतराज़ ५४ ; शक > गुफ्तगू ५७, मशगूल ५७, हुज़्ज़त ६०, निहायत ६३, नदीदा ६५, नायाब ६६ ६७, इत्तिफ़ाक़न ६७, अन्देशा ६८, माहौल में ख़ामोशी तारी ६८, फनकारी ६८, मुनीम ६९, कमबख्त (सपना) ७१, ज़ब्त करना ७३, तोता-चश्म ७३ ; शिष्या > अहमक ८१, हलक ८२, आला (अफसर) ८६ ; ज़ोरदार तालियाँ > काही रंग ९४, आज़िज़ आना ९५, नज़राना ९५, मुनादी ९६ ; एक पति की मौत > हिक़ारत ९९, मुहल्ले में सुने मर्सियों की तर्ज़ पर १०१, कारगुजारी १०३ ; छोटे खिलाड़ी > तखलिया का इशारा १०६, अज़ीज़ी १०७, अक्स १०८, अफ़सोस कायम ११२ ; अनावश्यक > बदस्तूर ११८, जानमाल ११९, फ़िदा ११९, मसलन १२० ; फिर भी प्यार > बेजा (बातें) १३०, पैरवी १३२ ; वारदात > लाम १५८ + एक अकेली तस्वीर > शऊर १४, (घर) आबाद होना १४ ; बगिया > खुशमिज़ाजी (घटना) ५९, मुस्तैद होना ६० ; परदेसी > कबीलदारी ७३, गश आना ७६, नायाब चीज़ें ७६, हुज़्ज़त ७७, हाजमा ख़राब होना ७७

दुक्खम-सुक्खम । खालिस १४, फारिग १७, वज़ीफ़ा २१ ४०, हरूफ़ २१, ऐतबार २७, तिजारत २७, महरूम २८, कौल ३०, हिक़ारत ३१, फरागत ३६, तरकीब ३८, फ़क़त ४०, (एक) अदद ४६, ऐब ४७, रसद ५४, सुरूर ६१, मुनीम ६१, सराफ़ा (बाज़ार/व्यापार) ६५ १२६, मजमा ७०, खलकत ७१, इसरार ७७, इम्तहान ८५, तरजीह ८६, सरंजाम ८९, तनजेब ९२, (सूरत और/ब्याह की) साइत ९२ १६८, बामशक्कत (क़ैद) ९७, मंसूबा ९८, कज ९९, जर्राह(-वैद्य) ९९, किफ़ायत १०० १६४, इमला १०१, मुगालता १०३, तासीर १०४, आदमजात १०५, ताराकशी १०५, इफ़रात १०७ १२७, ज़लज़ला १०८, तकसीम ११२, कलाबत्तू ११७, सलमा ११७, मुहाल होना १२०, तबसिरा १२१, बुर्कानशीन १२१, कानूनदाँ १२१, मयस्सर १२४, के बरक्स १२५, इमामदस्ता १२७, सरो (का पेड़) १३४, मुरायता १३७, गुमशुदगी १३८, उदूली १४४, हरजाई १४४, गुंजलक १४८, मियादी १४९, मुनादी १५२, जनानखाना १६७, सहूलियत १६८, नश्तर १७२, जबर १७९, मसरूफ़ियत १८४, मसलन १८५, दरगुज़र १८५, शागिर्द १९३, क़ुबूल करना १९३, निहायत (रूपवान) २०१, सूरमा (अंदाज़) २०४, बदस्तूर २०८, हिर्स २११, बुकचा २१५, जवाबतलब करना/-ई २२१ २४८, हवन्नक(-सा) २२२, अजायबघर २२५, तबालत २३०, तोहमत २३२, बादी २३२, मिसल २३५, हसरत (से देखना) २४१, साज़िन्दा २४४, ताईद करना २४८, आदाब करना २५६, नासाज़ (तबीयत) २५६, नसीहत २५७, शगल २५८, ताज़ादम २६३, माकूल (ठिकाना) २६६

थोड़ा सा प्रगतिशील । जी > नमूदार २१, मेहनताना २१, (रोमान और) सोज़ २१, गर्ज़ २२, गोया २२, खलल २५ ; कामयाब > रिसाला २६, फ़ालिज़ २६, "नवाब साहब क्या लीजिएगा, पानडली या सिगरेट" २७, शब्बा ख़ैर २७, शहसवार २७, अमाँ २८, हलाकान २८, अन्दाज़ [अंदाज़ा] २८, फरियादी २९ ३४, चेहल्लुम ३१, मर्सिया ३१, नौहा ३१, रियाज़ ३१, ख़बरनबीसी ३१, बरखुरदार ३२, बरकत ३२, शान-बान ३२, इसरार ३३, इस्तिकबाल ३४, ख़िदमत ३४, बेआबरू ३४, "शरारा कुर्ती के ऊपर शोख़ सुर्ख दुपट्टा ओढ़े उनकी बेग़म" ३५, ज़लज़ला ३५, आपा ३५, (खूबसूरत और) ज़हीन ३६, सुराग ३६ ; मुहब्बत का मौसम > नसीहत ३९, पैग़ाम ४०, लिबास ४१, सैरगाह ४२, इसरार ४२ ; खुशियों का लौटना > गोताखोर ४६, ज़ुर्रत ४९ ;

वह लड़का जिसे गर्मी लगती थी> तरबतर ५२, कूच करना ५२, ख़ुर्दबीन ५५, मुस्तैदी ५७, तुर्शी ६१, ज़ालिम ६२, पुरपेच ६३ ; संस्कृति> अन्दाज़ [अंदाज़ा] ६६, शीरीं (ज़ुबान) ६७, (नगर के) आम और ख़ास ७१ ; प्रेम> नग़मा ७७, तबसिरा ७८, अदब से ७९, बुर्राक़ ७९ ; परली पार> मगरूर ८३, परवान चढ़ना ८४, बाग़ी ८४ ; बाज़ार> (बिना) नागा ८९ ; फरवरी की एक शाम> माकूल (जगह) ९५, इनायत ९६, हुजूम ९६, परवान चढ़ना ९६, सुर्ख़ (वाइन) ९६, बेमौत (मरनेवाले शलभ) ९६, (शोर) बरपा करना ९७, "तरह-तरह की खुशबू फ़िज़ा में थी" ९८, (काश्मीरी) लिबास १००, पेशे ख़िदमत १००, ज़लज़ला १००, (आवाज़ में नशीली) लरज़िश १०१ ; चाभी> मजमा १०२, यतीमखाना १०५ ; थोड़ा सा प्रगतिशील> कुल जमा १०८, परवर दिगार का शुक्र अदा करना १०९, (गुस्से पर) ज़ब्त करना ११० ; पटकनी> मुखातिब ११४, ज़हीन ११६, रकीब ११७, इम्तहान ११७

❖ हिन्दी की बोलियाँ व निम्न भाषा-रूप ❖

सीट नम्बर छह । फ़र्क नहीं> ससुरा १२६, खाँड़ (-ही-खाँड़ झोंकना) १२६ ; आत्मरक्षा> "वोटर हमें मुफ्त मूँड़ दिहिस" १७२ ; उपलब्धि> "ऐ है, इतना न घबराइ। ओका, हमहि ले आई रहीं" १८३, "मोमिन से लेकर दूध पिया दिए हैं। हमरी छाती में दुपककर सोया रहा। नमाज़ का वक़्त रहा, अबहिन ओढ़ा-बिछाकर लेटाए हैं" १८३, "मेरा भैया बड़ा-सा होय, कड़वे नीम बराबर" १८३, "अबहिन एक फिसाद और करावे का है!" १८४, "तो तुम जाव, बबलू हियाँ रही" १८४ ; आज़ादी> मनैती १८७, चुअरी १८७, कुजड़न १८७, कलट्टर की जाई १८७, परचूनिया १८७, किरिया-करम १८७, (बहन की) तीअर १८९, (बुड्ढे-बुड्ढी की) टहल-फिकिर १८९, "येई मारे ले आयौ" १८९, "खसम से लेकर इतरा रही है। ये छिछोरापना यहाँ न करियो। हम भी कहें छोरे का दिल क्यों रत्ती-रत्ती हुऔ जाय, माँ को देने के नाम पर" १८९—१९०, बड़का १९०, अभाल १९१, डागडर १९१, "का भयो है तोय" १९१, ब्याह रचाना १९१, डागडरन (की चीड़-फाड़) १९१, "का मिल गयौ है?" १९२, "बाबा ने सुराज [स्वराज] दिला दियौ" १९२, "सबी को मिल गयौ" १९२, "हमें नाँय मिलौ गाँधी बाबा, नहीं वासे कहती, एक ठो फिरूरी दिलाय दे, आज़ादी का कहा करीं, न ओढ़बे की चीज़ न बिछाबे की" १९२, ब्यालू १९२, "पढ़ाई ख़त्म भए वाली है, दुकान गद्दी सँभारौ अब। मैं बहौत थक गयौ हूँ" १९२, "मोपै जाँय तेरी फीस के रूपै, चाहे जा कान सुन चाहे वा कान" १९३, "सूजा हुआ म्होंड़ों बब्बुएँ ज़रा पसंद नहीं" १९३, "पहले यही ज़र्राह एक सेर गुड़ चीरा लगावै था" १९३, "ससुरा आपई फूटैगा" १९३

नरक दर नरक । "सँभल के भैयन, जमुनजल गहरा होत वा।" १०१, भुत्तनी १०४, परकाशक १०४, बलाक [ब्लॉक] १०४, "ऐ है, इतना न घबराओ, हमहि ले आई रहीं।" १४३, "तुम्हारी सरारत आज कहर ढाय दिहिस। बच्चू, तुमका हम न ले आते तो तुम्हार भुरता बन गया होता पिट-पिंट के।" १४३, "अबहिन एक फिसाद और करावे का है। बैठ जा चुप्पे से।" १४३, "तो तुम जाव, बबलू हियाँ रही।" १४४

एक अदद औरत । राएवाली> "चार अच्छर नाँय पढ़ौ, बटमार तोते का तोते ही रह जाएगौ" २०३, सँभारना २०४, ज्यौनार-बढ़हार २०४, बेंदी २०४, (पहनने का) ढब २०४, (छोरी की) बहार [सुन्दरता] २०४, "मथुरा तीन लोक से न्यारी ठहरी" २०४, सच्छात बंसीवारे २०४, जासै [उससे] २०४, (औरत है या) सपट्टर २०४, ब्यालू २०५, नेक-सौ २०५, "हाँ जे, जे बहौत दुखतौ है" २०५, ब्याहना २०५, कूंड २०६, भरतार

२०६, पतुरिया २०६, दाऊजी, २०६, बाऊजी २०६, सरगवास कर जाना २०७, की नाईं २०७, पिरान २०७, रोते भए २०७, (ब्याह का) उछाह २०८, "असगुन न मना" २०९, रोइयो २०९ ; *खाली होता हुआ घर >* काहे का २२७

प्रेम कहानी । इत्ता १३९, साब १७९, जमेदारिन १७९, "साब, ज़ुबान सँभालकर बोलो। नहीं, अच्छा न होगा।" १७९, "सारी अफसरी झाड़ू से बुहारकर धर देंगे।" १७९

प्रतिदिन । *माँ >* "अरे, यों तो न उदाड़ो अपने भरतार का घर" २९३, "ये चलित्तर किसी और को दिखइयो। ज़्यादा रिसाती है, तो रोटी न खायगी, और का?" २९४, "बहुत गुस्सा आय रहा हो, तो दो रोटी कम खाय लीजौ, गुस्सा आपै उतर जायेगौ" २९४, भिनसारे २९४, बड़का २९४, "हम दही न कभी चाखे, न कभी खाये" २९५, "ये जनम की चटोरी है। जो अपनी माँ का जायौ है, तो लगा एक लात याके" २९५, नहवाना [नहलाना] २९५, हइये [है] २९५, "अभाल लोप होय गई। सैंतालीस दिन की बिटिया न करवट लेय सकै, न ठीक से आँखें खोलै" २९५, "जिनने दी, बीनने ले ली" २९५, "उसके तन पे एकौ लत्ता न रह्यौ" २९५, तिखना २९५, "याही जनम में तुझे मोच्छ मिलौ, और का चाहौ?" २९५, "पर मेरा जी पत्ते की तरह काँपा जाए। 'नाहीं, मोच्छ का मैं का करौंगी, मोय मोरी मुन्नी दिवा दो। का पता बंदर कब बुड़का मार दे, पटक दे या ओझल हो जायँ'" २९६, घूँघट काढ़ना २९६, दसा [दशा] २९६, "बंदरन को माला पहिरबे को बहुत सौख होता है" २९६, आसनाई २९७, चुप-छिनाल लुगाई २९७, "मोय नायँ मालूम" २९७ ; *कवि मोहन >* "सेर भर मैदा के लिए ऐंड़ी-बेंड़ी बकते" २९८, कहारिन २९८, सदाबरत २९९, उदला ३००, कठौला ३००, (गुड़ की) भेली ३००, "हमें नाय पढ़वानौ अपनौ छोरा" ३०१, "गयौ सो मुड़के बाप-महतारी को नाम नायँ लियौ" ३०१, कलेऊ ३०२, ब्यालू ३०२, पतुरिया ३०३, ससुरा ३०३, कवित्त रचना [कविता लिखना] ३०३, बिलैक करना ३०४, "मूँड़ में तो छमकछल्लो चुड़ैल की नाईं चक्कर मारती रहती है" ३०४, "गटुए में तो धरौ नहीं है" ३०४, (रिश्ता) रुचना ३०४

उसका यौवन । *आहार >* "अपुन भी खाकर देखेगा शामी कबाब" ३२५ ; *राजू >* अंगनाई ३३७, बन्ने के बोल ३३७, "इत्ते दिन से न चिट्ठी न पत्री, अब आय के खड़ी हो गई शुभ घड़ी" ३३८, कजहा कपूत ३३८, "पत्तल, दोने और सकोरों का अम्बार" ३३८, प्राणी [लोग] ३३९, अपशकुनिया ३४०, नौनिहाल ३४० ; *मनहूसाबी >* घूरा [कूड़ा] ३४२, पिराना [दुखना] ३४७ ; *मुहब्बत से खिलाइए >* "दिन कै बचे हैं लगन के। लल्ली राजी रहे" ३८५, "किसने बोला आप लोग को" ३८६

जाँच अभी जारी है । *सेमिनार >* पिसतुइया १७ ; *नया त्रिकोण >* पूर (चार सौ का) ५८, "नाय, मोय तो लगे, तेरे ई चौके से आ रही है" ६०, "जै बार ···, वै बार ···" ६०, सरबस ६०, अलमनी ६०, "मोय तो सुध ही ना थी" ६२, "भागमान् हो" ६२ ; *प्रिया पाक्षिक >* "गुरू, कित्ती देर में" ६४ ; *वर्दी >* फोटू ९३ ; *चोट्टिन >* देही मलोड़ना १००, जी [तबीयत] ठीक न होना १००, (सिर) पिराना १००, कलट्टर १०१ ; *शॉल >* "पानी खौल जाए तनी" ११०, "इत्ती जून" ११०, "वह शॉल हमार भौजाई ले लिहिस। इत्ता बढ़िया शॉल रहा" ११०, "रात भारी पड़ जात है" ११०, "अब हम उनकी बातों में न आब" ११०, "हम ज़िन्दगी भर सँभालबै" ११०, "अरे बहनजी, आप सरीखे मनई थिरो होते हैं सब" ११०, "फटा ब्लाउज नहीं देती है हाथ पर" ११०, "आपके सिवा हम कोऊ से नहीं माँगित" ११०, "कौन बोला, यह मुर्दे के कपड़े हैं? ये कपड़े मुरदाघर से मँगाया मैं कि घंटाघर से मँगाया, बोलो" १११, "पौने एक बजे टीवी देखाया जाई, तब तुम्हारी मरम्मत होबे करी" ११३, "रुकी राही, हमहु पियाला लेत आब। तुम इत्ती चाय क्या करोगी" ११३, "तनि कम करा, लेके कैसे जाब" ११४, "बहनजी वह शॉल आप लेत जाएँ, हमका न चाही" ११४, "आपके हाथ जोड़ित है, हम शॉल न लेब, सुबह से मार-फबती सुन-सुन हमार छाती फट गई" ११५ ; *इरादा >* "तेरी यही बात मुझे बुरी

लगे है ! ··· बात को कांतर की तरह नचाए जावै" ११८, "तू जो याद आ गई और रोबै बैठ गई" ११८, गिरस्ती ११८, "येई मारे मैके जावे को तैयार ठड़ी है" ११८, "इत्ता मैं जानूँ" ११८, आसनाई ११९

एक पत्नी के नोट्स । इत्ता-सा ४६, कित्ता ४६

बोलनेवाली औरत । *मेला >* दुई (घंटे) १३४, "हाय दैया" १४५, "उई दइया" १४६, "सात फेरेवाली हैं हम, कोई नचनी पतुरिया नहीं। गंगा मैया हमरा भतार भेजे नाहिं, हम एहि माँ कूद कर पिरान दे देबै" १४६ ; *लकी >* "अख़बार आ ही जावे है" १४८, भइया १५१, "ज़रा-सी सुसुआहट भी मिले, तो चीन्ह लेता हूँ, कौन मनई है" १५१, लक्की बबुआ १५१, अयान १५२, "तेरी भौजाई भाज के दाई बुला के लाई" १५२, भागवान [भाग्यशाली] १५२, "तू पैदा भया, बड़ी तेज़ पानी बरसा। ··· जे तो इसने कही कि···" १५२ ; *खिड़की >* बाओजी १५४, ठौर १५५ ; *जनम >* (मुँह) लीलना १६०, असीस देना १६०, टोक [नज़र] लगाना १६०, थरिया १६०, "लच्छमी पधारी है" १६०, "जे देखो" १६१, "च्यों, मोय सच्ची-सच्ची बता दे, तोय आजकल नोनो अच्छा लग रहा है या मीठौ" १६१, (नमकीन और) चिरपिरा १६१, "हाय, जो बहू को कुछ हो गया, तो सारी दुनिया मोय नाम धरेगी, बंसीवारे राखो लाज" १६१, औचक (सामने आना) १६४, "ओ भैया, ताँगा नेक ठाड़ौ कर दे, नहीं तो मैं अभाल कूद परूँगी" १६४, "इत्ती अबेर हो गई और अभी दो चक्कर भी नहीं भये। का कमाऊँगौ, का खाऊँगौ" १६५, बटमार १६५, "मौसी तुम तगड़ी कहाँ पहरे थीं। मैंने तो देखी ही नायँ" १६५, "कै छटाँक की थी तगड़ी, बताओ और अपने दुआरे बैठ के रोओ" १६५, (घर पर) बज्जर गिरना १६५, "कभी मेरे लिए नाक की लौंग भी नायं लाए, पत्ती लगा-लगा के धोती पहरी है मैंने या घर में" १६६, पराई बैयर १६६, "अभी तो पैर पड़े हैं, और का का कराबे वारी है, कौन जाने!" १६६ ; *रोशनी की मार >* "का हो चच्ची, नीक हो न?" १६७, "लो बोलो अंधेर हुई गवा, चौराई चार रुपये किलो बिकानी है" १६७, "यह चूड़ी-चूड़ी क्या करत रहत हो, रिश्ते में हम तोहार चच्ची लगत हैं, जानो" १६८, "का हो, साफ़ झक्क पड़ी टट्टी [टॉयलेट] धोने से भी घिनात हो चच्ची? – का करें, ससुरी आदत जो हुई। पुराने रसूलाबाद से निकर कर आए हैं, जाएगी थोड़ो" १६८, "अब तोहार जमाना है, तोहरे बेटवा लाट-कलट्टर बनिहैं। – ऊ बना करें जो बनिहैं, हम तो आपन धंधा करबै करी" १६८, फव्वारेवाली टट्टी [फ्लश टॉयलेट] १६८, दुई-दुई (बाथरूम) १६८, ब्यौहार १६८, बरक्कत १६८, पारक [पार्क] १६८, "चलबो का? पर ई धागा उतारबै परी, जो कान पे टाँगे रहतु हो" १६८–१६९, "सोवे तो उठै ना, जौन उठ जाय तो सोवै की कौन कहे" १६९, किचाइन १६९, "बहूजी आज हमें न्योता जाना है, कोई नायलॉन की धोती दे दो" १६९, तिवारिन १६९, छूत मानना १६९, अपन १७०, "पानी गिरा दो, धो देइत हैं" १७१, मोटकी (तिवारिन) १७१, "डागदर साब ··· दौड़ गए, मरीज़ देखे बदे" १७१–१७२, खेखर १७२, "आवत है डागदर साब" १७२, "चलीं अब, नहीं हमका देख बर्राय लगिहैं" १७२, (पानी) गरमाना १७२, "उस टाइम हमने यह नहीं सोचा कि बहूजी मार हमपे किल्लात हैं, छूत मानत हैं, बस डागडर साब जौन-जौन कहत गए, हम करत चले गए। अरे जान तो जान है, बड़मनई की हो, छोटमनई की हो। फिर तेवारीजी को हम बहुत मानत हैं। हमका कब्बी नहीं रिसाइन" १७२–१७३, "अरे वो दिना आपन पतोहू की जान बचाया, आप जानो, पूरे दिन रहे, ओकी थैली फट गई। हम जाके द्रोपदी अस्ताल की बड़ी डागडरनी का गोड़ पकड़ लिहिन। डागडरनी मरीज़गाड़ी पठाकर पतोहू का अस्पताल लीवाई। हमार पतोहू लालगोपालगंज की ऐसी चंट है कि ओकरे आगे कौवा चंटई छोड़ दे, पर हम कहिन मुसीबत में मनई न देखे चाहीं, ओकी जान देखौ" १७३, "धोय तो दिहिस बहूजी" १७३, "का कहिन बहूजी, जरा फिर से बोलो। हम कामचोरी करत हैं!" १७३, "ठीक हो गईं तो गुर्राए लागीं। हमारे

हाथ का गरमाया दूध-पानी सब तोहार पेट माँ है। वो बखत भी हम एहि रहें, कौनो अउर नाहीं। आप बड़मनई हमसे छूत मानत हैं। जब आप बेहोस पड़ी रहीं, हमहिं चौका-चूल्हा छी कर काम किया, ना परचौ तो पूछ लो जायके डागदर साब से" १७३, "सुन लो अच्छी तरह, हम कौनो झूठ नहीं बोली। हमारे सच बोलने से तोहार इज़्ज़त चली जात है तो हम का करी। अरे तुम बाम्हनों की इज़्ज़त का का है, जा के चार बूँद गंगाजल छींट लो आपन ऊपर, आपन चूल्हे चौका पर। वापस आ जायगी इज़्ज़त। हम वा दिना पास न होती, तो इज़्ज़त तोहार बच जाती, पर जान चली जाती" १७३ ; *तासीर* > "इन्होंने तीन बखत से कछु न खायो" १८२, ससुरा १८३, (दूध) निबलना १८४, "कौनों इंतज़ाम" १८४, "अब अकेला जाँगर नहीं उठता" १८४, गाभिन (भैंस) १८४, कट्टा १८४, "येई टाइम" १८५, बाओजी १८६, "नाजी, पानी मैं न मिलाऊँ, हाँ, नई ब्याई भैंस का दूध हो सकै, ··· दाम मैं रोज़ की रोज़ लूँगा" १८६ ; *किताबों में कैद आदमी* > "जै बार, ··· वे बार" १८८, बाओजी १८८

मुखौटा । —

निर्मोही । —

थिएटर रोड के कौवे । *थिएटर रोड के कौवे* > कनागत ४ ; *उनका जाना* > कै रोज़ १९ ; *छोटे गुरु* > बखत ४०, "जौन मनई के भगवान भी खिलाफ़ हो जाय, उसके लिए क्या आँधी और क्या पानी" ४०, "बरखा थम गई है" ४१, "यहीं औंधाई लग गई" ४१, "तो हम का करें, देख के औंधियाना चाही" ४१, "अभी तक तो कामौ नहीं रहा, अब ठिकानाऊ भी उठ जाई" ४२, "बड़ी गुरुजी कइयो चक्कर तुम्हारी नौकरी बदे मिले। पर तुम तो हमैई मुश्किल में फँसा रही हो। हटो हमारे दरवाज़े पर से" ४२ ; *ख़ुशक़िस्मत* > अपन ४५ + *कौए और कोलकाता* > कित्ती १९, देही [देह] २०, इत्ता २०

अँधेरे का ताला । "देख रही हैं गुरुजी, पैर में फोड़ा निकला है। बड़ा पिरात है। हमार जाना मुश्किल है।" १२, "अरे आटा हियाईं ले आवा करो, हम सेक देई लिट्टी।" १४, "बैंकवा का कौनो काम तो नहीं है, हम जात हैं" १४, "ठाढ़े-ठाढ़े बस ओही सुनत रहे" २०, "अरे सुनो, सबन जनी हियाँ आओ, बड़ी बहनजी चोटाय गई हैं" २०, "कै ठो लड़कियाँ तबला पड़ती हैं?" ४१, "अब पंखा-लटकाई उनका बाप देवेगा?" ४२, "कहने को तुम माली हो विनोद। क्या ख़ाक मलिगिरी करते हो?" ४३, "बस बहनजी, पानी खुल जाय तनी" ६०, "वह शॉल हमार भौजाई ले लिहिन। इत्ता बड़ा शॉल रहा। बदले में अपनी पुरानी रज़ाई दिये रही भौजाई। अप जानें बहनजी। दिन तो धाम के आसरे कट जाय, पर रात भारी पड़ जात है" ६०, "अब हम उनकी बातों में न आब ··· इस बार हमें एक शॉल दिलाय दें बहनजी, हम जिनगी भर सँभालबै।" ६०, "अरे बहनजी, आप सरीखे दरियाव मनई थोरो होते हैं सब। कपूर बहनजी तो इत्ती कंजूस हैं, कभी फटा ब्लाउज तक नहीं धरती हाथ पर। तिवारी बहनजी कपड़े की बदली बर्तन लेती हैं। आपके सिवा हम कोऊ नहीं माँगित।" ६०, "कौन बोला ये मुर्दे के कपड़े हँय ··· बिना प्रूफ़ हम कोई बात नहीं सुनता।" ६१, "चलो, चल कर हॉल कमरा की पोंछाई करो। पौने एक बजे टी०वी० देखाया जाइ तब तुम्हारी मरम्मत होबै करी।" ६४, "बहनजी, यह शॉल आप लेत जायं, हमका ना चाही। ··· नहीं बहनजी, आपके हाथ जोरत हैं, हम शॉल न लेब। सुबह से मार फब्ती सुन-सुन हमार छाती फट गयी।" ६७, "हम मरम्मत कर लेब। एकरी आजी, एके साथ रही।" ७०, "इहाँ हम धरम-करम करने आइत हैं। गंगा मैया के आगे गन्दी बात मुँह से निकालो न। धरे रहो अपना छल्ला और झिल्ली। ब्याहीं न जनीं, चली हैं हमें सिखाय।" ७२–७३, "कौनो मुसलमान पठा लें, हम हिन्दुअन तो पीपल पूजित हैं जी।" ७४, "और इ बिटिया घर कइसे जइहैं, का लहँगा-जम्पर में?"

८१, "कौनो मोची पठा लें, हम इत्ती बख़त नहा कर पूजा करित हैं।" ८२, "दैया रे दैया, हम कबहू पुलिस चौकी में पैर नाहीं रखा इतनी उमर। हम न जाब।" ९०, "सुबह छह बजे से आ कर हलकान होते हैं। बहनजी लोग तो दुपहर में घर चली जात हैं। लड़कियाँ हमरे मूड़ पर नाचत हैं, दाई पानी, दाई पंखा। अब हम एक कप चा भी पिएँ, तो बड़ी गुरु जी की मेहरबानी से। लो बोलो, नेकी का ज़माना नहीं।" ९२, "हम नौ बजे ही आ जाब" ९७, "का बताई गुरुजी, इधर आप से सहेजिन, उधर बीमार पड़ गइन। इत्ती ज़ोर से जुड़ी चढ़ी, हमें होश नाही कब हम जागे कब सोये।" ९९

काके दी हट्टी । *जाते हुए लोग* > जी कटू-कटू करना २४, वासे [उससे] २५, (पालक का) कापा ६५ ; *ज़ोरदार तालियाँ* > "हम ··· हैरान हुई गए" ९२, "जौन टीचरों को···, वो ··· काहे आती रहीं" ९२, "नगदी तो कुछ हइयै नहीं, छूछा सम्मान का करेंगी बहनजी लोग" ९२, "शॉल ज़रूर रहा हुई है" ९२, "इत्तन महँगाई में हाथ में कुछ नगदी आ जाय, तो के न खुश होई" ९३, तीता बोलना ९३, छूछा ९३, "ठाड़े रहेंगे हुजूर" ९५, "कौनो दिन" ९५, "तुम करो, और के करिस" ९६, "जच्चा की तरह" ९६, "चोचले की हद हुई गई। कौन तुम्हारी लगन हो रही है जो सरमाय रही हो" ९६ ; *एक पति की मौत* > "आज हमें ना दूध चाही ना मदद, हमार मालिक खतम हुई गये रे" १०४ ; *फिर भी प्यार* > "तुम्हारा उद्धार अपन कर दिए" १३० + *पण्डिताइन* > "'ऊ पाण्डेजी चल बसे, उनके बेटवा की तोहार दफ्तर में नौकरी लग गई। जौन श्रीवास्तव बाबू रहे, ओहू की बिटिया जावे लगी दफ्तर' 'तो का हमहु मर जाई" ८५, "चलोजी अबेर हुई रही है" ८५, मुनुआ ८५, "वह बीच बजार दूकान पे गिरौ परै हैं, बचवा बीस ठो रूपैया में छुड़ाऊ न लइते। उन्हीं का खायं, बखेंरें, उनहि को बिसरायं" ८६, "अब तुम चैन से बइठ दोनों जून चुपड़ी खाओ" ८७

दुक्खम-सुक्खम । लीलना ७ १६, पीहर ७, असीस ७ १५ १४२, पहलौठा ७, थरिया ७, नेक/नैक ७ व अन्यत्र, सोहर ८, मोय ८ व अन्यत्र, या [इस] ८ व अन्यत्र, (या) दिना ८ व अन्यत्र, नोनो ८, नाम धरना ९, "बंसीवारे राखो लाज" ९, रच्छा ९, निकारना ९, "कौन मेल के बाप" ९, का [क्या] ९ व अन्यत्र, कछू ९ व अन्यत्र, नायँ ९ व अन्यत्र, "जच्चा-बच्चा के लिए" ११, "हिलने न पाय" ११, बकोट डालना १२, नले भारी होना १२, (ताँगा) ठाड़ौ करना/बेर तोड़ने ठाड़ी होना १३ १४३, अभाल १३, इत्ता १३ व अन्यत्र, अबेर/अबेरी १३ १४३ १७७, सीठा (मन) १३, कै १४, "अपने कमरा में" १४, "करावे वाली" १४, जे [यह] १४ व अन्यत्र, लुगाई १४, "तीन तिखने पे" १४ १९, चिबुक १५, चौका निपटना १५, उदला १५, कूँडा १५, जीजी [माँ] १५ व अन्यत्र, बीच-बजरिया १६, जोहना १८, "याई मारे" १९ १४१ १७५, बिराजना १९, ब्यालू १९ १७७, परामठा १९ १७५, खिड़का २०, बहौत २२, हम्बै २२ १४६, "बाप पे अर्रा-अर्रा के चढ़ै" २२, ससुरा २३, दसमी [कक्षा] २३, (भाग गयौ) जनै २३ १४१, सिहाना २४, "परकी साल" २४, टूँगा २५, भुरसना २६, मूसा/मूस २६, मति [मत] २६ ७९, ठेठर [थिएटर] २७, (कमाऊ) पूत २७, डागडर २८, जाजरू ३५, सिदौसी ३८, "···हाँ नहीं तो!" ३८ ९६, च्यों ४१ व अन्यत्र, किल्लाहट ४३, कठकरेज ४५, सुधा ४५, सिधाई ४५, सरग सिधारना ४५, दुहाजू ४५, तिहाजू ४५, सुस्थ ४७, भागवान/भागमान ४७ ६७ १३८, "जामा, जूते, पाग" ४९, कौवापन दिखाना ५०, ज्यौनार ५०, 'सुराजी' ५३ व अन्यत्र, कायका ५३, टेंटुआ ५४, ह्वै ५५ व अन्यत्र, "होय गये" ५५, जेहल ५६, चोप! ५७, भजना ५७ ६३ ७८ २१६, लच्छन ५७, धुलेंडी ५९, "इसमें भाँग पड़ी लगे" ५९, हेराना ६०, लाड़ो-कोड़ो ६२ २५६, नतनी ६२, सोई [वही] ६२, हुरियार ६३, "(भज) गयौ ह्वैतो" ६३, बुड़का ६३, "का भवा" [क्या हुआ] ६४, पहरिना ६९, सौख [शौक़] ६९, धेवती ६९, इकल्ला ७२, बेड़मी ७७, निन्ना [भूखा] ७८ १६९, मरासु ७९ २१६, आपैई [खुद ही] ७९ १२८, जिन्दी [जिंदा स्त्री०] ८०, खिबरना ८१, रूसना ८२ २३८, म्हौंड़ो ८२ १७१, (घर-) दुआर/दुआर मूँदना ८३ १४४ १४६, चीज-बस्त [वस्तु] ८३, परकम्मा ८३, (बाप-)महतारी ९१ ११७,

किरियाकरम ९३ १६७, मसान [श्मशान] ९३, बाय [उसे] ९४ १६२, “बच्चन (की फिकर/के लिए)” ९५ २१५ व अन्यत्र, “इसमें रोबे की कौन बात है” ९५, सलूनो ९६ ११५, कुटकन ९६, कुनैन १००, खंखा १००, उस्तानी [उस्ताद स्त्री०] १०१, वरिच्छा १०७, निवाड़ १०७, भई ११६, (चिट्ठी) पठाना ११६, “आँख से कछू टिपै ही नायँ” ११७, पनियाना ११७, निठुर ११८, होवै ११८ १२८ व अन्यत्र, पढ़ैया-लिखैया ११९, कुबोल १२०, ठौर १२०, सूधी १२०, सिलटना १२१, पंचायत [पचड़ा] १२८, लटूरबाबा १३२, गिरस्ती १३३ १७५,, सुलच्छनी १३३, तीयल १३३, ननदेऊ १३३, तीती बानी १३५, सीधा-साधा १३६, “जो कोई ने” १३६, पुन्न १३७, अहोई १३७, बरतना [व्रत रखना] १३७, ढेर दिना में १३८, के ढिंग [नज़दीक] १३८ १६५, मिरगनैनी १४०, डाबरनैनी १४१, सन्तरी-मन्तरी १४१, भतेरा १४१ १४३, एम्मे [इसमें] १४१, छैयाँ १४१, कुँअर १४१, सुमतिया १४१, उपारना १४१, निचाट १४१, एकास्सी [ग्यारस] १४१, अनजल (छूना) १४१ १४२, जौले-जौले [जल्दी] १४१, (असीसें) उचारना १४२, भायली [सहेली] (ननद) १४२, पालिका [पलंग] १४२, “जाने कौन-सी पाटी पढ़े हैं” १४२, “लेहु पे देहु” १४२, गटई १४२, (उँगरी) मा [में] १४३, (बामें) ते [उसमें से] १४३, परजा १४३, नित्त १४४, की भाँत १४४, अच्छी-बिच्छी १४४, कुलच्छनी १४४, एकैई १४४, पिरितिया १४४, भौजाई १४४, साच्छात १४५, “कच्ची डोर में खिंचे १४५, पिरान [प्राण] १४६, लाल चक्क १४६, (पंछी-)पखेरू १४६, गेटुआ [गला] १४६, गत्त [घटना] १४६, किरायेदारिन १४८, वोहू [वह भी] १५०, धी-लुगाई १५०, दीखना १५० १७८ २००, बसौढ़ा १५०, (सुराजी) भौलंटियर १६५, दिलाबैबारौ १६६, सासरा १६७, सिंगार पट्टार १७१, घना (सरंजाम) १७१, दुर्गत १७१, “नतनी दुनिया से निराली” १७२, भाखा १७५, चुचैमा (परामठा) १७५, कपूत २१६, पुरखिन २२५, कचाँध २२५, चलायमान २२६, चूसमा (आम) २२९, “अब तू हर छुट्टी में अइयो अच्छा” २३०, धजा २३१, सकट [चौथ] २३२, अपन २३९, “अपना बॉयफ्रेंड के साथ?” २५४, याय २५७, नचनिया २५७

थोड़ा सा प्रगतिशील । *वह लड़का जिसे गर्मी लगती थी*> बतियाव ६१, “हम यह ठीया छोड़कर कहीं नहीं जाएँगे” ६१, “जोगी बेटवा, अब तनी ठंडी टंकी का पानी पिलवा दो तो हम जायँ!” ६३ ; *परली पार*> सलूनों ८३, एकदम्मै ८३, “लोग आपस में फुसफुस करें और चुप रह जायँ” ८३, “राधा जी का बंसी बजैया” ८४ ; *बाज़ार*> अपन ९०, “मैं कोयम्बटूर से आया है साड़ी लेकर” ९१, “हमने तय किया है आपको एक साड़ी ज़रूर देना माँगता” ९२, “हम कल पण आकर लेगा पेमेंट” ९२ ; *पटकनी*> अपन ११४

❖ पंजाबी ❖

छुटकारा । *बेतरतीब*> ‘सतसिरी अकाल’ ७४, “कोई गल्ल नहीं जी, फिर आ जाता” ७४ ; *ज़िन्दगी—सात घंटे बाद की*> “तुस्सी आनाजी ! – ज़रूर आवांगे” ६४ ; *वे*> “हुणेई ठीक हो जांदा ए” ८१, “ओ ग्गरा” ८२, “बादशाहों” ८२

बेघर । “मैंने होटल-शोटल नहीं चलाना है” २१, लिशटिक २२, “ओ ग्रेट, तुसीं ग्रेट” ५७, “पुत्तर, मेरा किन्ना माड़ा हो गया है। खबर कर देन्दा न।“ १०४, “नी सरमुन्निये तू एड्डी वड्डी हो गई” १०५, “बादशाहों की हाल है” १२१, “तुसीं ग्रेट भापे, तुसी ग्रेट” १२३, “जे मैंनूँ ज़रा भी चाँहदे हो तो केश रख लो। सच एड्डे लम्बे-लम्बे केश दे ऊपर पग बँध के एन्ने सोणे लगोगे, तुहान्नूँ गुरुजी दी सोंह।“ १२७, बक्तिन १२७, “सत सिरी अकाल” १३९, भरजाईजी १४८, नूँ १४९, पारसिन १५७, सिंधन १६९, “मैंनूँ परदेश विच्चे सिट्ट तुस्सीं किद्दर गए जी, ज़रा अक्खाँ ताँ खोलो। तुस्सीं इंतज़ार तो करदे, मैंने इलाज तो कराया होंदा।

हुण मेरे बच्चे किस नूँ डैडी कहणगे, तुस्सीं मैंनूँ डार्लिंग-डार्लिंग कहते नहीं थकदे सी। तुहान्नूँ की हो गया मेरे बादशाह, तुस्सीं कित्थे चले गए? ⋯ हले तुस्सीं आखियाँ सी रोटी सवाद बणी है, हले तुस्सीं चले गए मेरा की बणेगा! मेरे बच्च्याँ नूँ कौन साँभेगा?" १८४

नरक दर नरक । "ए तां यूपी दा भैया बण गया।" ८३, "साड्डा तो आज वरेवार हो गया।" ८३, "बहनजी, की होर्या है।" ८४, "नाँ उठीं कल तों" ८४, "उच्चे बोलो ⋯ हल्ले नईं सुण्या ⋯ स्याणे बोलें ⋯ न्याणे बोलें" ८६, "मेरी माँ दे सिर उत्ते लाल चुन्नियाँ।" ८६, "बादशाहो, सोहणियो" ८९, "की गलती है, केदी गलती है, हद्द हो गई!" ८९, पवित्तर ८९, "आओ बीबी, जोताँ जगदी हैं, दर्शन कर लो, असीसाँ पा लो।" ८९

प्रतिदिन । एक जीनियस की प्रेमकथा > टिच (काम) २६५

एक पत्नी के नोट्स । टिच (काम) १४

दौड़ । "ओये पुत्तर तेरा बाप उप्पर चला गया!" ८८

मुखौटा । —

निर्मोही । —

काके दी हट्टी । *काके दी हट्टी* > भ्राजी ८ १४, अठत्तीस ८, "की फ़र्क पैंदा है?" ८, (तड़प) उट्ठे १०, "सुपर स्टोर की धूल ने मेरी हट्टी का तो भट्ठा बैठा देना है" ११, "रहना मैंने जी-ब्लॉक में ही है। ⋯ मैंने नहीं छोडनी अपनी सर्विस" १२, "काके हुण तू फड़ाई सौदा" १४, "काके नूँ पुच्छ तो जा कॉपी देख लो, एकोई गल है" १४, "तैनूँ की लकी दिसदा पैया" १५, "एनूँ की समझ आनी साड्डी तकलीफ" १५, "काके ने अब की करना, पकौड़े बेचने?" १५ ; *सुरक्षा का आतंक* > खाड़कू २९, गड्डी ३५, मुण्डा ३५, "बादशाहो" ३६, मंजा ३६, साबत मा दी दाल ३६ ; *शिष्या* > "तुसी खाओ जी" ८४

दुक्खम-सुक्खम । "बेबीजी, तेरा नाम ओखा, मैनूँ होवे धोखा" १७४, "बौजी जाणा कित्थे है, दस्सो ना" १८६

थोड़ा सा प्रगतिशील । *चाभी* > "यह क्या चिन्दियाँ वरगी परौठियाँ उतार रही है। खानेवाले को शर्म आ जाय पर टिड्ड न भरे" १०२, "अपनी छड्डो" १०४, "लो मासी, तुसी संभालो" १०६ ; *पटकनी* > "इम्तहान तो मैंने ज़रूर देना है" ११८

❖ मराठी व बम्बइया हिन्दी ❖

बेघर । "तराजू में गड़बड़ करने का नहीं, हम अपने हाथ से देखेगा" ८८

सीट नम्बर छह । "तुझीच, आई" १३४

नरक दर नरक । "कइसा मानूस होता ये लोक। अपने आपसे छोकरे का जान लेता, हमारे कू कहता।" ४७, खोली ५७, "तू डरू नका!" ६४

प्रेम कहानी । किटी ११२, मिट्ठू ११२, खलास १६३

प्रतिदिन । *आपकी छोटी लड़की* > "हमारा बॉयफ्रेंड दिया" २४२, काँदा-बटाटा २४२, ख़लास २४३, पातड़भाजी २५२

लड़कियाँ । "तुम ज़ीने में कचरा डाला, हम तुमको कचरा में डाल देगा।" ७१, "सालो, सफाई रखो अपने-अपने फ़्लैट की, नहीं साहब गिरवा देंगे आक्खा बिल्डिंग।" ७२, "लंच के किलैंट को मैं क्या

खिलाएगा, अपना भेजा !" ७६, बँटाढार ७६, "चलो बेबी, मामा बुलाता है।" ८४, "घर-दुआर लेके बैठी है, एक काठी तक नहीं रखेली।" १०२, फोटू १०२, "इसका बिरादर हमें नहीं छोड़ेगा। इसे खतम करनाईच माँगता।" १०२

बोलनेवाली औरत । *मेला>* (गृहस्थ) विच १३२, पूरन हो जाना १३२, नानका [ननिहाल] १३२, "तू पटेल चौक वालाँ दा मुंडा, मास्टर जी दे घर दा" १३६, "मैं ऐस दे सरे टब्बर नूँ जाण दी" १३६, "लै तू ऐत्थे बैठा है। मैं तैंनूँ फोन करण पीसीओ गई सी" १३६, "मत पूछ की होया। मैं तो मर चली सी। भला हो खाकी वर्दी वालाँ दा, मैंनूँ खींच के बाहर निकाला" १३६, "लै दो दिन बाद मौनी अमावस्या है। वह तो मैं ज़रूर नहाना" १३७, "उस दिन आ नहीं होणा" १३७, "मेरे श्याम नूँ रास विच नच लेन दे। नी ··· / खाया मक्खन भतेरा ओनूँ पच लेन दे। नी, मेरे श्याम···" १३८, "मैं भूल गई दाता, मैं भूल गइयाँ, धर्म दा राह छड़ ओझड़ पइयाँ। / आज दी न भूली मैं, कल दी न भूली, जनम-जनम दी आई हूँ रुलदी। / सोच-समझकर देख ले मनुआ, यह सब नाल किसी दे न जइयाँ" १३८, "इकल्ली जा रही है, गँवाज जाएगी" १४३, "हाय नी मैं मर जावाँ, कल नहांदे वेले कोई मेरी कलाई से कड़ा उतारकर ले गया, पूरे चार तोले दा सी। — तेरे हाथ में तो रूमाल बँधा सी, कड़ा कदौं पाया सी? — लै मैं झूठ बोलदी हं!" १४५, "किद्दा दसदी" १४५, "करमाँ दियाँ गल्लाँ" १४५

दौड़ । "मी येतो" १२

मुखौटा । —

निर्मोही । —

थिएटर रोड के कौवे । *उनका जाना>* "अभी लाना माँगता" १४

काके दी हट्टी । *एक रिश्ता तो था>* मेरे को पन पुलिस से निपटने कू छोड़ गए २२ ; *फिर भी प्यार>* "हम तुमको बोला न" १२९

दुक्खम-सुक्खम । "तुम [मनीषा] इस तरह पेशेंस खोएगा तो ठीक बात नहीं।" २६८, "हम केज वाले बेड के लिए मेट्रन को बोलता है, तुम कब तक चौकीदारी करेगा बेटी।" २६९, "अब पेशेंट को सोना नहीं माँगता।" २७१, "आज ही सुब्बे आपका पेशेंट [इन्दु] घर को गया।" २७२

❖ गुजराती ; बांग्ला ; तमिल ❖

सीट नम्बर छह । *सीट नम्बर छह>* "कोथाय जाबे" ११२ ११३, "दिनेर बेलाय एखाने तीन जन बोशबे" ११३, "चा खाबे?" ११३, "आमी खाबो न" ११५, "खाबार खे नॉव" ११५, "तोहार सीट कोनटे?" ११५, "भॉय कोरो ना, सवाई तो ऊपरे घूमोय" ११५, "आमि ऊपरे शोबो न" ११५, "आमाके टू टोई चाई" ११६, "तुमि एखोन जाओ, आमि घुमबो" ११७, "ऐखोनो बिछाना बांधोनी कैनो? दादर तो ऐखोने ऐशे जाबे" ११८, "अरे कोरछो की? बिछाना ओखाने रोहे जाबे" ११८, "ना, बिछाना नामिये राखो ११९, "पोयशा गुलेर गैलो, देखते पाच्छो की?" ११९

उसका यौवन । *आहार>* झाल मूड़ी ३२६, *दर्पण>* माछेर झोल ३९१

दौड़ । "आऊ जो" १२, छड़ा १७, बुतरू १८, वापरना ३१, "पौन भाई नी बा आवी छे" ५८, "बा तमे केटला रोटली खाती?" ५९, "बे चलेगा" ५९, आभला ६१

थिएटर रोड के कौवे । *थिएटर रोड के कौवे* > सिंघाड़ा [समोसा] ४

दुक्खम-सुक्खम । "खोकन मिष्टी खाबे" ११४, "आमार हाथी खाएनौ" ११४, दादा ११५, बोका माछेर झोल १५६, पूजो १५६, बिये १५८, बोई १५८

थोड़ा सा प्रगतिशील । *संस्कृति* > "की होलो, केमन आच्छो" ६७, भजट [बजट] ६८, सरभिस [सर्विस] ६८, अगारह ६८, एडभाइस [एडवाइस] ६८ ; *बाज़ार* > (योगाभ्यास) इल्लै ८८, वणक्कम ९१

❖ ध्वन्यात्मक शब्द ❖

छुटकारा । *शहर शहर की बात* > [पंखा] चूँ-चूँ करना ७९ ; *दो ज़रूरी चेहरे* > चिबिर-चिबिर (बोलना) ९०, धम् से (बैठना) १०१, भक् भक् (जल उठना) १०२

बेघर । कुत्ते के पिल्ले की "ट्याऊँ- ट्याऊँ" ९८

सीट नम्बर छह । *सीट नम्बर छह* > च् च् च् (अफ़सोस) ११४, आ-ऊ करना ११५ ; *फ़र्क नहीं* > (घड़ी) टिक् टिक् करना १२७ ; *लगभग प्रेमिका* > (गलियारे) साँय-साँय करना १३० ; *जितना तुम्हारा हूँ* > दन्न से (रुकना) १४६ ; *गुस्सा* > दनादन (सिर पीटना) १५४, धक् से (रह जाना) १५४ ; *बातचीत बेकार है* > भुन-भुन करना १५९, ढिशुं-ढिशुं करना १५९ ; *प्यार के बाद* > (रिक्शे में) धचड़-धचड़ १६२ ; *उपलब्धि* > ढिशुं- ढिशुं १८३ ; *आज़ादी* > धचक-धचक (चलना) १८६, अहा हा १८७

नरक दर नरक । भड़ाक् (दरवाज़े की) ७७, भक् से (लपट) ७७, चर्र-मर्र ९७, घर्र-घर्र (मशीन की) १०५ १०६, साँय-साँय (मकान की) १०८, टप-टप (निबौली गिरने की) १०८, टर्र-टर्र (बुढ़िया की) ११५, भाँय-भाँय (बच्चे का रोना) ११५, झिक-झिक (मशीन की) ११८, रूँ-रूँ करना (बच्चे का रोना) १२२, बिटर-बिटर (देखना) १२२, ठिनठिन करना (बच्चे का रोना) १२५, भभक (पंखा) १३८,

एक अदद औरत । *राएवाली* > दन्न से (सिर पर मारना) २०७ ; *एक अदद औरत* > दन्न से (आना, स्कूटर) २२८

प्रेम कहानी । टें [चरमराने की] ११२, टिक-टिक ११५, सन्-सन् (हथेलियों में) १३९

प्रतिदिन । *काली साड़ी* > घर्र-घर्र (मशीन) २३४, भक्-भक् (नॉट फूँकना) २३४, चटाक [टूटता गिलास] २३४ ; *आपकी छोटी लड़की* > थर-थर (काँपना) २४६, हो हो करना [हँसी] २४७, सनाक्-सनाक् [बेंत पड़ना] २४९, तत-थई, तत-थई [नृत्य] २५४ ; *मन्दिरा* > (नल की) टप-टप २९० ; *माँ* > (बिल्ली) खड़-खड़ करना २९३, खम्म से (गिरना) २९५, हा हा करना [विलापना] २९६, थर-थर (काँपना) २९६

लड़कियाँ । चूँ-चूँ [लिफ्ट की] ७६, खड़-खड़ [लिफ्ट, ट्रांजिस्टर की] ७६ १०८, ऊँ-ऊँ [बच्चों जैसी] ८६, धक् (से रह जाना) ८९, खट् (से बत्ती जलाना) १०८

उसका यौवन । *उसका यौवन* > तड़-तड़ (तालियाँ) ३०९ ; *नयी दुनिया* > खम-खम (चलना) ३१३ ; *अपने शहर की बत्तियाँ* > टिम-टिम ३२३, दिप-दिप ३२३ ; *राजू* > कुर्र-कुर्र [दालमोठ] ३३५, भिन् भिन् [मक्खी] ३३८ ; *मुहब्बत से खिलाइए* > टिकटिक [घड़ी] ३५४ ; *अट्ठावनवाँ साल* > (घड़ी की) टिकटिक ३६१ ; *आलमारी* > (झाड़ू की) खर्र-खर्र ३७५ ; *बिटिया* > डुब डुब डुब [कलेजा डूबना] ३८४, भन-भन (का वाद्ययंत्र) ३८५

जाँच अभी जारी है । सेमिनार> उई उई (की चीत्कार) १७ ; जाँच अभी जारी है> ओ आ एँ (जैसे स्वर) ३० ; रजत जयन्ती> [ठण्ड से] हू-हू करना ४० ; दाम्पत्य> (नल की) टपर-टपर ५५ ; अनुभव> भड़ाम से (दरवाज़ा बंद करना) ७३ ; नायक> हू हू तू तू करना ८५, छन्-छन् [छींक] ९१, घूँ घूँ करना [पंखा] ९१

एक पत्नी के नोट्स । चटाख-चटाख (टूटने की) ३५, भक्-भक् (गुस्से की) ३६

बोलनेवाली औरत । मेला> ट्रिं-ट्रिं [फोन] १३८ ; लकी> टप-टप (टपकना) १४८ ; जनम> धम्म से (बैठना) १६२, झन्न से (पटकना) १६६ ; रोशनी की मार > सिश-सिश-साँ [मशीन] १६९ ; एक अकेला दुःख > टिक-टिक [घड़ी] २०४ २०७

दौड़ । (चिप्स की) कुर्र कुर्र २५, खों-खों २८, ठाँय-ठाँय २८, (घर टूटने की) बाँय-बाँय ७४ ८१, खन्न-खन्न (कर सीढ़ियाँ उतरना) ८४

मुखौटा । —

निर्मोही । —

थिएटर रोड के कौवे । थिएटर रोड के कौवे> काँव-काँव ४, कूक ४, फड़-फड़ ८ ; उनका जाना> धड़ाम से ९ ; चोरी> टप-टप (चूना) २१ ; सूनी> खी-खी [बन्दर की] २९, श् ३५ ; छोटे गुरु> धम्म से ४२ ; नए दोस्त> चूँ-चूँ (चूज़ों की) २५१, खो-खो (हवा की) २५१ + कौए और कोलकाता> सट्ट से १९, उई २०, शी २५

अँधेरे का ताला । [घंटे की] टन-टन १९, दिल्ली-मुंबई की 'फाँय- फाँय' [मग़रूर बातें] ३४, [घड़ी की] टिक-टिक ४७

दुक्खम-सुक्खम । धम्म से ९, खटखट (सैंडिल खटकाना) ११, खम-खम/खम्म-खम्म (जीना उतरना/चढ़ना) १६ १४४, टप-टप (आँसू गिरना) १६, (झींगुर की) झिनझिन ३१, थर-थर ७०, धक् से (रह जाना) ९०, धम्-धम् (पैर पटकना) ९४, फिक् से (हँसना) १०१, च्-च् [हमदर्दी] १३६, सर्र-सर्र [साँप] १३८, छुकऽऽ छुकऽऽ [मालगाड़ी] १४७, छपक-छपक (नहाना) १५४, [नाच की] ता-ता-थैय्या १९४

थोड़ा सा प्रगतिशील । जी> 'हैं-हैं' १८ ; कामयाब> धक् से (रह जाना) ३३ ; वह लड़का जिसे गर्मी लगती थी> खट् से (समझना) ५५, घर्र-घर्र [वक़्त का गुज़रना] ५६, फर्र-फर्र (पंखा) ५६ ; संस्कृति> छप् से (पानी में कूदना) ६७ ; फरवरी की एक शाम> तड़-तड़ [तालियों का बजना] १०० ; चाभी> ठक-ठक [दरवाज़ा] १०४, धम्म् से (बैठ जाना) १०५, टन से [कटोरी का बजना] १०५

काके दी हट्टी । एक रिश्ता तो था> टिच (क्लिप की) १७, ; जाते हुए लोग> [साइकिल की] टिक-टिक २४, छपाक् २५ ; सुरक्षा का आतंक> (कलेजे का) धुक-धुक करना ३० ; शक> हिश् [घिन की] ५५, खट-खट खुटुर-खुटुर ५८, घप्प से ७२, (दिल की) पुक-पुक ७२ ; एक पति की मौत> धड़-धड़ करना ९८, [दरवाज़े की] भड़ाक् १०१ ; अनावश्यक> (खूसट बुढ़िया का) टर्र-टर्र करना ११८, हाय-हाय ११९, च् च् च् (सहानुभूति) १२० ; फिर भी प्यार> ओह १२६ ; वारदात> टें बोल देना १५६ + एक अकेली तस्वीर> हुँम १३, आँ-आँ, ऊँ-ऊँ १७

❖ अनुप्रास और शब्द-क्रीडा ❖

कितने शहरों में कितनी बार । मैं उसे जितना चाहे सुन्दर, सकाम और सन्नद्ध बना सकती थी ३१, हमारे लत्ते, लतीफे और लंतरानियाँ नई हो जाती हैं ५३, आचार्य द्विवेदी की वाग्मिता में में विषयगत सुविज्ञता के साथ सद्भाव, स्मृत और स्मित-विनोद की आत्मीयता थी, तो नामवरजी में तार्किकता, तीक्ष्णता और तीव्र तन्मयता ··· उनमें प्रबुद्ध पराक्रम, पैनी पारदर्शित और अपराजेय प्रत्युत्पन्नमति की प्रगल्भता थी ९०, व्यथा का तानाबाना इतना निजी, नरम और निराला ९२, कुछ अपने दाम्पत्य के दायित्व में, तो कुछ प्रेम-प्रसंगों के लालित्य में १०७, खैर धारणा ध्वस्त हुई, तबीयत ज़रा पस्त हुई १६८

कल-परसों के बरसों । मेहँदी उनके हाथों की जगह बालों में लगती जाती ९४, इनमें से कुछ अपने दाम्पत्य के दायित्व में, तो कुछ प्रेम प्रसंगों के लालित्य में फँसी हुई लेखिकाएँ थीं ९५, न सिर्फ़ तीन दिन की बढ़ी हजामत वरन् थोड़ी-थोड़ी यातामत ११६, मन्नू जी अपने सहज वात्सल्य में कभी चित्रा की वित्त-सखी बनी, तो कभी वित्त-सखी १२१, धोनी या कैफ ··· साहित्य की दुनिया का यही कैफियत है १३०, यानी सारी खुदाई एक तरफ़, रवि की रज़ाई एक तरफ़ ११२

मेरे साक्षात्कार । "समाज कभी रीढ़ बनकर तो कभी रूढ़ि बनकर स्त्री की चल-ढाल, सोच-विचार चालित करना चाहता है।" ६९

छुटकारा । *बीमारी >* बीमारी की बाबत पर्याप्त पूछताछ ४६ ; *ज़िन्दगी—सात घंट बाद की >* प्रथा पर ··· कोई व्यथा नहीं ६३ ; *दो ज़रूरी चेहरे >* न कभी लाड़ लेनी न लताड़ ९०, बिना रिश्तों के फरिश्तों-सा १००

बेघर । बिना यह पहचाने कि उनकी पहचान कितनी नई थी ६३, फीकी एकरसता और बेस्वाद पहचानापन १०८, दलाल दिलेर था १४४,

सीट नम्बर छह । *सीट नम्बर छह >* पोंगे से पोंगे पॉटबैलीड पति ११७ ; *फ़र्क नहीं >* गोपनीय गतिविधियाँ १२०, जीवन जानलेवा बनाना १२२ ; *लगभग प्रेमिका >* चपलता से अछूती महिलाऐं १३१ ; *जितना तुम्हारा हूँ >* मुद्रा या मंज़ूरी माँगते १४६, (छेड़छाड़ और प्रेम) अँधेरे के अध्याय १४७, पस्ती का पर्याय १४७, दैविकता में दिलचस्पी १४८, (आचरण) बूढ़ों की बपौती १४९, चेताना की एक सतह ··· कलह मचाती थी १५०, अनिद्रा का अनुभव १५१ ; *प्यार के बाद >* प्रेम को पेस्ट्री की तरह चबाकर १६१, दफ़्तर और दड़बे की दुनिया १६५ ; *आत्मरक्षा >* जनता ··· अजन्ता से ही ऊपर नहीं उठ पा रही १७२, मोहल्ले की ममतामयी महिला १७३ ; *उपलब्धि >* प्रूफों का ढेर, पाई का पहाड़ १७६, उपस्थित और उप-स्थितियों को उजागर करती १७७

नरक दर नरक । मनरो डॉक्ट्रिन से लेकर मैरिलीन मनरो तक ११, रुचि चाय में नहीं, चर्चा में थी ८४, खाद की तरह अखाद्य १२८

एक अदद औरत । *लड़के >* महँगाई, मिलावट और मक्कारी १९७, दुष्ट, रुष्ट व हृष्ट-पुष्ट १९७ ; *वसन्त—सिर्फ़ एक तारीख >* बेसन से लेकर बॉर्नविटा तक २१०, मेरी संवेदना वसन्त का आनंद ले रही थी २११, खिड़की के पीछे पीपल पागल-सा पत्ते गिरा रहा था २१३ ; *खाली होता हुआ घर >* दैनिकता का दानव २२४ ; *एक अदद औरत >* जैसे ड्यूटी नहीं, वंशी बजाकर आया हो २२६, चीते की तरह चौकन्ना २२६, टक्कर देने की अकड़ २२८

प्रेम कहानी । सहमति में ही गति थी ११४, छह साल के बिट्टू ने चारपाई का अधिकांश हिस्सा अपनी टाँगों से हथिया लिया था १२१, आया नहीं आई १७८, जानलेवा जलजला १८८

प्रतिदिन । *काली साड़ी >* नायलॉन एक नियामत २३१, "महँगे व्यंजन तो उन घरों के चोंचले हैं" २३६ ;

आपकी छोटी लड़की> एक पुरस्कार व्यक्तित्व के लिए, एक वक्तृत्व के लिए २४६, टुनिया किताबों की दुनिया से अनजान २५० ; *एक जीनियस की प्रेमकथा>* मंत्रिमंडल से लेकर मित्रमंडली तक २६१, एक अन्वेषक के आनन्द से २६२, दिल, दिमाग, देह (देह, दिल, दिमाग) २६४ २६८, सुन्दर, सुशील, सुशिक्षित २६४, प्रणय से लेकर परिणय तक २६५, जुमला अपना जुल्म दिखाने लगता २६६, "उसे कार में लिफ्ट दी, पर महिला ने संदीप को लिफ्ट नहीं दी" २६६, निश्चिन्त, नियमित, नियत २६७, हर वक़्त व्याकुल और विचलित २६७, उसे अपने पति के पद, कद और मद तीनों पर नाज़ था २६८, तुम्हारा पति कार पर नहीं, शिकार पर गया है २६८, आह्लाद अवसाद में बदलना २७२ ; *तोहमत>* दुष्टता, दुराव और दुराग्रह २७६ ; *लैला-मजनूँ>* सुख व सम्मोहन के समय २८२, सूनेपन के सायबान में सीमित २८४ ; *मन्दिरा>* घर में उसे किताबें उतनी ही बोर लगतीं, जितनी कि बैंगन भाजी या बाजपेयीजी २८७, ऐसे जीवन क्या, जनवरी भी नहीं बिताई जा सकती है २९१ ; *माँ>* न काम से मतलब, न काज से २९३, "मीठी गोली के आगे फीकी रोटी कौन खाए" २९४ ; *कवि मोहन>* "सौंताल के नाम से सरनाम" २९९, कविता, कल्पना और कोलतार की सड़क पर ३००, बालक के लालन-पालन में ३०१, ससुरा न काम का, न काज का २९३

लड़कियाँ । मैंशन की शक्ल बदशक्ल हो गई ७०, सोफे की शान परेशान होने लगी ७४, बम्बई की गर्मी, गर्मी नहीं, एक बेशर्मी ७७, ऐसे में गीज़र फ्रीज़र की तरह और फ्रीज़र गीज़र की तरह काम दे रहा था ७७, वह एक चाव था, यह एक चुनौती ७९, चाय लानेवाले छोकरे से डॉन बॉस्को के छात्रों तक ७९, कमसिन, कमनीय और कमअक्ल मॉडल ८०, उसे न हामिद का काम पसंद था न उसका आराम ८१, लूट-खसोट की खबर से बेखबर ८४, अपने विधुर जीवन को फिर से मधुर बनाना चाहता था ९१, ठुमरी का ठुमका ९२, लता-आशा के सुरीलेपन से सताये गए कान ९३, आँखें उसके अवाक् चेहरे को सावक् बनती थीं ९३, वह ब्लाउज़ न कहकर बहाना कहा जा सकता था ९४, सोच-समझकर तो व्यापर किया जाता है, प्यार नहीं ९७, इस अवाक् खतरे के आगे सवाक् होकर भी मैं क्या कर लूँगा १०४, उसकी हर दराज़ एक राज़ है १०४

उसका यौवन । *उसका यौवन>* चालाक चेतावनियाँ ३१०, जाते-जाते घर की काहिली-जाहिली पर सबको जलील कर जाएँगे ३१०, कहने की सौ बात, लाने को दरी भी मात ३१० ; *नयी दुनिया>* फूल देख मन सुबह-सुबह प्रफुल्लित हो जाता ३१६ ; *अपने शहर की बत्तियाँ>* सुन्दरता, स्वच्छता और सुरुचि ३१८, विस्मित ही नहीं, विमुग्ध ३२१, (सड़कों का) विलक्षण विभाजन ३२१, (रोशनी का) सतर्क संतुलन ३२१, सगे, सुपरिचित और सहज ३२३, जैसे चूल्हे की आग, जैसे गर्म अलाव ३२३ ; *आहार>* चपलता छलछलाना ३२७ ; *पच्चीस साल की लड़की>* देर से दुर्घटना भली ३२९, जीवन तालमेल से शुरू होकर घालमेल पर जा पहुँचा ३३०, सलज्ज, सुन्दर और सुडौल ३३०, संवाद का सिलसिला ३३१, उन जैसे रोगी और जोगी ३३३, "एक ताला ··· अटकाकर ··· चाबी गुच्छे में लटका लीजिए" ३३३ ; *मनहूसाबी>* उसने पति की ओर आँखों से नहीं, अंगारों से देखा ३४१, तेवर, ताने और तोहमत के तिराहे पर ३४१, पिंजर का पुख्तापन पीला पड़ने लगा ३४३, मासूमियत, मौलिकता और मृदुता ३४६, चाकुओं का चन्द्रहार ३४७ ; *मुहब्बत से खिलाइए>* सुरुचि, स्वच्छता और सौन्दर्य ३४९, वक़्त की वारदात ३५४, सहृदय, सफल एवं संपन्न ३५४ ; *अट्ठावनवाँ साल>* आत्मीयता, आराम और आश्वासन ३५८, अतः आशंकित ३५८ ; *मनोविज्ञान>* चिकने, चपटे चिपचिपे , बाल कटवाकर छोटे, छितरे और चुलबुले बनवाए ३६२, पति की जगह कुलपति की चिन्ता ३६४, आश्चर्य, आतंक से अवसन्न ३६४, नवीन [नायक] का प्राचीन संस्करण ३६५, विचारों के व्यूह और धारणाओं की धुंध ३६७, साहित्य-मर्मज्ञ और कला-रसज्ञ ३६७ ; *आलमारी>* संदेह, सदमा और सकता ३७५ ;

बिटिया > नज़र इतनी इंटेंस है कि वह टेंस हो जाती है ३८०, (नगरपालिका ने) सभी मोड़ों से मुँह मोड़ा हुआ था ३८६, प्रबुद्ध लोग नगरपालिका को नगरपालिता कहते थे ३८६ ; दर्पण > सौन्दर्य सम्राज्ञी ३९३

जाँच अभी जारी है । उमस > देह, दिल और दमाग १९, हमउम्र, हमपेशा और हमखयाल १९, प्यार, व्यापर और व्यवहार १९ ; जाँच अभी जारी है > पहले आतुर बनेंगे, फिर कातर, फिर शातिर २७, इस जाँच की आँच ठंडी नहीं होगी ३६ ; रजत जयन्ती > बच्चों से बेहाल, तनखा से तंगहाल और सेहत से परेशान ३८ ; दाम्पत्य > सहमति, सहानुभूति, सहयोग, संजीदगी, और सहनशक्ति जैसे कुछ शाश्वत सूत्र सोचते हुए वह सो गया ५७ ; नया त्रिकोण > न गवारा न ग्राह्य ६१ ; प्रिया पाक्षिक > अब तो मैं अस्त हुआ, हौसला पस्त हुआ ६४ ; अनुभव > देह, दिल, दिमाग ७५, सपने की सम्पूर्णता के साथ-साथ ७६, फटी कथरी और मैली गठरी ७७ ; नायक > स्नेहिल के साथ-साथ स्वाभिमानी ८५, अकेली, अकल्पनीय और अस्वाभाविक ८५, तुम्हें एक क्षेत्र चुनना होगा, फिर एक कार्यक्रम और अंत में कार्य ८८, जैसे-जैसे देह में दारु पहुँचती, दिमाग़ और मौलिक होता गया ८९ ; चोट्टिन > सुखिया का दुखिया चेहरा १०२ ; झूठ > आकाश नीला, निरभ्र और तट नितान्त निर्जन १०५

एक पत्नी के नोट्स । प्रणय से लेकर परिणय तक १३, दोनों के अपने-अपने अहम् थे, अपने-अपने वहम थे २६, शराब के बाद उसे न नसीहत बरदाश्त होता था, न फ़ज़ीहत ४६, जनसंख्या बढ़ने पर जश्न हो या नहीं, यह एक विचारणीय प्रश्न है ५८, क्योंकि पीड़ा तुम्हारे लिए क्रीड़ा है ६८

बोलनेवाली औरत । बोलनेवाली औरत > किताब, कागज़ और कलम १२९, तर्कातीत तुनकमिज़ाजी १२९, असहमति के अग्रलेख १३१ ; मेला > तलाश में तल्लीन १४२, भीड़ उमड़ी और घटाएँ घुमड़ीं १४३, संन्यास में भी विन्यास के प्रति सचेत १४३, व्रत में भी विघ्न १४४ ; खिड़की > किचकिच, कतरब्योंत और कंजूसी १५५, अछूते, अद्भुत अनुभव १५८ ; रोशनी की मार > स्वभाव में सतर्कता १७२, सगर्व समापन १७२ ; तासीर > पके बाल, थके पाँव और झुकी कमर १८१ ; किताबों में कैद आदमी > मौलिक और मसखरा १८८, रंगारंग संसार में रमाना १९० ; पर्याय नहीं > गोरी, गुदकारी और गुलगुली १९६, जीवन, जगत् और जनता के प्रति २०० ; एक अकेला दुःख > चुप्पी एक चिक की तरह २०५, नश्वरता से जुड़ा नैराश्य २०६ ; अर्द्धांगिनी > समस्त सौन्दर्य और सम्मान २१०, अन्तर में आर्त्तभाव २१०, अद्भुत अनुभूति २११, देह की देहलीज़ २११, निस्तेज, निरर्थक और निष्प्रयोजन २११, खुला, खोखला और खुश्क २१२, देह-यष्टि पर दृष्टि २१२, तर्कातीत तकरार २१२, सौन्दर्यशास्त्र के सिद्धान्त २१३, सराहना सजाना २१३, बेर बराबर (एक गाँठ) २१४, निर्णय में सक्रिय सहमति २१४, "सृजन का सार भी है और सिरजनहार भी" २१५, श्लथ और शान्त २१५, अप्रतिम अभिव्यक्ति २१५, सर्वोत्कृष्ट संस्करण २१५ ; बच्चा > यह समय था या साधन या साधना २१७, व्यंजन और मनोरंजन दोनों में २१७

मुखौटा । —

निर्मोही । —

थिएटर रोड के कौवे । थिएटर रोड के कौवे > बेला की बुलन्दी २, सैकत की सौम्यता २, झोंका झकझोरना ३, महक मतवाला (बना दे) ४, हुस्न, हिमाकत, हौसला और हेकड़ी ५, व्यस्त और मस्त ६, दफ़्तर के दोज़ख़ में दफ़न ६, फड़फड़ाहट किसी परिन्दे की नहीं, दरिन्दे की लगी ७, कागा का आघात ७ ; उनका जाना > पास ही घास पर १३ ; चोरी > चुस्त, चालाक और चौकन्ना २१ ; सूनी > कॉक्रोच निश्चित था पर उसकी मूँछें सचल थीं ३१ ; छोटे गुरु > लियाकत में लकवा ४३, विपत्ति से विकल्प ४३, कायदे का काम ···, जो फायदे का भी हो ४४ + कौए और कोलकाता > हताश हुंकार २१, शैतान की शरारत २४

अँधेरे का ताला । रात भर मेले का रेला रहता ५१, इस तरह विजयदशमी की शाम नंदिता पराजयदशमी मनाकर लौट आई ५४, उसकी आवाज़ कठोर नहीं, कठिन लगी ९८

काके दी हट्टी । *काके दी हट्टी*> आमोद-प्रमोद के बाद प्रमाद ७, पस्त हालत और त्रस्त सूरत १३, आवाज़ दर्द से सर्द थी १५, स्वाधीन, स्वायत्त और स्वयंसिद्ध १८ ; *जाते हुए लोग*> मारकीन में सिली और सीलबंद २६ ; *सुरक्षा का आतंक*> शक, शुबहा और शामत २८, दोस्तियों में दूरियाँ आने लगीं, प्यार-मुहब्बत में परहेज़ ३२ ; *शक*> दमकीले दाँत ६६, मर्दों के बीच इतना बेपर्द ६९ ; *शिष्या*> खबरनवीस को दारू कब नसीब ८२, द्विवेदी होने की दुविधा ८३ ; *ज़ोरदार तालियाँ*> सारे चाकर चकरघिन्नी ९२ ; *एक पति की मौत*> त्वचा के आर-पार तक प्यार १०३, रजाई उसका रंगमहल बनी १०४ ; *छोटे खिलाड़ी*> बाँस की फाँस १०९ ; *फिर भी प्यार*> हर लड़की प्रेमी तो बेकायदा चाहती है और पति बाकायदा १३२ + *एक अकेली तस्वीर*> उत्साह के नाद के बाद १७

दुक्खम-सुक्खम । "जाल भी है और जंजाल भी" ९७, "कभी उत्तप्त तो कभी संतप्त कविता लिखा करता" १०९, "पहले कविमोहन खिन्न हुआ, फिर अवसन्न हुआ" १५०, "दुकानदारी का शास्त्र और अर्थशास्त्र दोनों बदल गया" १६२, "कोई इन्हें आवेग की अनुभूति मानता तो कोई संवेग की" १८५, "उनमें तर्क नहीं है, बस तेवर और ताने हैं" २५४

थोड़ा सा प्रगतिशील । *जी*> स्वप्न की तरह स्फूर्ति देता २० ; *खुशियों का लौटना*> अपात्र और कुपात्र भी उनकी कृपा पाते रहते ४८ ; *फरवरी की एक शाम*> उद्योगपति पति ९४, मलिका पुखराज की आवाज़ स्मृतियों की दराज़ में १०० ; *थोड़ा सा प्रगतिशील*> चेतना की कमनीयता में कोई कमी नहीं आई १०७ ; पटकनी> आशा थोड़ी आशंकित भी थी ११४

तीन शब्दों के संयुक्त प्रयोग (अपूर्ण सूची) । *कहानियाँ १*> "महँगाई, मिलावट और मक्कारी से भिड़ने", "दुष्ट, रुष्ट व हृष्ट-पुष्ट", "जड़, बेहूदा और बेमतलब" (लड़के १९७ × २, १९९), "संदीप का दिल, दिमाग, देह उसे ··· ढाँप लेना चाहता था", "समूचा आत्मविश्वास, अहम् और व्यक्तित्व ··· क्षत-विक्षत हो जाता", "प्रेम अपनी जगह था, निश्चित, नियमित, नियत", "पति के पद, कद, मद तीनों पर नाज़ था", "देह, दिल, दिमाग", "आकुल, हथप्रभ और अवसन्न", "स्वयं बड़ी युवा, आकर्षक और अविवाहिता थी", "युवा, सुन्दर और समान रुचियोंवाले थे", "अपने को युवा, आकर्षक और आह्लादित पा रही थी" (एक जीनियस की प्रेमकथा २६४, २६६, २६७, २६८ × ५, २७२) ; "···लग रही है, दुष्टता, दुराव और दुराग्रह से भरी", "उत्तेजना, आक्रोश और आक्रामकता" (तोहमत २७६, २८०), "जलाने, खलबलाने और काटने की ये क्षमताएँ" (लैला-मजनूँ २८४), "कविता, कल्पना और कोलतार की सड़क पर" (कवि मोहन ३००, घ.१०), "समाज में अगर स्वच्छता, सदाचार और विकास···" (उसका यौवन ३०८) ; "नगर की सुन्दरता, स्वच्छता और सुरुचि", "शहर शरारती होता जा रहा था, खूबसूरत, शोख़ और शातिर", "सगे, सुपरिचित और सहज शहर में" (अपने शहर की बत्तियाँ ३१९, ३२१, ३२३) ; "सलज्ज, सुन्दर और सुडौल लग रही थी" (पच्चीस साल की लड़की ३३०) ; "तेवर, ताने और तोहमत के तिराहे पर", "ज़िन्दा था, साबुत, स्वस्थ और शान्त", "दबाने, डराने और भगाने से कॉक्रोच की जिजीविषा में कोई कमी नहीं", "उज्ज्वल, चरित्रवान् और आदर्शवादी सज्जन", "सस्ता, सरल और टिकाऊ अस्त्र", "उसकी मासूमियत, मौलिकता और मृदुता पर मरते हुए" (मनहूसाबी ३४१, ३४२ × २, ३४३ × २, ३४६) ; "घर की सुरुचि, स्वच्छता और सौन्दर्य", "चौबीस मौसमों की धूल, मैल और गन्दगी", "चेहरे पर सन्तोष, प्रसन्नता और सुख लिखा था", "रिलैक्स्ड, मदालस और मस्ती से भरी थी", "इन सभी के पति सहृदय, सफल और संपन्न होते हैं" (मुहब्बत से

खिलाइए ३४९, ३५०, ३५२ × २, ३५४) ; "आत्मीयता, आराम और आश्वासन पाते" (अट्ठावनवाँ साल ३५८) ; "चिकने, चपटे, चिपचिपे बाल कटवाकर छोटे, छितरे और चुलबुले बनवाए" (मनोविज्ञान ३६२,) ; "नीलम जैसी कमनीय, कोमल, कान्त स्त्री" (मनोविज्ञान ३६६) ; "चेहरे पर संदेह, सदमे और सकते का भाव आया" (आलमारी ३७५) ; "उसे स्त्रियों में बड़बोलापन, निर्भीकता और सक्रियता से बेहद चिद थी" (दर्पण ३९०) ; *कहानियाँ २>* "फीका, सपाट और घटनाविहीन" (सेमिनार १६), "कहानी को अख़बारीपन, सपाटबयानी और राजनितिक प्रतिबद्धता से बचाते हुए" (सेमिनार १३) ; "पति और ज़्यादा सचेत, सक्रीय और बातूनी बनता गया" (उमस २०) ; "शक्ति, सच्चाई और नैतिकता जैसे मूल्य", "काफ़ी मिन्नत, खुशामद और बख्शीशबाज़ी के बाद", "खुद सच्चे, साफ़ और पवित्र हैं" (जाँच अभी जारी है २५, ३२, ३५) ; "वे अपने बच्चों से बेहाल, अपनी तनखा से तंगहाल और सेहत से परेशां लोग थे" (रजत जयंती ३८) ; "गर्भाधान, प्रसव या गर्भपात", "मौलिक विचार, भाषा और भाव" (प्रिया पाक्षिक ६६, ६७) ; "भय, संकोच और ऐतराज़ से भरे", "देह, दिल, दिमाग तीनों", "वहाँ अँधेरा, ठण्ड और बीमारी थी", "नन्ही, काली और चमकती आँखें", "पक्की, गहरी और सुख की नींद" (अनुभव ७५ × २, ७६, ७७ × २) ; "बहस का पीरियड इतना जीवन्त, ज्वलन्त और सामयिक", "अकेली, अकल्पनीय और अस्वाभाविक", "क्षेत्र चुनना होगा, फिर एक कार्यक्रम, फिर एक कार्य" (नायक ८३, ८६, ८८) ; "चंट, कमीनी और सवरती की उपाधियाँ" (शॉल १११) ; "उसपर हक़ जमाए, धौंस दिखाए और हुक्म चलाए" (इरादा १२०) ; "बिना किसी आडम्बर, दहेज या नखरे के", "उसकी आत्मनिर्भरता, खूबसूरती और स्वतन्त्र सोच", "किताब, कागज़, कलम", "समय अख़बारों, पत्रिकाओं और दोस्तों में बिताता" (बोलनेवाली औरत १२६ × २, १२९ × २) ; "दिन भक्ति, स्नान और स्नेह के लिए शुभ है", "साधुओं की भी त्रिपथगा है, सच्चे, पाखण्डी और मक्कार", "धर्म, आस्था और आडम्बर का समय", "गलन, हवा और धूल को चुनौती देता", "माइक पर मंत्रोच्चार, भजन और उद्घोनाओं की त्रिवेणी" (मेला १३४, १३५ × ३, १३७) ; "किचकिच, कतरब्योंत और कंजूसी" (खिड़की १५५) ; "बेटे की बेचैनी, हड़बड़ी और शब्द बर्फ की नोक की तरह" (सेवा १७९) ; "पके बाल, थके पाँव और झुकी कमर" (तासीर १८१) ; "गोरी, गुदकारी, गुलगुली सी छात्रा", "जीवन, जगत् और जनता के प्रति" (पर्याय नहीं १९६, २००) ; "चिलक, चोट और झटका" (एक अकेला दुःख २०३) ; "जीवन निस्तेज, निर्थक और निष्प्राण दिखाई देता", "खुला, खोखला और खुश्क", "क्रूर सत्य, कठोर क्रम और कल्पित भय" (अर्द्धांगिनी २११, २१२, २१५) ; "यह समय था या साधन, या साधना" (बच्चा २१७) — "सीधी, निस्पंद और अचल" (उनका जाना ११), "चुस्त, चालाक और चौकन्ना" (चोरी २१), "रगड़ाई, धुलाई और चमकाई", "आवाज़ में चुनौती, व्यंग्य और विनोद तीनों था" (कौए और कोलकाता २३, २४)

❖ व्याकरण के प्रयोग ❖

वाक्य-रचना । ने : "शक्तिनगर में कईयों ने लस्सी की दुकान शुरू करनी चाही" (बेघर २१), "प्रेम आर्य ने ⋯ बुश्शर्ट पहनी हुई थी" (बेघर ४९), "दुकानदार ने ⋯ कूड़ेदान रखा हुआ है" (थिएटर रोड

के कौवे ३), "नंदिता ने अपने मनोबल की प्रत्यंचा तानी हुई थी" (अँधेरे का ताला २१), "सामान टिका सब ने नहाया" (काके दी हट्टी ६८),

पदक्रम । "चाय तो मुझे बनाते समय उतनी ही तकलीफ होती है···" (बेघर ६१)

अन्वयन । "उसे समझ में नहीं आ रहा था, कितनी देर में उसे ··· चले जाना चाहिए" (छुटकारा ३२), "परमजीत को लगा, उसे उठकर चले जाना चाहिए" (बेघर ३८), "पढ़ ली जितना पढ़ना था।, वह बोली" (पीली लड़की १६८, ख.९), "दो-दो शेफ थीं" (प्रेम कहानी १५२), "स्टेशन पर दो-तीन सवारी थीं" (खिड़की १५६, छ.४), दिल्ली इतना महँगी थी (दौड़ ७६), कितनी बोतलें सोडा गया (काके दी हट्टी ७), "दोनों ननतनी ··· घर आ गयीं" (दुक्खम-सुक्खम ६३), "सब जनी इकट्ठा हुई थीं" (दुक्खम-सुक्खम ७७), "डिब्बे से उतरे इक्का-दुक्का यात्री" (दुक्खम-सुक्खम १२०), "रतन वाधवानी, परसिस कोठावाला, मेहर मिस्त्री, सपना सारंग विज्ञापन-जगत् की जानी-मानी ए-ग्रेड मॉडल थीं" २६३ ; "दीदी के घुँघरू, लहँगे, आधा जोड़ी चप्पलें" (कितने शहरों में कितनी बार ५३) ; 'दुक्खम-सुक्खम' में लिंग-अन्वयन के विशिष्ट प्रयोग (अमूर्त वस्तु के लिए बारंबार स्त्रीलिंग) : "हमने तो सुनी है, ···" ५५, "किसके मन में क्या आई" ६९, "मैंने क्या कही जो···" ७९, "मैंने तो बस येई पूछी थी" ८३, "एक-एक सदस्य की कुशल-मंगल पूछी" ८४, "सब घर की घर में है" ९२, "कब आने की कह गई है। ··· हमसे तो कुछ कही नायँ" ११६, "जे तूने कैसे कही" १४६ ; "भवन से साहित्य और संस्कृति दोनों ग़ायब होती जा रही थीं" (संस्कृति ६४, ढ.६)

लिंग । "मैं जो अपने को साहित्य की अफलातून मानती हूँ" (लगभग प्रेमिका १३२, ख.३), "जितनी अकस्मात्" (प्रेम कहानी १३७), "सड़ियल-सा एक पेन" (काली साड़ी २३२, घ.१), "इतनी बड़ी बैंक" (जाँच अभी जारी है २५, च.३), "जीजी का शॉल" (नया त्रिकोण ५८, च.७), "पुनः अपनी रामायण के साथ तख़्त पर आसीन" (नया त्रिकोण ६१, च.७), "आने का कोई नोटिस" (जाँच अभी जारी है ३०, च.३), "बहुत पुराना फोटो" (झूठ १०५, च.१४), "जब तक उसकी श्रेष्ठता पूरी तौर पर स्थापित न हो जाती" (एक जीनियस की प्रेमकथा २६६, घ.४), "कमर का नाप" (एक जीनियस की प्रेमकथा २६८, घ.४), "हर बार जब घर आते हैं, बैठक का नाप ले लेते हैं" (उसका यौवन ३१०, ङ.१), "पिता भी अपनी गंजी, चमकदार चाँद पर हाथ फेरता···" (आहार ३२७, ङ.४), "जिस शख़्स का फोटो" (बिटिया ३७९, ङ.१२), "जेब में पड़े पेन की तरह" (एक पत्नी के नोट्स ३९), "पहले जैसा लोच" (अर्द्धांगिनी २१२, छ.१३), "कितनी ट्रकें चलती हैं।" (दौड़ ८५), "मिट्टी गिरानेवाली ट्रकें" (काके दी हट्टी ११), "उनकी एक ट्रक" (काके दी हट्टी ४४), "पुराना शॉल" (काके दी हट्टी ९७), "गुसलखाना बनाने की नहीं सोचा" (दुक्खम-सुक्खम ३७), "उसका इंटरव्यू" फिर "दूसरी इंटरव्यू" (दुक्खम-सुक्खम ८८, ८९)

क्रिया-रूप । "घर में रहकर उकता चुकती" (दो ज़रूरी चेहरे १०२, क.१४), "जब ··· सारा कमरा ··· साफ़ कर चुकता" (दो ज़रूरी चेहरे १०५, क.१४), "जब तक डॉक्टर एक बार नहीं आ लेता" (दो ज़रूरी चेहरे १०५, क.१४), "लड़कियाँ आगे जा चुकतीं" (बेघर २६), "बहुत देर तक अपने आपसे जानना चाहता रहा" (बेघर ४०–४१), "परमजीत शायद हमेशा ही ··· सुन्दरता से अधिक प्रियता चाहता रहा था" (बेघर ७७), "जो भी लड़का बचपन की हद से निकल चुकता" (बेघर ८५), "उसे लगता रहा जैसे···" (बेघर १०२), "आप लोगों को अब आराम चाहिएगा" (बेघर १२८), "अब जब वह अपने घर के बारे में सोचता, उसके सामने ··· गृहस्थी आती, जिसमें ··· मोटर कार होती" (बेघर १३१), "मैं समय के सफ़ेद पन्नों से डरती जा रही थी" (लगभग प्रेमिका १३६, ख.३), "हम दोनों के बीच

कोई गंभीर बात हुआ चाहती है।" (प्रेम कहानी १३८), "वहाँ के धीमे ट्रैफिक में उनका बेशकीमती समय जाया होता।" (प्रेम कहानी १५२), "···लेकिन डॉक्टर गुप्ता शान्त रहे आते" (प्रेम कहानी १७०), "···इनका सामान ··· बाहर फिंकवाइए, तभी इन्हें निकाल पाइएगा।" (प्रेम कहानी १८५), "उसके पास ढेर-सा ख़ाली वक़्त बच रहा" (एक जीनियस की प्रेमकथा २६५, घ.४), "३०९ नंबर फ्लैट में अभी हाल एक हादसा होकर चुका था" (लड़कियाँ ८३) "अफशाँ अपने कमरे में जाकर सो रही।" (लड़कियाँ १०४), "पर परीक्षा होकर नहीं दी" (इक्कीसवीं सदी ४७, च.५), "आज उसकी मालिशवाली नहीं आई रही" (चोट्टिन ९९, च.१३), "पेड़ ··· चार मंजिल चढ़े चले आ रहे हैं" (थिएटर रोड के कौवे ३, ञ.१), "(पौधे) गदरा चले थे" (नए दोस्त २५०, ञ.२६), "···सुबह की असेम्बली में वेद और पुराण के उद्धरण सुनाए जाने चाहिएँ" (अँधेरे का ताला १०४), "सिर्फ 'कुहू' बच रहा" (दुक्खम-सुक्खम १६०), "कुछ-न-कुछ उसे हुआ रहता" (दुक्खम-सुक्खम १७२), "अपने दादी-बाबा के आगे अनन्त काल तक बच्ची ही बनी रही आती" (दुक्खम-सुक्खम २३०)

क्रिया-प्रयोग । "मुझे तो चप्पल पहनना भी भूल जाए" (अपत्नी ५२, क.५), "मेरे चेहरे पर 'न' बड़ी जल्दी लिख जाता था" (छुटकारा ५५, क.६), "अकेलापन का मर्म ··· बाँट न सक पाना" (छुटकारा ५५, क.६), "पर वह केकी के लिए महसूस कर रहा था" (बेघर ११९), "फिर वे आपस में और भी व्यस्त होकर बोलने लगे थे, जिससे परमजीत महसूस न करे" (बेघर १५९), "कहे देती हूँ" (बेघर १६०), "पति उसकी और बार-बार मुँह लटकाकर ऐसे देख जाता था, जैसे···" (सीट नम्बर छह ११४, ख.१), "मुझे तो यह भी भूल चुका था कि" (वसन्त—सिर्फ़ एक तारीख़ २११, ग.३), "वह सफ़ेद साड़ी पहनेगी, जिसपर रुपहला काम हो रहा है" (तस्कीं को हम न रोयें २१७, ग.४), "महज़ पढ़ाई करने से पढ़ाई नहीं हो जाती" (ख़ाली होता हुआ घर २२१, ग.१४), "आवाज़ नहीं सुनती तुम्हें?" (प्रेम कहानी १७९), "उसे बहुत अपमानित महसूस हुआ" (एक जीनियस की प्रेमकथा २७०, घ.४), "महीने दर महीने गुज़र निभा ले जाता" (लड़कियाँ ८०), "आज तो मैं तुम्हें क्षमा किए दे रहा हूँ" (मनोविज्ञान ३६५, ङ.१०), "हमने तुम्हें शॉल दिया है कि बला मोल ले ली" (शॉल ११४, च.१५), "संदीप को अपने सारे दोस्त भूल गए" (एक पत्नी के नोट्स १२), "उसे बहुत अपमानित महसूस हुआ" (एक पत्नी के नोट्स १९), "सभी मेहमानों को बहुत अपमानित महसूस हुआ" (एक पत्नी के नोट्स ४९), "के नाम लिख गया" (अकर्मक; काके दी हट्टी ५१), "सबको संचालित किए दे रही है" (काके दी हट्टी ११०), "पाँच बजे उसे फिर भूख लग आई" (दुक्खम-सुक्खम १८१), "आज कैसे रास्ता भूल पड़े?" (थोड़ा सा प्रगतिशील ३३)

वर्तनी । दीखना : "इसका प्रभाव कॉलेज की गतिविधियों पर भी दीखने लगा" (अँधेरे का ताला १०५), "भटकते उसे सिनेमाघर दीख गया" (नरक दर नरक ९६), "आकृति मुझे दीख रही थी" (प्रेम कहानी १२२)

बोलचाल का प्रयोग । "कितनी देर में उसे ···चले जाना चाहिए" (बड़े दिन की पूर्व साँझ ३२, क.१), "···कि वह अम्बाले जाए तो···" (बेघर १४७), "राजधानी में उसके आजकल काफ़ी चर्चे थे" (एक पत्नी के नोट्स ३२), आगरे में (दुक्खम-सुक्खम १०१७ व अन्यत्र), "रोज़ दुकान बंद रहे से" (दुक्खम-सुक्खम ५४), "कामयाबी का चर्चा" (थोड़ा सा प्रगतिशील २९)

पुरातन प्रयोग । "जैसा भी गाने सकता, गा!" (दुक्खम-सुक्खम ७४), "रानी घुसने न पाय" (दुक्खम-सुक्खम १४४), "नहीं, मैं नहीं करने सकता" (थोड़ा सा प्रगतिशील ५७)

कहानियों एवं कुछ उपन्यासों के सारांश

ममता कालिया के कथा-साहित्य का ब्यौरेवार विश्लेषण देते हुए मैंने यथासम्भव प्रयत्न किया है कि उनकी रचनाओं पर चर्चा करते समय उन रचनाओं की कथावस्तु अनावश्यक कम से कम दोहराऊँ। पूरा सन्दर्भ समझने के लिए पाठक रचनाएँ पढ़ना ही वरण करेगा। परन्तु ममता कालिया की समस्त रचनाएँ न पढ़ने पर भी पाठक इस परचे का लाभ उठा सके, शोध का यह लक्ष्य रहा है। इसलिए अगले पृष्ठों पर उनकी कहानियों और (जगह की सीमितता के कारण सब न सही तो) कुछ उपन्यासों के सारांश प्रस्तुत करता हूँ। इनमें सरल भाषा में घटनास्थल, स्पष्टीकृत घटनाक्रम, पात्रों के नाम तथा रचनाओं में दिखते समान बिन्दु जैसे सामान्य तथ्य दिये गए हैं। सारांशों को रचनाकाल के क्रम से, ममता कालिया के रचनाकर्म के चरणों के आधार पर ही संयोजित किया गया है। संलग्नक तालिका की भाँति रचना-शीर्षकों के साथ क्रमांक भी दर्शाये गए हैं, उदाहरणार्थ उपन्यासों के लिए '**उ.**क्रमांक', कहानी संग्रहों में कहानी-विशेष के लिए '**क—ण.**क्रमांक' चिह्न का प्रयोग हुआ है।

❖ पहला चरण : १९७० पूर्व — १९७५ ❖

क. छुटकारा (१९७०)

क.१ बड़े दिन की पूर्व साँझ

इस संक्षिप्त कहानी में एक नृत्य-सन्ध्या, संभवतः वायुसेना की पार्टी की एक घटना, नायिका की दृष्टि से बताई जाती है। हाथ में मोमबत्ती पकड़े हुए एक लड़का एक नवविवाहित लड़की से आग्रह करता है कि वह उसे दोस्तों के उपहास से बचाने की खातिर उसके साथ नाचे। नृत्य के दौरान जिस जोड़ी की संख्या नहीं सुनाई जाती, अंत में उसी को इनाम मिलता है। लड़की को पहले नाचने में आपत्ति है, लेकिन उसका पति जो पास खड़ा हुआ शराब पीने में मशगूल है, अनुमति दे देता है। फ्लोर पर आते ही संगीत बज उठता है। नाचने का अभ्यास दोनों में से किसी को

नहीं है। लड़की गाने के बीच में चली जाना चाहती है, उसे अपनी साड़ी की चिन्ता हो रही है, जिसपर लड़का अब तक कई बार पैर रख बैठा है। लड़का चेहरे के सहमे हुए भाव से उसे रोकता है और उसे यह ग़लतफ़हमी हो रही है कि लड़की अपने पति को ढूँढ़ने जाना चाहती है। दोनों में मामूली बातचीत चल रही है, जिसका आगाज़ लड़के की ख़ामोशी से तंग आकर, परम्परा के विरुद्ध लड़की ने ही किया था। इन मुख़्तसर बातों से पता चलता है, लड़का केवल वायुसेना में भर्ती होने के बाद शराब पीने लगा है और सगर्व कहता है कि उसके घर पर अंडा तक नहीं खाया जाता। घुड़दौड़ पर सौ रुपये तक लगाने के लिए तैयार है। वह चाहता है, इस तरह बीच गाने में उसे लड़की अकेला न छोड़े। आधी जोड़ियाँ बाहर होने के बाद अब हो सकता है, उन्हीं का आँकड़ा निकल आए। नृत्य समाप्त होने पर लड़की के पति को ढूँढ़ने दोनों बार में आ जाते हैं। तब तक काफ़ी पी चुकने पर भी दुरुस्त पति उन्हें शराब पिलाना चाहता है, लेकिन लड़की यह इस बहाने टाल देती हैं कि लड़के को मोटर से घर पहुँचना है। जब लड़का उसके इशारे न समझकर कुछ देर तक उनके पास बना रहता है, तब पति अपनी नववधू को कोट पहनाने लगता है, "क्योंकि हमारा इतनी देर बाहर रहना काफ़ी साहस की बात थी, यह मानते हुए कि हमारी शादी को सिर्फ़ पाँच दिन हुए थे"।

क.२ वे तीन और वह

मुंबई में घटित यह कहानी किराये के फ़्लैट में साथ रहनेवाले तीन युवकों की है। 'पहले' और 'दूसरे' की मित्रता राशनिंग ऑफिस में आरम्भ हुई थी, जहाँ दोनों काम करते हैं। घर पर रहने से ऊबकर वे साथ रहने का निश्चय कर लेते हैं, लेकिन सौ रुपये के फ़्लैट का किराया निकालना अपनी धूम्रपान करने की आदत के कारण कोई आसान काम नहीं है। इसलिए जब प्रयाग उनके संग रहने लगता है, दोनों की मुश्किलें कम हो जाती हैं। प्रयाग किराये और बिजली के बिल का एक हिस्सा देता है, पर उसे बहुत पहले से खाना बाहर खाने की आदत है। एक दिन प्रयाग बीमार पड़ जाता है, उसके साथियों को तभी पता चलता है कि प्रयाग की एक बहन भी है, जो बैंक में काम करती है। बीमारी के चलते बहन कुछ दिनों तक उनके घर आती है। वे उसके माथे की अविचल त्यौरियों और खुरदुरे चेहरे से हैरान रहते हैं। एक शाम बहन के जाने के बाद हिदायत के बावजूद प्रयाग खाना खाने से मना कर देता है और 'पहला' और 'दूसरा' घूमने जाते हैं, यानी सागर-किनारे बैठकर लड़कियों पर टिप्पणियाँ करते हैं, फिर 'दूसरा' अपनी बीवी की बातें बताने लगता है। पत्नी गाँव में है, बच्चे भी हैं, पत्नी रोज़ देर तक पूजा-पाठ करती है, जो उसे अच्छा नहीं लगता। जब 'दूसरा' घर जाकर एक दिन भी साथ रहने का मौका नहीं छोड़ता, बच्चे कुछ दिन के लिए 'आवारा' हो जाते हैं। दोनों को लगता है, प्रयाग की बहन जैसी लड़की की शादी न हुई है, न कभी हो सकती है। रात को 'पहले' को नींद नहीं आती, उसे ऐसा प्रतीत होता है, वह आजकल 'दूसरे' की पत्नी के बारे में अधिक सोचने लगा है; अपनी शादी तब होगी, जब उसे कोई कामकाजी लड़की मिल जाए। कहानी के अन्त में प्रयाग की बहन सुबह नाश्ता लेकर आती है। 'दूसरे' के हुलिये से नाखुश है, इसलिए 'पहले' को अपनी तैयारी पर नाज़ हो जाता है। जब तक वह चाय बनाने में व्यस्त है, 'दूसरा' नहाकर कपड़े पहन लेता है, कमीज़ का एक बटन गायब पाने पर अपने साथी की कमीज़ से निचला बटन काटकर अपनी में टाँक लेता है। इसके बाद सब नाश्ता कर लेते हैं, प्रयाग बहन से कह देता है कि अब

आने की आवश्यकता नहीं है, फिर चाय को तीखा बताते हुए वह उठकर चली जाती है। 'पहले' को चाय और उसके जल्दी चली जाने का अफ़सोस है।

क.३ यह ज़रूरी नहीं

यह संक्षिप्त विवरणात्मक कहानी एक पत्रकार की दृष्टि से एक मासिक पत्रिका के संपादकीय कक्ष का दैनंदिन जीवन दर्शाती है। हरि संस्कृति-पृष्ठों का सम्पादक है। विभाग में उसकी स्थिति बिचली है, उसे मुख्य सम्पादक को और चपरासी को प्रसन्न रखना पड़ता है। जो वह संस्कृति और समाज के विषय में जनहित में खुद लिखना चाहता था, वह सब न लिखकर उसे त्यौहारों, राष्ट्र-दिवसों अथवा मंत्रियों की यात्राओं पर लिखना पड़ता है। कहानी के आरम्भ में वह सहकर्मियों को बताता है कि 'पाक्षिक' की उप-संपादिका की शादी 'साप्ताहिक' के सहसम्पादक से होनी जा रही है। सहकर्मियों को अच्छा नहीं लगता कि उन्हें अभी तक इसकी खबर नहीं मिली थी। सहकर्मी अपनी औसत ज़िंदगी से जूझते हैं, 'बॉस' की साड़ी की कीमत की अटकलें लगाते हैं और कोई चीज़ प्रतिकूल पाने पर रूठ जाते हैं। हरि आजकल दफ़्तर में झूठ नहीं बोलता; पहले किसी के बारे में अफ़वाह फैलाई थी कि उस आदमी को बवासीर है। वह मौका मिलने पर लोगों को चकमा देना अधिक पसन्द करता है। हालांकि हरि को पहले अपने दफ़्तर के माहौल से अपनी पत्नी की खुरदरी हथेलियों की तरह नफ़रत थी, अब वह खुद को परि-स्थितियों से समझौता किये हुए पाता है। "जिस दिन चपरासी या सम्पादक उससे खुश होते, उसका मन कोका-कोला पीने को कुलबुलाता रहता। उसे खुशी थी कि आजकल दोनों ही खुश थे"।

क.४ बीमारी

कहानी एक बीमार पड़ी लड़की को देखने आए उसके भाई और भाभी की है। बहन के एक महीने से (३३ दिन) बीमार रहने के बाद भाई कैजुअल अवकाश लेकर अहमदाबाद से उसके पास आ जाता है। "बे-सलीका", "बे-अक्ल" भाभी उस प्रकार की घरेलू औरत है, जो लड़की स्वयं कभी नहीं बनना चाहती। वह घर में आते ही ननद से नौकर न रखने की शिकायत करने लगती है और चाय बनाने से ही थक जाती है। अपना असंतोष भी बेझिझक पति और उसकी बहन के सामने रखती है : "तुम्हारे भाई तो कुछ करते नहीं न।" भाई जोरू का गुलाम बनता जा रहा है। बहन को जल्दी ऐसा लगने लगता है, उसने भाई को बुलाकर गलती की। भाभी के नज़रिये में नायिका की कोई भी बीमारी कुँवारी लड़की की निर्लज्ज़ता और चरित्र के ढीलेपन का सीधा परिणाम है। वास्तव में लड़की के सहकर्मी भी, जो उसकी बीमारी की शुरुआत के दिनों में उसे देखने आते, कुर्सियों के अभाव में उसके पलंग के किनारे बैठने की जगह टाँगें लटकाकर मेज़ पर बैठ जाते हैं; और घर में नौकर भी इसलिए नहीं आता ताकि उसके चरित्र के बारे में किसी को कुछ भी बुरा कहने का मौका न हो। भाई की छुट्टी खत्म होने को आ जाती है, लेकिन उपचार में कई हफ़्ते और लगनेवाले हैं, तब भाई को एक उपाय सूझता है : बहन को अस्पताल में भर्ती कराकर ही वापस चलेंगे। अन्त में जब लड़की औपचारिकता से पूछ लेती है कि भाई के अपने पैसे तो नहीं लगे किसी चीज़ में, तो भाई निस्संकोच उसके लिए लाये गए फलों के दामों समेत रसीद सौंप देता है। बहन कहती है, वह नकद अपने पास रखकर चेक देना चाहेगी और भाभी तुरन्त उससे ऐसा ही करने के लिए कहती है।

क.५ अपत्नी

मुंबई में एक दम्पती सागर के साथ बने एक दूसरे जोड़े के घर जाते हैं। हरीश (हरि) की पत्नी, जो इस कहानी की कथावाचक है, पहले किसी और समय जाने का बहाना बनाना चाहती है, पर आखिरकार प्रबोध और लीला के यहाँ पहुँच जाते हैं। लीला उनके पहुँचने पर बिस्तर में लेटी हुई है, फिर बैठ जाती है, टाँगें आदतन अलग करके। जब तक लीला कपड़े बदल लेती है, तीनों नया गीज़र देखने जाते हैं। कमरे में लौटते हुए हरीश की पत्नी दोनों पुरुषों को रोकती है, पर हुक अटकाकर लीला उन्हें अंदर बुलाती है और कहती है, वह साड़ी उनके सामने भी पहन सकती है। पहले सामान्य बातचीत में प्रबोध हरीश की पत्नी से पूछता है कि वह क्यों नहीं लीला की तरह कोई डिप्लोमा पाठ्यक्रम कर नौकरी तलाशती। वह अपने पति हरीश से यूँ ही कहा करती है कि वह काम करना चाहती है, पर असल में उसका मन नहीं करता। बात टालकर वह लीला और प्रबोध की शादी के बारे में कुरेदकर पूछने लगती है। पता चलता है कि प्रबोध तलाकशुदा है, लीला उसके साथ रहती है, पर प्रबोध को विवाह की जल्दी नहीं। कथावाचिका के अनुसार ऐसी स्थिति किसी शरीफ़ लड़की को चिंतित रखने के लिए पर्याप्त है। बातचीत प्रबोध के एक सवाल से गर्भनिरोध की तकनीकों पर आ जाती है। एक बार आवश्यकता पड़ने पर प्रबोध के बताए एक डॉक्टर ने हरीश और उसकी पत्नी की 'सहायता' की थी। अब प्रबोध कहता है, उसी डॉक्टर ने दाम बढ़ा दिए हैं, इतने महीने सावधान रहने के बाद उन्हें डेढ़ हज़ार देने पड़े। लीला उसकी बातें सुनते हुए शर्माती नहीं है। विषयान्तर लाने के इरादे से हरीश की पत्नी जब लीला के बननेवाले मंगलसूत्र के बारे में पूछती है, तो लीला यह कहते हुए कि वह बन चुका है, अलमारी से निकालने लगती है। प्रबोध उससे कहता है कि 'वह पैकेट' भी निकालकर दिखा दें। विवाह तक निश्चित नहीं, लेकिन मंगलसूत्र के साथ नई-नई गर्भनिरोधक गोलियाँ भी रखी हैं। हरीश की पत्नी अब कहती है, वह गोलियाँ देख चुकी है, साथ में कह देती है उसके लिए यह तरीका ठीक नहीं हो सकता, वह इतनी भुलक्कड़ है कि समय पर लेना भूल जाती। इस बात से हरीश भी सहमत है। कहानी के अन्त में वे प्रबोध और लीला से पूछते हैं कि वे उनके साथ नाचने आएँगे या नहीं। प्रबोध कहता है, "नहीं, अब इसे नाचने में तकलीफ होगी"।

क.६ छुटकारा

यह रहस्यमयी कहानी गर्मी की छुट्टियों के आखिरी दिनों में घटित होती है। एम०ए० की एक छात्रा दिल्ली विश्वविद्यालय के पास के वेंगर्ज़ में अपने सहपाठी "दोस्त" (संभवतः अपने प्रेमी) से मिलती है, यद्यपि उसका मिलने का मन नहीं कर रहा। उनमें बातचीत कम होती है। लड़की सोचती है, चुप्पी में मेरी सब भावनाएँ चेहरे पर आ जाती हैं। इस लड़के से वह झूठ नहीं बोल सकती है, हालाँकि कोशिश तो कई बार की थी। एक दफ़ा सिनेमा देर से पहुँचने पर उसने कहा, रात को नींद नहीं आई, इसलिए दोपहर को सो गई। लड़का उसकी अदा की संदिग्ध प्रशंसा करता है, फिर उससे छुट्टियों के बारे में पूछता है, तो वह अन्दर चिढ़ती हुई कुछ-कुछ पढ़ने और लिखने के बारे में बताती है। लड़के की बताई किताब उसे पसंद नहीं आई। बीच में पाठक जान जाता है कि पिछले वर्ष पुस्तकालय से दोनों चार बजे चाय के लिए उठते थे। इस बार लड़की लड़के को सातवें सिगरेट के बाद नहीं रोकती, न वे और कॉफ़ी या टमाटर जूस मँगाते हैं। केवल कोला के नीचे रह गए बर्फ के गोलों को लबों को छुआते हैं। विदा होने पर दोनों को एक दूसरे की चाल ऐसी लगती है, "जैसे डाक बाँट लेने के बाद खाली थैला हिलाते डाकिये की"…।

क.७ उसी शहर में

विवाह के छह महीने बाद एक लड़की छुट्टियाँ मनाने अपने इन्दौर के घर लौटती है। पहले उसे अच्छा तो लगता है, पर दूसरे दिन से ऊब जाती है वहाँ के सूनेपन से। उसकी माँ सारे समय खुरपी लेकर बाहर क्यारियों में काम करती है। सहेलियों से मिलकर भी मज़ा नहीं आता, वे आपस में ज़्यादा, उससे कम बातें करती हैं। उसका पुराना दोस्त, जिसके यहाँ वह इतवारों को पढ़ा करती थी, तीन दिन तक उससे मिलने नहीं आता, तो वह खुद नारायण के घर पहुँच जाती है – अब बिना साइकिल और किताबों के, गदराए शरीर पर फबती साड़ी में। नारायण का घर यथावत् है, वह वैसे ही एल०एल०बी० कर रहा है, जबकि नायिका को ऐसा भ्रम होता कि शायद आधे साल में बहुत बदलाव आना था। उसकी मम्मी की चाय भी उतनी ही बढ़िया है और नींद कच्ची, कोई शोर नहीं कर सकता। कहानी के अन्तिम अंश को वर्त्तमान या याद के रूप में भी लिया सकता है। घर जाते हुए नायिका ताँगे पर बैठती है और नारायण अपनी साइकिल पर कुछ समय तक उसके पीछे-पीछे आता है। घर पहुँचकर नायिका खुश है, और शादी के पहले से विपरीत माँ को घर के कामों में मदद करने लगती है।

क.८ ज़िन्दगी—सात घंटे बाद की

आत्मीया सेन आकाशवाणी में प्रोग्राम-निष्पादक है, संभवतः दिल्ली में। सुबह दस बजे से शाम के पाँच बजे तक दफ्तर में उसकी काफ़ी पूछ है। वरिष्ठ सहकर्मियों के साथ मीठी जुबान में बात करती है, मातहतों और घर के नौकरों को रौब दिखाती है। फिर भी इतवार की सुबहों को उसे लगता है, समय बीतता नहीं, बिताना पड़ता है। बाहर बच्चे खेलते हैं और वह बरामदे में एक-एक आवाज़ सुनकर चौंकती है। एक समय में उसकी सहेलियाँ उसे शादी के लिए प्रोत्साहित करती थीं, पर तब आत्मीया का मन नहीं करता था। अब उसके तमाम दोस्त विवाह के बाद उससे कटते चले जा रहे हैं, और देह का तारुण्य भी समाप्ति पर आ रहा है, तो जो पहले तारीफें देते थे, आज वे उसमें केवल मिजाजपुर्सी तक की रुचि लेते हैं। सोने से पहले 'लेडी चैटरलीज़ लवर' पढ़ती है, हालाँकि वह इससे भी ऊबने लगी है। फिर उसे लगता है, "पाँच के बाद वह ज़िन्दगी जीती नहीं, बिताती है"।

क.९ पिछले दिनों का अँधेरा

यह छोटी कहानी १९६५ के भारत—पाकिस्तान युद्ध के दौरान घटित होती है, जब दिल्ली में पाँच रातों को ब्लैक-आउट की स्थिति थी। कपूर अपने करोलबाग के घर लौटता है। वह सोचता है, उसकी ज़िन्दगी उबाऊ है। उसका अपनी एक सहकर्मी से प्रेम-संबन्ध चल रहा है। जिस दिन रुचि उसके घर आती है, वह खुश रहता है, नहीं तो दुखी। "अँधेरे में बहुत कम काम हो सकते हैं। उसमें आप खा सकते हैं या प्रेम कर सकते हैं" के तर्ज़ पर उस अँधेरी रात को रुचि की माँ को दिए वादे के बावजूद कपूर उसे अँधेरा होने तक घर वापस नहीं ले जाता, क्योंकि वास्तव में दोनों को अँधेरे का ही इंतज़ार था··· । संभोग दृश्य के बीच सायरन के बजने पर कपूर पहली बार पूरे समाज की फ़िक्र करता है, अन्यथा वह लाचार भीड़ को अनदेखा कर केवल अपने बारे में सोचता था।

क.१० साथ

मुंबई की इस कहानी के नायक-नायिका अशोक और सुनन्दा (निन्दी) हैं। शुरुआती दृश्य में अशोक स्टिकिंग-टेप ढूँढ़ रहा है और सुनन्दा से मदद चाहता है, पर वह बर्तन माँजने में मशगूल है। आगे पता चलता है कि अशोक ने अपनी पत्नी छोड़ दी है और दस महीने से सुनन्दा के साथ रह रहा है, जो उसके दफ्तर में स्टेनो है। अशोक अनुवाद का काम भी करता है, फिर भी महीने के अन्त तक उसके पैसे हमेशा ख़त्म हो जाते हैं। सुनन्दा को, अगर वह रूठ जाए, तो साड़ी खरीदने भेज देता है। सुनन्दा सोचती है, अशोक उसपर लगभग उतना खर्च कर देता है, जितना उसका वेतन पहले हुआ करता था। अशोक फ़िलहाल तलाक नहीं ले सकता, क्योंकि वह बीवी को हरज़ाना देने की स्थिति में नहीं है। इसके बावजूद वह सुनन्दा को घर की कम-कम चीजें खरीदने की हिदायत देता है, यह सोचते हुए कि शादी करने पर दहेज में सब आ जाएगा। सुनन्दा उसे बताती नहीं कि मेरे पिता दहेज कभी देंगे ही नहीं। आखिरी दृश्य के हँसी-मज़ाक में मालूम पड़ता है कि सुनन्दा अभी बच्चा नहीं चाहती, वह अशोक के लिए चाय भी बना देती है, बस वह उसे गर्भवती न करे।

क.११ बेतरतीब

आनन्द एक नाट्य-समूह में अदाकार है। अगर कोई उसकी तारीफ कर दे, तो वह सिर्फ इस बुनियाद पर कि दूसरे को प्रत्याशा है, उसकी तारीफ नहीं कर सकता। उसके बूढ़े माँ-बाप हैं, जो चाहते हैं, एक बार उसकी शादी हो जाए। पर वह तय नहीं कर पाता कि यह शादी 'होनी' अथवा 'करनी' बेहतर है। जब उसका शरीर उसे तंग करता है, तो 'होने' के पक्ष में रहता है, पर जब उसे मानसिक उत्तेजना भी चाहिए हो, तो 'करने' के। जब से सीढ़ी की सफ़ाई पर सिक्ख मकान-मालिक से बहस हो गई है, उसे पहली को ही किराया देना पड़ रहा है। यह उसके लिए आसान नहीं है, बावजूद इसके कि सन्तोष, एक वकील की मोटी बिगड़ी शहजादी, जिसे 'सर' सिर्फ उसके बाप की ग्रांट्स की खातिर रखे हुए है, अपने हिस्से के पैसे आनन्द को सौंपती जाती है। आनन्द उनींदा-सा कला-केन्द्र चला जाता है, आज उसको पैसे मिलनेवाले हैं। अगर जाँच करनेवाला न आए, तो बस की टिकट वापसी में भी चल जाएगी।

क.१२ शहर-शहर की बात

जब तक सुरेन्द्र नाई के पास जाता है, उसकी पत्नी, जो यह कहानी सुनाती है, बाज़ार देखने निकलती है। रास्ते में इत्तिफ़ाक़न उसे तरुण, एक पुराना 'मित्र' मिल जाता है और थोड़ी देर के लिए वे मिठाई की एक दुकान में बैठ जाते हैं। तरुण से वह चंडीगढ़ की एक गोष्ठी में मिली थी, विषय देश की शिक्षा-व्यवस्था था। उसमें तरुण ने आलोचनात्मक भाषण दिया था, इसलिए सहमत होने पर भी किसी को उसे खुलकर बधाई देने की हिम्मत नहीं थी। सुरेन्द्र एक बैंक की दीवार के साथ सटी छोटी-सी दुकान से किताबें बेचता है, जबकि कथावाचक पत्नी अध्यापिका है। उसके विचारों के ज़रिये महानगर बनती जा रही बम्बई के प्रेरणादायक माहौल, लेकिन हमेशा की दौड़-धूप से कठिन ज़िन्दगी का वर्णन हुआ है, जिसमें नितान्त खतरा रहता है "मकान छिन जाने का, नल से पानी न आने का, रेल किराया बढ़ जाने का, बरसाती न खरीद पाने का, बच्चा हो जाने का"। नायिका को चलना है, दोनों नाई की दुकान की ओर बढ़ जाते हैं। पति के साथ

चलने के आग्रह पर शरमाता हुआ तरुण यह कहकर कि उसे एक किताब लौटानी है, उनसे विदा लेता है।

क.१३ वे

नायक और अरुणा नाम की नायिका धार से इन्दौर लौट रहे हैं। बीच में बस ख़राब हो जाती है और सवा घंटा उन्हें सर्दी में टहलना पड़ता है। कुछ सामान्य बातचीत हो जाती है। नायक को लगता है कि अरुणा भी उसकी अपनी बहन और बाकी लड़कियों की तरह है, उसके ज़ेहन में कोई गंभीर विचार ढूँढ़ना दूभर है। उसे चाय की दुकान के दोस्तों की याद आती है, जो अलग-अलग स्वभाव के बुद्धिजीवी हैं। उनके साथ देर तक औरतों के बारे में भी चर्चा नहीं की जा सकती, हमेशा साहित्य और राजनीति की बातें चलती हैं। बस रात को इन्दौर पहुँच जाती है, तो पता चलता है कि अरुणा का भाई उसे लेने आया नहीं, क्योंकि बहन ने उसे सूचना भी नहीं दी थी। हालाँकि वह धार में मामा के घर भी नहीं रुकी, जैसा उसने घर में पहले बता दिया था। वह चाहती है, नायक उसे घर पहुँचा दे, परन्तु उस घड़ी कोई रिक्शावाला रेजीडेंसी की ओर जाने के लिए तैयार नहीं है। अन्ततः अरुणा नायक के जेल रोड के कमरे में ठहर जाती है। वह कम सुविधा के बावजूद किसी तरह की शिकायत नहीं करती··· । सुबह नहा-धोकर कुछ थकी-सी ही सही, जल्दी निकल जाती है।

क.१४ दो ज़रूरी चेहरे

इस लम्बी, अस्तित्ववादी और मंद कहानी के तीन भाग हैं। मिनाती (मिन्ना) श्याम नाम के एक युवक के साथ महज़ एक सप्ताह से प्रेम-संबन्ध में है, जब वह अपने भाई के सामने खड़ी होकर कह देती है कि वह श्याम से शादी करेगी। भाई की प्रतिक्रिया ठंडी है, पर वह मना भी नहीं करता। मिनाती को कुछ समय पहले उसकी माँ ने भाई के यहाँ भेजा था, जब भाई की बीवी और बच्चा एक हवाई दुर्घटना में मर गए। भाई घर से उनकी याद के साथ जुड़ी सभी चीजें निकलवाकर अब मौन और अकेलेपन का जीवन बिता रहा है; अधिक से अधिक वह किताबें पढ़ लेता है। उसका एकमात्र सहारा उसकी बहन ही है, जो श्याम के साथ शामों को बिताने के लिए खुश होने पर भी पश्चात्ताप महसूस करती है। दूसरे भाग में विवाह के बाद मिनाती सुखी भी है, लेकिन उसे अपने पहले के जीवन की समस्याओं से मौजूदा मुश्किलें ज़्यादा बोझिल लगती हैं। वह अक्सर घर पर अकेली बैठी ऊँघती है। श्याम का स्वभाव भी घुन्ना है। शादी के सिलसिले में मिनाती की पढ़ाई जो छूट गई, तो पति को इससे फ़र्क नहीं पड़ा, बल्कि ठीक ही लगा जबकि भाई की यही अकेली ख्वाइश थी और यह भी पूरी नहीं हो पाई। माँ रुष्ट है : पहले "मेरी कोई लड़की इतनी मामूली नहीं निकली"। तीसरे भाग में मिनाती जब पेटदर्द की वजह से घर पर आराम कर रही है, किसी व्यक्ति के लिए दरवाज़ा खोलने पर वह उसके हमले का शिकार होती है। होश में आने तक कुछ सामान चोरी हो जाता है। इसके बाद अस्पताल में उसका अपेंडिसाइटिस का ऑपरेशन भी किया जाता है। आँखें खोलने पर उसके दोनों तरफ भाई और पति के दो ज़रूरी चेहरे हैं।

३.१ बेघर (१९७१)

'बेघर' उपन्यास दिल्ली के एक नवयुवक, परमजीत डांग की कहानी है। परमजीत का जन्म पुरानी दिल्ली के एक पंजाबी परिवार में हुआ था। उसके घर में पिता, माँ, बिमला (बिम्मा) नाम की एक बहन और कई अन्य छोटे भाई हैं, जिनका नाम नहीं बताया जाता। पिता अरसे से लस्सी की दुकान चलाता आया है, अब तक रोज़ चिकनी लूँगी पहने तख़्त पर बैठकर अपना एकरस काम करने के अलावा उसका जीवन में और कुछ लक्ष्य नहीं रहा, अगर फिर भी हो तो वह है अपनी बिटिया की शादी ढंग से और जल्दी से निपटाना। परिवार-नियोजन के अभाव में माँ बच्चों को जन्म दे-देकर तथा सस्ती सब्ज़ियों, खासकर कद्दू के पकवान बनाते हुए ज़रूरत से पहले बूढ़ी हो चली। परमजीत अपना बचपन और किशोरावस्था गली के अपने हलके व्यक्तित्व वाले मित्रों (दर्शन, गुरमीत, मोहन) के सान्निध्य में मटरगश्ती करते हुए और लड़कियों को घूरते हुए बिताता है, लेकिन बाकियों के उलट उसकी पढ़ाई भी ठीक-ठाक चलती है, संयोग से वह बार-बार उत्तीर्ण हो जाता है।

एक दिन दुकान के एक पुराने ग्राहक की मार्फ़त परमजीत, जिसने पूरी दिल्ली तक नहीं देखी है, को मुंबई जाकर एक वातानुकूलन कंपनी के अहलकार के रूप में नौकरी करने का अवसर मिल जाता है। घर के लोग इसका महत्त्वपूर्ण रूप से नहीं समझ पाते, लेकिन इतना उन्हें भी मालूम है, गली में उनकी इज्ज़त बढ़ेगी ही। मुंबई पहुँचने पर भले ही परमजीत अकेलापन महसूस करता है और शुरुआत में दफ़्तर के नाम पर उसको एक गैरेज में दिन बिताने पड़ते हैं, पर उसको नए-नए दोस्त मिलने में अधिक समय नहीं लगता। फ़िल्म और इश्तिहार जगत् से जुड़े वालिया और उसकी टाइपिस्ट से बनी साथी, विजया के जैसा संबन्ध उसने नज़दीक से कभी नहीं देखा।

पराये महानगर की मनहूसियत तब कम होने लगती है, जब परमजीत के परिश्रम से प्रभावित होकर कंपनी का मालिक दफ़्तर का स्थानान्तरण वर्ली से चर्चगेट कर देता है। वह माहिम की कैंडिल रोड पर 'रुस्तमविला' में किराये का कमरा लेता है। मकानमालकिन बत्तीस साल की एक पारसी महिला, केकी अंक्लेसरिया है। उसने न शादी की न करना चाहती है, बाद में जान लेते हैं कि इसके पीछे पारिवारिक कारण हैं, जैसे एक असफल पिता और निर्मोही बहन, मिट्ठू। घर में दो नौकर बहराम और तैयबजी और दो पालतू कुत्ते, ह्विस्की और ब्रेंडी हैं। केकी हीनता-ग्रन्थि से ग्रस्त है और अपने जीवन के फीकेपन में दिल की कल्पित बीमारी से जूझती है। उसकी ज़िन्दगी में परमजीत रंग तो लाता है और दोनों में कुछ हद तक मित्रता भी विकसित होती है, लेकिन केकी को दूसरों का स्नेह स्वीकारना नहीं आता। उसकी जीवन-दृष्टि उपेक्षा और चिड़चिड़ाहट है; वह अपने आस-पड़ोस और समाज की आलोचना सुविधानुसार देशी या विदेशी अंदाज़ लिए करती है। उपन्यास में, ऐसा प्रतीत होता है, दोनों के रिश्ते का आवश्यकता से लम्बा वर्णन हुआ है।

एक सुबह दफ़्तर जाते समय उपनगर रेल के इंतज़ार में परमजीत को एक सुन्दरी दिख जाती है। दोपहर को संयोग से वही बैरीज़ रेस्तराँ में तभी खाना खाने आती है, जब परमजीत खुद कोई मेज़ खाली होने के लिए खड़ा है। साथ-साथ भोजन करते हैं, एकसाथ निकलते हैंऔर अगली बार मिलना तय होता है। यह गुजराती लड़की, संजीवनी भरूचा परमजीत की ज़िन्दगी में

वास्तव में संजीवनी बनकर आती है। आगामी महीनों में कभी सिनेमा देखते हुए, कभी सागर किनारे चट्टानों पर बैठते हुए, फिर कभी कुलाबा के कफ परेड पर खरीदारी करते हुए वे एक दूसरे के रंग में रंग जाते हैं।

यद्यपि संजीवनी भी परमजीत से प्यार करती है, पर उसके लिए अपनी भावनाओं को व्यक्त करना आसान नहीं है। संजीवनी को कई पारिवारिक समस्याएँ कचोटती हैं। विलेपार्ले के उसके घर में बहरी-गूँगी माँ है, पिता है, भाई और भाभी हैं और उनका बच्चा। पिता पेशे से सुनार है, पर आर्थिक मंदी से पराजित होकर वह दुकान बेटे को सौंप चुका है और मानसिक दबाव में अपने दिन बेटे के सामने हारकर काट रहा है, जो बदली परिस्थितियों में कारोबार में सफल नज़र आता है। माँ और भतीजे को सँभालना संजीवनी का दायित्व है, जिसके बदले में उसे प्यार के नाम पर कुछ नहीं मिलता। इस कठिन हाल में मन बहलाने और कड़ुआहट कम करने के लिए संजीवनी के पास एकमात्र साधन बैंक में अपना हिसाब-किताब करने की नौकरी है। पढ़ाई और नौकरी दोनों इसी लिए करती आई है ताकि अपने घर के परिवेश से जितना संभव हो, दूर हट सके।

पर संजीवनी का एक और राज़ है जो उसका परमजीत के साथ पनपता प्रेम जल्दी ही कुचल देता है। परमजीत से पहले भी एक बार उसको प्यार हुआ था विपिन से, जो उसे इस्तेमाल करके और धोखा देकर परिवार का कारोबार देखने-सँभालने मॉरिशस चला गया था। एक इतवार परमजीत संजीवनी को अपने दफ़्तर ले जाता है और उसके साथ सम्भोग करता है। संजीवनी उसको बेअसर टोकने की बेअसर कोशिश करती है और आखिरकार परास्त हो जाती है। दोनों सम्भोग में विलीन हो जाते हैं, लेकिन कुछ ही देर बाद परमजीत को संजीवनी का कुँआरापन खो चुकने का आभास हो जाता है। इस स्थिति से निपटना उनके बस में नहीं है, इसके लिए आवश्यक अनुभव और गम्भीरता उनमें नहीं है। परमजीत अपना आहत आत्मसम्मान लिए जल्दी से जल्दी चलना चाहता है, जबकि निरन्तर फफकती संजीवनी बचाव के लिए कोई प्रयास नहीं करती, कोई बहाना नहीं बनाती। स्टेशन पर बिछुड़ने का मतलब है सदा के लिए बिछुड़ जाना।

इस नए जीवनसंकट में परमजीत दफ़्तर के काम में व्यस्त हो जाता है। तब एकाएक पिता के गोल-मोल अक्षरोंवाली चिट्ठी आती है: वे बिमला का ब्याह तय करना चाहते हैं। लड़का अच्छा है, परिवार पीढ़ियों से अचार का व्यापार करता आया है। परमजीत दस दिन की छुट्टी लेकर दिल्ली पहुँचता है। उसे जाने की जितनी उत्सुकता थी, अपनी गली और घर के यथार्थ से उसको उतनी ही निराशा हो जाती है। एक साल में उसकी और उसके पुराने दोस्तों की ज़िन्दगी ने अलग राह पकड़ ली है। परमजीत को प्रत्याशाओं से कहीं कम अपनेपन का अनुभव हुआ, बेचैन-सा मुंबई लौटता पड़ता है।

मुंबई की ओर ट्रेन में सफ़र करते हुए एक बच्चे से खेलने में उसे आनन्द आता है, यहाँ तक कि अगले कुछ महीनों में परमजीत स्वयं घर-बार का सपना देखने लगता है। मुंबई में फिर वह वालिया और विजया की शराब की गायब बोतल पर बहस और उनके रिश्ते की निरर्थकता का साक्षी बन जाता है। कुछ देर बाद उसके एक सहकर्मी और मित्र शिन्दे का विवाह हो जाता है। अकेले-अकेले मुंबई में उसका मन नहीं लगता, वह यह भी पहचानने लगता है कि उसका सुख पारिवारिक सुख के अतिरिक्त और कुछ नहीं हो सकता। पिता की चिट्ठी आती है, तो परमजीत माँ को लड़की पसन्द करने की पूरी इजाज़त देता है और अंततः दिल में प्रसन्नता लिए

शादी करने के लिए दिल्ली रवाना हो जाता है। हालांकि वह हमेशा चाहता था कि पहले बहन के हाथों को मेहँदी लग जाए, गणित का सिद्धान्त कुछ और है। उसके ब्याह के साथ आए दहेज से बिम्मा का रिश्ता भी बिना हिचकिचाहट के तय हो जाता है।

पहाड़गंज की ठेठ पंजाबिन रमा घरेलू महिला है। उसके पास संस्कार हैं, मेहनत से घर का काम करती है, पैसे पकड़ती है और शीघ्र ही दो पुत्रों को जन्म देती है। ससुराल जाना पसन्द नहीं करती, सास से सख्त नफ़रत है, परन्तु पुत्र-रत्न-द्वय-प्राप्ति से सास समेत सारा कुटुंब अत्याह्लादित है। समस्या केवल यह है ही परमजीत पत्नी को स्वयं के समान बदलना चाहता था और अब पाया कि उसे खुद बदलना पड़ता है। गलती से मैट्रिक पास पत्नी को अपनी पुरानी मित्र-मण्डली में ले जाने से कतराता है, पर रमा को भी उनकी दारू की तहज़ीब रास नहीं आती। शीव के किराये के मकान में रमा की दिनचर्या का केन्द्रबिन्दु है मित्रता या दुश्मनी के अनुकूल पड़ोसिनों से या उनके बारे में गप्पें करना। आर्थिक तरक्की के साथ जब वे घर बदलकर एक ऐसे इलाके में रहने आते हैं, जहाँ मध्यवर्गीय निवासी अपनी चहारदीवारी से कम निकलते है, रमा अपना पूरा ध्यान अपने छोटे बच्चों पर देती। धीरे-धीरे उनमें शारीरिक संबन्ध भी लगभग समाप्त हो जाता है, शादी के तीन साल हुए, शोभा नहीं देता। तब परमजीत को नए सिरे से संजीवनी की याद आने लगती है। पहले रह-रहकर, फिर आवेग से।

अब परमजीत पहले से अधिक वेतन पाता है, न केवल फ्रिज, कंपनी की गाड़ी तक उनके घर आ जाती है। अब वह पत्नी के अतिरिक्त दोनों बच्चों के लिए उत्तरदायी है। अपनी स्थिति किसी न किसी प्रकार स्वीकारने का प्रयत्न करता है, पर वह खुश नहीं है। अपने घर में बेघर है। परमजीत का मानसिक तनाव एक दिन दिल के दौरे का रूप ले लेता है। इलाज के बाद उसे खटिया-आराम की ज़रूरत है, दफ़्तर जाने के बाद भी गाड़ी चलाने से परहेज़ करना पड़ता है। एक दिन घर जाते समय, पैसे बचाने के इरादे से चर्चगेट पर रेल पकड़ता है, हालांकि टैक्सी भी ले सकता था। अचानक उसे प्लेटफार्म पर संजीवनी दिख जाती है। वह परमजीत की ओर पीठ किए उसे देख नहीं सकती और इससे पहले कि परमजीत उससे कुछ बोल पाता, गाड़ी छूट जाती है।

शाम का वक्त था, खाना खा चुके थे। रमा रसोई में व्यस्त थी, जब परमजीत का दिल धड़कना बंद हो गया। चीख-पुकार के बीच में पता ही नहीं चला कैसे डॉक्टर और पहले अनदेखे पड़ोसी आए और कुछ देर अटपटी-सी सांत्वना देने के बाद अपने नौकरों को रमा के साथ बिठाकर चले गए। सुबह परमजीत के दोस्तों ने कैसे शव ले जाने का इंतजाम किया, यह भी बताना मुश्किल है। मित्रों ने ही बेतरतीब कागज़ों के ढेर से बीमा पुस्तिका निकाली। शोक मनाने के तीसरे दिन परमजीत और रमा के रिश्तेदार आ धमके और कुत्तों की तरह लड़ने लगे, बेवजह एक-दूसरे को दोषी ठहराते हुए, "जैसे परमजीत पिकनिक पर चला गया है।"

ख. सीट नम्बर छह (१९७५)

ख.१ सीट नम्बर छह

भगवती कथा-नायिका मिस गुप्ता के लिए कोलकाता से मुंबई के रेल टिकट का आरक्षण कर देती है, उन्हें महिला श्रेणी में सीट नंबर छह मिल जाती है। मिस गुप्ता अधेड़ उम्र की अविवाहित

प्राध्यापिका हैं, उनका मन चिर-कुमारियों की 'बोल्ड' गपशप में रमता है। कहानी में हम ज़्यादातर सफ़र के बारे में और विवाह-संस्था के विरुद्ध मिस गुप्ता के उत्तमपुरुष में बताए सोच-विचार पाते हैं। उन्होंने कभी शादी नहीं की, इसको लेकर बहन से मतभेद है। वे तसल्ली से, अख़बार के साथ चाय-नाश्ता लेते-लेते यात्रा करना पसंद करती हैं। बच्चे को दूध दे रहीं एक औरत उन्हें पहले से खलती थी, फिर जब एक थुलथुल महिला उनकी टाँग पर धड़ाम से बैठ जाती है, तो उन्हें बेहद खीझ आ जाती है। इस अनुचित व्यवहार के लिए घुड़क भी दें, तो भी वह कॉलेज की छात्राओं के उलट आतंकित नहीं होती। बीच में दूसरे डब्बे से महिला का पति आता है, जिसके साथ पत्नी ढंग से बात नहीं करती। बाद में पता चलता है कि वह इसलिए रुआँसी हो रही है और इतनी पस्त दिखती है, क्योंकि वे बड़े बेटे को लम्बे समय के लिए कोलकाता में रह रही बूढ़ी और अकेली सास के पास छोड़कर आ रहे हैं। नायिका की संवेदनाएँ उस महिला के पति के साथ हैं, जो कहानी के अन्त में मिस गुप्ता को फिसलकर बुरी तरह गिर जाने से बचा देता है। वे वैसे भी पुरुषों के साथ कभी कठोर नहीं हो पातीं। अब उन्हें लगता है, बेचारे आदमी को गलत बीवी मिली है।

ख.२ फ़र्क नहीं

नायिका (मुन्नी) उत्तमपुरुष में कहानी सुनाती है। परिवार को उसके प्रेम-प्रसंग की भनक लगने पर उसकी हदबंदी शुरू हो जाती है। कम से कम अब माँ भी उससे घर के काम नहीं करातीं। पिता ने पहले से उसे ऐसे महिला कॉलेज में डाला था, जो कमला नगर से पैदल पहुँच में हो। इससे यातायात के पैसे भी बचते। पोती की वापसी तक दादा एक दुकान पर अख़बार पढ़ते हैं, लौटकर झपकी लेते हैं, रेडियो-टीवी खोलने की गुंजाइश नहीं। कक्षा में मिसेज़ चंडोक जैसी प्राध्यापिकाओं के साथ मज़ाक करने का नतीजा जायसी के काव्य से भी उबाऊ उनके भाषण होते हैं। नायिका की अमीर, मगर बुद्धू सहेली के यहाँ पढ़ाई उसके घर से निकलने का छद्म-रूप है। छज्जे के नीचे तेजिन्दर का प्रेमी भी आता है, पर उसपर परिवार का आतंक है, जो लड़के से आँख मिलाने से भी डरती है। सहेली बिमला को इसलिए पढ़ाया जाता है कि पिता को ज़्यादा दहेज न देना पड़े। नायिका के माता-पिता भी यही सोचकर चलते हैं, किन्तु वह वाकई पढ़ना चाहती है। माँ रसोई में काम करते हुए भुनभुनाती रहती हैं। कारण स्वास्थ्य के सवालात के लिए सनकी दादा, सिगरेट फूँकता पति या किरायेदार प्रमिला अरोड़ा सब बनते हैं। प्रमिला तमाम किरायेदारों के बाद लगभग आदर्श है, पर स्वतन्त्र युवती होने के लिए बेटी का उसके साथ बैठना, चाय पीना, घूमना उन्हें नहीं सुहाता। माँ को जेबखर्च उसके किराये से मिलता है, तभी रखती हैं। नायिका को लगता है, उसकी माँ "बिना बिकिनी पहने" घर में "मनमाना शासन कर रही" हैं, उनकी शक्ति का राज़ शायद घर में भोगी प्रताड़नाओं में है।

ख.३ लगभग प्रेमिका

छह साल के दाम्पत्य के बाद कॉलेज की प्रवक्ता सुजाता को पति कुमार मुंबई के एक ८ बजे के कर्फ्यू वाले हॉस्टल में छोड़ नौकरी की तलाश में दिल्ली के लिए रवाना हो जाता है। प्रौढ़ प्राध्या-पिकाओं के बीच उनकी आर्थिक स्थिति अभी तक बस तंग होती गई। कुछ समय बाद सुजाता सीमित रुपयों की अपनी इस नई आज़ादी से ऊब जाती है और कुमार से प्यार के बावजूद उसे

लगता है कि उसका मन केवल एक संक्षिप्त प्रेम-प्रसंग से ठीक हो सकता है। शनिवार को फोन करके कुमार के एक नौसैनिक दोस्त कृष्ण कक्कड़ से मिलने जाती है। शाम को लौटकर रूममेट ज्योति देव की किताब में सहेजी, उसकी माँ से आई एक चिट्ठी निकाल वह सोचती है, ज्योति बहुत "फीकी किस्म की" लड़की है, पर जब एक अज्ञात युवक के साथ की फोटो भी हाथ लगती है, वह "अनायास एक बहुआयामी व्यक्तित्व हो उठती है"। सुजाता बेसब्री से पति के पत्र के इंतज़ार में है, पर इतवार को आने की संभावना नहीं। सुबह कृष्ण अचानक टिकटों के साथ प्रकट होकर तैयार होने का वक़्त दिए बिना उसे सिनेमा ले जाता है, पर बेमज़ा फिल्म आधी छोड़ सुजाता खेद जताकर भाग जाती है। बाद में मालाबार हिल पर 'भाभी' में दिलचस्पी दिखाते कृष्ण से उसका नया कैमरा आज़माने के लिए मिलने तक, सुजाता का मन कुमार के प्राध्यापक नियुक्ति की ताज़ी ख़बर और तत्काल दिल्ली प्रस्थान की योजना में रमने लगता है।

ख.४ निवेदन

मिनी (मिसेज़ सिंह) अख़बार में डी० के० शो-रूम की पच्चीस प्रतिशत छूट का इश्तहार देख अपने बेटे मंटू के लिए सिलाने का कपड़ा खरीदती है, पर उसे रियायत नहीं मिलती, विज्ञापन फ़र्ज़ी था। कुढ़ते हुए मंटू को जूस पिलाती है, बच्चा स्ट्रॉ से ठीक तरह पी नहीं पा रहा, पर स्ट्रॉ ही से पीने पर अड़ा है। दुकानदार स्ट्रॉ का डब्बा छुपा लेता है, तो मंटू रुआँसा। इस बीच प्रकाशक वर्माजी दिख जाते हैं। मिनी, जो अखिल से शादी के वर्षों के बाद खुद को "मैक्सी" महसूस करती है, चाहती है कि वर्माजी उसे मिसेज़ सिंह नहीं, मिनी बुलाएँ। वर्माजी की शर्त है कि तब उनका नाम भी वर्मा होना पड़ेगा। मिनी के न चाहते हुए भी वर्मा जी मंटू को पेस्ट्री खिलाते हैं और बच्चे को गाड़ी से सफ़र करने का लालच देकर उसकी 'अम्मा' को लिफ्ट लेने के लिए मजबूर कर देते हैं। मिनी को वर्मा का निवेदन अच्छा भी नहीं लगता, पर जानती है, अब "वारदातों के वक़्त" गुज़र चुके हैं। रास्ते में वे उन्हें पान खिला देते हैं। लाल बत्ती पर उतरकर मिनी छींके खरीदना चाहती है, पर गाड़ी जल्दी आगे निकल जाती है। सड़कों पर छात्र-आंदोलन को काबू में रखने पुलिसवाले छाए हैं, इसपर थोड़ी-सी बातचीत हो जाती है। विदा लेने पर वर्मा कहते हैं : "मंटू बेटे, अपनी ममी को लेकर हमारे घर आना, और पिता को भी"।

ख.५ जितना तुम्हारा हूँ

इस अति प्रभावशाली कहानी के आरंभ में बंगाली मूल की श्वेता भादुड़ी पालम हवाई अड्डे पर पति रघु के आगमन का इंतज़ार कर रही है, जो शादी के एक साल बाद, इलाहाबाद से चलकर शिकागो में साल भर की मैनेजमेंट ट्रेनिंग से अभी लौटनेवाला है। बाहर आकर रघु उसे सामने पाकर चौंकता है, फिर पत्नी को ट्रेन स्टेशन की जगह एक अच्छे होटल ले जाता है। एकान्त में श्वेता पर शृंगार की विभिन्न प्रकार की वस्तुएँ, जैसे कई शोख़ अन्तर्वस्त्र बिछा देता है और चार बच्चों के बाद भी कमनीय अपनी शिकागो की मकानमालकिन की बात करने लगता है। श्वेता से हॉट पैंट पहनकर दिखाने की ख्वाहिश करता है। श्वेता इस बीच एक रेल सफ़र दूर उस घर के नरक को याद करती है, जिसमें दिलवाले प्रेम-विवाह के बाद पति केवल माँजी की मानता था और जहाँ वह यों छोड़ दी गई, सास और भाभी के आदेश सुनने के लिए। एक ओर मन में दुनियादार बनकर वापस आए पति की नीयत पर प्रश्नचिह्न लगाती है, दूसरे उसके मन में यह सोचकर टीस उठती है,

इस "एक रात की मिल्कियत" शृंगार से उस सीली-सँकरी गली का उसका जीवन किस कदर परे है। श्वेता तय नहीं कर पा रही, रघु असल में शिकागो से लौटा है या शिकोहाबाद से।

ख.६ गुस्सा

उनचास वर्षीय माया का क्रोध कई बार बेकाबू हो जाता है। जब उसका पति उसे छोड़कर चला जाता है, गली के बच्चे यह फुसफुसाने लगते हैं कि पहले कालू को निकाल दिया था, अब पति को। कालू घर का पालतू कुत्ता था, जिसे उस दिन, जब उसने अपने पंजों से बाहर लटके धुले कपड़े गंदे कर डाले, माया ने इतना मारा कि वह लंगड़ाते हुए सदा के लिए चला गया। माया दूर रहते अपने दो बेटों और बहुओं से नाखुश है, गऊ पति के साथ चख-चख करती ही है। जब पति ने उसे बताया कि बीमे के पैसे बच्चों में बाँटने हैं, माया को पत्नी की ज़रा भी न सोचने और धन लापरवाह बहुओं में लुटाने की दुहाई देते हुए चुड़ैल चढ़ गई, असबाब तोड़फोड़ करने और सीली मिर्चें कूटते हुए अपना सर भी कूटने लगी। शुरू में उसे लगा, पहले की लड़ाइयों की तरह पति आज भी शाम को कोने की दुकान से लौटेंगे। वैसे नाराज़गी जताने के लिए माया ने अपना खाना अलग, जल्दी से खा लिया। किन्तु इस बार आकाशवाणी से राष्ट्रगान सुनाई देते तक भी पति नहीं आता है। उसने पहले से माया को बरज दिया था कि जब वह अपना गुटका रामायण लेकर निकलेगा, वापस आएगा नहीं। पता चलता है, वह बच्चों के पास भी नहीं आया। जीवनसाथी के अंतर्ध्यान होने के बाद माया का जीवन एकाकीपन के पिंजड़े में, पति के आने की आस की माया में कटता चला जाता है…।

ख.७ बातचीत बेकार है

विनीता ऐसी घरेलू पत्नी है, जिसे पति सत्येन्द्र (सत्य) और 'बिट्टू' अख़बार की विरोधाभासी ख़बरों की तरह सुखी और दुःखी दोनों करते हैं। बिट्टू दस बजे उठता है, सत्येन्द्र आठ बजे, पर विनीता छह बजे के दिनारम्भ से तब तक कई बार थक भी चुकी होती है। सत्येन्द्र अक्सर देर से दफ्तर पहुँचता है, तब लूथरा साहब आधे दिन का कैजुअल लगा देते हैं। सुबह एक सिगरेट आँख खोलने से पहले पी लेता है, जिससे एक बार तकिये को आग लग चुकी है। फिर अख़बार का पहला पन्ना पढ़ते हुए चुप्पी तोड़ने की चाह में पीछे की ख़बरें सुनाती पत्नी पर ध्यान नहीं देता। नाश्ते के बाद खाना केवल रात को ही पकेगा। खाने और लफ़्ज़ों पर फिज़ूलखर्ची नहीं। काम से लौटकर सत्येन्द्र लेट जाएगा, फिर थोड़ी-सी स्फूर्ति पाकर अधिक से अधिक बिट्टू को चंद गालियाँ और सिखाने बैठेगा। सुबह पति के जाने के बाद जब विनीता शरारती बच्चे को बस में चढ़ाकर घर वापस आती और बिस्तर पर पड़ जाती है, उसे ऐसा प्रतीत होता है कि आँखें मूँदने से नींद नहीं आती, तनाव बढ़ता है केवल। और यह भी समझती है, "शादी से पहले वह केवल अकेली थी, अब वह अकेली से साथ-साथ असहाय भी है"।

ख.८ प्यार के बाद

इलाहाबाद में एक प्रेमी-युगल प्यार को जनता के सामने लाने के लिए मशहूर हो रहा है। "छोटे, फिसड्डी शहर" में वधुओं का देवर को आँख मारने का चलन ज़रूर है, पर प्रेमियों का बाज़ार की मशीन पर साथ खड़े होकर वज़न लेने के लिए किन्हीं का उपनाम तक रखा जाता है, कबूतर। एक दम्पती भी, जिनकी उम्र अन्तरंगता के नाम पर अपने की बजाय दूसरों में अधिक

रुचि लेने की हो रही है, उन्हें देखना चाहते हैं। पत्नी (उत्तमपुरुष कथावाचक) को मिले महँगाई भत्ते से पति विलास के आग्रह से वे किसी का जापानी टेपरिकॉर्डर खरीदने जाते हैं। एस० आर० साहनी और उसकी बंगाली नववधू साहनी की बेरोज़गारी के कारण घर का सामान बेच रहे हैं। ऊँचे दाम के बावजूद वे टेपरिकॉर्डर ले लेते हैं, हालाँकि विलास की पत्नी शत प्रतिशत खुश नहीं है। कुछ दिनों तक विलास बच्चों की "सामूहिक काँव-काँव" और पत्नी की नौकर के साथ बहस रिकॉर्ड कर पत्नी को सुनाता रहता है, पर कुछ देर बाद सब पहले जैसा हो जाता है। एक दिन दोस्त बलराज मैनी संग कोज़ीनुक में कोक पीते समय उन्हें पता चलता है कि शहर का 'कबूतर' जोड़ा साहनी और बंगालन ही हैं — जो शायद अब तक प्रेम में से निकल चुके हैं।

ख.९ पीली लड़की

नायिका यह कहानी उत्तमपुरुष में बताती है, उसके बेपर्द ख़यालों के ज़रिये एक असुरक्षाबोध से ग्रस्त, ईर्ष्यालु लड़की का व्यंग्यचित्र बनता है। नायिका कॉलोनी में नई आई एक अ-महिला-रूपी, चुस्त पतली लड़की सोना से परिचय कर लेती है, पर वह उसका प्रत्याशित ध्यान आकर्षित नहीं कर पाती। बाद में सोना के पति से हुई मुलाकात पर पता चलता है कि वह भी लेक्चरर है। पत्नी उसकी सहपाठी रही थी। नायिका जलने लगती है, पर यह भी जानकर कि वह हिन्दी में है, जबकि वह खुद अंग्रेज़ी में, अपनी अर्हत्ता अधिक पाती है और "'दीपशिखा' सी" सोना पर दिल आ जाता है कि वह "जनम भर कामायनी और रस-सिद्धान्त की किताबों पर से धूल झाड़ेगी"। समय बीतने पर सोना ही नायिका के पास आती है। उसे एक मित्र की ज़रूरत है, क्योंकि उसका पति अपने और वरिष्ठों के सौंपे अनचाहे कामों में डूबा रहता है, यूँ धीरे-धीरे पत्नी को कम सम्मान देने लगता है (जैसे प्रजातन्त्र की सार्थकता पर हुई बहस में उसे चुप करा देता है)। कहानी के अन्त तक आत्मविश्वस्त, माँ द्वारा ढूँढ़े जानेवाले रिश्ते पर भरोसा करती नायिका पड़ोसियों के बिगड़ते संबन्ध देखने से विवाह को लेकर घोर आशंकित हो जाती है।

ख.१० आत्मरक्षा

कथावाचिका उत्तमपुरुष में अपने घर का परिचय देती है। दरवाज़ा पड़ोसियों के लिए नित खुला रहता है। डॉ० गुप्ता भैया के पास आते हैं, तो अब वे चुनाव में उनकी जीत को पहले से तय बताते हैं, जबकि विपक्ष की आम सभा में साथ जाने से कतराते थे। माँ बातचीत की खातिर उन्हें अभी भी चिकित्सक मानकर चलती हैं। रात ग्यारह बजे वाजपेयी जी इतमीनान से आते हैं, फोन करने। आवाज़ में नकली उदासी भर किसी चुनाव में हारे भैयाजी से बात करते हैं, जिनके अभियान के लिए उन्होंने काम किया है। भाभी को लगता है, वाजपेयी ने चालाकी से कम से कम अब तक तिमंजिला मकान बनवा लिया है, मेरे पति को कुछ नहीं आता; वह मीसाबन्दी भी नहीं हुआ कि अब उसके फायदे उठाए। घर के लोग सब के सलाहकार बने बैठे हैं। सुधीर चतुर्वेदी की पत्नी विमला प्रसूति के बाद अस्पताल में बेहोश पड़ी है, तो माँ उसे देसी टोटके से जगाना चाहती हैं। जब वह शिशु के साथ दम तोड़ देती है, उन्हें लगता है, वह बच सकती थी, अगर कोई उनकी सुनता। उनतीस साल के विधुर के लिए खाना ले जाने में पड़ोसिनें होड़ करती हैं। भाभी और माँ बिना राय पूछे कथावाचिका का रिश्ता तक उसके साथ तय करना चाहती हैं, मगर वह साफ़ मना कर देता है। भैया अख़बार कंठस्थ कर बाबू द्वारकाप्रसाद

और नवाब साहब जैसे लोगों से बतियाते हैं। उनकी कोशिश है, डॉ० गुप्ता भी रोज़ आते रहें, राजनैतिक उथल-पुथल में उनसे सुरक्षा मिलती है।

ख.११ उपलब्धि

घर लेने, घर के नीचे प्रकाशन खोलने और बच्चा आने के बाद चेतन और प्राची यांत्रिक रोज़मर्रा जीवन में पिसने लगते हैं। चेतन मशीनों की आवाज़ से, काम की एकरसता से परेशान है, तो प्राची बबलू को निरे अकेले सँभालने से। जब भी चेतन के लेखक दोस्त घर आते हैं और ग़ज़लों, शराब व सिगरेट में डूब दुनिया-ज़माने की बातें करते हैं, थोड़ी देर प्राची को भी अच्छा लगता है, मगर सुबह कमरे में पड़ा गंद फिर उसी को उठाना पड़ता है। शादी की सालगिरह के दिन वह अरसे बाद मेकअप लगाती है, पर चेतन बहुत देर से घर आता है, और उस दिन भी उसका ध्यान उधर नहीं है। — इलाहाबाद के इस मुहल्ले में मुहर्रम और होली कई बार एकसाथ मनाई जाती है। मुहर्रम के बाद एक चहल्लुम को प्राची अपनी बुर्कानशीन पड़ोसिनों के साथ बारजे से जुलूस देख रही है। तभी सुराही से पानी डालते हुए बबलू के नन्हे हाथ से गिलास गिर जाता है। जुलूस में लोगों को लगता है, किसी काफ़िर ने ऊपर से मूत्र किया। गुस्साई वहशियाना भीड़ प्राची के घर और प्रकाशन को तबाह कर देती है। बबलू गायब। वास्तव में उसे एक पड़ोसिन बुर्के के नीचे छुपाकर बचा गई। कुछ समय बाद जब उसके घर से बच्चा मिल जाता है और परिवार अस्पताल की ओर जा रहा है, चेतन बीवी-बच्चे, अपनी सबसे बड़ी उपलब्धि की ओर सचेत हो जाता है। (द्र० 'नरक दर नरक', उ.२)

ख.१२ आज़ादी

यह कहानी एक पाँच साल की बच्ची ('लटूरबाबा') उत्तमपुरुष में सुनाती है। वह अपने परिवार की परिस्थितियाँ अभी पूरी तरह से नहीं समझ पाती। नहीं जानती कि जब दादी, जिनके लिए वह पान बनाया करती है और जो उसकी चोटी बनाया करती है, छत पर बैठे अपनी सोने की अँगूठी नाली में डालती है, उससे ढूँढ़कर वापस लाने को कहती है और न मिलने पर गुस्सा नहीं करती, तो असल में वे अपने कंजूस बनिया पति से मौन बदला लेती है। जब तक बाबू आगरा में पढ़ाई करते हैं, बाबा, दादी और माँ एक-दूसरे का जीना हराम करते जाते हैं। दादी और माँ में ईर्ष्या है, चाहे इसलिए कि दादी को बच्ची से ज़्यादा प्यार मिलता है या उस कंघी के कारण, जो बाबू आगरा से पत्नी के लिए लाता है और जिसे दादी चहेती पोती से लिवाकर फेंक देती है। माँ बुड्ढों की चखचख और सेवा से दूर भागना चाहती है, पर यह ज़ाहिर करने पर पति आने के उस एक दिन भी गुस्से में अलग सो जाता है। एक बार वह आगरा से लड्डू ले आता है, कहते हुए कि आज़ादी मिल गई है। दादी बात को नहीं समझ पातीं। दादी को कंजूस बाबा की दुकान से घर का राशन तक रोज़ की किस्तों में मँगाना पड़ता है। उनकी एक टाँग आजन्म ख़राब है, पर विश्राम घाट की सहेली उसे विश्वास दिलाती है कि शहर में आया एक बड़ा डॉक्टर इलाज कर सकता है। बाबा टोक देते हैं : अब उन्हें शादी तो करनी नहीं है। तब दादी टाँग और शरीर से अक्सर निकलते, फिर देर तक रहते फोड़ों का ख़याल भी छोड़ देती हैं। एक १५ अगस्त की शाम जब पोती स्कूल से दादी के लिए बताशे उर्फ़ पुड़िया में बाँधी आज़ादी लेकर लौटती है, खाट पर वे जल्दी नहीं हिलती, "दादी को वाकई आज़ादी मिल चुकी थी"।

उ.२ नरक दर नरक (१९७५)

❖ दूसरा चरण : १९७६ – १९८३ ❖

ग. एक अदद औरत (१९७६)

ग.१ लड़के

इलाहाबाद विश्वविद्यालय के कुछ छात्र जवानी की आग से तपते, परिवार की बन्दिशों और बेरोज़गारी की आशंकाओं से खिन्न कुछ कर दिखाना चाहते हैं। थोड़े सलाह-मशवरे के बाद वे तय करते हैं कि प्राध्यापकों के चयन में छात्रों के प्रतिनिधित्व के लिए हड़ताल पर चले जाएँ। शेष सहपाठियों में बहुत अधिक उत्सुकता दिखाई नहीं देती। हड़ताल के श्रीगणेश की सुबह उन्नीस लड़के खरे संगम-वासियों की तरह गंगा-स्नान करने, नारियल फोड़ने पहुँचते हैं। मगर बाँध पर आकर पाते हैं कि कार्तिक पूर्णिमा के दिन आधा शहर, वृद्धाएँ, काला बाज़ारिये, वेश्यागामी पण्डे तक सब स्नान कर रहे हैं। सरकारी वाहनों में भरकर कई विभागों के कामचोर अफसर भी आये हुए हैं। तभी एक जीप आकर लड़कों के पास रुकती है, तो ताहिर बोल उठता है : "आइये आइये, बस आपकी ज़रूरत थी"। यह सुनकर टोली में वरिष्ठ अफसर घबराकर तुरन्त वापस लौटने का आदेश देता है। लड़कों की कुछ कर गुज़रने की तमन्ना पूरी हो गई, इस ख़ुशी में अर्जुनसिंह के नेतृत्व में वे एक खाली पड़ी जीप ले उड़ते हैं, अफसरों की एक नंग-धड़ंग टुकड़ी उनके पीछे-पीछे, पर व्यर्थ। शहर से बाहर मूँगफली और पकौड़े खाए जाते हैं। अगले दिन गाड़ी जॉनसनगंज चौराहे पर सही-सलामत बरामद हो जाती है।

ग.२ राएवाली

राया की कालिन्दी (हप्पो) मथुरा के एक बनिए जग्गोमल के बेटे मोहन बाबू से ब्याह दी जाती है। नए घर में पहले उसका नया नाम लक्ष्मी रख दिया जाता है, लेकिन इससे परिवार की आर्थिक स्थिति में कोई ख़ास अन्तर नहीं आता। तब सास-ससुर और पति बहू और उसके साथ आए दहेज में मीन-मेख निकालना शुरू कर देते हैं। पति भी अपनी माँ के अधीन है, दुकान बढ़ाने के बाद उसके पैर दबाने का कार्यक्रम चालू हो जाता है, पति के बाद फिर बहू माँ की कमर दबाती है। घर में अन्तरंग क्षण न मिल पाने से मोहन वेश्यागामी बन जाता है। एक दिन राया से चिट्ठी आती है, जिसे सबसे पहले घर के बच्चे बाँच डालते है, फिर कालिन्दी को मिलती है : पिता उसे 'फ़ौरन से पेश्तर' बुला रहे हैं, माँ मर गई है। परन्तु देवर श्याम की शादी अगले दिन होनी है, घर के लोग उसे जाने से मना कर देते हैं। अपनी परिस्थिति की संभावनाएँ पहचानते हुए वह पगलाई-सी बारात की तैयारी में लग जाती है, मेहमानों के सामने सास उसकी तारीफ करती है, बुखार के बावजूद लगी रहने के लिए। मौके पर ढोलक भी तब तक बजा देती है (पहले घरवाले उसे इस शौक़ के लिए भी टोक देते थे), जब तक दीवानी-सी नाचते हुए ढेर नहीं हो जाती है।

ग.३ वसन्त-सिर्फ़ एक तारीख़

नायिका चन्दा चौधरी कहानी खुद सुनाती है। वह और उसके पति दोनों लेखक हैं, उनके दो छोटे बच्चे भी हैं। पक्की नौकरी के अभाव में गुज़ारा कर लेने के लिए उसे हर महीने के अन्त में हैरानी होती है। वसन्त के आगमन पर चन्दा अपने घर से बहुत दिनों बाद निकल आई है – किसी ख़ास मकसद से। उसकी पुरानी अध्यापिका श्रीमती शान्ता सक्सेना, जो उसे रायबरेली में पढ़ाती थीं, इनदिनों गाँधी कॉलेज की प्राचार्या बनीं। चन्दा को उम्मीद है कि वे उसे नौकरी दिला सकती हैं। इस महिला विद्यालय में गाँधीजी की याद दीवारों के अलावा और कुछ भी नहीं कराता। चापलूसी करने के इरादे से चन्दा श्रीमती सक्सेना को उनकी एक छायावादी-छाप कविता सुनाती है। बीच में कुछ लड़कियाँ आकर नल बंद होने के कारण बाहर से पानी पीने की इजाज़त चाहती हैं, पर प्राचार्या निहायत रूखे स्वर में उन्हें प्यासी बैठी रहने को कहती हैं, फिर सभी छात्राओं की बुराई करने लगती हैं। एक कच्ची नौकरीवाली अध्यापिका को, जिसके प्रसव में कुछ ही दिन बचे हैं, इस्तीफ़ा देने की हिदायत देती हैं, फिर चन्दा से मुखातिब हो जाती हैं : तुम्हारी नौकरी का इंतज़ाम कर ही दिया है, हम मदद न करें, तो क्या गैर करेंगे? चन्दा अन्दर से तिलमिलाकर चल देती है, मौसम का भरपूर आनन्द उसमें झुलसकर मर गया है।

ग.४ तर्स्की को हम न रोयें

देवी अधेड़ उम्र की घरेलू महिला है, जिसके बच्चे उद्दण्ड और पराये-से होते चले जा रहे हैं और पति विजेन्द्र अपने फैक्ट्री के काम में मशगूल। शादी के बीस बरस बाद न देवी की देह पहले जैसी छरहरी है, न विजेन्द्र पत्नी के साथ संवेदनशील : वह उसपर खुलकर भद्दी टिप्पणी करने से कतराता नहीं है। देवी को बार-बार वे दिन याद आते हैं, जब वह मसूरी में मेक्वीन चुनी गई थी और सभी लड़के उसके पीछे घूमते रहते। एक रोज़ खन्ना साहब के यहाँ उनकी पत्नी के बीमारी से उबरने के अवसर पर जमावड़ा रखा गया था, जिसमें संयोग से देवी ने भी श्रीमती खन्ना की तरह सफ़ेद और रुपहली साड़ी डाली थी। विजेन्द्र ने पत्नी के सामने ही खन्ना से कहा कि यह रंग पतली महिलाओं पर फबता है, जबकि मुटल्लियों पर बिलकुल नहीं। देवी की आँखों में आँसू आ गए, पहले तो बगीचे में उतर गई, फिर घर को चल दी। विजेन्द्र को फ़र्क नहीं पड़ा, वह गायब पत्नी के लिए फ़िक्र किए बिना बीच रात में घर पहुँचा, रोमांटिक गाना गुनगुनाते हुए। इस बरताव से विचलित होकर देवी सारी रात सो नहीं पाई, फिर भी सुबह वह सूरज की तरह, अपनी नियति का "आतप" सहते-सहते उठी और तश्तरी में चाय के साथ हाज़िर हो गई।

ग.१४ खाली होता हुआ घर

सुमित्रा मिश्रा तीन साल पहले तक अपने माता-पिता के साथ रहती थी। पिता की सरकारी नौकरी के कारण परिवार बड़े बँगलों में रहा करता था। पिता को बेटी से बड़ी आशाएँ-प्रत्याशाएँ थीं। लेकिन वह बी०ए० दूसरी श्रेणी से करने के बाद एम०ए० केवल तीसरे दर्जे में पूरा कर पाई, बी०एड० में अनुत्तीर्ण हो गई। पिता टूट तो गए, लेकिन सुमित्रा को कम से कम एयर हॉस्टेस या आयकेबना कलाकार बनाने की गुंजाइश फिर भी थी। परन्तु सुमित्रा गम से गुमसुम, चुप से चालाक होती गई, और छह महीनों में हाथ से छूट गई : उसने दिल्ली में आवास के साथ जीवनसाथी भी ढूँढ़ डाला। उस समय उसका सपना था अपने औसतपन के मुताबिक एक

औसत खुशनुमा जीवन। अब घर आकर उसे ऐसा लगता है, वह एक अलग दुनिया में है। घर है, पर कमज़ोर सेहत वाली माँ और जल्द बुढ़ापे की तैयारी कर रहे पिता को देख उसे कुछ भी पहले जैसे नहीं दिखता। अब वह अपनी ज़िन्दगी से नाखुश है : "कितनी ऊब चुकी थी वह इस ढर्रे से, सुबह शाम, सुबह शाम, एक से दिन, एक से काम, एक सी उबासी, एक सी थकान", पर देख रही है, मुश्किल से ही सही माता-पिता उससे बेख़बर उसके बिना जीना सीख गए हैं।

ग.१५ एक अदद औरत

यह कहानी नायिका सुनाती है। वह बीमार होने के कारण अक्सर घर पर अकेली रह जाती है, जबकि उसका पति मानस उसकी गैरहाज़िरी में भी कोई प्रोग्राम स्थगित नहीं करता, चाहे वह जापानी नृत्य हो, या कुछ और। नायिका को यह भी खलता है कि उसका अपना कोई कार्यक्रम नहीं होता, उसके आस-पास के लोग जो-जो करना चाहते हैं, वह भी नित की भाँत उसी में शामिल हो जाती है। वह घर पर रहते हुए आँतों के ऑपरेशन के इंतज़ार में है, इस बीच एक दिन दो अंजान औरतें दस्तक देती हैं। वे उसे अपने स्नेह-सम्मलेनों का सदस्य बनाना चाहती हैं, जहाँ महिलाएँ एक-दूसरे से दोस्ती कर सकती हैं। शुल्क है मात्र २१, ५१ अथवा १०१ रुपये है। नायिका दिलचस्पी नहीं दिखाती और वे दो मुँह बनाकर चल देती हैं। इसके बाद वह घर के सामने रखे फूलों की खुशबू का मज़ा लेती है और खुले में दौड़ना चाहती है। अपने घर पर वह ज़्यादातर नाखुश है। उसे भारतीय महिलाओं के साथ जुड़ी इज्ज़त की धारणा से चिढ़ है। और जब पति घर लौटता है, तभी नायिका के शरीर में फिर से दर्द हो उठता है, जो वैसे पति के अभाव में और उसके बारे में न सोचते हुए किसी तरह छूमंतर हो जाया करता है।

उ.३ प्रेम कहानी (१९८०)

उ.४ लड़कियाँ (१९८३)

मुंबई की एक इमारत, 'कावसजी मेन्शन' में कई किरायेदार रहते हैं, पर अधिकतर केवल बच्चे नीम-अँधेरी गलियारों में खेलते हुए नज़र आते हैं। बुड्ढा पारसी एस्पी, जिसपर आबूढाबी-प्रवास कर चुके मालिकों ने इस मकान की देखरेख का ज़िम्मा छोड़ा था, अपना काम आनन-फानन में करता है; बिजली अक्सर जाती है, लिफ्ट कहाँ चलती है और तिलचट्टे भी हर कहीं दिखते रहते हैं। पड़ोसी फ़्लैट में एक महिला खाना बनाते वक़्त जल मरी, पर बाशिंदे पति सुरजीत सिंह अहलूवालिया का विलाप और दुर्घटना होने का तर्क सहज स्वीकारकर कुछ समय में शान्त हो जाते हैं। यह कहानी तीसेक साल की अज्ञातनाम नायिका, एक कामकाजी लड़की उत्तमपुरुष में सुनाती है, जो बतौर जिंगल-लेखिका विज्ञापन-उद्योग में कार्यरत होने से मॉडलों की संगत और चकाचौंध में अपना स्वतन्त्र समय गुज़ारती है। कोई पुरुष उसे अधिक देर तक बाँध नहीं सकता, शादी के पचड़े में वह पड़ना ही नहीं चाहती। वैसे पिछले दिनों उसके कुछ ऐड असफल हो गए हैं। ऐसे में एक दिन उसका परिवार-विमुख बॉस हामिद यह ख्वाहिश लेकर उसके सामने आता है कि पाकिस्तान की उसकी एक 'बहन' अफ़शाँ को कुछ हफ़्तों के लिए वह अपने साथ ठहरने दे, ताकि वह मॉडलिंग की दुनिया में अपनी किस्मत आज़मा सके। वह मना नहीं कर सकती, और यूँ तो कोई आपत्ति भी नहीं है। मेहमान घर आ जाती है।

अपने विस्फारित नैनों से किसी भी अन्य मॉडल की बनावटी खूबसूरती को टक्कर देने के काबिल प्यारी-सी अफशाँ (अशू) नायिका को जल्दी ही आपा बोलने लगती हैं। यह दीपावली का समय है और वह इस त्यौहार के बारे में जानने एवं दीये जलाकर मनाने के लिए बेहद उत्सुक है, केवल इसी कारण खुद नायिका तैयारी करने का मन बना लेती है। मेहमान इस उपलक्ष्य में स्वादिष्ट सिवैयाँ बनाना सिखा देती है, लेकिन वह खुद नहीं खाती। नायिका को वह एक त्रासद कहानी सुनाती है। जब वह चौदह साल की थी, तब बारह साल की बहन शाइस्ता के साथ मशीन से सिवैयाँ निकाल रही थी। लोई डालने में शाइस्ता की उँगली मशीन में आ गई⋯, और वह एक-दो दिन बाद ऊपरवाले को प्यारी हो गई। — दोनों लड़कियाँ विवाह-व्यवस्था के बारे में कई बातें करती हैं, रसोई में मरती बहुओं और मेहर की अदायगी से लेकर अपनी मर्ज़ी से किए निकाह तक। — अफशाँ अपनी सुरक्षा के लिए अपने पास हमेशा एक कटार रखती है, यह नायिका को चौंका देता है। पर जब वह इसी कटार की तलाश में उसकी अलमारी में एक तमंचा पाती है, तो घबरा जाती है।

जब हामिद बता देता है कि अफशाँ को तीन हफ्ते बाद चली जाना है, तो वह राहत की साँस लेती है। उसकी वापसी से कुछ ही दिन पहले एक रात को नायिका की नींद उचट जाती है और उसे आभास हो जाता है कि घर में दोनों के अलावा कोई और भी है। लोहे की छड़ पकड़, अफशाँ के कमरे में बत्ती जलाने पर उसे दो नंग-धड़ंग दरिन्दों के हाथों में पाती है। शुक्र है वह भाग जाते हैं और लड़की का एक बाल भी बाँका नहीं होता। अफशाँ पुलिस में रिपोर्ट लिखवाने से सीधा इनकार कर देती है। इस घटना की अधिक चर्चा नहीं होती, और कहानी के अन्त में, हवाई अड्डे के रास्ते में जब मेहमान हाजी अली की दरगाह की सैर करती है, तब तक नायिका उसका तमंचा सागर में फेंक देती है।

घ. प्रतिदिन (१९८३)

घ.१ काली साड़ी

एक दिन विनोद की पत्नी, दो बच्चों की माँ कल्पना किसी दुकान की खिड़की में एक शोख़ शिफॉन साड़ी देख लेती है, जिसके बारे में वह घर पहुँचने के बाद भी सोचती रहती है। अपने जीवन पर एक नज़र डालकर स्वयं को विश्वास दिलाती है कि उसके कपड़ों में ऐसी महीन साड़ी के लिए जगह नहीं है। छोटे बच्चों को पढ़ाती है, वह स्कूल में कभी भी ख़राब हो सकती है, घर के सौ कामों में पहनने की फुरसत कहाँ, ऊपर से उसकी साँवली चमड़ी पर साड़ी फब नहीं सकती, बावजूद इसके कि असल में वह ज़्यादातर दबे रंग की ही किफायती नायलॉन साड़ियाँ डालती है। ठान लेती है कि उसे अपनी गोरी-चिट्टी सहेली उज्ज्वला को भेंट करेगी। कल्पना अपनी बहन की तरह आर्थिक रूप से संपन्न और स्वतन्त्र तो नहीं है, पर आस-पास की प्रायः सभी महिलाओं के उलट उसका पति उससे बहुत प्यार करता है। जब वह प्रस्ताव रखती है, विनोद फ़ौरन मान जाता है, कल्पना को अपनी छुपाई रखी गोलक खाली करनी नहीं पड़ती। दूसरे दिन एकसाथ साड़ी खरीदने के बाद कल्पना को समझ आता है कि विनोद का ज़रूरी बोनस ख़त्म हो गया है। मन मसोसकर खरीदने का प्रसंग विनोद की सरगर्मी की तरह पेश करने की कोशिश

में है। बहस के बाद जब रूठकर चले गए विनोद के कमरे में आती है, तो पति खुशामदी अन्दाज़ में उसे साड़ी देकर और भरोसा दिलाकर कि उसपर बहुत अच्छी लगेगी, उससे तैयार होने के लिए कहता है। रात का खाना आज बाहर खाएँगे।

घ.२ आपकी छोटी लड़की

लेखिका की यह प्रसिद्ध आत्मकथात्मक लम्बी कहानी मुंबई की एक तेरह वर्षीय लड़की टुनिया (टुन्नो, तूर्णा सहाय) के मनोविज्ञान पर प्रकाश डालती है। हमेशा थकी रहने की शिकायत करती माँ कोलीन बाई के अलावा घर का तमाम काम टुनिया से करवाती है : कपड़े डालना-समेटना, खरीदारी और साफ़-सफ़ाई करना, पानी भरना उसके ज़िम्मे है। कभी पानी भरने पर पड़ोसी का उतावला सेवक बच्ची से छेड़छाड़ करने की कोशिश भी करता है, तो वह किससे कहे? स्कूल में बच्चियों से छेड़छाड़ पर उतारू गणित के अध्यापक की हरकतें अलग···। कॉलेज में इनाम पर इनाम पानेवाली, रंगमंच पर बार-बार छानेवाली दीदी को इस सबसे छूट है, उसकी पाठ्य-पुस्तकें भी टुनिया ही उसे पढ़कर सुनाती है। फिर भी टुनिया को दीदी पर नाज़ है, पड़ोस में भी उस के टॉप करने पर वही लड्डू बाँटने भागती है। लेकिन एक बार पुरस्कार-वितरण के बाद बहन के चार प्रशंसक लड़के उसके साथ अक्सर दिखती छोटी लड़की के बारे में पूछते हैं, उनमें से किसी को विश्वास नहीं है कि यह उसकी बहन, सगी बहन हो सकती है। दीदी सच बड़ी लापरवाही से बता देती है। इतना ही नहीं, दीदी की नृत्य-प्रस्तुति के पूर्व टुनिया उसकी नई लाल पोशाक डाल लेती है, तो बहन इससे छूत लगने का बवाल खड़ा कर देती है।

पिता से उस बैठक को सँभालने का विशेषाधिकार टुनिया को मिला हुआ है, जहाँ उनकी किताबें और ज़रूरी कागज़ात रखे हैं, और जहाँ मुक्तिदूत जी जैसे लेखक हिन्दी साहित्य पर परिचर्चा करने आते हैं। एक बार एक मेहमान आया था, जो तीन महीने उनके साथ रहा और फिल्मों में भूमिका पाने की कोशिश करते रहे; बाद में जब मशहूर विलेन बन गया, उन्हें पहचानने से इनकार कर दिया। फिर भी पापा कइयों की सहायता करता हैं। टुनिया चुपचाप सब सुन लेती है, भले ही उससे लोग क्यों न कहें, 'अभी तू बहुत छोटी है'। कभी पापा टुनिया को कंजूस माँ के साथ सनीचरी बाज़ार में थकाऊ खरीदारी से बचा देते हैं। एक शाम मुक्तिदूत जी आते हैं, उन्हें टुनिया के हाथ की चाय बहुत पसंद आती है। पापा के साथ विचार-विमर्श के बाद टुनिया लेखक को माधव मिश्र के यहाँ छोड़ आती है। मुक्तिदूत बच्ची से ईश्वर के अस्तित्व के बारे में बात करते हैं। थोड़ी देर बाद लौटकर छोटी-सी टुनिया रात का खाना बनाकर परोस देती है। मुक्तिबोध पापा से बेटी का रेडियो ऑडिशन कराने को कहते हैं, तो उन्हें लगता है, उनका आशय बड़ी बेटी पपीहा से है। पर जब वे स्पष्ट कर देते हैं कि उनकी छोटी लड़की से मतलब है, तो टुनिया की ख़ुशी का ठिकाना नहीं।

घ.४ एक जीनियस की प्रेमकथा

इलाहाबाद का संदीप सिंह एक निहायत महत्त्वाकांक्षी आई०ए०एस० अफसर है। साहित्यप्रेमी पिता के घर में उसका भी पुस्तकों से गहरा संबन्ध रहा था, पर पिता की अन्तिम आज्ञा मानते हुए वह लेखक की बजाय अब अफसरी में नाम कमाने लगा। एक दिन पास के नुक्कड़ पर अक्सर दिखती एक युवती को अपनी गाड़ी पर कॉलेज छोड़ देता है। साहित्य की छात्रा कविता को सधे

हुए युवक की शालीन भाषा और उसकी तारीफ में दिए काव्योद्धरण अन्दर तक झकझोर देते हैं। अफसर दामाद "खरीदने" की क्षमता रखते घरों से आए विवाह-प्रस्तावों के बावजूद संदीप की माँ बेटे की पसंद स्वीकार लेती है। — परन्तु शादी के बाद संदीप को कविता की मुहब्बत "प्यार का घरेलू संकरण" नज़र आने लगती है, जबकि अगल-बगल सैकड़ों महिलाएँ हैं, जो उसपर फ़िदा हो सकती हैं। संदीप अपने दोस्तों पर भी मज़ाकों से आघात करता रहता है, जबकि उनकी बीवियों के करीब आने की चेष्टाएँ करता है, इसके लिए नए पड़ोसी भार्गव दम्पती, अखिल और नीलिमा के साथ किया रात्रिभोज भी एक अच्छा नमूना है। संदीप की मानें तो एक "पत्नी को हर वक़्त मुस्कराते रहना चाहिए", लेकिन मानसिक दबाव कविता को मोटी और छुई-मुई बनाता जाता है। संदीप तंज़ कस दे, तब वज़न घटाने की कोशिश करने लगती है। पर अपनी काव्यात्मकता के बूते वह फिर भी उसके दिल पर राज करता जाता है। कहानी के अन्त में संदीप इतवार का अख़बार पढ़ते हुए पत्नी को एक ख़बर सुनाता है, जिसके अनुसार बदसूरत बीवियों के पति दिल के दौरे से नहीं मरते, इसलिए वह चिन्तामुक्त हो गया है। जब तक वह आराम से चाय पीने लगता है, कविता क़ुतुब मीनार से कूदने की सोच में डूब जाती है।

घ.५ तोहमत

आशा और सुधा इलाहाबाद की रहनेवाली पक्की सहेलियाँ और पड़ोसी हैं, जो आजकल एम०ए० भी साथ-साथ कर रही हैं। वे शादी का नाम भी नहीं सुनना चाहती हैं, देखती हैं पी-एच०डी० और आईएएस बनने के सपने। परीक्षाओं के दिनों में दोपहर की पढ़ाई के बाद एक शाम शंकरघाट के लिए घूमने निकल जाती हैं — ससुराल में बहुओं पर मँडराते, जलाए जाने जैसे खतरों की चर्चा करते हुए। आशा के रिश्ते की बात चल रही है। गंगा तीर की साँझ का सौन्दर्य रात में बदलने को है। आशा लौटना चाहती है, पर सुधा उसे उनके घर के रास्ते की दिशा में दिखती आग की लपटों को करीब से देखने के लिए राज़ी कर लेती है। जंगल-बेले के बीच एक अघोरी के बसेरे पहुँच जाती हैं। उसकी नग्नता देख और भयावह आरव सुन पीपल के पत्ते-सी काँपती भागने लगती हैं। झाड़-झंकाड़ में उनके कपड़े फट-से जाते हैं, सुधा का दुपट्टा गायब। घर में दोनों को खासी लताड़ झेलनी पड़ती है, उनपर 'बलात्कृत' हो बैठने की तोहमत लग जाती है। पिताओं की पढ़ाई रोकने की धमकी के बावजूद वे दूसरी सुबह फिर भी कॉलेज चली जाती हैं और उन्हें चाटती नज़रों से देखते अभद्र लड़कों पर प्रहार करती हैं, जब तक इन लड़कों जैसा उनका प्राध्यापक कक्षा से खिसक जाता है।

घ.७ लैला-मजनूँ

पहले भाग में इलाहाबाद के एक नए दम्पती के छोटे-से घर का चित्रण हुआ है। आँगन के चार कोनों में ही रसोई, गुसलखाने, क्यारी और कूड़ेदान सब का इंतज़ाम है, वे कम संसाधनों के साथ भी खुश रहते हैं। लेकिन संतुलन जब-तब बिगड़ जाता है, परिचय के वृद्ध और वृद्धाएँ कई बार पुण्य कमाने देर रात या सुबह तड़के की रेलगाड़ी में संगम आते हैं और उनका चैन भंग कर उन्हीं के घर ठहर जाते हैं। ज़्यादा मेहमान आए, तो घर में सामान का विन्यास भी बदलना पड़ता है। दूसरा भाग वहाँ शुरू होता है, जहाँ शोभा और पंकज के प्रयासों के बावजूद मेहमान अन्दर से आने लगते हैं। बेबी, मालती और सईदा — तीन बच्चे सँभालना शोभा के लिए उतना ही

मुश्किल कार्य है, जितना पंकज के लिए रात के दस-ग्यारह बजे तक यंत्रवत् काम करना। पति-पत्नी दोनों अकबकाए रहते हैं, आत्मीय बातचीत के दो पल भी कब-कब नसीब होते, फिर बच्चों का गृहकार्य करवाना पड़ता है या धोबी अचानक प्रकट होता है। जब शोभा पति को देर से घर आया करने पर उलाहना देती है, वह बेदिल बातें बोलना शुरू कर देता है। एक शाम शोभा पलंग पर पड़ी हुई कल्पना करती है कि बिना उसके घर कैसा लगेगा : पंकज में एक आदर्श विधुर के गुण झलकते हैं। जागते वक़्त वह पाती है, पंकज ने उसके लिए चाय बना दी, दूध न हुआ तो थोड़ी मुहब्बत के साथ। शोभा लैला-सी चाय पीने लगती है।

घ.८ मन्दिरा

मन्दिरा अड़तालीस साल की प्राध्यापिका है। शादी के बीस बरस बाद अब उसका बेटा शिशिर पिता वाजपेयी जी के आग्रह से हॉस्टल में रहने चला गया है। अब उसका जीवन केवल उतना है, जितने घंटे वह छात्रों के बीच बिताती है। वैसे कॉलेज की हमउम्र महिलाएँ उससे उसकी ताज़गी व लोच के लिए जलती हैं, जबकि बददिमाग अधेड़ पुरुष उसकी 'कमनीयता को कमीनगी' के रूप में देखना चाहते हैं। पति मन्दिरा की हरदम सेवा करते हैं, किन्तु उन्हें पड़ोसियों के ठहाकों जैसे जीवन्त व्यवहार तक से नफ़रत है। पूजा-पाठ में मगन रहते हैं, जो मन्दिरा को बिलकुल रास नहीं आता। मन्दिरा का मर्म वे समझ नहीं पाते। एक दिन जब बाहर से मुहल्ले के बच्चों की हँसी की भनक पड़ती है, मन्दिरा पाती है कि हँसनेवालों में से एक लड़की, कमरून की बकरी नाले के गंदे किनारे से नीचे फिसलकर चोट खा गई। जब वह बच्चों को डाँट उसे बचा आती है, पति उसे इस नाटक के लिए झिड़की देते हैं। चाँदनी रातों में भी वाजपेयी जी प्यार नहीं जताते। मन्दिरा किसी अन्य पुरुष का साथ पाना चाहती है, वह अपने एक आकर्षक सहकर्मी सुविमल बनर्जी को चाय पर बुला लेती है। सुविमल अपनी पत्नी की आलोचना करता है, लेकिन मन्दिरा पति की कैसे करे, जब वे साफ़ सफ़ाई कर इस वक़्त अतिथि के लिए पान लाने गए हैं? वाजपेयी जी के ख़याल में सुविमल का चेहरा शिशिर से मिलता है। दुबारा देखने पर मन्दिरा को भी ऐसा लगने लगता है।

घ.९ माँ

कथावाचिका अपना बचपन याद करती है। पिता आगरा में पढ़ाई करते हैं और माँ अपनी सास से अकेली जूझती है। छोटी बच्ची (मुन्नी) को सँभालना, बुहारी, कपड़ों की धुलाई, रसोई सब माँ को देखना पड़ता है। बदले में सास से तो बस डाँट-डपट और फटकार मिलती है। वह बहू से नाराज़ हो जाए, तो उस दिन बहू का खाना भी पूरा नहीं होता। पति कभी-कभी मथुरा आता है। एक बार बच्ची ने दादी के बेटे के लिए मँगाए दही के ऊपर की मलाई गुपचुप निकाली और खा ली। उस रात दादी के मान के कारण पति ने भी खाना खाने से मना कर दिया। माँ मुन्नी को लोरी सुनाती है, जगबीती के बाद आपबीती भी। मुन्नी जब महज़ सैंतालीस दिन की थी, एक बन्दर उसे आँगन से उठाकर ले भागा — दादी की सोच में हनुमान जी प्रकट हुए, उस दिन मुन्नी मर भी जाती, तो उसे 'मोच्छ' ज़रूर मिलता। लालच देने से बन्दर हट तो गया पर शिशु को दूसरे घर की मुंडेर से उतारने में दो नौजवानों को जान हथेली पर रखनी पड़ी। सास ने तुरन्त तोहमत लगाई कि उन अनजान लड़कों से बहू की कोई पुरानी 'आसनाई' होगी, तभी वे संकट

में हाज़िर हुए। उस दिन माथे पर सास के लकड़ी मारने से वह निशान लगा, जो आज भी दिखता है। मुन्नी 'आसनाई' का अर्थ जानना चाहती है, पर माँ क्या बताती, उसे भी कहाँ मालूम।

घ.१० कवि मोहन

कविमोहन मथुरा के एक बनिया परिवार में जन्मा उन्नीस वर्षीय युवक है, जो अपने घर से एक रात भाग जाता है। उसके पिता मक्खीचूस आदमी हैं, ग्राहकों को उधार देने पर बेटे के साथ कई बार झगड़ चुके हैं। एक लड़ाई के बाद कवि कई दिनों तक कविताएँ लिखने सौंताल के किनारे जाने लगा था और पिता के लिए दुकान को अकेले सँभालना जल्दी मुश्किल हो गया। तब उससे थोड़ा समझौता करना पड़ा। वैसे कविमोहन की शायरी का उन्हें पता नहीं था, जबकि साहित्य की ओर उसका रुझान कॉलेज जाने के बाद से था। पिता बेटे को नहीं पढ़ाना चाहते थे, पर गली के शेष बच्चे पढ़ते, इसलिए यह व्यय उन्हें भी उठाना पड़ा। आगे कवि केवल अपनी होशियारी के कारण कॉलेज तक पढ़ पाया, पर फ़ीस बढ़ने पर पिता ने पैसे देने बंद कर दिए। माँ को इतना अधिकार कभी न रहा कि कवि के पक्ष में बोले, यद्यपि लड़कियों के बाद पुत्र के जन्म से ही परिवार में उसकी नाक बची, तभी कवि उसका लाडला रहा। कविताई पढ़ाई छूटने पर भी कायम रही। जिस दिन शायरी की कॉपियाँ पिता के हाथ लगीं, उन्होंने सज़ाएँ सोचने के बाद, जोड़-तोड़ और वकील मित्र से मशवरा कर बेटे का रिश्ता भरतपुर के एक कालाबाज़ारिये की सुन्दर बेटी के साथ तय कर दिया। बस वहाँ से सौगात आने तक कवि घर से गायब हो गया है।

❖ तीसरा चरण : १९८५ पूर्व — १९९५ ❖

ङ. उसका यौवन (१९८५)

ङ.१ उसका यौवन

वर्तमानकाल में कथित यह कहानी इलाहाबाद के एक नवयुवक विराम (रामू) की मनोदशा, उसका चंचल मन दर्शाती है। उसका बड़ा भाई मुंबई से सपरिवार छुट्टी पर आया हुआ है। अब घर पर अम्मा उसकी पसंद का बढ़िया खाना बनाती हैं। भतीजे बबलू को भाभी ख़ास डब्बेवाला दूध पिलाती है, जो मुंबई में मुश्किल से मिलता है। जब विराम एक नहीं, दो डब्बे लाकर पेश करता है, वह बहुत खुश हो जाती है। छुट्टा भी काफ़ी बचता है, पर विराम जानता है, वह लेने से मना कर देती। विराम अपने दोस्तों के सामने बबलू से नए सीखे शब्दों का प्रदर्शन कराता है। विराम का मन पढ़ाई से ज़्यादा फ़िल्मी हीरो बनने के सपने देखने में लगता है, फिर देखनी पड़ती है अम्मा की झुंझलाहट। "कुंद-दिमाग पड़ोसी" अपने बच्चों की तारीफ, दूसरों की निन्दा किए जाते हैं, इसलिए। विराम के पिता ए॰ जी॰ ऑफिस में, "भाषणबाज़" भैया दवा कंपनी में बतौर मैनेजर काम करते हैं, भाभी प्राध्यापिका, मामा वैज्ञानिक, चाचा सिटी मैजिस्ट्रेट हैं, फिर बड़ा होकर अम्मा के भी सारे दुःख दूर करने हैं, इसलिए वह अपनी भूमिका को लेकर बेचैन है। उसने कई समय-सारणियाँ बनाई हैं, कुछ नौकरानी ने कूड़ा समझकर फेंक दीं, लेकिन वह फिर बनाने के लिए तत्पर है, "उसे अपनी ज़िन्दगी बनानी है"।

ङ.२ नयी दुनिया

पूर्वा आजकल कहानियाँ लिखती है और जब से घरवाले जान गए, उससे खफ़ा हैं। लोग सच से बचते हैं, इसलिए वह अगर दुःख लिखे, तब बवाल, सुख लिखे, तब 'नज़र' लगाते हैं। सारा घर घड़ी की सुई के साथ दौड़ता है, बस पूर्वा बचपन से अलग है। भाई-बहन परीक्षाओं और प्रतियोगिताओं में अव्वल रहे आए हैं, मुहल्ले में माता-पिता का नाम रोशन करते हैं, बस पूर्वा औसत लड़की है। पड़ोसिन जब माँ को चिढ़ाना चाहे, पूर्वा की खबर लेने लगती है। तृतीय श्रेणी के बी०ए० के बाद न परिवार उसमें रुचि ले रहा था, न वह परिवार में। घर पर पड़े रहने से केवल अपने नाम आए पत्रों को खुद खोलने की सुविधा मिली, जो पहले हमेशा खोले हुए मिलते थे। उसी समय साहित्य पढ़-पढ़कर कहानियाँ लिखने लगी और "भाषा का सवाल, प्रेम की आज़ादी, अभिव्यक्ति की स्वतंत्रता और मजदूरों की दशा" जैसे मामलों में "कट्टर तरीके से" एकजुट सादी आदतों और मौलिक विचारों वाले लेखक-समाज में उसे एक नई दुनिया मिल गई है। अब वह परेशान नहीं, माँ और मिसेज़ माथुर की आपसी चुगलखोरी, बयानबाज़ी व शौहरों की चर्चा सुनने से उसे अपनी अगली कहानी मिलती है।

ङ.३ अपने शहर की बत्तियाँ

पंकज और संजीव पढ़ाई के बाद नौकरी की तलाश में एक अर्ज़ी डाल दो-दो महीने आराम फरमाते हैं। आई०ए०एस० अफसर बनने की उनकी हैसियत है नहीं, इसलिए शादी के लिए उपलब्ध सुन्दर लड़कियों की संख्या भी बहुत सीमित रहती है। संजीव कहता है, वन विभाग के अस्सी पदों के लिए तेरह हज़ार उम्मीदवार हैं। पंकज का सबसे बड़ा सपना अब पी-एच०डी० करके किसी कॉलेज में कामचोर प्राध्यापक बनने का है। केन्द्रीय सरकार की नौकरी के लिए आवेदन देने के झूठे बहाने परिवार से सौ-सौ रुपये लेकर गणतंत्र-दिवस की परेड देखने दो-तीन दिन के लिए दिल्ली चलते हैं। आलीशान परेड में एक नागरिक की अपनी समस्याएँ भूलकर पहली बार देश पर गर्व महसूस करते हैं। किन्तु उसके बाद ठंडी बारिश में सब मनहूस लगने लगता है, और जनपथ में शाकाहारी खाना तक इलाहाबाद से पाँच गुना महँगा। जोड़-बाकी के बाद और ठहरने का विचार ठुकराकर सामान्य श्रेणी के ठसाठस भरे डब्बे में अपने शहर वापस भाग जाते हैं, भीड़ में कम से कम उन्हें ठण्ड नहीं लगती। भरवारी के बाद उन्हें इलाहाबाद की बत्तियाँ नज़र आती हैं, "जैसे जादुई चिराग, जैसे चूल्हे की आग, जैसे गर्म अलाव"।

ङ.४ आहार

नीरज सक्सेना दफ्तर का एकमात्र अविवाहित कर्मचारी है, जो साथियों के लिए एक मनोरंजन क्लब का आयोजन कर उठता है। आरंभ में सब उत्सुक हैं। अधिकांश इतवारों को बीवी के साथ फिल्म देखकर और 'उडुपी' में डोसा खाकर ऊब चुके हैं। अब पन्द्रह रुपये प्रति व्यक्ति देकर वे हर महीने किसी अच्छे रेस्तराँ में भी जाएँगे। 'बाम्बेली' में पहला अवसर बहुत अच्छा जाता है, लेकिन अगली बार पैसे इकट्ठे करने पर फ़साद शुरू हो जाता है। शाकाहारी कहते हैं, उन्हीं के पैसों से मांसाहारी महँगे व्यंजन मँगाते हैं। शान्त होने पर तीन जने पैसे वसूलने की खातिर गोश्त चखने के लिए तैयार हो जाते हैं। 'गेलॉर्ड' जाने से पहले महेश नाश्ता तक नहीं करता, जबकि पवन अग्रवाल हिसाब बराबर करने के लिए घुसते ही चाँदी की चम्मच चोरी करने की

ठान लेता है। उच्च-वर्गीय भोजनालय का अदब उनमें से किसी को नहीं, घर की चादर से सफ़ेद मेजपोश पर हँसते हैं। तभो सागर की तरफ की मेज़ पर प्रौढ़ माता-पिता के साथ एक शोख़ युवती बैठ जाती है। नीरज के साथ विवाहित पवन, हेमेन्द्र और समर भी "दर्ज़ी की नज़र से लड़की का ४०-२१-४० देखते हैं" और उसे लिम्का पीते देख सब के मुँह में पानी आ जाता है।

ङ.५ पचीस साल की लड़की

नायिका यह कहानी उत्तमपुरुष में सुनाती है। साढ़े चार बजे कुछ दफ्तरी कागज़ात पर दस्तख़त करने वह अपने बॉस शर्मा जी के घर पहुँचती है, पर वे घर पर नहीं हैं। सेवक राजाराम भी बाहर है, इसलिए उसे बिठाकर और अख़बार परोसकर पति की माँ लगनेवाली मिसेज़ शर्मा ही चाय बनाती हैं। वे बहाना बनाकर वह न एल०पी० छूने देतीं, न मेहमान को फोन करने। आकर जब सामने टकटकी लगाए बैठ जाती हैं, तो दफ्तर की हर महिला का ब्यौरा चाहती हैं। नायिका सोचती है, बदहज़मी के शिकार शर्मा जी पर शायद ही कोई औरत फ़िदा हो, यह पूछताछ केवल पत्नी का प्रेमातिरेक है। वे आजकल की बदचलन लड़कियों पर टिप्पणी करती हैं, यह जोड़कर कि नायिका उनमें से नहीं लगती। सवाल पूछती हैं, वह शादी कब कर रही है। नायिका को लगता है, मिसेज़ शर्मा को अभी तक नहीं पता कि भारत में लड़कियों की शादी हो जाती है, खाँसी की तरह। सुविधा के लिए वह कहती है, बिहार में माँ ने एक लड़का देख रखा है, छुट्टी मिलने पर मुलाकात हो जाएगी। मिसेज़ शर्मा वादा करती है, छुट्टी की क्या फ़िक्र, वह तो वे ही दिला देंगी। "शादी मेरी होनी थी, तनाव मिसेज़ शर्मा झेल रही थीं"।

ङ.६ राजू

यह बच्चे की नज़र से, आधी वर्तमानकाल में लिखी कहानी विचलित कर देनेवाली है। अम्मा सहेली से माँगा दुशाला ओढ़, तोहफों और राजू को लिए इलाहाबाद से प्रतापगढ़ जा रही है। छोटे मामा अशोक की शादी है, बारात के लिए छह साल का राजू अरसे से फूले नहीं समा रहा। अम्मा सुबह सात से शाम सात बजे तक जैन नमकीन भण्डार में तीन रुपये दिहाड़ी पर मजदूरी करती है। एक दिन न जाए, तो यह काम भी छूट सकता है। बाबा का डेढ़ साल पहले देहान्त हुआ था, तब से वे एक बार भी नानी के पास नहीं गए। न फुरसत थी, न बुलावा आया। अब शादी के घर पहुँचकर नानी को पता चलता है कि राजू की आँख में सूजन आई थी, रात को अम्मा ने ताक से गलत शीशी उठाकर दवाई टपकाई, तो राजू की एक आँख की रोशनी सदा के लिए बुझ गई···। शादी में आई हुई विधवा को कोसती मौसी और बाकी औरतें दरी पर सोते अपने छोटे बच्चों को उस कोठरी से बचा रही हैं, जहाँ नानी ने बेटी से चुप्पे से बैठने को कहा। अम्मा राजू को बारात देखने से रोकती है, मचलने पर उसे अपशकुनिया कह धुन देती है, फिर दोनों फूट-फूटकर रोते हैं। "तू मेरी आँखों की रोशनी है। ··· मेरा राजू जुग-जुग जिए"।

ङ.७ मनहूसाबी

मनहूसाबी ('ऊषा') को घर में पति से तवज्ज़ोह नहीं मिलती, केवल टोक, शायद इसलिए भी उसे ज़ोर से बोलने की आदत पड़ गई, जिसके लिए फिर टोक। वह अपने को रसोई के उन कॉक्रोचों जैसा पाती है, जिनकी जिजीविषा में "दबाने, डराने और भगाने" से भी अन्तर नहीं पड़ता। बहन आशा के बाद फिर बच्ची होने के डर से उसकी माँ गर्भपात कराना चाहती थी, पर वह पैदा हो

गई; बाद में भाइयों ने उसका नाम मनहूसाबी रख डाला। दफ़्तर के काम से बेदाग कपड़ों और चरित्रवाले, आर्यसमाजी सोच के प्राध्यापक पति ने किसी एक लड़की के उत्थान के लिए उससे शादी की थी, अब तीन शरारती बच्चे सँभालती, स्कूल में न्यूनतम पैसे पाकर भी पढ़ाती, सबकी पसंद याद कर खाना पकाती, जूठा उठाती पत्नी के घुटनों के दर्द पर कहते हैं, "अब तुम गई काम से, यह बुढ़ापे की शुरुआत है" या शाम को "क्या हुआ, किस बात से थक गई?"। "मिटटी का तेल, तेज़ाब और स्पिरिट" की बोतलों से लदे घर जाते हुए मनहूसाबी के दिमाग में, गले में चाकू, कमर में कद्दूकस लटकाकर 'दुकान' चलाते सब्जीमंडी के एक निडर पर दयनीय गरीब युवक की आवाज़ गूँजती है : "धंधे से कैसा डर?"

ङ.८ मुहब्बत से खिलाइए

अमिता और सुरेन्द्र एक "वीरान-से कस्बे" के निवासी हैं, जहाँ "भयंकर ऊब" के बावजूद लोगों में एक-दूसरे को घर बुलाने का रिवाज़ नहीं है। ऐसा मौका तब आता है, जब तबादले की वजह से नए लोग आ जाएँ। इस शाम वे इन्द्रजीत मेहता और बकुल के घर पहुँचते हैं। सुरेन्द्र उनके घर की एक-एक चीज़ के साथ उनकी पसन्द की तारीफें करता जाता है, जबकि उसका कहना है, उनके यहाँ चौबीस मौसम गुजरने के बाद भी पर्दे नहीं धुले कभी। पैग लगाने के पश्चात् गलतबयानी व हीन हास्य बढ़ जाता है, वह मेहता का जुमला 'मेहनत से पकाइए, मुहब्बत से खिलाइए' उठाकर अमिता की पाककला की व्यंग्यपूर्ण निन्दा करता है। अमिता जल-भुनकर रुआँसी हो जाती है। सुरेन्द्र मानने को तैयार नहीं कि "ब्यूटी और फिगर के" 'व्रत' के बहाने स्वयं केवल सलाद खानेवाली शोख़ बकुल की कल्पनाशीलता के बिना बूढ़ा नौकर दादू इतना लज़ीज़ खाना बना सकता था। शाम के आखिर में अमिता दादू को रसोई में दाल-चावल-हरी मिर्च खाते हुए, आँसू टपकाते देख लेती है, फिर बकुल के साथ बातचीत में लीन पति से खलनायिका अंदाज़ में चलने को कहती है। (द्र० 'एक पत्नी के नोट्स', उ.५)

ङ.९ अट्ठावनवाँ साल

डी० के० एयरकंडीशनर, कूलर और फ्रिज बनानेवाली कंपनी की एक शाखा के सफल और परितृप्त मैनेजर हैं। पत्नी सुषमा को देखकर लगता है कि कुछ नाम समय-सापेक्ष होते हैं और उसका 'सुषमा' रहने का समय निकल चुका है। वैसे आज-कल खाने को लेकर वे उससे ज़्यादा शिकायत नहीं करते, उनकी सेहत भी परहेज़ माँगने लगी है। फिर भी जब एक दिन अचानक दफ्तर में अपनी सेवा-निवृत्ति के कागज़ात पर दस्तख़त करने पड़ जाते हैं, उम्र का अट्ठावनवाँ साल सालता हुआ याद आ जाता है। वे पहले बालों पर, फिर कन्धों, कमर व घुटनों पर किस्तों में बूढ़े हो जाना चाहते थे। आज गाड़ी में घर तक का छोटा-सा रास्ता लम्बा लगता है। पहुँचकर सुषमा बालों में डाई लगाती मिलती है, पति की तड़प देख जल्द ही नहा-धोकर लौटती है। विचलित पति को सान्त्वना देने के साथ उन्हें बैंगलूरु में पढ़ते बच्चों के पास जाने का प्रस्ताव रखती है। सारे आतंक के बावजूद जब प्रौढ़ा पत्नी की नहाने के बाद भी गर्म उँगलियाँ माथे पर महसूस करते हैं, उन्हें ऐसा यकीन हो आता है, अब कल से डरना क्या, "अभी तो वे एक-दूसरे को फिर से पहचानने में काफ़ी समय गुज़ार सकते हैं"।

ङ.१० मनोविज्ञान

नवीन युवा और कामयाब उच्च-अधिकारी है। मनोविज्ञान की अध्यापिका पत्नी कविता उसकी खातिर केश-सिंगार उसकी पसंद के अनुकूल करने लगती है, पर कुछ समय में पहचानने लगती है कि नवीन को औरत में केवल सतही आधुनिकता हज़म होती है, वैचारिक नहीं। अम्मा के अप्रत्याशित आने पर, कॉलेज के सहकर्मियों के साथ फैज़ की साहित्यिक गोष्ठी में चलने की जगह वह कविता से उनका स्वागत करने के लिए ज़बरदस्ती करता है। बहस रिकॉर्ड कर, रिकॉर्डर को अपने हमेशा ताला लगे अध्ययन-कक्ष में डाल फिर से प्रतिकूल होने पर अम्मा को सब सुना देने की धमकी देता है। नवीन कभी पूजा-पाठ करता है, अर्यासमजी परवरिश की नीलिमा को इसमें दिलचस्पी नहीं। रस्तोगी दम्पती के यहाँ पत्नी नीलम उन्हें दावत दे खुद खाती नहीं, हरतालिका का व्रत है। इसके बारे में कविता को जानकारी तक न थी। ईर्ष्यालु नवीन जनम-जनम वही जीवनसाथी प्राप्त करने के इस व्रत को लेकर अपनी पत्नी को बेहद अपमानित कर डालता है। संस्कृति विभाग में होने के नाते उसे किसी मन्त्री के सामने छायाकार सुधीर मित्र जैसे प्रतिष्ठित कलाकार को अपमानित करने में भी आनन्द मिला। फिर एक इतवार के दिन जब तीन प्राध्यापक कक्कड़, मलहोत्रा और शिव रैना अचानक नवीन के घर आ जाते हैं, नवीन पत्नी से उसके घर पर न रहने का नाटक करवाकर उनसे निपटना चाहता है। कक्कड़ कविता का सहकर्मी भी है। अन्दर के कमरे से चाय पर हुई चर्चा, पत्नी की बुद्धि को मिली तवज्ज़ोह से उसे रश्क हो जाता है। बाद में कहीं से लौटकर कविता के पूछने पर लापरवाही और तसल्ली के साथ बोल देता है : "कक्कड़ के घर", फिर झपकी लेने चला जाता है। (द्र० 'एक पत्नी के नोट्स', उ.५)

ङ.११ आलमारी

नायिका अपने "घर के साथ उगी" पुरानी शैली की एक बौड़म आलमारी की यह कहानी उत्तमपुरुष में सुनाती है। वह लेखक पति शरद और दो बच्चों के साथ एक कमरे के छोटे घर में रहती है। पलंग, जिसपर रात को सिमट-सिमटकर सब सोते हैं, और आलमारी, जिसे भरने के लिए उनके पास पर्याप्त कपड़े भी नहीं हैं, ज़्यादातर जगह घेरे हुए हैं। नायिका को चिन्ता रहती है कि लुका-छिपी खेलते आलमरी में फँसकर बच्चों की साँस कहीं घुट न जाए। फिर उसे बेचना चाहती है ताकि एक चारपाई डालकर रात को चैन से सो सकें, पर लेखन में नई दुनियाँ बसाते पति को घर में तनिक रद्दोबदल नहीं बरदाश्त। शरद घरघुस्सू है, खुशहाल साथी अध्यापिकाओं के उलट नायिका का परिवार अधिकांश छुट्टियाँ भी घर पर ही बिताता है, तो वह कम से कम इस छोटे घर में आराम चाहती है। एक शाम अचानक स्कूल का चपरासी भगवती नमूदार हो जाता है। उसकी बेटी के दहेज में केवल एक आलमारी शेष है, यह जानकर नायिका उसे मनमाँगी चीज़ तुरन्त दान दे देती है। कोने में सफ़ाई कर बच्चों के कुछ खिलौने बरामद होने तक शरद घर पहुँचता है। फर्श पर आलमारी के पायों के अमिट निशान खुदे हैं। सकते में पड़े पति और उसके साथ चिपटे सहमे बच्चों के सामने नायिका को लगता है, जैसे उसके "हाथ में झाड़ू नहीं, कुल्हाड़ी है"।

ङ.१२ बिटिया

इलाहाबाद के वीरेश्वर बाबू सरकारी नौकर हैं, उनके चार बेटियाँ हैं, रश्मि, छवि, गोपा और सबसे बड़ी मधु (मधुरिमा)। मधु का ब्याह सर पर है, पत्नी शारदा के साथ पटना में लड़का देख चुके

हैं, दहेज की फेहरिस्त भेजनी बाकी है। बहन जिया, जिसने इन्हीं दिनों पैसे दे-देकर अपनी कमसूरत इकलौती बेटी के हाथ पीले कर दिए, वीरेश्वर की सूची दुगुनी बना डालती है, पर लड़केवाले उसमें भी तीन "छोटी चीजें", स्कूटर, फ्रिज व टीवी जोड़ देते हैं। जिया की सलाह पर वीरेश्वर कुछ समय पहले मुश्किलों से ख़रीदा अपना स्कूटर दामाद को दे रहे हैं, जिया एक फ्रिज। टीवी प्रसारण अभी पटना पहुँचा ही नहीं। इस बीच तय हो जाता है कि अव्वल आनेवाली बिटिया शादी के बाद एम०ए० की परीक्षा नहीं देगी। पिता असहमत होकर भी कुछ बोल नहीं पाते। घरवालों को पता ही क्या है, मधु का दिल कब से फ़क़ीर अन्दाज़ के शायर सहपाठी दानिश के लिए तप रहा था, जिसने मधु का मन ग़ज़लों से मोह लिया। विवाह से हफ़्ता-भर पहले उससे अंतिम बार मिलने के बाद रात को उसे बुखार हो जाता है। डॉक्टर को दिखाने, पिता उसके साथ विदाई के लिए साफ़ कर बंद रखे स्कूटर पर सवार हो जाते हैं। जब वीरेश्वर की आँखें अस्पताल में खुलती हैं, बेटियाँ बस तीन ही रह गयीं। बेटी को खोने की पीड़ा के साथ "यह कैसी तसल्ली महसूस कर रहे हैं वे !"

ङ.१३ दर्पण

कहानी की शुरुआत में बानी की जवानी का बिम्ब है, जब अपने जादुई सौन्दर्य की झलक पाने के लिए उसके पास महज़ एक टूटे आईने का आधा हिस्सा है। दूसरा दादा (भाई) के पास, जिसने उसे अपने झड़ते बालों को देखकर आए गुस्से में पटककर तोड़ा था। इससे पहले कि वह अपनी पसंद और पति के स्वभाव के बारे में एक बार भी सोचे, माँ बानी के हाथ पीले कर देती है। — नए घर में किफ़ायतपसंद पति का राज है, वह बानी की अलग शृंगार-मेज़ पाने की तमन्ना पर पानी फेर देते हैं। साल बीतते हैं, वे बानी को "तीन बार प्रसूति-कक्ष तक जाने का अवसर प्रदान करते हैं" और घर में जगह बहुत कम पड़ जाती है, निजता के लिए तो शून्य ही। पत्नी को परिवार-नियोजन के आग्रह के लिए अश्लील ठहरा उन पत्रिकाओं को मँगाना भी बंद कर देते हैं, जिनसे बानी को ऐसे विचार प्राप्त हो सकते हैं। जीवन नीरस कटता जाता है, जब एक दिन अचानक पति एक नए आरामदेह मकान की चाभी बानी को थमा देते हैं, जिसमें सब कुछ है, शृंगार-मेज़ तक। बानी कभी की तारीफें याद करती है, और अपनी कमनीयता को विगत हुए देख, आदमकद दर्पण को ढँक देती है : "रहने दो!"

च. जाँच अभी जारी है (१९८९)

च.१ सेमिनार

दिल्ली की गर्मी, बिजली की किल्लत और घरेलू हालात से बचने के लिए पाखी एक साहित्यिक सेमिनार का न्योता स्वीकार कर शिमला चली जाती है, यह जानते हुए भी कि वहाँ उसकी तरह सोचने और लिखनेवाले शायद ही मिलेंगे। बीस भागीदारियों में उसके अलावा दो वरिष्ठ और दो कनिष्ठ लेखिकाएँ हैं। सुरेखाजी निजी किस्म की कहानियाँ रचती महिला हैं, जिन्होंने कुछ समय पहले कृत्रिम आधुनिकता अपनाई थी। बड़ा-सा पर्स, सिगरेट व जिन का गिलास थामे चलती बीना जेटली का अन्दाज़ पाखी को दिलकश लगता है, पर उनकी प्रतीकात्मक कहानी बेकार। झिलाऊ कार्यक्रम के बाद लेखकों चन्द्रशेखर और विवेक के साथ वे बाज़ार की एक

वाइन शॉप पर बैठने जा रहे हैं, जब लेखिकाएँ झट साहित्य से उतरकर घर की सजावट के लिए 'कलात्मक' झाडुएँ खरीदने लगती हैं। डिनर से पहले फिर पाखी लेखिकाओं की नौटंकी सह ही रही है, जब हॉल में एक चमगादड़ घुस आता है। बैरा मानसिंह मेज़ से उनकी एक झाड़ू उठाकर उसे मार देता है। मानसिंह डाँटने पर उतारू लेखकों को झाड़ू की जगह बेबाक बता देता है। रुष्ट लेखक समाज खाना छोड़ने की धमकी देता है, मगर पाखी को लगता है, आज वह जी भरके खाएगी। अन्त में उसके पीछे सब चुपचाप भोजन कक्ष पहुँच जाते हैं।

च.२ उमस

रानी घरेलू महिला है, जिसके घर पति विनोद के हर बार नए-नए दोस्त आते रहते हैं। वह चाय पिलाते वक़्त उन्हें कई बार पुरानों के नाम से पुकारती है। उनसे अपनी समझ की कुछ बात कहे, तो हाय-तौबा। पुत्र के मित्रों से सास को ऐतराज़ नहीं, पर वे रानी को मर्दों के बीच बैठने नहीं देतीं, और जब रानी और विनोद के बीच अनबोला हो जाए, वे उससे घर के और भी ज़यादा काम और भी अधिक तानों के संगीत के साथ लेनी लगती हैं। "न करो तो हर काम बड़ा है, करो तो कुछ भी नहीं है"। शायद इसलिए रानी हरदम थकी महसूस करती है, काम सुस्त चाल से करती है। जब तक बेटे पवन के लिए चाय बनाए, वह गुर्राता हुआ खेल पर निकल जाता है, लौटने पर उसे चाय परोस दे, तो सास टोकती है, यह चाय कि भोजन का समय है? जिस दिन टीवी पर क्रिकेट का मुकाबला है, कुकर की दो सीटी के बीच रानी भी ठिठकती बैठक में झाँकती है, जहाँ बाकी सब पसरे पड़े हैं। खिलाड़ी का गलत नाम बोलने पर पवन भड़कते हुए उसे वापस रसोई की तरफ ठेलने-धकेलने लगता है। उसपर अन्धकार छा जाता है। आरामतलबी करने कमरे में घुस बिस्तर पर ढेर हो जाती है।

च.३ जाँच अभी जारी है

अपर्णा जोशी (अप्पी) इलाहाबाद में नवेली बैंक अधिकारी है, जिसे बैंक की नौकरी की सम्माननीयता सदा आकर्षित करती रही। दफ्तर में चाहे कोई अविवाहित न हो, परन्तु ढाई महीने तक हर पुरुष उसके शाम के कार्यक्रम के बारे में पूछ चुका है। एक शाम सिन्हा के शहर से बाहर गए बच्चे का जन्मदिन, उसके कुछ अनजान अधेड़ मित्रों के साथ दफ्तर में ही मनाना टाल नहीं पाती, ऐसे में कभी सिन्हा, कभी प्रबन्धक खन्ना की अश्लील पार्टियों का पता चलता है। एक साल पूरा होने पर एलटीसी प्राप्त कर माँ और पिता के साथ पुरी चलने के दिन पिता को दिल का दौरा पड़ जाता है। छुट्टी अस्पताल में मनाई जाती है, न जा पाने के बारे में वह खन्ना को फोन पर सूचित करती है। दफ्तर पहुँचकर उसे अपने खिलाफ़ शुरू हुई अनुशासनात्मक कार्रवाही का पत्र मिलता है। खन्ना फोन पर सूचना मिलने से इनकार कर देता है। आनेवाले समय में वह अधिकारी से अभियुक्त बन मोटी होती जा रही अपनी फ़ाइल लेकर कानपुर-लखनऊ के भ्रष्ट, धूर्त, निरीह और उससे छेड़खानी की कोशिश करते अधिकारियों के चक्कर लगाती रहती है, जो उसका केस अनन्तकाल तक चलवाने को तुले हैं। हालाँकि यूनियन का सहिष्णु सदस्य समीर सक्सेना उसे केस जीतने का दिलासा देता है, वह शहर के लोगों की आँखों में गिर चुकी है और "बहरहाल, जाँच अभी जारी है"।

च.४ रजत जयंती

आज गीता और वरद की शादी की रजत जयंती है। उनकी कोई सन्तान नहीं है, शाम को उनके जवान दोस्त उनके पास आ रहे हैं, बीवियाँ तो पहले आ जाती हैं, खाना रखने, कमरा सजाने। स्त्रियों की बातों में अपने-अपने पति की आलोचना और दूसरों के स्वभाव से ईर्ष्या उभरकर आती है। वरद पहुँचते ही खिड़की खोलता है, तो दिसम्बर की ठण्ड की शिकायत शुरू हो जाती है, जो पति-पत्नियों के बीच जारी रहती है। व्हिस्की के बावजूद माहौल उखाड़ रहा है। रोटी तैयार न मिलने से, व खाना फिर से गरम करने में लापरवाह विनोद के हाथों डोंगे काले पड़ जाने से फोटो खिंचने तक, गीता हँस नहीं पाती। वह पति की स्मार्टनेस की नुमाइश से एकदम चिढ़ चुकी है, और मेहमान पति का साथ देते हैं। भोजन के बाद युवा मित्र सफल दाम्पत्य के लिए उनकी सलाह चाहते हैं। उन्हें स्वीकारना पड़ता है, एक-दूसरे का भला-बुरा पहचानते ये पच्चीस साल यों ही निकल गए। विदा देने तक अब किसी का मन नहीं रहता कि दोहराए : 'हैप्पी एनिवर्सरी'।

च.५ इक्कीसवीं सदी

भोला बाबू सहयोगियों से बहस करते हुए आनेवाली इक्कीसवीं सदी और बच्चों के भविष्य को लेकर बड़े सकारात्मक रहते हैं। उनका बेटा पुनीत एम०कॉम० का होनहार छात्र है, उसके पास कई कंपनियों का न्यौता है। दुर्भाग्यवश, छात्र संघ की चुनाव सम्बन्धी फूहड़ नेतागिरी की गतिविधियों में अन्तिम परीक्षाएँ छह माह स्थगित और फिर रद्द की जाती हैं। डिग्री मिलने तक पुनीत को पिता की तरह क्लर्की कबूलनी पड़ती है। इक्कीसवीं सदी के आने तक शायद उसकी पदोन्नति हो जाए। मूल्यहीनता के इस ज़माने में कम से कम बेटी रेखा खुशहाल दाम्पत्य में रहती है। भीगने के डर से छोटे बच्चे को घर पर छोड़, एक शाम वह और पति विनोद घूमने निकलते हैं, पर झड़ी से बचने महँगे-से होटल हाईवे में चाय पीने को मजबूर हो जाते हैं। मद्धम संगीत, इक्का-दुक्का ग्राहक। बूढ़ा बैरा तौलिया पकड़ा देता है। रेखा बहुत देर तक टॉयलेट से नहीं आती, तो हंगामा कर दरवाज़ा खुलवाकर पता चलता है, पत्नी गायब ! — रिपोर्ट लिखवाने में दहेज के केस में खुद फँसने की धमकी दे और समय गँवा भ्रष्ट, बदतमीज़ व चंट पुलिस देर रात में जीप निकालती है। रेखा होटल में तो नहीं है, अब बड़े कोतवाल देखेंगे। उनके बँगले की ओर जल्दी करने के इरादे से पैदल रेलवे पटरियाँ पार करते हुए परिवार को खून सने बोरे में भरी रेखा की लाश मिलती है, सोने की अँगूठी उँगली में। पुलिस अब भी मुस्तैदी से दौड़ भाग कर रही है।

च.६ दाम्पत्य

जिस रात पन्द्रह साल का बेटू समय से सो जाता है, आलोक पत्नी सुनीता के साथ थोड़ी मुहब्बत चाहता है, किन्तु वह पाता है, पत्नी बातों ही बातों में सो गई है। उठा देता, तो दूसरे मौकों की तरह इस "रोज़-रोज़ की मशक्कत" से मना कर देती है। अगली शाम आलोक को याद आता है कि वे दोस्त हेमंत बाबू के बेटे के जन्मदिन के बारे में भूल गए। सुनीता उसे टोकती है, वे बेटू का नहीं मनाते, तो गैरों के यहाँ क्यों जाएँगे। पति "हमेशा की तरह" सोचता है, किसी शाम अकेले हो आएगा, फिर टीवी के सामने पसर जाता है। वह प्रोग्राम देख ही नहीं रहा, तो सुनीता बंद कर देती है, जिससे बैठक में "मनहूस खालीपन" छा जाता है। सहेली के पति के अगरबत्ती बनाने के शौक को बता वह आलोक को प्रेरित करने का व्यर्थ प्रयत्न करती है। बेटू के साथ

कुछ देर टीवी देख आलोक को लगता है वह जवान है और यह लड़का उसका रूममेट। पत्नी की सहेली सुधा और उसके पति के आने से यह अनुभूति टूटती है। आलोक को पत्नी के सामने दुम हिलाता विपिन तिवारी पसंद नहीं, महँगाई की शिकायतों के बीच उसे दूर चौक पर दसगुना सस्ते में सब्ज़ी-फल आने के झूठ से चने के झाड़ पर चढ़ाता है। उनके जाने के बाद सच जानकर सुनीता बौखला जाती है। आलोक कमरे में अकेले लेट अपने बीस वर्ष के दाम्पत्य की बेकारगी के बारे में सोचता है, लेकिन उसे सुधारने में अब उसकी पर्याप्त रुचि भी तो नहीं है।

च.७ नया त्रिकोण

आनन्द के दो भाई विदेश में बसे हैं, इसलिए बाबा के मरने के बाद जीजी को सँभालने का दायित्व उसे निभाना पड़ता है। जीजी की याददाश्त कमज़ोर हैं, उनकी चीजें, चाँदी का पानदान हो या शॉल, घर में खोती रहती हैं। उन्हें हर बार लगता है, चीज़ चोर ले गया और बड़ा कोहराम मचाती हैं। वे चाहती हैं, घर में सब उनके निर्देशानुसार हो। डॉक्टर की नमक छोड़ने की एक नहीं सुनतीं, ज़िद्द कर परहेजी खाने को वे हाथ नहीं लगातीं। बाहर बसे बेटे जब उन्हें समय बिताने की हिदायतें देते हैं, वे तैश में आ जाती हैं, पर बाद में चिट्ठी को, जिसे फाड़ने से अनीता बचा देती है, गद्दे के नीचे सँभाल लेती हैं। कई बार गुस्सैल जीजी को घर छोड़ने से रोकने के लिए पूरे परिवार को छुट्टी मनानी पड़ती है, पर सहेलियों के सामने तो कहेंगी ही, वे घरवालों का ध्यान बिलकुल नहीं चाहतीं। पाँच साल की बदमाश सुग्गू को नहलाने व तेल मलने जैसे विकट कामों में लगातार तानों से अनीता की सहनशक्ति जवाब देने के कगार पर है। आनन्द सोचता है, पत्नी की सादगी के चलते उसने कभी एक रोमांटिक त्रिकोण की कल्पना ज़रूर की थी, मगर यह क्या कि "तीसरी जगह पर जीजी आकर बैठ गई" हैं !

च.८ प्रिया पाक्षिक

एम०ए० के बाद प्रत्यूष अपने बेरोज़गार, चपरासीगिरी करते या प्रतियोगी परीक्षाओं में अनुत्तीर्ण दोस्तों राजकुमार, विपिन व अंशुमान के विपरीत विज्ञापन से लबरेज़ महिलोपयोगी पत्रिका 'प्रिया' में नौकरी पाता है। इसका हर अंक विशेषांक रहता है और इसमें एक भी महिला कार्यरत नहीं है, साज-सिंगार की सलाहें भी वृद्ध संपादक खुद देते हैं। उनका कहना है, पत्रिका चलाना किसी औरत के बस की बात नहीं। मालिक और संपादक ने कढ़ाई-बुनाई और व्यंजनों को अपनी ओर से आज़माने के लिए किसी महिला को रखना ज़रूरी नहीं समझा, वह सुविधाएँ ज़्यादा माँगेगी और उसके साथ प्रसूति जैसे हादसे हो सकते हैं। इसी कारण बड़ी संख्या में बिके बुनाई विशेषांक के फ्रांट मैटर का विवरण प्रत्यूष के गलत अंग्रेज़ी-हिन्दी अनुवाद और छपने में शेषांश के भी कट जाने से बिगड़ गया था। एक गुस्साई पाठिका ने नतीजे का विकृत स्वेटर तक डाक से भेज डाला। पर जीविका की खातिर प्रत्यूष 'प्रिया' को बिन मौलिकता भी नहीं छोड़ता, वह दोस्तों के मज़ाक अनसुना करता है और दुपहर में व्यंजन विशेषांक की शाही चिकन का प्रूफ पढ़कर सब्ज़ी-पराठे खाता है।

च.९ अनुभव

रामू उन्नीस साल का गरीब युवक है, फ़िल्में देख-देखकर गोरखपुर छोड़ दिल्ली चला आया था, यहाँ पाँच सालों से कुल सात बड़े घरों में काम करता रहा है। पहले उसकी नौकरी झूठ बोलने से

छूटती थी, लेकिन अब वह सच की कसम से पटरी पर आ गया है। 'साब' को पता चला कि 'मेमसाब' उनके दोस्त 'डिम्पी' बजाज को रोज़ दोपहर में घर बुलाती थीं। आज पत्नी चमड़ी की पट्टी से पिट जाती है, हालाँकि रामू को यह भी पता है कि जब वे मुंबई जाती थीं, साब लताबाई को बुलाते। कमाई कितनी भी कम थी, रामू आज पहली बार सड़क पर सोने जा रहा है, चाँदनी चौक के सेंट्रल बैंक की सीढ़ियों पर। कम से कम पाँचवें घर में मरे एक बुज़ुर्ग की रज़ाई उसके पास है। गज़ब की ठण्ड की यह रात कटते-कटते वह बच्चे को दूध पिलाती एक मैले बालोंवाली भिखारिन के पहले बच्चे को साथ सुलाने को तैयार हो जाता है, फिर औरत को। सहवास के अनायास प्रथम अनुभव के बाद वह और वे दो चौकीदार व जमादार की गालियों से उठते हैं। एक-दूसरे को जानने के नाटक के बीच रामू औरत को आज से भीख माँगना मना कर देता है, और वह आत्मविश्वास के साथ कटोरा फेंक देती है।

च.१० पहली

यह छोटी-सी कहानी, कहानी कम, नाटक ज़्यादा लगती है, इसमें केवल संवाद है। महीने की पहली तारीख की शाम का दृश्य है, पापा के आते ही बच्चे राजू और पप्पू टूट पड़ते हैं, उन्हें आज अपना रसगुल्ला वसूलना है। अम्मा जब पूछती हैं, वे दोनों स्कूल क्यों नहीं गए, तो एक बोलता है, बस्ता फट गया, इसलिए, नया मिलेगा तब जाएँगे। पापा को लगता है, अम्मा चौके में ज़्यादा खर्च करती हैं। अभी दूधवाले से लेकर मेहरी तक सब को पैसे चाहिए होते हैं। बच्चे हलवाई से आकर ज़िद्द पकड़ते हैं कि अम्मा उनको अपने हाथ से खाना खिलाएँ। आखिरकार जब वे सोने चले जाते हैं, पति-पत्नी को आत्मीय होने के दो पल मिल जाते हैं। पति आज खाना तक न्योछावर करने के लिए तैयार है, थोड़ी खुशामद करने पर पत्नी उसके पास बैठ जाती है।

च.११ नायक

अमित इलाहाबाद का विद्यार्थी है, जिसने अब तक उत्तर प्रदेश से आगे दुनिया देखी नहीं है। हिन्दी विभाग के जीवन में छात्र-संघ पृष्ठभूमि के नए प्राध्यापक मोहन दीक्षित (एमडी) क्रान्तिकारी तेवर लाते हैं। एक बार उनपर आरोप लगता है कि छात्रों ने कुलपति की घेराबंदी उनके उकसाने पर की, हालाँकि वे तब राँची गए हुए थे। उनकी विचारधारा से प्रभावित होकर पहले शान्त अमित अब अपना नया आक्रोश और असंतोष अपने परिवार पर उतारता है। माँ को एकरस खाने का उलाहना देता है। वकील पिता से कहता है, वे झूठों से पैसे क़माते हैं, जो बच्चे को लाड़ से समझाते हैं, अपने झूठों से ही उसे सच बोलने लायक बनाया है। क्रुद्ध होकर अमित एमडी के संग दक्षिण के दौरे पर चला जाता है। वापसी में वे ज़बरन एमडी के मित्र शर्मा के यहाँ रुकते हैं, जो दिल्ली वि०वि० में वार्डन है, उसकी नई शादी हुई है। जब तक एमडी दुमहिलाऊ राजनितिक कार्यक्रमों में भाग लेता है, शर्मा से अमित को उसके दोगले विचारों के बारे में अधिक जानकारी मिलती है। ढाबों के खाने से अमित का मन भर जाता है, एक रात शर्मा की बहू के पकवानों की घरेलू खुशबू सूँघकर वह घर-वापसी की ठान लेता है।

च.१२ वर्दी

रामशंकर भी लम्बी ड्यूटियों का सताया एक सिपाही है। कई बार वह केवल पत्नी को मुस्तैद रखने के लिए खाना बनवाता है, फिर यदि हड़बड़ी में दाल छलककर थाली में गिर गई, वह बिना हाथ

लगाए चला जाता है। उसे पता है, बाज़ार की ड्यूटी में मुफ्त खाने की फ़िक्र नहीं करनी है…। आठवीं तक पढ़ी आशा गाँव से निकलकर जब शादी के बाद पति के साथ तस्वीर खिंचवाने गई और बूढ़े दुकानदार ने वर्दी का खौफ़ खाकर जल्दी से बढ़िया काम किया, उसे वह एक जादुई पोशाक नज़र आई। इधर वह जान गई कि घर की बुनियादी ज़रूरतें वर्दी से पूरी होती हैं, भले ही अलमारी में रामशंकर ताला लगाता हो और अपने पास रुपये कभी न रहें। सात साल का राजू पहले मिनी-वर्दी में खेलने व मुहल्ले में गश्त लगाने जाता, पर पिता के अलावा साथियों ने भी उसे एकाध बार पीट डाला, इसलिए वह अकेले पतंग उड़ाता है। उसके पास वही सामान रहता है, जो पिता से पूर्व कहने से मिल जाता है। "खर्च करने की महान उत्तेजना से वंचित राजू" शेष बच्चों की तरह होली पर खुद रंग खरीदना चाहता है। मचलने पर आशा साड़ियों में छुपाए भाइयों के भेजे थोड़े पैसे दे देती है। रंग तो रामशंकर भी लाता है, कम अच्छे। यह ज़ाहिर करने से राजू को आज बूट की मार खानी पड़ती है। सुबक चुकने के बाद रात को वह होली की आग में बुराइयाँ नष्ट करने हेतु पिता की पापी वर्दी चिता में झोंक देता है और सो जाता है।

च.१३ चोट्टिन

सुखिया (सुक्खो) बारह साल की बच्ची है, कुपोषण के मारे लगती दस की है। माँ उसे साल में होली पर एक फ्रॉक पहनाती है। फ़िलहाल एकदम मटमैला हो, तो हो, जाँघिया गायब ही हो चुका है। उसने अभी तक चाट, घर के थोड़े से बर्तन या अपनी प्लास्टिक की चप्पल देकर खाई है, फिर आज के गर्मी वाले दिन खोमचेवालों के सामने गुज़रे रिक्शा से गिरा काला चश्मा उठाकर। घर आकर माँ की तबीयत ठीक नहीं है, वह बाकी दो घरों में बर्तन माँजने सुखिया को भेज देती है। एक घर से मालकिन के किताब उठा कमरे में चले जाने के बाद वह एक खट्टा अमिया उठा लेती है, दूसरे घर में मालकिन की बेटी उसके साथ सही बरताव करती है, पर लड़की होने के नाते एक फटा जाँघिया माँगने की उसकी हिम्मत नहीं होती। किन्तु वापसी में सुखिया पटरी की दुकान से एक चुरा ही लेती है। बेचनेवाला कुछ छोकरों के साथ उसके पीछे पड़ जाता है। सिपाही बच्ची को "बलात्कार करने लायक" भी न समझ, शोर मचाने के बहाने कमाई छीन दुकानदार को चौकी ले चलता है। जब तक राहगीर उसका और भी सौदा लूट लेते हैं, सुखिया सुरक्षित अपनी कोठरी पहुँच जाती है।

च.१४ झूठ

चिन्मय बाबू एक पत्रिका के संपादक हैं। वे अपना काम तटस्थ भाव से करते रहते हैं, पर एक दिन तेजस्विनी नाम की युवा लेखिका की कहानी और साथ में छापने की चुनौती देता पत्र हाथ लगता है। आनेवाले समय में वे तेजस्विनी की दस कहानियाँ प्रकाशित करते हैं, और पत्राचार के चलते इस ओजस्वी, आक्रोश से भरी युवती के बारे में सोचते-सोचते उनमें फिर से जवानी जाग जाती है। इस बीच पत्रिका में सम्पादकीय के साथ उनकी एक पुरानी तस्वीर दी जाने लगती है। पहले डिग्री पाने पर नौकरी के लिए माँ-बाप की हाय-हाय और माँ द्वारा आयोजित विवाह ने उनका युवा आक्रोश व भ्रमण आदि के सपने दबा दिए, पर अब वे आईने के सामने समय बिताने लगते हैं। घर में लोगों के अचानक आने-जाने से, चैन का बुढ़ापा चाहती पत्नी परेशान रहती है, तो दफ्तर में चिन्मय बाबू के नए विचारों और कार्य-शीलता से नौकर। पहले

मना कर देते, किन्तु अब काम के सिलसिले में मौका मिलते ही दिल्ली चले जाते हैं — तेजस्विनी से मिलने। संयोग से स्टेशन पर उतरते ही पता चलता है कि तेजस्विनी पके बालों वाली पुराने ढंग की स्त्री हैं, तो उन्हें यह कि संपादक भी कोई जवान नहीं। चाय पर मन ही मन एक-दूसरे को माफ़ कर रचना प्रक्रिया में झूठ की भूमिका पर चर्चा शुरू कर देते हैं।

च.१५ शॉल

जिस स्कूल में ननकी ग्यारह वर्षों से कच्ची नौकरी वाली चपरासिन रही है, वहाँ की चिड़चिड़ी अध्यापिकाएँ अपना अधिकांश समय स्टाफ-रूम में गपबाज़ी व बुनाई के सहारे बिताती हैं और क्लास से आते ही या उसी की जगह उन्हें चाय की तलाश रहती है। ननकी के लिए तुरन्त सबकी फ़रमाइश पूरी करना आसान नहीं। कई बार बचे हुए चाय-समोसे भी खा-पी पाने की फुरसत नहीं होती। ठण्ड के आगमन पर बड़ी बहनजी श्रीमती शर्मा उसे ठिठुरते हुए देखती है। एक बार वे चतुर्थ श्रेणी कर्मचारियों को गर्म कपड़े दिला चुकी हैं, पर अगले दिन उन्होंने उनको मरे मुर्दों के उतरे कपड़े समझ वापस कर दिए थे। अब ननकी पर पसीजकर अध्यापिकाओं से चन्दा ले उसे एक महँगी नीली-गुलाबी शॉल दान देती है। वह पुरानी धोती गुलाबी रंगा लेती है, तो अगले दिन सबको लगता है, ननकी कोई चपरासिन ही नहीं रही। उसे बात-बेबात पर फटकारना शुरू कर देती हैं। शाम तक बेचारी रुआँसी सूरत लेकर शॉल बड़ी बहनजी को वापस कर देती है, जो करुणा से भरकर सब को सबक सिखाने की ठान लेती है, इस नई योजना से खुद शान्त होकर शॉल लापरवाही से कोने में फेंक देती हैं। (समान ननकी की सदृश कहानी के लिए द्र० 'ज़ोरदार तालियाँ', ठ.१०; 'अँधेरे का ताला', उ.७)

च.१६ इरादा

छोटे घर की बहू शान्ति को साल में एक बार मायके जाने दिया जाता है। विदा के दिन अकेली बीमार माँ कहती है, यह भी गनीमत है, कई ब्याह के बाद दुबारा जा ही न पातीं, तेरही पर शायद। माँ को किसी से चिट्ठी लिखाने के लिए कह शान्ति भारी मन से छह घंटे दूर के अपने घर लौट जाती है, सास और शंकर के पास। दो गर्भपात झेल तीन साल में उनका कोई बच्चा न हुआ, मगर अस्वस्थ से अधिक मानिनी सास की सेवा भी बहुत मेहनत माँगती है। जब तीन महीने बीतने तक माँ की कोई चिट्ठी नहीं आती, शान्ति का जी घबराने लगता है। सास के तानों के बावजूद रात को पति उसे अगले दिन टिकट लाने का वादा करता है, पर बीच में सास बेटे को फुसला देती है कि इतना अकसर जाने की वजह ज़रूर उसकी बेवफ़ाई है। शंकर सोचता है, बिन दबोचे कौन औरत पति को मर्द मानेगी। पति के कोप का सामना कर शान्ति सन्न रह जाती है, पर रात को वह उसके उड़ते बाल व उतरी सूरत, कम आमदनी आदि के बारे में विचार कर सुबह उससे कहती है, अगर वह नहीं चाहता, नहीं जाएगी। शंकालु शंकर का उल्टा जवाब, रातोंरात किसी ने उसे न आने की खबर भी दे दी। शान्ति का इरादा अब बदल गया है : "अगली गाड़ी में जा रही हूँ, ··· दिमाग एकदम ठीक हो जाएगा, तभी वापस आऊँगी"।

उ.५ एक पत्नी के नोट्स (१९९५)

छ. बोलनेवाली औरत (१९९८)

छ.१ बोलनेवाली औरत

कभी खुद को अग्निशिखा समझनेवाली दीपशिखा ने व्यवसायी घर के कपिल की स्वतन्त्र सोच से प्रभावित होकर दस वर्ष पहले उससे प्रेम-विवाह किया। इस बीच उसे मालूम पड़ा, प्रेम और परिवार दो अलग विभाग हैं। अभी बीजी से झाड़ू खड़ी करने के अंधविश्वास पर बहस हुई है। पति माँ का पक्ष लेने के अलावा कोई अन्य तरीका नहीं जानता। दोनों की धौंस के आगे कोई प्रतिवाद नहीं चलता। बीजी कुछ भी अंट-शंट बोले, सामने 'बोलनेवाली' दीपशिखा ही निकलेगी। घर के रूटीन में पिसती वह बाहर भटकते कपिल से कहीं घूमने चलने की व्यर्थ मिन्नतें करती है, तो बीजी घुर्राई, "एक हम थे, कभी घर से बाहर पैर नहीं रखा"। दीपशिखा पूछती है, आपका कौनसा तीर्थ रह गया है? पति का मानना है, उसे दिमाग का इलाज कराना चाहिए। बड़ा होता जा रहा बेटा एक दिन जूठन कमरे से रसोई में ले जाने के लिए जूझती दीपशिखा पर वापस हाथ उठाता है, इतना कि उसका मुँह सूज जाता है। सास का कहना है, उसी ने बच्चे को कुछ भी बोलने-करने की आदत चढ़ाई। पति और ससुर मौन सहमति देते हैं। जाम हुए जबड़े से वह सोचती है, मरने के दिन उसके मृत बदन के बंद किए रंध्रों से यह इकट्ठा हुआ दुःख ज़हर बनकर दुनिया पर उमड़ पड़ेगा। अभी वह लिखकर अपनी लड़ाई लड़ेगी।

छ.२ मेला

चारु और सत्य (सत्ते) इलाहाबाद में रहते हैं। कुम्भ के दौरान पंजाब से चरनी मासी आकर उनसे मिलती है, फिर शिविर में चली जाती है, सत्संगिनों के पास। एक दिन फोन आता है, उनका चश्मा नदी से निकलने की धकापेल में टूट गया है। चारु और सत्य मिलने जाते हैं और तय करते हैं कि दो दिन बाद की मौनी अमावस्या तक चारु उनके पास वहाँ रुके। साइंस की अध्यापिका के लिए यह नया अनुभव है। बाजे पर हर प्रान्त का भजन, बूढ़ों के लिए मेला मानो आदर्श पिकनिक स्थल। पुलिस स्नानार्थियों की संख्या बढ़ा-चढ़ाकर बताती है, डूबनेवालों की घटाकर, तभी प्रशासन पैसे लुटाएगा···। चारु को इस्कॉन-भक्तों व चरस के पीछे घूमते विदेशी जवानों जितना आनंद नहीं आता, रोज़ पाँच सेर दूध पीनेवाले चरनी मासी के गोल-मटोल स्वामीजी से लगभग बहस में पड़ जाती है। एक साध्वी से पता चलता है, प्रेमदासी ने ग्यारह साल पहले पति को छोड़ दिया था। साधु भी अपनी पति जितनी सेवा कराते हैं, पर हाथ नहीं उठाते। "सन्यास में भी विन्यास के प्रति सचेत" सलोनी महिला मौन सुंदरी एक आदर्श गुरु की तलाश में रहती है। चारु को वह मुखर सुंदरी लगती है। मौनी अमावस्या पर वे दोनों ही रिवर पुलिस को दुहाई दे कर नाव को डूबने से बचाती हैं, आजन्म चुगलखोर शेष औरतें इस एक दिन का मौनव्रत मरते दम तक न तोड़तीं। गाँव की एक महिला अमरो पति से बिछड़ गई है। "हाय दैया", पति का नाम वह कैसे ले सकती है, वह कोई "पतुरिया" नहीं कि रेलगाड़ी का किराया पाने पर घर चल दे ! पुलिस उसकी तरह की बाईस अबोध लड़कियों का शव गंगा से

निकाल चुकी है। स्नान में छिनैती ज़ोरों-शोरों पर है। बस, मासी की ऐनक बन गई है, चारु चलने को तैयार है।

छ.३ लकी

लकी सुरेश और कुसुम का बेटा है, उसके जन्म से घर फलता रहा, इसलिए पापा ने यह नाम रखा। सुबह बाबा हिन्दी का अख़बार पढ़ते हैं, पर पापा का कहना है, "अंग्रेज़ी हिन्दुस्तान से कभी जानेवाली नहीं", इसलिए वे चाहते हैं, लकी उसी पर ध्यान दें। 'स्टेट्समैन' की महिमा गाते हुए बताते हैं, उन्हें पहली नौकरी भी आनन्द स्वरूप वकील के बेटे बबलू को सुबह यही अख़बार समझाने की मिली थी। पर लकी कई विषयों में होशियार होते हुए अंग्रेज़ी में फिसड्डी है। परस्पर विरोधी राशिफल पढ़-पढ़कर बहुत कोशिशों और पापा के हज़ार तानों के बाद वह शिक्षा निदेशालय में लिपिक बन जाता है। शादी भी हो जाती है, एक सीधी, दो बच्चे देकर परितृप्त जीवन जीनेवाली लड़की प्रतिभा से। इस बीच लकी ज्योतिष 'विज्ञान' में डूबता चला जा रहा है। — सालों साल बाद मोतियाबिंद की चिकित्सा कराने गाँव से ताऊजी आते हैं। बातों में उनसे पता चलता है, भाषणबाज़ पापा ने लकी की जन्मपत्री में २४ अक्तूबर लापरवाही से भरी थी, तिथि भादों ग्यारस है। पहले लकी सकते में आता है : वह गलत ग्रहों की उपासना करता आया है ! फिर अब से ज्योतिष को महत्त्व न देने की ठान लेता है।

छ.४ खिड़की

दहकती गर्मी के दिन शिवचरण बाबू बेटी कंचन के साथ ट्रेन पकड़ रहे हैं, कुली पर कंजूसी कर पछताते हैं। ट्रेन लगने तक एक अन्य यात्री से रेल की बेकारगी पर चर्चा करते हैं। चढ़ने के बाद उनकी भुनभुन पर कोई ध्यान नहीं देता। एक बुज़ुर्ग ट्रंक की साँकल पैर में बाँध सो जाता है। उन दोनों की साइड की बर्थ है, खिड़की फँसी हुई है, अब एक दूसरा तेज़ युवक उसे खोलने पर तुला है। तनी मांसपेशियों का प्रयत्न देख शिवचरण बाबू चाहते हैं, काश यह बेटी का स्वयंवर चल रहा हो। तीन बड़ी बेटियों के पिता, फूलमाला मात्र से उन्हें विदा करने का विकल्प पसंद करने लगे हैं। फ़िलहाल बेटियाँ निजी स्कूलों में नाखुश अध्यापिकाएँ हैं, खैर है जेब-खर्च तो कमा लेती हैं। अलीगढ़ और कानपुर के बीच पिता के ऊपर सो जाने के बाद कंचन एक तीसरे लड़के से पानी माँगती है। वह अंग्रेज़ी का शोध-छात्र है, अलगाव के विषय पर बताता है, रामायण का हर पात्र अपनी जगह अकेला है। लड़के के साथ पता-विनिमय में उमस-गर्मी भूल, सफर के अन्त तक और नहीं तो कंचन की खिड़की तो खुलती है : अब वह भी किताबों की धूल झाड़ेगी, तैयारी कर शोध करने जाएगी।

छ.५ जनम

आगरा में पति की पढ़ाई के चलते दादी प्रसूति-वेदना से तड़पती बहू को मथुरा से वृन्दावन के ईसाई मिशन अस्पताल ले जाती है और दोबारा पोती पाने पर बिना रुके मानो लुटी हुई तुरन्त घर लौटती है। हर तरह का टोना-टोटका मानती दादी का ख़याल है, निकलने से पहले विधवा पड़ोसिन रामो ने कन्हैया खेलने की दुआ से टोक लगाई, इसलिए यह दुर्गत हुई। खुद को तीन बेटियों के नाते घर में कितनी प्रताड़ना झेलनी पड़ी थी। बारह दिन तक मनोरमा अकेली पड़ी-पड़ी पेट के टाँके कटने की प्रतीक्षा करती है, तब उसे लिवाने रामो को भेज दिया जाता है।

वापसी में लघुशंका के लिए बुज़ुर्ग महिला को लुटेरे हनुमान जी नामक मन्दिर के पास ताँगे से उतरना पड़ता है, तो डाकू उसकी सवा सेर चाँदी की तगड़ी लूट लेते हैं। मनोरमा को लगता है, रामो ने तगड़ी डाली ही नहीं थी, पर सतघड़े के घर पहुँचकर वह दादी से बिगड़ जाती है। हंगामे के बीच अपनी घरवाली पर कभी पैसे न खर्चनेवाले बाबा नाक बचाने के लिए क्षतिपूर्ति को तैयार हो जाते हैं, तो दादी तैश में आकर अपनी तगड़ी रामो के सामने ला पटक देती है, फिर उसे बाहर का रास्ता दिखाकर मनोरमा को घुड़क कोठरी में भेज देती है। (द्र० 'दुक्खम-सुक्खम', उ.८)

छ.६ रोशनी की मार

बिटिया अधेड़ उम्र की जमादारिन है, उसमें आत्मविश्वास कम नहीं है। मुहल्ले में अब जगह-जगह "फ़व्वारा टट्टी" बन चुकी है, पर मेहनत बढ़ी है, 'झक्क' होकर भी उन्हें रोज़ चमकाना पड़ता है। घरों के काम के बाद वह श्रीराम प्रेस में पोंछा मार नल पर एड़ी चमकाती है। आरक्षण के चलते उसका बेटा अब हाईस्कूल में पढ़ता है, इससे प्रेस के एकमात्र ब्राह्मण कर्मचारी पाण्डे जी खफ़ा हैं, उनके ५८ फीसद वाले बेटे की आगे की पढ़ाई संदिग्ध है। बाकी सब बिटिया को 'चच्ची' बुलाते हैं और कुछ जवान तक उसका गोरा रंग आज भी चाटती नज़रों से देखते हैं। १९ नं० की मतलबी, थुलथुल व कम रक्तचाप वाली तिवारिन उससे छूत मानती है, पिछली बार उन्हें बैठक में नुमाइश पर लगाया फ्रिज साबुन से रगड़ना पड़ा। गर्मी के एक दिन वह पति के लिए लड्डू बनाने से थककर बिटिया के आते बेहोश हो जाती हैं। बिटिया ही पड़ोसी डॉक्टर को बुलाती है, उसके आदेश पर रसोई में सिरिंज उबालती है। इसका पता उन्हें बाद में, एक पड़ोसिन के सामने बिटिया को कामचोर कहने पर चलता है। कुछ तो पड़ोसिन ने भी सुना था। सकते के मारे तिवारिन पीछे का दरवाज़ा भी बंद नहीं कर पातीं।

छ.७ सेवा

नरोत्तम सहाय की पत्नी अल्प रक्तचाप की मरीज़ है, खाना बनाने में थककर एक रात गुसलखाने जाते फिसल उसकी कनपटी पर चोट आती है, तो बेसुध। अस्पताल में डॉक्टर बताते हैं, ब्रेन हैमोरेज से वह कोमा में चली गई। सहाय साहब निस्सहाय उसकी सेवा करते हैं। परिचित कुछ दिन तक पूछने आते हैं, पर उनसे एक कटोरी दलिया मँगाया भी निरर्थक सिद्ध होता है। छुट्टी लेकर दोनों बेटियाँ आ जाती हैं, पर दो-तीन दिन से ज़्यादा ठहर नहीं पातीं। कहती हैं, अब माँ की सेवा करने में पापा की बारी है। पत्नी के मुँह से कभी एक अस्फुट 'विस्सू' निकलता है। बड़ी कंपनी में कार्यरत बेटा विचार कई दिन बाद आ पाता है, वह विदेश दौरे पर गया हुआ था। उसकी बहू डॉली खुद दिल्ली से गाज़ियाबाद हिल न सकी। जब तक स्वागत और प्रतीक दोनों बच्चे बाहर खेल लेते हैं, विचार पिता से "नटशैल में" समझना चाहता है, माँ के साथ क्या कैसे हुआ। आधा घंटा रुककर उन्हें चलना पड़ता है, डॉली को भी अगले दिन बच्चों के स्कूल में जाना लाज़िमी है। सहाय साहब अकेले-अकेले मनाते हैं, पत्नी जल्दी ठीक हो जाए, वरना उन्हें पता चल चुका है, अब उनके हिस्से में क्या होगा।

छ.८ तासीर

जौहरी रंगी बाबू के बनवाए मंदिर के सामने एक चबूतरा है, जहाँ शाम को बूढ़े एकत्रित हो जाते हैं। भिखारियों या शैतान बच्चों की अपेक्षा वे कम से कम शोर नहीं मचाते। बूढ़े प्रायः अपना ज़माना

याद करते हैं, जब बेटी-बहुएँ बड़ों की सुनती थीं और दफ्तर में उनका वैभव था। कंसल बाबू की पत्नी शान्ति डेढ़ साल पहले चल बसी थी और वे कनाडा व ब्रिटेन मे अपने दोनों बेटों के यहाँ रहकर लौटे हैं, घर के सिवा मन और कहीं न लगा। जीने मे कुछ बाकी नहीं बचा है। अकेले अनियमित भोजन से उनका स्वास्थ्य कमज़ोर हो जाता है। पाण्डे के पास पटना से बेटा-बहू आए हैं, जानकर दुःखी हो जाते हैं। उनके पास सिर्फ मेहरी और किचकिचाहट पैदा करनेवाले किरायेदार हैं। किराये में देर होने पर वे बच्चों की गेंद छुपा देते हैं। एक दिन सियाराम, जो उन्हें पन्द्रह वर्षों से दूध देता रहा, बेटे के वहाँ मुंबई प्रवास करने का ऐलान कर देता है। अब दूर दुकान से दूध का पैकेट लेने में फायदा नहीं, अलबत्ता नया दूधवाला अर्जुन सियाराम के पुराने ग्राहकों को भी नए दाम पर दूध देता है और सुबह अटपटे समय आकर रोज़ का हिसाब माँगता है — कहता है, कंसल बाबू पका हुआ आम हैं, गिर गए, तो वह महीने का नुकसान कैसे उठाए? कंसल बाबू को ऐसा सदमा लगता है कि बीमार होकर हफ़्ता भर अस्पताल में पड़े रहने के बाद उनका देहान्त हो जाता है। चबूतरे के साथी बताते हैं, वे खालिस दूध का तासीर झेल नहीं पाए।

छ.९ किताबों में कैद आदमी

निर्मोही अग्रवाल साहब अंग्रेज़ी के सेवानिवृत्त प्राध्यापक हैं, जो घर के पाँचों कमरों के अलावा गैरेज में भी किताबें रखते हैं, तभी वे पड़ोसी टंडन को स्कूटर वहाँ खड़ा करने नहीं देते। पत्नी उनकी परछाईं है और वे स्वयं को किंग लियर मानते हैं। पाठकजी को बोलते हैं, अब मैं लिखूँगा, शेक्सपियर से बड़ा, हालाँकि तुलसी-कबीर को पछाड़ना थोड़ा मुश्किल होगा। बहुत अधिक सामान के साथ पहुँचने के बाद वे बड़ी बेटी स्मिता और उसके पति प्रेमेन्द्र के दिल्ली के घर में पाँच दिन नहीं टिक पाए, इसलिए दीवाली में मँझली बेटी पप्पी के यहाँ मुंबई जाने से भी इनकार कर देते हैं। छोटी बेटी इलाहाबाद में तो है, पर अफसर, एमबीए या विदुषी की जगह उसने भी गृहिणी बनना ही ठीक समझा था। पुराने सहकर्मी साल में एक बार नपे-तुले घर आते हैं, पर अब दो चपरासी उनसे भेंट के पैसे स्वीकारते नहीं। एक दिन बाज़ार के रास्ते में कॉलेज का नया चौकीदार उन्हें गुज़रने से रोकता है। तिलमिलाकर घर पहुँचते ही उन्हें लगता है, आज के किंग लियर का अपमान संतानें ही नहीं, कोई भी कर सकता है।

छ.११ पर्याय नहीं

सुनील टंडन और पत्नी नीना दोनों डॉक्टर हैं, जो राजमार्ग पर एक छोटा अस्पताल चलाते हैं। थोड़े-से ग्रामीण मरीज़ों की सेवा के साथ उनका व्यवसाय मुख्यतः वाहन दुर्घटना के पीड़ितों पर आधारित है। आदर्शवादी सुनील की निःशुल्क सलाहों पर नीना झींकती है। गंभीर से गंभीर घाव वह कुशलता से जोड़ देती है, किन्तु कहती है, घर व बेटी नमि (नमिता) की पढ़ाई 'चैरिटी' से नहीं चलती है। एक दिन हादसे में घायल हुए माँ-शिशु को बचा देती है, पर मिन्नतें करते शौहर को इलाज का बिल नागवार गुज़रता है। पैसों की जगह वह अपने विद्यार्थियों के रेले के साथ लौटता है, जो ईंट के अद्धों से वार्ड को तोड़-फोड़ देते हैं, नीना तक को चोट आती है। पुलिस देर से आती है, पहले से तय कर कि छात्रों से उलझना नहीं है··· । — एक दिन नमि को बुखार चढ़ जाता है, पाँच दिन उतरने का नाम नहीं लेता। परेशान नीना उसे अपने पूर्व प्रोफ़ेसर

को दिखा देती है, जो नीना को बेटी को तमाम तेज़ दवाइयों से कमज़ोर करने व कारण को आत्मीयता से न टटोलने के लिए डाँट देते हैं। नीता को लगता है डॉ० अग्रवाल सठिया गए हैं और शायद धार्मिक बन बैठे हैं। बहस में पति उसे सिखाता है, "डॉक्टर ईश्वर का प्रतिनिधि बन जाता है, पर्याय नहीं" और ऐसा नहीं कि ईश्वर के हारने पर मरीज़ डॉक्टर के पास जाता है, बल्कि डॉक्टर-मरीज़ दोनों हारें, तो ईश्वर की शरण में जाते हैं।

छ.१२ एक अकेला दु:ख

होली के अगले दिन तीखे पेटदर्द से तड़पते विचार को बहन नीता अस्पताल ले जाती है। बाइपास चिकित्सा से गुज़रे विचार का नई शल्यक्रिया में देहान्त हो जाता है। अब चिर-कुमारी नीता शोक के ये दो हफ्ते याद कर रही है। मीना भाभी और एमबीए की तैयारी कर रहे गुड्डू की मदद में मीना की माँ, भाई और मामा सब जुट जाते हैं, नीता को कोई नहीं पूछता। भाई से रहे स्नेहमय रिश्ते की यादों में नीता भूल जाती है कि वह भाभी को कभी नौकरी करने नहीं देता था। तेरही के बाद नीता को सफ़ेद-सिलेटी पहनने से इनकार कर देती भाभी के यहाँ मेज़ पर शरबत के गिलास दिखाई देते हैं। उनमें संबन्धों के महत्त्व को लेकर बहस छिड़ जाती है। नीता की समझ में मीना पति और उसके परिवार के साथ जुड़े बाईस साल के रिश्ते का अपमान करती है। गुड्डू बुआ को घर छोड़ता है। भाई के लगाए गुलमोहर के तले वह नीता को उसका प्रतिरूप लगता है। भतीजा उन्हें अपनी माँ का अलग अस्तित्व समझाने की कोशिश करता है, फिर भी सोने से पहले भाई की तस्वीर पर नज़र डाल नीता सिसक पड़ती है, इस घर में उसने सिवा विचार को याद करनेवाला कोई बचा नहीं है।

छ.१३ अर्द्धांगिनी

रूपा और साहित्य के प्राध्यापक सौरभ मिश्रा के विवाह को पाँच वर्ष हुए हैं। कुछ समय पहले स्तनकैंसर के कारण रूपसी रूपा का वाम वक्ष निकाल दिया गया। माँ का कहना था कि यह रोग नहीं, दोष है, चिकित्सा से केवल रोग भागेगा; पिता उसे होमियोपैथों के हवाले कर देना चाहते थे। एक सौरभ ने रूपा का साथ न छोड़ा, उसके लिए अपनी जीवनसाथी देह से परे है। किन्तु मनोवैज्ञानिक से मिलने के बावजूद रूपा के लिए अपनी ढीली ब्लाउज देखते हुए स्वयं को नारी के रूप में स्वीकारना कठिन लगता है। गर्मी में वह अपना विशेष अन्तर्वस्त्र भी पहन नहीं पाती। जब भी घर में मेहमान आते हैं, वह समझती है, पति का ध्यान महिलाओं की गोलाइयों पर है। पत्नी के दौरों के बीच सौरभ खुद को लाख समझाते हुए भी विचलित होता जा रहा है। पति-पत्नी को करीब छह माह लगते है बिस्तर पर फिर से सहज बन पाने में। यह नया अनुराग एक बेहद सुन्दर शिशु अनुपम का रूप ले लेता है। जब सौरभ बच्चे के लिए दूध के गिलास जैसा समान खरीदकर नर्सिंग होम लौटता है, रूपा पूछती है, क्या ज़रूरत थी। उसके कपड़े दूध से गीले हो चुके हैं।

छ.१४ बच्चा

उत्तमपुरुष में लिखी इस कहानी में एक माँ अपने बड़े होते जा रहे सोलह साल के बच्चे के बारे में सोचती है। उसे और पति को लगता था, उनका सावन के बादलों को ताकता बच्चा पढ़ता नहीं, फिर भी उसने दसवीं अव्वल दर्जे में पार कर ली। वह नहीं चाहता, उसे बाहर पढ़ने भेज दें भाई

की तरह, वह माँ-पिता की रक्षा के लिए यहीं रहेगा। बच्चे की बातें गंभीर होती जा रही हैं। रोज़मर्रा की ऊब मारने वे दोनों खोखली बातों और कई पैग लगानेवाली पार्टियों में जाते हैं, इसे उनका बच्चा उनके जीवन-दर्शन का अभाव बताने लगा है। वह माँ की दी किताब साल-दो साल पहले पढ़ चुका है। वह वॉकमेन तो सुनता है, पर पार्टी के बीच घर फोन करने पर नौकर गुलाबसिंह से पता चलता है कि वह ध्यान लगाए है, यह उसका नया शौक है। जब पार्टी के अन्त में पति को लड़खड़ाते देख वह वापसी को लेकर चिंतित होने लगती है, दरवाज़े पर बच्चा मिलता है, गाड़ी की चाभी पिता से ले उन्हें पहुँचा देने। "मुझे लगा हम बहुत छोटे हो गए हैं, बच्चा सचमुच बड़ा हो गया है"।

उ.६ दौड़ (२०००)

पवन कुमार पाण्डे इलाहाबाद से है, किन्तु एमबीए के बाद उसे अहमदाबाद की भाईलाल एलपीजी कंपनी में प्रशिक्षु सहायक प्रबन्धक की नौकरी मिल गई है, जहाँ तीन दिन की जगह केवल तीस मिनट बिजली की कटौती होती है। एक दिन इत्तिफाक से उसे अपना स्कूल का साथी शरद जैन दिख जाता है, वह भी अब यहाँ, सनशाइन शू पॉलिश के पीआर विभाग में काम करता है। पिज़ा हट में खाना खाते समय पता चलता है कि शरद अभी भी शाकाहारी है और गुजरात में उसे हर विदेशी व्यंजन का जैन संस्करण मिल जाता है। पवन खाने में उन्मुक्त है। खाते हुए अहमदाबाद के चतुर रिक्शेवालों और शू पॉलिश की मुश्किल बिक्री के बारे में बातें करते हैं। डिनर का वक़्त भी दूर नहीं। उनकी तरह के नौकरीपेशा प्रवासी जवान शहर की मुँहबोली मौसियों के यहाँ सादा भोजन करते हैं; गुजरात की मीठी दाल सबको पसंद नहीं आती। पवन को अपने शहर की याद सताती है, जहाँ अभी तक लोगों में नई से नई गाड़ी खरीदने की उतावली नहीं है, तरकारी सस्ती और रस से टलमल मिलती है और जहाँ हवा-प्रदूषण कम है।

शरद नामी चिकित्सक पिता की अपेक्षाओं से छुटकारा पाने के इरादे से इतना दूर आया है। पवन और शरद के दोस्तों के दायरे में दीपेन्द्र, बिहार का अनुपम, रोजविन्दर (रोज़ू) और शिल्पा काबरा भी हैं। धुम्रपान करती रोजविन्दर हवा शुद्धीकरण यन्त्र निर्माता कंपनी से निकलकर टूथपेस्ट कंपनी में चली आती है। व्यापारी शहर में सांस्कृतिक कार्यक्रम, भीमसेन जोशी, हरिप्रसाद चौरासिया और शिवकुमार शर्मा की संगीत सभा भी केवल एनाग्राम फाइनेंस के प्रयोजन में संभव है, जहाँ लोग देखे जाने और कुर-कुर चिप्स खाने के लिए आते हैं। वैसे पवन के पास मनोरंजन के लिए समय कहाँ है? वह महँगे एसटीडी कॉल पर अपनी माँ को यह तक बताने की हिम्मते नहीं जोड़ पाया कि उसे अभी तक गद्दा बनवाने की फुरसत नहीं मिली। जब शनिवार शाम वह दोस्त अभिषेक शुक्ला के घर पहुँचता है, उसकी पत्नी बेटे अंकुर को मना रही है कि वह बाज़ार जाने की जगह पार्क से तसल्ली कर ले। खिलौनों की दुकान पर बच्चे की ज़िद्द से सब खीझ उठते हैं, पवन मियाँ-बीवी की झड़प का गवाह बन जाता है। राजुल कहती है उसे अभी बच्चा नहीं चाहिए था, नौकरी ही करनी थी, फिर बीवी और बच्चा अभिषेक को "झंझट" लगते हैं।

पवन का अनुपम के साथ राजकोट की शाखा में तबादला हो जाता है, पर उसे पूरे गुजरात में सफ़र करना पड़ता है, क्योंकि ग्रामीण गैस सेवा की पहुँच बढ़ाना अब उसके जिम्मे है। वीरपुर के

जलराम बाबा की शक्तिपीठ के अनुयायियों से मदद मिल जाती है, बाबा ने पवन की कंपनी की गैस 'वापरने' का आदेश दिया है। इतने में किरीट देसाई उससे चार दिन की छुट्टी माँगता है, 'सरल मार्ग' के धार्मिक शिविर में ध्यान लगाने के लिए। आखिरकार वह खुद भी वहाँ पहुँच जाता है, पर भीड़ में किरीट को खोजना दूभर लगता है। ज़्यादातर व्यस्त व्यापारी, "वीआईपी किस्म के भक्त" आए है, माघ मेले जैसे नहीं, बाबा भी अपना वक्तव्य उनकी लज़्ज़त के अनुकूल कर लेता है। पाँच मिनट ध्यानमग्न होने से पवन हलका हो जाता है, जैसे कोई ऊधमी बच्चा, जिसे माँ जबरदस्ती अपने पास लिटा लेती है।

अभिषेक को टूथपेस्ट कंपनी के लिए विज्ञापन बनाना है, तो मॉडल लड़की चुनने में अधिक ध्यान लगाने के लिए पत्नी उससे खफा हो जाती है। पति काम में मगन है, जबकि राजुल को शादीशुदा व गर्भवती होने के लिए नौकरी छोड़नी पड़ी है। अभिषेक और राजुल में विज्ञापनों की सच्चाई और नैतिकता पर बहस हो जाती है, लेकिन पति को कोई कमी नज़र नहीं आती। इस बीच पवन सम्बंधित कंप्यूटर सप्लायर कंपनी की एक आधी सिंधी, आधी ईसाई लड़की के संपर्क में आ जाता है। घर जाकर अब उसे भी लगने लगता है कि आजकल वह कई बार स्टैला डिमैलो का नाम लेने लगा है। घर में वह बीएससी कंप्यूटर विज्ञान कर रहे छोटे भाई से किसी दूसरे शहर में नौकरी ढूँढ़ने का आग्रह करता है, तो माता-पिता राकेश और रेखा घबरा जाते हैं कि वे बूढ़ापे में अकेले रह जाएँगे। बेटे से एमबीए करवाते पिता पछताते हैं कि बेटे ने "संस्कारों का त्याग कर दिया है"। पवन को दुःख होता है कि उसे जन्मदिन पर माँ का कार्ड नहीं मिला, उन्होंने स्कूल में मिठाई क्यों बाँटी। बीमार पड़कर पानी बोतल के मुकाबले नल से आते गंगाजल को पवन "विषतुल्य" बताता है, जबकि माँ अपने बेटे को 'टूरिस्ट' कह डालती है। पवन आध्यात्मिकता के नए-पुराने रूपों को लेकर पिता से भी बहस करने लगता है और शहर में रह चुके पुराने दोस्तों के साथ बैठना नागवार ठहरा देता है।

गुजरात लौटकर पवन अभिषेक और अनुपम से मिलता है। उनकी बातों के केन्द्र में निजी सेक्टर में नौकरी को लेकर असुरक्षा-बोध है। कभी-कभी सब सोचते हैं कि रोज़ किसी से टकराने या स्वयं को स्थापित करने से अच्छा होता किसी सरकारी दफ्तर का चैन। आधे साल बाद पवन और स्टैला अपने-अपने अभिभावकों को फोन तथा ई-मेल के द्वारा विवाह के निर्णय की सूचना दे देते हैं। पवन की हकबकाई माँ राजकोट पहुँच जाती है, जहाँ वह शादी से पहले से बेटे के साथ रह रही स्टैला से पहली बार मुखातिब होती है। ख़ाली-ख़ाली रसोई में एक नौकर खाना बनाता है, पवन-स्टैला के पास इसके लिए समय है न ज्ञान। यद्यपि सुबह स्टैला उसके लिए गुलदस्ता तक लेकर आती है, रेखा को लगता है, इस जगह की सारी असुविधा उसकी वजह से है। फिर भी अन्ततोगत्वा रेखा और राकेश के पास विकल्प नहीं है, सिर्फ़ एक न्योता : अगले महीने, माँ के मुताबिक खरमास में चेन्नई के पास गुरुजी के शिविर में उनचास अन्य जोड़ियों के साथ पवन-स्टैला फेरे लेनेवाले हैं।

कुछ समय में पवन कंपनी बदलने से पहले तीन हफ्ते के लिए घर आता है और शादी का स्थान भी बदल जाता है, स्वामीजी का आयोजन दिल्ली के रामकृष्णपुरम में है। घर पर रेखा स्टैला को खाना बनाने के कुछ उपदेश देना चाहती है, पर पवन आशीष मात्र लेने आया है, वह मना कर देता है। आनेवाले समय में वे वैसे भी अलग शहरों में रहेंगे, पवन चेन्नई जानेवाला है। ऐसे में

सास का दिल जीतने के लिए स्टैला उनकी कहानियाँ कंप्यूटर में उतार देती है, जिससे प्रभावित होकर रेखा उसे अपना लेती है। छुट्टियों के अन्त में माता-पिता बेटे-बहू को अलग-थलग शहरों के लिए रवाना होने से रोकना चाहते हैं, पर पवन पिता को तरक्की का पाठ पढ़ा देता है। उलाहना भी देता है कि पिता ने अपनी साख ऊँची करने के लिए उसे एमबीए बनाया, अब उन्हें खुश होना चाहिए। उनके जाने के बाद छोटा बेटा सघन भी सॉफ्टवेर इंजीनियरिंग करने घर छोड़ दिल्ली चला जाता है। सुबह पार्क में टहलते उनके सब परिचित उनकी तरह ही हैं, उनकी संतानें सब कामयाब हैं, सब दूसरे शहरों में या विदेश में बसे। फोन उनके लिए 'संवदिए' का काम करता है। हालाँकि दूसरे सिरे पर अनेक बार केवल वॉइस मेल की आवाज़ जवाब देती।

छोटे बेटे के अगली बार घर आने पर रेखा उसे एकदम सूखा हुआ पाकर घबरा उठती है। नए दौर के महँगे शहर और महँगी कंप्यूटर पत्रिकाओं के दौर में सघन को जितने पैसे वे दे सकते हैं, वह जल्दी ख़त्म हो जाता है। लांड्री के बचते ही नहीं, न उसके पास कपड़े साफ़ रखने की फ़ुरसत है। पर सघन की भी पूछ इतनी है कि कॉलेज में उसी के पास ताइवान की एक कंपनी से बुलावा आ जाता है। दुखी राकेश और रेखा उसके जाने का बंदोबस्त कर देते हैं, और वह ज़्यादा सोचे बगैर चला जाता है एक ऐसे देश, जिसके बारे में वे नाम के स्पेलिंग से ज़्यादा कुछ नहीं जानते। — कॉलोनी के हर घर का यही हाल था। पड़ोसी एक-दूसरे के घर में सुन्दरकाण्ड के पाठ पर बच्चों के दिए नए-नए उपकरण देखते, वरना घर सूने रहते, वैक्यूम क्लीनर धूल खाता रहता। रेखा को पवन-सघन के बचपन की यादें सताती हैं, कैसे नन्हा बेटा जंतर-मंतर की सीढ़ियों के ऊपर पहुँच गया, कैसे छोटा बेटा भयावह चौराहा लाँघकर उसके पीछे अस्पताल आ गया।

फ़िलहाल वे दोनों अकेले हैं। सुबह इंजीनियरिंग कॉलेज के परिसर में टहलने आते सोनी साहब का अचानक दिल के दौरे से देहान्त हो जाता है, तब पता चलता है कि जिस तरह उनका बेटा विदेश से दाह-संस्कार करने नहीं आ सकता, ऐसा उनके चल बसने पर भी संभव होगा। इस समय पवन कहीं चेन्नई, कहीं ढाका और मुंबई सफ़र करता है, माता-पिता को समधियों से मिलवाने का क्या, पत्नी से मिलने का भी वक़्त उसे नहीं मिलता। सघन को ताइवान अच्छा लगने लगा। घर लौटने की उसकी शर्त है कि अपना व्यापार शुरू करने के लिए तीस-चालीस लाख उसके हाथ में होने चाहिए। रेखा और राकेश अब इसमें मदद नहीं कर सकते, इसलिए उन्हें उसके आने का "थोड़ा इंतज़ार करना होगा"।

ज. मुखौटा (२००३)

ज.१ एक रंगकर्मी की उदासी

मिश्रा जी सेवानिवृत्त अभिनेता व निर्देशक हैं, जो इलाहाबाद विश्वविद्यालय में आज भी कक्षा लेते हैं ताकि अन्य प्राध्यापक के अभाव में उनका पाठ्यक्रम पूरा हो सके। पति अनिल के साथ चार वर्ष पूर्व कॉलोनी में आई कथावाचिका उनके बारे में उत्तमपुरुष में बताती है। मिश्रा जी एक तरफ मिलनसार, दूसरी ओर निष्ठुर आदमी हैं, जो अपनी कला को उत्तम, दूसरों की प्रस्तुतियों को बेकार मानकर चलते हैं। पौधों से आती सीलन की शिकायत करते मकानमालिक से भिड़ते हैं, किराये का मकान बदलते रहते हैं, पर उनके टैरेस पर सुन्दर गमलों की संख्या बढ़ती

रहती है। शाम चार पैग के सहारे रंग-चिन्तन व संस्मरण का समय है। एक बार दिल्ली से पत्रकार अनिल के पास नगर के रंगमंच पर लिखने का प्रस्ताव आता है, तो वे काम मिश्रा जी को सौंप देते हैं। मिश्रा जी यादों में खो जाते हैं और पत्नी के डाँटते नर्गिस गाँधी, एक वृद्ध अभिनेत्री से मिलकर लिखने की योजना बनाते हैं। तभी उन्हें फोन पर पाँच सौ शब्द तक सीमित रहने का निर्देश मिलता है। क्रुद्ध होकर अपना लिखा चीर-फाड़ देते हैं और 'ख़ुदा हाफ़िज़' कह परिचितों को विदा दे डालते हैं।

ज.२ चिर कुमारी

दिशा इलाहाबाद की पैंतीस वर्षीय प्राध्यापिका और महिला छात्रावास की वार्डेन है। "अच्छे लड़कों से जी अघाया हुआ है, कोई पाजी लड़का बताइए" जैसी टिप्पणी देकर शादीशुदा औरतों को चिढ़ाना उसे प्रिय है। एक दिन पत्रकार असलम अंसारी छात्रावास की कुछ शिकायतमंद छात्राओं से बात करना चाहता है और दिशा से बहस में पड़ जाता है। फिर दिशा को पी-एच०डी० मिलने पर असलम भी बधाई देने आता है। दोनों काफ़ी समय साथ बिताने लगते हैं। वह दिशा को उसकी नई गाड़ी चलाना भी सिखाता है, इसलिए एक शाम मैकफर्सन तालाब चले जाते हैं। उधर कुछ महिलाएँ नज़र आती हैं। दिशा औरतों के खुले शौच के ख़तरों पर भाषण दे डालती है, तब साइकिल से उतर एक आदमी उनके लोटे में दूध डालने लगता है। असलम दिशा की नारीवादी सोच पर कटाक्ष करता है, वह मुँह बना लेती है। वापसी में असलम ही चलाता है। गाड़ी एक पिल्ले के ऊपर से गुज़र जाती है, जो बच जाता है, पर दिशा को असलम की लापरवाही जँचती नहीं। बिना विदा लिए घर में घुस जाती है, जहाँ दो बिल्लियाँ उसके इंतज़ार में हैं। सबसे अच्छी बात, "वे (बिल्लियाँ) प्रतिवाद नहीं करतीं"। फिर भी उसके अंदर से एक आवाज़ कहती रहती है, "तुम तेज़ी से अधेड़ होती हुई एक सिरफिरी औरत हो"।

ज.३ बाल बाल बचनेवाले

गौण कथावाचिका कहती है, समाचारों में नित नकारात्मक सूचना मिलती है, मारे गए लोगों की, जबकि उनका कोई ज़िक्र नहीं होता, जो बाल-बाल बचने के बाद 'क्षतिग्रस्त' हो गए। वह कहे-सुने ऐसे चार किस्से याद कर लेती है। चालीस दिन के संजू को तेल लगाकर लिटाने के बाद काम पर आई शीला ने रजाइयों को समेटते हुए खटोले पर डाला। सुसंयोग से माँ ने बच्चे के दम घुटने से पहले देख लिया, पर सालों-साल बाद "ज़ाहिर हुआ कि संजू को हर बंद चीज़ से भयंकर दहशत है"। छह साल की गुड्डी सड़क पर आ रहे हाथी को छज्जे से देख रही थी, जब (उसी के शब्दों में) सो गई, अर्थात् फिसलकर एक राहगीर के सर पर गिरी। बच्ची को चोट नहीं आई, तो उस व्यक्ति को होश नहीं आया और अस्पताल में अगली सुबह मर भी गया। आज गुड्डी अठारह की है, पर "डॉक्टरों का कहना है, उसका बौद्धिक विकास छह साल की बालिका का है"।

"सुचेता तीस बरस की उम्र में लेक्चरर बनी थी", नई नौकरी के कारण माता-पिता ही लखनऊ में होनेवाली शादी में जा सके, रात को सुचेता उन्हें महज़ स्टेशन छोड़ने गई। उन्हें बिठाने के बाद पायदान से वह गाड़ी और प्लेटफार्म के बीच गिरी, पर गाड़ी निकल गई और उसे खरोंच भी नहीं आई। बदहवास-सी प्लेटफ़ॉर्म पर चढ़ी, तो एक पगली भिखारिन ने तोहमत लगाई कि उसने आत्महत्या की कोशिश की। लोग जमा हो गए। सुचेता खिसक ली, पर अगले दिन के

अख़बार में पीली साड़ी वाली दु:खी प्रेमिका की आत्महत्या की कोशिश की खबर छपी। किसी को कुछ पता न चलता, यदि इस घटना के बारे में सहकर्मी मनीषा को बताकर उसने स्वयं को तनावमुक्त न करना चाहा होता। चार माह बाद कॉलेज में बेवफ़ाई या अनचाहे गर्भ ढोने की अफवाहें कुछ कम हो गईं, आज भी उसे "समाज जब-तब कोंचता रहता है"।

परिचित प्राचार्या श्रीमती सिंह कॉलेज के काम से कानपुर जा रही थी, बेटा भी साथ हो लिया। गाड़ी ड्राइवर की जगह छोटे बाबू चला रहे थे, जब फतेहपुर के पास दस-बारह साल का एक लड़का साइकिल के साथ सड़क लाँघने लगा। अगले पल गाड़ी पेड़ से टकरा गई, साइकिल चूर, लड़का ग़ायब। खाली सड़क पर झट से भीड़ जमने लगी, लोग श्रीमती सिंह के बेटे को घेर धमकियाँ दे रहे थे। तभी कहीं से लड़का पूरा साबुत निकल आया, मंदिर में चढ़ावा हुआ और विंडस्क्रीन टूटा हो न हो, गाड़ी की सवारियाँ खैर मानते हुए उड़ चलीं। "बचे रहकर अस्तित्व की चुनौती झेलना, मरकर अमरत्व की नियति झेलने से कहीं ज़्यादा कठिन और मारक है"।

ज.४ मुखौटा

ब्राह्मण पिता असित और अंतर्राष्ट्रीय अध्ययन में एम०ए० गृहिणी माँ का बेटा श्रवण कुमार (शानू) गुपचुप फ़र्ज़ी ओबीसी प्रमाणपत्र का प्रबंध कर दूसरे शहर से एमबीए कर लेता है। उन दो सालों में वह कम लोगों से मिलता-जुलता है, वैसे भी अधिकांश उसे पीठ पीछे 'सरकारी मेहमान' बोलते हैं। गुजरात लौट वह राजकोट की एक बड़ी पेंट्स कंपनी में नौकरी पाता है। नौ से नौ तक दफ़्तर का काम या फील्डवर्क, फिर मुँहबोली मौसियों के यहाँ का निस्स्वाद खाना उसका और तमाम अंतर्राज्यीय साथियों का रोज़मर्रा जीवन है। पर अपर्णा से प्रेम-सा कुछ पनपने लगता है, इसलिए वह संतुष्ट है। फिर एक दिन उसके कथित 'पिछड़ा' होने की भनक अपर्णा के कानों में पड़ती है। अब वह उसके पिट्ज़ा से हिस्सा नहीं लेती, श्रवण से चपरासी की तरह सेवाएँ लेने लगती है। सच बताने की गुंजाइश नहीं। घर की छुट्टी पर श्रवण की अनबूझ उदासी देख माँ पति से बेटे की शादी की बात छेड़ देती है। दस दिन में श्रवण को महज़ पाँच ब्राह्मण कन्याएँ देखनी है। "उसे लगता है, कृपाल पेंट्स की मार्केटिंग से ज़्यादा मुश्किल है अपनी खुद की मार्केटिंग करना। 'हे भगवान, मुझे हिम्मत दो !'"

ज.५ परदेस

जालन्धर से एक दिन अकस्मात् पचास नौजवान गायब हो जाते हैं। टूटू की माँ (बेबे) को बहुत दिनों बाद हिन्दी में लिखा ख़त मिलता है, हालाँकि उन्हें और पति को केवल गुरमुखी और उर्दू का थोड़ा-बहुत ज्ञान है। दूसरे गायब लड़के भूषण की बहन तेजिन्दर बाँच देती है, तब चार बार, फिर रोज़ाना। भूषण की भी चिट्ठी आई है। पत्रों में सकुशल होने, काम से लगने की ख़बर के साथ जल्द ही माँ को पास बुलाने की बात की गई है। टूटू के बाप त्योरी डालें न डालें, आखिर बेबे और भूषण की माँ प्रसन्नी दो साल के पत्राचार के बाद "रग्बी की किम्बरले" पहुँचती हैं। वहाँ का ठंडा, बारिशवाला, बे-धूप मौसम और पुत्रों का छोटा-सा कमरा हट्टी-कट्टी इन महिलाओं को रास नहीं आता। कार्तिक का महीना है। आस-पास के प्रवासी भारतीयों ने गोरों को सुहाने की इच्छा से अपनी देसी आदतें, तीज-त्यौहार सब छोड़ दिए हैं। करवाचौथ के दिन भारतीय मूल की पड़ोसिनें कहानी सुनने से इनकार कर देती हैं। दो गोरियाँ ख़ुशी से शामिल हो

जाती हैं, पर सुहागिनें वे भी तो नहीं है। ऐसे देश से, जहाँ मुहल्ले में सात सुहागिनें नहीं जुट पातीं, बेबे और प्रसन्नी घबराकर वापस अपने देश भाग जाती हैं।

ज.६ प्रतिप्रश्न

महिमा छत्तीस साल की चिर-कुमारी है। अपनी उम्र सोलह की दुगुनी बताती है, जन्मदिन मनाना बंद कर दिया है। सत्रह वर्षों से 'महागौरी' पत्रिका में कार्यरत, वह साहित्य और संस्कृति पृष्ठ देखती है, जब तक पुरुष सहकर्मी शेष स्त्रियोचित मेटर की जोड़-तोड़ में लगे रहते हैं। सजी-सँवरी श्रीमती खन्ना और प्रौढ़ दिखती उससे छोटी शकुन अग्रवाल के शब्दों में "शादी के बाद मर्दों को इतनी सस्ती, सुन्दर और टिकाऊ सेवा हासिल हो जाती है कि वे निखरते जाते हैं, औरत बुझती जाती है"। महिमा वेतन और सम्मान दोनों संतोषजनक पाती है, धर सिर्फ सोने जाती है। आज भी वह शाम को पत्रिका की तरफ से एक गोष्ठी में गई। बैठते हुए विद्यार्थी उम्र के 'समकालीन' रचनाकारों ने अनुरोध किया : "आंटी, थोड़ा सरक जाइए, तो दरी ठीक कर लें"। "महिमा के अन्दर दरी के साथ-साथ बहुत कुछ सरक गया"। अब घर आकर आशु जैसे अपने कुछ पुराने "असमर्थ आशिकों" और पिता की रिश्ता लाने की कोशिशों को याद करती है। पर यह सुरक्षित, सम्माननीय और आरामदेह नौकरी जो मिल गई थी, तो शादी की बात सदा के लिए टल गई। जो भी हो, "यहाँ उसका यौवन चिरस्थायी था। यही बेहतर था"…।

ज.७ सफ़र में

कथावाचिका एक रेल-यात्रा के अनुभव उत्तमपुरुष में बाँटती है। डिब्रूगढ़ जानेवाली गाड़ी मुगलसराय से बिहार पहुँचकर दिलदारनगर, बक्सर, आरा, दानापुर और पटना के रास्ते रुक-रुककर जाती है। डब्बे बिना टिकेट वाले 'डेली पैसेंजरों' से भर जाते हैं, जिनकी निगाहें ताश की बाज़ी से हतबुद्धि टिकेट जाँचक और सुरक्षाकर्मियों की उपस्थिति में भी नहीं उठतीं। बाक़ी यात्री परेशान। ऊँघती हुई नायिका अपने पैरों पर दो महिलाओं का नरम बोझ पाती है। एक को मुगलसराय जाना है, उसका पति, जो दूसरे डब्बे में है, वहाँ का स्टेशन मास्टर है : आगे दिलदारनगर में कुछ जवानों ने एक बोगी 'फूँक' दी है इस बार, इसलिए विलम्ब हो रहा है। नायिका को लगता है, इस मांसल महिला की गोद में उसके बच्चे आनन्द लेते होंगे। जब वह नायिका को पैरों के दर्द का घरेलू इलाज बताती है, वह कहती है, उसके घर में सब हृष्ट-पुष्ट होंगे। महिला के चेहरे के भाव से और उसके बाद बातों से पता चलता है, अगर उनकी बच्ची, जो गलतोड़ में मरी थी, आज होती, तो उसकी उम्र नायिका से थोड़ी ही कम होती। महिला के उतरते ही नायिका बचपन से, ठंडी रात के प्यासे, अँधेरे सफ़र में लौट आती है।

ज.८ मान लो कि

एक गृहिणी उत्तमपुरुष में विचार करती है। पति ने उसे बहुत पहले समझा दिया था कि "औरतों को अकारण अकेले नहीं घूमना चाहिए", इसलिए वह दही का जामन लेने के बहाने से बस नाम के, ख़स्ताहाल पार्क में चली जाती है। वहाँ उसे बुशर्ट-पाजामा पहने एक वृद्ध दिखाई देता है, हू-ब-हू स्वर्गवास कर चुके अपने पिता का प्रतिरूप। उसे संबोधित कर यह बूढ़ा भी नायिका को अपनी बेटी समझ बैठता है। "बेबी? — नहीं, मुन्नी"। बूढ़ा कहता है, बहुएँ बेटी नहीं बन पातीं। नायिका भी मायके कम जा पाती है, अपनी माँ की तरह। हालाँकि माँ को घरवाले भेजते ही

नहीं थे, इसलिए वह नायिका के लिए बार-बार सफ़र का किराया भरना चाहती है। पर नायिका के सर पर परिवार है और अध्यापिका होकर स्कूल का भार भी उसपर है। इससे पहले कि उसका बेटा उसे ढूँढ़ने आए, वह चल देती है, पर अगले दिन बूढ़े को पिता की तस्वीर दिखा देती है। बूढ़ा देर से आने के लिए डाँटता है, बिलकुल साहित्यप्रेमी पिता की तरह, जिनके पास राजू के लिए नाश्ता बनाने के मारे नहीं बैठ पाती थीं, और जो "दिमाग के रसोईकरण" से उसे बचाना चाहते थे। नायिका को श्मशान और अस्थिविसर्जन की याद सताती है, तो इस बूढ़े को कब्रिस्तान की, जहाँ बचपन की नमक-चाटू उसकी बेटी अब नमक में दफनाई पड़ी है। नायिका उन दोनों को और अधिक अलग करनेवाली वजह पूछे बिना उठ देती है। घरवाले उसे कहानियाँ लिखने से रोकते, दोस्त अतिरंजना का इलज़ाम लगाते, जबकि "जीवन की अतिरंजना का जवाब नहीं"!

ज.९ उत्तर अनुराग

कथावाचिका अपने स्कूल के दिनों को याद करती है; वह (मुन्नी), दीदी और माता-पिता गाज़ियाबाद के पड़ोसियों की कहानी के गौण पात्र हैं। पैंतालीस की उम्र के करीब 'खन्नी' आंटी को मुन्नी की माँ के सूत्रों से पता चलता है कि छरहरे खन्ना साहब के अक्सर महीने में दो बार बिज़नेस यात्रा पर कोलकाता जाने का एक नतीजा करोल बाग़ का वह ब्यूटी पार्लर भी है, जिसे उधर से लायी गई चीनी गुड़िया सूज़ी अति सफल ढंग से चला रही है। तोहमत को पति सिरे से ख़ारिज कर देते हैं, बच्चों के हॉस्टल में रहते खन्नी आंटी के हिस्से में सारी सुविधाओं के बीच झुंझलाहट ही रह जाती है। सूज़ी जैसी बनने पार्लर जाने पर सूज़ी पहले उन्हें वजन आधा कर लेने की सलाह देती है। पड़ोसिनें पति चर्चा करती हैं, पुरुष के लिए स्त्री बस बदन है, देखा, पाण्डेजी ने दुर्घटना में झुलसी पत्नी को गाँव में छोड़ तुरन्त सहकर्मी से दूसरी शादी रचा डाली। इस बीच खन्ना साहब सूज़ी के युवा चीनी दोस्तों में क्या बात करते? सूज़ी भी उन्हें "दोस्त कम, संरक्षक ज़्यादा समझने लगी"। – हस्बेमामूल अपनी प्रिय क्यारियों में व्यस्त, मेहनती खन्नी आंटी लू लगने से अकस्मात् इस जहाँ से चली जाती है। नाराज़ी के बाद सामान्य होकर समूचा पड़ोस अशोक खन्ना के आदर्श वैधुर्य से अचंभित हो जाता है। दीदी पूछती है, जीते जी क्यों प्रेम नहीं दिखा सके, तो मुन्नी कहती है, "न जातीं, तो उन्हें ऐसा प्रेम मिलता भी कैसे"।

ज.११ श्यामा

कहानी सुनानेवाली नायिका प्राचार्या है। हिन्दी के नामचीन पत्रकार श्याममोहन वर्मा से मिलने जाने पर उसका बहनोई भी उसके साथ है। 'वह आदमी' पत्नी सुमन की चार साल पहले कैंसर से हुई मृत्यु के बारे में बताता है : अपना कोई अंग दे अगर उसे बचा सकता, तो··· । नायिका विषय बदलने के लिए दफ्तर के बारे में पूछती है, हालाँकि वह सतर्कता आयोग से सेवानिवृत्त हो चुका है। नायिका पत्नी को जानती थी, श्यामा नाम से – इससे दोनों पुरुष चौंक जाते हैं। श्यामा आठ साल पहले किसी भी तरह की नौकरी की याचना करने उसके पास आई थी। ऐसे, वह घर की चारदीवारी से निकलना चाहती थी, जहाँ पति बच्चों और उसके साथ आर्थिक से लेकर शारीरिक हर तरह की ज्यादती व ज़बरदस्ती करता। ऐसी 'श्यामा' औरत की जगह पति की तो बेहतर शादी हो सकती थी। नायिका मदद नहीं कर पाई। 'बदचलन' पत्नी को न ट्यूशन लेने, न ऊपर किरायेदार रखने दिया गया। नायिका ने एक बार तो उसे घर में ताले में कैद भी

पाया। तब पुलिस ने मियाँ-बीवी के मसले में हस्तक्षेप कर रपट लिखने से इनकार कर दिया था। अख़बार में एक छोटी खबर आई, रमेशचंद श्रीवास्तव की पत्नी श्यामा सीढ़ी से गिरने से मर गई। उठते हुए नायिका सोचती है, पति की आँखों में ये आँसू पीड़ा के हैं या पछतावे के?

ज.१२ सीमा

सीमा अपने पति द्वारा घर तक सीमित रखी गई घरेलू महिला है। पहले माता-पिता ने उसे कॉलेज में पढ़ने दिया, लेकिन छात्र-जीवन की सरगर्मियों से बचाया भी। जब वह राजकुमार जैसे पति के सपने देखती, उसकी सहेलियाँ हँसतीं, पर अब वह भी हँसती है, क्योंकि न सिर्फ उसके, बल्कि किसी भी सहेली के सपने पूरे नहीं हो पाए। शादी के तुरन्त बाद उसके अकेली घूमने पर सुभाष ने रोक लगा दी। सब उसकी मर्ज़ी से होने लगी। माँ ने समझाया। माँ के लिए "लड़की एक समस्या थी, विवाह एक समाधान। समाधान के बाद फिर समस्या उन्हें मंज़ूर न थी"। थोड़े ज़्यादा सहिष्णु पापा ने भी उससे कहा, "ऐसा कोई काम न करना कि मेरी नाक नीची हो"। अब सीमा की बेटी दसवीं में पढ़ती है, माँ-पिता की बहस के बीच में बोलने लगती है, अपने कमरे में, जहाँ किसी को घुसने नहीं देती, कैसेट पर अंग्रेज़ी गाने सुनती है और उसके आशिक़ भी हैं। टीवी पर ओलंपिक्स देखती है और कुछ कर गुज़रना चाहती है। पिता कहे कि बस पढ़ाई पर ध्यान दो, फिर शादी कर किसी अच्छे घर जाना है, तो अनसुना कर डालती है। सीमा प्रसन्न है, पति अब भी उसे घूर रहा है।

ज.१३ रोग

पड़ोसिन श्रीमती बहल के फोन पर बेला को पति के तबादले की सूचना मिलती है। वह पहले उत्सुक है, पर जब दस दिन की भाग-दौड़ के बाद वे नागपुर के शान्त व खुले धर्मपेठ से दिल्ली के रामकृष्णपुरम के एक स्लेटी रंग के क्वार्टर में पहुँचते हैं, दुःखी होने लगती है। पति प्रबोध पहले भी खुश नहीं था। एक तो वेतन बढ़ा नहीं, और यहाँ साइकिल की जगह ठसाठस खटारा बसों में दूर दफ्तर जाना पड़ता है। राजू, संजू दो बच्चों को कई दोस्त मिल जाते हैं, किन्तु बेला को अकेलापन सताता है। वह पाती है, जो पति नागपुर में चाय के समय तक घर आ जाता था, अब रात का खाना ठंडा पड़ने तक ही लौटता है। कई बार पूछने पर वह यातायात के बुरे हाल का बहाना देकर बातचीत के मुँह में कपड़ा ठूँस देता है। बेला को रोज़ाना पीठदर्द होने लगता है और अक्सर फिर से डॉक्टर के पास जाने की ताकत भी नहीं जुटा पाती। घर में एक छोटी अलमारी दवाइयों से भर जाती है। एक पड़ोसिन का पति रोज़ कॉफ़ी हाउस जाता है। पर प्रबोध के पीछे-पीछे जाने की जगह दर्द उसे डॉ॰ चतुर्वेदी के पास ले जाता है। "आजकल वह अपनी दवाइयाँ दूसरी अलमारी में रख रही थी"।

ज.१४ एक दिन अचानक

जयकृष्ण जी और प्रभावती के दो होनहार पुत्र हैं। अमल पहले से अभियन्ता है, अखिल बसंत के इस खिलखिलाते मौसम में इलाहाबाद के एक अस्पताल में हाउस फिजिशियन बना है। बुढ़ापा सुखद बीतनेवाला है। किन्तु एक दिन अचानक घर जाते हुए एक नादान बच्चे की जान बचाने के लिए स्कूटर का ब्रेक लगा, अखिल पीछे से आती जीप की ठोकर खा सड़क पर चित्त हो जाता है। – उसके कोमा में चले जाने के पहले वर्ष में रिश्तेदार और मित्र अक्सर घर आते हैं,

पर उसके बाद वे आना कम कर देते हैं। अखिल की संभावित प्रेमिका आरती का इस बीच किसी और से विवाह संपन्न हो गया है। इन दिनों सेवानिवृत्त होकर बड़े बेटे का बुलावा ठुकराते पिता और माँ अखिल की भगवान जैसी सेवा में दत्तचित्त है, और वह भगवान की तरह मौन धारे घर में उपस्थित है। ढाई साल की व्यर्थ प्रतीक्षा के बाद एक दिन वह खाना निगलना भी बंद कर देता है, तीन दिन बाद उसे सद्गति मिलती है। यथार्थवादी पड़ोसी एक तरफ, अपनी नई आज़ादी से बौखलाए माता-पिता अन्त्येष्टि में बिना परिवार आए बड़े बेटे से कलह में पड़ जाते हैं, स्वयं को निपूता मानने लगते हैं।

ज.१६ दूसरा देवदास

एम०ए० पूरा होने पर संभव के माता-पिता उसे नानी के पास हरिद्वार भेज देते हैं ताकि पुण्य कमाकर वह प्रतियोगी परीक्षाओं में सफल रहे। बैसाखी की पूर्वसाँझ की आरती के बाद, जिसमें गोताखोर बच्चे दोनों में रखी हुई रेज़गारी निकाल लेते हैं, वह हर की पौड़ी के एक छोटे से मंदिर में पच्चीस पैसे चढ़ाना चाहता है। इस बीच एक सलोनी युवती गीले कपड़ों में उसके बहुत निकट से कलावा बँधवाती है। मंगल पंडा उसे संभव की पत्नी समझ उन्हें आशीर्वाद देता है, छुट्टा देना 'भूल' जाता है। संभव और वह लड़की झेंपते हुए तुरन्त निकल जाते हैं। कृशकाय, स्नेहमयी नानी का आधा ब्यालू खा संभव स्वप्नलोक में पहुँच जाता है। सवेरे नानी के नहान से वापस आने के बाद संभव भी घाट पर आता है, क्या पता लड़की भी हो। उधर एक बच्चे से बातचीत कर लेता है। उसके कहने से उस 'झूलागाड़ी' में बैठकर, जो नानी के विचार में ख़तरनाक है, मनसा देवी मंदिर चला जाता है और मन्नत माँगता है। नीचे उतरते ही बच्चे के साथ उसकी बुआ भी दिख जाती है, वही मंदिर वाली सुन्दरी। बच्चे के ज़रिये परिचय हो जाता है : "पारो बुआ, इनका नाम है…" — "संभव देवदास"।

ज.१७ रिश्तों की बुनियाद

प्रीति अपने भाई के घर में रहती है। बूढ़ी माँ का अलग घर बेच दिया गया था, असबाब भाई-भाभी की गृहस्थी में समा गए, दस हज़ार भाई की तरक्क़ी के लिए घूस के रूप में चले गए, प्रीति की शादी के लिए रखा पाँच तोला सोना हथिया लिया गया। फिर माँ चल बसीं। भाभी अब प्रीति को खुलकर 'मुसीबत की गठरी' पुकारती है, जबकि वही घर के सभी काम करती है और पाँच साल के भतीजे मुन्ना को ट्यूशन पढ़ाती है। मुन्ना पढ़ता नहीं है, फेल होने पर प्रीति को डपटने के बाद एक सस्ता ट्यूटर परवेज़ खान रख लिया जाता है। प्रीति और परवेज़ के बीच छुप-छुपके नज़दीकी बढ़ती जा रही है, तब एक शाम भैया उन्हें दरवाज़े पर धीमी आवाज़ में बतियाते हुए ताड़ लेता है। इसके बाद परवेज़ के लिए चाय भाभी ले जाने लगती है, प्रीति रसोई में कैद हो जाती है। उसकी शादी की बातें चलने लगती हैं, जो दहेज पर आकर हर बार रुक भी जाती हैं। मुन्ने के उत्तीर्ण होने के पश्चात् भाई-भाभी परवेज़ को कुछ समय बुलाते भी नहीं, पर बाद में बच्चे को ही दूसरे घर भेजते हैं, जहाँ परवेज़ पढ़ाता है। मुन्ना की कॉपी के ज़रिये प्रीति और परवेज़ जुड़े हैं, फ़िलहाल प्रीति अपना घर छोड़नेवाली है।

ज.१८ लड़कियाँ = 'तोहमत' (घ.५)

ज.१९ बाण गंगा

इस संक्षिप्त कहानी में नायिका पति रवि के साथ मालाबार टीले की नेपियन सी रोड पर घूमने निकलती है, लेकिन खुदाई की वजह से उसे वहाँ टहलना अच्छा नहीं लगता। आगे श्मशान है, उसकी दीवार के साथ सटी नाई की 'दुकान' है, दूसरी ओर चालें हैं और उनमें रह रहे चालकों की कतारबद्ध गाड़ियाँ। सागर का मैला रंग नायिका को नाख़ुश कर रहा है। जब से पति ने शराब पीना छोड़ दिया, यह घूमने का शौक़ उसे तब से है। पत्नी बाहर चलने से अधिक जिम के स्टेपवॉकर पर खुश होती। कहानी के अस्पष्ट, रहस्यवादी अन्त में नायिका सोचती है कि रवि की समझ में वह एक "चुड़ैल" औरत है, जो कभी उसके पीछे पड़ गई थी। पत्नी को ऐसी अनुभूति हो रही है कि उनके पीछे पूजा की तश्तरी लिए सफ़ेद लिबास पहने एक लड़की आ रही है, पर कहती है, वहाँ पति के साथ होने के बावजूद उस लड़की के काले जादू का उसे पता नहीं चला। (क्या वह लड़की नायिका का युवा प्रतिरूप, अतीत की एक परछाई है?)।

ज.२० छवि

छुट्टियों में साक़ी कनाडा की एनआरआई पत्नी चम्मी के साथ दिल्ली से अपने "होमटाउन" आ जाता है। ये चार दिन भी वापसी के रेल आरक्षण के तनाव में बीतते हैं, पिता मिश्रा जी का आजकल स्टेशन पर कोई मित्र नहीं है। बहू को असली भारतीय भोजन अभी भी रास नहीं आता, घर के पानी से तो साक़ी का पेट भी दर्द करने लगता है। इस शहर में उसका कोई दोस्त नहीं रहा, यहाँ आना थकाऊ बनता चला जा रहा है। पहले पिता खूब शराब पीते थे, साक़ी का यह घरेलू नाम भी इससे पड़ा था। किन्तु मदिरा व धूम्रपान छोड़कर उन्होंने बेटे को एक स्कूटर दिया – वही, जो पेट्रोल बहुत खाता है, जो दिल्ली में काम का नहीं है। साक़ी उसे बेचकर मोबाइल लेने की सोच रहा है ! माँ-पिता यह जानकर और भी दु:खी हो जाते हैं कि वह बिना कंपनी के प्रति कृतज्ञ हुए अपनी बढ़िया नौकरी किसी और अधिक पैसेवाले पद के लिए छोड़ रहा है। साक़ी की प्रतिभा से मुहल्ले में उनका सर हमेशा ऊँचा रहा, लेकिन यह क्या ज़माना आ गया है कि बेटा कंपनी का "वफ़ादार कुत्ता" नहीं बनना चाहता है। गाड़ी के चलने पर पिता-पुत्र "दोनों को ही एक-दूसरे की छवि छोटी और धुँधली दिखाई दे रही थी"।

झ. निर्मोही (२००४)

झ.१ निर्मोही

कथावाचक बच्ची दो बहनों के साथ मथुरा के घर में पल रही है। पिता विद्याभूषण दूसरे शहर में हैं। छत पर सोने से पहले रेलगाड़ी की सीटी सुनाई देने के बाद दादी बाबा को सूचित करती है, लड़का आज भी नहीं आया। किताबें रद्दी में बेच डालने से उन्होंने बड़े बेटे को भगाया। छोटा भागा, जब मक्खीचूस बाप माँ को डॉक्टर के पास नहीं ले गए। – वे पोतियों को सौंताल के पीछे जंगल में पड़े खंडहरों की कहानी सुनाती हैं। 'मिगनैनी' फूलमती राजा सूरसेन के साथ प्रसन्न मन जी रही है, पर उसकी गोद हरी नहीं हुई। ननद सपना देख महल बनने के लिए कटे पीपल

को कारण बताती है। अब सवेरे नए रोपे पीपल को पूज तालाब में नहाने साथ जाती हैं, जब तक लब्बावती का गौना हो जाता है। दुःखी फूलमती को अब अकेले ही जाना पड़ता है। गर्मी के एक दिन नहाने में 'अबेर कर' बेर तोड़ने लगती है। आह ! उँगली में चुभे काँटे को निकाल माली का बेटा उँगली चूस लेता है। राजा झरोखे से देख लेता है। किवाड़ बंद, राजा नहीं…। बच्चियाँ कहती हैं, "तुम्हारी कहानी में औरत हमेशा हारती है", तो वे कहती हैं, सच्ची कहानी तो है। बच्ची कहानी को पूरा करती है : रानी गई वनवास में, माली के बेटे के साथ रहने लगी, उसे बच्चा दिया। एक दिन राजा को आखेट पर तीनों मिल गए, सच जानने पर तीनों को मार डाला, तीनों ने वीरगति पाई। दादी अनुसार फूलमती ने गलत किया, पर पोतियाँ नहीं मानतीं।

झ.२ सुलेमान

फक्कड़, सपनीले सुलेमान माध्यमिक कॉलेज के मेधावी अध्यापक रहे थे, पर उनकी प्रतिभा पर किसी ने ध्यान नहीं दिया। वे एक दिन बिना सूचना दिए इलाहाबाद से ग़ायब हो गए और जब छह महीने बाद दिखे, सभी दोस्त चौंक गए : गाड़ी, ड्राइवर, आलीशान होटल, देशी कपड़े के साथ विदेशी सिगरेट। उन्होंने सत्तापक्ष के गलियारों में प्रवेश पाया है। राजनिवास क्षेत्र की हरियाली गलियों में भारत "सही अर्थों में आज़ाद" और महान महसूस होता है ! अब वे जब भी लखनऊ से आएँ, कृष्णकुमार, कमल आहूजा, सुरेश पांडे तथा सँकरी गली के, हर बार दंगा पीड़ित रज़ा-फ़ज़ल बिरादरान जैसे दोस्त सुलूभाई-सुलेभाई से अपनी-अपनी तरक्की, नियुक्ति करवाने के लिए खुशामद करते हैं। कोई भाभी सुषमा की बीमारी के ज़िक्र से पिघलाना चाहता है (पर घर भेजे हुए डॉक्टर की दवाएँ बीवी के लिए खरीदना ज़रूरी नहीं समझता), कोई ईद को अम्मी से विशेष सेंवई बनवाता है (फिर सुलेमान तो आते ही नहीं)। दरियादिल सुलेमान दसियों बॉयोडाटा सूटकेस में भर इन दोस्तों की फ़कीरी को "गहरे अपनेपन" से देखते हैं, और सोचते हैं, ये तरक्की की कुत्ता-दौड़ में क्यों पड़ना चाहते हैं? उन्हें इंतज़ार के साथ उम्मीद भी कराना आ गया। वापसी के दौरान गाड़ी में सो जाते हैं, "यह उसके सपने देखने का वक़्त था"।

झ.३ ऐसा ही था वह

विवेक अग्रवाल पिता के साथ रहता है। जब वह छोटा था और खीर बनाने के लिए छत पर सूख रहे मखाने खा डालता था, कहाँ तो माँ उसी घर में अलग चौका चलाती बिचली देवरानी से झगड़ लेती थीं, कहाँ वे चटपट परलोक चली गईं। अग्रवाल साहब का नाम कामताप्रसाद नहीं, "रसीदप्रसाद" होना चाहिए था। बढ़ते-गिरते रक्तचाप के बावजूद नित झींकते रहते हैं। केवल पुत्र की नौकरी की अर्ज़ियों के लिए वे दिल खोलकर पैसे लुटाते हैं। एक दिन डाकिया सचमुच उसकी पुलिस प्रशिक्षण में चुने जाने की चिट्ठी ले आता है। विवेक पिता को अकेला नहीं छोड़ना चाहता, पर उनके सामने उसकी एक नहीं चलती। गाज़ियाबाद से आबू पर्वत पहुँचने के कुछ समय बाद एक साथी पिता के दिल के दौरे की खबर लाता है। अवकाश की अर्ज़ी उसे थमा, विवेक तुरंत रवाना हो जाता है। अस्पताल में आने के लिए पिता की डपटें सुननी पड़ती हैं, उसे भी, दाई को भी, सबको। एक दिन के पशोपेश के बाद उसे वापस लौटना पड़ता है। पहुँचते ही पिता के चल बसने का समाचार मिलता है। वह पहली बार पिता के बारे में सोचने लगा था। जो भी वह बन सका, पिता के इस झुँझलाहट भरे अनुशासन से ही।

झ.४ दल्ली

बेटी निधि की शादी करने के बाद घर-घुस्सू अनुराग मदान को पत्नी समिधा भारत-दर्शन करने के लिए मना लेती है। दोनों साठ साल के हैं, शरीर में पहले जितनी लोच नहीं बची है। फुर्तीले कुली के पीछे चलना, झुकना, अटैची उठाना, ऊपरी बर्थ पर चढ़ना उनके लिए "मरण" है, चोरी की नित्य आशंका अलग। अपने पहले पड़ाव के लिए उन्हें दिल्ली तक तो पहुँचना है। वहाँ बूढ़ा कुली उन्हें होटल दलालों के बीच छोड़ता है, यात्री निवास के कर्मचारी इस बात पर अड़े हैं कि उसके सैकड़ों कमरों में से एक भी ख़ाली नहीं है। फिर चौथी मंज़िल पर एक मिल जाता है। उनकी ट्रेन सुबह की थी, इसलिए दुगुना पैसे वसूलना चाहते हैं। बहस के बाद न चाय मिलती है न साबुन, टॉयलेट की चिटखनी भी टूटी है। शाम तीन बजे उठने पर देखते हैं, कैंटीन में खाना भी बंद है। पानी की बोतलें ठंडी हो रही हैं, अब नहीं मिल सकती। बाहर चलने पर प्रीपेड स्टैंड पर कोई नहीं है, कतार में लगे लोगों को ड्राइवर एक-एक कर ले जा रहे हैं। एक सरदार कहते हैं, "यह दिल्ली तो एकदम दल्ली बण गया है बाश्शाओ"। बाद में एक विदेशी को लूटनेवाले चालक को डाँट देते हैं। थक-हारकर रात की गाड़ी पकड़ते हैं, स्टेशन के सामने इश्तिहार बोलते हैं : "एक अक्तूबर अंतर्राष्ट्रीय बुज़ुर्ग दिवस", "उत्तर रेलवे आपका स्वागत करता है, आपकी यात्रा मंगलमय हो" !

झ.५ वह मिली थी बस में

कानपुर से इलाहाबाद वाली ट्रेन आज भी देर से आएगी, तो किसी फ़ाइल के चक्कर में निकली नायिका वापसी में बस पकड़ती है : उसे रात १२ की जगह १० बजे पहुँच जाने की आशा है। किन्तु शाम के यातायात में शहर से बाहर आने तक में पौन घंटा लगता है। चौडगरा में बस ख़राब होकर पन्द्रह मिनट रुकी रहती है, सैनी में चालक-परिचालक गायब, खाना खाते हैं। तीन सिपाही पुरुष सवारियों की अगड़म-बगड़म तलाशी लेते हैं। उनकी धारणा है, महिलाओं के पास आपत्तिजनक सामान हो नहीं सकता। नायिका पहले से सोच रही थी कम्मू को अकेले सँभाल रहा प्रमोद उसे कितना डाँटेगा, क्या-क्या आरोप लगाएगा। बच्चे के साथ पास बैठी औरत, "सोनू की माँ" ढाबे पर सो जाने की बात छेड़ देती है, तो वह घबरा उठती है। औरत कहती है, गाँव में फारिग होने में कभी कोई छेड़खानी करता है, "तो का। धो-धाके आ जाइत हैं घरे। अरे कौनो चोट-चपेट लगे तो मरा थोड़ो जाई"। और पहुँचने में "अबेर की हमने की। आदमी जो बहोत नरम-गरम करे तो हम तो दे देइत है एक झन्नाटा कनपट्टी पे। ··· सुनो, वैसन तो बड़ी मेमसाहब बनी हो। कटे बाल, रेशमी साड़ी। बोली भी गिटपिट। पर हिम्मत के नाम पे निरी लीद हो"। नायिका चुप : "सोनू की माँ जैसा बनने के लिए मुझे एक जनम और लेना होगा"।

झ.६ बाँगड़ू

डाल्टनगंज के चाचा पलामू से एक सेवक विनोद के घर भेज देते हैं। सूखे होंठों व फटे गालों वाले, केला छिलके समेत चबा डालनेवाले, अटपटे पर आज्ञाकारी इस बारह साल के "बाँगड़ू" लड़के से करुणा को बहुत राहत मिलती है, क्योंकि इलाहाबाद "शहर में सेवकों का अकाल हो चला था"···। मुहल्ले में तय है, पढ़ी-लिखी औरतों का कौन-सा काम अपना है, दूसरों का कौन-सा, वह नाक नहीं कटवा सकती। बेटा चीनू इधर कार्टून देखे, उधर नाश्ता छोड़ता है।

सेवक सत्यदेव तो अभी यह तक नहीं जानता, खीर-पूरी कभी भी बन सकती है, न सिर्फ़ माँ-बाप के मरने पर। विनोद व्रतों के खिलाफ़ है, पर पत्नी मधुमेह व उच्च रक्तचाप के चलते करवा चौथ और हरतालिका व्रत को "सुहाग की अचल-अटल गारंटी" मानती है। स्वास्थ्य बिगड़ने पर विनोद उसे कसी हुई डाइट पर मजबूर करता है। ऐसे में पुजारी न सही, करुणा बढ़िया भोजन का लालच देकर सत्यदेव से उपवास रखवा लेती है। रात को लड़का गर्म पूड़ी खाने से इनकार कर देता है, उसे अब 'ठंडी अलमारी' की चीज़ 'नीक' लगती है, 'टटकी' नहीं। करुणा अपराधबोध से भर जाती है। डाइट के मारे वह खीर बनाना भी तो भूल गई। बर्तन माँजते हुए सत्यदेव कहता है, जिसने व्रत रखा, पुण्य भी उसी को मिलना चाहिए, "भगवान भी बेईमान हो गएल ह"। बाहर से उसका गायन कान में पड़ता है, "नून देबो मँगनी रे तेल देबो मँगनी / पिया के मँगनी न देब / हमरो बलमुआ फुलवा के जोखल, घटिहैं तो केकरा से लेब?"।

झ.७ बाथरूम

कथावाचिका बचपन में, छुट्टियों में नागपुर से अपने तीन मामाओं और भग्गो बुआ के मथुरा के घर जाती थी। उन्हें गली सतघड़ा का यह बेडोल विन्यास वाला मकान एबटाबाद में छोड़े घर की जगह दिया गया। दो बड़े मामा दवा की दुकान चला रहे हैं, पैसों की कोई कमी नहीं है, छोटे मामा अजय कानपुर में पढ़ाई कर रहे हैं। उनके लिए इटावा से बी०ए० उत्तीर्ण बहू लाए, अभी तो शादी हुई है। गुसलखाने के अभाव में ज़िद्द से अपनी कोठरी में टीन का टपरा डलवाने के बाद आँगन के नल पर या अँधेरे में जमनाजी नहानेवाली दो भाभियों और चश्मे को फैशन समझती सास ने सादा व्यक्तित्व की होने पर भी चुस्त कान्ता मामी से अपनी जलन उजागर करने और रोब जमाने में कोई कसर नहीं छोड़ी। यह तब थोड़ा कम हुआ, जब दुकान से देर से आते पुरुषों को 'ब्यालू' खिलाने की समय-सीमा रखने के लिए घर में पहली बार उसने आवाज़ उठाई और वे सब सहमत थीं। दीवाली के बाद एक ठंडी सुबह नदी नहाने से बिचली मामी को बुरी तरह बुखार चढ़ गया। बिन नहाए ठाकुरजी की पूजा कैसे हो? एक दिन कान्ता ने गीले कपड़े से पोंछ दिया, अगले दिन कान्ता के कमरे में नहाई और जीवन में पहली बार अपना नंगा बदन देख और पूरा "सुच्च" कर पाई। अजय मामा के आने तक नहानघर बन गया।

झ.८ सिकंदर

सीपी, सुठई (सुठलोना) और बागी (वागीश) के घर में हर चीज़ फटी-पुरानी है। ठण्ड का मौसम है, सुठई और बागी के लिए रज़ाई बस एक है। आदर्शवादी पिता बड़े बेटे बागी की आलोचना से आहत होकर भी चुनौती को अवसर में बदलने की कोशिश में रहते हैं। जब चाचा का लड़का प्रत्यूष अपने घर के नए गीज़र का डींग मारता है, तब पिता कहते हैं, ठंडे पानी से जो पहले नहाएगा, वही होगा आज का सिकंदर। बच्चे नहाने भागते हैं। नूडल को कीड़े बताकर वे रोटी के अलावा और कुछ नहीं माँगते। बागी बी०ए० में पहुँच चुका है, पर उसका आधा दिमाग अभी भी क्रिकेट में है। किसी दिन सुठई के साथ खेलने जाता है। रोशनबाग़ वाले वरुण, गौरव, जमील, शौक़त और पीकू सब अच्छे-खासे गर्म कपड़े पहनकर आए हैं। ब्रेक में वे माँ के बुने, बचे-खुचे ऊन से कई धारियों वाले सुठई के स्वेटर पर तंज़ कसते हैं। उनसे खेल पर ध्यान देने को कहते हुए बागी को छोटा भाई वीर-योद्धा लगता है। घर पर बागी रुँधे गले से कहता है,

सुठई आज पोरस बनते-बनते बचा। पर पोरस भी तो राजा थे, पिता पीठ पर हाथ फेरते हैं। सुठई जोश से बोल उठता है, आज का सिकंदर मैं ही हूँ, मैं।

झ.९ नमक

कथावाचिका अधेड़ नायिका उच्च रक्तचाप के कारण अस्पताल में भर्ती हुई हैं। उन्हें एक पुड़िया में नमक के थोड़े-से कण दिखलाए जाते हैं — अब वे रोज़ इतना ही खा सकती हैं। वे अपने खाने-पीने की आदतों के बारे में सोचने लगती हैं। जब जूलियस सीज़र तक अपने सैनिकों का वेतन नमक में अदा करते थे, जिससे सैलरी शब्द आया, तो कोई इनसान नमक छोड़ अलोना खाना भला कैसे खा सकता है? अस्पताल के उस कमरे की हर चीज़ सफ़ेद है, उन्हें लगता है, अभी से उनपर कफ़न चढ़ गया है। बाद में बेटा साहिल आता है, अपने पाँच दोस्तों के साथ। वह इलाज में स्टाफ़ की सहायता करने और डॉक्टर की हिदायत मानकर दो दिन रुकने का आग्रह माँ से करता है। इसके पीछे एक कारण साहिल की दो दिन की मुंबई यात्रा भी तो है। अन्ततः तय कर लिया जाता है कि बेटे के दोस्तों में से शाम को वाराणसी जानेवाले अनिल के साथ वे चली जाएँगी। इलाहाबाद के अपने घर पर वे अपना ज़्यादा ख़याल रख पाएँगी। रात को ट्रेन में वे अपने आप को समझाने का प्रयत्न करती हैं : मरना नहीं, अभी बहुत कुछ करना है, "मैं ही फिसल गई, तो प्रबला कौन बनेगा"?

झ.१० पिकनिक

सप्ताहान्त में लखनऊ की कथावाचिका नीलगिरि की सैर पर निकल जाती है, सपरिवार : पति, बेटा असित और तमिल बहू अंजलि, तथा पोती निक्की साथ हैं। असित तमिलनाडु में कोक कंपनी का प्रबन्धक है, अपना विक्रय-लक्ष्य पार लगाने के लिए स्थानीय मार्केट का ज्ञाता बन गया है और छुट्टी पर भी फोन ज़रा देर के लिए नहीं छोड़ सकता। दो दिन में सब के फेंफड़े ताज़ी हवा से भर जाते हैं। हालाँकि कथावाचिका को केवल स्थानीय मसाला चाय मिलती है, असित इस सैरगाह पर अपनी कंपनी की शानदार बिक्री से संतुष्ट है। वापसी में निक्की नारियल पानी के लिए मचलने लगती है, आखिरकार सब पीते हैं, सिवा असित के। वह नारियल को कंपनी के लिए खतरा और गरीबों की पसंद मानता है, जिसके मुकाबले कोक एक स्वच्छ, शीतल और विकसित विकल्प है। कथावाचिका तय कर लेती है, घर पहुँचकर बीस कप बढ़िया चाय पिएगी।

झ.११ खानपान

आजकल पत्रकार मीनाक्षी चतुर्वेदी की तबीयत कुछ कमज़ोर रही, इसलिए डॉक्टर ने अंडे खाने की हिदायत दी है। वह खाना भी चाहती है, पर खाए कहाँ? घर में दादी का राज है, प्याज़-लहसुन सब बंद, वे अपनी बहू और बच्चों तक से छूत मानती हैं। पड़ोस में भी मुश्किल है, सब उन्हें जानते हैं। मीनाक्षी समय तय कर इतवार को महिला हॉस्टल में रह रही एक सहेली विनीता चोपड़ा के यहाँ चली जाती है, दुर्गन्ध मारती कसाई की दुकान से न सही, किराने से चार अंडे ससंकोच खरीदकर। कमरे पर ताला, एक चिट बताती है, विनीता को घर भागना पड़ा। मीनाक्षी अंडे फेंक देती है, लेकिन शाम को आत्मीय प्राध्यापिका श्रीमती सहाय के यहाँ चल देती है। वे भी घर पर नहीं हैं, पति और उसका राखी-बँध भाई मिलते हैं। मीनाक्षी नौकरानी मालती पर अंडा भुर्जी खाने की इच्छा ज़ाहिर करती है, पर अंडे ख़त्म हैं। जब तक बंटू अंडे ला देता है,

बदमिज़ाज मालती निकल चुकी है। महरी के इंतज़ार में बेतरतीब, गंदे चौके में बंटू खुद ऑमलेट बना देता है। मीनाक्षी दो कौर चखकर छोड़ देती है : गुनाहे बेलज़्ज़त हो गया। "आज दिन भर का उसका स्कोर बस अंडा ही रहा"।

झ.१२ बोहनी

दीवाली में कुछ ही दिन शेष हैं, पकी उम्र के भोला महाजन की सोने की जगमग नई दुकान समय पर तैयार हो चुकी है। वे मनोज और विनोद (बीनू) अपने दो बेटों को दुकानदारी के गुर सिखाने की कोशिश में हैं, शहर में हो रही डकैती को लेकर उन्हें चेताते हैं। मनोज का मन इस कारोबार में और पान से दाँत ख़राब करने में भी ज़्यादा लगता है, जबकि विनोद का मन गद्दी पर बैठने से अधिक 'कामधेनु' में मैंगोशेक पीने में रमता है। वह कहता है, "गहने सिर्फ़ उन्हीं महिलाओं के लिए होते हैं, जिनका वज़न और उम्र चालीस से नीचे हो"। हड़ताल के अगले दिन पहला ग्राहक आने में देर हो जाती है, फिर एक थुलथुल गोरी महिला और उससे अलग दो बहनें एकसाथ घुस आती हैं। पता चलता है कि छोटी बहन को दिखायी गई हलकी चेन पसंद क्यों न हो, उसकी भारी आवाज़ वाली बड़ी बहन के पास सिर्फ़ तेज़ तेवर ही हैं, पैसे नहीं। पिता पहचानते हैं कि सुन्दर ग्राहक की खातिर विनोद फ़िज़ूल नखरे उठा रहा है। मनोज को उधर भेज देते हैं और खुद थुलथुल औरत को एक बेहद महँगी बेडौल, बौड़म चेन बेच डालते हैं। बाद में वे बेटे को सीख देते हैं, "पैसा सिर्फ़ अधेड़ और बूढ़ी औरतों के पास होता है" !

झ.१३ मुन्नी

पड़ोस के वैद्य जी के सातों लड़के चेचक की चपेट में आ गए, तो साथ खेलती दो साल की मुन्नी को भी बीमारी लग जाती है। डॉक्टर को दिखाने से फ़र्क नहीं पड़ता। बचकर भी वह भाई-बहनों की अपेक्षा बहुत देर से बोलना और फिर लँगड़ाते हुए चलना सीख लेती है। माँ उसकी देखरेख करती है, हालाँकि दादी के मानने में वह पोता तो नहीं है कि वह इतनी मशक्कत करे। दूसरे शहर में अध्यापक पिता छुट्टियों में उसे बेमन से अक्षरज्ञान कराते हैं। मुन्नी अपनी खामियाँ मेहनत से पाटते हुए खेल-कूद और पढ़ाई में भी आगे बढ़ती जाती है। आनाकानी कर मदर बेनिग्ना उसे कॉन्वेंट स्कूल में दाखिला दे देती हैं। क्लास टीचर मिस जोज़फ़ आगे की पंक्तियों में या तो गोरी, या फिर रईस घर की बच्चियों को बिठाने में विश्वास रखती हैं, जिन्हें अलग ट्यूशन देने के बाद न्यूनतम अंक देकर उत्तीर्ण कराती हैं। चेचक का टीका दिए जाने पर शातिर लड़कियाँ मुन्नी (मीता) को लाइन में सबसे आगे खड़ा करती हैं। उसे नहीं पता, डॉक्टर क्यों उसे हटने को कहता है, पर सभी लड़कियाँ उसपर ज़ोर से हँसती हैं। मुन्नी को "न सज़ा स्वीकार थी, न उपेक्षा", वह मॉनिटर सूरज अहलूवालिया को डस्टर दे मारती है, फिर मदर बेनिग्ना और मिस जोज़फ़ का भाषण और धमकियाँ अनसुनी कर, बस्ता बाँध क्लास से निकल जाती है।

झ.१४ उड़ान = 'छवि' (ज.२०)

झ.१५ समय

इलाहाबाद के गंगा तट पर, श्मशान और क़ब्रिस्तान के बीच एक सुरक्षित बस्ती है, जिनके घरों को आपात्काल से आतंकित ठेकेदारों ने ख़ूब मज़बूत बनाया था। सत्तर साल का बूढ़ा चौकीदार

पहले घाट पर कर्मकाण्ड करवाता था, पर जजमानों के अभाव में अब रात बारह बजे तक यहाँ सीटी बजता है, फिर चार बजे उसी की सीटी से टहलनेवाले जागते हैं। पड़ोस के पाँच-छह बच्चे (हिन्दू-मुस्लिम दोनों, कथावाचक इनमें से एक है) छत से मिसेज़ जोशी के अहाते में खड़े अमरुद के पेड़ को बाँस मारकर उनके पास जाते हैं और बहाना बनाकर फल बटोरते हैं। सोनी जैसी पड़ोसिनों से ठंडा पानी माँगती फिरती मिसेज़ जोशी के दो बेटे हैं सहज और सजल, एक दुबई में, तो दूसरा इंग्लैंड में। लोगों ने सुन रखा है, पति भी उनके पास जा बसे हैं, जबकि मिसेज़ जोशी का मन नहीं बना। वे बच्चों की किलकारियों वाले अपने घर को खंडहर मकान नहीं बनने देतीं। चिड़ियों को दाना डालती हैं, पौधों को पानी। पर उन्हें नहीं चाहिए फोन के बदले मोबाइल, चिट्ठी के बदले ई-मेल व नेटचैट, चाहे अमन की अम्मी सूफिया कितना ही क्यों न समझाए। इक्कीसवीं सदी में लोग अपनी शर्त पर जीना चाहते हैं, वे भी। "वे एक ऐसा समय लग रही थीं, जो तेज़ी से तत्कालीन होता जा रहा था"।

झ.१६ पीठ

मुंबई के 'आईमैक्स गुंबद छविगृह' में स्वचालित सीढ़ियों के नीचे चित्रकार हर्ष को 'एडोरा' की खिड़की में विद्युत् उपकरण बेचती एक लड़की दिख जाती है। मिक्सियों की पूछताछ और उसे कॉफ़ी पर बुलाने के बाद पता चलता है, इन्दुजा (इन्दु) एमएससी है, किन्तु अब कुछ दिनों के प्रबन्धों पर प्रत्यक्ष प्रचार करती है। मॉडलिंग शब्द से उसे चिढ़ है। हर्ष को लीक में चलना पसंद नहीं। वह एक कंपनी मालकिन के महल से भी भाग गया था, जहाँ उस जगह को 'शान्तिनिकेतन' बनाने के लिए उसे कमरा मिला था। कुछ दिन लड़की के दादर वाले घर के इर्द-गिर्द घूमने के बाद हर्ष अपने अज़ीज़ दोस्तों, इरफ़ान, नवरोज़ व दर्शन (जो आजकल लेखक से हफ्तावार स्क्रिप्ट राइटर बन गया है) की सहमति पर इन्दु से कोर्ट में शादी कर लेता है, दर्शन द्वारा लड़की के घरवालों को भी सूचना दे दी जाती है। — एक रात हर्ष इन्दु से प्रेरित अपनी अभी तक की सबसे प्रौढ़ रचना बना लेता है, 'पीठ'। वही राष्ट्रीय कलावीथी का पुरस्कृत व सबसे चर्चित चित्र बन जाता है। हर्ष के लिए उसमें इन्दु के अलावा माधुरी, स्मिता और निराला की मज़दूरन की पीठ भी है, पर दोस्तों को दी पार्टी में उनकी पक्की राय है कि पीठ इन्दु की ही तो है। हर्ष इन्दु पर तोहमत लगाता है और पत्रकारों के हुजूम के सामने अब 'पीठ' का ज़िक्र भी नहीं करता।

झ.१७ सवारी और सवारी

सत्ताईस साल का गनपत इलाहाबाद के एक महिला कॉलेज के सामने रोज़ उस लड़की का इंतज़ार करता है, जिसने एक बार ज़ुल्म ढा रहे सिपाही को लाठी से रिक्शा के हुड की कमानी तोड़ने में टोक दिया था। तब लड़की ने दस की जगह पाँच रुपये दिए थे, फिर भी वह तब से उसे और उसकी सहेली को छह-छह रुपये में लाता, ले जाता है। साथी रिक्शेवालों के ताने उसे सुनाई ही नहीं देते। संगीता और रचना की आपसी बातचीत से उसे पता चलता है, दोनों को इस महिला कॉलेज के सिवा कहीं चलने नहीं दिया जाता है। गनपत सोचता है, उसकी बहनें कम से कम टोले में आज़ाद घूमती हैं — या क्या वे भी ऐसी बातें करती हैं? — गर्मी में खेतों पर मजदूरी से लौट, कॉलेज खुलने के वक़्त एक शाम संगीता अपनी हाथी जैसी माँ के साथ दिखती है। गनपत उन्हें सिविल लाइंस ले जाता है, "कोई हलका-सा सेट" खरीदने। गनपत के पसीने छूट जाते हैं,

न केवल भारी मेहनत से, बल्कि किराया देने में माँ की किचकिचाहट से भी। उनके दुकान में घुसते ही गनपत भीड़ में समा जाता है।

❖ पाँचवाँ चरण : २००६ पूर्व — २०११ ❖

ञ. थिएटर रोड के कौवे (२००६)

ञ.१ थिएटर रोड के कौवे

सैकत और सत्ताईस साल की बेला बंसल के रिश्ते को कुछ ही महीने हुए हैं। सैकत फ़ॉर्स्टर सम्मान लेने एक महीने के लिए लन्दन जा रहा है, पर बेला उसके साथ नहीं जाना चाहती। वह दफ्तर से छुट्टी लेकर अपने एकान्त का फायदा उठाना चाहती है। पहले तो वह एक स्वतन्त्र महिला है, दूसरे उसका कहना है कि अब शाम को घर आकर कम से कम अपनी अधूरी कहानियाँ पूरी करने की फुरसत मिलेगी। सैकत को बेला के "गतिरोधक" नहीं सुहाते, वह सोचता है, शादी के बाद मेरा बस चलेगा, देखना ! सैकत इसी उतावली में तीन लड़कियाँ खो चुका है। माता-पिता की अकाल मृत्यु के बाद इलाहाबाद से कोलकाता के इस थिएटर रोड के फ़्लैट में आकर स्वतन्त्र होने के अलावा बेला के पास कोई विकल्प नहीं था, अब इधर रच-बस गई है। वहाँ के उलट यहाँ, मैकफेर्सन पार्क की बगल में कौओं की लगातार काँव-काँव के अलावा और किसी पंछी की आवाज़ सुनाई ही नहीं देती। अनुमान के विपरीत दफ्तर में बेला का समय काटे नहीं कटता। खाली घर में लौटने का मन नहीं, एक रेस्तराँ में चली जाती है। वहाँ एक बाल-श्रमिक देख और ज़्यादा उदास हो जाती है। वह और सैकत एक दूसरे के सोने के वक़्त लापरवाही से फोन मिलाया करते हैं, उनकी बात हो भी नहीं पाती, केवल नींद भंग। कहानी के अन्त में नायिका नहाने जाती है, तो गुसलखाने में घुसकर एक कौआ उसपर कुछ इस तरह हमला बोलता है कि उसे लगता है वह उभयवन की सीता है। नौकरानी दुलारी उसे खिड़की में जाली लगवाने की हिदायत देती है, क्योंकि ये कलयुगी कौए सिर्फ गलित नहीं, "अब तो ज़िन्दा मांस खाने लगे हैं"।

ञ.२ उनका जाना

रंजना (मुन्नी) के माता-पिता अब बूढ़े हो रहे हैं। आम परिवारों की तरह यहाँ भी मम्मी (इन्दु, इनी) से पापा की कई माँगें हैं, जैसे चाय के साथ मुंगौड़े या टीवी का गायब रिमोट ढूँढ़ निकालना, जिन्हें उसे एक पतिव्रता पत्नी होने के लिए पूरी करनी पड़ती हैं। एक दिन ऊटी में घूम रही रंजना को पापा का फोन आ जाता है : मम्मी लकवे से कोमा में चली गई हैं। मुन्नी और पापा ज़्यादातर समय उनके पास बैठते हैं, बावजूद इसके कि डॉक्टर का कहना है, कोमा में इससे कोई अन्तर नहीं पड़नेवाला। एक समय जब पति थोड़ी देर बाहर चले जाते हैं, माँ जग जाती हैं, परन्तु पापा को बुलाने से मना करती हैं। वह बताती हैं, पापा के रहते मुझे चैन के दो पल नहीं मिल पाए कभी। रंजना दवाएँ लेने चली जाती है। पिता के साथ लौटने पर डॉक्टर उन्हें माँ के दिवंगत हो चुकने की ख़बर देता है। अन्तिम संस्कार निभाने रंजना का बड़ा भाई (भैया, मुन्ना) भी आ

पहुँचता है। शोक के घर में पापा सबसे ज़्यादा अपने अकेलेपन के लिए शोकमग्न हैं, तो रंजना चिल्ला उठती है : आप ही ने उन्हें तिल-तिल मारा है। ठीक सोलह दिन बाद पापा भी अस्पताल के उस कक्ष में पहुँच जाते हैं, जहाँ पत्नी पड़ी थी। बेटी से कहते हैं : "मैंने इन्दु के बारे में कभी सोचा ही नहीं। उसे अपनी छाया समझता था। अब उससे सॉरी कहने तो जाना ही पड़ेगा न।"

ञ.३ चोरी

सुरक्षा के तमाम तामझाम के बावजूद शहरों मे चोरियाँ बेरोकटोक चलती रहती हैं। एक रात डॉक्टर उमंग सक्सेना के घर में भी चोर घुस जाते हैं और ठण्ड में हीटर चलाकर उनका कीमती सामान बड़ी तसल्ली से साफ़ कर डालते हैं। पुलिस रपट में नुकसान चार लाख का लिखाया जाता है। कुछ सप्ताहों के पश्चात् वे गुनाहगार के पकड़े जाने की आस छोड़ ही देते हैं, जब एक रात दो संदिग्ध आगन्तुक उनका दरवाज़ा खटखटाते हैं। एक का कहना है कि वह अपराध-मनोविज्ञान का शोधार्थी है और उसके पास उनके लिए जानकारी है। सक्सेना परिवार सन्न रहकर उसे अगले दिन फिर आने को कहता है। दूसरे दिन लौटकर वही राशिद हुसैन बताता है कि उसके पास चोरों के ठिकाने का पता है। शंकरगढ़ में पुलिस ने चोरों को धर लिया है और चोर के उस भाई, जिसे गई रात वह साथ लेकर आया था, की गुज़ारिश है कि चालीस हज़ार का नुकसान मानकर सक्सेना परिवार उनके साथ समझौता कर ले, उतनी नकद स्वीकारकर मुक़दमा वापस ले ले। उमंग हैरानी और नाराज़गी जताते हैं, लेकिन उन्हें याद आता है, पुलिस ने ही उसे मामला वजनदार दिखाने के लिए नुकसान अधिक बताने की हिदायत दी थी। राशिद इस बात पर कायम रहते हुए कि वह केवल एक शोधार्थी है, उनसे कहता है कि पुलिस अब चोरों को पीटने के बाद उनसे हस्बेमामूल आधे हिस्से यानी दो लाख की वसूली लेना चाह रही है। बेचारे चोरों को अब वे ही बचा सकते हैं।

ञ.४ सूनी

पैंतीस वर्षीय सुनन्दा (सुनी, सूनी) कॉलेज में साहित्य पढ़ाती है। उसके पिता तब गुज़र गए थे, जब वह पी-एच०डी० कर रही थी – और वही समय था, जबसे सुनन्दा की माँ का स्वभाव बदलकर निष्ठुर हो चला। भाई भी लन्दन चला गया, तो माँ की सभी प्रत्याशाएँ बोझ की तरह उसके कन्धे पर आ गईं। ऐसे में सुन्दर, किन्तु हमेशा सादा कपड़े पहनती सूनी के प्रति अधिक युवक बहुत आकर्षित नहीं होते। पच्चीस साल की उम्र में उसे अपने जैसा एक लड़का गंभीर शुक्ला मिला तो था, पर वह भी मुकर गया। हुआ यह कि उन्हें इलाहाबाद की एक गोष्ठी में जाना था, पर माँ बीच में टपक गईं और उनके साथ चल दीं। गंभीर की आरक्षित बर्थ हड़प लेने के बाद जब वापसी में उन्होंने उसपर कुछ गायब रुपयों की चोरी का इलज़ाम लगाया, तो सूनी और गंभीर के पनपते संबन्ध पर भी पूर्णविराम लग गया। निष्ठुर माँ तो कुछ महीने पहले सिधार चुकीं, पर सुनन्दा की ज़िन्दगी आज भी खाली-खाली है। कहानी के आखिरी भाग में सूनी इनसान से न सही, एक गिलहरी ('कट्टो') से दोस्ती कर लेती है और उसे घर ले जाकर पालने लगती है। उसके पड़ोस के बच्चे भी आकर गिलहरी के बारे में पूछने लगते हैं। फिर अचानक एक शाम पढ़ते-पढ़ते सूनी की आँख लग जाती है और आस-पास बिस्तर पर खेलती नन्ही जान उसकी करवट में दब जाती है। दफना आने पर उसे ऐसा लगता है, वह वाक़ई सूनी हो चली है।

ञ.५ छोटे गुरु

इलाहाबाद में कई ऐसे मुँहबोले 'गुरु' दिखते हैं, जिनके नाम के साथ किसी अखाड़े में पहलवानी या उस्तादी जैसे कारणों से यह उपाधि चिपक गई। इनमें से कुछ दूसरों पर धौंस जमाते हैं, तो कुछ कानून अपने हाथों में ले परोपकारी कार्य करते हैं। छोटे गुरु ज़रूरतमंद महिलाओं को मदद करता रहता है, उसके घर पर स्त्रियाँ बाकायदा अर्ज़ियाँ देने आती हैं। रेखा गुप्ता चाहती है कि उसे कहीं नौकरी दिला दे। उसका पति शादी करके दस साल पहले कनाडा चला गया था, कभी वापस मुड़कर नहीं देखा। बुज़ुर्ग पिता चल बसे हैं, अब माँ के साथ दिन काटती है। वह बारिश की एक रात भीगते हुए दोबारा छोटे गुरु के पास आती है और जब हनुमान-भक्त यह पुरुष उसे फिर आने के लिए कहता है, तो वह वहीं बरामदे में ठहरकर सो जाती है। बिजली चली जाने पर छोटे गुरु लालटेन में तेल भरवाने जाता है, तो रेखा को हैरत से देख जगा देता है और घर चला जाने को बोलता है। अपनी वासना दबाने की कोशिश करता है। कुछ दिनों में रेखा की नौकरी एक स्कूल में लग तो जाती है, पर साथ ही हमाम गली में रेखा का उस एक रात दस बजे घर आना कानाफूसी की वजह बन चुका है। कलंक मिटाने के लिए माँ की ज़िद्द से अब रेखा का छोटे गुरु के साथ पुनर्विवाह हो जाता है। एक बार जब बहू बनकर नए घर में आ गई, तो वह पति के कान में भनक पड़ने दिए बिना अर्ज़ी देनेवाली बाकी महिलाओं में छोटे गुरु की ख़राब नीयत की अफ़वाह फैलाकर उनसे निपट लेती है।

ञ.६ ख़ुशक़िस्मत

नायिका स्वयं को संबोधित करते हुए यह कहानी परमपुरुष में सुनाती है। वह तीस वर्षों तक एक महाविद्यालय की प्रधानाचार्या रही है। कुछ देर पहले तक उसे लगता था कि कॉलेज पर उसका नियंत्रण है। किन्तु चार साल पहले उस दिन एक बाईस साल का युवक, जो इस कॉलेज में पढ़ रही अपनी बहनों के अभिभावक की भूमिका निभाता है, बहन का परीक्षाफल घोषित न होने के कारण दूसरे से तीसरे वर्ष में न जा पाने के सिलसिले में यूँ तैश में आ गया कि कागज़दाब नायिका के सर को मारा, फिर फरार हो गया। खून का फव्वारा फूटता है, पर नायिका के मातहतों को मदद करने में अरसा लग जाता है। शहर के सबसे नामी सरकारी अस्पताल में डॉक्टर चाय का घूँट भरते हुए कहता है कि पुलिस रपट लिखाने तक यहाँ इलाज नहीं होगा। नायिका का पति अपने बेटे को उसे पीटने से बमुश्किल रोकता है। निजी अस्पताल में टाँके लगने तक रात हो जाती है। दूसरे दिन थानेदार हमलावर को पकड़ने का वादा करता है, पर बाद में उसके जज मामा के यहाँ पनाह लेने, फिर छुट्टा घूमने की अफवाहें फैलती हैं। नायिका के पास आते शुभ-चिंतक सान्त्वना देते हुए कहते हैं, वह बड़ी ख़ुशक़िस्मत है, वरना कोई उसपर तेज़ाब फेंक सकता था, तलवार से चीर-फाड़ सकता था, गोली मार सकता था। (द्र० 'अँधेरे का ताला', उ.७)

ञ.२६ नए दोस्त

एक दम्पती अपने पाँच-छह साल के बच्चे के साथ देहात में बनाए अपने छुट्टी-घर पहुँचते हैं। चैत के महीने में अचानक बारिश हो जाने से मौसम खिला हुआ है, हालाँकि पड़ोसी किसान उदास होकर बताता है कि ऐसी बारिश गेहूँ की फसल के लिए बेहद खतरनाक है। पत्नी को लगता है, आटे का दाम शायद एक-दो रुपया अब बढ़ जाएगा, तो क्या फ़र्क पड़ेगा। बच्चा बगीचे में मन

लगाकर खेल रहा है, पर थोड़ी देर में थक जाता है, माँ के पास आकर नाश्ता माँगता है। माँ को लगता है वह कोई विज्ञापन की सद्गृहिणी नहीं है कि दो मिनट में कुछ भी तैयार करके दे। पति उससे अंडे उबालने के लिए कहता है। जब तक पतीले में पानी गर्म हो रहा है, वह आसमान पर उड़ते हुए पंछियों को देखने के लिए बेटू को लेकर छत पर चली जाती है। दस मिनट बाद आकर पाती है कि गर्म पानी में अंडे टूट गए और चार नन्हे-नन्हे चूजे सामने आ गए हैं। उन्हें पतीले में ही घर के पिछवाड़े में रख देती है। रात में फिर बारिश होने से सुबह उसे चूजों की फ़िक्र होने लगती है, पर पतीले पर सागौन का पत्ता गिरने से वे सब सही-सलामत मिल जाते हैं। तब उन्हें बेटू को भी दिखा देती है : "देखो, तुम्हारे नए दोस्त आ गए हैं"।

ट. पचीस साल की लड़की (२००६)

ट.२ कौए और कोलकाता

पैंतीस वर्षीय अविवाहित प्राध्यापिका हेमा जोशी नववर्ष पर अचानक कोलकाता पहुँच जाती है, अपनी बड़ी बहन के घर पर छुट्टियाँ बिताने। बहार हेमा से आठ साल बाद मिल रही है, मॉडलिंग की दुनिया उसे ज़्यादा मिलने से रोकती रही है। इतने समय में न केवल बहन, बल्कि शहर भी बदल गया है, यहाँ तक कि शहर का नाम भी। गुसलखाने में फिसल जाने के बाद बहार गत दस सप्ताह से बिस्तर से लगी थी, लेकिन उसने किसी रिश्तेदार को ख़बर नहीं की। ढाई महीने में चालीस साल छूती बहार की जगह नई मॉडलें उभर आई हैं। इस बीच लेटे-लेटे उसने अख़बार में बहन का वैवाहिक विज्ञापन ताड़ लिया। हेमा ने अकेलेपन और इंटरनेट पर रिश्ता न बन पाने से तंग आकर शादी में बहार की मध्यस्थता चाही, पर अब जब हेमा को फटकार मिल रही है, तो चिढ़कर उससे कह देती है, उसकी शादी के लिए ही यह इश्तहार दिया है। बहार कहती है, फ़िल्मी हीरो से लेकर शेख़ तक कईयों ने दिलचस्पी दिखाई, पर मैंने जान-बूझकर शादी नहीं की। जवानी की मोह-माया में फँसी अपनी बचकानी दीदी के आत्मलिप्त 'काया-वाद' से हेमा निराश हो जाती है। — एक दिन नहाते समय हेमा एक कौए से स्तन पर चोट खा जाती है, जिसे बलात्कार के आरोप के डर से दीदी या किसी पुरुष डॉक्टर को दिखाने से कतराती है। बहार का ध्यान बहन की तरफ वैसे भी कम होता है, इसलिए हेमा जल्द दिल्ली लौटने और वहाँ इलाज कराने की ठान लेती है।

ट.११ अकेलियाँ-दुकेलियाँ = 'लड़कियाँ' लघु-उपन्यास (उ.४)

उ.७ अँधेरे का ताला (२००९)

भारतीय शिक्षा-व्यवस्था की समस्याओं को परखता छोटे आकार का उपन्यास 'अँधेरे का ताला' इलाहाबाद की एक प्राध्यापिका, नन्दिता चक्रवर्ती के कानपुर विश्वविद्यालय से सम्बद्ध रानी लक्ष्मी बाई डिग्री कॉलेज की प्रधानाचार्या ('बड़ी बहनजी') के रूप में प्राप्त किए अनुभवों पर आधारित है। कई दशकों को छूते इन अनुभवों को वर्षा ऋतु से वर्षा ऋतु तक के एक शैक्षिक वर्ष से बाँधकर प्रस्तुत करनेवाले इस उपन्यास का कथानक बारह, भिन्न लंबाई के अध्यायों में बँटा है। अध्याय एक-दूसरे से अपेक्षया अलग हैं, यहाँ तक कि एक अध्याय के अंतर्गत भी कई

प्रकार की घटनाओं की चर्चा होती है। उपन्यास में अनेक पात्र हैं, जिनका हम प्रायः नाम ही जान सकते हैं, सूक्ष्मता से गढ़े चरित्र कम हैं।

आरम्भ के तीन अध्याय बहुत संक्षिप्त हैं। तीन पन्ने के पहले अध्याय में विद्यार्थियों की हाज़िरी ली जाने का दृश्य है। लड़कियाँ शातिर हैं, अध्यापिकाएँ लापरवाह और आसानी से धोखा खानेवाली। दूसरे, कॉलेज के संसाधन कम हैं: पास के अंग्रेज़ी कब्रिस्तान से बारिश का पानी बहकर कॉलेज के अहाते में जमा हो जाता है, कक्षाओं में रोशनी कम है पर हाल ही बदले गए लट्टू काम नहीं करते, सोख्ते के अभाव में श्यामपट पर लिखने के लिए खाली जगह पाना नामुमकिन-सा है। आखिरी कक्षा खत्म होते ही लड़कियाँ फुर्र हो जाती हैं, पर घर लौटने की जल्दी में अध्यापिकाएँ भी उनसे पीछे नहीं रहतीं। नौकरों को काम से काम रखने के लिए मजबूर करना दूभर है। — केवल दो पन्ने के दूसरे अध्याय में हम जानते हैं, एक दिन बीमारी के कारण प्रधानाचार्या के न आने जैसी विरल स्थिति में कैसे कॉलेज के समस्त लोग चैन की साँस लेते हैं। बड़ी बहनजी को पिछले ही दिन गला खराब होने का आभास हो गया था, जब वे मौके पर ननकी दाई को झिड़क नहीं पाईं। जब तक बहनजी नहीं आती, अध्यापिकाएँ इत्मीनान से स्वेटर बुन सकती हैं और जिसे सिनेमा जाने का शौक है, वह १२ से ३ का शो भी देख सकता है। — तीन पन्ने के तीसरे अध्याय में हम चाय का समय देखते हैं। अध्यापिकाएँ अक्सर समय से कक्षा पहुँचना भूल जाती हैं। चपरासी भी कम नहीं, पर सरकारी नौकरी से किसी को हटाना बेहद मुश्किल है। चपरासी से चपरासिन अधिक काम करती हैं, शाम को वे ही अहाते में घूमती विद्यार्थिनियों पर नज़र रखती हैं। लड़कियों को लेने अक्सर ऐसे पुरुष आते हैं, जो सिर्फ़ कहने पर उनके अभिभावक या भाई ('कज़िन') होते हैं।

तेरह पन्ने का चौथा अध्याय नन्दिता चक्रवर्ती पर हुए हमले को बताता है। हर साल प्रवेश के समय नन्दिता के पास अनेक अभिभावक पहुँच जाते हैं ताकि उन्हें अपनी बेटी को दाखिला देने के लिए आश्वस्त करा लें, और दूसरी किस्म के लोग भी आते हैं, जैसे लड़की के सास-ससुर, जो आखिरकार चाहते नहीं हैं कि उनकी बहू आगे भी पढ़ाई करे। इसी तरह एक दिन प्रवेश-काल समाप्त होने के बाद, अक्तूबर के अन्त में उनके पास अपनी बहन का नाम दूसरे वर्ष में लिखवाने एक युवक पहुँच गया। उसने शिकायत की कि लड़की का परीक्षा-परिणाम विश्वविद्यालय ने रोक दिया और कई बार लिखने पर भी वे लोग कुछ नहीं करते। नन्दिता ने बात टालने का प्रयास किया, पर बहस यहाँ तक होती चली गई कि युवक ने सामने पड़ा कागज़-दाब उठाकर उनके सर पर दे मारा, फिर तुरंत लापता हो गया। गहरी चोट से खून बहता रहा और कई घंटे बीत गए, जब तक सरकारी अस्पताल में एफ०आई०आर० तैयार न होने पर भी अंततः उनका इलाज शुरू हो सका। पुलिस ने अपराधी को पकड़ने में अधिक रुचि नहीं दिखाई, जबकि नन्दिता को करीबियों ने यह समझकर सांत्वना दी कि उन्हें शुकर मनाना चाहिए, कोई इससे बड़ी आपदा नहीं हुई। कुछों की जान भी ज़ा चुकी है इससे कम कारणों से भी। ऊपर से कॉलेज का प्रबंधक भी नन्दिता का हाल पूछने जल्दी घर आ जाता है, अर्थात् नन्दिता को यथाशीघ्र नए सिरे से काम में लग जाना अपेक्षित है। वे नहीं चाहती कि उसकी नौकरी के साथ आई स्वतंत्रता को हानि पहुँचे, इसलिए वह अपने पति, दिवाकर की असहमति के बावजूद मना नहीं कर सकती। (द्र० 'ख़ुशक़िस्मत', ज.६)

छह पन्ने के पाँचवें अध्याय में यह बताया जाता है, कॉलेज की स्थापना के बाद के वर्षों में नन्दिता को सभी मान्य विषयों के लिए अध्यापक ढूँढ़ने और नियुक्त करने में किन मुश्किलों का सामना करना पड़ा। आरम्भ की मज़बूरी में प्रबंधक के निर्देशानुसार नन्दिता ने कॉलेज से जुड़े विद्यालय से कुछ अध्यापिकाओं के सामने प्रस्ताव रखा कि चाहें, तो वे बिना वेतन के कॉलेज में भी पढ़ा सकती हैं, और अगर परीक्षाफल अच्छा मिलेगा, एक साल बाद उन्हें नियुक्त किया जाएगा। एक साल पूरा होने पर ये अस्थायी अध्यापिकाएँ प्रधानाचार्या का अनुशंसा-पत्र लिए प्रबंधक के घर पहुँचीं, तो उसके दूसरे ही दिन उन्होंने पाया कि प्रबंधक ने उन्हें नियुक्त करने से अपना हाथ खींच लिया। अलग से नन्दिता को भी कोई अनुशंसा-पत्र पर हस्ताक्षर करने का साहस करने के लिए खासी प्रताड़ना झेलनी पड़ी। — छठे अध्याय के चार पन्नों में पुरुष प्रबंधक की अध्यापिकाओं के प्रति संगदिली का बयान है। यद्यपि कॉलेज में कोई ढंग का शौचालय नहीं है, वह बनवाने की गुज़ारिशें सुन तुरन्त मुँह मोड़ लेता है। प्रबंधक के विचार में अहाते में दूर खड़ी एक टूटी कोठरी अपने आप में बहुत है, जहाँ तक का रास्ता बारिश में दलदल हो जाता है, वह अलग, वैसे भी साँपों-बिच्छूओं का डेरा है। औरतों की लाज रखना फिजूलखर्ची समझा जाता है।

सातवें अध्याय के छह पृष्ठों में हम कॉलेज के सीमित संसाधनों के बारे में पढ़ते हैं। चूँकि प्रबंधक किसी भी वस्तु के लिए पैसे खर्च करने से कतराता है, इसलिए जब शहर में मौजूद एक क्लब के सौजन्य से नया पंखा या तबला मिल जाता है, वह बड़ी बात समझी जाती है। हालांकि नंदिता को पंखे अपने पैसों से ही लटकवाने पड़ते हैं, और तबले के साथ हथौड़ी, इंडुरी और टेल्कम आया ही नहीं। कॉलेज के अहाते में कई पेड़ थे, जैसे सहजन का, इसपर जब फलियाँ लगतीं, कॉलेज के सदस्यों में वे दस-दस के गुच्छों में बाँटी जातीं, और उस समय दलित माली के हाथों से भी लोग बिना घिन के उन्हें ले लिया करते थे। अन्यथा वे पुरानी संकीर्ण मानसिकता के शिकार थे। हरियाली के अलावा वहाँ चूहे जैसे जानवर भी थे। एक बार नंदिता ₹४४० खुली दराज़ में छोड़ घर चली गई, तो अगली सुबह तक चूहों ने नोटों को बुरी तरह से नोच डाला। आखिरकार उन्हें पैसे अपनी जेब से निकालकर भरने पड़े। कंजूस प्रबंधक का आजमाया हुआ तरीका था अध्यापकों को नौ महीने के लिए रखकर, जब गर्मी की छुट्टी आई, तो शेष तीन महीने के लिए बरखास्त कर देना, ताकि उस समय उन्हें तनख्वाह न देनी पड़े। इस सब के चलते नंदिता असहमत होने पर भी चुप रहीं: यह नौकरी ही घर की चारदीवारी से मिली उसकी आज़ादी का एकमात्र बहाना थी।

सबसे विस्तृत अध्याय अट्ठाईस पन्नों का आठवाँ है, इसमें अलग-अलग विषय उठाये गए हैं। पहला है कुकुरमुत्ते की तरह फैलते जाते, एक समानांतर शिक्षा-व्यवस्था बना रहे 'कोचिंग' संस्थानों का, जहाँ विश्वविद्यालय के अध्यापक पैसे लेकर वही पढ़ाते हैं, जो विद्यार्थी विश्वविद्यालय में मुफ्त में नहीं पढ़ते हैं। नियमों का उल्लंघन करते सेंटरों के लिए पुलिस और नेता का अनुकूल होना भी बेहद ज़रूरी है। इसके बाद लेखिका मयंक और कौमुदी के बीच पनपते आकर्षण के बारे में लिखती हैं, हालांकि पाठक के अनुमान के उलट इन पात्रों को वे जल्दी छोड़ देती हैं और नंदिता के साथ हुई छिनैती की कहानी सुनाती हैं। नंदिता अपनी एक सहेली, सुनीता के साथ दशहरे का मेला व फ़िल्म देखने जाती है, और वापसी के दौरान जब रिक्शे की ज़ंजीर उतरने के कारण वे एक सुनसान सड़क पर रुक जाते हैं, मोटरसाइकिल पर गुज़रते दो युवक नंदिता

का पर्स छीन अँधेरे में ओझल हो जाते हैं। अनुमानानुसार पुलिस से कोई सहायता नहीं मिलती और वह थक-हारकर घर पहुँचती है।

दुर्घटना के बाद नंदिता प्राध्यापिकाओं को छात्राओं की नैतिकता पर ध्यान देने के लिए प्रेरित करती है, लेकिन उनकी इसमें कोई दिलचस्पी नहीं है। बढ़कर वे दिसम्बर के महीने के चलते गर्म कपड़ों की बुनाई में मग्न हैं। कम से कम अकेली नन्दिता कोई भला काम करना चाहती है, जिससे उसका सम्मान भी बढ़ सकता है। वह अध्यापिकाओं से सहयोग माँग एक शाल खरीदती है और उसे कॉलेज की गरीब चपरासिन ननकी को भेंट करती है। बाद में सवर्ण अध्यापिकाएँ अच्छा कपड़ा ओढ़ने के लिए ननकी को इतना परेशान करती हैं कि वह अपने आप मायूस होकर शाल उतार फेंक देती है। (द्र० 'शॉल', च.१५; 'ज़ोरदार तालियाँ', ठ.१०)

नन्दिता औरों के प्रति भी कहीं न कहीं सहानुभूति दिखाती है, जैसे स्वर्गीय पति के पद पर कॉलेज में नियुक्त एक युवा विधवा की ओर जो काम मुश्किल से सँभाल पाती है तथा एक अनुसूचित जाति की लड़की की तरफ़ भी। बिटोला का परिवार समाज के हाशिए पर ही है लेकिन पिता के मन में बेटी को पढ़ाने का दृढ़ संकल्प है। लड़की संस्कृत पढ़ना चाहती है, उसके अंक भी अच्छे हैं, फिर भी उसे दाखिला देने पर विषय के मामले में नन्दिता को संस्कृत की सवर्ण अध्यापिका से लोहा लेना पड़ता है जो देववाणी की रक्षा में छात्रा को ख़ारिज कर देती है। आखिरकार बिटोला का सपना तब साकार हो पाता है जब नन्दिता गाँव की इस छात्रा को कॉलेज का एक खंडहरनुमा क्वार्टर दिला देती है। वह बाद में वहाँ रहते-रहते, कभी सहजन के उबाले हुए पत्ते ही खाने के सहारे उत्तीर्ण हो जाती है। नन्दिता की समाज-सेवा के क्षेत्र में कॉलेज की राष्ट्रीय सेवा योजना सम्बन्धी कार्यक्रमों का प्रबन्धन भी आता है। कभी इलाहाबाद के माघ मेले में अशिक्षित महिलाओं को यौन स्वास्थ्य और परिवार नियोजन को लेकर जागरूक करने में जुट जाती है तो कभी गुजरात भूकंप के पीड़ितों के लिए चंदा-सामान बटोरती है, हालांकि राहत सामग्री इकट्ठी होने पर ढुलाई का इंतजाम नहीं हो पाता है।

ग्यारह पन्नों में लिखे गए नौवें अध्याय का विषय परीक्षाएँ हैं। कई कॉलेजों में छात्र आक्रोश से बेकाबू हो जाते हैं, प्रधानाचार्य की प्रतिमा पर हमला बोल देते हैं। नन्दिता की समस्याएँ और किस्म की होती हैं। महिला महाविद्यालय में हर साल शशि जैसी कोई न कोई मेधावी लड़की है जिसकी परीक्षा से ठीक पहले शादी कर दी जाती है और जिसकी पढ़ाई टल जाती है। परीक्षाओं में अनुशासन को बरकरार रखना आसान नहीं है। लड़कियाँ नक़ल करने में भी चुस्त हैं, ऊपर से उनके जुराब जैसे मलिन वस्त्रों से एक सवर्ण अध्यापिका सुबूत मुश्किल से बरामद कर सकती है। एक बार किसी छात्रा की कॉपी छीनने में कलम चुभने से सहायक निरीक्षक तक घायल हो गया था। नन्दिता ने रिपोर्ट लिखवाई, तो शाम को निरीक्षक उसके घर पहुँचा और परीक्षार्थी लड़की के परिवार से जान लेने की धमकी मिलने के कारण उससे रिपोर्ट वापस लेने के लिए कहा। एक दिन परीक्षा से कुछ ही मिनट पहले पट्टी में लिपटी उँगली वाली एक छात्रा ने लिपिक की माँग की, यहाँ तक कि वह परीक्षा लिखने के लिए अपना भाई भी साथ ले आई। नन्दिता के लिए ऐसी अप्रत्याशित घटनाएँ हमेशा शक-शुबहा का विषय रहती हैं, इसलिए उसने लड़की को चोट दिखाने के लिए मजबूर किया था। लड़की के गहरे घाव के नज़ारे ने यद्यपि सभी को चौंका तो दिया, नन्दिता को और किसी प्रकार से तसल्ली नहीं हो सकती थी।

ममता कालिया छह पृष्ठ लम्बे दसवें अध्याय में भी परीक्षाओं की अजीबोगरीब परिस्थितियाँ परखती हैं। परीक्षा कॉलेज के द्वार पर इकट्ठे हुए अभिभावकों से निपटने के बाद शुरू होती है, नन्दिता को दिन में तीन पालियाँ पूरी करनी हैं। प्रशासनिक और पंजीकरण सम्बन्धी अनेक प्रकार के कामों के नाते कक्ष-निरीक्षण पर ज़ोर डालना मुश्किल है, खासकर अगर पकड़े गए विद्यार्थी अपना दोष कबूलने की बजाय शेष छात्रों की जाँच की माँग भी रखें। नक़ल विरोधी अधिनियम के तहत पुलिस को ही कार्रवाही करनी चाहिए, लेकिन तैनात सिपाही इंसानियत का हवाला देते हुए स्वयं निरीक्षकों को रोकते हैं ताकि उनकी ज़िम्मेदारी बढ़े नहीं। चपरासी गवाही देने की बजाय कई बार अपने आप छात्रों के अवैध कारनामों में हिस्सा लेते हैं। पन्द्रह पन्ने के ग्यारहवें अध्याय में हम यह जान सकते हैं, गृहविज्ञान की परीक्षा के बहाने अनैतिक परीक्षक किस प्रकार लड़कियों के बनाए लज़ीज़ व्यंजनों से दिल बहलाते हैं और विद्यालय की रसोई से चोरी कर अपने-अपने घर की छोटी-मोटी ज़रूरतों को पूरा करते हैं। अगर किसी छात्रा की बनाई साड़ी अच्छी लगी, तो उसे उठा ले जाने में देर नहीं लगती।

समय में तनिक पीछे हटकर नन्दिता याद करती है कि क्रिसमस की छुट्टियों में, जब वह अपनी बहन के यहाँ कोलकाता चली गई, कॉलेज के नियमों का कैसा घोर उल्लंघन किया गया। खेलकूद के एक मुकाबले की तैयारी कर रही कुछ छात्राओं ने उनसे यह गुज़ारिश की कि वे अपना सामान रखने के लिए छुट्टी के दिनों में भी चाभी लेकर कॉलेज का एक कमरा इस्तेमाल कर सकें। आरंभिक संकोच के बावजूद नन्दिता मान गई। यह कभी नहीं सोचा था कि वापस आकर उसे खबर मिलेगी : छात्रा रोली श्रीवास्तव ने व्यायाम के अध्यापक पॉल सर के साथ मिलकर पार्टी दी और अब अध्यापक दूसरे शहर भाग गया। नन्दिता ने उसी वक़्त कॉलेज में कभी पुरुष को नियुक्त न करने का निश्चय कर लिया था। इसके साथ-साथ दो छात्राएँ व्यायामाभ्यास से घर लौटने में अँधेरी सुनसान सड़क पर लगभग बलात्कार का शिकार हो गईं, जब कॉलेज के एक कर्मचारी के करीबी ने रिक्शेवाले को दस रुपये देकर उन्हें अगुआ करने का प्रयास किया। लड़कियों ने नन्दिता के सामने फरियाद की कि कभी उनके घरवालों को इस घटना के बारे में न पता चलने दें। ('तोहमत' कहानी भी समान विषय उठाती हैं, द्र० घ.५)

जातिवाद कॉलेज में प्रखर है। एक निर्धन परिवार की लड़की अपने घर में रहनेवाले रक्षक और भक्षक किरायेदार से अपनी जाति को अनुसूचित जाति में बदलवाकर और इसके ज़रिये छात्रवृत्ति पाकर छुटकारा पाना चाहती है। देश की बदलती राजनीति के अनुकूल अध्यापिकाओं में भी बुधवार की प्रातःकालीन सभा को लेकर मतभेद बढ़ता जाता है। राष्ट्रगान के साथ-साथ कोई वेद-पुराण से लिए सुविचार सुनना चाहती है, तो कोई गाँधी और अम्बेडकर के। सवर्ण अध्यापिकाएँ सप्ताह के अलग-अलग वारों को प्राचीन आचार-संहिता के अनुकूल अलग-अलग रंग पहनती हैं, चाय अपनी प्याली में पीना पसन्द करती हैं, यहाँ तक कि प्रसाधन करने भी एक ही टोली में जाया करती हैं।

उपन्यास का समापन पाँच पन्नों में हुआ। इस बारहवें अध्याय में शैक्षिक वर्ष पूरा होकर फिर से प्रवेश का समय आ जाता है। नन्दिता और उसके सहकर्मी फाटक पर भीगते-भीगते विचार करते हैं, जब कॉलेज का अहाता इस बार भी पानी से भर गया, तो कागज़ी काम कैसे पूरा किया जाए? एक किश्ती से कुछ फाइलें निकाली जाने के बाद वे कॉलेज के पीछे के उजाड़

रास्ते से अंदर जाने की ठान लेती है। पर लौटते वक़्त उन्हें एक अप्रत्याशित समस्या का समाधान करना पड़ता है: जिस रईस व्यक्ति के परिवार की तथाकथित जायदादी ज़मीन पर कॉलेज बना था, अब उसने उनके रास्ते में जल्दबाज़ी में एक दीवार खड़ी कर दी और पीछे से गाली भी देता है। अंततोगत्वा अध्यापिकाएँ अधचिनी दीवार ढहाकर बाहर निकल आती हैं।

उ.८ दुक्खम-सुक्खम (२००९)

ठ. काके दी हट्टी (२०१०)

ठ.१ काके दी हट्टी

आरंभ में पाठक को दिल्ली जैसे पंजाबी संस्कृति से प्रभावित शहर का एक निम्न-मध्यवर्गीय परिदृश्य दिखाया जाता है, जिसमें बी-ब्लॉक की जनता त्यौहारों पर खूब शराब पीती है, माता-पिता को 'डैडीजी-मम्मीजी' पुकारा जाता है और लोग अपनी छोटी दुकान चलाते हैं। इसी माहौल में नायक काक्के से ब्याह कर आई जी-ब्लॉक की पिंकी समाना भी नहीं चाहती, वह एक धाकड़ लड़की है, जिसके पास गुज़ारे के लिए अपनी रात्रिकालीन, बी०पी०ओ० वाली नौकरी भी है। काके को एक दिन सदमा सहना पड़ता है, जब मोहल्ले के इकलौते खाली अहाते पर विशाल दुकान बनती है, जिसकी टक्कर उसकी छोटी-सी धूल-खाई दुकान नहीं ले सकती। जब उस दुकान से इनकी पारिवारिक, युगों से चलती 'हट्टी' खरीदने का जायज़ होते हुए भी नामुनासिब प्रस्ताव आता है, पिता से सलाह मशवरा कर आखिर वह तैयार हो जाता है। सुखद अन्त में पहले कटी रहती पत्नी का साथ पाकर एक अलग जगह फिर से अपनी छोटी दुकान खोल लेता है।

ठ.२ एक रिश्ता तो था

इति आजकल एक साल के लिए दक्षिण अफ्रीका गये हुए अपने मामा के नवी मुंबई के घर में अकेली रहती है। आदि, उसका आकर्षक युवा और अविवाहित बॉस बगल के फ़्लैट में रहता है। वह नहाकर घुसलखाने से निकले, तो इति को सुगंध महसूस होती है। इसके बावजूद उनमें संवाद नहीं होता। आदि के लिए सुबह गाड़ी आती है, जबकि इति को सामान्य श्रेणी में दफ्तर जाना होता है। बॉस-मातहत का रिश्ता ही है, इति खुलकर उससे बात भी नहीं करना चाहती। इति की नौकरी कच्ची है, पक्की नौकरीवाले लाख हड़ताल करें, उसे ठीक समय पर काम पर आना पड़ता है। एक दिन देर हो जाने से इति फ़िक्र करने लगती है, तभी उसके पास टैक्सी रुकती है और आदि उसे लिफ्ट देने लगता है। वह झिझकते हुए बैठ जाती है और अन्दर ही अन्दर खुश है कि आदि उसे पहचानता है। बातचीत हुई भी नहीं, जब ठीक साकीनाका से पहले कोई सड़क पर आ जाता है और चालक ज़ोर से ब्रेक दबाता है। "पीछे की सीट पर बैठी दोनों सवारियाँ खिड़की से टकराकर ठण्डी" हो जाती हैं। तमाशबीन और चालक गहरे अफ़सोस के साथ बोलते हैं, "ख़ुशक़िस्मत थे। इकट्ठे जिए, इकट्ठे मरे"।

ठ.३ जाते हुए लोग

गाज़ियाबाद की एक महिला से उनके पड़ोस में घटी त्रासदी की कहानी सुनते हैं। रक्षाबन्धन पर मुकुन्द नगर की सहेली रजनी के यहाँ बड़ी बहन विमला पति प्रमोद के साथ आ जाती है, साथ

ही उसकी माँ सुमित्रा के हापुड़ के भाई भी। घर के चार पुरुष (रजनी के पिता, जीजा प्रमोद, मामा और भाई बंटू) सुबह आठ बजे ज़िद्द करके हिंडन नदी पर नहाने जाते हैं। दोपहर तक भी नहीं लौटते, तो घबराई हुई सुमित्रा आंटी कथावाचक के घर आती है। थोड़ी हिचकिचाहट के बाद उसके पिता पड़ोस के बब्बू के स्कूटर पर उनके पीछे निकल पड़ते हैं। नदी के किनारे पहुँच यह पाते हैं कि रजनी के पिता के अलावा भँवर से बंटू को बचाते-बचाते तीनों लोगों की मृत्यु हो गई है। एक साल बीतने तक इस सदमे से निकलने की कोशिश करते हुए मामी ने खुद को व्यस्त रखने के लिए पुस्तकालय खोल लिया, जबकि सुमित्रा आंटी ने स्वयं को बेटे बंटू की जगह लड्डूगोपाल के पालन-पोषण में झोंक दिया है। इस ग़म में उनको सबसे ज़्यादा ताकत यह देता है कि दुर्घटना के नौ महीने बाद विमला ने एक सुन्दर शिशु को जन्म दिया है।

ठ.४ सुरक्षा का आतंक

पंजाब में आतंकवाद शिखर पर है। खबर फैलती है कि पंजाब विश्वविद्यालय के हिन्दी और संस्कृत विभाग के सदस्यों को भी खतरा है, तो उनकी हर दम की हिफ़ाज़त के लिए उन्हें एक-एक अंगरक्षक दिया जाता है। डॉ० चन्द्रा को उसके साथ घर चलने में भी दिक्कत आती है, क्योंकि उसके पास न कार है न स्कूटर। पत्नी अलग परेशां हो जाती है। कारबाइन देख डॉ० धर्मपाल शास्त्री के शैतान बच्चों की तो सिट्टी-पिट्टी गुम हो जाती है, चुपचाप गृहकार्य करने बैठ जाते हैं। हालात सुधरने में आधा साल लग जाता है, पर डॉ० मधोक तब भी पिस्तौल रखना नहीं छोड़ते। विश्वविद्यालय में उर्दू मजलिस के मुशायरे से पहले कुलसचिव प्रोग्राम का पूर्वावलोकन करना चाहते हैं ताकि कोई भड़काऊ बात होने न पाए, इसपर छात्र क्रुद्ध हो जाते हैं और उन्हें दो दिन का अवकाश लेना पड़ जाता है। एक मौखिक परीक्षा लेने प्रो० बत्रा और डॉ० मधोक जालन्धर के लिए गाड़ी से निकलते हैं, असुरक्षाबोध से ग्रस्त डॉ० मधोक पिस्तौल लेकर चलते हैं और उनको लगता है, एक गाड़ी उनका पीछा कर रही है। ढाबे पर रुककर ही मालूम पड़ता है कि सफ़ेद गाड़ी की सवारियाँ तो कुछ मासूम विद्यार्थी ही थे।

ठ.५ इलाज

अभिधा कोलकाता में उस मिण्टो पार्क के पास रहती है, जहाँ पर शाम के झुकपुके में प्रेमी-युगल अक्सर लिपटे हुए नज़र आते हैं और उनका यह नज़ारा सैर करनेवाले कईयों को जैसे आँखों में चुभता है। वैसे पार्क के नज़दीक मीनाक्षी आइ हॉस्पिटल भी है, इसलिए अभिधा सोचती है, आँखों में कुछ नुक्स पड़ जाए, तो इलाज के लिए यही उत्तम जगह है। कुछ समय में अपने अनुवादक के काम से उसकी आँखें सचमुच पनियाने लगती हैं। डॉक्टर उसे दूसरे विभाग के शल्य-चिकित्सक से मिलने को कहता है। वह बिना इलाज की प्रविधि बताए उसकी आँख से द्रव निकालने के लिए सुई चुभोने की कोशिश करता है। घबराई और सहमी हुई अभिधा उठकर निकल पड़ती है, और अब "दहशत के मारे उसकी आँखों से पानी की जगह अंगारे" निकल रहे हैं।

ठ.६ दूसरी आज़ादी

तमन्ना और वसीम शादी के बाद इलाहाबाद के एक नए घर में आ जाते हैं। वसीम और उसके दो भाई (तमन्ना के भाइयों की तरह) इलाहाबाद के समाज में नाम और पैसे अरब के देशों से कमाते हैं। प्रतापगढ़ के रहनेवाले उनके वालिदैन ने यह मकान भी वहाँ से घर भेजे पैसों से बनवाया

है। तमन्ना के ससुर के पास किराये पर चढ़ाई टूरिस्ट बस और ट्रक हैं। वसीम ने वैसे बी०ए० पार कर लिया था, मगर आज उसका ख़याल यह है कि उसे इंटर के बाद सीधे दर्ज़ी का काम करना चाहिए था, जो आज वह रियाद में कर रहा है। वह पहले तो बीवी के लिए पूरा हिदायतनामा छोड़कर बाहर जाता था, तमन्ना के लिए महँगा नकाब ले आया था यह सोचकर कि "अव्वल तो बाज़ार के चक्कर लगाने का काम भैया कर देगा, फिर भी कभी बाहर निकलना ही पड़े तो तमन्ना नकाब डाल लिया करे"। पर आठ सालों में, जब भी वह महीने भर के लिए घर आया, उसे पहचानना पड़ा कि नूर और रूही दो बच्चियों की माँ, शान से गुज़ारा कर रही उसकी बीवी का मन अब पाँच वक़्त नमाज़ पढ़ने से नहीं भरता। वह बेपर्दा घर से निकल जाती है सिर्फ शौक से नर्सरी में बच्चों को पढ़ाने, और शॉल बेचता खूबसूरत फेरीवाला कमान खान भी उनके यहाँ चाय के लिए ज़रूर रुकता है···।

ठ.७ शक

यही संग्रह की सबसे लम्बी कहानी है। शुरुआत में एक खुशहाल कॉलोनी के दैनन्दिन जीवन में झाँक सकते हैं, जहाँ के बाशिंदे पत्रिका क्लब चलाते हैं, साल में एक बार सपाटे पर जाते हैं, बुद्ध-पूर्णिमा और राखी के समय 'डच-डिनर' देते हैं और एक दूसरे से कील-हथौड़ा लेने में कोई संकोच नहीं करते। बीवियाँ पहले छोटे बच्चों को संचालित करने से परेशां रहतीं, पर अब वे बड़े होते जा रहे हैं और उनकी माताओं के पास अतिरिक्त समय बहुत है। एक विधुर सदस्य के कॉलोनी छोड़ने के बाद ऐसे नए निवासी आते हैं, जो शेष से अधिक व्यस्त और 'आधुनिक' मालूम पड़ते हैं, तो कॉलोनी की शान्ति भंग हो जाती है। नई पड़ोसिन सरिता पाण्डे आकाश-वाणी में उद्घोषक हैं, उनकी मीठी आवाज़, गृहस्थी चलाने के कौशल और सबके साथ सहज व्यवहार से आम गृहिणियाँ जलने लगती हैं, फिर अपने-अपने पतियों की नीयत के लिए भी चिन्ताग्रस्त हो जाती हैं। अगस्त के महीने में चित्रकूट की सैर के दौरान धर्मशाला में सोते हुए जब बीच रात में मिसेज़ सक्सेना मिसेज़ पाण्डे को चारपाई से गायब पाती हैं, तो यह प्रसंग उनकी चिन्ताओं को बढ़ाने में आग में घी की तरह काम करता है।

ठ.८ बीतते हुए

इस संक्षिप्त कहानी में अपने पति के बारे में एक पत्नी के ख़यालात अन्यपुरुष और उत्तमपुरुष में भी जानते हैं। विवाह की पहली सालगिरह पर इस अवसर की याद दिलाते हुए वह पति का स्वागत करती है, पर पति उत्सुक नहीं होता और बोलता है उसे लगा, पाँच-छह साल बीत चुके हैं। पत्नी मन ही मन सब दुःख पी जाती है, उसे भय है कि पति नाराज़ हुआ, तो वह उसे मायके भेज देगा, जहाँ उसे घर के और ज़्यादा काम के साथ माँ की डाँट भी हर दम सुननी पड़ेगी। बचपन से घर में रहने की "खूब आदत" के मारे उसे यह भी खलता नहीं कि पहले महीनों की तरह अब वे शाम को घूमने नहीं जाते। इस तरह वह ५०-५० रुपये के हिसाब से कुछ पैसे अपने लिए बचा सकती है। उसको केवल इस बात का मलाल है कि पति ने पड़ोसियों से मिलने-जुलने के लिए मना कर दिया था। उसे अभी तक इस पर अधिक ध्यान देना होगा कि पति से जो बात कहनी हो, रात के नौ बजे के बाद कहे, क्योंकि वह दफ्तर से आकर चिड़चिड़ा रहता है।

ठ.९ शिष्या

कहानी की शुरुआत और अन्त में हेस्टी-टेस्टी बार में हो रहे एक जमावड़े का दृश्य है। आरंभ में एक मित्र-मंडली के सदस्यों का वर्णन है, जिसमें दो मांसाहारी अधिकारी, राजेश अवस्थी और प्रत्यूष तथा उनकी शाकाहारी पत्नियाँ, सुनीता और कृति भी शामिल हैं। कथावाचक, उनका दोस्त, एक हिन्दी अख़बार का संवाददाता है। राजेश काम के सिलसिले में घर से अक्सर दूर रहता है, सुनीता अकेले-अकेले ऊब जाती है, इसलिए वह राजेश से एक उस्ताद ढूँढ़ने के लिए कहती है, जो उसकी कच्ची-पक्की कहानियाँ सुधारे। आखिरकार सुनीता प्रत्यूष से कक्षाएँ लेनी लगती है और उसकी तरक्की हो जाती है। इस दिन के जमावड़े का आयोजन भी उसकी कहानी के एक अख़बार में प्रकाशित होने की ख़ुशी में ही हुआ है। प्रत्यूष अपने दोस्त कथावाचक से अख़बार में सुनीता के बारे में कुछ अच्छा लिखने का इसरार करता है और उसे कुछ कागज़ भी देता है, जो वह निकलने पर बार में भूल जाता है। जब लौटकर बैरे से बात करता है, तब पता चलता है कि प्रत्यूष और सुनीता का उस बार में हर हफ्ते आना-जाना रहता है…।

ठ.१० ज़ोरदार तालियाँ

एक सभागार में कॉलेज के प्राध्यापकों के सम्मान-समारोह के पश्चात् छोटे कर्मचारियों का ज़रूरी काम है कि अगले दिन की एक शोक-सभा के लिए जगह को तैयार करें। उन्होंने इस दिन के आयोजन के लिए कितनी भी मेहनत की हो, उनका सम्मान तो किसी ने नहीं किया। किसी एक प्राध्यापक ने अपनी भेंट भी वहीं मंच पर छोड़ दी, जिसमें एक अंगवस्त्र भी शामिल था। ऐसे में कम पढ़े लिखे या अनपढ़ ये कर्मचारी अपने स्कूटर पर सवार होते फोटोग्राफर को वापस बुलाते हैं और रह गए अंगवस्त्र से मज़ाकिया अन्दाज़ में एक दूसरे को सम्मानित करते हैं। केवल शकुन और ननकी (द्र० 'शॉल', च.१५; 'अँधेरे का ताला', उ.७) महरी बहुत शर्माती हैं। बाकी उनसे जल्दी करने के लिए कहते हैं, पर पता चलता है कि शकुन मर्द के हाथ से अंगवस्त्र पहनना नामुनासिब समझती है। आखिरकार ये दो महिलाएँ भी एक दूसरे को अंगवस्त्र उढ़ाती हैं। तमाशे के बाद सब को प्रकृतिस्थ होकर फिर से सफ़ाई में लग जाना पड़ता है। (द्र० 'संस्कृति', ढ.६)

ठ.११ एक पति की मौत

कहानी की शुरुआत में सिया के पास उसके पति की मौत का तार आ जाता है। आगे पता चलता है, वह उसकी सौत ने भेजा है। तेरह साल पहले, शादी के नौ बरस बाद सिया को तलाक देकर उसका पति नमन लन्दन वापस लौट गया, जहाँ वह पहले हिन्दी पढ़ाने गया था। वहाँ उसने अपनी एक अंग्रेज़-मेक्सिकन छात्रा जूडिथ से दोबारा शादी कर ली। सिया वैसे यह भी पहचानती है कि शायद वह पति की हर इच्छा बार-बार पूरी नहीं कर पाई थी। इसके उपरान्त तीन साल पहले तक, यानी सास के चल बसने और बेटी के ब्रिटेन की ससुराल में चले जाने तक परिवार के 'सम्मान' की खातिर उसे ऐसे नाटक का पात्र बनना पड़ा, जिसमें वह परित्यक्ता होते हुए भी सुहागिन रहती है, बावजूद पति के कारनामों के। सिया केवल अपनी कॉलेज की नौकरी की वजह से और इस आस में अपने घर में बनी रह पाई कि सास और बेटी की उस पहरेदारी का, जो वे उसकी नीयत पर डालतीं, जल्द ही अन्त आ जाएगा। सिया अपनी

सहकर्मियों और एक सहेली को भी मौत की इस घटना के बारे में बताना चाहती है, लेकिन वह असमंजस में भी है, बात को कैसे रखे। दूसरी सुबह दूधवाला और महरी दरवाज़ा खटखटाते हैं, तो उन्हें दूर भेजते हुए वह टूटकर 'घर के मालिक' के 'ख़त्म होने' की बात बेसाख्ता कह लेती है। इस तरह आखिरकार खबर पड़ोस को भी मिल जाती है।

ठ.१२ छोटे खिलाड़ी

दो अलग हिस्सों की कहानी है यह। पहले हिस्से में इलाहाबाद के लेखक दम्पती अरण्य और अपर्णा तथा मुकेश सूरिनाम के विश्व हिन्दी सम्मलेन से पहले नियमानुसार येलो फीवर का टीका लगवाने दिल्ली जाते हैं, पर डॉक्टर उनसे दो और लोगों को साथ लाने के लिए कहता है, क्योंकि एक शीशी में पाँच जनों की खुराक रहती है। आखिर उनको पाँच के पैसे देने पड़ते हैं, कुछ-कुछ घूस की तरह — अगर कुछ और भी देते, तो सरकारी कर्मचारी उनके सरकारी कागज़ात पर बिना सूई से तड़पाए भी ठप्पा लगा देते। दूसरे हिस्से में आयोजक परिषद् की आर्थिक मजबूरी के कारण केवल अरण्य सूरिनाम जा सकता है। प्रायोजकों के अभाव में अपर्णा घर पर रह जाती है, क्रिकेट देखती रहती है। लखनऊ से आए दोस्त श्रावणी और मुकुल बताते हैं कि उनके कॉलेज में अंग्रेज़ी के अध्यापक डॉ० दास के खिलाफ़ हिन्दी पर भद्दी टिप्पणी करने के लिए आन्दोलन चल रहा है। निष्कर्ष यह है कि क्रिकेट के अंग-अंग प्रायोजित खिलाड़ी ही बड़े खिलाड़ी हैं, हिन्दी के लेखक निकले छोटे खिलाड़ी।

ठ.१३ अनावश्यक

सभवतः इलाहाबाद की नायिका उत्तम-पुरुष में कहानी सुनाती है। अपना पहला बच्चा पेट चाक कर पैदा करने के पाँच दिन बाद वह बच्चे के रोने से और दूध न दे पाने से घबराकर मन ही मन अपने जीवन-परिप्रेक्ष्य के बारे में सोचती है। बच्चा होने से वह और उसका पति जवानी की हर योजना (इंग्लैंड जाना, उड़ान सीखना, बियर पीना) छोड़ देंगे बच्चे को पालते-पोसते। वह इस बात का भी अफ़सोस जताती है कि जब तक बच्चा इतना बड़ा होगा कि वह उनका दोस्त बन सकता, तब तक उनके सिर पर बूढ़ापा आ जाएगा और कि दूसरों की बातें सुन-सुनकर, नोक-झोंक सहकर वे स्वयं अमानुषिक व असामाजिक बन जाएँगे।

ठ.१४ फिर भी प्यार

कहानी इलाहाबाद की एक अध्यापिका सुनाती है, जिसके पास कुछ पुराने छात्र भी आया करते हैं। एक रंगकर्मी कलाकार छात्रा वह्निशिखा ने अध्यापिका और उसके पति के हमउम्र लेखक मित्र से विवाह कर लिया था, पर उनका दाम्पत्य सुखी नहीं रहा। कलकत्ते की ससुराल में लड़की को तब आज़ादी और प्रेरणा मिलती, जब उसका पति आकाश साथ होता। पर आकाश अनेक बार घर से बिना सूचना दिए निकल जाता और बहुत दिनों बाद लौटता। कहानी के दूसरे भाग में पता चलता है कि वह्निशिखा एक नाट्यसमूह के साथ एक बार जब दिल्ली गई, तो कभी लौटी ही नहीं, पति को छोड़ और नाम बदलकर वहाँ रहने लगी। आकाश को उसके बाद होश आया, उसकी ज़िन्दगी को ठेस पहुँची, उसे किसी भी चीज़ में आनन्द नहीं मिलता, चाहे मुंबई में सम्मानित भी क्यों न किया जाए। जब आँचल (वह्निशिखा) कथावाचिका से मिलने आती है, तब यह भी पता चलता है कि उसने दिल्ली में पुरुष सदस्यों के व्यवहार से त्रस्त होकर समूह में

काम त्याग दिया था और बी०एड० करके एक स्कूल में बच्चों को पढ़ाने लगी। कथावाचिका ताड़ लेती है कि उसमें पति के लिए थोड़ा अनुराग अभी भी बचा है, पर वास्तव में यह होता है कि 'साथ तो या वे दो रह सकते हैं, या फिर उनका प्रेम'।

ठ.१७ वारदात

कहानी की शुरुआत में कथावाचक अपने दादा के साथ इलाहबाद की अपनी कॉलोनी के एक सदस्य के पास जाता है ताकि कल्याण-परिषद् के लिए उनसे चन्दा माँगें। सिंह साहब अपने सेवानिवृत्त होने के कारण किफ़ायत से रहने का हवाला देते हुए कॉलोनी के चोरी हुए नक्शा बोर्ड लगाने के लिए पैसे देने से इनकार करते हैं। इसके बाद हम उनके घर के हालातों के बारे में जानते हैं। वे निहायत कंजूस हैं, रसोई में तपती पत्नी चन्द्रप्रभा को पंखा तक चलाने नहीं देते और अपनी दवाइयाँ ले तो लेते हैं, पर पत्नी की सिर्फ आधी। वे पड़ोसियों की बैठकों में भी शामिल नहीं होते। एक कोहरे भरी सुबह उनका बेटा अनुराग बिना खबर दिए दूसरे शहर से अपनी बीवी दिव्या के साथ घर आ जाता है। पता चलता है कि दरवाज़े पर इंतज़ार करते हुए उनको लूटा गया है और ऐसे में उन्हें किसी भी राहगीर ने मदद नहीं की, तो सिंह साहब खुद मतलबी होते हुए भी आजकल के लोगों के मतलबी होने का अफ़सोस जताते हैं।

ड. ख़ुशक़िस्मत (२०१०)

ड.२ एक अकेली तस्वीर

तनिया (तनि) अपने पिता के साथ रहनेवाली युवती है। उसे नाज़ों से पाला गया है, लिहाज़ा बन गई वह थोड़ी नाज़ुकमिज़ाज। जब से उसने कोलकाता से आया एक रिश्ता ठुकरा दिया, न केवल पड़ोस में उसकी अपचर्चा होने लगी है, बल्कि वह खुद अपने आपको अकेली पाती है। बावजूद इसके अपने निर्णय पर कायम है। उसे लगता है कि विवाह में उसपर पति हावी हो जाएगा, तो इससे बचना ही बेहतर है। अपने खाली-से दिन कई बार स्नेह भाभी, एक मिलनसार पड़ोसिन के यहाँ बिताती है, जिसके साथ ज़्यादातर पाकशास्त्र की चर्चा चलती रहती है। अगर स्नेह भाभी सुबह पति को जूते साफ़ करके न दे, वह गुर्राएगा। तनिया ऐतराज़ भी करती है, लेकिन स्नेह उसे समझाती है कि इन सब समस्याओं के बावजूद वह अपने पति, परिवार और जीवन से प्यार करती है, और ये छोटी-मोटी चीजें किसी को पारिवारिक सुख से नहीं रोकनी चाहिएँ। नायिका की नज़र भाभी के एक सफ़ेद बाल पर पड़ जाती है, तो स्नेह बताने लगती है कि पति के देखे, पूरे खिचड़ी हो चुके हैं, पर यही ज़िन्दगी है : उन दोनों की तस्वीरें भी साथ ही फीकी होती जा रही हैं। तनिया अब पछताती है, उसके पास ऐसी कोई तस्वीर भी नहीं है।

ड.७ बगिया

कुन्दन सेठ हीरालाल की कपड़ों की विशाल दुकान में काम करता है। उसका स्वभाव बहुत सकारात्मक और विनम्र है, इसलिए उसकी पूछ बढ़ती रहती है। एक समय आ जाता है, जब उसके सहकर्मी ईर्ष्या करने लग जाते हैं। इसका नतीजा यह है कि महँगे कपड़े को ध्यानपूर्वक न नापने की तोहमत लगाकर मालिक हीरालाल उसे नौकरी से निकालने की धमकी देते हुए

मुनीमजी के मातहत हिसाब-किताब में लगा देता है। जैसे-जैसे बही-खाते का ज्ञान हासिल करता जाता है, उसी अनुपात में अपने घर के खर्चों में हिसाबीपन दिखाने लगता है। पहले पत्नी के साथ हमेशा आत्मीय था, अब नौकरी की खीझ से चिड़चिड़ा। एक दिन बच्चे स्कूल से यह संदेश घर ले आते हैं कि समूहगान के लिए नए सफ़ेद कपड़े सिलने आवश्यक हैं। कुन्दन इस फ़िज़ूलखर्ची के लिए साफ मना कर देता है, पर माँ अपने पैसे-पैसे जोड़े रुपयों से कपड़ा लेकर रात को बच्चों का सूट तैयार कर देती है। सुबह कुन्दन पहले रुष्ट हो जाता है, पर अपने बच्चों के बगिया-से खिलते चेहरे देख उसी पल द्रवित हो जाता है।

ड.९ परदेशी

अध्यापिका भावना और नीरद दो बच्चों के साथ इलाहाबाद में रहते हैं, पर भावना के भाई-बहन विदेश में हैं। भाभी कनाडा से भारत-दर्शन करने जा रहे अपने एक करीबी मित्र रिचर्ड पार्कर को भावना के यहाँ भेज देती है, यह फ़रमान जारी कर कि घर चमचमाना चाहिए और रिचर्ड को कोई असुविधा महसूस नहीं होनी है। भावना तैयारी के बाद भी असमंजस में है। अपने कंप्यूटर आदि में मगन नौजवान बेटों को कैसे मेहमान की सेवा में लगाए, उसे कुछ समझ में नहीं आता। पर अंग्रेज़ अतिथि को गर्मी के अतिरिक्त किसी चीज़ से परेशानी नहीं होती और वह घर के बुज़ुर्गों तक के साथ दोस्ती कर लेता है, साझी भाषा हो न हो। घर के लोग रिचर्ड के लिए खजुराहो की रेल टिकट का आरक्षण कर लेते हैं, लेकिन वह उसकी जगह बनारस घूमने चला जाता है। कहानी के अन्त में घर की तमाम मसरूफ़ियत और बच्चों को सँभालने से थकी नायिका को इस परदेसी मेहमान से यूँ तसकीन मिलती है : वह कहता है, इस यात्रा में एक स्नेही भारतीय परिवार का जीवन देख लेने में उसका सबसे अधिक मन लगा, क्योंकि ऐसा उसके देश में कहीं मिलता ही नहीं, सब कटकर रहते हैं। भावना सुनकर निहाल हो जाती है।

ड.१० पण्डिताइन

सी०डी०एफ० पैंशन में कार्यरत पंडितजी का परिवार इलाहाबाद में रहता है, पर बलिया में उनकी सात बीघा ज़मीन है। एक लड़का हाईस्कूल में पढ़ता है, तो बड़ा बेटा अपनी बेरोज़गारी प्रतियोगी परीक्षाओं की तैयारी से ढकता है और अख़बार में चपरासी तक के विज्ञापन देता जाता है। घर पर ज़्यादातर दो बेटे ही रहते हैं, पंडितजी तबादले के बाद शिलांग से पैसे भेजते रहते हैं, बुज़ुर्ग दिखती पण्डिताइन बलिया में समय काटती है। पर शिलांग की आबोहवा से बीमार पड़कर पंडितजी चिकित्सकीय अवकाश पर वापस आ जाते हैं। डॉक्टर हलके भोजन की ताकीद करते हैं, पर पत्नी हर बीमारी का इलाज शुद्ध देसी घी से बना खाना खिलाकर मानती हैं। वह पति को बोलती है, किसी के बारे में सुना कि बाप के चल बसने पर उसकी नौकरी बेटे को मिल गई। अगले ही हफ्ते एक रात पंडितजी स्वयं सिधार जाते हैं। अंतिम संस्कार के बाद बड़ा बेटा पिता की कमीज़ पहन पिता के दफ्तर में जाने लगता है और अनपढ़ माँ को सही जगह हस्ताक्षर न कर पाने के खतरे से डराकर पिता का खाता हथिया लेता है। उसके बाद जब गिरकर पिता की तस्वीर में काँच टूट जाती है और माँ एकादशी पर पण्डे को सवा रुपया चढ़ाना चाहती है, बेटा तब भी मना कर देता है। अन्ततः इस कहानी को सुनाती पड़ोसिन ही पण्डिताइन को पैसे सौंप देती है।

❖ छठा चरण : २०१४ पूर्व — वर्तमान ❖

ढ. थोड़ा सा प्रगतिशील (२०१४)

ढ.१ जी

इस कहानी के दो भाग हैं। पहले में दो अधेड़ उम्र की अविवाहित सहेलियाँ, लक्ष्मी मेनन (लेखिका की सहेली का नाम, 'कितने शहरों में कितनी बार' १०७ ; इस नाम की एक और नायिका के लिए द्र० 'मुहब्बत का मौसम', ढ.३) और वन्दना राव राजीव चौक लौटती हैं ताकि वे साड़ियाँ बदलवाएँ, जो उनको पहले दुकान में पसंद आई थीं पर घर चलने के बाद नहीं। इसके बाद 'जी' नाम के बार में चाय पीने चली जाती हैं, जहाँ अन्दर "रोशन अँधेरा" छाया रहता है और जहाँ "रात आठ बजे का वक़्त चाय का नहीं है"। बातों में वे याद कर लेती हैं कि तेरह साल पहले, सन् २००० में जब एकसाथ गोवा गई थीं, तो गाइड ने कैसे उनसे स्विमसूट पहनने का अनुरोध किया। उन्होंने पहना तो नहीं, पर पाया कि वास्तव में उसमें कोई अश्लील भी नहीं है, क्योंकि ऊपरी हिस्सा प्राचीन भारतीय वल्कल जैसा है, जबकि नीचे का हनुमानजी का कौपीन। दूसरे अलग भाग में इसी बार के गायक-युगल, आशुतोष मुखर्जी और पत्नी मिलन की कहानी है। वे जीवनयापन के लिए रातों को कड़ी मेहनत करते हैं और इस बीच अपनी बच्ची की देखरेख के बंदोबस्त से बेचैन हैं। बार के मालिक को बच्ची का परिसर में उपस्थित होना अच्छा नहीं लगता, न ही यह इंतज़ाम बच्ची के लिए ठीक है।

ढ.२ कामयाब

हाफ़िज़ इलाहाबादी कहानी की शुरुआत में अधेड़ उम्र का विधायक है। उसकी 'कामयाबी' का किस्सा पाठक एक पूर्व पड़ोसी दम्पती, मुख्य रूप से अज्ञातनाम पड़ोसन के बताने से जानता है। हाफ़िज़ की दो बेटियाँ हैं (सना और सुबूही), जिनपर वह पाबंदियाँ कम लगाता है। बीवी तहमीना पर बंदिशें ज़्यादा हैं, घर को विधिवत् सँभालने का दायित्व उसका है। तहमीना का मनोरंजन पास की गली में रहनेवाली अपनी बहन के यहाँ वक़्त गुज़ारना है। इस बीच बेग़म लखनपुर, जिनके नवाब लकवाग्रस्त और गंभीर रूप से बीमार हैं, का करीबी बनने से हाफ़िज़ की राजनीतिक तरक्की होती जाती है, सांसद बनकर दिल्ली चला जाता है। जैसे-जैसे उसका घर महल का रूप लेता जाता है, अफवाहें फैलती हैं कि इतना सब बेग़म लखनपुर के एहसान से ही हो पाता है। हाफ़िज़ बीवी-बच्चियों को समय नहीं दे पाता है। पड़ोसी दम्पती घर बदलने के दो साल बाद ही हाफ़िज़ साहब से मिलते हैं, तो इस कामयाब इनसान को परेशान और सठियाया हुआ पाते हैं, उसका व्यवहार भी मित्रतापूर्ण से औपचारिक में बदल गया है। पड़ोस के परिचितों से पता चलता है कि कामयाबी के पीछे संगीन नाकामयाबी छुपी हुई है, डाह से मुतासिर तहमीना का मानसिक संतुलन दवाओं पर टिका है और दो बेटियाँ, संभवतः पहले से चल रहे प्रेमसंबन्धों के सिलसिले में, घर से भाग गयी हैं।

ढ.३ मुहब्बत का मौसम

एक युवा दम्पती, आदिल और फ़रीदा नैनीताल की सैर पर निकलते हैं। कहानी फ़रीदा सुनाती है।

एवेरस्ट व्यू होटल में ठहरने पर मालूम पड़ता है कि फ़रीदा की एक वरिष्ठ सहकर्मी प्राध्यापिका भी वहीं छुट्टियाँ बिता रही हैं। उस दिन वे दोनों शाम तक कमरे में आराम करते हैं, पर अँधेरा होने के बाद फ़रीदा हमेशा सफ़ेद कपड़े पहनती दिखती डॉ० उपमा जोशी के कमरे में चली जाती हैं। मोहन राकेश की 'मिस पाल' कहानी के अन्दाज़ में उनमें कुछ संकोची और सतही बातचीत हो जाती है। फ़रीदा उनसे पूछ बैठती है, वे ऐसे अकेले घूमने में दुःखी कैसे नहीं हो जातीं। मिस जोशी पीठ में तेल लगाने के लिए कहती हैं तो फ़रीदा चौंककर पाती है, उपमा जी की पीठ लाल-नीली खरोंचों से भरी पड़ी है, जिसका कारण वे खुजली बताती हैं। फ़रीदा बीच में उठना नहीं चाहती और बेसब्री से इंतज़ार करते आदिल के कॉल दबा देती है। बाद में "नाराज़ आशिक, जैसे फैला हुआ दूध", उसे समेटने में फ़रीदा को समय लगता है। दूसरे दिन पति-पत्नी अज्ञेय के 'नदी के द्वीप' के भुवन और रेखा के पीछे आस-पास के ताल देखने जाते हैं, और लौटने तक पाते हैं कि मिस जोशी तब तक होटल से जा चुकी हैं। (कहानी में फ़रीदा की सहकर्मी लक्ष्मी मेनन का ज़िक्र होता है, इस नाम की एक और नायिका के लिए द्र० 'जी', ढ.१।)

ढ.४ खुशियों का लौटना

प्रेरणा इस कहानी में गौण पात्र हैं, पर कथानक को उनके नज़रिये से जानते हैं। उनकी भाभी का देहान्त चमोली के आस-पास एक बस दुर्घटना में हुआ था, आठ साल पहले। भाभी जी अपनी तीन साल की नातिन शाम्भवी को बदरीनाथ ले जा रही थी दर्शन करने। उन्होंने पहले भारत के अनेक तीर्थों पर मन्नत माँगी थी ताकि शादी के बाद नौ साल तक निष्फल बेटे-बहू की कोई संतान हो। खड्ड में गिरने से वे, 'बिबिया' और घर का सेवक शम्भू भी मर गया था, लेकिन बच्ची का शव अलकनन्दा से बरामद नहीं हुआ था। तब से वर्त्तमान तक बच्ची का पिता मुकुल समय और पैसे लुटाकर बाबाओं के ढोंग में फँसता रहा, जो उसे बेटी के जिन्दा मिल जाने की झूठी दिलासा दिया करते। पत्नी स्मिता (सीतू) को न केवल इसका सामना करना पड़ता, बल्कि अकेले रह गए बुज़ुर्ग पिता का भी। — परन्तु कहानी के आखिर में, जब मुकुल हरिद्वार के साधुओं से फिर मिलकर टूटा हुआ-सा घर आता है, पत्नी उसे खुशखबरी सुनाती है : "मुकुल, बिबिया तो मिल गई ! ··· मैं फिर से माँ बननेवाली हूँ"।

ढ.५ वह लड़का जिसे गर्मी लगती थी

योगी (योगेन्द्र कुमार, योगीराम, जोगी) इलाहबाद का रहनेवाला एक नवयुवक है, जो घर के तंग हालातों से नितान्त घबराया हुआ रहता है। पिता दयाराम उसे शाहगंज के अन्य बच्चों की तरह अल्प आयु से काम करने पर मजबूर करने की कोशिश करता है, मगर योगी हाथ के कामों में कुशल नहीं होता, तभी पिता उसे पढ़ाने का फैसला लेता है। दसवीं जमात उत्तीर्ण करने के एक वर्ष के भीतर उसे एक विधि-ग्रन्थ प्रकाशन घर में बतौर चपरासी नौकरी मिलती है। सँकरी गलियों से निकलकर उसे खुला-खुला सिविल लाइन्स भी एक नई दुनिया की तस्वीर पेश करता है। कंपनी में उसकी तरक्की होती है, जिससे उसके पिता को ईर्ष्या रहती है। जब प्रकाशन में अतिरिक्त कार्य पड़ जाता है, वह मालिक संदीप टंडन को आश्वस्त कर लेता है कि नया नौकर रखने से अच्छा हल है उसकी ज़िम्मेदारियाँ बढ़ाना। वह राज़ी-ख़ुशी एक महीना प्रकाशन में रहने के लिए तैयार हो जाता है, जहाँ मालिक के उस कमरे में सो सकता है, जो दिन में वातानुकूलित

रहता है और रात को हलका ठण्डा। उसका छोटा भाई लोकेश और गली के दोस्त उससे मिलने आने के बहाने इस प्रकार आश्चर्यचकित सिविल लाइन्स घूमते हैं, जैसे अपने शहर में नहीं, कहीं दूर देश में घूमते। बड़बोले लल्ला पानवाले की दुकान पर मसालेदार 'कटिंग कोला' पीते वक़्त पानवाले की बेटी पुनीता की पर्दे के पीछे से गिलास बढ़ाती हुई कलाई की बातें योगी के दोस्तों को मदमस्त कर देती हैं, उनको लगता है कोला नहीं शराब पी रहे हैं। कहानी के अंत में योगी एक उमस-भरी रात मालिक के कमरे की ठंडक में थकान से चूर सो जाता है।

ढ.६ संस्कृति

कोलकाता में स्वाधीनता से पहले अजुध्याप्रसाद और मनोरथ दो व्यवसायियों द्वारा संस्थापित साहित्य—संस्कृति भवन हिन्दी के कल्याण और प्रचार के लिए बना था। यह व्यंग्यपूर्ण कहानी न केवल इस कृत्रिम निर्मलता के वातावरण से मण्डित भवन, बल्कि उसकी तन्वंगी और "वार्त्ता में पॉज देने" में निपुण, नाज़ुक व नाज़ुकमिज़ाज मन्त्री, सुषमा अग्रवाल की कहानी भी है। लेखिका दोनों की राजनीति, स्वभाव और उद्देश्य का परिचय कराती है। इस संस्थान में धन व सरकारी भत्ते की अपर्याप्तता के कारण बहुत सालों से अपेक्षा से कम काम हो पाता है — चाहे सवाल पुस्तकालय में नई किताबों का हो अथवा संस्थान की पत्रिका 'प्रतिभा' की गुणवत्ता का —, बावजूद इसके कि पुराने, लिहाज़ा "स्वभावतः आज्ञाकारी" कर्मचारियों से बिना अतिरिक्त पैसे दिए भी अधिक काम निकाला जा सकता है। भवन की गतिविधियों में विख्यात साहित्यकारों (जैसे अमृता प्रीतम) की श्रद्धाञ्जलि-सभाओं का आयोजन होता रहता है, यह नगर के साहित्य-प्रेमियों के मिलने का अवसर है। इन अवसरों पर फूलमालाएँ बहुधा दो बार प्रयोग में लाई जा सकती हैं। (द्र० 'ज़ोरदार तालियाँ', ठ.१०)

ढ.७ प्रेम

लेखक विवेक और वितस्ता (इसी नाम की नायिका के लिए द्र० 'पटकनी', ढ.१३) इलाहाबाद के सेवानिवृत्त दम्पती हैं। दुर्भाग्य से दोनों के साथ हादसा हुआ है, वितस्ता टखने की हड्डी सरकने से, तो विवेक उसे नहाने में मदद करने के बीच फिसल जाने से टूटे पैर की वजह से बिस्तर पर पड़ा है। एक रात पहले के किरायेदार छात्रों की जगह छत की कोठरी में रह रहा उनका सात साल पुराना सेवक रतन खाना खिलाता है; खाने में पड़ोसिन की भेजी गुझिया भी शामिल है। तभी पूर्णिमा से वितस्ता को याद आता है कि आज होलिका-दहन है। विवेक फिर याद दिलाता है कि विवाह के बाद की पहली होली पर वितस्ता को भाई की शादी में कानपुर जाना पड़ा, लेकिन उससे अगले साल सब घर पर ही रहे। विवेक भाई के साथ टेंसू का पानी घोल रहा था, तो वितस्ता किताब के साथ कमरे में बन्द। उसे बाहर निकलना न था, पर विवेक पहुँच गया "बिस्तर पर ही वासना की नंगी होली खेलने"। ये यादें ताज़ा करते-करते 'दाम्पत्य-धर्म' की चर्चा करने लगते हैं। वितस्ता इसे त्रासदी बताती है कि औरतों को पतियों की शारीरिक ज़रूरतें पूरी करनी पड़ती हैं। पति के मुताबिक यह स्त्रियों का सौभाग्य कहलाता है। पत्नी करवट बदल लेती है।

ढ.८ परली पार

"ऊँची बस्ती और नीवाँ टोले" की यह सरल और छोटी कहानी एक संभवतः असफल 'हॉनर किलिंग' की दास्तान है। "अपने घर के हाकिम, कचहरी, खाप पंचायत सब" चौधरी साहब के

बेटे किशन को अहीर टोले की सत्रह वर्षीय सविता (सत्तो) से प्यार हो गया है। उनके छोटे गाँव में दोनों के मिलने-जुलने पर परदा देर तक नहीं रह सकता। सविता की बहन सरिता (सिर्री) भी उन्हें रोक नहीं सकती। कुछ दिनों बाद प्रेमी नौजवानों को धोखा देकर चौधरी-घर में बाँधकर रख लिया जाता है। चौधरी चौधराइन को उन्हें चूहामार दवा खिलाने को कहता है पर आख़िरकार घर के सभी लोगों की सहमति से उनके पैरों में ईंट बाँध गंगा मैया में पटकने का फैसला लिया जाता है। रात को वे रामसेवक खेवट के पास पहुँचते हैं और बोरियाँ उसके सुपुर्द कर देते हैं। उसकी कृपा से, जब तक वह 'काम निपटाकर' वापस लौट आता है, प्रेमी मुक्त होकर तैरने लगते हैं और संभवतः "परली पार" भी लग जाते हैं।

ढ.९ बाज़ार

गर्मियों के एक इतवार की सुबह मधुमेह से ग्रस्त दादी घर में सबसे पहले उठकर कई मुटल्ली महिलाओं के साथ टहलने पार्क चली जाती है। लौटने पर घोटालों व हत्याकांडों से भरपूर अख़बार खोलती है, फिर कामवाली मनीषा के आने पर फीकी चाय पीती है, उसके बाद रक्तशर्करा नापती है। बहू शिखा और बेटे गौतम को उठने और नाश्ता करने में कोई जल्दी नहीं है। तय हो जाता है कि शिखा पोती सगुन (सुग्गी) के साथ गुड़गाँव जाएगी खरीदारी करने। दादी को साथ चलने के लिए ज़्यादा मान-मनौवल नहीं करतीं। उनके निकलने के बाद दिन सुस्त बीत रहा है। दादा भी तीन अलग फोन पर व्यस्त है। तभी कोयम्बटूर में काम कर रहे दूसरे बेटे टिल्लू का एक दक्षिणी साड़ियाँ बेचनेवाला परिचित आता है, और दादी आखिरकार दो ले ही लेती है। माँ-बेटी जब वापस आ जाती हैं, तो उन्हें हैरानी होती है कि दादी ने बैठे-बैठे बाज़ार का चक्कर कैसे लगाया?

ढ.१० फरवरी की एक शाम

शबनम दक्षिण दिल्ली के एक "नवकुबेर" की पत्नी सहेली दिव्या को अपने 'फार्महाउस' पर वैलेंटाइन डे के आस-पास हो रही बारबेक्यू पार्टी में बुलाती है। दिव्या किसी को भी साथ ला सकती है, यह ध्यान में रखते हुए कि "यह स्ट्रैट लोगों की पार्टी है"। वह एक अविवाहित सहेली ('लड़की'), लेडी श्रीराम कॉलेज में रसायनशास्त्र पढ़ाती शाइस्ता के साथ आती है। उपवन इस अकेले अवसर के लिए भी महँगी सजावट से जगमगा रहा है। शबनम लेडी साहा को बिठाते हुए मिलती है। मीना गुप्ता, जो पहले बी-ग्रेड फिल्मों की खलनायिका हुआ करती थी और आजकल सास-बहू धारावाहिकों में दिखती है, केवल एक ठंडी दृष्टि भेजती है : जवानी के दिनों में दिव्या ने अपनी पत्रिका में उसे सचित्र नहीं छापा था। मेहमानों में कैंसर से उबरकर हैट में और हर उँगली में कॉकरोच जितना हीरा पहने घूमती पम्मी अरोड़ा तथा आस्था चतुर्वेदी भी हैं। आस्था मीना की तरह अपने युवा प्रेमी के साथ आई है। आजकल बीड़ी मजदूरिनों पर फिल्म बनाने में व्यस्त है। चैनल "इतना यथार्थवाद झेल पाएँ" या सीरियल डब्बे में रह जाए, वह इस्त्री वाली धोबिनों, चिकन कढ़ाई, कुक्कुट-पालन करती और ईंट ढोनेवाली औरतों पर भी काम करेगी। इस बीच पुरुष मद्यपान और दबाकर सामिष व्यंजन खाने में लगे हैं। "वोदका की वोल्गा में डुबकियाँ" लगाने के बाद सब प्रिया घोषाल की ग़ज़लों की लाइव प्रस्तुति सुनते हैं। बाकी अतिथितियों की बढ़ती खुमारी के बीच दिव्या और शाइस्ता उठ देती हैं।

ढ.११ चाभी

चारु और सत्येन्द्र (सत्ते) के घर में बड़ी हलचल है, उनके बेटे छोटू की शादी हो रही है। इस अवसर पर यू०के० के रग्बी से छोटू की बुआ कमलेश आई है, पति विजय के साथ। पंजाब के अन्य रिश्तेदार भी आ जाते, जैसे हिन्दीभाषी चारु को जूपी वाली कहती मासी और बच्चे। मासी के आते ही 'वड्डे' पराठे बनने लगते हैं और हलवाई को आदेश दिया जाता है कि लड्डू भी छोटे नहीं हो सकते। पड़ोस की एक लड़की आराधना फ़ीस लेकर औरतों को मेहँदी लगाती है। मासी, जिसने कभी साड़ी न पहनी, आज साड़ी लेकर आई है। पता चलता है, चोली घर पर रह गई। बारात निकलने से कुछ ही समय पहले सजने-सँवरने में पता चलता है कि तिजोरी की चाभी, जिसमें सबने अपने गहने रखे थे, नहीं मिल रही। सब बेतरह परेशान हो जाते हैं और कोई समाधान खोजने में लगे हैं। नुकसान को आँकते हुए एक तोले का हार दो तोले का बताया जा रहा है। बेबसी को मिटाने चाय, उसके साथ मट्ठी-अचार का प्रबन्ध किया जाता है। वाह, चाभी अचार के मर्तबान में मिलती है ! सब संतुष्ट हो जाते हैं, पर तृप्त नहीं : हरेक को लगता है, उसके गहने हलके हैं, जबकि शादी के मौके पर भारी गहने ज़्यादा फबते।

ढ.१२ थोड़ा सा प्रगतिशील

विनीत दो साल के परिचय के बाद सहपाठी चेतना दीक्षित से शादी कर लेता है। वह थोड़ा प्रगतिशील भी है, थोड़ा परम्परावादी भी। एक बार सर्दियों में दम्पती रहमत नाम के एक रिक्शावाले को पहले गरम कपड़ा देते हैं, फिर नीचे के कमरे में ठहरने देते हैं, तो वह आध साल के लिए वहाँ टिक जाता है। जब दफ्तर की ओर से विनीत को स्कूटर मिल जाता है, तो पत्नी की इच्छा के विरुद्ध रहमत से निकलने को कहता है। विनीत के दोस्त जब-तब घर आते हैं, पर वह चाहता है, चेतना उनके साथ ज़्यादा घुले-मिले नहीं, क्योंकि वे इस खुलेपन का गलत मतलब निकाल सकते हैं। पत्नी का पैना सवाल है, वह फिर ऐसे लोगों की संगत में क्यों रहता है। पति चोरी-छुपके पत्नी के फोन में कॉल-सूची तक देख लेता है। रोज़ घर पर ऊबने के कारण चेतना कई साहित्यिक पत्रिकाएँ मँगाती है और रचनाकारों को अपनी प्रतिक्रिया बाकायदा भेजती रहती है। पति उसे हतोत्साहित करने को तुला है, पर चेतना अपने पर कायम ! आखिरकार कंप्यूटर चलाना सीख लेती है और फेसबुक के ज़रिये नए सिरे से अपने मित्रों व बाहर की दुनिया के संपर्क में आ जाती है। अब विनीत को चिन्ता होने लगती है कि वह कहीं नौकरी न करना चाहे, वरना उस क्षेत्र में भी उसे पछाड़ सकती है।

ढ.१३ पटकनी

कथावाचिका हिन्दू कॉलेज की छात्रा है। प्रोफ़ेसर कुँवर के साथ वह और उसके दोस्त देर तक कैंटीन में बैठा करते हैं। एक दिन इक्कीस साल की सन्तोष ने घोषित कर दिया कि उसकी शादी अमृतसर के एक मेवा व्यवसायी के बेटे गौरव से तय हो चुकी है, तो नकारवादी दोस्त, ख़ासकर लड़के विवाह की प्रतिगामी संस्था तथा औरत की दासता पर भाषण खींच डालते हैं। शादी से पहले मँगनी की रौनक देखते ही बनती है। जोड़ी की ख़ुशी देख वितस्ता (द्र० 'प्रेम', ढ.७) विचलित हो जाती है, क्योंकि सार्त्र पढ़-पढ़कर उसने घरवालों को ब्याह के लिए बरज दिया था। आशा उदास इसलिए है, क्योंकि उसे पता है कि पहले उसके भाई और बहन की शादी लाज़िमी है,

उसकी बारी बाद में आएगी। प्राध्यापकों की शंका है कि परिवार अब सन्तोष की पढ़ाई छुड़ाकर रहेगा। यह सच है कि नया पति सन्तोष की रात की पढ़ाई से चिढ़ता है, पर वह परीक्षा दे देती है। परिणाम आने पर मित्र-मण्डली को उसके प्रथम स्थान प्राप्त करने पर अचम्भा होता है। सन्तोष को अमृतसर के एक कॉलेज में आसानी से नौकरी मिल जाती है, जबकि लड़कियों को लड़की होने के लिए अधिक अंक मिलने का आरोप लगाते लड़के "टापते रह गए"।

३.९ सपनों की होम डिलिवरी (२०१६)

इस लघु-उपन्यास का मूल रूप 'खुशियों की होम डिलिवरी' शीर्षक से २०१५ में 'शब्दांकन' ब्लॉग पर प्रकाशित हुआ था। लोकभारती प्रकाशन से छपे इसके पुस्तक-संस्करण की बीच की तिहाई (पृ० ३६-६५) ब्लॉग-संस्करण के 'भाग ३' के मँझले हिस्से का परिवर्तित और संवर्द्धित रूप है। पुस्तक में कथानक को एक अतितिक्त अंश जोड़कर समाप्त करने से उपन्यास का सन्देश भी थोड़ा बदल दिया गया है। आरंभिक विभाजन के अनुसार : —

भाग एक — रुचि शर्मा चालीस साल पार की जानी-मानी 'पाककला-विशेषज्ञ' है, जो ओशिवारा स्थित 'विक्टोरिया चैम्बर्स' में अकेली रहती है। रुचि का दो टीवी चैनलों पर भी लोकप्रिय कार्यक्रम है ('सुरुचि' व 'स्वाद'), इनमें वह अली (कुर्बान अली) और वीर (वीरेन्द्र सिंह) नाम के अपने सहायकों के साथ हर बार नए से नए पकवान प्रस्तुत करती है। व्यंजन-पुस्तिकाएँ छपने के बाद वह कुछ महिला पत्रिकाओं के लिए स्तम्भ भी लिखती है। यह कम ही लोगों को पता है कि रुचि के छोटे से घर में न पर्याप्त रसोई है, न उसके पास अपने लिए खाना बनाने की दिलचस्पी बचती है। प्रशंसकों का हजूम जुटने के बाद एक दिन अचानक एक अ-प्रशंसक से चिट्ठी आती है। खाना पकाने के शौक़ीन एक पत्रकार, पचास की उम्र के सर्वेश नारंग को शिकायत है कि उसकी माँ पिछले कार्यक्रम की दलिया भरी आलू टिक्की को हज़म नहीं कर पाईं। निर्देशक के० के० जोशी पत्रकार से डरकर उन्हें कार्यक्रम में बुलाता है। उस दिन रुचि को अपना पाश्चात्य परिधान साड़ी और बिन्दी में बदलना पड़ता है। दर्शकों के सामने उसे तब भी एक घरेलू मध्यवर्गीय सद्गृहिणी के रूप में नज़र आना पड़ता है, जबकि वास्तव में वह तलाकशुदा है। नारंग की पेशकश के बाद दूसरा चैनल भी उसे न्योता देता है और रुचि को आदत डालनी पड़ती है कि 'मेहमान का पकवान' आगे शो का एक अंग बन जाता है। सावन चला गया, चटपट फागुन आ गया, साथ ही रुचि को सर्वेश नारंग का संदेश : "क्या तुम मेरी वेलेंटाइन बनोगी ?"

भाग दो — एक रविवार रुचि और सर्वेश सुबह की पिक्चर बीच में छोड़कर कॉफ़ी पीने जाते हैं। पता चलता है सर्वेश का परिवार होशियारपुर से है। उसने तीन साल पहले अपनी व्याभिचारिणी पत्नी मनजीत को तलाक दे दिया था, वह बेटे अंश के साथ आज भी अमृतसर में है। बयालीस की रुचि खुद को चालीस की बताती है। उसने एम०ए० में दादा-दादी की खातिर प्रभाकर शर्मा नाम के आदमी से शादी की थी। वह किसी भी लिहाज़ से बदचलन साबित हुआ, इसलिए रुचि ने अपना घर-बार छोड़ दिया। जब तक उसके दिन नहीं पलटे, उसे जोगेश्वरी की तंग गलियों में गुज़ारा करना पड़ा। रुचि सर्वेश के सामने एक अहम बात छुपा लेती है, यह कि उसका एक

सत्तरह साल का बेटा भी है, गगन। वह या तो अपने आप उसके पास पैसे माँगने आता था या पूर्व पति ही लड़के को पैसे ऐंठने का ज़रिया समझता है, तभी रुचि ने उससे बात करनी भी बंद कर दी है। — इस सब के बावजूद रुचि को उसकी सहेलियाँ, भूतपूर्व मॉडल जिज्ञासा सिंह (जिग्ज़) और नर्तकी दामिनी पिल्लइ भाग्यवान मानती हैं, क्योंकि उसका कैरियर केवल काया की लोच पर नहीं टिका है। एक इतवार को जब वे सुबह अचानक रुचि के घर पर प्रकट हो जाती हैं, उसका खाली फ्रिज और रसोई के नाम पर पाँच सितारा होटलों के मेन्यू कार्ड देख स्वयं चौंक जाती हैं। रुचि का कहना है कि "हिन्दुस्तानी औरत की गुलामी की नींव रसोईघर में ही पड़ती है"। सहेलियों के असहमति जताते ही सर्वेश का संदेश आता है : अभी कॉफ़ी पीने पहुँचो। — आशिक अन्दाज़ में दाखिल हुए सर्वेश सिर्फ़ सहेलियों के कैफ़े से चली जाने के बाद प्रकृतिस्थ हो पाता है। परिवार की बातें करने के पश्चात् वह रुचि के घर में समय का सदुपयोग करने की बात छेड़ देता है, तो रुचि रूठकर मेज़ से उठ जाती है।

भाग तीन — मुंबई मैं अकेली लड़कियों का जीवन शत प्रतिशत सुरक्षित नहीं है, और अब रुचि को केवल यह निश्चित लगता है कि तलाक के पाँच दुखद वर्ष समाप्त होते ही माता-पिता के चल बसने के बाद वह अपने घर में एकाकी जीवन बिता रही है। इतनी उम्र में क्या वह अपने आप को हक़ से लड़की बता सकती है कि नहीं, इस पर संदेह है। सर्वेश से काफ़ी समय फोनाचार तक नहीं हुआ। जब रुचि फिर भी उसका हाल पूछ लेती है, पता चलता है कि सर्वेश के नवयुवक बेटे की अत्यधिक ड्रग के सेवन से मृत्यु हो गई। गम का यह आलम रुचि को दोबारा सर्वेश के पास ले आता है। सर्वेश के घर में रहते और उसकी उदासी देखते हुए विफल अभिभावक होने का एहसास रुचि को भी सालने लगता है; "उसके और प्रभाकर के रिश्ते की तल्खियाँ सबसे ज़्यादा गगन ने झेलीं"। — जब आज़ादखयाल युवतियाँ बन्दिशों के डर में विवाह-संस्था से खौफ खाने लगी हैं, सर्वेश और रुचि ने इतनी उम्र में "नूतन प्रणाली का प्रणय निर्मित" कर लिया है, वे काम, मित्रता और पैसे के मामलों में एक दूसरे को परेशान नहीं करते। — जब एक ओर सर्वेश की बूढ़ी माँ रुचि द्वारा शो से घर लाया खाना खाने से इनकार कर देती हैं, तो दूसरी तरफ एक चैनल के अंडे वाले व्यंजन देख दूसरे चैनल के निर्देशक दिनेश झुनझुनवाला ने वहाँ के शाकाहारी मारवाड़ी मालिक को मनाकर कार्यक्रम में सामिष भोजन प्रस्तुत करने का फैसला लिया है। उनका मानना है कि मांसाहारी व्यंजन रुचि की बनी हुई छवि से मेल नहीं खाते, इसलिए रुचि को यह पचाना पड़ रहा है कि अगर बरखास्त नहीं होना चाहती, अपने कार्यक्रम को किसी अन्य बावर्ची के साथ बाँटना होगा।

भाग चार — प्रभाकर शर्मा अपनी गलत योजनाओं और इस बात के दुःख में अपने दिन काटता है कि उसकी पूर्व पत्नी उसके चरणों में पड़नेवाली "समर्पित, सहनशील अनुगामिनी" नहीं रही। रुचि की तरक्की के साथ नौजवान बेटे को उससे पैसे वसूलने के लिए उकसाता है, पर गगन अपने पिता की करतूतों से वाकिफ है। एक दिन पढाई की फ़ीस पर उनमें इतनी बहस छिड़ जाती है कि गगन अपना सामान बाँधकर घर से निकल जाता है। यद्यपि उसे "माँ की बेहद धुँधली याद" ही है, अपने आखिरी रुपये ऑटोवाले और नाई के पास छोड़ वह संयोग से अपनी माँ की सोसाइटी के फाटक पर आ जाता है। रुचि की पहली प्रतिक्रिया है कि उसे चाँटा मारकर दफ़ा होने को कहे, परन्तु अपने बेटे को दरवाज़े पर देख रो पड़ती है और सीने से लगा लेती है।

इस मेल-मिलाप के बाद उसके सामने एक गंभीर समस्या है : सर्वेश को यह नई परिस्थिति कैसे बयान करे…?

भाग पाँच – इलाहाबाद सीट के सांसद दिव्यदर्शन पाठक के नाजायज़ पुत्र और कभी विवाह के वादे पर अकेली छोड़ दी गई उसकी माँ श्यामा यादव के मामले में पड़ताल से लौटे सर्वेश और रुचि में सरवेश की खोजी पत्रकारिता की नैतिकता व मीडिया की चोंचलेबाज़ी को लेकर बहस छिड़ जाती है। दूसरे दिन अपने कुछ कपड़े उठा लाने सर्वेश जब रुचि के ओशिवारा वाले फ़्लैट में घुसता है, तो वहाँ फैली बेतरतीबी से हतबुद्धि हो उठता है। चौकीदार से उसे रुचि के बेटे के वहाँ रहने की अब तक गुप्त समाचार मिलता है। रुचि की शूटिंग के बाद दोनों सीसीडी में मिलते हैं। संवाद के तीव्र विवाद में तबदील होने में देर नहीं लगती। अपना बेटा खोने के बाद सर्वेश रुचि के उस बेटे को अपने जीवन में आने नहीं देना चाहता, जिसके बारे में कभी सुना तक नहीं था। रुचि कहती है, "मैं अपनी मातृत्व का गला नहीं दबा सकती", तो सर्वेश "मैं तो दबा सकता हूँ" दाँत पीसते हुए कहकर उसकी गरदन सरेआम पकड़ बैठता है। एक महिला पत्रकार के वहाँ मौजूद होने से अगले दिन दुर्घटना अख़बारों में छा जाती है। बात को दबाने की कोशिश करती रुचि को स्त्रीवादी संगठन डरपोक करार देते हैं और भीरू चैनल उसका कार्यक्रम पर्दे से हटा देते हैं। मगर जनता का कोप सर्वेश को सहना पड़ रहा है, खोजी पत्रकार साथी उसके बारे में इतना कुछ और खोज डालते हैं कि रुचि का वापस चली जाने का सवाल ही समाप्त हो जाता है। इस बीच रुचि घर में पसरे, नशेड़ी बनते जा रहे गगन से भी तंग आ जाती है और कुछ समय बाद एक अन्य चैनल का प्रस्ताव पा महिला होस्टल में जाकर नई शुरुआत करने का फ़ैसला ले लेती है।

ण. अन्य कहानियाँ (मिश्रित)

ण.१ ऊँचे-ऊँचे कँगूरे (१९६३)

ण.२ बीतने के बाद (१९६६)

इस आरंभिक, अस्तित्ववादी कहानी की नायिका घर पर ऊबकर दोपहर में चाय पीने बाहर जाती है। पहले वह पति प्रकाश और उसके सहकर्मियों के साथ लंच-ऑवर बिताती थी, पर शादी के बाद यह प्रकाश को अटपटा लगने लगा। मैरीन लाइन्स पर वह ज़रा देर सोचती है कि प्रकाश से मिलने जाए, पर फिर उसे लगता है वह लंच से कभी समय पर दफ्तर नहीं लौटता। तभी अनिल एडेल्फी के पास सड़क पर मिल जाता है। संभावित पूर्व सहपाठी या प्रेमी अनिल कहता है, इस बार उसके लिए नायिका को पहचानना आसान नहीं था, फिर कभी फोन न आने की शिकायत करता है। जब अनिल चाय पीने के लिए कहता है, तो वह अभी चाय पीकर आने का बहाना बनाती है। काफ़ी वक़्त बाद मिलकर अब वे एक दूसरे का हाल पूछते हैं, मामूली बातचीत हो जाती है। पता चलता है कि एक महीना पहले अनिल की भी शादी हो गई है। अनिल को चिढ़ाने में मज़े ले रही नायिका को लगता है, पाँवों में कोई तरल पदार्थ जम गया है। अनिल को लगता है, उसे ज़रूरी काम है, शायद वह फिर भी चाय नहीं पी सकता। नायिका भी जल्दी से विदा लेती है और 'किटकैट' में घुस जाती है।

ण.३ शुक्र है, शुक्र है (२०१४)

इस संक्षिप्त कहानी में रोज़मर्रा जीवन में व्यस्त और त्रस्त एक परिवार का दृश्य है। पिता जय और नोएडा-ओखला-गुड़गाँव के अपने तीन दफ्तरों के बीच दौड़ता-भागता वयस्क बेटा सुयश सोमवार से शुक्रवार तक काम पर जाते हैं, माँ विद्या (विधि) घर पर अकेली ऊब में डूबी रहती है : उसके पास केवल रसोई की चिन्ता है और यह विकल्प कि रक्तचाप के बाद रक्तशर्करा घर पर जाँची जाए अथवा डॉक्टर के यहाँ। पिता-पुत्र विद्या से न खाने की फ़रमाइश करते हैं, न सुझाव देते हैं, क्या बनना चाहिए, कई बार दोनों कहीं ढाबे के खाने से तृप्त होकर लौटते हैं। विद्या के लिए ज़िन्दगी शुक्रवार शाम से इतवार शाम के बीच का समय है, खासकर जब चण्डीगढ़ से बेटे की दोस्त सिमरन भी आ पाती है। एक शाम जय और सुयश दोनों का मन भारी-भारी-सा लगता है। पता चलता है, मंदी के चलते आगे के लिए दोनों की शनिवार की छुट्टी रद्द कर दी गई है। "चलो कोई बात नहीं, अब हम शुक्रवार की मौज-मस्ती शनिवार को मनाएँगे" — विद्या उन्हें मनाने की कोशिश करती है, हालाँकि उसकी अपनी मुश्किल का पता किसी को न पहले था, न अब है।

••

तालिकाएँ

१. कहानी-विश्लेषण के कुछ दृष्टिकोण तालिकाबद्ध रूप में

   क. छुटकारा

   ख. सीट नम्बर छह

   ग. एक अदद औरत

   घ. प्रतिदिन

   ङ. उसका यौवन

   च. जाँच अभी जारी है

   छ. बोलनेवाली औरत

   ज. मुखौटा

   झ. निर्मोही

   ञ. थिएटर रोड के कौवे (+ ट., ड.)

   ठ. काके दी हट्टी

   ढ. थोड़ा सा प्रगतिशील

२. विलक्षण शब्द एवं भाषा-प्रयोग आँकड़ों में

   विभिन्न भाषा-स्रोतों का प्रतिनिधित्व (विलक्षण शब्दों का अनुपात)

   विलक्षण शब्दों के प्रति पृष्ठ प्रयोग का समय के साथ उतार-चढ़ाव

तालिका १ : कहानी-विश्लेषण के कुछ दृष्टिकोण तालिकाबद्ध रूप में

		कहानी-संग्रह (%)													
		१९७० छुटकारा	१९७५ सीट नम्बर छह	१९७६ एक अदद औरत	१९८३ प्रतिदिन	१९८४ उसका यौवन	१९८९ जाँच अभी जारी है	१९९८ बोलनेवाली औरत	२००३ मुखौटा	२००४ निर्मोही	२००६ थियटर रोड के कौवे	२०१० काके दी हट्टी	२०१४ थोड़ा सा प्रगतिशील		
	क्रमाङ्क	क	ख	ग	घ	ङ	च	छ	ज	झ	ञ	ठ	ढ	संग्रह औसत	प्रवृत्ति-रेखा
	आत्मकथात्मक तत्त्व	36	33	50	50	0	19	23	18	44	43	33	27	31	
कथावाचक का स्वरूप	उत्तमपुरुष कथावाचक	50	58	33	0	15	6	8	41	44	29	13	27	27	
	स्त्री कथावाचक	50	58	33	13	15	6	8	41	31	43	20	27	29	
	मुख्यपात्र स्त्री	57	75	83	75	69	44	62	71	63	86	53	60	66	
	अन्तरंग (होमोडायजेटिक) कथावाचक	21	8	0	13	0	0	0	12	19	14	27	20	11	
	स्वकथित (ऑटोडायजेटिक)	50	50	33	0	15	6	8	29	38	29	7	13	23	
	गौण पात्र कथावाचक	0	17	0	13	8	0	8	18	13	14	13	20	10	
	विचारमग्न कथावाचक या नायक	79	58	33	38	54	31	46	41	19	43	13	0	38	
	कथावाचक का नाम अज्ञात	79	75	83	100	100	94	100	94	94	86	100	53	88	
	मुख्यपात्र का नाम अज्ञात	57	17	33	13	15	0	8	24	13	29	13	7	19	
कहानी की संरचना	लघु	57	50	33	25	46	50	15	59	25	14	27	13	35	
	वर्तमानकाल में कथित	0	17	0	25	15	6	0	12	19	0	20	7	10	
	छोटे वाक्य	43	33	0	38	23	6	8	53	0	14	20	20	21	
	न्यूनतम प्रत्यक्ष कथन (वार्तालाप)	50	58	33	50	46	19	0	35	13	57	53	13	36	
	छिन्नान्विति	14	17	17	25	15	6	15	29	0	14	27	13	16	
	कहानी में अन्तराल (स्पेस)	43	58	83	50	23	25	46	24	31	43	7	7	37	
	आकस्मिक आरम्भ	79	58	33	50	54	31	38	18	19	14	47	13	38	
	आकस्मिक समापन	29	50	33	63	31	44	15	41	13	71	40	33	39	
	अप्रत्याशित अन्त	29	58	67	75	69	69	38	47	69	43	53	33	54	
	अनेकार्थी शीर्षक	21	50	0	0	23	25	69	35	31	29	20	40	29	
	प्रतीकात्मक नाम	14	33	50	63	23	44	46	53	44	43	27	40	40	
	पात्र-संख्या	4	6	5	7	6	7	8	7	9	5	6	7	6	
	मुख्यपात्रों की संख्या	2	2	2	3	1	1	2	2	2	2	2	2	2	
लेखन के भाव	अस्तित्ववादी	64	58	50	63	69	56	69	35	44	43	40	7	50	
	व्यंग्य	43	58	50	13	38	38	31	24	38	29	47	33	37	
	हास्य	21	58	17	75	62	44	31	53	81	57	53	47	50	
	कोमलता	29	17	0	50	15	31	38	41	44	43	7	13	27	
	सहानुभूति	14	42	100	100	85	81	69	82	69	57	67	53	68	
	उदासी	14	50	50	88	46	50	46	47	38	57	40	27	46	
	भय, त्रास	14	17	17	38	8	31	38	12	31	43	33	13	25	
	कोई विशिष्ट रसप्रभाव नहीं	64	42	17	13	15	38	23	35	50	0	20	27	29	
	अप्रत्यक्ष (सामाजिक) संदेश	57	67	17	50	31	38	38	35	44	43	7	13	37	

	सामाजिक स्तर	2.2	2.0	1.8	2.0	2.2	1.8	2.1	2.1	1.9	1.9	2.0	2.0	2.0
व्यापक सामाजिक परिदृश्य	अनेक सामाजिक स्तर	21	8	17	13	31	25	31	35	69	57	33	40	32
	सामाजिक तनाव	0	17	0	0	15	31	23	12	31	14	13	7	14
	आम आदमी के जीवन की एकरसता	29	17	17	38	54	50	15	18	25	14	33	13	27
	बेरोज़गारी	0	17	33	0	8	13	0	0	13	14	13	20	11
	पिछड़ापन, सामाजिक ठहराव	0	17	33	25	23	44	38	18	31	29	7	13	23
	ग्राम्य जीवन	0	0	0	0	0	0	0	0	6	14	0	7	2
	धर्म और अध्यात्न	7	33	17	63	23	6	62	35	25	14	13	7	25
	धार्मिक व्यवहार पर कटाक्ष	7	8	17	50	15	0	31	12	13	0	0	7	13
	परम्परा का खण्डन	36	50	17	75	31	19	54	24	31	14	27	40	35
	मुस्लिम पात्र	0	8	17	13	8	13	0	18	25	29	13	27	14
	मृत्यु या हिंसा	0	25	0	0	8	25	15	24	19	43	27	13	17
प्रेम-सम्बन्ध और दाम्पत्य जीवन	प्रेम-सम्बन्ध, दाम्पत्य	64	75	67	75	62	44	31	53	31	29	67	33	52
	प्रेम-सम्बन्ध की समस्याएँ, समझौता	36	58	50	75	31	38	8	24	13	29	53	13	36
	दाम्पत्य में तनाव	7	33	33	25	31	31	23	12	19	14	40	27	25
	मुक्त प्रेम-सम्बन्ध, विश्वासघात	36	25	17	13	0	13	0	18	6	14	13	7	13
	आधुनिका	29	33	33	25	38	19	46	24	31	43	33	40	33
	कामकाजी स्त्री	43	33	33	38	38	25	38	29	31	57	53	33	38
	दबायी गई स्त्री	7	17	17	38	31	19	31	29	31	29	27	13	24
	वस्तु-मात्र स्त्री	36	25	33	13	46	19	0	18	19	14	33	13	22
	निष्ठुर महिला, पत्नी	7	42	50	25	15	38	23	6	38	29	7	0	23
	एकाकी पात्र, चिर-कुमारी	21	8	0	0	8	13	15	12	0	14	7	20	10
	जोरू का गुलाम	7	25	0	13	8	0	8	0	0	0	7	0	6
अलग-अलग आयु के पात्र	पीढ़ियों का अन्तराल	0	33	17	38	23	25	38	24	50	0	13	20	23
	बाल-किशोर	0	33	17	38	31	44	31	35	44	14	13	13	26
	नौजवान	79	50	50	63	62	31	46	59	13	71	47	40	51
	अधेड़	43	83	67	75	85	100	100	82	81	71	47	67	75
	वृद्ध	0	17	0	0	23	19	46	35	50	43	20	20	23
	नाशुकरी संतान	0	0	0	0	0	6	23	6	0	0	0	0	3
	बेदिल अभिभावक	0	17	17	13	15	6	15	6	0	0	0	7	8
कहानी का स्थान	अज्ञात स्थान	36	33	50	25	54	56	46	24	13	43	47	20	37
	मुम्बई	36	17	0	13	8	0	0	6	6	0	13	0	8
	इलाहाबाद	0	33	50	25	38	38	31	35	50	57	33	20	34
	दिल्ली	36	25	17	0	8	25	8	12	19	29	27	33	20
	कोलकाता	0	0	0	0	8	0	0	0	0	14	13	7	3
	मथुरा	0	8	17	25	0	0	8	0	13	0	0	0	6
	पहाड़, हिमालय	0	0	0	0	0	6	0	0	0	0	0	7	1
	पंजाब	0	0	0	0	0	0	0	0	0	0	7	0	1
	इन्दौर	14	0	0	0	0	0	0	0	0	0	0	0	1

तालिका १ : कहानी-विश्लेषण के कुछ दृष्टिकोण तालिकाबद्ध रूप में, 'क'

		छुटकारा														
		बड़े दिन की पूर्व साँझ	वे तीन और वह	यह ज़रूरी नहीं	बीमारी	अपनी	छुटकारा	उसी शहर में	ज़िन्दगी—सात घंटे बाद की	पिछले दिनों का अँधेरा	साथ	बेतरतीब	शहर-शहर की बात	वे	दो ज़रूरी चेहरे	
	क्रमाङ्क	क.१	क.२	क.३	क.४	क.५	क.६	क.७	क.८	क.९	क.१०	क.११	क.१२	क.१३	क.१४	%
	आत्मकथात्मक तत्त्व			✓				✓					✓	✓	✓	36
कथावाचक का स्वरूप	उत्तमपुरुष कथावाचक	✓			✓	✓	✓	✓					✓		✓	50
	स्त्री कथावाचक	✓			✓	✓	✓	✓					✓		✓	50
	मुख्यपात्र स्त्री	✓			✓	✓	✓	✓	✓				✓		✓	57
	अन्तरंग (होमोडायजेटिक) कथावाचक	✓			✓	✓										21
	स्वकथित (ऑटोडायजेटिक)	✓			✓	✓	✓	✓					✓		✓	50
	गौण पात्र कथावाचक															0
	विचारमग्न कथावाचक या नायक	✓			✓	✓	✓	✓	✓	✓		✓	✓	✓	✓	79
	कथावाचक का नाम अज्ञात	✓	✓	✓	✓	✓	✓	✓	✓		✓		✓	✓		79
	मुख्यपात्र का नाम अज्ञात	✓	✓		✓	✓	✓	✓					✓	✓		57
कहानी की संरचना	लघु	✓		✓			✓	✓	✓	✓	✓	✓				57
	वर्तमानकाल में कथित															0
	छोटे वाक्य	✓			✓	✓	✓	✓				✓				43
	न्यूनतम प्रत्यक्ष कथन (वार्तालाप)			✓			✓		✓			✓	✓	✓	✓	50
	छिन्नान्विति		✓					✓								14
	कहानी में अन्तराल (स्पेस)		✓	✓			✓	✓					✓		✓	43
	आकस्मिक आरम्भ	✓		✓	✓	✓	✓			✓	✓	✓	✓	✓	✓	79
	आकस्मिक समापन				✓						✓		✓		✓	29
	अप्रत्याशित अन्त			✓	✓	✓	✓									29
	अनेकार्थी शीर्षक				✓	✓				✓						21
	प्रतीकात्मक नाम					✓			✓							14
	पात्र-संख्या	3	4	1	3	4	2	6	10	2	2	4	3	2	4	4
	मुख्यपात्रों की संख्या	2	2	1	3	4	2	2	1	1	2	1	2	1	3	2
	अस्तित्ववादी				✓		✓	✓	✓	✓		✓	✓	✓	✓	64
लेखन के भाव	व्यंग्य	✓	✓	✓	✓	✓			✓							43
	हास्य				✓	✓					✓					21
	कोमलता							✓		✓	✓				✓	29
	सहानुभूति			✓					✓							14
	उदासी						✓		✓							14
	भय, त्रास									✓					✓	14
	कोई विशिष्ट रसप्रभाव नहीं	✓		✓			✓		✓		✓	✓	✓	✓	✓	64
	अप्रत्यक्ष (सामाजिक) संदेश	✓					✓			✓	✓	✓	✓	✓	✓	57

व्यापक सामाजिक परिदृश्य	सामाजिक स्तर	3	2	2	2	3	2	2	3	2	2	2	2	2	2	2.2
	अनेक सामाजिक स्तर			✓					✓			✓				21
	सामाजिक तनाव															0
	आम आदमी के जीवन की एकरसता			✓	✓					✓		✓				29
	बेरोज़गारी															0
	पिछड़ापन, सामाजिक ठहराव															0
	ग्राम्य जीवन															0
	धर्म और अध्यात्म		✓													7
	धार्मिक व्यवहार पर कटाक्ष		✓													7
	परम्परा का खण्डन	✓				✓					✓			✓	✓	36
	मुस्लिम पात्र															0
	मृत्यु या हिंसा															0
प्रेम-सम्बन्ध और दाम्पत्य जीवन	प्रेम-सम्बन्ध, दाम्पत्य	✓	✓	✓	✓	✓		✓		✓	✓				✓	64
	प्रेम-सम्बन्ध की समस्याएँ, समझौता		✓	✓		✓	✓								✓	36
	दाम्पत्य में तनाव			✓												7
	मुक्त प्रेम-सम्बन्ध, विश्वासघात					✓				✓	✓	✓		✓		36
	आधुनिका					✓			✓		✓	✓				29
	कामकाजी स्त्री		✓		✓				✓	✓	✓		✓			43
	दबायी गई स्त्री		✓													7
	वस्तु-मात्र स्त्री	✓	✓			✓					✓				✓	36
	निष्ठुर महिला, पत्नी				✓											7
	एकाकी पात्र, चिर-कुमारी				✓				✓	✓						21
	जोरू का गुलाम'				✓											7
अलग-अलग आयु के पात्र	पीढ़ियों का अन्तराल															0
	बाल-किशोर															0
	नौजवान	✓	✓		✓	✓	✓	✓			✓	✓	✓	✓	✓	79
	अधेड़			✓	✓				✓	✓		✓			✓	43
	वृद्ध															0
	नाशुकरी संतान															0
	बेदिल अभिभावक															0
कहानी का स्थान	अज्ञात स्थान	✓		✓	✓	✓			✓							36
	मुम्बई		✓		✓	✓					✓		✓			36
	इलाहाबाद															0
	दिल्ली						✓		✓	✓		✓			✓	36
	कोलकाता															0
	मथुरा															0
	पहाड़, हिमालय															0
	पंजाब															0
	इन्दौर							✓						✓		14

तालिका १ : कहानी-विश्लेषण के कुछ दृष्टिकोण तालिकाबद्ध रूप में, 'ख'		सीट नम्बर छह												
		सीट नम्बर छह	फ़र्क नहीं	लगभग प्रेमिका	निवेदन	जितना तुम्हारा हूँ	गुस्सा	बातचीत बेकार है	प्यार के बाद	पिली लड़की	आत्मरक्षा	उपलब्धि	आज़ादी	
	क्रमाङ्क	ख.१	ख.२	ख.३	ख.४	ख.५	ख.६	ख.७	ख.८	ख.९	ख.१०	ख.११	ख.१२	%
	आत्मकथात्मक तत्त्व		✓	✓								✓	✓	33
कथावाचक का स्वरूप	उत्तमपुरुष कथावाचक	✓	✓	✓					✓	✓	✓		✓	58
	स्त्री कथावाचक	✓	✓	✓					✓	✓	✓		✓	58
	मुख्यपात्र स्त्री	✓	✓	✓	✓	✓	✓	✓		✓			✓	75
	अन्तरंग (होमोडायजेटिक) कथावाचक										✓			8
	स्वकथित (ऑटोडायजेटिक)	✓	✓	✓					✓	✓			✓	50
	गौण पात्र कथावाचक	✓									✓			17
	विचारमग्न कथावाचक या नायक	✓	✓	✓		✓			✓	✓	✓			58
	कथावाचक का नाम अज्ञात		✓		✓	✓	✓	✓	✓	✓	✓	✓		75
	मुख्यपात्र का नाम अज्ञात		✓							✓				17
कहानी की संरचना	लघु				✓		✓	✓	✓	✓	✓			50
	वर्तमानकाल में कथित	✓									✓			17
	छोटे वाक्य			✓					✓	✓	✓			33
	न्यूनतम प्रत्यक्ष कथन (वार्तालाप)	✓	✓			✓	✓		✓	✓	✓			58
	छिन्नान्विति					✓	✓							17
	कहानी में अन्तराल (स्पेस)			✓	✓	✓	✓			✓		✓	✓	58
	आकस्मिक आरम्भ	✓	✓	✓		✓	✓				✓		✓	58
	आकस्मिक समापन			✓	✓	✓				✓		✓	✓	50
	अप्रत्याशित अन्त	✓			✓	✓		✓	✓			✓	✓	58
	अनेकार्थी शीर्षक				✓	✓		✓	✓			✓	✓	50
	प्रतीकात्मक नाम				✓	✓	✓	✓						33
	पात्र-संख्या	4	10	5	5	4	6	4	5	4	10	10	5	6
	मुख्यपात्रों की संख्या	1	1	1	2	1	1	1	0	2	4	2	3	2
लेखन के भाव	अस्तित्ववादी	✓	✓			✓	✓	✓		✓		✓		58
	व्यंग्य	✓	✓	✓	✓				✓	✓	✓			58
	हास्य	✓	✓	✓	✓	✓			✓	✓				58
	कोमलता											✓	✓	17
	सहानुभूति					✓		✓		✓		✓	✓	42
	उदासी					✓	✓	✓			✓	✓	✓	50
	भय, त्रास						✓					✓		17
	कोई विशिष्ट रसप्रभाव नहीं	✓		✓	✓				✓		✓			42
	अप्रत्यक्ष (सामाजिक) संदेश	✓		✓	✓		✓	✓		✓	✓		✓	67

व्यापक सामाजिक परिदृश्य	सामाजिक स्तर	2	2	2	2	3	2	2	2	2	2	2	1	2.0
	अनेक सामाजिक स्तर											✓		8
	सामाजिक तनाव				✓							✓		17
	आम आदमी के जीवन की एकरसता			✓								✓		17
	बेरोज़गारी			✓					✓					17
	पिछड़ापन, सामाजिक ठहराव											✓	✓	17
	ग्राम्य जीवन													0
	धर्म और अध्यात्म		✓				✓					✓	✓	33
	धार्मिक व्यवहार पर कटाक्ष			✓										8
	परम्परा का खण्डन	✓	✓	✓	✓	✓			✓					50
	मुस्लिम पात्र											✓		8
	मृत्यु या हिंसा										✓	✓	✓	25
प्रेम-सम्बन्ध और दाम्पत्य जीवन	प्रेम-सम्बन्ध, दाम्पत्य		✓	✓		✓	✓	✓	✓	✓		✓	✓	75
	प्रेम-सम्बन्ध की समस्याएँ, समझौता			✓		✓	✓	✓		✓		✓	✓	58
	दाम्पत्य में तनाव					✓	✓					✓	✓	33
	मुक्त प्रेम-सम्बन्ध, विश्वासघात	✓		✓	✓									25
	आधुनिका	✓	✓	✓						✓				33
	कामकाजी स्त्री	✓	✓	✓						✓				33
	दबायी गई स्त्री					✓							✓	17
	वस्तु-मात्र स्त्री					✓		✓		✓				25
	निष्ठुर महिला, पत्नी	✓	✓			✓	✓						✓	42
	एकाकी पात्र, चिर-कुमारी	✓												8
	'जोरू का गुलाम'	✓	✓				✓							25
अलग-अलग आयु के पात्र	पीढ़ियों का अन्तराल		✓			✓					✓		✓	33
	बाल-किशोर				✓			✓				✓	✓	33
	नौजवान		✓	✓		✓			✓	✓	✓			50
	अधेड़	✓	✓		✓	✓	✓	✓	✓		✓	✓	✓	83
	वृद्ध		✓										✓	17
	नाशुकरी संतान													0
	बेदिल अभिभावक		✓										✓	17
कहानी का स्थान	अज्ञात स्थान						✓	✓		✓	✓			33
	मुम्बई	✓		✓										17
	इलाहाबाद				✓	✓			✓			✓		33
	दिल्ली		✓	✓		✓								25
	कोलकाता													0
	मथुरा												✓	8
	पहाड़, हिमालय													0
	पंजाब													0
	इन्दौर													0

तालिका १ : कहानी-विश्लेषण के कुछ दृष्टिकोण तालिकाबद्ध रूप में, 'ग' 'घ'

		एक अदद औरत							प्रतिदिन								
		लड़के	राएवाली	वसन्त–सिर्फ़ एक तारीख	लड़कों को हम न रोएँ	खाली होता हुआ घर	एक अदद औरत		काली साड़ी	आपकी छोटी लड़की	एक जीनियस की प्रेमिका	तोहमत	लैला-मजनूँ	मन्दिरा	माँ	कवि मोहन	
	क्रमाङ्क	ग.१	ग.२	ग.३	ग.४	ग.१४	ग.१५	%	घ.१	घ.२	घ.४	घ.५	घ.७	घ.८	घ.९	घ.१०	%
	आत्मकथात्मक तत्त्व		✓	✓		✓		50		✓			✓		✓	✓	50
कथावाचक का स्वरूप	उत्तमपुरुष कथावाचक			✓			✓	33									0
	स्त्री कथावाचक			✓			✓	33							✓		13
	मुख्यपात्र स्त्री		✓	✓	✓	✓	✓	83	✓	✓		✓	✓	✓	✓		75
	अन्तरंग (होमोडायजेटिक) कथावाचक							0							✓		13
	स्वकथित (ऑटोडायजेटिक)			✓			✓	33									0
	गौण पात्र कथावाचक							0							✓		13
	विचारमग्न कथावाचक या नायक			✓			✓	33	✓	✓				✓			38
	कथावाचक का नाम अज्ञात	✓	✓		✓	✓	✓	83	✓	✓	✓	✓	✓	✓	✓	✓	100
	मुख्यपात्र का नाम अज्ञात	✓					✓	33							✓		13
कहानी की संरचना	लघु				✓		✓	33					✓		✓		25
	वर्तमानकाल में कथित							0	✓	✓							25
	छोटे वाक्य							0	✓			✓			✓		38
	न्यूनतम प्रत्यक्ष कथन (वार्तालाप)					✓	✓	33	✓				✓	✓		✓	50
	छिन्नान्विति					✓		17							✓	✓	25
	कहानी में अन्तराल (स्पेस)	✓	✓		✓	✓	✓	83	✓	✓			✓	✓			50
	आकस्मिक आरम्भ					✓	✓	33	✓	✓					✓	✓	50
	आकस्मिक समापन	✓				✓		33	✓		✓		✓	✓		✓	63
	अप्रत्याशित अन्त	✓	✓	✓			✓	67	✓	✓		✓	✓	✓	✓		75
	अनेकार्थी शीर्षक							0									0
	प्रतीकात्मक नाम			✓	✓		✓	50	✓		✓	✓		✓		✓	63
	पात्र-संख्या	5	10	3	3	3	4	5	7	10	10	7	7	5	6	5	7
	मुख्यपात्रों की संख्या	0	3	2	2	1	1	2	3	5	2	2	2	1	2	3	3
लेखन के भाव	अस्तित्ववादी			✓	✓		✓	50	✓	✓	✓			✓		✓	63
	व्यंग्य	✓		✓			✓	50			✓						13
	हास्य			✓				17	✓	✓	✓	✓	✓		✓		75
	कोमलता							0	✓				✓	✓	✓		50
	सहानुभूति	✓	✓	✓	✓	✓	✓	100	✓	✓	✓	✓	✓	✓	✓	✓	100
	उदासी		✓		✓	✓		50	✓	✓	✓	✓		✓	✓	✓	88
	भय, त्रास		✓					17		✓		✓			✓		38
	कोई विशिष्ट रसप्रभाव नहीं	✓						17			✓						13
	अप्रत्यक्ष (सामाजिक) संदेश					✓		17		✓	✓			✓		✓	50

	सामाजिक स्तर	2	1	2	2	2	2	**1.8**	2	3	3	2	2	2	1	1	**2.0**
व्यापक सामाजिक परिदृश्य	अनेक सामाजिक स्तर	✓						17		✓							13
	सामाजिक तनाव							0									0
	आम आदमी के जीवन की एकरसता			✓				17	✓				✓			✓	38
	बेरोज़गारी	✓		✓				33									0
	पिछड़ापन, सामाजिक ठहराव		✓	✓				33							✓	✓	25
	ग्राम्य जीवन							0									0
	धर्म और अध्यात्म	✓						17	✓	✓				✓	✓	✓	63
	धार्मिक व्यवहार पर कटाक्ष	✓						17	✓	✓			✓	✓			50
	परम्परा का खण्डन					✓		17	✓	✓		✓		✓	✓	✓	75
	मुस्लिम पात्र	✓						17						✓			13
	मृत्यु या हिंसा							0									0
प्रेम-सम्बन्ध और दाम्पत्य जीवन	प्रेम-सम्बन्ध, दाम्पत्य		✓		✓	✓	✓	67	✓		✓		✓	✓	✓	✓	75
	प्रेम-सम्बन्ध की समस्याएँ, समझौता		✓		✓		✓	50	✓		✓		✓	✓	✓	✓	75
	दाम्पत्य में तनाव		✓		✓			33			✓		✓				25
	मुक्त प्रेम-सम्बन्ध, विश्वासघात		✓					17						✓			13
	आधुनिका			✓		✓		33				✓		✓			25
	कामकाजी स्त्री			✓		✓		33	✓				✓	✓			38
	दबायी गई स्त्री	✓						17				✓			✓	✓	38
	वस्तु-मात्र स्त्री				✓		✓	33			✓						13
	निष्ठुर महिला, पत्नी		✓	✓			✓	50		✓					✓		25
	एकाकी पात्र, चिर-कुमारी							0									0
	जोरू का गुलाम							0						✓			13
अलग-अलग आयु के पात्र	पीढ़ियों का अन्तराल		✓					17				✓			✓	✓	38
	बाल-किशोर		✓					17	✓	✓					✓		38
	नौजवान	✓	✓	✓				50			✓	✓	✓		✓	✓	63
	अधेड़		✓	✓	✓		✓	67	✓	✓		✓		✓	✓	✓	75
	वृद्ध							0									0
	नाशुकरी संतान							0									0
	बेदिल अभिभावक		✓					17								✓	13
कहानी का स्थान	अज्ञात स्थान				✓	✓	✓	50	✓					✓			25
	मुम्बई							0		✓							13
	इलाहाबाद	✓		✓	✓			50			(लखनऊ)	✓	✓				25
	दिल्ली					✓		17									0
	कोलकाता							0									0
	मथुरा		✓					17							✓	✓	25
	पहाड़, हिमालय							0									0
	पंजाब							0									0
	इन्दौर							0									0

तालिका १ : कहानी-विश्लेषण के कुछ दृष्टिकोण तालिकाबद्ध रूप में, 'ङ'

		उसका यौवन													
		उसका यौवन	नयी दुनिया	अपने शहर की बारिश	आहार	पच्चीस साल की लड़की	राजू	मनहूसाबी	मुहब्बत से खिलाइए	अट्ठावनवाँ साल	मनोविज्ञान	आलमारी	बिटिया	दर्पण	
	क्रमाङ्क	ङ.१	ङ.२	ङ.३	ङ.४	ङ.५	ङ.६	ङ.७	ङ.८	ङ.९	ङ.१०	ङ.११	ङ.१२	ङ.१३	%
	आत्मकथात्मक तत्त्व														0
कथावाचक का स्वरूप	उत्तमपुरुष कथावाचक					✓						✓			15
	स्त्री कथावाचक					✓						✓			15
	मुख्यपात्र स्त्री		✓			✓	✓	✓	✓		✓	✓	✓	✓	69
	अन्तरंग (होमोडायजेटिक) कथावाचक														0
	स्वकथित (ऑटोडायजेटिक)					✓						✓			15
	गौण पात्र कथावाचक											✓			8
	विचारमग्न कथावाचक या नायक	✓	✓			✓		✓		✓		✓	✓		54
	कथावाचक का नाम अज्ञात	✓	✓	✓	✓	✓	✓	✓	✓	✓	✓	✓	✓	✓	100
	मुख्यपात्र का नाम अज्ञात					✓						✓			15
कहानी की संरचना	लघु	✓	✓	✓	✓	✓						✓			46
	वर्तमानकाल में कथित						✓						✓		15
	छोटे वाक्य	✓		✓			✓								23
	न्यूनतम प्रत्यक्ष कथन (वार्तालाप)	✓	✓			✓	✓	✓						✓	46
	छिन्नान्विति						✓	✓							15
	कहानी में अन्तराल (स्पेस)	✓					✓					✓			23
	आकस्मिक आरम्भ	✓			✓	✓	✓	✓	✓	✓					54
	आकस्मिक समापन	✓										✓	✓	✓	31
	अप्रत्याशित अन्त		✓		✓	✓		✓	✓	✓	✓		✓	✓	69
	अनेकार्थी शीर्षक				✓						✓			✓	23
	प्रतीकात्मक नाम							✓		✓			✓		23
	पात्र-संख्या	5	5	2	10	3	8	10	5	2	10	7	10	5	6
	मुख्यपात्रों की संख्या	2	1	2	0	2	2	1	1	1	2	2	2	1	1
लेखन के भाव	अस्तित्ववादी	✓	✓	✓				✓	✓	✓	✓		✓	✓	69
	व्यंग्य			✓	✓	✓			✓		✓				38
	हास्य		✓	✓	✓	✓		✓	✓	✓		✓			62
	कोमलता						✓			✓					15
	सहानुभूति	✓	✓	✓			✓	✓	✓	✓	✓	✓	✓	✓	85
	उदासी						✓	✓	✓		✓		✓	✓	46
	भय, त्रास						✓								8
	कोई विशिष्ट रसप्रभाव नहीं	✓		✓											15
	अप्रत्यक्ष (सामाजिक) संदेश	✓		✓						✓		✓			31

		3	2	2	2	2	1	2	3	3	3	1	2	2	2.2
व्यापक सामाजिक परिदृश्य	सामाजिक स्तर			✓		✓			✓			✓			31
	अनेक सामाजिक स्तर				✓								✓		15
	सामाजिक तनाव			✓	✓		✓	✓				✓	✓	✓	54
	आम आदमी के जीवन की एकरसता			✓											8
	बेरोज़गारी						✓	✓					✓		23
	पिछड़ापन, सामाजिक ठहराव														0
	ग्राम्य जीवन				✓		✓				✓				23
	धर्म और अध्यात्म				✓				✓						15
	धार्मिक व्यवहार पर कटाक्ष		✓				✓				✓		✓		31
	परम्परा का खण्डन												✓		8
	मुस्लिम पात्र												✓		8
	मृत्यु या हिंसा					✓		✓	✓	✓	✓	✓	✓	✓	62
प्रेम-सम्बन्ध और दाम्पत्य जीवन	प्रेम-सम्बन्ध, दाम्पत्य							✓	✓		✓			✓	31
	प्रेम-सम्बन्ध की समस्याएँ, समझौता								✓		✓	✓		✓	31
	दाम्पत्य में तनाव														0
	मुक्त प्रेम-सम्बन्ध, विश्वासघात		✓			✓			✓		✓	✓			38
	आधुनिका					✓	✓	✓			✓	✓			38
	कामकाजी स्त्री		✓								✓		✓	✓	31
	दबायी गई स्त्री		✓					✓	✓		✓		✓	✓	46
	वस्तु-मात्र स्त्री					✓	✓								15
	निष्ठुर महिला, पत्नी						✓								8
	एकाकी पात्र, चिर-कुमारी												✓		8
	जोरू का गुलाम	✓	✓			✓									23
अलग-अलग आयु के पात्र	पीढ़ियों का अन्तराल						✓	✓				✓		✓	31
	बाल-किशोर	✓	✓	✓	✓	✓					✓		✓	✓	62
	नौजवान	✓	✓		✓	✓	✓	✓	✓	✓		✓	✓	✓	85
	अधेड़						✓	✓					✓		23
	वृद्ध														0
	नाशुकरी संतान						✓						✓		15
	बेदिल अभिभावक		✓			✓		✓	✓	✓	✓	✓			54
	अज्ञात स्थान				✓										8
कहानी का स्थान	मुम्बई	✓		✓		✓	✓						✓		38
	इलाहाबाद			✓											8
	दिल्ली													✓	8
	कोलकाता														0
	मथुरा														0
	पहाड़, हिमालय														0
	पंजाब														0
	इन्दौर														

तालिका १ : कहानी-विश्लेषण के कुछ दृष्टिकोण तालिकाबद्ध रूप में, 'च'

जाँच अभी जारी है

		सेमिनार	उमस	जाँच अभी जारी है	रजत जयंती	इक्कीसवीं सदी	दाम्पत्य	नया त्रिकोण	प्रिया पाक्षिक	अनुभव	पहली	नायक	वर्दी	बोहनी	झूठ	मॉल	दराता	
	क्रमाङ्क	च.१	च.२	च.३	च.४	च.५	च.६	च.७	च.८	च.९	च.१०	च.११	च.१२	च.१३	च.१४	च.१५	च.१६	%
कथावाचक का स्वरूप	आत्मकथात्मक तत्त्व	✓	✓					✓										19
	उत्तमपुरुष कथावाचक				✓													6
	स्त्री कथावाचक				✓													6
	मुख्यपात्र स्त्री	✓	✓	✓	✓									✓		✓	✓	44
	अन्तरंग (होमोडायजेटिक) कथावाचक																	0
	स्वकथित (ऑटोडायजेटिक)				✓													6
	गौण पात्र कथावाचक																	0
	विचारमग्न कथावाचक या नायक	✓								✓				✓	✓		✓	31
	कथावाचक का नाम अज्ञात	✓	✓	✓		✓	✓	✓	✓	✓	✓	✓	✓	✓	✓	✓	✓	94
	मुख्यपात्र का नाम अज्ञात																	0
कहानी की संरचना	लघु		✓				✓	✓	✓		✓		✓	✓	✓			50
	वर्तमानकाल में कथित										✓							6
	छोटे वाक्य										✓							6
	न्यूनतम प्रत्यक्ष कथन (वार्तालाप)								✓	✓					✓			19
	छिन्नान्विति									✓								6
	कहानी में अन्तराल (स्पेस)			✓	✓							✓					✓	25
	आकस्मिक आरम्भ						✓			✓	✓				✓	✓		31
	आकस्मिक समापन			✓	✓	✓				✓	✓		✓				✓	44
	अप्रत्याशित अन्त	✓		✓	✓	✓		✓		✓			✓	✓	✓	✓	✓	69
	अनेकार्थी शीर्षक					✓				✓		✓			✓			25
	प्रतीकात्मक नाम		✓		✓				✓				✓	✓	✓		✓	44
	पात्र-संख्या	8	4	10	10	10	6	5	5	10	4	7	5	6	5	10	4	7
	मुख्यपात्रों की संख्या	1	1	1	2	0	1	3	1	1	0	2	3	1	1	2	1	1
लेखन के भाव	अस्तित्ववादी		✓	✓			✓		✓	✓		✓	✓		✓		✓	56
	व्यंग्य	✓			✓			✓	✓						✓	✓		38
	हास्य	✓	✓		✓			✓	✓						✓	✓		44
	कोमलता									✓	✓	✓				✓	✓	31
	सहानुभूति		✓	✓	✓	✓	✓	✓		✓		✓	✓	✓	✓	✓	✓	81
	उदासी		✓	✓	✓		✓			✓			✓			✓	✓	50
	भय, त्रास			✓		✓				✓			✓	✓				31
	कोई विशिष्ट रसप्रभाव नहीं	✓			✓						✓	✓		✓	✓			38
	अप्रत्यक्ष (सामाजिक) संदेश				✓		✓	✓			✓	✓			✓			38

व्यापक सामाजिक परिदृश्य	सामाजिक स्तर	3	2	2	2	2	2	2	2	1	2	2	1	1	2	1	1	1.8
	अनेक सामाजिक स्तर	✓								✓				✓		✓		25
	सामाजिक तनाव					✓				✓			✓	✓		✓		31
	आम आदमी के जीवन की एकरसता			✓		✓	✓		✓		✓		✓			✓	✓	50
	बेरोज़गारी								✓	✓								13
	पिछड़ापन, सामाजिक ठहराव			✓		✓				✓			✓	✓		✓	✓	44
	ग्राम्य जीवन																	0
	धर्म और अध्यात्म											✓						6
	धार्मिक व्यवहार पर कटाक्ष																	0
	परम्परा का खण्डन		✓									✓					✓	19
	मुस्लिम पात्र				✓								✓					13
प्रेम-सम्बन्ध और दाम्पत्य जीवन	मृत्यु या हिंसा					✓				✓			✓	✓				25
	प्रेम-सम्बन्ध, दाम्पत्य		✓		✓		✓			✓	✓		✓				✓	44
	प्रेम-सम्बन्ध की समस्याएँ, समझौता		✓		✓		✓			✓			✓				✓	38
	दाम्पत्य में तनाव				✓		✓			✓			✓				✓	31
	मुक्त प्रेम-सम्बन्ध, विश्वासघात									✓					✓			13
	आधुनिका	✓		✓						✓								19
	कामकाजी स्त्री	✓		✓										✓		✓		25
	दबायी गई स्त्री		✓										✓				✓	19
	वस्तु-मात्र स्त्री			✓						✓			✓					19
	निष्ठुर महिला, पत्नी	✓	✓					✓		✓						✓	✓	38
	एकाकी पात्र, चिर-कुमारी	✓												✓				13
	'जोरू का गुलाम'																	0
अलग-अलग आयु के पात्र	पीढ़ियों का अन्तराल		✓					✓				✓					✓	25
	बाल-किशोर		✓				✓	✓		✓	✓		✓	✓				44
	नौजवान			✓		✓			✓	✓		✓						31
	अधेड़	✓	✓	✓	✓	✓	✓	✓	✓	✓	✓	✓	✓	✓	✓	✓	✓	100
	वृद्ध		✓					✓									✓	19
	नाशुकरी संतान											✓						6
	बेदिल अभिभावक												✓					6
कहानी का स्थान	अज्ञात स्थान		✓			✓	✓	✓	✓		✓			✓	✓		✓	56
	मुम्बई																	0
	इलाहाबाद			✓		✓						✓	✓		✓	✓		38
	दिल्ली				✓					✓		✓			✓			25
	कोलकाता																	0
	मथुरा																	0
	पहाड़, हिमालय	✓																6
	पंजाब																	0
	इन्दौर																	0

तालिका १ : कहानी-विश्लेषण के कुछ दृष्टिकोण तालिकाबद्ध रूप में, 'छ'

		बोलनेवाली औरत													
		बोलनेवाली औरत	मेला	लकी	खिड़की	जनम	रोशनी की मार	सेवा	तासीर	किताबों में कैद आदमी	पर्याय नहीं	एक अकेला दुःख	अर्द्धांगिनी	बच्चा	
	क्रमाङ्क	छ.१	छ.२	छ.३	छ.४	छ.५	छ.६	छ.७	छ.८	छ.९	छ.११	छ.१२	छ.१३	छ.१४	%
	आत्मकथात्मक तत्त्व	✓	✓			✓									23
कथावाचक का स्वरूप	उत्तमपुरुष कथावाचक													✓	8
	स्त्री कथावाचक													✓	8
	मुख्यपात्र स्त्री	✓	✓		✓	✓	✓				✓	✓	✓		62
	अन्तरंग (होमोडायजेटिक) कथावाचक														0
	स्वकथित (ऑटोडायजेटिक)													✓	8
	गौण पात्र कथावाचक													✓	8
	विचारमग्न कथावाचक या नायक		✓						✓	✓		✓	✓	✓	46
	कथावाचक का नाम अज्ञात	✓	✓	✓	✓	✓	✓	✓	✓	✓	✓	✓	✓	✓	100
	मुख्यपात्र का नाम अज्ञात													✓	8
कहानी की संरचना	लघु				✓									✓	15
	वर्तमानकाल में कथित														0
	छोटे वाक्य													✓	8
	न्यूनतम प्रत्यक्ष कथन (वार्तालाप)														0
	छिन्नान्विति											✓	✓		15
	कहानी में अन्तराल (स्पेस)	✓	✓				✓	✓			✓			✓	46
	आकस्मिक आरम्भ	✓	✓		✓						✓		✓		38
	आकस्मिक समापन					✓			✓						15
	अप्रत्याशित अन्त			✓	✓		✓		✓					✓	38
	अनेकार्थी शीर्षक	✓	✓	✓	✓		✓	✓				✓	✓	✓	69
	प्रतीकात्मक नाम	✓	✓	✓			✓	✓					✓		46
	पात्र-संख्या	7	10	8	8	8	10	10	10	10	9	7	6	4	8
	मुख्यपात्रों की संख्या	3	1	2	3	3	2	1	1	1	2	4	2	2	2
लेखन के भाव	अस्तित्ववादी	✓			✓			✓	✓	✓	✓	✓	✓	✓	69
	व्यंग्य		✓	✓					✓	✓					31
	हास्य		✓		✓		✓							✓	31
	कोमलता				✓						✓	✓	✓	✓	38
	सहानुभूति	✓		✓		✓	✓	✓	✓		✓	✓	✓		69
	उदासी	✓	✓			✓		✓				✓	✓		46
	भय, त्रास	✓	✓					✓			✓		✓		38
	कोई विशिष्ट रसप्रभाव नहीं			✓				✓		✓					23
	अप्रत्यक्ष (सामाजिक) संदेश				✓					✓		✓	✓	✓	38

व्यापक सामाजिक परिदृश्य	सामाजिक स्तर	2	2	2	2	1	1	3	2	2	2	2	3	3	2.1
	अनेक सामाजिक स्तर		✓				✓		✓		✓				31
	सामाजिक तनाव						✓		✓		✓				23
	आम आदमी के जीवन की एकरसता			✓						✓					15
	बेरोज़गारी														0
	पिछड़ापन, सामाजिक ठहराव	✓	✓			✓	✓				✓				38
	ग्राम्य जीवन														0
	धर्म और अध्यात्म	✓	✓	✓	✓	✓	✓				✓	✓			62
	धार्मिक व्यवहार पर कटाक्ष		✓		✓		✓					✓			31
	परम्परा का खण्डन	✓	✓	✓	✓	✓	✓							✓	54
	मुस्लिम पात्र														0
	मृत्यु या हिंसा								✓		✓				15
प्रेम-सम्बन्ध और दाम्पत्य जीवन	प्रेम-सम्बन्ध, दाम्पत्य	✓									✓	✓	✓		31
	प्रेम-सम्बन्ध की समस्याएँ, समझौता	✓													8
	दाम्पत्य में तनाव	✓									✓		✓		23
	मुक्त प्रेम-सम्बन्ध, विश्वासघात														0
	आधुनिका	✓	✓								✓	✓	✓	✓	46
	कामकाजी स्त्री		✓		✓		✓	✓			✓				38
	दबायी गई स्त्री	✓	✓			✓				✓					31
	वस्तु-मात्र स्त्री														0
	निष्ठुर महिला, पत्नी	✓				✓	✓								23
	एकाकी पात्र, चिर-कुमारी								✓		✓				15
	'जोरू का गुलाम'										✓				8
अलग-अलग आयु के पात्र	पीढ़ियों का अन्तराल	✓	✓					✓		✓				✓	38
	बाल-किशोर	✓						✓			✓		✓		31
	नौजवान			✓	✓	✓						✓	✓	✓	46
	अधेड़	✓	✓	✓	✓	✓	✓	✓	✓	✓	✓	✓	✓	✓	100
	वृद्ध	✓	✓	✓				✓	✓	✓					46
	नाशुकरी संतान	✓						✓		✓					23
	बेदिल अभिभावक					✓							✓		15
	अज्ञात स्थान	✓		✓					✓		✓		✓	✓	46
कहानी का स्थान	मुम्बई														0
	इलाहाबाद		✓				✓			✓		✓			31
	दिल्ली							✓							8
	कोलकाता														0
	मथुरा					✓									8
	पहाड़, हिमालय														0
	पंजाब														0
	इन्दौर														0

तालिका १ : कहानी-विश्लेषण के कुछ दृष्टिकोण तालिकाबद्ध रूप में, 'ज'		मुखौटा																	
		एक रंगकर्मी की उदासी	चिर कुमारी	बाल बाल बचनेवाले	मुखौटा	परदेस	प्रतिप्रश्न	सफ़र में	मान लो कि	उत्तर अनुराग	श्यामा	सीमा	रोग	एक दिन अचानक	दूसरा देवदास	रिश्तों की बुनियाद	बाण गंगा	छवि	
	क्रमाङ्क	ज.१	ज.२	ज.३	ज.४	ज.५	ज.६	ज.७	ज.८	ज.९	ज.११	ज.१२	ज.१३	ज.१४	ज.१६	ज.१७	ज.१९	ज.२०	%
कथावाचक का स्वरूप	आत्मकथात्मक तत्त्व								✓								✓	✓	18
	उत्तमपुरुष कथावाचक	✓		✓				✓	✓	✓	✓						✓		41
	स्त्री कथावाचक	✓		✓				✓	✓	✓	✓						✓		41
	मुख्यपात्र स्त्री		✓	✓		✓	✓	✓	✓	✓	✓	✓	✓			✓	✓		71
	अन्तरंग (होमोडायजेटिक) कथावाचक			✓						✓									12
	स्वकथित (ऑटोडायजेटिक)	✓						✓	✓		✓						✓		29
	गौण पात्र कथावाचक	✓								✓	✓								18
	विचारमग्न कथावाचक या नायक			✓			✓	✓	✓			✓			✓		✓		41
	कथावाचक का नाम अज्ञात	✓	✓	✓	✓	✓	✓	✓	✓		✓	✓	✓	✓	✓	✓	✓	✓	94
	मुख्यपात्र का नाम अज्ञात							✓	✓		✓						✓		24
कहानी की संरचना	लघु		✓			✓	✓	✓	✓		✓		✓			✓	✓	✓	59
	वर्तमानकाल में कथित							✓								✓			12
	छोटे वाक्य		✓	✓			✓	✓	✓		✓	✓					✓	✓	53
	न्यूनतम प्रत्यक्ष कथन (वार्तालाप)			✓		✓	✓			✓			✓			✓			35
	छिन्नान्विति						✓		✓		✓	✓				✓			29
	कहानी में अन्तराल (स्पेस)		✓		✓									✓			✓		24
	आकस्मिक आरम्भ						✓									✓		✓	18
	आकस्मिक समापन	✓			✓						✓		✓		✓		✓	✓	41
	अप्रत्याशित अन्त		✓	✓	✓				✓	✓			✓		✓			✓	47
	अनेकार्थी शीर्षक									✓	✓	✓		✓	✓			✓	35
	प्रतीकात्मक नाम		✓		✓		✓				✓	✓	✓	✓	✓	✓			53
	पात्र-संख्या	9	6	10	10	10	10	6	2	10	4	6	7	10	6	6	3	4	7
	मुख्यपात्रों की संख्या	1	2	2	1	2	1	2	1	2	2	1	2	3	2	3	1	2	2
लेखन के भाव	अस्तित्ववादी				✓		✓			✓		✓	✓			✓			35
	व्यंग्य	✓			✓	✓						✓							24
	हास्य		✓		✓	✓	✓	✓	✓			✓			✓	✓			53
	कोमलता		✓					✓	✓				✓	✓	✓	✓			41
	सहानुभूति	✓		✓	✓	✓	✓	✓	✓	✓	✓	✓	✓	✓		✓		✓	82
	उदासी						✓			✓	✓	✓	✓	✓		✓		✓	47
	भय, त्रास			✓	✓														12
	कोई विशिष्ट रसप्रभाव नहीं	✓	✓		✓	✓											✓	✓	35
	अप्रत्यक्ष (सामाजिक) संदेश	✓					✓		✓					✓	✓		✓		35

	सामाजिक स्तर	2	2	2	2	2	2	2	2	3	3	2	2	2	2	2	2	2	2.1
व्यापक सामाजिक परिदृश्य	अनेक सामाजिक स्तर				✓	✓		✓	✓							✓	✓		35
	सामाजिक तनाव				✓			✓											12
	आम आदमी के जीवन की एकरसता					✓							✓					✓	18
	बेरोज़गारी																		0
	पिछड़ापन, सामाजिक ठहराव				✓			✓								✓			18
	ग्राम्य जीवन																		0
	धर्म और अध्यात्म			✓	✓	✓								✓	✓	✓			35
	धार्मिक व्यवहार पर कटाक्ष													✓	✓				12
	परम्परा का खण्डन		✓				✓					✓				✓			24
	मुस्लिम पात्र		✓						✓							✓			18
	मृत्यु या हिंसा			✓					✓		✓			✓					24
प्रेम-सम्बन्ध और दाम्पत्य जीवन	प्रेम-सम्बन्ध, दाम्पत्य		✓		✓					✓	✓	✓	✓		✓	✓	✓		53
	प्रेम-सम्बन्ध की समस्याएँ, समझौता									✓	✓	✓	✓						24
	दाम्पत्य में तनाव										✓	✓							12
	मुक्त प्रेम-सम्बन्ध, विश्वासघात		✓							✓			✓						18
	आधुनिका		✓		✓		✓			✓									24
	कामकाजी स्त्री		✓	✓	✓		✓			✓									29
	दबायी गई स्त्री								✓	✓	✓	✓				✓			29
	वस्तु-मात्र स्त्री									✓		✓	✓						18
	निष्ठुर महिला, पत्नी		✓																6
	एकाकी पात्र, चिर-कुमारी		✓				✓												12
	जोरू का गुलाम'																		0
अलग-अलग आयु के पात्र	पीढ़ियों का अन्तराल					✓						✓		✓				✓	24
	बाल-किशोर			✓						✓		✓	✓		✓	✓			35
	नौजवान			✓	✓	✓	✓	✓		✓				✓	✓	✓		✓	59
	अधेड़		✓	✓	✓	✓	✓	✓	✓	✓	✓	✓	✓	✓			✓	✓	82
	वृद्ध	✓					✓		✓			✓			✓	✓			35
	नाशुकरी संतान																	✓	6
	बेदिल अभिभावक											✓							6
कहानी का स्थान	अज्ञात स्थान								✓			✓				✓		✓	24
	मुम्बई																✓		6
	इलाहाबाद	✓	✓	✓			✓				✓			✓					35
	दिल्ली									✓			✓						12
	कोलकाता																		0
	मथुरा																		0
	पहाड़, हिमालय																		0
	पंजाब																		0
	इन्दौर																		0

तालिका १ : कहानी-विश्लेषण के कुछ दृष्टिकोण तालिकाबद्ध रूप में, 'झ'		निर्मोही																
		निर्मोही	सुलेमान	ऐसा ही था वह	दद्दी	वह मिली थी बस में	बाँगड़ू	बाथरूम	सिकंदर	नमक	पिकनिक	खानपान	बोहनी	मुन्नी	समय	पीठ	सवारी और सवा	
	क्रमाङ्क	झ.१	झ.२	झ.३	झ.४	झ.५	झ.६	झ.७	झ.८	झ.९	झ.१०	झ.११	झ.१२	झ.१३	झ.१५	झ.१६	झ.१७	%
	आत्मकथात्मक तत्त्व	✓		✓			✓	✓		✓	✓			✓				44
कथावाचक का स्वरूप	उत्तमपुरुष कथावाचक	✓	✓			✓		✓		✓	✓				✓			44
	स्त्री कथावाचक	✓				✓		✓		✓	✓							31
	मुख्यपात्र स्त्री	✓			✓	✓	✓	✓		✓		✓		✓	✓	✓		63
	अन्तरंग (होमोडायजेटिक) कथावाचक	✓	✓												✓			19
	स्वकथित (ऑटोडायजेटिक)	✓				✓		✓		✓	✓				✓			38
	गौण पात्र कथावाचक							✓							✓			13
	विचारमग्न कथावाचक या नायक					✓				✓	✓							19
	कथावाचक का नाम अज्ञात	✓	✓	✓	✓	✓	✓		✓	✓	✓	✓	✓	✓	✓	✓	✓	94
	मुख्यपात्र का नाम अज्ञात					✓				✓								13
कहानी की संरचना	लघु					✓			✓		✓						✓	25
	वर्तमानकाल में कथित								✓		✓						✓	19
	छोटे वाक्य																	0
	न्यूनतम प्रत्यक्ष कथन (वार्तालाप)						✓										✓	13
	छिन्नान्विति																	0
	कहानी में अन्तराल (स्पेस)		✓	✓	✓			✓							✓			31
	आकस्मिक आरम्भ				✓									✓		✓		19
	आकस्मिक समापन										✓			✓				13
	अप्रत्याशित अन्त		✓		✓	✓	✓	✓	✓		✓	✓	✓	✓	✓			69
	अनेकार्थी शीर्षक	✓		✓	✓									✓		✓		31
	प्रतीकात्मक नाम		✓		✓		✓	✓	✓				✓	✓				44
	पात्र-संख्या	10	10	10	10	10	6	10	10	8	6	10	8	10	10	7	5	9
	मुख्यपात्रों की संख्या	2	1	2	2	2	2	3	3	1	0	1	3	1	1	2	1	2
लेखन के भाव	अस्तित्ववादी	✓		✓						✓		✓		✓	✓	✓		44
	व्यंग्य		✓		✓		✓				✓	✓			✓			38
	हास्य		✓	✓	✓	✓	✓	✓		✓	✓	✓	✓		✓	✓	✓	81
	कोमलता	✓	✓	✓				✓	✓						✓	✓		44
	सहानुभूति	✓	✓	✓	✓		✓	✓	✓	✓		✓		✓			✓	69
	उदासी	✓	✓	✓										✓		✓	✓	38
	भय, त्रास			✓	✓	✓							✓	✓				31
	कोई विशिष्ट रसप्रभाव नहीं		✓			✓			✓	✓	✓		✓		✓		✓	50
	अप्रत्यक्ष (सामाजिक) संदेश			✓					✓	✓			✓		✓	✓	✓	44

व्यापक सामाजिक परिदृश्य	सामाजिक स्तर	1	2	2	2	1	1	2	1	2	3	3	3	2	2	2	1	1.9
	अनेक सामाजिक स्तर	✓	✓	✓	✓	✓	✓		✓			✓	✓			✓	✓	69
	सामाजिक तनाव	✓	✓		✓				✓				✓					31
	आम आदमी के जीवन की एकरसता		✓	✓					✓								✓	25
	बेरोज़गारी		✓	✓														13
	पिछड़ापन, सामाजिक ठहराव				✓	✓	✓	✓						✓				31
	ग्राम्य जीवन					✓												6
	धर्म और अध्यात्म	✓				✓	✓					✓						25
	धार्मिक व्यवहार पर कटाक्ष				✓		✓											13
	परम्परा का खण्डन	✓						✓				✓		✓		✓		31
	मुस्लिम पात्र		✓						✓						✓	✓		25
	मृत्यु या हिंसा	✓		✓									✓					19
प्रेम-सम्बन्ध और दाम्पत्य जीवन	प्रेम-सम्बन्ध, दाम्पत्य	✓	✓		✓										✓	✓		31
	प्रेम-सम्बन्ध की समस्याएँ, समझौता	✓													✓			13
	दाम्पत्य में तनाव	✓				✓										✓		19
	मुक्त प्रेम-सम्बन्ध, विश्वासघात	✓																6
	आधुनिका							✓		✓	✓	✓				✓		31
	कामकाजी स्त्री	✓				✓						✓			✓	✓		31
	दबायी गई स्त्री	✓				✓		✓				✓				✓		31
	वस्तु-मात्र स्त्री	✓	✓													✓		19
	निष्ठुर महिला, पत्नी			✓				✓				✓	✓	✓	✓			38
	एकाकी पात्र, चिर-कुमारी																	0
	जोरू का गुलाम'																	0
अलग-अलग आयु के पात्र	पीढ़ियों का अन्तराल	✓						✓	✓		✓	✓	✓	✓	✓			50
	बाल-किशोर	✓		✓			✓	✓	✓		✓			✓				44
	नौजवान	✓		✓														13
	अधेड़		✓	✓		✓	✓	✓	✓	✓	✓	✓	✓	✓	✓		✓	81
	वृद्ध	✓		✓	✓			✓			✓	✓		✓	✓			50
	नाशुकरी संतान																	0
	बेदिल अभिभावक																	0
कहानी का स्थान	अज्ञात स्थान									✓			✓					13
	मुम्बई															✓		6
	इलाहाबाद		✓			✓	✓		✓	✓		✓			✓		✓	50
	दिल्ली			✓	✓					✓								19
	कोलकाता																	0
	मथुरा							✓						✓				13
	पहाड़, हिमालय										नीलगिरि							0
	पंजाब																	0
	इन्दौर																	0

तालिका १ : कहानी-विश्लेषण के कुछ दृष्टिकोण तालिकाबद्ध रूप में, 'ज' 'ट' 'ड'		थिएटर रोड के कौवे								पचीस साल की लड़की		ख़ुशक़िस्मत			
		थिएटर रोड के कौवे	उनका जाना	चोरी	सूली	छोटे गुरु	ख़ुशक़िस्मत	नए दोस्त		कोहरे और कोलकाता	अकेलियाँ-दुकेलियाँ	एक अकेली तस्वीर	बगिया	परदेशी	पंडिताइन
	क्रमाङ्क	ज.१	ज.२	ज.३	ज.४	ज.५	ज.६	ज.२६	%	ट.२	ट.११	ड.२	ड.७	ड.९	ड.१०
कथावाचक का स्वरूप	आत्मकथात्मक तत्त्व	✓	✓				✓		43	✓	✓				✓
	उत्तमपुरुष कथावाचक		✓				म०	✓	29		✓			✓	
	स्त्री कथावाचक		✓				✓	✓	43		✓			✓	✓
	मुख्यपात्र स्त्री	✓	✓		✓	✓	✓	✓	86	✓	✓			✓	
	अन्तरंग (होमोडायजेटिक) कथावाचक		✓						14						
	स्वकथित (ऑटोडायजेटिक)		✓				✓		29		✓			✓	
	गौण पात्र कथावाचक		✓						14						✓
	विचारमग्न कथावाचक या नायक	✓			✓		✓		43		✓				
	कथावाचक का नाम अज्ञात	✓		✓	✓	✓	✓	✓	86	✓	✓		✓		✓
	मुख्यपात्र का नाम अज्ञात						✓	✓	29		✓				✓
कहानी की संरचना	लघु							✓	14			✓		✓	
	वर्तमानकाल में कथित								0						
	छोटे वाक्य			✓					14						✓
	न्यूनतम प्रत्यक्ष कथन (वार्तालाप)	✓			✓	✓	✓		57				✓		✓
	छिन्नान्विति				✓				14	✓		✓			
	कहानी में अन्तराल (स्पेस)		✓		✓			✓	43		✓				
	आकस्मिक आरम्भ	✓							14	✓		✓			
	आकस्मिक समापन	✓		✓	✓	✓		✓	71	✓	✓	✓			
	अप्रत्याशित अन्त		✓	✓		✓			43			✓			
	अनेकार्थी शीर्षक					✓	✓		29			✓	✓		
	प्रतीकात्मक नाम	✓			✓	✓			43			✓			
	पात्र-संख्या	3	7	4	4	6	6	4	5	4	10	3	5	9	4
	मुख्यपात्रों की संख्या	1	3	2	1	2	1	2	2	2	2	2	2	2	2
लेखन के भाव	अस्तित्ववादी	✓			✓		✓		43	✓	✓	✓			
	व्यंग्य			✓			✓		29						
	हास्य	✓		✓		✓	✓		57	✓	✓	✓			
	कोमलता				✓	✓		✓	43				✓	✓	
	सहानुभूति		✓	✓	✓		✓		57	✓		✓	✓	✓	✓
	उदासी	✓	✓		✓	✓			57	✓		✓	✓		✓
	भय, त्रास	✓		✓			✓		43	✓					
	कोई विशिष्ट रसप्रभाव नहीं								0		✓				
	अप्रत्यक्ष (सामाजिक) संदेश	✓			✓			✓	43		✓				

व्यापक सामाजिक परिदृश्य	सामाजिक स्तर	2	2	2	2	1	2	2	1.9	3	3	2	1	2	2
	अनेक सामाजिक स्तर	✓		✓			✓	✓	57	✓			✓		
	सामाजिक तनाव			✓					14						
	आम आदमी के जीवन की एकरसता					✓			14			✓		✓	
	बेरोज़गारी					✓			14			✓		✓	
	पिछड़ापन, सामाजिक ठहराव			✓			✓		29						
	ग्राम्य जीवन							✓	14						
	धर्म और अध्यात्म					✓			14		✓			✓	
	धार्मिक व्यवहार पर कटाक्ष								0		✓				
	परम्परा का खण्डन	✓							14	✓	✓				
	मुस्लिम पात्र	✓		✓					29	✓					
	मृत्यु या हिंसा		✓	✓			✓		43		✓				✓
प्रेम-सम्बन्ध और दाम्पत्य जीवन	प्रेम-सम्बन्ध, दाम्पत्य		✓			✓			29	✓		✓	✓		
	प्रेम-सम्बन्ध की समस्याएँ, समझौता	✓	✓						29			✓	✓		
	दाम्पत्य में तनाव		✓						14				✓		
	मुक्त प्रेम-सम्बन्ध, विश्वासघात	✓							14	✓					
	आधुनिका	✓			✓		✓		43	✓	✓	✓			
	कामकाजी स्त्री	✓			✓	✓	✓		57	✓	✓				
	दबायी गई स्त्री		✓			✓			29			✓			✓
	वस्तु-मात्र स्त्री		✓						14				✓		✓
	निष्ठुर महिला, पत्नी	✓				✓			29						
	एकाकी पात्र, चिर-कुमारी				✓				14	✓	✓				
	जोरू का गुलाम								0						
अलग-अलग आयु के पात्र	पीढ़ियों का अन्तराल								0						✓
	बाल-किशोर							✓	14				✓	✓	
	नौजवान	✓		✓		✓	✓	✓	71		✓	✓		✓	
	अधेड़		✓	✓	✓	✓	✓		71	✓	✓		✓		✓
	वृद्ध		✓	✓		✓			43						
	नाशुकरी संतान								0			✓			✓
	बेदिल अभिभावक								0						
कहानी का स्थान	अज्ञात स्थान				✓		✓	✓	43			✓	✓		
	मुम्बई								0		✓				
	इलाहाबाद			✓	✓	✓	✓		57					✓	✓
	दिल्ली		✓		✓				29	✓					
	कोलकाता	✓							14	✓					
	मथुरा								0						
	पहाड़, हिमालय								0						
	पंजाब								0						
	इन्दौर								0						

तालिका १ : कहानी-विश्लेषण के कुछ दृष्टिकोण तालिकाबद्ध रूप में, 'ठ'

		काके दी हट्टी															
		काके दी हट्टी	एक रिश्ता तो था	जाते हुए लोग	सुरक्षा का आतंक	इलाज	दूसरी आज़ादी	शक	बोलते हुए	शिक्षा	ज़ोरदार तालियाँ	एक पति की मौत	छोटे खिलाड़ी	अनावश्यक	फिर भी प्यार	वारदात	
	क्रमाङ्क	ठ.१	ठ.२	ठ.३	ठ.४	ठ.५	ठ.६	ठ.७	ठ.८	ठ.९	ठ.१०	ठ.११	ठ.१२	ठ.१३	ठ.१४	ठ.१७	%
	आत्मकथात्मक तत्त्व						✓				✓		✓	✓		✓	33
कथावाचक का स्वरूप	उत्तमपुरुष कथावाचक								✓					✓			13
	स्त्री कथावाचक			✓										✓	✓		20
	मुख्यपात्र स्त्री		✓			✓	✓	✓	✓			✓		✓	✓		53
	अन्तरंग (होमोडायजेटिक) कथावाचक			✓						✓					✓	✓	27
	स्वकथित (ऑटोडायजेटिक)													✓			7
	गौण पात्र कथावाचक									✓					✓		13
	विचारमग्न कथावाचक या नायक								✓					✓			13
	कथावाचक का नाम अज्ञात	✓	✓	✓	✓	✓	✓	✓	✓	✓	✓	✓	✓	✓	✓	✓	100
	मुख्यपात्र का नाम अज्ञात								✓					✓			13
कहानी की संरचना	लघु			✓		✓			✓					✓			27
	वर्तमानकाल में कथित	✓											✓	✓			20
	छोटे वाक्य					✓							✓	✓			20
	न्यूनतम प्रत्यक्ष कथन (वार्तालाप)	✓	✓	✓	✓		✓	✓	✓					✓			53
	छिन्नान्विति									✓		✓		✓	✓		27
	कहानी में अन्तराल (स्पेस)							✓									7
	आकस्मिक आरम्भ		✓						✓	✓		✓	✓	✓		✓	47
	आकस्मिक समापन		✓			✓	✓					✓			✓	✓	40
	अप्रत्याशित अन्त		✓			✓	✓			✓		✓	✓		✓	✓	53
	अनेकार्थी शीर्षक			✓							✓			✓			20
	प्रतीकात्मक नाम		✓							✓		✓			✓		27
	पात्र-संख्या	6	4	10	10	4	10	10	2	4	6	8	5	1	3	5	6
	मुख्यपात्रों की संख्या	1	2	1	4	1	2	3	1	4	3	3	1	1	2	2	2
लेखन के भाव	अस्तित्ववादी		✓			✓	✓					✓		✓	✓		40
	व्यंग्य	✓						✓			✓	✓	✓	✓		✓	47
	हास्य	✓					✓	✓			✓		✓	✓	✓	✓	53
	कोमलता		✓														7
	सहानुभूति	✓	✓	✓		✓			✓		✓	✓		✓	✓	✓	67
	उदासी		✓	✓			✓		✓			✓			✓		40
	भय, त्रास	✓		✓	✓	✓		✓									33
	कोई विशिष्ट रसप्रभाव नहीं				✓			✓		✓							20
	अप्रत्यक्ष (सामाजिक) संदेश									✓							7

		2	2	2	2	2	2	3	2	2	1	2	2	2	2	2	2.0
व्यापक सामाजिक परिदृश्य	अनेक सामाजिक स्तर	✓	✓					✓			✓			✓			33
	सामाजिक तनाव	✓									✓						13
	आम आदमी के जीवन की एकरसता	✓	✓								✓		✓			✓	33
	बेरोज़गारी	✓					✓										13
	पिछड़ापन, सामाजिक ठहराव										✓						7
	ग्राम्य जीवन																0
	धर्म और अध्यात्म			✓			✓										13
	धार्मिक व्यवहार पर कटाक्ष																0
	परम्परा का खण्डन						✓				✓			✓	✓		27
	मुस्लिम पात्र						✓				✓						13
	मृत्यु या हिंसा		✓	✓	✓							✓					27
प्रेम-सम्बन्ध और दाम्पत्य जीवन	प्रेम-सम्बन्ध, दाम्पत्य	✓	✓				✓	✓	✓	✓		✓		✓	✓	✓	67
	प्रेम-सम्बन्ध की समस्याएँ, समझौता	✓					✓	✓	✓	✓		✓			✓	✓	53
	दाम्पत्य में तनाव						✓	✓	✓			✓			✓	✓	40
	मुक्त प्रेम-सम्बन्ध, विश्वासघात						✓			✓							13
	आधुनिका	✓	✓					✓						✓	✓		33
	कामकाजी स्त्री	✓	✓			✓	✓	✓			✓	✓			✓		53
	दबायी गई स्त्री						✓		✓			✓				✓	27
	वस्तु-मात्र स्त्री						✓	✓	✓			✓		✓			33
	निष्ठुर महिला, पत्नी							✓									7
	एकाकी पात्र, चिर-कुमारी					✓											7
	'जोरू का गुलाम'							✓									7
अलग-अलग आयु के पात्र	पीढ़ियों का अन्तराल	✓										✓					13
	बाल-किशोर			✓										✓			13
	नौजवान	✓	✓			✓	✓		✓			✓		✓			47
	अधेड़			✓	✓		✓	✓				✓	✓		✓		47
	वृद्ध			✓								✓				✓	20
	नाशुकरी संतान																0
	बेदिल अभिभावक																0
कहानी का स्थान	अज्ञात स्थान			✓				✓	✓	✓	✓	✓		✓			47
	मुम्बई		✓												✓		13
	इलाहाबाद						✓						✓	✓	✓	✓	33
	दिल्ली	✓		✓									✓		✓		27
	कोलकाता					✓									✓		13
	मथुरा																0
	पहाड़, हिमालय																0
	पंजाब				✓												7
	इन्दौर																0

तालिका १ : कहानी-विश्लेषण के कुछ दृष्टिकोण तालिकाबद्ध रूप में, 'ढ'

थोड़ा सा प्रगतिशील

		जी	कामयाब	मुहब्बत का मौसम	खुशियों का लौटना	वह लड़का जिसे गर्मी लगती थी	संस्कृति	प्रेम	परली पार	बाज़ार	फरवरी की एक शाम	थामी	थोड़ा सा प्रगतिशील	पटकनी	
	क्रमाङ्क	ढ.१	ढ.२	ढ.३	ढ.४	ढ.५	ढ.६	ढ.७	ढ.८	ढ.९	ढ.१०	ढ.११	ढ.१२	ढ.१३	%
	आत्मकथात्मक तत्त्व			✓			✓			✓		✓			27
कथावाचक का स्वरूप	उत्तमपुरुष कथावाचक		✓	✓						✓				✓	27
	स्त्री कथावाचक		✓	✓	✓					✓					27
	मुख्यपात्र स्त्री	✓		✓			✓	✓		✓	✓	✓	✓	✓	60
	अन्तरंग (होमोडायजेटिक) कथावाचक		✓		✓									✓	20
	स्वकथित (ऑटोडायजेटिक)			✓						✓					13
	गौण पात्र कथावाचक		✓		✓									✓	20
	विचारमग्न कथावाचक या नायक														0
	कथावाचक का नाम अज्ञात		✓				✓	✓		✓	✓	✓	✓	✓	53
	मुख्यपात्र का नाम अज्ञात									✓					7
	लघु								✓			✓			13
	वर्तमानकाल में कथित											✓			7
	छोटे वाक्य								✓	✓		✓			20
	न्यूनतम प्रत्यक्ष कथन (वार्तालाप)					✓	✓								13
कहानी की संरचना	छिन्नान्विति	✓			✓										13
	कहानी में अन्तराल (स्पेस)	✓													7
	आकस्मिक आरम्भ						✓					✓			13
	आकस्मिक समापन			✓	✓		✓					✓		✓	33
	अप्रत्याशित अन्त			✓	✓		✓					✓		✓	33
	अनेकार्थी शीर्षक	✓	✓			✓			✓				✓	✓	40
	प्रतीकात्मक नाम				✓	✓	✓		✓				✓	✓	40
	पात्र-संख्या	6	9	3	7	3	7	4	7	7	10	10	3	10	7
	मुख्यपात्रों की संख्या	4	1	2	2	1	1	2	2	1	1	1	2	4	2
लेखन के प्राण	अस्तित्ववादी												✓		7
	व्यंग्य	✓				✓	✓			✓	✓				33
	हास्य	✓				✓	✓	✓		✓	✓	✓			47
	कोमलता							✓		✓					13
	सहानुभूति	✓	✓	✓	✓	✓			✓			✓	✓		53
	उदासी		✓	✓	✓				✓						27
	भय, त्रास								✓			✓			13
	कोई विशिष्ट रसप्रभाव नहीं						✓		✓				✓	✓	27
	अप्रत्यक्ष (सामाजिक) संदेश	✓								✓					13

व्यापक सामाजिक परिदृश्य	सामाजिक स्तर	2	2	2	2	1	2	2	1	2	3	2	2	3	2.0
	अनेक सामाजिक स्तर	✓	✓			✓	✓		✓				✓		40
	सामाजिक तनाव								✓						7
	आम आदमी के जीवन की एकरसता	✓				✓									13
	बेरोज़गारी		✓			✓							✓		20
	पिछड़ापन, सामाजिक ठहराव					✓			✓						13
	ग्राम्य जीवन								✓						7
	धर्म और अध्यात्म	✓													7
	धार्मिक व्यवहार पर कटाक्ष	✓													7
	परम्परा का खण्डन	✓	✓		✓				✓			✓		✓	40
	मुस्लिम पात्र		✓	✓							✓		✓		27
	मृत्यु या हिंसा				✓				✓						13
प्रेम-सम्बन्ध और दाम्पत्य जीवन	प्रेम-सम्बन्ध, दाम्पत्य		✓					✓			✓		✓	✓	33
	प्रेम-सम्बन्ध की समस्याएँ, समझौता		✓										✓		13
	दाम्पत्य में तनाव				✓			✓					✓	✓	27
	मुक्त प्रेम-सम्बन्ध, विश्वासघात										✓				7
	आधुनिका	✓		✓			✓			✓	✓			✓	40
	कामकाजी स्त्री	✓		✓			✓				✓			✓	33
	दबायी गई स्त्री		✓			✓									13
	वस्तु-मात्र स्त्री							✓					✓		13
	निठुर महिला, पत्नी														0
	एकाकी पात्र, चिर-कुमारी	✓		✓		✓									20
	जोरू का गुलाम														0
अलग-अलग आयु के पात्र	पीढ़ियों का अन्तराल		✓			✓			✓						20
	बाल-किशोर	✓								✓					13
	नौजवान		✓	✓		✓			✓			✓		✓	40
	अधेड़	✓	✓		✓	✓	✓		✓	✓	✓	✓	✓		67
	वृद्ध			✓				✓		✓					20
	नाशुकरी संतान														0
	बेदिल अभिभावक								✓						7
कहानी का स्थान	अज्ञात स्थान				✓				✓				✓		20
	मुम्बई														0
	इलाहाबाद		✓			✓		✓							20
	दिल्ली	✓								✓	✓	✓		✓	33
	कोलकाता						✓								7
	मथुरा														0
	पहाड़, हिमालय			✓											7
	पंजाब														0
	इन्दौर														0

तालिका २ : विलक्षण शब्द एवं भाषा-प्रयोग आँकड़ों में

रचना	पृष्ठ	गुणक	अंग्रेज़ी कुल	अंग्रेज़ी प्रति पृ॰	तत्सम कुल	तत्सम प्रति पृ॰	तद्भव कुल	तद्भव प्रति पृ॰	उर्दू कुल	उर्दू प्रति पृ॰	हिन्दी की बोलियाँ	पंजाबी	मराठी, बम्बइया	गुजराती	बांग्ला	तमिल	ध्वन्यात्मक	शब्द-क्रीडा				
छुटकारा +१	84	1	418	4.98	93	1.11	52	0.62	13	0.15	0	6	0	0	0	0	3	3				
बेघर	166	0.94	218	1.40	35	0.22	24	0.15	16	0.10	0	15	1	0	0	0	1	3				
सीट नंबर छह	84	1	289	3.44	128	1.52	72	0.86	33	0.39	34	0	1	0	14	0	11	19				
नरक दर नरक	138	1.1	352	2.32	59	0.39	*64*	0.42	46	0.30	8	10	3	0	0	0	13	3				
एक अदद औरत	32	1	102	3.19	49	1.53	39	1.22	24	0.75	27	0	0	0	0	0	2	9				
प्रेम कहानी	86	1	227	2.64	72	0.84	61	0.71	45	0.52	5	0	3	0	0	0	3	4				
प्रतिदिन	74	1	262	3.54	179	2.42	123	1.66	47	0.64	38	1	4	0	0	0	12	27				
लड़कियाँ	41	1	163	3.98	49	*1.20*	37	*0.90*	30	0.73	0	0	8	0	0	0	5	17				
उसका यौवन	88	1	255	2.90	130	1.48	102	1.16	52	0.59	13	0	0	0	2	0	11	38				
जाँच अभी जारी है	112	1	278	2.48	153	1.37	106	0.95	61	0.54	35	0	0	0	0	0	8	18				
एक पत्नी के नोटस	63	1	144	2.29	95	1.51	23	0.37	18	0.29	2	1	0	0	0	0	2	5				
बोलनेवाली औरत	96	1	340	3.54	259	2.70	136	1.42	45	0.47	75	15	0	0	0	0	6	36				
दौड़	86	0.74	206	3.24	44	0.69	16	0.25	4	0.06	0	1	1	8	0	0	5	0				
मुखौटा	125	1	49	0.39	24	0.19	10	0.08	4	0.03	0	0	0	0	0	0	1	3				
निर्मोही	122	1	0	0.00	0	0.00	0	0.00	0	0.00	0	0	0	0	0	0	0	0				
थियेटर रोड के कौवे +९	64	0.86	209	3.80	118	2.14	107	1.94	36	0.65	13	0	1	0	1	0	13	17				
अँधेरे का ताला	106	0.92	106	1.09	38	0.39	24	0.25	19	0.19	*24*	0	0	0	0	0	3	3				
काके दी हट्टी +४	166	0.86	409	2.86	168	1.18	92	0.64	74	0.52	17	18	2	0	0	0	15	16				
दुक्खम-सुक्खम	265	1	380	1.43	184	0.69	313	1.18	86	0.32	210	2	4	0	7	0	14	6				
थोड़ा सा प्रगतिशील	103	1.14	364	3.1	135	1.15	87	0.74	78	0.66	12	4	0	0	5	2	11	6				
औसत, समस्त			219	2.55	91	1.08	68	0.72	33	0.38									54%	23%	15%	8%
उपन्यास			225	2.30	72	0.74	70	0.53	33	0.32									59%	19%	14%	8%
कहानी			216	2.76	105	1.35	66	0.87	33	0.42									51%	25%	16%	8%

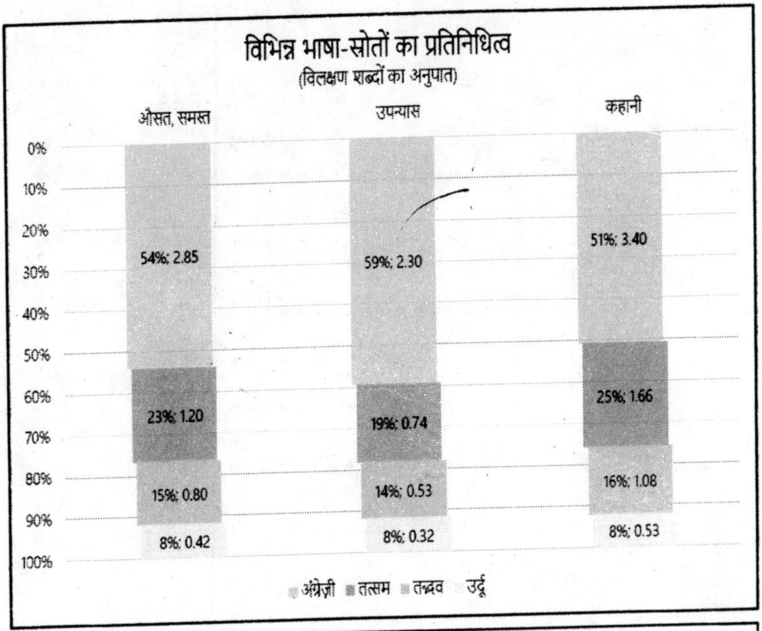
विभिन्न भाषा-स्रोतों का प्रतिनिधित्व
(विलक्षण शब्दों का अनुपात)
औसत, समस्त
उपन्यास
कहानी
0%
10%
20%
30%
40%
50%
60%
70%
80%
90%
100%
54%; 2.85
23%; 1.20
15%; 0.80
8%; 0.42
59%; 2.30
19%; 0.74
14%; 0.53
8%; 0.32
51%; 3.40
25%; 1.66
16%; 1.08
8%; 0.53
अंग्रेज़ी
तत्सम
तद्भव
उर्दू

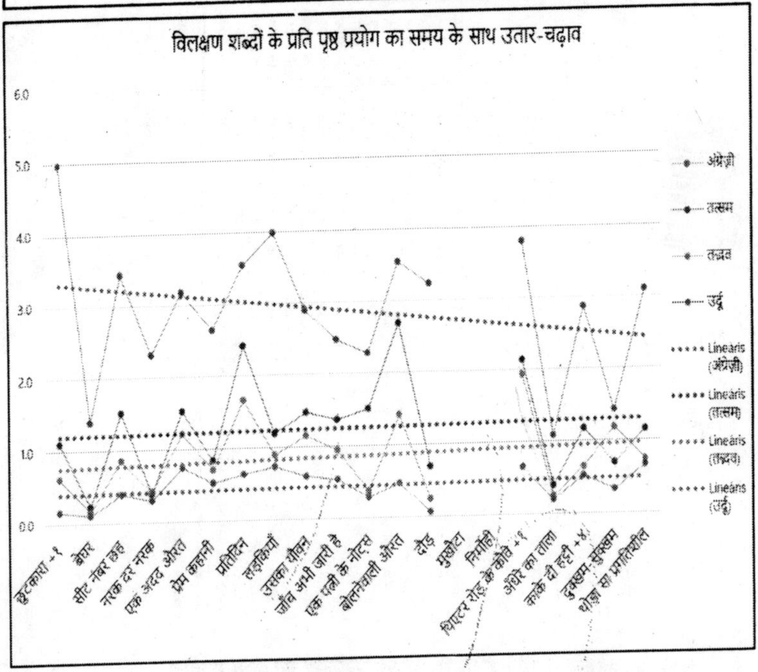
विलक्षण शब्दों के प्रति पृष्ठ प्रयोग का समय के साथ उतार-चढ़ाव
6.0
5.0
4.0
3.0
2.0
1.0
0.0
अंग्रेज़ी
तत्सम
तद्भव
उर्दू
Lineáris (अंग्रेज़ी)
Lineáris (तत्सम)
Lineáris (तद्भव)
Lineáris (उर्दू)
छुटकारा +१
बेघर
सीट नंबर छह
नरक दर नरक
एक अदद औरत
प्रेम कहानी
प्रतिदिन
लड़कियाँ
उसका यौवन
जाँच अभी जारी है
एक पति के नोट्स
बोलनेवाली औरत
दौड़
मुखौटा
निर्मोही
थिएटर रोड के कौवे +१
अँधेरे का ताला
काके दी हट्टी +४
दुक्खम-सुक्खम
थोड़ा सा प्रगतिशील